ACCESO GRATIS *a la Lectura en la Nube + Actualizaciones*

Para visualizar el libro electrónico en la nube de lectura envíe junto a su nombre y apellidos una fotografía del código de barras situado en la contraportada del libro y otra del ticket de compra a la dirección:

ebooktirant@tirant.com

En un máximo de 72 horas laborables le enviaremos el código de acceso con sus instrucciones.

AF276719

Ley Orgánica del Poder Judicial

Procedimiento de selección de originales, ver página web:
www.tirant.net/index.php/editorial/procedimiento-de-seleccion-de-originales

Ley Orgánica del Poder Judicial

Con todas las disposiciones del Poder Judicial
Estatuto del Ministerio Fiscal

32ª Edición anotada y concordada

Incluye las modificaciones legales hasta septiembre de 2025

JUAN MONTERO AROCA
Catedrático Emérito
Universidad de Valencia

ANDREA PLANCHADELL GARGALLO
Catedrática de Derecho Procesal
Universitat Jaume I

tirant lo blanch
Valencia, 2025, septiembre

© Juan Montero Aroca
Andrea Planchadell Gargallo

© TIRANT LO BLANCH
EDITA: TIRANT LO BLANCH
C/ Artes Gráficas, 14 - 46010 - Valencia
TELFS.: 96/361 00 48 - 50
FAX: 96/369 41 51
Email: tlb@tirant.com
www.tirant.com
Librería virtual: www.tirant.es
DEPÓSITO LEGAL: V-3025-2025
ISBN: 979-13-7021-012-0

Si tiene alguna queja o sugerencia, envíenos un mail a: *atencioncliente@tirant.com*. En caso de no ser atendida su sugerencia, por favor, lea en *www.tirant.net/index.php/empresa/politicas-de-empresa* nuestro procedimiento de quejas.

Responsabilidad Social Corporativa: http://www.tirant.net/Docs/RSCTirant.pdf

ÍNDICE

III. FISCAL

ÍNDICE SISTEMÁTICO

I. LEGISLACIÓN BÁSICA

§1. LEY ORGÁNICA 6/1985, DE 1 DE JULIO, DEL PODER JUDICIAL

LIBRO I
DE LA EXTENSIÓN Y LÍMITES DE LA JURISDICCIÓN Y DE LA PLANTA Y ORGANIZACIÓN DE LOS TRIBUNALES

LIBRO II
DEL GOBIERNO DEL PODER JUDICIAL

LIBRO III
DEL RÉGIMEN DE LOS JUZGADOS Y TRIBUNALES

LIBRO IV
DE LOS JUECES Y MAGISTRADOS

LIBRO V
DE LA COORDINACIÓN ENTRE ADMINISTRACIONES, LA OFICINA JUDICIAL Y LOS LETRADOS Y LETRADAS DE LA ADMINISTRACIÓN DE JUSTICIA

LIBRO VI
DE LOS CUERPOS DE FUNCIONARIOS AL SERVICIO DE LA ADMINISTRACIÓN DE JUSTICIA Y DE OTRO PERSONAL

LIBRO VII
DEL MINISTERIO FISCAL, LA FISCALÍA EUROPEA Y DEMÁS PERSONAS E INSTITUCIONES QUE COOPERAN CON LA ADMINISTRACIÓN DE JUSTICIA

LIBRO VIII
DEL CONSEJO GENERAL DEL PODER JUDICIAL

§2. REAL DECRETO-LEY 6/2023, DE 19 DE DICIEMBRE, POR EL QUE SE APRUEBAN MEDIDAS URGENTES PARA LA EJECUCIÓN DEL PLAN DE RECUPERACIÓN, TRANSFORMACIÓN Y RESILIENCIA EN MATERIA DE SERVICIO PÚBLICO DE JUSTICIA, FUNCIÓN PÚBLICA, RÉGIMEN LOCAL Y MECENAZGO

LIBRO PRIMERO
MEDIDAS DE EFICIENCIA DIGITAL Y PROCESAL
DEL SERVICIO PÚBLICO DE JUSTICIA

§3. LEY 38/1988, DE 28 DE DICIEMBRE, DEMARCACIÓN Y PLANTA JUDICIAL

§4. LEY ORGÁNICA 2/1987, DE 18 DE MAYO, DE CONFLICTOS JURISDICCIONALES

II. REGLAMENTOS

§5. REGLAMENTO 1/1986 DE ORGANIZACIÓN Y FUNCIONAMIENTO DEL CONSEJO GENERAL DEL PODER JUDICIAL

§6. REGLAMENTO 3/1995, DE 7 DE JUNIO, DE LOS JUECES DE PAZ

§7. REGLAMENTO 1/1998, DE 2 DE DICIEMBRE, DE TRAMITACIÓN DE QUEJAS Y DENUNCIAS RELATIVAS AL FUNCIONAMIENTO DE JUZGADOS Y TRIBUNALES

§8. REGLAMENTO 1/2000, DE 26 DE JULIO, DE LOS ÓRGANOS DE GOBIERNO DE LOS TRIBUNALES

§9. REGLAMENTO 2/2000, DE 25 DE OCTUBRE, DE JUECES ADJUNTOS

§10. REGLAMENTO 1/2005, DE 15 DE SEPTIEMBRE, DEL CONSEJO GENERAL DEL PODER JUDICIAL, DE LOS ASPECTOS ACCESORIOS DE LAS ACTUACIONES JUDICIALES

§11. REGLAMENTO 1/2010, DE 25 DE FEBRERO, DE PROVISIÓN DE PLAZAS DE NOMBRAMIENTO DISCRECIONAL EN LOS ÓRGANOS JUDICIALES

§12. REGLAMENTO 1/2011, DE 28 DE FEBRERO, DE ASOCIACIONES JUDICIALES PROFESIONALES

§13. REGLAMENTO 2/2011, DE 28 DE ABRIL, DE LA CARRERA JUDICIAL

§14. ACUERDO DE 27 DE SEPTIEMBRE DE 2018, DEL PLENO DEL CONSEJO GENERAL DEL PODER JUDICIAL, POR EL QUE SE APRUEBA EL REGLAMENTO 1/2018, SOBRE AUXILIO JUDICIAL INTERNACIONAL Y REDES DE COOPERACIÓN JUDICIAL INTERNACIONAL

III. FISCAL

§15. LEY 50/1981, DE 30 DE DICIEMBRE, POR LA QUE SE REGULA EL ESTATUTO ORGÁNICO DEL MINISTERIO FISCAL

I. LEGISLACIÓN BÁSICA

§1. LEY ORGÁNICA 6/1985, DE 1 DE JULIO, DEL PODER JUDICIAL

EXPOSICIÓN DE MOTIVOS

I

El artículo 1 de la Constitución afirma que España se constituye en un Estado social y democrático de Derecho que propugna como valores superiores de su ordenamiento jurídico la libertad, la justicia, la igualdad y el pluralismo político.

El Estado de Derecho, al implicar, fundamentalmente, separación de los poderes del Estado, imperio de la Ley como expresión de la soberanía popular, sujeción de todos los poderes públicos a la Constitución y al resto del ordenamiento jurídico y garantía procesal efectiva de los derechos fundamentales y de las libertades públicas, requiere la existencia de unos órganos que, institucionalmente caracterizados por su independencia tengan un emplazamiento constitucional que les permita ejecutar y aplicar imparcialmente las normas que expresan la voluntad popular, someter a todos los poderes públicos al cumplimiento de la ley, controlar la legalidad de la actuación administrativa y ofrecer a todas las personas tutela efectiva en el ejercicio de sus derechos e intereses legítimos.

El conjunto de órganos que desarrollan esa función constituye el Poder Judicial del que se ocupa el Título VI de nuestra Constitución, configurándolo como uno de los tres poderes del Estado y encomendándole, con exclusividad, el ejercicio de la potestad jurisdiccional en todo tipo de procesos, juzgando y haciendo ejecutar lo juzgado, según las normas de competencia y procedimiento que las leyes establezcan.

El artículo 122 de la Constitución española dispone que la Ley Orgánica del Poder Judicial determinará la constitución, funcionamiento y gobierno de los Juzgados y Tribunales, el estatuto jurídico de los Jueces y Magistrados de carrera, que formarán un cuerpo único, y del personal al servicio de la Administración de Justicia, así como el estatuto y el régimen de incompatibilidades de los miembros del Consejo General del Poder Judicial y sus funciones, en particular en materia de nombramientos, ascensos, inspección y régimen disciplinario.

Las exigencias del desarrollo constitucional demandaron la aprobación de una Ley Orgánica que regulara la elección, composición y funcionamiento del Consejo General del Poder Judicial, aun antes de que se procediese a la organización integral del Poder Judicial. Tal Ley Orgánica tiene, en no pocos aspectos, un carácter

§1

provisional que se reconoce explícitamente en sus disposiciones transitorias, las cuales remiten a la futura Ley Orgánica del Poder Judicial.

La presente Ley Orgánica satisface, por tanto, un doble objetivo: pone fin a la situación de provisionalidad hasta ahora existente en la organización y funcionamiento del Poder Judicial y cumple el mandato constitucional.

II

En la actualidad, el Poder Judicial está regulado por la Ley Provisional sobre organización del Poder Judicial de 18 de septiembre de 1870, por la Ley Adicional a la Orgánica del Poder Judicial de 14 de octubre de 1882, por la Ley de Bases para la reforma de la Justicia Municipal de 19 de julio de 1944 y por numerosas disposiciones legales y reglamentarias que, con posterioridad, se dictaron de forma dispersa en relación con la misma materia.

Estas normas no se ajustan a las demandas de la sociedad española de hoy. Desde el régimen liberal de separación de poderes, entonces recién conquistado, que promulgó aquellas leyes, se ha transitado, un siglo después, a un Estado Social y democrático de Derecho, que es la organización política de una Nación que desea establecer una sociedad democrática avanzada y en la que los poderes públicos están obligados a promover las condiciones para que la libertad y la igualdad del individuo y de los grupos sean reales y efectivas, a remover obstáculos que impidan o dificulten su plenitud y a facilitar la participación de todos los ciudadanos en la vida política, económica y social. El cumplimiento de estos objetivos constitucionales precisa de un Poder Judicial adaptado a una sociedad predominantemente industrial y urbana y diseñado en atención a los cambios producidos en la distribución territorial de su población, en la división social del trabajo y en las concepciones éticas de los ciudadanos.

A todo ello hay que añadir la notable transformación que se ha producido, por obra de la Constitución, en la distribución territorial del poder. La existencia de Comunidades Autónomas que tienen asignadas por la Constitución y los Estatutos competencias en relación con la Administración de Justicia obliga a modificar la legislación vigente a ese respecto. Tanto la Constitución como los Estatutos de Autonomía prevén la existencia de los Tribunales Superiores de Justicia que, según nuestra Carta Magna, culminarán la organización judicial en el ámbito territorial de la Comunidad Autónoma. La ineludible e inaplazable necesidad de acomodar la organización del Poder Judicial a estas previsiones constitucionales y estatutarias es, pues, un imperativo más que justifica la aprobación de la presente Ley Orgánica.

Por último, hay que señalar que ésta es solamente una de las normas que, en unión de otras muchas, tiene que actualizar el cuerpo legislativo (tanto sustantivo como procesal) español y adecuarlo a la realidad jurídica, económica y social. Será preciso para ello una ardua labor de reforma de la legislación española, parte de la cual ha sido ya acometida, al objeto de lograr un todo armónico caracterizado por su uniformidad.

III

Las grandes líneas de la Ley están expresadas en su título preliminar. Se recogen en él los principios que se consagran en la Constitución. El primero de ellos es la independencia que constituye la característica esencial del Poder Judicial en cuanto tal. Sus exigencias se desenvuelven a través de mandatos concretos que delimitan con el rigor preciso su exacto contenido. Así, se precisa que la independencia en el ejercicio de la función Jurisdiccional se extiende frente a todos, incluso frente a los propios órganos jurisdiccionales, lo que implica la imposibilidad de que ni los propios Jueces o Tribunales corrijan, a no ser con ocasión del recurso que legalmente proceda, la actuación de sus inferiores, quedando igualmente excluida la posibilidad de circulares o instrucciones con carácter general y relativas a la aplicación o interpretación de la ley. De la forma en que la Ley Orgánica regula la independencia del Poder Judicial se puede afirmar que posee una característica: su plenitud. Plenitud que se deriva de la obligación que se impone a los poderes públicos y a los particulares de respetar la independencia del Poder Judicial y de la absoluta sustracción del estatuto jurídico de Jueces y Magistrados a toda posible interferencia que parta de los otros poderes del Estado, de tal suerte que a la clásica garantía —constitucionalmente reconocida— de inamovilidad se añade una regulación, en virtud de la cual se excluye toda competencia del Poder Ejecutivo sobre la aplicación del estatuto orgánico de aquéllos. En lo sucesivo, pues, la carrera profesional de Jueces y Magistrados estará plena y regladamente gobernada por la norma o dependerá, con exclusividad absoluta, de las decisiones que en el ámbito discrecional estatutariamente delimitado adopte el Consejo General del Poder Judicial.

La importancia que la plenitud de la independencia judicial tendrá en nuestro ordenamiento debe ser valorada completándola con el carácter de totalidad con que la Ley dota a la potestad jurisdiccional. Los Tribunales, en efecto, controlan sin excepciones la potestad reglamentaria y la actividad administrativa, con lo que ninguna actuación del Poder Ejecutivo quedará sustraída a la fiscalización de un Poder independiente y sometido exclusivamente al imperio de la Ley. Habrá que convenir que el Estado de Derecho proclamado en la Constitución alcanza, como

§1

organización regida por la ley que expresa la voluntad popular y como sistema en el que el gobierno de los hombres es sustituido por el imperio de la ley, la máxima potencialidad posible.

Corolarios de la independencia judicial son otros preceptos del título preliminar que concretan sus distintas perspectivas. Así, la unidad de la jurisdicción, que, en consecuencia con el mandato constitucional, es absoluta, con la única salvedad de la competencia de la jurisdicción militar, que queda limitada al ámbito estrictamente castrense regulado por la ley y a los supuestos de estado de sitio; la facultad que se reconoce a Jueces y Tribunales de requerir la colaboración de particulares y poderes públicos; y, en fin, la regulación del procedimiento y de las garantías en él previstas, para los supuestos de expropiación de los derechos reconocidos frente a la Administración Pública en una sentencia firme.

IV

Una de las características de la Constitución española es la superación del carácter meramente programático que antaño se asignó a las normas constitucionales, la asunción de una eficacia jurídica directa e inmediata y, como resumen, la posición de indiscutible supremacía de que goza en el ordenamiento jurídico. Todo ello hace de nuestra Constitución una norma directamente aplicable, con preferencia a cualquier otra.

Todos estos caracteres derivan del propio tenor del texto constitucional. En primer lugar, del artículo 9.1, que prescribe que «los ciudadanos y los poderes públicos están sujetos a la Constitución y al resto del ordenamiento». Otras disposiciones constitucionales, como la que deroga cuantas normas se opongan al texto constitucional o la que regula los procedimientos de declaración de inconstitucionalidad, completan el efecto del citado párrafo 1 del artículo 9 y cierran el sistema que hace de la Carta Magna la norma suprema de nuestro ordenamiento con todos los efectos jurídicos a ello inherentes.

El título preliminar de la presente Ley Orgánica singulariza en el Poder Judicial la vinculación genérica del artículo 9.1 de la Constitución, disponiendo que las leyes y reglamentos habrán de aplicarse según los preceptos y principios constitucionales y conforme a la interpretación de los mismos que realice el Tribunal Constitucional. Se ratifica así la importancia de los valores propugnados por la Constitución como superiores, de todos los demás principios generales del Derecho que de ellos derivan, como fuente del Derecho, lo que dota plenamente al ordenamiento de las características de plenitud y coherencia que le son exigibles y garantiza la eficacia de los preceptos constitucionales y la uniformidad en la interpretación de los mismos.

Además, se dispone que sólo procede el planteamiento de la cuestión de inconstitucionalidad cuando no sea posible acomodar, por la vía interpretativa, la norma controvertida al mandato constitucional. Se refuerza, con ello, la vinculación del juzgador para con la norma fundamental, y se introduce en esa sujeción un elemento dinámico de protección activa que transciende del mero respeto pasivo por la Ley suprema.

El valor de la Constitución como norma suprema del ordenamiento se manifiesta, también, en otros preceptos complementarios. Así, se configura la infracción de precepto constitucional como motivo suficiente del recurso de casación y se menciona expresamente la directa aplicabilidad de los derechos fundamentales, haciéndose explícita protección del contenido esencial que salvaguarda la Constitución.

V

El Estado se organiza territorialmente, a efectos judiciales, en municipios, partidos, provincias y Comunidades Autónomas, sobre los que ejercen potestad jurisdiccional Juzgados de Paz, Juzgados de Primera Instancia e Instrucción, de lo Contencioso-administrativo, de lo Social, de Vigilancia Penitenciaria y de Menores, Audiencias Provinciales y Tribunales Superiores de Justicia. Sobre todo el territorio nacional ejercen potestad jurisdiccional la Audiencia Nacional y el Tribunal Supremo.

La Ley contiene en este punto innovaciones importantes. Así, se democratiza el procedimiento de designación de los Jueces de Paz, se suprimen los Juzgados de Distrito, que se transforman en Juzgados de Primera Instancia o de Instrucción, se crean Juzgados unipersonales de lo Contencioso-administrativo, así como de lo Social, sustitutivos estos últimos de las Magistraturas de Trabajo; se atribuyen competencias en materia civil a las Audiencias Provinciales y, en fin, se modifica la esfera de la Audiencia Nacional, creando en la misma una Sala de lo Social, y manteniendo las Salas de lo Penal y de lo Contencioso-administrativo.

Sin embargo, las modificaciones más relevantes son las derivadas de la configuración territorial del Estado en Comunidades Autónomas que realiza la Constitución y que, lógicamente se proyecta sobre la organización territorial del Poder Judicial.

La Ley Orgánica cumple en este punto las exigencias constitucionales y estatutarias. Por ello, y como decisiones más relevantes, se crean los Tribunales Superiores de Justicia, que culminarán la organización judicial en la Comunidad Autónoma, lo que implica la desaparición de las Audiencias Territoriales hasta ahora existentes como órganos jurisdiccionales supraprovinciales de ámbito no nacional.

§1

A ello hay que añadir la regulación de la participación reconocida a las Comunidades Autónomas en la delimitación de las demarcaciones territoriales, así como las competencias que se les asignan en referencia a la gestión de los medios materiales.

Con esta nueva organización judicial, necesitada del desarrollo que llevará a cabo la futura Ley de planta y demarcación Judicial —que el Gobierno se compromete a remitir a las Cortes Generales en el plazo de un año—, se pretende poner a disposición del pueblo español una red de órganos judiciales que, junto a la mayor inmediación posible, garantice sobre todo la realización efectiva de los derechos fundamentales reconocidos en el artículo 24 de la Constitución española, entre ellos, destacadamente, el derecho a un juicio público sin dilaciones indebidas y con todas las garantías.

VI

Para garantizar la independencia del Poder Judicial, la Constitución crea el Consejo General del Poder Judicial, al que encomienda el gobierno del mismo, y remite a la Ley Orgánica el desarrollo de las normas contenidas en su artículo 122.2 y 3.

En cumplimiento de tales mandatos, la presente Ley Orgánica reconoce al Consejo General todas las atribuciones necesarias para la aplicación del estatuto orgánico de los Jueces y Magistrados, en particular en materia de nombramientos, ascensos, inspección y régimen disciplinario. La Ley concibe las facultades de inspección de Juzgados y Tribunales, no como una mera actividad represiva, sino, más bien, como una potestad que incorpora elementos de perfeccionamiento de la organización que se inspecciona.

Para la elección de los doce miembros del Consejo General del Poder Judicial que, de acuerdo con el artículo 122.2 de la Constitución española, deben ser elegidos «entre Jueces y Magistrados de todas las categorías judiciales», la Ley, informada por un principio democrático, partiendo de la base de que se trata del órgano de gobierno de un poder del Estado, recordando que todos los poderes del Estado emanan del pueblo y en atención al carácter de representantes del pueblo soberano que ostentan las Cortes Generales, atribuye a éstas la elección de dichos miembros de procedencia judicial del Consejo General. La exigencia de una muy cualificada mayoría de tres quintos —pareja a la que la Constitución requiere para la elección de los otros miembros— garantiza a la par que la absoluta coherencia con el carácter general del sistema democrático, la convergencia de fuerzas diversas y evita la conformación de un Consejo General que responda a una mayoría parlamentaria concreta y coyuntural. La Ley regula también el estatuto de los miembros del Consejo y la composición y atribuciones de los órganos en que se articula. Igualmente, se refuerza la mayoría necesaria para la propuesta de nombramiento del presidente del Tribunal Supremo y del Consejo General del Poder Judicial y otros cargos institucionales. Por último, se atribuye a la Sala de lo Contencioso-administrativo del Tribunal Supremo la competencia para conocer de los recursos que se interpongan contra los actos y disposiciones emanados del pleno o de la comisión disciplinaria del Consejo General del Poder Judicial no susceptibles de alzada.

Resta añadir que la entrada en vigor de esta Ley Orgánica significará la derogación de la Ley del mismo carácter 1/1980, de 10 de enero, cuya provisionalidad ya ha sido puesta de manifiesto.

La Ley Orgánica modifica el sistema de designación de las Salas de Gobierno, introduciendo parcialmente los métodos electivos. Ello está aconsejado por las funciones gubernativas y no jurisdiccionales que vienen llamadas a cumplir, así como por las nuevas competencias que esta misma Ley Orgánica les atribuye. En estas condiciones, habida cuenta de que la actividad de las Salas de Gobierno afecta fundamentalmente a Jueces y Magistrados y no incide directamente sobre los particulares, se adopta un sistema parcial de elección abierto y mayoritario, en el que desempeña un papel notable el conocimiento personal de electores y elegidos.

La materialización de los principios de pluralismo y participación de que se quiere impregnar el gobierno del Poder Judicial impone una profunda modificación de la actual regulación del derecho de asociación profesional que el artículo 127.1 de la Constitución reconoce a Jueces, Magistrados y Fiscales. El régimen transitorio de libertad asociativa hasta ahora existente contiene restricciones injustificadas a las que se pone fin. De ahí que esta Ley Orgánica reconozca el derecho de libre asociación profesional con la única limitación de no poder llevar a cabo actuaciones políticas ni tener vinculaciones con partidos políticos o sindicatos. Las asociaciones profesionales quedarán válidamente constituidas desde que se inscriban en el Registro que será llevado a efecto por el Consejo General del Poder Judicial.

VII

La realización práctica del derecho, constitucionalmente reconocido a la tutela judicial efectiva, requiere como presupuesto indispensable que todos los órganos jurisdiccionales estén provistos de sus correspondientes titulares, Jueces o Magistrados. Muy graves perjuicios se producen en la seguridad jurídica, en el derecho a un juicio sin dilaciones, cuando los Juzgados y Tribunales se encuentren vacantes durante prolongados lapsos de tiempo, con la correspondiente acumu-

§1 lación de asuntos pendientes y retraso en la administración de Justicia. Ello ha obligado a recurrir a fórmulas de sustituciones o prórrogas de jurisdicción especialmente inconvenientes en aquellos territorios en los que tiene lugar un progresivo y creciente incremento del trabajo. Resulta por todo ello indemorable afrontar y resolver tal problema.

Los hechos demuestran que los clásicos mecanismos de selección de personal judicial no permiten que la sociedad española se dote de Jueces y Magistrados en número suficiente. Es obligado, pues, recurrir a mecanismos complementarios. A tal fin, la Ley Orgánica prevé, un sistema de acceso a la carrera judicial de juristas de reconocido prestigio. Ello permitirá, en primer lugar, hacer frente a las necesidades y cubrir las vacantes que de otra forma no podrían serlo; en segundo término, incorporar a función tan relevante como la judicial a quienes, en otros campos jurídicos, han demostrado estar en condiciones de ofrecer capacidad y competencia acreditadas; por último, lograr entre la carrera judicial y el resto del universo jurídico la ósmosis que, a buen seguro, se dará cuando se integren en la Judicatura quienes, por haber ejercido el Derecho en otros sectores, aportarán perspectivas diferentes e incorporarán distintas sensibilidades a un ejercicio que se caracteriza por la riqueza conceptual y la diversidad de enfoques. Los requisitos exigidos, y el hecho de que operarán aquí las mismas garantías de selección objetiva y rigurosa que rigen el clásico camino de la oposición libre, aseguran simultáneamente la imparcialidad del elector y la capacidad del elegido. No se hace con ello, en definitiva, otra cosa que incorporar a nuestro sistema de selección mecanismos experimentados con éxito de antiguo no sólo en varios países, sino incluso, entre nosotros mismos, y precisamente en el Tribunal Supremo.

Sin embargo, el sistema básico de ingreso en la carrera judicial sigue siendo el de oposición libre entre licenciados en Derecho, completada por la aprobación de un curso en el Centro de Estudios Judiciales y con las prácticas en un órgano jurisdiccional.

El acceso a la categoría de Magistrado se verifica en las proporciones siguientes: De cada cuatro vacantes, dos se proveerán con los Jueces que ocupen el primer lugar en el escalafón dentro de la categoría; la tercera, por medio de pruebas selectivas y de especialización en los órdenes contencioso-administrativo y social entre los Jueces, y la cuarta, por concurso entre juristas de reconocida competencia y con más de diez años de ejercicio.

Por lo que se refiere al régimen de provisión de destinos, se sigue manteniendo como criterio básico, en lo que respecta a Juzgados, Audiencias y Tribunales Superiores de Justicia, el de la antigüedad. Ello no obsta, sin embargo, para que se introduzca también, como sistema de promoción en la carrera judicial, la especialización que es, por un lado, necesaria a la vista de la magnitud y complejidad de la legislación de nuestros días y, por otra parte, conveniente en cuanto introduce elementos de estímulo en orden a la permanente formación de Jueces y Magistrados.

Por lo demás la regulación de la carrera judicial se realiza bajo el criterio básico de su homologación con las normas comunes que rigen el resto de los funcionarios públicos, manteniendo tan sólo aquellas peculiaridades que se derivan de su específica función.

VIII

Los cuatro primeros Libros de la Ley regulan cuanto se refiere a la organización, gobierno y régimen de los órganos que integran el Poder Judicial y de su órgano de gobierno. Los Libros V y VI establecen el marco básico regulador de aquellos otros órganos, cuerpos de funcionarios y profesionales que, sin integrar el Poder Judicial, colaboran de diversas formas con él, haciendo posible la efectividad de su tutela en los términos establecidos por la Constitución.

La Ley se refiere así, en primer lugar, al Ministerio Fiscal, que tiene por misión promover la acción de la justicia en defensa de la legalidad, de los derechos de los ciudadanos y el interés público, y la de velar por la independencia de los Tribunales y la satisfacción del interés social conforme a lo previsto por el artículo 124 de la Constitución.

Consagra también la Ley la función de los Abogados y Procuradores, a los que reserva la dirección y defensa y la representación de las partes, pues a ellos corresponde garantizar la asistencia jurídica al ciudadano en el proceso, de forma obligatoria cuando así lo exija y, en todo caso, como derecho a la defensa y asistencia letrada expresamente reconocido por la Constitución.

La Policía Judicial, como institución que coopera y auxilia a la Administración de Justicia, se ve potenciada por el establecimiento de unidades funcionalmente dependientes de las autoridades Judiciales y del Ministerio Fiscal. Regula también la Ley el personal que sirve a la Administración de Justicia, comprendiendo en él a los Secretarios, así como a los Médicos Forenses,

Oficiales, Auxiliares y Agentes, cuerpos todos ellos de funcionarios que en sus respectivas competencias auxilian y colaboran con los Jueces y Tribunales.

Las funciones de los Secretarios merecen especial regulación en el Título IV del Libro III, pues a ellos corresponde la fe pública judicial al mismo tiempo que la ordenación e impulso del procedimiento, viéndose reforzadas sus funciones de dirección procesal.

Junto a las previsiones básicas sobre la estructura y funciones de los cuerpos de Oficiales, Auxiliares y Agentes, así como de los Médicos Forenses, la Ley establece la previsión de que otros técnicos puedan servir a la Administración de

Justicia constituyendo al efecto cuerpos y escalas, o bajo contrato laboral. Con ello se trata de garantizar y potenciar la estructura del personal al servicio de los órganos judiciales y su cada vez más necesaria especialización.

IX

El ciudadano es el destinatario de la Administración de Justicia. La Constitución exige y esta Ley Orgánica consagra los principios de oralidad y publicidad, para lo que se acentúa la necesaria inmediación que ha de desarrollarse en las leyes procesales y, junto a ello, se regula por primera vez la responsabilidad patrimonial del Estado que pueda derivarse del error Judicial o del funcionamiento anormal de la Administración de Justicia, sin perjuicio de la responsabilidad individual de Jueces y Magistrados de carácter civil, penal y disciplinaria, complementándose de esta forma un Poder Judicial plenamente responsable.

X

Las disposiciones adicionales, transitorias y final de la Ley regulan los problemas de su aplicación sincrónica, haciendo posible la adecuación de la organización judicial vigente a la que esta Ley establece y previendo expresamente las leyes de desarrollo que han de implantar en su totalidad la nueva organización del Poder Judicial.

TÍTULO PRELIMINAR
Del Poder Judicial y del ejercicio de la potestad jurisdiccional

Art. 1. La Justicia emana del pueblo y se administra en nombre del Rey por Jueces y Magistrados integrantes del Poder Judicial, independientes, inamovibles, responsables y sometidos únicamente a la Constitución y al imperio de la ley.

Art. 117.1 CE; art. 6.1 CEDH; art. 403 LEC; arts. 104, 378, 405, 411 y 414 LOPJ.

Art. 2. 1. El ejercicio de la potestad jurisdiccional, juzgando y haciendo ejecutar lo juzgado, corresponde exclusivamente a los jueces, a las juezas y a los Tribunales determinados en las leyes y en los tratados internacionales.

Arts. 93 y 117.3 CE.

2. Los jueces, las juezas y los Tribunales no ejercerán más funciones que las señaladas en el párrafo anterior, y las demás que expresamente les sean atribuidas por ley en garantía de cualquier derecho.

Modificado por la Ley Orgánica 1/2025, de 2 de enero, de medidas en materia de eficiencia del Servicio Público Justicia. El apartado 2 fue redactado por la LO 8/2011, de 21 de julio, complementaria de la Ley del Registro Civil, teniendo en cuenta que entró en vigor el 22 de julio de 2014. Luego la 18/2014, de 15 de octubre, ha dispuesto que la Ley 20/2011, de 21 de julio, en la parte que al día de la publicación del Real Decreto-ley 8/2014, de 4 de julio, no hubiera entrado en vigor, lo hará el día 15 de julio de 2015. Luego la LO 7/2015, de 21 de julio. Además la Disposición Adicional 25 de la misma Ley 18/2014 dispone: «Hasta que las funciones en materia del Registro Civil sean asumidas, de conformidad con la ley, por los Registradores de la Propiedad y Mercantiles que en cada momento tengan a su cargo las oficinas del Registro Mercantil, la competencia para la práctica de los asientos, así como para expedir certificaciones y, en general, para las demás actuaciones a realizar en el Registro Civil corresponderá a los Jueces y Magistrados que hasta ese momento tuvieran la condición de Encargados del Registro Civil, o a los Secretarios, por delegación de aquellos de la capacidad de certificación, y se llevará a cabo conforme a la Ley de 8 de junio de 1957, del Registro Civil, en las oficinas en las que actualmente se prestan».

Art. 3. 1. La jurisdicción es única y se ejerce por los jueces, las juezas y los Tribunales previstos en esta Ley orgánica, sin perjuicio de las potestades jurisdiccionales reconocidas por la Constitución a otros órganos.

Modificado por la Ley Orgánica 1/2025, de 2 de enero, de medidas en materia de eficiencia del Servicio Público Justicia. Arts. 117.5, 136 y 159 CE; LO 2/1982 de 12 de mayo, del Tribunal de Cuentas; LO 2/1979, de 3 de octubre, del Tribunal Constitucional.

2. Los órganos de la jurisdicción militar, integrante del Poder Judicial del Estado, basan su organización y funcionamiento en el principio de unidad jurisdiccional y administran Justicia en el ámbito estrictamente castrense y, en su caso, en las materias que establezca la declaración del estado de sitio, de acuerdo con la Constitución y lo dispuesto en las leyes penales, procesales y disciplinarias militares.

Apartado redactado por la LO 7/2015, de 21 de julio.

Art. 4. La jurisdicción se extiende a todas las personas, a todas las materias y a todo el territorio español, en la forma establecida en la Constitución y en las leyes.

Arts. 56.3, 66.3, 71 y 72 CE; arts. 21 y 238 LOPJ.

Art. 4 bis. 1. Los Jueces y Tribunales aplicarán el Derecho de la Unión Europea de conformidad con la jurisprudencia del Tribunal de Justicia de la Unión Europea.

2. Cuando los Tribunales decidan plantear una cuestión prejudicial europea lo harán de conformidad con la jurisprudencia del Tribunal de Justicia de la Unión Europea y, en todo caso, mediante auto, previa audiencia de las partes.

Apartado redactado por la LO 7/2015, de 21 de julio.

§1

Art. 5. 1. La Constitución es la norma suprema del ordenamiento jurídico, y vincula a todos los Jueces y Tribunales quienes interpretarán y aplicarán las leyes y los reglamentos según los preceptos y principios constitucionales, conforme a la interpretación de los mismos que resulte de las resoluciones dictadas por el Tribunal Constitucional en todo tipo de procesos.

Arts. 9.1 y 164 CE.

2. Cuando un órgano judicial considere, en algún proceso, que una norma con rango de ley, aplicable al caso, de cuya validez dependa el fallo, pueda ser contraria a la Constitución planteará la cuestión ante el Tribunal Constitucional, con arreglo a lo que establece su Ley Orgánica.

Art. 163 CE; arts. 30, 35 a 37 LOTC.

3. Procederá el planteamiento de la cuestión de inconstitucionalidad cuando por vía interpretativa no sea posible la acomodación de la norma al ordenamiento constitucional.

Art. 163 CE.

4. En todos los casos en que, según la ley, proceda recurso de casación, será suficiente para fundamentarlo la infracción de precepto constitucional. En este supuesto, la competencia para decidir el recurso corresponderá siempre al Tribunal Supremo, cualesquiera que sean la materia, el derecho aplicable y el orden jurisdiccional.

Art. 73.1.a) LOPJ.

Art. 5 bis. Se podrá interponer recurso de revisión ante el Tribunal Supremo contra una resolución judicial firme, con arreglo a las normas procesales de cada orden jurisdiccional, cuando el Tribunal Europeo de Derechos Humanos haya declarado que dicha resolución ha sido dictada en violación de alguno de los derechos reconocidos en el Convenio Europeo para la Protección de los Derechos Humanos y Libertades Fundamentales y sus Protocolos, siempre que la violación, por su naturaleza y gravedad, entrañe efectos que persistan y no puedan cesar de ningún otro modo que no sea mediante esta revisión.

Apartado redactado por la LO 7/2015, de 21 de julio.

Art. 6. Los Jueces y Tribunales no aplicarán los reglamentos o cualquier otra disposición contrarios a la Constitución, a la ley y al principio de jerarquía normativa.

Arts. 9.3 y 106.1 CE.

Art. 7. 1. Los derechos y libertades reconocidos en el Capítulo II del Título I de la Constitución vinculan, en su integridad, a todos los Jueces y Tribunales y están garantizados bajo la tutela efectiva de los mismos.

§1

2. En especial, los derechos enunciados en el artículo 53.2 de la Constitución se reconocerán, en todo caso, de conformidad con su contenido constitucionalmente declarado, sin que las resoluciones judiciales puedan restringir, menoscabar o inaplicar dicho contenido.

3. Los jueces y las juezas protegerán los derechos e intereses legítimos, tanto individuales como colectivos, sin que en ningún caso pueda producirse indefensión. Para la defensa de estos últimos se reconocerá la legitimación de las corporaciones, asociaciones, organizaciones sindicales y grupos que resulten afectados o que estén legalmente habilitados para su defensa y promoción.

Modificado por la Ley Orgánica 1/2025, de 2 de enero, de medidas en materia de eficiencia del Servicio Público Justicia. Arts. 24 y 53.1 CE; Ley 62/1978, de 26 de diciembre, de Protección de los Derechos Fundamentales de la Persona; arts. 6.1.7º y 11.3 LEC.

Art. 8. Los Tribunales controlan la potestad reglamentaria y la legalidad de la actuación administrativa, así como el sometimiento de ésta a los fines que la justifican.

Arts. 9.3, 103.1 y 106.1 CE; Ley 29/1998, de 13 de junio, reguladora de la Jurisdicción Contencioso-administrativa.

Art. 9. 1. Los jueces y juezas, así como los Tribunales ejercerán su jurisdicción exclusivamente en aquellos casos en que les venga atribuida por esta u otra ley.

Modificado por la Ley Orgánica 1/2025, de 2 de enero, de medidas en materia de eficiencia del Servicio Público Justicia. Art. 117.3 CE.

2. Los jueces y juezas, así como los Tribunales del orden civil conocerán, además de las materias que les son propias, de todas aquellas que no estén atribuidas a otro orden jurisdiccional.

Art. 22 LOPJ; art. 49 LEC.

En este orden civil, corresponderá a la Jurisdicción Militar la prevención de los juicios de testamentaría y de abintestato de los miembros de las Fuerzas Armadas que, en situación de conflicto armado, fallecieren en campaña o navegación, limitándose a la práctica de la asistencia imprescindible para disponer el sepelio del difunto y la formación del inventario y aseguramiento provisorio de sus bienes, dando siempre cuenta a la Autoridad judicial civil competente.

Arts. 519 a 521 LO 2/1989, de 13 de abril, Procesal Militar.

§1

Artículo modificado por la Ley Orgánica 1/2025, de 2 de enero, de medidas en materia de eficiencia del Servicio Público Justicia.

3. Los del orden jurisdiccional penal tendrán atribuido el conocimiento de las causas y juicios criminales, con excepción de los que correspondan a la jurisdicción militar.

Art. 23 LOPJ; art. 4 LO 4/1987, de la competencia y organización de la jurisdicción militar.

4. Los del orden contencioso-administrativo conocerán de las pretensiones que se deduzcan en relación con la actuación de las Administraciones públicas sujeta al derecho administrativo, con las disposiciones generales de rango inferior a la ley y con los reales decretos legislativos en los términos previstos en el artículo 82.6 de la Constitución, de conformidad con lo que establezca la Ley de esa jurisdicción. También conocerán de los recursos contra la inactividad de la Administración y contra sus actuaciones materiales que constituyan vía de hecho. Quedan excluidos de su conocimiento los recursos directos o indirectos que se interpongan contra las Normas Forales fiscales de las Juntas Generales de los Territorios Históricos de Álava, Guipúzcoa y Vizcaya, que corresponderán, en exclusiva, al Tribunal Constitucional, en los términos establecidos por la disposición adicional quinta de su Ley Orgánica.

Apartado redactado conforme a la Ley Orgánica 1/2010, de 19 de febrero.

Conocerán, asimismo, de las pretensiones que se deduzcan en relación con la responsabilidad patrimonial de las Administraciones públicas y del personal a su servicio, cualquiera que sea la naturaleza de la actividad o el tipo de relación de que se derive. Si a la producción del daño hubieran concurrido sujetos privados, el demandante deducirá también frente a ellos su pretensión ante este orden jurisdiccional. Igualmente conocerán de las reclamaciones de responsabilidad cuando el interesado accione directamente contra la aseguradora de la Administración, junto a la Administración respectiva.

También será competente este orden jurisdiccional si las demandas de responsabilidad patrimonial se dirigen, además, contra las personas o entidades públicas o privadas indirectamente responsables de aquéllas.

Redactado por LO 19/2003, de 23 de diciembre; arts. 1 a 5 Ley 29/1998, de 13 de julio, reguladora de la Jurisdicción Contencioso-administrativa.

5. Los del orden jurisdiccional social conocerán de las pretensiones que se promuevan dentro de la rama social del Derecho, tanto en conflictos individuales

como colectivos, así como las reclamaciones en materia de Seguridad Social o contra el Estado cuando le atribuya responsabilidad la legislación laboral.

Art. 25 LOPJ.

6. La jurisdicción es improrrogable. Los órganos judiciales apreciarán de oficio la falta de jurisdicción y resolverán sobre la misma con audiencia de las partes y del Ministerio Fiscal. En todo caso, esta resolución será fundada y se efectuará indicando siempre el orden jurisdiccional que se estime competente.

Art. 50 LOPJ; art. 3.8 EOMF.

Art. 10. 1. A los solos efectos prejudiciales, cada orden jurisdiccional podrá conocer de asuntos que no le estén atribuidos privativamente.

2. No obstante, la existencia de una cuestión prejudicial penal de la que no pueda prescindirse para la debida decisión o que condicione directamente el contenido de ésta determinará la suspensión del procedimiento mientras aquélla no sea resuelta por los órganos penales a quienes corresponda, salvo las excepciones que la ley establezca.

Arts. 4, 5 y 114 LECRIM; arts. 40 a 43 LEC; art. 4 LJCA; art. 4 LPL.

Art. 11. 1. En todo tipo de procedimiento se respetarán las reglas de la buena fe. No surtirán efecto las pruebas obtenidas, directa o indirectamente, violentando los derechos o libertades fundamentales.

Art. 7 CC; arts. 247, 287 y 433 LEC.

2. Los jueces y juezas, así como los Tribunales rechazarán fundadamente las peticiones, incidentes y excepciones que se formulen con manifiesto abuso de derecho o entrañen fraude de ley o procesal.

Modificado por la Ley Orgánica 1/2025, de 2 de enero, de medidas en materia de eficiencia del Servicio Público Justicia. Arts. 6.4 y 12.4 CC; art. 247.2 LEC.

3. Los jueces y juezas, así como los Tribunales, de conformidad con el principio de tutela efectiva consagrado en el artículo 24 de la Constitución, deberán resolver siempre sobre las pretensiones que se les formulen, y solo podrán desestimarlas por motivos formales cuando el defecto fuese insubsanable o no se subsanare por el procedimiento establecido en las leyes.

Modificado por la Ley Orgánica 1/2025, de 2 de enero, de medidas en materia de eficiencia del Servicio Público Justicia. Arts. 1.7 y 3 CC; art. 218 LEC.

§1

Art. 12. 1. En el ejercicio de la potestad jurisdiccional, los Jueces y Magistrados son independientes respecto a todos los órganos judiciales y de gobierno del Poder Judicial.

Arts. 117.1 y 127 CE; arts. 378 a 388 LOPJ.

2. No podrán los Jueces y Tribunales corregir la aplicación o interpretación del ordenamiento jurídico hecha por sus inferiores en el orden jerárquico judicial sino cuando administren justicia en virtud de los recursos que las leyes establezcan.

Arts. 176.2 y 418.4 LOPJ.

3. Tampoco podrán los Jueces y Tribunales, órganos de gobierno de los mismos o el Consejo General del Poder Judicial dictar instrucciones, de carácter general o particular, dirigidas a sus inferiores, sobre la aplicación o interpretación del ordenamiento jurídico que lleven a cabo en el ejercicio de su función jurisdiccional.

Arts. 162 y 417.4 LOPJ.

Art. 13. Todos están obligados a respetar la independencia de los Jueces y Magistrados.

Art. 14. 1. Los Jueces y Magistrados que se consideren inquietados o perturbados en su independencia lo pondrán en conocimiento del Consejo General del Poder Judicial, dando cuenta de los hechos al Juez o Tribunal competente para seguir el procedimiento adecuado, sin perjuicio de practicar por sí mismos las diligencias estrictamente indispensables para asegurar la acción de la justicia y restaurar el orden jurídico.

2. El Ministerio Fiscal, por sí o a petición de aquellos, promoverá las acciones pertinentes en defensa de la independencia Judicial.

Art. 124.2 CE; art. 541 LOPJ.

Art. 15. Los Jueces y Magistrados no podrán ser separados, suspendidos, trasladados ni jubilados sino por alguna de las causas y con las garantías previstas en esta Ley.

Art. 117.2 CE.

Art. 16. 1. Los Jueces y Magistrados responderán penal y civilmente en los casos y en la forma determinada en las leyes, y disciplinariamente de conformidad con lo establecido en esta Ley.

Art. 117.1 CE; arts. 297 y 405 a 427 LOPJ.

2. Se prohiben los Tribunales de Honor en la Administración de Justicia.
Art. 26 CE.

§1

Art. 17. 1. Todas las personas y entidades públicas y privadas están obligadas a prestar, en la forma que la ley establezca, la colaboración requerida por los Jueces y Tribunales en el curso del proceso y en la ejecución de lo resuelto, con las excepciones que establezcan la Constitución y las leyes, y sin perjuicio del resarcimiento de los gastos y el abono de las remuneraciones debidas que procedan conforme a la ley.

Art. 118 CE; art. 469 LOPJ; arts. 167, 169, 330, 332 y 591 LEC; arts. 410 y ss. y 701 y ss. LECRIM.

2. Las Administraciones Públicas, las Autoridades y funcionarios, las Corporaciones y todas las entidades públicas y privadas, y los particulares, respetarán y, en su caso, cumplirán las sentencias y las demás resoluciones judiciales que hayan ganado firmeza o sean ejecutables de acuerdo con las leyes.

Art. 118 CE; arts. 591 LEC; arts. 103 y 112 LJCA; arts. 235 y ss. LPL.

Art. 18. 1. Las resoluciones judiciales sólo podrán dejarse sin efecto en virtud de los recursos previstos en las leyes.

2. Las sentencias se ejecutarán en sus propios términos. Si la ejecución resultare imposible, el Juez o Tribunal adoptará las medidas necesarias que aseguren la mayor efectividad de la ejecutoria, y fijará en todo caso la indemnización que sea procedente en la parte en que aquélla no pueda ser objeto de cumplimiento pleno. Sólo por causa de utilidad pública o interés social, declarada por el Gobierno, podrán expropiarse los derechos reconocidos frente a la Administración Pública en una sentencia firme, antes de su ejecución. En este caso el Juez o Tribunal a quien corresponda la ejecución será el único competente para señalar por vía incidental la correspondiente indemnización.

Arts. 24.1 y 118 CE; arts. 517.2 LEC; arts. 103 y 112 LJCA; arts. 235 y ss. LPL.

3. Lo dispuesto en este artículo se entiende sin perjuicio del derecho de gracia, cuyo ejercicio, de acuerdo con la Constitución y las leyes, corresponde al Rey.

Arts. 62.i) y 102.3 CE; L. 18 de junio de 1870, sobre ejercicio del derecho de Gracia, modificada por L. 1/1988, de 14 de enero; RD 1879/1994, de 16 de septiembre.

Art. 19. 1. Los ciudadanos de nacionalidad española podrán ejercer la acción popular, en los casos y formas establecidos en la ley.

Art. 125 CE; arts. 20.3 y 406 LOPJ; arts. 101 a 103 y 270 LECRIM.

§1

2. Asimismo, podrán participar en la Administración de Justicia: mediante la institución del Jurado, en la forma y con respecto a aquellos procesos penales que la ley determine; en los Tribunales consuetudinarios y tradicionales y en los demás casos previstos en esta Ley.

Art. 125 CE; LO 5/1995, de 22 de mayo, del Tribunal del Jurado.

3. Tiene el carácter de Tribunal consuetudinario y tradicional el Tribunal de las Aguas de la Vega Valenciana.

Art. 39.2 Estatuto Autonomía Comunidad Valenciana.

4. Se reconoce el carácter de Tribunal consuetudinario y tradicional al denominado Consejo de Hombres Buenos de Murcia.

Párrafo añadido por art. 1 LO 13/1999, de 14 de mayo.

5. Se reconoce el carácter de tribunal consuetudinario y tradicional al denominado Juzgado Privativo de Aguas de Orihuela y Pueblos de su Marco.

6. Se reconoce el carácter de tribunal consuetudinario y tradicional al denominado Tribunal del Comuner del Rollet de Gràcia de l'Horta d'Aldaia.

Párrafos 5 y 6 añadidos por la LO 10/2021, de 14 de diciembre, de modificación de la LOPJ.

Art. 20. 1. La Justicia será gratuita en los supuestos que establezca la ley.

Art. 119 CE; Ley 53/2002, de 30 de diciembre, sobre tasa judicial.

2. Se regulará por ley un sistema de justicia gratuita que dé efectividad al derecho declarado en los artículos 24 y 119 de la Constitución, en los casos de insuficiencia de recursos para litigar.

Ley 1/1996, de 10 de enero, de asistencia jurídica gratuita, y su Reglamento, aprobado por Real Decreto 141/2021, de 9 de marzo, modificado por RD 586/2022, de 19 de julio.

3. No podrán exigirse fianzas que por su inadecuación impidan el ejercicio de la acción popular, que será siempre gratuita.

§1

LIBRO I
DE LA EXTENSIÓN Y LÍMITES DE LA JURISDICCIÓN Y DE LA PLANTA Y ORGANIZACIÓN DE LOS TRIBUNALES

Rúbrica modificada por la Ley Orgánica 1/2025, de 2 de enero, de medidas en materia de eficiencia del Servicio Público Justicia

TÍTULO I
De la extensión y límites de la jurisdicción

Art. 21. 1. Los Tribunales civiles españoles conocerán de las pretensiones que se susciten en territorio español con arreglo a lo establecido en los tratados y convenios internacionales en los que España sea parte, en las normas de la Unión Europea y en las leyes españolas.

2. No obstante, no conocerán de las pretensiones formuladas respecto de sujetos o bienes que gocen de inmunidad de jurisdicción y de ejecución de conformidad con la legislación española y las normas de Derecho Internacional Público.

Apartado 1 redactado por la LO 7/2015, de 21 de julio; y el apartado 2 redactado por la Ley Orgánica 16/2015, de 27 de octubre.

Art. 22. Con carácter exclusivo, los Tribunales españoles serán competentes en todo caso y con preferencia de cualquier otro, para conocer de las pretensiones relativas a las siguientes materias:

a) Derechos reales y arrendamientos de bienes inmuebles que se hallen en España. No obstante, en materia de contratos de arrendamiento de bienes inmuebles celebrados para un uso particular durante un plazo máximo de seis meses consecutivos, serán igualmente competentes los órganos jurisdiccionales españoles si el demandado estuviera domiciliado en España, siempre que el arrendatario sea una persona física y que éste y el propietario estén domiciliados en el mismo Estado.

b) Constitución, validez, nulidad o disolución de sociedades o personas jurídicas que tengan su domicilio en territorio español, así como respecto de los acuerdos y decisiones de sus órganos.

c) Validez o nulidad de las inscripciones practicadas en un registro español.

d) Inscripciones o validez de patentes, marcas, diseños o dibujos y modelos y otros derechos sometidos a depósito o registro, cuando se hubiera solicitado o efectuado en España el depósito o el registro.

e) Reconocimiento y ejecución en territorio español de sentencias y demás resoluciones judiciales, decisiones arbitrales y acuerdos de mediación dictados en el extranjero.

Artículo añadido por la LO 7/2015, de 21 de julio.

Art. 22 bis. 1. En aquellas materias en que una norma expresamente lo permita, los Tribunales españoles serán competentes cuando las partes, con independencia de su domicilio, se hayan sometido expresa o tácitamente a ellos. No surtirán efectos los acuerdos que atribuyan la competencia a los Tribunales españoles ni las estipulaciones similares incluidas en un contrato si son contrarios a lo establecido en los artículos 22 quater, 22 quinquies, 22 sexies y 22 septies, o si excluyen la competencia de los órganos judiciales españoles exclusivamente competentes conforme lo establecido en el artículo 22, en cuyo caso se estará a lo establecido en dichos preceptos.

La sumisión a los Tribunales españoles en las materias contempladas en las letras d) y e) del artículo 22 quinquies sólo será válida si se fundamenta en un acuerdo de sumisión posterior a que surja la controversia, o ambos contratantes tuvieran ya su domicilio o residencia habitual en España en el momento de celebración del contrato o el demandante fuera el consumidor, asegurado o tomador del seguro.

2. Se entenderá por acuerdo de sumisión expresa aquel pacto por el cual las partes deciden atribuir a los Tribunales españoles el conocimiento de ciertas o todas las controversias que hayan surgido o puedan surgir entre ellas respecto de una determinada relación jurídica, contractual o no contractual. La competencia establecida por sumisión expresa se extenderá a la propia validez del acuerdo de sumisión.

El acuerdo de sumisión expresa deberá constar por escrito, en una cláusula incluida en un contrato o en un acuerdo independiente, o verbalmente con confirmación escrita, así como en alguna forma que se ajuste a los hábitos que las partes tengan establecidos entre ellas, o en el comercio internacional sea conforme a los usos que las partes conozcan o deban conocer y que, en dicho comercio, sean ampliamente conocidos y regularmente observados por las partes en los contratos del mismo tipo en el sector comercial considerado. Se entenderá que media acuerdo escrito cuando resulte de una transmisión efectuada por medios electrónicos que proporcione un registro duradero.

Se considerará igualmente que hay acuerdo escrito cuando esté consignado en un intercambio de escritos de demanda y contestación dentro del proceso iniciado en España, en los cuales la existencia del acuerdo sea afirmada por una parte y no negada por la otra.

3. Con independencia de los casos en los que su competencia resulte de otras disposiciones, serán competentes los Tribunales españoles cuando comparezca ante ellos el demandado. Esta regla no será de aplicación si la comparecencia tiene por objeto impugnar la competencia.

Artículo añadido por la LO 7/2015, de 21 de julio.

§1

Art. 22 ter. 1. En materias distintas a las contempladas en los artículos 22, 22 sexies y 22 septies y si no mediare sumisión a los Tribunales españoles de conformidad con el artículo 22 bis, éstos resultarán competentes cuando el demandado tenga su domicilio en España o cuando así venga determinado por cualquiera de los foros establecidos en los artículos 22 quater y 22 quinquies.

2. Se entenderá, a los efectos de este artículo, que una persona física está domiciliada en España cuando tenga en ella su residencia habitual.

Se entenderá que una persona jurídica está domiciliada en España cuando radique en ella su sede social, su centro de administración o administración central o su centro de actividad principal.

3. En caso de pluralidad de demandados, serán competentes los Tribunales españoles cuando al menos uno de ellos tenga su domicilio en España, siempre que se ejercite una sola acción o varias entre las que exista un nexo por razón del título o causa de pedir que aconsejen su acumulación.

4. No obstante, la competencia establecida conforme a lo dispuesto en el apartado 1 de este artículo podrá ser excluida mediante un acuerdo de elección de foro a favor de un Tribunal extranjero. En tal caso, los Tribunales suspenderán el procedimiento y sólo podrán conocer de la pretensión deducida en el supuesto de que los Tribunales extranjeros designados hubieren declinado su competencia.

5. No tendrá efecto la exclusión de la competencia de los Tribunales españoles en aquellas materias en que no cabe sumisión a ellos.

Artículo añadido por la LO 7/2015, de 21 de julio.

Art. 22 quater. En defecto de los criterios anteriores, los Tribunales españoles serán competentes:

a) En materia de declaración de ausencia o fallecimiento, cuando el desaparecido hubiera tenido su último domicilio en territorio español o tuviera nacionalidad española.

b) En materia relacionada con la capacidad de las personas y las medidas de protección de las personas mayores o de sus bienes, cuando estos tuviesen su residencia habitual en España.

c) En materia de relaciones personales y patrimoniales entre cónyuges, nulidad matrimonial, separación y divorcio y sus modificaciones, siempre que ningún otro Tribunal extranjero tenga competencia, cuando ambos cónyuges posean residencia habitual en España al tiempo de la interposición de la demanda o cuando hayan tenido en España su última residencia habitual y uno de ellos resida allí, o cuando España sea la residencia habitual del demandado, o, en caso de demanda de mutuo

§1

acuerdo, cuando en España resida uno de los cónyuges, o cuando el demandante lleve al menos un año de residencia habitual en España desde la interposición de la demanda, o cuando el demandante sea español y tenga su residencia habitual en España al menos seis meses antes de la interposición de la demanda, así como cuando ambos cónyuges tengan nacionalidad española.

d) En materia de filiación y de relaciones paterno-filiales, protección de menores y de responsabilidad parental, cuando el hijo o menor tenga su residencia habitual en España al tiempo de la interposición de la demanda o el demandante sea español o resida habitualmente en España o, en todo caso, al menos desde seis meses antes de la presentación de la demanda.

e) En materia de adopción, en los supuestos regulados en la Ley 54/2007, de 28 de diciembre, de adopción internacional.

f) En materia de alimentos, cuando el acreedor o el demandado de los mismos tenga su residencia habitual en España o, si la pretensión de alimentos se formula como accesoria a una cuestión sobre el estado civil o de una acción de responsabilidad parental, cuando los Tribunales españoles fuesen competentes para conocer de esta última acción.

g) En materia de sucesiones, cuando el causante hubiera tenido su última residencia habitual en España o cuando los bienes se encuentren en España y el causante fuera español en el momento del fallecimiento. También serán competentes cuando las partes se hubieran sometido a los Tribunales españoles, siempre que fuera aplicable la ley española a la sucesión. Cuando ninguna jurisdicción extranjera sea competente, los Tribunales españoles lo serán respecto de los bienes de la sucesión que se encuentren en España.

Artículo añadido por la LO 7/2015, de 21 de julio.

Art. 22 quinquies. Asimismo, en defecto de sumisión expresa o tácita y aunque el demandado no tuviera su domicilio en España, los Tribunales españoles serán competentes:

a) En materia de obligaciones contractuales, cuando la obligación objeto de la demanda se haya cumplido o deba cumplirse en España.

b) En materia de obligaciones extracontractuales, cuando el hecho dañoso se haya producido en territorio español.

c) En las acciones relativas a la explotación de una sucursal, agencia o establecimiento mercantil, cuando éste se encuentre en territorio español.

d) En materia de contratos celebrados por consumidores, estos podrán litigar en España si tienen su residencia habitual en territorio español o si lo tuviera la otra parte contratante; esta última solo podrá litigar en España si el consumidor tiene su residencia habitual en territorio español.

§1

e) En materia de seguros, cuando el asegurado, tomador o beneficiario del seguro tuviera su domicilio en España; también podrá el asegurador ser demandado ante los Tribunales españoles si el hecho dañoso se produjere en territorio español y se tratara de un contrato de seguro de responsabilidad o de seguro relativo a inmuebles, o, tratándose de un seguro de responsabilidad civil, si los Tribunales españoles fueran competentes para conocer de la acción entablada por el perjudicado contra el asegurado en virtud de lo dispuesto en la letra b) de este artículo.

f) En las acciones relativas a derechos reales sobre bienes muebles, si estos se encontraren en territorio español al tiempo de la interposición de la demanda.

Respecto a los supuestos previstos en las letras d) y e) también serán competentes los Tribunales españoles cuando el consumidor, asegurado o tomador del seguro sea demandante y las partes hayan acordado la sumisión a los Tribunales españoles después de surgir la controversia, o ambos contratantes tuvieran ya su domicilio en España en el momento de celebración del contrato o el demandante fuera el consumidor, asegurado o tomador del seguro.

Artículo añadido por la LO 7/2015, de 21 de julio.

Art. 22 sexies. Los Tribunales españoles serán competentes cuando se trate de adoptar medidas provisionales o de aseguramiento respecto de personas o bienes que se hallen en territorio español y deban cumplirse en España. Serán también competentes para adoptar estas medidas si lo son para conocer del asunto principal.

Artículo añadido por la LO 7/2015, de 21 de julio.

Art. 22 septies. En materia concursal y demás procedimientos de insolvencia se estará a lo que disponga su legislación reguladora.

Artículo añadido por la LO 7/2015, de 21 de julio.

Art. 22 octies. 1. No serán competentes los Tribunales españoles en aquellos casos en que los fueros de competencia previstos en las leyes españolas no contemplen dicha competencia.

2. Los Tribunales españoles apreciarán, de oficio o a instancia de parte, su competencia de conformidad con las normas vigentes y las circunstancias concurrentes en el momento de presentación de la demanda, y el proceso se sustanciará hasta su conclusión aunque dichas normas o circunstancias hayan sido modificadas con posterioridad, salvo que expresamente se determine lo contrario.

3. Los Tribunales españoles se declararán incompetentes si su competencia no estuviera fundada en las disposiciones de las leyes españolas, de conformidad con lo previsto en las leyes procesales.

§1 Los Tribunales españoles no podrán abstenerse o declinar su competencia cuando el supuesto litigioso presente vinculación con España y los Tribunales de los distintos Estados conectados con el supuesto hayan declinado su competencia. Tampoco lo podrán hacer cuando se trate del reconocimiento y la ejecución de resoluciones judiciales, decisiones arbitrales y acuerdos de mediación dictados por los Tribunales extranjeros.

Artículo añadido por la LO 7/2015, de 21 de julio.

Art. 22 nonies. Las excepciones de litispendencia y de conexidad internacionales se alegarán y tramitarán con arreglo a las normas generales que regulen las leyes procesales.

Artículo añadido por la LO 7/2015, de 21 de julio.

Art. 23. 1. En el orden penal corresponderá a la jurisdicción española el conocimiento de las causas por delitos y faltas cometidos en territorio español o cometidos a bordo de buques o aeronaves españoles, sin perjuicio de lo previsto en los tratados internacionales en los que España sea parte.

2. También conocerá la jurisdicción española de los delitos que hayan sido cometidos fuera del territorio nacional, siempre que los criminalmente responsables fueren españoles o extranjeros que hubieran adquirido la nacionalidad española con posterioridad a la comisión del hecho y concurrieren los siguientes requisitos:

a) Que el hecho sea punible en el lugar de ejecución, salvo que, en virtud de un Tratado internacional o de un acto normativo de una Organización internacional de la que España sea parte, no resulte necesario dicho requisito, sin perjuicio de lo dispuesto en los apartados siguientes.

b) Que el agraviado o el Ministerio Fiscal interpongan querella ante los tribunales españoles. Este requisito se considerará cumplido en relación con los delitos competencia de la Fiscalía Europea cuando esta ejercite efectivamente su competencia.

Redactado por LO 9/2021, de 1 de julio

c) Que el delincuente no haya sido absuelto, indultado o penado en el extranjero, o, en este último caso, no haya cumplido la condena. Si sólo la hubiere cumplido en parte, se le tendrá en cuenta para rebajarle proporcionalmente la que le corresponda.

Apartado 2 redactado por la Ley Orgánica 1/2014, de 13 de marzo, de modificación de la Ley Orgánica 6/1985, de 1 de julio, del Poder Judicial, relativa a la justicia universal.

3. Conocerá la jurisdicción española de los hechos cometidos por españoles o extranjeros fuera del territorio nacional cuando sean susceptibles de tipificarse, según la ley penal española, como alguno de los siguientes delitos:

a) De traición y contra la paz o la independencia del Estado.

b) Contra el titular de la Corona, su Consorte, su Sucesor o el Regente.

c) Rebelión y sedición.

d) Falsificación de la firma o estampilla reales, del sello del Estado, de las firmas de los Ministros y de los sellos públicos u oficiales.

e) Falsificación de moneda española y su expedición.

f) Cualquier otra falsificación que perjudique directamente al crédito o intereses del Estado, e introducción o expedición de lo falsificado.

g) Atentado contra autoridades o funcionarios públicos españoles.

h) Los perpetrados en el ejercicio de sus funciones por funcionarios públicos españoles residentes en el extranjero y los delitos contra la Administración Pública española.

i) Los relativos al control de cambios.

Arts. 581 a 597, 485 a 491, 472 a 484, 544 a 549, 386 a 388, 389 y 550 a 556 CP; L 40/1979, de 10 de diciembre, de control de cambios, modificada por LO 10/1983, de 16 de agosto.

4. Igualmente, será competente la jurisdicción española para conocer de los hechos cometidos por españoles o extranjeros fuera del territorio nacional susceptibles de tipificarse, según la ley española, como alguno de los siguientes delitos cuando se cumplan las condiciones expresadas:

a) Genocidio, lesa humanidad o contra las personas y bienes protegidos en caso de conflicto armado, siempre que el procedimiento se dirija contra un español o contra un ciudadano extranjero que resida habitualmente en España, o contra un extranjero que se encontrara en España y cuya extradición hubiera sido denegada por las autoridades españolas.

b) Delitos de tortura y contra la integridad moral de los artículos 174 a 177 del Código Penal, cuando:

1º el procedimiento se dirija contra un español; o,

2º la víctima tuviera nacionalidad española en el momento de comisión de los hechos y la persona a la que se impute la comisión del delito se encuentre en territorio español.

c) Delitos de desaparición forzada incluidos en la Convención internacional para la protección de todas las personas contra las desapariciones forzadas, hecha en Nueva York el 20 de diciembre de 2006, cuando:

1º el procedimiento se dirija contra un español; o,

§1

2º la víctima tuviera nacionalidad española en el momento de comisión de los hechos y la persona a la que se impute la comisión del delito se encuentre en territorio español.

d) Delitos de piratería, terrorismo, tráfico ilegal de drogas tóxicas, estupefacientes o sustancias psicotrópicas, trata de seres humanos, contra los derechos de los ciudadanos extranjeros y delitos contra la seguridad de la navegación marítima que se cometan en los espacios marinos, en los supuestos previstos en los tratados ratificados por España o en actos normativos de una Organización Internacional de la que España sea parte.

e) Terrorismo, siempre que concurra alguno de los siguientes supuestos:

1º el procedimiento se dirija contra un español;

2º el procedimiento se dirija contra un extranjero que resida habitualmente o se encuentre en España o, sin reunir esos requisitos, colabore con un español, o con un extranjero que resida o se encuentre en España, para la comisión de un delito de terrorismo;

Este apartado 4, e) 2º modificado por la LO 2/2015, de 30 de marzo, por la que se modifica la Ley Orgánica 10/1995, de 23 de noviembre, del Código Penal, en materia de delitos de terrorismo.

3º el delito se haya cometido por cuenta de una persona jurídica con domicilio en España;

4º la víctima tuviera nacionalidad española en el momento de comisión de los hechos;

5º el delito haya sido cometido para influir o condicionar de un modo ilícito la actuación de cualquier Autoridad española;

6º el delito haya sido cometido contra una institución u organismo de la Unión Europea que tenga su sede en España;

7º el delito haya sido cometido contra un buque o aeronave con pabellón español; o,

8º el delito se haya cometido contra instalaciones oficiales españolas, incluyendo sus embajadas y consulados.

A estos efectos, se entiende por instalación oficial española cualquier instalación permanente o temporal en la que desarrollen sus funciones públicas autoridades o funcionarios públicos españoles.

f) Los delitos contenidos en el Convenio para la represión del apoderamiento ilícito de aeronaves, hecho en La Haya el 16 de diciembre de 1970, siempre que:

1º el delito haya sido cometido por un ciudadano español; o,

2º el delito se haya cometido contra una aeronave que navegue bajo pabellón español.

g) Los delitos contenidos en el Convenio para la represión de actos ilícitos contra la seguridad de la aviación civil, hecho en Montreal el 23 de septiembre de 1971, y en su Protocolo complementario hecho en Montreal el 24 de febrero de 1988, en los supuestos autorizados por el mismo.

h) Los delitos contenidos en el Convenio sobre la protección física de materiales nucleares hecho en Viena y Nueva York el 3 de marzo de 1980, siempre que el delito se haya cometido por un ciudadano español.

i) Tráfico ilegal de drogas tóxicas, estupefacientes o sustancias psicotrópicas, siempre que:

1º el procedimiento se dirija contra un español; o,

2º cuando se trate de la realización de actos de ejecución de uno de estos delitos o de constitución de un grupo u organización criminal con miras a su comisión en territorio español.

j) Delitos de constitución, financiación o integración en grupo u organización criminal o delitos cometidos en el seno de los mismos, siempre que se trate de grupos u organizaciones que actúen con miras a la comisión en España de un delito que esté castigado con una pena máxima igual o superior a tres años de prisión.

k) Delitos contra la libertad e indemnidad sexual cometidos sobre víctimas menores de edad, siempre que:

1º el procedimiento se dirija contra un español;

2º el procedimiento se dirija contra ciudadano extranjero que resida habitualmente en España;

3º el procedimiento se dirija contra una persona jurídica, empresa, organización, grupos o cualquier otra clase de entidades o agrupaciones de personas que tengan su sede o domicilio social en España; o,

4º el delito se hubiera cometido contra una víctima que, en el momento de comisión de los hechos, tuviera nacionalidad española o residencia habitual en España.

l) Delitos regulados en el Convenio del Consejo de Europa de 11 de mayo de 2011 sobre prevención y lucha contra la violencia contra las mujeres y la violencia doméstica, siempre que:

1º el procedimiento se dirija contra un español;

2º el procedimiento se dirija contra un extranjero que resida habitualmente en España; o,

3º el delito se hubiera cometido contra una víctima que, en el momento de comisión de los hechos, tuviera nacionalidad española o residencia habitual en España, siempre que la persona a la que se impute la comisión del hecho delictivo se encuentre en España.

m) Trata de seres humanos, siempre que:

1º el procedimiento se dirija contra un español;

2º el procedimiento se dirija contra un ciudadano extranjero que resida habitualmente en España;

3º el procedimiento se dirija contra una persona jurídica, empresa, organización, grupos o cualquier otra clase de entidades o agrupaciones de personas que tengan su sede o domicilio social en España; o,

4º el delito se hubiera cometido contra una víctima que, en el momento de comisión de los hechos, tuviera nacionalidad española o residencia habitual en España, siempre que la persona a la que se impute la comisión del hecho delictivo se encuentre en España.

n) Delitos de corrupción entre particulares o en las transacciones económicas internacionales, siempre que:

1º el procedimiento se dirija contra un español;

2º el procedimiento se dirija contra un ciudadano extranjero que resida habitualmente en España;

3º el delito hubiera sido cometido por el directivo, administrador, empleado o colaborador de una empresa mercantil, o de una sociedad, asociación, fundación u organización que tenga su sede o domicilio social en España; o,

4º el delito hubiera sido cometido por una persona jurídica, empresa, organización, grupos o cualquier otra clase de entidades o agrupaciones de personas que tengan su sede o domicilio social en España.

o) Delitos regulados en el Convenio del Consejo de Europa de 28 de octubre de 2011, sobre falsificación de productos médicos y delitos que supongan una amenaza para la salud pública, cuando:

1º el procedimiento se dirija contra un español;

2º el procedimiento se dirija contra un extranjero que resida habitualmente en España;

3º el procedimiento se dirija contra una persona jurídica, empresa, organización, grupos o cualquier otra clase de entidades o agrupaciones de personas que tengan su sede o domicilio social en España;

4º la víctima tuviera nacionalidad española en el momento de comisión de los hechos; o,

5º el delito se haya cometido contra una persona que tuviera residencia habitual en España en el momento de comisión de los hechos.

p) Cualquier otro delito cuya persecución se imponga con carácter obligatorio por un Tratado vigente para España o por otros actos normativos de una Organización Internacional de la que España sea miembro, en los supuestos y condiciones que se determine en los mismos.

Asimismo, la jurisdicción española será también competente para conocer de los delitos anteriores cometidos fuera del territorio nacional por ciudadanos extranjeros que se encontraran en España y cuya extradición hubiera sido denegada por las autoridades españolas, siempre que así lo imponga un Tratado vigente para España.

Apartado 4 redactado por la Ley Orgánica 1/2014, de 13 de marzo, de modificación de la Ley Orgánica 6/1985, de 1 de julio, del Poder Judicial, relativa a la justicia universal.

5. Los delitos a los que se refiere el apartado anterior no serán perseguibles en España en los siguientes supuestos:

a) Cuando se haya iniciado un procedimiento para su investigación y enjuiciamiento en un Tribunal Internacional constituido conforme a los Tratados y Convenios en que España fuera parte.

b) Cuando se haya iniciado un procedimiento para su investigación y enjuiciamiento en el Estado del lugar en que se hubieran cometido los hechos o en el Estado de nacionalidad de la persona a que se impute su comisión, siempre que:

1º la persona a la que se impute la comisión del hecho no se encontrara en territorio español; o,

2º se hubiera iniciado un procedimiento para su extradición al país del lugar en que se hubieran cometido los hechos o de cuya nacionalidad fueran las víctimas, o para ponerlo a disposición de un Tribunal Internacional para que fuera juzgado por los mismos, salvo que la extradición no fuera autorizada.

Lo dispuesto en este apartado b) no será de aplicación cuando el Estado que ejerza su jurisdicción no esté dispuesto a llevar a cabo la investigación o no pueda realmente hacerlo, y así se valore por la Sala 2ª del Tribunal Supremo, a la que elevará exposición razonada el Juez o Tribunal.

A fin de determinar si hay o no disposición a actuar en un asunto determinado, se examinará, teniendo en cuenta los principios de un proceso con las debidas garantías reconocidos por el Derecho Internacional, si se da una o varias de las siguientes circunstancias, según el caso:

a) Que el juicio ya haya estado o esté en marcha o que la decisión nacional haya sido adoptada con el propósito de sustraer a la persona de que se trate de su responsabilidad penal.

b) Que haya habido una demora injustificada en el juicio que, dadas las circunstancias, sea incompatible con la intención de hacer comparecer a la persona de que se trate ante la justicia.

c) Que el proceso no haya sido o no esté siendo sustanciado de manera independiente o imparcial y haya sido o esté siendo sustanciado de forma en que,

§1

dadas las circunstancias, sea incompatible con la intención de hacer comparecer a la persona de que se trate ante la justicia.

A fin de determinar la incapacidad para investigar o enjuiciar en un asunto determinado, se examinará si el Estado, debido al colapso total o sustancial de su administración nacional de justicia o al hecho de que carece de ella, no puede hacer comparecer al acusado, no dispone de las pruebas y los testimonios necesarios o no está por otras razones en condiciones de llevar a cabo el juicio.

Apartado 5 redactado por la Ley Orgánica 1/2014, de 13 de marzo, de modificación de la Ley Orgánica 6/1985, de 1 de julio, del Poder Judicial, relativa a la justicia universal.

6. Los delitos a los que se refieren los apartados 3 y 4 solamente serán perseguibles en España previa interposición de querella por el agraviado o por el Ministerio Fiscal.

Apartado 6 añadido por la Ley Orgánica 1/2014, de 13 de marzo, de modificación de la Ley Orgánica 6/1985, de 1 de julio, del Poder Judicial, relativa a la justicia universal.

Art. 24. En el orden contencioso-administrativo será competente, en todo caso, la jurisdicción española cuando la pretensión que se deduzca se refiera a disposiciones de carácter general o a actos de las Administraciones Públicas españolas. Asimismo conocerá de las que se deduzcan en relación con actos de los Poderes públicos españoles, de acuerdo con lo que dispongan las leyes.

Art. 9.4 LOPJ; arts 1 a 4 LJCA.

Art. 25. En el orden social, los jueces y juezas, así como los Tribunales españoles serán competentes:

1º En materia de derechos y obligaciones derivados de contrato de trabajo, cuando los servicios se hayan prestado en España o el contrato se haya celebrado en territorio español; cuando el demandado tenga su domicilio en territorio español o una agencia, sucursal, delegación o cualquier otra representación en España; cuando el trabajador o la trabajadora y el empresario o la empresaria tengan nacionalidad española, cualquiera que sea el lugar de prestación de los servicios o de celebración del contrato; y, además, en el caso de contrato de embarque, si el contrato fue precedido de oferta recibida en España por trabajador español.

2º En materia de control de legalidad de los convenios colectivos de trabajo celebrados en España y de pretensiones derivadas de conflictos colectivos de trabajo promovidos en territorio español.

3º En materia de pretensiones de Seguridad Social frente a entidades españolas o que tengan domicilio, agencia, delegación o cualquier otra representación en España.

Modificado por la Ley Orgánica 1/2025, de 2 de enero, de medidas en materia de eficiencia del Servicio Público Justicia. Art. 9.5 LOPJ; arts 1, 2 y 3 LPL.

§1

TÍTULO II
De la planta y organización territorial

CAPÍTULO I
De los Tribunales

Rúbrica modificada por la Ley Orgánica 1/2025, de 2 de enero, de medidas en materia de eficiencia del Servicio Público Justicia.

Art. 26. Los Tribunales a los que se atribuye el ejercicio de la potestad jurisdiccional son los siguientes:
a) Jueces y juezas de paz.
b) Tribunales de Instancia.
c) Audiencias Provinciales.
d) Tribunales Superiores de Justicia.
e) Tribunal Central de Instancia.
f) Audiencia Nacional.
g) Tribunal Supremo.

Precepto redactado conforme a la LO 8/2003, para la reforma concursal, y luego por la LO 1/2004, de 28 de diciembre y modificado por la Ley Orgánica 1/2025, de 2 de enero, de medidas en materia de eficiencia del Servicio Público Justicia.

Art. 27. 1. Cuando las Salas de los Tribunales se dividan en Secciones y hubiere dos o más, se designarán por numeración ordinal.

2. Las plazas judiciales que integran los Tribunales de Instancia y el Tribunal Central de Instancia se designarán por numeración cardinal dentro de la misma Sección.

Modificado por la Ley Orgánica 1/2025, de 2 de enero, de medidas en materia de eficiencia del Servicio Público Justicia.

Art. 28.

Sin contenido. LO 19/2003, de 23 de diciembre.

Art. 29. 1. La planta de los tribunales se establecerá por ley. Será revisada con base en la evolución de las cargas de trabajo, población y otros parámetros que se consideren relevantes, al menos, cada cinco años, previo informe del Consejo General del Poder Judicial, para adaptarla a las nuevas necesidades.

§1
2. La revisión de la planta de los tribunales podrá ser instada por las comunidades autónomas con competencia en materia de Justicia para adaptarla a las necesidades de su ámbito territorial.

Modificado por la Ley Orgánica 1/2025, de 2 de enero, de medidas en materia de eficiencia del Servicio Público Justicia. Redactado por LO 19/2003, de 23 de diciembre. Arts. 36 y 127.9 LOPJ.

CAPÍTULO II
De la división territorial en lo judicial

Art. 30. El Estado se organiza territorialmente, a efectos judiciales, en municipios, partidos, provincias y Comunidades Autónomas.

Art. 31. El municipio se corresponde con la demarcación administrativa del mismo nombre.

Art. 4 LDYPJ.

Art. 32. 1. El partido es la unidad territorial integrada por uno o más municipios limítrofes, pertenecientes a una misma provincia.

2. La modificación de partidos se realizará, en su caso, en función del número de asuntos, de las características de la población, medios de comunicación y comarcas naturales.

3. El partido podrá coincidir con la demarcación provincial.

Art. 35.6 LOPJ; art. 4 LDYPJ.

Art. 33. La provincia se ajustará a los límites territoriales de la demarcación administrativa del mismo nombre.

Art. 34. La Comunidad Autónoma será el ámbito territorial de los Tribunales Superiores de Justicia.

Arts. 2 y 7 LDYPJ.

Art. 35. 1. La demarcación judicial, que determinará la circunscripción territorial de los órganos judiciales, se establecerá por ley o, en los casos expresamente contemplados en esta norma, por real decreto.

2. A tal fin, las Comunidades Autónomas participarán en la organización de la demarcación judicial de sus territorios respectivos, remitiendo al Gobierno, a solicitud de éste, una propuesta de la misma en la que fijarán los partidos judiciales.

3. El Ministerio de Justicia, vistas las propuestas de las Comunidades Autónomas, redactará la correspondiente disposición normativa, que será informada por el Consejo General del Poder Judicial en el plazo de dos meses.

4. Emitidos los precitados informes, el Gobierno procederá a la tramitación del oportuno proyecto normativo.

5. La demarcación judicial será revisada cada cinco años o antes si las circunstancias lo aconsejan, mediante ley elaborada conforme al procedimiento anteriormente establecido.

6. Las Comunidades Autónomas, previo informe del Consejo General del Poder Judicial, determinarán, por ley, la capitalidad de los partidos judiciales.

Artículo redactado por la LO 7/2015, de 21 de julio. Art. 152.1 CE, art. 127.8 LOPJ; art. 4.4 LDYPJ.

Art. 36. La creación de las Secciones de las Audiencias y Tribunales y de plazas judiciales, siempre que no suponga alteración de la demarcación judicial, corresponderá al Gobierno, oídos preceptivamente la comunidad autónoma afectada y el Consejo General del Poder Judicial.

Modificado por la Ley Orgánica 1/2025, de 2 de enero, de medidas en materia de eficiencia del Servicio Público Justicia.

Art. 37. 1. Corresponde al Ministerio de Justicia o al órgano competente de la comunidad autónoma con competencias en materia de justicia proveer a los juzgados y tribunales de los medios precisos para el desarrollo de su función con independencia y eficacia.

2. A tal efecto, el Consejo General del Poder Judicial remitirá anualmente al Ministerio de Justicia o al órgano competente de la comunidad autónoma con competencias en materia de justicia una relación circunstanciada de las necesidades que estime existentes.

Redactado por LO 19/2003, de 23 de diciembre.

TÍTULO III
De los conflictos de jurisdicción y de los conflictos y cuestiones de competencia

CAPÍTULO I
De los conflictos de jurisdicción

Art. 38. 1. Los conflictos de jurisdicción entre los Juzgados o Tribunales y la Administración serán resueltos por un órgano colegiado constituido por el Presidente del Tribunal Supremo, que lo presidirá, y por cinco vocales, de los que dos serán Magistrados de la Sala de lo Contencioso-administrativo del Tribunal Supremo, designados por el Pleno del Consejo General del Poder Judicial, y los otros tres serán Consejeros Permanentes del Estado, actuando como Secretario el de Gobierno del Tribunal Supremo.

2. El Presidente tendrá siempre voto de calidad en caso de empate.

Arts. 125.8 y 127.13 y Disp. Ad. 1ª y 4ª LOPJ; arts 1 a 21 LO de Conflictos Jurisdiccionales.

Art. 39. 1. Los conflictos de jurisdicción entre los Juzgados o Tribunales de cualquier orden jurisdiccional de la jurisdicción ordinaria y los órganos judiciales militares, serán resueltos por la Sala de Conflictos de Jurisdicción, compuesta por el Presidente del Tribunal Supremo que la presidirá, dos Magistrados de la Sala del Tribunal Supremo del orden Jurisdiccional en conflicto y dos Magistrados de la Sala de lo Militar, todos ellos designados por el Pleno del Consejo General del Poder Judicial. Actuará como Secretario de esta Sala el de Gobierno del Tribunal Supremo.

Redactado conforme a la Disp. Ad. 5ª de la LO 4/1987, de 15 de julio, sobre competencia y organización de la jurisdicción militar.
Arts. 1235.8 y 127.13 LOPJ; arts. 22 a 29 LO de Conflictos Jurisdiccionales.

2. El Presidente tendrá siempre voto de calidad en caso de empate.

Art. 40. Anualmente se renovarán los componentes de los órganos colegiados decisorios previstos en los dos artículos.

Art. 41. El planteamiento, tramitación y decisión de los conflictos de Jurisdicción se ajustará a lo dispuesto en la ley.

Arts. 15 a 21 y 29 LO de Conflictos Jurisdiccionales.

CAPÍTULO II
De los conflictos de competencia

Art. 42. Los conflictos de competencia que puedan producirse entre Juzgados o Tribunales de distinto orden jurisdiccional integrados en el Poder Judicial, se resolverán por una Sala especial del Tribunal Supremo, presidida por el Presidente y compuesta por dos Magistrados, uno por cada orden jurisdiccional en conflicto, que serán designados anualmente por la Sala de Gobierno. Actuará como Secretario de esta Sala especial el de Gobierno del Tribunal Supremo.

Art. 125.8 LOPJ; arts. 15 a 21 LO de Conflictos Jurisdiccionales.

Art. 43. Los conflictos de competencia, tanto positivos como negativos, podrán ser promovidos de oficio o a instancia de parte o del Ministerio Fiscal, mientras el proceso no haya concluido por sentencia firme, salvo que el conflicto se refiera a la ejecución del fallo.

Art. 44. El orden jurisdiccional penal es siempre preferente. Ningún Juez o Tribunal podrá plantear conflicto de competencia a los órganos de dicho orden jurisdiccional.

Art. 45. Suscitado el conflicto de competencia en escrito razonado, en el que se expresarán los preceptos legales en que se funde, el Juez o Tribunal, oídas las partes y el Ministerio Fiscal por plazo común de diez días, decidirá por medio de auto si procede declinar el conocimiento del asunto o requerir al órgano jurisdiccional que esté conociendo para que deje de hacerlo.

Art. 46. 1. Al requerimiento de inhibición se acompañará testimonio del auto dictado por el Juez o Tribunal requirente, de los escritos de las partes y del Ministerio Fiscal y de los demás particulares que se estimen conducentes para justificar la competencia de aquél.

2. El requerido, con audiencia del Ministerio Fiscal y de las partes por plazo común de diez días, dictará auto resolviendo sobre su competencia.

Art. 47. 1. Si no se accediere al requerimiento, se comunicará así al requirente y se elevarán por ambos las actuaciones a la Sala de Conflictos, conservando ambos órganos, en su caso, los testimonios necesarios para cumplir lo previsto en el apartado 2 del artículo 48.

2. La Sala, oído el Ministerio Fiscal por plazo no superior a diez días, dictará auto en los diez siguientes, sin que contra él quepa recurso alguno. El auto que se dicte resolverá definitivamente el conflicto de competencia.

Art. 48. 1. Desde que se dicte el auto declinando la competencia o acordando el requerimiento, y desde que se tenga conocimiento de éste por el Juez o Tribunal requerido, se suspenderá el procedimiento en el asunto a que se refiere aquél.

2. No obstante, la suspensión no alcanzará a las actuaciones preventivas o preparatorias ni a las cautelares, cualesquiera que sean los órdenes jurisdiccionales en eventual conflicto, que tengan carácter urgente o necesario, o que, de no adoptarse, pudieran producir un quebranto irreparable o de difícil reparación. En su caso, los Jueces o Tribunales adoptarán las garantías procedentes para asegurar los derechos o intereses de las partes o de terceros o el interés público.

Art. 49. Las resoluciones recaídas en la tramitación de los conflictos de competencia no serán susceptibles de recurso alguno, ordinario o extraordinario.

Art. 50. 1. Contra la resolución firme en que el órgano del orden jurisdiccional indicado en la resolución a que se refiere el apartado 6 del artículo 9 declare su falta de jurisdicción en un proceso cuyos sujetos y pretensiones fuesen los mismos, podrá interponerse en el plazo de diez días recurso por defecto de jurisdicción.

2. El recurso se interpondrá ante el órgano que dictó la resolución, que, tras oír a las partes personadas, si las hubiere, remitirá las actuaciones a la Sala de Conflictos.

3. La Sala reclamará del Juzgado o Tribunal que declaró en primer lugar su falta de jurisdicción que le remita las actuaciones y, oído el Ministerio Fiscal por plazo no superior a diez días, dictará auto dentro de los diez siguientes.

Art. 9.6 LOPJ.

CAPÍTULO III
De las cuestiones de competencia

Art. 51. 1. Las cuestiones de competencia entre Juzgados y Tribunales de un mismo orden jurisdiccional se resolverán por el órgano inmediato superior común, conforme a las normas establecidas en las leyes procesales.

Arts. 60.1, 73.2.c), 72.3.c), 73.5, 74.3, 82.3, 82.5.a), 85.4, 87.1.d) LOPJ; art. 60 LEC; art. 20 LECRIM; art. 12 LPL; art. 3.8 EOMF.

2. En la resolución en que se declare la falta de competencia se expresará el órgano que se considere competente.

Art. 52. No podrán suscitarse cuestiones de competencia entre Jueces y Tribunales subordinados entre sí. El Juez o Tribunal superior fijará, en todo caso, y sin ulterior recurso su propia competencia, oídas las partes y el Ministerio Fiscal por plazo común de diez días. Acordado lo procedente, recabarán las actuaciones del Juez o Tribunal inferior o le remitirán las que se hallare conociendo.

Arts. 21 y 23 LECRIM; art. 13 LPL.

TÍTULO IV
De la composición y atribuciones de los órganos jurisdiccionales

CAPÍTULO I
Del Tribunal Supremo

Art. 53. El Tribunal Supremo, con sede en la villa de Madrid, es el órgano jurisdiccional superior en todos los órdenes, salvo lo dispuesto en materia de garantías constitucionales. Tendrá jurisdicción en toda España y ningún otro podrá tener el título de Supremo.

§1

Art. 123 CE.

Art. 54. El Tribunal Supremo se compondrá de su Presidente, los Presidentes de Sala y los Magistrados que determine la ley para cada una de las Salas y, en su caso, Secciones en que las mismas puedan articularse.

Arts. 1, 6, 11, 28 a 30 LDYPJ; arts. 104.2, 106.1, 149 y ss., 163 y 178 LOPJ.

Art. 55. El Tribunal Supremo estará integrado por las siguientes Salas: Primera: De lo Civil.

Segunda: De lo Penal.

Tercera: De lo Contencioso-administrativo. Cuarta: De lo Social.

Quinta: De lo Militar, que se regirá por su legislación específica y supletoriamente por la presente Ley y por el ordenamiento común a las demás Salas del Tribunal Supremo.

Redactado conforme a la Disp. Ad. 6ª de la LO 4/1987, de 15 de julio, de competencia y organización de la jurisdicción militar.

Art. 55 bis. Además de las competencias atribuidas a las Salas de lo Civil y de lo Penal del Tribunal Supremo en los artículos 56 y 57, dichas Salas conocerán de la tramitación y enjuiciamiento de las acciones civiles y penales, respectivamente, dirigidas contra la Reina consorte o el consorte de la Reina, la Princesa o Príncipe de Asturias y su consorte, así como contra el Rey o Reina que hubiere abdicado y su consorte.

Artículo añadido por la Ley Orgánica 4/2014.

Art. 56. La Sala de lo Civil del Tribunal Supremo conocerá:

1º De los recursos de casación, revisión y otros extraordinarios en materia civil que establezca la Ley.

Arts. 478, 490 y 509 LEC.

2º De las demandas de responsabilidad civil por hechos realizados en el ejercicio de su cargo, dirigidas contra el Presidente del Gobierno, Presidentes del Congreso y del Senado, Presidente del Tribunal Supremo y del Consejo General del Poder Judicial, Presidente del Tribunal Constitucional, miembros del Gobierno, Diputados y Senadores, Vocales del Consejo General del Poder Judicial Magistrados del Tribunal Constitucional y del Tribunal Supremo, Presidentes de la Audiencia Nacional y de cualquiera de sus Salas y de los Tribunales Superiores de Justicia, Fiscal

General del Estado, Fiscales de Sala del Tribunal Supremo, Presidente y Consejeros del Tribunal de Cuentas, Presidente y Consejeros del Consejo de Estado, Defensor del Pueblo y Presidente y Consejeros de una Comunidad Autónoma, cuando así lo determine su Estatuto de Autonomía.

3º De las demandas de responsabilidad civil dirigidas contra Magistrados de la Audiencia Nacional o de los Tribunales Superiores de Justicia por hechos realizados en el ejercicio de sus cargos.

Arts. 297 y 411 a 413 LOPJ.

4º.

Sin contenido. LO 19/2003, de 23 de diciembre.

Art. 57. 1. La Sala de lo Penal del Tribunal Supremo conocerá:

1º De los recursos de casación, revisión y otros extraordinarios en materia penal que establezca la ley.

Arts. 847 a 953 y 954 a 961 LECRIM.

2º De la instrucción y enjuiciamiento de las causas contra el Presidente del Gobierno, Presidentes del Congreso y del Senado, Presidente del Tribunal Supremo y del Consejo General del Poder Judicial, Presidente del Tribunal Constitucional, miembros del Gobierno, Diputados y Senadores, Vocales del Consejo General del Poder Judicial, Magistrados del Tribunal Constitucional y del Tribunal Supremo, Presidente de la Audiencia Nacional y de cualquiera de sus Salas y de los Tribunales Superiores de Justicia, Fiscal General del Estado, Fiscales de Sala del Tribunal Supremo, Fiscal Europeo, Presidente y Consejeros del Tribunal de Cuentas, Presidente y Consejeros del Consejo de Estado y Defensor del Pueblo, así como de las causas que, en su caso, determinen los Estatutos de Autonomía.

3º De la instrucción y enjuiciamiento de las causas contra Magistrados de la Audiencia Nacional, de un Tribunal Superior de Justicia o de los Fiscales europeos delegados.

Ordinales 2º y 3º redactados por LO 9/2021, de 1 de julio.

4º De los demás asuntos que le atribuya esta Ley.

Apartado 4º añadido por la Ley Orgánica 1/2014, de 13 de marzo, de modificación de la Ley Orgánica 6/1985, de 1 de julio, del Poder Judicial, relativa a la justicia universal.

5º De los procedimientos de decomiso autónomo por los delitos para cuyo conocimiento sean competentes.

Apartado 5° añadido por la Ley Orgánica 13/2015, de 5 de octubre, de modificación de la Ley de Enjuiciamiento Criminal.

§1

2. En las causas a que se refieren los números segundo y tercero del párrafo anterior se designará de entre los miembros de la Sala, conforme a un turno pre-establecido, un instructor, que no formará parte de la misma para enjuiciarlas.

Redactado conforme a la LO 7/1988, de 28 de diciembre.

3. En las causas por delitos atribuidos a la Fiscalía Europea, contra las personas a las que se refieren los números 2º y 3º del apartado 1, se designará de entre los miembros de la Sala, conforme a un turno preestablecido, un Juez de garantías, que no formará parte de la misma para enjuiciarlas.

Apartado 3 añadido por LO 9/2021, de 1 de julio.

Art. 58. La Sala de lo Contencioso-administrativo del Tribunal Supremo conocerá:

Primero. En única instancia, de los recursos contencioso-administrativos contra actos y disposiciones del Consejo de Ministros, de las Comisiones Delegadas del Gobierno y del Consejo General del Poder Judicial y contra los actos y disposiciones de los órganos competentes del Congreso de los Diputados y del Senado, del Tribunal Constitucional, del Tribunal de Cuentas y del Defensor del Pueblo en los términos y materias que la Ley establezca y de aquellos otros recursos que excepcionalmente le atribuya la ley.

Segundo. De los recursos de casación y revisión en los términos que establezca la ley.

Tercero. De la solicitud de autorización para la declaración prevista en la disposición adicional quinta de la Ley Orgánica 3/2018, de 5 de diciembre, de Protección de Datos Personales y garantía de los derechos digitales, cuando tal solicitud sea formulada por el Consejo General del Poder Judicial.

Cuarto. De la solicitud del Gobierno prevista en el artículo cuarto de la Ley 11/2022, de 28 de junio, General de Telecomunicaciones, para la convalidación o revocación de los acuerdos de asunción o intervención de la gestión directa del servicio o los de intervención o explotación de redes.

Redactado por la LO 5/2022, de 28 de junio.

Art. 59. La Sala de lo Social del Tribunal Supremo conocerá de los recursos de casación y revisión y otros extraordinarios que establezca la ley en materias propias de este orden Jurisdiccional.

§1

Art. 60. 1. Conocerá además cada una de las Salas del Tribunal Supremo de las recusaciones que se interpusieren contra los Magistrados que las compongan, y de las cuestiones de competencia entre Juzgados o Tribunales del propio orden jurisdiccional que no tengan otro superior común.

2. A estos efectos, los Magistrados recusados no formarán parte de la Sala.

Arts. 51 y 217 y ss. LOPJ; art. 188, 110 LEC.

Art. 61. 1. Una Sala formada por el Presidente del Tribunal Supremo, los Presidentes de Sala y el Magistrado más antiguo y el más moderno de cada una de ellas conocerá:

1º De los recursos de revisión contra las sentencias dictadas en única instancia por la Sala de lo Contencioso-administrativo de dicho Tribunal.

2º De los incidentes de recusación del Presidente del Tribunal Supremo, o de los Presidentes de Sala, o de más de dos Magistrados de una Sala.

En este caso, los afectados directamente por la recusación serán sustituidos por quienes corresponda.

3º De las demandas de responsabilidad civil que se dirijan contra los Presidentes de Sala o contra todos o la mayor parte de los Magistrados de una Sala de dicho Tribunal por hechos realizados en el ejercicio de su cargo.

4º De la instrucción y enjuiciamiento de las causas contra los Presidentes de Sala o contra los Magistrados de una Sala cuando sean juzgados todos o la mayor parte de los que la constituyen.

5º Del conocimiento de las pretensiones de declaración de error judicial cuando éste se impute a una Sala del Tribunal Supremo.

6º De los procesos de declaración de ilegalidad y consecuente disolución de los partidos políticos, conforme a lo dispuesto en la Ley Orgánica 6/2002, de 27 de junio, de Partidos Políticos

Párrafo añadido por la LO 6/2002, de 27 de junio.

2. En las causas a que se refiere el número 4 del apartado anterior se designará de entre los miembros de la Sala, conforme a un turno preestablecido, un instructor que no formara parte de la misma para enjuiciarlos.

Redactado conforme a la LO 7/1988, de 28 de diciembre. Arts. 217 y ss., 293, 411 a 413 LOPJ.

La LO 4/1987, de 15 de julio, de competencia y organización de la jurisdicción militar, atribuye al conocimiento de esta Sala especial el recurso de revisión contra las sentencias de la Sala de lo Militar del TS en las materias recogidas en los apartados 5 y 6 del art. 23 de dicha ley.

En las causas por delitos atribuidos a la Fiscalía Europea, se designará de entre los miembros de la Sala, conforme a un turno preestablecido, un Juez de garantías que no formará parte de la misma para enjuiciarlas.

Redactado por LO 9/2021, de 1 de julio.

3. Una Sección, formada por el Presidente del Tribunal Supremo, el de la Sala de lo Contencioso-Administrativo y cinco Magistrados de esta misma Sala, que serán los dos más antiguos y los tres más modernos, conocerá del recurso de casación para la unificación de doctrina cuando la contradicción se produzca entre sentencias dictadas en única instancia por Secciones distintas de dicha Sala.

Apartado introducido por la LO/61998, de 13 de julio.

Art. 61 bis. 1. Al servicio del Tribunal Supremo existirá un Gabinete Técnico, que asistirá a la Presidencia y a sus diferentes Salas en los procesos de admisión de los asuntos de que conozcan y mediante la elaboración de estudios e informes que se le soliciten. También prestará apoyo a las Salas especiales en el despacho de asuntos que les estén atribuidos.

2. El Gabinete Técnico estará integrado por un Director y por miembros de la Carrera Judicial y otros juristas que ostentarán la denominación de Letrados del Gabinete Técnico.

3. A los efectos anteriores, en el Gabinete Técnico existirán tantas áreas como órdenes jurisdiccionales. Dentro de cada área podrá existir una sección de Admisión y otra sección de Estudios e Informes. En la Sala Quinta de lo Militar podrá haber un Letrado del Gabinete Técnico.

Los Letrados prestarán sus servicios en las diferentes áreas atendiendo a su especialización profesional.

4. En cada una de las áreas habrá uno o varios Letrados del Gabinete Técnico que asuman funciones de coordinación de los miembros del Gabinete que formen parte de la misma. Serán designados por el Presidente del Tribunal Supremo, preferentemente de entre los Letrados que pertenezcan a la Carrera Judicial, y deberán tener una antigüedad mínima de diez años en el ejercicio de su respectiva profesión.

5. El Ministerio de Justicia, oída la Sala de Gobierno del Tribunal Supremo y previo informe del Consejo General del Poder Judicial e informe favorable del Ministerio de Hacienda y Administraciones Públicas, determinará la composición y plantilla del Gabinete Técnico.

Excepcionalmente, por razones coyunturales y debidamente justificadas, a propuesta del Consejo General del Poder Judicial y oída la Sala de Gobierno del Tribunal Supremo, podrá el Ministerio de Justicia adscribir temporalmente, con

§1

el límite máximo de un año, un número adicional de miembros al servicio del Gabinete Técnico.

Artículo añadido por la LO 7/2015, de 21 de julio.

Art. 61 ter. La superior dirección del Gabinete Técnico será ejercida por el Presidente del Tribunal Supremo o, en caso de delegación de éste, por el Vicepresidente del Tribunal Supremo.

Artículo añadido por la LO 7/2015, de 21 de julio.

Art. 61 quater. 1. El Pleno del Consejo General del Poder Judicial nombrará al Director del Gabinete Técnico, a propuesta vinculante del Presidente del Tribunal Supremo, debiendo acreditar los requisitos legalmente exigidos para poder acceder a la categoría de Magistrado del Tribunal Supremo, teniendo dicha consideración, a efectos representativos, mientras desempeñe el cargo.

2. Los Letrados que hayan de prestar servicio en el Gabinete Técnico serán seleccionados mediante concurso de méritos, estableciéndose en el anuncio de la convocatoria los criterios de selección.

Los Letrados que no pertenezcan a la Carrera Judicial o Fiscal deberán ser funcionarios del Cuerpo de Letrados de la Administración de Justicia o funcionarios de las Administraciones Públicas u órganos constitucionales, con titulación en Derecho, pertenecientes a cuerpos del Subgrupo A1 o asimilados. La Comisión Permanente del Consejo General del Poder Judicial realizará la convocatoria a propuesta del Presidente del Tribunal Supremo, quien oirá previamente, a los efectos de fijar los criterios de selección, a la Sala de Gobierno de dicho Tribunal.

3. El Presidente del Tribunal Supremo, oídos los Presidentes de Sala y el Director del Gabinete Técnico, someterá a la Sala de Gobierno, para su aprobación, la propuesta de candidatos a cubrir las plazas de Letrado del Gabinete Técnico.

4. El Presidente del Tribunal Supremo elevará al Pleno del Consejo General del Poder Judicial la propuesta de la Sala de Gobierno del Tribunal Supremo, para que proceda al nombramiento de quienes vayan a ocupar las plazas de Letrado del Gabinete Técnico.

Artículo añadido por la LO 7/2015, de 21 de julio.

Art. 61 quinquies. 1. Los Letrados que fueren seleccionados serán nombrados por un año. Una vez cumplido ese plazo, el Presidente del Tribunal Supremo, oídos el Presidente de Sala respectivo y el Director del Gabinete Técnico, propondrá, en su caso, la prórroga en la plaza, de conformidad con el procedimiento establecido para el nombramiento inicial. Los Letrados podrán ser prorrogados por sucesivos periodos de tres años. Sin perjuicio de lo anterior, los Letrados podrán ser cesados por el Presidente del Tribunal Supremo por incumplimiento grave de los deberes de su función.

2. El Director del Gabinete Técnico y los Letrados serán declarados en situación administrativa de servicios especiales en la Carrera o cuerpo de procedencia.

3. A los efectos del cómputo de la antigüedad en la Carrera Judicial, a los Jueces o Magistrados que ocupen plaza de Letrado en el Gabinete Técnico se les tendrán en cuenta los servicios prestados en el orden jurisdiccional correspondiente al área del Gabinete Técnico en que estuvieran adscritos.

Esta previsión será también de aplicación a los efectos del cómputo de la antigüedad en el Cuerpo a los Letrados de la Administración de Justicia que ocupen plaza de Letrado en el Gabinete Técnico.

Artículo añadido por la LO 7/2015, de 21 de julio.

Art. 61 sexies. La Sala de Gobierno, a propuesta del Presidente del Tribunal Supremo, aprobará las normas de funcionamiento del Gabinete Técnico.

Artículo añadido por la LO 7/2015, de 21 de julio.

CAPÍTULO II
De la Audiencia Nacional

Art. 62. La Audiencia Nacional, con sede en la villa de Madrid tiene jurisdicción en toda España.

Arts. 1 y 6 LDYPJ.

Art. 63. 1. La Audiencia Nacional se compondrá de su Presidente, los Presidentes de Sala y los magistrados que determine la ley para cada una de sus Salas y Secciones.

2. El Presidente de la Audiencia Nacional, que tendrá la consideración de Presidente de Sala del Tribunal Supremo, es el Presidente nato de todas sus Salas.

Redactado por LO 19/2003, de 23 de diciembre.

Art. 64. 1. La Audiencia Nacional estará integrada por las siguientes Salas:
De Apelación.
De lo Penal.
De lo Contencioso-Administrativo.
De lo Social.

§1

2. En el caso de que el número de asuntos lo aconseje, podrán crearse dos o más Secciones dentro de una Sala.

Redactado por LO 19/2003, de 23 de diciembre.

Art. 64 bis. 1. La Sala de Apelación de la Audiencia Nacional conocerá de los recursos de esta clase que establezca la ley contra las resoluciones de la Sala de lo Penal.

2. Cuando la sensible y continuada diferencia en el volumen de trabajo lo aconseje, los magistrados de esta Sala, con el acuerdo favorable de la Sala de Gobierno, previa propuesta del Presidente del Tribunal, podrán ser adscritos por el Consejo General del Poder Judicial, total o parcialmente, y sin que ello signifique incremento retributivo alguno, a otra Sala de diferente orden.

Para la adscripción se valorarán la antigüedad en el escalafón y la especialidad o experiencia de los magistrados afectados y, a ser posible, sus preferencias.

Redactado por LO 19/2003, de 23 de diciembre.

Art. 65. La Sala de lo Penal de la Audiencia Nacional conocerá:

1º Del enjuiciamiento, salvo que corresponda en primera instancia a la Sección de lo Penal del Tribunal Central de Instancia, de las causas por los siguientes delitos:

Art. 89 bis LOPJ; arts. 14 y 779 LECRIM.

a) Delitos contra el titular de la Corona, su Consorte, su Sucesor, Altos Organismos de la Nación y forma de Gobierno.

Arts. 485 a 504 CP.

b) Falsificación de moneda y fabricación de tarjetas de crédito y débito falsas y cheques de viajero falsos o cualquier otro instrumento de pago distinto del efectivo, siempre que sean cometidos por organizaciones o grupos criminales.

Párrafo redactado conforme a la Ley Orgánica 14/2022, de 22 de diciembre.

c) Defraudaciones y maquinaciones para alterar el precio de las cosas que produzcan o puedan producir grave repercusión en la seguridad del tráfico mercantil, en la economía nacional o perjuicio patrimonial en una generalidad de personas en el territorio de más de una Audiencia.

Arts. 262, 281 y 284 CP.

d) Tráfico de drogas o estupefacientes, fraudes alimentarios y de sustancias farmacéuticas o medicinales, siempre que sean cometidos por bandas o grupos organizados y produzcan efectos en lugares pertenecientes a distintas Audiencias.

Arts. 368 y ss. CP.

e) Delitos cometidos fuera del territorio nacional, cuando conforme a las leyes o a los tratados corresponda su enjuiciamiento a los Tribunales españoles.

Art. 23.3 y 4 LOPJ.

f) Delitos atribuidos a la Fiscalía Europea en los artículos 22 y 25 del Reglamento (UE) 2017/1939 del Consejo, de 12 de octubre de 2017, cuando aquella hubiera decidido ejercer su competencia.

Añadido por LO 9/2021, de 1 de julio.

g) Delitos de contrabando de material de defensa, de otros materiales y de productos y tecnología de doble uso.

Párrafo añadido por la Ley Orgánica 14/2022, de 22 de diciembre.

En todo caso, la Sala de lo Penal de la Audiencia Nacional extenderá su competencia al conocimiento de los delitos conexos con todos los anteriormente reseñados.

El numeral 1° ha sido modificado por la Ley Orgánica 1/2025, de 2 de enero, de medidas en materia de eficiencia del Servicio Público Justicia.

2° De los procedimientos penales iniciados en el extranjero, de la ejecución de las sentencias dictadas por Tribunales extranjeros o del cumplimiento de pena de prisión impuesta por Tribunales extranjeros, cuando en virtud de un tratado internacional corresponda a España la continuación de un procedimiento penal iniciado en el extranjero, la ejecución de una sentencia penal extranjera o el cumplimiento de una pena o medida de seguridad privativa de libertad, salvo en aquellos casos en que esta Ley atribuya alguna de estas competencias a otro órgano jurisdiccional penal.

Párrafo redactado conforme a la Ley Orgánica 2/2008, de 4 de diciembre.

3° De las cuestiones de cesión de jurisdicción en materia penal derivadas del cumplimiento de tratados internacionales en los que España sea parte.

4° De los recursos respecto a los instrumentos de reconocimiento mutuo de resoluciones penales en la Unión Europea que les atribuya la ley, y la resolución de los procedimientos judiciales de extradición pasiva, sea cual fuere el lugar de residencia o en que hubiese tenido lugar la detención del afectado por el procedimiento.

§1

Redactado conforme a la LO 6/2014, de 29 de octubre.

5º De los recursos establecidos en la ley contra las sentencias y otras resoluciones de la Sección de lo Penal, de la Sección de Instrucción, incluidas sus funciones como Jueces de garantías en los delitos de los que conozca la Fiscalía Europea, y de la Sección de Menores, del Tribunal Central de Instancia.

Redactado por LO 9/2021, de 1 de julio y modificado por la Ley Orgánica 1/2025, de 2 de enero, de medidas en materia de eficiencia del Servicio Público Justicia.

6º De los recursos contra las resoluciones dictadas por la Sección de Vigilancia Penitenciaria del Tribunal Central de Instancia de conformidad con lo previsto en la disposición adicional quinta.

Apartado añadido por la LO 5/2003, de 27 de mayo y modificado por la Ley Orgánica 1/2025, de 2 de enero, de medidas en materia de eficiencia del Servicio Público Justicia.

7º De los procedimientos de decomiso autónomo por los delitos para cuyo conocimiento sean competentes.

Apartado 7º añadido por la Ley Orgánica 13/2015, de 5 de octubre, de modificación de la Ley de Enjuiciamiento Criminal.

8º De cualquier otro asunto que le atribuyan las leyes.

Disp. Tr. LO 4/1988, de 25 de mayo, de reforma de la LECRIM, en relación con los delitos de terrorismo.

Art. 66. La Sala de la Contencioso-Administrativo de la Audiencia Nacional conocerá:

a) En única instancia, de los recursos contencioso-administrativos contra disposiciones y actos de los Ministros, Ministras, Secretarios y Secretarias de Estado que la ley no atribuya a la Sección de lo Contencioso-Administrativo del Tribunal Central de Instancia.

Modificada por la Ley Orgánica 1/2025, de 2 de enero, de medidas en materia de eficiencia del Servicio Público Justicia.

b) En única instancia, de los recursos contencioso-administrativos contra los actos dictados por la Comisión de Vigilancia de Actividades de Financiación del Terrorismo. Conocerá, asimismo, de la posible prórroga de los plazos que le plantee dicha Comisión de Vigilancia respecto de las medidas previstas en los artículos 1 y 2 de la Ley 12/2003, de prevención y bloqueo de la financiación del terrorismo.

c) De los recursos devolutivos que la ley establezca contra las resoluciones de la Sección de lo Contencioso-Administrativo del Tribunal Central de Instancia.

§1

Modificado por la Ley Orgánica 1/2025, de 2 de enero, de medidas en materia de eficiencia del Servicio Público Justicia.

d) De los recursos no atribuidos a los Tribunales Superiores de Justicia en relación a los convenios entre las Administraciones públicas y a las resoluciones del Tribunal Económico-Administrativo Central.

e) De las cuestiones de competencia que se puedan plantear entre los magistrados y magistradas de la Sección de lo Contencioso-Administrativo del Tribunal Central de Instancia y de aquellos otros recursos que excepcionalmente le atribuya la ley.

Precepto redactado por la LO 4/2003, de 21 de mayo, complementaria de la Ley de prevención y bloqueo de la financiación del terrorismo, por la que se modifican la Ley Orgánica 6/1985, de 1 de julio del Poder Judicial, y la Ley 29/1998, de 13 de julio, reguladora de la Jurisdicción Contencioso-Administrativa y modificado por la Ley Orgánica 1/2025, de 2 de enero, de medidas en materia de eficiencia del Servicio Público Justicia.

g) De la solicitud de autorización para la declaración prevista en la disposición adicional quinta de la Ley Orgánica de Protección de Datos Personales y Garantía de los Derechos Digitales, cuando tal solicitud sea formulada por la Agencia Española de Protección de Datos.

Apartado f) añadido por LO 3/2018, de 5 de diciembre.

Art. 67. La Sala de lo Social de la Audiencia Nacional conocerá en única instancia:

1º De los procesos especiales de impugnación de convenios colectivos cuyo ámbito territorial de aplicación sea superior al territorio de una Comunidad Autónoma.

2º De los procesos sobre conflictos colectivos cuya resolución haya de surtir efecto en un ámbito territorial superior al de una Comunidad Autónoma.

Cf. Art. 8 LPL, que amplía la competencia de esta Sala.

Art. 68. 1. Conocerá además cada una de las Salas de la Audiencia Nacional de las recusaciones que se interpusieren contra los Magistrados que las compongan.

2. A estos efectos, los Magistrados recusados no formarán parte de la Sala.

Arts. 217 a 228 LOPJ.

Art. 69. Una Sala formada por el Presidente de la Audiencia Nacional, los Presidentes de las Salas y el Magistrado más antiguo y el más moderno de cada una, o aquel que, respectivamente, le sustituya, conocerá de los incidentes de recusación del Presidente, de los Presidentes de Sala o de más de dos Magistrados de una Sala.

Arts. 217 a 228 LOPJ.

CAPÍTULO III
De los Tribunales Superiores de Justicia

Art. 70. El Tribunal Superior de Justicia de la Comunidad Autónoma culminará la organización judicial en el ámbito territorial de aquélla, sin perjuicio de la jurisdicción que corresponde al Tribunal Supremo.

Art. 152.1 CE; arts 34 y 71 LOPJ; Disp. Ad, 2ª y 3ª y Disp. Tr. 2ª LOPJ.

Art. 71. El Tribunal Superior de Justicia tomará el nombre de la Comunidad Autónoma y extenderá su jurisdicción al ámbito territorial de ésta.

Art. 34 LOPJ; Disp. Ad. 2ª y 3ª LOPJ; art. 2.1 DYPJ.

Art. 72. 1. El Tribunal Superior de Justicia estará integrado por las siguientes Salas: de lo Civil y Penal, de lo Contencioso-administrativo y de lo Social.

Art. 13 LDYPJ; arts. 104.2, 106.2, 142.2.5°, 149 y ss., 167, 200, 210.1, 211.3, 214, 215, 429, 431 y 464 LOPJ.

2. Se compondrá de un Presidente, que lo será también de su Sala de lo Civil y Penal, y tendrá la consideración de Magistrado del Tribunal Supremo mientras desempeñe el cargo; de los Presidentes de Sala y de los Magistrados que determine la ley para cada una de las Salas y, en su caso, de las Secciones que puedan dentro de ellas crearse.

Art. 161 LOPJ.

Art. 73. 1. La Sala de lo Civil y Penal del Tribunal Superior de Justicia conocerá, como Sala de lo Civil:

a) Del recurso de casación que establezca la ley contra resoluciones de órganos jurisdiccionales del orden civil con sede en la comunidad autónoma, siempre que el recurso se funde en infracción de normas del derecho civil, foral o especial, propio de la comunidad, y cuando el correspondiente Estatuto de Autonomía haya previsto esta atribución.

b) Del recurso extraordinario de revisión que establezca la ley contra sentencias dictadas por órganos jurisdiccionales del orden civil con sede en la comunidad autónoma, en materia de derecho civil, foral o especial, propio de la comunidad autónoma, si el correspondiente Estatuto de Autonomía ha previsto esta atribución.

Art. 5.4 LOPJ; arts. 509 a 516 LEC; art. 14 Estatuto Vasco; art. 95 Estatuto de Cataluña; art. 22 Estatuto de Galicia; art. 35 Estatuto de Murcia; art. 37 Estatuto de la Comunidad Valenciana; art. 63 Estatuto de Aragón; art. 50 Estatuto de Extremadura; art. 93 Estatuto de Baleares; art. 61 LO de Reintegración y Amejoramiento del Régimen Foral de Navarra.

c) De las funciones de apoyo y control del arbitraje que se establezcan en la ley, así como de las peticiones de exequátur de laudos o resoluciones arbitrales extranjeros, a no ser que, con arreglo a lo acordado en los tratados o las normas de la Unión Europea, corresponda su conocimiento a otro Juzgado o Tribunal.

Párrafo añadido por la LO 5/2011, de 20 de mayo.

2. Esta Sala conocerá igualmente:

a) En única instancia, de las demandas de responsabilidad civil, por hechos cometidos en el ejercicio de sus respectivos cargos, dirigidas contra el Presidente y miembros del Consejo de Gobierno de la comunidad autónoma y contra los miembros de la Asamblea legislativa, cuando tal atribución no corresponda, según los Estatutos de Autonomía, el Tribunal Supremo.

Art. 142 Estatuto de Andalucía; art. 17 Estatuto de Castilla-La Mancha; art. 25 Estatuto de Madrid.

b) En única instancia, de las demandas de responsabilidad civil, por hechos cometidos en el ejercicio de su cargo, contra todos o la mayor parte de los magistrados de una Audiencia Provincial o de cualesquiera de sus secciones.

Arts. 411 a 413 LOPJ; art. 403 LEC.

c) De las cuestiones de competencia entre órganos jurisdiccionales del orden civil con sede en la comunidad autónoma que no tenga otro superior común.

Art. 60 LEC.

3. Como Sala de lo Penal, corresponde a esta Sala:

a) El conocimiento de las causas penales que los Estatutos de Autonomía reservan al conocimiento de los Tribunales Superiores de Justicia.

Art. 26 Estatuto de Andalucía; art. 18 Estatuto de Aragón; art. 26 Estatuto de Asturias; art. 23 Estatuto de Baleares; art. 9 Estatuto de Canarias; art. 11 Estatuto de Cantabria; arts. 57 y 70 Estatuto de Cataluña; art. 10 Estatuto de Castilla-La Mancha; art. 11 Estatuto de Castilla-León; arts. 23 y 31 Estatuto de la Comunidad Valenciana art. 26 Estatuto de Extremadura; art. 11 Estatuto de Galicia; art. 18 Estatuto de la Rioja; art. 12 Estatuto de Madrid; art. 25 Estatuto de Murcia; arts. 13 y 14 Estatuto de Navarra; art. 26 Estatuto del País Vasco.

b) La instrucción y el fallo de las causa s penales contra jueces, magistrados y miembros del Ministerio Fiscal por delitos o faltas cometidos en el ejercicio de

§1 su cargo en la comunidad autónoma, siempre que esta atribución no corresponda al Tribunal Supremo.

Art. 57 LOPJ.

c) El conocimiento de los recursos de apelación contra las resoluciones dictadas en primera instancia por las Audiencias Provinciales, así como el de todos aquellos previstos por las leyes.

Debe tenerse en cuenta que, conforme a lo previsto en la Disp. Final 2ª de la LO 19/2003, de 23 de diciembre, se concede al Gobierno un año para remitir a las Cortes los proyectos de ley procedentes para adecuar las leyes de procedimiento a las disposiciones modificadas en la LOPJ. Esto supone que se mantiene la competencia para conocer de los recursos de apelación contra las sentencias en el proceso ante el Tribunal del Jurado, atendido el art. 846 bis de la LECRIM (en la redacción de la LO 5/1995, de 22 de mayo), pero que no existen regulados otros recursos de apelación en materia penal de los que pueda conocer la Sala.

d) La decisión de las cuestiones de competencia entre órganos jurisdiccionales del orden penal con sede en la comunidad autónoma que no tengan otro superior común.

e) De los procedimientos de decomiso autónomo por los delitos para cuyo conocimiento sean competentes.

Apartado e) añadido por la Ley Orgánica 13/2015, de 5 de octubre, de modificación de la Ley de Enjuiciamiento Criminal.

4. Para la instrucción de las causas a que se refieren los párrafos a) y b) del apartado anterior se designará de entre los miembros de la Sala, conforme a un turno preestablecido, un instructor que no formará parte de la misma para enjuiciarlas.

En las causas por delitos atribuidos a la Fiscalía Europea, se designará de entre los miembros de la Sala, conforme a un turno preestablecido, un Juez de garantías que no formará parte de la misma para enjuiciarlas.

Párrafo añadido por LO 9/2021, de 1 de julio.

5. Le corresponde, igualmente, la decisión de las cuestiones de competencia entre Secciones de Menores de Tribunales de Instancia radicados en distintas provincias de la comunidad autónoma.

Párrafos 4 y 5 redactados conforme a la LO 7/1988, de 28 de diciembre. El párrafo 5 ha sido modificado por la Ley Orgánica 1/2025, de 2 de enero, de medidas en materia de eficiencia del Servicio Público Justicia.

6. En el caso de que el número de asuntos lo aconseje, podrán crearse una o más secciones e incluso Sala de lo Penal con su propia circunscripción territorial en aquellas capitales que ya sean sedes de otras Salas del Tribunal Superior, a los solos efectos de conocer los recursos de apelación a los que se refiere el párrafo c) del apartado 3 de este artículo y aquellas otras apelaciones atribuidas por las leyes al Tribunal Superior de Justicia.

Los nombramientos para magistrados de estas Secciones o Salas, a propuesta del Consejo General del Poder Judicial, recaerán en aquellos Magistrados que, ostentando la condición de especialista en el orden penal obtenida mediante la superación de las pruebas selectivas que reglamentariamente determine el Consejo General del Poder Judicial, tengan mejor puesto en su escalafón. A falta de éstos, recaerá en aquellos Magistrados que habiendo prestado sus servicios en el orden jurisdiccional penal durante diez años dentro de los quince años inmediatamente anteriores a fecha de la convocatoria, tengan mejor puesto en el escalafón. La antigüedad en órganos mixtos se computará de igual manera a estos efectos. En su defecto, se nombrará a quien ostente mejor puesto en el escalafón.

Artículo redactado por la LO 19/2003, de 23 de diciembre. El apartado 6 nuevamente redactado por la LO 7/2015, de 21 de julio.

Art. 74. 1. Las Salas de lo Contencioso-Administrativo de los Tribunales Superiores de Justicia conocerán, en única instancia, de los recursos que se deduzcan en relación con:

a) Los actos de las Entidades locales y de las Administraciones de las comunidades autónomas, cuyo conocimiento no esté atribuido a las Secciones de lo Contencioso-Administrativo de los Tribunales de Instancia.

b) Las disposiciones generales emanadas de las comunidades autónomas y de las Entidades locales.

c) Los actos y disposiciones de los órganos de gobierno de las Asambleas legislativas de las comunidades autónomas y de las instituciones autonómicas análogas al Tribunal de Cuentas y al Defensor del Pueblo, en materia de personal, administración y gestión patrimonial.

d) Los actos y resoluciones dictados por los Tribunales Económico-Administrativos Regionales y Locales que pongan fin a la vía económico-administrativa.

e) Las resoluciones dictadas en alzada por el Tribunal Económico-Administrativo Central en materia de tributos cedidos.

f) Los actos y disposiciones de las Juntas Electorales Provinciales y de Comunidades Autónomas, así como los recursos contencioso-electorales contra acuerdos de las Juntas Electorales sobre proclamación de electos y elección y proclamación de Presidentes y Presidentas de Corporaciones locales en los términos de la legislación electoral.

g) Los convenios entre Administraciones públicas cuyas competencias se ejerzan en el ámbito territorial de la correspondiente comunidad autónoma.

h) La prohibición o la propuesta de modificación de reuniones previstas en la Ley Orgánica 9/1983, de 15 de julio, reguladora del derecho de reunión.

i) Los actos y resoluciones dictados por órganos de la Administración General del Estado cuya competencia se extienda a todo el territorio nacional y cuyo nivel orgánico sea inferior a Ministro, Ministra, Secretario o Secretaria de Estado, en materias de personal, propiedades especiales y expropiación forzosa, a excepción de lo dispuesto en el artículo 82.2. 3.º

j) Cualesquiera otras actuaciones administrativas no atribuidas expresamente a la competencia de otros órganos de este orden jurisdiccional.

k) De la solicitud de autorización para la declaración prevista en la disposición adicional quinta de la Ley Orgánica 3/2018, de 5 de diciembre, de Protección de Datos Personales y garantía de los derechos digitales, cuando tal solicitud sea formulada por la autoridad de protección de datos de la comunidad autónoma respectiva.

2. Conocerán, en segunda instancia, de las apelaciones promovidas contra sentencias y autos dictados en las Secciones de lo Contencioso-Administrativo de los Tribunales de Instancia y de los correspondientes recursos de queja.

3. También les corresponde, con arreglo a lo establecido en esta ley, el conocimiento de los recursos de revisión contra las sentencias firmes dictadas en las Secciones de lo Contencioso-Administrativo de los Tribunales de Instancia.

4. Conocerán de las cuestiones de competencia entre las Secciones de lo Contencioso-Administrativo de los Tribunales de Instancia con sede en la comunidad autónoma.

5. Corresponde a las Salas de lo Contencioso-Administrativo de los Tribunales Superiores de Justicia autorizar, mediante auto, el requerimiento de información por parte de autoridades autonómicas de protección de datos a los operadores que presten servicios de comunicaciones electrónicas disponibles al público y de los prestadores de servicios de la sociedad de la información, cuando ello sea necesario de acuerdo con la legislación específica.

Artículo modificado por la Ley Orgánica 1/2025, de 2 de enero, de medidas en materia de eficiencia del Servicio Público Justicia.

Art. 75. La Sala de lo Social del Tribunal Superior de Justicia conocerá:

1º En única instancia, de los procesos que la ley establezca sobre controversias que afecten a intereses de los trabajadores y trabajadoras y empresarios y empresarias en ámbito superior al de una Sección de lo Social del Tribunal de Instancia y no superior al de la comunidad autónoma.

Arts. 67 y 93 LOPJ; arts. 2 y 11 LPL.

2º De los recursos que establezca la ley contra las resoluciones dictadas por las Secciones de lo Social de los Tribunales de Instancia de la comunidad autónoma, así como de los recursos de suplicación y los demás que prevé la ley contra las resoluciones de las Secciones de lo Mercantil de los Tribunales de Instancia de la comunidad autónoma en materia laboral, y las que resuelvan los incidentes concursales que versen sobre la misma materia.

3º De las cuestiones de competencia que se susciten entre las Secciones de lo Social de los Tribunales de Instancia de la comunidad autónoma.

Artículo modificado por la Ley Orgánica 1/2025, de 2 de enero, de medidas en materia de eficiencia del Servicio Público Justicia.

Art. 76. Cada una de las Salas del Tribunal Superior de Justicia conocerá de las recusaciones que se formulen contra sus Magistrados cuando la competencia no corresponda a la Sala a que se refiere el artículo siguiente.

Arts. 217 a 228 LOPJ.

Art. 77. 1. Una Sala constituida por el Presidente del Tribunal Superior de Justicia, los Presidentes de Sala y el Magistrado más moderno de cada una de ellas conocerá de las recusaciones formuladas contra el Presidente, los Presidentes de Sala o de Audiencias Provinciales con sede en la Comunidad Autónoma o de dos o más Magistrados de una Sala o Sección o de una Audiencia Provincial.

Arts. 82.5 y 217 y ss. LOPJ.

2. El recusado no podrá formar parte de la Sala, produciéndose, en su caso, su sustitución con arreglo a lo previsto en esta Ley.

Art. 208 LOPJ.

Art. 78. Cuando el número de asuntos procedentes de determinadas provincias u otras circunstancias lo requieran podrán crearse, con carácter excepcional, Salas de lo Contencioso-administrativo o de lo Social con jurisdicción limitada a una o varias provincias de la misma Comunidad Autónoma, en cuya capital tendrán su sede. Dichas Salas estarán formadas, como mínimo, por su Presidente, y se completarán, en su caso, con Magistrados de la Audiencia Provincial de su sede.

Art. 161.2 y 3 LOPJ; Disp. Ad. 3ª LOPJ; art. 2 y Anexo IV LDYPJ.

Art. 79. La Ley de planta podrá, en aquellos Tribunales Superiores de Justicia en que el número de asuntos lo justifique, reducir el de Magistrados, quedando compuestas las Salas por su respectivo Presidente y por los Presidentes y Magistrados, en su caso, que aquélla determine.

Anexo IV LDYPJ.

CAPÍTULO IV
De las Audiencias Provinciales

Art. 80. 1. Las Audiencias Provinciales, que tendrán su sede en la capital de la provincia, de la que tomarán su nombre, extenderán su jurisdicción a toda ella, sin perjuicio de lo dispuesto en el apartado 4 del artículo 82.

2. Podrán crearse Secciones de la Audiencia Provincial fuera de la capital de la provincia, a las que quedarán adscritos uno o varios partidos judiciales.

3. En todo caso, y previo informe de la correspondiente Sala de Gobierno, el Consejo General del Poder Judicial podrá acordar que el conocimiento de determinadas clases de asuntos se atribuya en exclusiva a una sección de la Audiencia Provincial, que extenderá siempre su competencia a todo su ámbito territorial aun cuando existieren secciones desplazadas. Este acuerdo se publicará en el «Boletín Oficial del Estado».

Redactado por LO 19/2003, de 23 de diciembre. Art. 24 Regl. CGPJ 1/2005, de 15 de septiembre, sobre especialización de las Secciones.

Art. 81. 1. Las Audiencias Provinciales se compondrán de un Presidente y dos o más magistrados. También podrán estar integradas por dos o más Secciones de la misma composición, en cuyo caso el Presidente de la Audiencia presidirá una de las Secciones que determinará al principio de su mandato.

2. Cuando el escaso número de asuntos de que conozca una Audiencia Provincial lo aconseje, podrá constar su plantilla de uno o dos magistrados, incluido el Presidente. En este caso, la Audiencia Provincial se completará para el enjuiciamiento y fallo, y cuando la naturaleza de la resolución a dictar lo exija, con el número de magistrados que se precisen del Tribunal Superior de Justicia. A estos efectos, la Sala de Gobierno establecerá un turno para cada año judicial.

3. Del mismo modo, cuando así lo aconseje la mejor Administración de Justicia, las Secciones de la Audiencia podrán estar formadas por cuatro o más magistrados.

Apartado 3 redactado por la Ley Orgánica 8/2012, de 27 de diciembre, de medidas de eficiencia presupuestaria para la Administración de Justicia.

4. La adscripción de los magistrados a las distintas secciones tendrá carácter funcional cuando no estuvieren separadas por orden jurisdiccional o por especialidad. Si lo estuvieren, la adscripción será funcional exclusivamente dentro de las del mismo orden o especialidad.

Redactado por LO 19/2003, de 23 de diciembre.

Art. 82. 1. Las Audiencias Provinciales conocerán en el orden penal:

1º De las causas por delito, a excepción de los que la ley atribuye al conocimiento de las Secciones de lo Penal de los Tribunales de Instancia o de otros Tribunales previstos en esta ley.

2º De los recursos que establezca la ley contra las resoluciones dictadas por las Secciones de Instrucción y de lo Penal de los Tribunales de Instancia de la provincia.

Para el conocimiento de los recursos contra resoluciones de las Secciones de Instrucción de los Tribunales de Instancia en juicios por delitos leves la Audiencia se constituirá con un solo magistrado o magistrada, mediante un turno de reparto.

3º De los recursos que establezca la ley contra las resoluciones en materia penal dictadas por las Secciones de Violencia sobre la Mujer y por las Secciones de Violencia contra la Infancia y la Adolescencia. A fin de facilitar el conocimiento de estos recursos, y atendiendo al número de asuntos existentes, deberán especializarse una o varias de sus Secciones de conformidad con lo previsto en el artículo 80.3 de la presente ley orgánica. Esta especialización se extenderá a aquellos supuestos en que corresponda a la Audiencia Provincial el enjuiciamiento en primera instancia de asuntos instruidos por las Secciones de Violencia sobre la Mujer, por las Secciones de Violencia contra la Infancia y la Adolescencia y por las Secciones de Instrucción de los Tribunales de Instancia de la provincia, en procedimientos en los que las víctimas sean niños, niñas o adolescentes o víctimas de violencia sobre la mujer.

4º Las Audiencias Provinciales conocerán también de los recursos contra las resoluciones de las Secciones de Menores de los Tribunales de Instancia con sede en la provincia y de las cuestiones de competencia entre los mismos.

5º De los recursos que establezca la ley contra las resoluciones de las Secciones de Vigilancia Penitenciaria de los Tribunales de Instancia, cuando la competencia no corresponda a la Sala de lo Penal de la Audiencia Nacional.

6º De los procedimientos de decomiso autónomo por los delitos para cuyo conocimiento sean competentes.

2. Las Audiencias Provinciales conocerán en el orden civil:

§1 1º De los recursos que establezca la ley contra las resoluciones dictadas en primera instancia por las Secciones Civiles de los Tribunales de Instancia de la provincia.

Para el conocimiento de los recursos contra resoluciones de las Secciones Civiles de los Tribunales de Instancia que se sigan por los trámites del juicio verbal por razón de la cuantía, la Audiencia se constituirá con un solo magistrado o magistrada, mediante un turno de reparto.

2º De los recursos que establezca la ley contra las resoluciones dictadas en primera instancia por las Secciones de Familia, Infancia y Capacidad y en materia civil, por las Secciones de Violencia sobre la Mujer y las Secciones de Violencia contra la Infancia y la Adolescencia de los Tribunales de Instancia de la provincia. A fin de facilitar el conocimiento de estos recursos, y atendiendo al número de asuntos existentes, podrán especializarse una o varias de sus Secciones de conformidad con lo previsto en el artículo 82 bis y 80.3 de la presente ley orgánica.

3º De los recursos que establezca la ley contra las resoluciones dictadas en primera instancia por las Secciones de lo Mercantil de los Tribunales de Instancia, salvo las que se dicten en incidentes concursales en materia laboral. Asimismo, conocerán de los recursos contra aquellas resoluciones que agoten la vía administrativa dictadas en materia de propiedad industrial por la Oficina Española de Patentes y Marcas.

3. Asimismo, la Sección o Secciones de la Audiencia Provincial de Alicante especializadas en materia mercantil conocerán, además, en segunda instancia y de forma exclusiva, de todos aquellos recursos a los que se refiere el artículo 133 del Reglamento (UE) 2017/1001 del Parlamento Europeo y del Consejo de 14 de junio de 2017 sobre la marca de la Unión Europea y el Reglamento (CE) 6/2002, del Consejo, de 12 de diciembre de 2001, sobre los dibujos y modelos comunitarios. En el ejercicio de esta competencia extenderán su jurisdicción a todo el territorio nacional, y a estos solos efectos se denominarán Tribunales de Marca de la Unión Europea.

4. Corresponde igualmente a las Audiencias Provinciales el conocimiento:

1º De las cuestiones de competencia en materia civil y penal que se susciten entre los jueces, las juezas, los magistrados y las magistradas de un mismo o distinto Tribunal de Instancia de la provincia.

2º De las recusaciones de sus magistrados y magistradas, cuando la competencia no esté atribuida a la Sala especial existente a estos efectos en los Tribunales Superiores de Justicia.

Artículo modificado por la Ley Orgánica 1/2025, de 2 de enero, de medidas en materia de eficiencia del Servicio Público Justicia.

Art. 82 bis. 1. El Consejo General del Poder Judicial, oída la Sala de Gobierno del Tribunal Superior de Justicia, podrá acordar que una o varias secciones de la misma Audiencia Provincial asuman el conocimiento de los recursos que se interpongan contra las resoluciones dictadas por las Secciones Civiles de los Tribunales de instancia de la provincia sobre determinadas materias.

2. El Consejo General del Poder Judicial, oída la Sala de Gobierno del Tribunal Superior de Justicia, podrá acordar que una o varias secciones de la misma Audiencia Provincial asuman el conocimiento de los recursos que se interpongan contra las resoluciones dictadas en primera instancia por los jueces, las juezas, los magistrados y las magistradas de las Secciones de Violencia sobre la Mujer, de las Secciones de Violencia contra la Infancia y la Adolescencia y de las Secciones de Familia, Infancia y Capacidad de la provincia.

3. El Consejo General del Poder Judicial, oída la Sala de Gobierno del Tribunal Superior de Justicia, podrá acordar que una o varias secciones de la misma Audiencia Provincial asuman el conocimiento de los recursos que se interpongan contra las resoluciones dictadas en primera instancia por los jueces, las juezas, los magistrados y las magistradas de las Secciones de lo Mercantil y de los recursos contra aquellas resoluciones que agoten la vía administrativa dictadas en materia de propiedad industrial por la Oficina Española de Patentes y Marcas. El acuerdo de especialización deberá adoptarse necesariamente cuando el número de plazas de magistrados y magistradas de las Secciones de lo Mercantil existentes en la provincia fuera superior a cinco y podrá tener carácter excluyente del conocimiento de otros recursos atribuidos a la competencia de las secciones de la misma Audiencia Provincial.

Si las secciones especializadas fueran más de una, el Consejo General del Poder Judicial deberá distribuir el conocimiento de los recursos entre ellas, en atención a las materias atribuidas a la competencia de las Secciones de lo Mercantil de los Tribunales de Instancia.

4. Los acuerdos a que se refiere el presente artículo serán objeto de publicación en el "Boletín Oficial del Estado" y producirán efectos desde el inicio del año siguiente a aquel en que se adopten, salvo que, por razones de urgencia, razonadamente se establezca otro momento anterior.

Artículo modificado por la Ley Orgánica 1/2025, de 2 de enero, de medidas en materia de eficiencia del Servicio Público Justicia.

Art. 83. 1. El juicio del Jurado se celebrará en el ámbito de la Audiencia Provincial u otros Tribunales y en la forma que establezca la ley.

2. La composición y competencia del Jurado es la regulada en la Ley Orgánica del Tribunal del Jurado.

§1

Art. 125 CE; art. 19.2 LOPJ; Disp. Ad. 1ª LOPJ; Cf. LO 5/1995, de 22 de mayo, del Tribunal del Jurado.

CAPÍTULO V
De los Tribunales de Instancia y del Tribunal Central de Instancia

Rúbrica redactada por la Ley Orgánica 1/2025, de 2 de enero, de medidas en materia de eficiencia del Servicio Público Justicia.

Art. 84. 1. Habrá un Tribunal de Instancia en cada partido judicial, con sede en su capital, de la que tomará su nombre.

2. Los Tribunales de Instancia estarán integrados por una Sección Única, de Civil y de Instrucción. En los supuestos determinados por la Ley 38/1988, de 28 de diciembre, de Demarcación y de Planta Judicial, el Tribunal de Instancia se integrará por una Sección Civil y otra Sección de Instrucción.

Además de las anteriores, los Tribunales de Instancia podrán estar integrados por alguna o varias de las siguientes Secciones:

a) De Familia, Infancia y Capacidad.

b) De lo Mercantil.

c) De Violencia sobre la Mujer.

d) De Violencia contra la Infancia y la Adolescencia.

e) De lo Penal.

f) De Menores.

g) De Vigilancia Penitenciaria.

h) De lo Contencioso-Administrativo.

i) De lo Social.

3. Cada Tribunal de Instancia contará con una Presidencia. Las Secciones del Tribunal de Instancia contarán con una Presidencia de Sección cuando concurran las siguientes circunstancias:

a) Que en el Tribunal de Instancia hubiere dos o más Secciones.

b) Que en la Sección de que se trate existan ocho o más plazas judiciales.

c) Que el número total de plazas judiciales del Tribunal de Instancia sea igual o superior a doce.

4. El ejercicio de la función jurisdiccional corresponde a los jueces, las juezas, los magistrados y las magistradas destinados o destinadas en las diferentes Secciones que integren los Tribunales de Instancia. Su adscripción a las referidas Secciones será funcional. Conforme a criterios de racionalización del trabajo, los jueces, las juezas, los magistrados y las magistradas destinados o destinadas en una Sección del Tribunal de Instancia podrán conocer de los asuntos de nuevo ingreso de otras Secciones que lo integren, siempre que se trate de asuntos del

mismo orden jurisdiccional. Esta asignación se realizará mediante acuerdo del Consejo General del Poder Judicial, a propuesta de la Presidencia del Tribunal y oída la Junta de Jueces y Juezas del orden jurisdiccional al que se refiera. Cuando la asignación se acuerde para cubrir ausencias provocadas por la concesión de comisiones de servicio o licencias de larga duración, podrá afectar a los asuntos de nuevo ingreso o a aquellos de los que esté conociendo el juez, la jueza, el magistrado o la magistrada que se encuentre en alguna de tales situaciones. Dichos acuerdos deberán publicarse en el "Boletín Oficial del Estado".

5. Se podrá establecer que algunas de las Secciones que integren los Tribunales de Instancia extiendan su jurisdicción a uno o varios partidos judiciales de la misma provincia, o de varias provincias limítrofes dentro del ámbito de un mismo Tribunal Superior de Justicia.

6. En el Tribunal de Instancia se podrá nombrar a dos de sus jueces, juezas, magistrados o magistradas, conforme a un turno anual preestablecido y público, para que, junto con aquel o aquella a quien le hubiere sido turnado el asunto inicialmente, se encarguen de la instrucción de un determinado proceso penal o conozcan en primera instancia de un procedimiento de cualquier orden jurisdiccional cuando, en atención al volumen, la especial complejidad o el número de intervinientes de un procedimiento, tal nombramiento favorezca el ejercicio de la función jurisdiccional. En estos casos, para la adopción de cuantas resoluciones se dictaren en el curso del proceso, actuará como ponente aquel o aquella a quien le hubiere sido turnado el asunto inicialmente. Estos jueces, juezas, magistrados o magistradas conocerán de dicho procedimiento hasta su completa terminación, sin perjuicio de que se les puedan seguir repartiendo otros asuntos.

Artículo modificado por la Ley Orgánica 1/2025, de 2 de enero, de medidas en materia de eficiencia del Servicio Público Justicia.

Art. 85. Con carácter general, en los Tribunales de Instancia, las Secciones Civiles o las Civiles y de Instrucción que constituyan una Sección Única extenderán su jurisdicción a un partido judicial:

Estas Secciones conocerán, en el orden civil:

1º En primera instancia, de los juicios que no vengan atribuidos por esta ley a otros órganos judiciales.

2º De los actos de jurisdicción voluntaria en los términos que prevean las leyes.

3º De los recursos que establezca la ley contra las resoluciones de los jueces y las juezas de paz del partido.

4º De las cuestiones de competencia en materia civil entre los jueces y las juezas de paz del partido.

5º De las solicitudes de reconocimiento y ejecución de sentencias y demás resoluciones judiciales extranjeras y de la ejecución de laudos o resoluciones arbitrales extranjeros, a no ser que, con arreglo a lo acordado en los tratados y otras normas internacionales, corresponda su conocimiento a otra Sección o Tribunal.

Artículo modificado por la Ley Orgánica 1/2025, de 2 de enero, de medidas en materia de eficiencia del Servicio Público Justicia.

Art. 86. 1. Cuando se estime conveniente, en función de la carga de trabajo, se creará en el Tribunal de Instancia una Sección de Familia, Infancia y Capacidad, que extenderá su jurisdicción a todo el partido judicial.

2. No obstante lo dispuesto en el apartado anterior, el Gobierno podrá establecer por real decreto, a propuesta del Consejo General del Poder Judicial y, en su caso, con informe favorable de la comunidad autónoma con competencias en materia de Justicia, Secciones de Familia, Infancia y Capacidad que extiendan su jurisdicción a dos o más partidos dentro de la misma provincia.

3. El Consejo General del Poder Judicial, previo informe de las Salas de Gobierno, podrá acordar que, en aquellos Tribunales de Instancia donde no hubiere una Sección de Familia, Infancia y Capacidad y sea conveniente por razón de la carga de trabajo existente, el conocimiento de los asuntos referidos en este artículo corresponda a uno de los jueces, juezas, magistrados o magistradas de la Sección Civil, o Civil y de Instrucción que constituya una Sección Única, determinándose en esta situación que ese juez, jueza, magistrado o magistrada conozca de todos estos asuntos dentro del partido judicial, ya sea de forma exclusiva o conociendo también de otras materias.

4. En los partidos judiciales en que exista un Tribunal de Instancia con Sección Única integrada por una sola plaza judicial, el juez o jueza que la ocupe será quien asuma el conocimiento de los asuntos de familia cuando no se hubiere creado una Sección de Familia, Infancia y Capacidad.

5. Las Secciones de Familia, Infancia y Capacidad conocerán de cuantas cuestiones se susciten en materia de familia en los términos previstos en las leyes. En todo caso, la jurisdicción de estas Secciones será exclusiva y excluyente en las siguientes materias:

a) Las relativas al matrimonio y a su régimen económico matrimonial y las que tengan por objeto la adopción o modificación de medidas de trascendencia familiar y otras acciones derivadas de la crisis matrimonial o de la unión de hecho.

b) Las que versen exclusivamente sobre guarda y custodia de hijos o hijas menores o sobre alimentos reclamados por un progenitor contra el otro en nombre de los hijos o hijas menores.

c) Las relativas a modificación de medidas adoptadas en los procesos que versen sobre las materias previstas en las letras anteriores.

d) Las que versen sobre maternidad, paternidad, filiación y adopción.

e) Las relativas a los alimentos entre parientes.

f) Las relativas a las relaciones paternofiliales.

g) Las que versen sobre adopción de medidas judiciales de apoyo a personas con discapacidad, incluyendo los internamientos no voluntarios por razón de trastorno psíquico.

h) Las relativas a la protección del menor, incluidas las que sean objeto de los procedimientos regulados en los artículos 778 bis y 778 ter y los Capítulos IV bis y V del Título I del Libro IV de la Ley 1/2000, de 7 de enero, de Enjuiciamiento Civil.

i) La oposición a las resoluciones y actos de la Dirección General de Seguridad Jurídica y Fe Pública en materia de Registro Civil que se tramitan por el procedimiento del artículo 781 bis de la Ley 1/2000, de 7 de enero, de Enjuiciamiento Civil.

j) Los expedientes de jurisdicción voluntaria en materia de personas y familia, con excepción de los regulados en los Capítulos IX y X del Título I de la Ley 15/2015, de 2 de julio, de la Jurisdicción Voluntaria.

k) Las que versen sobre el reconocimiento de eficacia civil de resoluciones o decisiones eclesiásticas en materia matrimonial.

l) El reconocimiento y la ejecución de sentencias y resoluciones judiciales extranjeras civiles sobre menores, familia y medidas de apoyo.

m) Los procesos para la efectividad de los derechos reconocidos en el artículo 160 del Código Civil.

n) Cualesquiera otras materias civiles relativas a la familia o la protección de la infancia o las personas con discapacidad.

Artículo modificado por la Ley Orgánica 1/2025, de 2 de enero, de medidas en materia de eficiencia del Servicio Público Justicia.

Art. 86 bis.

Precepto suprimido por la Ley Orgánica 1/2025, de 2 de enero, de medidas en materia de eficiencia del Servicio Público Justicia.

Art. 86 ter.

Precepto suprimido por la Ley Orgánica 1/2025, de 2 de enero, de medidas en materia de eficiencia del Servicio Público Justicia.

Art. 86 quater.

Precepto suprimido por la Ley Orgánica 1/2025, de 2 de enero, de medidas en materia de eficiencia del Servicio Público Justicia.

Art. 86 quinquies.

§1

Precepto suprimido por la Ley Orgánica 1/2025, de 2 de enero, de medidas en materia de eficiencia del Servicio Público Justicia.

Art. 87. 1. Con carácter general, en el Tribunal de Instancia con sede en la capital de cada provincia, existirá una Sección de lo Mercantil con jurisdicción en toda la provincia y sede en su capital.

2. En aquellas provincias donde, por razón de la carga de trabajo, no se constituya una Sección de lo Mercantil el conocimiento de los asuntos referidos en este artículo corresponderá a uno de los jueces o a una de las juezas de la Sección Civil, o Civil y de Instrucción que constituya una Sección Única en el Tribunal de Instancia de la capital de provincia.

3. Por excepción a lo establecido en los apartados anteriores, cuando una provincia tenga una población inferior a los 500.000 habitantes, el Gobierno por real decreto, a propuesta del Consejo General del Poder Judicial con informe favorable previo de la comunidad autónoma con competencias en materia de Justicia o a propuesta de esta comunidad oído el Consejo General del Poder Judicial, podrá extender a esa provincia la jurisdicción de la Sección de lo Mercantil de otra provincia limítrofe perteneciente a la misma comunidad autónoma.

4. Cuando un partido judicial cuente con más de 250.000 habitantes y, perteneciendo a la misma provincia, no sea limítrofe con el de su capital, el Gobierno, a propuesta del Consejo General del Poder Judicial y con informe favorable previo de la comunidad autónoma con competencias en materia de Justicia o a propuesta de la comunidad autónoma con competencias en materia de Justicia y oído el Consejo General del Poder Judicial, podrá crear una Sección de lo Mercantil en el Tribunal de Instancia de aquel partido judicial con jurisdicción en él y en aquellos otros partidos judiciales limítrofes que se considere oportuno.

5. En aquellas capitales de provincia en las que exista más de un juez, jueza, magistrado o magistrada en la Sección de lo Mercantil y menos de cinco, las solicitudes de declaración de concurso de acreedores de persona natural se repartirán a uno solo de ellos. Si el número de jueces, juezas, magistrados y magistradas de dicha Sección fuera más de cinco, esas solicitudes se repartirán a dos o más igualmente determinados, con exclusión de los demás.

6. Las Secciones de lo Mercantil conocerán de las siguientes materias:

a) De cuantas cuestiones sean de la competencia del orden jurisdiccional civil en materia de propiedad intelectual e industrial; competencia desleal y publicidad; sociedades mercantiles, sociedades cooperativas, agrupaciones de interés económico; transporte terrestre, nacional o internacional; derecho marítimo y derecho aéreo.

Por excepción a lo establecido en el párrafo anterior, las Secciones de lo Mercantil no serán competentes para conocer de las pretensiones basadas exclusivamente en el Reglamento (CE) nº 261/2004 del Parlamento Europeo y del Consejo, de 11 de febrero de 2004, por el que se establecen normas comunes sobre compensación y asistencia a los pasajeros aéreos en caso de denegación de embarque y de cancelación o gran retraso de los vuelos, y se deroga el Reglamento (CEE) n.º295/91; en el Reglamento (UE) 2021/782 del Parlamento Europeo y del Consejo, de 29 de abril de 2021, sobre los derechos y las obligaciones de los viajeros de ferrocarril; en el Reglamento (UE) nº 181/2011 del Parlamento Europeo y del Consejo, de 16 de febrero de 2011, sobre los derechos de los viajeros de autobús y autocar y por el que se modifica el Reglamento (CE) nº 2006/2004; y en el Reglamento (UE) nº 1177/2010 del Parlamento Europeo y del Consejo, de 24 de noviembre de 2010, sobre los derechos de los pasajeros que viajan por mar y por vías navegables y por el que se modifica el Reglamento (CE) nº 2006/2004.

b) De las acciones relativas a la aplicación de los artículos 101 y 102 del Tratado de Funcionamiento de la Unión Europea y de los artículos 1 y 2 de la Ley 15/2007, de 3 de julio, de Defensa de la Competencia, así como de las pretensiones de resarcimiento del perjuicio ocasionado por la infracción del Derecho de la competencia.

c) De los recursos directos contra las calificaciones negativas de los registradores y las registradoras mercantiles o, en su caso, contra las resoluciones expresas o presuntas de la Dirección General de Seguridad Jurídica y Fe Pública relativas a esas calificaciones.

7. Las Secciones de lo Mercantil conocerán, además, de cuantas cuestiones sean de la competencia del orden jurisdiccional civil en materia de concurso de acreedores o acreedoras, cualquiera que sea la condición civil o mercantil de la persona deudora, de los planes de reestructuración y del procedimiento especial para microempresas, en los términos establecidos por el texto refundido de la Ley Concursal, aprobado por Real Decreto Legislativo 1/2020, de 5 de mayo. En relación con la jurisdicción del juez o de la jueza del concurso:

a) En todo caso será exclusiva y excluyente en las siguientes materias:

1ª Las acciones civiles con trascendencia patrimonial que se dirijan contra la persona concursada, con excepción de las que se ejerciten en los procesos civiles sobre capacidad, filiación, matrimonio y menores.

2ª Las ejecuciones relativas a créditos concursales o contra la masa sobre los bienes y derechos de la persona concursada integrados o que se integren en la masa activa, cualquiera que sea el tribunal o la autoridad administrativa que la hubiera ordenado, sin más excepciones que las previstas en la legislación concursal.

§1

3ª La determinación del carácter necesario de un bien o derecho para la continuidad de la actividad profesional o empresarial de la persona deudora.

4ª La declaración de la existencia de sucesión de empresa a efectos laborales y de seguridad social en los casos de transmisión de unidad o de unidades productivas y la determinación de los límites de esa declaración conforme a lo dispuesto en la legislación laboral y de seguridad social.

5ª Las medidas cautelares que afecten o pudieran afectar a los bienes y derechos de la persona concursada integrados o que se integren en la masa activa, cualquiera que sea el tribunal o la autoridad administrativa que la hubiera acordado, excepto las que se adopten en los procesos civiles sobre provisión de medidas de apoyo y otros relativos a personas con discapacidad, filiación, matrimonio y menores.

6ª Las demás materias establecidas en la legislación concursal.

b) Cuando el deudor o la deudora sea persona natural, la jurisdicción del juez o de la jueza del concurso será también exclusiva y excluyente en las siguientes materias:

1ª Las que en el procedimiento concursal debe adoptar en relación con la asistencia jurídica gratuita.

2ª La disolución y liquidación de la sociedad o comunidad conyugal de la persona concursada.

c) Cuando el deudor sea persona jurídica, la jurisdicción del juez o de la jueza del concurso será exclusiva y excluyente en las siguientes materias:

1ª Las acciones de reclamación de deudas sociales que se ejerciten contra los socios de la sociedad concursada que sean subsidiariamente responsables del pago de esas deudas, cualquiera que sea la fecha en que se hubieran contraído, y las acciones para exigir a los socios de la sociedad concursada el desembolso de las aportaciones sociales diferidas o el cumplimiento de las prestaciones accesorias.

2ª Las acciones de responsabilidad civil contra los administradores, administradoras, liquidadores o liquidadoras, de derecho o de hecho; contra la persona natural designada para el ejercicio permanente de las funciones propias del cargo de administrador persona jurídica; y contra las personas, cualquiera que sea su denominación, que tengan atribuidas facultades de la más alta dirección de la sociedad cuando no exista delegación permanente de facultades del consejo de administración en uno o varios consejeros delegados o en una comisión ejecutiva, por los daños y perjuicios causados, antes o después de la declaración judicial de concurso, a la persona jurídica concursada. En todo caso, quedará excluida de esta jurisdicción la revisión de las acciones de responsabilidad que ejerzan las Administraciones Públicas en el ejercicio de su autotutela.

3ª Las acciones de responsabilidad contra los auditores y auditoras por los daños y perjuicios causados, antes o después de la declaración judicial de concurso, a la persona jurídica concursada.

d) La jurisdicción del juez o jueza del concurso es exclusiva y excluyente para conocer de las acciones sociales que tengan por objeto la modificación sustancial de las condiciones de trabajo, el traslado, el despido, la suspensión de contratos y la reducción de jornada por causas económicas, técnicas, organizativas o de producción que, conforme a la legislación laboral y a lo establecido en la legislación concursal, tengan carácter colectivo, así como de las que versen sobre la suspensión o extinción de contratos de alta dirección.

La suspensión de contratos y la reducción de jornada tendrán carácter colectivo cuando afecten al número de trabajadores establecido en la legislación laboral para la modificación sustancial de las condiciones de trabajo con este carácter.

e) La jurisdicción del juez o jueza del concurso se extiende a todas las cuestiones prejudiciales civiles, sin más excepciones que las establecidas en la legislación concursal, las administrativas y las sociales directamente relacionadas con el concurso o cuya resolución sea necesaria para la adecuada tramitación del procedimiento concursal. La decisión sobre estas cuestiones no surtirá efecto fuera del concurso de acreedores en que se produzca.

8. Las Secciones de lo Mercantil serán competentes para el reconocimiento y ejecución de sentencias y demás resoluciones judiciales extranjeras cuando estas versen sobre cualquiera de las materias a que se refiere este artículo, salvo que, según los tratados y otras normas internacionales, el conocimiento de esa materia corresponda a otro órgano judicial.

9. Las Secciones de lo Mercantil tendrán competencia exclusiva para conocer en primera instancia, de acuerdo con la atribución de competencia objetiva, territorial y funcional establecida en la Ley 1/2000, de 7 de enero, de Enjuiciamiento Civil, de los recursos contra las resoluciones dictadas por la Sección Primera de la Comisión de Propiedad Intelectual para resolver las cuestiones litigiosas sobre el acuerdo previsto en el artículo 129 bis.3 del texto refundido de la Ley de Propiedad Intelectual, aprobado por Real Decreto Legislativo 1/1996, de 12 de abril. Dichos Juzgados podrán, en todo caso, pronunciarse sobre el fondo de la controversia, así como suspender cautelarmente la ejecución de la resolución dictada por la Sección Primera mientras se resuelve el procedimiento en sede judicial.

10. Además de la competencia para conocer con jurisdicción en toda la provincia de las materias a que se refiere este artículo, la Sección de lo Mercantil del Tribunal de Instancia de Alicante tendrá competencia exclusiva para conocer en primera instancia con jurisdicción en todo el territorio nacional de aquellas acciones que se ejerciten al amparo de lo establecido en el Reglamento (UE) 2017/1001

§1

del Parlamento y del Consejo, de 14 de junio de 2017, sobre la marca de la Unión Europea, y del Reglamento (CE) n° 6/2002, del Consejo, de 12 de diciembre de 2001, sobre los dibujos y modelos comunitarios.

A los solos efectos de la competencia específica a que se refiere el párrafo anterior, dicha Sección se denominará Tribunal de Marca de la Unión Europea y tendrá también competencia exclusiva para conocer de aquellas demandas civiles en las que se ejerciten acumuladas acciones relativas a marcas de la Unión y a marcas nacionales o internacionales idénticas o similares; y de aquellas en las que existiera cualquier otra conexión entre las acciones ejercitadas si al menos una de ellas estuviera basada en un registro o solicitud de marca de la Unión.

Artículo modificado por la Ley Orgánica 1/2025, de 2 de enero, de medidas en materia de eficiencia del Servicio Público Justicia.

Art. 87 bis.

Precepto suprimido por la Ley Orgánica 1/2025, de 2 de enero, de medidas en materia de eficiencia del Servicio Público Justicia.

Art. 87 ter.

Precepto suprimido por la Ley Orgánica 1/2025, de 2 de enero, de medidas en materia de eficiencia del Servicio Público Justicia.

Art. 87 quater.

Precepto suprimido por la Ley Orgánica 1/2025, de 2 de enero, de medidas en materia de eficiencia del Servicio Público Justicia.

Art. 88. 1. Con carácter general, en los Tribunales de Instancia, las Secciones de Instrucción o las Secciones Únicas extenderán su jurisdicción a un partido judicial.

Estas Secciones conocerán, en el orden penal:

a) De la instrucción de las causas por delito cuyo enjuiciamiento corresponda a las Audiencias Provinciales y a las Secciones de lo Penal de los Tribunales de Instancia, excepto de la instrucción de aquellas causas que sean competencia de las Secciones de Violencia sobre la Mujer o de la Sección de Violencia contra la Infancia y la Adolescencia.

b) Les corresponde asimismo dictar sentencia de conformidad con la acusación en los casos establecidos por la ley y en los procesos por aceptación de decreto.

c) Del conocimiento y fallo de los juicios por delito leve, salvo los que sean competencia de los jueces y juezas de paz o de las Secciones de Violencia sobre la Mujer o de la Sección de Violencia contra la Infancia y la Adolescencia.

d) De los procedimientos de habeas corpus.

e) De los recursos que establezca la ley contra las resoluciones dictadas por los jueces y las juezas de paz del partido y de las cuestiones de competencia entre estos.

f) De la adopción de la orden de protección a las víctimas de violencia sobre la mujer, infancia y adolescencia cuando esté desarrollando funciones de guardia, siempre que no pueda ser adoptada por el juez, la jueza, el magistrado o la magistrada de la Sección de Violencia sobre la Mujer o de la Sección correspondiente que asuma el conocimiento de estos asuntos.

g) De la emisión y la ejecución de los instrumentos de reconocimiento mutuo de resoluciones penales en la Unión Europea que les atribuya la ley.

h) De los procedimientos de decomiso autónomo por los delitos para cuyo conocimiento sean competentes. 2. Asimismo, las Secciones de Instrucción y las Secciones Únicas conocerán de la autorización del internamiento de extranjeros en los centros de internamiento, así como del control de la estancia de estos en los mismos y en las salas de inadmisión de fronteras. También conocerán de las peticiones y quejas que planteen los internos en cuanto afecten a sus derechos fundamentales.

3. Los procedimientos de revisión de medidas por modificación de circunstancias podrán ser tramitados por el juez o jueza inicialmente competente.

4. Excepcionalmente, el Consejo General del Poder Judicial, con informe de la Fiscalía General del Estado, podrá acordar la agrupación de las Secciones de Instrucción y de las Secciones Únicas de varios partidos judiciales limítrofes, dentro de una misma provincia, siempre que, por razón del incremento de las actividades delictivas de organizaciones criminales vinculadas al tráfico de drogas o personas, se produzca un destacado aumento en el volumen de asuntos penales de esta naturaleza en determinadas zonas o períodos.

La modificación singular en estos casos se limitará al periodo de tiempo en que se produzca la coyuntura que la motiva y a la instrucción de los procesos penales relacionados con los tipos delictivos que justifican el establecimiento de esa agrupación.

Para acordar dicha agrupación será necesario contar con la propuesta o informe tanto de la Sala de Gobierno del Tribunal Superior de Justicia correspondiente como de las Juntas de Jueces y Juezas de las poblaciones afectadas.

El Consejo General del Poder Judicial, antes de adoptar decisión alguna sobre la propuesta de que se trate, recabará el parecer del Ministerio de Justicia y el de la Comunidad Autónoma con competencias en materia de Justicia. En todo caso, la efectividad de dicha decisión no implicará el aumento de dotaciones presupuestarias.

§1

5. La agrupación de Secciones a que se refiere el apartado anterior estará presidida por el Presidente o la Presidenta del Tribunal de Instancia del partido judicial con mayor número de habitantes quien, junto con los Presidentes o Presidentas de Sección que la integren, o, en su defecto, con los Presidentes o Presidentas de los Tribunales de Instancia afectados, elaborará las normas para el reparto de asuntos concretos materia de la agrupación, que posteriormente se aprobarán por la Sala de Gobierno del Tribunal Superior de Justicia respectivo. Tales normas de reparto no podrán afectar a los procedimientos ya en trámite en cada una de las Secciones.

6. El reparto de asuntos entre las diferentes Secciones se realizará por el letrado o la letrada directores del Servicio Común General del Tribunal de Instancia con mayor número de habitantes de entre los que componen la agrupación. El Presidente o la Presidenta del Tribunal de Instancia de ese partido judicial con mayor número de habitantes resolverá, con carácter gubernativo, las cuestiones que se planteen y corregirá las irregularidades que puedan producirse, adoptando las medidas necesarias y promoviendo, en su caso, la exigencia de las responsabilidades que procedan.

Redactado por la Ley Orgánica 1/2025, de 2 de enero, de medidas en materia de eficiencia del Servicio Público Justicia.

Art. 89. 1. El Consejo General del Poder Judicial, previo informe de las Salas de Gobierno, podrá acordar que, en aquellos Tribunales de Instancia donde no hubiere una Sección de Violencia sobre la Mujer y sea conveniente por razón de la carga de trabajo existente, el conocimiento de los asuntos referidos en este artículo corresponda a uno de los jueces o juezas de la Sección de Instrucción, o de Civil y de Instrucción que constituya una Sección Única, determinándose en esta situación que ese juez o jueza conozca de todos estos asuntos dentro del partido judicial, ya sea de forma exclusiva o conociendo también de otras materias.

2. Cuando se estime conveniente, en función de la carga de trabajo, se creará en el Tribunal de Instancia una Sección de Violencia sobre la Mujer, que extenderá su jurisdicción a todo el partido judicial.

3. No obstante lo dispuesto en el apartado anterior, el Gobierno podrá establecer por real decreto, a propuesta del Consejo General del Poder Judicial y, en su caso, con informe de la comunidad autónoma con competencias en materia de Justicia, Secciones de Violencia sobre la Mujer que extiendan su jurisdicción a dos o más partidos dentro de la misma provincia.

4. En los partidos judiciales en que exista un Tribunal de Instancia con Sección Única integrada por una sola plaza judicial, el juez o jueza que la ocupe será quien asuma el conocimiento de los asuntos a que se refiere este artículo, cuando

ninguna Sección de Violencia sobre la Mujer extienda su jurisdicción a ese partido judicial.

§1

5. Las Secciones de Violencia sobre la Mujer conocerán, en el orden penal, de conformidad en todo caso con los procedimientos y recursos previstos en la Ley de Enjuiciamiento Criminal, de los siguientes supuestos:

a) De la instrucción de los procesos para exigir responsabilidad penal por los delitos recogidos en los Títulos del Código Penal relativos a homicidio, aborto, lesiones, lesiones al feto, delitos contra la libertad, delitos contra la integridad moral, contra la libertad e indemnidad sexual, contra la intimidad y el derecho a la propia imagen, contra el honor o cualquier otro delito cometido con violencia o intimidación, siempre que se hubiesen cometido contra quien sea o haya sido su esposa o mujer que esté o haya estado ligada al autor por análoga relación de afectividad, aun sin convivencia, así como de los cometidos sobre los descendientes, propios o de la esposa o conviviente, o sobre los menores o personas con discapacidad que con él convivan o que se hallen sujetos a la potestad, tutela, curatela, acogimiento o guarda de hecho de la esposa o conviviente, cuando también se haya producido un acto de violencia de género.

b) De la instrucción de los procesos para exigir responsabilidad penal por cualquier delito contra las relaciones familiares, cuando la víctima sea alguna de las personas señaladas en la letra anterior.

c) De la adopción de las correspondientes órdenes de protección a las víctimas, sin perjuicio de las competencias atribuidas al juez o jueza de guardia.

d) Del conocimiento y fallo de los delitos leves que les atribuya la ley cuando la víctima sea alguna de las personas señaladas como tales en la letra a).

e) Dictar sentencia de conformidad con la acusación en los casos establecidos por la ley.

f) De la emisión y la ejecución de los instrumentos de reconocimiento mutuo de resoluciones penales en la Unión Europea que les atribuya la ley.

g) De la instrucción de los procesos para exigir responsabilidad penal por el delito de quebrantamiento previsto y penado en el artículo 468 del Código Penal cuando la persona ofendida por el delito cuya condena, medida cautelar o medida de seguridad se haya quebrantado sea o haya sido su esposa, o mujer que esté o haya estado ligada al autor por una análoga relación de afectividad aun sin convivencia, así como los descendientes, propios o de la esposa o conviviente, o los menores o personas con discapacidad con medidas de apoyo que con él convivan o que se hallen sujetos a la potestad, tutela, curatela, acogimiento o guarda de hecho de la esposa o conviviente, así como cuando la persona ofendida lo sea por alguno de los delitos señalados en la letra h) de este apartado.

§1

h) De la instrucción de los procesos para exigir responsabilidad penal por los delitos contra la libertad sexual previstos en el Título VIII del Libro II del Código Penal, por los delitos de mutilación genital femenina, matrimonio forzado, acoso con connotación sexual y la trata con fines de explotación sexual cuando la persona ofendida por el delito sea mujer.

6.   Las Secciones de Violencia sobre la Mujer podrán conocer en el orden civil, en todo caso de conformidad con los procedimientos y recursos previstos en la Ley 1/2000, de 7 de enero, de Enjuiciamiento Civil, de los siguientes asuntos:

a) Los relativos al matrimonio y a su régimen económico matrimonial y los que tengan por objeto la adopción o modificación de medidas de trascendencia familiar y otras acciones derivadas de la crisis matrimonial o de la unión de hecho.

b) Los que versen exclusivamente sobre guarda y custodia de hijos e hijas menores o sobre alimentos reclamados por un progenitor contra el otro en nombre de los hijos e hijas menores.

c) Los relativos a modificación de medidas adoptadas en los procesos que versen sobre las materias previstas en las letras anteriores.

d) Los que versen sobre maternidad, paternidad, filiación y adopción.

e) Los relativos a las relaciones paternofiliales.

f) Los relativos a la protección del menor, incluidas en los capítulos IV bis y V del Título I del Libro IV de la Ley 1/2000, de 7 de enero, de Enjuiciamiento Civil.

g) Los expedientes de jurisdicción voluntaria en materia de personas y familia, con excepción de los regulados en los Capítulos IX y X del Título II de la Ley 15/2015, de 2 de julio, de Jurisdicción Voluntaria.

h) Los que versen sobre los procedimientos de liquidación del régimen económico matrimonial instados por los herederos de la mujer víctima de violencia de género, así como los que se insten frente a estos herederos.

i) Los que versen sobre el reconocimiento de eficacia civil de resoluciones o decisiones eclesiásticas en materia matrimonial.

j) El reconocimiento y la ejecución de sentencias y resoluciones judiciales extranjeras civiles sobre menores y familia.

k) Los procesos para la efectividad de los derechos reconocidos en el artículo 160 del Código Civil.

7. Las Secciones de Violencia sobre la Mujer tendrán de forma exclusiva y excluyente competencia en el orden civil cuando concurran simultáneamente los siguientes requisitos:

a) Que se trate de un proceso civil que tenga por objeto alguna de las materias indicadas en el apartado 6 del presente artículo.

b) Que alguna de las partes del proceso civil sea víctima de actos de violencia de género, en los términos a que hace referencia el apartado 5.a), o de actos de violencia sexual, en los términos a que hace referencia el apartado 5.h) del presente artículo.

c) Que alguna de las partes del proceso civil sea imputado como autor, inductor o cooperador necesario en la realización de actos de violencia de género o de violencia sexual.

d) Que se hayan iniciado ante la Sección de Violencia sobre la Mujer de un Tribunal de Instancia actuaciones penales por delito o delito leve a consecuencia de un acto de violencia de género o de un acto de violencia sexual, o se haya adoptado una orden de protección a una víctima de violencia de género.

8. Cuando el juez o la jueza apreciara que los actos puestos en su conocimiento, de forma notoria, no constituyen expresión de violencia de género o de violencia sexual, podrá inadmitir la pretensión, remitiéndola al órgano judicial competente.

9. En todos estos casos está vedada la utilización de los medios adecuados de solución de controversias.

10. El Consejo General del Poder Judicial deberá estudiar, en el ámbito de sus competencias, la necesidad o carencia de dependencias que impidan la confrontación de la víctima y el agresor durante el proceso, así como impulsar, en su caso, la creación de las mismas, en colaboración con el Ministerio de Justicia y las comunidades autónomas competentes. Se procurará que estas mismas dependencias sean utilizadas en los casos de agresiones sexuales y de trata de personas con fines de explotación sexual. En todo caso, estas dependencias deberán ser plenamente accesibles, condición de obligado cumplimiento de los entornos, productos y servicios con el fin de que sean comprensibles, utilizables y practicables por todas las mujeres y menores víctimas sin excepción.

11. El Consejo General del Poder Judicial encomendará al Observatorio contra la Violencia Doméstica y de Género la evaluación de los datos provenientes de las Secciones de Violencia sobre la Mujer, así como de aquellos asuntos relacionados con esta materia en órganos judiciales no específicos.

Anualmente se elaborará un informe sobre los datos relativos a violencia de género y violencia sexual, que será publicado y remitido a la Comisión de seguimiento y evaluación de los acuerdos del Pacto de Estado en materia de Violencia de Género del Congreso de los Diputados, así como a la Comisión de seguimiento y evaluación de las estrategias acordadas por el Senado dentro del Pacto de Estado contra la Violencia de Género.

La información mencionada en el párrafo anterior se incorporará a la Memoria Anual del Consejo General del Poder Judicial.

La información estadística obtenida en aplicación de este apartado deberá poder desagregarse con un indicador de discapacidad de las víctimas.

§1   Igualmente, permitirá establecer un registro estadístico de las menores víctimas de violencia de género, que permita también la desagregación con indicador
de discapacidad.

Redacción dada por la Ley Orgánica 1/2025, de 2 de enero, de medidas en materia de eficiencia del Servicio Público Justicia.

Art. 89 bis. 1. El Consejo General del Poder Judicial, previo informe de las
Salas de Gobierno, podrá acordar que, en aquellos Tribunales de Instancia donde
no hubiere una Sección de Violencia contra la Infancia y la Adolescencia y sea conveniente por razón de la carga de trabajo existente, el conocimiento de los asuntos
referidos en este artículo corresponda a uno de los jueces o juezas de la Sección de
Instrucción, o de Civil y de Instrucción que constituya una Sección Única, determinándose en esta situación que uno solo de estos jueces o juezas conozca de todos
estos asuntos dentro del partido judicial, ya sea de forma exclusiva o conociendo
también de otras materias.

2. Cuando se estime conveniente, en función de la carga de trabajo, se creará
en el Tribunal de Instancia una Sección de Violencia contra la Infancia y la Adolescencia, que extenderá su jurisdicción a todo el partido judicial.

3. No obstante lo anterior, excepcionalmente, el Gobierno podrá establecer
por real decreto, a propuesta del Consejo General del Poder Judicial y en su caso,
con informe de la comunidad autónoma con competencias en materia de Justicia,
las Secciones de Violencia contra la Infancia y la Adolescencia que extiendan su
jurisdicción a dos o más partidos dentro de la misma provincia.

4. En los partidos judiciales en que exista un Tribunal de Instancia con Sección Única integrada por un solo juez será este el que asuma el conocimiento de
los asuntos a que se refiere este artículo, cuando ninguna Sección de Violencia
contra la Infancia y Adolescencia extienda su jurisdicción a ese partido judicial.

5. Las Secciones de Violencia contra la Infancia y la Adolescencia conocerán,
en el orden penal, de conformidad en todo caso con los procedimientos y recursos
previstos en la Ley de Enjuiciamiento Criminal, de la instrucción de los procesos
para exigir responsabilidad penal por los delitos recogidos en los Títulos del Código Penal relativos a:

a) Homicidio, aborto, lesiones o lesiones al feto, cometidos contra niños,
niñas y adolescentes.

b) Delitos contra la libertad, delito de torturas y contra la integridad moral,
delitos contra la intimidad, el derecho a la propia imagen y la inviolabilidad del
domicilio, delitos contra la libertad e indemnidad sexual, delitos contra el honor,
delitos contra las relaciones familiares, o cualquier otro delito cometido con violencia o intimidación, cuando la víctima sea niño, niña o adolescente.

c) Delito de trata de seres humanos del artículo 177 bis del Código Penal cuando al menos una de las víctimas sea niño, niña o adolescente.

d) Delito de quebrantamiento previsto y penado en el artículo 468 del Código Penal cuando la persona ofendida por el delito cuya condena, medida cautelar o medida de seguridad se haya quebrantado sea niño, niña o adolescente.

Las Secciones de Violencia contra la Infancia y la Adolescencia serán igualmente competentes para:

a) La adopción de las medidas cautelares legalmente previstas que aseguren la protección de las víctimas menores de edad, sin perjuicio de las competencias atribuidas al juez de guardia.

b) El conocimiento y fallo de los delitos leves que les atribuya la ley cuando la víctima sea niño, niña o adolescente.

c) Dictar sentencia de conformidad con la acusación en los casos establecidos por la ley.

d) La emisión y la ejecución de los instrumentos de reconocimiento mutuo de resoluciones penales en la Unión Europea que les atribuya la ley.

6. El Consejo General del Poder Judicial deberá estudiar, en el ámbito de sus competencias, la necesidad o carencia de dependencias que impidan la confrontación de la víctima y el agresor durante el proceso, así como impulsar, en su caso, la creación de las mismas, en colaboración con el Ministerio de Justicia y las comunidades autónomas competentes. En todo caso, estas dependencias deberán ser plenamente accesibles, condición de obligado cumplimiento de los entornos, productos y servicios con el fin de que sean comprensibles, utilizables y practicables por todas las víctimas sin excepción.

7. En caso de que los hechos objeto de instrucción por la Sección de Violencia contra la Infancia y Adolescencia también pudieran ser conocidos por la Sección de Violencia sobre la Mujer, la competencia le corresponderá en todo caso a la última.

Modificado por la Ley Orgánica 1/2025, de 2 de enero, de medidas en materia de eficiencia del Servicio Público Justicia.

Art. 90. 1. Con carácter general, en el Tribunal de Instancia, con sede en la capital de cada provincia y con jurisdicción en toda ella, existirá una Sección de lo Penal.

2. También podrán establecerse Secciones de lo Penal en Tribunales de Instancia que tengan su sede en poblaciones distintas de la capital de provincia, delimitándose en cada caso el ámbito territorial de su jurisdicción.

3. Las Secciones de lo Penal enjuiciarán las causas por delito que la ley determine.

§1

A fin de facilitar el conocimiento de los asuntos instruidos por las Secciones de Violencia sobre la Mujer y las Secciones de Violencia contra la Infancia y la Adolescencia, y atendiendo al número de asuntos existentes, deberán especializarse una o varias plazas judiciales de la Sección de lo Penal, de conformidad con lo previsto en el artículo 96 de la presente ley.

4. Corresponde asimismo a las Secciones de lo Penal la ejecución de las sentencias dictadas en causas por delito grave o menos grave por las Secciones de Instrucción, Secciones de Violencia sobre la Mujer y Secciones de Violencia contra la Infancia y la Adolescencia; el reconocimiento y ejecución de las resoluciones que impongan sanciones pecuniarias transmitidas por las autoridades competentes de otros Estados miembros de la Unión Europea, cuando las mismas deban cumplirse en territorio español, y los procedimientos de decomiso autónomo por los delitos para cuyo conocimiento sean competentes.

5. Corresponde a las Secciones de lo Penal la emisión y la ejecución de los instrumentos de reconocimiento mutuo de resoluciones penales en la Unión Europea que les atribuya la ley.

Redacción dada por la Ley Orgánica 1/2025, de 2 de enero, de medidas en materia de eficiencia del Servicio Público Justicia.

Art. 91. 1. Con carácter general, en el Tribunal de Instancia con sede en la capital de cada provincia, y con jurisdicción en toda ella, existirá una Sección de Menores. No obstante, cuando el volumen de trabajo lo aconseje, podrán establecerse Secciones de Menores cuya jurisdicción se extienda o bien a un partido determinado o agrupación de partidos, o bien a dos o más provincias de la misma comunidad autónoma. Tomarán su nombre de la población donde radique su sede.

2. Corresponde a las Secciones de Menores de los Tribunales de Instancia el ejercicio de las funciones que establezcan las leyes para con los menores que hubieren incurrido en conductas tipificadas por la ley como delito o delito leve y aquellas otras que, en relación con los menores de edad, les atribuyan las leyes, así como de la emisión y la ejecución de los instrumentos de reconocimiento mutuo de resoluciones penales en la Unión Europea que les atribuya la ley.

Redacción dada por la Ley Orgánica 1/2025, de 2 de enero, de medidas en materia de eficiencia del Servicio Público Justicia.

Art. 92. 1. Con carácter general, en el Tribunal de Instancia con sede en la capital de cada provincia, dentro del orden jurisdiccional penal, existirá una Sección de Vigilancia Penitenciaria, que tendrá las funciones jurisdiccionales previstas en la ley en materia de ejecución de penas privativas de libertad y medidas de seguridad, emisión y ejecución de los instrumentos de reconocimiento mutuo de

resoluciones penales en la Unión Europea que les atribuya la ley, control jurisdiccional de la potestad disciplinaria de las autoridades penitenciarias, amparo de
los derechos y beneficios de los internos en los establecimientos penitenciarios y
demás que señale la ley.

2. Podrán establecerse Secciones de Vigilancia Penitenciaria en Tribunales de
Instancia que tengan su sede en poblaciones distintas de la capital de provincia,
delimitándose en cada caso el ámbito territorial de su jurisdicción. El Gobierno establecerá la sede de estas Secciones, previa audiencia de la comunidad autónoma
afectada y del Consejo General del Poder Judicial.

3. El número de Tribunales de Instancia con Secciones de Vigilancia Penitenciaria, su ámbito territorial y número de magistrados y magistradas integrantes
de cada una de ellas, se determinará en la Ley de Demarcación y Planta Judicial,
atendiendo principalmente a los establecimientos penitenciarios existentes y a la
clase de estos.

4. Podrá establecerse que la Sección de Vigilancia Penitenciaria extienda su
jurisdicción a dos o más provincias de la misma comunidad autónoma, o uno o más
partidos dentro de la misma provincia.

5. El juez, jueza, magistrado o magistrada destinado o destinada en una Sección de Vigilancia Penitenciaria podrá compatibilizar las funciones propias de esta
Sección con las de otras Secciones del orden jurisdiccional penal del mismo Tribunal de Instancia.

Redacción dada por la Ley Orgánica 1/2025, de 2 de enero, de medidas en materia de eficiencia del Servicio Público Justicia.

Art. 93. 1. Con carácter general, en el Tribunal de Instancia con sede en la
capital de cada provincia, y con jurisdicción en toda ella, existirá una Sección de
lo Contencioso-Administrativo.

2. Cuando el volumen de asuntos lo requiera, se podrán establecer Secciones
de lo Contencioso-Administrativo en Tribunales de Instancia que tengan su sede
en poblaciones distintas de la capital de provincia, delimitándose en cada caso el
ámbito territorial de su jurisdicción.

3. También podrán crearse excepcionalmente Secciones de lo Contencioso-
Administrativo que extiendan su jurisdicción a más de una provincia dentro de la
misma comunidad autónoma.

4. Las Secciones de lo Contencioso-Administrativo conocerán, en primera o
única instancia, de los recursos contencioso-administrativos contra actos que expresamente les atribuya la ley.

5. También les corresponde autorizar, mediante auto, la entrada en los domicilios y en los restantes edificios o lugares cuyo acceso requiera el consentimiento

§1

de su titular, cuando ello proceda para la ejecución forzosa de actos de la Administración, salvo que se trate de la ejecución de medidas de protección de menores acordadas por la entidad pública competente en la materia.

6. A dichas Secciones les compete igualmente la autorización para la entrada en domicilios y otros lugares constitucionalmente protegidos, que haya sido acordada por la Administración Tributaria en el marco de una actuación o procedimiento de aplicación de los tributos aún con carácter previo a su inicio formal cuando, requiriendo dicho acceso el consentimiento de su titular, este se oponga a ello o exista riesgo de tal oposición.

Redacción dada por la Ley Orgánica 1/2025, de 2 de enero, de medidas en materia de eficiencia del Servicio Público Justicia.

Art. 94. 1. Con carácter general, en el Tribunal de Instancia con sede en la capital de cada provincia y con jurisdicción en toda ella existirá una Sección de lo Social.

2. Podrán establecerse Secciones de lo Social en Tribunales de Instancia que tengan su sede en poblaciones distintas de la capital de provincia, delimitándose en cada caso el ámbito territorial de su jurisdicción.

Asimismo, las Secciones de lo Social podrán excepcionalmente extender su jurisdicción a dos o más provincias dentro de la misma comunidad autónoma.

3. Las Secciones de lo Social conocerán, en primera o única instancia, de los procesos sobre materias propias de este orden jurisdiccional que no estén atribuidos a otros órganos del mismo.

Redacción dada por la Ley Orgánica 1/2025, de 2 de enero, de medidas en materia de eficiencia del Servicio Público Justicia.

Art. 95. En la Villa de Madrid y con jurisdicción en todo el territorio nacional existirá un Tribunal Central de Instancia, que contará con las siguientes Secciones:

a) Sección de Instrucción, que instruirá las causas cuyo enjuiciamiento corresponda a la Sala de lo Penal de la Audiencia Nacional o, en su caso, a la Sección de lo Penal del propio Tribunal Central de Instancia y tramitará los expedientes de ejecución de las órdenes europeas de detención y entrega, los procedimientos de extradición pasiva, los relativos a la emisión y la ejecución de otros instrumentos de reconocimiento mutuo de resoluciones penales en la Unión Europea que les atribuya la ley, así como las solicitudes de información entre los servicios de seguridad de los Estados miembros de la Unión Europea cuando requieran autorización judicial, en los términos previstos en la ley.

En la Sección de Instrucción, los jueces y juezas de garantías conocerán de las peticiones de la Fiscalía Europea relativas a la adopción de medidas cautelares personales, la autorización de los actos que supongan limitación de los derechos fundamentales cuya adopción esté reservada a la autoridad judicial y demás supuestos que expresamente determine la ley.

Igualmente, conocerán de las impugnaciones que establezca la ley contra los decretos de los Fiscales europeos delegados.

b) Sección de lo Penal, que conocerá, en los casos en que así lo establezcan las leyes procesales, de las causas por los delitos a que se refiere el artículo 65 y de los demás asuntos que señalen las leyes. Corresponde asimismo a la Sección de lo Penal la ejecución de las sentencias dictadas en causas por delito grave o menos grave por la Sección de Instrucción del propio Tribunal Central de Instancia, y los procedimientos de decomiso autónomo por los delitos para cuyo conocimiento sean competentes.

c) Sección de Menores, que conocerá de las causas que le atribuya la legislación reguladora de la responsabilidad penal de los menores, así como de la emisión y la ejecución de los instrumentos de reconocimiento mutuo de resoluciones penales en la Unión Europea que le atribuya la ley.

d) Sección de Vigilancia Penitenciaria, que tendrá las funciones jurisdiccionales previstas en la Ley Orgánica 1/1979, de 26 de septiembre, General Penitenciaria, descritas en el apartado 1 del artículo 92 de esta ley, la competencia para la emisión y ejecución de los instrumentos de reconocimiento mutuo de resoluciones penales en la Unión Europea que les atribuya la ley y demás funciones que señale la ley, en relación con los delitos competencia de la Audiencia Nacional. En todo caso, la competencia de esta Sección será preferente y excluyente cuando el penado cumpla también otras condenas que no hubiesen sido impuestas por la Audiencia Nacional.

e) Sección de lo Contencioso-Administrativo, que conocerá, en primera o única instancia, de los recursos contencioso-administrativos contra disposiciones y actos emanados de autoridades, organismos, órganos y entidades públicas con competencia en todo el territorio nacional, en los términos que la ley establezca.

Corresponde también a la Sección de lo Contencioso-Administrativo autorizar, mediante auto, la cesión de los datos que permitan la identificación a que se refiere el artículo 8.2 de la Ley 34/2002, de 11 de julio, de servicios de la sociedad de la información y de comercio electrónico, la ejecución material de las resoluciones adoptadas por el órgano competente para que se interrumpa la prestación de servicios de la sociedad de la información o para que se retiren contenidos que vulneran la propiedad intelectual, en aplicación de la citada Ley 34/2002, de 11 de julio, así como la limitación al acceso de los destinatarios al servicio intermediario prevista en el artículo 51.2 b) del Reglamento (UE) 2022/2065 del Parlamento Europeo y del Consejo de 19 de octubre de 2022, relativo a un mercado único de servicios

§1

digitales y por el que se modifica la Directiva 2000/31/CE. Igualmente conocerá la Sección de lo Contencioso-Administrativo del procedimiento previsto en el artículo 12 bis de la Ley Orgánica 6/2002, de 27 de junio, de Partidos Políticos.

Corresponde a la Sección de lo Contencioso-Administrativo autorizar, mediante auto, el requerimiento de información por parte de la Agencia Española de Protección de Datos y otras autoridades administrativas independientes de ámbito estatal a los operadores que presten servicios de comunicaciones electrónicas disponibles al público y de los prestadores de servicios de la sociedad de la información, cuando ello sea necesario de acuerdo con la legislación específica.

Redacción dada por la Ley Orgánica 1/2025, de 2 de enero, de medidas en materia de eficiencia del Servicio Público Justicia.

Art. 96. 1. El Consejo General del Poder Judicial podrá acordar, previo informe de las Salas de Gobierno y de las Administraciones con competencias en materia de Justicia, que en aquellas circunscripciones donde exista más de una plaza judicial de la misma Sección, una o varias de las personas destinadas en ellas asuman con carácter exclusivo el conocimiento de determinadas clases de asuntos o de las ejecuciones propias del orden jurisdiccional de que se trate, sin perjuicio de las labores de apoyo que puedan prestar los servicios comunes que al efecto se constituyan.

2. El Consejo General del Poder Judicial, oída la Sala de Gobierno del Tribunal Superior de Justicia y con informe favorable de las Administraciones con competencias en materia de Justicia en cada territorio, podrá acordar que en aquellas provincias en que existan más de cinco plazas judiciales en las Secciones de lo Mercantil de los Tribunales de Instancia existentes, uno o varios de los jueces, juezas, magistrados o magistradas destinados en ellos asuman con carácter exclusivo el conocimiento de determinadas clases de asuntos de entre los que sean competencia de estas Secciones.

3. El Consejo General del Poder Judicial, con informe favorable del Ministerio de Justicia y, en su caso, de la comunidad autónoma con competencias en materia de Justicia, oída la Sala de Gobierno del Tribunal Superior de Justicia, podrá acordar la especialización de una o varias plazas judiciales de Tribunales de Instancia de la misma provincia y del mismo orden jurisdiccional, estén o no en el mismo partido judicial y, si no lo estuvieran, previa delimitación del ámbito de competencia territorial, asumiendo por tiempo determinado las personas destinadas en ellas el conocimiento de determinadas materias o clases de asuntos y, en su caso, de las ejecuciones que de los mismos dimanen, sin perjuicio de las labores de apoyo que puedan prestar los servicios comunes constituidos o que al efecto se constituyan.

En estos casos, los jueces, las juezas, los magistrados y las magistradas que ocupen la plaza o plazas objeto del acuerdo de especialización asumirán la competencia para conocer de todos aquellos asuntos asignados, aun cuando su conocimiento inicial estuviese atribuido a Secciones radicadas en distinto partido judicial. No podrá adoptarse este acuerdo para atribuir a los jueces, las juezas, los magistrados y las magistradas así especializados asuntos que por disposición legal estuviesen atribuidos a otros u otras de diferente clase. Tampoco podrán ser objeto de especialización por esta vía las plazas judiciales de las Secciones de Instrucción, sin perjuicio de cualesquiera otras medidas de exención de reparto o de refuerzo que fuese necesario adoptar por necesidades del servicio.

4. Los acuerdos del Consejo General del Poder Judicial a que se refieren los apartados anteriores se publicarán en el «Boletín Oficial del Estado» y producirán efectos desde el inicio del año siguiente a aquel en que se adopte, salvo que, por razones de urgencia, razonadamente se establezca otro momento anterior.

5. Los jueces, las juezas, los magistrados y las magistradas afectados continuarán conociendo hasta su conclusión de todos los procesos que estuvieran pendientes ante los mismos.

Redacción dada por la Ley Orgánica 1/2025, de 2 de enero, de medidas en materia de eficiencia del Servicio Público Justicia.

Art. 97.

Este precepto se deja sin contenido por la Ley Orgánica 1/2025, de 2 de enero, de medidas en materia de eficiencia del Servicio Público Justicia.

Art. 98.

Este precepto se deja sin contenido por la Ley Orgánica 1/2025, de 2 de enero, de medidas en materia de eficiencia del Servicio Público Justicia.

CAPÍTULO VI
De los Jueces y las Juezas de Paz

Art. 99. En cada municipio donde no exista Tribunal de Instancia, y con jurisdicción en el término correspondiente, habrá un juez o una jueza de paz.

Regl. CGPJ 3/1995, de 7 de junio, de los Jueces de Paz.
Modificado por la Ley Orgánica 1/2025, de 2 de enero, de medidas en materia de eficiencia del Servicio Público Justicia.

Art. 100. 1. Los Juzgados de Paz conocerán, en el orden civil, de la sustanciación en primera instancia, fallo y ejecución de los procesos que la ley determine y cumplirán también las demás funciones que la ley les atribuya.

§1

Se modifica el apartado 1 por el art. único.3 de la Ley Orgánica 8/2011, de 21 de julio.

2. En el orden penal, conocerán en primera instancia de los procesos por delito leve que les atribuya la ley. Podrán intervenir, igualmente, en actuaciones penales de prevención, o por delegación, y en aquellas otras que señalen las leyes.

Redactado conforme a la LO 7/1988, de 28 de diciembre y modificado por la Ley Orgánica 1/2025, de 2 de enero, de medidas en materia de eficiencia del Servicio Público Justicia; arts. 2.2, 56, 57, 65, 73, 82, 85 y 87 LOPJ; arts. 47, 170 y 250.2 LEC: arts. 14, 307, 308, 317 y 318 LECRIM.

Art. 101. 1. Los Jueces de Paz y sus sustitutos serán nombrados para un período de cuatro años por la Sala de Gobierno del Tribunal Superior de Justicia correspondiente. El nombramiento recaerá en las personas elegidas por el respectivo Ayuntamiento.

2. Los Jueces de Paz y sus sustitutos serán elegidos por el Pleno del Ayuntamiento, con el voto favorable de la mayoría absoluta de sus miembros, entre las personas que, reuniendo las condiciones legales, así lo soliciten. Si no hubiere solicitante, el Pleno elegirá libremente.

3. Aprobado el acuerdo correspondiente será remitido al Juez de Primera Instancia e Instrucción quien lo elevará a la Sala de Gobierno.

4. Si en el plazo de tres meses, a contar desde que se produjera la vacante en un Juzgado de Paz, el Ayuntamiento correspondiente no efectuase la propuesta prevenida en los apartados anteriores, la Sala de Gobierno del Tribunal Superior de Justicia procederá a designar al Juez de Paz. Se actuará de igual modo cuando la persona propuesta por el Ayuntamiento no reuniera, a juicio de la misma Sala de Gobierno y oído el Ministerio Fiscal, las condiciones exigidas por esta Ley.

5. Los Jueces de Paz prestarán juramento ante el Juez de Primera Instancia e Instrucción y tomarán posesión ante quien se hallara ejerciendo la jurisdicción.

Art. 152.2.4° LOPJ; arts. 46 y 47 Ley 7/1985, de Bases de Régimen Local.

Art. 102. Podrán ser nombrados Jueces de Paz, tanto titular como sustituto, quienes, aun no siendo licenciados en Derecho, reúnan los requisitos establecidos en esta Ley para el ingreso en la Carrera Judicial, y no estén incursos en ninguna de las causas de incapacidad o de incompatibilidad previstas para el desempeño de las funciones judiciales, a excepción del ejercicio de actividades profesionales o mercantiles.

Arts. 302, 303 y 389 y ss. LOPJ.

Art. 103. 1. Los Jueces de Paz serán retribuidos por el sistema y en la cuantía que legalmente se establezca, y tendrán dentro de su circunscripción, el tratamiento y precedencia que se reconozcan en la suya a los Jueces de Primera Instancia e Instrucción.

2. Los Jueces de Paz y los sustitutos, en su caso, cesarán por el transcurso de su mandato y por las mismas causas que los Jueces de carrera en cuanto les sean de aplicación.

Arts. 324 y 378 y ss. LOPJ.

§1

§1

LIBRO II
DEL GOBIERNO DEL PODER JUDICIAL

TÍTULO I
De los órganos de gobierno del Poder Judicial

CAPÍTULO ÚNICO
Disposiciones generales

Art. 104. 1. El Poder Judicial se organiza y ejerce sus funciones con arreglo a los principios de unidad e independencia.

Art. 117.1 y 5 CE; arts. 1, 3 y 12 y ss. LOPJ.

2. El gobierno del Poder Judicial corresponde al Consejo General del Poder Judicial, que ejerce sus competencias en todo el territorio nacional, de acuerdo con la Constitución y lo previsto en la presente Ley. Con subordinación a él, las Salas de Gobierno del Tribunal Supremo, de la Audiencia Nacional y de los Tribunales Superiores de Justicia ejercerán las funciones que esta Ley les atribuye, sin perjuicio de las que correspondan a los Presidentes de dichos Tribunales y a los titulares de los restantes órganos jurisdiccionales.

Art. 122.2 CE.

Art. 105. El Presidente del Tribunal Supremo y del Consejo General del Poder Judicial es la primera autoridad judicial de la Nación y ostenta la representación del Poder Judicial y del órgano de gobierno del mismo. Su categoría y honores serán los correspondientes al titular de uno de los tres poderes del Estado.

Arts. 122.3 y 123 CE; arts. 123 a 126, 160, 162 y 324 LOPJ.

Art. 106. 1. Las Salas de Gobierno del Tribunal Supremo y de la Audiencia Nacional ejercen sus atribuciones en dichos Tribunales. La de la Audiencia Nacional las ejerce, además, sobre el Tribunal Central de Instancia.

2. Las Salas de Gobierno de los Tribunales Superiores de Justicia ejercen sus competencias en el propio Tribunal con respecto a los órganos judiciales radicados en la respectiva comunidad autónoma. La Sala de Gobierno del Tribunal Superior de Justicia de Andalucía ejercerá estas mismas competencias en relación con los órganos judiciales radicados en las Ciudades de Ceuta y Melilla.

Los apartados 1 y 2 han sido modificados por la Ley Orgánica 1/2025, de 2 de enero, de medidas en materia de eficiencia del Servicio Público Justicia.

3. El resto de los órganos jurisdiccionales ejercen sus atribuciones gubernativas con respecto a su propio ámbito orgánico.

Arts. 149 a 159, 160 a 164, 165 y 166 a 170 LOPJ.

TÍTULO II
(Derogado por la LO 4/2013, de 28 de junio).

TÍTULO III
Del gobierno interno de los Tribunales y Juzgados

CAPÍTULO I
De las Salas de Gobierno del Tribunal Supremo, Audiencia
Nacional y Tribunales Superiores de Justicia

SECCIÓN 1ª
De la composición de las Salas de Gobierno y de la
designación y sustitución de sus miembros

Art. 149. 1. Las Salas de Gobierno del Tribunal Supremo y de la Audiencia Nacional estarán constituidas por el Presidente o la Presidenta de dichos órganos, que las presidirá, por los Presidentes o las Presidentas de las Salas en ellos existentes y por un número de magistrados o magistradas igual al de éstos o éstas.

2. Las Salas de Gobierno de los Tribunales Superiores de Justicia estarán constituidas por el Presidente o la Presidenta de éstos, que las presidirá, por los Presidentes o las Presidentas de las Salas en ellos existentes, por los Presidentes o las Presidentas de las Audiencias Provinciales de la comunidad autónoma, y por un número igual de jueces, juezas, magistrados o magistradas, elegidos por todos los miembros de la Carrera Judicial destinados en ella. Uno o una, al menos, de los componentes de la Sala será de la categoría de juez o jueza, salvo que no hubiera candidatos o candidatas de dicha categoría.

Además de éstos o éstas se integrarán también, con la consideración de miembros electos a todos los efectos, las personas que ostenten la Presidencia de Tribunales de Instancia que de conformidad con lo establecido en el artículo 166.2 hayan sido liberadas totalmente del trabajo que les corresponda realizar en el orden jurisdiccional respectivo.

3. Las Salas de Gobierno de los Tribunales Superiores de Justicia, cuando el número de miembros exceda de diez, se constituirán en Pleno o en Comisión.

La Comisión estará integrada por seis miembros, tres natos y tres electos. La designación de sus componentes corresponderá al Pleno, y de producirse vacantes,

§1

la de sus sustitutos. No obstante, formará parte de la misma la persona que ostente la Presidencia del Tribunal de Instancia liberada totalmente de tareas jurisdiccionales, o una de ellas de existir varias. La Comisión se renovará anualmente en la misma proporción y la presidirá quien ejerza la Presidencia del Tribunal Superior de Justicia.

4. El Secretario o la Secretaria de Gobierno del Tribunal Supremo, de la Audiencia Nacional y de los respectivos Tribunales Superiores de Justicia ejercerá las funciones de Secretario o Secretaria de la Sala de Gobierno, sin perjuicio de todas aquellas que expresamente esta ley le atribuya.

Modificado por la Ley Orgánica 1/2025, de 2 de enero, de medidas en materia de eficiencia del Servicio Público Justicia.

Art. 150. Los miembros electivos de las Salas de Gobierno se renovarán en su totalidad cada cinco años, computados desde la fecha de constitución de aquélla. Transcurrido dicho plazo, la Sala de Gobierno continuará en el ejercicio de sus funciones hasta la fecha de constitución de la nueva.

Art. 151. 1. La elección de miembros de las Salas de Gobierno se llevará a cabo conforme a las siguientes reglas:

1ª La elección se llevará a cabo mediante voto personal libre, igual, directo y secreto, admitiéndose el voto por correo. Deberá convocarse con dos meses de antelación a la terminación del mandato de los anteriores miembros electivos.

2ª Las candidaturas podrán incluir uno o varios candidatos, junto con su correspondiente sustituto, hasta un número igual al de puestos a cubrir, y bastará para que puedan ser presentadas que conste el consentimiento de quienes las integren, aunque también podrán ser avaladas por un grupo de electores o por una asociación profesional legalmente constituida. Las candidaturas serán abiertas, y los electores podrán votar a tantos candidatos y a otros tantos suplentes como plazas a cubrir.

3ª Resultarán elegidos los candidatos que hubieren obtenido mayor número de votos. Si por aplicación estricta de esta regla no resultare elegido para la Sala de Gobierno de un Tribunal Superior de Justicia ningún Juez, el Magistrado que hubiere resultado elegido con menor número de votos cederá su puesto en la misma al Juez que hubiere obtenido mayor número de votos entre los que fueren candidatos, salvo que no se hubieran presentado a elección candidatos de dicha categoría.

2. A los efectos de lo dispuesto en este artículo, existirá en cada Tribunal una Junta Electoral, presidida por su Presidente e integrada, además, por el Magistrado más antiguo y el más moderno del Tribunal Supremo, de la Audiencia Nacional o del Tribunal Superior de Justicia correspondiente.

3. Corresponde al Consejo General del Poder Judicial convocar las elecciones y dictar las instrucciones necesarias para su organización y, en general, para la correcta realización del proceso electoral.

4. A cada Junta Electoral corresponde proclamar las candidaturas, actuar como mesa electoral en el acto de la elección, proceder al escrutinio y proclamar los resultados, que se comunicarán al Consejo, y, en general, la dirección y ordenación de todo el proceso electoral. Contra los acuerdos de la Junta Electoral podrá interponerse recurso contencioso-administrativo electoral.

5. En los supuestos de cese anticipado, por cualquier causa, de alguno de los miembros elegidos de la Sala de Gobierno, su puesto será cubierto por el correspondiente sustituto.

6. Si se tratase de un miembro electo y el sustituto también cesare, el puesto será cubierto por el candidato no elegido que hubiera obtenido mayor número de votos. Si no restaren candidatos electos, se convocarán elecciones parciales para cubrir el puesto o puestos vacantes.

Regl. 1/2000, de 26 de julio, de los Órganos de Gobierno de los Tribunales.

SECCIÓN 2ª
De las atribuciones de las Salas de Gobierno

Art. 152. 1. Las Salas de Gobierno, también las constituidas en régimen de Comisión, desempeñarán la función de gobierno de sus respectivos tribunales, y en particular les compete:

1º Aprobar las normas de reparto de asuntos entre las distintas Secciones de cada Sala.

2º Establecer anualmente con criterios objetivos los turnos precisos para la composición y funcionamiento de las Salas y Secciones del Tribunal y de las Audiencias Provinciales del territorio, así como de modo vinculante las normas de asignación de las Ponencias que deban turnar los Magistrados.

3º Adoptar, con respeto a la inamovilidad judicial, las medidas necesarias en los casos de disidencia entre magistrados que puedan influir en el buen orden de los tribunales o en la Administración de Justicia.

4º Completar provisionalmente la composición de las Salas en los casos en que, por circunstancias sobrevenidas, fuera necesario para el funcionamiento del servicio, siempre sin perjuicio de respetar el destino específico de los magistrados de cada Sala.

Asimismo, tomar conocimiento, aprobar provisionalmente y remitir al Consejo General del Poder Judicial para su aprobación definitiva, en los términos y, en su caso, con las correcciones que procedan, la relación de jueces y magistrados pro-

51

puestos de conformidad con lo previsto en los tres primeros apartados del artículo 200 de la presente Ley, así como velar por su cumplimiento

> Párrafo adicionado por la Ley Orgánica 8/2012, de 27 de diciembre, de medidas de eficiencia presupuestaria para la Administración de Justicia.

5º Proponer motivadamente al Consejo General del Poder Judicial a los magistrados suplentes expresando las circunstancias personales y profesionales que en ellos concurran, su idoneidad para el ejercicio del cargo y para su actuación en uno o varios órdenes jurisdiccionales, las garantías de un desempeño eficaz de la función y la aptitud demostrada por quienes ya hubieran actuado en el ejercicio de funciones judiciales o de sustitución en la Carrera Fiscal, con razonada exposición del orden de preferencia propuesto y de las exclusiones de solicitantes. Las propuestas de adscripción de magistrados suplentes como medida de refuerzo estarán sujetas a idénticos requisitos de motivación de los nombres y del orden de preferencia propuestos y de las exclusiones de solicitantes.

6º Ejercer las facultades disciplinarias sobre magistrados en los términos establecidos en esta ley.

7º Proponer al Presidente la realización de las visitas de inspección e información que considere procedentes.

8º Promover los expedientes de jubilación por causa de incapacidad de los Magistrados, e informarlos.

9º Elaborar los informes que le solicite el Consejo General del Poder Judicial y la memoria anual expositiva sobre el funcionamiento del Tribunal, con expresión detallada del número y clase de asuntos iniciados y terminados por cada Sala, así como de los que se hallaren pendientes, precisando el año de su iniciación, todo ello referido al 31 diciembre.

La memoria deberá contener, en todo caso, la indicación de las medidas que se consideren necesarias para la corrección de las deficiencias advertidas.

10º Proponer al Consejo General del Poder Judicial la adopción de las medidas que juzgue pertinentes para mejorar la Administración de Justicia en cuanto a los respectivos órganos jurisdiccionales.

11º Recibir el juramento o promesa legalmente prevenidos de los magistrados que integran los respectivos tribunales y darles posesión.

12º Recibir informes del Secretario de Gobierno, por iniciativa de éste o de la propia Sala, en todos aquellos asuntos que, por afectar a las oficinas judiciales o secretarios judiciales que de él dependan, exijan de algún tipo de actuación. En este caso, el Secretario de Gobierno tendrá voto en el acuerdo que pueda llegar a adoptarse.

13º Promover ante el órgano competente la exigencia de las responsabilidades disciplinarias que procedan de secretarios judiciales, del personal al servicio de la Administración de Justicia o de cualquier otro que, sin ostentar esta condición, preste sus servicios de forma permanente u ocasional en ésta.

14º En general, cumplir las demás funciones que las leyes atribuyan a los órganos de gobierno interno de los tribunales y que no estén atribuidas expresamente a los Presidentes.

2. A las Salas de Gobierno de los Tribunales Superiores de Justicia, en Pleno o en Comisión, compete, además:

1.º Aprobar las normas de reparto de asuntos entre las Salas del Tribunal y entre las Secciones de las Audiencias Provinciales del mismo orden jurisdiccional, y las de jueces, juezas, magistrados y magistradas de la misma Sección de los Tribunales de Instancia, con sede en la comunidad autónoma correspondiente.

Excepcionalmente, de forma motivada y cuando las necesidades del servicio así lo exigieren, la Sala de Gobierno podrá ordenar que se libere del reparto de asuntos, total o parcialmente, por tiempo limitado, a una Sección o a un juez o jueza determinado. En el caso de los Tribunales de Instancia, la liberación se referirá exclusivamente a jueces o juezas y magistrados o magistradas determinados.

2.º Ejercer las facultades de los números quinto al decimocuarto del apartado anterior, pero referidas también a los órganos jurisdiccionales con sede en la comunidad autónoma correspondiente a los jueces, juezas, magistrados y magistradas en ellos destinados.

3.º Expedir los nombramientos de los jueces y las juezas de paz.

4.º Tomar conocimiento de los planes anuales de sustitución elaborados por las Juntas de Jueces y Juezas, aprobarlos provisionalmente en los términos y, en su caso, con las correcciones que procedan y remitirlos al Consejo General del Poder Judicial para su aprobación definitiva. Además, velarán por su cumplimiento.

Apartado segundo modificado por la Ley Orgánica 1/2025, de 2 de enero, de medidas en materia de eficiencia del Servicio Público Justicia.

SECCIÓN 3ª
Del funcionamiento de las Salas de Gobierno y del régimen de sus actos

Cf. arts. 2 a 17 Regl. CGPJ 1/2000, de 26 de julio.

Art. 153. 1. Las Salas de Gobierno se reunirán, al menos, dos veces por mes, a no ser que no hubiere asuntos pendientes, y cuantas veces, además, tengan que tratar de asuntos urgentes de interés para la Administración de Justicia, cuando lo considere necesario el Presidente del Tribunal Superior de Justicia, cuando lo solicite la tercera parte de sus miembros mediante propuesta razonada y con expresión de lo que deba ser objeto de deliberación y decisión, o cuando lo solicite el Secretario de Gobierno a fin de tratar cuestiones que afecten a oficinas judiciales o Secretarios Judiciales que de él dependan. La convocatoria se hará por el Presidente, con expresión de los asuntos a tratar.

2. Las Salas de Gobierno de los Tribunales Superiores de Justicia, constituidas en Comisión, se reunirán semanalmente. La Comisión trimestralmente, pondrá en conocimiento del Pleno, previamente convocad o, todos aquellos asuntos que han sido tratados y resueltos. Podrá reunirse, asimismo, el Pleno cuando, a juicio del Presidente o de la Comisión, la trascendencia, importancia o interés para la Administración de Justicia de los asuntos a tratar así lo aconsejen, cuando lo solicite la mayoría de sus miembros mediante propuesta razonada y con expresión de lo que debe ser objeto de deliberación y decisión o cuando lo solicite el Secretario de Gobierno a fin de tratar cuestiones que afecten a oficinas judiciales o a Secretarios Judiciales que de él dependan. La convocatoria del Pleno o de la Comisión se hará por el Presidente, con expresión de los asuntos a tratar.

3. La Sala podrá constituirse por el Presidente y dos miembros para las actuaciones no decisorias de carácter formal, tales como la recepción de juramento o promesa o la toma de posesión de jueces y magistrados u otras de carácter análogo.

4. En los demás casos, para su válida constitución, se requerirá la presencia, al menos, de la mayoría de sus miembros, que deberán ser citados personalmente con 24 horas de anticipación como mínimo.

Redactado por LO 19/2003, de 23 de diciembre.

Art. 154. No podrán estar presentes en las discusiones y votaciones los que tuvieren interés directo o indirecto en el asunto de que se trate, siendo de aplicación en este caso lo dispuesto en la ley para la abstención y recusación.

Arts. 217 y ss. LOPJ.

Art. 155. El Presidente designará un ponente para cada asunto a tratar, que informará a la Sala y presentará, en su caso, la propuesta de acuerdo o resolución, salvo que, por razones de urgencia, no sea posible, o por la escasa importancia del asunto, a juicio del Presidente, no lo requiera.

Art. 156. El Presidente, por propia iniciativa, a petición del ponente o por acuerdo de la Sala, pasará a dictamen del Misterio Fiscal aquellos asuntos en los que deba intervenir o en los que la índole de los mismos lo haga conveniente. El Ponente, a la vista del dictamen del Fiscal, del que dará cuenta a la Sala, formulará la correspondiente propuesta.

Art. 157. 1. Concluida la discusión de cada asunto, se procederá a la votación, que comenzará por el Juez o Magistrado más moderno y seguirá por orden de menor antigüedad, hasta el que presidiere. La votación será secreta si lo solicitase cualquiera de los miembros.

2. El Juez o Magistrado que disintiere de la mayoría podrá pedir que conste su voto en el acta. Si lo desea, podrá formular voto particular, escrito y fundado, que se insertará en el acta, si la Sala lo estimare procedente por razón de su naturaleza o de las circunstancias concurrentes, siempre que lo presente dentro del plazo que fije la Sala, que no será superior a tres días.

3. El Presidente tendrá voto de calidad en caso de empate.

Art. 158. 1. El Secretario de Gobierno dará cuenta de los asuntos que se lleven a la Sala; estará presente en su discusión y votación; redactará las actas, en que se hará mención de todos los acuerdos, refiriéndolos a los expedientes en que se insertare; anotará al margen los apellidos de los que estén presentes en la sesión; custodiará el libro de actas, y dará, en su caso, las certificaciones correspondientes.

Arts. 38.1, 39.1, 42 y 178.1, 473 y 479 LOPJ.

2. Los actos de las Salas de Gobierno gozarán de ejecutoriedad, serán recurribles en alzada ante el Consejo General del Poder Judicial y les serán de aplicación supletoria las normas de la Ley de Procedimiento Administrativo.

Art. 127.6 LOPJ; Cf. Regl. 1/2000, de 26 de julio.

Art. 159. 1. Los acuerdos de las Salas de Gobierno se llevarán a un libro de actas, que estará a cargo del Secretario de Gobierno y que no tendrá otra publicidad que la que se efectúe a instancia del que tenga un interés directo, legítimo y personal.

2. No obstante, a los acuerdos sobre normas de reparto entre Secciones y entre los jueces, las juezas, los magistrados y las magistradas de una misma Sección se les dará publicidad suficiente.

Apartado modificado por la Ley Orgánica 1/2025, de 2 de enero, de medidas en materia de eficiencia del Servicio Público Justicia.

CAPÍTULO II
De los Presidentes y las Presidentas del Tribunal Supremo, de los Tribunales Superiores de Justicia y de las Audiencias

Rúbrica modificada por la Ley Orgánica 1/2025, de 2 de enero, de medidas en materia de eficiencia del Servicio Público Justicia.

§1

Art. 160. Los Presidentes tendrán las siguientes funciones:

1. Convocar, presidir y dirigir las deliberaciones de la Sala.

2. Fijar el orden del día de las sesiones de la Sala de Gobierno, en el que deberán incluirse los asuntos que propongan al menos dos de sus componentes.

3. Someter cuantas propuestas considere oportunas en materia de competencia de la Sala de Gobierno.

4. Autorizar con su firma los acuerdos de la Sala de Gobierno y velar por su cumplimiento.

5. Cuidar del cumplimiento de las medidas adoptadas por la Sala de Gobierno para corregir los defectos que existieren en la administración de Justicia, si estuvieren dentro de sus atribuciones, y, en otro caso, proponer al Consejo, de acuerdo con la Sala, lo que considere conveniente.

6. Despachar los informes que le pida el Consejo General del Poder Judicial.

7. Adoptar las medidas necesarias, cuando surjan situaciones que por su urgencia lo requieran, dando cuenta en la primera reunión de la Sala de Gobierno.

8. Dirigir la inspección de los Juzgados y Tribunales en los términos establecidos en esta Ley.

9. Determinar el reparto de asuntos entre las Salas del Tribunal del mismo orden jurisdiccional y entre las Secciones de éstas, de acuerdo con las normas aprobadas por la Sala de Gobierno.

Redactado conforme a la LO 6/1998, de 13 de julio.

10. Presidir diariamente la reunión de los Presidentes de Salas y Magistrados y cuidar de la composición de las Salas y Secciones conforme al artículo 198 de esta Ley.

11. Ejercer todos los poderes dirigidos al buen orden del Tribunal o Audiencia respectivo, así como al cumplimiento de sus deberes por el personal de los mismos.

12. Comunicar al Consejo General las vacantes judiciales y las plazas vacantes de personal auxiliar del respectivo Tribunal o Audiencia.

13. Oír las quejas que les hagan los interesados en causas o pleitos, adoptando las prevenciones necesarias.

14. Las demás previstas en la ley.

Arts. 148, 151.2, 162, 172, 188, 199, 421.1 y 464 LOPJ; Regl. 1/2000, de 26 de julio; art. 27 Regl. CGPJ 5/1995.

Art. 161. 1. El presidente del Tribunal Superior de Justicia ostenta la representación del Poder Judicial en la Comunidad Autónoma correspondiente, siempre que no concurra el Presidente del Tribunal Supremo.

§1

2. El Presidente de Sala a que se refiere el artículo 78 de esta Ley representa al Poder Judicial en las provincias a que se extiende la jurisdicción de aquella, salvo cuando concurra el del Tribunal Superior de Justicia o el del Tribunal Supremo. En el caso de que existan, conforme a dicho artículo, Salas de lo Contencioso-administrativo y de lo Social, tal representación corresponde al Presidente de Sala que designe el Consejo General del Poder Judicial.

3. El Presidente del Tribunal Superior de Justicia podrá delegar en el de Sala a que se refiere el artículo anterior las funciones gubernativas que tenga por conveniente, referidas a la Sala o Salas correspondientes y a los órganos jurisdiccionales con sede en las provincias a los que aquélla o aquéllas extiendan su Jurisdicción.

Arts. 72, 78, 127.4, 337, 340 y 341 LOPJ; Regl. 1/2000, de 26 de julio.

Art. 162. Podrán los Presidentes del Tribunal Supremo, de la Audiencia Nacional, Tribunales Superiores de Justicia y de las Audiencias y, en su caso, las Salas de Gobierno por conducto de aquéllos, dirigir a los Juzgados y Tribunales a ellos inferiores, que estén comprendidos en su respectiva circunscripción, dentro del ámbito de sus competencias gubernativas, las prevenciones que estimen oportunas para el mejor funcionamiento de los Juzgados y Tribunales, dando cuenta sin dilación al Tribunal Supremo, en su caso, y directamente al Consejo General del Poder Judicial.

Art. 12.3 y 264.2 LOPJ.

Art. 163.

Derogado por la LO 7/2015, de 21 de julio.

Art. 164. Los Presidentes de las Audiencias Provinciales presiden las mismas, adoptan las medidas precisas para su funcionamiento y ejercen las demás funciones que les atribuye la ley, sin perjuicio, en todo caso, de las facultades de los órganos de gobierno del Tribunal Superior de Justicia.

Redactado por LO 19/2003, de 23 de diciembre. Art 57 Regl. 1/2000, de 26 de julio.

CAPÍTULO III
De los Presidentes y las Presidentas de las Salas y de los jueces, juezas, magistrados y magistradas

Rúbrica modificada por la Ley Orgánica 1/2025, de 2 de enero, de medidas en materia de eficiencia del Servicio Público Justicia.

Art. 165. Los Presidentes y las Presidentas de las Salas de Justicia tendrán, en sus respectivos órganos jurisdiccionales, la dirección e inspección de todos los

§1

asuntos y adoptarán, en su ámbito competencial, las resoluciones que la buena marcha de la Administración de Justicia aconseje. Las mismas facultades tendrán los jueces, juezas, magistrados y magistradas integrados en los Tribunales de Instancia respecto de los asuntos que les correspondan por reparto, sin perjuicio de las que correspondan a la Presidencia del Tribunal.

En todo caso, los Presidentes y las Presidentas de Sala, jueces, juezas, magistrados y magistradas darán cuenta a los Presidentes o a las Presidentas de los respectivos Tribunales y Audiencias de las anomalías o faltas que observen y ejercerán las funciones disciplinarias que les reconozcan las leyes procesales sobre los profesionales que se relacionen con el tribunal.

2. Con respecto al personal al servicio de la Administración de Justicia se estará a lo previsto en su respectivo régimen disciplinario.

Redactado por LO 19/2003, de 23 de diciembre y modificado por la Ley Orgánica 1/2025, de 2 de enero, de medidas en materia de eficiencia del Servicio Público Justicia. Art. 58 Regl. 1/2000, de 26 de julio.

CAPÍTULO IV
De la Presidencia de los Tribunales de Instancia y de sus Secciones, de la Presidencia del Tribunal Central de Instancia y de sus Secciones, y de las Juntas de Jueces y Juezas

Rúbrica modificada por la Ley Orgánica 1/2025, de 2 de enero, de medidas en materia de eficiencia del Servicio Público Justicia.
Ver Regl. 1/2000, de 26 de julio; arts. 26 y 8 a 32 Regl. CGPJ 5/1995.

Art. 166. 1. Quienes ostenten la Presidencia de los Tribunales de Instancia serán nombrados por el Consejo General del Poder Judicial, por un período de cuatro años conforme a la propuesta motivada de la Sala de Gobierno del Tribunal Superior de Justicia correspondiente, renovándose transcurrido este período o cuando el elegido cesare por cualquier causa.

La Sala de Gobierno propondrá el nombramiento de la persona que se determine conforme a las siguientes reglas:

Quienes integren el Tribunal de Instancia elegirán por mayoría de tres quintos a uno o una de ellos para su propuesta. De no obtenerse dicha mayoría en la primera votación, bastará la mayoría simple en la segunda, resolviéndose los empates a favor de quien ocupe el mejor puesto en el escalafón. En caso de que no hubiera candidato o candidata, se propondrá al juez, jueza, magistrado o magistrada que ocupare el mejor puesto en el escalafón.

2. Excepcionalmente, y cuando las circunstancias lo justifiquen, el Consejo General del Poder Judicial, oídas la Junta de Jueces y Juezas y la Sala de Gobierno,

podrá liberar a quien ostente la Presidencia total o parcialmente del trabajo que le corresponda realizar en su orden jurisdiccional.

3. Cuando concurran las circunstancias previstas en el artículo 84.3, el nombramiento de quien deba ostentar la Presidencia de Sección se realizará por la Presidencia del Tribunal de Instancia y recaerá en la persona determinada conforme a las reglas previstas en el apartado 1 de este artículo.

4. Los magistrados y las magistradas del Tribunal Central de Instancia elegirán por mayoría de tres quintos a quien, de entre ellos y ellas, deba ejercer la Presidencia. De no obtenerse dicha mayoría en la primera votación, bastará la mayoría simple en la segunda, resolviéndose los empates a favor de quien ocupe mejor puesto en el escalafón. En caso de que no hubiese candidato o candidata, se propondrá a quien ocupare el mejor puesto en el escalafón. El cargo deberá renovarse cada cuatro años o cuando la persona elegida cesare por cualquier otra causa.

5. La misma regla descrita en el apartado 3 regirá en relación con la Presidencia de las Secciones existentes en el Tribunal Central de Instancia.

Artículo modificado por la Ley Orgánica 1/2025, de 2 de enero, de medidas en materia de eficiencia del Servicio Público Justicia.

Art. 167. 1. En los Tribunales de Instancia los asuntos se distribuirán entre los jueces y las juezas, por razón de las plazas en que se integren conforme a normas de reparto predeterminadas y públicas. Las normas de reparto se aprobarán por la Sala de Gobierno del Tribunal Superior de Justicia, a propuesta de la Junta de Jueces y Juezas de la respectiva Sección del Tribunal de Instancia. En el caso del Tribunal Central de Instancia, las normas de reparto se aprobarán por la Sala de Gobierno de la Audiencia Nacional, a propuesta de la Junta de Jueces y Juezas de la respectiva Sección.

2. A solicitud del interesado, la Junta de Jueces y Juezas de la Sección respectiva podrá proponer que se libere, total o parcialmente, a un juez, jueza, magistrado o magistrada del reparto de asuntos, por tiempo limitado, cuando la buena administración de justicia lo haga necesario. El acuerdo se trasladará por la Presidencia del Tribunal de Instancia a la Sala de Gobierno para que esta, si lo entiende pertinente, proceda a su aprobación y publicación. En el caso del Tribunal Central de Instancia, la propuesta de liberación deberá hacerse por la Junta de Jueces y Juezas de la respectiva Sección. Las modificaciones que se adopten en las normas de reparto no podrán afectar a los procedimientos en trámite.

3. La Sala de Gobierno podrá acordar las modificaciones precisas en las normas de reparto de jueces, juezas, magistrados y magistradas de las Secciones de lo Mercantil, de lo Penal, de Menores, de Vigilancia Penitenciaria, de lo Contencioso-administrativo o de lo Social de los Tribunales de Instancia, para equilibrar la

§1

distribución de asuntos que por materia les corresponde a cada uno de ellos según su clase, aun cuando alguno tuviese atribuido, por disposición legal o por acuerdo del Pleno del propio Consejo General del Poder Judicial, el despacho de asuntos de su competencia a una circunscripción de ámbito inferior a la provincia.

4. La Presidencia del Tribunal de Instancia, valoradas las circunstancias concurrentes, podrá proponer el nombramiento de los jueces, las juezas, los magistrados y las magistradas a que se refiere el apartado 6 del artículo 84. El acuerdo se trasladará a la Sala de Gobierno para que esta, si lo estima pertinente, lo remita al Consejo General del Poder Judicial para su aprobación.

5. El reparto se realizará por el letrado o la letrada de la Administración de Justicia bajo la supervisión de la Presidencia del Tribunal de Instancia y le corresponderá a esta resolver con carácter gubernativo interno las cuestiones que se planteen y corregir las irregularidades que puedan producirse, adoptando las medidas necesarias y promoviendo, en su caso, la exigencia de las responsabilidades que procedan. En el caso del Tribunal Central de Instancia, estas funciones corresponderán a su Presidencia.

Artículo redactado por LO 7/2015, de 21 de julio y modificado por la Ley Orgánica 1/2025, de 2 de enero, de medidas en materia de eficiencia del Servicio Público Justicia.

Art. 168. 1. Quienes ejerzan las Presidencias de los Tribunales de Instancia velarán por la buena utilización de los locales judiciales y de los medios materiales en tanto se refiera o afecte a la función jurisdiccional; cuidarán de que el servicio de guardia se preste continuadamente; adoptarán las medidas urgentes en los asuntos no repartidos cuando, de no hacerlo, pudiera quebrantarse algún derecho o producirse algún perjuicio grave e irreparable; oirán las quejas que les hagan las personas interesadas en causas o pleitos, adoptando las prevenciones necesarias, y ejercerán las restantes funciones que les atribuya la ley.

2. En todo caso, corresponde a quienes ejerzan las Presidencias de los Tribunales de Instancia:

a) Coordinar el funcionamiento del Tribunal adoptando las resoluciones precisas que, desde el punto de vista organizativo y en su ámbito competencial, sean necesarias para la buena marcha del mismo.

b) Resolver en única instancia los recursos gubernativos que quepa interponer contra las decisiones de los letrados y las letradas de la Administración de Justicia en materia de reparto.

c) Poner en conocimiento de la Sala de Gobierno toda posible anomalía en el funcionamiento de los servicios comunes procesales de su territorio.

d) Resolver cuantos recursos les atribuyan las leyes procesales.

§1

e) Promover la unificación de criterios y prácticas entre los distintos jueces, juezas, magistrados o magistradas del Tribunal de Instancia.

f) Asumir las funciones propias de la Presidencia de Sección en aquellas Secciones que cuenten con un número de jueces, juezas, magistrados o magistradas inferior a ocho.

g) Velar por la correcta ejecución de las sustituciones y de los planes anuales de sustitución en los términos previstos en esta ley, resolver con carácter gubernativo interno las cuestiones que se planteen y corregir las irregularidades que puedan producirse adoptando las medidas necesarias y promoviendo, en su caso, la exigencia de las responsabilidades que procedan.

3. Corresponderá a quienes ejerzan las Presidencias de Sección de los Tribunales de Instancia:

a) Coordinar, bajo la dirección de la Presidencia del Tribunal de Instancia, el funcionamiento de su Sección adoptando las resoluciones precisas para la buena marcha de la misma.

b) Sustituir a quien ostente la Presidencia del Tribunal de Instancia en los supuestos de vacante, ausencia, enfermedad o por otra causa justificada. Cuando existieran varias Presidencias de Sección esta sustitución corresponderá a quien ocupe mejor puesto en el escalafón.

c) Ejercer aquellas funciones que le delegue la Presidencia del Tribunal de Instancia con relación a su Sección.

d) Convocar a la Junta de Sección a la que se refiere el artículo 170.

e) Dar cuenta a la Presidencia del Tribunal de Instancia de la convocatoria de las Juntas de Sección y de los acuerdos adoptados en ellas.

4. Las funciones descritas en los apartados anteriores, en cuanto sean de aplicación, corresponderán a la Presidencia del Tribunal Central de Instancia o en su caso, a las de la Sección del Tribunal Central de Instancia que corresponda, dentro del ámbito de su respectiva competencia.

Artículo modificado por la Ley Orgánica 1/2025, de 2 de enero, de medidas en materia de eficiencia del Servicio Público Justicia.

Art. 169. 1. La Presidencia del Tribunal de Instancia ostentará ante los poderes públicos la representación del Tribunal y presidirá la Junta de Jueces y Juezas del Tribunal de Instancia para tratar asuntos de interés común relativos a la actividad jurisdiccional. Esta Junta se convocará por la Presidencia del Tribunal de Instancia siempre que lo estime necesario o cuando lo solicite la cuarta parte de los jueces, juezas, magistrados y magistradas que formen parte de dicho Tribunal.

2. Las mismas funciones serán ejercidas por la Presidencia del Tribunal Central de Instancia dentro del ámbito de su competencia. La convocatoria de la Junta de

§1 Jueces y Juezas del Tribunal Central de Instancia se regirá por las normas previstas en el apartado anterior.

3. También podrán reunirse los jueces, juezas, magistrados y magistradas de una misma provincia o comunidad autónoma, presididos por el más antiguo o la más antigua en el destino, para tratar aquellos problemas que les sean comunes.

4. La Junta se considerará válidamente constituida para tomar acuerdos cuando asistan la mitad más uno de sus miembros, adoptándose los acuerdos por mayoría simple.

5. La Junta elegirá como Secretario o Secretaria a uno o una de sus miembros, que será el encargado o la encargada de redactar las actas de los acuerdos de las Juntas, así como de conservarlas y de expedir las certificaciones de las mismas.

6. Corresponde a la Junta de Jueces y Juezas del Tribunal de Instancia elaborar los planes anuales de sustitución entre jueces y juezas titulares a que se refiere el artículo 211 para su remisión a la Sala de Gobierno.

7. Las normas previstas en este artículo se aplicarán a la Junta de Jueces y Juezas del Tribunal Central de Instancia, en cuanto resulte compatible con su régimen jurídico.

Artículo modificado por la Ley Orgánica 1/2025, de 2 de enero, de medidas en materia de eficiencia del Servicio Público Justicia.

Art. 170. 1. Podrán reunirse en Junta de Sección del Tribunal de Instancia los jueces, juezas, magistrados y magistradas que pertenezcan a la misma Sección de un Tribunal de Instancia.

Esta Junta, presidida por quien ejerza la Presidencia de la Sección respectiva, se reunirá para proponer las normas de reparto entre los jueces, juezas, magistrados y magistradas, unificar criterios y prácticas, y para tratar asuntos comunes o sobre los que estimaren conveniente elevar exposición a la Sala de Gobierno correspondiente o al Consejo General del Poder Judicial por conducto del Presidente del Tribunal Superior de Justicia o aquel les solicitare informe.

2. La Presidencia de Sección del Tribunal de Instancia convocará la Junta prevista en el apartado anterior siempre que lo estime necesario, o cuando lo solicite, al menos, la cuarta parte de los miembros de derecho de la misma y, en todo caso, una vez al año, sin perjuicio de lo dispuesto en el apartado 4 del artículo 264.

Cuando la Sección careciere de Presidencia, las funciones previstas en este artículo serán ejercidas por la Presidencia del Tribunal de Instancia. Esta, además, podrá convocar en Junta a los jueces, juezas, magistrados y magistradas pertenecientes a diferentes Secciones de un mismo orden jurisdiccional en la forma y en los mismos supuestos que los previstos en los apartados anteriores.

3. Los requisitos para la válida constitución de esta Junta, su régimen de organización y funcionamiento, así como para la adopción de acuerdos, serán los mismos previstos en los apartados 4 y 5 del artículo anterior.

§1

Artículo modificado por la Ley Orgánica 1/2025, de 2 de enero, de medidas en materia de eficiencia del Servicio Público Justicia.

CAPÍTULO V

De la inspección de los Juzgados y Tribunales

Art. 171. 1. El Consejo General del Poder Judicial ejerce la superior inspección y vigilancia sobre todos los Juzgados y Tribunales para la comprobación y control del funcionamiento de la Administración de Justicia.

2. El Presidente del Consejo y los Vocales del mismo, por acuerdo del Pleno, podrán realizar visitas de información a dichos órganos.

3. El Consejo o su Presidente, cuando lo consideren necesario, podrán ordenar que el Servicio de Inspección dependiente de aquél, o los Presidentes, Magistrados o Jueces de cualquier Tribunal o Juzgado, realicen inspecciones a Juzgados o Tribunales o recaben información sobre el funcionamiento y el cumplimiento de los deberes del personal judicial.

4. El Ministerio de Justicia, cuando lo considere necesario, podrá instar del Consejo que ordene la inspección de cualquier Juzgado o Tribunal. En este caso, el Consejo notificará al Ministerio de Justicia la resolución que adopte y, en su caso las medidas adoptadas. Todo ello sin perjuicio de las facultades que la presente Ley concede al Ministerio Fiscal.

Arts. 107.3, 148 y 152.1.6º LOPJ.

Art. 172. 1. El Presidente del Tribunal Supremo dirige la inspección ordinaria y vigila el funcionamiento de las Salas y Secciones de este Tribunal.

2. Los Presidentes de los Tribunales Superiores de Justicia ejercen las mismas funciones en sus respectivos ámbitos territoriales.

3. El Presidente de la Audiencia Nacional tiene las facultades de los apartados anteriores, respecto a las Salas de la misma y al Tribunal Central de Instancia.

Apartado modificado por la Ley Orgánica 1/2025, de 2 de enero, de medidas de eficiencia del Servicio Público Justicia.

4. Los Presidentes de las Audiencias Provinciales podrán ejercer por delegación la inspección sobre los juzgados y tribunales en su respectivo ámbito y aquellas otras funciones de carácter administrativo que se les encomienden.

Redactado por LO 19/2003, de 23 de diciembre.

§1

Art. 173. Se encomendará la inspección a Juez o Magistrado de igual o superior categoría a la del titular del órgano inspeccionado.

Art. 174. 1. Los Jueces y Presidentes de Secciones y Salas ejercerán su inspección en los asuntos de que conozcan.

2. Cuando a su juicio conviniere, para evitar abusos, adoptar alguna medida que no sea de su competencia o despachar visitas a algún Juzgado o Tribunal, lo manifestarán al Presidente del Tribunal Supremo, de la Audiencia Nacional o del Tribunal Superior de Justicia, para que éste decida lo que corresponda.

Arts. 169.8 y 165 LOPJ.

Art. 175. 1. Los Jueces y Magistrados y el personal al servicio de la Administración de Justicia deben prestar la colaboración necesaria para el buen fin de la inspección.

2. Las facultades inspectoras se ejercerán sin merma de la autoridad del Juez, Magistrado o Presidente.

3. El expediente de inspección se completará con los informes sobre el órgano inspeccionado, que podrán presentar los respectivos colegios de abogados, procuradores o, en el caso de la jurisdicción social, graduados sociales en todo aquello que les afecte. A tal fin, serán notificados, con la suficiente antelación, respecto a las circunstancias en que se lleve a cabo la actividad inspectora.

El apartado 3 ha sido redactado por la LO 4/2013, de 28 de junio.

Art. 176. 1. La inspección comprenderá el examen de cuanto resulte necesario para conocer el funcionamiento del Juzgado o Tribunal y el cumplimiento de los deberes del personal judicial, atendiendo especialmente a las exigencias de una pronta y eficaz tramitación de todos los asuntos.

2. La interpretación y aplicación de las leyes hechas por los Jueces o Tribunales, cuando administran justicia, no podrá ser objeto de aprobación, censura o corrección, con ocasión o a consecuencia de actos de inspección.

Art. 12.2 LOPJ.

Art. 177. 1. El Juez o Magistrado que realice la inspección redactará un informe que elevará a quien la hubiere decretado.

2. De las visitas de inspección se levantará acta, en que se detallará el resultado de aquélla, y de la que se entregará copia al Juez o Presidente del órgano jurisdiccional inspeccionado. Éstos, con respecto a dicha acta, podrán formular las correspondientes observaciones o precisiones y remitirlas a la Autoridad que hubiere ordenado la práctica de la inspección, dentro de los diez días siguientes.

3. El Presidente de la Sala de Gobierno, a la que, en su caso, se dará cuenta, adoptará, a la vista del informe, cuando proceda, las medidas que estime convenientes dentro de sus atribuciones, y, cuando no tuviere competencia para resolver, propondrá al Consejo General del Poder Judicial lo que considere procedente. La comunicación al Consejo General se hará por conducto de su Presidente. El Consejo General adoptará por si mismo las medidas que procedan cuando hubiere ordenado la inspección.

CAPÍTULO VI
De las Secretarías de Gobierno

Art. 178. 1. En el Tribunal Supremo, Audiencia Nacional y Tribunales Superiores de Justicia existirá una Secretaría de Gobierno, dependiente del Secretario de Gobierno respectivo, que estará auxiliado por el personal al servicio de la Administración de Justicia que determine la correspondiente relación de puestos de trabajo.

2. En estos tribunales podrá existir, además, un Vicesecretario de Gobierno.

Redactado por LO 19/2003, de 23 de diciembre.

LIBRO III
DEL RÉGIMEN DE LOS JUZGADOS Y TRIBUNALES

TÍTULO I
Del tiempo de las actuaciones judiciales

CAPÍTULO I
Del período ordinario de actividad de los Tribunales

Art. 179. El año judicial, período ordinario de actividad de los Tribunales, se extenderá desde el 1 de septiembre, o el siguiente día hábil, hasta el 31 de julio de cada año natural.

Art. 180. 1. Durante el período en que los Tribunales interrumpan su actividad ordinaria, se formará en los mismos una Sala compuesta por su Presidente y el número de Magistrados que determine el Consejo General del Poder Judicial la cual asumirá las atribuciones de las Salas de Gobierno y de Justicia, procurando que haya Magistrados de las diversas Salas.

2. Los Magistrados que no formen parte de esta Sala podrán ausentarse, a partir del fin del período ordinario de actividad, una vez ultimados los asuntos señalados.

Arts. 127.13 y 371 LOPJ; art. 304,2 LEC.

Art. 181. 1. Al inicio del año judicial se celebrará un acto solemne en el Tribunal Supremo.

2. El Presidente del Consejo General del Poder Judicial y del Tribunal Supremo presentará en dicho acto la Memoria anual sobre el estado, funcionamiento y actividades de los Juzgados y Tribunales de Justicia.

Arts. 109 y 127.11 LOPJ.

3. El Fiscal General del Estado leerá también en este acto la Memoria anual sobre su actividad, la evolución de la criminalidad, la prevención del delito y las reformas convenientes para una mayor eficacia de la justicia.

CAPÍTULO II
Del tiempo hábil para las actuaciones judiciales

Ver Regl. CGPJ 1/2005, de Aspectos Accesorios de las Actuaciones Judiciales (arts. 8 y ss.).

Art. 182. 1. Son inhábiles a efectos procesales los sábados y domingos, los días de fiesta nacional y los festivos a efectos laborales en la respectiva Comunidad Autónoma o localidad.

§1

Apartado modificado por la Ley Orgánica 14/2022, de 22 de diciembre.

El Consejo General del Poder Judicial, mediante reglamento, podrá habilitar estos días a efectos de actuaciones judiciales en aquellos casos no previstos expresamente por las leyes.

2. Son horas hábiles desde las ocho de la mañana a las ocho de la tarde, salvo que la ley disponga lo contrario.

Redactado por LO 19/2003, de 23 de diciembre.

Art. 183. Serán inhábiles los días del mes de agosto, así como todos los días desde el 24 de diciembre hasta el 6 de enero del año siguiente, ambos inclusive, para todas las actuaciones judiciales, excepto las que se declaren urgentes por las leyes procesales. No obstante, el Consejo General del Poder Judicial, mediante reglamento, podrá habilitarlos a efectos de otras actuaciones.

Modificado por la Ley Orgánica 14/2022, de 22 de diciembre.

Art. 184. 1. Sin perjuicio de lo dispuesto en los artículos anteriores, todos los días del año y todas las horas serán hábiles para la instrucción de las causas criminales, sin necesidad de habilitación especial.

2. Los días y horas inhábiles podrán habilitarse con sujeción a lo dispuesto en las leyes procesales.

Apartado redactado conforme a la Ley Orgánica 1/2009, de 3 de noviembre.

Art. 185. 1. Los plazos procesales se computarán con arreglo a lo dispuesto en el Código Civil. En los señalados por días quedarán excluidos los inhábiles.

2. Si el último día de plazo fuere inhábil, se entenderá prorrogado al primer día hábil siguiente.

Art. 5 CC; arts. 133 a 135 LEC.

TÍTULO II
Del modo de constituirse los Juzgados y Tribunales

Ver Regl. 1/2005, de Aspectos decisorios de las Actuaciones Judiciales (arts. 10 y ss.).

§1

CAPÍTULO I
De la audiencia pública

Art. 186. Los Juzgados y Tribunales celebrarán audiencia pública todos los días hábiles para la práctica de pruebas, las vistas de los pleitos y causas, la publicación de las sentencias dictadas y demás actos que señale la ley.

Arts. 188 y 189 LOPJ; 138 LEC; arts. 147.5 y 680 LECRIM.

Art. 187. 1. En audiencia pública, reuniones del Tribunal y actos solemnes judiciales, los Jueces, Magistrados, Fiscales, Secretarios, Abogados y Procuradores usarán toga y, en su caso, placa y medalla de acuerdo con su rango.

2. Asimismo, todos ellos, en estrados, se sentarán a la misma altura.

Art. 188. 1. Los Jueces y los Presidentes de las Audiencias y Tribunales, dentro de los límites fijados por el Consejo General del Poder Judicial, señalarán las horas de audiencia pública que sean necesarias para garantizar que la tramitación de los procesos se produzca sin indebidas dilaciones. Se darán a conocer a través de un edicto fijado ostensiblemente en la parte exterior de las salas de los Juzgados y Tribunales.

2. Los Jueces y Magistrados que formen Sala asistirán a la audiencia, de no mediar causa justificada.

Redactado conforme a la LO 16/1994, de 8 de noviembre.

Art. 189. Los jueces y magistrados, presidentes, secretarios judiciales, y demás personal al servicio de la Administración de Justicia deberán ejercer su actividad respectiva en los términos que exijan las necesidades del servicio, sin perjuicio de respetar el horario establecido.

Redactado por LO 19/2003, de 23 de diciembre.

Art. 190. 1. Corresponde al Presidente del Tribunal o al juez mantener el orden en la Sala, a cuyo efecto acordará lo que proceda.

Asimismo ampararán en sus derechos a los presentes.

Estas mismas obligaciones recaerán sobre el Secretario en todas aquellas actuaciones que se celebren únicamente ante él en las dependencias de la Oficina judicial.

Redactado por LO 19/2003, de 23 de diciembre.

Art. 191. A los efectos de lo dispuesto en el artículo anterior, los que perturbaren la vista de algún proceso, causa u otro acto judicial, dando señales ostensibles de aprobación o desaprobación, faltando al respeto y consideraciones debidas a los jueces, tribunales, Ministerio Fiscal, abogados, procuradores, secretarios judiciales, médicos forenses o resto del personal al servicio de la Administración de Justicia, serán amonestados en el acto por quien presida y expulsados de la sala o de las dependencias de la Oficina judicial, si no obedecieren a la primera advertencia, sin perjuicio de la responsabilidad penal en que incurran.

Redactado por LO 19/2003, de 23 de diciembre. Arts. 186.1 LEC.

Art. 192. Los que se resistieren a cumplir la orden de expulsión serán, además, sancionados, con multa cuyo máximo será la cuantía de la multa más elevada prevista en el Código Penal como pena correspondiente a las faltas.

Art. 50 CP.

Art. 193. 1. Con la misma multa serán sancionados los testigos, peritos o cualquiera otro que, como parte o representándola, faltaran en las vistas y actos judiciales de palabra, obra o por escrito a la consideración, respeto y obediencia debidos a jueces, fiscales, secretarios judiciales y resto del personal al servicio de la Administración de Justicia, cuando sus actos no constituyan delito.

2. No están comprendidos en esta disposición los abogados y procuradores de las partes, respecto de los cuales se observará lo dispuesto en el título V del libro VII.

Redactado por LO 19/2003, de 23 de diciembre.

Art. 194. 1. Se hará constar en el acta el hecho que motiva la sanción, la explicación que, en su caso, dé el sancionado y el acuerdo que se adopte por quien presida el acto.

2. Contra el acuerdo de imposición de sanción podrá interponerse en el plazo de tres días recurso de audiencia en justicia ante el propio juez, presidente o Secretario Judicial, que lo resolverá en el siguiente día. Contra el acuerdo resolviendo la audiencia en justicia o contra el de imposición de la sanción, si no se hubiese utilizado aquel recurso, cabrá recurso de alzada, en el plazo de cinco días, ante la Sala de Gobierno, que lo resolverá, previo informe del juez, Presidente o secretario judicial que impuso la sanción, en la primera reunión que se celebre.

Redactado por LO 19/2003, de 23 de diciembre.

Art. 195. Cuando los hechos de que tratan los artículos anteriores llegaren a constituir delito, sus autores serán detenidos en el acto y puestos a disposición del Juez competente.

Art. 492 LECRIM.

CAPÍTULO II
De la formación de las Salas y de los Magistrados suplentes

§1

Art. 196. En los casos en que la ley no disponga otra cosa bastarán tres Magistrados para formar Sala.

Art. 194 LEC; art. 145 LECRIM; art. 16.3 LJCA.

Art. 197. Ello no obstante, podrán ser llamados, para formar Sala, todos los Magistrados que la componen, aunque la ley no lo exija, cuando el Presidente, o la mayoría de aquellos, lo estime necesario para la administración de Justicia.

Art. 198. 1. La composición de las Secciones se determinará por el Presidente según los criterios aprobados anualmente por la Sala del Gobierno, a propuesta de aquél.

2. Serán presididas por el Presidente de la Sala, por el Presidente de Sección o, en su defecto, por el Magistrado más antiguo de los que la integren.

Arts. 152.1.2° y 160.10 LOPJ; arts. 12.4, 14.2 y 53.3 LDYPJ.

Art. 199. 1. Cuando no asistieren magistrados en número suficiente para constituir Sala en las Audiencias Provinciales o Tribunales Superiores de Justicia, concurrirán para completarla aquellos miembros de la carrera judicial que designe el Presidente del órgano colegiado respectivo, por el orden y de conformidad con las reglas siguientes:

En primer lugar, se llamará a los magistrados del mismo órgano que obren en la relación de suplentes profesionales a los que se refiere el artículo siguiente, comenzando por los de la misma Sección, si los hubiere, llamando a continuación al resto siempre que se encuentren libres de señalamiento.

En segundo, a los jueces y magistrados ajenos al órgano que obren en la relación de miembros de la carrera judicial a los que se refiere el artículo siguiente, por el orden que allí se establezca.

En tercero, el Presidente del Tribunal Superior de Justicia, por iniciativa propia, o a propuesta del Presidente de la Audiencia Provincial respectiva en la que no pueda constituirse Sala, llamará a los jueces de adscripción territorial a que se refiere el artículo 347 bis.

En cuarto, el Presidente de Tribunal Superior o, en su caso, el Presidente de la Audiencia Provincial respectiva, llamará a los miembros de la carrera judicial del orden correspondiente que tengan menor carga de trabajo en el respectivo territorio, de conformidad con los datos que obren en el Servicio de Inspección, siempre que no exista incompatibilidad de señalamientos.

En quinto lugar, los del mismo órgano en el turno que se establezca, en el que serán preferidos los que se hallaren libres de señalamiento y, entre estos, los más modernos.

En último término y excepcionalmente, cuando no resulte posible la formación de Sala con un miembro de la carrera judicial de conformidad con lo anterior y exista disponibilidad presupuestaria, se llamará a un magistrado suplente no profesional conforme a lo previsto en la presente Ley.

2. En la Audiencia Nacional, cuando no asistieren magistrados en número suficiente para constituir Sala, concurrirán para completarla otros magistrados que designe el Presidente de la Sala o, en su caso, del Tribunal, con arreglo a un turno en el que serán preferidos los que se hallaren libres de señalamiento y, entre éstos, los más modernos. En su defecto, se llamará a un magistrado suplente de conformidad con lo previsto en el número 2 del artículo siguiente.

El apartado 2 redactado por LO 7/2015, de 21 de julio.

3. Cuantas dudas puedan surgir en la aplicación de las anteriores reglas se resolverán dando preferencia en todo caso a la sustitución profesional entre miembros de la carrera judicial y atendiendo al criterio de máximo aprovechamiento de los recursos públicos.

4. Los llamamientos que tengan lugar conforme a lo establecido en este precepto serán retribuidos en los casos y cuantía que se determinen reglamentariamente. En ningún caso lo serán cuando la carga de trabajo asumida por el llamado, computada junto con la de su órgano de procedencia, no alcance el mínimo fijado según los criterios técnicos establecidos por el Consejo General del Poder Judicial.

5. El coste total de los llamamientos anuales no podrá sobrepasar el límite fijado anualmente en los Presupuestos del Ministerio de Justicia. A tal efecto, dicho Ministerio, tras la aprobación de la correspondiente Ley de Presupuestos Generales del Estado, comunicará al Consejo General del Poder Judicial dicho límite, quien velará por su estricto cumplimiento.

6. El Consejo General del Poder Judicial antes del día uno de enero deberá haber aprobado las relaciones a las que se refieren los apartados anteriores, que le fueran remitidas por las Salas de Gobierno correspondientes con arreglo a lo dispuesto en el artículo 152 de la presente Ley.

7. Dentro de los límites del llamamiento o adscripción, los magistrados designados actuarán, como miembros de la Sala que sean llamados a formar, con los mismos derechos y deberes que los magistrados titulares.

Redactado por la Ley Orgánica 8/2012, de 27 de diciembre, de medidas de eficiencia presupuestaria para la Administración de Justicia.

Art. 200. 1. En los Tribunales Superiores de Justicia y Audiencias Provinciales se elaborará anualmente una relación de miembros de la carrera judicial que voluntariamente quieran participar para ser llamados a completar Sala. La relación comprenderá, para cada orden jurisdiccional, la prelación con la que deban hacerse los llamamientos.

En todo caso, los solicitantes de integrar dicha relación deberán justificar, en el momento de la solicitud, el estado de la agenda de señalamientos y pendencia de asuntos del órgano de que son titulares, así como el número y razón de las resoluciones pendientes de dictar que les corresponden.

2. A los efectos de lo previsto en el artículo anterior podrá haber en la Audiencia Nacional, en los Tribunales Superiores de Justicia y en las Audiencias Provinciales una relación de magistrados suplentes no integrantes de la carrera judicial, que serán llamados a formar Sala según la prelación que se establezca dentro de cada orden u órdenes jurisdiccionales para el que hubieren sido nombrados.

Para su llamamiento habrá de respetarse la disponibilidad presupuestaria y la prioridad establecida en el artículo anterior, sin que nunca pueda concurrir a formar Sala más de un magistrado suplente.

El apartado 2 redactado por LO 7/2015, de 21 de julio.

3. Corresponde a los Presidentes de las Audiencias Provinciales y Tribunales Superiores de Justicia elaborar ambas relaciones, tanto de titulares como de suplentes no profesionales, que contemplarán la prelación de llamamientos y las remitirá a la Sala de Gobierno respectiva para su aprobación provisional. Verificada ésta se elevarán al Consejo General del Poder Judicial para su aprobación definitiva en los términos que procedan.

Los apartados 4 y 5 suprimidos por LO 7/2015, de 21 de julio.

Art. 201. 1. El cargo de Magistrado suplente será remunerado en la forma que reglamentariamente se determine por el Gobierno, dentro de las previsiones presupuestarias.

2. Sólo podrá recaer en quienes reúnan las condiciones necesarias para el ingreso en la Carrera Judicial, excepto las derivadas de la jubilación por edad. No podrá ser propuesto ni actuar como suplente quien haya alcanzado la edad de 70 años y, para el Tribunal Supremo, quien no tenga, como mínimo, 15 años de experiencia jurídica.

Redactado el apartado 2 por LO 19/2003, de 23 de diciembre.

3. Tendrán preferencia los que hayan desempeñado funciones judiciales o de Secretarios Judiciales o de sustitución en la Carrera Fiscal, con aptitud demostrada

o ejercido profesiones jurídicas o docentes, siempre que estas circunstancias no resulten desvirtuadas por otras que comporten su falta de idoneidad. En ningún caso recaerá el nombramiento en quienes ejerzan las profesiones de abogado o procurador.

4. El cargo de Magistrado suplente será sujeto al régimen de incompatibilidades y prohibiciones regulado en los arts. 389 a 397 de esta Ley. Se exceptúa:

a) Lo dispuesto en el art. 394, sin perjuicio de lo previsto en el apartado 5, letra d), del presente artículo.

b) La causa de incompatibilidad relativa a la docencia o investigación jurídica, que en ningún caso será aplicable, cualquiera que sea la situación administrativa de quienes las ejerzan.

5. Los Magistrados suplentes estarán sujetos a las mismas causas de remoción que los Jueces y Magistrados, en cuanto les fueren aplicables. Cesarán, además:

a) Por el transcurso del plazo para el que fueron nombrados.

b) Por renuncia, aceptada por el Consejo General del Poder Judicial.

c) Por cumplir la edad de setenta y dos años.

d) Por acuerdo del Consejo General del Poder Judicial, previa una sumaria información con audiencia del interesado y del Ministerio Fiscal, cuando se advirtiere en ellos falta de aptitud o idoneidad para el ejercicio de cargo, incurrieren en causa de incapacidad o de incompatibilidad o en la infracción de una prohibición, o dejaren de atender diligentemente los deberes del cargo.

Redactado conforme a la LO 16/1994, de 8 de noviembre; art. 142 Regl. CGPJ 1/1995, de 7 de junio.

Art. 202. La designación de los Magistrados que no constituyan plantilla de la Sala se hará saber inmediatamente a los mismos y a las partes, a efectos de su posible abstención o recusación.

Arts. 217 a 228 LOPJ.

CAPÍTULO III
Del Magistrado ponente

Art. 203. 1. En cada pleito o causa que se tramite ante un Tribunal o Audiencia habrá un Magistrado ponente, designado según el turno establecido para la Sala o Sección al principio del año judicial, exclusivamente sobre la base de criterios objetivos.

2. La designación se hará en la primera resolución que se dicte en el proceso y se notificará a las partes el nombre del Magistrado ponente y, en su caso, del

§1

que con arreglo al turno ya establecido le sustituya, con expresión de las causas que motiven la sustitución.

Art. 152.1.2° LOPJ; arts. 180 y 181 LEC; arts. 146 y 147 LECRIM.

Art. 204. En la designación de ponente turnarán todos los Magistrados de la Sala o Sección, incluidos los Presidentes.

Arts. 34 y ss. Regl. CGPJ 1/2005, de Aspectos Accesorios de las Actuaciones Judiciales.

Art. 205. Corresponderá al ponente, en los pleitos o causas que le hayan sido turnadas:

1. El despacho ordinario y el cuidado de su tramitación.

2. Examinar los interrogatorios, pliegos de posiciones y proposición de pruebas presentadas por las partes e informar sobre su pertinencia.

3. Presidir la práctica de las pruebas declaradas pertinentes, siempre que no deban practicarse ante el Tribunal.

4. Informar los recursos interpuestos contra las decisiones de la Sala o Sección.

5. Proponer los autos decisorios de incidentes, las sentencias y las demás resoluciones que hayan de someterse a discusión de la Sala o Sección, y redactarlos definitivamente, si se conformase con lo acordado.

6. Pronunciar en Audiencia Publica las sentencias.

Arts. 181, 206 y 208 LEC; art. 147 LECRIM.

Art. 206. 1. Cuando el ponente no se conformare con el voto de la mayoría, declinará la redacción de la resolución, debiendo formular motivadamente su voto particular.

2. En este caso, el Presidente encomendará la redacción a otro Magistrado y dispondrá la rectificación necesaria en el turno de ponencias para restablecer la igualdad en el mismo.

Art. 260 LOPJ; arts. 203 y 205 LEC.

CAPÍTULO IV
De las sustituciones

Art. 207. Procederá la sustitución de los Jueces y Magistrados en los casos de vacante, licencia, servicios especiales u otras causas que lo justifiquen. Las sustituciones se harán en la forma establecida en el presente Capítulo, sin perjuicio de lo dispuesto en esta Ley para la composición de las Salas y Secciones de los Tribunales.

Arts. 196 a 200 LOPJ.

§1

Art. 208. 1. El Presidente del Tribunal Supremo, el Presidente de la Audiencia Nacional y los Presidentes de los Tribunales Superiores de Justicia serán sustituidos por el Presidente de la Sala de la misma sede más antiguo en el cargo. No obstante, la Sala de Gobierno será convocada y presidida por el Presidente de Sala más antiguo en el cargo, aunque sea de distinta sede.

Redactado conforme a la LO 16/1994, de 8 de noviembre.

2. Los Presidentes de las Audiencias Provinciales serán sustituidos por el Presidente de Sección más antiguo o, si no los hubiere, por el Magistrado con mejor puesto en el escalafón.

3. Cuando la plantilla de la Audiencia no comprenda otra plaza que la de su Presidente, le sustituirá el Magistrado titular que se hallare en turno para acudir a completar la Audiencia.

Art. 209. 1. Los Presidentes de las Salas y de las Secciones serán sustituidos por el Magistrado con mejor puesto en el escalafón de la Sala o Sección de que se trate.

2. En caso de vacante, asumirá la Presidencia de la Sala el Presidente de la Audiencia o Tribunal, si lo estimare procedente.

Art. 210. 1. Las sustituciones de jueces, juezas, magistrados y magistradas en los Tribunales de Instancia se regirán por las siguientes reglas y orden de prelación:

a) Por su orden, quienes participen voluntariamente en los planes anuales de sustitución. En todo caso, los o las solicitantes de integrar dicha relación deberán justificar, en el momento de la solicitud, el estado de la agenda de señalamientos, la pendencia de asuntos y el número y razón de las resoluciones pendientes de dictar que les corresponden.

b) De existir compatibilidad en los señalamientos, será llamado o llamada el correspondiente sustituto o sustituta ordinario o natural del sustituido o de la sustituida, según lo propuesto por la Junta de Jueces y Juezas y aprobado por la Sala de Gobierno respectiva.

c) A continuación, serán llamados por el siguiente orden: los jueces y juezas de adscripción territorial a quienes se refiere el artículo 347 bis que se encontrasen disponibles, comenzando por el más antiguo en el escalafón; los jueces y juezas en expectativa de destino que regula el artículo 308.2 por idéntica prelación; y los jueces y juezas que estén desarrollando prácticas conforme al artículo 307.2 por el orden que al efecto haya establecido la Escuela Judicial.

d) En cuarto lugar, se estará al régimen de sustituciones previsto en el artículo siguiente con respecto al resto de miembros de la carrera judicial del mismo partido judicial.

e) En todo caso y sin sujeción al orden referido en los anteriores apartados de este número, podrá prorrogarse la jurisdicción de un juez, jueza, magistrado o magistrada a distinta Sección o Tribunal de Instancia conforme a lo previsto en esta ley.

f) En último término y agotadas las anteriores posibilidades, se procederá al llamamiento de un sustituto no profesional de conformidad con lo previsto en el artículo 213 de esta ley.

2. Los planes anuales de sustitución a los que se refiere el apartado anterior consistirán en la elaboración de calendarios en los que se fijarán turnos rotatorios de sustitución y se coordinarán los señalamientos y las funciones de guardia, de forma que quede asegurada la disponibilidad de aquellos jueces, juezas, magistrados y magistradas titulares que voluntariamente participen en los mismos para cubrir de forma inmediata las ausencias que puedan producirse. La previsión de las sustituciones se hará, en todo caso, conforme a las preferencias que establece el artículo siguiente.

3. Los planes anuales de sustitución se elaborarán a propuesta de las correspondientes Juntas de Jueces y Juezas y serán remitidos a la respectiva Sala de Gobierno para su aprobación provisional, que se llevará a cabo, en su caso, previa audiencia de la Fiscalía correspondiente a fin de coordinar en lo posible los señalamientos que afecten a procedimientos en los que las leyes prevean su intervención. Verificada tal aprobación provisional, se elevarán al Consejo General del Poder Judicial para su aprobación definitiva en los términos que procedan.

4. Las Presidencias de los Tribunales de Instancia, de Audiencias Provinciales, Tribunales Superiores de Justicia y Audiencia Nacional velarán, en el ámbito de sus previsto en este precepto y, especialmente, de los planes anuales de sustitución.

5. El Consejo General del Poder Judicial, de oficio o a instancia de cualquiera de los anteriores, procederá a adoptar las medidas correspondientes en caso de incumplimiento del régimen de sustituciones previsto en este precepto. También adoptará las medidas que sean precisas para corregir cualquier disfunción que pudiera acaecer en la ejecución de los planes anuales de sustitución.

6. Las mismas reglas previstas en este artículo para las sustituciones de jueces, juezas, magistrados y magistradas en los Tribunales de Instancia se extenderán también, en cuanto les fuere de aplicación, a las sustituciones entre jueces, juezas, magistrados y magistradas del Tribunal Central de Instancia, correspon-

diendo a su Presidencia la vigilancia en la observancia del régimen de sustitución y planes anuales de sustitución.

§1

Redactado por la Ley Orgánica 8/2012, de 27 de diciembre, de medidas de eficiencia presupuestaria para la Administración de Justicia y modificado por la Ley Orgánica 1/2025, de 2 de enero, de medidas en materia de eficiencia del Servicio Público Justicia.

Art. 211. A los efectos de lo previsto en los apartados 1.b) y 1.d) del artículo anterior, se observarán las siguientes reglas:

1ª Los jueces, juezas, magistrados y magistradas integrados en Secciones del mismo orden jurisdiccional se sustituirán entre sí en la forma que acuerde la Sala de Gobierno del Tribunal Superior de Justicia, a propuesta de la Junta de Jueces y Juezas del Tribunal de Instancia.

2ª Cuando en una población no hubiere otro juez o jueza de la misma clase la sustitución corresponderá a un juez o jueza de clase distinta.

3ª También sustituirán los de distinto orden jurisdiccional, aun existiendo varios jueces y juezas o magistrados y magistradas pertenecientes al mismo, cuando se agotaren las posibilidades de sustitución entre ellos.

4ª Corresponderá a los jueces y juezas o magistrados y magistradas destinados en la Sección Civil y de Instrucción que constituya una Sección Única la sustitución de los jueces y juezas o magistrados y magistradas de los demás órdenes jurisdiccionales y de la Sección de Menores, cuando no haya posibilidad de que la sustitución se efectúe entre los del mismo orden.

5ª La sustitución de los jueces y juezas o magistrados y magistradas destinados en una Sección de lo Penal corresponderá, cuando no exista una Sección Única de Civil e Instrucción, a los de la Sección Civil. En los demás casos, los jueces y juezas o los magistrados y magistradas destinados en una Sección de miento Penal e igualmente los de la Sección Única serán sustituidos por los destinados en las Secciones de lo Mercantil, de Familia, Infancia y Capacidad, de Menores, de lo Contencioso-Administrativo y de lo Social, según el orden que establezca la Sala de Gobierno del Tribunal Superior de Justicia.

6ª Los jueces y juezas o los magistrados y magistradas con competencia en materia de violencia sobre la mujer, así como quienes la tuvieren en materia de violencia contra la infancia y la adolescencia serán sustituidos por los destinados en la Sección de Instrucción o en la Sección Única, según el orden que establezca la Sala de Gobierno del Tribunal Superior de Justicia respectivo.

Redactado por la Ley Orgánica 8/2012, de 27 de diciembre, de medidas de eficiencia presupuestaria para la Administración de Justicia y modificado por la Ley Orgánica 1/2025, de 2 de enero, de medidas en materia de eficiencia del Servicio Público Justicia.

§1

Art. 212. 1. Cuando resultare aconsejable para un mejor despacho de los asuntos, atendida la escasa carga de trabajo de un juez, jueza, magistrado o magistrada del mismo orden del que deba ser sustituido o sustituida, el Presidente o la Presidenta del Tribunal Superior de Justicia prorrogará, previa audiencia, la jurisdicción de aquél o aquélla, quien desempeñará ambos cargos con derecho a la retribución correspondiente dentro de las previsiones presupuestarias en los términos que se establezcan reglamentariamente.

En todo caso, cualquier juez, jueza, magistrado o magistrada del mismo orden del que deba ser sustituido podrá interesar del Presidente o la Presidenta del Tribunal Superior de Justicia que se le prorrogue su jurisdicción a fin de desempeñar ambos cargos, con idéntico derecho a la retribución prevista en el párrafo anterior.

Apartado modificado por la Ley Orgánica 1/2025, de 2 de enero, de medidas en materia de eficiencia del Servicio Público Justicia.

2. Las prórrogas de jurisdicción se comunicarán, por conducto de la Sala de Gobierno respectiva, al Consejo General del Poder Judicial para su aprobación, sin perjuicio de empezar a desempeñarlas, si así lo acordase motivadamente el Presidente.

Redactado por la Ley Orgánica 8/2012, de 27 de diciembre, de medidas de eficiencia presupuestaria para la Administración de Justicia.

Art. 213. 1. Solo en casos excepcionales, cuando no resulte posible la sustitución por un miembro de la carrera judicial o por un juez en prácticas conforme a lo previsto en los artículos precedentes, ejercerá la jurisdicción con idéntica amplitud que si fuese titular del órgano un juez sustituto.

2. Los jueces sustitutos serán nombrados en la misma forma que los magistrados suplentes y sometidos a su mismo régimen jurídico.

3. En el caso de ser varios los sustitutos nombrados para la localidad y orden jurisdiccional correspondiente, serán llamados por el orden de prelación establecido en el nombramiento.

4. En ningún caso procederá efectuar llamamiento a jueces sustitutos sin constatar previamente la existencia de disponibilidad presupuestaria.

5. Reglamentariamente se determinará por el Gobierno la remuneración de los jueces sustitutos dentro de las previsiones presupuestarias.

Redactado por la Ley Orgánica 8/2012, de 27 de diciembre, de medidas de eficiencia presupuestaria para la Administración de Justicia.

Art. 214. Los jueces desempeñarán las funciones inherentes a su juzgado, tanto en calidad de titulares como en expectativa de destino o de apoyo, y al cargo que sustituyan.

Las sustituciones profesionales, cuando se produzcan, serán retribuidas en los casos y cuantía que se determinen reglamentariamente.

Redactado por la Ley Orgánica 8/2012, de 27 de diciembre, de medidas de eficiencia presupuestaria para la Administración de Justicia.

Art. 215. Los jueces de paz serán sustituidos por los respectivos jueces sustitutos.

Redactado por la Ley Orgánica 8/2012, de 27 de diciembre, de medidas de eficiencia presupuestaria para la Administración de Justicia.

Art. 216. 1. No podrán conferirse comisiones de servicios para Juzgados o Tribunales si no es por tiempo determinado, concurriendo circunstancias de especial necesidad y previa conformidad del interesado.

2 Las comisiones se otorgarán por el Consejo General del Poder Judicial, oídas las Salas de Gobierno correspondientes.

3. No se conferirán comisiones para los cargos de Presidente y Presidentes de Sala de la Audiencia Nacional y Tribunales Superiores de Justicia, ni para el Presidente de Audiencia Provincial.

CAPÍTULO IV bis
De las medidas de refuerzo en la titularidad de los órganos judiciales

Introducido por la LO 16/1994, de 8 de noviembre.

Art. 216 bis 1. 1. Cuando el excepcional retraso o la acumulación de asuntos en un determinado tribunal no puedan ser corregidos mediante el reforzamiento de la plantilla de la Oficina judicial o la exención temporal de reparto prevista en el artículo 167.2, el Consejo General del Poder Judicial podrá acordar excepcionales medidas de apoyo judicial consistentes en la adscripción de jueces y magistrados titulares de otros órganos judiciales mediante el otorgamiento de comisiones de servicio.

Apartado modificado por la Ley Orgánica 1/2025, de 2 de enero, de medidas en materia de eficiencia del Servicio Público Justicia.

2. Los Presidentes de los Tribunales Superiores de Justicia podrán proponer como medida de apoyo la adscripción obligatoria, en régimen de comisión sin relevación de funciones, de aquellos jueces y magistrados titulares de órganos que tuviesen escasa carga de trabajo de conformidad con los criterios técnicos estable-

§1 cidos por el Consejo General del Poder Judicial. Dicha comisión no será retribuida, aún siendo aprobada, si la carga de trabajo asumida por el adscrito, computada junto con la de su órgano de procedencia, no alcanza el mínimo establecido en los referidos criterios técnicos.

3. También se podrá acordar la adscripción en calidad de jueces de apoyo, por este orden, a los jueces en expectativa de destino conforme al artículo 308.2, a los jueces que estén desarrollando prácticas conforme al artículo 307.2, a los jueces de adscripción territorial a que se refiere el artículo 347 bis y excepcionalmente a jueces sustitutos y magistrados suplentes.

Apartado 3 redactado por LO 4/2018, de 28 de diciembre.

4. Quien participase en una medida de apoyo en régimen de comisión de servicio sin relevación de funciones quedarán exentos, salvo petición voluntaria, de realizar las sustituciones que le pudiesen corresponder en el órgano del que sea titular, conforme al plan anual de sustitución.

5. La aprobación por parte del Consejo General del Poder Judicial de cualquier medida de apoyo precisará la previa aprobación del Ministerio de Justicia quien únicamente podrá oponerse por razones de disponibilidad presupuestaria, todo ello dentro del marco que establezca el Protocolo que anualmente suscribirán ambos a los efectos de planificar las medidas de este tipo que sea posible adoptar.

6. Si la causa del retraso tuviera carácter estructural, el Consejo General del Poder Judicial, junto con la adopción de las referidas medidas provisionales, formulará las oportunas propuestas al Ministerio de Justicia o a las Comunidades Autónomas con competencias en la materia, en orden a la adecuación de la plantilla del juzgado o tribunal afectado o a la corrección de la demarcación o planta que proceda.

Redactado por la Ley Orgánica 8/2012, de 27 de diciembre, de medidas de eficiencia presupuestaria para la Administración de Justicia.

Art. 216 bis 2. Las propuestas de medidas de apoyo judicial, que han de elevarse al Consejo General del Poder Judicial a través de las correspondientes Salas de Gobierno, deberán contener:

1º Explicación sucinta de la situación por la que atraviesa el órgano jurisdiccional de que se trate.

2º Expresión razonada de las causas que hayan originado el retraso o la acumulación de asuntos.

3º Reseña del volumen de trabajo del órgano jurisdiccional y del número y clase de asuntos pendientes.

4º Plan de actualización del Juzgado o Tribunal con indicación de su extensión temporal y del proyecto de ordenación de la concreta función del Juez o equipo de apoyo, cuyo cometido, con plena jurisdicción, se proyectará en el trámite y resolución de los asuntos de nuevo ingreso o pendientes de señalamiento, quedando reservados al titular o titulares del órgano los asuntos en tramitación que no hubieren alcanzado aquel estado procesal.

Art. 144.3 Regl. CGPJ 1/1995, de 7 de junio.

Art. 216 bis 3. 1. Las Salas de Gobierno que proyecten el establecimiento de medidas de apoyo mediante comisión de servicio habrán de dar adecuada publicidad a su propósito para que los Jueces y Magistrados que pudieran estar interesados en el nombramiento tengan oportunidad de deducir la correspondiente petición.

2. En el supuesto de que existan varios peticionarios para el otorgamiento de la misma comisión de servicio, la Sala de Gobierno correspondiente, al proponer con preferencia a aquel que estime más idóneo, habrá de valorar las siguientes circunstancias:

a) Pertenencia del Juez o Magistrado solicitante al mismo orden jurisdiccional en que esté integrado el Juzgado o Tribunal a reforzar.

b) El lugar y distancia del destino del peticionario.

c) La situación del órgano del que es titular.

d) El conocimiento del derecho o de la lengua y el derecho sustantivo propios de la Comunidad Autónoma en que vaya a tener lugar la comisión.

En todos los casos en que la comisión vaya a proponerse con revelación de funciones, será requisito previo para su otorgamiento que, a juicio del Consejo General del Poder Judicial, previo informe de la Sala de Gobierno del Tribunal Superior de Justicia bajo cuya jurisdicción se encuentre el órgano de procedencia, la ausencia del Juez o Magistrado a quien afecte vaya a cubrirse, al tiempo de producirse, de forma satisfactoria mediante sustitución o cualquiera otra de las fórmulas previstas en esta Ley.

De dichas apreciaciones se hará la oportuna mención en la propuesta de la Sala de Gobierno que, además, habrá de reflejar la aceptación del Juez o Magistrado cuya Comisión se propone y expresar si éste ha de quedar o no relevado de sus funciones, en su propio destino.

3. Toda propuesta de comisión de servicio habrá de expresar si su concesión debe acordarse o no con derecho al percibo de dietas y gastos de desplazamiento, así como el régimen retributivo correspondiente.

4. Excepcionalmente, cuando las peculiaridades del refuerzo impidan que la comisión de servicio pueda ser atendida por un único juez durante toda su ex-

tensión temporal, el Consejo General del Poder Judicial podrá autorizar que su desempeño se realice por quienes participen voluntariamente en los planes de sustitución del órgano judicial que haya de ser reforzado, con sujeción a la secuencia de llamamiento entre ellos que el propio Consejo General del Poder Judicial establezca.

El apartado 4 añadido por la LO 7/2015, de 21 de julio.

Art. 216 bis 4. Las comisiones de servicio y las adscripciones en régimen de apoyo de Jueces y Magistrados suplentes se solicitarán y se otorgarán por un plazo máximo de seis meses, que comenzará a correr desde el momento de la incorporación de los designados a los Juzgados o Tribunales objeto de refuerzo.

No obstante, si durante dicho plazo no se hubiere logrado la actualización pretendida, podrá proponerse la nueva aplicación de la medida por otro plazo igual o inferior si ello bastase a los fines de la normalización perseguida.

Las propuestas de renovación se sujetarán a las mismas exigencias que las previstas para las medidas de apoyo judicial originarias.

CAPÍTULO V
De la abstención y recusación

Art. 217. El juez o magistrado en quien concurra alguna de las causas establecidas legalmente se abstendrá del conocimiento del asunto sin esperar a que se le recuse.

Redactado por LO 19/2003, de 23 de diciembre.

Art. 218. Únicamente podrán recusar:

1º En los asuntos civiles, sociales y contencioso-administrativos, las partes; también podrá hacerlo el Ministerio Fiscal siempre que se trate de un proceso en el que, por la naturaleza de los derechos en conflicto, pueda o deba intervenir.

2º En los asuntos penales, el Ministerio Fiscal, el acusador popular, particular o privado, el actor civil, el procesado o inculpado, el querellado o denunciado y el tercero responsable civil.

Redactado por LO 19/2003, de 23 de diciembre.

Art. 219. Son causas de abstención y, en su caso, de recusación:

1ª El vínculo matrimonial o situación de hecho asimilable y el parentesco por consanguinidad o afinidad dentro del cuarto grado con las partes o el representante del Ministerio Fiscal.

2ª El vínculo matrimonial o situación de hecho asimilable y el parentesco por consanguinidad o afinidad dentro del segundo grado con el letrado o el procurador de cualquiera de las partes que intervengan en el pleito o causa.

3ª Ser o haber sido defensor judicial o integrante de los organismos tutelares de cualquiera de las partes, o haber estado bajo el cuidado o tutela de alguna de éstas.

4ª Estar o haber sido denunciado o acusado por alguna de las partes como responsable de algún delito o falta, siempre que la denuncia o acusación hubieran dado lugar a la incoación de procedimiento penal y éste no hubiera terminado por sentencia absolutoria o auto de sobreseimiento.

5ª Haber sido sancionado disciplinariamente en virtud de expediente incoado por denuncia o a iniciativa de alguna de las partes.

6ª Haber sido defensor o representante de alguna de las partes, emitido dictamen sobre el pleito o causa como letrado, o intervenido en él como fiscal, perito o testigo.

7ª Ser o haber sido denunciante o acusador de cualquiera de las partes.

8ª Tener pleito pendiente con alguna de éstas.

9ª Amistad íntima o enemistad manifiesta con cualquiera de las partes.

10ª Tener interés directo o indirecto en el pleito o causa.

11ª Haber participado en la instrucción de la causa penal o haber resuelto el pleito o causa en anterior instancia.

12ª Ser o haber sido una de las partes subordinado del juez que deba resolver la contienda litigiosa.

13ª Haber ocupado cargo público, desempeñado empleo o ejercido profesión con ocasión de los cuales haya participado directa o indirectamente en el asunto objeto del pleito o causa o en otro relacionado con el mismo.

14ª En los procesos en que sea parte la Administración pública, encontrarse el juez o magistrado con la autoridad o funcionario que hubiese dictado el acto o informado respecto del mismo o realizado el hecho por razón de los cuales se sigue el proceso en alguna de las circunstancias mencionadas en las causas 1ª a 9ª, 12ª, 13ª y 15ª de este artículo.

15ª El vínculo matrimonial o situación de hecho asimilable, o el parentesco dentro del segundo grado de consanguinidad o afinidad, con el juez o magistrado que hubiera dictado resolución o practicado actuación a valorar por vía de recurso o en cualquier fase ulterior del proceso.

16ª Haber ocupado el juez o magistrado cargo público o administrativo con ocasión del cual haya podido tener conocimiento del objeto del litigio y formar criterio en detrimento de la debida imparcialidad.

Redactado por LO 19/2003, de 23 de diciembre.

§1

Art. 220.

Sin contenido. LO 19/2003, de 23 de diciembre.

Art. 221. 1. El magistrado o juez comunicará la abstención, respectivamente, a la Sección o Sala de la que forme parte o al órgano judicial al que corresponda la competencia funcional para conocer de los recursos contra las sentencias que el juez dicte.

La comunicación de la abstención se hará por escrito razonado tan pronto como sea advertida la causa que la motive.

El órgano competente para resolver sobre la abstención resolverá en el plazo de 10 días.

2. La abstención suspenderá el curso del proceso hasta que se resuelva sobre ella o transcurra el plazo previsto para su resolución.

3. Si la Sección o Sala o el órgano judicial a que se refiere el apartado 1 de este artículo no estimare justificada la abstención, ordenará al juez o magistrado que continúe el conocimiento del asunto, sin perjuicio del derecho de las partes a hacer valer la recusación. Recibida la orden, el juez o magistrado dictará la providencia poniendo fin a la suspensión del proceso.

4. Si se estimare justificada la abstención por el órgano competente según el apartado 1, el abstenido dictará auto apartándose definitivamente del asunto y ordenando remitir las actuaciones al que deba sustituirle. Cuando el que se abstenga forme parte de un órgano colegiado, el auto lo dictará la Sala o Sección a que aquél pertenezca. El auto que se pronuncie sobre la abstención no será susceptible de recurso alguno.

5. En todo caso, la suspensión del proceso terminará cuando el sustituto reciba las actuaciones o se integre en la Sala o Sección a que pertenecía el abstenido.

Redactado por LO 19/2003, de 23 de diciembre.

Art. 222. La abstención y la sustitución del juez o magistrado que se ha abstenido serán comunicadas a las partes, incluyendo el nombre del sustituto.

Redactado por LO 19/2003, de 23 de diciembre.

Art. 223. 1. La recusación deberá proponerse tan pronto como se tenga conocimiento de la causa en que se funde, pues, en otro caso, no se admitirá a trámite.

Concretamente, se inadmitirán las recusaciones:

1º Cuando no se propongan en el plazo de 10 días desde la notificación de la primera resolución por la que se conozca la identidad del juez o magistrado a recusar, si el conocimiento de la concurrencia de la causa de recusación fuese anterior a aquél.

2º Cuando se propusieren, pendiente ya un proceso, si la causa de recusación se conociese con anterioridad al momento procesal en que la recusación se proponga.

2. La recusación se propondrá por escrito que deberá expresar concreta y claramente la causa legal y los motivos en que se funde, acompañando un principio de prueba sobre los mismos. Este escrito estará firmado por el abogado y por procurador si intervinieran en el pleito, y por el recusante, o por alguien a su ruego, si no supiera firmar. En todo caso, el procurador deberá acompañar poder especial para la recusación de que se trate. Si no intervinieren procurador y abogado, el recusante habrá de ratificar la recusación ante el secretario del tribunal de que se trate.

3. Formulada la recusación, se dará traslado a las demás partes del proceso para que, en el plazo común de tres días, manifiesten si se adhieren o se oponen a la causa de recusación propuesta o si, en aquel momento, conocen alguna otra causa de recusación. La parte que no proponga recusación en dicho plazo, no podrá hacerlo con posterioridad, salvo que acredite cumplidamente que, en aquel momento, no conocía la nueva causa de recusación.

El día hábil siguiente a la finalización del plazo previsto en el párrafo anterior, el recusado habrá de pronunciarse sobre si admite o no la causa o causas de recusación formuladas.

Redactado por LO 19/2003, de 23 de diciembre.

Art. 224. 1. Instruirán los incidentes de recusación:

1º Cuando el recusado o la recusada sea la persona que ostente la Presidencia o un magistrado o magistrada del Tribunal Supremo, de la Audiencia Nacional o de un Tribunal Superior de Justicia, un magistrado o magistrada de la Sala a la que pertenezca la persona recusada designado o designada en virtud de un turno establecido por orden de antigüedad.

2º Cuando el recusado o la recusada sea un Presidente o una Presidenta de Audiencia Provincial, un magistrado o una magistrada de la Sala de lo Civil y Penal del Tribunal Superior de Justicia correspondiente designado en virtud de un turno establecido por orden de antigüedad.

3º Cuando el recusado o la recusada sea un magistrado o una magistrada de una Audiencia, un magistrado o una magistrada de esa misma Audiencia designado o designada en virtud de un turno establecido por orden de antigüedad, siempre que no pertenezca a la misma Sección que la persona recusada.

4º Cuando se recusare a todos los magistrados y magistradas de una Sala de Justicia, un magistrado o magistrada de los que integren el tribunal correspondiente designado o designada en virtud de un turno establecido por orden de antigüedad, siempre que no estuviere afectado o afectada por la recusación.

5º Cuando el recusado o la recusada sea un juez, jueza, magistrado o magistrada destinado o destinada en un Tribunal de Instancia o en el Tribunal Central de Instancia, un juez, jueza, magistrado o magistrada del órgano colegiado que conozca de sus recursos, designado o designada en virtud de un turno establecido por orden de antigüedad.

6º Cuando el recusado fuere un juez o jueza de paz, el juez de instancia del partido correspondiente o, si hubiere varios, el designado en virtud de un turno establecido por orden de antigüedad.

La antigüedad se regirá por el orden de escalafón en la carrera judicial.

2. En los casos en que no fuere posible cumplir lo prevenido en el apartado anterior, la Sala de Gobierno del Tribunal correspondiente designará al instructor, procurando que sea de mayor categoría o, al menos, de mayor antigüedad que el recusado o recusados.

Redactado por LO 19/2003, de 23 de diciembre y modificado por la Ley Orgánica 1/2025, de 2 de enero, de medidas en materia de eficiencia del Servicio Público Justicia.

Art. 225. 1. Dentro del mismo día en que finalice el plazo a que se refiere el apartado 3 del artículo 223, o en el siguiente día hábil, pasará el pleito o causa al conocimiento del sustituto, debiendo remitirse al tribunal al que corresponda instruir el incidente el escrito y los documentos de la recusación.

También deberá acompañarse un informe del recusado relativo a si admite o no la causa de recusación.

2. No se admitirán a trámite las recusaciones en las que no se expresaren los motivos en que se funden, o a las que no se acompañen los documentos a que se refiere el apartado 2 del artículo 223.

3. Si el recusado aceptare como cierta la causa de recusación, se resolverá el incidente sin más trámites.

En caso contrario, el instructor, si admitiere a trámite la recusación propuesta, ordenará la práctica, en el plazo de 10 días, de la prueba solicitada que sea pertinente y la que estime necesaria y, acto seguido, remitirá lo actuado al tribunal competente para decidir el incidente.

Recibidas las actuaciones por el tribunal competente para decidir la recusación, se dará traslado de las mismas al Ministerio Fiscal para informe por plazo de tres días. Transcurrido ese plazo, con o sin informe del Ministerio Fiscal, se decidirá el incidente dentro de los cinco días siguientes. Contra dicha resolución no cabrá recurso alguno.

4. La recusación suspenderá el curso del pleito hasta que se decida el incidente de recusación salvo en el orden jurisdiccional penal, en el que el juez de instrucción que legalmente sustituya al recusado continuará con la tramitación de la causa.

Redactado por LO 19/2003, de 23 de diciembre.

Art. 226. 1. En los procesos que se sustancien por los cauces del juicio verbal cualquiera que sea el orden jurisdiccional, y en los de faltas, si el juez recusado no aceptare en el acto como cierta la causa de recusación, pasarán las actuaciones al que corresponda instruir el incidente, quedando entretanto en suspenso el asunto principal. El instructor acordará que comparezcan las partes a su presencia el día y hora que fije, dentro de los cinco siguientes, y, oídas las partes y practicada la prueba declarada pertinente, resolverá mediante providencia en el mismo acto sobre si ha o no lugar a la recusación.

2. Para la recusación de jueces o magistrados posterior al señalamiento de vistas, se estará a lo dispuesto en los artículos 190 a 192 de la Ley de Enjuiciamiento Civil.

Redactado por LO 19/2003, de 23 de diciembre.

Art. 227. Decidirán los incidentes de recusación:

1º La Sala prevista en el artículo 61 de esta ley cuando el recusado sea el Presidente del Tribunal Supremo, Presidente de la Sala o dos o más magistrados de una misma Sala.

2º La Sala del Tribunal Supremo de que se trate, cuando se recuse a uno de los Magistrados que la integran. A estos efectos, el recusado no formará parte de la Sala.

3º La Sala prevista en el artículo 69 cuando el recusado sea el Presidente de la Audiencia Nacional, Presidentes de Sala o más de dos magistrados de una Sala.

4º La Sala de la Audiencia Nacional de que se trate, cuando se recuse a los Magistrados que la integran, de conformidad con lo previsto en el artículo 68 de esta ley.

5º La Sala a que se refiere el artículo 77 de esta ley, cuando se hubiera recusado al Presidente del Tribunal Superior de Justicia, al Presidente de cualquiera de sus Salas, al Presidente de la Audiencia Provincial con sede en la comunidad autónoma correspondiente o a dos o más magistrados de una misma Sala de los Tribunales Superiores de Justicia o a dos o más magistrados de una misma Sección

§1 de una Audiencia Provincial. El recusado no podrá formar parte de la Sala, produciéndose, en su caso, su sustitución con arreglo a lo previsto en esta ley.

6º La Sala de los Tribunales Superiores de Justicia de que se trate, cuando se recusara a uno de los magistrados que la integran. A estos efectos, el recusado no formará parte de la Sala.

7º Cuando el recusado sea magistrado de una Audiencia Provincial, la Audiencia Provincial, sin que forme parte de ella el recusado; si ésta se compusiere de dos o más Secciones, la Sección en la que no se encuentre integrado el recusado o la Sección que siga en orden numérico a aquella de la que el recusado forme parte.

8º Cuando el recusado o la recusada sea un juez, jueza, magistrado o magistrada de un Tribunal de Instancia o del Tribunal Central de Instancia, la Sección de la Audiencia Provincial o Sala del Tribunal Superior de Justicia o de la Audiencia Nacional respectiva que conozca de los recursos contra sus resoluciones, y, si fueren varias, se establecerá un turno comenzando por la Sección o Sala de número más bajo.

9º Cuando el recusado sea un juez o una jueza de paz, resolverá el mismo juez instructor del incidente de recusación.

Redactado por LO 19/2003, de 23 de diciembre. Los apartados 8º y 9º han sido modificados por la Ley Orgánica 1/2025, de 2 de enero, de medidas en materia de eficiencia del Servicio Público Justicia.

Art. 228. 1. El auto que desestime la recusación acordará devolver al recusado el conocimiento del pleito o causa, en el estado en que se hallare y condenará en las costas al recusante, salvo que concurrieren circunstancias excepcionales que justifiquen otro pronunciamiento. Cuando la resolución que decida el incidente declare expresamente la existencia de mala fe en el recusante, se podrá imponer a éste una multa de 180 a 6.000 euros.

2. El auto que estime la recusación apartará definitivamente al recusado del conocimiento del pleito o causa. Continuará conociendo de él, hasta su terminación, aquel a quien corresponda sustituirle.

3. Contra la decisión del incidente de recusación no se dará recurso alguno, sin perjuicio de hacer valer, al recurrir contra la resolución que decida el pleito o causa, la posible nulidad de ésta por concurrir en el juez o magistrado que dictó la resolución recurrida, o que integró la Sala o Sección correspondiente, la causa de recusación alegada.

Redactado por LO 19/2003, de 23 de diciembre.

TÍTULO III
De las actuaciones judiciales

§1

Ver Regl. CGPJ 1/2005, de 15 de septiembre, de los Aspectos Accesorios de las Actuaciones Judiciales.

CAPÍTULO I
De la oralidad, publicidad y lengua oficial

Art. 229. 1. Las actuaciones judiciales serán predominantemente orales, sobre todo en materia criminal, sin perjuicio de su documentación.

Art. 120 CE.

2. Las declaraciones, interrogatorios, testimonios, careos, exploraciones, informes, ratificación de los periciales y vistas, se llevarán a efecto ante juez o tribunal con presencia o intervención, en su caso, de las partes y en audiencia pública, salvo lo dispuesto en la ley.

Redactado el apartado 2 por LO 19/2003, de 23 de diciembre.

3. Estas actuaciones podrán realizarse a través de videoconferencia u otro sistema similar que permita la comunicación bidireccional y simultánea de la imagen y el sonido y la interacción visual, auditiva y verbal entre dos personas o grupos de personas geográficamente distantes, asegurando en todo caso la posibilidad de contradicción de las partes y la salvaguarda del derecho de defensa, de conformidad con lo que dispongan las leyes procesales y la ley que regule el uso de las tecnologías en la Administración de Justicia. En estos casos, la identidad de las personas que intervengan a través de la videoconferencia podrá acreditarse por los medios de identificación y firma electrónica que se determinen por la ley que regule el uso de las tecnologías en la Administración de Justicia, respetándose lo establecido en las leyes procesales.

Apartado 3 redactado por LO 13/2003, de 24 de octubre, de reforma de la LECRIM y modificado por la Ley Orgánica 1/2025, de 2 de enero, de medidas en materia de eficiencia del Servicio Público Justicia.

Art. 230. 1. Los juzgados y tribunales y las fiscalías están obligados a utilizar cualesquiera medios técnicos, electrónicos, informáticos y telemáticos, puestos a su disposición para el desarrollo de su actividad y ejercicio de sus funciones, con las limitaciones que a la utilización de tales medios establecen el capítulo I bis de este título y la normativa orgánica de protección de datos personales. Las instrucciones generales o singulares de uso de las nuevas tecnologías que el Consejo

§1 General del Poder Judicial o la Fiscalía General del Estado dirijan a los jueces y magistrados o a los fiscales, respectivamente, determinando su utilización, serán de obligado cumplimiento.

2. Los documentos emitidos por los medios anteriores, cualquiera que sea su soporte, gozarán de la validez y eficacia de un documento original siempre que quede garantizada su autenticidad e integridad y el cumplimiento de los requisitos exigidos por las leyes procesales.

3. Las actuaciones orales y vistas grabadas y documentadas en soporte digital no podrán transcribirse, salvo en los casos expresamente previstos en la ley.

4. Los procesos que se tramiten con soporte informático garantizarán la identificación y el ejercicio de la función jurisdiccional por el órgano que la ejerce, así como la confidencialidad, privacidad y seguridad de los datos de carácter personal que contengan en los términos que establezca la ley.

5. Las personas que demanden la tutela judicial de sus derechos e intereses se relacionarán obligatoriamente con la Administración de Justicia, cuando así se establezca en las normas procesales, a través de los medios técnicos a que se refiere el apartado 1 cuando sean compatibles con los que dispongan los juzgados y tribunales y se respeten las garantías y requisitos previstos en el procedimiento que se trate.

6. Los sistemas informáticos que se utilicen en la Administración de Justicia deberán ser compatibles entre sí para facilitar su comunicación e integración, en los términos que determine el Comité Técnico Estatal de la Administración de Justicia Electrónica. La definición y validación funcional de los programas y aplicaciones se efectuará por el Comité Técnico Estatal de la Administración de Justicia Electrónica.

Redactado por LO 4/2018, de 28 de diciembre.

Art. 231. 1. En todas las actuaciones judiciales, los Jueces, Magistrados, Fiscales, Secretarios y demás funcionarios de juzgados y Tribunales usarán el castellano, lengua oficial del Estado.

2. Los Jueces, Magistrados, Fiscales, Secretarios y demás funcionarios de Juzgados y Tribunales podrán usar también la lengua oficial propia de la Comunidad Autónoma, si ninguna de las partes se opusiere, alegando desconocimiento de ella que pudiere producir indefensión.

3. Las partes, sus representantes y quienes les dirijan, así como los testigos y peritos, podrán utilizar la lengua que sea también oficial en la Comunidad Autónoma en cuyo territorio tengan lugar las actuaciones judiciales, tanto en manifestaciones orales como escritas.

4. Las actuaciones judiciales realizadas y los documentos presentados en el idioma oficial de una Comunidad Autónoma tendrán, sin necesidad de traducción al castellano, plena validez y eficacia. De oficio se procederá a su traducción cuando deban surtir efecto fuera de la jurisdicción de los órganos judiciales sitos en la Comunidad Autónoma, salvo si se trata de Comunidades Autónomas con lengua oficial propia coincidente. También se procederá a su traducción cuando así lo dispongan las leyes o a instancia de parte que alegue indefensión.

5. La habilitación como intérprete en las actuaciones orales o en lengua de signos se realizará de conformidad con lo dispuesto en la ley procesal aplicable.

Apartado redactado conforme a la Ley Orgánica 5/2015, de 27 de abril.
Arts. 341 y 471 LOPJ; arts. 142 y 143 LEC; arts. 440, 441 y 520.2.e) LECRIM.

Art. 232. 1. Las actuaciones judiciales serán públicas, con las excepciones que prevean las leyes de procedimiento.

2. La relación de señalamientos del órgano judicial deberá hacerse pública. Los Letrados de la Administración de Justicia velarán porque los funcionarios competentes de la Oficina judicial publiquen en un lugar visible al público, el primer día hábil de cada semana, la relación de señalamientos correspondientes a su respectivo órgano judicial, con indicación de la fecha y hora de su celebración, tipo de actuación y número de procedimiento.

3. Excepcionalmente, por razones de orden público y de protección de los derechos y libertades, los Jueces y Tribunales, mediante resolución motivada, pondrán limitar el ámbito de la publicidad y acordar el carácter secreto de todas o parte de las actuaciones.

El apartado 2 ha sido redactado por la LO 7/2015, de 21 de julio, que añade el apartado 3.

Art. 233. Las deliberaciones de los Tribunales son secretas. También lo será el resultado de las votaciones, sin perjuicio de lo dispuesto en esta Ley sobre la publicación de los votos particulares.

Arts. 206, 253 y 269 LOPJ; art. 205 LEC; art. 150 LECRIM.

Art. 234. 1. Los Letrados de la Administración de Justicia y funcionarios competentes de la Oficina judicial facilitarán a los interesados cuanta información soliciten sobre el estado de las actuaciones judiciales, que podrán examinar y conocer, salvo que sean o hubieren sido declaradas secretas o reservadas conforme a la ley.

2. Las partes y cualquier persona que acredite un interés legítimo y directo tendrán derecho a acceder a la información existente en los procedimientos judiciales y a consultar, en la forma dispuesta en las leyes procesales y, en su caso, en la ley que regule el uso de las tecnologías en la Administración de Justicia, los

escritos y documentos que consten en los autos, no declarados secretos ni reservados. También tendrán derecho a que se les expidan los testimonios y certificados en los casos y a través del cauce establecido en las leyes procesales.

Redactado por LO 7/2021. El apartado segundo ha sido modificado por la Ley Orgánica 1/2025, de 2 de enero, de medidas en materia de eficiencia del Servicio Público Justicia.

Art. 235. EL acceso a las resoluciones judiciales, o a determinados extremos de las mismas, o a otras actuaciones procesales, por quienes no son parte en el procedimiento y acrediten un interés legítimo y directo, podrá llevarse a cabo previa disociación, anonimización u otra medida de protección de los datos de carácter personal que las mismas contuvieren y con pleno respeto al derecho a la intimidad, a los derechos de las personas que requieran un especial deber de tutela o a la garantía del anonimato de las víctimas o perjudicados, cuando proceda.

Redactado por LO 7/2021.

Art. 235 bis. 1. Es público el acceso a los datos personales contenidos en los fallos de las sentencias firmes condenatorias, cuando se hubieren dictado en virtud de los delitos previstos en los siguientes artículos:

a) Los artículos 305, 305 bis y 306 de la Ley Orgánica 10/1995, de 23 de noviembre, del Código Penal.

b) Los artículos 257 y 258 de la Ley Orgánica 10/1995, de 23 de noviembre, del Código Penal, cuando el acreedor defraudado hubiese sido la Hacienda Pública.

c) El artículo 2 de la Ley Orgánica 12/1995, de 12 de diciembre, de Represión del Contrabando, siempre que exista un perjuicio para la Hacienda Pública estatal o de la Unión Europea.

2. En los casos previstos en el apartado anterior, el letrado de la administración de justicia, emitirá certificado en el que se harán constar los siguientes datos:

a) Los que permitan la identificación del proceso judicial.

b) Nombre y apellidos o denominación social del condenado y, en su caso, del responsable civil.

c) Delito por el que se le hubiera condenado.

d) Las penas impuestas.

e) La cuantía correspondiente al perjuicio causado a la Hacienda Pública por todos los conceptos, según lo establecido en la sentencia.

Mediante diligencia de ordenación el letrado de la administración de justicia ordenará su publicación en el «Boletín Oficial del Estado».

3. Lo dispuesto en este artículo no será de aplicación en el caso de que el condenado o, en su caso, el responsable civil, hubiera satisfecho o consignado en la cuenta de depósitos y consignaciones del órgano judicial competente la totalidad

de la cuantía correspondiente al perjuicio causado a la Hacienda Pública por todos los conceptos, con anterioridad a la firmeza de la sentencia.

Redactado por LO 7/2021.

Art. 236. La publicidad de los edictos se realizará a través del Tablón Edictal Judicial Único, en la forma en que se disponga reglamentariamente, incluyendo los datos estrictamente necesarios para cumplir con su finalidad.

Redactado por LO 7/2021.

CAPÍTULO I BIS
Protección de datos de carácter personal en el ámbito de la Administración de Justicia

Capítulo añadido por la LO 7/2015 y nuevamente redactado por la LO 7/2021.

Art. 236 bis. 1. El tratamiento de los datos personales podrá realizarse con fines jurisdiccionales o no jurisdiccionales. Tendrá fines jurisdiccionales el tratamiento de los datos que se encuentren incorporados a los procesos que tengan por finalidad el ejercicio de la actividad jurisdiccional.

2. El tratamiento de los datos personales en la Administración de Justicia se llevará cabo por el órgano competente y, dentro de él, por quien tenga la competencia atribuida por la normativa vigente.

Redactado por LO 7/2021.

Art. 236 ter. 1. El tratamiento de los datos personales llevado a cabo con ocasión de la tramitación por los órganos judiciales y fiscalías de los procesos de los que sean competentes, así como el realizado dentro de la gestión de la Oficina judicial y fiscal, se regirá por lo dispuesto en el Reglamento (UE) 2016/679, la Ley Orgánica 3/2018 y su normativa de desarrollo, sin perjuicio de las especialidades establecidas en el presente Capítulo y en las leyes procesales.

2. En el ámbito de la jurisdicción penal, el tratamiento de los datos personales llevado a cabo con ocasión de la tramitación por los órganos judiciales y fiscalías de los procesos, diligencias o expedientes de los que sean competentes, así como el realizado dentro de la gestión de la Oficina judicial y fiscal, se regirá por lo dispuesto en la Ley Orgánica de protección de datos personales tratados con fines de prevención, detección, investigación o enjuiciamiento de infracciones penales y de ejecución de sanciones penales, sin perjuicio de las especialidades establecidas en el presente Capítulo y en las leyes procesales y, en su caso, en la Ley 50/1981, de 30 de diciembre, por la que se regula el Estatuto Orgánico del Ministerio Fiscal.

§1

3. No será necesario el consentimiento del interesado para que se proceda al tratamiento de los datos personales en el ejercicio de la actividad jurisdiccional, ya sean éstos facilitados por las partes o recabados a solicitud de los órganos competentes, sin perjuicio de lo dispuesto en las normas procesales para la validez de la prueba.

Redactado por LO 7/2021.

Art. 236 quáter. Cuando se proceda al tratamiento con fines no jurisdiccionales se estará a lo dispuesto en el Reglamento (UE) 2016/679, la Ley Orgánica 3/2018 y su normativa de desarrollo.

Redactado por LO 7/2021.

Art. 236 quinquies. 1. Las resoluciones y actuaciones procesales deberán contener los datos personales que sean adecuados, pertinentes y limitados a lo necesario en relación con los fines para los que son tratados, en especial para garantizar el derecho a la tutela judicial efectiva, sin que, en ningún caso, pueda producirse indefensión.

2. Los Jueces y Magistrados, los Fiscales y los Letrados de la Administración de Justicia, conforme a sus competencias, podrán adoptar las medidas que sean necesarias para la supresión de los datos personales de las resoluciones y de los documentos a los que puedan acceder las partes durante la tramitación del proceso siempre que no sean necesarios para garantizar el derecho a la tutela judicial efectiva, sin que, en ningún caso, pueda producirse indefensión.

3. Los datos personales que las partes conocen a través del proceso deberán ser tratados por éstas de conformidad con la normativa general de protección de datos. Esta obligación también incumbe a los profesionales que representan y asisten a las partes, así como a cualquier otro que intervenga en el procedimiento.

4. Se deberán comunicar a los órganos competentes dependientes del Consejo General del Poder Judicial, de la Fiscalía General del Estado y del Ministerio de Justicia, en lo que proceda, los datos tratados con fines jurisdiccionales que sean estrictamente necesarios para el ejercicio de las funciones de inspección y control establecidas en esta Ley, y su normativa de desarrollo. También se deberán facilitar los datos tratados con fines no jurisdiccionales cuando ello esté justificado por la interposición de un recurso o sea necesario para el ejercicio de las competencias que tengan legalmente atribuidas.

5. Las Oficinas de Comunicación establecidas en esta Ley, en el ejercicio de sus funciones de comunicación institucional, deberán velar por el respeto del derecho fundamental a la protección de datos personales de aquellos que hubieran inter-

venido en el procedimiento de que se trate. Para cumplir con su finalidad, podrán recabar los datos necesarios de las autoridades competentes.

6. Los Letrados de la Administración de Justicia deberán facilitar a la Abogacía del Estado los datos personales, la información y los documentos que sean requeridos para el desempeño de la representación y defensa del Reino de España ante el Tribunal Europeo de Derechos Humanos y otros órganos internacionales en materia de protección de derechos Humanos, en particular ante el Comité de Naciones Unidas. A tales efectos, se establecerán igualmente los mecanismos de comunicación con la Fiscalía General del Estado, a través de sus unidades competentes.

Redactado por LO 7/2021.

Art. 236 sexies. 1. La Administración competente deberá suministrar los medios tecnológicos adecuados para que se proceda al tratamiento de los datos personales conforme a las disposiciones legales y reglamentarias.

2. La Administración competente deberá cumplir con las responsabilidades que en materia de tratamiento y protección de datos personales se le atribuya como administración prestacional.

3. Se deberán adoptar las medidas organizativas adecuadas para que la Oficina judicial y fiscal realice un adecuado tratamiento de los datos personales. Previo informe del Consejo General del Poder judicial, y, en su caso, de la Fiscalía General del Estado, el Ministerio de Justicia deberá elaborar y actualizar los códigos de conducta destinados a contribuir a la correcta aplicación de la normativa de protección de datos personales en la Oficina judicial y fiscal, adecuando los principios de la normativa general a los propios de la regulación procesal y organización de la Oficina judicial y fiscal.

4. El Ministerio de Justicia y las Comunidades Autónomas con competencias en la materia, dentro de las políticas de apoyo a la Administración de Justicia y desarrollo de la gestión electrónica de los procedimientos, podrán realizar el tratamiento de datos no personales para el ejercicio de sus competencias de gestión pública, incluyendo el desarrollo e implementación de sistemas automáticos de clasificación documental orientados a la tramitación procesal, con cumplimiento de la normativa de interoperabilidad, seguridad y protección de datos que resulte aplicable.

Redactado por LO 7/2021.

Art. 236 septies. 1. En relación con el tratamiento de los datos personales con fines jurisdiccionales, los derechos de información, acceso, rectificación, supresión, oposición y limitación se tramitarán conforme a las normas que resulten

§1

de aplicación al proceso en que los datos fueron recabados. Estos derechos deberán ejercitarse ante los órganos judiciales, fiscalías u Oficina judicial en los que se tramita el procedimiento, y las peticiones deberán resolverse por quien tenga la competencia atribuida en la normativa orgánica y procesal.

2. En todo caso se denegará el acceso a los datos objeto de tratamiento con fines jurisdiccionales cuando las diligencias procesales en que se haya recabado la información sean o hayan sido declaradas secretas o reservadas.

3. En relación con el tratamiento de los datos personales con fines no jurisdiccionales, los interesados podrán ejercitar los derechos de información, acceso, rectificación, supresión, oposición y limitación en los términos establecidos en la normativa general de protección de datos.

Redactado por LO 7/2021.

Art. 236 octies. 1. Respecto a las operaciones de tratamiento efectuadas con fines jurisdiccionales por los Juzgados, Tribunales, Fiscalías, y las Oficinas judicial y fiscal, corresponderán al Consejo General del Poder Judicial y a la Fiscalía General del Estado, en el ámbito de sus respectivas competencias, las siguientes funciones:

a) Supervisar el cumplimiento de la normativa de protección de datos personales mediante el ejercicio de la labor inspectora otorgada en la presente Ley y el Estatuto Orgánico del Ministerio Fiscal.

b) Promover la sensibilización de los profesionales de la Administración de Justicia y su comprensión de los riesgos, normas, garantías, derechos y obligaciones en relación con el tratamiento.

c) Emitir informe sobre los códigos de conducta destinados a contribuir a la correcta aplicación de la normativa de protección de datos personales en la Oficina judicial y fiscal.

d) Previa solicitud, facilitar información a cualquier interesado en relación con el ejercicio de sus derechos en materia de protección de datos.

e) Tramitar y responder las reclamaciones presentadas por un interesado o por asociaciones, organizaciones y entidades que tengan capacidad procesal o legitimación para defender intereses colectivos, en los términos que determinen las leyes de aplicación al proceso en que los datos fueron recabados. Se informará al reclamante sobre el curso y resultado de la reclamación en un plazo razonable, previa realización de la investigación oportuna si se considera necesario.

2. Los tratamientos de datos con fines no jurisdiccionales estarán sometidos a la competencia de la Agencia Española de Protección de Datos, que también supervisará el cumplimiento de aquellos tratamientos que no sean competencia de las autoridades indicadas en el apartado anterior.

3. El Consejo General del Poder Judicial, la Fiscalía General del Estado y la Agencia Española de Protección de Datos colaborarán en aras del adecuado ejercicio de las respectivas competencias que la presente Ley Orgánica les atribuye en materia de protección de datos personales en el ámbito de la Administración de Justicia.

4. Cuando con ocasión de la realización de actuaciones de investigación relacionadas con la posible comisión de una infracción de la normativa de protección de datos, las autoridades competentes a las que se refieran los apartados anteriores apreciasen la existencia de indicios que supongan la competencia de otra autoridad, darán inmediatamente traslado a esta última a fin de que prosiga con la tramitación del procedimiento.

Redactado por LO 7/2021.

Art. 236 nonies. Las competencias que corresponden al Consejo General del Poder Judicial como autoridad de protección de datos respecto del tratamiento de los mismos con fines jurisdiccionales por los tribunales se ejercerán por la Comisión de Supervisión y Control de Protección de Datos prevista en el artículo 610 ter. En el ejercicio de sus funciones la Comisión contará con el apoyo y la asistencia de la Dirección de Supervisión y Control de Protección de Datos, de acuerdo con lo previsto en el artículo 620 bis.

Modificado por la Ley Orgánica 1/2025, de 2 de enero, de medidas en materia de eficiencia del Servicio Público Justicia.

Art. 236 decies. 1. Los tratamientos de datos llevados a cabo por el Consejo General del Poder judicial y la Fiscalía General del Estado en el ejercicio de sus competencias quedarán sometidos a lo dispuesto en la legislación vigente en materia de protección de datos personales. Dichos tratamientos no serán considerados en ningún caso realizados con fines jurisdiccionales.

2. Las operaciones de tratamiento de datos personales del Consejo General del Poder Judicial y de los órganos integrantes del mismo serán autorizados por acuerdo del Consejo General del Poder Judicial, a propuesta de la Secretaría General, que ostentará la condición de responsable del tratamiento respecto de los mismos.

3. Las operaciones de tratamiento de datos personales de la Fiscalía General del Estado serán autorizadas según determine el Estatuto Orgánico del Ministerio Fiscal y las Instrucciones que se dicten al respecto.

Redactado por LO 7/2021.

§1

CAPÍTULO II
Del impulso procesal

Art. 237. Salvo que la ley disponga otra cosa, se dará de oficio al proceso el curso que corresponda, dictándose al efecto las resoluciones necesarias.

Redactado por LO 19/2003, de 23 de diciembre.

CAPÍTULO III
De la nulidad de los actos judiciales

Véanse los arts. 225 a 231 LEC y la Disp. Final 17ª de la LEC, sobre régimen transitorio de la nulidad de los actos procesales.

Art. 238. Los actos procesales serán nulos de pleno derecho en los casos siguientes:

1º Cuando se produzcan por o ante tribunal con falta de jurisdicción o de competencia objetiva o funcional.

2º Cuando se realicen bajo violencia o intimidación.

3º Cuando se prescinda de normas esenciales del procedimiento, siempre que, por esa causa, haya podido producirse indefensión.

4º Cuando se realicen sin intervención de abogado, en los casos en que la ley la establezca como preceptiva.

5º Cuando se celebren vistas sin la preceptiva intervención del secretario judicial.

6º En los demás casos en los que las leyes procesales así lo establezcan.

Redactado por LO 19/2003, de 23 de diciembre.

Art. 239. 1. Los tribunales cuya actuación se hubiere producido con intimidación o violencia, tan luego como se vean libres de ella, declararán nulo todo lo practicado y promoverán la formación de causa contra los culpables, poniendo los hechos en conocimiento del Ministerio Fiscal.

2. También se declararán nulos los actos de las partes o de personas que intervengan en el proceso si se acredita que se produjeron bajo intimidación o violencia.

La nulidad de estos actos entrañará la de todos los demás relacionados con él o que pudieren haberse visto condicionados o influidos sustancialmente por el acto nulo.

Redactado por LO 19/2003, de 23 de diciembre.

Art. 240. 1. La nulidad de pleno derecho, en todo caso, y los defectos de forma en los actos procesales que impliquen ausencia de los requisitos indispensables para alcanzar su fin o determinen efectiva indefensión, se harán valer por medio de los recursos legalmente establecidos contra la resolución de que se trate, o por los demás medios que establezcan las leyes procesales.

2. Sin perjuicio de ello, el juzgado o tribunal podrá, de oficio o a instancia de parte, antes de que hubiere recaído resolución que ponga fin al proceso, y siempre que no proceda la subsanación, declarar, previa audiencia de las partes, la nulidad de todas las actuaciones o de alguna en particular.

En ningún caso podrá el juzgado o tribunal, con ocasión de un recurso, decretar de oficio una nulidad de las actuaciones que no haya sido solicitada en dicho recurso, salvo que apreciare falta de jurisdicción o de competencia objetiva o funcional o se hubiese producido violencia o intimidación que afectare a ese tribunal.

Redactado por LO 19/2003, de 23 de diciembre.

Art. 241. 1. No se admitirán con carácter general incidentes de nulidad de actuaciones. Sin embargo, excepcionalmente, quienes sean parte legítima o hubieran debido serlo podrán pedir por escrito que se declare la nulidad de actuaciones fundada en cualquier vulneración de un derecho fundamental de los referidos en el artículo 53.2 de la Constitución, siempre que no haya podido denunciarse antes de recaer resolución que ponga fin al proceso y siempre que dicha resolución no sea susceptible de recurso ordinario ni extraordinario.

Redactado conforme a la LO 6/2007, de 24 de mayo.

Será competente para conocer de este incidente el mismo juzgado o tribunal que dictó la resolución que hubiere adquirido firmeza. El plazo para pedir la nulidad será de 20 días, desde la notificación de la resolución o, en todo caso, desde que se tuvo conocimiento del defecto causante de indefensión, sin que, en este último caso, pueda solicitarse la nulidad de actuaciones después de transcurridos cinco años desde la notificación de la resolución.

El juzgado o tribunal inadmitirá a trámite, mediante providencia sucintamente motivada, cualquier incidente en el que se pretenda suscitar otras cuestiones. Contra la resolución por la que se inadmita a trámite el incidente no cabrá recurso alguno.

2. Admitido a trámite el escrito en que se pida la nulidad fundada en los vicios a que se refiere el apartado anterior de este artículo, no quedará en suspenso la ejecución y eficacia de la sentencia o resolución irrecurribles, salvo que se acuerde de forma expresa la suspensión para evitar que el incidente pudiera perder su finalidad, y se dará traslado de dicho escrito, junto con copia de los documentos

que se acompañasen, en su caso, para acreditar el vicio o defecto en que la petición se funde, a las demás partes, que en el plazo común de cinco días podrán formular por escrito sus alegaciones, a las que acompañarán los documentos que se estimen pertinentes.

Si se estimara la nulidad, se repondrán las actuaciones al estado inmediatamente anterior al defecto que la haya originado y se seguirá el procedimiento legalmente establecido. Si se desestimara la solicitud de nulidad, se condenará, por medio de auto, al solicitante en todas las costas del incidente y, en caso de que el juzgado o tribunal entienda que se promovió con temeridad, le impondrá, además, una multa de 90 a 600 euros.

Contra la resolución que resuelva el incidente no cabrá recurso alguno.

Redactado por LO 19/2003, de 23 de diciembre.

Art. 242. Las actuaciones judiciales realizadas fuera del tiempo establecido sólo podrán anularse si lo impusiere la naturaleza del término o plazo.

Redactado por LO 19/2003, de 23 de diciembre.

Art. 243. 1. La nulidad de un acto no implicará la de los sucesivos que fueren independientes de aquél ni la de aquéllos cuyo contenido hubiese permanecido invariado aun sin haberse cometido la infracción que dio lugar a la nulidad.

2. La nulidad parcial de un acto no implicará la de las partes del mismo independientes de la declarada nula.

3. El juzgado o tribunal cuidará de que puedan ser subsanados los defectos en que incurran los actos procesales de las partes, siempre que en dichos actos se hubiese manifestado la voluntad de cumplir los requisitos exigidos por la ley.

4. Los actos de las partes que carezcan de los requisitos exigidos por la ley serán subsanables en los casos, condiciones y plazos previstos en las leyes procesales.

Redactado por LO 19/2003, de 23 de diciembre.

CAPÍTULO IV
De las resoluciones judiciales

Art. 244. 1. Las resoluciones de los Tribunales cuando no estén constituidos en Sala de Justicia, las de las Salas de Gobierno y las de los Jueces y Presidentes cuando tuvieren carácter gubernativo, se llamarán acuerdos.

2. La misma denominación se dará a las advertencias y correcciones que por recaer en personas que estén sujetas a la jurisdicción disciplinaria se impongan en las sentencias o en otros actos judiciales.

Arts. 442 y 448 a 453 LOPJ.

Art. 245. 1. Las resoluciones de los Jueces y Tribunales que tengan carácter jurisdiccional se denominarán:

a) Providencias, cuando tengan por objeto la ordenación material del proceso.

b) Autos, cuando decidan recursos contra providencias, cuestiones incidentales, presupuestos procesales, nulidad del procedimiento o cuando, a tenor de las leyes de enjuiciamiento, deban revestir esta forma.

c) Sentencias, cuando decidan definitivamente el pleito o causa en cualquier instancia o recurso, o cuando, según las leyes procesales deban revestir esta forma.

Art. 206 LEC; arts. 141 a 143 LECRIM; art. 49 LPL.

Las sentencias podrán dictarse de viva voz cuando lo autorice la ley.

Art. 794.2 LECRIM; art. 50 LPL; art. 247 LOPJ.

3. Son sentencias firmes aquéllas contra las que no quepa recurso alguno, salvo el de revisión u otros extraordinarios que establezca la ley.

4. Llámase ejecutoria el documento público y solemne en que se consigna una sentencia firme. Las ejecutorias se encabezarán en nombre del Rey.

Art. 246.

Suprimido por LO 4/2018, de 28 de diciembre.

Art. 247. Las resoluciones judiciales que se dicten oralmente y deban ser documentadas en acta o en los juicios verbales, vistas de los pleitos o causas y demás actos solemnes incluirán la fundamentación que proceda.

Art. 120.3 CE; art. 245.2 LOPJ; art. 210 LEC; art. 794.2 LECRIM; art. 50 LPL.

Art. 248. 1. En todas las resoluciones judiciales habrá de indicarse el Tribunal que las dicte, con expresión de los jueces, juezas, magistrados o magistradas que lo integren y, en su caso, indicación del nombre del o de la ponente cuando el Tribunal sea colegiado.

2. La fórmula de las providencias se limitará a la determinación de lo mandado y del juez, jueza o Tribunal que las disponga, sin más fundamento ni adiciones que la fecha en que se acuerden. No obstante, podrán ser sucintamente motivadas cuando así lo disponga la ley o quien haya de dictarlas lo estime conveniente.

3. Los autos serán siempre motivados y contendrán en párrafos separados y numerados los antecedentes de hecho y los fundamentos de derecho en los que se base la subsiguiente parte dispositiva o fallo.

Arts. 208 LEC; arts. 141 y 142 LECRIM; art. 97.2 LPL..

4. Las sentencias se formularán expresando, tras un encabezamiento, en párrafos separados y numerados, los antecedentes de hecho, hechos probados, en su caso, los fundamentos de derecho y, por último, el fallo.

5. Todas las resoluciones judiciales serán firmadas por el juez, jueza, magistrado o magistrada que las dicten. En el caso de providencias dictadas por Salas de Justicia, bastará con la firma del o de la ponente.

6. Toda resolución incluirá, además de la mención del lugar y fecha en que se adopte, si la misma es firme o si cabe algún recurso contra ella, con expresión, en este último caso, del recurso que proceda, del órgano ante el que debe interponerse y del plazo para recurrir y, cuando proceda, de la necesidad de constitución de depósito para la presentación de recursos. Al notificarse la resolución a las partes se indicará si la misma es o no firme y, en su caso, las oportunas indicaciones sobre los recursos que procedan.

Modificado por la Ley Orgánica 1/2025, de 2 de enero, de medidas en materia de eficiencia del Servicio Público Justicia.

CAPÍTULO V
De la vista, votación y fallo

Art. 249. Las vistas de los asuntos se señalarán por el orden de su conclusión, salvo que en la ley se disponga otra cosa.

Art. 182 y ss. LEC.

Art. 250. Corresponderá a los Presidentes de Sala y a los de Sección el señalamiento de las vistas o trámite equivalente y el del comienzo de las sesiones del juicio oral.

Art. 251. 1. El Juez o el ponente tendrán a su disposición los autos para dictar sentencia o resolución decisoria de incidentes o de recursos.

2. El Presidente y los Magistrados podrán examinar los autos en cualquier tiempo.

Arts. 195 LEC.

Art. 252. 1. Concluida la vista de los autos, pleitos o causas o desde el día señalado para la votación y fallo, podrá cualquiera de los Magistrados pedirlos para su estudio.

2. Cuando los pidieren varios, fijará el que presida el plazo que haya de tenerlos cada uno, de modo que puedan dictarse las sentencias dentro del tiempo señalado para ello.

Art. 195 LEC.

Art. 253. Los autos y sentencias se deliberarán y votarán inmediatamente después de las vistas y, cuando así no pudiera hacerse, señalará el Presidente el día en que deban votarse, dentro del plazo señalado para dictar la resolución.

Art. 196 y 197 LEC.

Art. 254. 1. La votación, a juicio del Presidente, podrá tener lugar separadamente sobre los distintos pronunciamientos de hecho o de derecho que hayan de hacerse, o parte de la decisión que haya de dictarse.

2. Votará primero el ponente y después los demás Magistrados por orden inverso al de su antigüedad. El que presida votará el último.

3. Empezada la votación, no podrá interrumpirse sino en caso de fuerza mayor.

Arts. 197 y 198 LEC; arts. 151 y 156 LECRIM.

Art. 255. 1. Los autos y sentencias se dictarán por mayoría absoluta de votos, salvo que expresamente la ley señale una mayor proporción.

En ningún caso podrá exigirse un número determinado de votos conformes que altere la regla de la mayoría.

Art. 201 LEC.

Art. 256. Cuando fuere trasladado o jubilado algún Juez o Magistrado deliberará, votará, redactará y firmará las sentencias, según proceda, en los pleitos a cuya vista hubiere asistido y que aún no se hubieren fallado, salvo que concurriera causa de incompatibilidad o proceda la anulación de aquélla por otro motivo.

Redactado conforme a la LO 16/1994, de 8 de noviembre.

Art. 257. 1. Si después de la vista y antes de la votación algún Magistrado se imposibilitare y no pudiere asistir al acto, dará un voto fundado y firmado y lo remitirá directamente al Presidente.

2. Si no pudiere escribir ni firmar, lo extenderá ante un Secretario de la Sala.

3. El voto así emitido se unirá a los demás y se conservará, rubricado por el que presida, con el libro de sentencias.

§1 4. Cuando el impedido no pudiere votar ni aun de este modo, se votará el pleito o la causa por los no impedidos que hubieren asistido a la vista y, si hubiere los necesarios para formar mayoría, éstos dictarán sentencia.

Arts. 199 y 200 LEC; art. 154 LECRIM.

Art. 258. Cuando no hubiere votos bastantes para constituir la mayoría que exige el artículo 255, se verá de nuevo el asunto sustituyéndose el impedido, separado o suspenso en la forma establecida en esta Ley.

Art. 202 LEC; art. 154.4 LECRIM.

Art. 259. Las sentencias se firmarán por el Juez o por todos los Magistrados no impedidos dentro del plazo establecido para dictarlas.

Art. 204 LEC.

Art. 260. 1. Todo el que tome parte en la votación de una sentencia o auto definitivo firmará lo acordado, aunque hubiere disentido de la mayoría; pero podrán, en este caso, anunciándolo en el momento de la votación o en el de la firma, formular voto particular, en forma de sentencia, en la que podrán aceptarse, por remisión, los puntos de hecho y fundamentos de derecho de la dictada por el Tribunal con los que estuviere conforme.

2. El voto particular, con la firma del autor, se incorporará al libro de sentencias y se notificará a las partes junto con la sentencia aprobada por mayoría. Cuando, de acuerdo con la ley, sea preceptiva la publicación de la sentencia, el voto particular, si lo hubiere, habrá de publicarse junto a ella.

3. También podrá formularse voto particular, con sujeción a lo dispuesto en el párrafo anterior, en lo que resulte aplicable, respecto de los autos decisorios de incidentes.

Arts. 206, 233 y 265 LOPJ; art. 205 LEC; arts. 156 y 157 LECRIM.

Art. 261. Cuando, después de fallado un pleito por un Tribunal, se imposibilite algún Magistrado de los que votaron y no pudiere firmar, el que hubiere presidido el Tribunal lo hará por él, expresando el nombre de aquél por quien firme y después las palabras «votó en Sala y no pudo firmar».

Art. 204 LEC.

Art. 262. 1. Cuando en la votación de una sentencia o auto no resultare mayoría de votos sobre cualquiera de los pronunciamientos de hecho o de derecho que deban hacerse, volverán a discutirse y a votarse los puntos en que hayan disentido los votantes.

2. Si no se obtuviere acuerdo, la discordia se resolverá mediante celebración de nueva vista, concurriendo los Magistrados que hubieran asistido a la primera, aumentándose dos más, si hubiese sido impar el número de los discordantes, y tres en el caso de haber sido par. Concurrirá para ello, en primer lugar, el Presidente de la Sala, si no hubiere ya asistido; en segundo lugar, los Magistrados de la misma Sala que no hayan visto el pleito; en tercer lugar, el Presidente de la Audiencia, y, finalmente, los Magistrados de las demás Salas, con preferencia de los del mismo orden jurisdiccional.

Arts. 202 LEC; art. 163 LECRIM.

Art. 263. 1. El que deba presidir la Sala de Discordia hará el señalamiento de las vistas de discordia y designaciones oportunas.

2. Cuando en la votación de una sentencia o auto por la Sala de Discordia o, en su caso, por el Pleno de la Sala no se reuniere tampoco mayoría sobre los puntos discordados, se procederá a nueva votación, sometiendo sólo a ésta los dos pareceres que hayan obtenido mayor número de votos en la precedente.

Art. 264. 1. Los Magistrados de las diversas Secciones de una misma Sala se reunirán para la unificación de criterios y la coordinación de prácticas procesales, especialmente en los casos en que los Magistrados de las diversas Secciones de una misma Sala o Tribunal sostuvieren en sus resoluciones diversidad de criterios interpretativos en la aplicación de la ley en asuntos sustancialmente iguales. A esos efectos, el Presidente de la Sala o Tribunal respectivo, por sí o a petición mayoritaria de sus miembros, convocará Pleno jurisdiccional para que conozca de uno o varios de dichos asuntos al objeto de unificar el criterio.

2. Formarán parte de este Pleno todos los Magistrados de la Sala correspondiente que por reparto conozcan de la materia en la que la discrepancia se hubiera puesto de manifiesto.

3. En todo caso, quedará a salvo la independencia de las Secciones para el enjuiciamiento y resolución de los distintos procesos de que conozcan, si bien deberán motivar las razones por las que se aparten del criterio acordado.

El artículo ha sido redactado por la LO 7/2015, de 21 de julio.

4. La Junta de Jueces y Juezas de Sección de un Tribunal de Instancia podrá reunirse para el examen y valoración de criterios cuando los jueces, las juezas, los magistrados y las magistradas que la integren sostuvieren en sus resoluciones diversidad de criterios interpretativos en la aplicación de la ley en asuntos sustancialmente iguales.

§1

En todo caso, quedará a salvo la independencia de los jueces, juezas, magistrados y magistradas para el enjuiciamiento y resolución de los distintos procesos de que conozcan.

Apartado añadido por la Ley Orgánica 1/2025, de 2 de enero, de medidas en materia de eficiencia del Servicio Público Justicia.

Art. 265. En cada juzgado o tribunal se llevará, bajo la custodia del letrado de la Administración de Justicia respectivo, un libro de sentencias, en el que se incluirán firmadas todas las definitivas, autos de igual carácter, así como los votos particulares que se hubieren formulado, que serán ordenados correlativamente según su fecha. Cuando la tramitación de los procedimientos se realice a través de un sistema de gestión procesal electrónico, el mismo deberá generar automáticamente, sin necesidad de la intervención del letrado de la Administración de Justicia, un fichero en el que se incluyan las sentencias y autos numerados por el orden en el que han sido firmados.

Redactado por LO 4/2018, de 28 de diciembre.
Arts. 260, 287 y 473.3 LOPJ; arts, 212 y 213 LEC; arts. 159 y 162 LECRIM.

Art. 266. 1. Las sentencias, una vez extendidas y firmadas por el juez o por todos los Magistrados que las hubieren dictado, serán depositadas en la Oficina judicial y se permitirá a cualquier interesado el acceso al texto de las mismas. El acceso al texto de las sentencias, o a determinados extremos de las mismas, podrá quedar restringido cuando el mismo pudiera afectar al derecho a la intimidad, a los derechos de las personas que requieran un especial deber de tutela o a la garantía del anonimato de las víctimas o perjudicados, cuando proceda, así como, con carácter general, para evitar que las sentencias puedan ser usadas con fines contrarios a las leyes.

2. Los secretarios pondrán en los autos certificación literal de la sentencia.

Redactado por LO 19/2003, de 23 de diciembre.

Art. 267. 1. Los tribunales no podrán variar las resoluciones que pronuncien después de firmadas, pero sí aclarar algún concepto oscuro y rectificar cualquier error material de que adolezcan.

2. Las aclaraciones a que se refiere el apartado anterior podrán hacerse de oficio dentro de los dos días hábiles siguientes al de la publicación de la resolución, o a petición de parte o del Ministerio Fiscal formulada dentro del mismo plazo, siendo en este caso resuelta por el tribunal dentro de los tres días siguientes al de la presentación del escrito en que se solicite la aclaración.

3. Los errores materiales manifiestos y los aritméticos en que incurran las resoluciones judiciales podrán ser rectificados en cualquier momento.

4. Las omisiones o defectos de que pudieren adolecer sentencias y autos y que fuere necesario remediar para llevarlas plenamente a efecto podrán ser subsanadas, mediante auto, en los mismos plazos y por el mismo procedimiento establecido en el apartado anterior.

5. Si se tratase de sentencias o autos que hubieren omitido manifiestamente pronunciamientos relativos a pretensiones oportunamente deducidas y sustanciadas en el proceso, el tribunal, a solicitud escrita de parte en el plazo de cinco días a contar desde la notificación de la resolución, previo traslado de dicha solicitud a las demás partes, para alegaciones escritas por otros cinco días, dictará auto por el que resolverá completar la resolución con el pronunciamiento omitido o no haber lugar a completarla.

6. Si el tribunal advirtiese, en las sentencias o autos que dictara, las omisiones a que se refiere el apartado anterior, podrá, en el plazo de cinco días a contar desde la fecha en que se dicten, proceder de oficio, mediante auto, a completar su resolución, pero sin modificar n i rectificar lo que hubiere acordado.

7. Del mismo modo al establecido en los apartados anteriores se procederá por el Secretario Judicial cuando se precise aclarar, rectificar, subsanar o completar los decretos que hubiere dictado.

8. No cabrá recurso alguno contra los autos o decretos en que se resuelva acerca de la aclaración, rectificación, subsanación o complemento a que se refieren los anteriores apartados de este artículo, sin perjuicio de los recursos que procedan, en su caso, contra la sentencia, auto o decreto a que se refiera la solicitud o actuación de oficio del Tribunal o del Secretario Judicial.

Apartados 7 y 8 redactados conforme a la Ley Orgánica 1/2009, de 3 de noviembre.

9. Los plazos para los recursos que procedan contra la resolución de que se trate se interrumpirán desde que se solicite su aclaración, rectificación, subsanación o complemento y, en todo caso, comenzarán a computarse desde el día siguiente a la notificación del auto o decreto que reconociera o negase la omisión del pronunciamiento y acordase o denegara remediarla.

Apartado 9 añadido por la Ley Orgánica 1/2009, de 3 de noviembre.
Adviértase que el art. 215 de la LEC 1/2000 no ha entrado aún en vigor.

CAPÍTULO VI
Del lugar en que deben practicarse las actuaciones

Ver arts. 14 y ss. del Regl. CGPJ 1/2005, de Aspectos Accesorios de las Actuaciones Judiciales.

Art. 268. 1. Las actuaciones judiciales deberán practicarse en la sede del órgano jurisdiccional.

2. No obstante lo dispuesto en el apartado anterior, los Juzgados y Tribunales podrán constituirse en cualquier lugar del territorio de su jurisdicción para la práctica de aquéllas cuando fuere necesario o conveniente para la buena administración de justicia.

Art. 129 LEC; arts. 322 y 323 LECRIM; arts. 13 y ss. Regl. CGPJ 5/1995.

Art. 269. 1. Los Juzgados y Tribunales sólo podrán celebrar juicios o vistas de asuntos fuera de la población de su sede cuando así lo autorice la ley.

2. Sin embargo, el Consejo General del Poder Judicial, cuando las circunstancias o el buen servicio de la administración de justicia lo aconsejen, y a petición de las Salas de Gobierno de los Tribunales Superiores de Justicia, podrá disponer que los Juzgados y las Secciones o Salas de los Tribunales o Audiencias se constituyan en población distinta de su sede para despachar los asuntos correspondientes a un determinado ámbito territorial comprendido en la circunscripción de aquéllos.

3. Igualmente, las Salas de Gobierno de los Tribunales Superiores de Justicia, previa determinación del número de causas que justifican los traslados de los Tribunales fuera de su sede y siempre que su desplazamiento venga justificado por una mejor administración de justicia, dispondrán que los Jueces de lo Penal, asistidos del Letrado de la Administración de Justicia, se constituyan para celebrar juicios orales en las ciudades donde tengan sede los Juzgados que hayan instruido las causas de las que les corresponde conocer. Los Juzgados de Instrucción y los funcionarios que en ellos sirvieren prestarán en estos casos cuanta colaboración sea precisa.

El artículo ha sido redactado por la LO 7/2015, de 21 de julio.

CAPÍTULO VII
De las notificaciones

Art. 270. Las resoluciones dictadas por jueces y tribunales, así como las que lo sean por secretarios judiciales en el ejercicio de las funciones que le son propias, se notificarán a todos los que sean parte en el pleito, causa o expediente, y también a quienes se refieran o puedan parar perjuicios, cuando así se disponga expresamente en aquellas resoluciones, de conformidad con la ley.

Redactado por LO 19/2003, de 23 de diciembre.

Art. 271. Los actos de comunicación se practicarán por medios electrónicos cuando los sujetos intervinientes en un proceso estén obligados al empleo de los sistemas telemáticos o electrónicos existentes en la Administración de Justicia conforme a lo establecido en las leyes procesales y en la forma que estas determinen.

Cuando los sujetos intervinientes en un proceso no se hallen obligados al empleo de medios electrónicos, o cuando la utilización de los mismos no fuese posible, los actos de comunicación podrán practicarse por cualquier otro medio que permita la constancia de su práctica y de las circunstancias esenciales de la misma según determinen las leyes procesales.

Redactado por LO 4/2018, de 28 de diciembre.
Art. 279.3 LOPJ; art. 160 LEC; art. 166 LECRIM; art. 56 LPL.

Art. 272. Podrá establecerse un local de notificaciones común a los varios juzgados y tribunales de una misma población, aunque sean de distinto orden jurisdiccional. En este supuesto, el Colegio de Procuradores organizará un servicio para recibir las notificaciones que no hayan podido hacerse en aquel local común por incomparecencia del procurador que deba ser notificado. La recepción de la notificación por este servicio producirá plenos efectos.

Redactado por LO 19/2003, de 23 de diciembre.

CAPÍTULO VIII
De la cooperación jurisdiccional

Art. 273. Los jueces y Tribunales cooperarán y se auxiliarán entre sí en el ejercicio de la función jurisdiccional.

Art. 169 y ss. LEC; art. 183 LECRIM; arts. 64 y 65 Regl. CGPJ 1/2000, de 15 de septiembre.

Art. 274. 1. Se recabará la cooperación judicial cuando debiere practicarse una diligencia fuera de la circunscripción del Juzgado o Tribunal que la hubiere ordenado o ésta fuere de la específica competencia de otro Juzgado o Tribunal.

2. La petición de cooperación, cualquiera que sea el Juzgado o Tribunal a quien se dirija, se efectuará siempre directamente, sin dar lugar a traslados ni reproducciones a través de órganos intermedios.

Arts. 170 a 172 LEC; art. 185 LECRIM; art. 62 LPL; arts. 64 y ss. Regl. CGPJ 1/2005, de 15 de septiembre.

Art. 275. No obstante, podrán los Jueces realizar cualesquiera diligencias de instrucción penal en lugar no comprendido en el territorio de su jurisdicción, cuando el mismo se hallare próximo y ello resultare conveniente, dando inmediata noticia al Juez competente. Los Jueces y Tribunales de otros órdenes jurisdiccionales podrán también practicar diligencias de instrucción o prueba fuera del territorio de su jurisdicción cuando no se perjudique la competencia del Juez correspondiente y venga justificado por razones de economía procesal.

Arts. 129 y 169 LEC.

Art. 276. Las peticiones de cooperación internacional se tramitarán de conformidad con lo previsto en los tratados internacionales, las normas de la Unión Europea y las leyes españolas que resulten de aplicación.

El artículo ha sido redactado por la LO 7/2015, de 21 de julio. Ley 29/2015, de 30 de julio, de cooperación jurídica internacional en materia civil.

Art. 277. Los Juzgados y Tribunales españoles prestarán a las autoridades judiciales extranjeras la cooperación que les soliciten para el desempeño de su función jurisdiccional, de conformidad con lo establecido en los tratados y convenios internacionales en los que España sea parte, las normas de la Unión Europea y las leyes españolas sobre esta materia.

El artículo ha sido redactado por la LO 7/2015, de 21 de julio.

Art. 278. La prestación de cooperación internacional sólo será denegada por los Juzgados y Tribunales españoles:

1º Cuando el objeto o finalidad de la cooperación solicitada sea manifiestamente contrario al orden público.

2º Cuando el proceso de que dimane la solicitud de cooperación sea de la exclusiva competencia de la jurisdicción española.

3º Cuando el contenido del acto a realizar no corresponda a las atribuciones propias de la autoridad judicial española requerida. En tal caso, ésta remitirá la solicitud a la autoridad judicial competente, informando de ello a la autoridad judicial requirente.

4º Cuando la solicitud de cooperación internacional no reúna el contenido y requisitos mínimos exigidos por las leyes para su tramitación.

El artículo ha sido redactado por la LO 7/2015, de 21 de julio.

TÍTULO IV

Derogado y dejado sin contenido por LO 19/2003, de 23 de diciembre.
Véase el nuevo Libro V De los Secretarios Judiciales y de la Oficina Judicial.

TÍTULO V
De la responsabilidad patrimonial del Estado por el funcionamiento de la Administración de Justicia

Art. 292. 1. Los daños causados en cualesquiera bienes o derechos por error judicial, así como los que sean consecuencia del funcionamiento anormal de la Administración de Justicia darán a todos los perjudicados derecho a una indemnización a cargo del Estado, salvo en los casos de fuerza mayor, con arreglo a lo dispuesto en este Título.

2. En todo caso, el daño alegado habrá de ser efectivo, evaluable económicamente e individualizado con relación a una persona o grupo de personas.

3. La mera revocación o anulación de las resoluciones judiciales no presupone por sí sola derecho a indemnización.

Art. 121 CE; art. 295 LOPJ.

Art. 293. 1. La reclamación de indemnización por causa de error deberá ir precedida de una decisión judicial que expresamente lo reconozca. Esta previa decisión podrá resultar directamente de una sentencia dictada en virtud de recurso de revisión. En cualquier otro caso distinto de éste se aplicarán las reglas siguientes:

a) La acción judicial para el reconocimiento del error deberá instarse inexcusablemente en el plazo de tres meses a partir del día en que pudo ejercitarse.

b) La pretensión de declaración del error se deducirá ante la Sala del Tribunal Supremo correspondiente al mismo orden Jurisdiccional que el órgano a quien se imputa el error, y si éste se atribuyese a una Sala o Sección del Tribunal Supremo la competencia corresponderá a la Sala que se establece en el artículo 61. Cuando se trate de órganos de la jurisdicción militar, la competencia corresponderá a la Sala Quinta de lo Militar del Tribunal Supremo.

c) El procedimiento para sustanciar la pretensión será el propio del recurso de revisión en materia civil, siendo partes en todo caso, el Ministerio Fiscal y la Administración del Estado.

Arts. 514 LEC.

d) El Tribunal dictará sentencia definitiva, sin ulterior recurso, en el plazo de quince días, con informe previo del órgano jurisdiccional a quien se atribuye el error.

e) Si el error no fuera apreciado se impondrán las costas al peticionario.

f) No procederá la declaración de error contra la resolución judicial a la que se impute mientras no se hubieren agotado previamente los recursos previstos en el ordenamiento.

§1

g) La mera solicitud de declaración del error no impedirá la ejecución de la resolución judicial a la que aquél se impute.

2. Tanto en el supuesto de error judicial declarado como en el de daño causado por el anormal funcionamiento de la Administración de Justicia, el interesado dirigirá su petición indemnizatoria directamente al Ministerio de Justicia, tramitándose la misma con arreglo a las normas reguladoras de la responsabilidad patrimonial del Estado. Contra la resolución cabrá recurso contencioso-administrativo. El derecho a reclamar la indemnización prescribirá al año, a partir del día en que pudo ejercitarse.

Art. 294. 1. Tendrán derecho a indemnización quienes después de haber sufrido prisión preventiva, sean absueltos por inexistencia del hecho imputado o por esta misma causa haya sido dictado auto de sobreseimiento libre, siempre que se le hayan irrogado perjuicios.

Declarados inconstitucionales y nulos los incisos destacados en azul por STC nº 85/2019, de 19 de junio.

2. La cuantía de la indemnización se fijará en función del tiempo de privación de libertad y de las consecuencias personales y familiares que se hayan producido.

3. La petición indemnizatoria se tramitará de acuerdo con lo establecido en el apartado 2 del artículo anterior.

Art. 295. En ningún caso habrá lugar a la indemnización cuando el error judicial o el anormal funcionamiento de los servicios tuviera por causa la conducta dolosa o culposa del perjudicado.

Art. 296. 1. Los daños y perjuicios causados por los Jueces y Magistrados en el ejercicio de sus funciones darán lugar, en su caso, a responsabilidad del Estado por error judicial o por funcionamiento anormal de la Administración de Justicia sin que, en ningún caso, puedan los perjudicados dirigirse directamente contra aquéllos.

2. Si los daños y perjuicios provinieren de dolo o culpa grave del Juez o Magistrado, la Administración General del Estado, una vez satisfecha la indemnización al perjudicado, podrá exigir, por vía administrativa a través del procedimiento reglamentariamente establecido, al Juez o Magistrado responsable el reembolso de lo pagado sin perjuicio de la responsabilidad disciplinaria en que éste pudiera incurrir, de acuerdo con lo dispuesto en esta Ley.

El dolo o culpa grave del Juez o Magistrado se podrá reconocer en sentencia o en resolución dictada por el Consejo General del Poder Judicial conforme al procedimiento que éste determine. Para la exigencia de dicha responsabilidad se ponderarán, entre otros, los siguientes criterios: el resultado dañoso producido y la existencia o no de intencionalidad.

El artículo ha sido redactado por la LO 7/2015, de 21 de julio.

Art. 297.

Derogado por la LO 7/2015, de 21 de julio.

§1

LIBRO IV
DE LOS JUECES Y MAGISTRADOS

Ver el Regl. CGPJ 2/2011, de 28 de abril, de la Carrera Judicial (§13).

TÍTULO I
De la Carrera Judicial y de la provisión de destinos

CAPÍTULO I
De la Carrera Judicial

Art. 298. 1. Las funciones jurisdiccionales en los órganos judiciales de todo orden regulados en esta ley se ejercerán únicamente por jueces, juezas, magistrados y magistradas profesionales, que forman la Carrera Judicial.

2. También ejercen funciones jurisdiccionales sin pertenecer a la Carrera Judicial, con sujeción al régimen establecido en esta ley y con inamovilidad temporal, los magistrados y las magistradas suplentes, quienes sirven plazas como jueces sustitutos y juezas sustitutas, así como los jueces de paz y sus sustitutos.

Redactado por LO 19/2003, de 23 de diciembre y modificado por la Ley Orgánica 1/2025, de 2 de enero, de medidas en materia de eficiencia del Servicio Público Justicia.

Art. 299. 1. La Carrera Judicial consta de tres categorías:
– Magistrado del Tribunal Supremo.
– Magistrado.
– Juez.

2. Los Magistrados del Tribunal Supremo, sin perjuicio de su pertenencia a la Carrera Judicial, tendrán el estatuto especial regulado en la presente Ley Orgánica.

3. Sólo adquirirán la categoría de Magistrado del Tribunal Supremo quienes efectivamente pasen a ejercer funciones jurisdiccionales como miembros de este Tribunal.

Redactado conforme a la LO 5/1997, de 4 de diciembre. Cf. Regl. CGPJ 1/1995, de 7 de junio, de la Carrera Judicial.

Art. 300. El Consejo General del Poder Judicial aprobará cada tres años, como máximo, y por períodos menores cuando fuere necesario, el escalafón de la Carrera Judicial, que será publicado en el «Boletín Oficial del Estado», y comprenderá los datos personales y profesionales que se establezcan reglamentariamente.

Art. 131.5 LOPJ; arts. 284 a 286 Regl. CGPJ 1/1995, de 7 de junio.

CAPÍTULO II
Del ingreso y ascenso en la Carrera Judicial

§1

Art. 301. 1. El ingreso en la carrera judicial estará basado en los principios de mérito y capacidad para el ejercicio de la función jurisdiccional.

2. El proceso de selección para el ingreso en la carrera judicial garantizará, con objetividad y transparencia, la igualdad en el acceso a la misma de todos los ciudadanos que reúnan las condiciones y aptitudes necesarias, así como la idoneidad y suficiencia profesional de las personas seleccionadas para el ejercicio de la función jurisdiccional.

3. El ingreso en la Carrera Judicial por la categoría de juez se producirá mediante la superación de oposición libre y de un curso teórico y práctico de selección realizado en la Escuela Judicial.

4. La convocatoria para el ingreso en la Carrera Judicial, que se realizará conjuntamente con la de ingreso en la Carrera Fiscal, comprenderá todas las plazas vacantes existentes en el momento de la misma y un número adicional que permita cubrir las que previsiblemente puedan producirse hasta la siguiente convocatoria.

Los candidatos aprobados, de acuerdo con las plazas convocadas, optarán, según el orden de la puntuación obtenida, por una u otra Carrera en el plazo que se fije por la Comisión de Selección.

5. También ingresarán en la Carrera Judicial por la categoría de magistrado del Tribunal Supremo, o de magistrado, juristas de reconocida competencia en los casos, forma y proporción respectivamente establecidos en la ley. Quienes pretendan el ingreso en la carrera judicial en la categoría de magistrado precisarán también superar un curso de formación en la Escuela Judicial.

6. En todos los casos se exigirá no estar incurso en ninguna de las causas de incapacidad e incompatibilidad que establece esta ley y no tener la edad de jubilación en la Carrera Judicial ni alcanzarla durante el tiempo máximo previsto legal y reglamentariamente para la duración del proceso selectivo, hasta la toma de posesión incluido, si es el caso, el curso de selección en la Escuela Judicial.

7. El Ministerio de Justicia, en colaboración, en su caso, con las comunidades autónomas competentes, podrá instar del Consejo General del Poder Judicial la convocatoria de las oposiciones, concursos y pruebas selectivas de promoción y de especialización necesarios para la cobertura de las vacantes existentes en la plantilla de la Carrera Judicial.

Iguales facultades que el Ministerio de Justicia, ostentarán las comunidades autónomas con competencias en la materia.

8. También se reservará en la convocatoria un cupo no inferior al cinco por ciento de las vacantes para ser cubiertas entre personas con discapacidad en grado

§1 igual o superior al 33 por ciento, siempre que superen las pruebas selectivas y que acrediten el grado de discapacidad y la compatibilidad para el desempeño de las funciones y tareas correspondientes en la forma que se determine reglamentariamente. El ingreso de las personas con discapacidad en las Carreras Judicial y Fiscal se inspirará en los principios de igualdad de oportunidades, no discriminación y compensación de desventajas, procediéndose, en su caso, a la adaptación de los procesos selectivos a las necesidades especiales y singularidades de estas personas, mediante las adaptaciones y ajustes razonables de tiempos y medios en los procesos selectivos.

Asimismo, una vez superados dichos procesos, se procederá a las adaptaciones y ajustes razonables para las necesidades de las personas con discapacidad de cualquier tipo en los puestos de trabajo y en el entorno laboral del Centro o Dependencia pública donde desarrollen su actividad.

El apartado 8 ha sido redactado por la LO 7/2015, de 21 de julio.

Art. 302. Para concurrir a la oposición libre de acceso a la Escuela Judicial se requiere ser español, mayor de edad y licenciado en Derecho, así como no estar incurso en alguna de las causas de incapacidad que establece la ley.

Redactado por LO 19/2003, de 23 de diciembre.

Art. 303. Están incapacitados para el ingreso en la Carrera Judicial los impedidos física o psíquicamente para la función judicial; los condenados por delito doloso mientras no hayan obtenido la rehabilitación; los procesados o inculpados por delito doloso en tanto no sean absueltos o se dicte auto de sobreseimiento, y los que no estén en el pleno ejercicio de sus derechos civiles.

Art. 12 Regl. 1/1995, de 7 de junio.

Art. 304. 1. El tribunal que evaluará las pruebas de ingreso en las Carreras Judicial y Fiscal, por las categorías de juez y de abogado fiscal respectivamente, estará presidido por un magistrado del Tribunal Supremo o de un Tribunal Superior de Justicia o un fiscal de Sala o fiscal del Tribunal Supremo o de una Fiscalía de Tribunal Superior de Justicia, y serán vocales dos magistrados, dos fiscales, un catedrático de universidad de disciplina jurídica en que consistan las pruebas de acceso, un abogado del Estado, un abogado con más de diez años de ejercicio profesional y un letrado de la Administración de Justicia de la categoría primera o segunda, que actuará como secretario.

2. Los miembros del tribunal a que se refiere el apartado anterior serán designados de la siguiente manera: el Presidente, de forma conjunta por el Presidente del Consejo General del Poder Judicial y el Fiscal General del Estado; los dos ma-

gistrados, por el Consejo General del Poder Judicial; los dos fiscales, por el Fiscal General del Estado; el catedrático, a propuesta del Consejo de Universidades; el abogado del Estado y el letrado de la Administración de Justicia, por el Ministerio de Justicia; y el abogado, a propuesta del Consejo General de la Abogacía. El Consejo de Universidades y el Consejo General de la Abogacía elaborarán ternas, que remitirán a la Comisión de Selección para la designación por esta de los respectivos integrantes del tribunal, salvo que existan causas que justifiquen proponer solo a una o dos personas.

Redactado por LO 4/2018, de 28 de diciembre.

Art. 305. 1. La Comisión de Selección, a la que se refiere el artículo anterior, estará compuesta por un vocal del Consejo General del Poder Judicial y un Fiscal de Sala, que la presidirán anualmente con carácter alternativo, por un Magistrado, un Fiscal, el Director de la Escuela Judicial, el Director del Centro de Estudios Jurídicos de la Administración de Justicia y un miembro de los órganos técnicos del Consejo General del Poder Judicial, así como un funcionario del Ministerio de Justicia con nivel mínimo de Subdirector general, ambos licenciados en Derecho, que actuarán alternativamente como secretarios de la Comisión.

2. La composición de la Comisión de Selección se publicará en el «Boletín Oficial del Estado», mediante Orden del Ministro de Justicia. Los miembros de la misma serán designados por un período de cuatro años, de acuerdo con las siguientes reglas:

a) El vocal del Consejo General del Poder Judicial, el Magistrado y el miembro de los órganos técnicos del Consejo General del Poder Judicial, por el Pleno del Consejo General del Poder Judicial.

b) Los Fiscales, por el Fiscal General del Estado.

c) El funcionario del Ministerio de Justicia, por el Ministro de Justicia.

3. Los acuerdos de la Comisión de Selección serán adoptados por mayoría de sus miembros. En caso de empate, decidirá el voto de su Presidente.

4. La Comisión de Selección, además de lo dispuesto en el artículo anterior, será competente para:

a) Proponer el temario, el contenido de los ejercicios y las normas complementarias que han de regir la oposición para el acceso a las Carreras Judicial y Fiscal, sometiéndolos a la aprobación del Ministerio de Justicia y del Pleno del Consejo General del Poder Judicial.

b) Realizar los trámites administrativos precisos para la distribución de los aprobados a las respectivas Escuelas según la opción que hayan realizado, conforme se dispone en el artículo 301.2.

5. Las resoluciones previstas en el presente artículo y en el apartado 2 del artículo anterior agotarán la vía administrativa y serán susceptibles de recurso contencioso-administrativo ante la Sala de lo Contencioso-administrativo del Tribunal Supremo.

Precepto redactado conforme al art. 1.3º de la LO 9/2000, de 22 de diciembre.

Art. 306. 1. La oposición para el ingreso en las Carreras Judicial y Fiscal por la categoría de juez y de abogado fiscal se convocará al menos cada dos años, realizándose la convocatoria por la Comisión de Selección prevista en el apartado 1 del artículo 305, previa propuesta del Consejo General del Poder Judicial y del Ministerio de Justicia, atendiendo al número máximo de plazas que corresponda ofrecer de acuerdo con lo dispuesto en el apartado 4 del artículo 301 y en atención a las disponibilidades presupuestarias.

2. En ningún caso podrá el tribunal seleccionar en las pruebas previstas en el artículo 301 a un número de candidatos superior al de las plazas que hubieran sido convocadas según lo dispuesto en dicho artículo.

3. Los que hubiesen superado la oposición como aspirantes al ingreso en la Carrera Judicial, tendrán la consideración de funcionarios en prácticas.

Redactado por LO 19/2003, de 23 de diciembre.

Art. 307. 1. La Escuela Judicial, configurada como centro de selección y formación de jueces y magistrados dependiente del Consejo General del Poder Judicial, tendrá como objeto proporcionar una preparación integral, especializada y de alta calidad a los miembros de la Carrera Judicial, así como a los aspirantes a ingresar en ella.

La Escuela Judicial llevará a cabo la coordinación e impartición de la enseñanza inicial, así como de la formación continua, en los términos establecidos en el artículo 433 bis.

2. El curso de selección incluirá necesariamente: un programa teórico de formación multidisciplinar, un período de prácticas tuteladas en diferentes órganos de todos los órdenes jurisdiccionales y un período en el que los jueces y juezas en prácticas desempeñarán funciones de sustitución y refuerzo. Solamente la superación de cada uno de ellos posibilitará el acceso al siguiente. En la fase teórica de formación multidisciplinar se incluirá el estudio en profundidad de las materias que integran el principio de no discriminación y la igualdad entre hombres y mujeres, y en particular de la legislación especial para la lucha contra la violencia sobre la mujer en todas sus formas. Asimismo, incluirá el estudio en profundidad de la legislación nacional e internacional sobre los derechos de la infancia y la

adolescencia, con especial atención a la Convención sobre los Derechos del Niño y sus observaciones generales.

Redactado por la Ley Orgánica 8/2021, de 4 de junio.

3. Superada la fase teórica de formación multidisciplinar, se iniciará el período de prácticas. En su primera fase, los jueces en prácticas tuteladas, que se denominarán jueces adjuntos, ejercerán funciones de auxilio y colaboración con sus titulares. En este período sus funciones no podrán exceder de la redacción de borradores o proyectos de resolución que el juez o ponente podrá, en su caso, asumir con las modificaciones que estime pertinentes. También podrán dirigir vistas o actuaciones bajo la supervisión y dirección del juez titular.

4. Superada asimismo esta fase de prácticas tuteladas, existirá un periodo obligatorio en el que los jueces en prácticas desempeñarán labores de sustitución y refuerzo conforme a lo previsto en los artículos 210 y 216 bis, teniendo preferencia sobre los jueces sustitutos en cualquier llamamiento para el ejercicio de tales funciones.

En esta última fase ejercerán la jurisdicción con idéntica amplitud a la de los titulares del órgano judicial y quedarán a disposición del Presidente del Tribunal Superior de Justicia correspondiente, quien deberá elaborar un informe sobre la dedicación y rendimiento en el desempeño de sus funciones, para su valoración por la Escuela Judicial.

El Consejo General del Poder Judicial y los Presidentes de los Tribunales Superiores de Justicia velarán porque el desempeño de tales labores tenga lugar, preferentemente, en órganos judiciales de similares características a los que los jueces en prácticas puedan luego ser destinados.

5. La duración del período de prácticas, sus circunstancias, el destino y las funciones de los jueces en prácticas serán regulados por el Consejo General del Poder Judicial a la vista del programa elaborado por la Escuela Judicial.

En ningún caso la duración del curso teórico de formación será inferior a nueve meses. Las prácticas tuteladas tendrán una duración mínima de cuatro meses; idéntica duración mínima tendrá la destinada a realizar funciones de sustitución o apoyo.

6. Los que superen el curso teórico y práctico serán nombrados jueces por el orden de la propuesta hecha por la Escuela Judicial.

7. El nombramiento se extenderá por el Consejo General del Poder Judicial, mediante orden, y con la toma de posesión quedarán investidos de la condición de juez.

Redactado por la Ley Orgánica 8/2012, de 27 de diciembre, de medidas de eficiencia presupuestaria para la Administración de Justicia.

Art. 308. 1. La Escuela Judicial elaborará una relación con los aspirantes que aprueben el curso teórico y práctico, según su orden de calificación, que se elevará al Consejo General del Poder Judicial.

2. Sin perjuicio de lo establecido en el artículo 301.4, aquellos aspirantes aprobados que no pudieran ser nombrados jueces titulares de órganos judiciales ingresarán en la Carrera Judicial en calidad de jueces en expectativa de destino, tomando posesión ante el Presidente del Consejo General del Poder Judicial, al que quedarán adscritos a los efectos previstos en los artículos 210.1, 216, 216 bis, 216 bis 2, 216 bis 3 y 216 bis 4.

Los jueces en expectativa de destino tendrán preferencia sobre los jueces sustitutos en cualquier llamamiento para el ejercicio de las funciones a las que se refieren los artículos indicados en el párrafo anterior y cesarán en su cometido en el momento en el que sean nombrados jueces titulares y destinados a las vacantes que se vayan produciendo, según el orden numérico que ocupen en la lista de aspirantes aprobados.

Apartado 2 redactado por la Ley Orgánica 8/2012, de 27 de diciembre, de medidas de eficiencia presupuestaria para la Administración de Justicia.

Art. 309. 1. Los que no superen el curso podrán repetirlo en el siguiente, al que se incorporarán con la nueva promoción.

2. Si tampoco superaren este curso, quedarán definitivamente excluidos y decaídos en la expectativa de ingreso en la Carrera Judicial derivada de las pruebas de acceso que hubiesen aprobado.

Art. 310. Todas las pruebas selectivas para el ingreso y la promoción en las Carreras Judicial y Fiscal contemplarán el estudio del principio de igualdad entre mujeres y hombres, incluyendo las medidas contra la violencia de género, y su aplicación con carácter transversal en el ámbito de la función jurisdiccional.

El temario deberá garantizar la adquisición de conocimientos sobre el principio de no discriminación y especialmente de igualdad entre mujeres y hombres y, en particular, de la normativa específica dictada para combatir la violencia sobre la mujer, incluyendo la de la Unión Europea y la de tratados e instrumentos internacionales en materia de igualdad, discriminación y violencia contra las mujeres ratificados por España.

Asimismo, las pruebas selectivas contemplarán el estudio de la tutela judicial de los derechos de la infancia y la adolescencia, su protección y la aplicación del principio del interés superior de la persona menor de edad. El temario deberá garantizar la adquisición de conocimientos sobre normativa interna, europea e internacional, con especial atención a la Convención sobre los Derechos del Niño y sus observaciones generales.

Redactado por la Ley Orgánica 8/2021, de 4 de junio.

Art. 311. 1. De cada cuatro vacantes que se produzcan en la categoría de Magistrado, dos darán lugar al ascenso de los Jueces que ocupen el primer lugar en el escalafón dentro de esta categoría.

El Magistrado así ascendido podrá optar por continuar en la plaza que venía ocupando o por ocupar la vacante que en el momento del ascenso le sea ofertada, comunicándolo al Consejo General del Poder Judicial en la forma y plazo que éste determine. En el primer supuesto no podrá participar en los concursos ordinarios de traslado durante tres años si la plaza que venía ocupando es de categoría de Juez y un año si es de categoría de Magistrado.

La tercera vacante se proveerá, entre jueces, por medio de pruebas selectivas en los órdenes jurisdiccionales civil y penal, y de especialización en los órdenes contencioso-administrativo y social, y en materia mercantil y de violencia sobre la mujer.

Redactado por LO 5/2018, de 28 de diciembre.

La cuarta vacante se proveerá por concurso entre juristas de reconocida competencia y con más de diez años de ejercicio profesional que superen el curso de formación al que se refiere el apartado 5 del artículo 301. A su vez, una tercera parte de estas vacantes se reservará a miembros del Cuerpo de Secretarios Judiciales de primera o segunda categoría.

Por este procedimiento sólo podrá convocarse un número de plazas que no supere el total de las efectivamente vacantes más las previsibles que vayan a producirse durante el tiempo en que se prolongue la resolución del concurso.

En las Comunidades Autónomas en las que exista más de una lengua oficial o tengan Derecho Civil propio se aplicarán, para la provisión de estas plazas, las previsiones establecidas a tal efecto en la presente Ley.

Apartado redactado conforme a la Ley Orgánica 1/2009, de 3 de noviembre.

2. Para el ascenso por escalafón será necesario que hayan prestado tres años de servicios efectivos como jueces. Para presentarse a las pruebas selectivas o de especialización bastará, sin embargo, con dos años de servicios efectivos, cualquiera que fuere la situación administrativa del candidato. Podrán presentarse también a las pruebas selectivas o de especialización en los órdenes contencioso-administrativo, social, civil y penal y en las materias mercantil y de violencia sobre la mujer, los miembros de la Carrera Judicial con categoría de magistrado y, como

§1 forma de acceso a la Carrera Judicial, los de la Carrera Fiscal; en ambos casos, será necesario haber prestado al menos dos años de servicios efectivos en sus respectivas carreras. Igual exigencia se requerirá a quienes se presenten a las pruebas selectivas a las que se refiere el apartado 4 del artículo 329.

Redactado por LO 5/2018, de 28 de diciembre.

3. El Consejo General del Poder Judicial podrá realizar por especialidades todas o algunas de las convocatorias de concurso para el acceso a la Carrera Judicial por la categoría de magistrado de juristas de reconocida competencia, limitando aquéllas a la valoración d e méritos relativos a la materia correspondiente y reservando al efecto plazas de características adecuadas dentro de la proporción general establecida en el apartado 1.

4. Quienes accedieran a la categoría de magistrado sin pertenecer con anterioridad a la Carrera Judicial se incorporarán al escalafón inmediatamente a continuación del último magistrado que hubiese accedido a la categoría. No podrán obtener la situación de excedencia voluntaria, salvo en los casos previstos en el artículo 356 d) y e), hasta haber completado el tiempo de servicios efectivos en la Carrera Judicial que establece el párrafo c) del citado artículo.

5. A quienes superen las pruebas de especialización en los órdenes contencioso-administrativo y social perteneciendo con anterioridad a la carrera fiscal, se les computará en la carrera judicial el tiempo de servicios prestados en aquélla cuando participen en concursos que tengan por objeto la provisión de plazas y cargos de nombramiento discrecional.

6. Quienes, de acuerdo con las previsiones del apartado 4, en lo sucesivo ingresen en la carrera judicial en concurso limitado conforme al apartado 3, no podrán ocupar plazas correspondientes a un orden jurisdiccional o una especialidad distinta, salvo que superen las pruebas selectivas o de especialización previstas en esta Ley en materia contencioso-administrativa, social, civil, mercantil, penal y de violencia sobre la mujer.

Redactado por LO 5/2018, de 28 de diciembre.

7. Las vacantes que no resultaren cubiertas por este procedimiento acrecerán al turno de pruebas selectivas y de especialización, si estuvieren convocadas, o, en otro caso, al de antigüedad.

8. En los órdenes contencioso-administrativo y social, el número de plazas de magistrado especialista que se convoquen no podrá ser superior al del número de vacantes a la fecha de la convocatoria.

Redactado por LO 19/2003, de 23 de diciembre.

Art. 312. 1. Las pruebas selectivas para la promoción de la categoría de juez a la de magistrado en los órdenes jurisdiccionales civil y penal se celebrarán en la Escuela Judicial, y tenderán a apreciar el grado de capacidad y la formación jurídica de los candidatos, así como sus conocimientos en las distintas ramas del derecho. Podrán consistir en la realización de estudios, superación de cursos, elaboración de dictámenes o resoluciones y su defensa ante el Tribunal, exposición de temas y contestación a las observaciones que el Tribunal formule o en otros ejercicios similares.

Redactado por LO 19/2003, de 23 de diciembre.

2. Las pruebas de especialización en los órdenes contencioso–administrativo y de lo social y en materia mercantil y de violencia sobre la mujer tenderán además a apreciar, en particular, aquellos conocimientos que sean propios de cada especialidad.

3. Sin perjuicio de lo establecido en el artículo 310, para acceder a las pruebas selectivas o de especialización será preciso acreditar haber participado en actividades de formación continua con perspectiva de género.

4. Las normas por las que han de regirse estas pruebas, los ejercicios y, en su caso, los programas se aprobarán por el Consejo General del Poder Judicial.

Apartados 2, 3 y 4 redactados por LO 5/2018, de 28 de diciembre.

Art. 313. 1. El Consejo General del Poder Judicial, al tiempo de convocar los concursos de méritos a que se refiere el artículo 311, aprobará las bases a que deba sujetarse la celebración de los mismos, en las que graduará la puntuación máxima con arreglo al baremo que se establece en el siguiente apartado.

2. El baremo establecerá la valoración de los siguientes méritos:

a) Título de Licenciado en Derecho con calificación superior a aprobado, incluido el expediente académico.

b) Título de Doctor en Derecho y calificación alcanzada en su obtención, incluido el expediente académico.

c) Años de ejercicio efectivo de la abogacía ante los juzgados y tribunales, dictámenes emitidos y asesoramientos prestados.

d) Años de servicio efectivo como catedráticos o como profesores titulares de disciplinas jurídicas en universidades públicas o en categorías similares en universidades privadas, con dedicación a tiempo completo.

e) Años de servicio como funcionario de carrera en cualesquiera otros cuerpos de las Administraciones públicas para cuyo ingreso se exija expresamente estar en posesión del título de Doctor o Licenciado en Derecho e impliquen intervención

§1

ante los Tribunales de Justicia, en la Carrera Fiscal o en el Cuerpo de Secretarios Judiciales, destinos servidos y funciones desempeñadas en los mismos.

f) Años de ejercicio efectivo de funciones judiciales sin pertenecer a la Carrera Judicial y número de resoluciones dictadas, valorándose además la calidad de las mismas.

g) Publicaciones científico-jurídicas.

h) Ponencias y comunicaciones en congresos y cursos de relevante interés jurídico.

i) Realización de cursos de especialización jurídica de duración no inferior a trescientas horas, así como la obtención de la suficiencia investigadora acreditada por la Agencia Nacional de la Calidad y Acreditación.

j) Haber aprobado alguno de los ejercicios que integren las pruebas de acceso por el turno libre a la Carrera Judicial.

3. También se incluirán en las bases la realización de pruebas prácticas relativas a la elaboración de un dictamen que permita al tribunal valorar la aptitud del candidato.

4. El Consejo General del Poder Judicial, al tiempo de convocarse el concurso, determinará la puntuación máxima de los méritos comprendidos en cada una de las letras del apartado 2 anterior, de modo que no supere la máxima que se atribuya a la suma de otros dos. La puntuación de los méritos comprendidos en los párrafos c), d), e) y f) de dicho apartado, no podrá ser inferior a la máxima que se atribuya a cualesquiera otros méritos de las restantes letras del mismo.

5. Sólo podrán apreciarse por el tribunal calificador los méritos que, estando comprendidos en el baremo, guarden relación con las materias propias del orden jurisdiccional a que se refiere la convocatoria del concurso, siempre que hubieran sido debidamente acreditados por el interesado.

6. En las bases se establecerán las previsiones necesarias para que el tribunal calificador pueda tener conocimiento de cuantas incidencias hayan podido afectar a los concursantes durante su vida profesional y que pudieran tener importancia para valorar su aptitud en el desempeño de la función judicial.

7. Para valorar los méritos a que se refiere el apartado 2 de este artículo, que hubiesen sido aducidos por los solicitantes, las bases de las convocatorias establecerán la facultad del tribunal de convocar a los candidatos o a aquellos que alcancen inicialmente una determinada puntuación a una entrevista, de una duración máxima de una hora, en la que se debatirán los méritos aducidos por el candidato y su «curriculum» profesional. La entrevista tendrá como exclusivo objeto el acreditar la realidad de la formación jurídica y capacidad para ingresar en la Carrera Judicial, aducida a través de los méritos alegados, y no podrá convertirse en un examen general de conocimientos jurídicos.

8. En las bases se fijará la forma de valoración de los méritos profesionales que se pongan de manifiesto con ocasión de la entrevista.

Dicha valoración tendrá como límite el aumento o disminución de la puntuación inicial de aquéllos en la proporción máxima que se fije, sin perjuicio de lo dispuesto en el apartado 10 de este artículo.

9. El tribunal levantará acta suficientemente expresiva del contenido y del resultado de la entrevista, en la que se expresarán los criterios aplicados para la calificación definitiva del candidato.

10. En las bases se establecerá el procedimiento a que se ajustará el tribunal para excluir a un candidato por no concurrir en él la cualidad de jurista de reconocida competencia, ya por insuficiencia o falta de aptitud deducible de los datos objetivos del expediente, ya por existir circunstancias que supongan un demérito incompatible con aquella condición, aun cuando hubiese superado, a tenor del baremo fijado, la puntuación mínima exigida. En este caso, el acuerdo del tribunal se motivará por separado de la propuesta, a la que se acompañará, y se notificará al interesado por el Consejo General del Poder Judicial.

11. El Consejo podrá de forma motivada rechazar a un candidato, previa audiencia, pese a la propuesta favorable del tribunal calificador, siempre que, con posterioridad a la misma, se haya tenido conocimiento de alguna circunstancia que suponga un demérito insuperable.

Redactado por LO 19/2003, de 23 de diciembre.

Art. 314. El Tribunal de las pruebas selectivas previstas en el artículo 312 de esta Ley será nombrado por el Consejo General del Poder Judicial, estará presidido por el Presidente del Tribunal Supremo o Magistrado del Tribunal Supremo o del Tribunal Superior de Justicia en quien delegue, y serán vocales: dos Magistrados, un Fiscal, dos catedráticos de universidad designados por razón de la materia, un abogado con más de diez años de ejercicio profesional, un Abogado del Estado, un Secretario Judicial de primera categoría y un miembro de los órganos técnicos del Consejo General del Poder Judicial, licenciado en Derecho, que actuará como Secretario. Cuando no sea posible designar los catedráticos de universidad, podrán nombrarse, excepcionalmente, profesores titulares.

Redactado conforme al art. 1.5º de la LO 9/2000, de 22 de diciembre.

Art. 315. Las oposiciones y concursos para cubrir las vacantes de la Carrera Judicial, del Secretariado y del resto del personal al servicio de la Administración de Justicia serán convocadas, a instancia de la Comunidad Autónoma en cuyo ámbito territorial se produzcan las vacantes, por el órgano competente y de acuerdo con lo dispuesto en esta Ley.

CAPÍTULO III
Del nombramiento y posesión de los Jueces y Magistrados

Art. 316. 1. Los Jueces serán nombrados, mediante Orden, por el Consejo General del Poder Judicial.

2. Los Magistrados y los Presidentes serán nombrados por Real Decreto, a propuesta de dicho Consejo.

3. La presentación a Real Decreto se hará por el Ministro de Justicia, que refrendará el nombramiento.

Art. 64 CE; arts. 107.5, 127.3 y 4, 131.3, 135 y 307.3 LOPJ.

Art. 317. 1. Los nombramientos se remitirán al Presidente del Tribunal o Audiencia a quien corresponda dar o mandar dar posesión a los nombrados.

2. También se comunicará a éstos y a los Presidentes del Tribunal o Audiencia de su destino anterior.

3. Cuando los Presidentes de la Sala y Sección o Jueces cesen en su destino, por ser nombrados para otro cargo, elaborarán un alarde o relación de los asuntos que queden pendientes en el respectivo órgano, consignando la fecha de su iniciación y el estado en que se hallen, remitiendo copia al Presidente del Tribunal o de la Audiencia.

Art. 418.12 LOPJ; arts. 158 y ss. Regl. CGPJ 1/1995, de 7 de junio.

4. Al tomar posesión, el nuevo titular del órgano, examinará el alarde elaborado por el anterior, suscribiéndolo en caso de conformidad.

Art. 318. 1. Los miembros de la Carrera Judicial prestarán antes de posesionarse del primer destino, el siguiente juramento o promesa:

«Juro (o prometo) guardar y hacer guardar fielmente y en todo tiempo la Constitución y el resto del ordenamiento jurídico, lealtad a la Corona, administrar recta e imparcial justicia y cumplir mis deberes judiciales frente a todos.»

2. El mismo juramento o promesa se prestará cuando se ascienda de categoría en la carrera.

Apartado redactado conforme a la Ley Orgánica 1/2009, de 3 de noviembre.

Art. 319. 1. Los Presidentes, Magistrados y Jueces se presentarán a tomar posesión de sus respectivos cargos dentro de los veinte días naturales siguientes al de la fecha de la publicación de su nombramiento en el «Boletín Oficial del Estado». Para los destinados a la misma población en que hubieran servido el cargo, el plazo será de ocho días. Los que hayan de jurar o prometer el cargo tomarán posesión dentro de los tres días siguientes al del juramento o promesa.

2. El Consejo General del Poder Judicial podrá prorrogar tales plazos, mediando justa causa.

Art. 320. 1. La toma de posesión del Presidente, Presidentes de Sala y Magistrados de Tribunales y Audiencias se hará en audiencia pública ante la Sala de Gobierno del Tribunal al que fueren destinados o ante la del Tribunal Superior de Justicia en la Comunidad Autónoma correspondiente.

2. Los Magistrados del Tribunal Supremo y de los Tribunales Superiores de Justicia que fuesen nombrados sin haber pertenecido con anterioridad a la Carrera Judicial, en el mismo acto de su toma de posesión ante las Salas de Gobierno respectivas, prestarán el juramento o promesa en los términos previstos en el artículo 318.

Art. 321. 1. Los jueces y las juezas prestarán el juramento o promesa, cuando proceda, ante la Sala de Gobierno del Tribunal o Audiencia a que pertenezca el órgano judicial para el que hayan sido nombrados o nombradas y, asimismo, en audiencia pública.

2. La posesión será en el órgano judicial al que fueren destinados o destinadas, en audiencia pública y con asistencia del personal de aquel. Dará la posesión el juez o la jueza que estuviere ejerciendo la jurisdicción.

Modificado por la Ley Orgánica 1/2025, de 2 de enero, de medidas en materia de eficiencia del Servicio Público Justicia.

Art. 322. 1. El que se negare a prestar juramento o promesa o sin justa causa dejare de tomar posesión se entenderá que renuncia al cargo y a la Carrera Judicial.

2. El Presidente del Tribunal o Audiencia dará cuenta al Consejo General del juramento o promesa y posesión o, en su caso, del transcurso del tiempo sin hacerlo.

Art. 379.1.a) LOPJ.

Art. 323. 1. Si concurriere justo impedimento en la falta de presentación, podrá ser rehabilitado el renunciante. La rehabilitación se acordará por el Consejo General, a solicitud del interesado.

2. En tal caso, el rehabilitado deberá presentarse a prestar juramento o promesa y posesionarse de su cargo en el plazo que se señale, que no podrá ser superior a la mitad del plazo normal.

3. Si la plaza a la que fuere destinado hubiere sido cubierta, será destinado a la que elija, de las correspondientes a su categoría y para la que reúna las

§1

condiciones legales que hubiere quedado desierta en concurso. En otro caso, será destinado forzoso.

Arts. 380 a 382 LOPJ; art. 221 Regl. CGPJ 1/1995, de 7 de junio.

CAPÍTULO IV
De los honores y tratamientos de los Jueces y Magistrados

Art. 324. El Presidente y los Magistrados del Tribunal Supremo, el Presidente de la Audiencia Nacional y los de los Tribunales Superiores de Justicia tienen el tratamiento de excelencia. Los Presidentes de las Audiencias Provinciales y demás Magistrados, de señoría ilustrísima. Los Jueces, el de señoría.

Art. 325. En los actos de oficio, los Jueces y Magistrados no podrán recibir mayor tratamiento que el que corresponda a su empleo efectivo en la Carrera Judicial, aunque lo tuvieren superior en diferente carrera o por otros títulos.

Regl. CGPJ 2/2005, de 23 de noviembre, de Honores, tratamientos y protocolo en los actos judiciales solemnes.

CAPÍTULO V
De la provisión de plazas en los Juzgados, en las Audiencias y en los Tribunales Superiores de Justicia

Art. 326. 1. El ascenso y promoción profesional de los jueces y magistrados dentro de la carrera judicial estará basado en los principios de mérito y capacidad, así como en la idoneidad y especialización para el ejercicio de las funciones jurisdiccionales correspondientes a los diferentes destinos.

2. La provisión de destinos de la carrera judicial se hará por concurso, en la forma que determina esta Ley, salvo los de Presidentes de las Audiencias, Tribunales Superiores de Justicia y Audiencia Nacional, y Presidentes de Sala y Magistrados del Tribunal Supremo. La provisión de Presidentes de las Audiencias, Tribunales Superiores de Justicia y Audiencia Nacional y Presidentes de Sala y Magistrados del Tribunal Supremo se basará en una convocatoria abierta que se publicará en el «Boletín Oficial del Estado», cuyas bases, aprobadas por el Pleno, establecerán de forma clara y separada cada uno de los méritos que se vayan a tener en consideración, diferenciando las aptitudes de excelencia jurisdiccional de las gubernativas, y los méritos comunes de los específicos para determinado puesto. La convocatoria señalará pormenorizadamente la ponderación de cada uno de los méritos en la valoración global del candidato. La comparecencia de los aspirantes para la explicación y defensa de su propuesta se efectuará en términos que garanticen

la igualdad y tendrá lugar en audiencia pública, salvo que por motivos extraordinarios debidamente consignados y documentados en el acta de la sesión, deba quedar restringida al resto de los candidatos a la misma plaza. Toda propuesta que se haya de elevar al Pleno deberá estar motivada y consignar individualmente la ponderación de cada uno de los méritos de la convocatoria. En todo caso, se formulará una evaluación de conjunto de los méritos, capacidad e idoneidad del candidato. Asimismo, la propuesta contendrá una valoración de su adecuación a lo dispuesto en la Ley Orgánica 3/2007, de 22 de marzo, para la igualdad efectiva de mujeres y hombres.

3. El Consejo General del Poder Judicial, mediante acuerdo motivado, podrá no sacar temporalmente a concurso determinadas vacantes, siempre que estuvieren adecuadamente atendidas mediante magistrados suplentes o jueces sustitutos, cuando las necesidades de la Administración de Justicia aconsejasen dar preferencia a otras de mayor dificultad o carga de trabajo.

4. Los Presidentes de las Audiencias, Tribunales Superiores de Justicia y Audiencia Nacional y Presidentes de Sala y Magistrados del Tribunal Supremo están sujetos al deber de efectuar una declaración de bienes y derechos y al control y gestión de activos financieros de los que sean titulares en los términos previstos en los artículos 17 y 18 de la Ley 3/2015, de 30 de marzo, reguladora del ejercicio del alto cargo de la Administración General del Estado, en las mismas condiciones que las establecidas para el Presidente, los Vocales y el Secretario General del Consejo General del Poder Judicial.

Redactado por LO 4/2018, de 28 de diciembre.

Art. 327. 1. No podrán concursar los electos, ni los que se encontraren en una situación de las previstas en esta ley que se lo impida.

2. Tampoco podrán concursar los jueces y magistrados que no lleven en el destino ocupado el tiempo que reglamentariamente se determine por el Consejo General del Poder Judicial, teniendo en cuenta su naturaleza y las necesidades de la Administración de Justicia, sin que en ningún caso aquel plazo pueda ser inferior a un año en destino forzoso y dos en voluntario.

3. No obstante, en los demás casos, el Consejo General del Poder Judicial, por resolución motivada, podrá aplazar la efectividad de la provisión de una plaza de juez o magistrado cuando el que hubiere ganado el concurso a dicha plaza debiera dedicar atención preferente al órgano de procedencia atendidos los retrasos producidos por causa imputable al mismo. Dicho aplazamiento tendrá una duración máxima de tres meses, transcurridos los cuales si la situación de pendencia no hubiere sido resuelta en los términos fijados por la resolución motivada de aplazamiento, el juez o magistrado perderá su derecho al nuevo destino.

Redactado por LO 19/2003, de 23 de diciembre.

Art. 328. La ley que fije la planta determinará los criterios para clasificar las plazas de los Tribunales de Instancia y establecer la categoría de quienes deban servirlas.

Modificado por la Ley Orgánica 1/2025, de 2 de enero, de medidas en materia de eficiencia del Servicio Público Justicia. Art. 21.2 LDYPJ.

Art. 329. 1. Los concursos para la provisión de las plazas en las Secciones Civil, de Instrucción o Civil y de Instrucción de los Tribunales de Instancia se resolverán en favor de quienes, ostentando la categoría necesaria, tengan mejor puesto en el escalafón.

2. Los concursos para la provisión de las plazas en Secciones de lo Contencioso-Administrativo o de lo Social de los Tribunales de Instancia se resolverán en favor de quienes, ostentando la categoría de magistrado o magistrada especialista en los respectivos órdenes jurisdiccionales o habiendo pertenecido al extinguido Cuerpo de Magistrados de Trabajo, para los de lo Social, tengan mejor puesto en su escalafón. En su defecto, se cubrirán con magistrados o magistradas que hayan prestado al menos tres años de servicio, dentro de los cinco anteriores a la fecha de la convocatoria, en los órdenes contencioso-administrativo o social, respectivamente. A falta de estos o estas se cubrirán por el orden de antigüedad establecido en el apartado 1. Quienes obtuvieran plaza deberán participar antes de tomar posesión en su nuevo destino en las actividades específicas de formación que el Consejo General del Poder Judicial establezca reglamentariamente para los supuestos de cambio de orden jurisdiccional. En el caso de que las vacantes hubieran de cubrirse por ascenso, el Consejo General del Poder Judicial establecerá igualmente actividades específicas y obligatorias de formación que deberán realizarse antes de la toma de posesión de dichos destinos por aquellos jueces o juezas a quienes corresponda ascender.

3. Los concursos para la provisión de las plazas en las Secciones de Menores de los Tribunales de Instancia se resolverán en favor de quienes, ostentando la categoría de magistrado o magistrada y acreditando la correspondiente especialización en materia de menores en la Escuela Judicial, tengan mejor puesto en su escalafón. En su defecto, se cubrirán por magistrados o magistradas que hayan prestado al menos tres años de servicio, dentro de los cinco anteriores a la fecha de la convocatoria, en la jurisdicción de menores. A falta de estos se cubrirán por el orden de antigüedad establecido en el apartado 1.

Quienes obtuvieran plaza, así como quienes la obtuvieran cuando las vacantes tuvieran que cubrirse por ascenso, deberán participar antes de tomar posesión de su nuevo destino en las actividades de especialización en materia de menores y en materia de violencia de género que establezca el Consejo General del Poder Judicial.

4. Los concursos para la provisión de las plazas en las Secciones de lo Mercantil de los Tribunales de Instancia se resolverán en favor de quienes, acreditando la especialización en los asuntos propios de dicha materia jurisdiccional, obtenida mediante la superación de las pruebas de especialización que reglamentariamente determine el Consejo General del Poder Judicial, tengan mejor puesto en su escalafón. En su defecto, se cubrirán con los magistrados o las magistradas que acrediten haber permanecido más años en el orden jurisdiccional civil. A falta de estos, por el orden de antigüedad establecido en el apartado 1.

Quienes obtuvieran plaza deberán participar antes de tomar posesión en su nuevo destino en las actividades específicas de formación que el Consejo General del Poder Judicial establezca reglamentariamente.

En el caso de que las vacantes hubieran de cubrirse por ascenso, el Consejo General del Poder Judicial establecerá igualmente actividades específicas y obligatorias de formación que deberán realizarse antes de la toma de posesión de dichos destinos por aquellos jueces o juezas a quienes corresponda ascender.

5. Los concursos para la provisión de plazas del Tribunal Central de Instancia en las Secciones de Instrucción, de lo Penal, de Menores y de Vigilancia Penitenciaria se resolverán a favor de quienes hayan prestado servicios en el orden jurisdiccional penal durante ocho años dentro de los doce años inmediatamente anteriores a la fecha de la convocatoria; en defecto de este criterio, en favor de quien ostente mejor puesto en el escalafón.

Los concursos para la provisión de plazas en la Sección de lo Contencioso-Administrativo del Tribunal Central de Instancia se resolverán en favor de quienes ostenten la especialidad en dicho orden jurisdiccional; en su defecto, por quienes hayan prestado servicios en dicho orden durante ocho años dentro de los doce años inmediatamente anteriores a la fecha de la convocatoria; y en defecto de estos criterios, por quien ostente mejor puesto en el escalafón. En ese último caso quienes obtuvieren plaza deberán participar antes de tomar posesión en su nuevo destino en las actividades específicas de formación que el Consejo General del Poder Judicial establezca reglamentariamente para los supuestos de cambio de orden jurisdiccional.

6. Los miembros de la carrera judicial que, destinados en Secciones de lo Contencioso-administrativo, de lo Social, de lo Mercantil, de Violencia sobre la Mujer o Civil con competencias en materias mercantiles de los Tribunales de Instancia, adquieran condición de especialista en sus respectivos órdenes, podrán continuar en su destino.

§1

7. Los concursos para la provisión de plazas en las Secciones de Violencia sobre la Mujer y de lo Penal especializados en Violencia sobre la Mujer de los Tribunales de Instancia se resolverán en favor de quienes, acreditando la especialización en los asuntos propios de dicha materia jurisdiccional, obtenida mediante la superación de las pruebas selectivas que reglamentariamente determine el Consejo General del Poder Judicial, tengan mejor puesto en su escalafón.

En su defecto, se cubrirán con los magistrados o las magistradas que acrediten haber permanecido más años ocupando plaza en el orden jurisdiccional penal. A falta de estos o estas, se cubrirán por el orden de antigüedad establecido en el apartado 1. Quienes obtuvieran plaza de estas dos últimas formas deberán participar antes de tomar posesión en su nuevo destino en las actividades específicas de formación que el Consejo General del Poder Judicial establezca reglamentariamente.

En el caso de que las vacantes hubieran de cubrirse por ascenso, el Consejo General del Poder Judicial establecerá igualmente actividades específicas y obligatorias de formación que deberán realizarse antes de la toma de posesión de dichos destinos por aquellos jueces o juezas a quienes corresponda ascender.

8. Los concursos para la provisión de las plazas en las Secciones de Familia, Infancia y Capacidad y de las Secciones de Violencia contra la Infancia y la Adolescencia de los Tribunales de Instancia se resolverán en favor de quienes, acreditando la correspondiente formación especializada en esta materia en la Escuela Judicial, tengan mejor puesto en su escalafón. A estos solos efectos se les asignará el puesto del escalafón que les hubiese correspondido si se añadiesen tres años de antigüedad. En su defecto, las plazas de las Secciones de Familia, Infancia y Capacidad se cubrirán por jueces o juezas que hayan prestado al menos tres años de servicio, dentro de los cinco anteriores a la fecha de la convocatoria, en órganos judiciales con competencias en materia de familia, infancia y capacidad y las plazas judiciales de las Secciones de Violencia contra la Infancia y la Adolescencia se cubrirán con jueces o juezas que hayan prestado al menos tres años de servicio, dentro de los cinco anteriores a la fecha de la convocatoria, en órganos judiciales con competencias en materia de violencia contra la infancia y la adolescencia. A falta de estos se cubrirán por el orden de antigüedad establecido en el apartado 1.

Quienes obtuvieran plaza, así como quienes la obtuvieran cuando las vacantes tuvieran que cubrirse por ascenso, si no han seguido y superado previamente el curso de formación especializada deberán participar antes de tomar posesión de su nuevo destino en las actividades de formación, en cada caso, en materia de familia, infancia y capacidad o bien en materia de violencia contra la infancia y la adolescencia y, en todo caso, en materia de violencia de género que establezca el Consejo General del Poder Judicial.

9. Ningún juez o jueza, magistrado o magistrada de cada una de las secciones de un Tribunal de Instancia o del Tribunal Central de Instancia podrá solicitar en concurso o en cualquier otra forma de provisión una plaza judicial perteneciente a la misma sección en la que ya estuviera destinado o destinada, con la salvedad de las previstas en el artículo 96.2.

Apartado redactado conforme a la Ley Orgánica 1/2009, de 3 de noviembre y modificado por la Ley Orgánica 1/2025, de 2 de enero, de medidas en materia de eficiencia del Servicio Público Justicia.

Art. 330. 1. Los concursos para la provisión de las plazas de magistrados de las Salas o Secciones de la Audiencia Nacional, de los Tribunales Superiores de Justicia y de las Audiencias se resolverán en favor de quienes, ostentando la categoría necesaria, tengan mejor puesto en el escalafón, sin perjuicio de las excepciones que establecen los apartados siguientes.

2. En cada Sala o Sección de lo Contencioso-Administrativo de los Tribunales Superiores de Justicia, una de las plazas se reservará a magistrado especialista en dicho orden jurisdiccional, con preferencia del que ocupe mejor puesto en su escalafón. Si la Sala o Sección se compusiera de cinco o más magistrados, el número de plazas cubiertas por este sistema será de dos, manteniéndose idéntica proporción en los incrementos sucesivos.

No obstante, si un miembro de la Sala o Sección adquiriese la condición de especialista en este orden, podrá continuar en su destino hasta que se le adjudique la primera vacante de especialista que se produzca. En los concursos para la provisión del resto de plazas tendrán preferencia aquellos magistrados que hayan prestado sus servicios en dicho orden jurisdiccional durante ocho años dentro de los doce años inmediatamente anteriores a la fecha de la convocatoria.

3. En cada Sala o Sección de lo Social de los Tribunales Superiores de Justicia, una de las plazas se reservará a magistrado especialista en dicho orden jurisdiccional o que haya pertenecido al extinguido Cuerpo de Magistrados de Trabajo, con preferencia del que ocupe el mejor puesto en su escalafón. Si la Sala o Sección se compusiera de cinco o más magistrados, el número de plazas cubiertas por este sistema será de dos, manteniéndose idéntica proporción en los incrementos sucesivos.

No obstante, si un miembro de la Sala o Sección adquiriese la condición de especialista en este orden, podrá continuar en su destino hasta que se le adjudique la primera vacante de especialista que se produzca. En los concursos para la provisión del resto de plazas tendrán preferencia aquellos magistrados que hayan prestado sus servicios en dicho orden jurisdiccional durante ocho años dentro de los doce años inmediatamente anteriores a la fecha de la convocatoria.

§1

Apartados 2 y 3 redactados conforme a la Ley Orgánica 1/2009, de 3 de noviembre.

4. En las Salas de lo Civil y Penal de los Tribunales Superiores de Justicia, una de cada tres plazas se cubrirá por un jurista de reconocido prestigio con más de 10 años de ejercicio profesional en la comunidad autónoma, nombrado a propuesta del Consejo General del Poder Judicial sobre una terna presentada por la Asamblea legislativa; las restantes plazas serán cubiertas por magistrados nombrados a propuesta del Consejo General del Poder Judicial entre los que lleven 10 años en la categoría y en el orden jurisdiccional civil o penal y tengan especiales conocimientos en derecho civil, foral o especial, propio de la Comunidad Autónoma.

En el caso de existir las secciones de apelación a las que se refiere el artículo 73.6, una de ellas conocerá de manera exclusiva de las causas de violencia contra la mujer en sus diversas formas, y las plazas de dicha sección se cubrirán por magistrados o magistradas que ostenten la condición de especialistas en violencia sobre la mujer. A falta de estos, los nombramientos se realizarán con arreglo a lo establecido en el apartado 5; los que obtuvieran plaza de esta forma deberán participar antes de tomar posesión en su nuevo destino en las actividades específicas de formación que el Consejo General del Poder Judicial establezca reglamentariamente.

Este párrafo ha sido redactado por LO 5/2018, de 28 de diciembre.

Cuando la sensible y continuada diferencia en el volumen de trabajo de las distintas Salas de los Tribunales Superiores de Justicia lo aconseje, los magistrados de cualquiera de ellas, con el acuerdo favorable de la Sala de Gobierno previa propuesta del Presidente del Tribunal, podrán ser adscritos por el Consejo General del Poder Judicial, total o parcialmente, y sin que ello signifique incremento retributivo alguno, a otra Sala del mismo Tribunal Superior de Justicia. Para la adscripción se valorarán la antigüedad en el escalafón y la especialidad o experiencia de los magistrados afectados y, a ser posible, sus preferencias.

5. Los concursos para la provisión de plazas de Audiencias Provinciales se ajustarán a las siguientes reglas:

a) Si hubiera varias secciones y éstas estuvieren divididas por órdenes jurisdiccionales, tendrán preferencia en el concurso aquellos magistrados que hayan prestado sus servicios en el orden jurisdiccional correspondiente durante seis años dentro de los diez años inmediatamente anteriores a fecha de la convocatoria. La antigüedad en órganos mixtos se computará por igual para ambos órdenes jurisdiccionales.

b) Si hubiera varias secciones y éstas no estuvieren divididas por órdenes jurisdiccionales, tendrán preferencia en el concurso aquellos magistrados que hayan prestado sus servicios en el orden jurisdiccional correspondiente durante seis años dentro de los diez años inmediatamente anteriores a fecha de la convocatoria. La antigüedad en órganos mixtos se computará por igual para ambos órdenes jurisdiccionales.

§1

c) Si hubiere una o varias secciones de las Audiencias Provinciales que conozcan en segunda instancia de los recursos interpuestos contra todo tipo de resoluciones dictadas por las Secciones de lo Mercantil de los Tribunales de Instancia, una de las plazas se reservará a magistrado o magistrada que, acreditando la especialización en los asuntos propios de dicha materia jurisdiccional, obtenida mediante la superación de las pruebas selectivas que reglamentariamente determine el Consejo General del Poder Judicial, tengan mejor puesto en su escalafón. Si la Sección se compusiera de cinco o más magistrados o magistradas, el número de plazas cubiertas por este sistema será de dos, manteniéndose idéntica proporción en los incrementos sucesivos. No obstante, si un miembro de la Sala o Sección adquiriese la condición de especialista en este orden, podrá continuar en su destino hasta que se le adjudique la primera vacante de especialista que se produzca. En los concursos para la provisión del resto de plazas tendrán preferencia aquellos magistrados o magistradas que acrediten haber permanecido más tiempo en el orden jurisdiccional civil. A falta de estos o estas, por los magistrados o las magistradas que acrediten haber permanecido más tiempo en órganos jurisdiccionales mixtos.

d) En la Sección o Secciones a las que en virtud del artículo 80.3 se les atribuya única y exclusivamente el conocimiento en segunda instancia de los recursos interpuestos contra todo tipo de resoluciones dictadas por las Secciones de lo Mercantil de los Tribunales de Instancia, tendrán preferencia en el concurso para la provisión de sus plazas aquellos magistrados o magistradas que, acreditando la especialización en los asuntos propios de dicha materia jurisdiccional, obtenida mediante la superación de las pruebas selectivas que reglamentariamente determine el Consejo General del Poder Judicial, tengan mejor puesto en su escalafón. En su defecto, se cubrirán con los magistrados o las magistradas que acrediten haber permanecido más tiempo en el orden jurisdiccional civil. A falta de estos, por los magistrados o las magistradas que acrediten haber permanecido más tiempo en órganos jurisdiccionales mixtos.

e) Los concursos para la provisión de plazas de magistrados o magistradas de las Secciones de las Audiencias Provinciales especializadas en materia de violencia sobre la mujer, en virtud de lo dispuesto en los artículos 80.3, 82.1.3º y 82 bis.2, se resolverán en favor de quienes, acreditando la especialización en los asuntos propios de dicha materia jurisdiccional, obtenida mediante la superación de las pruebas selectivas que reglamentariamente determine el Consejo General del Poder

§1 Judicial, tengan mejor puesto en su escalafón. En su defecto, por los magistrados o magistradas que acrediten haber permanecido más tiempo en el orden jurisdiccional penal. A falta de estos, por los magistrados o magistradas que acrediten haber permanecido más tiempo en órganos mixtos.

> Los apartados c), d) y e) han sido modificados por la Ley Orgánica 1/2025, de 2 de enero, de medidas en materia de eficiencia del Servicio Público Justicia.

f) Los concursos para la provisión de plazas de magistrados o magistradas de las Secciones de las Audiencias Provinciales especializadas en materia de familia, infancia, y capacidad, en virtud de lo dispuesto en los artículos 80.3, 82.2.2º y 82 bis.2, se resolverán en favor de quienes, acreditando la formación especializada en esta materia en la Escuela Judicial, tengan mejor puesto en su escalafón. A estos solos efectos se les asignará el puesto del escalafón que les hubiese correspondido si se añadiesen tres años de antigüedad.

En su defecto, por jueces o juezas que hayan prestado al menos tres años de servicio, dentro de los cinco anteriores a la fecha de la convocatoria, en órganos judiciales con competencias en materia de familia, infancia y capacidad.

En su defecto, por los magistrados o magistradas que acrediten haber permanecido más tiempo en el orden jurisdiccional civil.

A falta de estos, por los magistrados o magistradas que acrediten haber permanecido más tiempo en órganos mixtos.

g) Los concursos para la provisión de plazas de magistrados o magistradas de las Secciones de las Audiencias Provinciales especializadas en materia de violencia contra la infancia y la adolescencia, en virtud de lo dispuesto en los artículos 80.3, 82.1.3º y 82 bis.2, se resolverán en favor de quienes, acreditando la formación especializada en esta materia en la Escuela Judicial, tengan mejor puesto en su escalafón. A estos solos efectos se les asignará el puesto del escalafón que les hubiese correspondido si se añadiesen tres años de antigüedad.

En su defecto, por jueces o juezas que hayan prestado al menos tres años de servicio, dentro de los cinco anteriores a la fecha de la convocatoria, en órganos judiciales con competencias en materia de violencia contra la infancia y la adolescencia.

En su defecto, por los magistrados o magistradas que acrediten haber permanecido más tiempo en el orden jurisdiccional penal.

A falta de estos, por los magistrados o magistradas que acrediten haber permanecido más tiempo en órganos mixtos.

> Los apartados f) y g) han sido añadidos por la Ley Orgánica 1/2025, de 2 de enero, de medidas en materia de eficiencia del Servicio Público Justicia.

6. En defecto de los criterios previstos en los apartados 2 a 5, la provisión de plazas se resolverá de conformidad con lo previsto en el apartado 1 de este artículo.

7. Los concursos para la provisión de plazas de las salas de la Audiencia Nacional se resolverán a favor de quienes ostenten la correspondiente especialización en el orden respectivo; en su defecto por quienes hayan prestado servicios en el orden jurisdiccional correspondiente durante ocho años dentro de los doce años inmediatamente anteriores a la fecha de la convocatoria; y en defecto de todos estos criterios, por quien ostente mejor puesto en el escalafón.

La provisión de plazas de la Sala de Apelación de la Audiencia Nacional se resolverá a favor de quienes, con más de quince años de antigüedad en la carrera, hayan prestado servicios al menos durante diez años en el orden jurisdiccional penal, prefiriéndose entre ellos a quienes ostenten la condición de especialista.

Apartado redactado conforme a la Ley Orgánica 1/2009, de 3 de noviembre.

8. En los órdenes contencioso-administrativo y social, el número de plazas de magistrado especialista que se convoquen no podrá ser superior al del número de vacantes a la fecha de la convocatoria.

Redactado por LO 19/2003, de 23 de diciembre.

Art. 331. 1. Quienes accedieren a un Tribunal Superior de Justicia sin pertenecer con anterioridad a la Carrera Judicial, lo harán a los solos efectos de prestar servicios en el mismo sin que puedan optar ni ser nombrados para destino distinto, salvo su posible promoción al Tribunal Supremo, por el turno de Abogados y otros juristas de reconocida competencia a que se refiere el artículo 343.

2. A todos los demás efectos serán considerados miembros de la Carrera Judicial.

Art. 332. Los que asciendan a la categoría de Magistrado mediante prueba selectiva con especialización en el orden contencioso-administrativo o social, conservarán los derechos a concursar a plazas de otros órdenes jurisdiccionales, de acuerdo con su antigüedad en el escalafón común. Para ocupar plaza de su especialidad sólo se les computará el tiempo desempeñado en ésta.

Art. 311 LOPJ.

Art. 333. 1. Las plazas de Presidente de Sala de la Audiencia Nacional, así como las de Presidente de Sala de los Tribunales Superiores de Justicia, se proveerán, por un período de cinco años renovable por un único mandato de otros cinco años, a propuesta del Consejo General del Poder Judicial, entre magistrados

§1

que hubieren prestado diez años de servicios en esta categoría y ocho en el orden jurisdiccional de que se trate. No obstante, la Presidencia de la Sala de Apelación de la Audiencia Nacional se proveerá entre magistrados con más de quince años de antigüedad en la carrera que hayan prestado servicios al menos durante diez años en el orden jurisdiccional penal, prefiriéndose entre ellos a quien ostente la condición de especialista. Las de Presidente de Sección de la Audiencia Nacional, Tribunales Superiores de Justicia y Audiencias Provinciales se cubrirán por concurso, que se resolverá de conformidad con las reglas establecidas en el artículo 330.

Redactado por LO 4/2018, de 28 de diciembre.

2. No podrán acceder a tales Presidencias quienes se encuentren sancionados disciplinariamente por comisión de falta grave o muy grave, cuya anotación en el expediente no hubiere sido cancelada.

Art. 334. Las plazas que quedaren vacantes por falta de solicitantes se proveerán por los que sean promovidos o asciendan a la categoría necesaria, con arreglo al turno que corresponda.

Aquellas vacantes que con arreglo a lo previsto en el párrafo segundo del apartado 1 del artículo 311 no fueran cubiertas por los jueces y juezas ascendidos a la categoría de magistrado o magistrada serán ofrecidas mediante concurso ordinario de traslado a los miembros de la carrera con categoría de juez o jueza; de no ser cubiertas, se ofertarán a los jueces o juezas egresados de la Escuela Judicial, pudiendo solicitar únicamente como primer destino las plazas vacantes en los Tribunales de Instancia.

Artículo redactado conforme a la Ley Orgánica 1/2009, de 3 de noviembre y modificado por la Ley Orgánica 1/2025, de 2 de enero, de medidas en materia de eficiencia del Servicio Público Justicia.

Art. 335. 1. Las plazas de Presidente de Sala de la Audiencia Nacional se proveerán en la forma prevista en el artículo 333.

Este apartado 1 redactado por LO 19/2003, de 23 de diciembre.

2. La Presidencia de la Audiencia Nacional se proveerá por el Consejo General del Poder Judicial, por un período de cinco años renovable por un único mandato de otros cinco años, entre magistrados con quince años de servicios prestados en la categoría, que reúnan las condiciones idóneas para el cargo, en los términos previstos en esta Ley para los Presidentes de los Tribunales Superiores de Justicia.

Redactado por LO 4/2018, de 28 de diciembre.

3. La plaza de Jefe del Servicio de Inspección del Consejo General del Poder Judicial se proveerá por un Magistrado del Tribunal Supremo con una antigüedad en la categoría de dos años o por un Magistrado con diez años de servicios en la categoría. En este último caso, mientras desempeñe el cargo, tendrá la consideración de Magistrado del Tribunal Supremo.

Apartado redactado por la LO 2/2004, de 28 de diciembre.

Art. 336. 1. Los Presidentes de los Tribunales Superiores de Justicia se nombrarán por un período de cinco años renovable por un único mandato de otros cinco años, a propuesta del Consejo General del Poder Judicial entre magistrados que hubieren prestado diez años de servicios en la categoría, lo hubieren solicitado y lleven, al menos, quince años perteneciendo a la Carrera Judicial.

Redactado por LO 4/2018, de 28 de diciembre.

2. El nombramiento de Presidente de un Tribunal Superior de Justicia tendrá efectos desde su publicación en el «Boletín Oficial del Estado», sin perjuicio de la preceptiva publicación en el «Boletín Oficial de la Comunidad Autónoma».

Redactado conforme a la LO 7/1992, de 20 de noviembre.

Art. 337. Los Presidentes de las Audiencias Provinciales serán nombrados por un período de cinco años renovable por un único mandato de otros cinco años, a propuesta del Consejo General del Poder Judicial, entre los magistrados que lo soliciten, de entre los que lleven diez años de servicios en la carrera.

Redactado por LO 4/2018, de 28 de diciembre.

Art. 338. Los Presidentes de la Audiencia Nacional, de los Tribunales Superiores de Justicia, de las Audiencias, de Sala de la Audiencia Nacional y de Sala de los Tribunales Superiores de Justicia, cesarán por alguna de las causas siguientes:
1º Por expiración de su mandato, salvo que sean confirmados por un único mandato de otros cinco años.
2º Por dimisión, aceptada por el Consejo General.
3º Por resolución acordada en expediente disciplinario.

Redactado por LO 4/2018, de 28 de diciembre.

Art. 339. El Presidente de la Audiencia Nacional y los Presidentes de los Tribunales Superiores de Justicia, cuando cesen en el cargo, quedarán adscritos, a su elección, al Tribunal o Audiencia en que cesen o a aquél del que provinieran en su último destino, hasta la adjudicación de la plaza correspondiente del que hubieren elegido. Si hubieren agotado la totalidad del primer período para el que fueron

§1 nombrados, tendrán preferencia, además, durante los tres años siguientes al cese, a cualquier plaza de su categoría de las que deben proveerse por concurso voluntario y para las que no se reconozca especial preferencia o reserva a especialista.

El artículo ha sido redactado por la LO 7/2015, de 21 de julio.

Art. 340. Los Presidentes de Sala de la Audiencia Nacional, los Presidentes de Sala de los Tribunales Superiores de Justicia y los Presidentes de las Audiencias Provinciales que cesaren en su cargo quedarán adscritos, a su elección, al Tribunal o Audiencia en que cesen o a aquél del que provinieran en su último destino, hasta la adjudicación de la plaza correspondiente del que hubieren elegido. Si hubieren agotado la totalidad del primer período para el que fueron nombrados, tendrán preferencia, además, durante los dos años siguientes al cese, a cualquier plaza de su categoría de las que deben proveerse por concurso voluntario y para las que no se reconozca especial preferencia o reserva a especialista.

El artículo ha sido redactado por la LO 7/2015, de 21 de julio.

Art. 341. 1. Para la provisión de las plazas de Presidente de los Tribunales Superiores de Justicia y de las Audiencias, en aquellas Comunidades Autónomas que gocen de Derecho Civil Especial o Foral, así como de idioma oficial propio, el Consejo General del Poder Judicial valorará como mérito la especialización de estos Derechos Civil Especial o Foral y el conocimiento del idioma propio de la Comunidad.

2. Reglamentariamente se determinarán los criterios de valoración sobre el conocimiento del idioma y del Derecho Civil Especial o Foral de las referidas Comunidades Autónomas, como mérito preferente en los concursos para órganos jurisdiccionales de su territorio.

Arts. 108 a 114 Regl. CGPJ 1/1995, de 7 de junio, modificado por Acuerdo de 25 de febrero de 1998, del Pleno del CGPJ.

CAPÍTULO VI
De la provisión de plazas en el Tribunal Supremo

Art. 342. Los Presidentes de Sala del Tribunal Supremo se nombrarán, por un período de cinco años, a propuesta del Consejo General del Poder Judicial, entre Magistrados de dicho Tribunal que cuenten con tres años de servicios en la categoría.

Redactado conforme a la LO 5/1997, de 4 de diciembre.

Art. 342 bis. El Magistrado del Tribunal Supremo competente para conocer de la autorización de las actividades del Centro Nacional de Inteligencia que afecten a los derechos fundamentales reconocidos en el artículo 18.2 y 3 de la Constitución se nombrará por un periodo de cinco años, a propuesta del Consejo General del Poder Judicial, entre Magistrados de dicho Tribunal que cuenten con tres años de servicios en la categoría.

Precepto añadido por la LO 2/2002, de 6 de mayo.

Art. 343. En las distintas Salas del Tribunal, de cada cinco plazas de sus Magistrados, cuatro se proveerán entre miembros de la Carrera Judicial con 10 años, al menos, en la categoría de Magistrado y no menos de 20 en la Carrera. En cualquier caso, será requisito el haber prestado servicio efectivo en órgano colegiado del orden jurisdiccional correspondiente a la plaza a la que se aspire, o que conozca de materias propias de ese orden jurisdiccional. La quinta plaza se proveerá entre Abogados y otros juristas, todos ellos de reconocida competencia.

Precepto modificado por Ley Orgánica 3/2024, de 2 de agosto, de reforma de la Ley Orgánica 6/1985, de 1 de julio, del Poder Judicial y de reforma de la Ley 50/1981, de 30 de diciembre, por la que se regula el Estatuto Orgánico del Ministerio Fiscal.

Art. 344. De cada cuatro plazas reservadas a la Carrera Judicial, corresponderán:

a) Dos a magistrados que hubieren accedido a la categoría mediante las correspondientes pruebas de selección en el orden jurisdiccional civil y penal o que las superen ostentando esa categoría, o, en función del orden jurisdiccional, dos a magistrados especialistas en el orden jurisdiccional contencioso-administrativo y social o que pertenezca en este último caso al extinguido Cuerpo de Magistrados de Trabajo. En este turno se exigirán veinte años en la Carrera y sólo cinco en la categoría.

A los efectos de la reserva de plazas en el orden jurisdiccional civil, los magistrados que hubiesen superado las pruebas de especialización en materia mercantil se equipararán a los que hubiesen superado las pruebas de selección en el orden jurisdiccional civil.

b) Dos a magistrados que reunieren las condiciones generales para el acceso al Tribunal Supremo señaladas en el artículo anterior.

Redactado por LO 19/2003, de 23 de diciembre. La letra a) ha sido modificada por la Ley Orgánica 3/2024, de 2 de agosto, de reforma de la Ley Orgánica 6/1985, de 1 de julio, del Poder Judicial y de reforma de la Ley 50/1981, de 30 de diciembre, por la que se regula el Estatuto Orgánico del Ministerio Fiscal.

§1

Art. 344 bis. 1. Los Magistrados procedentes del Cuerpo Jurídico Militar serán nombrados para ocupar plazas en la Sala de lo Militar del Tribunal Supremo por real decreto, refrendado por el Ministro de Justicia y a propuesta del Consejo General del Poder Judicial, entre Generales Consejeros Togados y Generales Auditores con aptitud para el ascenso en situación de servicio activo.

2. A efectos de motivación de la propuesta de nombramiento, el Consejo General del Poder Judicial solicitará con carácter previo a los aspirantes una exposición de sus méritos en los términos de esta Ley, así como al Ministerio de Defensa la documentación que en su caso considere necesaria.

El artículo ha sido redactado por la LO 7/2015, de 21 de julio.

Art. 345. Podrán ser nombrados Magistrados del Tribunal Supremo los Abogados y juristas de prestigio que, cumpliendo los requisitos establecidos para ello, reúnan méritos suficientes a juicio del Consejo General del Poder Judicial y hayan desempeñado su actividad profesional por tiempo superior a quince años preferentemente en la rama del Derecho correspondiente al orden jurisdiccional de la Sala para la que hubieran de ser designados.

Art. 346. Cuando el número de Magistrados de una Sala no sea múltiplo de cinco, se adjudicará una plaza más al grupo b) del artículo 344; al grupo a) del mismo artículo; o al grupo de juristas de prestigio, sucesivamente y por este orden.

Art. 347. Quienes tuvieran acceso al Tribunal Supremo sin pertenecer con anterioridad a la Carrera Judicial, se incorporarán al escalafón de la misma ocupando el último puesto en la categoría de Magistrados del Tribunal Supremo. Se les reconocerá a todos los efectos quince años de servicios.

Arts. 343 a 347 redactados conforme a la LO 16/1994, de 8 de noviembre; art. 301.3 LOPJ.

CAPÍTULO VI bis
De los jueces de adscripción territorial

Capítulo introducido por la Ley Orgánica 1/2009, de 3 de noviembre.

Art. 347 bis. 1. En cada Tribunal Superior de Justicia, y para el ámbito territorial de la provincia, se crearán las plazas de jueces de adscripción territorial que determine la Ley de demarcación y de planta judicial. Dichas plazas de jueces de adscripción territorial no podrán ser objeto de sustitución.

2. Los jueces de adscripción territorial ejercerán sus funciones jurisdiccionales en las plazas que se encuentren vacantes o en aquellas plazas cuyo titular

esté ausente por cualquier circunstancia. Excepcionalmente, podrán ser llamados a realizar funciones de refuerzo, en los términos establecidos en el apartado 5. La designación para estas funciones corresponderá al Presidente del Tribunal Superior de Justicia del que dependan, que posteriormente dará cuenta a la respectiva Sala de Gobierno. La Sala de Gobierno del Tribunal Superior de Justicia informará al Consejo General del Poder Judicial y al Ministerio de Justicia de la situación y destinos de los jueces de adscripción territorial de su respectivo territorio.

3. En las Comunidades Autónomas pluriprovinciales y cuando las razones del servicio lo requieran, el Presidente del Tribunal Superior de Justicia podrá realizar llamamientos para órganos judiciales de otra provincia perteneciente al ámbito territorial de dicho Tribunal.

4. Cuando el juez de adscripción territorial desempeñe funciones de sustitución, lo hará con plenitud de jurisdicción en el órgano correspondiente. También le corresponderá asistir a las Juntas de Jueces y demás actos de representación del órgano judicial en el que sustituya, en ausencia de su titular.

5. Excepcionalmente, los jueces de adscripción territorial podrán realizar funciones de refuerzo, cuando concurran las siguientes circunstancias:

a) cuando todas las plazas del ámbito territorial del Tribunal Superior de Justicia estén cubiertas y, por tanto, no pueda el juez de adscripción territorial desempeñar funciones de sustitución, cesando el refuerzo automáticamente cuando concurra cualquiera de las situaciones del apartado 2 y el juez de adscripción territorial deba ser llamado a sustituir en dicho órgano judicial;

b) previa aprobación por el Ministerio de Justicia, que se podrá oponer por razones de disponibilidad presupuestaria.

En este caso, corresponderá a la Sala de Gobierno fijar los objetivos de dicho refuerzo y el adecuado reparto de asuntos, previa audiencia del juez de adscripción y del titular o titulares del órgano judicial reforzado, sin que la dotación del refuerzo pueda conllevar además la asignación de medios materiales o personales distintos de aquellos con los que cuente el juzgado al que se adscriba.

Cuando esté realizando funciones de sustitución podrá ser llamado a reforzar simultáneamente otro órgano judicial, conforme al procedimiento ordinario establecido en los artículos 216 bis a 216 bis.4, cesando el refuerzo automáticamente cuando finalice su sustitución. 6. Los desplazamientos del juez de adscripción territorial darán lugar a las indemnizaciones que por razón del servicio se determinen reglamentariamente. 7. En las Comunidades Autónomas en las que exista más de una lengua oficial o tengan Derecho civil propio se aplicarán, para la provisión de estas plazas, las previsiones establecidas a tal efecto en la presente Ley.

Redactado por LO 4/2018, de 28 de diciembre.

§1

CAPÍTULO VII
De la situación de los Jueces y Magistrados

Art. 348. Los jueces y magistrados pueden hallarse en alguna de las situaciones siguientes:
a) Servicio activo
b) Servicios especiales
c) Excedencia voluntaria
d) Suspensión de funciones.
e) Excedencia por razón de violencia sobre la mujer.

Redactado conforme a la LO 3/2007, de 22 de marzo.

Art. 348 bis. Se pasará de la categoría de Magistrado del Tribunal Supremo a la de Magistrado al desempeñar cualesquiera otras actividades públicas o privadas con las únicas excepciones que a continuación se señalan:
1. Vocal del Consejo General del Poder Judicial.
2. Magistrado del Tribunal Constitucional.
3. Miembro de Altos Tribunales de Justicia Internacionales.
4. Fiscal General del Estado.
5. Jefe del Servicio de Inspección del Consejo General del Poder Judicial.»

El artículo fue añadido por la LO 5/1997, de 4 de diciembre, y los apartados 4 y 5 por la LO 2/2004, de 28 de diciembre.

6. Fiscal de la Fiscalía Europea.

Apartado 6 añadido por LO 9/2021, de 1 de julio.

Art. 349. 1. Los jueces y magistrados estarán en situación de servicio activo cuando ocupen plaza correspondiente a la Carrera Judicial, cuando se encuentren adscritos provisionalmente, cuando hayan sido nombrados jueces adjuntos, o cuando les haya sido conferida comisión de servicio con carácter temporal.

2. Cuando se produzca la supresión o reconversión con cambio de orden jurisdiccional de una plaza de la que sea titular un juez o magistrado, éste quedará adscrito a disposición del Presidente del Tribunal Superior de Justicia, en los términos establecidos en el artículo 118.2 y 3.

Redactado por LO 19/2003, de 23 de diciembre.

Art. 350. 1. El Consejo General del Poder Judicial podrá conferir comisión de servicio a los jueces y magistrados, que no podrá exceder de un año, prorrogable por otro:

a) para prestar servicios en otro juzgado o tribunal, con o sin relevación de funciones;

b) para participar en misiones de cooperación jurídica internacional, cuando no proceda la declaración de servicios especiales.

Apartado modificado por la Ley Orgánica 1/2025, de 2 de enero, de medidas en materia de eficiencia del Servicio Público Justicia.

2. Las comisiones de servicio requieren la conformidad del interesado, así como el informe de su superior jerárquico y el del Servicio de Inspección del Consejo General del Poder Judicial. Sólo podrán conferirse, en resolución motivada, si el prevalente interés del servicio y las necesidades de la Administración de Justicia lo permiten.

Redactado por LO 19/2003, de 23 de diciembre.

3. A los jueces y magistrados en comisión de servicio se les computará el tiempo que permanezcan en tal situación a efectos de ascensos, antigüedad y derechos pasivos. Tendrán derecho a la reserva de la plaza que ocupasen al pasar a esa situación o la que pudieren obtener durante su permanencia en la misma, a cuyo efecto el tiempo de permanencia en comisión tendrá la consideración de servicios prestados en el destino reservado.

Apartado 3 añadido por LO 4/2018, de 28 de diciembre.

Art. 351. Los jueces y magistrados serán declarados en la situación de servicios especiales:

a) Cuando sean nombrados Presidente del Tribunal Supremo, Fiscal General del Estado, Vocal del Consejo General del Poder Judicial, Magistrado del Tribunal Constitucional, Defensor del Pueblo o sus Adjuntos, Consejero del Tribunal de Cuentas, Consejero de Estado, Presidente o Consejero de la Comisión Nacional de los Mercados y la Competencia, Director de la Agencia de Protección de Datos, Fiscal Europeo o miembro de Altos Tribunales Internacionales de Justicia, o titulares o miembros de los órganos equivalentes de las Comunidades Autónomas.

Redactado por LO 9/2021, de 1 de julio.

b) Cuando sean autorizados por el Consejo General del Poder Judicial para realizar una misión internacional por período determinado, superior a seis meses, en organismos internacionales, gobiernos o entidades públicas extranjeras o en programas de cooperación internacional, previa declaración de interés por el Ministerio de Asuntos Exteriores.

§1

c) Cuando adquieran la condición de funcionarios al servicio de organizaciones internacionales o de carácter supranacional o cuando sean nombrados Fiscales europeos delegados de conformidad con el Reglamento (UE) 2017/1939 del Consejo, de 12 de octubre de 2017, por el que se establece una cooperación reforzada para la creación de la Fiscalía Europea, y la Ley Orgánica de aplicación del citado Reglamento. Durante el tiempo de su mandato actuarán de conformidad con los principios rectores de la Fiscalía Europea, dejando de tener atribuidas las facultades inherentes al ejercicio de la potestad jurisdiccional.

Redactado por LO 9/2021, de 1 de julio.

d) Cuando sean nombrados o adscritos como letrados al servicio del Tribunal de Justicia de la Unión Europea, del Tribunal Constitucional, del Consejo General del Poder Judicial o del Tribunal Supremo, o magistrados del Gabinete Técnico del Tribunal Supremo, o al servicio del Ministerio de Justicia, del Defensor del Pueblo u órgano equivalente de las Comunidades Autónomas.

e) Cuando presten servicio, en virtud de nombramiento por Real Decreto, o por Decreto en las Comunidades Autónomas, en cargos que no tengan rango superior a director general.

f) Cuando sean nombrados para cargo político o de confianza en virtud de Real Decreto, Decreto autonómico o acuerdo de Pleno de Entidad Local con rango de director general o inferior.

Redactado por LO 4/2018, de 28 de diciembre. La letra f) ha sido modificada por la Ley Orgánica 3/2024, de 2 de agosto, de reforma de la Ley Orgánica 6/1985, de 1 de julio, del Poder Judicial y de reforma de la Ley 50/1981, de 30 de diciembre, por la que se regula el Estatuto Orgánico del Ministerio Fiscal y la letra d) ha sido modificada por la Ley Orgánica 1/2025, de 2 de enero, de medidas en materia de eficiencia del Servicio Público Justicia.

Art. 352. Los Magistrados del Tribunal Supremo serán declarados en la situación de servicios especiales si fueran designados para desempeñar alguno de los cargos siguientes:

a) Vocal del Consejo General del Poder Judicial.

b) Magistrado del Tribunal Constitucional.

c) Miembro de Altos Tribunales Internacionales de Justicia.

d) Fiscal General del Estado.

e) Jefe del Servicio de Inspección del Consejo General del Poder Judicial.

El artículo fue redactado por la LO 19/2003, de 23 de diciembre y la letra e) añadida por la LO 2/2004, de 28 de diciembre.

Art. 353. La situación de servicios especiales se declarará de oficio por el Consejo General del Poder Judicial, o a instancia del interesado, una vez se verifique el supuesto que la determina, y con efectos desde el momento en que se produjo el nombramiento correspondiente.

§1

Redactado por LO 19/2003, de 23 de diciembre.

Art. 354. 1. Los jueces y magistrados en situación de servicios especiales percibirán la retribución del puesto o cargo que desempeñen, sin perjuicio del derecho a la remuneración por su antigüedad en la carrera judicial.

2. A los jueces y magistrados en situación de servicios especiales se les computará el tiempo que permanezcan en tal situación a efectos de ascensos, antigüedad y derechos pasivos. Tendrán derecho a la reserva de la plaza que ocupasen al pasar a esa situación o la que pudieren obtener durante su permanencia en la misma y se les tendrán en cuenta los servicios prestados en los mismos, a efectos de promoción y de provisión de plazas, como si hubieran sido efectivamente prestados en el orden jurisdiccional de la plaza que ocupasen al pasar a esa situación o la que pudieren obtener durante su permanencia en la misma.

3. A los jueces y magistrados en situación de servicios especiales por el desempeño en régimen de adscripción temporal del puesto de Letrado del Tribunal Constitucional, del Tribunal Europeo de Derechos Humanos o del Tribunal de Justicia de la Unión Europea, se les tendrán en cuenta los servicios prestados en los mismos, a efectos de promoción y de provisión de plazas, como si hubieran sido efectivamente prestados en el orden jurisdiccional de la plaza que ocupasen al pasar a esa situación o la que pudieren obtener durante su permanencia en la misma.

Apartados 2 y 3 redactados por LO 4/2018, de 28 de diciembre.

Art. 355. Al cesar en el puesto o cargo determinante de la situación de servicios especiales deberán solicitar el reingreso al servicio activo en el plazo máximo de 10 días a contar desde el siguiente al cese e incorporarse a su destino dentro de los 20 días inmediatamente siguientes; de no hacerlo, serán declarados en situación de excedencia voluntaria con efectos desde el día en que cesaron en el puesto o cargo desempeñados. El reingreso tendrá efectos económicos y administrativos desde la fecha de la solicitud.

Redactado por LO 19/2003, de 23 de diciembre.

Art. 355 bis. 1. Los destinos cuyos titulares se encuentren en situación de servicios especiales, excedencia con reserva de plaza o en comisiones de servicio por tiempo superior a seis meses se podrán cubrir por los mecanismos ordinarios de sustitución, mediante comisiones de servicio con o sin relevación de funciones o a través de los mecanismos ordinarios de provisión, incluso con las promociones pertinentes, para el tiempo que permanezcan los titulares en la referida situación.

§1

2. Si la vacante se cubre mediante los mecanismos ordinarios de provisión, quienes ocupen los referidos destinos quedarán, cuando se reintegre a la plaza su titular, adscritos al Tribunal colegiado en que se hubiera producido la reserva, o, si se tratase de un Tribunal de Instancia, quedarán a disposición del Presidente del Tribunal Superior de Justicia correspondiente y sin merma de las retribuciones que vinieren percibiendo. Mientras permanezcan en esta situación prestarán sus servicios en los puestos que determinen las respectivas Salas de Gobierno, devengando las indemnizaciones correspondientes por razón del servicio cuando estos se prestaren en lugar distinto del de su residencia, que permanecerá en el de la plaza reservada que hubiere ocupado.

Mientras desempeñan la plaza reservada, una vez transcurrido un año desde que accedieran a la misma, o en cualquier momento cuando se encuentren en situación de adscripción, podrán acceder en propiedad a cualesquiera destinos por los mecanismos ordinarios de provisión y promoción. Ocuparán definitivamente la plaza reservada que sirvieren cuando vaque por cualquier causa. Cuando queden en situación de adscritos, serán destinados a la primera vacante que se produzca en el Tribunal colegiado de que se trate o en la Sección del Tribunal de Instancia del mismo orden jurisdiccional del lugar de la plaza reservada, a no ser que se trate de las plazas de Presidente o legalmente reservadas a magistrados o magistradas procedentes de pruebas selectivas, si no reunieren esta condición.

Los apartados 1 y 2 han sido modificados por la Ley Orgánica 1/2025, de 2 de enero, de medidas en materia de eficiencia del Servicio Público Justicia.

3. Quienes hallándose en una situación administrativa distinta del servicio activo obtuvieran mediante concurso una plaza ofertada al amparo de lo dispuesto en este artículo, necesariamente deberán reincorporarse al servicio activo para proceder al desempeño efectivo de funciones judiciales en dicha plaza.

Artículo añadido por la Ley Orgánica 4/2014.

Art. 356. Procederá declarar en la situación de excedencia voluntaria, a petición del juez o magistrado, en los siguientes casos:

a) Cuando se encuentre en situación de servicio activo en un cuerpo o escala de las Administraciones públicas o en la carrera fiscal.

b) Cuando pase a desempeñar cargos o prestar servicios en organismos o entidades del sector público, y no le corresponda quedar en otra situación. En este supuesto, producido el cese en el cargo o servicio, deberá solicitar el reingreso en el servicio activo en el plazo máximo de 10 días a contar desde el siguiente al cese. De no hacerlo así se le declarará en situación de excedencia voluntaria por interés particular.

c) Por interés particular, siempre que haya prestado servicios en la carrera judicial durante los cinco años inmediatamente anteriores, sin que en esta situación se pueda permanecer menos de dos años.

La declaración de esta situación quedará subordinada a las necesidades de la Administración de Justicia. No podrá declararse cuando al juez o magistrado se le instruya expediente disciplinario.

d) Para el cuidado de los hijos, por un período no superior a tres años para atender a cada hijo, tanto cuando lo sea por naturaleza, por adopción, por acogimiento permanente o preadoptivo, a contar desde la fecha de nacimiento o desde la fecha de la resolución judicial o administrativa que lo acuerde, respectivamente. Los sucesivos hijos darán derecho a un nuevo período de excedencia que, en su caso, pondrá fin al que se viniera disfrutando. Cuando el padre y la madre trabajen, sólo uno podrá ejercer este derecho.

e) También tendrán derecho a un período de excedencia, de duración no superior a tres años, para atender al cuidado de un familiar que se encuentre a su cargo, hasta el segundo grado inclusive de consanguinidad o afinidad que, por razones de edad, accidente o enfermedad, no pueda valerse por sí mismo y no desempeñe actividad retribuida.

Redactado conforme a la LO 3/2007, de 22 de marzo.

El período de excedencia será único por cada sujeto causante. Cuando un nuevo sujeto causante diera origen a una nueva excedencia, el inicio del período de la misma pondrá fin al que se viniera disfrutando.

Esta excedencia y la regulada en el apartado anterior constituyen un derecho individual de los miembros de la carrera judicial. En caso de que dos de sus miembros generasen el derecho a disfrutarlas por el mismo sujeto causante, el Consejo General del Poder Judicial podrá limitar su ejercicio simultáneo por razones justificadas relacionadas con las necesidades y el funcionamiento de los servicios.

f) Cuando se presente como candidato en elecciones para acceder a cargos públicos representativos en el Parlamento Europeo, Congreso de los Diputados, Senado, Asambleas legislativas de las Comunidades Autónomas o Corporaciones locales.

Apartado f) modificado por la Ley Orgánica 3/2024, de 2 de agosto, de reforma de la Ley Orgánica 6/1985, de 1 de julio, del Poder Judicial y de reforma de la Ley 50/1981, de 30 de diciembre, por la que se regula el Estatuto Orgánico del Ministerio Fiscal.

g) Cuando sean nombrados para cargo político o de confianza en virtud de Real Decreto, Decreto autonómico o acuerdo de Pleno de entidad local, con rango superior a director general, o elegidos para cargos públicos representativos en el Parlamento Europeo, Congreso de los Diputados, Senado, Asambleas legislativas

§1 de las Comunidades Autónomas o Juntas Generales de los Territorios Históricos, o titular de la Presidencia de una Corporación local.

En este caso, así como en el supuesto previsto en la letra f), los jueces y magistrados, y los funcionarios de otros cuerpos, que reingresen en la Carrera correspondiente deberán abstenerse, y en su caso podrán ser recusados, de intervenir en cualesquiera asuntos en los que sean parte partidos o agrupaciones políticas, o aquellos de sus integrantes que ostenten o hayan ostentado cargo público.

La letra g) ha sido añadida por la Ley Orgánica 3/2024, de 2 de agosto, de reforma de la Ley Orgánica 6/1985, de 1 de julio, del Poder Judicial y de reforma de la Ley 50/1981, de 30 de diciembre, por la que se regula el Estatuto Orgánico del Ministerio Fiscal.

Art. 357. Cuando un magistrado del Tribunal Supremo solicitara la excedencia voluntaria y le fuere concedida, perderá su condición de tal, salvo en el supuesto previsto en las letras d) y e) del artículo anterior y en el artículo 360 bis. En los demás casos quedará integrado en situación de excedencia voluntaria, dentro de la categoría de Magistrado.

Redactado conforme a la LO 3/2007, de 22 de marzo.

Art. 358. 1. La excedencia voluntaria, en sus distintas modalidades, no produce reserva de plaza. El juez o magistrado, mientras se encuentre en ella, no devengará retribuciones ni le será computado el tiempo que haya permanecido en tal situación a efectos de ascensos, antigüedad y derechos pasivos, salvo lo dispuesto en el apartado 2 de este artículo y lo que establece la normativa de clases pasivas.

2. Se exceptúan de lo previsto en el apartado anterior las excedencias voluntarias para el cuidado de hijos y para atender al cuidado de un familiar a que se refieren los apartados d) y e) del artículo 356, en las que el período de permanencia en dichas situaciones será computable a efectos de trienios y derechos pasivos. En este mismo período se permitirá participar en cursos de formación. Durante los dos primeros años se tendrá derecho a la reserva de la plaza en la que se ejerciesen sus funciones y al cómputo de la antigüedad, así como a participar en los concursos de traslado. Transcurrido este periodo, dicha reserva lo será a un puesto en la misma provincia y de igual categoría, debiendo solicitar, en el mes anterior a la finalización del período máximo de permanencia en la misma, el reingreso al servicio activo; de no hacerlo, será declarado de oficio en la situación de excedencia voluntaria por interés particular.

Apartado redactado conforme a la Ley Orgánica 1/2009, de 3 de noviembre.

3. Los que se encuentren en la situación de excedencia a la que se refieren las letras f) y g) del artículo 356, en caso de que soliciten el reingreso al servicio

activo, quedarán en situación de servicios especiales a todos los efectos durante los dos años siguientes a su cese, sin ejercer funciones jurisdiccionales, sin merma en los derechos y en la retribución que tuvieran antes de la excedencia y pudiendo concursar a otros destinos.

Durante este período, los que provengan de un cargo político o de confianza o de cargos públicos representativos de ámbito europeo o estatal, quedarán adscritos orgánicamente al Presidente del Tribunal Supremo. Por su parte, los que provengan de un cargo político o de confianza o de un cargo público de ámbito autonómico o local, quedarán adscritos orgánicamente al Presidente del Tribunal Superior de Justicia de la comunidad autónoma de su último destino.

Una vez transcurrido el plazo, tendrán derecho a reintegrarse en su plaza de origen o en la plaza que se les haya adjudicado por concurso o, si así lo eligen, a ser destinados a una vacante de su categoría en la provincia o comunidad autónoma donde prestaran servicios antes de su excedencia.

Redactado por LO 19/2003, de 23 de diciembre. El apartado 3 ha sido modificado por la Ley Orgánica 3/2024, de 2 de agosto, de reforma de la Ley Orgánica 6/1985, de 1 de julio, del Poder Judicial y de reforma de la Ley 50/1981, de 30 de diciembre, por la que se regula el Estatuto Orgánico del Ministerio Fiscal.

Art. 359. 1. El reingreso en el servicio activo del juez o magistrado en situación de excedencia voluntaria por interés particular de duración superior a 10 años exigirá la previa declaración de aptitud por el Consejo General del Poder Judicial, quien recabará los informes y practicará las actuaciones necesarias para su comprobación.

2. Los jueces y magistrados en situación administrativa de excedencia voluntaria que soliciten el reingreso al servicio activo y, en su caso, obtengan la correspondiente declaración de aptitud, vendrán obligados a participar en todos los concursos que se anuncien para cubrir plazas de su categoría hasta obtener destino. De no hacerlo así, se les declarará en situación de excedencia voluntaria por interés particular, quedando sin efecto la declaración de aptitud de haberse producido.

Redactado por LO 19/2003, de 23 de diciembre.

Art. 360. Una vez reincorporado al servicio activo el juez o magistrado en situación de excedencia voluntaria por la causa prevista en el párrafo f) del artículo 356, no podrá acceder, durante los cinco años siguientes, a puesto de la carrera judicial que no sea de los que se proveen por estricta antigüedad.

Redactado por LO 19/2003, de 23 de diciembre.

§1

Art. 360 bis. 1. Las juezas y magistradas víctimas de violencia de género tendrán derecho a solicitar la situación de excedencia por razón de violencia sobre la mujer sin necesidad de haber prestado un tiempo mínimo de servicios previos. En esta situación administrativa se podrá permanecer un plazo máximo de tres años.

2. Durante los seis primeros meses tendrán derecho a la reserva del puesto de trabajo que desempeñaran, siendo computable dicho periodo a efectos de ascensos, trienios y derechos pasivos.

Esto no obstante, cuando de las actuaciones de tutela judicial resultase que la efectividad del derecho de protección de la víctima lo exigiere, se podrá prorrogar por periodos de tres meses, con un máximo de dieciocho, el periodo en el que, de acuerdo con el párrafo anterior, se tendrá derecho a la reserva del puesto de trabajo, con idénticos efectos a los señalados en dicho párrafo.

3. Las juezas y magistradas en situación de excedencia por razón de violencia sobre la mujer percibirán, durante los dos primeros meses de esta excedencia, las retribuciones íntegras y, en su caso, las prestaciones familiares por hijo a cargo.

4. El reingreso en el servicio activo de las juezas y magistradas en situación administrativa de excedencia por razón de violencia sobre la mujer de duración no superior a seis meses se producirá en el mismo órgano jurisdiccional respecto del que tenga reserva del puesto de trabajo que desempeñaran con anterioridad; si el periodo de duración de la excedencia es superior a 6 meses el reingreso exigirá que las juezas y magistradas participen en todos los concursos que se anuncien para cubrir plazas de su categoría hasta obtener destino. De no hacerlo así, se les declarará en situación de excedencia voluntaria por interés particular.

Artículo añadido por la LO 3/2007, de 22 de marzo.

Art. 361. 1. El juez o magistrado será declarado en situación de suspensión de funciones, provisional o definitiva, en los casos y en la forma establecidos en esta Ley.

2. El juez o magistrado declarado suspenso quedará privado del ejercicio de sus funciones durante el tiempo que dure la suspensión.

Redactado por LO 19/2003, de 23 de diciembre.

Art. 362. 1. La suspensión provisional podrá acordarse durante la tramitación de un procedimiento judicial o disciplinario.

2. La suspensión provisional durante la tramitación de un procedimiento disciplinario no podrá exceder de seis meses, salvo en caso de paralización del procedimiento por causa imputable al interesado.

Redactado por LO 19/2003, de 23 de diciembre.

Art. 363. El suspenso provisional tendrá derecho a percibir sus retribuciones básicas, excepto en el caso de paralización del procedimiento disciplinario por causa imputable al mismo, que comportará la pérdida de toda retribución mientras se mantenga dicha paralización. Asimismo, no se acreditará haber alguno en caso de incomparecencia o de rebeldía.

Redactado por LO 19/2003, de 23 de diciembre.

Art. 364. Cuando la suspensión no sea declarada definitiva ni se acuerde la separación, el tiempo de duración de aquélla se computará como de servicio activo y se acordará la inmediata incorporación del suspenso a su plaza, con reconocimiento de todos los derechos económicos y demás que procedan desde la fecha en que la suspensión produjo efectos.

Redactado por LO 19/2003, de 23 de diciembre.

Art. 365. 1. La suspensión tendrá carácter definitivo cuando se imponga en virtud de condena o como sanción disciplinaria, computándose el tiempo de suspensión provisional.

2. La suspensión definitiva superior a seis meses implicará la pérdida del destino. La vacante producida se cubrirá en forma ordinaria.

3. La suspensión definitiva supondrá la privación de todos los derechos inherentes a la condición de juez o magistrado hasta, en su caso, su reingreso al servicio activo.

4. En tanto no transcurra el plazo de suspensión no procederá cambio alguno de situación administrativa.

Redactado por LO 19/2003, de 23 de diciembre.

Art. 366. 1. El juez o magistrado suspenso definitivamente deberá solicitar el reingreso al servicio activo con un mes de antelación a la finalización del período de suspensión. El reingreso producirá efectos económicos y administrativos desde la fecha de extinción de la responsabilidad penal o disciplinaria.

2. Si no fuera solicitado el reingreso en el tiempo señalado en el apartado anterior, se le declarará en situación de excedencia voluntaria por interés particular, con efectos desde la fecha en que finalizare el período de suspensión.

Redactado por LO 19/2003, de 23 de diciembre.

Art. 367. 1.

Apartado 1 declarado inconstitucional y nulo por STC 135/2018, de 13 de diciembre.

2. El juez o magistrado vendrá obligado a participar en todos los concursos que se anuncien para cubrir plazas de su categoría hasta obtener destino. De no hacerlo así, se le declarará en situación de excedencia voluntaria por interés particular.

Redactado conforme al fallo de la STC 135/2018, de 13 de diciembre, que declaró inconstitucionales y nulos los incisos «Tras la declaración de aptitud» y «quedando sin efecto la declaración de aptitud» contenidos en la redacción dada a este precepto por la LO 19/2003, de 23 de diciembre.

Art. 368. La concurrencia de peticiones para la adjudicación de vacantes entre quienes deban reingresar al servicio activo, se regirá por el siguiente orden:
a) Suspensos.
b) Rehabilitados.
c) Excedentes voluntarios.

Redactado por LO 19/2003, de 23 de diciembre.

Art. 369. El cambio de la situación administrativa en que se hallen los jueces o magistrados podrá tener lugar siempre que se reúnan los requisitos exigidos en cada caso sin necesidad de reingreso al servicio activo.

Redactado por LO 19/2003, de 23 de diciembre.

CAPÍTULO VIII
De las licencias y permisos

Art. 370. (Sin contenido)

Derogado por la LO 3/2007, de 22 de marzo.

Art. 371. 1. Los jueces y magistrados tendrán derecho a disfrutar, durante cada año natural, de unas vacaciones retribuidas de veintidós días hábiles, o de los días que correspondan proporcionalmente si el tiempo de servicio durante el año fue menor. A los efectos previstos en este artículo no se considerarán como hábiles los sábados. Asimismo, tendrán derecho a un día hábil adicional al cumplir quince años de servicio, añadiéndose un día hábil más al cumplir los veinte, veinticinco y treinta años de servicio, respectivamente, hasta un total de veintiséis días hábiles por año natural.

Redactado por LO 4/2018, de 28 de diciembre.

2. Los Presidentes de Sala y Magistrados del Tribunal Supremo y del resto de los Tribunales disfrutarán del permiso de vacaciones durante el mes de agosto; se

exceptúan aquellos a quienes corresponda formar la Sala prevista en los artículos 61 y 180 de esta Ley.

§1

Artículo redactado conforme a la Ley Orgánica 1/2009, de 3 de noviembre.

Art. 372. El permiso anual de vacaciones podrá denegarse para el tiempo en que se solicite cuando por los asuntos pendientes en un Juzgado o Tribunal, por la acumulación de peticiones de licencias en el territorio o por otras circunstancias excepcionales, pudiera perjudicarse el regular funcionamiento de la Administración de Justicia.

Art. 373. 1. Los jueces y magistrados tendrán derecho a licencias por razón de matrimonio de 15 días de duración.

2. También tendrán derecho a una licencia en caso de parto, guarda con fines de adopción, acogimiento o adopción, cuya duración y condiciones se regularán por la legislación general en esta materia. El Consejo General del Poder Judicial, mediante reglamento, adaptará dicha normativa a las particularidades de la carrera judicial. En los supuestos de adopción internacional, cuando sea necesario el desplazamiento previo de los padres al país de origen del adoptado, el permiso previsto en este artículo podrá iniciarse hasta cuatro semanas antes de la resolución por la que se constituya la adopción.

Redactado por LO 4/2018, de 28 de diciembre.

3. Tendrán también derecho a licencia para realizar estudios relacionados con la función judicial, previo informe favorable del Presidente del Tribunal correspondiente, que tendrá en cuenta las necesidades del servicio.

Finalizada la licencia, se elevará al Consejo General del Poder Judicial memoria de los trabajos realizados, y si su contenido no fuera bastante para justificarla, se compensará la licencia con el tiempo que se determine de las vacaciones del interesado.

4. También podrán disfrutar de permisos de tres días, sin que puedan exceder de seis permisos en el año natural, ni de uno al mes. Los tres días podrán disfrutarse, separada o acumuladamente, siempre dentro del mismo mes. Para su concesión, el peticionario deberá justificar la necesidad a los superiores respectivos, de quienes habrá de obtener autorización, que podrán denegar cuando coincidan con señalamientos, vistas o deliberaciones salvo que se justifique que la petición obedece a una causa imprevista o de urgencia.

Redactado por LO 4/2018, de 28 de diciembre.

5. Por el fallecimiento, accidente o enfermedad graves del cónyuge, de persona a la que estuviese unido por análoga relación de afectividad o de un familiar dentro del primer grado de consanguinidad o afinidad, los jueces o magistrados podrán disponer de un permiso de tres días hábiles, que podrá ser de hasta cinco días hábiles cuando a tal efecto sea preciso un desplazamiento a otra localidad, en cuyo caso será de cinco días hábiles.

Estos permisos quedarán reducidos a dos y cuatro días hábiles, respectivamente, cuando el fallecimiento y las otras circunstancias señaladas afecten a familiares en segundo grado de afinidad o consanguinidad.

Redactado conforme a la LO 3/2007, de 22 de marzo.

Estos permisos quedarán reducidos a dos y cuatro días, respectivamente, cuando el fallecimiento y las otras circunstancias señaladas afecten a familiares en segundo grado de afinidad o consanguinidad.

Redactado por LO 19/2003, de 23 de diciembre.

6. Por el nacimiento, guarda con fines de adopción, acogimiento o adopción, los jueces y magistrados tendrán derecho a un permiso de paternidad de cuatro semanas de duración, a disfrutar por el padre o el otro progenitor a partir de la fecha del nacimiento, de la decisión administrativa de guarda con fines de adopción o acogimiento, o de la resolución judicial por la que se constituya la adopción. Este permiso es independiente del disfrute compartido de la licencia en caso de parto, guarda con fines de adopción, acogimiento o adopción prevista en el apartado 2.

7. Los jueces y magistrados dispondrán, al menos, de todos los derechos establecidos para los miembros de la Administración General del Estado y que supongan una mejora en materia de conciliación, permisos, licencias y cualquier otro derecho reconocido en dicho ámbito. El Consejo General del Poder Judicial tendrá la obligación de adaptar de manera inmediata, mediante acuerdo del Pleno, cualquier modificación que, cumpliendo esos requisitos, se produzca en dicho régimen. Todo ello, sin perjuicio e independientemente de las particularidades propias del estatuto profesional de jueces y magistrados, así como de la promoción de mejoras propias por los cauces correspondientes.

Redactado por LO 4/2018, de 28 de diciembre.

Art. 374. El que por hallarse enfermo no pudiera asistir al despacho, lo comunicará al Presidente del que inmediatamente dependa y solicitará la licencia acreditando la enfermedad y la previsión médica sobre el tiempo preciso para su restablecimiento.

Redactado por la Ley Orgánica 8/2012, de 27 de diciembre, de medidas de eficiencia presupuestaria para la Administración de Justicia.

§1

Art. 375. 1. Las licencias por enfermedad transcurrido el sexto mes, sólo
darán derecho al percibo de las retribuciones básicas y por razón de familia, sin
perjuicio de su complemento en lo que corresponda, con arreglo al Régimen de
Seguridad Social aplicable.

2. Las licencias para realizar estudios en general darán derecho a percibir las
retribuciones básicas y por razón de familia. Las licencias para realizar estudios
relacionados con la función jurisdiccional lo serán sin limitación de haberes.

No obstante lo anterior, los días de licencia para realizar estudios, relacionados o no con la función jurisdiccional, por tiempo superior a 20 días anuales no
darán derecho a retribución alguna, salvo aquellas que tengan por objeto actividades formativas obligatorias por cambio de orden o especialidad, que lo serán sin
limitación de haberes en todo caso.

3. Las demás licencias y permisos no afectarán al régimen retributivo de quien
los disfrute, sin perjuicio de lo dispuesto en esta Ley. En el caso de las licencias
por enfermedad, los integrantes de la Carrera Judicial, en situación de incapacidad
temporal por contingencias comunes, percibirán el cincuenta por ciento de las
retribuciones tanto básicas como complementarias, como, en su caso, la prestación por hijo a cargo, desde el primer al tercer día de la situación de incapacidad
temporal, tomando como referencia aquéllas que percibían en el mes inmediato
anterior al de causarse la situación de incapacidad temporal. Desde el día cuarto
al vigésimo día, ambos inclusive, percibirán el setenta y cinco por ciento de las retribuciones tanto básicas como complementarias, como de la prestación por hijo a
cargo, en su caso. A partir del día vigésimo primero y hasta el día ciento ochenta,
ambos inclusive, percibirán la totalidad de las retribuciones básicas, de la prestación por hijo a cargo, en su caso, y de las retribuciones complementarias. Cuando
la situación de incapacidad temporal derive de contingencias profesionales, la
retribución a percibir podrá ser complementada desde el primer día, hasta alcanzar
como máximo las retribuciones que vinieran correspondiendo a dicho personal en
el mes anterior al de causarse la incapacidad.

A partir del día ciento ochenta y uno será de aplicación el subsidio establecido en el apartado 1.B) del artículo 20 del Real Decreto Legislativo 3/2000, de
23 de junio, por el que se aprueba el texto refundido de las disposiciones legales
vigentes sobre el Régimen especial de Seguridad Social del personal al servicio de
la Administración de Justicia.

Por el órgano competente se determinarán los supuestos en los que con carácter excepcional y debidamente justificados se pueda establecer un complemento

hasta alcanzar, como máximo, el cien por cien de las retribuciones que vinieran disfrutando en cada momento. A estos efectos, se considerarán en todo caso debidamente justificados los supuestos de hospitalización e intervención quirúrgica.

En ningún caso los funcionarios adscritos a los regímenes especiales de seguridad social gestionados por el mutualismo administrativo podrán percibir una cantidad inferior en situación de incapacidad temporal por contingencias comunes a la que corresponda a los funcionarios adscritos al régimen general de la seguridad social, incluidos, en su caso, los complementos que les resulten de aplicación a estos últimos.

Las referencias a días incluidas en el presente número se entenderán realizadas a días naturales.

Apartados 2 y 3 redactado por la Ley Orgánica 8/2012, de 27 de diciembre, de medidas de eficiencia presupuestaria para la Administración de Justicia.

Art. 376. Cuando circunstancias excepcionales lo impongan podrá suspenderse o revocarse el disfrute de las licencias o de los permisos, ordenándose a los Jueces y Magistrados la incorporación al Juzgado o Tribunal.

Art. 377. Reglamentariamente se desarrollará el régimen jurídico de las licencias y permisos, determinando la autoridad a quien corresponde otorgarlos y su duración, y cuanto no se halle establecido en la presente Ley.

TÍTULO II
De la independencia judicial

CAPÍTULO I
De la inamovilidad de los Jueces y Magistrados

Art. 378. 1. Gozarán de inamovilidad los Jueces y Magistrados que desempeñen cargos judiciales.

2. Los que hayan sido nombrados por plazo determinado gozarán de inamovilidad sólo por ese tiempo.

3. Los casos de renuncia, excedencia, traslado y promoción se regirán por sus normas específicas establecidas en esta Ley.

Art. 117 CE; arts. 15, 101, 103, 202, 212, 331, 428, 432 y 433 LOPJ.

Art. 379. 1. La condición de Jueces o Magistrados se perderá por las siguientes causas:

a) Por renuncia a la Carrera Judicial. Se entenderán incursos en este supuesto los previstos en los artículos 322 y 357.3.

b) Por pérdida de la nacionalidad española.

c) En virtud de sanción disciplinaria de separación de la Carrera Judicial.

d) Por la condena a pena privativa de libertad por razón de delito doloso. En los casos en que la pena no fuera superior a seis meses, el Consejo General del Poder Judicial, de forma motivada y atendiendo a la entidad del delito cometido, podrá sustituir la pérdida de la condición de Magistrado o Juez por la sanción prevista en el artículo 420.1, d).

e) Por haber incurrido en alguna de las causas de incapacidad, salvo que proceda su jubilación.

f) Por jubilación.

Redactado conforme a la LO 16/1994, de 8 de noviembre; arts. 103.2, 303, 386, 387, 420.1.f) LOPJ.

2. La separación en los casos previstos en las letras b), c), d) y e) del apartado anterior se acordará previo expediente, con intervención del Ministerio Fiscal.

Art. 380. Quienes hubieren perdido la condición de Juez o Magistrado por cualquiera de las causas previstas en los apartados a), b), c) y d) del artículo anterior, podrán solicitar del Consejo General del Poder Judicial su rehabilitación, una vez obtenida la establecida en el Código Penal, si procediere.

Redactado conforme a la LO 16/1994, de 8 de noviembre; arts. 127.7 y 387.3 LOPJ.

Art. 381. 1. La rehabilitación se concederá por el Consejo General del Poder Judicial cuando se acredite el cese definitivo o la inexistencia, en su caso, de la causa que dio lugar a la separación, valorando las circunstancias de todo orden.

Si la rehabilitación se denegare no podrá iniciarse nuevo procedimiento para obtenerla en los tres años siguientes, plazo que se computará a partir de la resolución denegatoria inicial del Consejo General del Poder Judicial.

Art. 120 Regl. CGPJ 1/1995, de 7 de junio.

Art. 382. El Juez o Magistrado que hubiere sido rehabilitado será destinado con arreglo a lo dispuesto en esta Ley.

Arts. 368 y 369 LOPJ.

Art. 383. La suspensión de los Jueces y Magistrados sólo tendrá lugar en los casos siguientes:

§1

1. Cuando se hubiere declarado haber lugar a proceder contra ellos por delitos cometidos en el ejercicio de sus funciones.

2. Cuando por cualquier otro delito doloso se hubiere dictado contra ellos auto de prisión, de libertad bajo fianza o de procesamiento.

3. Cuando se decretare en expediente disciplinario o de incapacidad, ya con carácter provisional, ya definitivo.

4. Por sentencia firme condenatoria en que se imponga como pena principal o accesoria la de suspensión, cuando no procediere la separación.

Art. 384. 1. En los supuestos de los dos primeros apartados del artículo anterior, el Juez o Tribunal que conociera de la causa lo comunicará al Consejo General del Poder Judicial, quien hará efectiva la suspensión, previa audiencia del Ministerio Fiscal.

2. En el caso del apartado 4, el Tribunal remitirá testimonio de la sentencia al Consejo General del Poder Judicial.

3. La suspensión durará, en los casos de los apartados 1 y 2 del artículo anterior, hasta que recaiga en la causa sentencia resolutoria o auto de sobreseimiento. En los demás casos, por todo el tiempo a que se extienda la pena, sanción o medida cautelar.

Art. 385. Los Jueces y Magistrados sólo podrán ser jubilados:

1. Por edad.

2. Por incapacidad permanente para el ejercicio de sus funciones.

Art. 386. 1. La jubilación por edad de los Jueces y Magistrados es forzosa y se decretará con la antelación suficiente para que el cese en la función se produzca efectivamente al cumplir la edad de setenta años.

No obstante, podrán solicitar con dos meses de antelación a dicho momento la prolongación de la permanencia en el servicio activo hasta que cumplan como máximo setenta y dos años de edad. Dicha solicitud vinculará al Consejo General del Poder Judicial quien solo podrá denegarla cuando el solicitante no cumpla el requisito de edad o cuando presentase la solicitud fuera del plazo indicado.

2. También podrán jubilarse a partir de los sesenta y cinco años siempre que así lo hubiesen manifestado al Consejo General del Poder Judicial con seis meses de antelación, todo ello sin perjuicio de los demás supuestos de jubilación voluntaria legalmente previstos.

3. Los Jueces y Magistrados conservarán los honores y tratamientos correspondientes a la categoría alcanzada en el momento de la jubilación.

El artículo ha sido redactado por la LO 7/2015, de 21 de julio. También Disp. Trans. Novena.

Art. 387. 1. Cuando en un Juez o Magistrado se apreciare incapacidad permanente, la Sala de Gobierno respectiva, por sí, a instancia del Ministerio Fiscal o del interesado, formulará propuesta de jubilación al Consejo General del Poder Judicial.

2. El expediente de jubilación por incapacidad permanente podrá ser iniciado, asimismo, por el Consejo General de oficio o a instancia del Ministerio Fiscal.

Los jubilados por incapacidad permanente podrán ser rehabilitados y volver al servicio activo si acreditaren haber desaparecido la causa que hubiere motivado la jubilación.

Art. 388. Los procedimientos de separación, traslado, jubilación por incapacidad permanente y rehabilitación se formarán con audiencia del interesado e informe del Ministerio Fiscal y de la Sala de Gobierno respectiva, sin perjuicio de las demás justificaciones que procedan, y se resolverán por el Consejo General del Poder Judicial.

Arts. 127.9, 379.2, 381 y 425 LOPJ.

CAPÍTULO II
De las incompatibilidades y prohibiciones

Art. 389. El cargo de Juez o Magistrado es incompatible:

1º Con el ejercicio de cualquier otra jurisdicción ajena a la del Poder Judicial.

2º Con cualquier cargo de elección popular o designación política del Estado, Comunidades Autónomas, Provincias y demás entidades locales y organismos dependientes de cualquiera de ellos.

3º Con los empleos o cargos dotados o retribuidos por la Administración del Estado, las Cortes Generales, la Casa Real, Comunidades Autónomas, Provincias, Municipios y cualesquiera entidades, organismos o empresas dependientes de unos u otras.

4º Con los empleos de todas clases en los Tribunales y Juzgados de cualquier orden jurisdiccional.

5º Con todo empleo, cargo o profesión retribuida, salvo la docencia o investigación jurídica, así como la producción y creación literaria, artística, científica y técnica, y las publicaciones derivadas de aquélla, de conformidad con lo dispuesto en la legislación sobre incompatibilidades del personal al servicio de las Administración Públicas.

Cf. Ley 53/1984, de 26 de diciembre y RD 598/1985, de 30 de abril.

6º Con el ejercicio de la Abogacía y de la Procuraduría.

7º Con todo tipo de asesoramiento jurídico, sea o no retribuido.

8º Con el ejercicio de toda actividad mercantil, por sí o por otro.

9º Con las funciones de Director, Gerente, Administrador, Consejero, socio colectivo o cualquier otra que implique intervención directa, administrativa o económica en sociedades o empresas mercantiles, públicas o privadas, de cualquier genero.

Art. 127 CE.

Art. 390. 1. Los que ejerciendo cualquier empleo, cargo o profesión de los expresados en el artículo anterior fueren nombrados Jueces o Magistrados, deberán optar, en el plazo de ocho días, por uno u otro cargo, o cesar en el ejercicio de la actividad incompatible.

2. Quienes no hicieren uso de dicha opción en el indicado plazo se entenderá que renuncian al nombramiento judicial.

Art. 391. 1. No podrán pertenecer simultáneamente a una misma Sala de Justicia o Audiencia Provincial, Magistrados que estuvieren unidos por vínculo matrimonial o situación de hecho equivalente, o tuvieren parentesco entre sí dentro del segundo grado de consanguinidad o afinidad, salvo que, por previsión legal o por aplicación de lo dispuesto en los artículos 155 y 198.1 de esta Ley existieren varias secciones, en cuyo caso podrán integrarse en secciones diversas, pero no formar Sala juntos.

Tampoco podrán pertenecer a una misma Sala de Gobierno Jueces o Magistrados unidos entre sí por cualquiera de los vínculos a que se refiere el párrafo anterior. Esta disposición es aplicable a los Presidentes.

Redactado conforme a la LO 16/1994, de 8 de noviembre.

Art. 392. 1. Los Jueces o Magistrados no podrán intervenir en la resolución de recursos relativos a resoluciones dictadas por quienes tengan con ellos alguna de las relaciones a que hace referencia el artículo anterior, ni en fases ulteriores del procedimiento que, por su propia naturaleza, impliquen una valoración de lo actuado anteriormente por ellas.

En virtud de este principio, además de la obligación de abstención, siempre que concurra cualquiera de los vínculos a que se refiere al artículo anterior, son incompatibles:

a) Los Jueces de Instrucción con los Jueces unipersonales de lo Penal que hubieran de conocer en juicio oral de lo instruido por ellos y con los Magistrados de la Sección que se hallen en el mismo caso.

b) Los Magistrados de cualquier Sala de Justicia, constituida o no sección orgánica, a la que se halle atribuido el conocimiento de los recursos respecto de las resoluciones de un órgano jurisdiccional, cualquiera que sea el orden al que pertenezca, con los Jueces y Magistrados de dicho órgano. Se exceptúan de esta incompatibilidad las Salas y Secciones del Tribunal Supremo.

2. Serán incompatibles cuando concurra entre ellas cualquiera de las relaciones a que se refiere el artículo anterior:

a) Los Presidentes y Magistrados de la Sala de lo Penal de la Audiencia Nacional y los de las Audiencias Provinciales, respecto de los miembros del Ministerio Fiscal de la correspondiente Fiscalía, salvo cuando en la Audiencia Provincial hubiere más de tres secciones.

b) Los Presidentes y Magistrados de la Sala de lo Civil y Penal respecto del Fiscal Jefe y Teniente Fiscal de dicho órgano.

c) Los Jueces de Instrucción y los Jueces unipersonales de lo Penal, respecto de los Fiscales destinados en Fiscalías en cuyo ámbito territorial ejerzan su jurisdicción, con excepción de los Partidos donde existan más de cinco órganos de la clase que se trate.

d) Los Presidentes, Magistrados y Jueces respecto de los Secretarios y demás personal al servicio de la Administración de Justicia que dependan de ellos directamente.

Redactado conforme a la LO 16/1994, de 8 de noviembre.

Art. 393. No podrán los jueces, juezas, magistrados y magistradas desempeñar su cargo:

1. En los Tribunales donde ejerzan habitualmente, como abogado, abogada, procurador o procuradora, su cónyuge o un pariente dentro del segundo grado de consanguinidad o afinidad. Esta incompatibilidad no será aplicable en las poblaciones donde las Secciones Civiles y de Instrucción de los Tribunales de Instancia que constituyan Secciones Únicas cuenten con diez o más plazas judiciales o donde existan Salas con tres o más Secciones.

2. En una Audiencia Provincial o Tribunal de Instancia que comprenda dentro de su circunscripción territorial una población en la que, por poseer el mismo, su cónyuge o parientes de segundo grado de consanguinidad intereses económicos, tengan arraigo que pueda obstaculizarles el imparcial ejercicio de la función jurisdiccional. Se exceptúan las poblaciones superiores a cien mil habitantes en las que radique la sede del órgano jurisdiccional.

3. En una Audiencia o en la plaza concreta de la Sección del Tribunal de Instancia donde hayan ejercido la abogacía o el cargo de procurador o procuradora en los dos años anteriores a su nombramiento.

§1 Modificado por la Ley Orgánica 1/2025, de 2 de enero, de medidas en materia de eficiencia del Servicio Público Justicia.

Art. 394. 1. Cuando un nombramiento dé lugar a una situación de incompatibilidad de las previstas en los artículos anteriores, quedará el mismo sin efecto y se destinará con carácter forzoso al Juez o Magistrado, sin perjuicio de la responsabilidad disciplinaria en que hubiera podido incurrirse.

2. Cuando la situación de incompatibilidad apareciere en virtud de circunstancias sobrevenidas, el Consejo General del Poder Judicial procederá al traslado forzoso del Juez o Magistrado, en el caso del número 1 del artículo anterior, o del último nombrado en los restantes. En su caso podrá proponer al Gobierno el traslado del miembro del Ministerio Fiscal incompatible, si fuera de menor antigüedad en el cargo. El destino forzoso será a cargo que no implique cambio de residencia si existiera vacante, y en tal caso ésta no será anunciada a concurso de provisión.

Art. 395. No podrán los Jueces o Magistrados pertenecer a partidos políticos o sindicatos o tener empleo al servicio de los mismos, y les estará prohibido:

1º Dirigir a los poderes, autoridades y funcionarios públicos o Corporaciones oficiales felicitaciones o censuras por sus actos, ni concurrir, en su calidad de miembros del Poder Judicial, a cualesquiera actos o reuniones públicas que no tengan carácter judicial, excepto aquellas que tengan por objeto cumplimentar al Rey o para las que hubieran sido convocados o autorizados a asistir por el Consejo General del Poder Judicial.

2º Tomar en las elecciones legislativas o locales más parte que la de emitir su voto personal. Esto no obstante, ejercerán las funciones y cumplimentarán los deberes inherentes a sus cargos.

Art. 396. Los Jueces y Magistrados no podrán revelar los hechos o noticias referentes a personas físicas o jurídicas de los que hayan tenido conocimiento en el ejercicio de sus funciones.

Art. 397. La competencia para la autorización, reconocimiento o delegación de compatibilidades, con arreglo a lo dispuesto en este capítulo, corresponde al Consejo General del Poder Judicial, previo informe del Presidente del Tribunal o Audiencia respectiva.

CAPÍTULO III
De la inmunidad judicial

§1

Art. 398. 1. Los Jueces y Magistrados en servicio activo sólo podrán ser detenidos por orden de Juez competente o en caso de flagrante delito. En este último caso se tomarán las medidas de aseguramiento indispensables y se entregará inmediatamente el detenido al Juez de Instrucción más próximo.

2. De toda detención se dará cuenta, por el medio más rápido, al Presidente del Tribunal o de la Audiencia de quien dependa el Juez o Magistrado. Se tomarán por la Autoridad Judicial que corresponda las prevenciones que procedan para atender a la sustitución del detenido.

Art. 399. 1. Las Autoridades civiles y militares se abstendrán de intimar a los Jueces y Magistrados y de citarlos para que comparezcan a su presencia. Cuando una Autoridad civil o militar precise de datos o declaraciones que pueda facilitar un Juez o Magistrado, y que no se refieran a su cargo o función, se solicitarán por escrito o se recibirán en el despacho oficial de aquél, previo aviso.

2. Cuando se trate de auxilio o cooperación por razón del cargo o de la función jurisdiccional, se prestará sin tardanza, salvo que el acto a ejecutar no esté legalmente permitido o se perjudique la competencia propia del Juez o Tribunal. La delegación se comunicará a la Autoridad peticionaria con expresión suficiente de la razón que la justifique.

Art. 400. Cuando en la instrucción de una causa penal fuere necesaria la declaración de un Juez o Magistrado, y ésta pudiera prestarse legalmente, no podrá excusarse aquél de hacerlo. Si la Autoridad Judicial que hubiere de recibir la declaración fuere de categoría inferior, acudirá al despacho oficial del Juez o Magistrado, previo aviso, señalándose día y hora.

Art. 412.5.5° LECRIM.

CAPÍTULO IV
Del régimen de asociación profesional de los Jueces y Magistrados

Art. 401. De acuerdo con lo establecido en el artículo 127 de la Constitución, se reconoce el derecho de libre asociación profesional de jueces y magistrados integrantes de la Carrera Judicial, que se ejercerá de acuerdo con las reglas siguientes:

1ª Las asociaciones de jueces y magistrados tendrán personalidad jurídica y plena capacidad para el cumplimiento de sus fines.

2ª Podrán tener como fines lícitos la defensa de los intereses profesionales de sus miembros en todos los aspectos y la realización de actividades encaminadas al servicio de la Justicia en general. No podrán llevar a cabo actividades políticas ni tener vinculaciones con partidos políticos o sindicatos.

3ª Las asociaciones de jueces y magistrados deberán tener ámbito nacional, sin perjuicio de la existencia de secciones cuyo ámbito coincida con el de un Tribunal Superior de Justicia.

4ª Los jueces y magistrados podrán libremente asociarse o no a asociaciones profesionales.

5ª Sólo podrán formar parte de las mismas quienes ostenten la condición de jueces y magistrados en servicio activo. Ningún juez o magistrado podrá estar afiliado a más de una asociación profesional.

6ª Las asociaciones profesionales de jueces y magistrados integrantes de la Carrera Judicial quedarán válidamente constituidas desde que se inscriban en el registro que será llevado al efecto por el Consejo General del Poder Judicial. La inscripción se practicará a solicitud de cualquiera de los promotores, a la que se acompañará el texto de los estatutos y una relación de afiliados.

Sólo podrá denegarse la inscripción cuando la asociación o sus estatutos no se ajustaran a los requisitos legalmente exigidos.

7ª Los estatutos deberán expresar, como mínimo, las siguientes menciones:

a) Nombre de la asociación.

b) Fines específicos.

c) Organización y representación de la asociación. Su estructura interna y funcionamiento deberán ser democráticos.

d) Régimen de afiliación.

e) Medios económicos y régimen de cuotas.

f) Formas de elegirse los cargos directivos de la asociación.

8ª La suspensión o disolución de las asociaciones profesionales quedará sometida al régimen establecido para el derecho de asociación en general.

9ª Serán de aplicación supletoria las normas reguladoras del derecho de asociación en general.

Redactado por LO 19/2003, de 23 de diciembre.

CAPÍTULO V
De la independencia económica

Art. 402. 1. El Estado garantiza la independencia económica de los Jueces y Magistrados mediante una retribución adecuada a la dignidad de la función jurisdiccional.

2. También garantizará un régimen de Seguridad Social que proteja a los Jueces y Magistrados y a sus familiares durante el servicio activo y la jubilación.

Art. 403. 1. El régimen de retribuciones de los jueces y magistrados se inspirará en los principios de objetividad, equidad, transparencia y estabilidad, atendiendo para su fijación a la dedicación a la función jurisdiccional, a la categoría y al tiempo de prestación de servicios. Se retribuirá, además, la responsabilidad del cargo y el puesto de trabajo.

2. En todo caso, las retribuciones de los jueces y magistrados estarán integradas, con carácter general, por un componente fijo y otro variable por objetivos, que valore específicamente su rendimiento individual.

3. Las retribuciones fijas, que se descompondrán en básicas y complementarias, remunerarán la categoría y antigüedad en la carrera judicial de cada uno de sus miembros, así como las características objetivas de las plazas que ocupen. Son retribuciones básicas el sueldo y la antigüedad. Son retribuciones complementarias el complemento de destino, el complemento específico y el complemento de carrera profesional.

Redactado por LO 4/2018, de 28 de diciembre.

4. Las retribuciones variables por objetivos estarán vinculadas al rendimiento individual acreditado por cada juez o magistrado en el desempeño de sus funciones jurisdiccionales y profesionales.

5. Asimismo, los jueces y magistrados podrán percibir retribuciones especiales por servicios de guardia, servicios extraordinarios sin relevación de funciones y sustituciones.

6. Una ley desarrollará, conforme a lo previsto en los apartados anteriores, las retribuciones de los miembros de la carrera judicial.

Redactado por LO 19/2003, de 23 de diciembre.
Véase la Ley 15/2003, de 26 de mayo, reguladora del régimen retributivo de las carreras judiciales y fiscal, modificada por la D.A. 10ª de la LO 19/2003.

Art. 404. Junto a las demás partidas correspondientes a retribuciones de jueces, juezas, magistrados y magistradas los Presupuestos Generales del Estado contendrán una consignación anual para la dotación de los jueces y juezas de paz, otras atenciones de personal judicial a que den lugar los preceptos de esta ley y demás exigencias de la Administración de Justicia.

Redactado por LO 19/2003, de 23 de diciembre y modificado por la Ley Orgánica 1/2025, de 2 de enero, de medidas en materia de eficiencia del Servicio Público Justicia.

§1

Art. 404 bis. De conformidad con el principio de supremacía jurisdiccional que se recoge en el artículo 123 de la Constitución y de acuerdo con el carácter de magistratura de ejercicio contemplado en la presente Ley, las remuneraciones de los Magistrados del Tribunal Supremo se establecerán en cuantía similar a las de los titulares de otros altos Órganos Constitucionales, atendiendo a la naturaleza de sus funciones.

Introducido por la LO 5/1997, de 4 de diciembre.

TÍTULO III
De la responsabilidad de los Jueces y Magistrados

CAPÍTULO I
De la responsabilidad penal

Art. 405. La responsabilidad penal de los Jueces y Magistrados por delitos o faltas cometidos en el ejercicio de las funciones de su cargo se exigirá conforme a lo dispuesto en esta Ley.

Art. 117.1 CE; art. 16 LOPJ.

Art. 406. El juicio de responsabilidad penal contra Jueces y Magistrados podrá incoarse por providencia del Tribunal competente o en virtud de querella del Ministerio Fiscal, o del perjudicado u ofendido, o mediante el ejercicio de la acción popular.

Arts. 57.1, 61.4 y 73.3 y 4 LOPJ.

Art. 407. Cuando el Tribunal Supremo, por razón de los pleitos o causas de que conozca o por cualquier otro medio, tuviere noticia de algún acto de Jueces o Magistrados realizado en el ejercicio de su cargo y que pueda calificarse de delito o falta, lo comunicará, oyendo previamente al Ministerio Fiscal, al Tribunal competente, a los efectos de incoación de la causa. Lo mismo harán, en su caso, los Tribunales Superiores de Justicia y Audiencias.

Art. 408. Cuando otras Autoridades Judiciales tuvieren conocimiento, a través de las actuaciones en que intervinieren, de la posible comisión de un delito o falta por un Juez o Magistrado en el ejercicio de su cargo, lo comunicarán al Juez o Tribunal competente, oído el Ministerio Fiscal, con remisión de los antecedentes necesarios.

Art. 409. Cuando el Consejo General del Poder Judicial, el Gobierno u otro órgano o autoridad del Estado o de una Comunidad Autónoma considere que un Juez o Magistrado ha realizado, en el ejercicio de su cargo, un hecho que puede ser constitutivo de delito o falta, lo pondrá en conocimiento del Ministerio Fiscal por si procediere el ejercicio de la acción penal, sin perjuicio de lo dispuesto en el artículo 406.

Art. 410. En el caso de que alguna de las partes en un proceso, o persona que tuviese interés en él, formulasen querella contra el juez o magistrado que deba resolver en dicho proceso, con carácter previo a la admisión de ésta el órgano competente para su instrucción podrá recabar los antecedentes que considere oportunos a fin de determinar su propia competencia así como la relevancia penal de los hechos objeto de la misma o la verosimilitud de la imputación.

Redactado por LO 19/2003, de 23 de diciembre.

CAPÍTULO II
De la responsabilidad civil

Los arts. 411 a 413 han sido suprimidos por la LO 7/2015, de 21 de julio, como consecuencia de la supresión de la responsabilidad civil directa de los jueces y magistrados. Ver el art. 296.

CAPÍTULO III
De la responsabilidad disciplinaria

Art. 414. Los Jueces y Magistrados están sujetos a responsabilidad disciplinaria en los casos y con las garantías establecidas en esta Ley.

Arts. 107.5, 132 y 133 LOPJ.

Art. 415. 1. La responsabilidad disciplinaria sólo podrá exigirse por la autoridad competente, mediante el procedimiento establecido en este capítulo.

2. La incoación de un procedimiento penal no será obstáculo para la iniciación de un expediente disciplinario por los mismos hechos, pero no se dictará resolución en éste hasta tanto no haya recaído sentencia o auto de sobreseimiento firmes en la causa penal.

En todo caso, la declaración de hechos probados contenida en la resolución que pone término al procedimiento penal vinculará a la resolución que se dicte en el expediente disciplinario, sin perjuicio de distinta calificación jurídica que puedan merecer en una y otra vía.

3. Sólo podrá recaer sanción penal y disciplinaria sobre los mismos hechos cuando no hubiere identidad de fundamento jurídico y de bien jurídico protegido.

Art. 416. 1. Las faltas cometidas por los Jueces y Magistrados en el ejercicio de sus cargos podrán ser muy graves, graves y leves.

2. Las faltas muy graves prescribirán a los dos años, las graves al año y las leves a los seis meses.

El plazo de prescripción comenzará a contarse desde que la falta se hubiera cometido. No obstante, en el supuesto previsto en el artículo 417.5, el plazo de prescripción se iniciará a partir de la firmeza de la sentencia o de la resolución dictada por el Consejo General del Poder Judicial que declare la responsabilidad civil del Juez o Magistrado.

El apartado ha sido redactado por la LO 7/2015, de 21 de julio.

3. La prescripción se interrumpirá desde la fecha de notificación del acuerdo de iniciación del procedimiento disciplinario o, en su caso, de las diligencias informativas relacionadas con la conducta investigada del Juez o Magistrado.

El plazo de prescripción vuelve a correr si las diligencias o el procedimiento permanecen paralizados durante seis meses por causa no imputable al Juez o Magistrado sujeto al expediente disciplinario.

Art. 417. Son faltas muy graves:

1. El incumplimiento consciente del deber de fidelidad a la Constitución establecido en el artículo 5.1 de esta ley, cuando así se apreciare en sentencia firme.

2. La afiliación a partidos políticos o sindicatos, o el desempeño de empleos o cargos a su servicio.

3. La provocación reiterada de enfrentamientos graves con las autoridades de la circunscripción en que el juez o magistrado desempeñe el cargo, por motivos ajenos al ejercicio de la función jurisdiccional.

4. La intromisión, mediante órdenes o presiones de cualquier clase, en el ejercicio de la potestad jurisdiccional de otro juez o magistrado.

5. Las acciones y omisiones que hayan dado lugar, en sentencia firme o en resolución firme dictada por el Consejo General del Poder Judicial, a una declaración de responsabilidad civil contraída en el ejercicio de la función por dolo o culpa grave conforme al apartado 2 del artículo 296.

El apartado ha sido redactado por la LO 7/2015, de 21 de julio.

6. El ejercicio de cualquiera de las actividades incompatibles con el cargo de juez o magistrado, establecidas en el artículo 389 de esta ley, salvo las que puedan constituir falta grave con arreglo a lo dispuesto en el artículo 418.14 de la misma.

7. Provocar el propio nombramiento para juzgados y tribunales cuando concurra en el nombrado alguna de las situaciones de incompatibilidad o prohibición

previstas en los artículos 391 a 393 de esta ley, o mantenerse en el desempeño del cargo en dichos órganos sin poner en conocimiento del Consejo General del Poder Judicial las circunstancias necesarias para proceder al traslado forzoso previsto en el artículo 394.

8. La inobservancia del deber de abstención a sabiendas de que concurre alguna de las causas legalmente previstas.

9. La desatención o el retraso injustificado y reiterado en la iniciación, tramitación o resolución de procesos y causas o en el ejercicio de cualquiera de las competencias judiciales.

10. El abandono de servicio o la ausencia injustificada y continuada, por siete días naturales o más, de la sede del órgano judicial en que el juez o magistrado se halle destinado.

11. Faltar a la verdad en la solicitud de obtención de permisos, autorizaciones, declaraciones de compatibilidad, dietas y ayudas económicas.

12. La revelación por el juez o magistrado de hechos o datos conocidos en el ejercicio de su función o con ocasión de éste, cuando se cause algún perjuicio a la tramitación de un proceso o a cualquier persona.

13. El abuso de la condición de juez para obtener un trato favorable e injustificado de autoridades, funcionarios o profesionales.

14. La ignorancia inexcusable en el cumplimiento de los deberes judiciales.

15. La absoluta y manifiesta falta de motivación de las resoluciones judiciales que la precisen, siempre que dicha falta haya sido apreciada en resolución judicial firme. Si la resolución inmotivada no fuese recurrible, será requisito para proceder la denuncia de quien fue parte en el procedimiento.

16. La comisión de una falta grave cuando el juez o magistrado hubiere sido anteriormente sancionado por otras dos graves, que hayan adquirido firmeza, sin que hubieran sido canceladas o procedido la cancelación de las correspondientes anotaciones, conforme a lo establecido en el artículo 427 de esta ley.

Redactado por LO 19/2003, de 23 de diciembre.

Art. 418. Son faltas graves:

1. La falta de respeto a los superiores en el orden jerárquico, en su presencia, en escrito que se les dirija o con publicidad.

2. Interesarse, mediante cualquier clase de recomendación, en el ejercicio de la actividad jurisdiccional de otro juez o magistrado.

3. Dirigir a los poderes, autoridades o funcionarios públicos o corporaciones oficiales felicitaciones o censuras por sus actos, invocando la condición de juez, o sirviéndose de esta condición.

§1

4. Corregir la aplicación o interpretación del ordenamiento jurídico hecha por los inferiores en el orden jurisdiccional, salvo cuando actúen en el ejercicio de la jurisdicción.

5. El exceso o abuso de autoridad, o falta grave de consideración respecto de los ciudadanos, instituciones, secretarios, médicos forenses o del resto del personal al servicio de la Administración de Justicia, de los miembros del Ministerio Fiscal, abogados y procuradores, graduados sociales y funcionarios de la Policía Judicial.

6. La utilización en las resoluciones judiciales de expresiones innecesarias o improcedentes, extravagantes o manifiestamente ofensivas o irrespetuosas desde el punto de vista del razonamiento jurídico. En este caso, el Consejo General del Poder Judicial solo procederá previo testimonio deducido o comunicación remitida por el tribunal superior respecto de quien dictó la resolución, y que conozca de la misma en vía de recurso.

7. Dejar de promover la exigencia de responsabilidad disciplinaria que proceda a los secretarios y personal auxiliar subordinado, cuando conocieren o debieren conocer el incumplimiento grave por los mismos de los deberes que les corresponden.

8. Revelar el juez o magistrado y fuera de los cauces de información judicial establecidos, hechos o datos de los que conozcan en el ejercicio de su función o con ocasión de ésta cuando no constituya la falta muy grave del apartado 12 del artículo 417 de esta ley.

9. El abandono del servicio o la ausencia injustificada y continuada por más de tres días naturales y menos de siete de la sede del órgano judicial en que el juez o magistrado se halle destinado.

10. El incumplimiento injustificado y reiterado del horario de audiencia pública y la inasistencia injustificada a los actos procesales con audiencia pública que estuvieren señalados, cuando no constituya falta muy grave.

11. El retraso injustificado en la iniciación o en la tramitación de los procesos o causas de que conozca el juez o magistrado en el ejercicio de su función, si no constituye falta muy grave.

12. El incumplimiento o desatención reiterada a los requerimientos que en el ejercicio de sus legítimas competencias realizasen el Consejo General del Poder Judicial, el Presidente del Tribunal Supremo, de la Audiencia Nacional y de los Tribunales Superiores de Justicia o Salas de Gobierno, o la obstaculización de sus funciones inspectoras.

13. El incumplimiento de la obligación de elaborar alarde o relación de asuntos pendientes en el supuesto establecido en el apartado 3 artículo 317 de esta ley.

14. El ejercicio de cualquier actividad de las consideradas compatibilizables a que se refiere el artículo 389.5.o de esta ley, sin obtener cuando esté prevista la pertinente autorización o habiéndola obtenido con falta de veracidad en los presupuestos alegados.

15. La abstención injustificada, cuando así sea declarada por la Sala de Gobierno, de conformidad con lo dispuesto en el artículo 221.3 de esta ley.

16. Adoptar decisiones que, con manifiesto abuso procesal, generen ficticios incrementos del volumen de trabajo en relación con los sistemas de medición fijados por el Consejo General del Poder Judicial.

17. Obstaculizar las labores de inspección.

18. La comisión de una falta de carácter leve habiendo sido sancionado anteriormente por resolución firme por otras dos leves sin que hubieran sido canceladas o procedido la cancelación de las correspondientes anotaciones, conforme a lo establecido en el artículo 427.

Redactado por LO 19/2003, de 23 de diciembre.

Art. 419. Son faltas leves:

1. La falta de respeto a los superiores jerárquicos cuando no concurran las circunstancias que calificarían la conducta de falta grave.

2. La desatención o desconsideración con iguales o inferiores en el orden jerárquico, con los ciudadanos, los miembros del Ministerio Fiscal, médicos forenses, abogados y procuradores, graduados sociales, con los secretarios o demás personal que preste servicios en la Oficina judicial, o con los funcionarios de la Policía Judicial.

3. El incumplimiento injustificado o inmotivado de los plazos legalmente establecidos para dictar resolución en cualquier clase de asunto que conozca el juez o magistrado.

4. La ausencia injustificada y continuada por más de un día natural y menos de cuatro de la sede del órgano judicial en que el juez o magistrado se halle destinado.

5. La desatención a los requerimientos que en el ejercicio de sus legítimas competencias realizasen el Consejo General del Poder Judicial, el Presidente del Tribunal Supremo, de la Audiencia Nacional y de los Tribunales Superiores de Justicia o Salas de Gobierno.

Redactado por LO 19/2003, de 23 de diciembre.

Art. 420. 1. Las sanciones que se pueden imponer a los Jueces y Magistrados por faltas cometidas en el ejercicio de sus cargos son:

a) Advertencia.

§1

b) Multa de hasta 6.000 euros.

Redactado por LO 19/2003, de 23 de diciembre.

c) Traslado forzoso a Juzgado o Tribunal con sede separada, al menos, en cien kilómetros de aquella en que estuviera destinado.

d) Suspensión de hasta tres años.

e) Separación.

El Juez o Magistrado sancionado con traslado forzoso no podrá concursar en el plazo de uno a tres años. La duración de la prohibición de concursar habrá de determinarse necesariamente en la resolución que ponga fin al procedimiento.

2. Las faltas leves sólo podrán sancionarse con advertencia o multa de hasta 500 euros o con ambas; las graves con multa de 501 a 6.000 euros, y las muy graves con suspensión, traslado forzoso o separación.

El apartado ha sido redactado por la LO 7/2015, de 21 de julio.

3. Las sanciones impuestas por faltas muy graves prescribirán a los dos años; las impuestas por faltas graves al año, y por faltas leves en el plazo previsto en el Código Penal para la prescripción de las faltas. Dichos plazos de prescripción comenzarán a computarse desde el día siguiente a aquel en que adquiera firmeza la resolución por la que se impusieron las sanciones.

Art. 421. 1. Serán competentes para la imposición de sanciones:

a) Para la sanción de advertencia, el Presidente del Tribunal Supremo, de la Audiencia Nacional y de los Tribunales Superiores de Justicia, a los jueces y magistrados dependientes de los mismos.

b) Para la sanción de multa o de advertencia y multa correspondiente a faltas leves, las Salas de Gobierno del Tribunal Supremo, de la Audiencia Nacional y de los Tribunales Superiores de Justicia respecto a los jueces y magistrados dependientes de cada una de ellas.

c) Para las sanciones correspondientes a faltas graves, la Comisión Disciplinaria del Consejo General del Poder Judicial.

d) Para las muy graves, el Pleno del Consejo General del Poder Judicial, a propuesta de la Comisión Disciplinaria.

2. No obstante, los órganos a que hacen referencia las anteriores reglas pueden imponer sanciones de menor gravedad que las que tienen ordinariamente atribuidas si, al examinar un expediente que inicialmente está atribuido a su competencia, resulta que los hechos objeto del mismo merecen un inferior reproche disciplinario.

3. En la imposición de sanciones por las autoridades y órganos competentes deberá observarse la debida adecuación o proporcionalidad entre la gravedad del hecho constitutivo de la infracción y la sanción aplicada.

Redactado por LO 19/2003, de 23 de diciembre.

Art. 422. 1. La sanción de advertencia se impondrá sin más trámite que la audiencia del interesado, previa una información sumaria.

Contra la resolución que recaiga sobre dicha clase de sanción podrá interponer el sancionado con carácter potestativo, antes de acudir a la vía contencioso-administrativa, recurso administrativo y el denunciante, en su caso, acudir a la vía contencioso-administrativa de acuerdo con las normas de legitimación establecidas en la ley reguladora de la expresada jurisdicción.

2. Las restantes sanciones deberán ser impuestas por el procedimiento establecido en los artículos siguientes.

3. Las sanciones a que alude el artículo 421.1,d) de esta Ley se impondrán por el Pleno del Consejo General del Poder Judicial, a propuesta de la Comisión Disciplinaria y previa audiencia del juez o magistrado contra el que se dirija el expediente, que podrá alegar y presentar los documentos que estime pertinentes en un plazo no inferior a 10 días ni superior a quince si la propuesta se separase de la formulada por el instructor.

Redactado por LO 19/2003, de 23 de diciembre.

Art. 423. 1. El procedimiento disciplinario se impulsará de oficio en todos sus trámites, y se iniciará, por acuerdo de la Sala de Gobierno o Presidente que corresponda o, en su caso, de la Comisión Disciplinaria o del Pleno del Consejo General del Poder Judicial, bien por propia iniciativa, como consecuencia de orden o petición razonada de distinto órgano, o de denuncia. También se iniciará a instancia del Ministerio Fiscal.

2. Toda denuncia sobre el funcionamiento de la Administración de Justicia en general y de la actuación de los jueces y magistrados en particular será objeto, en el plazo de un mes, de informe del Jefe del Servicio de Inspección del Consejo General del Poder Judicial, en el que se podrá proponer el archivo de plano, la apertura de diligencias informativas o la incoación directa de expediente disciplinario.

3. La resolución motivada que dicte la Sala de Gobierno o la Comisión Disciplinaria sobre la iniciación del expediente se notificará al denunciante, que no podrá impugnarla en vía administrativa, sin perjuicio de la legitimación que ostente como interesado en la vía jurisdiccional.

Si se incoare expediente disciplinario se notificarán al denunciante las resoluciones que recaigan y podrá formular alegaciones, pero no recurrir la decisión del expediente en vía administrativa, sin perjuicio de la legitimación que ostente como interesado en la vía jurisdiccional.

4. En el acuerdo que mande iniciar el procedimiento se designará un instructor delegado de igual categoría, al menos, a la de aquél contra el que se dirija el procedimiento. A propuesta del instructor delegado se designará un secretario.

Redactado por LO 19/2003, de 23 de diciembre.

Art. 424. 1. La Comisión Disciplinaria del Consejo General del Poder Judicial, por propia iniciativa, oído el instructor delegado o a propuesta de éste, previa audiencia del juez o magistrado contra el que se dirija el expediente y del Ministerio Fiscal, en un plazo común no superior a cinco días, podrá acordar cautelarmente la suspensión provisional del expedientado por un período máximo de seis meses, cuando aparezcan indicios racionales de la comisión de una falta muy grave.

2. Contra el acuerdo a que se refiere el número anterior, el interesado podrá interponer recurso de alzada ante el Pleno del Consejo General del Poder Judicial, en los términos establecidos en los artículos 142 y 143 de esta ley.

Redactado por LO 19/2003, de 23 de diciembre.

Art. 425. 1. El instructor delegado practicará cuantas pruebas y actuaciones sean necesarias para la determinación y comprobación de los hechos y responsabilidades susceptibles de sanción, con intervención del Ministerio Fiscal y del interesado, que podrá valerse de abogado desde el inicio del expediente.

2. A la vista de las pruebas y actuaciones practicadas, el instructor delegado formulará, si procediere, pliego de cargos, en el que se expondrán los hechos impugnados con expresión, en su caso, de la falta presuntamente cometida y de las sanciones que puedan ser de aplicación.

El pliego de cargos se notificará al interesado para que, en el plazo de ocho días, pueda contestarlo y proponer la prueba que precise, cuya pertinencia será calificada por el instructor delegado.

3. Contestado el pliego o transcurrido el plazo sin hacerlo, y practicadas, en su caso, las pruebas propuestas por el interesado, el instructor delegado, previa audiencia del Ministerio Fiscal, formulará propuesta de resolución, en la que fijará con precisión los hechos, hará la valoración jurídica de los mismos e indicará la sanción que estime procedente.

Dicha propuesta de resolución se notificará al interesado para que, en el plazo de ocho días, alegue lo que a su derecho convenga.

4. Evacuado el referido trámite, o transcurrido el plazo para ello, se remitirá lo actuado a la autoridad que hubiere ordenado la iniciación del procedimiento para la decisión que proceda. Cuando esta autoridad entienda procedente una sanción

de mayor gravedad que las que están dentro de su competencia, elevará el procedimiento, con su propuesta, a la que sea competente.

5. Podrán las autoridades competentes devolver el expediente al instructor delegado para que comprenda otros hechos en el pliego de cargos, complete la instrucción o someta al interesado una propuesta de resolución que incluya una calificación jurídica de mayor gravedad.

6. La duración del procedimiento sancionador no excederá de un año.

Redactado por LO 4/2018, de 28 de diciembre.

7. La resolución que ponga término al procedimiento disciplinario será motivada y en ella no se podrán contemplar hechos distintos de los que sirvieron de base a la propuesta de resolución, sin perjuicio de su distinta valoración jurídica siempre que no sea de mayor gravedad.

8. La resolución que recaiga deber ser notificada al interesado y al Ministerio Fiscal, quienes si el acuerdo procede de la Sala de Gobierno o de la Comisión Disciplinaria podrán interponer contra el recurso potestativo en vía administrativa, sin perjuicio de los que legalmente procedan en vía jurisdiccional. Asimismo se notificará al denunciante, si lo hubiere, quien únicamente podrá recurrir, en su caso, en vía contencioso-administrativa.

Las asociaciones de Jueces y Magistrados estarán también legitimadas para interponer, en nombre de sus asociados, recurso contencioso-administrativo, siempre que se acredite la expresa autorización de éstos.

9. La resolución sancionadora será ejecutiva cuando agote la vía administrativa, aún cuando se hubiere interpuesto recurso contencioso-administrativo, salvo que el Tribunal acuerde su suspensión.

Arts. 415 a 425 redactados conforme a la LO 16/1994, de 8 de noviembre.

Art. 425 bis. 1. Las normas relativas a la abstención y recusación establecidas en los artículos 28 y 29 de la Ley de Régimen Jurídico de las Administraciones públicas y del procedimiento administrativo común serán de aplicación al instructor delegado y al secretario del expediente disciplinario.

2. El derecho de recusación podrá ejercitarse desde el momento en que el interesado tenga conocimiento formal de la identidad del instructor delegado y del secretario.

3. La abstención y recusación se plantearán ante el órgano que acordó el nombramiento, el cual, tras oír al instructor delegado o al secretario, resolverá en el término de tres días.

4. Contra los acuerdos adoptados en materia de abstención y recusación no procederá recurso alguno, sin perjuicio de que el interesado pueda alegar la recu-

§1

sación en el escrito de interposición del correspondiente recurso que se interponga contra el acuerdo que ponga fin al procedimiento disciplinario.

Redactado por LO 19/2003, de 23 de diciembre.

Art. 426. 1. Las sanciones disciplinarias serán anotadas en el expediente personal del interesado, con expresión de los hechos imputados.

2. La Autoridad que las impusiere cuidar de que se cumpla lo anterior.

Art. 427. 1. La anotación de la sanción de advertencia quedará cancelada por el transcurso del plazo de seis meses desde que adquirió firmeza, si durante ese tiempo no hubiere dado lugar el sancionado a otro procedimiento disciplinario que termine con la imposición de sanción.

2. La anotación de las restantes sanciones, con excepción de la de separación, podrá cancelarse, a instancia del interesado y oído el Ministerio Fiscal, cuando hayan transcurrido al menos uno, dos o cuatro años desde la imposición firme de la sanción, según que se trate de falta leve, grave o muy grave, y durante este tiempo no hubiere dado lugar el sancionado a nuevo procedimiento disciplinario que termine con la imposición de sanción.

3. La cancelación borrará el antecedente a todos los efectos.

Arts. 380 a 382 LOPJ; arts. 148 y ss. Regl. CGPJ 1/1995, de 7 de junio.

TÍTULO IV
De los jueces en régimen de provisión temporal

Art. 428. 1. Podrán cubrirse en régimen de provisión temporal las vacantes de Jueces que resulten desiertas en los concursos, y hasta tanto se cubran por los procedimientos ordinarios.

2. En las convocatorias de oposiciones habrán de incluirse todas las plazas vacantes, incluidas las servidas por Jueces de provisión temporal. Estas últimas deberán anunciarse en los concursos de traslado al menos una vez al año.

Arts. 301, 302, 326 y 329 LOPJ.

Art. 429. Las Salas de Gobierno de los Tribunales Superiores de Justicia ponderarán si los órganos jurisdiccionales vacantes pueden ser servidos adecuadamente mediante sustitución, prórrogas de jurisdicción o comisiones de servicio, o si éstos son insuficientes para asegurar su regular funcionamiento. En este supuesto, elevarán al Consejo General del Poder Judicial una relación de los Juzgados que exijan su provisión temporal inmediata, en unión de un informe razonado que lo justifique.

Art. 430. El Consejo General, valorando dicho informe y todos los antecedentes de que disponga o estime necesario recabar decidirá si procede o no utilizar la aplicación del régimen extraordinario de provisión regulado en este Título, comunicando su decisión a la Sala de Gobierno correspondiente.

Art. 431. 1. Cuando se autorizare este régimen de provisión, la Sala de Gobierno del Tribunal Superior de Justicia anunciará concurso de todas las vacantes a cubrir por este medio dentro de la Comunidad Autónoma, en el que sólo podrán tomar parte aquellos licenciados en Derecho que soliciten una, varias o todas las plazas convocadas y que reúnan los demás requisitos exigidos para el ingreso en la Carrera Judicial, excepto los derivados de la jubilación por edad. No podrá ser propuesto ni actuar como Juez en régimen de provisión temporal quien haya alcanzado la edad de setenta y dos años.

2. Tendrán preferencia aquellos en quienes concurran más méritos de acuerdo al baremo siguiente, siempre que no concurran otras circunstancias que comporten su falta de idoneidad:

a) Los que ostenten el título de Doctor en Derecho.

b) Los que hayan ejercido funciones judiciales, de Secretarios Judiciales o de sustitución en la Carrera Fiscal con aptitud demostrada o ejercido otras profesiones jurídicas.

c) Los que hubieran aprobado oposiciones para el desempeño de puestos de trabajo en cualquier Administración Pública en las que se exija el título de licenciado en Derecho.

d) Los que acrediten docencia universitaria de disciplina jurídica.

e) Los que tengan mejor expediente académico.

f) En las Comunidades Autónomas con derecho o con lengua y derecho propios su conocimiento se considerará como mérito.

Los anteriores méritos serán valorados de forma que ninguno de ellos, por sí solo, pueda superar la valoración conjunta de otros dos.

3. De los nombramientos efectuados se dará cuenta al Consejo General, que los dejará sin efecto si no se ajustaren a la ley.

Art. 432. 1. Los nombrados Jueces con carácter temporal quedarán sujetos, durante el tiempo en que desempeñaren dichos cargos, al estatuto jurídico de los miembros de la Carrera Judicial y tendrán derecho a percibir las remuneraciones que reglamentariamente se señalen por el Gobierno dentro de las previsiones presupuestarias.

2. Los nombramientos se harán por un año, que podrá prorrogarse por otro más, con arreglo al mismo procedimiento, salvo lo previsto en la letra e) del apartado 1 del artículo siguiente.

Art. 433. 1. Quienes ocuparen plazas judiciales en régimen de provisión temporal cesarán:

a) Por transcurso de plazo para el que fueron nombrados.

b) Por dimisión, aceptada por la Sala de Gobierno que los nombró.

c) Por cumplir la edad de setenta y dos años.

d) Por decisión de dicha Sala, cuando incurrieren en alguna de las causas de incapacidad, incompatibilidad o prohibición establecida en esta Ley, previa una sumaria información con audiencia del interesado y del Ministerio Fiscal.

e) Por acuerdo de aquélla, cuando se advirtiere en ellos falta de aptitud o idoneidad para el ejercicio de cargo y cuando dejaren de atender diligentemente los deberes de éste con las mismas garantías en cuanto a procedimiento establecidas en la letra anterior.

f) Cuando fuere nombrado un Juez titular para la plaza servida en régimen de provisión temporal.

2. Los ceses, cualquiera que fuere la causa que los determine, se comunicarán al Consejo General del Poder Judicial.

TÍTULO V
De la formación continua de los jueces y magistrados

Art. 433 bis. 1. El Consejo General del Poder Judicial garantizará que todos los Jueces y Magistrados reciban una formación continuada, individualizada, especializada y de alta calidad durante toda su carrera profesional.

2. El Consejo General del Poder Judicial establecerá reglamentariamente un Plan de Formación Continuada de la Carrera Judicial en el que se detallarán los objetivos, contenidos, prioridades formativas y la programación plurianual de estas actuaciones.

3. Cada miembro de la Carrera Judicial contará con un Plan Especializado en Formación Continuada mediante el cual se programarán de forma individualizada, en períodos de cinco años, los objetivos formativos, garantizándose la plena adaptación a las innovaciones jurídicas con incidencia en el ejercicio de sus funciones jurisdiccionales.

El cumplimiento de los objetivos del Plan Especializado de Formación de cada uno de los jueces y magistrados será evaluado por el Consejo General del Poder

Judicial en la forma reglamentariamente establecida, a efectos de ascensos y promoción profesional.

4. La Escuela Judicial desarrollará los programas e impartirá los cursos de formación que integren el Plan de Formación Continuada de la Carrera Judicial, pudiendo, por ello, celebrar actividades formativas de manera descentralizada, en el ámbito autonómico o provincial, y mediante colaboración, en su caso, con entidades y organismos expertos en la impartición de la formación de que se trate.

Redactado por LO 19/2003, de 23 de diciembre.

5. El Plan de Formación Continuada de la Carrera Judicial contendrá cursos específicos de naturaleza multidisciplinar sobre la tutela judicial del principio de igualdad entre mujeres y hombres, la discriminación por cuestión de sexo, la múltiple discriminación y la violencia ejercida sobre las mujeres, así como la trata en todas sus formas y manifestaciones y la capacitación en la aplicación de la perspectiva de género en la interpretación y aplicación del Derecho, además de incluir dicha formación de manera transversal en el resto de cursos.

Asimismo, el Plan de Formación Continuada contemplará cursos específicos de naturaleza disciplinar sobre la tutela judicial de los derechos de los niños, niñas y adolescentes. En todo caso, en los cursos de formación se introducirá el enfoque de la discapacidad de los niños, niñas y adolescentes.

Redactado por la Ley Orgánica 8/2021, de 4 de junio.

TÍTULO VI
Del Centro de Estudios Jurídicos de la Administración de Justicia

Art. 434. 1. El Centro de Estudios Jurídicos de la Administración de Justicia es una entidad de Derecho público con personalidad jurídica propia dependiente del Ministerio de Justicia.

2. Tendrá como función la colaboración con el Ministerio de Justicia en la selección, formación inicial y continuada de los miembros de la Carrera Fiscal, el Cuerpo de Letrados y demás personal al servicio de la Administración de Justicia.

El Centro de Estudios Jurídicos impartirá anualmente cursos de formación sobre el principio de igualdad entre mujeres y hombres y su aplicación con carácter transversal a quienes integren la Carrera Fiscal, el Cuerpo de Letrados y demás personal al servicio de la Administración de Justicia, así como sobre la detección precoz y el tratamiento de situaciones de violencia de género.

Asimismo, el Centro de Estudios Jurídicos impartirá anualmente cursos específicos de naturaleza multidisciplinar sobre la tutela judicial de los derechos de la infancia y la adolescencia. En todo caso, en los cursos de formación se introducirá el enfoque de la discapacidad de los niños, niñas y adolescentes.

Redactado por la Ley Orgánica 8/2021, de 4 de junio.

3. Reglamentariamente se establecerá la organización del Centro y designación del personal directivo. Asimismo, se establecerán las relaciones permanentes del Centro con los órganos competentes de las Comunidades Autónomas.

Redactado conforme a la LO 16/1994, de 8 de noviembre; arts. 110.2.a), 475, 478.2 y 499 LOPJ; Cf. RD 1276/2003, de 10 de octubre, que aprueba el Estatuto del Centro de Estudios Jurídicos.

§1

LIBRO V
DE LA COORDINACIÓN ENTRE ADMINISTRACIONES, LA OFICINA JUDICIAL Y LOS LETRADOS Y LETRADAS DE LA ADMINISTRACIÓN DE JUSTICIA

Redactado todo este Libro por la LO 19/2003, de 23 de diciembre.
Rúbrica modificada por la Ley Orgánica 1/2025, de 2 de enero, de medidas en materia de eficiencia del Servicio Público Justicia.

TÍTULO I
Régimen de coordinación, organización y funcionamiento de la administración al servicio de jueces y juezas y tribunales

Rúbrica modificada por la Ley Orgánica 1/2025, de 2 de enero, de medidas en materia de eficiencia del Servicio Público Justicia.

CAPÍTULO I
De la coordinación y cooperación entre Administraciones

Art. 434 bis. Las Administraciones con competencias en materia de Justicia impulsarán la cooperación para garantizar la mejora continua en la Administración de Justicia fijando estándares de calidad homogéneos en todo el Estado.

A tal fin, y mediante convenios u otros instrumentos de colaboración y cooperación interadministrativa de los contemplados en la legislación vigente, se podrán articular estructuras para la definición, ejecución y seguimiento de proyectos compartidos entre las distintas Administraciones.

Con el mismo objetivo se establecerán cauces que permitan la participación de los Consejos Profesionales que desarrollan sus funciones, principalmente, en relación con la Administración de Justicia.

Se establece asimismo como objetivo prioritario de la cooperación establecer los medios materiales que permitan que el conjunto del procedimiento, las comunicaciones y actos de impulso procesal puedan desarrollarse íntegramente en todas las lenguas oficiales del Estado, garantizando así el respeto de los derechos lingüísticos de los ciudadanos.

Art. 434 ter. 1. Se crea la Comisión para la Calidad del servicio público de Justicia que se encargará de elaborar con carácter anual un informe sobre la calidad del servicio público basado en datos. Este informe, entre otras cuestiones, valorará la eficiencia, la accesibilidad universal y la satisfacción del usuario o usuaria del sistema de Justicia, proponiendo a las Administraciones competentes aquellas mejoras normativas o de funcionamiento y de acceso a la Justicia para todas las personas, en condiciones de igualdad y no discriminación, que estime pertinentes, así como fijando objetivos anuales y estándares comunes y homogéneos que contribuyan a la mejora de la calidad del servicio público de Justicia. La Comisión desarrollará su trabajo en los ámbitos autonómico y estatal. Podrá desarrollar también su trabajo en el ámbito provincial a instancia de cualquiera de los miembros de la Comisión estatal o autonómica siempre que lo considere de utilidad en razón a los temas a tratar. En este caso, estará integrada por un miembro de cada una de las instituciones presentes en la Comisión autonómica y será convocada y presidida por el Presidente de la Audiencia Provincial.

2. Este órgano, para contribuir a la cogobernanza de la Administración de Justicia se estructura en comisiones autonómicas y en la Comisión estatal para la calidad del servicio público de Justicia; pudiendo funcionar en un ámbito provincial en el supuesto previsto en el apartado anterior.

3. La Comisión estatal estará integrada por una persona que represente a cada uno de los siguientes organismos e instituciones:

– Ministerio de Justicia.

– Consejo General del Poder Judicial.

– Cada una de las Comunidades Autónomas con competencias asumidas en materia de Justicia.

– Fiscalía General del Estado.

– Secretaría General de la Administración de Justicia.

– Consejo General de la Abogacía Española.

– Consejo General de Procuradores de los Tribunales de España.

– Consejo General de Graduados Sociales.

– Secretaría General del Comité técnico estatal de la Administración judicial electrónica.

— Organizaciones sindicales más representativas del personal al servicio de la Administración de Justicia, elegida por decisión mayoritaria entre ellas.

La Comisión estará presidida por el representante del Consejo General del Poder Judicial y por el representante del Ministerio de Justicia, por periodos anuales conforme a un turno rotatorio.

Corresponderá a la Presidencia la convocatoria de las reuniones y dirigir las sesiones.

4. Las Comisiones autonómicas estarán integradas por la Presidencia del Tribunal Superior o persona en quien delegue, que la presidirá, el Consejero o Consejera de Justicia de la Comunidad Autónoma en el caso de comunidades autónomas con competencias asumidas en materia de Administración de Justicia o persona en quien delegue, en otro caso, por un representante del Ministerio de Justicia, el o la Fiscal Jefe Superior o persona en quien delegue, el Secretario o Secretaria

de Gobierno, un representante de los colegios de la abogacía del territorio y un representante de las organizaciones sindicales más representativas del personal al servicio de la Administración de Justicia de la comunidad autónoma elegido por decisión mayoritaria entre ellas.

5. Las Comisiones autonómicas se reunirán al menos una vez al trimestre para analizar el funcionamiento de los órganos judiciales de su ámbito territorial y elaborarán un informe al respecto incluyendo las encuestas de satisfacción de las personas usuarias del servicio público, que se elevará a la Comisión estatal.

6. A las sesiones podrán acudir los técnicos que se consideren necesarios en función del orden del día prefijado.

El nuevo Capítulo I se introduce por la Ley Orgánica 1/2025, de 2 de enero, de medidas en materia de eficiencia del Servicio Público Justicia. La misma norma renumera los dos capítulos siguientes, que quedan como Capítulo II y III.

CAPÍTULO II
De la oficina judicial

La Orden JUS/415/2017, de 27 de abril, determina los modelos de estructura y organización de la Oficial Judicial en determinados partidos judiciales del ámbito territorial del Ministerio de Justicia.

Art. 435. 1. La Oficina judicial es la organización de carácter instrumental que sirve de soporte y apoyo a la actividad jurisdiccional de jueces y tribunales.

2. La estructura básica de la Oficina judicial, que será homogénea en todo el territorio nacional como consecuencia del carácter único del Poder al que sirve, estará basada en los principios de jerarquía, división de funciones y coordinación.

3. La Oficina judicial funcionará con criterios de agilidad, eficacia, eficiencia, racionalización del trabajo, responsabilidad por la gestión, coordinación y cooperación entre Administraciones, de manera que los ciudadanos obtengan un servicio próximo y de calidad, con respeto a los principios recogidos en la Carta de Derechos de los ciudadanos ante la Justicia.

4. Los puestos de trabajo de la Oficina judicial solo podrán ser cubiertos por personal de los cuerpos de funcionarios al servicio de la Administración de Justicia, y se ordenarán de acuerdo con lo establecido en las relaciones de puestos de trabajo. Los funcionarios que prestan sus servicios en las oficinas judiciales, a excepción de los letrados de la Administración de Justicia, sin perjuicio de su dependencia funcional, dependen orgánicamente del Ministerio de Justicia o de las Comunidades Autónomas con competencias asumidas en sus respectivos ámbitos.

Redactado por LO 4/2018, de 28 de diciembre.

5. En los municipios en que no proceda la constitución de una Oficina de Justicia en el municipio por ser sede de un Tribunal de Instancia, la Oficina judicial podrá prestar los servicios administrativos relacionados con la Administración de Justicia previstos en el artículo 439 quater.

Apartado añadido por la Ley Orgánica 1/2025, de 2 de enero, de medidas en materia de eficiencia del Servicio Público Justicia.

Art. 436. 1. La actividad de la Oficina judicial, definida por la aplicación de las leyes procesales, se realizará a través de los servicios comunes, que comprenderán a los servicios comunes de tramitación y en su caso, aquellos otros servicios comunes que se determine, donde se integran los puestos de trabajo vinculados funcionalmente por razón de sus cometidos.

2. El diseño de la Oficina judicial será flexible. Su dimensión y organización se determinarán por la Administración Pública competente, en función de la actividad que en la misma se desarrolle.

3. La Oficina judicial podrá prestar su apoyo a órganos de ámbito nacional, de comunidad autónoma, provincial o de partido judicial, extendiéndose su ámbito competencial al de los órganos a los que presta su apoyo. Su ámbito competencial también podrá ser comarcal, de tal forma que pueda servir de apoyo a más de un Tribunal de Instancia.

4. Los servicios comunes de la Oficina judicial podrán desempeñar sus funciones al servicio de órganos de una misma jurisdicción, de varias jurisdicciones o a órganos especializados, sin que, en ningún caso, el ámbito de la Oficina judicial pueda modificar el número y composición de los órganos judiciales que constituyen la planta judicial ni la circunscripción territorial de los mismos establecida por la ley.

5. Los servicios comunes podrán estructurarse en áreas, a las que se dotará de los correspondientes puestos de trabajo y, si el servicio lo requiere, en equipos. Dentro del mismo partido judicial, podrán dotarse puestos de trabajo de los servicios comunes procesales en localidades distintas a aquella en que se encuentre la Oficina judicial. La actividad de dichos puestos podrá ser compatible con las tareas derivadas de la prestación de servicios de la Oficina de Justicia en el municipio.

6. La dirección de cada servicio común corresponderá a un letrado o una letrada de la Administración de Justicia, de quien dependerán funcionalmente el resto de los letrados y letradas de la Administración de Justicia y el personal destinado en los puestos de trabajo en que aquel se ordene y que, en todo caso, deberá ser suficiente y adecuado a sus funciones.

Cuando así venga previsto en la correspondiente relación de puestos de trabajo, la dirección de un servicio común podrá compatibilizarse con otras funciones reservadas a letrados o letradas de la Administración de Justicia de la misma Oficina judicial.

Quien dirija un servicio común coordinará a las letradas y a los letrados de la Administración de Justicia que lo integren en el ejercicio de las funciones de dirección técnico-procesal y demás previstas en la ley que estos desempeñan en relación con el personal destinado en el servicio común. Asimismo, el director o la directora que dirija un servicio común deberá hacer cumplir, en el ámbito organizativo y funcional que le es propio, las órdenes y circulares que reciba de sus superiores jerárquicos. En el ámbito jurisdiccional, responderán del estricto cumplimiento de cuantas actuaciones o decisiones adopten jueces, juezas o tribunales en el ejercicio de sus competencias.

7. Las jefaturas de áreas y equipos corresponderán a los funcionarios y funcionarias del Cuerpo de Letrados de la Administración de Justicia y de los Cuerpos Generales, conforme se establezca en las relaciones de puestos de trabajo.

8. Los servicios comunes asistirán a jueces y juezas para el ejercicio de las funciones que les son propias, realizando las actuaciones necesarias para el exacto y eficaz cumplimiento de cuantas resoluciones se dicten. Los jueces y las juezas podrán requerir en todo momento a la Oficina judicial cuanta información consideren necesaria sobre los procedimientos cuyo conocimiento tengan atribuido.

Modificado por la Ley Orgánica 1/2025, de 2 de enero, de medidas en materia de eficiencia del Servicio Público Justicia.

Art. 437. 1. A los efectos de esta ley orgánica se entiende por servicio común de tramitación aquella unidad de la Oficina judicial que realiza todas las funciones requeridas para la ordenación del procedimiento.

2. Para el cumplimiento de las funciones previstas en el apartado anterior el Tribunal Supremo, la Audiencia Nacional, cada Tribunal Superior de Justicia, cada Audiencia Provincial y cada Tribunal de Instancia, así como el Tribunal Central de Instancia, serán asistidos por un servicio común de tramitación de la correspondiente Oficina judicial.

3. El Ministerio de Justicia y las comunidades autónomas en sus respectivos territorios serán competentes para el diseño y organización de los servicios comunes de tramitación, en los que podrán crear áreas, cuando estas asistan a órganos de diferentes secciones u órdenes jurisdiccionales.

No obstante, cuando en un Tribunal de Instancia el número de plazas judiciales de una misma sección sea igual o superior a doce, deberá existir al menos un área para la ordenación de los procedimientos de que conozcan, que se podrá

§1 extender también a los que correspondan a otras secciones del mismo orden jurisdiccional.

4. Cuando, de conformidad con el artículo 521.3 E), así se determine en las correspondientes relaciones de puestos de trabajo, se podrán compatibilizar la actividad los puestos de dirección del servicio común de tramitación de una Audiencia Provincial y de dirección del servicio común de tramitación del Tribunal de Instancia con sede en la misma localidad.

5. Quien ocupe la dirección del servicio común de tramitación asumirá las facultades de coordinación con la Presidencia del Tribunal, así como con la dirección del resto de servicios comunes para el eficaz funcionamiento de la Oficina judicial.

Modificado por la Ley Orgánica 1/2025, de 2 de enero, de medidas en materia de eficiencia del Servicio Público Justicia.

Art. 438. Sin perjuicio de lo previsto en el artículo anterior, el Ministerio de Justicia y las comunidades autónomas en sus respectivos territorios serán competentes para el diseño, creación y organización de otros servicios comunes que realicen las funciones de registro y reparto, de apoyo, actos de comunicación, auxilio judicial nacional e internacional, de ordenación de procesos de ejecución y jurisdicción voluntaria. Las Salas de Gobierno, las Juntas de Jueces y Juezas y los Secretarios de Gobierno de los Tribunales Superiores de Justicia podrán solicitar al Ministerio y a las comunidades autónomas la creación de servicios comunes, conforme a las específicas necesidades.

Asimismo, podrán crear servicios comunes procesales que asuman otras funciones distintas a las relacionadas en este número, en cuyo caso será preciso el informe favorable del Consejo General del Poder Judicial.

Modificado por la Ley Orgánica 1/2025, de 2 de enero, de medidas en materia de eficiencia del Servicio Público Justicia.

CAPÍTULO III
De las unidades administrativas

Art. 439. 1. A los efectos de esta ley, se entiende por unidad administrativa aquella que, sin estar integrada en la Oficina judicial, se constituye en el ámbito de la organización de la Administración de Justicia para la prestación de servicios que se consideren necesarios o convenientes para el funcionamiento del servicio público de Justicia. Estos servicios no comprenderán la realización de funciones de carácter procesal que correspondan al personal funcionario de los Cuerpos de la Administración de Justicia.

2. El Ministerio de Justicia y las comunidades autónomas en sus respectivos ámbitos, podrán establecer estas unidades administrativas para, entre otras funciones, dar apoyo a la jefatura, ordenación y gestión de los recursos humanos sobre los que se tienen competencias en materia de Justicia, así como sobre los medios informáticos, nuevas tecnologías y demás medios materiales.

3. Las unidades administrativas también se podrán crear para la prestación de servicios de medios adecuados de solución de controversias. En este caso las unidades administrativas podrán contar con puestos de trabajo para letrados y letradas de la Administración de Justicia.

4. Los puestos de trabajo de estas unidades administrativas, cuya determinación corresponderá al Ministerio de Justicia y a las comunidades autónomas con competencias asumidas, en sus respectivos ámbitos, podrán ser cubiertos con personal de los Cuerpos de funcionarios al servicio de la Administración de Justicia de la Administración del Estado y de las comunidades autónomas que reúnan los requisitos y condiciones establecidas en la respectiva relación de puestos de trabajo.

5. Corresponde a cada Administración en su propio ámbito territorial, el diseño, la creación y organización de las unidades administrativas necesarias, la determinación de su forma de integración en la Administración pública de que se trate, su ámbito de actuación, dependencia jerárquica, establecimiento de los puestos de trabajo, así como la dotación de los créditos necesarios para su puesta en marcha y funcionamiento.

6. Estas unidades administrativas tendrán la consideración de centro de destino cuando así se establezca en su norma de creación.

Modificado por la Ley Orgánica 1/2025, de 2 de enero, de medidas en materia de eficiencia del Servicio Público Justicia.

Art. 439 bis. 1. A los efectos de esta Ley, se entiende por oficina del Registro Civil aquella unidad que, sin estar integrada en la Oficina judicial, se constituye en el ámbito de la organización de la Administración de Justicia para encargarse de la llevanza del referido servicio público según lo establecido por la Ley y el Reglamento del Registro Civil, vinculándose funcionalmente para el desarrollo de dicho cometido al Ministerio de Justicia a través de la Dirección General de Seguridad Jurídica y Fe Pública.

Los puestos de trabajo de estas oficinas del Registro Civil, cuya determinación corresponderá al Ministerio de Justicia y a las comunidades autónomas con competencias asumidas, en sus respectivos ámbitos, serán cubiertos con personal de la Administración de Justicia, que reúna los requisitos y condiciones establecidas en la respectiva relación de puestos de trabajo.

2. El personal funcionario al servicio de la Administración de Justicia destinado en puestos de trabajo cuya actividad sea declarada compatible de conformidad con el artículo 521.3 E) realizará las tareas propias de la Oficina del Registro Civil y de la Oficina judicial de conformidad con lo previsto en los protocolos de actuación.

Las Oficinas de Justicia en los municipios prestarán la colaboración que, en materia de Registro Civil, se determine en la Ley del Registro Civil y su Reglamento de desarrollo.

Artículo añadido por la Ley Orgánica 6/2021, de 28 de abril y modificado por la Ley Orgánica 1/2025, de 2 de enero, de medidas en materia de eficiencia del Servicio Público Justicia.

CAPÍTULO IV
De las Oficinas de Justicia en los municipios

Capítulo añadido por la Ley Orgánica 1/2025, de 2 de enero, de medidas en materia de eficiencia del Servicio Público Justicia.

Art. 439 ter. 1. Las Oficinas de Justicia en los municipios son aquellas unidades que, sin estar integradas en la estructura de la Oficina judicial, se constituyen en el ámbito de la organización de la Administración de Justicia para la prestación de servicios a la ciudadanía de los respectivos municipios.

2. En cada municipio donde no tenga su sede un Tribunal de Instancia existirá una Oficina de Justicia, que prestará servicios en la localidad donde se encuentre ubicada. En ella el juez o jueza de paz dispondrá de recursos y espacios suficientes y adecuadamente señalizados.

3. Las instalaciones y medios instrumentales de estas Oficinas estarán a cargo del Ayuntamiento respectivo, salvo cuando fuere conveniente su gestión total o parcial por el Ministerio de Justicia o la comunidad autónoma con competencias asumidas en materia de Justicia. Los sistemas y equipos informáticos de las Oficinas serán facilitados por el Ministerio de Justicia o la comunidad autónoma respectiva en los casos que tengan asumidas las competencias en materia de Justicia.

4. Los Presupuestos Generales del Estado establecerán un crédito para subvencionar a los ayuntamientos por la atención de los conceptos regulados en el apartado anterior y, en su caso, del personal dependiente de este que preste servicio en estas Oficinas de Justicia. La subvención se modulará en función del número de habitantes de derecho del municipio. En las comunidades autónomas en las que se haya efectuado el traspaso de funciones de la Administración del Estado en materia de provisión de medios materiales y económicos para el funcionamiento de la Administración de Justicia, dicha subvención se dotará y librará por la correspondiente comunidad autónoma a los ayuntamientos de su respectivo territorio.

Art. 439 quater. 1. En las Oficinas de Justicia en los municipios se prestarán los siguientes servicios:

a) La asistencia al juez o la jueza de paz del municipio en el ejercicio de las funciones que tenga atribuidas legalmente.

b) La práctica de los actos de comunicación procesal con quienes residan en el municipio o municipios para los que presten sus servicios, siempre que los mismos no se hayan podido practicar por medios electrónicos.

c) Los que, en su calidad de oficinas colaboradoras del Registro Civil, se establezcan en la ley o por vía reglamentaria.

2. Cuando el desarrollo de las herramientas informáticas y los medios materiales e instrumentales lo permitan, se prestarán también los siguientes:

a) La práctica de actuaciones procesales con residentes o personas que desarrollen su profesión o trabajo en el municipio, que deban llevarse a cabo mediante videoconferencia u otros sistemas de telepresencia incluida la intervención en actos de conciliación y derivados de expedientes de jurisdicción voluntaria.

b) La recepción de las solicitudes de reconocimiento del derecho a la asistencia jurídica gratuita y su remisión a los Colegios de la Abogacía encargados de su tramitación, así como las restantes actuaciones que puedan servir de apoyo a la gestión de estas solicitudes y su comunicación a los interesados.

c) Las solicitudes o gestión de peticiones de la ciudadanía, dirigidas a las Gerencias Territoriales del Ministerio de Justicia u órganos equivalentes en aquellas comunidades que tienen asumidas competencias en materia de Justicia.

d) La colaboración con las unidades de medios adecuados de solución de controversias existentes en su ámbito territorial, en coordinación con la Administración prestacional competente.

e) La colaboración con las Administraciones públicas competentes para que, en cuanto el desarrollo de las herramientas informáticas lo permita, se facilite a jueces, juezas, magistrados y magistradas, fiscales, letrados y letradas de la Administración de Justicia y al personal al servicio de la Administración de Justicia que no esté integrado en las relaciones de puestos de trabajo de dichas Oficinas, el desempeño ocasional de su actividad laboral en estas instalaciones, comunicando telemáticamente con sus respectivos puestos.

f) Aquellos otros servicios que figuren en convenios de colaboración entre diferentes Administraciones Públicas.

Art. 439 quinquies. 1. Las Oficinas de Justicia de municipios de más de 7.000 habitantes y aquellas otras en las que la carga de trabajo lo justifique estarán servidas por funcionarios de los Cuerpos al servicio de la Administración de Justicia, y su determinación corresponderá al Ministerio de Justicia y a las comunidades

§1

autónomas con competencias asumidas, en sus respectivos ámbitos. En las respectivas relaciones de puestos de trabajo se podrán incluir determinados puestos a cubrir con personal de otras Administraciones Públicas, siempre que reúnan los requisitos y condiciones establecidas en aquellas.

En todo caso, la Secretaría de estas Oficinas de Justicia será desempeñada por personal del Cuerpo de Gestión Procesal y Administrativa, conforme se determine en la correspondiente relación de puestos de trabajo.

2. El personal funcionario al servicio de la Administración de Justicia destinado en puestos de trabajo cuya actividad sea declarada compatible de conformidad con el artículo 521.3 E) realizará las tareas propias de la Oficina de Justicia en el municipio así como las de la Oficina judicial correspondiente. En el caso de estas últimas lo hará bajo la dependencia funcional del director o directora del servicio para el que desarrolle actividad compatible.

3. El Ministerio de Justicia o las comunidades autónomas con competencias en materia de Justicia, en sus respectivos ámbitos, podrán establecer agrupaciones de Oficinas de Justicia de municipios limítrofes de un mismo partido judicial para la prestación a la ciudadanía de los servicios a que se refiere el artículo anterior. En tales casos se determinará el municipio cabecera de la agrupación.

La Oficina de Justicia del municipio cabecera de agrupación deberá estar dotada con personal de la Administración de Justicia, quien prestará sus servicios en todas las Oficinas de Justicia de municipios integrados en la referida agrupación, conforme al régimen de atención que determinarán, en cada caso, el Ministerio de Justicia o las comunidades autónomas con competencias en materia de Justicia.

Para la atención en las Oficinas de Justicia de los municipios integradas en las referidas agrupaciones que no estén dotadas con personal de la Administración de Justicia, los ayuntamientos nombrarán personal funcionario, laboral o, en defecto de ambos, persona idónea para auxiliar al personal de los Cuerpos al servicio de la Administración de Justicia en la prestación de los servicios en ese municipio. Los requisitos de idoneidad que deberá reunir la persona que no tenga la condición de funcionario público vendrán establecidos en la propia norma en que se constituyan las referidas agrupaciones. En todo caso, la designación deberá recaer en personas mayores de edad que no estén incursas en causas que impidan el ejercicio de un cargo público. El auxilio que preste este personal no comprenderá aquellas actuaciones cuya ejecución esté reservada al personal de la Administración de Justicia.

CAPÍTULO V
De la oficina fiscal

Capítulo añadido por la Ley Orgánica 1/2025, de 2 de enero, de medidas en materia de eficiencia del Servicio Público Justicia.

Art. 439 sexies. 1. La Oficina fiscal es la organización de carácter instrumental que sirve de soporte y apoyo a la actividad del Ministerio Fiscal.

2. La estructura básica de la Oficina fiscal, que podrá dividirse en áreas y equipos, será homogénea en todo el territorio del Estado y estará basada en los principios de jerarquía, división de funciones y coordinación.

3. La Oficina fiscal funcionará con criterios de agilidad, eficacia, eficiencia, racionalización del trabajo, responsabilidad por la gestión, coordinación y cooperación entre Administraciones, de manera que los ciudadanos obtengan un servicio próximo y de calidad, con respeto a los principios recogidos en la Carta de Derechos de los ciudadanos ante la Justicia.

4. Los puestos de trabajo de la Oficina fiscal solo podrán ser cubiertos por personal de los cuerpos de funcionarios al servicio de la Administración de Justicia, y se ordenarán de acuerdo con lo establecido en las relaciones de puestos de trabajo.

El personal que presta sus servicios en las oficinas fiscales, sin perjuicio de su dependencia funcional, depende orgánicamente del Ministerio de Justicia o de las Comunidades Autónomas con competencias asumidas en sus respectivos ámbitos.

TÍTULO II
Del cuerpo de los secretarios judiciales

CAPÍTULO I
Estatuto personal

Art. 440. Los Letrados de la Administración de Justicia son funcionarios públicos que constituyen un Cuerpo Superior Jurídico, único, de carácter nacional, al servicio de la Administración de Justicia, dependiente del Ministerio de Justicia, y que ejercen sus funciones con el carácter de autoridad, ostentando la dirección de la Oficina judicial.

Este artículo ha sido redactado por la LO 7/2015, de 21 de julio.

Art. 441. 1. Los puestos de trabajo cuyo desempeño esté reservado al Cuerpo de Letrados de la Administración de Justicia, se clasifican en tres categorías, teniendo lugar el ingreso en el mismo por la tercera categoría.

2. Todo Letrado de la Administración de Justicia poseerá una categoría personal.

La consolidación de la categoría personal exige el desempeño de puestos de trabajo correspondientes a dicha categoría al menos durante cinco años continuados o siete con interrupción.

3. No se podrá comenzar a consolidar una categoría superior sin previamente haber consolidado la inferior, si bien el tiempo de desempeño de un puesto de categoría superior será computable a efectos de la consolidación de la inferior.

4. No será posible utilizar el mismo periodo de tiempo para consolidar categorías diferentes.

5. En ningún caso un Letrado de la Administración de Justicia de la tercera categoría podrá optar a una plaza de la primera.

6. La categoría consolidada solo opera como garantía de la percepción del sueldo correspondiente a la misma, cuando se ocupe un puesto de inferior categoría.

7. El Ministerio de Justicia establecerá los tres grupos en los que se clasificarán los puestos de trabajo a desempeñar por los Letrados de la Administración de Justicia.

Este artículo ha sido redactado por la LO 7/2015, de 21 de julio.

Art. 442. 1. Los funcionarios del Cuerpo de Secretarios Judiciales serán seleccionados mediante convocatoria del Ministerio de Justicia, a través de los sistemas de oposición, que será el sistema ordinario de ingreso, o de concurso-oposición libre, que tendrá carácter excepcional y en el que las pruebas de conocimiento tendrán un contenido análogo a las de la oposición libre. Ambos procedimientos deberán garantizar, en todo caso, los principios de igualdad, mérito, capacidad y también de publicidad, en la forma en que dispone esta ley orgánica y las disposiciones reglamentarias que la desarrollen.

2. Se convocará un número de plazas equivalente al cincuenta por ciento de las que se ofrezcan al turno libre para su provisión, previa autorización por parte del Ministerio para la Transformación Digital y de la Función Pública, por promoción interna mediante el sistema de concurso-oposición por los funcionarios de carrera del Cuerpo de Gestión Procesal y Administrativa que hayan prestado, al menos, dos años de servicios efectivos en el mismo. A estos efectos se computarán los servicios prestados en el Cuerpo de Oficiales de la Administración de Justicia del que, en su caso, procedan.

Las restantes vacantes, acrecentadas por las que no se cubran por promoción interna, si las hubiere, se cubrirán en turno libre mediante oposición o, en su caso, concurso-oposición, siempre con sujeción a las previsiones presupuestarias vigentes en materia de oferta de empleo público.

De no existir oferta de empleo público, el Ministerio de la Presidencia, Justicia y Relaciones con las Cortes, con carácter extraordinario y previa autorización del Ministerio para la Transformación Digital y de la Función Pública, podrá convocar un proceso de promoción interna específico cuando las circunstancias en la Administración de Justicia lo aconsejen. El número de plazas convocadas por este sistema no podrá ser superior al quince por ciento de las plazas vacantes. En este caso, las plazas que no se cubran no podrán ofertarse para que lo sean por turno libre.

Este apartado ha sido redactado por la LO 7/2015, de 21 de julio y modificado por la Ley Orgánica 1/2025, de 2 de enero, de medidas en materia de eficiencia del Servicio Público Justicia.

3. Para el ingreso en el Cuerpo de Secretarios Judiciales, cualquiera que sea su forma de acceso, se requiere ser español, licenciado en Derecho, no estar incurso en causa de incapacidad o incompatibilidad, así como superar las pruebas selectivas que se establezcan y el correspondiente curso teórico-práctico que podrá tener carácter selectivo.

Art. 443. 1. El ingreso en el Cuerpo de Letrados de la Administración de Justicia se produce por el cumplimiento de las siguientes condiciones:

a) Reunir los requisitos y cumplir las condiciones exigidas en la convocatoria.

b) Superación de los procesos selectivos.

c) Nombramiento expedido por el Ministro de Justicia y publicado en el «Boletín Oficial del Estado».

d) Juramento o promesa de cumplir fielmente las obligaciones del cargo y guardar y hacer guardar la Constitución como norma fundamental.

e) Toma de posesión dentro del plazo establecido.

Este apartado ha sido redactado por la LO 7/2015, de 21 de julio.

2. La condición de secretario judicial se pierde en los siguientes supuestos:

a) Por renuncia voluntaria manifestada por escrito y aceptada expresamente por el Ministerio de Justicia.

b) Por pérdida de la nacionalidad española.

c) Por sanción disciplinaria de separación del servicio.

d) Por inhabilitación absoluta o especial impuesta como pena principal o accesoria por los tribunales cuando la misma sea firme.

e) Por jubilación, sea voluntaria o forzosa, o por incapacidad permanente para el servicio.

f) Por condena a pena de privativa de libertad superior a tres años por razón de delito doloso

Art. 443 bis. El Ministerio de Justicia aprobará cada año el escalafón del Cuerpo de Letrados de la Administración de Justicia, que se publicará en el «Boletín Oficial del Estado» y comprenderá los datos personales y profesionales que se establezcan reglamentariamente.

§1

Este artículo ha sido añadido por la LO 7/2015, de 21 de julio.

Art. 444. 1. Los funcionarios del Cuerpo de Letrados de la Administración de Justicia tendrán iguales derechos individuales, colectivos y deberes, que los establecidos en el Libro VI de esta Ley, rigiendo con carácter supletorio lo dispuesto en el Estatuto Básico del Empleado Público y el resto de la normativa estatal sobre función pública.

2. Sin perjuicio de su desarrollo y concreción en el reglamento orgánico, se reconocen los siguientes derechos profesionales:

a) Libranzas, en aquellos casos en que se preste una dedicación o servicio no retribuido, en los términos que se determinen reglamentariamente.

b) Especialización profesional en aquellos ámbitos, órdenes y materias que reglamentariamente se determinen.

c) Libre asociación profesional.

d) A que sus asociaciones profesionales sean oídas en todas aquellas materias que afecten a su estatuto orgánico.

3. El régimen establecido en los apartados anteriores será aplicable a los Letrados de la Administración de Justicia sustitutos, en la medida en que la naturaleza del derecho lo permita.

Este artículo ha sido redactado por la LO 7/2015, de 21 de julio.

Art. 445. 1. Las situaciones administrativas en que se puedan hallar los letrados de la Administración de Justicia, así como su jubilación, serán iguales y procederá su declaración en los supuestos y con los efectos establecidos en esta Ley Orgánica para Jueces y Magistrados.

No obstante, los letrados de la Administración de Justicia que se presenten como candidatos para acceder a cargos públicos representativos en el Parlamento Europeo, Congreso de los Diputados, Senado, Asambleas Legislativas de las Comunidades Autónomas o Corporaciones locales, podrán ser dispensados, previa solicitud, de la prestación del servicio en sus respectivas oficinas judiciales, durante el tiempo de duración de la campaña electoral. Este permiso podrá ser concedido por el Secretario General de la Administración de Justicia.

2. Estarán sujetos a las mismas incapacidades, incompatibilidades y prohibiciones con excepción de las previstas en el artículo 395.

Redactado por la Ley Orgánica 6/2021, de 28 de abril.

Art. 446. 1. Los Letrados de la Administración de Justicia deberán abstenerse en los casos establecidos para los Jueces y Magistrados y, si no lo hicieran, podrán ser recusados.

§1

2. La abstención se formulará por escrito motivado dirigido al Secretario Coordinador Provincial, quien decidirá la cuestión.

En caso de confirmarse la abstención, el Letrado de la Administración de Justicia que se haya abstenido debe ser reemplazado por su sustituto legal; en caso de denegarse, deberá aquél continuar actuando en el asunto.

3. Serán aplicables a la recusación de los Letrados de la Administración de Justicia las prescripciones que establece esta Ley para Jueces y Magistrados en el artículo 223, con las siguientes excepciones:

a) Los Letrados de la Administración de Justicia no podrán ser recusados durante la práctica de cualquier diligencia o actuación de que estuvieren encargados.

b) La pieza de recusación se resolverá por el Secretario de Gobierno.

c) Presentado el escrito de recusación, el Letrado de la Administración de Justicia recusado informará detalladamente por escrito si reconoce o no como cierta y legítima la causa alegada.

d) Cuando el recusado reconozca como cierta la causa de la recusación, el Secretario de Gobierno le tendrá por recusado mediante decreto, si estima que la causa es legal. Si estima que la causa no es de las tipificadas en la ley, declarará no haber lugar a la recusación. Contra el decreto sobre recusación no se dará recurso alguno.

e) Cuando el recusado niegue la certeza de la causa alegada como fundamento de la recusación, el instructor, si admitiere a trámite la recusación propuesta, ordenará la práctica, en el plazo de diez días, de la prueba solicitada que sea pertinente y la que estime necesaria, dándose traslado de las mismas al Ministerio Fiscal para informe por plazo de tres días. Transcurrido ese plazo, con o sin informe del Ministerio Fiscal, se decidirá la recusación dentro de los cinco días siguientes. Contra dicha resolución no cabrá recurso alguno.

f) El Letrado de la Administración de Justicia recusado, desde el momento en que sea presentado el escrito de recusación, será reemplazado por su sustituto legal.

Este artículo ha sido redactado por la LO 7/2015, de 21 de julio.

Art. 447. 1. Las retribuciones serán básicas y complementarias.

2. Los conceptos retributivos básicos serán iguales a los establecidos en la Ley para la Carrera Judicial.

3. Los conceptos retributivos complementarios serán los siguientes:

a) El complemento general de puesto, que retribuye las características generales de los mismos;

b) El complemento específico, único para cada puesto de trabajo y destinado a retribuir las condiciones particulares de los mismos;

§1

c) El complemento de productividad, destinado a retribuir el especial rendimiento, la actividad extraordinaria y el interés o iniciativa con que el funcionario desempeñe su trabajo, así como su participación en los programas concretos de actuación y en la consecución de los objetivos que se determinen por el Ministerio de Justicia, oído el Consejo General del Poder Judicial, y negociados con las organizaciones sindicales más representativas.

También se podrá retribuir mediante este complemento la participación de los secretarios judiciales en los programas o en la consecución de los objetivos que se hayan determinado por los órganos competentes de las comunidades autónomas con competencias asumidas para las oficinas judiciales de su territorio, siempre que exista autorización previa del Ministerio de Justicia.

A tal efecto, se establecerán los mecanismos de coordinación necesarios entre las Administraciones competentes.

d) Las gratificaciones, destinadas a retribuir los servicios de carácter extraordinario prestados fuera de la jornada normal de trabajo.

e) El complemento de carrera profesional, destinado a retribuir la progresión alcanzada por la persona funcionaria dentro del sistema de carrera horizontal.

Apartado e) adicionado por LO 4/2018, de 28 de diciembre.

4. Además de las retribuciones señaladas anteriormente, los secretarios judiciales podrán percibir las siguientes retribuciones, que tienen la condición de especiales:

a) Las correspondientes a desempeño de servicios de guardia.

b) Las correspondientes a sustituciones que impliquen el desempeño conjunto de otra función, además de aquellas de las que sea titular.

Estas retribuciones serán compatibles con todos los conceptos retributivos previstos anteriormente.

5. Los Letrados de la Administración de Justicia sustitutos percibirán las retribuciones correspondientes al puesto de trabajo desempeñado.

Este apartado ha sido redactado por la LO 7/2015, de 21 de julio.

Se reconocerán los trienios correspondientes a los servicios prestados que tendrán efectos retributivos conforme a lo establecido en la normativa vigente para los funcionarios de la Administración General del Estado. Este reconocimiento se efectuará previa solicitud del interesado.

Redactado conforme a la LO 13/2007, de 19 de noviembre.

Art. 448. 1. La cuantía del sueldo se establecerá para cada una de las categorías en que se estructura el Cuerpo de Secretarios Judiciales y la antigüedad se remunerará mediante un incremento sucesivo del cinco por ciento del sueldo inicial correspondiente a la categoría de ingreso por cada tres años de servicio. En todo caso se respetará la cuantía de los trienios reconocida a los secretarios judiciales pertenecientes al extinguido Cuerpo de los Secretarios de Magistratura de Trabajo. Los secretarios judiciales tendrán derecho a percibir dos pagas extraordinarias al año por importe, cada una de ellas, de una mensualidad de sueldo y antigüedad y, en su caso, una cantidad proporcional del complemento general de puesto, en los términos que se fijen por ley para la Administración de Justicia, que se harán efectivas en los meses de junio y diciembre, siempre que los perceptores estuvieran en servicio activo o con derecho a devengo del sueldo el día primero de los meses indicados.

2. La cuantía de las retribuciones básicas y de los complementos generales de puesto vendrá determinada en la Ley de Presupuestos Generales del Estado para cada año.

3. Por el Gobierno, mediante real decreto, a propuesta conjunta de los Ministros de Justicia y Hacienda, se determinarán los diferentes tipos de puestos adscritos a los secretarios judiciales a efectos del complemento general de puesto, la asignación inicial de los complementos específicos que correspondan y las retribuciones que procedan por sustituciones que impliquen el desempeño conjunto de otra función.

4. La concreción de la cuantía individual del complemento de productividad y la determinación del número de funcionarios con derecho a su percepción, se llevarán a cabo mediante resolución del Ministerio de Justicia, previa negociación con las organizaciones sindicales más representativas.

5. Mediante orden ministerial, a propuesta conjunta de los Ministros de Justicia y de Hacienda, previa negociación con las organizaciones sindicales, se procederá a la determinación de la remuneración por servicio de guardia.

6. La asignación individual de la cuantía de las gratificaciones y la fijación de los criterios para su percepción se determinarán por resolución del Ministerio de Justicia.

Art. 449. 1. Los funcionarios que se encuentren en periodo de prácticas o desarrollando cursos selectivos a los que se refiere el artículo 485 serán nombrados funcionarios en prácticas y percibirán una retribución equivalente al sueldo y las pagas extraordinarias correspondientes al Cuerpo de Secretarios Judiciales de la tercera categoría.

2. Los funcionarios en prácticas que ya estuviesen prestando servicios remunerados en la Administración de Justicia, durante el periodo de prácticas no podrán percibir remuneración alguna por el puesto de trabajo de origen y podrán

§1

optar por una remuneración de igual importe a la que les correspondía en el puesto de trabajo de origen o por la que les corresponda como funcionario en prácticas, de acuerdo con lo dispuesto en el apartado anterior.

3. Si las prácticas se realizasen desempeñando un puesto de trabajo, el importe señalado en el apartado primero se incrementará en las retribuciones complementarias de dicho puesto.

El Real Decreto-ley 16/2020, de 28 de abril, de medidas procesales y organizativas para hacer frente al COVID-19 en el ámbito de la Administración de Justicia dispone:

Art. 28. *Sustitución y refuerzo de Letrados de la Administración de Justicia en prácticas.*

1. Hasta el 31 de diciembre de 2020 las enseñanzas prácticas de los cursos de formación inicial del cuerpo de Letrados de la Administración de Justicia a las que se refiere el artículo 24 del Estatuto del Organismo Autónomo Centro de Estudios Jurídicos, aprobado por el Real Decreto 312/2019, de 26 de abril, podrán realizarse desempeñando labores de sustitución y refuerzo cuando así lo determine la Dirección del Centro, teniendo preferencia sobre los Letrados o Letradas sustitutos en cualquier llamamiento para el ejercicio de tales funciones.

2. Las Letradas y Letrados de la Administración de Justicia que realicen las labores de sustitución y refuerzo conforme al apartado anterior ejercerán sus funciones con idéntica amplitud a la de los titulares y quedarán a disposición de la Secretaría de Gobierno correspondiente.

La persona titular de la Secretaría de Gobierno deberá elaborar un informe sobre la dedicación y rendimiento en el desempeño de sus funciones, que deberá remitir al Centro de Estudios Jurídicos para su evaluación.

3. En todo caso, el Centro de Estudios Jurídicos garantizará la adecuada tutoría de las prácticas, a cuyo efecto las Secretarías de Gobierno prestarán la debida colaboración.

4. Las Letradas y los Letrados de la Administración de Justicia en prácticas que realicen labores de sustitución y refuerzo percibirán la totalidad de las retribuciones correspondientes al puesto de trabajo desempeñado, que serán abonadas por el Ministerio de Justicia.

Art. 450. 1. La provisión de puestos de trabajo se llevará a cabo por el procedimiento de concurso, que será el sistema ordinario de provisión.

Cuando se trate de puestos de carácter directivo o de especial responsabilidad, podrán cubrirse por el procedimiento de libre designación.

Los puestos de trabajo de Letrado de la Administración de Justicia en el Tribunal Supremo se cubrirán por el sistema de libre designación entre aquellos candidatos que pertenezcan a la primera o segunda categoría, con una antigüedad de al menos veinte años en una de ellas o entre ambas y quince años de servicio en el orden jurisdiccional correspondiente.

El nombramiento de Letrados de la Administración de Justicia para puestos de trabajo radicados en el ámbito territorial de una Comunidad Autónoma con competencias asumidas, que hayan de cubrirse por este procedimiento, requerirá el informe previo del órgano competente de dicha Comunidad. En todo caso, el sistema de provisión deberá estar determinado en las correspondientes relaciones de puestos de trabajo.

§1

Este apartado ha sido redactado por la LO 7/2015, de 21 de julio.

2. Excepcionalmente y cuando las necesidades del servicio lo requieran, los puestos de trabajo también podrán cubrirse de forma temporal mediante adscripción provisional o en comisión de servicios.

3. Reglamentariamente se establecerán las normas y requisitos a los que habrán de ajustarse los procedimientos de provisión de puestos de trabajo. En todo caso, para poder concursar deberá haber transcurrido un período mínimo de dos años, a contar desde la fecha de la resolución por la que se convocó el concurso de traslados en el que el funcionario obtuvo su último destino definitivo, desde el que participa, o desde la fecha de la resolución en la que se le adjudicó destino definitivo, si se trata de funcionarios de nuevo ingreso. Los secretarios judiciales que no tenga destino definitivo, obligados a participar en los concursos de acuerdo con la normativa vigente, están excluidos de esta limitación temporal.

4. En aquellas comunidades autónomas que gocen de derecho civil, foral o especial, y de idioma oficial propios, el conocimiento de los mismos se valorará como mérito.

Art. 451. 1. Las suplencias por ausencia, enfermedad, suspensión o vacante de Letrados de la Administración de Justicia serán cubiertas por quien designe su inmediato superior jerárquico.

2. Esta designación deberá recaer en otro Letrado de la Administración de Justicia, que se denominará Letrado suplente. A tal efecto los Secretarios de Gobierno elaborarán una relación de los miembros del Cuerpo de Letrados de la Administración de Justicia que voluntariamente quieran participar en los planes anuales de suplencias. De no existir voluntario, se designará, con carácter forzoso, al suplente ordinario que se designe conforme a lo previsto en el número anterior. Los llamamientos que tengan lugar conforme a lo establecido en este precepto serán retribuidos en los casos y cuantía que se determinen reglamentariamente.

3. Excepcionalmente, cuando no hubiera suficiente número de Letrados de la Administración de Justicia, en los supuestos de entradas y registros en lugares cerrados acordados por un único órgano judicial de la Audiencia Nacional y que deban ser realizados de forma simultánea, podrán los funcionarios del Cuerpo de Gestión Procesal y Administrativa, en sustitución del Letrado de la Administración de Justicia, intervenir en calidad de fedatarios y levantar la correspondiente acta.

4. Cuando no fuera posible proceder a la suplencia conforme a lo previsto en los apartados 1 y 2, y exista disponibilidad presupuestaria, podrá procederse al

§1

nombramiento de un Letrado de la Administración de Justicia sustituto, siempre que cumpla los requisitos de titulación exigidos para ingreso en el Cuerpo de Letrados de la Administración de Justicia.

5. A los Letrados de la Administración de Justicia sustitutos se les aplicará el mismo régimen jurídico que a los titulares, en la medida en que su naturaleza lo permita, quedando integrados en el Régimen General de la Seguridad Social.

6. De existir funcionarios pertenecientes al Cuerpo de Gestión procesal y administrativa incluidos en la correspondiente bolsa, serán llamados como Letrados de la Administración de Justicia sustitutos con preferencia sobre el resto de sustitutos, manteniendo su inclusión obligatoria tanto en el régimen de la Seguridad Social que resulte aplicable como en el Mutualismo Judicial.

Este artículo ha sido redactado por la LO 7/2015, de 21 de julio.

CAPÍTULO II
De las funciones de los secretarios judiciales

Art. 452. 1. Los secretarios judiciales desempeñarán sus funciones con sujeción al principio de legalidad e imparcialidad en todo caso, al de autonomía e independencia en el ejercicio de la fe pública judicial, así como al de unidad de actuación y dependencia jerárquica en todas las demás que les encomienden esta ley y las normas de procedimiento respectivo, así como su reglamento orgánico. Las funciones de los secretarios judiciales no serán objeto de delegación ni de habilitación, sin perjuicio de lo establecido en el artículo 451.3.

2. En el ejercicio de sus funciones, los secretarios judiciales cumplirán y velarán por el cumplimiento de todas las decisiones que adopten los jueces o tribunales en el ámbito de sus competencias.

3. Los secretarios judiciales colaborarán con las comunidades autónomas con competencias asumidas para la efectividad de las funciones que estas ostentan en materia de medios personales y materiales, dando cumplimiento a las instrucciones que a tal efecto reciban de sus superiores jerárquicos. Para una mejor coordinación podrán constituirse Comisiones Mixtas de Secretarios Judiciales y representantes de las comunidades autónomas con competencias asumidas, en sus respectivos ámbitos territoriales.

Art. 453. 1. Corresponde a los Secretarios Judiciales, con exclusividad y plenitud, el ejercicio de la fe pública judicial. En el ejercicio de esta función, dejarán constancia fehaciente de la realización de actos procesales en el Tribunal o ante éste y de la producción de hechos con trascendencia procesal mediante las oportunas actas y diligencias.

Cuando se utilicen medios técnicos de grabación o reproducción, las vistas se podrán desarrollar sin la intervención del Secretario Judicial, en los términos previstos en la ley. En todo caso, el Secretario Judicial garantizará la autenticidad e integridad de lo grabado o reproducido.

Apartado redactado conforme a la Ley Orgánica 1/2009, de 3 de noviembre.

2. Los secretarios judiciales expedirán certificaciones o testimonios de las actuaciones judiciales no declaradas secretas ni reservadas a las partes, con expresión de su destinatario y el fin para el cual se solicitan.

3. Autorizarán y documentarán el otorgamiento de poderes para pleitos, en los términos establecidos en las leyes procesales.

4. En el ejercicio de esta función no precisarán de la intervención adicional de testigos.

Art. 454. 1. Los secretarios judiciales son responsables de la función de documentación que les es propia, así como de la formación de los autos y expedientes, dejando constancia de las resoluciones que dicten los jueces y magistrados, o ellos mismos cuando así lo autorice la ley.

2. Los secretarios judiciales ejercerán competencias de organización, gestión, inspección y dirección del personal en aspectos técnicos procesales, asegurando en todo caso la coordinación con los órganos de gobierno del Poder Judicial y con las comunidades autónomas con competencias transferidas.

3. Garantizarán que el reparto de asuntos se realiza de conformidad con las normas que a tal efecto aprueben las Salas de Gobierno de los Tribunales de Justicia y serán responsables del buen funcionamiento del registro de recepción de documentos, expidiendo en su caso las certificaciones que en esta materia sean solicitadas por las partes.

4. Facilitarán a las partes interesadas y a cuantos manifiesten y justifiquen un interés legítimo y directo, la información que soliciten sobre el estado de las actuaciones judiciales no declaradas secretas ni reservadas.

5. Promoverán el empleo de los medios técnicos, audiovisuales e informáticos de documentación con que cuente la unidad donde prestan sus servicios.

Art. 455. Será responsabilidad del Letrado de la Administración de Justicia organizar la dación de cuenta, que se realizará en los términos establecidos en las leyes procesales.

Este artículo ha sido redactado por la LO 7/2015, de 21 de julio.

Art. 456. 1. El Letrado de la Administración de Justicia impulsará el proceso en los términos que establecen las leyes procesales.

2. A tal efecto, dictará las resoluciones necesarias para la tramitación del proceso, salvo aquéllas que las leyes procesales reserven a Jueces o Tribunales. Estas resoluciones se denominarán diligencias, que podrán ser de ordenación, de constancia, de comunicación o de ejecución.

3. Se llamará decreto a la resolución que dicte el Letrado de la Administración de Justicia con el fin de admitir la demanda, poner término al procedimiento del que tenga atribuida exclusiva competencia, o cuando sea preciso o conveniente razonar su decisión. Será siempre motivado y contendrá, en párrafos separados y numerados, los antecedentes de hecho y los fundamentos de derecho en que se basa.

4. Las diligencias de ordenación y los decretos serán recurribles en los casos y formas previstos en las leyes procesales.

5. Las resoluciones de carácter gubernativo de los Letrados de la Administración de Justicia se denominarán acuerdos.

6. Los Letrados de la Administración de Justicia, cuando así lo prevean las leyes procesales, tendrán competencias en las siguientes materias:

a) Ejecución, salvo aquellas competencias que exceptúen las leyes procesales por estar reservadas a Jueces y Magistrados.

b) Jurisdicción voluntaria, asumiendo su tramitación y resolución, sin perjuicio de los recursos que quepa interponer.

c) Conciliación, llevando a cabo la labor mediadora que les sea propia.

d) Tramitación y, en su caso, resolución de los procedimientos monitorios.

e) Mediación.

f) Cualesquiera otras que expresamente se prevean.

Este artículo ha sido redactado por la LO 7/2015, de 21 de julio.

Art. 457. Los secretarios judiciales dirigirán en el aspecto técnico-procesal al personal integrante de la Oficina judicial, ordenando su actividad e impartiendo las órdenes e instrucciones que estime pertinentes en el ejercicio de esta función.

Art. 458. 1. Los secretarios judiciales serán responsables del Archivo Judicial de Gestión, en el que, de conformidad con la normativa establecida al efecto, se conservarán y custodiarán aquellos autos y expedientes cuya tramitación no esté finalizada, salvo el tiempo en que estuvieren en poder del juez o del magistrado ponente u otros magistrados integrantes del tribunal.

2. Por Real Decreto se establecerán las normas reguladoras de la ordenación y archivo de autos y expedientes que no estuviesen pendientes de actuación alguna, así como del expurgo de los archivos judiciales.

Con carácter general se procederá a la destrucción de autos y expedientes judiciales transcurridos seis años desde la firmeza de la resolución que de manera definitiva puso término al procedimiento que dio lugar a la formación de aquéllos. Se exceptúan de lo anterior aquéllos formados para la instrucción de causas penales seguidas por delito, así como los supuestos que reglamentariamente pudiesen ser contemplados, especialmente en atención al valor cultural, social o histórico de lo archivado.

Previamente, el Letrado de la Administración de Justicia concederá audiencia por un tiempo no inferior a quince días a las partes que estuvieron personadas para que interesen, en su caso, el desglose de aquellos documentos originales que hubiesen aportado o ejerciten los derechos que esta Ley les reconoce en los artículos 234 y 235.

Este apartado ha sido redactado por la LO 7/2015, de 21 de julio.

3. Corresponde al Ministerio de Justicia la determinación de los libros de registro que han de existir en los juzgados y tribunales y establecer las normas reguladoras de la llevanza de los mismos mediante los reglamentos oportunos.

4. El secretario judicial será responsable de la llevanza de los libros de registro a través de las aplicaciones informáticas correspondientes y, en su defecto, manualmente, impartiendo las oportunas instrucciones al personal de él dependiente.

Art. 459. 1. Los secretarios judiciales responderán del depósito de los bienes y objetos afectos a los expedientes judiciales, así como del de las piezas de convicción en las causas penales, en los locales dispuestos a tal fin. Todo ello, sin perjuicio de las excepciones que puedan establecerse reglamentariamente en cuanto al destino que deba darse a éstos en supuestos especiales.

2. Los secretarios judiciales responderán del debido depósito en las instituciones que se determinen de cuantas cantidades y valores, consignaciones y fianzas se produzcan, siguiendo las instrucciones que al efecto se dicten.

Art. 460. Los secretarios judiciales colaborarán con la Administración tributaria en la gestión de los tributos que les sea encomendada en la normativa específica.

Art. 461. 1. La estadística judicial, que se elaborará conforme a los criterios que se establezcan, será responsabilidad de los secretarios judiciales. Los Secretarios de Gobierno respectivos velarán por su cumplimiento contrastando la veracidad de los datos.

§1

2. La Estadística Judicial constituye un instrumento básico al servicio de las Administraciones públicas y del Consejo General del Poder Judicial para la planificación, desarrollo y ejecución de las políticas públicas relativas a la Administración de Justicia y, en particular, para las siguientes finalidades:

a) El ejercicio de la política legislativa del Estado en materia de justicia.

b) La modernización de la organización judicial.

c) La planificación y gestión de los recursos humanos y medios materiales al servicio de la Administración de Justicia.

d) El ejercicio de la función de inspección sobre los juzgados y tribunales.

La Estadística Judicial asegurará, en el marco de un plan de transparencia, la disponibilidad permanente y en condiciones de igualdad por las Cortes Generales, el Gobierno, las Comunidades Autónomas, el Consejo General del Poder Judicial y la Fiscalía General del Estado de información actualizada, rigurosa y debidamente contrastada sobre la actividad y carga de trabajo de todos los órganos, servicios y oficinas judiciales de España, así como sobre las características estadísticas de los asuntos sometidos a su conocimiento. Los ciudadanos tendrán pleno acceso a la estadística judicial, mediante la utilización de medios electrónicos, en la forma que reglamentariamente se establezca.

Redactado por LO 4/2018, de 28 de diciembre.

3. La Comisión Nacional de Estadística Judicial, integrada por el Ministerio de Justicia, una representación de las Comunidades Autónomas con competencias en la materia, el Consejo General del Poder Judicial y la Fiscalía General del Estado, aprobará los planes estadísticos, generales y especiales, de la Administración de Justicia y establecerá criterios uniformes que, en su caso, tengan en cuenta la perspectiva de género y la variable de sexo, y sean de obligado cumplimiento para todos sobre la obtención, tratamiento informático, transmisión y explotación de los datos estadísticos del sistema judicial español.

La estructura, composición y funciones de la Comisión Nacional de Estadística Judicial serán establecidas reglamentariamente por el Gobierno, mediante real decreto, previo informe del Consejo General del Poder Judicial, del Fiscal General del Estado, de la Agencia de Protección de Datos y de las Comunidades Autónomas con competencias en la materia.

Los sistemas informáticos de gestión procesal de la Administración de Justicia permitirán en todo caso la extracción automatizada de la totalidad de los datos exigidos en los correspondientes boletines estadísticos.

Este apartado ha sido redactado por la LO 7/2015, de 21 de julio.

4. No obstante, las Administraciones públicas con competencias en materias de Administración de Justicia podrán llevar a cabo las explotaciones de otros datos estadísticos que puedan ser recabados a través de los sistemas informáticos, siempre que se consideren necesarias o útiles para su gestión.

Regl. CGPJ 1/2003, de 9 de julio, sobre Estadística Judicial.

Art. 462. Los secretarios judiciales asumirán todas aquéllas otras funciones que legal y reglamentariamente se establezcan.

CAPÍTULO III
De la ordenación del Cuerpo de Secretarios

Art. 463. 1. Bajo la superior dependencia del Ministerio de Justicia el Cuerpo de Secretarios Judiciales se ordena jerárquicamente en la forma que se determine en las relaciones de puestos de trabajo. En este sentido, realizarán todas aquellas funciones de naturaleza análoga a las que les son propias, inherentes al puesto de trabajo que ocupen y que les sean encomendadas por sus superiores.

2. Los órganos superiores de gobierno del Cuerpo de Letrados de la Administración de Justicia son, por orden jerárquico, los siguientes:
a) El Secretario General de la Administración de Justicia.
b) Los Secretarios de Gobierno.
c) Los Secretarios Coordinadores Provinciales.

Este apartado ha sido redactado por la LO 7/2015, de 21 de julio.

3. Cuando en un servicio común procesal prestaren servicios varios secretarios judiciales, la relación de puestos de trabajo determinará su dependencia jerárquica y funcional.

4. Como instrumento de participación democrática del colectivo del Cuerpo de Secretarios Judiciales, se constituirá un Consejo del Secretariado en el seno del Ministerio de Justicia, con funciones consultivas en las materias que afecten al mencionado cuerpo. Su organización, funcionamiento y competencias se desarrollarán reglamentariamente.

Art. 464. 1. Habrá un Secretario de Gobierno en el Tribunal Supremo, en la Audiencia Nacional y en cada Tribunal Superior de Justicia, así como en las ciudades de Ceuta y Melilla, elegido entre miembros integrantes del Cuerpo de Letrados de la Administración de Justicia que, como mínimo, hayan prestado servicio durante diez años en puestos de segunda categoría, el cual ejercerá además las funciones de Secretario de la Sala de Gobierno del respectivo Tribunal.

Redactado por LO 4/2018, de 28 de diciembre.

§1

2. El Secretario de Gobierno ostentará, como superior jerárquico, la dirección de los secretarios judiciales que prestan sus servicios en las oficinas judiciales dependientes de dichos Tribunales y en las Ciudades de Ceuta y Melilla. Para ello ejercerá las competencias que esta ley orgánica les reconoce, así como todas aquéllas que reglamentariamente se establezcan.

3. Será nombrado y removido libremente por el Ministerio de Justicia, previo informe del Consejo del Secretariado sobre la idoneidad de los candidatos o candidatas solicitantes.

Dicho nombramiento se realizará a propuesta del órgano competente de las comunidades autónomas cuando estas tuvieren competencias asumidas en materia de Administración de Justicia y con informe de la Sala de Gobierno del Tribunal respectivo. Para el de las Ciudades de Ceuta y Melilla el informe será emitido por la Sala de Gobierno del Tribunal Superior de Justicia de Andalucía.

No se podrá ocupar más de diez años el mismo puesto de Secretario o Secretaria de Gobierno.

Las comunidades autónomas con competencias para proponer el nombramiento de un Secretario o una Secretaria de Gobierno también podrán proponer su cese.

4. En caso de ausencia, enfermedad, suspensión o vacante del Secretario o Secretaria de Gobierno del Tribunal Supremo o de la Audiencia Nacional, así como de las Ciudades de Ceuta y Melilla, asumirá sus funciones el letrado o la letrada de la Administración de Justicia que designe el titular de la Secretaría General de la Administración de Justicia. En estos mismos supuestos y respecto al Secretario o Secretaria de Gobierno de los Tribunales Superiores de Justicia, asumirá sus funciones el Secretario Coordinador de la provincia en donde tenga su sede el respectivo tribunal o, en su defecto, el letrado o la letrada de la Administración de Justicia que designe el titular de la Secretaría General de la Administración de Justicia.

5. A los letrados o letradas de la Administración de Justicia que sean nombrados Secretarios o Secretarias de Gobierno se les reservará, durante el tiempo que ocuparen dicho cargo, la plaza que vinieren ocupando con anterioridad a dicho nombramiento. Durante su mandato, dicha plaza podrá ser cubierta en régimen de comisión de servicios.

6. Las Administraciones públicas competentes, en sus respectivos territorios, dotarán a los Secretarios o Secretarias de Gobierno de los medios materiales y recursos humanos necesarios para el ejercicio de las funciones que tienen atribuidas.

Los apartados 3, 4, 5 y 6 han sido modificados por la Ley Orgánica 1/2025, de 2 de enero, de medidas en materia de eficiencia del Servicio Público Justicia.

Art. 465. Serán competencias de los Secretarios de Gobierno:

1. La inspección de los servicios que sean responsabilidad de los secretarios judiciales de su respectivo ámbito competencial, sin perjuicio de la que corresponda al Consejo General del Poder Judicial, a las Salas de Gobierno o, en su caso, al Presidente del Tribunal o de la Sala respectivos.

2. La incoación de expedientes disciplinarios por las posibles infracciones que los secretarios judiciales puedan cometer en el ejercicio de sus funciones, así como la imposición de la sanción de apercibimiento.

3. Proponer al Ministerio de Justicia el nombramiento de los secretarios judiciales de libre designación en su ámbito territorial, que hubiesen participado en la correspondiente convocatoria, así como su cese cuando éste proceda.

4. Control y seguimiento estadístico.

5. Dirección y organización de los secretarios judiciales que de él dependan, respetando y tutelando su independencia en el ejercicio de la fe pública.

6. Impartir instrucciones a los secretarios judiciales de su respectivo ámbito territorial, a solicitud de las comunidades autónomas con competencias asumidas, cuando sea precisa la colaboración de aquellos para garantizar la efectividad de las funciones que tienen éstas en materia de medios personales y materiales al servicio de la Administración de Justicia.

7. Proponer al Ministerio de Justicia, o en su caso a la comunidad autónoma con competencias transferidas, las medidas que, a su juicio, deberían adoptarse para el mejor funcionamiento de la Administración de Justicia que fueren de su respectiva competencia, comunicando al Ministerio de Justicia cuantas incidencias afecten a los secretarios judiciales que de él dependan.

8. Cursar circulares e instrucciones de servicio a los secretarios judiciales de su territorio, así como velar por el correcto cumplimiento de las que, a su vez, dirija el Ministerio de Justicia, las cuales en ningún caso podrán suponer una intromisión en el desarrollo de la actividad procesal de jueces o magistrados, ni contradecir las decisiones adoptadas por la Sala de Gobierno en el ámbito de sus competencias. Tampoco podrán impartir instrucciones particulares relativas a asuntos concretos en los que un secretario judicial intervenga en calidad de fedatario o en el ejercicio de sus competencias de ordenación y dirección del proceso.

9. Concesión de permisos y licencias a los Letrados de la Administración de Justicia de su territorio, pudiendo delegar en el Secretario Coordinador.

10. Conocer de los incidentes de recusación de los Letrados de la Administración de Justicia.

11. Elaborar los planes anuales de suplencias de Letrados de la Administración de Justicia y proponer al Ministerio de Justicia la lista de candidatos considerados

idóneos para ejercer como Letrados de la Administración de Justicia sustitutos en el ámbito territorial de cada Comunidad Autónoma.

12. Las demás previstas en el reglamento orgánico del Cuerpo de Letrados de la Administración de Justicia.

Este apartado ha sido redactado por la LO 7/2015, de 21 de julio.

Art. 466. 1. En cada provincia existirá un Secretario Coordinador o una Secretaria Coordinadora, nombrado o nombrada por el Ministerio de Justicia por el procedimiento de libre designación, a propuesta del Secretario o Secretaria de Gobierno, de acuerdo con las comunidades autónomas con competencias asumidas, elegido o elegida entre miembros integrantes del Cuerpo de Letrados de la Administración de Justicia que lleven al menos diez años en el Cuerpo, y como mínimo hayan estado cinco años en puestos de segunda categoría.

Antes del nombramiento se oirá al Consejo del Secretariado sobre la idoneidad de los candidatos solicitantes.

Además, en la Comunidad Autónoma de las Illes Balears habrá un Secretario Coordinador o una Secretaria Coordinadora en las islas de Menorca e Ibiza, y en la Comunidad Autónoma de Canarias, otro u otra en las islas de Lanzarote y de La Palma.

En las comunidades autónomas uniprovinciales, las funciones del Secretario Coordinador o la Secretaria Coordinadora serán asumidas por el Secretario o Secretaria de Gobierno, salvo en aquellas que, por razón del servicio, sea aconsejable su existencia.

No se podrá ocupar más de diez años el mismo puesto de Secretario Coordinador o Secretaria Coordinadora.

2. Los requisitos y procedimiento para su nombramiento se determinarán en el Reglamento Orgánico del Cuerpo de Letrados de la Administración de Justicia, si bien en todo caso deberá contar con al menos cinco años de antigüedad en la segunda categoría.

3. En casos de ausencia, enfermedad, suspensión o vacante, será sustituido por el letrado de la Administración de Justicia que designe el Secretario de Gobierno que reúna los requisitos exigidos para su nombramiento.

4. A los letrados o letradas de la Administración de Justicia que sean nombrados Secretarios o Secretarias Coordinadores se les reservará, durante el tiempo que ocuparen dicho cargo, la plaza que vinieren ocupando con anterioridad a dicho nombramiento. Durante su mandato, dicha plaza podrá ser cubierta en régimen de comisión de servicios.

Modificado por la Ley Orgánica 1/2025, de 2 de enero, de medidas en materia de eficiencia del Servicio Público Justicia.

Art. 467. Bajo la dependencia directa del Secretario de Gobierno, el Secretario Coordinador ejercerá las siguientes competencias:

§1

1. Dictar instrucciones de servicio a los secretarios judiciales de su ámbito territorial para el adecuado funcionamiento de los servicios que tienen encomendados.

2. Controlar la correcta ejecución de las circulares e instrucciones de servicio que dicte el Secretario de Gobierno del que dependa.

3. Dar cuenta de forma inmediata al Secretario de Gobierno de cuantos hechos sean relevantes al buen funcionamiento de la Administración de Justicia, así como de las necesidades de medios personales y materiales de las secretarías ubicadas en su territorio.

4. Colaborar con las comunidades autónomas con competencias asumidas, para la efectividad de las funciones que éstas ostenten en materia de medios personales y materiales.

5. Coordinar el funcionamiento de cuantos servicios comunes procesales se encuentren ubicados en su territorio, o en su caso, asumir directamente su dirección cuando exista un único servicio común procesal provincial.

6. Proponer al Ministerio de Justicia las comisiones de servicio de secretarios judiciales que, dentro de su territorio, sean precisas para el correcto funcionamiento de las oficinas judiciales.

7. Resolver las suplencias y sustituciones de los Letrados de la Administración de Justicia de su ámbito.

8. Resolver los incidentes de abstención de los Letrados de la Administración de Justicia que de él dependan de acuerdo con lo previsto en esta Ley.

9. Conceder, por delegación del Secretario de Gobierno, los permisos y licencias a los Letrados de la Administración de Justicia de su territorio.

10. Las demás que establezcan las leyes y su propio reglamento orgánico.

Los apartados 7 a 10 han sido redactados por la LO 7/2015, de 21 de julio.

CAPÍTULO IV
De la responsabilidad disciplinaria

Art. 468. 1. Los Letrados de la Administración de Justicia estarán sujetos a responsabilidad disciplinaria, en los supuestos y de acuerdo con los principios que se establecen en este Libro.

2. No podrá imponerse sanción por la comisión de una falta grave o muy grave, sino en virtud de expediente disciplinario instruido al efecto, mediante el procedimiento que se establezca en el reglamento orgánico del Cuerpo de Letrados de la Administración de Justicia que se dicte en desarrollo de esta Ley.

Para la imposición de sanciones por faltas leves, no será preceptiva la previa instrucción del expediente, salvo el trámite de audiencia al interesado.

Además de los autores, serán responsables disciplinariamente los superiores que teniendo conocimiento de los hechos, los consintieren, así como quienes indujeran o encubrieran las faltas muy graves y graves cuando de dichos actos se deriven graves daños para la Administración o los ciudadanos.

3. Las Comunidades Autónomas con competencias asumidas podrán poner en conocimiento de los superiores jerárquicos de los Letrados de la Administración de Justicia con destino en oficinas judiciales radicadas en su territorio, aquellas conductas de los mismos que puedan ir en detrimento del deber de colaboración establecido en esta Ley Orgánica con las Comunidades Autónomas. La autoridad competente para la incoación y tramitación de los expedientes disciplinarios dará cuenta a aquéllas de las decisiones que se adopten.

Los apartados 1, 2 y 3 han sido redactados por la LO 7/2015, de 21 de julio.

4. El procedimiento disciplinario que se establezca en desarrollo de esta ley orgánica deberá garantizar al secretario judicial expedientado, además de los reconocidos por el artículo 35 de la Ley 30/1992, de 26 de noviembre, de Régimen Jurídico de las Administraciones Públicas y del Procedimiento Administrativo Común, los siguientes derechos:

a) A la presunción de inocencia.

b) A ser notificado del nombramiento de instructor y secretario, así como a recusar a los mismos.

c) A ser notificado de los hechos imputados, de la infracción que constituyan y de las sanciones que, en su caso, puedan imponerse, así como de la resolución sancionadora.

d) A formular alegaciones.

e) A proponer cuantas pruebas sean adecuadas para la determinación de los hechos.

f) A poder actuar en el procedimiento asistido de letrado o de los representantes sindicales que determine.

5. Cuando de la instrucción de un procedimiento disciplinario resulte la existencia de indicios fundados de la comisión de una infracción penal, se suspenderá su tramitación, poniéndolo en conocimiento del Ministerio Fiscal.

6. La incoación de un procedimiento penal no será obstáculo para la iniciación de un expediente disciplinario por los mismos hechos, pero no se dictará resolución en éste hasta tanto no haya recaído sentencia firme o auto de sobreseimiento en la causa penal.

En todo caso, la declaración de hechos probados contenida en la resolución que pone término al procedimiento penal, vinculará a la resolución que se dicte en el expediente disciplinario, sin perjuicio de la distinta calificación jurídica que pueda merecer una y otra vía.

§1

Sólo podrá recaer sanción penal y disciplinaria sobre los mismos hechos cuando no hubiere identidad de fundamento jurídico y bien jurídico protegido.

Art. 468 bis. Las faltas podrán ser muy graves, graves y leves.

1. Se consideran faltas muy graves:

a) El incumplimiento del deber de fidelidad a la Constitución en el ejercicio de la función pública.

b) Toda actuación que suponga discriminación por razón de nacimiento, origen racial o étnico, género, sexo u orientación sexual, religión o convicciones, opinión, discapacidad, edad o cualquier otra condición o circunstancia personal o social.

c) El abandono del servicio.

d) La adopción de acuerdos o resoluciones manifiestamente ilegales, cuando se cause perjuicio grave al interés público o lesionen derechos fundamentales de los ciudadanos.

e) La revelación o utilización por el Letrado de la Administración de Justicia de hechos o datos conocidos en el ejercicio de su función o con ocasión de ésta, cuando se cause perjuicio a la tramitación de un proceso o a cualquier persona.

f) La utilización indebida de la documentación o información a que tengan o hayan tenido acceso por razón de su cargo o función.

g) La negligencia en la custodia de documentos que dé lugar a su difusión o conocimiento indebido.

h) El retraso, la desatención o el incumplimiento reiterados de las funciones inherentes al puesto de trabajo o funciones encomendadas.

i) La utilización de las facultades que tenga atribuidas para influir en procesos electorales de cualquier naturaleza y ámbito.

j) El incumplimiento grave de las decisiones judiciales cuya ejecución tengan encomendadas.

k) La desobediencia grave o reiterada a las órdenes o instrucciones verbales o escritas de un superior emitidas por éste en el ejercicio de sus competencias, referidas a funciones o tareas propias del puesto de trabajo del interesado, salvo que sean manifiestamente ilegales.

l) La utilización de la condición de Letrado de la Administración de Justicia para la obtención de un beneficio indebido para sí o para un tercero.

m) La realización de actividades declaradas incompatibles por ley.

n) La inobservancia del deber de abstención, a sabiendas de que concurre alguna de las causas legalmente previstas.

o) Los actos que impidan el ejercicio de los derechos fundamentales, de las libertades públicas y de los derechos sindicales.

p) El incumplimiento del deber de atender los servicios esenciales en caso de huelga.

q) El acoso sexual.

r) La agresión grave a cualquier persona con la que se relacionen en el ejercicio de sus funciones.

s) La arbitrariedad en el uso de autoridad que cause perjuicio grave a los subordinados o al servicio.

t) Las acciones y omisiones que hayan dado lugar en sentencia firme a una declaración de responsabilidad civil contraída en el ejercicio de la función por dolo o culpa grave.

u) La comisión de una falta grave cuando hubiere sido anteriormente sancionado por otras dos graves que hayan adquirido firmeza, sin que hubieren sido canceladas o procedido la cancelación de las anotaciones correspondientes.

2. Se consideran faltas graves:

a) La desobediencia expresa a las órdenes o instrucciones de un superior, emitidas por éste en el ejercicio de sus competencias, referidas a funciones o tareas propias del puesto de trabajo del interesado, salvo que sean manifiestamente ilegales.

b) El incumplimiento de las decisiones judiciales cuya ejecución les ha sido encomendada, cuando no constituya falta muy grave.

c) La arbitrariedad en el uso de autoridad en el ejercicio de sus funciones cuando no constituya falta muy grave.

d) La negligencia en la custodia de documentos, así como la utilización indebida de los mismos o de la información que conozcan por razón del cargo, cuando tales conductas no constituyan falta muy grave.

e) La tercera falta injustificada de asistencia en un período de tres meses.

f) La negligencia, la desatención o retraso injustificado en el cumplimiento de las funciones inherentes al puesto de trabajo o funciones encomendadas cuando no constituya falta muy grave.

g) El ejercicio de cualquier actividad susceptible de compatibilidad, conforme a lo dispuesto en la Ley 53/1984, de 26 de diciembre, sobre incompatibilidades del personal al servicio de las Administraciones públicas, sin obtener la pertinente autorización o habiéndola obtenido con falta de veracidad en los presupuestos alegados.

h) La falta de consideración grave con los superiores, iguales o subordinados, así como con los profesionales o ciudadanos.

§1

i) Causar daño grave en los documentos o material de trabajo, así como en los locales destinados a la prestación del servicio.

j) La utilización inadecuada de los medios informáticos y materiales empleados en el ejercicio de sus funciones y el incumplimiento de las instrucciones facilitadas para su utilización, así como la indebida utilización de las claves de acceso a los sistemas informáticos.

k) Las acciones u omisiones dirigidas a eludir los sistemas de control de horarios o a impedir que sean detectados los incumplimientos injustificados de la jornada de trabajo.

l) Dejar de promover la exigencia de la responsabilidad disciplinaria que proceda al personal que integre su oficina, cuando conocieran o debieran conocer el incumplimiento grave por los mismos de los deberes que les correspondan.

m) Obstaculizar las labores de inspección.

n) Promover su abstención de forma claramente injustificada.

o) El reiterado incumplimiento del horario de trabajo sin causa justificada.

p) La comisión de una falta de carácter leve, habiendo sido sancionado anteriormente por resolución firme por otras dos leves, sin que hubieran sido canceladas o procedido la cancelación de las correspondientes anotaciones.

2. Se consideran faltas leves:

a) La falta de consideración con los superiores, iguales o subordinados, así como con los profesionales o ciudadanos, cuando no constituya una infracción más grave.

b) El incumplimiento de los deberes propios de su cargo o puesto de trabajo o la negligencia en su desempeño, siempre que tales conductas no constituyan infracción más grave.

c) La desatención o retraso injustificado en el cumplimiento de sus funciones, cuando no constituya falta más grave.

d) La ausencia injustificada por un día.

e) El incumplimiento del horario de trabajo sin causa justificada cuando no constituya falta grave.

Artículo añadido por la LO 7/2015, de 21 de julio.

Art. 468 ter. 1. En la imposición de sanciones por los órganos competentes deberá observarse la debida adecuación o proporcionalidad entre la gravedad del hecho constitutivo de la infracción y la sanción aplicada, considerándose especialmente los siguientes criterios para la graduación de la sanción a aplicar:

a) Intencionalidad.

§1

b) Perjuicio causado a la Administración o a los ciudadanos.

c) Grado de participación en la comisión de la falta.

d) Reiteración o reincidencia.

Artículo añadido por la LO 7/2015, de 21 de julio.

Art. 468 quater. 1. Las sanciones que se pueden imponer a los Letrados de la Administración de Justicia por las faltas cometidas en el ejercicio de su cargo son:

a) Apercibimiento.

b) Multa de hasta 3.000 euros.

c) Suspensión de empleo y sueldo.

d) Traslado forzoso fuera del municipio de destino.

e) Separación del servicio.

f) Cese en el puesto de trabajo.

2. Las sanciones previstas en las letras c) y d) del apartado anterior podrán imponerse por la comisión de faltas graves y muy graves, graduándose su duración en función de las circunstancias que concurran en el hecho objeto de sanción.

La sanción de separación de servicio sólo podrá imponerse por faltas muy graves.

La suspensión de funciones impuesta por la comisión de una falta muy grave no podrá ser superior a tres años ni inferior a un año. Si se impone por falta grave, no excederá de un año.

Los Letrados de la Administración de Justicia a los que se sancione con traslado forzoso no podrán obtener nuevo destino en el municipio de origen durante tres años, cuando hubiese sido impuesta por falta muy grave, y durante uno, cuando hubiera correspondido a la comisión de una falta grave.

La sanción de cese en el puesto de trabajo sólo será aplicable a los Letrados de la Administración de Justicia suplentes por comisión de faltas graves o muy graves.

La sanción de multa solo podrá imponerse por la comisión de faltas graves.

La sanción de apercibimiento sólo podrá imponerse por la comisión de faltas leves.

Artículo añadido por la LO 7/2015, de 21 de julio.

Art. 469. 1. Son competentes para la incoación de expedientes disciplinarios a los funcionarios del Cuerpo de Secretarios Judiciales, el Ministerio de Justicia, el Secretario de Gobierno y los Secretarios Coordinadores Provinciales. La tramitación de los mismos corresponde al Ministerio de Justicia.

2. Para la imposición de las sanciones serán competentes:

a) El Secretario General de la Administración de Justicia, el Secretario de Gobierno y el Secretario Coordinador Provincial, para la sanción de apercibimiento respecto de quienes dependiesen de ellos.

b) El Secretario General de la Administración de Justicia, para la sanción de multa.

c) El Ministro de Justicia, para la sanción de suspensión, traslado forzoso, separación del servicio y cese en el puesto de trabajo.

Apartado redactado por la LO 7/2015, de 21 de julio.

Art. 469 bis. 1. Las faltas muy graves prescribirán a los dos años, las graves al año y las leves a los seis meses.

2. El plazo de prescripción comenzará a contarse desde que la falta se haya cometido.

En los casos en los que un mismo hecho dé lugar a la apertura de causa penal y a procedimiento disciplinario, los plazos de prescripción de la falta disciplinaria no comenzarán a computarse sino desde la conclusión de la causa penal.

3. El plazo de prescripción se interrumpirá en el momento de notificación del acuerdo de iniciación del expediente disciplinario, volviendo a computarse el plazo si el procedimiento permaneciera paralizado durante más de dos meses por causas no imputables al expedientado.

4. Las sanciones impuestas por faltas muy graves prescribirán a los dos años; las impuestas por faltas graves al año, y las impuestas por faltas leves a los seis meses. El plazo de prescripción comenzará a computarse desde el día siguiente a aquel en que adquiera firmeza la resolución en que se imponga la sanción.

Artículo añadido por la LO 7/2015, de 21 de julio.

§1

LIBRO VI
DE LOS CUERPOS DE FUNCIONARIOS AL SERVICIO DE LA ADMINISTRACIÓN DE JUSTICIA Y DE OTRO PERSONAL

Redactado por LO 19/2003, de 23 de diciembre. Cf. RD 1451/2005, de 7 de diciembre, que aprueba el Reglamento de Ingreso, Provisión de puestos de trabajo y Promoción profesional del Personal Funcionario al Servicio de la Administración de Justicia, y RD 796/2005, de 1 de julio que aprueba el Reglamento General de régimen disciplinario del personal al Servicio de la Administración de Justicia. Modificado por la LO 7/2015, de 21 de julio.

TÍTULO I
Disposiciones comunes

CAPÍTULO I
Del personal de los Cuerpos de Médicos Forenses, de Facultativos del Instituto Nacional de Toxicología y Ciencias Forenses, de Gestión Procesal y Administrativa, de Técnicos Especialistas del Instituto Nacional de Toxicología y Ciencias Forenses, de Tramitación Procesal y Administrativa y de Auxilio Procesal, de Ayudantes de Laboratorio y de otro personal al servicio de la Administración de Justicia

Art. 470. 1. Este Libro tiene por objeto la determinación del estatuto jurídico, de conformidad con lo previsto en el artículo 122 de la Constitución Española, de los funcionarios que integran los Cuerpos de Médicos Forenses, de Facultativos del Instituto Nacional de Toxicología y Ciencias Forenses, de Gestión Procesal y Administrativa, de Técnicos Especialistas del Instituto Nacional de Toxicología y Ciencias Forenses, de Tramitación Procesal y Administrativa, de Auxilio Judicial y de Ayudantes de Laboratorio del Instituto Nacional de Toxicología y Ciencias Forenses.

Apartado redactado por la LO 7/2015, de 21 de julio.

2. Los citados Cuerpos de funcionarios al servicio de la Administración de Justicia, tendrán el carácter de Cuerpos Nacionales.

Art. 471. 1. Las competencias respecto de todo el personal al servicio de la Administración de Justicia al que se refiere el artículo anterior, corresponden en los términos establecidos en esta ley, al Ministerio de Justicia o, en su caso, a las comunidades autónomas con competencias asumidas, en todas las materias relativas a su estatuto y régimen jurídico, comprendidas la selección, formación inicial y continuada, provisión de destinos, ascensos, situaciones administrativas, jornada laboral, horario de trabajo y régimen disciplinario.

2. En los mismos términos, el Gobierno o, en su caso, las comunidades autónomas con competencias en la materia, aprobarán los reglamentos que exija el desarrollo de este libro.

Art. 472. 1. Los funcionarios de carrera de los cuerpos mencionados, están vinculados a la Administración de Justicia en virtud de nombramiento legal, por una relación estatutaria de carácter permanente, para el desempeño de servicios retribuidos.

2. Por razones de urgencia o necesidad, podrán nombrarse funcionarios interinos, que desarrollarán las funciones propias de dichos cuerpos, en tanto no sea posible su desempeño por funcionarios de carrera o permanezcan las razones que motivaron su nombramiento.

Art. 473. 1. Podrán prestar servicios en la Administración de Justicia funcionarios de otras Administraciones que, con carácter ocasional o permanente, sean necesarios para auxiliarla en el desarrollo de actividades concretas que no sean las propias de los cuerpos de funcionarios a que se refiere este libro y que requieran conocimientos técnicos o especializados.

2. Asimismo, cuando no existan cuerpos o escalas de funcionarios cuyos miembros tengan la preparación técnica necesaria para el desempeño de determinadas actividades específicas o para la realización de actividades propias de oficios, así como de carácter instrumental, correspondientes a áreas de mantenimiento y conservación de edificios, equipos o instalaciones u otras análogas, podrá prestar servicios retribuidos en la Administración de Justicia personal contratado en régimen laboral.

Art. 474. 1. El personal funcionario de carrera de los Cuerpos al servicio de la Administración de Justicia se regirá por las normas contenidas en esta ley orgánica, en las disposiciones que se dicten en su desarrollo y, con carácter supletorio, en lo no regulado expresamente en las mismas, por la normativa del Estado sobre Función Pública.

2. A los funcionarios interinos les será aplicable el régimen de los funcionarios de carrera en lo que sea adecuado a la naturaleza de su condición y no les será de aplicación el régimen de clases pasivas.

3. Al personal funcionario de otras Administraciones que preste servicios en la Administración de Justicia, para la realización de funciones concretas y especializadas, les será de aplicación lo dispuesto para estas situaciones en la normativa de la Administración pública de la que procedan.

4. El personal laboral se regirá por las disposiciones legales y reglamentarias, por el convenio colectivo que les sea de aplicación y por las estipulaciones de su contrato de trabajo.

Art. 475. Los cuerpos de funcionarios a que se refiere el artículo anterior se clasificarán en:

a) Cuerpos Generales, cuando su cometido consista esencialmente en tareas de contenido procesal, sin perjuicio de la realización de funciones administrativas vinculadas a las anteriores.

Son Cuerpos Generales:

El Cuerpo de Gestión Procesal y Administrativa. La titulación exigida para el acceso a este Cuerpo es la de Diplomado Universitario, Ingeniero Técnico, Arquitecto Técnico o equivalente.

El Cuerpo de Tramitación Procesal y Administrativa. Para el acceso a este Cuerpo se exigirá estar en posesión del título de Bachiller o equivalente.

El Cuerpo de Auxilio Judicial. Para cuyo ingreso se exigirá estar en posesión del título de graduado en E.S.O. o equivalente.

b) Cuerpos Especiales, cuando su cometido suponga esencialmente el desempeño de funciones objeto de una profesión o titulación específica.

Son Cuerpos Especiales:

El Cuerpo de Médicos Forenses. Para el acceso al Cuerpo de Médicos Forenses se exige estar en posesión de los títulos oficiales de Licenciado o Graduado en Medicina y de especialista en Medicina Forense.

Apartado redactado por la LO 7/2015, de 21 de julio.

El Cuerpo de Facultativos del Instituto Nacional de Toxicología y Ciencias Forenses. Para el ingreso en este cuerpo se deberá ser licenciado en una carrera universitaria en Ciencias Experimentales y de la Salud, que se determinará en las correspondientes convocatorias, según la especialidad por la que se acceda al cuerpo.

El Cuerpo de Técnicos Especialistas del Instituto Nacional de Toxicología y Ciencias Forenses. Para el acceso a este Cuerpo se exigirá estar en posesión del título de Técnico Superior en Formación Profesional o equivalente de las familias profesionales que se determinen en las bases de las convocatorias de los procesos selectivos, de conformidad con el contenido de los puestos de trabajo que se oferten.

El Cuerpo de Ayudantes de Laboratorio del Instituto Nacional de Toxicología y Ciencias Forenses. Para el acceso a este cuerpo se exigirá estar en posesión del título de Técnico en Formación Profesional o equivalente de las familias profesionales que se determinen en las bases de las convocatorias de los procesos selectivos, de conformidad con el contenido de los puestos de trabajo que se oferten.

§1

Art. 476. 1. Corresponde al Cuerpo de Gestión procesal y administrativa colaborar en la actividad procesal de nivel superior, así como la realización de tareas procesales propias.

Con carácter general y bajo el principio de jerarquía, y sin perjuicio de las funciones concretas del puesto de trabajo que desempeñen, le corresponde:

a) Gestionar la tramitación de los procedimientos, de la que dará cuenta al Letrado de la Administración de Justicia, en particular cuando determinados aspectos exijan una interpretación de ley o de normas procesales, sin perjuicio de informar al titular del órgano judicial cuando fuera requerido para ello.

b) Practicar y firmar las comparecencias que efectúen las partes en relación con los procedimientos que se sigan en el órgano judicial, respecto a las cuales tendrá capacidad de certificación.

c) Documentar los embargos, lanzamientos y demás actos cuya naturaleza lo requiera, con el carácter y representación que le atribuyan las leyes, salvo que el Letrado de la Administración de Justicia considere necesaria su intervención, ostentando en dichos actos la consideración de agente de la autoridad.

d) Extender las notas que tengan por objeto unir al procedimiento datos o elementos que no constituyan prueba en el mismo, a fin de garantizar su debida constancia y posterior tramitación, dando cuenta de ello, a tal efecto, a la autoridad superior, así como elaborar notas, que podrán ser de referencia, de resumen de los autos y de examen del trámite a que se refieran.

e) Realizar las tareas de registro, recepción y distribución de escritos y documentos, relativos a asuntos que se estuvieran tramitando en Juzgados y Tribunales.

f) Expedir, con conocimiento del Letrado de la Administración de Justicia, y a costa del interesado, copias simples de escritos y documentos que consten en autos no declarados secretos ni reservados.

g) Ocupar, de acuerdo con lo establecido en las relaciones de puestos de trabajo, las jefaturas en que se estructuran los servicios comunes procesales, en las que, sin perjuicio de realizar las funciones asignadas al puesto concreto, gestionarán la distribución de las tareas del personal, respondiendo del desarrollo de las mismas.

h) Colaborar con los órganos competentes en materia de gestión administrativa, y desempeñar funciones relativas a la gestión del personal y medios materiales, de la unidad de la Oficina judicial u Oficina de Justicia en el municipio en que se presten los servicios, siempre que dichas funciones estén contempladas expresamente en la descripción que la relación de puestos de trabajo efectúe del puesto de trabajo.

i) Desempeñar la Secretaría de las Oficinas de Justicia en los municipios, así como los restantes puestos de trabajo adscritos al Cuerpo de Gestión Procesal y Administrativa, todo ello de conformidad con lo que se determine en las correspondientes relaciones de puestos de trabajo, así como desempeñar puestos de las unidades administrativas, cuando las relaciones de puestos de trabajo de las citadas unidades así lo establezcan, siempre que se reúnan los requisitos de conocimiento y preparación exigidos para su desempeño.

Las legras g), h) e i) han sido modificadas por la Ley Orgánica 1/2025, de 2 de enero, de medidas en materia de eficiencia del Servicio Público Justicia.

j) Realizar cuantas funciones puedan asumir en orden a la protección y apoyo a las víctimas, así como de apoyo a actuaciones de justicia restaurativa y de solución extraprocesal.

k) Realizar todas aquellas funciones que legal o reglamentariamente se establezcan y cualesquiera otras funciones de naturaleza análoga a las anteriores que, inherentes al puesto de trabajo que se desempeñe, sean encomendadas por los superiores jerárquicos, orgánicos o funcionales, en el ejercicio de sus competencias.

2. Los funcionarios del Cuerpo de Gestión procesal y administrativa podrán ser nombrados Letrados de la Administración de Justicia sustitutos, siempre que se reúnan los requisitos de titulación y demás exigidos, y conforme al procedimiento y con la retribución que reglamentariamente se establezca.

Artículo redactado por la LO 7/2015, de 21 de julio.

Art. 477. Corresponde con carácter general al Cuerpo de Tramitación Procesal y Administrativa la realización de cuantas actividades tengan carácter de apoyo a la gestión procesal, según el nivel de especialización del puesto desempeñado, bajo el principio de jerarquía y de conformidad con lo establecido en las relaciones de puestos de trabajo.

Sin perjuicio de las funciones concretas del puesto de trabajo que desempeñen, le corresponde:

a) La tramitación general de los procedimientos, mediante el empleo de los medios mecánicos u ofimáticos que corresponda, para lo cual confeccionará cuantos documentos, actas, diligencias, notificaciones y otros le sean encomendados, así como copias de documentos y unión de los mismos a los expedientes.

b) El registro y la clasificación de la correspondencia.

c) La formación de autos y expedientes, bajo la supervisión del superior jerárquico.

d) La confección de las cédulas pertinentes para la práctica de los actos de comunicación que hubieran de realizarse.

e) El desempeño de aquellas jefaturas que en las relaciones de puestos de trabajo de la Oficina judicial estén asignadas a este Cuerpo, en la forma y condiciones que en las mismas se establezcan.

f) La posibilidad de ocupar puestos de las unidades administrativas, siempre que se reúnan los requisitos y conocimientos necesarios exigidos para su desempeño en las relaciones de puestos de trabajo de las mismas.

g) Cuantas funciones puedan asumir en orden a la protección y apoyo a las víctimas, así como de apoyo a actuaciones de justicia restaurativa y de solución extraprocesal.

h) La realización de todas aquellas funciones que legal o reglamentariamente se establezcan y de cualesquiera otras funciones de naturaleza análoga a las anteriores que, inherentes al puesto de trabajo que se desempeñe, sean encomendadas por los superiores jerárquicos, orgánicos o funcionales, en el ejercicio de sus competencias. Entre estas funciones se encuentra el apoyo a la gestión administrativa, y de gestión del personal y medios materiales, de la unidad de la Oficina judicial u Oficina de Justicia en el municipio en que se presten los servicios, siempre que dichas funciones estén contempladas expresamente en la descripción que la relación de puestos de trabajo efectúe del puesto de trabajo.

> Las letras g) y h) redactadas por la LO 7/2015, de 21 de julio y la letra h) ha sido modificada por la Ley Orgánica 1/2025, de 2 de enero, de medidas en materia de eficiencia del Servicio Público Justicia.

Art. 478. Corresponde al Cuerpo de Auxilio Judicial con carácter general, bajo el principio de jerarquía y de acuerdo con lo establecido en las relaciones de puestos de trabajo, la realización de cuantas tareas tengan carácter de auxilio a la actividad de los órganos judiciales. Asimismo, y entre otras funciones, le corresponderá:

a) La práctica de los actos de comunicación que consistan en notificaciones, citaciones, emplazamientos y requerimientos, en la forma prevista en las leyes procesales, a cuyo efecto ostentará capacidad de certificación y dispondrá de las credenciales necesarias.

b) Como agente de la autoridad, proceder a la ejecución de embargos, lanzamientos y demás actos cuya naturaleza lo requiera, con el carácter y representación que le atribuyan las leyes.

c) Actuar como Policía Judicial con el carácter de agente de la autoridad, sin perjuicio de las funciones que, en la averiguación de los delitos y en el descubrimiento y aseguramiento de los delincuentes, competen a los miembros de las Fuerzas y Cuerpos de Seguridad.

d) Realizar funciones de archivo de autos y expedientes judiciales, bajo la supervisión del secretario judicial.

e) Velar por las condiciones de utilización de las salas de vistas y mantener el orden en las mismas.

f) Comprobar que los medios técnicos necesarios para el proceso judicial se encuentren en condiciones de utilización, requiriendo, en su caso, la presencia de los servicios técnicos que correspondan, para permitir el adecuado funcionamiento de dichos dispositivos, poniendo en conocimiento del secretario judicial las anomalías detectadas que pudieran impedir la celebración de actos procesales.

g) El desempeño de aquellas jefaturas que en las relaciones de puestos de trabajo de la Oficina judicial estén asignadas a este cuerpo, en la forma y condiciones que en las mismas se establezcan.

h) La posibilidad de ocupar puestos de las unidades administrativas, siempre que se reúnan los requisitos y conocimientos exigidos para su desempeño en las relaciones de puestos de trabajo en las mismas.

i) La realización de todas aquellas funciones que legal o reglamentariamente se establezcan y de cualesquiera otras funciones de naturaleza análoga a todas las anteriores que, inherentes al puesto de trabajo que se desempeñe, sean encomendadas por los superiores jerárquicos, orgánicos o funcionales, en el ejercicio de sus competencias. Entre estas funciones se encuentra el auxilio a la gestión administrativa, y de gestión del personal y medios materiales, de la unidad de la Oficina judicial u Oficina de Justicia en el municipio en que se presten los servicios, siempre que dichas funciones estén contempladas expresamente en la descripción que la relación de puestos de trabajo efectúe del puesto de trabajo.

La letra i) ha sido modificada por la Ley Orgánica 1/2025, de 2 de enero, de medidas en materia de eficiencia del Servicio Público Justicia.

Art. 479. 1. Los Institutos de Medicina Legal y Ciencias Forenses son órganos técnicos adscritos al Ministerio de Justicia, o en su caso a aquellas Comunidades Autónomas con competencia en la materia, cuya misión principal es auxiliar a la Administración de Justicia en el ámbito de su disciplina científica y técnica.

2. Existirá un Instituto de Medicina Legal y Ciencias Forenses en cada ciudad donde tenga su sede oficial un Tribunal Superior de Justicia.

No obstante, el Gobierno, a propuesta del Ministerio de Justicia, previa petición, en su caso, de una Comunidad Autónoma con competencia en la materia, podrá autorizar que dicha sede sea la de la capitalidad administrativa de la Comunidad Autónoma de que se trate, cuando sea distinta de la del Tribunal Superior de Justicia.

Asimismo, el Gobierno podrá autorizar, previa petición, en su caso, de una Comunidad Autónoma con competencia en la materia, el establecimiento de Institutos de Medicina Legal y Ciencias Forenses en las restantes ciudades del ámbito territorial del Tribunal Superior de Justicia de que se trate, con el ámbito de actuación que se determine.

Con sede en Madrid existirá un Instituto de Medicina Legal y Ciencias Forenses que prestará servicio a los diversos órganos de jurisdicción estatal.

3. Mediante real decreto, a propuesta del Ministro de Justicia y previo informe del Consejo General del Poder Judicial y de las Comunidades Autónomas que han recibido los traspasos de medios para el funcionamiento de la Administración de Justicia, se determinarán las normas generales de organización y funcionamiento de los Institutos de Medicina Legal y Ciencias Forenses y de actuación de los médicos forenses y del resto del personal funcionario o laboral adscrito a los mismos, pudiendo el Ministerio de Justicia o el órgano competente de la Comunidad Autónoma dictar, en el ámbito de sus respectivas competencias, las disposiciones pertinentes para su desarrollo y aplicación. En todo caso los Institutos de Medicina Legal y Ciencias Forenses contarán con unidades de valoración forense integral, de las que podrán formar parte los psicólogos y trabajadores sociales que se determinen para garantizar, entre otras funciones, la asistencia especializada a las víctimas de violencia de género y el diseño de protocolos de actuación global e integral en casos de violencia de género. Asimismo dentro de los Institutos podrán integrarse el resto de equipos psicosociales que prestan servicios a la Administración de Justicia, incluyendo los equipos técnicos de menores, cuyo personal tendrá formación especializada en familia, menores, personas con discapacidad y violencia de género y doméstica. Su formación será orientada desde la perspectiva de la igualdad entre hombres y mujeres.

4. Los médicos forenses son funcionarios de carrera que constituyen un Cuerpo Nacional de Titulados Superiores al servicio de la Administración de Justicia.

5. Son funciones de los médicos forenses:

a) La asistencia técnica a Juzgados, Tribunales y Fiscalías en las materias de su disciplina profesional, emitiendo informes y dictámenes en el marco del proceso judicial o en las actuaciones de investigación criminal que aquellos soliciten.

b) La asistencia o vigilancia facultativa de los detenidos, lesionados o enfermos, que se hallaren bajo la jurisdicción de Juzgados, Tribunales y Fiscalías, en los supuestos y en la forma que determinen las leyes.

c) La emisión de informes y dictámenes a solicitud del Registro Civil, en los supuestos y condiciones que determine su legislación específica.

d) La emisión de informes y dictámenes, a solicitud de particulares en las condiciones que se determinen reglamentariamente.

e) La realización de funciones de docencia, periciales o de investigación, por motivos de interés general, de acuerdo con las instrucciones que establezca el Ministerio de Justicia o la Comunidad Autónoma con competencias en materia de justicia, en el marco de posibles acuerdos o convenios.

f) La realización de funciones de investigación y colaboración que deriven de su propia función, en los términos contemplados reglamentariamente.

6. En el curso de las actuaciones procesales o de investigación de cualquier naturaleza incoadas por el Ministerio Fiscal, el personal destinado en los Institutos de Medicina Legal y Ciencias Forenses estará a las órdenes de los Jueces y Fiscales, ejerciendo sus funciones con plena independencia y bajo criterios estrictamente científicos.

7. Los médicos forenses estarán destinados en un Instituto de Medicina Legal y Ciencias Forenses o en el Instituto Nacional de Toxicología y Ciencias Forenses. Asimismo, en los Institutos de Medicina Legal y Ciencias Forenses estará destinado el personal funcionario que se determine en las relaciones de puestos de trabajo. También podrán prestar servicios en los citados Institutos los psicólogos, trabajadores sociales y resto de personal laboral que se determine.

Artículo redactado por la LO 7/2015, de 21 de julio.

Art. 480. 1. El Instituto Nacional de Toxicología y Ciencias Forenses es un órgano técnico adscrito al Ministerio de Justicia, cuya misión principal es auxiliar a la Administración de Justicia y contribuir a la unidad de criterio científico, a la calidad de la pericia analítica y al desarrollo de las ciencias forenses. Además, desarrollará las siguientes funciones:

a) Emitir los informes y dictámenes que soliciten las autoridades judiciales y el Ministerio Fiscal.

b) Practicar los análisis e investigaciones toxicológicas que sean ordenados por las autoridades judiciales, las gubernativas, el Ministerio Fiscal y los médicos forenses en el curso de las actuaciones judiciales o en las diligencias previas de investigación efectuadas por el Ministerio Fiscal.

c) Realizar igualmente los análisis e investigaciones interesados por organismos o empresas públicas en cuestiones que afecten al interés general, en los supuestos que se prevean según instrucciones del Ministerio de Justicia o en los términos de los acuerdos o convenios realizados al efecto.

d) Realizar los informes, análisis e investigaciones solicitados por particulares en el curso de procesos judiciales, o incluso al margen de éstos en las condiciones que se determinen.

e) Difundir los conocimientos en materia toxicológica, contribuir a la prevención de las intoxicaciones y atender cuantas consultas se le formulen sobre las mismas.

f) Actuar como centro de referencia en materias propias de su actividad en relación con los Institutos de Medicina Legal, así como con otros organismos nacionales y extranjeros.

g) Efectuar estudios de toxicología y ciencias forenses, en las condiciones que se determinen reglamentariamente.

h) Podrán colaborar con las universidades y las instituciones sanitarias y con organismos nacionales e internacionales en todas aquellas materias que contribuyan al desarrollo de la toxicología y las ciencias forenses, de acuerdo con las instrucciones del Ministerio de Justicia o los acuerdos o convenios realizados al efecto.

2. La organización y supervisión del Instituto Nacional de Toxicología y Ciencias Forenses corresponde al Ministerio de Justicia. Tiene su sede en Madrid y su ámbito de actuación se extiende a todo el territorio nacional.

Su estructura orgánica se determinará mediante real decreto.

En el mismo prestarán servicios funcionarios de los Cuerpos Especiales a que se refieren los apartados siguientes de este artículo. Además, podrán prestar servicios funcionarios de los restantes Cuerpos al servicio de la Administración de Justicia, así como de otras Administraciones, en las condiciones y con los requisitos que se establezcan en las correspondientes relaciones de puestos de trabajo, así como, en su caso, profesionales o expertos que sean necesarios para el desempeño de sus funciones u otro personal para la realización de actividades propias de oficios o de carácter instrumental, contratados en régimen laboral.

3. Los Facultativos del Instituto Nacional de Toxicología y Ciencias Forenses son funcionarios de carrera que constituyen un Cuerpo Nacional de Titulados Superiores al servicio de la Administración de Justicia. Atendiendo a la actividad técnica y científica del Instituto, dentro del citado Cuerpo podrán establecerse especialidades.

Son funciones del Cuerpo de Facultativos del Instituto Nacional de Toxicología y Ciencias Forenses la asistencia técnica en las materias de sus disciplinas profesionales a autoridades judiciales, gubernativas, al Ministerio Fiscal y a los médicos forenses, en el curso de las actuaciones judiciales o en las diligencias previas de investigación. A tal efecto llevarán a cabo los análisis e investigación que les sean solicitados, emitirán los dictámenes e informes pertinentes y evacuarán las consultas que les sean planteadas por las autoridades citadas, así como por los particulares en el curso de procesos judiciales y por organismos o empresas públicas que afecten al interés general, y contribuirán a la prevención de intoxicaciones.

§1

§1

Prestarán sus servicios en el Instituto Nacional de Toxicología y Ciencias Forenses, así como en los Institutos de Medicina Legal y Ciencias Forenses y en las unidades administrativas que se establezcan, en los supuestos y condiciones que se determinen en las correspondientes relaciones de puestos de trabajo.

4. Los Técnicos Especialistas del Instituto Nacional de Toxicología y Ciencias Forenses son funcionarios de carrera que constituyen un cuerpo nacional de auxilio especializado al servicio de la Administración de Justicia y realizarán funciones de auxilio técnico especializado en las actividades científicas y de investigación propias del citado Instituto, así como de los Institutos de Medicina Legal y Ciencias Forenses.

Prestarán servicio, en los supuestos y condiciones que se establezcan en las relaciones de puestos de trabajo de los citados organismos.

Apartados 3 y 4 redactados por la Ley Orgánica 8/2021, de 4 de junio.

5. Los Ayudantes de Laboratorio del Instituto Nacional de Toxicología y Ciencias Forenses son funcionarios de carrera que constituyen un Cuerpo Nacional al servicio de la Administración de Justicia, para la realización de funciones de apoyo propias de su formación, en las actividades científicas y de investigación de este Instituto, así como de los Institutos de Medicina Legal y Ciencias Forenses, en la forma y con los requisitos y condiciones que se establezcan en las relaciones de puestos de trabajo de los citados organismos.

6. Los funcionarios de los Cuerpos Especiales del Instituto Nacional de Toxicología y Ciencias Forenses dependerán jerárquicamente del Director de este Instituto o, en su caso, del Director del Instituto de Medicina Legal y Ciencias Forenses en que presten servicios.

Artículo redactado por la LO 7/2015, de 21 de julio.

CAPÍTULO II
Registro de personal

Art. 481. 1. En el Ministerio de Justicia existirá un Registro Central de personal funcionario al servicio de la Administración de Justicia, en el que se inscribirá a todo el personal funcionario de los Cuerpos al servicio de la Administración de Justicia y en el que se anotarán preceptivamente todos los actos que afecten a la vida administrativa de los mismos. Este Registro Central incluirá la información relativa a los puestos de trabajo correspondientes a la Administración de Justicia, su situación, ocupación y evolución.

2. Las Comunidades Autónomas podrán establecer en sus ámbitos territoriales registros respecto del personal al servicio de la Administración de Justicia que preste servicios en los mismos.

3. El Ministerio de Justicia aprobará las normas que determinarán la información que habrá de figurar en el Registro Central de Personal y las cautelas que hayan de establecerse para garantizar la confidencialidad de los datos en los términos que establezca la legislación vigente. Para la actualización de datos en los registros, el Ministerio de Justicia con la colaboración de las Comunidades Autónomas con competencias asumidas establecerá los procedimientos e instrumentos de cooperación necesarios que garanticen, por una parte, la inmediata anotación de los datos de todo el personal, con independencia del lugar de prestación de servicios, y por otra, la anotación de las creaciones, modificaciones o estados de ocupación actual e histórica de los puestos de trabajo asignados a la Administración de Justicia.

4. Todo el personal tendrá libre acceso a su expediente individual, en el que, en ningún caso, figurará dato alguno relativo a su raza, religión u opinión ni cualquier otra circunstancia personal o social que no sea relevante para su trabajo.

5. Los funcionarios de carrera de la Administración de Justicia figurarán en el escalafón por orden de ingreso en el Cuerpo con mención de, al menos, los siguientes datos:

a) Documento nacional de identidad.

b) Nombre y apellidos.

c) Tiempo de servicios en el Cuerpo.

Redactado por LO 4/2018, de 28 de diciembre.

TÍTULO II
De la oferta de empleo público, ingreso y promoción profesional

CAPÍTULO I
Oferta de empleo público

Art. 482. 1. Las necesidades de recursos humanos con asignación presupuestaria serán objeto de una única oferta de empleo público anual, que se elaborará de conformidad con los criterios para el sector público estatal establecidos en la Ley de Presupuestos Generales del Estado.

2. Las comunidades autónomas determinarán en sus respectivos ámbitos territoriales las necesidades de recursos humanos respecto de los Cuerpos de funcionarios al servicio de la Administración de Justicia sobre los que han asumido competencias y lo pondrán en conocimiento del Ministerio de Justicia.

3. El Ministerio de Justicia elaborará la oferta de empleo público integrando las necesidades de recursos determinadas por las Comunidades Autónomas con las existentes en el resto del territorio del Estado que no haya sido objeto de traspaso y la presentará al Ministerio de Hacienda y Función Pública, quien la elevará al Gobierno para su aprobación.

Redactado por LO 4/2018, de 28 de diciembre.

4. Aprobada la oferta de empleo público, el Ministerio de Justicia procederá a la convocatoria de los procesos selectivos.

5. En las ofertas de empleo público se reservará un cupo no inferior al siete por ciento de las vacantes para ser cubiertas entre personas con discapacidad, consideradas como tales las definidas en el apartado 2 del artículo 4 del Real Decreto Legislativo 1/2013, de 29 de noviembre, por el que se aprueba el Texto Refundido de la Ley General de Derechos de las Personas con Discapacidad y de su Inclusión Social, siempre que superen las pruebas selectivas y que acrediten el grado de discapacidad y la compatibilidad para el desempeño de las funciones y tareas correspondientes en la forma que se determine reglamentariamente.

Apartado añadido por la LO 7/2015, de 21 de julio.

CAPÍTULO II

Selección del personal funcionario al servicio de la Administración de Justicia

Art. 483. 1. De acuerdo con los principios contenidos en el artículo 103.1 de la Constitución Española, el personal funcionario de carrera será seleccionado con criterios de objetividad y con arreglo a los principios de igualdad, mérito, capacidad y también de publicidad.

2. El contenido del temario, así como de las pruebas a realizar serán únicos para cada cuerpo en todo el territorio del Estado, salvo las pruebas que puedan establecerse para la acreditación del conocimiento de la lengua y del derecho civil, foral o especial, propios de las comunidades autónomas con competencias asumidas, que tendrán carácter optativo y, en ningún caso, serán eliminatorias, teniéndose en cuenta la puntuación obtenida conforme al baremo que se establezca, a los solos efectos de adjudicación de destino dentro de la comunidad autónoma correspondiente.

3. Las pruebas selectivas, se convocarán y resolverán por el Ministerio de Justicia y se realizarán, de forma territorializada en los distintos ámbitos en los que se hayan agrupado las vacantes. Las convocatorias y sus bases, que serán únicas para cada cuerpo, se ajustarán, en todo caso, a lo dispuesto en esta ley y en el real decreto por el que se apruebe el «Reglamento General de Ingreso, Provisión

de Puestos de Trabajo y Promoción Profesional de los funcionarios al servicio de la Administración de Justicia» y se publicarán en el «Boletín Oficial del Estado» y en los «Boletines Oficiales» de las comunidades autónomas, de forma simultánea. Si dicha simultaneidad no fuese posible, los términos y plazos establecidos en la convocatoria, se contarán, en todo caso, a partir de la publicación en el «Boletín Oficial del Estado».

§1

4. Las bases de la convocatoria serán elaboradas por la Comisión de Selección de Personal y aprobadas por el Ministerio de Justicia, previa negociación con las organizaciones sindicales más representativas.

Las citadas bases, que vincularán a la Administración y a los tribunales que han de juzgar las pruebas selectivas, sólo podrán ser modificadas con estricta sujeción a las normas de la Ley de Régimen Jurídico de las Administraciones Públicas y del Procedimiento Administrativo Común.

5. En las convocatorias, el Ministerio de Justicia determinará el número de vacantes y el ámbito territorial por el que se ofertan.

Asimismo, cuando el número de plazas o el mejor desarrollo de los procesos selectivos lo aconseje, el Ministerio de Justicia podrá agrupar las vacantes correspondientes a uno o varios territorios.

Los aspirantes podrán solicitar exclusivamente su participación por uno de los ámbitos territoriales que se expresen en la convocatoria.

En ningún caso podrá declararse superado el proceso selectivo en cada ámbito a un número mayor de aspirantes que el de plazas objeto de la convocatoria. Los aspirantes que hubieran superado el proceso selectivo obtendrán destino en alguna de las vacantes radicadas en el mismo territorio por el que hubieran solicitado su participación.

En el caso de que hubieran quedado plazas sin cubrir en alguno de los territorios, el Ministerio de Justicia podrá convocar una prueba selectiva adicional con dichas plazas a la que solo podrán concurrir los aspirantes que hubieran realizado el último ejercicio del proceso anterior.

Redactado por LO 4/2018, de 28 de diciembre.

6. En los procesos selectivos serán admitidas las personas con minusvalías en igualdad de condiciones con los demás aspirantes. Las convocatorias no establecerán exclusiones por limitaciones psíquicas o físicas, sin perjuicio de las incompatibilidades con el desempeño de las tareas o funciones correspondientes. Para la realización de las pruebas se establecerán para las personas con minusvalía que lo soliciten las adaptaciones posibles en cuanto a tiempo y medios.

Art. 484. El acceso a los cuerpos generales y especiales de la Administración de Justicia se efectuará a través de los sistemas y en los términos establecidos en el texto refundido del Estatuto Básico del Empleado Público.

Redactado por LO 4/2018, de 28 de diciembre.

Art. 485. 1. Los procesos de selección podrán incluir la realización de un curso teórico-práctico o de un periodo de prácticas, que podrán tener carácter selectivo.

La calificación obtenida servirá para fijar el orden de prelación. No obstante, si tuviesen carácter selectivo, los aspirantes que no superen el mismo podrán repetirlo en el siguiente, al que se incorporarán con la nueva promoción. Si tampoco superaren este curso perderán el derecho a su nombramiento como funcionarios de carrera.

Apartado redactado por la LO 7/2015, de 21 de julio.

2. Durante su realización, los aspirantes tendrán la consideración de funcionarios en prácticas, con los derechos y obligaciones que se establezcan reglamentariamente.

3. El curso selectivo o en su caso el periodo de prácticas, podrán desarrollarse en los centros, institutos o servicios de formación dependientes de las comunidades autónomas, o en las Oficinas judiciales ubicadas en el ámbito territorial de las mismas.

Art. 486. 1. La elaboración de los temarios y de las bases de convocatoria por las que han de regirse los procesos selectivos para ingreso en los cuerpos de funcionarios a que se refiere este libro, se encomendará a una Comisión de Selección de Personal, que estará formada por:

Cuatro vocales representantes del Ministerio de Justicia, uno de los cuales asumirá la Presidencia de la Comisión y tendrá voto dirimente en caso de empate en la adopción de acuerdos.

Cuatro representantes de las comunidades autónomas con competencias en materias de Administración de Justicia, uno de los cuales asumirá la Vicepresidencia de la Comisión.

2. Esta Comisión determinará asimismo el programa formativo correspondiente al periodo de prácticas o curso selectivo en su caso.

3. Las normas de funcionamiento de la Comisión de Selección y la forma de designación de sus miembros, se establecerán en el real decreto por el que se apruebe el Reglamento de Ingreso, provisión de Puestos de Trabajo y Promoción Profesional de los funcionarios al servicio de la Administración de Justicia. La

composición de dicha Comisión, cuando se trate de la selección de Cuerpos cuya gestión no hayan sido objeto de traspaso, se fijará asimismo en el citado reglamento.

4. Los temarios serán aprobados por la Comisión de Selección y serán únicos para todo el territorio del Estado.

Art. 487. 1. El desarrollo y calificación de las pruebas selectivas corresponde a los tribunales calificadores que, a tal efecto, se constituyan.

Estos tribunales gozarán de autonomía funcional y responderán de la objetividad del procedimiento y del cumplimiento de las normas contenidas en la convocatoria.

Apartado modificado por la Ley Orgánica 4/2014.

2. En el Reglamento General de Ingreso, provisión de Puestos de Trabajo y Promoción Profesional se establecerá, la composición de los tribunales que, en todo caso estarán formados por un número impar de miembros, así como sus normas de funcionamiento, garantizándose la especialización de los integrantes del mismo y la agilidad del proceso selectivo, sin perjuicio de su objetividad, así como el régimen de incompatibilidades, los derechos y deberes de sus miembros.

Los miembros de los tribunales serán nombrados por el Ministerio de Justicia. En los tribunales que se constituyan en los territorios de las comunidades autónomas con competencias asumidas, dos de cada cinco vocales serán propuestos por el órgano competente de dicha comunidad.

Art. 488. 1. Concluido el proceso selectivo, los aspirantes que lo hubiesen superado, cuyo número no podrá exceder en ningún caso al de plazas convocadas en cada ámbito, y que dentro del plazo que se establezca acrediten reunir los requisitos exigidos en la convocatoria, serán nombrados funcionarios de carrera por el órgano competente del Ministerio de Justicia.

2. Los nombramientos serán objeto de publicación, simultáneamente, en el «Boletín Oficial del Estado» y en los Boletines o Diarios Oficiales de las comunidades autónomas con competencias asumidas.

3. La adjudicación de puestos de trabajo a los funcionarios de nuevo ingreso se efectuará de acuerdo con sus peticiones entre los puestos ofertados a los mismos, según el orden obtenido en el proceso selectivo. Los destinos adjudicados tendrán carácter definitivo equivalente a todos los efectos a los obtenidos por concurso. Los puestos de trabajo que se oferten a los funcionarios de nuevo ingreso deberán haber sido objeto de concurso de traslado previo entre quienes ya tuvieran la condición de funcionario.

§1

Redactado por LO 4/2018, de 28 de diciembre.

4. Para adquirir la condición de funcionario de carrera se deberá tomar posesión del destino adjudicado en el plazo que reglamentariamente se establezca.

Art. 489. 1. El Ministerio de Justicia o, en su caso, los órganos competentes de las Comunidades Autónomas que hayan recibido los traspasos de medios personales para el funcionamiento de la Administración de Justicia, podrán nombrar funcionarios interinos por necesidades del servicio, cuando no sea posible, con la urgencia exigida por las circunstancias, la prestación por funcionario de carrera y siempre que concurra alguna de las siguientes circunstancias:

a) La existencia de plazas vacantes cuando no sea posible su cobertura por funcionarios de carrera.

b) La sustitución transitoria de los titulares.

c) El exceso o acumulación de asuntos en los órganos judiciales.

La selección de funcionarios interinos habrá de realizarse de acuerdo con los criterios objetivos que se fijen en la orden ministerial o, en su caso, la disposición de la Comunidad Autónoma que haya recibido los traspasos de medios personales para el funcionamiento de la Administración de Justicia mediante procedimientos ágiles que respetarán en todo caso los principios de igualdad, mérito, capacidad y publicidad.

2. Los nombrados deberán reunir los requisitos y titulación necesarios para el ingreso en el cuerpo; tomarán posesión en el plazo que reglamentariamente se establezca y tendrán los mismos derechos y deberes que los funcionarios, salvo la fijeza en el puesto de trabajo y las mismas retribuciones básicas y complementarias. Se reconocerán los trienios correspondientes a los servicios prestados que tendrán efectos retributivos conforme a lo establecido en la normativa vigente para los funcionarios de la Administración General del Estado. Este reconocimiento se efectuará previa solicitud del interesado.

3. Serán cesados según los términos que establezca la orden ministerial o, en su caso, la disposición de la Comunidad Autónoma y, en todo caso, cuando se provea la vacante, se incorpore su titular, desaparezcan las razones de urgencia o se cumpla el periodo máximo establecido en el apartado 1.c).

4. Periódicamente, la Administración competente, previa negociación con las organizaciones sindicales, analizará la conveniencia o no de prorrogar el refuerzo, comprobando que aún persiste el exceso o acumulación de asuntos pendientes. Al cabo de tres años desde el nombramiento, se propondrá su conversión en las relaciones de puestos de trabajo como incremento de plantilla si se constatara que la necesidad de personal tiene carácter estructural.

Redactado por LO 4/2018, de 28 de diciembre.

CAPÍTULO II BIS
De la cooperación y coordinación en la Administración de Justicia
Introducido por LO 4/2018, de 28 de diciembre.

Art. 489 bis. 1. La Conferencia Sectorial de Administración de Justicia, como órgano de cooperación entre la Administración General del Estado y las Administraciones de las Comunidades Autónomas con competencias asumidas en materia de provisión de medios materiales, económicos y personales necesarios para la Administración de Justicia, atenderá en su funcionamiento y organización a lo establecido en la vigente legislación sobre régimen jurídico de las Administraciones Públicas.

2. Se crea la Comisión de Recursos Humanos de la Administración de Justicia como órgano técnico y de trabajo dependiente de la Conferencia Sectorial de Administración de Justicia. En esta Comisión se hará efectiva la cooperación de la política de personal entre el Ministerio de Justicia y las Administraciones de las Comunidades Autónomas con competencias asumidas, y en concreto le corresponde:

a) Impulsar las actuaciones necesarias para garantizar la efectividad de los principios constitucionales en el acceso al empleo público, así como su integridad y coherencia, en el conjunto de las necesidades de la Administración de Justicia.

b) Emitir informe sobre cualquier proyecto normativo que las Administraciones Públicas le presenten.

c) Elaborar estudios e informes sobre empleo público en la Administración de Justicia.

d) Cualquier otra función de consulta o participación que reglamentariamente pudiera serle atribuida.

3. Componen la Comisión de Recursos Humanos de la Administración de Justicia los titulares de aquellos órganos directivos con competencia en materia de recursos humanos de la Administración General del Estado y de las Administraciones de las Comunidades Autónomas con competencias asumidas en materia de Justicia.

4. La Comisión de Recursos Humanos de la Administración de Justicia elaborará sus propias normas de organización y funcionamiento en el marco de lo previsto en la presente Ley Orgánica y en su desarrollo reglamentario.

Redactado por LO 4/2018, de 28 de diciembre.

CAPÍTULO III
De la promoción interna

Art. 490. 1. Se garantiza la promoción interna, mediante el ascenso desde un cuerpo para cuyo ingreso se ha exigido determinada titulación a otro cuerpo para cuyo acceso se exige la titulación inmediata superior o, en el caso de los cuerpos especiales, mediante la posibilidad de acceder a las diferentes especialidades de un mismo cuerpo.

2. Además de las plazas que se incluyan para la incorporación de nuevo personal de conformidad con lo previsto en el artículo 482, el Ministerio de Presidencia, Justicia y Relaciones con las Cortes, previa autorización por parte del Ministerio para la Transformación Digital y de la Función Pública, convocará anualmente procesos de promoción interna para la cobertura de un número de plazas equivalente al cincuenta por ciento de las que, para cada cuerpo, sean objeto de la Oferta de Empleo Público.

Con independencia de lo señalado en el párrafo anterior, el Ministerio de Presidencia, Justicia y Relaciones con las Cortes, con carácter extraordinario y previa autorización del Ministerio para la Transformación Digital y de la Función Pública, podrá convocar procesos de promoción interna específicos cuando las circunstancias en la Administración de Justicia lo aconsejen.

En ambos casos, las plazas convocadas por el turno de promoción interna que no resulten cubiertas no podrán, en ningún caso, acrecer a las convocadas por turno libre ni incorporarse a la Oferta de Empleo Público.

Apartado modificado por la Ley Orgánica 1/2025, de 2 de enero, de medidas en materia de eficiencia del Servicio Público Justicia.

3. La promoción interna se efectuará mediante el sistema de concurso oposición en los términos que se establezcan en el Real Decreto por el que se apruebe el reglamento de ingreso, provisión de puestos y promoción profesional. En todo caso, se respetarán los principios de igualdad, mérito, capacidad y publicidad.

4. La promoción interna para el acceso a diferente especialidad del mismo cuerpo tendrá lugar entre funcionarios que desempeñen actividades sustancialmente coincidentes o análogas en su contenido profesional y en su nivel técnico.

5. En todo caso, los funcionarios deberán poseer la titulación académica requerida para el acceso a los cuerpos o especialidades de que se trate, tener una antigüedad de al menos dos años en el cuerpo al que pertenezcan y reunir los requisitos y superar las pruebas que se establezcan. Dichas pruebas podrán llevarse a cabo en convocatoria independiente de las de ingreso general. Los funcionarios que accedan por promoción interna tendrán, en todo caso, preferencia para la ocupación de los puestos de trabajo vacantes ofertados sobre los aspirantes que no procedan de este

turno. Las convocatorias podrán establecer la exención de las pruebas encaminadas a acreditar los conocimientos ya exigidos para el acceso al cuerpo de origen, pudiendo valorarse los cursos y programas de formación superados.

§1

6. Los funcionarios del Cuerpo de Técnicos Especialistas del Instituto Nacional de Toxicología y Ciencias Forenses podrán acceder mediante promoción interna al Cuerpo de Facultativos del Instituto Nacional de Toxicología y Ciencias Forenses, siempre que reúnan los requisitos para ello.

Redactado por LO 4/2018, de 28 de diciembre.

TÍTULO III
Adquisición y pérdida de la condición de funcionario

Art. 491. 1. La condición de funcionario de carrera se adquiere por el cumplimiento sucesivo de los requisitos establecidos en el libro V de esta ley orgánica para el Cuerpo de Secretarios Judiciales.

2. La condición de funcionario de carrera se pierde en los mismos supuestos que los contemplados en el libro V para el Cuerpo de Secretarios Judiciales.

Art. 492. 1. La jubilación de los funcionarios podrá ser:

a) Voluntaria, a solicitud del funcionario.

b) Forzosa, al cumplir la edad legalmente establecida.

c) Por incapacidad permanente para el servicio.

2. Procederá la jubilación voluntaria, a solicitud del interesado, siempre que el funcionario reúna los requisitos y condiciones establecidos en el régimen de seguridad social que le sea de aplicación.

3. La jubilación forzosa se declarará de oficio al cumplir el funcionario los 65 años de edad. No obstante, los funcionarios podrán prolongar voluntariamente su permanencia en el servicio activo, como máximo hasta que cumplan 70 años de edad. La Administración Pública competente deberá de resolver de forma motivada la aceptación o denegación de la prolongación.

4. Con independencia de la edad legal de jubilación forzosa establecida en el apartado 3, la edad de la jubilación forzosa del personal funcionario incluido en el Régimen General o Especial de la Seguridad Social será, en todo caso, la que prevean las normas reguladoras de dicho régimen para el acceso a la pensión de jubilación en su modalidad contributiva sin coeficiente reductor por razón de la edad, hasta alcanzar la edad máxima de 70 años.

5. Procederá asimismo la jubilación del funcionario cuando este padezca incapacidad permanente para el ejercicio de las funciones propias de su cuerpo. Será preceptiva la instrucción del oportuno expediente de incapacidad.

§1 Modificado por la Ley Orgánica 1/2025, de 2 de enero, de medidas en materia de eficiencia del Servicio Público Justicia.

Art. 493. Podrán ser rehabilitados mediante el procedimiento que reglamentariamente se establezca:

Los funcionarios que hubiesen perdido la condición de tales, como consecuencia de la pérdida de la nacionalidad española o por incapacidad permanente para el servicio, una vez desaparecida la causa objetiva que la motivó.

Quienes hubiesen perdido la condición de funcionario por inhabilitación absoluta o especial como pena principal o accesoria o por condena a pena privativa de libertad por razón de delito doloso, una vez extinguidas sus responsabilidades civiles y penales y, en su caso, cancelados los antecedentes penales. Asimismo podrán ser rehabilitados, los funcionarios que hayan sido separados del servicio como consecuencia de sanción disciplinaria.

Art. 494. 1. El Ministro de Justicia será competente para el nombramiento de los funcionarios de carrera. Asimismo, será competente para acordar la pérdida de la condición de funcionario, y en su caso la rehabilitación, en los supuestos contemplados en esta Ley Orgánica en la forma y mediante el procedimiento que reglamentariamente se determine, atendiendo a las circunstancias y entidad del delito o falta cometida.

2. La jubilación voluntaria, forzosa, o por incapacidad permanente, así como la posible prórroga de permanencia en el servicio activo será acordada por el órgano competente del Ministerio de Justicia o, en su caso, de la Comunidad Autónoma con competencias asumidas. Ello sin perjuicio de que la rehabilitación procedente de jubilación por incapacidad permanente para el personal al servicio de la Administración de Justicia será acordada, en todo caso, por el Ministerio de Justicia, en la forma y de acuerdo con el procedimiento que se establezca reglamentariamente.

Artículo modificado por la Ley Orgánica 4/2014.

TÍTULO IV
Derechos, deberes e incompatibilidades

CAPÍTULO I
Derechos, deberes e incompatibilidades

Art. 495. 1. Los funcionarios de carrera tienen los siguientes derechos profesionales:

a) Al mantenimiento de su condición funcionarial, al desempeño efectivo de tareas o funciones propias de su cuerpo y a no ser removidos del puesto de trabajo que desempeñen sino en los supuestos y condiciones establecidos legalmente.

b) A percibir la retribución y las indemnizaciones por razón del servicio establecidas en la normativa vigente.

c) A la carrera profesional, a través de los mecanismos de promoción profesional que se establezcan de acuerdo con los principios de igualdad, mérito, capacidad y publicidad.

d) A recibir por parte de la Administración la formación necesaria, inicial y continuada, con el fin de mejorar sus capacidades profesionales de forma que les permita una mejor y más pronta adaptación a sus puestos de trabajo y les posibilite su promoción profesional.

Con el fin de asegurar la homogeneidad y que las acciones formativas que se establezcan por las distintas Administraciones públicas competentes en materia de gestión de personal no representen obstáculos en la promoción y en la movilidad del personal al servicio de la Administración de Justicia en el territorio del Estado, se adoptarán medidas de coordinación y homologación en materia de formación continua.

e) A ser informados por sus jefes o superiores de las tareas o cometidos a desempeñar y a participar en la consecución de los objetivos atribuidos a la unidad donde presten sus servicios.

f) Al respeto de su intimidad y a la consideración debida a su dignidad, comprendida la protección frente a ofensas verbales o físicas de naturaleza sexual.

g) A la no discriminación por razón de nacimiento, origen racial o étnico, género, sexo u orientación sexual, religión o convicciones, opinión, discapacidad, edad o cualquier otra condición o circunstancia personal o social.

h) A vacaciones, permisos y licencias.

i) A recibir protección en materia de seguridad y salud en el trabajo, para lo cual las Administraciones competentes adoptarán aquellas medidas que sean necesarias para la aplicación efectiva de la normativa vigente sobre prevención de riesgos y salud laboral, procediendo a la evaluación de los riesgos iniciales y al establecimiento de planes de emergencia, así como a la creación de servicios de prevención y de un Comité Central de Seguridad y Salud.

j) A la jubilación.

k) A un régimen de Seguridad Social, que para los funcionarios de carrera y funcionarios en prácticas estará integrado por el Régimen General de la Seguridad Social o el Régimen de Clases Pasivas del Estado, en función de la fecha en la que hayan adquirido tal condición, y el Mutualismo Judicial, regulado por Real Decreto Legislativo 3/2000, de 23 de junio, y disposiciones de desarrollo.

§1

l) A los derechos previstos en el artículo 444.2 de esta Ley.

Apartado redactado por la LO 7/2015, de 21 de julio.

2. El régimen de derechos contenido en el apartado anterior será aplicable a los funcionarios interinos en la medida que la naturaleza del derecho lo p ermita, quedando integrados, a efectos de seguridad social, en el Régimen General de la Seguridad Social.

Art. 496. Los funcionarios tienen los siguientes derechos colectivos, en los términos establecidos por la Constitución y las leyes:

a) A la libre asociación profesional.

b) A la libre sindicación.

c) A la actividad sindical.

d) De huelga, en los términos contenidos en la legislación general del Estado para funcionarios públicos, garantizándose el mantenimiento de los servicios esenciales de la Administración de Justicia.

e) A la negociación colectiva, a la participación en la determinación de las condiciones de trabajo, para lo cual se establecerán los marcos adecuados que permitan una mayor y más intensa participación de los representantes de los funcionarios al servicio de la Administración de Justicia, a través de grupos de trabajo, mesas o cualquier otro foro de diálogo y negociación.

f) De reunión.

Art. 497. Los funcionarios de la Administración de Justicia están obligados a:

a) Respetar la Constitución y el resto del ordenamiento jurídico.

b) Ejercer sus tareas, funciones o cargo con lealtad e imparcialidad y servir con objetividad los intereses generales.

c) Cumplir con diligencia las instrucciones profesionales recibidas de su superior jerárquico en el ámbito de sus competencias.

d) Realizar con la debida aplicación las funciones o tareas propias de su puesto de trabajo y aquellas otras que, relacionadas con las anteriores, les encomienden sus jefes o superiores para el cumplimiento de los objetivos de la unidad.

e) Cumplir el régimen de jornada y horario que se establezca.

f) Mantener sigilo de los asuntos que conozcan por razón de sus cargos o funciones y no hacer uso indebido de la información obtenida así como guardar secreto de las materias clasificadas u otras cuya difusión esté prohibida legalmente.

g) Dar cuenta a las autoridades competentes de aquellas órdenes que, a su juicio, fuesen contrarias a la legalidad o constitutivas de delito.

h) Cumplir el régimen de incompatibilidades y prohibiciones.

i) Tratar con atención y respeto a los ciudadanos.

j) Dar a conocer su identidad y categoría a los interesados que lo requieran, salvo cuando ello no fuera posible por razones de seguridad.

k) Velar por la conservación y uso correcto de los locales, material, documentos e información a su cargo, no utilizando los medios propiedad de la Administración en provecho propio ni ejercer sus cometidos de forma que puedan beneficiar ilegítimamente a sí mismos o a otras personas.

l) Tratar con corrección y consideración a los superiores jerárquicos, compañeros y subordinados, así como a Abogados, Procuradores y Graduados Sociales.

La letra l) ha sido redactada por la LO 7/2015, de 21 de julio.

Art. 498. 1. Los funcionarios estarán sujetos al régimen de incompatibilidades previsto en la legislación general aplicable a los funcionarios al servicio de las Administraciones públicas.

2. El ejercicio de cualquier actividad que requiera declaración de compatibilidad, exigirá la previa autorización del Ministerio de Justicia o de la Comunidad Autónoma con competencias asumidas.

No se podrá autorizar la compatibilidad para el ejercicio de una actividad privada cuando se desempeñen puestos con dedicación especial. Tampoco procederá esta autorización, para los médicos forenses y técnicos facultativos que desempeñen puestos de Director o Subdirector en los Institutos de Medicina Legal o en el Instituto Nacional de Toxicología y Ciencias Forenses y sus departamentos.

3. En todo caso, su función será incompatible con:

a) Por lo que se refiere a Cuerpos Especiales:

1º La intervención como particulares en los casos que pudieran tener relación con sus funciones.

2º La función de médico de empresa, de entidades aseguradoras o el desempeño de empleos en dichas entidades.

3º Cualquier actividad pericial privada.

4º Emisión de certificados médicos de defunción, salvo que presten servicios en el Registro Civil y únicamente en el ejercicio de sus funciones.

b) Por lo que se refiere a Cuerpos Generales:

1º El ejercicio de la abogacía, procuraduría, o de la profesión de Graduado Social y empleos al servicio de Abogados, Procuradores y Graduados Sociales o cualquier otra profesión que habilite para actuar ante Juzgados y Tribunales.

2º El desempeño de todo tipo de asesoramiento jurídico, sea retribuido o no.

3º La condición de agentes de seguros y la de empleado de los mismos o de una compañía de seguros.

4° El desempeño de los cargos de gerentes, consejeros o asesores de empresas que persigan fines lucrativos.

5° El desempeño de servicios de gestoría administrativa, ya sea como titular o como empleado de tales oficinas.

6° El ejercicio de funciones periciales privadas ante los Tribunales y Juzgados.

La letra b) ha sido redactada por la LO 7/2015, de 21 de julio.

Art. 499. 1. La abstención del funcionario se comunicará por escrito motivado a quien sea competente para dictar la resolución que ponga término al pleito o causa en la respectiva instancia. En caso de ser estimada la abstención, será reemplazado en el proceso por quien legalmente deba sustituirle. De ser desestimada, habrá de continuar actuando en el asunto.

2. Su recusación sólo será posible por las causas legalmente previstas y por los trámites previstos para la recusación de los secretarios judiciales con las siguientes excepciones:

a) El incidente gubernativo se instruirá por el letrado o letrada de la Administración de Justicia del que funcionalmente dependa, y lo decidirá quién sea competente para dictar la resolución que ponga término al pleito o causa en la respectiva instancia.

La letra a) ha sido modificado por la Ley Orgánica 1/2025, de 2 de enero, de medidas en materia de eficiencia del Servicio Público Justicia.

b) Si, a la vista del escrito de recusación, el secretario judicial estimare que la causa no es de las tipificadas en la ley, inadmitirá en el acto la petición expresando las razones en que se funde tal inadmisión. Contra esta resolución no se dará recurso alguno.

c) Admitido a trámite el escrito de recusación, y en el día siguiente a su recepción, el recusado manifestará al secretario judicial si se da o no la causa alegada. Cuando reconozca como cierta la causa de recusación, el secretario judicial acordará reemplazar al recusado por quien legalmente le deba sustituir. Contra esta resolución no cabrá recurso alguno.

d) Si el recusado niega la certeza de la causa alegada como fundamento de la recusación, el secretario judicial, oído lo que el recusado alegue, dentro del quinto día y practicadas las comprobaciones que el recusado proponga y sean pertinentes o las que él mismo considere necesarias, remitirá lo actuado a quien ha ya de resolver para que decida el incidente.

3. A los funcionarios del Cuerpo de Médicos Forenses, les serán de aplicación las prescripciones que establezcan las normas procesales respecto a la recusación de peritos.

CAPÍTULO II
Jornada y horarios

§1

Art. 500. 1. La duración de la jornada general de trabajo efectivo en cómputo anual y de aquellas jornadas que hayan de ser realizadas en régimen de dedicación especial, así como sus especificidades, será fijada por resolución del órgano competente del Ministerio de Justicia, previo informe de las comunidades autónomas con competencias asumidas y negociación con las organizaciones sindicales más representativas.

Los funcionarios deberán ejercer su actividad en los términos que exijan las necesidades del servicio. A tal efecto, por el Ministerio de Justicia, previo informe de las comunidades autónomas con competencias asumidas y negociación con las organizaciones sindicales, se determinarán las compensaciones horarias y cómputos especiales cuando la atención de actuaciones procesales urgentes e inaplazables suponga un exceso de horas sobre la jornada a realizar.

2. La duración de la jornada general semanal será igual a la establecida para la Administración General del Estado. Los funcionarios podrán realizar jornadas reducidas, en los supuestos y con las condiciones establecidas legal y reglamentariamente.

3. Se podrán establecer jornadas sólo de mañana o jornadas de mañana y tarde para determinados servicios u órganos jurisdiccionales, cuando las necesidades del servicio así lo aconsejen, y en especial en las unidades de atención al público, en las que se tenderá a aumentar el tiempo de atención a los ciudadanos.

La incorporación de los funcionarios a la jornada de mañana y tarde será voluntaria y deberá ir acompañada de medidas incentivadoras.

4. La distribución de la jornada y la fijación de los horarios se determinará a través del calendario laboral que, con carácter anual, se aprobará por el órgano competente del Ministerio de Justicia y de las Comunidades Autónomas con competencias asumidas, en sus respectivos ámbitos, previo informe del Consejo General del Poder Judicial y negociación con las organizaciones sindicales. El calendario laboral se determinará en función del número de horas anuales de trabajo efectivo. Podrán establecerse flexibilidades horarias a la entrada y salida del trabajo, garantizándose en todo caso un número de horas de obligada concurrencia continuada.

Los horarios que se establezcan deberán respetar en todo caso el horario de audiencia pública.

Apartado redactado por la LO 7/2015, de 21 de julio.

5. Cuando las peculiaridades de algunos servicios u órganos jurisdiccionales así lo aconsejen, podrán establecerse horarios especiales, que figurarán en las

relaciones de puestos de trabajo y serán objeto del complemento retributivo que se determine.

6. El incumplimiento de la jornada dará lugar al descuento automático de las retribuciones correspondientes al tiempo no trabajado, calculado en la forma establecida por la normativa de aplicación. A estos efectos, se considera trabajo efectivo el prestado dentro del horario establecido en la forma que se determine, teniendo en cuenta las compensaciones horarias que procedan y el que corresponda a permisos retribuidos, así como los créditos de horas retribuidas por funciones sindicales.

Art. 501. 1. El Consejo General del Poder Judicial, oídos el Ministerio de Justicia y las comunidades autónomas con competencias asumidas, así como los Colegios de Abogados y Procuradores de cada demarcación, determinará los órganos jurisdiccionales y otros servicios de la Administración de Justicia que han de permanecer en servicio de guardia, así como los horarios y las condiciones en que se realizará el mismo.

2. El Ministerio de Justicia y las comunidades autónomas en sus respectivos territorios garantizarán la asistencia necesaria a los órganos o servicios judiciales en funciones de guardia. A tal efecto previa negociación con las organizaciones sindicales determinarán el número de funcionarios que han de prestar dicho servicio, la permanencia en el órgano judicial o servicio o la situación de disponibilidad de los mismos y organizarán y distribuirán el horario a realizar.

CAPÍTULO III
Vacaciones, permisos y licencias

Art. 502. 1. Los funcionarios tendrán derecho a disfrutar, durante cada año natural, de unas vacaciones retribuidas en las mismas condiciones que las previstas a los funcionarios de la Administración General del Estado en su normativa.

Apartado redactado por la LO 7/2015, de 21 de julio.

2. El Ministerio de Justicia y las Comunidades Autónomas en sus respectivos ámbitos territoriales, serán competentes para dictar las normas respecto a la forma de disfrute de las vacaciones, así como sobre los procedimientos para su concesión.

Redactado por la Ley Orgánica 8/2012, de 27 de diciembre, de medidas de eficiencia presupuestaria para la Administración de Justicia.

Art. 503. 1. Por causas justificadas, las personas funcionarias tendrán derecho a iguales permisos y con la misma extensión que los establecidos en la normativa vigente aplicable a los funcionarios de la Administración del Estado, con excepción del permiso por asuntos particulares que tendrá una duración de nueve días.

§1

Redactado por LO 4/2018, de 28 de diciembre y modificado por la Ley Orgánica 1/2025, de 2 de enero, de medidas en materia de eficiencia del Servicio Público Justicia.

2. El disfrute de estos permisos tendrá los mismos derechos económicos que los funcionarios de la Administración General del Estado.

Redactado por la Ley Orgánica 8/2012, de 27 de diciembre, de medidas de eficiencia presupuestaria para la Administración de Justicia.

Art. 504. 1. Por razón de matrimonio, los funcionarios tendrán derecho a una licencia de quince días de duración y se concederá con plenitud de derechos económicos.

2. Podrán concederse licencias para formación y perfeccionamiento en los siguientes casos:

a) Para la asistencia a cursos de formación incluidos en los planes de formación que se celebren anualmente, organizados por el Ministerio de Justicia, las comunidades autónomas, las organizaciones sindicales u otras entidades públicas o privadas.

La duración y forma de disfrute estarán determinadas por la duración y programación de los cursos a realizar y no supondrán limitación alguna de haberes.

b) Para la asistencia a cursos, congresos o jornadas, siempre que estén relacionadas con las funciones propias del cuerpo al que pertenece el funcionario y supongan completar su formación para el ejercicio de las mismas.

Su concesión estará subordinada a las necesidades del servicio y a las disponibilidades presupuestarias y su duración vendrá determinada por la de los cursos, congresos o jornadas.

Estas licencias darán derecho a percibir las retribuciones básicas y las prestaciones por hijo a cargo.

3. Los funcionarios podrán disfrutar de licencias por asuntos propios sin derecho a retribución alguna, cuya duración acumulada no podrá, en ningún caso, exceder de tres meses cada dos años de servicios efectivos y su concesión estará subordinada a las necesidades del servicio.

4. Quienes, tras la superación de las correspondientes pruebas selectivas hubiesen sido nombrados funcionarios en prácticas y ya estuviesen prestando servicios remunerados en la Administración de Justicia como funcionarios, tendrán derecho a una licencia extraordinaria durante el tiempo que se prolongue dicha

situación y percibirán las retribuciones que para los funcionarios en prácticas establezca la normativa vigente.

5. La enfermedad o accidente que impida el normal desempeño de las funciones, darán lugar a licencias por enfermedad.

Sin perjuicio de la obligación de comunicar, en la forma que reglamentariamente se determine, la imposibilidad de asistencia al trabajo por razón de enfermedad durante la jornada laboral del día en que ésta se produzca, los funcionarios deberán solicitar de la autoridad competente licencia por enfermedad en el cuarto día consecutivo a aquel en que se produjo la ausencia del puesto de trabajo.

La licencia inicial se concederá por el tiempo que el facultativo haya considerado como previsible para la curación y, en ningún caso, por período superior a quince días. Si el estado de enfermedad persistiera, la licencia inicial se prorrogará automáticamente en la forma que se determine por la autoridad competente para su concesión, quedando sin efecto si con anterioridad se produce la curación.

Tanto la licencia inicial como las prórrogas se concederán previa presentación del parte de baja o certificación médica que acredite la certeza de la enfermedad y la imposibilidad de asistir al trabajo.

Se concederán licencias por enfermedad derivadas de un mismo proceso patológico, hasta un máximo de doce meses prorrogables por otros seis, cuando se presuma que durante ellos pueda el trabajador ser dado de alta médica por curación. Transcurridos dichos plazos, se prorrogarán las licencias hasta el momento de la declaración de la jubilación por incapacidad permanente o del alta médica sin que, en ningún caso, puedan exceder de treinta meses desde la fecha de la solicitud de la licencia inicial.

A estos efectos, se entenderá que existe nueva licencia por enfermedad cuando el proceso patológico sea diferente y, en todo caso, cuando las licencias se hayan interrumpido durante un mínimo de un año.

Las licencias por enfermedad darán lugar a plenitud de derechos económicos durante los seis primeros meses desde la fecha en que se solicitó la licencia inicial, siempre que las mismas se deriven del mismo proceso patológico y de forma continuada o con una interrupción de hasta un mes.

A partir del día ciento ochenta y uno será de aplicación el subsidio establecido en el apartado 1.B) del artículo 20 del Real Decreto Legislativo 3/2000, de 23 de junio, por el que se aprueba el texto refundido de las disposiciones legales vigentes sobre el Régimen especial de Seguridad Social del personal al servicio de la Administración de Justicia.

En ningún caso los funcionarios adscritos a los regímenes especiales de seguridad social gestionados por el mutualismo administrativo podrán percibir una cantidad inferior en situación de incapacidad temporal por contingencias comunes a la que corresponda a los funcionarios adscritos al régimen general de la seguridad social, incluidos, en su caso, los complementos que les resulten de aplicación a estos últimos.

§1

Durante el tiempo de duración de la licencia por enfermedad se aplicará al personal funcionario cualquier incremento retributivo, incluido el abono del perfeccionamiento de los trienios, que le pudiera corresponder si no se encontrase en esa situación de incapacidad temporal.

En cualquier caso, el responsable de personal podrá solicitar únicamente de la correspondiente inspección médica la revisión de un proceso para determinar que las causas que originaron la concesión de la licencia continúan subsistiendo.

Redactado por LO 4/2018, de 28 de diciembre.

Art. 505. 1. El Ministerio de Justicia y las comunidades autónomas con competencias asumidas, serán competentes para la concesión de los permisos y licencias establecidos en esta ley orgánica, respecto de los funcionarios que presten servicios en sus respectivos ámbitos territoriales, en la forma y mediante el procedimiento que se establezca en las disposiciones que se dicten al efecto por las mismas.

2. Así mismo les corresponde el control de la incapacidad temporal del personal funcionario al servicio de la Administración de Justicia, pudiendo solicitar el asesoramiento facultativo que en su caso estime necesario, a cuyo fin podrán establecer sistemas de colaboración con aquellos organismos públicos o entidades que en sus respectivos ámbitos asumen la inspección, evaluación y seguimiento del control de la incapacidad temporal del régimen general de la seguridad social y de los regímenes especiales.

TÍTULO V
Situaciones administrativas

Art. 506. Los funcionarios de carrera de los cuerpos a los que se refiere este libro, pueden hallarse en alguna de las siguientes situaciones administrativas:

a) Servicio activo.
b) Servicios especiales.
c) Excedencia voluntaria por cuidado de familiares.
d) Excedencia voluntaria por prestación de servicios en el sector público.
e) Excedencia voluntaria por interés particular.
f) Excedencia voluntaria por agrupación familiar.
g) Suspensión de funciones.

Art. 507. 1. Los funcionarios de los cuerpos a que se refiere este libro se hallarán en situación de servicio activo cuando desempeñen un puesto de trabajo en alguno de los centros de destino que se determinan en el artículo 521 de esta ley.

2. Además, también se considerarán en servicio activo, los citados funcionarios:

a) Cuando presten servicios en el Tribunal Constitucional, Consejo General del Poder Judicial y en el Tribunal de Cuentas, salvo que, de conformidad con lo previsto en las legislaciones específicas de los citados órganos constitucionales les corresponda quedar en otra situación.

b) Cuando presten sus servicios en las Cortes Generales, de conformidad con lo dispuesto en el Estatuto General de las mismas y no les corresponda quedar en otra situación.

c) Cuando accedan a la condición de miembros de las asambleas legislativas de las Comunidades autónomas y no perciban retribuciones periódicas por el desempeño de las funciones.

d) Cuando accedan a la condición de miembros de las corporaciones locales, salvo que desempeñen cargo retribuido y de dedicación exclusiva en las mismas.

e) Cuando presten servicios en los Gabinetes de la Presidencia del Gobierno, de los Ministros y de los Secretarios de Estado y opten por permanecer en dicha situación.

f) Cuando accedan a puestos de trabajo de otras Administraciones públicas en tanto las relaciones de puestos de trabajo, contengan expresa previsión al efecto.

g) Cuando ocupen un puesto de trabajo en la Mutualidad General Judicial, adscrito a funcionarios de la Administración de Justicia.

h) Cuando cesen en un puesto de trabajo por haber obtenido otro mediante procedimientos de provisión de puestos de trabajo, durante el plazo posesorio.

i) Cuando por razón de su condición de funcionarios presten servicios en organismos o entes públicos.

j) Cuando así se determine en una norma con rango de ley.

3. El disfrute de licencias o permisos reglamentarios, no alterará la situación de servicio activo.

4. Los funcionarios en situación de servicio activo tienen todos los derechos, prerrogativas, deberes y responsabilidades inherentes a su condición.

Art. 508. 1. Los funcionarios de los Cuerpos al servicio de la Administración de Justicia serán declarados en la situación de servicios especiales, en iguales supuestos a los establecidos en la legislación aplicable para los funcionarios de la Administración General del Estado, salvo que de conformidad con lo establecido en esta ley les corresponda quedar en otra situación.

§1

2. A los funcionarios en situación de servicios especiales se les computará el tiempo que permanezcan en tal situación, a efectos de ascensos, trienios y derechos pasivos, excepto para los funcionarios públicos que, habiendo ingresado al servicio de instituciones comunitarias europeas o al de entidades y organismos asimilados, ejerciten el derecho de transferencias establecido en el artículo 11.2 del anexo 8, del Estatuto de los Funcionarios de las Comunidades Europeas, sin perjuicio de los efectos económicos que puedan derivar de los ascensos y trienios consolidados hasta el momento del ejercicio de este derecho.

3. Los funcionarios declarados en esta situación tendrán derecho a reserva de un puesto de trabajo en la misma localidad, en condiciones y con retribuciones similares a las que disfrutaban al pasar a ella, siempre que hubieran pasado a dicha situación, desde la de servicio activo u otra que tuviera reconocido este mismo derecho. Si durante el tiempo de permanencia en la situación de servicios especiales participasen en concursos, la reincorporación se efectuará, con referencia a la localidad y condiciones del destino obtenidas en ellos.

4. Los funcionarios en la situación de servicios especiales recibirán la retribución del puesto o cargo efectivo que desempeñen y no la que les corresponda como funcionarios, sin perjuicio del derecho a percibir los trienios que tuviesen reconocidos.

5. En ningún caso podrán asesorar pericialmente a órganos jurisdiccionales mientras permanezcan en esta situación.

Art. 509. 1. Los funcionarios tendrán derecho a un período de excedencia no superior a tres años para atender al cuidado de cada hijo, tanto cuando sea por naturaleza como por adopción o acogimiento permanente o preadoptivo, a contar desde la fecha de nacimiento o, en su caso, de la resolución judicial o administrativa. La concesión de la excedencia estará condicionada a la previa declaración de no desempeñar otra actividad que impida o menoscabe el cuidado del hijo.

2. También tendrán derecho a un período de excedencia, de duración no superior a tres años, los funcionarios para atender al cuidado de un familiar que se encuentre a su cargo, hasta el segundo grado inclusive de consanguinidad o afinidad que, por razones de edad, accidente o enfermedad, no pueda valerse por sí mismo, y no desempeñe actividad retribuida.

Redactado conforme a la LO 13/2007, de 19 de noviembre.

3. En ambos casos, el período de excedencia será único por cada sujeto causante. Cuando un nuevo sujeto causante diera origen a una nueva excedencia, el inicio del periodo de la misma pondrá fin al que se viniera disfrutando.

§1

Esta excedencia constituye un derecho individual de los funcionarios. En caso de que dos funcionarios generasen el derecho a disfrutarlo por el mismo sujeto causante, la Administración podrá limitar su ejercicio simultáneo por razones justificadas relacionadas con el funcionamiento de los servicios.

El tiempo de permanencia en esta situación será computable a efectos de trienios, carrera y derechos en el régimen de Seguridad Social que sea de aplicación. El puesto desempeñado se reservará al menos dos años. Transcurrido este periodo, dicha reserva lo será a un puesto en la misma localidad y de igual retribución. Los funcionarios en esta situación podrán participar en los cursos de formación que convoque la Administración.

Este párrafo ha sido redactado por la LO 7/2015, de 21 de julio.

Art. 510. 1. Los funcionarios de los cuerpos a que se refiere este libro serán declarados en situación de excedencia voluntaria, de oficio o a petición del interesado, cuando lo soliciten por interés particular, cuando se encuentren en servicio activo en otro cuerpo o escala de cualquiera de las Administraciones públicas o pasen a prestar servicios en organismos o entidades del sector público y no les corresponda quedar en otra situación y por agrupación familiar, con iguales requisitos y efectos a los establecidos en la legislación aplicable a los funcionarios de la Administración General del Estado.

2. Asimismo, se declarará de oficio la situación de excedencia voluntaria por interés particular de los funcionarios públicos, cuando finalizada la causa que determinó el pase a una situación distinta de la del servicio activo, incumplan la obligación de solicitar el reingreso en el mismo, en los plazos que reglamentariamente se determinen.

Art. 511. 1. El funcionario declarado en situación de suspensión, quedará privado, durante el tiempo de permanencia en la misma, del ejercicio de sus funciones y no podrá prestar servicios en ninguna Administración pública ni en organismos públicos o entidades de derecho público vinculadas a ellas.

2. La situación de suspensión de funciones podrá ser provisional o definitiva.

3. La suspensión provisional, podrá acordarse preventivamente, durante la tramitación de un procedimiento judicial o disciplinario y tendrá lugar en los casos siguientes:

a) Cuando por cualquier delito doloso el instructor del proceso penal la adopte como medida cautelar. En todo caso se acordará cuando se hubiere dictado auto de prisión, de libertad bajo fianza, de procesamiento o de apertura de juicio oral en el procedimiento abreviado.

b) Durante la tramitación de un expediente disciplinario, por la autoridad que ordenó la incoación del expediente, no pudiendo exceder esta suspensión de seis meses, salvo en caso de paralización del procedimiento imputable al interesado.

c) Cuando el funcionario no pudiese acudir a su puesto de trabajo como consecuencia de haber sido privado por un juez o tribunal, con ocasión de un proceso penal, del derecho a residir en determinados lugares o de acercarse a determinadas personas.

4. La suspensión tendrá carácter definitivo cuando se imponga en virtud de condena criminal firme o sanción disciplinaria firme.

5. Los efectos derivados de la situación de suspensión, ya sea provisional o definitiva, serán los establecidos para los funcionarios de la Administración General del Estado declarados en esta situación.

Art. 512. Corresponderá al Ministerio de Justicia o a las comunidades autónomas con competencias asumidas acordar la concesión o declaración en estas situaciones administrativas a los funcionarios que prestan servicios en sus respectivos ámbitos territoriales, dictando a tal efecto, las disposiciones necesarias referentes a la forma y el procedimiento aplicable.

Art. 513. 1. Los cambios de situaciones administrativas deberán ser comunicados, en todo caso, al Registro Central de Personal a que se refiere el artículo 481, para su anotación y podrán tener lugar, siempre que reúnan los requisitos exigidos en cada caso, sin necesidad del reingreso previo al servicio activo.

2. En el supuesto de que la nueva situación conlleve el derecho a la reserva de un puesto de trabajo, los funcionarios podrán participar en convocatorias de concurso para la provisión de puestos de trabajo, permaneciendo en la situación que corresponda y reservándoseles un puesto de igual nivel y similares retribuciones a las del puesto obtenido y en el mismo municipio.

Art. 514. 1. Los funcionarios procedentes de situaciones administrativas con derecho a reserva de puesto de trabajo se reincorporarán al servicio activo en la forma y condiciones que se determinen por la autoridad competente para su concesión.

2. El reingreso al servicio activo desde situaciones que no comporten reserva, se producirá mediante la participación en los procedimientos de concurso general o específico o por la adjudicación de un puesto por el sistema de libre designación.

3. Procederá asimismo el reingreso al servicio activo, con carácter provisional, mediante la adscripción a una plaza vacante, para cuya ocupación reúna el funcionario los requisitos exigidos en las relaciones de puestos de trabajo.

El reingreso por adscripción provisional estará, en todo caso, condicionado a las necesidades del servicio y el funcionario adscrito quedará obligado, para obtener destino definitivo, a participar en los concursos que se convoquen para la provisión de puestos de trabajo y a solicitar, entre otros, el puesto que ocupa provisionalmente.

Si no obtuviera destino definitivo se le adscribirá, de nuevo de forma provisional, a un puesto de trabajo vacante de cualquier Oficina judicial ubicada en la provincia o en el área territorial en la que se hubiesen agrupado las vacantes a efecto de concurso.

De no participar en el primer concurso convocado con posterioridad a la adscripción provisional, pasará a la situación de excedencia voluntaria por interés particular.

TÍTULO VI
Régimen retributivo

Art. 515. Los funcionarios de los Cuerpos al servicio de la Administración de Justicia a que se refiere este libro, sólo podrán ser remunerados por los conceptos retributivos que se establecen en esta ley orgánica.

Art. 516. Las retribuciones serán básicas y complementarias.

A) Los conceptos retributivos básicos, serán iguales a los establecidos por ley para las Carreras Judicial y Fiscal.

B) Las retribuciones complementarias podrán ser: fijas en su cuantía y de carácter periódico en su devengo y variables.

1º Son retribuciones complementarias fijas en su cuantía y de carácter periódico:

a) El complemento general de puesto, que retribuirá los distintos tipos de puestos que se establezcan para cada cuerpo.

b) El complemento específico, destinado a retribuir las condiciones particulares de los mismos, en atención a su especial dificultad técnica, dedicación, responsabilidad, incompatibilidad, penosidad o peligrosidad.

2º Son retribuciones complementarias variables:

a) El complemento de productividad, destinado a retribuir el especial rendimiento, la actividad extraordinaria y el interés o iniciativa con que el funcionario desempeñe su trabajo, así como su participación en los programas concretos de actuación y en la consecución de los objetivos que se determinen por el Ministerio de Justicia y las comunidades autónomas con competencias asumidas, en sus respectivos ámbitos, oído el Consejo General del Poder Judicial y previa negociación con las organizaciones sindicales más representativas. El devengo de este complemento en un período, no originará derecho alguno a su mantenimiento para períodos sucesivos. §1

b) Las gratificaciones por servicios extraordinarios, destinadas a retribuir los servicios de carácter extraordinario prestados fuera de la jornada normal de trabajo, no podrán, en ningún caso, ser fijas en su cuantía ni periódicas en su devengo, ni originarán derecho alguno a su mantenimiento para períodos sucesivos.

c) El complemento de carrera profesional.

Apartado c) añadido por LO 4/2018, de 28 de diciembre.

Art. 517. 1. Además de las retribuciones señaladas en el artículo anterior, los funcionarios que presten sus servicios en aquellos órganos judiciales o servicios en los que el Consejo General del Poder Judicial, oídos el Ministerio de Justicia y las comunidades autónomas con competencias asumidas, haya considerado necesaria la atención permanente y continuada, tendrán derecho a percibir, en concepto de guardia, una remuneración cuya cuantía se fijará por orden ministerial a propuesta conjunta de los Ministros de Justicia y Hacienda, previa negociación con las organizaciones sindicales, en función del tipo de guardia de que se trate.

Este complemento será igual en todo el territorio y su percepción dependerá de la prestación del servicio de guardia, procediendo su abono una vez se haya acreditado su realización. Su devengo no originará derechos individuales para sucesivos períodos.

2. El personal a que se refiere este libro percibirá, en su caso, las indemnizaciones correspondientes por razón del servicio.

Art. 518. 1. Los funcionarios que se encuentren en período de prácticas o desarrollando cursos selectivos de los previstos en el artículo 485, serán nombrados funcionarios en prácticas y su régimen retributivo será el establecido en esta ley para los funcionarios que estén realizando el período de prácticas para acceso al Cuerpo de Secretarios Judiciales.

2. Si las prácticas se realizasen desempeñando un puesto de trabajo, la cuantía correspondiente a la retribución complementaria del mismo será abonada por el Ministerio de Justicia o las comunidades autónomas con competencias asumidas, en cuyo ámbito territorial esté el puesto que se desempeña.

Art. 519. 1. La cuantía de las retribuciones básicas será igual para cada uno de los cuerpos, con independencia del lugar de prestación de los servicios o del puesto que se desempeñe, y vendrán determinadas en la Ley de Presupuestos Generales del Estado para cada año, en función de la especialidad de los Cuerpos al servicio de la Administración de Justicia.

La cuantía por antigüedad consistirá en un cinco por ciento del sueldo por cada tres años de servicio.

Cuando un funcionario preste sus servicios sucesivamente en diferentes cuerpos, percibirá los trienios devengados en los mismos, con el valor correspondiente al cuerpo en el que se perfeccionaron.

Cuando un funcionario cambie de cuerpo antes de completar un trienio, la fracción de tiempo transcurrida se considerará como tiempo de servicios prestados en el nuevo.

Los funcionarios tendrán derecho a percibir dos pagas extraordinarias al año por importe, cada una de ellas, de una mensualidad de sueldo y antigüedad y, en su caso, una cantidad proporcional del complemento general del puesto en los términos que se fijen por ley para la Administración de Justicia, que se harán efectivas en los meses de junio y diciembre, siempre que los perceptores estuvieran en servicio activo o con derecho a devengo del sueldo el día primero de los meses indicados.

2. A efectos de complemento general de puesto, mediante real decreto se determinarán los puestos tipo de las distintas unidades que integran las Oficinas judiciales, así como otros servicios no jurisdiccionales, estableciéndose las valoraciones de cada uno de ellos. La cuantía se fijará en la Ley de Presupuestos Generales del Estado.

3. Mediante Real Decreto, previa negociación con las organizaciones sindicales, se establecerán los criterios, requisitos y las cuantías iniciales del complemento de carrera profesional que será igual para todos los cuerpos con independencia de dónde presten sus servicios.

4. La cuantía individualizada del complemento específico se fijará por el Ministerio de Justicia o el órgano competente de la Comunidad Autónoma, previa negociación con las organizaciones sindicales en sus respectivos ámbitos, al elaborar las relaciones de puestos de trabajo en función de la valoración de las condiciones particulares de los mismos. Todos los puestos de trabajo tendrán asignado un complemento específico. En ningún caso podrá asignarse más de un complemento específico a un puesto de trabajo.

5. Corresponde al Ministerio de Justicia o al órgano competente de la Comunidad Autónoma, en sus respectivos ámbitos, la concreción individual de las cuantías del complemento de productividad y la determinación de los funcionarios con derecho a su percepción, de acuerdo con los criterios de distribución que se establezcan para los diferentes programas y objetivos. Por las citadas autoridades

se establecerán fórmulas de participación de los representantes sindicales en su determinación concreta y el control formal de la asignación.

6. El Ministerio de Justicia y el órgano competente de las Comunidades Autónomas, en sus respectivos ámbitos, procederán a la asignación individual de las cuantías de las gratificaciones y a la determinación de los criterios para su percepción.

Redactado por LO 4/2018, de 28 de diciembre.

TÍTULO VII
Ordenación de la actividad profesional

Art. 520. 1. Los funcionarios o funcionarias de los Cuerpos a que se refiere este libro desempeñarán los puestos de trabajo de las unidades en que se estructuren las Oficinas judiciales, las Oficinas de Justicia en los municipios, las Secretarías de Gobierno, las Oficinas de Registro Civil, las Oficinas fiscales y, en su caso, los correspondientes a las unidades administrativas a que se refiere el artículo 439; los del Gabinete Técnico del Tribunal Supremo, los de los Institutos de Medicina Legal y Ciencias Forenses, y los del Instituto de Toxicología y sus departamentos.

Numeral modificado por la Ley Orgánica 1/2025, de 2 de enero, de medidas en materia de eficiencia del Servicio Público Justicia.

2. Además podrán prestar servicios en el Consejo General del Poder Judicial, en el Tribunal Constitucional y en el Tribunal de Cuentas en los términos y con las condiciones previstas en la normativa reguladora del personal al servicio de los citados órganos constitucionales, y en la Mutualidad General Judicial en los puestos que se determinen en la relación de puestos de trabajo del citado organismo público.

3. También podrán acceder a puestos de trabajo de otras Administraciones públicas en tanto las relaciones de puestos de trabajo contengan expresa previsión al efecto. Les será de aplicación, mientras se mantengan en dichos puestos, la legislación en materia de función pública de la Administración en que se encuentren destinados y permanecerán en servicio activo en su Administración de origen.

Redactado por la Ley Orgánica 6/2021, de 28 de abril.

Art. 521. 1. La ordenación del personal funcionario de los Cuerpos a que se refieren los libros V y VI y su integración en las distintas unidades u oficinas se realizará a través de las relaciones de puestos de trabajo que se aprueben y que, en todo caso, serán públicas.

2. Las relaciones de puestos de trabajo contendrán la dotación de todos los puestos de trabajo de las distintas unidades u oficinas, incluidos aquellos que hayan de ser desempeñados por letrados y letradas de la Administración de Justicia, e indicarán su denominación, ubicación, los requisitos exigidos para su desempeño, el complemento general de puesto y el complemento específico.

3. Las relaciones de puestos de trabajo deberán contener necesariamente las siguientes especificaciones:

A) Centro Gestor. Centro de destino.

A efectos de la ordenación de los puestos de trabajo y de su ocupación por el personal funcionario, tendrán la consideración de centros gestores los órganos competentes del Ministerio de Justicia o el órgano competente de las comunidades autónomas para la gestión del personal, a quienes corresponderá la formulación de la relación de puestos de trabajo en sus respectivos ámbitos territoriales.

Se entenderá por centro de destino:

a) En el ámbito de la Oficina judicial:

— El servicio común de tramitación del Tribunal Supremo.

— Los servicios comunes de tramitación de la Audiencia Nacional y del Tribunal Central de Instancia.

— El servicio común de tramitación de cada Tribunal Superior de Justicia.

— El conjunto de los servicios comunes de tramitación que, sin estar comprendidos entre los anteriores, radiquen en un mismo municipio.

— Cada uno de los servicios comunes procesales que se constituyan.

b) La Oficina Central del Registro Civil.

c) Cada una de las Oficinas Generales de Registro Civil, sin perjuicio del régimen de compatibilidad de determinados puestos con la actividad de la Oficina judicial del mismo partido judicial cuando así se determine.

d) Cada una de las Oficinas de Justicia en los municipios, sin perjuicio del régimen de compatibilidad de sus puestos con la actividad de la Oficina judicial del mismo partido judicial que se determinen en las relaciones de puestos de trabajo de las Oficinas de Justicia en los municipios. En el caso de las agrupaciones de Oficinas de Justicia en los municipios el centro de destino será la agrupación.

e) En el ámbito de la Oficina fiscal, cada una de las Fiscalías o secciones territoriales.

f) En las unidades administrativas, aquellos centros que su norma de creación establezca como tales.

g) En los Institutos de Medicina Legal y Ciencias Forenses, aquellos que su norma de creación establezca como tales.

h) En el Instituto Nacional de Toxicología y Ciencias Forenses, aquellos que su norma de creación establezca como tales.

i) La Mutualidad General Judicial.

j) El Gabinete Técnico del Tribunal Supremo.

k) Cada una de las Secretarías de Gobierno.

B) Tipo de puesto.

A estos efectos los puestos se clasifican en genéricos y singularizados.

Son puestos genéricos los que no se diferencian dentro de la estructura orgánica y que implican la ejecución de tareas o funciones propias de un cuerpo, y por tanto no tienen un contenido funcional individualizado.

Son puestos singularizados los diferenciados dentro de la estructura orgánica y que implican la ejecución de tareas o funciones asignadas de forma individualizada. A estos efectos, en aquellas comunidades autónomas que posean lengua propia, el conocimiento de la misma solo constituirá elemento determinante de la naturaleza singularizada del puesto, cuando su exigencia se derive de las funciones concretas asignadas al mismo en las relaciones de puestos de trabajo.

C) Sistema de provisión.

A efectos de las relaciones de puestos de trabajo, se concretará su forma de provisión definitiva por el procedimiento de concurso o de libre designación.

D) Cuerpo o cuerpos a los que se adscriben los puestos.

Los puestos de trabajo se adscribirán como norma general a un solo cuerpo. No obstante, pudiendo existir puestos de trabajo en los que la titulación no se considere requisito esencial y la cualificación requerida se pueda determinar por factores ajenos a la pertenencia a un cuerpo determinado, es posible la adscripción de un puesto de trabajo a dos cuerpos.

Los puestos de trabajo de las relaciones de puestos de trabajo de las Oficinas judiciales se adscribirán con carácter exclusivo a los cuerpos al servicio de la Administración de Justicia en razón de sus conocimientos especializados.

E) Actividades compatibles.

En las relaciones de puestos de trabajo de la Oficina judicial se identificarán aquellos cuya actividad sea compatible en distintas unidades de la misma. En las relaciones de puestos de trabajo de las Oficinas de Justicia en los municipios se identificarán aquellos puestos cuya actividad sea compatible con la de la Oficina judicial.

En las relaciones de puestos de trabajo de las Oficinas de Registro Civil se identificarán aquellos puestos cuya actividad sea compatible con la de la Oficina judicial.

4. Además de los requisitos anteriormente señalados, las relaciones de puestos de trabajo podrán contener:

1º Titulación académica específica, además de la genérica correspondiente al Grupo al que se haya adscrito el puesto, cuando su necesidad se deduzca objetivamente de la índole de las funciones a desempeñar.

2º Formación específica, cuando de la naturaleza de las funciones del puesto se deduzca su exigencia y pueda ser acreditada documentalmente.

3º Conocimiento oral y escrito de la lengua oficial propia en aquellas comunidades autónomas que la tengan reconocida como tal.

4º Conocimientos informáticos cuando sean necesarios para el desempeño del puesto.

5º Aquellas otras condiciones que se consideren relevantes en el contenido del puesto o su desempeño.

Modificado por la Ley Orgánica 1/2025, de 2 de enero, de medidas en materia de eficiencia del Servicio Público Justicia.

Art. 522. 1. El Ministerio de Justicia elaborará y aprobará, previa negociación con las organizaciones sindicales más representativas, las relaciones de puestos de trabajo en que se ordenen los puestos de trabajo de las oficinas y unidades previstas en el artículo 520.1, correspondientes a su respectivo ámbito de actuación. La aprobación de las relaciones de puestos de trabajo se realizará mediante resolución de la persona titular del centro directivo que tenga atribuida esta competencia.

Asimismo, el Ministerio de Justicia, previa negociación con las organizaciones sindicales más representativas, será competente para la ordenación de los puestos de trabajo asignados al Cuerpo de Letrados de la Administración de Justicia en todo el territorio del Estado, que se determinarán con anterioridad a la aprobación definitiva de cada relación de puestos de trabajo.

2. Las comunidades autónomas con competencias asumidas, previa negociación con las organizaciones sindicales, elaborarán y aprobarán, mediante resolución de la persona titular del centro directivo que tenga atribuida esta competencia, las relaciones de puestos de trabajo en que se ordenen los puestos de trabajo de las oficinas y unidades previstas en el artículo 520.1, correspondientes a su respectivo ámbito de actuación. Antes de su aprobación, deberán comunicarlas al Ministerio de Justicia.

Modificado por la Ley Orgánica 1/2025, de 2 de enero, de medidas en materia de eficiencia del Servicio Público Justicia.

Art. 523. 1. Las comunidades autónomas y el Ministerio de Justicia podrán, en sus respectivos ámbitos, modificar las relaciones de puestos de trabajo, previa negociación con las organizaciones sindicales más representativas. Aprobada dicha modificación se podrá:

1º Redistribuir los puestos de trabajo no singularizados dentro de cada unidad u oficina.

2º Redistribuir los puestos de trabajo de unidades o servicios suprimidos, como consecuencia de la modificación de las estructuras orgánicas.

3º Reordenar los puestos de trabajo entre diferentes unidades u oficinas.

4º Amortizar puestos de trabajo.

2. En todo caso, las modificaciones de las relaciones de puestos de trabajo que se produzcan deberán tener en cuenta los principios contenidos en esta Ley para la redistribución y reordenación de efectivos y, en concreto las siguientes reglas:

1º Por las Administraciones competentes se elaborará un proyecto motivado, que será negociado con las organizaciones sindicales más representativas.

2º Se deberá respetar la denominación, retribuciones y demás características de los puestos afectados y en ningún caso supondrán cambio de municipio para el personal.

3º Para su efectividad, si la modificación de la relación de puestos de trabajo corresponde a una comunidad autónoma con competencias asumidas en materia de Justicia, será preceptiva la comunicación previa al Ministerio de Justicia.

Modificado por la Ley Orgánica 1/2025, de 2 de enero, de medidas en materia de eficiencia del Servicio Público Justicia.

TÍTULO VIII
Provisión de puestos de trabajo y movilidad

Art. 524. 1. La provisión de los puestos de trabajo se llevará a cabo por los procedimientos de concurso, que será el sistema ordinario, o de libre designación, de conformidad con lo que determinen las relaciones de puestos de trabajo y en atención a la naturaleza de las funciones a desempeñar.

2. Los puestos de trabajo podrán cubrirse temporalmente mediante adscripción provisional o en comisión de servicios.

3. Asimismo y por razones organizativas, los puestos de trabajo podrán ser provistos mediante redistribución o reordenación de efectivos.

Art. 525. Serán competentes para la provisión de los puestos de trabajo ubicados en sus respectivos ámbitos territoriales, el Ministerio de Justicia y las comunidades autónomas con competencias asumidas, en los supuestos, condiciones y conforme a los procedimientos que se establezcan en esta ley orgánica y en el Reglamento General de Ingreso, provisión de Puestos de Trabajo y Promoción Profesional.

Art. 526. 1. El concurso consiste en la comprobación y valoración de los méritos que puedan alegarse, de acuerdo con las bases de la convocatoria y conforme al baremo que se establezca en la misma.

Atendiendo a la naturaleza y funciones de los puestos cuya cobertura se pretende, el concurso podrá ser:

a) Concurso de traslado: por este procedimiento se cubrirán los puestos de trabajo genéricos.

La valoración de los méritos se realizará, en la forma y conforme al baremo que determine el real decreto por el que se apruebe el Reglamento General de Ingreso, Provisión de Puestos de Trabajo y Promoción Profesional.

b) Concurso específico: por este procedimiento se cubrirán los puestos de trabajo singularizados. Constará de dos fases:

1º En la primera se procederá a la comprobación y valoración de los méritos generales, conforme a lo establecido en el párrafo a) de este artículo.

2º En la segunda fase, se procederá a la valoración de aptitudes concretas, a través de conocimientos, experiencia, titulaciones académicas y aquellos otros elementos que garanticen la adecuación del aspirante para el desempeño del puesto. Estas aptitudes se valorarán en la forma que se determine en la convocatoria sin que, en ningún caso, esta segunda fase pueda suponer más del 40 por ciento de la puntuación máxima total de ambas fases.

2. En el procedimiento de libre designación, el órgano competente apreciará la idoneidad de los candidatos, en relación con los requisitos exigidos para el desempeño del puesto.

Podrán proveerse por este sistema, los puestos directivos y aquellos para los que, por su especial responsabilidad y dedicación, así se establezca en las relaciones de puestos de trabajo.

4. Será preceptiva, en todo caso, la convocatoria pública en el «Boletín Oficial del Estado» y Boletín Oficial de la comunidad autónoma, con indicación de la denominación del puesto, localización, y retribución, así como, en su caso, de los requisitos mínimos exigibles.

Art. 527. Sin perjuicio de la posibilidad de nombramiento de funcionarios interinos por razones de urgencia o necesidad a que refiere el artículo 472.2, los puestos de trabajo vacantes o en caso de ausencia de su titular podrán ser provistos temporalmente de la siguiente manera:

1. Los puestos de trabajo vacantes, hasta tanto se resuelvan los sistemas de provisión en curso o cuando resueltos no se hayan cubierto por no existir candidato idóneo, podrán ser provistos por funcionarios que reúnan los requisitos exigidos

para su desempeño, mediante el otorgamiento de una comisión de servicio, que podrá tener carácter voluntario o forzoso.

Los funcionarios que se encuentren en comisión de servicio, conservarán su puesto de origen y tendrán derecho a las retribuciones complementarias del puesto que desempeñen.

Si la comisión tiene carácter forzoso y las retribuciones de l puesto que se desempeña fuesen inferiores al de origen, se garantizarán, en todo caso, las retribuciones complementarias que resulten superiores.

2. Con carácter excepcional podrán ser cubiertos temporalmente mediante sustitución los puestos de trabajo que se encuentren vacantes o cuando su titular esté ausente.

Párrafo redactado por la LO 7/2015, de 21 de julio.

Para ser nombrado sustituto se deberán reunir los requisitos establecidos para el desempeño del puesto de trabajo de que se trate en la relación de puestos de trabajo.

Reglamentariamente se establecerán los supuestos y el procedimiento aplicable a las sustituciones.

Cuando se trate de un puesto de trabajo adscrito al Cuerpo de Secretarios Judiciales el procedimiento y requisitos aplicables a la sustitución será el establecido expresamente para el nombramiento de secretarios sustitutos.

Asimismo, los puestos de trabajo se podrán desempeñar temporalmente mediante adscripción provisional, en los supuestos de cese y renuncia.

Los funcionarios nombrados para puestos de libre designación, podrán ser cesados con carácter discrecional, mediante resolución en la que la motivación se referirá exclusivamente a la competencia para adoptarla.

Los titulares de un puesto de trabajo obtenido por concurso específico o por libre designación, podrán renunciar a los mismos, mediante solicitud razonada en la que harán constar, los motivos profesionales o personales y siempre que hayan desempeñado el citado puesto, al menos un año.

En los anteriores supuestos, los funcionarios serán adscritos provisionalmente, en tanto no obtengan otro con carácter definitivo, a un puesto de trabajo correspondiente a su cuerpo, dentro del mismo municipio y con efectos del día siguiente al de la resolución del cese o aceptación de la renuncia.

También podrán ser adscritos provisionalmente a un puesto de trabajo correspondiente a su cuerpo, los funcionarios de carrera que reingresen al servicio activo desde situaciones que no comportaran reserva de puesto de trabajo. En este supuesto, la adscripción estará condicionada a las necesidades del servicio.

Art. 528. 1. Redistribución de efectivos.

Los funcionarios que ocupen con carácter definitivo puestos genéricos podrán ser adscritos por necesidades del servicio a otros de iguales naturaleza, complemento general de puesto y complemento específico del mismo centro de destino.

El puesto de trabajo al que se accede a través de redistribución tendrá carácter definitivo, iniciándose el cómputo del tiempo mínimo de permanencia en un puesto para poder concursar desde la fecha en que se accedió con carácter definitivo, computándose el tiempo mínimo de permanencia, conforme a lo dispuesto en el artículo 529.3, con referencia al puesto que se desempeñaba en el momento de producirse la redistribución.

2. Reordenación de efectivos.

Por razones organizativas y a través de las correspondientes modificaciones de las relaciones de puestos d e trabajo, los puestos de trabajo genéricos y los titulares de los mismos podrán ser adscritos a otros centros de destino.

Este proceso de movilidad se realizará en base a un proyecto presentado por las Administraciones competentes y negociado con las organizaciones sindicales más representativas mediante procedimientos de movilidad voluntaria. Los puestos o plazas que no sean cubiertos serán posteriormente asignados mediante un proceso de reasignación forzosa, en los términos que reglamentariamente se establezcan.

Los funcionarios afectados por una reordenación forzosa estarán exentos de la obligación de permanencia mínima en el puesto de trabajo señalada en el artículo 529, gozando de preferencia para obtener un puesto de trabajo en su centro de destino de origen en el primer concurso en que se oferten plazas de dicho centro.

A efectos de determinación del puesto afectado por la reordenación, cuando exista más de uno de la misma naturaleza, se aplicará el criterio de voluntariedad por parte de los funcionarios que los desempeñen y, en su defecto, de antigüedad en la ocupación.

3. Por motivos excepcionales, el Ministerio de Justicia, o en su caso las Comunidades Autónomas con competencias en materia de justicia, podrán acordar planes de ordenación de recursos humanos en los términos y conforme a lo previsto en la normativa vigente para los funcionarios de la Administración General del Estado.

Apartado 3 añadido por la Ley Orgánica 8/2012, de 27 de diciembre, de medidas de eficiencia presupuestaria para la Administración de Justicia.

Art. 529. 1. El Ministerio de Justicia y las comunidades autónomas convocarán concursos de ámbito nacional para la provisión de puestos de trabajo vacantes en sus ámbitos territoriales.

El Reglamento General de Ingreso, Provisión de Puestos de Trabajo y Promoción Profesional de los funcionarios de la Administración de Justicia establecerá las normas a que han de ajustarse las convocatorias, así como los méritos generales a valorar.

2. Podrán participar en estos concursos los funcionarios, cualquiera que sea su situación administrativa, excepto los declarados suspensos en firme que no podrán participar mientras dure la suspensión, siempre que reúnan las condiciones generales exigidas y los requisitos determinados en la convocatoria, en la fecha en que termine el plazo de presentación de instancias y sin ninguna limitación por razón de la localidad de destino.

3. No se podrá tomar parte en un concurso de traslado para la provisión de puestos de trabajo genéricos hasta tanto no hayan transcurrido dos años desde que se dictó la resolución por la que se convocó el concurso de traslado en el que el funcionario obtuvo su último destino definitivo, desde el que participa, o la resolución en la que se le adjudicó destino definitivo, si se trata de funcionarios de nuevo ingreso.

Para el cómputo de los años se considerará como primer año el año natural en que se dictaron las resoluciones de que se trate, con independencia de su fecha, y como segundo año, el año natural siguiente.

4. Los funcionarios que no tengan destino definitivo, obligados a participar en los concursos de acuerdo con la normativa vigente, estarán excluidos de la limitación temporal prevista en el apartado anterior.

Art. 530. En las convocatorias para puestos de trabajo de las comunidades autónomas con competencias asumidas cuya lengua propia tenga carácter oficial, se valorará como mérito el conocimiento oral y escrito de la misma. En determinados puestos, podrá considerarse requisito exigible para el acceso a los mismos, cuando de la naturaleza de las funciones a desempeñar se derive dicha exigencia y así se establezca en las relaciones de puestos de trabajo.

Art. 531. 1. La provisión de puestos genéricos vacantes se efectuará mediante concursos de traslados, que serán convocados y resueltos en sus ámbitos respectivos por el Ministerio de Justicia y por las comunidades autónomas que hayan recibido los traspasos de medios personales y en los que podrán participar todos los funcionarios que reúnan los requisitos exigidos, cualquiera que sea el territorio en que se encuentren destinados.

2. Estos concursos se convocarán al menos una vez al año, en la misma fecha en todo el territorio del Estado, y se resolverán por cada Administración convo-

§1

cante de modo que los interesados no puedan tomar posesión más que en un único destino y en un mismo cuerpo.

A tal efecto, el Reglamento General de Ingreso, provisión de Puestos de Trabajo y Promoción Profesional de los funcionarios de la Administración de Justicia contendrá las normas aplicables a los concursos de traslados, que asegurarán la efectiva participación en condiciones de igualdad de todos los funcionarios, estableciendo un sistema que garantice de manera permanente la inmediatez y agilidad en la provisión de las vacantes, así como un calendario para la convocatoria y resolución de los concursos de traslados que permita determinar los puestos de trabajo a ofertar a los funcionarios de nuevo ingreso, de conformidad con lo dispuesto en el artículo 488.3.

3. Las convocatorias se harán públicas a través del «Boletín Oficial del Estado» y de los Boletines o Diarios Oficiales de las comunidades autónomas.

4. En los concursos se ofertarán las plazas vacantes que determinen las Administraciones competentes y las que resulten del propio concurso, siempre que no esté prevista su amortización.

5. Con carácter excepcional, se podrán convocar con antelación suficiente concursos de traslados sin resultas para los órganos judiciales de nueva creación al objeto de que a su entrada en funcionamiento estén dotados de personal.

Apartado añadido por la LO 7/2015, de 21 de julio.

Art. 532. 1. Los concursos específicos serán convocados y resueltos por cada Administración competente en su ámbito territorial, procurando que las convocatorias y su resolución no interfieran en los resultados de los concursos convocados por las respectivas Administraciones, y podrán participar en ellos los funcionarios de la Administración de Justicia, cualquiera que sea el ámbito territorial en que estén destinados.

2. Se valorarán aquellos méritos generales que se determinen en el Reglamento General de Ingreso, Provisión de Puestos de Trabajo y Promoción Profesional de los funcionarios de la Administración de Justicia, conforme a los criterios que en el mismo se establezcan.

3. Los méritos específicos serán adecuados a las características de cada puesto y se determinarán en la convocatoria, sin que en ningún caso puedan sobrepasar el porcentaje máximo de la puntuación total establecido en el artículo 526.

Art. 533. 1. Los citados méritos serán comprobados y valorados por una comisión, que estará constituida por cuatro miembros en representación de la Administración convocante designados por la misma, de los que al menos uno será funcionario al servicio de la Administración de Justicia.

Las organizaciones sindicales más representativas en el ámbito correspondiente participarán como miembros de la Comisión de valoración, en número inferior al de los miembros designados a propuesta de la Administración.

2. Todos los miembros deberán pertenecer a cuerpos de igual o superior titulación al que esté adscrito el puesto convocado y desempeñarán puestos de igual o superior categoría al convocado.

El Presidente y Secretario serán nombrados por la autoridad convocante entre los miembros designados por la Administración.

TÍTULO IX
Responsabilidad disciplinaria

Cf. RD 796/2005, de 1 de julio, sobre régimen disciplinario del personal al servicio de la Administración de Justicia.

Art. 534. 1. Los secretarios judiciales y los funcionarios de los cuerpos a que se refiere este libro estarán sujetos a responsabilidad disciplinaria y serán sancionados en los supuestos y de acuerdo con los principios que se establecen en esta ley orgánica.

2. Además de los autores, serán responsables disciplinariamente los superiores que consintieren, así como quienes indujeran o encubrieran, las faltas muy graves y graves cuando de dichos actos se deriven graves daños para la Administración o los ciudadanos.

3. No podrá imponerse sanción por la comisión de falta muy grave o grave, sino en virtud de expediente disciplinario instruido al efecto mediante el procedimiento que se establezca en el Reglamento General de Régimen Disciplinario de los funcionarios al servicio de la Administración de Justicia que se dicte en desarrollo de esta ley.

Para la imposición de sanciones por faltas leves, no será preceptiva la previa instrucción del expediente, salvo el trámite de audiencia al interesado.

4. Cuando de la instrucción de un procedimiento disciplinario resulte la existencia de indicios fundados de criminalidad, se suspenderá su tramitación, poniéndolo en conocimiento del Ministerio Fiscal.

5. La incoación de un procedimiento penal no será obstáculo para la iniciación de un expediente disciplinario por los mismos hechos, pero no se dictará resolución en éste hasta tanto no haya recaído sentencia firme o auto de sobreseimiento en la causa penal.

En todo caso, la declaración de hechos probados contenida en la resolución que pone término al procedimiento penal vinculará a la resolución que se dicte en el expediente disciplinario, sin perjuicio de la distinta calificación jurídica que pueda n merecer en una y otra vía.

Sólo podrá recaer sanción penal y disciplinaria sobre los mismos hechos, cuando no hubiere identidad de fundamento jurídico y bien jurídico protegido.

6. Durante la tramitación del procedimiento se podrá acordar la suspensión provisional como medida cautelar, que requerirá resolución motivada.

7. Las sanciones disciplinarias serán anotadas en el registro de personal, con expresión de los hechos imputados. Dichas anotaciones serán canceladas por el transcurso de los plazos que se determinen reglamentariamente.

Art. 535. El procedimiento disciplinario que se establezca en desarrollo de esta ley orgánica deberá garantizar al funcionario expedientado, además de los reconocidos por el artículo 35 de la Ley 30/1992, de 26 de noviembre, de Régimen Jurídico de las Administraciones Públicas y del Procedimiento Administrativo Común, los siguientes derechos:

1º A la presunción de inocencia.

2º A ser notificado del nombramiento de instructor y secretario, así como a recusar a los mismos.

3º A ser notificado de los hechos imputados, de la infracción que constituyan y de las sanciones que, en su caso, puedan imponerse, así como de la resolución sancionadora.

4º A formular alegaciones.

5º A proponer cuantas pruebas sean adecuadas para la determinación de los hechos.

6º A poder actuar en el procedimiento asistido de letrado o de los representantes sindicales que determine.

Art. 536. Las faltas podrán ser muy graves, graves y leves.

a) Se consideran faltas muy graves:

1. El incumplimiento del deber de fidelidad a la Constitución en el ejercicio de la función pública.

2. Toda actuación que suponga discriminación por razón de sexo, raza, religión, lengua, opinión, lugar de nacimiento o vecindad o cualquier otra condición o circunstancia personal o social.

3. El abandono del servicio.

4. La emisión de informes o adopción de acuerdos o resoluciones manifiestamente ilegales, cuando se cause perjuicio grave al interés público o lesionen derechos fundamentales de los ciudadanos.

§1

5. La utilización indebida de la documentación o información a que tengan o hayan tenido acceso por razón de su cargo o función.

6. La negligencia en la custodia de documentos que dé lugar a su difusión o conocimiento indebidos.

7. El incumplimiento reiterado de las funciones inherentes al puesto de trabajo o funciones encomendadas.

8. La utilización de las facultades que tenga atribuidas, para influir en procesos electorales de cualquier naturaleza y ámbito.

9. El incumplimiento grave de las decisiones judiciales cuya ejecución tengan encomendadas.

10. La desobediencia grave o reiterada a las órdenes o instrucciones verbales o escritas de un superior emitidas por éste en el ejercicio de sus competencias, referidas a funciones o tareas propias del puesto de trabajo del interesado, salvo que sean manifiestamente ilegales.

11. La utilización de la condición de funcionario para la obtención de un beneficio indebido para sí o para un tercero.

12. La realización de actividades declaradas incompatibles por ley.

13. La inobservancia del deber de abstención, a sabiendas de que concurre alguna de las causas legalmente previstas.

14. Los actos que impidan el ejercicio de los derechos fundamentales, de las libertades públicas y de los derechos sindicales.

15. El incumplimiento del deber de atender los servicios esenciales en caso de huelga.

16. El acoso sexual.

17. La agresión grave a cualquier persona con la que se relacionen en el ejercicio de sus funciones.

18. La arbitrariedad en el uso de autoridad que cause perjuicio grave a los subordinados o al servicio.

19. Las acciones y omisiones que hayan dado lugar en sentencia firme a una declaración de responsabilidad civil contraída en el ejercicio de la función por dolo o culpa grave.

20. La comisión de una falta grave cuando hubiere sido anteriormente sancionado por otras dos graves que hayan adquirido firmeza, sin que hubieren sido canceladas o procedido la cancelación de las anotaciones correspondientes.

b) Se consideran faltas graves:

1. La desobediencia expresa a las órdenes o instrucciones de un superior, emitidas por éste en el ejercicio de sus competencias, referidas a funciones o tareas propias del puesto de trabajo del interesado, salvo que sean manifiestamente ilegales.

§1

2. El incumplimiento de las decisiones judiciales cuya ejecución les ha sido encomendada, cuando no constituya falta muy grave.

3. El abuso de autoridad en el ejercicio de sus funciones cuando no constituya falta muy grave.

4. La negligencia en la custodia de documentos, así como la utilización indebida de los mismos o de la información que conozcan por razón del cargo, cuando tales conductas no constituyan falta muy grave.

5. La tercera falta injustificada de asistencia en un período de tres meses.

6. La negligencia o retraso injustificado en el cumplimiento de las funciones inherentes al puesto de trabajo o funciones encomendadas cuando no constituya un notorio incumplimiento de las mismas.

7. El ejercicio de cualquier actividad susceptible de compatibilidad, conforme a lo dispuesto en la Ley 53/1984, de 26 de diciembre, sobre incompatibilidades del personal al servicio de las Administraciones públicas, sin obtener la pertinente autorización o habiéndola obtenido con falta de veracidad en los presupuestos alegados.

8. La falta de consideración grave con los superiores, iguales o subordinados, así como con los profesionales o ciudadanos.

9. Causar daño grave en los documentos o material de trabajo, así como en los locales destinados a la prestación del servicio.

10. La utilización inadecuada de los medios informáticos y materiales empleados en el ejercicio de sus funciones y el incumplimiento de las instrucciones facilitadas para su utilización, así como la indebida utilización de las claves de acceso a los sistemas informáticos.

11. Las acciones u omisiones dirigidas a eludir los sistemas de control de horarios o a impedir que sean detectados los incumplimientos injustificados de la jornada de trabajo.

12. Dejar de promover la exigencia de la responsabilidad disciplinaria que proceda al personal que integre su oficina, cuando conocieran o debieran conocer el incumplimiento grave por los mismos de los deberes que les correspondan.

13. Obstaculizar las labores de inspección.

14. Promover su abstención de forma claramente injustificada.

15. El reiterado incumplimiento del horario de trabajo sin causa justificada.

16. La comisión de una falta de carácter leve habiendo sido sancionado anteriormente por resolución firme por otras dos leves, sin que hubieran sido canceladas o procedido la cancelación de las correspondientes anotaciones.

c) Se consideran faltas leves:

1. La falta de consideración con los superiores, iguales o subordinados, así como con los profesionales o ciudadanos, cuando no constituya una infracción más grave.

2. El incumplimiento de los deberes propios de su cargo o puesto de trabajo o la negligencia en su desempeño, siempre que tales conductas no constituyan infracción más grave.

3. El retraso injustificado en el cumplimiento de sus funciones, cuando no constituya falta más grave.

4. La ausencia injustificada por un día.

5. El incumplimiento del horario de trabajo sin causa justificada cuando no constituya falta grave.

Artículo redactado por la LO 7/2015, de 21 de julio.

Art. 537. En el Reglamento General de Régimen Disciplinario de los funcionarios al servicio de la Administración de Justicia se fijarán los criterios para la determinación de la graduación de las sanciones que, en todo caso, se basarán en los siguientes principios:

1º Intencionalidad.

2º Perjuicio causado a la Administración o a los ciudadanos.

3º Grado de participación en la comisión de la falta.

4º Reiteración o reincidencia.

Art. 538. Las sanciones que se pueden imponer a los funcionarios por las faltas cometidas en el ejercicio de su cargo son:

a) Apercibimiento.

b) Suspensión de empleo y sueldo.

c) Traslado forzoso fuera del municipio de destino.

d) Separación del servicio.

e) Cese en el puesto de trabajo.

Las sanciones de los párrafos b) y c) podrán imponerse por la comisión de faltas graves y muy graves, graduándose su duración en función de las circunstancias que concurran en el hecho objeto de sanción.

La sanción de separación de servicio sólo podrá imponerse por faltas muy graves.

La suspensión de funciones impuesta por la comisión de una falta muy grave no podrá ser superior a tres años ni inferior a un año. Si se impone por falta grave, no excederá de un año.

Los funcionarios a los que se sancione con traslado forzoso no podrán obtener nuevo destino en el municipio de origen durante tres años, cuando hubiese sido impuesta por falta muy grave, y durante uno, cuando hubiera correspondido a la comisión de una falta grave.

La sanción de cese en el puesto de trabajo, sólo será aplicable a los funcionarios interinos por comisión de faltas graves o muy graves.

Las faltas leves sólo podrán ser corregidas con apercibimiento.

Artículo redactada por la LO 7/2015, de 21 de julio.

Art. 539. Serán competentes para la incoación y tramitación de expedientes disciplinarios así como para la imposición de sanciones de los funcionarios de los cuerpos incluidos en el ámbito de aplicación de este libro, el Ministerio de Justicia y los órganos que se determinen por las comunidades autónomas con competencias asumidas, en sus respectivos ámbitos territoriales y respecto de los funcionarios destinados en los mismos.

La separación del servicio, será acordada por el Ministro de Justicia en todo caso.

Cuando la sanción de traslado forzoso suponga la movilidad del territorio de una comunidad autónoma al de otra con competencias asumidas, será competente para acordarla el Ministro de Justicia, previo informe favorable de la comunidad autónoma a cuyo territorio se traslada al funcionario sancionado.

Art. 540. 1. Las faltas leves prescribirán a los dos meses; las graves, a los seis meses, y las muy graves, al año. El plazo se computará desde al fecha de su comisión.

2. En los casos en los que un hecho dé lugar a la apertura de causa penal, los plazos de prescripción no comenzarán a computarse sino desde la conclusión de la misma.

3. El plazo de prescripción se interrumpirá en el momento en que se inicie el procedimiento disciplinario volviendo a computarse el plazo si el expediente permaneciera paralizado durante más de seis meses por causas no imputables al funcionario sujeto a procedimiento.

4. Las sanciones impuestas prescribirán a los cuatro meses en el caso de las faltas leves; al año, en los casos de faltas graves y a los dos años, en los casos de faltas muy graves. El plazo de prescripción se computará a partir del día siguiente a aquel en que adquiera firmeza la resolución en que se imponga.

LIBRO VII
DEL MINISTERIO FISCAL, LA FISCALÍA EUROPEA Y DEMÁS PERSONAS E INSTITUCIONES QUE COOPERAN CON LA ADMINISTRACIÓN DE JUSTICIA

Redactado por LO 19/2003, de 23 de diciembre.

TÍTULO I
Del Ministerio Fiscal y la Fiscalía Europea

Redactado por LO 9/2021, de 1 de julio.

Art. 541. 1. Sin perjuicio de las funciones encomendadas a otros órganos, el Ministerio Fiscal tiene por misión promover la acción de la Justicia en defensa de la legalidad, de los derechos de los ciudadanos y del interés público tutelado por la ley, de oficio o a petición de los interesados, así como velar por la independencia de los tribunales y procurar ante éstos la satisfacción del interés social.

2. El Ministerio Fiscal se regirá por lo que disponga su Estatuto Orgánico.

Ley 50/1981, de 30 de diciembre, que regula el EOMF, modificada por Ley 14/2003, de 26 de mayo.

Art. 541 bis. La Fiscalía Europea será responsable de investigar y ejercer la acción penal ante el órgano de enjuiciamiento competente en primera instancia y vía de recurso contra los autores y demás partícipes en los delitos que perjudiquen los intereses financieros de la Unión Europea en los que, con arreglo al Reglamento (UE) 2017/1939 del Consejo, de 12 de octubre de 2017, ejerza de forma efectiva su competencia.

Añadido por LO 9/2021, de 1 de julio.

TÍTULO II
De los Abogados, Procuradores y Graduados Sociales

Art. 542. 1. Corresponde en exclusiva la denominación y función de abogado al licenciado en Derecho que ejerza profesionalmente la dirección y defensa de las partes en toda clase de procesos, o el asesoramiento y consejo jurídico.

2. En su actuación ante los juzgados y tribunales, los abogados son libres e independientes, se sujetarán al principio de buena fe, gozarán de los derechos inherentes a la dignidad de su función y serán amparados por aquéllos en su libertad de expresión y defensa.

§1

3. Los abogados deberán guardar secreto de todos los hechos o noticias de que conozcan por razón de cualquiera de las modalidades de su actuación profesional, no pudiendo ser obligados a declarar sobre los mismos.

Art. 543. 1. Corresponde exclusivamente a los procuradores la representación de las partes en todo tipo de procesos, salvo cuando la ley autorice otra cosa.

2. Dentro de las limitaciones que las leyes dispongan, los procuradores podrán realizar los actos de comunicación a las partes del proceso, así como los actos de cooperación, auxilio y colaboración con la Administración de Justicia. Por delegación del juez, jueza o tribunal, podrán también realizar las actuaciones materiales propias del proceso de ejecución en los términos establecidos legalmente que, en todo caso, excluirán las ejecuciones hipotecarias de vivienda habitual, así como las derivadas de procesos en materia de familia, las de desahucio por impago de rentas o cantidades debidas en viviendas habituales y los lanzamientos de ocupantes de finca con posterioridad a la subasta de la misma si esta es vivienda habitual.

Apartado modificado por la Ley Orgánica 1/2025, de 2 de enero, de medidas en materia de eficiencia del Servicio Público Justicia.

3. Será aplicable a los procuradores lo dispuesto en el apartado 3 del artículo anterior.

4. En el ejercicio de su profesión los procuradores podrán ser sustituidos por otro procurador.

También para los actos y en la forma que se determine reglamentariamente podrán ser sustituidos por oficial habilitado.

Art. 544. 1. Los Abogados, Procuradores y Graduados Sociales, antes de iniciar su ejercicio profesional, prestarán juramento o promesa de acatamiento a la Constitución y al resto del ordenamiento jurídico.

2. La colegiación de los Abogados, Procuradores y Graduados Sociales será obligatoria para actuar ante los Juzgados y Tribunales en los términos previstos en esta Ley y por la legislación general sobre colegios profesionales, salvo que actúen al servicio de las Administraciones públicas o entidades públicas por razón de dependencia funcionarial o laboral.

Artículo redactado por la LO 7/2015, de 21 de julio.

Art. 545. 1. Salvo que la ley disponga otra cosa, las partes podrán designar libremente a sus representantes y defensores entre los Procuradores y Abogados que reúnan los requisitos exigidos por las leyes.

2. En los procedimientos laborales y de Seguridad Social la representación técnica podrá ser ostentada por un Graduado Social, al que serán de aplicación las obligaciones inherentes a su función, de acuerdo con lo dispuesto en su ordenamiento jurídico profesional, en este título y especialmente en los artículos 187, 542.3 y 546.

3. Se designarán de oficio, con arreglo a lo que en las leyes se establezca, a quien lo solicite o se niegue a nombrarlos, siendo preceptiva su intervención. La defensa o representación de oficio tendrá carácter gratuito para quien acredite insuficiencia de recursos para litigar en los términos que establezca la ley.

Artículo redactado por la LO 7/2015, de 21 de julio.

Art. 546. 1. Es obligación de los poderes públicos garantizar la defensa y la asistencia de Abogado o la representación técnica de Graduado Social en los términos establecidos en la Constitución y en las leyes.

2. Los Abogados, Procuradores y Graduados Sociales están sujetos en el ejercicio de su profesión a responsabilidad civil, penal y disciplinaria, según proceda.

Apartados redactados por la LO 7/2015, de 21 de julio.

3. Las correcciones disciplinarias por su actuación ante los juzgados y tribunales se regirán por lo establecido en esta ley y en las leyes procesales.

La responsabilidad disciplinaria por su conducta profesional compete declararla a los correspondientes Colegios y Consejos conforme a sus estatutos, que deberán respetar en todo caso las garantías de la defensa de todo el procedimiento sancionador.

TÍTULO III
De la Policía Judicial

Cf. LO 2/1986, de 3 de marzo, de Fuerzas y Cuerpos de Seguridad y RD 769/1987, de 19 de junio, sobre Policía Judicial, modificado por RD 54/2002, de 18 de enero.

Art. 547. La función de la Policía Judicial comprende el auxilio a los juzgados y tribunales y al Ministerio Fiscal en la averiguación de los delitos y en el descubrimiento y aseguramiento de los delincuentes.

Esta función competerá, cuando fueren requeridos para prestarla, a todos los miembros de las Fuerzas y Cuerpos de Seguridad, tanto si dependen del Gobierno central como de las comunidades autónomas o de los entes locales, dentro del ámbito de sus respectivas competencias.

Art. 548. 1. Se establecerán unidades de Policía Judicial que dependerán funcionalmente de las autoridades judiciales y del Ministerio Fiscal en el desempeño de todas las actuaciones que aquéllas les encomienden.

2. Por ley se fijará la organización de estas unidades y los medios de selección y régimen jurídico de sus miembros.

Art. 549. 1. Corresponden específicamente a las unidades de Policía Judicial las siguientes funciones:

a) La averiguación acerca de los responsables y circunstancias de los hechos delictivos y la detención de los primeros, dando cuenta seguidamente a la autoridad judicial y fiscal, conforme a lo dispuesto en las leyes.

b) El auxilio a la autoridad judicial y fiscal en cuantas actuaciones deba realizar fuera de su sede y requieran la presencia policial.

c) La realización material de las actuaciones que exijan el ejercicio de la coerción y ordenare la autoridad judicial o fiscal.

d) La garantía del cumplimiento de las órdenes y resoluciones de la autoridad judicial o fiscal.

e) Cualesquiera otras de la misma naturaleza en que sea necesaria su cooperación o auxilio y lo ordenare la autoridad judicial o fiscal.

2. En ningún caso podrán encomendarse a los miembros de dichas unidades la práctica de actuaciones que no sean las propias de la Policía Judicial o las derivadas de las mismas.

Art. 550. 1. En las funciones de investigación penal, la Policía Judicial actuará bajo la dirección de los juzgados y tribunales y del Ministerio Fiscal.

2. Los funcionarios de Policía Judicial a quienes se hubiera encomendado una actuación o investigación concreta dentro de las competencias a que se refiere el artículo 547 de esta ley, no podrán ser removidos o apartados hasta que finalice la misma o, en todo caso, la fase del procedimiento judicial que la originó, si no es por decisión o con la autorización del juez o fiscal competente.

TÍTULO IV

De la representación y defensa del Estado y demás entes públicos

Art. 551. 1. La representación y defensa del Estado y de sus organismos autónomos, así como la representación y defensa de los órganos constitucionales cuyas normas internas no establezcan un régimen especial propio, corresponderá a los Abogados del Estado integrados en el servicio jurídico del Estado. Los Abogados del Estado podrán representar y defender a los restantes organismos y entidades públicos, sociedades mercantiles estatales y fundaciones con participación estatal, en los términos contenidos en la Ley 52/1997, de 27 de noviembre, de Asistencia Jurídica al Estado e Instituciones Públicas y disposiciones de desarrollo.

La representación y defensa de las entidades gestoras, servicios comunes y otros organismos o entidades de naturaleza pública, que conforme a la ley integran la Administración de la Seguridad Social, sin incluir, en consecuencia, la de las mutuas colaboradoras de la Seguridad Social, corresponderá a los Letrados de la Administración de la Seguridad Social, integrados en el Servicio Jurídico de la Administración de la Seguridad Social, sin perjuicio de que, de acuerdo con lo que reglamentariamente se determine, tales funciones puedan ser encomendadas a Abogado colegiado especialmente designado al efecto.

Apartado redactado por la LO 7/2015, de 21 de julio.

2. La representación y defensa de las Cortes Generales, del Congreso de los Diputados, del Senado, de la Junta Electoral Central y de los órganos e instituciones vinculados o dependientes de aquéllas corresponderá a los Letrados de las Cortes Generales integrados en las secretarías generales respectivas.

3. La representación y defensa de las comunidades autónomas y las de los entes locales corresponderán a los letrados que sirvan en los servicios jurídicos de dichas Administraciones públicas, salvo que designen abogado colegiado que les represente y defienda. Los Abogados del Estado podrán representar y defender a las comunidades autónomas y a los entes locales en los términos contenidos en la Ley 52/1997, de 27 de noviembre, de Asistencia Jurídica al Estado e Instituciones Públicas y su normativa de desarrollo.

TÍTULO V

**De las sanciones que pueden imponerse a los que
intervienen en los pleitos o causas**

Art. 552. Los abogados y procuradores que intervengan en los pleitos y causas, cuando incumplan las obligaciones que les impone esta ley o las leyes procesales, podrán ser corregidos a tenor de lo dispuesto en este título, siempre que el hecho no constituya delito.

Art. 553. Los abogados y procuradores serán también corregidos disciplinariamente por su actuación ante los juzgados y tribunales:

1º) Cuando en su actuación forense faltaren oralmente, por escrito o por obra, al respeto debido a los jueces y tribunales, fiscales, abogados, secretarios judiciales o cualquier persona que intervenga o se relacione con el proceso.

§1

2º) Cuando llamados al orden en las alegaciones orales no obedecieren reiteradamente al que presida el acto.

3º) Cuando no comparecieren ante el tribunal sin causa justificada una vez citados en forma.

4º) Cuando renuncien injustificadamente a la defensa o representación que ejerzan en un proceso, dentro de los siete días anteriores a la celebración del juicio o vistas señaladas.

Art. 554. 1. Las correcciones que pueden imponerse a las personas a que se refieren los dos artículos anteriores son:

a) Apercibimiento.

b) Multa cuya máxima cuantía será la prevista en el Código Penal como pena correspondiente a las faltas.

2. La imposición de la corrección de multa se hará atendiendo a la gravedad, antecedentes y circunstancias de los hechos cometidos, y en todo caso se impondrá siempre con audiencia del interesado.

Art. 555. 1. La corrección se impondrá por la autoridad ante la que se sigan las actuaciones.

2. Podrá imponerse en los propios autos o en procedimiento aparte. En todo caso, por el secretario se hará constar el hecho que motive la actuación correctora, las alegaciones del implicado y el acuerdo que se adopte por el juez o por la sala.

Art. 556. Contra el acuerdo de imposición de la corrección podrá interponerse, en el plazo de cinco días, recurso de audiencia en justicia ante el secretario judicial, el juez o la sala, que lo resolverán en el siguiente día. Contra este acuerdo o contra el de imposición de la sanción, en el caso de que no se hubiese utilizado el recurso de audiencia en justicia, cabrá recurso de alzada, en el plazo de cinco días, ante la Sala de Gobierno, que lo resolverá previo informe del secretario judicial, del juez o de la sala que impuso la corrección, en la primera reunión que celebre.

El Pleno del Tribunal Constitucional, por providencia de 27 de enero de 2022, ha acordado admitir a trámite la cuestión interna de inconstitucionalidad número 6596-2021 planteada por la Sala 2ª del Tribunal Constitucional, en el recurso de amparo núm. 4986-2016, en relación con los artículos 555.1 y 556 de la LO 6/1985, de 1 de julio, del Poder Judicial, en la redacción dada por la LO 19/2003, de 23 de diciembre, por posible vulneración del artículo 24.1, en relación con el artículo 117.3 de la CE. Después la STC 12/2015, de 15 de enero (BOE 2025-3121), desestima la cuestión interna de inconstitucionalidad sobre los arts. 555.1 y 556, con lo que se mantiene el texto dado por la LO 19/2003, de 23 de diciembre.

Art. 557. Cuando fuere procedente alguna de las correcciones especiales previstas en las leyes procesales para casos determinados, se aplicará, en cuanto al modo de imponerla y recursos utilizables, lo que establecen los dos artículos anteriores.

§1

LIBRO VIII
DEL CONSEJO GENERAL DEL PODER JUDICIAL

Este Libro ha sido añadido por la LO 4/2013, de 28 de junio, por lo que todos sus artículos han sido redactados por la misma.

TÍTULO I
De las atribuciones del Consejo General del Poder Judicial

Art. 558. 1. El gobierno del Poder Judicial corresponde al Consejo General del Poder Judicial, que ejerce sus competencias en todo el territorio nacional de acuerdo con la Constitución y la presente Ley Orgánica.

2. El Consejo General del Poder Judicial tiene su sede en la villa de Madrid.

Art. 559. Los Presidentes y demás órganos de gobierno de Juzgados y Tribunales, en el ejercicio de sus funciones gubernativas, están subordinados al Consejo General del Poder Judicial.

Art. 560. 1. El Consejo General del Poder Judicial tiene las siguientes atribuciones:

1ª Proponer el nombramiento, en los términos previstos por la presente Ley Orgánica, del Presidente del Tribunal Supremo y del Consejo General del Poder Judicial.

2ª Proponer el nombramiento de Jueces, Magistrados y Magistrados del Tribunal Supremo.

3ª Proponer el nombramiento, en los términos previstos por la presente Ley Orgánica, de dos Magistrados del Tribunal Constitucional.

4ª Ser oído por el Gobierno antes del nombramiento del Fiscal General del Estado.

5ª Interponer el conflicto de atribuciones entre órganos constitucionales del Estado, en los términos previstos por la Ley Orgánica del Tribunal Constitucional.

6ª Participar, en los términos legalmente previstos, en la selección de Jueces y Magistrados.

7ª Resolver lo que proceda en materia de formación y perfeccionamiento, provisión de destinos, ascensos, situaciones administrativas y régimen disciplinario de Jueces y Magistrados.

8ª Ejercer la alta inspección de Tribunales, así como la supervisión y coordinación de la actividad inspectora ordinaria de los Presidentes y Salas de Gobierno de los Tribunales.

9ª Impartir instrucciones a los órganos de gobierno de Juzgados y Tribunales en materias de la competencia de éstos, así como resolver los recursos de alzada que se interpongan contra cualesquiera acuerdos de los mismos.

10ª Cuidar de la publicación oficial de las sentencias y demás resoluciones que se determinen del Tribunal Supremo y del resto de órganos judiciales.

A tal efecto el Consejo General del Poder Judicial, previo informe de las Administraciones competentes, establecerá reglamentariamente el modo en que se realizará la recopilación de las sentencias, su tratamiento, difusión y certificación, para velar por su integridad, autenticidad y acceso, así como para asegurar el cumplimiento de la legislación en materia de protección de datos personales.

Redactada por LO 4/2018, de 28 de diciembre.

11ª Regular la estructura y funcionamiento de la Escuela Judicial, así como nombrar a su Director y a sus profesores.

12ª Regular la estructura y funcionamiento del Centro de Documentación Judicial, así como nombrar a su Director y al resto de su personal.

13ª Nombrar al Vicepresidente del Tribunal Supremo, al Promotor de la Acción Disciplinaria y al Jefe de la Inspección de Tribunales.

14ª Nombrar al Director del Gabinete Técnico del Consejo General del Poder Judicial.

15ª Regular y convocar el concurso-oposición de ingreso en el Cuerpo de Letrados del Consejo General del Poder Judicial.

16ª Ejercer la potestad reglamentaria, en el marco estricto de desarrollo de las previsiones de la Ley Orgánica del Poder Judicial, en las siguientes materias:

a) Organización y funcionamiento del Consejo General del Poder Judicial.

b) Personal del Consejo General del Poder Judicial en el marco de la legislación sobre la función pública.

c) Órganos de gobierno de Juzgados y Tribunales.

d) Publicidad de las actuaciones judiciales.

e) Publicación y reutilización de las resoluciones judiciales.

f) Habilitación de días y horas, así como fijación de horas de audiencia pública.

g) Constitución de los órganos judiciales fuera de su sede.

h) Especialización de órganos judiciales.

i) Reparto de asuntos y ponencias.

j) Régimen de guardias de los órganos jurisdiccionales.

k) Organización y gestión de la actuación de los órganos judiciales españoles en materia de cooperación jurisdiccional interna e internacional.

l)

§1

Letra l) suprimida por la LO 4/2018, de 28 de diciembre.

m) Condiciones accesorias para el ejercicio de los derechos y deberes que conforman el estatuto de Jueces y Magistrados, así como el régimen jurídico de las Asociaciones Judiciales, sin que tal desarrollo reglamentario pueda suponer innovación o alteración alguna de la regulación legal.

En ningún caso, las disposiciones reglamentarias del Consejo General del Poder Judicial podrán afectar o regular directa o indirectamente los derechos y deberes de personas ajenas al mismo.

17ª Elaborar y ejecutar su propio presupuesto, en los términos previstos en la presente Ley Orgánica.

18ª Aprobar la relación de puestos de trabajo del personal funcionario a su servicio.

19ª En materia de protección de datos personales, ejercerá las funciones definidas en el artículo 236 octies.

Redactado por LO 7/2021

20ª Recibir quejas de los ciudadanos en materias relacionadas con la Administración de Justicia.

21ª Elaborar y aprobar, conjuntamente con el Ministerio de Justicia y, en su caso, oídas las Comunidades Autónomas cuando afectare a materias de su competencia, los sistemas de racionalización, organización y medición de trabajo que se estimen convenientes para determinar la carga de trabajo que pueda soportar un órgano jurisdiccional.

La determinación de la carga de trabajo que cabe exigir, a efectos disciplinarios, al Juez o Magistrado corresponderá en exclusiva al Consejo General del Poder Judicial.

22ª Proponer, previa justificación de la necesidad, las medidas de refuerzo que sean precisas en concretos órganos judiciales.

23ª Emitir informe en los expedientes de responsabilidad patrimonial por anormal funcionamiento de la Administración de Justicia.

24ª La recopilación y actualización de los Principios de Ética Judicial y su divulgación, así como su promoción con otras entidades y organizaciones judiciales, nacionales o internacionales. El asesoramiento especializado a los jueces y magistrados en materia de conflictos de intereses, así como en las demás materias relacionadas con la integridad. El Consejo General del Poder Judicial se asegurará de que la Comisión de Ética Judicial, que a tal efecto se constituya, esté dotada de los recursos y medios adecuados para el cumplimiento de sus objetivos.

Añadida por LO 4/2018, de 28 de diciembre.

25ª Aquellas otras que le atribuya la Ley Orgánica del Poder Judicial.

2. Los proyectos de reglamentos de desarrollo se someterán a informe de las asociaciones profesionales de Jueces y Magistrados y de las corporaciones profesionales o asociaciones de otra naturaleza que tengan reconocida legalmente representación de intereses a los que puedan afectar. Se dará intervención a la Administración del Estado, por medio del Ministerio de Justicia, y a las de las Comunidades Autónomas siempre que una y otras tengan competencias relacionadas con el contenido del reglamento o sea necesario coordinar éstas con las del Consejo General. Se recabarán las consultas y los estudios previos que se consideren pertinentes y un dictamen de legalidad sobre el proyecto.

En todo caso, se elaborará un informe previo de impacto de género.

El Ministerio Fiscal será oído cuando le afecte la materia sobre la que verse el proyecto y especialmente en los supuestos contemplados en las letras d) y f) a j) del apartado 1.16ª de este artículo.

3.

Apartado suprimido por LO 4/2018, de 28 de diciembre.

4. Cuando en el ejercicio de las atribuciones legalmente previstas en este artículo el Consejo General del Poder Judicial adopte medidas que comporten un incremento de gasto, será preciso informe favorable de la Administración competente que deba soportar dicho gasto.

Art. 561. 1. Se someterán a informe del Consejo General del Poder Judicial los anteproyectos de ley y disposiciones generales que versen sobre las siguientes materias:

1ª Modificaciones de la Ley Orgánica del Poder Judicial.

2ª Determinación y modificación de las demarcaciones judiciales, así como de su capitalidad.

3ª Fijación y modificación de la plantilla orgánica de jueces y magistrados.

Redactada por LO 4/2018, de 28 de diciembre.

4ª Estatuto orgánico de Jueces y Magistrados.

5ª Estatuto orgánico de los Secretarios Judiciales y del resto del personal al servicio de la Administración de Justicia.

6ª Normas procesales o que afecten a aspectos jurídico-constitucionales de la tutela ante los Tribunales ordinarios del ejercicio de derechos fundamentales.

7ª Normas que afecten a la constitución, organización, funcionamiento y gobierno de los Tribunales.

8ª Leyes penales y normas sobre régimen penitenciario.

9ª Cualquier otra cuestión que el Gobierno, las Cortes Generales o, en su caso, las Asambleas Legislativas de las Comunidades Autónomas estimen oportuna.

2. El Consejo General del Poder Judicial emitirá su informe en el plazo improrrogable de treinta días. Si en la orden de remisión se hiciere constar la urgencia del informe, el plazo será de quince días. Excepcionalmente el órgano remitente podrá conceder la prórroga del plazo atendiendo a las circunstancias del caso. La duración de la prórroga será de quince días, salvo en los casos en los que en la orden de remisión se hubiere hecho constar la urgencia del informe, en cuyo caso será de diez días.

3. Cuando no hubiera sido emitido informe en los plazos previstos en el apartado anterior, se tendrá por cumplido dicho trámite.

4. El Gobierno remitirá dicho informe a las Cortes Generales en el caso de tratarse de anteproyectos de ley.

Apartados 2, 3 y 4 redactados por la LO 7/2015, de 21 de julio.

Art. 562. Todas las actividades internacionales del Consejo General del Poder Judicial se llevarán a cabo en coordinación con el Ministerio de Asuntos Exteriores y de acuerdo con las directrices en materia de política exterior que, en el ejercicio de sus competencias, sean fijadas por éste, sin perjuicio de las competencias que en materia de cooperación jurisdiccional internacional ostenta el Consejo General del Poder Judicial de acuerdo con lo dispuesto en la presente Ley Orgánica.

Art. 563. 1. El Consejo General del Poder Judicial remitirá a las Cortes Generales anualmente una Memoria sobre el estado, funcionamiento y actividades del propio Consejo General del Poder Judicial y de los Juzgados y Tribunales, donde se incluirán las necesidades que, a su juicio, existan en materia de personal, instalaciones y recursos para el correcto desempeño de las funciones que la Constitución y las leyes asignan al poder judicial.

2. En dicha Memoria se incluirán también sendos capítulos respecto a los siguientes ámbitos:

a) Actividad del Presidente y Vocales del Consejo con gasto detallado.

b) Impacto de género en el ámbito judicial.

c) Informe sobre el uso de las lenguas cooficiales en la Justicia y, en particular, por parte de los jueces y magistrados en ejercicio de sus funciones.

Redactado por LO 4/2018, de 28 de diciembre.

3. Las Cortes Generales, de acuerdo con los Reglamentos de las Cámaras, podrán debatir el contenido de la Memoria y solicitar la comparecencia del Presidente

del Tribunal Supremo, a fin de responder a las preguntas que se le formulen acerca de la referida Memoria.

4. Para contribuir a un mejor conocimiento del estado de la Justicia, con datos actualizados, anualmente el Presidente, además de lo previsto en los apartados anteriores en relación a la memoria, comparecerá en la Comisión de Justicia del Congreso de los Diputados para informar sobre los aspectos más relevantes del estado de la Justicia en España, en el marco de sus competencias.

5. Excepcionalmente, el Congreso podrá solicitar informe con comparecencia ante la Comisión de Justicia de un Vocal, por razón de las funciones que le han sido encomendadas, previa solicitud motivada, al menos, de dos Grupos parlamentarios, y que deberá ser autorizada por la Mesa del Congreso.

Apartados 4 y 5 añadidos por LO 4/2018, de 28 de diciembre.

Art. 564. Fuera de los supuestos previstos en el artículo anterior, sobre el Presidente del Tribunal Supremo y los Vocales del Consejo General del Poder Judicial no recaerá deber alguno de comparecer ante las Cámaras por razón de sus funciones.

Redactado por LO 4/2018, de 28 de diciembre.

Art. 565. 1. Para el ejercicio de las atribuciones que tiene encomendadas, el Consejo General del Poder Judicial, en ejercicio de su autonomía como órgano constitucional, elaborará su presupuesto.

2. La elaboración y ejecución del presupuesto del Consejo General del Poder Judicial se sujetará, en todo caso, a la legislación presupuestaria general.

3. El control interno del gasto del Consejo General del Poder Judicial se llevará a cabo por un funcionario perteneciente al Cuerpo Superior de Interventores y Auditores del Estado, que dependerá funcionalmente del Consejo General del Poder Judicial, y el control externo por el Tribunal de Cuentas.

4. El Consejo General del Poder Judicial, máximo órgano de gobierno del Poder Judicial, está vinculado por los principios de estabilidad y sostenibilidad presupuestaria.

§1

TÍTULO II
De los Vocales del Consejo General del Poder Judicial

CAPÍTULO I
Designación y sustitución de los Vocales

Art. 566. El Consejo General del Poder Judicial estará integrado por el Presidente del Tribunal Supremo, que lo presidirá, y por veinte Vocales, de los cuales doce serán Jueces o Magistrados en servicio activo en la carrera judicial y ocho juristas de reconocida competencia.

Art. 567. 1. Las veinte personas Vocales del Consejo General del Poder Judicial serán designadas por las Cortes Generales del modo establecido en la Constitución y en la presente Ley Orgánica, atendiendo al principio de presencia equilibrada de mujeres y hombres.

Modificado por la Ley Orgánica 2/2024, de 1 de agosto, de representación paritaria y presencia equilibrada de mujeres y hombres.

2. Cada una de las Cámaras elegirá, por mayoría de tres quintos de sus miembros, a diez Vocales, cuatro entre juristas de reconocida competencia con más de quince años de ejercicio en su profesión y seis correspondientes al turno judicial, conforme a lo previsto en el Capítulo II del presente Título. En dicha elección, cada una de las Cámaras garantizará el principio de presencia equilibrada de mujeres y hombres de forma que entre las diez personas vocales se incluya como mínimo un cuarenta por ciento de cada uno de los sexos.

Antes de su elección, los candidatos deberán comparecer ante la Comisión de nombramientos de la correspondiente Cámara, a los efectos de que se evalúen los méritos que acrediten su reconocido prestigio y su idoneidad. Los candidatos acompañarán una memoria de méritos y objetivos. Dichas comparecencias se efectuarán en términos que garanticen la igualdad y tendrán lugar en audiencia pública.

El apartado primero del numeral 2 ha sido modificado por la Ley Orgánica 2/2024, de 1 de agosto, de representación paritaria y presencia equilibrada de mujeres y hombres y el párrafo segundo ha sido añadido por la Ley Orgánica 3/2024, de 2 de agosto, de reforma de la Ley Orgánica 6/1985, de 1 de julio, del Poder Judicial y de reforma de la Ley 50/1981, de 30 de diciembre, por la que se regula el Estatuto Orgánico del Ministerio Fiscal.

3. Podrán ser elegidos por el turno de juristas de reconocida competencia quienes tengan más de quince años de experiencia en cualquiera de las profesiones jurídicas y acrediten méritos destacados en su ejercicio. No podrán ser elegidos

por este turno quienes sean miembros de la carrera judicial, salvo que se encuentren en situación administrativa distinta a la del servicio activo al menos durante el año anterior a su elección. Tampoco podrán ser elegidos por este turno quienes, en los cinco años anteriores:

a) hayan sido nombrados titulares de un Ministerio o de una Secretaría de Estado o de una Consejería de un Gobierno autonómico, o elegidos titulares de una Presidencia de Corporación local; o

b) hayan tenido la condición de diputado, senador, o miembro del Parlamento Europeo o de una Asamblea legislativa de una Comunidad Autónoma.

Apartado modificado por la Ley Orgánica 3/2024, de 2 de agosto, de reforma de la Ley Orgánica 6/1985, de 1 de julio, del Poder Judicial y de reforma de la Ley 50/1981, de 30 de diciembre, por la que se regula el Estatuto Orgánico del Ministerio Fiscal.

4. Las Cámaras designarán un suplente por cada uno de los vocales titulares.

Apartado modificado por la Ley Orgánica 3/2024, de 2 de agosto, de reforma de la Ley Orgánica 6/1985, de 1 de julio, del Poder Judicial y de reforma de la Ley 50/1981, de 30 de diciembre, por la que se regula el Estatuto Orgánico del Ministerio Fiscal.

5. En ningún caso podrá recaer la designación de Vocales del Consejo General del Poder Judicial en Vocales del Consejo saliente.

6. El cómputo de los plazos en los procedimientos de designación de Vocales del Consejo General del Poder Judicial y de elección del Presidente del Tribunal Supremo y del Consejo General del Poder Judicial, así como del Vicepresidente del Tribunal Supremo, se realizará por días hábiles cuando el plazo se señale por días, empezando a computarse desde el día siguiente, y de fecha a fecha cuando se fije en meses o años. Cuando en el mes del vencimiento no hubiera día equivalente al inicial del cómputo se entenderá que el plazo expira el último del mes.

Apartado 6 añadido por la LO 7/2015, de 21 de julio.

Art. 568. 1. El Consejo General del Poder Judicial se renovará en su totalidad cada cinco años, contados desde la fecha de su constitución. Los Presidentes del Congreso de los Diputados y del Senado deberán adoptar las medidas necesarias para que la renovación del Consejo se produzca en plazo.

2. A tal efecto, y a fin de que las Cámaras puedan dar comienzo al proceso de renovación del Consejo, cuatro meses antes de la expiración del mencionado plazo, el Presidente del Tribunal Supremo y del Consejo General del Poder Judicial dispondrá:

a) la remisión a los Presidentes del Congreso de los Diputados y del Senado de los datos del escalafón y del Registro de Asociaciones Judiciales obrantes en dicha fecha en el Consejo.

b) la apertura del plazo de presentación de candidaturas para la designación de los Vocales correspondientes al turno judicial.

El Presidente del Tribunal Supremo dará cuenta al Pleno del Consejo General del Poder Judicial de los referidos actos en la primera sesión ordinaria que se celebre tras su realización.

Art. 569. 1. Los Vocales del Consejo General del Poder Judicial serán nombrados por el Rey mediante Real Decreto, tomarán posesión de su cargo prestando juramento o promesa ante el Rey y celebrarán a continuación su sesión constitutiva.

2. La toma de posesión y la sesión constitutiva tendrán lugar dentro de los cinco días posteriores a la expiración del anterior Consejo, salvo en el supuesto previsto en el artículo 570.2 de esta Ley Orgánica.

Art. 570. 1. Si el día de la sesión constitutiva del nuevo Consejo General del Poder Judicial no hubiere alguna de las Cámaras procedido aún a la elección de los Vocales cuya designación le corresponda, se constituirá el Consejo General del Poder Judicial con los diez Vocales designados por la otra Cámara y con los Vocales del Consejo saliente que hubieren sido designados en su momento por la Cámara que haya incumplido el plazo de designación, pudiendo desde entonces ejercer todas sus atribuciones.

2. Si ninguna de las dos Cámaras hubieren efectuado en el plazo legalmente previsto la designación de los Vocales que les corresponda, el Consejo saliente continuará en funciones hasta la toma de posesión del nuevo, no pudiendo procederse, hasta entonces, a la elección de nuevo Presidente del Consejo General del Poder Judicial.

3. El nombramiento de Vocales con posterioridad a la expiración del plazo concedido legalmente para su designación no supondrá, en ningún caso, la ampliación de la duración de su cargo más allá de los cinco años de mandato del Consejo General del Poder Judicial para el que hubieren sido designados, salvo lo previsto en el apartado anterior.

4. Una vez que se produzca la designación de los Vocales por la Cámara que haya incumplido el plazo de designación, deberá procederse a la sustitución de los Vocales salientes que formasen parte de alguna de las Comisiones legalmente previstas. Los nuevos Vocales deberán ser elegidos por el Pleno teniendo en cuenta el turno por el que hayan sido designados los Vocales salientes, y formarán parte de la Comisión respectiva por el tiempo que resta hasta la renovación de la misma.

5. La mera circunstancia de que la designación de Vocales se produzca una vez constituido el nuevo Consejo no servirá de justificación para revisar los acuerdos que se hubieren adoptado hasta ese momento.

Art. 570 bis. 1. Cuando, por no haberse producido su renovación en el plazo legalmente previsto, el Consejo General del Poder Judicial entre en funciones según lo previsto en el apartado 2 del artículo 570, la actividad del mismo se limitará a la realización de las siguientes atribuciones:

1ª Proponer el nombramiento de dos Magistrados del Tribunal Constitucional, en los términos previstos por el artículo 599.1.1ª.

Numeral añadido por la LO 8/2022, de 27 de julio.

2ª Ser oído por el Gobierno antes del nombramiento del Fiscal General del Estado.

3ª Participar, en los términos legalmente previstos, en la selección de Jueces y Magistrados.

4ª Resolver lo que proceda en materia de formación y perfeccionamiento, provisión de destinos, ascensos reglados, situaciones administrativas y régimen disciplinario de Jueces y Magistrados.

5ª Ejercer la alta inspección de Tribunales, así como la supervisión y coordinación de la actividad inspectora ordinaria de los Presidentes y Salas de Gobierno de los Tribunales.

6ª Cuidar de la publicación oficial de las sentencias y demás resoluciones que se determinen del Tribunal Supremo y del resto de órganos judiciales.

7ª Garantizar el funcionamiento y actualizar los programas formativos de la Escuela Judicial.

8ª Ejercer la potestad reglamentaria en las siguientes materias:

a) Publicidad de las actuaciones judiciales.

b) Publicación y reutilización de las resoluciones judiciales.

c) Habilitación de días y horas, así como fijación de horas de audiencia pública.

d) Constitución de los órganos judiciales fuera de su sede.

e) Régimen de guardias de los órganos jurisdiccionales.

f) Organización y gestión de la actuación de los órganos judiciales españoles en materia de cooperación jurisdiccional interna e internacional.

g) Condiciones accesorias para el ejercicio de los derechos y deberes que conforman el estatuto de Jueces y Magistrados, así como el régimen jurídico de las Asociaciones judiciales, sin que tal desarrollo reglamentario pueda suponer innovación o alteración alguna de la regulación legal.

9ª Aprobar la relación de puestos de trabajo del personal funcionario a su servicio.

10ª Colaborar con la Autoridad de Control en materia de protección de datos en el ámbito de la Administración de Justicia.

11ª Recibir quejas de los ciudadanos en materias relacionadas con la Administración de Justicia.

12ª Elaborar y ejecutar su propio presupuesto, en los términos previstos en la presente Ley Orgánica.

13ª Proponer, previa justificación de la necesidad, las medidas de refuerzo que sean precisas en concretos órganos judiciales.

14ª Emitir informe en los expedientes de responsabilidad patrimonial por anormal funcionamiento de la Administración de Justicia.

15ª Recopilar y actualizar los Principios de Ética Judicial y proceder a su divulgación, así como a su promoción con otras entidades y organizaciones judiciales, nacionales o internacionales.

16ª Elaborar los informes sobre los anteproyectos de ley y disposiciones generales que en virtud de lo dispuesto en el artículo 561 le correspondan.

2. Sin perjuicio de lo dispuesto en el apartado anterior, el Consejo en funciones podrá realizar aquellas otras actuaciones que sean indispensables para garantizar el funcionamiento ordinario del órgano.

Artículo añadido por la LO 4/2021, de 29 de marzo.

Art. 571. 1. El cese anticipado de los Vocales del Consejo General del Poder Judicial dará lugar a su sustitución, procediendo el Presidente del Tribunal Supremo y del Consejo General del Poder Judicial a ponerlo en conocimiento de la Cámara competente para que proceda a la propuesta de nombramiento de un nuevo Vocal conforme a lo establecido en el artículo 567.4 de la presente Ley Orgánica.

Apartado modificado por la Ley Orgánica 3/2024, de 2 de agosto, de reforma de la Ley Orgánica 6/1985, de 1 de julio, del Poder Judicial y de reforma de la Ley 50/1981, de 30 de diciembre, por la que se regula el Estatuto Orgánico del Ministerio Fiscal.

2. El nuevo Vocal ejercerá su cargo por el tiempo que reste hasta la finalización del mandato del Consejo General del Poder Judicial.

CAPÍTULO II
Procedimiento de designación de Vocales de origen judicial

§1

Art. 572. La designación de los Vocales del Consejo General del Poder Judicial correspondientes al turno judicial se regirá por lo dispuesto en la presente Ley Orgánica.

Art. 573. 1. Cualquier Juez o Magistrado en servicio activo en la carrera judicial podrá presentar su candidatura para ser elegido Vocal por el turno judicial, salvo que se halle en alguna de las situaciones que, conforme a lo establecido en esta Ley, se lo impidan.

2. El Juez o Magistrado que, deseando presentar su candidatura para ser designado Vocal, ocupare cargo incompatible se comprometerá a formalizar su renuncia al mencionado cargo si resultare elegido.

Art. 574. 1. El Juez o Magistrado que desee presentar su candidatura podrá elegir entre aportar el aval de veinticinco miembros de la carrera judicial en servicio activo o el aval de una Asociación judicial legalmente constituida en el momento en que se decrete la apertura del plazo de presentación de candidaturas.

2. Cada uno de los Jueces o Magistrados o Asociaciones judiciales a los que se refiere el apartado anterior podrá avalar hasta un máximo de doce candidatos.

Art. 575. 1. El plazo de presentación de candidaturas será de un mes a contar desde el día siguiente a la fecha en que el Presidente del Tribunal Supremo y del Consejo General del Poder Judicial ordene la apertura de dicho plazo.

2. El Juez o Magistrado que desee presentar su candidatura para ser designado Vocal por el turno de origen judicial, dirigirá escrito al Presidente del Tribunal Supremo y del Consejo General del Poder Judicial en el que ponga de manifiesto su intención de ser designado Vocal. El mencionado escrito deberá ir acompañado de una memoria justificativa de las líneas de actuación que, a su juicio, debería desarrollar el Consejo General del Poder Judicial, así como de los veinticinco avales o el aval de la Asociación judicial exigidos legalmente para su presentación como candidato.

Art. 576. 1. Corresponde a la Junta Electoral resolver cuantas cuestiones se planteen en el proceso de presentación de candidaturas a Vocales del Consejo General del Poder Judicial por el turno judicial y proceder a la proclamación de candidaturas.

2. La Junta Electoral estará integrada por el Presidente de Sala más antiguo del Tribunal Supremo, quien la presidirá, y por dos Vocales: el Magistrado más antiguo y el más moderno del Tribunal Supremo, actuando como Secretario, con voz pero sin voto, el Secretario de Gobierno del Tribunal Supremo.

3. La Junta Electoral se constituirá dentro de los tres días siguientes al inicio del procedimiento de designación de candidatos a Vocales del Consejo General del Poder Judicial por el turno judicial y se disolverá una vez concluido definitivamente el procedimiento de presentación de candidaturas, incluida la resolución de los recursos contencioso-administrativos si los hubiere.

4. La Junta Electoral será convocada por su Presidente cuando lo considere necesario. Para que la reunión se pueda celebrar, será precisa la asistencia de todos sus miembros o de sus sustitutos.

5. En caso de ausencia del Presidente, asumirá sus funciones el siguiente Presidente de Sala del Tribunal Supremo en orden de antigüedad. Asimismo, el Magistrado más antiguo y el más moderno serán, en su caso, sustituidos por los siguientes Magistrados del Tribunal Supremo más antiguo y moderno del escalafón, respectivamente. En caso de ausencia del Secretario, será sustituido por el secretario del Tribunal Supremo de mayor antigüedad.

6. Los acuerdos de la Junta Electoral se tomarán por mayoría simple.

7. Finalizado el plazo de presentación de candidaturas, la Junta Electoral procederá a publicar, dentro de los dos días siguientes, la lista de candidatos que reúnan los requisitos legalmente exigidos.

8. La lista será expuesta públicamente en la intranet del Consejo General del Poder Judicial, pudiendo ser impugnadas las candidaturas presentadas dentro de los tres días siguientes a su publicación.

9. Transcurrido dicho plazo, la Junta Electoral resolverá dentro de los tres días siguientes las impugnaciones que se hubieren formulado, procediendo de inmediato a la publicación del acuerdo de proclamación de candidaturas.

Art. 577. 1. Contra la proclamación definitiva de candidaturas cabrá interponer recurso contencioso-administrativo en el plazo de dos días desde la publicación del acuerdo. En el mismo acto de interposición se deberán presentar las alegaciones que se estimen pertinentes, acompañadas de los elementos de prueba oportunos.

Apartado redactado por la LO 7/2015, de 21 de julio.

2. El conocimiento del recurso contencioso-administrativo corresponderá a la Sala de lo Contencioso-Administrativo del Tribunal Supremo, que deberá resolver en el plazo de tres días desde su interposición.

Art. 578. 1. Transcurridos, en su caso, los plazos señalados en el artículo anterior, el Presidente del Tribunal Supremo y del Consejo General del Poder Judicial remitirá las candidaturas definitivamente admitidas a los Presidentes del Congreso y del Senado, a fin de que ambas Cámaras procedan a la designación de los Vocales del turno judicial conforme a lo previsto en el artículo 567 de la presente Ley Orgánica.

2. En la designación de los Vocales del turno judicial, las Cámaras tomarán en consideración el número existente en la carrera judicial, en el momento de proceder a la renovación del Consejo General del Poder judicial, de Jueces y Magistrados no afiliados y de afiliados a cada una de las distintas Asociaciones judiciales.

3. La designación de los doce Vocales del Consejo General del Poder Judicial del turno judicial deberá respetar, como mínimo, la siguiente proporción: tres Magistrados del Tribunal Supremo; tres Magistrados con más de veinticinco años de antigüedad en la carrera judicial y seis Jueces o Magistrados sin sujeción a antigüedad. Si no existieren candidatos a Vocales dentro de alguna de las mencionadas categorías, la vacante acrecerá el cupo de la siguiente por el orden establecido en este precepto.

CAPÍTULO III

Estatuto de los Vocales del Consejo General del Poder Judicial

Art. 579. 1. Los Vocales del Consejo General del Poder Judicial desarrollarán su actividad con dedicación exclusiva, siendo su cargo incompatible con cualquier otro puesto, profesión o actividad, públicos o privados, por cuenta propia o ajena, retribuidos o no, a excepción de la mera administración del patrimonio personal o familiar. Les serán de aplicación, además, las incompatibilidades específicas de los jueces y magistrados enunciadas expresamente en el artículo 389.

2. La situación administrativa para los que sean funcionarios públicos, tanto judiciales como no judiciales, será la de servicios especiales.

3. No podrá compatibilizarse el cargo de Vocal con el desempeño simultáneo de otras responsabilidades gubernativas en el ámbito judicial. En caso de concurrencia y mientras se ostente el cargo de Vocal, estas responsabilidades serán asumidas por quien deba sustituir al interesado según la legislación vigente.

4. Los Vocales tendrán la obligación de asistir, salvo causa justificada, a todas las sesiones del Pleno y de la Comisión de la que formen parte.

5. El Presidente, los Vocales y el Secretario General del Consejo General del Poder Judicial están sujetos al deber de efectuar una declaración de bienes y derechos y al control y gestión de activos financieros de los que sean titulares en los términos previstos en los artículos 17 y 18 de la Ley 3/2015, de 30 de marzo,

reguladora del ejercicio del alto cargo de la Administración General del Estado, con las adaptaciones que sean precisas a la organización del Consejo, que se establecerán en el Reglamento de Organización y Funcionamiento del mismo.

Redactado por LO 4/2018, de 28 de diciembre.

Art. 580. 1.

Apartado suprimido por LO 4/2018, de 28 de diciembre.

2. Regirán para los Vocales del Consejo General del Poder Judicial las causas de abstención y recusación legalmente establecidas para las autoridades y personal al servicio de la Administración General del Estado. En todo caso, deberán abstenerse de conocer aquellos asuntos en los que pueda existir un interés directo o indirecto, o cuando su intervención en los mismos pudiera afectar a la imparcialidad objetiva en su actuación como Vocal.

3. Los Vocales del Consejo General del Poder Judicial no podrán invocar o hacer uso de su condición de tales en el ejercicio de su profesión.

4. Se considerará un incumplimiento muy grave de los deberes inherentes al cargo de Vocal el quebrantamiento de la prohibición impuesta en el apartado anterior, así como la utilización de su condición de tal para cualesquiera fines, públicos o privados, ajenos al adecuado ejercicio de las atribuciones del Consejo General del Poder Judicial. Si una situación de este tipo se produjere, el Pleno por mayoría de tres quintos podrá destituir al Vocal infractor.

Art. 581. Los Vocales del Consejo General del Poder Judicial no estarán ligados por mandato imperativo.

Art. 582. 1. Los Vocales sólo cesarán en sus cargos por el transcurso de los cinco años para los que fueron nombrados, así como por renuncia aceptada por el Presidente del Tribunal Supremo y del Consejo General del Poder Judicial, o por incapacidad, incompatibilidad o incumplimiento grave de los deberes del cargo, apreciadas por el Pleno del Consejo General del Poder Judicial mediante mayoría de tres quintos.

2. Los Vocales de origen judicial también cesarán cuando dejen de estar en servicio activo en la carrera judicial, salvo en el supuesto previsto en el artículo 579.2 de esta Ley Orgánica, así como cuando por jubilación u otra causa prevista en esta Ley Orgánica dejen de pertenecer a la carrera judicial.

Art. 583. La responsabilidad civil y penal de los miembros del Consejo General del Poder Judicial se exigirá por los trámites establecidos para los Magistrados del Tribunal Supremo.

Art. 584. Los Vocales del Consejo General del Poder Judicial no podrán ser promovidos mientras dure su mandato a la categoría de Magistrado del Tribunal Supremo o a Magistrado del Tribunal Constitucional, ni nombrados para cualquier cargo de la carrera judicial de libre designación o en cuya provisión concurra apreciación de méritos.

Art. 584 bis. Los miembros del Consejo General del Poder Judicial percibirán la retribución que se fije como única y exclusiva en atención a la importancia de su función en la Ley de Presupuestos Generales del Estado.

Redactado por LO 4/2018, de 28 de diciembre.

TÍTULO III
Del Presidente del Tribunal Supremo y del Consejo General del Poder Judicial, del Vicepresidente del Tribunal Supremo y del Gabinete de Presidencia del Tribunal Supremo y del Consejo General del Poder Judicial

CAPÍTULO I
Del Presidente del Tribunal Supremo y del Consejo General del Poder Judicial y del Vicepresidente del Tribunal Supremo

Art. 585. El Presidente del Tribunal Supremo y del Consejo General del Poder Judicial es la primera autoridad judicial de la Nación y ostenta la representación del Poder Judicial y del órgano de gobierno del mismo, correspondiéndole el tratamiento y los honores inherentes a tal condición.

Art. 586. 1. Para ser elegido Presidente del Tribunal Supremo y del Consejo General del Poder Judicial, será necesario ser miembro de la carrera judicial con la categoría de Magistrado del Tribunal Supremo y reunir las condiciones exigidas para ser Presidente de Sala del mismo, o bien ser un jurista de reconocida competencia con más de veinticinco años de antigüedad en el ejercicio de su profesión.

2. En la sesión constitutiva del Consejo General del Poder Judicial, que será presidida por el Vocal de más edad, deberán presentarse y hacerse públicas las diferentes candidaturas, sin que cada Vocal pueda proponer más de un nombre.

§1 3. La elección tendrá lugar en una sesión a celebrar entre tres y siete días más tarde, siendo elegido quien en votación nominal obtenga el apoyo de la mayoría de tres quintos de los miembros del Pleno.

Redactado por LO 4/2018, de 28 de diciembre.

4. El Presidente del Tribunal Supremo será nombrado por el Rey mediante Real Decreto refrendado por el Presidente del Gobierno.

5. El Presidente del Tribunal Supremo prestará juramento o promesa ante el Rey y tomará posesión de su cargo ante el Pleno de dicho Alto Tribunal.

Art. 587. 1. La duración del mandato del Presidente del Tribunal Supremo y del Consejo General del Poder Judicial coincidirá con la del Consejo que lo haya elegido.

2. El Presidente del Tribunal Supremo y del Consejo General del Poder Judicial podrá ser reelegido y nombrado, por una sola vez, para un nuevo mandato.

Art. 588. 1. El Presidente del Tribunal Supremo y del Consejo General del Poder Judicial cesará por las siguientes causas:

1ª Por haber expirado el término de su mandato, que se entenderá agotado, en todo caso, en la misma fecha en que concluya el del Consejo por el que hubiere sido elegido.

2ª Por renuncia.

3ª Por decisión del Pleno del Consejo General del Poder Judicial, a causa de notoria incapacidad o incumplimiento grave de los deberes del cargo, apreciados por tres quintos de sus miembros.

2. Las causas segunda y tercera de este artículo se comunicarán al Gobierno por mediación del Ministro de Justicia. En tales casos se procederá a nuevo nombramiento de Presidente del Tribunal Supremo y del Consejo General del Poder Judicial.

Art. 589. 1. En el primer Pleno ordinario del Consejo General del Poder Judicial posterior a la elección del Presidente del Tribunal Supremo y del Consejo General del Poder Judicial, se deberá elegir al Vicepresidente del Tribunal Supremo.

2. El Vicepresidente del Tribunal Supremo será nombrado, por mayoría de tres quintos del Pleno del Consejo General del Poder Judicial, a propuesta del Presidente. Para figurar en la propuesta será preciso tener la categoría de Magistrado del Tribunal Supremo, estar en servicio activo y tener los requisitos para ser Presidente de Sala del mismo.

Apartado modificado por la Ley Orgánica 3/2024, de 2 de agosto, de reforma de la Ley Orgánica 6/1985, de 1 de julio, del Poder Judicial y de reforma de la Ley 50/1981, de 30 de diciembre, por la que se regula el Estatuto Orgánico del Ministerio Fiscal.

3. La propuesta realizada por el Presidente del Tribunal Supremo deberá comunicarse a los Vocales al menos con siete días de antelación, y se hará pública.

4. De no alcanzarse mayoría absoluta en la votación, el Presidente del Tribunal Supremo y del Consejo General del Poder Judicial deberá efectuar una nueva propuesta de Vicepresidente.

5. El Vicepresidente del Tribunal Supremo podrá ser cesado por el Pleno del Consejo General del Poder Judicial por causa justificada, con el voto favorable de tres quintos de los miembros del Pleno.

Art. 590. El Vicepresidente ejercerá, en funciones, el cargo de Presidente del Tribunal Supremo y del Consejo General del Poder Judicial en los casos legalmente previstos de cese anticipado del Presidente y hasta el nombramiento de un nuevo Presidente.

Art. 591. 1. El Vicepresidente prestará al Presidente del Tribunal Supremo y del Consejo General del Poder Judicial la colaboración necesaria para el adecuado cumplimiento de sus funciones. A estos efectos, le sustituirá en los supuestos de vacante, ausencia, enfermedad u otro motivo legítimo.

2. El Vicepresidente del Tribunal Supremo podrá ejercer, por delegación del Presidente, la superior dirección del Gabinete Técnico de este Alto Tribunal, así como todas aquellas funciones que el Presidente le delegue expresamente mediando causa justificada.

Art. 592. El Vicepresidente del Tribunal Supremo será miembro nato de la Sala de Gobierno de dicho Tribunal y le corresponderá proponer a ésta y al Presidente la adopción de aquellas decisiones orientadas a garantizar el correcto funcionamiento del Tribunal Supremo, así como velar por la exacta ejecución de los acuerdos adoptados por la Sala de Gobierno.

Art. 593. 1. El Presidente del Tribunal Supremo y del Consejo General del Poder Judicial, si procediere de la Carrera Judicial, quedará en la situación administrativa de servicios especiales. De no pertenecer a la Carrera Judicial, su situación administrativa será, en su caso, la que corresponda a su cuerpo de procedencia.

2. El Vicepresidente del Tribunal Supremo, que permanecerá en la situación administrativa de servicio activo, ocupará el cargo durante cinco años, salvo en el supuesto previsto en el artículo 589.5 de esta Ley Orgánica.

§1

3. La responsabilidad civil y penal del Presidente del Tribunal Supremo y del Consejo General del Poder Judicial y del Vicepresidente se exigirá por los trámites establecidos para los Magistrados de dicho Alto Tribunal.

CAPÍTULO II
Del Gabinete de la Presidencia del Tribunal Supremo
y del Consejo General del Poder Judicial

Art. 594. 1. El Presidente del Tribunal Supremo y del Consejo General del Poder Judicial estará asistido por un Director de Gabinete de la Presidencia, nombrado y cesado libremente por él.

2. Sólo podrán desempeñar el cargo de Director de Gabinete de la Presidencia un Magistrado del Tribunal Supremo o aquellos miembros de la carrera judicial o juristas de reconocida competencia que reúnan los requisitos legalmente exigidos para poder acceder a la categoría de Magistrado del Tribunal Supremo.

3. El Director del Gabinete de la Presidencia auxiliará al Presidente en sus funciones, ejercerá aquellas otras que le encomiende el Presidente y dirigirá los Servicios de Secretaría de Presidencia, tanto del Tribunal Supremo como del Consejo General del Poder Judicial.

4. Mientras desempeñe el cargo, el Director del Gabinete de la Presidencia tendrá, a efectos representativos, la consideración de Magistrado del Tribunal Supremo.

5. El Reglamento de Organización y Funcionamiento del Consejo General del Poder Judicial determinará la estructura y funcionamiento del Gabinete de la Presidencia.

TÍTULO IV
De los órganos del Consejo General del Poder Judicial

Art. 595. 1. Además de las funciones encomendadas a la Presidencia, el Consejo General del Poder Judicial ejerce sus atribuciones en Pleno o a través de las Comisiones previstas en esta Ley Orgánica.

2. En el Consejo General del Poder Judicial existirán las siguientes Comisiones: Permanente, de Calificación, Disciplinaria, de Asuntos Económicos, de Igualdad y de Supervisión y Control de Protección de Datos.

Apartado modificado por la Ley Orgánica 3/2024, de 2 de agosto, de reforma de la Ley Orgánica 6/1985, de 1 de julio, del Poder Judicial y de reforma de la Ley 50/1981, de 30 de diciembre, por la que se regula el Estatuto Orgánico del Ministerio Fiscal y por la Ley Orgánica 1/2025, de 2 de enero, de medidas en materia de eficiencia del Servicio Público de Justicia.

Art. 596. El Vicepresidente del Tribunal Supremo no ejercerá en el Consejo General del Poder Judicial otras funciones que las previstas expresamente en esta Ley.

CAPÍTULO I
La Presidencia

Art. 597. La Presidencia del Tribunal Supremo y del Consejo General del Poder Judicial es una función inherente al cargo de Presidente del Tribunal Supremo.

Art. 598. Corresponde a la Presidencia del Consejo General del Poder Judicial:

1ª Ostentar la representación del Consejo General del Poder Judicial.

2ª Convocar y presidir las sesiones del Pleno y de la Comisión Permanente, decidiendo los empates con voto de calidad.

3ª Fijar el orden del día de las sesiones del Pleno y de la Comisión Permanente.

4ª Proponer al Pleno y a la Comisión Permanente las cuestiones que estime oportunas en materia de la competencia de éstos.

5ª Proponer el nombramiento de ponencias para preparar la resolución o despacho de un asunto.

6ª Autorizar con su firma los acuerdos del Pleno y de la Comisión Permanente.

7ª Ejercer la superior dirección de las actividades de los órganos técnicos del Consejo General del Poder Judicial.

8ª Dirigir la comunicación institucional.

9ª Realizar la propuesta del Magistrado, de las Salas Segunda o Tercera del Tribunal Supremo, competente para conocer de la autorización de las actividades del Centro Nacional de Inteligencia que afecten a los derechos fundamentales reconocidos en el artículo 18.2 y 3 de la Constitución, así como del Magistrado de dichas Salas del Tribunal Supremo que le sustituya en caso de vacancia, ausencia o imposibilidad.

10ª Nombrar y cesar al Director del Gabinete de la Presidencia y al Director de la Oficina de Comunicación, así como al personal eventual al servicio del Presidente.

11ª Proponer al Pleno el nombramiento del Vicepresidente del Tribunal Supremo, del Secretario General y del Vicesecretario General, así como, en los dos últimos casos, acordar su cese.

12ª Podrá encargar cometidos a vocales concretos o a grupos de trabajo siempre que este encargo no tenga carácter permanente ni indefinido.

13ª Las demás previstas en la presente Ley Orgánica.

Art. 598 bis. Cuando el Consejo General del Poder Judicial se encuentre en funciones, según lo previsto en el artículo 570.2, su Presidencia no podrá acordar el cese del Secretario General ni del Vicesecretario General del Consejo General del Poder Judicial.

Artículo añadido por la LO 4/2021, de 29 de marzo.

CAPÍTULO II
El Pleno

Art. 599. 1. El Pleno conocerá de las siguientes materias:

1ª La propuesta de nombramiento, por mayoría de tres quintos, de los dos Magistrados del Tribunal Constitucional cuya designación corresponde al Consejo General del Poder Judicial, que tendrá que realizarse en el plazo máximo de tres meses a contar desde el día siguiente al vencimiento del mandato anterior.

Redactado por la LO 8/2022, de 27 de julio.

2ª La propuesta de nombramiento, en los términos previstos por esta Ley Orgánica, del Presidente del Tribunal Supremo y del Consejo General del Poder Judicial, así como la emisión del informe previo sobre el nombramiento del Fiscal General del Estado.

3ª El nombramiento, en los términos previstos por esta Ley Orgánica, del Vicepresidente del Tribunal Supremo, del Secretario General y del Vicesecretario General del Consejo General del Poder Judicial.

4ª Todos los nombramientos o propuestas de nombramientos y promociones que impliquen algún margen de discrecionalidad o apreciación de méritos. En estos nombramientos se garantizará el principio de presencia equilibrada de mujeres y hombres, de tal manera que las personas de cada sexo no superen el sesenta por ciento ni sean menos del cuarenta por ciento.

Apartado modificado por Ley Orgánica 2/2024, de 1 de agosto, de representación paritaria y presencia equilibrada de mujeres y hombres.

5ª La interposición del conflicto de atribuciones entre órganos constitucionales del Estado.

6ª La elección y nombramiento de los Vocales componentes de las diferentes Comisiones.

7ª El ejercicio de la potestad reglamentaria en los términos previstos en esta Ley.

8ª La aprobación del Presupuesto del Consejo General del Poder Judicial y la recepción de la rendición de cuentas de su ejecución.

9ª La aprobación de la Memoria anual.

10ª La resolución de aquellos expedientes disciplinarios en los que la propuesta de sanción consista en la separación de la carrera judicial.

11ª La resolución de los recursos de alzada interpuestos contra los acuerdos sancionadores de la Comisión Disciplinaria y los que se interpongan contra los de la Comisión Permanente.

12ª La aprobación de los informes sobre los anteproyectos de ley o de disposiciones generales que se sometan a su dictamen por el Gobierno o las Cámaras legislativas y las Comunidades Autónomas.

13ª Las demás que le atribuye esta Ley, las que no estén conferidas a otros órganos del Consejo y aquellos asuntos que, por razones excepcionales, acuerde recabar para sí.

2. El Pleno designará un máximo de dos Vocales por cada Comunidad Autónoma para que, sin perjuicio de las competencias de los respectivos Tribunales Superiores de Justicia, sirvan de cauce de interlocución entre las instituciones y autoridades del territorio y el Consejo General del Poder Judicial.

Redactado por LO 4/2018, de 28 de diciembre.

3. El Pleno podrá crear otras Comisiones, además de las enumeradas en el artículo 595.2, por una mayoría de tres quintos de los vocales. Estarán formadas por cinco Vocales, de los cuales, tres serán del turno judicial y dos del turno de juristas de reconocida competencia.

Apartado añadido por la Ley Orgánica 3/2024, de 2 de agosto, de reforma de la Ley Orgánica 6/1985, de 1 de julio, del Poder Judicial y de reforma de la Ley 50/1981, de 30 de diciembre, por la que se regula el Estatuto Orgánico del Ministerio Fiscal.

Art. 600. 1. El Pleno se reunirá en sesión ordinaria, a convocatoria del Presidente, una vez al mes.

2. Deberá celebrarse sesión extraordinaria si lo considerare oportuno el Presidente o si lo solicitaren cinco Vocales, para el ejercicio de alguna de las competencias referidas en el artículo anterior. De igual forma, deberá celebrarse sesión extraordinaria si así fuese necesario para dar cumplimiento en plazo a alguna de las competencias atribuidas al Pleno.

3. En la sesión en la que se tenga que proceder a la elección del Presidente del Tribunal Supremo y del Consejo General del Poder Judicial será necesaria, para la válida constitución del Pleno, al menos la presencia de doce de sus miembros.

4. En los demás casos, para la válida constitución del Pleno será siempre necesaria, como mínimo, la presencia de diez Vocales y el Presidente.

§1

CAPÍTULO III
La Comisión Permanente

Art. 601. 1. El Pleno del Consejo General del Poder Judicial elegirá anualmente a los Vocales de la Comisión Permanente.

2. La Comisión Permanente estará compuesta por el Presidente del Tribunal Supremo y del Consejo General del Poder Judicial, que la presidirá, y otros siete Vocales: cuatro de los nombrados por el turno judicial y tres de los designados por el turno de juristas de reconocida competencia. Los Vocales de ambos turnos se renovarán anualmente a fin de que, salvo renuncia expresa, todos los Vocales formen parte de aquella, al menos durante un año, a lo largo del mandato del Consejo.

Apartados 1 y 2 redactado por LO 4/2018, de 28 de diciembre.

3. El Consejo General del Poder Judicial determinará, en el Reglamento de Organización y Funcionamiento, los casos y la forma en que, por razones de transitoria imposibilidad o ausencia justificada a las sesiones de la Comisión Permanente, deba procederse a la sustitución de los Vocales titulares por otros Vocales, a fin de garantizar la correcta composición y el adecuado funcionamiento de dicha Comisión.

Art. 602. 1. A la Comisión Permanente compete:

a) Preparar las sesiones del Pleno de conformidad con el plan de trabajo y las directrices que este establezca.

b) Velar por la exacta ejecución de los acuerdos del Pleno del Consejo.

c) Decidir aquellos nombramientos de jueces y magistrados que, por tener carácter íntegramente reglado, no sean de la competencia del Pleno, acordar la jubilación forzosa por edad de los mismos y resolver sobre su situación administrativa.

d) Informar, en todo caso, sobre los nombramientos de jueces y magistrados de la competencia del Pleno, que deberá fundarse en criterios objetivos y suficientemente valorados y detallados, y tener en cuenta el principio de presencia equilibrada de mujeres y hombres. Para la adecuada formación de los criterios de calificación de los jueces y magistrados, la Comisión podrá recabar información de los distintos órganos del Poder Judicial.

La letra d) ha sido modificada por la Ley Orgánica 2/2024, de 1 de agosto, de representación paritaria y presencia equilibrada de mujeres y hombres.

e) Resolver sobre la concesión de licencias a los jueces y magistrados, en los casos previstos por la ley.

f) Preparar los informes sobre los anteproyectos de ley o disposiciones generales que se hayan de someter a la aprobación del Pleno.

g) Autorizar el escalafón de la Carrera Judicial.

h) Ejercer cuantas competencias le sean delegadas por el Pleno o le fueren atribuidas por la ley.

2. Los acuerdos de la Comisión Permanente son recurribles en alzada ante el Pleno.

Redactado por LO 4/2018, de 28 de diciembre.

CAPÍTULO IV
La Comisión Disciplinaria y el Promotor de la Acción Disciplinaria

Art. 603. 1. El Pleno elegirá a los Vocales integrantes de la Comisión Disciplinaria, cuyo mandato, salvo las sustituciones que procedan, será de cinco años.

2. La Comisión Disciplinaria estará compuesta por siete Vocales: cuatro del turno judicial y tres del turno de juristas de reconocida competencia.

3. La Comisión Disciplinaria deberá actuar con la asistencia de todos sus componentes y bajo la presidencia del Vocal de origen judicial con mayor categoría y antigüedad.

4. En caso de transitoria imposibilidad o ausencia justificada de alguno de sus componentes, la Comisión Permanente procederá a su sustitución por otro Vocal de idéntica procedencia.

Art. 604. 1. A la Comisión Disciplinaria compete resolver los expedientes disciplinarios incoados por infracciones graves y muy graves e imponer, en su caso, las sanciones que correspondan a Jueces y Magistrados, con la sola excepción de aquellos supuestos en que la sanción propuesta fuere de separación del servicio.

2. Los acuerdos sancionadores de la Comisión Disciplinaria a los que se refiere el número anterior serán recurribles, en el plazo de un mes, en alzada ante el Pleno.

3. La Comisión Disciplinaria conocerá igualmente de los recursos de alzada interpuestos contra las resoluciones sancionadoras de los órganos de gobierno interno de los Tribunales.

Art. 605. La recepción de quejas sobre el funcionamiento de los órganos judiciales, la recepción de denuncias, así como la iniciación e instrucción de expedientes disciplinarios y la presentación de los cargos ante la Comisión Disciplinaria corresponden al Promotor de la Acción Disciplinaria.

Art. 606. 1. El Promotor de la Acción Disciplinaria será nombrado por el Pleno y su mandato coincidirá con el del Consejo que lo nombró.

2. Vacante la plaza, el Consejo General del Poder Judicial hará una convocatoria para su provisión entre Magistrados del Tribunal Supremo y Magistrados con más de veinticinco años de antigüedad en la carrera judicial.

3. En primera votación será elegido quien obtenga la mayoría absoluta; y, si nadie la obtuviere, se procederá a una segunda votación resultando elegido aquel que lograre mayor número de votos.

4. El Promotor de la Acción Disciplinaria permanecerá en servicios especiales en la carrera judicial y ejercerá exclusivamente las funciones inherentes a su cargo.

5. El Promotor de la Acción Disciplinaria sólo podrá ser cesado por incapacidad o incumplimiento grave de sus deberes, apreciados por el Pleno mediante mayoría absoluta.

6. Cuando por circunstancias excepcionales, físicas o legales, el Promotor de la Acción Disciplinaria se viese imposibilitado transitoriamente para ejercer sus funciones, la Comisión Permanente proveerá, únicamente por el tiempo que dure dicha imposibilidad, a su sustitución nombrando a un Magistrado que reúna los mismos requisitos exigidos al Promotor para su designación.

7. Mientras desempeñe el cargo, el Promotor de la Acción Disciplinaria tendrá, en todo caso, la consideración honorífica de Magistrado del Tribunal Supremo.

Art. 607. 1. El Promotor de la Acción Disciplinaria estará asistido por el número de Letrados del Consejo General del Poder Judicial que establezca el Reglamento de Organización y Funcionamiento del mismo.

2. Los Letrados del Consejo General del Poder Judicial bajo las órdenes del Promotor de la Acción Disciplinaria no podrán ejercer ninguna otra función y sólo estarán sometidos a la Secretaría General en cuestiones estrictamente atinentes a su relación de servicio.

3. Corresponde al Promotor de la Acción Disciplinaria la instrucción de los expedientes disciplinarios. Excepcionalmente, el Promotor podrá delegar de forma expresa y motivada la realización de determinados actos de instrucción de un expediente disciplinario en alguno de los Letrados del Consejo que le asisten y que pertenezcan a la carrera judicial.

4. Los Jueces y Magistrados están obligados a colaborar con el Promotor de la Acción Disciplinaria. El Promotor podrá requerir la presencia del Juez o Magistrado expedientado, por conducto del Presidente del correspondiente Tribunal, quien deberá emitir informe en el que se acredite la cobertura del servicio, a fin de que el Consejo General del Poder Judicial pueda otorgar al Juez o Magistrado comisión de servicios para realizar el desplazamiento requerido.

Art. 608. 1. Frente a la decisión del Promotor de la Acción Disciplinaria de no iniciar expediente disciplinario o de archivar uno ya iniciado se podrá interponer recurso ante la Comisión Permanente.

2. Si la Comisión Permanente estimare el recurso, se iniciará o continuará el expediente disciplinario de que se trate.

3. La Comisión Permanente también podrá, de oficio, ordenar al Promotor de la Acción Disciplinaria la iniciación o continuación de un expediente disciplinario.

CAPÍTULO V
La Comisión de Asuntos Económicos

Art. 609. 1. El Pleno del Consejo General del Poder Judicial elegirá anualmente a los Vocales integrantes de la Comisión de Asuntos Económicos y, de entre ellos, designará a su Presidente.

2. La Comisión de Asuntos Económicos estará integrada por tres Vocales.

3. La Comisión de Asuntos Económicos deberá actuar con la asistencia de todos sus componentes.

Apartados 2 y 3 redactados por la LO 7/2015, de 21 de julio.

4. Corresponde a la Comisión de Asuntos Económicos la realización de estudios y proyectos de carácter económico y financiero que le sean encomendados por el Pleno del Consejo, el control de la actividad financiera y contable de la gerencia y aquellas otras que resulten necesarias para el correcto desempeño de las funciones del Consejo General del Poder Judicial en materia económica.

5. Asimismo, la Comisión Permanente podrá delegar en la Comisión de Asuntos Económicos la elaboración del borrador de proyecto del presupuesto anual del Consejo, cuya aprobación corresponderá, en todo caso, a la Comisión Permanente antes de su elevación al Pleno.

CAPÍTULO VI
La Comisión de Igualdad

Art. 610. 1. El Pleno del Consejo General del Poder Judicial elegirá anualmente, de entre sus Vocales, y atendiendo al principio de presencia equilibrada entre mujeres y hombres, a los componentes de la Comisión de Igualdad y designará, entre ellos, a su Presidente.

2. La Comisión de Igualdad estará integrada por tres Vocales.

Apartados 1 y 2 redactados por la LO 7/2015, de 21 de julio.

§1

3. La Comisión de Igualdad deberá actuar con la asistencia de todos sus componentes. En caso de transitoria imposibilidad o ausencia justificada de alguno de los miembros, se procederá a su sustitución por otro Vocal del Consejo General del Poder Judicial, preferentemente del mismo sexo, que será designado por la Comisión Permanente.

4. Corresponderá a la Comisión de Igualdad asesorar al Pleno sobre las medidas necesarias o convenientes para integrar activamente el principio de igualdad entre mujeres y hombres en el ejercicio de las atribuciones del Consejo General del Poder Judicial y, en particular, le corresponderá elaborar los informes previos sobre impacto de género de los Reglamentos y proponer medidas para mejorar los parámetros de igualdad en la carrera judicial.

5. Asimismo corresponderá a la Comisión de Igualdad el estudio y seguimiento de la respuesta judicial en materia de violencia doméstica y de género, sirviéndose para ello del Observatorio contra la Violencia Doméstica y de Género o de cualquier otro instrumento que se pueda establecer a estos efectos.

CAPÍTULO VII
La Comisión de Calificación

610 bis. 1. El Pleno del Consejo General del Poder Judicial elegirá anualmente, de entre sus Vocales, a los componentes de la Comisión de Calificación y designará, entre ellos, a su Presidente.

2. La Comisión de Calificación estará integrada por cinco Vocales, tres del turno judicial y dos del turno de juristas.

3. Corresponde a la Comisión de Calificación informar, en todo caso, sobre los nombramientos de la competencia del Pleno, garantizando una valoración objetiva de los candidatos basada en su trayectoria profesional.

4. Para la adecuada formación de los criterios de calificación de los Jueces y Magistrados, la Comisión:

a) Recabará la información que precise de los distintos órganos del Poder Judicial.

b) Recabará de las Salas de Gobierno de los distintos órganos jurisdiccionales a los que los candidatos estuvieran adscritos un informe anual, que deberá fundarse en criterios objetivos y suficientemente valorados y detallados.

Artículo añadido por la Ley Orgánica 3/2024, de 2 de agosto, de reforma de la Ley Orgánica 6/1985, de 1 de julio, del Poder Judicial y de reforma de la Ley 50/1981, de 30 de diciembre, por la que se regula el Estatuto Orgánico del Ministerio Fiscal.

CAPÍTULO VIII
La Comisión de Supervisión y Control de Protección de Datos

Art. 610 ter. 1. El Pleno del Consejo General del Poder Judicial elegirá de entre sus Vocales a los integrantes de la Comisión de Supervisión y Control de Protección de Datos por un mandato de cinco años y designará, entre ellos, a su Presidente o Presidenta.

2. La Comisión de Supervisión y Control de Protección de Datos estará integrada por tres Vocales, dos de ellos del turno judicial y uno de ellos del turno de juristas de reconocida competencia.

3. La Comisión de Supervisión y Control de Protección de Datos deberá actuar con la asistencia de todos sus componentes.

4. Corresponderá a la Comisión de Supervisión y Control de Protección de Datos el ejercicio de las funciones previstas en el artículo 236 octies en relación con los tratamientos de datos personales con fines jurisdiccionales realizados por tribunales. Sus acuerdos agotarán la vía administrativa y contra ellos cabrá interponer recurso contencioso-administrativo ante la Sala de lo Contencioso-Administrativo del Tribunal Supremo. El conocimiento de estos recursos corresponderá a la sección prevista en el artículo 638.2.

5. Los Vocales integrantes de la Comisión estarán sujetos al deber de secreto profesional, tanto durante su mandato como después del mismo, con relación a las informaciones confidenciales de las que hayan tenido conocimiento en el cumplimiento de sus funciones.

Capítulo añadido por la Ley Orgánica 1/2025, de 2 de enero, de medidas en materia de eficiencia del Servicio Público Justicia.

TÍTULO V
De los órganos técnicos y del personal del Consejo General del Poder Judicial

CAPÍTULO I
Disposiciones generales

Art. 611. 1. El Consejo General del Poder Judicial dispondrá de los órganos técnicos que sean necesarios para el correcto ejercicio de sus atribuciones, con el cometido de tramitar y preparar los asuntos de que hayan de conocer el Pleno y las Comisiones.

2. En lo no previsto en la presente Ley Orgánica, el Reglamento de Organización y Funcionamiento del Consejo General del Poder Judicial determinará el

número de órganos técnicos, así como la estructura, funciones y forma de nombramiento de sus integrantes.

3. La composición y, en su caso, el número de integrantes de los distintos órganos técnicos del Consejo General del Poder Judicial se determinará en el Reglamento de Personal del Consejo General del Poder Judicial.

4. En particular, serán órganos técnicos del Consejo General del Poder Judicial la Secretaría General, el Servicio de Inspección, el Gabinete Técnico, la Escuela Judicial, el Centro de Documentación Judicial y la Oficina de Comunicación.

5. El Interventor al servicio del Consejo General del Poder Judicial quedará adscrito a la Comisión Permanente.

6. En ningún caso se podrán crear órganos técnicos con funciones ajenas a las atribuciones del Consejo General del Poder Judicial.

CAPÍTULO II
Los órganos técnicos del Consejo General del Poder Judicial en particular

SECCIÓN 1ª
La Secretaría General

Art. 612. 1. En el Consejo General del Poder Judicial habrá una Secretaría General dirigida por el Secretario General, nombrado entre Magistrados con al menos quince años de antigüedad en la carrera judicial u otros juristas de reconocida competencia también con no menos de quince años de ejercicio de su profesión.

2. El Secretario General será nombrado por el Pleno, a propuesta del Presidente, y cesado libremente por el Presidente.

3. Corresponden al Secretario General las siguientes funciones:

1ª La dirección y coordinación de todos los órganos técnicos y del personal al servicio del Consejo General del Poder Judicial, salvo en relación con el Gabinete de la Presidencia.

2ª Velar por la correcta preparación, ejecución y liquidación del presupuesto, dando cuenta de todo ello al Presidente y al Pleno para su aprobación por éste último.

3ª La gestión, tramitación y documentación de los actos del Consejo General del Poder Judicial.

4ª Las demás funciones que le atribuya el Reglamento de Organización y Funcionamiento del Consejo General del Poder Judicial.

4. El Secretario General asistirá a las sesiones del Pleno y de la Comisión Permanente con voz y sin voto. Asimismo, podrá asistir, con voz y sin voto, a las demás Comisiones previstas legalmente.

Art. 613. 1. El Secretario General será auxiliado y, en su caso, sustituido por el Vicesecretario General.

2. El Vicesecretario General será nombrado por el Pleno, a propuesta del Presidente, entre miembros del Cuerpo de Letrados del Consejo General del Poder Judicial que tuvieren un mínimo de cinco años de servicios efectivos en el Consejo, y cesado libremente por el Presidente.

Art. 614. En la Secretaría General del Consejo General del Poder Judicial existirá un Servicio Central en el que se integrará la Gerencia, así como los distintos departamentos que presten servicios comunes a los órganos del Consejo General del Poder Judicial.

SECCIÓN 2ª
El Servicio de Inspección del Consejo General del Poder Judicial

Art. 615. 1. El Servicio de Inspección llevará a cabo, bajo la dependencia de la Comisión Permanente, las funciones de comprobación y control del funcionamiento de los servicios de la Administración de Justicia a las que se refiere el apartado 1.8ª del artículo 560, de la presente Ley Orgánica, mediante la realización de las actuaciones y visitas que sean acordadas por el Consejo, todo ello sin perjuicio de la competencia de los órganos de gobierno de los Tribunales y en coordinación con éstos.

2. No obstante, la inspección del Tribunal Supremo será efectuada por el Presidente de dicho Tribunal o, en caso de delegación de éste, por el Vicepresidente del mismo.

3. El Jefe del Servicio de Inspección será nombrado y separado en la misma forma que el Promotor de la Acción Disciplinaria. El elegido permanecerá en situación de servicios especiales y tendrá la consideración, durante el tiempo que permanezca en el cargo, de Magistrado de Sala del Tribunal Supremo.

4. Integrarán, además, el Servicio de Inspección el número de Magistrados y Secretarios Judiciales que determine el Reglamento de Organización y Funcionamiento del Consejo General del Poder Judicial.

5. Los Magistrados o Secretarios Judiciales que presten sus servicios en el Servicio de Inspección quedarán en situación de servicios especiales.

§1

SECCIÓN 3ª
El Gabinete Técnico

Art. 616. 1. El Gabinete Técnico es el órgano encargado del asesoramiento y asistencia técnico-jurídica a los órganos del Consejo General del Poder Judicial, así como del desarrollo de la actividad administrativa necesaria para el cumplimiento de sus funciones.

2. Integrarán el Gabinete Técnico un Director de Gabinete y el número de Letrados que determine el Reglamento de Organización y Funcionamiento del Consejo General del Poder Judicial, así como el personal que resulte necesario para el correcto desarrollo de sus funciones.

3. Para poder ser nombrado Director del Gabinete Técnico deberá acreditarse el desempeño efectivo de una profesión jurídica durante al menos quince años.

SECCIÓN 4ª
La Escuela Judicial

Art. 617. 1. Corresponde a la Escuela Judicial desarrollar y ejecutar las competencias en materia de selección y formación de los Jueces y Magistrados, de acuerdo con lo establecido en la presente Ley Orgánica y en el Reglamento de la Escuela Judicial.

2. El nombramiento del Director de la Escuela Judicial recaerá en un Magistrado con al menos quince años de antigüedad en la carrera judicial.

Art. 618. 1. Los profesores de la Escuela Judicial serán seleccionados por la Comisión Permanente mediante concurso de méritos.

2. Su nombramiento se hará por un período inicial de dos años, pudiendo luego ser renovado anualmente, sin que en ningún caso pueda extenderse más allá de un total de diez años.

3. Quedarán en situación de servicios especiales en la carrera judicial o, en su caso, en el cuerpo de funcionarios de procedencia.

4. También podrán prestarse servicios en la Escuela Judicial en régimen de contratación laboral de duración determinada.

SECCIÓN 5ª
El Centro de Documentación Judicial

Art. 619. 1. El Centro de Documentación Judicial es un órgano técnico del Consejo General del Poder Judicial, cuyas funciones son la selección, la ordenación, el tratamiento, la difusión y la publicación de información jurídica legislativa, jurisprudencial y doctrinal.

2. Corresponde al Centro de Documentación Judicial colaborar en la implantación de las decisiones adoptadas por el Consejo General del Poder Judicial en materia de armonización de los sistemas informáticos que redunden en una mayor eficiencia de la actividad de los Juzgados y Tribunales.

3. Solo podrá ser nombrado Director del Centro de Documentación Judicial quien acredite el desempeño efectivo de una profesión jurídica durante al menos quince años.

SECCIÓN 6ª
La Oficina de Comunicación

Art. 620. 1. Corresponden a la Oficina de Comunicación del Consejo General del Poder Judicial las funciones de comunicación institucional.

2. La Oficina de Comunicación depende directamente del Presidente, que nombrará y cesará libremente a su Director.

3. El cargo de Director de la Oficina de Comunicación deberá recaer en un profesional con experiencia acreditada en comunicación pública.

SECCIÓN 7ª
La Dirección de Supervisión y Control de Protección de Datos

Art. 620 bis. 1. La Dirección de Supervisión y Control de Protección de Datos es el órgano técnico del Consejo General del Poder Judicial encargado del apoyo y la asistencia a la Comisión de Supervisión y Control de Protección de Datos en el ejercicio de sus funciones.

2. La persona titular de la Dirección de Supervisión y Control de Protección de Datos será nombrada por el Pleno del Consejo General del Poder Judicial entre juristas de reconocida competencia con al menos quince años de ejercicio profesional y con conocimientos y experiencia acreditados en materia de protección de datos.

3. La persona titular de la Dirección de Supervisión y Control de Protección de Datos, que ejercerá sus funciones únicamente sujeta a las orientaciones, indicaciones e instrucciones de la Comisión de Supervisión y Control de Protección de Datos, estará sometida al mismo régimen jurídico en materia de situaciones administrativas, incompatibilidades, duración del mandato y retribuciones que el aplicable a los letrados del Consejo General del Poder Judicial. La persona titular de esta Dirección y el resto del personal adscrito a la misma estarán sujetos al

deber de secreto profesional, tanto durante su mandato como después del mismo, con relación a las informaciones confidenciales de las que hayan tenido conocimiento en el cumplimiento de sus funciones o en el ejercicio de sus atribuciones. Este deber de secreto profesional se aplicará en particular a la información que faciliten las personas físicas a la Dirección de Supervisión y Control de Protección de Datos en materia de infracciones de la normativa de protección de datos.

4. El Consejo General del Poder Judicial velará porque la Dirección de Supervisión y Control de Protección de Datos cuente, en todo caso, con todos los medios personales y materiales necesarios para el adecuado ejercicio de sus funciones.

5. Reglamentariamente se desarrollará la composición, organización y funcionamiento de la Dirección de Supervisión y Control de Protección de Datos

Sección añadida por la Ley Orgánica 1/2025, de 2 de enero, de medidas en materia de eficiencia del Servicio Público Justicia.

CAPÍTULO III
El personal del Consejo General del Poder Judicial

Art. 621. 1. En el Consejo General del Poder Judicial existirá un Cuerpo de Letrados. El ingreso en el mismo se realizará mediante un proceso selectivo en el que se garanticen los principios de mérito y capacidad.

2. La plantilla del Cuerpo de Letrados del Consejo General del Poder Judicial estará integrada por Letrados de carácter permanente y Letrados de carácter temporal. El número de plazas de la plantilla de Letrados, tanto las de carácter permanente como las de carácter temporal, se determinará reglamentariamente por el Pleno del Consejo.

3. Los Letrados de carácter permanente, que deberán estar en posesión del título de Licenciado en Derecho o del Título de Grado en Derecho equivalente, ingresarán mediante concurso-oposición que se adecuará a los criterios que sean aprobados por el Pleno y publicados en el «Boletín Oficial del Estado».

4. Los Letrados de carácter temporal, que deberán ser miembros de la carrera judicial o fiscal, pertenecer al Cuerpo de Secretarios Judiciales o ser funcionarios de carrera de un cuerpo incluido en el Subgrupo A1 de las distintas Administraciones Públicas, ingresarán mediante concurso de méritos y serán nombrados por un período inicial de dos años, pudiendo luego ser renovados anualmente, sin que en ningún caso pueda extenderse más allá de un total de diez años de prestación de servicios.

5. Quienes se hallen en servicio activo en el Cuerpo de Letrados del Consejo General del Poder Judicial por ocupar una de las plazas del Cuerpo de Letrado que tenga carácter permanente, quedarán en situación de excedencia voluntaria en

cualquier otro cuerpo o carrera a que pertenezcan. Los demás Letrados al servicio del Consejo General del Poder Judicial serán declarados en servicios especiales en su Administración de origen.

Art. 622. 1. Las personas que desempeñen el cargo de Vicesecretario General, Jefe del Servicio de Inspección, Director del Gabinete Técnico, Director de la Escuela Judicial, Director del Centro de Documentación Judicial y Director de la Oficina de Comunicación ostentarán la denominación de Letrados Mayores.

2. El acceso a estos puestos, en cuanto Jefaturas de Servicio, se producirá con ocasión de vacante en aquéllos.

3. Estas Jefaturas de Servicio deberán ser objeto de renovación cada cinco años, correspondiendo al Pleno la designación de quienes vayan a ocupar dichos puestos, salvo en el caso del Director de la Oficina de Comunicación cuya designación corresponde al Presidente del Tribunal Supremo y del Consejo General del Poder Judicial.

Art. 623. Los Letrados del Consejo General del Poder Judicial podrán desempeñar sus funciones en los distintos órganos del Consejo de acuerdo con lo establecido en la presente Ley Orgánica y en el Reglamento de Organización y Funcionamiento del Consejo General del Poder Judicial.

Art. 624. En los órganos técnicos del Consejo General del Poder Judicial también podrán prestar servicios miembros de las carreras judicial y fiscal, del Cuerpo de Secretarios Judiciales, del Cuerpo de Gestión Procesal y Administrativa, del Cuerpo de Tramitación Procesal y Administrativa y del Cuerpo de Auxilio Judicial al servicio de la Administración de Justicia, así como funcionarios de las Administraciones Públicas, en el número que fijen las correspondientes relaciones de puestos de trabajo.

Art. 625. 1. La provisión de los puestos de los órganos técnicos del Consejo General del Poder Judicial, salvo las excepciones previstas en esta Ley Orgánica o, en su caso, en los Reglamentos de desarrollo de la misma, se realizará mediante concurso de méritos.

2. Aquellos que hayan obtenido puestos de nivel superior previo concurso de méritos, serán nombrados por el Pleno del Consejo General del Poder Judicial por un periodo de dos años, prorrogable por períodos anuales con un máximo de prestación de servicios de diez años y serán declarados, en su caso, en situación de servicios especiales en su Administración de origen.

3. Cuando se trate de la prestación de servicios en los restantes puestos de los órganos técnicos del Consejo General del Poder Judicial, los funcionarios que los desempeñen se considerarán en servicio activo en sus cuerpos de origen.

4. Durante el tiempo que permanezcan ocupando un puesto de trabajo en el Consejo General del Poder Judicial, estarán sometidos al Reglamento de Personal del Consejo.

Art. 626. 1. El Reglamento de Organización y Funcionamiento del Consejo General del Poder Judicial podrá prever que determinados puestos de trabajo de carácter técnico, por requerir una preparación específica y distinta de la jurídica, sean provistos mediante concurso de méritos entre funcionarios de aquellos cuerpos que en cada caso establezca el citado Reglamento.

2. En cualquier caso, los puestos de nivel superior en los órganos técnicos del Consejo General del Poder Judicial sólo podrán ser ocupados por quienes ostenten la titulación requerida para pertenecer a un Cuerpo incluido en el Subgrupo A1 de las distintas Administraciones Públicas.

Art. 627. 1. Todos los funcionarios que presten servicio en el Consejo General del Poder Judicial se regirán por el Reglamento de Personal del mismo y, en lo no previsto en él, por la legislación general de la función pública estatal.

2. El Pleno del Consejo General del Poder Judicial aprobará la relación de puestos de trabajo por la que se ordena dicho personal.

3. El resto del personal no funcionario que preste servicio en el Consejo General del Poder Judicial se regirá por su respectivo Reglamento de Personal y, en lo no previsto en él, por la regulación de ámbito estatal que le resulte aplicable.

Art. 628.

Artículo suprimido por la Ley Orgánica 4/2014.

TÍTULO VI
Del régimen de los actos del Consejo General del Poder Judicial

Art. 629. Las deliberaciones de los órganos del Consejo General del Poder Judicial tendrán carácter reservado, debiendo sus componentes guardar secreto de las mismas.

Art. 630. 1. Los acuerdos de los órganos colegiados del Consejo General del Poder Judicial serán adoptados por mayoría absoluta de los miembros presentes, salvo cuando esta Ley Orgánica disponga otra cosa o cuando se trate del nombramiento de Presidentes de Sala y Magistrados del Tribunal Supremo, Presidente de la Audiencia Nacional y Presidentes de Sala de la Audiencia Nacional, Presidentes de los Tribunales Superiores de Justicia y Presidentes de Sala de los Tribunales Superiores de Justicia, y Presidentes de Audiencias Provinciales, en cuyo caso se requerirá una mayoría de tres quintos de los miembros presentes. Igualmente, se requerirá mayoría de tres quintos de los miembros presentes cuando se trate del nombramiento del Magistrado del Tribunal Supremo, y de su sustituto, competentes para conocer de las actividades del Centro Nacional de Inteligencia que afecten a los derechos fundamentales reconocidos en el artículo 18, apartados 2 y 3, de la Constitución.

Quien preside tendrá voto de calidad en caso de empate.

Apartado modificado por la Ley Orgánica 3/2024, de 2 de agosto, de reforma de la Ley Orgánica 6/1985, de 1 de julio, del Poder Judicial y de reforma de la Ley 50/1981, de 30 de diciembre, por la que se regula el Estatuto Orgánico del Ministerio Fiscal.

2. Los Vocales tienen el deber inexcusable de asistir, participar y emitir voto válido sobre todas las cuestiones a decidir por el Pleno y las Comisiones. Solo podrán abstenerse en los supuestos en que concurra causa legal para ello. Asimismo, únicamente podrán emitir voto en blanco cuando la naturaleza del acuerdo lo permita y en ningún caso podrán hacerlo en materia disciplinaria y en las decisiones sobre recursos.

3. La votación será siempre nominal y no tendrá carácter secreto, recogiéndose su resultado en el acta. Los Vocales tienen derecho a conocer las actas.

4. Para el adecuado ejercicio de sus atribuciones podrán los Vocales solicitar a la Comisión Permanente la entrega de documentación sobre actividades específicas del Consejo. Dicha Comisión acordará la extensión y límites de la documentación que deba entregarse en atención a la naturaleza de la petición.

Art. 631. 1. El Vocal que disintiere de la mayoría, si lo desea, podrá formular voto particular, escrito y fundado, que se insertará en el acta, siempre que lo anuncie una vez finalizada la votación y lo presente dentro de los dos días siguientes a aquél en que se tomó el acuerdo.

2. Cuando el Pleno haga uso de sus facultades de informe, se incorporarán al texto del acuerdo adoptado los votos particulares razonados, que se unirán a la documentación que se remita al órgano destinatario.

Art. 632. 1. Los acuerdos de los órganos del Consejo General del Poder Judicial siempre serán motivados.

2. En los Plenos que decidan las propuestas de nombramiento se dejará constancia de la motivación del acuerdo, con expresión de las circunstancias de mérito y capacidad que justifican la elección de uno de los aspirantes con preferencia sobre los demás.

3. La motivación podrá hacerse por remisión, en lo coincidente, a la motivación de la propuesta de la Comisión Permanente.

Art. 633. Los acuerdos de los órganos del Consejo General del Poder Judicial serán documentados por el Secretario General y suscritos por quien los haya presidido.

Art. 634. 1. Adoptarán la forma de Real Decreto, firmado por el Rey y refrendado por el Ministro de Justicia, los acuerdos del Consejo General del Poder Judicial sobre el nombramiento de Presidentes y Magistrados.

2. Los nombramientos de Jueces se efectuarán por el Consejo General del Poder Judicial mediante Orden.

3. Todos ellos se publicarán en el «Boletín Oficial del Estado».

Art. 635. 1. Los Reglamentos aprobados por el Consejo General del Poder Judicial se publicarán en el «Boletín Oficial del Estado».

2. Los restantes acuerdos, debidamente documentados e incorporados los votos particulares, si los hubiere, serán comunicados a las personas y órganos que deban cumplirlos o conocerlos.

Art. 636. 1. Los acuerdos del Consejo General del Poder Judicial serán inmediatamente ejecutivos, sin perjuicio del régimen de impugnación previsto en esta Ley Orgánica.

2. No obstante, cuando se interponga recurso contra los mismos, la autoridad competente para resolverlo podrá acordar, de oficio o a instancia de parte, la suspensión de la ejecución, cuando la misma pudiere causar perjuicios de imposible o difícil reparación, o cuando esté así establecido por la ley.

Art. 637. Corresponderá al Consejo General del Poder Judicial la ejecución de sus propios actos, que llevarán a cabo los órganos técnicos a su servicio con la colaboración, si fuere necesaria, de la Administración del Estado y de las Comunidades Autónomas.

Art. 638. 1. Los actos de trámite que determinen la imposibilidad de continuar un procedimiento o produzcan indefensión serán impugnables en alzada ante la Comisión Permanente.

2. Los acuerdos del Pleno y de la Comisión Permanente pondrán fin a la vía administrativa y serán recurribles ante la Sala de lo Contencioso-Administrativo del Tribunal Supremo. El conocimiento de estos asuntos corresponderá a una sección integrada por el Presidente de la Sala de lo Contencioso-Administrativo del Tribunal Supremo, que la presidirá, y por los demás Presidentes de sección de dicha Sala.

3. La legitimación para impugnar los acuerdos de la Comisión Disciplinaria corresponderá al Juez o Magistrado expedientado.

4. Estará también legitimado para impugnar los acuerdos de la Comisión Disciplinaria el Ministerio Fiscal.

Art. 639. 1. El Consejo General del Poder Judicial podrá celebrar los contratos que sean precisos para el adecuado ejercicio de sus atribuciones, con sujeción a la legislación de contratos del sector público.

2. El órgano de contratación será la Comisión Permanente, que deberá mantener informado al Pleno sobre los contratos que se celebren.

Art. 640. 1. La indemnización de los daños y perjuicios causados por el Consejo General del Poder Judicial queda sometida al régimen de la responsabilidad patrimonial de las Administraciones Públicas.

2. La reclamación de responsabilidad patrimonial se presentará ante el Consejo de Ministros, que resolverá.

Art. 641. La defensa en juicio de los actos del Consejo General del Poder Judicial corresponde a la Abogacía del Estado.

Art. 642. 1. En todo cuanto no se hallare previsto en esta Ley Orgánica y en los Reglamentos del Consejo General del Poder Judicial, se observarán, en materia de procedimiento, recursos y forma de los actos del Consejo General del Poder Judicial, en cuanto sean aplicables, las disposiciones de la Ley de Régimen Jurídico de las Administraciones Públicas y del Procedimiento Administrativo Común, sin que, en ningún caso, sea necesaria la intervención del Consejo de Estado.

2. Lo dispuesto en el apartado anterior no será de aplicación a la materia disciplinaria.

3. Tratándose de actos declarativos de derechos, la revisión de oficio y, en su caso, la previa declaración de lesividad, se adoptarán por el Pleno del Consejo General del Poder Judicial por mayoría absoluta de sus miembros.

§1

DISPOSICIONES ADICIONALES

Primera. 1. En el plazo de un año, el Gobierno remitirá a las Cortes Generales los proyectos de Ley de planta, de demarcación judicial, de reforma de la legislación tutelar de menores, del proceso contencioso-administrativo, de conflictos Jurisdiccionales y del jurado.

LDYPJ de 28-diciembre-1988; LCJ de 18-mayo-1987; LO 5/1995, de 22 de mayo, del Tribunal del Jurado; LO 4/1992, de 5 de junio, de reforma de la Ley Reguladora de la Competencia y el Procedimiento de los Juzgados de Menores.

2. El Gobierno o, en su caso, las Comunidades Autónomas con competencias en la materia, aprobarán los reglamentos que exija el desarrollo de la presente Ley Orgánica, salvo cuando la competencia para ello corresponda al Consejo General del Poder Judicial a tenor de lo que dispone el artículo 110. Cuando afecten a condiciones accesorias para el ejercicio de los derechos y deberes de los Jueces y Magistrados estarán sujetos a los mismos límites y condiciones establecidos para el Consejo General del Poder Judicial.

Redactado conforme a la LO 16/1994, de 8 de noviembre. Cfr. STC 105/2000, de 13 de abril.

Segunda. 1. Los Tribunales Superiores de Justicia tendrán su sede en la ciudad que indiquen los respectivos Estatutos de Autonomía.

2. Si no la indicaren, tendrán su sede en la misma ciudad en que la tenga la Audiencia Territorial existente en la Comunidad Autónoma a la fecha de entrada en vigor de esta Ley.

3. En aquellas Comunidades Autónomas donde exista más de una Audiencia Territorial en el momento de entrar en vigor esta Ley, una ley de la propia Comunidad Autónoma establecerá la sede del Tribunal Superior de Justicia en alguna de las sedes de dichas Audiencias Territoriales, salvo que las instituciones de autogobierno de la respectiva Comunidad Autónoma hubieran ya fijado dicha sede de acuerdo con lo previsto en su Estatuto.

4. En los restantes casos, el Tribunal Superior de Justicia tendrá su sede en la capital de la Comunidad Autónoma.

Art. 7 LDYPJ.

Tercera. 1. En aquellas Comunidades Autónomas en las que, a la entrada en vigor de esta Ley, exista más de una Audiencia Territorial, se crean, de conformidad con lo dispuesto en el artículo 78, una Sala de lo Contencioso-administrativo y otra de lo Social, integradas en el correspondiente Tribunal Superior de Justicia. Tendrán la composición y extenderán su jurisdicción a las provincias que señale

381 DISPOSICIONES ADICIONALES D.A. 5ª

la legislación de planta y demarcación, y su sede en la ciudad en que la tenga, a la entrada en vigor de esta Ley, una de las Audiencias Territoriales, siempre que en ella no haya de radicarse el Tribunal Superior de Justicia de la Comunidad Autónoma.

2. En Santa Cruz de Tenerife se crean una Sala de lo Social y otra de lo Contencioso-administrativo, integradas en el Tribunal Superior de Justicia de Canarias. Extenderán su jurisdicción a la provincia de Santa Cruz de Tenerife, y su composición vendrá determinada en la Ley de planta.

Arts. 2 y 3 LDYPJ.

Cuarta. Dentro de los seis meses siguientes a la entrada en vigor de esta Ley se procederá a la constitución del órgano colegiado al que corresponde resolver los conflictos de jurisdicción que se planteen entre los Tribunales y la Administración. Los Plenos del Consejo General del Poder Judicial y del Consejo de Estado designarán a los miembros respectivos con antelación suficiente. Una vez constituido dicho órgano colegiado en la propia sede del Tribunal Supremo se anunciará ello en el «Boletín Oficial del Estado», a fin de que asuma, desde el día siguiente, las competencias que la Ley de Conflictos Jurisdiccionales, de 17 de julio de 1948, atribuye al Jefe del Estado y al Consejo de Ministros, incluso respecto de los conflictos que se hallaren en tramitación.

Quinta. 1. El recurso de reforma podrá interponerse contra todos los autos del Juez de Vigilancia Penitenciaria.

2. Las resoluciones del Juez de Vigilancia Penitenciaria en materia de ejecución de penas serán recurribles en apelación y queja ante el tribunal sentenciador, excepto cuando se hayan dictado resolviendo un recurso de apelación contra resolución administrativa que no se refiera a la clasificación del penado. En el caso de que el penado se halle cumpliendo varias penas, la competencia para resolver el recurso corresponderá al juzgado o tribunal que haya impuesto la pena privativa de libertad más grave, y en el supuesto de que coincida que varios juzgados o tribunales hubieran impuesto pena de igual gravedad, la competencia corresponderá al que de ellos la hubiera impuesto en último lugar.

3. Las resoluciones del Juez de Vigilancia Penitenciaria en lo referente al régimen penitenciario y demás materias no comprendidas en el apartado anterior serán recurribles en apelación o queja siempre que no se hayan dictado resolviendo un recurso de apelación contra resolución administrativa. Conocerá de la apelación o de la queja la Audiencia Provincial que corresponda, por estar situado dentro de su demarcación el establecimiento penitenciario.

§1

4. El recurso de queja a que se refieren los apartados anteriores sólo podrá interponerse contra las resoluciones en que se deniegue la admisión de un recurso de apelación.

5. Cuando la resolución objeto del recurso de apelación se refiera a materia de clasificación de penados o concesión de la libertad condicional y pueda dar lugar a la excarcelación del interno, siempre y cuando se trate de condenados por delitos graves, el recurso tendrá efecto suspensivo que impedirá la puesta en libertad del condenado hasta la resolución del recurso o, en su caso, hasta que la Audiencia Provincial o la Audiencia Nacional se haya pronunciado sobre la suspensión.

Los recursos de apelación a que se refiere el párrafo anterior se tramitarán con carácter preferente y urgente.

Redactado conforme a la LO 7/2003.

6. Cuando quien haya dictado la resolución recurrida sea la Sección de Vigilancia Penitenciaria del Tribunal Central de Instancia, tanto en materia de ejecución de penas como de régimen penitenciario y demás materias, la competencia para conocer del recurso de apelación y queja, siempre que no se haya dictado resolviendo un recurso de apelación contra resolución administrativa, corresponderá a la Sala de lo Penal de la Audiencia Nacional.

Modificado por la Ley Orgánica 1/2025, de 2 de enero, de medidas en materia de eficiencia del Servicio Público Justicia.

7. Contra el auto por el que se determine el máximo de cumplimiento o se deniegue su fijación, cabrá recurso de casación por infracción de ley ante la Sala de lo Penal del Tribunal Supremo, que se sustanciará conforme a lo prevenido en la Ley de Enjuiciamiento Criminal.

8. Contra los autos de las Audiencias Provinciales y, en su caso, de la Audiencia Nacional, resolviendo recursos de apelación, que no sean susceptibles de casación ordinaria, podrán interponer, el Ministerio Fiscal y el letrado del penado, recurso de casación para la unificación de doctrina ante la Sala de lo Penal del Tribunal Supremo, el cual se sustanciará conforme a lo prevenido en la Ley de Enjuiciamiento Criminal para el recurso de casación ordinario, con las particularidades que de su finalidad se deriven. Los pronunciamientos del Tribunal Supremo al resolver los recursos de casación para la unificación de doctrina en ningún caso afectarán a las situaciones jurídicas creadas por las sentencias precedentes a la impugnada.

9. El recurso de apelación a que se refiere esta disposición se tramitará conforme a lo dispuesto en la Ley de Enjuiciamiento Criminal para el procedimiento abreviado. Estarán legitimados para interponerlo el Ministerio Fiscal y el interno

o liberado condicional. En el recurso de apelación será necesaria la defensa de letrado y, si no se designa procurador, el abogado tendrá también habilitación legal para la representación de su defendido.

En todo caso, debe quedar garantizado siempre el derecho a la defensa de los internos en sus reclamaciones judiciales.

10. En aquellas Audiencias donde haya más de una sección, mediante las normas de reparto, se atribuirá el conocimiento de los recursos que les correspondan según esta disposición, con carácter exclusivo, a una o dos secciones.

<small>Disposición redactada conforme a la LO 5/2003, de 27 de mayo. Arts. 44.3, 50.2 y 76.2.e) LGP.</small>

Sexta. 1. Quedan suprimidos los Tribunales Arbitrales de Censos de las provincias de Barcelona, Tarragona, Lérida y Gerona.

2. La competencia para tramitar y decidir en primera instancia los procesos civiles en materia de censos en Cataluña regulados por la Ley de 31 de diciembre de 1945, queda atribuida a los Jueces de Primera Instancia competentes en razón del lugar en que esté situada la finca, que conocerán de esta materia por los trámites del juicio declarativo que corresponda por la cuantía.

3. Los Tribunales Arbitrales de Censos de Cataluña, sin perjuicio de lo dispuesto en párrafos anteriores, continuarán la tramitación de los procedimientos en curso, incoados con anterioridad a la entrada en vigor de esta Ley, hasta su terminación, incluida la ejecución de sentencias.

4. La respectiva Audiencia Provincial se hará cargo de los archivos de los Tribunales suprimidos.

Séptima. Cuando el conocimiento del recurso gubernativo contra la calificación negativa de un Registrador de la Propiedad basada en normas de derecho foral esté atribuido por los Estatutos de Autonomía a los órganos jurisdiccionales radicados en la comunidad autónoma en que esté demarcado el Registro de la Propiedad, se interpondrá ante el órgano jurisdiccional competente. Si se hubiera interpuesto ante la Dirección General de los Registros y Notariado, ésta lo remitirá a dicho órgano.

<small>Redactado por LO 19/2003, de 23 de diciembre.</small>

Octava. 1. La competencia para tramitar y decidir en primera instancia los procesos civiles sobre impugnación de acuerdos sociales establecidos en el Real Decreto Legislativo 1564/1989, de 22 de diciembre, por el que se aprueba el texto refundido de la Ley de Sociedades Anónimas, en la Ley 2/1995, de 23 de marzo, de Sociedades de Responsabilidad Limitada, en la Ley 27/1999, de 16 de julio, de

Cooperativas, así como los que versen sobre la nulidad de registro de cualquiera de las modalidades de la Propiedad Industrial a las que se refiere la Ley 11/1986, de 20 de marzo, de Patentes, quedará en todo caso atribuida a los Jueces de lo Mercantil que resulten competentes.

Apartado redactado conforme a la LO 8/2003.
Los Juzgados de lo Mercantil entraron en funcionamiento el día 1 de septiembre de 2004.

2. Sus resoluciones serán apelables para ante la Sala competente, cuyas sentencias serán, a su vez, susceptibles de recurso de casación cuando ello proceda conforme a la Ley de Enjuiciamiento Civil.

Novena. El artículo 34 de la Ley 50/1981, de 30 de diciembre, por la que se regula el Estatuto del Ministerio Fiscal, quedará redactado como sigue:
«Las categorías de la Carrera Fiscal serán las siguientes:
1ª Fiscales de Sala del Tribunal Supremo, equiparados a Magistrados del Alto Tribunal. El Teniente Fiscal del Tribunal Supremo tendrá la consideración de Presidente de Sala.
2ª Fiscales equiparados a Magistrados.
3ª Abogados fiscales equiparados a Jueces».

Décima. 1. La Ley de planta determinará las plazas que en el Ministerio de Justicia, serán servidas por miembros de la Carrera Judicial.
Las referidas plazas se cubrirán por concurso de méritos que convocará y resolverá el Ministro de Justicia en la forma que se determine reglamentariamente.

Art. 25 LDYPJ.

Undécima. Queda autorizado el Gobierno para actualizar cada cinco años las cuantías de las multas mencionadas en el texto.

Duodécima. El Gobierno, a propuesta del Ministro de Justicia y previo dictamen del Consejo de Estado, aprobará en el plazo de un año un nuevo texto refundido de la Ley de Procedimiento Laboral, en el que se contengan las modificaciones derivadas de la legislación posterior a la misma y se regularicen, aclaren y armonicen los textos legales refundidos.

RDLeg. 2/1995, de 7 de abril, que aprueba el Texto Refundido de la Ley de Procedimiento Laboral.

Decimotercera. 1. Queda suprimido el Tribunal Arbitral de Seguros. Se atribuye a los órganos del orden jurisdiccional civil el conocimiento de todos los asuntos litigiosos anteriormente asignados a la competencia de aquél.

2. Sin perjuicio de lo anterior, el Tribunal Arbitral de Seguros resolverá expresamente, en el plazo máximo de un año, todos los asuntos litigiosos que se hallasen pendientes ante él con anterioridad a la entrada en vigor de la presente Ley Orgánica. Dictada resolución expresa o, en cualquier caso, transcurrido el citado plazo de un año, que se contará a partir de la entrada en vigor de la presente Ley Orgánica, los interesados podrán deducir sus pretensiones directamente ante los correspondientes órganos de la jurisdicción civil.

Decimocuarta. La accesibilidad para personas con discapacidad y mayores de dependencias y servicios de carácter jurisdiccional constituye un criterio de calidad, que ha de ser garantizado por las autoridades competentes. Las dependencias y servicios judiciales de nueva creación deberán cumplir con las disposiciones normativas vigentes en materia de promoción de la accesibilidad y eliminación de barreras de todo tipo que les sean de aplicación. Las Administraciones y autoridades competentes, en la esfera de sus respectivas atribuciones, promoverán programas para eliminar las barreras de las dependencias y servicios que por razón de su antigüedad u otros motivos presenten obstáculos para los usuarios con problemas de movilidad o comunicación.

Redactado por LO 19/2003, de 23 de diciembre.

Decimoquinta. *Depósito para recurrir.–* 1. La interposición de recursos ordinarios y extraordinarios, la revisión y la rescisión de sentencia firme a instancia del rebelde, en los órdenes jurisdiccionales civil, social y contencioso-administrativo, precisarán de la constitución de un depósito a tal efecto.

En el orden penal este depósito será exigible únicamente a la acusación popular.

En el orden social y para el ejercicio de acciones para la efectividad de los derechos laborales en los procedimientos concursales, el depósito será exigible únicamente a quienes no tengan la condición de trabajador o beneficiario del régimen público de la Seguridad Social.

2. El depósito únicamente deberá consignarse para la interposición de recursos que deban tramitarse por escrito.

3. Todo el que pretenda interponer recurso contra sentencias o autos que pongan fin al proceso o impidan su continuación, consignará como depósito:

a) 30 euros, si se trata de recurso de queja.

b) 50 euros, si se trata de recurso de apelación o de rescisión de sentencia firme a instancia del rebelde.

c) 50 euros, si se trata de recurso extraordinario por infracción procesal.

d) 50 euros, si el recurso fuera el de casación, incluido el de casación para la unificación de doctrina.

e) 50 euros, si fuera revisión.

4. Asimismo, para la interposición de recursos contra resoluciones dictadas por el juez o tribunal que no pongan fin al proceso ni impidan su continuación en cualquier instancia será precisa la consignación como depósito de 25 euros. El mismo importe deberá consignar quien interponga recurso de reposición o revisión contra las resoluciones dictadas por el letrado o letrada de la Administración de Justicia. No obstante, no será precisa la constitución de depósito para la interposición de recurso de revisión contra un decreto que resuelva un recurso de reposición. Se excluye de la consignación de depósito la formulación del recurso de reposición que la ley exija con carácter previo al recurso de queja.

Apartado modificado por la Ley Orgánica 1/2025, de 2 de enero, de medidas en materia de eficiencia del Servicio Público Justicia.

5. El Ministerio Fiscal también quedará exento de constituir el depósito que para recurrir viene exigido en esta Ley.

El Estado, las Comunidades Autónomas, las entidades locales y los organismos autónomos dependientes de todos ellos quedarán exentos de constituir el depósito referido.

6. Al notificarse la resolución a las partes, se indicará la necesidad de constitución de depósito para recurrir, así como la forma de efectuarlo.

La admisión del recurso precisará que, al interponerse el mismo si se trata de resoluciones interlocutorias, a la presentación del recurso de queja, al presentar la demanda de rescisión de sentencia firme en la rebeldía y revisión, o al anunciarse o prepararse el mismo en los demás casos, se haya consignado en la oportuna entidad de crédito y en la «Cuenta de Depósitos y Consignaciones» abierta a nombre del Juzgado o del Tribunal, la cantidad objeto de depósito, lo que deberá ser acreditado. El Secretario verificará la constitución del depósito y dejará constancia de ello en los autos.

7. No se admitirá a trámite ningún recurso cuyo depósito no esté constituido. Si el recurrente hubiera incurrido en defecto, omisión o error en la constitución del depósito, se concederá a la parte el plazo de dos días para la subsanación del defecto, con aportación en su caso de documentación acreditativa. De no efectuarlo, se dictará auto que ponga fin al trámite del recurso o que inadmita la demanda, quedando firme la resolución impugnada. En el caso de tratarse de un recurso de reposición contra una resolución del letrado o letrada de la Administración de Justicia, se dictará decreto poniendo fin al trámite del recurso contra el que cabrá interponer recurso de revisión.

Apartado modificado por la Ley Orgánica 1/2025, de 2 de enero, de medidas en materia de eficiencia del Servicio Público Justicia.

§1

8. Si se estimare total o parcialmente el recurso, o la revisión o rescisión de sentencia, en la misma resolución se dispondrá la devolución de la totalidad del depósito.

9. Cuando el órgano jurisdiccional inadmita el recurso o la demanda, o confirme la resolución recurrida, el recurrente o demandante perderá el depósito, al que se dará el destino previsto en esta disposición. En caso de ser desestimado el recurso de reposición contra una resolución del letrado o letrada de la Administración de Justicia, el recurrente perderá el depósito cuando la resolución objeto de recurso sea firme.

Apartado modificado por la Ley Orgánica 1/2025, de 2 de enero, de medidas en materia de eficiencia del Servicio Público Justicia.

10. Los depósitos perdidos y los rendimientos de la cuenta quedan afectados a las necesidades derivadas de la actividad del Ministerio de Justicia, destinándose específicamente a sufragar los gastos correspondientes al derecho a la asistencia jurídica gratuita, y a la modernización e informatización integral de la Administración de Justicia. A estos efectos, los ingresos procedentes de los depósitos perdidos y los rendimientos de la cuenta generarán crédito en los estados de gastos de la sección 13 «Ministerio de Justicia».

11. El Ministerio de Justicia transferirá anualmente a cada Comunidad Autónoma con competencias asumidas en materia de Justicia, para los fines anteriormente indicados, el cuarenta por ciento de lo ingresado en su territorio por este concepto, y destinará un veinte por ciento de la cuantía global para la financiación del ente instrumental participado por el Ministerio de Justicia, las Comunidades Autónomas y el Consejo General del Poder Judicial, encargado de elaborar una plataforma informática que asegure la conectividad entre todos los Juzgados y Tribunales de España.

12. La cuantía del depósito para recurrir podrá ser actualizada y revisada anualmente mediante Real Decreto.

13. La exigencia de este depósito será compatible con el devengo de la tasa exigida por el ejercicio de la potestad jurisdiccional.

14. El depósito previsto en la presente disposición no será aplicable para la interposición de los recursos de suplicación o de casación en el orden jurisdiccional social, ni de revisión en el orden jurisdiccional civil, que continuarán regulándose por lo previsto, respectivamente, en la Ley de Procedimiento Laboral y en la Ley de Enjuiciamiento Civil.

§1

Disposición añadida por la Ley Orgánica 1/2009, de 3 de noviembre.

Decimosexta. *Límite a los llamamientos.-* En ningún caso procederá llamamiento alguno si no hubiese disponibilidad presupuestaria a la vista de las comunicaciones que periódicamente realiza el Ministerio de Justicia de conformidad con lo previsto en el Real Decreto 431/2004, de 12 de marzo, por el que se regulan las retribuciones previstas en la disposición transitoria tercera de la Ley 15/2003, de 26 de mayo, reguladora del régimen retributivo de las carreras judicial y fiscal.

Disposición añadida por la Ley Orgánica 8/2012, de 27 de diciembre, de medidas de eficiencia presupuestaria para la Administración de Justicia.

Decimoséptima. *Presentación de los planes anuales de sustitución y de las listas del artículo 200.-* Los Presidentes y Presidentas de los órganos colegiados correspondientes, en el marco de sus respectivas competencias y, en su caso, a través de las Presidencias de los Tribunales de Instancia, velarán porque los planes anuales de sustitución y las listas a las que se refiere el artículo 200 de esta ley obren en el Consejo General del Poder Judicial al menos dos meses antes del uno de enero de cada año.

En todo caso, el Consejo General del Poder Judicial podrá adecuar los planes anuales aprobados, cuando como consecuencia de un concurso de traslado o cualquier otra circunstancia fuese necesario.

Disposición modificada por la Ley Orgánica 1/2025, de 2 de enero, de medidas en materia de eficiencia del Servicio Público Justicia.

Decimoctava. *Previsiones de los planes anuales de sustitución.-* Los planes anuales de sustitución preverán aquellos supuestos en los que el posible sustituto participe en medidas de apoyo o refuerzo, o quede adscrito con relevación de funciones a otro órgano, a fin de relevarle de la sustitución que pudiese corresponderle, salvo que expresamente manifestase lo contrario. Del mismo modo preverán la solución que deba adoptarse ante cualquier otra situación de posible duplicidad de señalamientos.

Disposición añadida por la Ley Orgánica 8/2012, de 27 de diciembre, de medidas de eficiencia presupuestaria para la Administración de Justicia.

Decimonovena. *Planes de sustitución correspondientes de partidos judiciales.-* De considerarse oportuno, a iniciativa de las Presidencias de los Tribunales de Instancia, Juntas de Jueces y Juezas de los partidos afectados, Presidente o Presidenta de la Audiencia Provincial, Presidente o Presidenta del Tribunal Superior de Justicia o del propio Consejo General del Poder Judicial, se podrán aprobar planes

§1

de sustitución que incluyan varios partidos judiciales, asumiendo la Presidencia del Tribunal de Instancia del partido judicial con más habitantes las labores propias que le encomienda la presente ley.

Disposición modificada por la Ley Orgánica 1/2025, de 2 de enero, de medidas en materia de eficiencia del Servicio Público Justicia.

Vigésima. *Delegación de atribuciones en materia de sustituciones.*– Los Presidentes de los Tribunales Superiores de Justicia podrán delegar las atribuciones que les reconoce la presente Ley en materia de sustituciones en aquellos Presidentes de las Audiencias Provinciales de su territorio que consideren oportuno.

Disposición añadida por la Ley Orgánica 8/2012, de 27 de diciembre, de medidas de eficiencia presupuestaria para la Administración de Justicia.

Vigésima primera. *Apoyo judicial en la instrucción de causas complejas.*– Además de lo dispuesto en el Capítulo IV bis del Título II del Libro III de esta Ley, dentro de las excepcionales medidas de apoyo judicial, el Consejo General del Poder Judicial podrá acordar, para la mejor instrucción de causas complejas y previa propuesta de su titular, la adscripción a un órgano determinado de otro u otros Jueces o Magistrados que sin funciones jurisdiccionales y bajo la dirección del titular de aquél, realicen exclusivamente labores de colaboración, asistencia o asesoramiento. Para idéntico fin e iguales condiciones, podrá interesarse la adscripción de uno o varios Letrados de la Administración de Justicia.

A tal efecto el Consejo General del Poder Judicial propondrá un programa concreto de actuación especificando, en todo caso, su objeto, ámbito de aplicación, duración y el tipo de comisiones en cuanto a la relevación de funciones. La aprobación del mismo precisará la autorización del Ministerio de Justicia.

En el caso de que se interese la adscripción de Letrados de la Administración de Justicia, el Consejo General del Poder Judicial dirigirá su petición al Ministerio para la aprobación de las correspondientes comisiones.

Vigésima segunda. *Reserva de plazas.*– A los efectos de la reserva de plazas en el Tribunal Supremo en los órdenes jurisdiccionales civil y penal prevista en el artículo 344.a), los magistrados que hubieren prestado veinte años de servicios en la carrera y en órganos del orden jurisdiccional propio de la Sala de que se trate, se equipararán a los que hubiesen superado las pruebas de selección en el orden jurisdiccional correspondiente.

Para la cobertura de aquellas plazas en órganos colegiados de los órdenes jurisdiccionales civil y penal para las que esta Ley atribuye a la especialización el carácter de mérito preferente, los magistrados que hubieren prestado veinte años

§1

de servicios en la categoría y en órganos del orden jurisdiccional propio de la plaza a cubrir tendrán la consideración de especialistas en el orden correspondiente, salvo en lo relativo a la especialización mercantil. La superación de las pruebas de especialización en los órdenes civil y penal por los miembros de la carrera judicial con la categoría de magistrados cuyos efectos jurídicos decayeron por la anulación del artículo 24.4 del Reglamento 2/2011 de la Carrera Judicial por el Tribunal Supremo será apreciada como mérito.

Añadida por LO 4/2018, de 28 de diciembre.

Vigésima tercera. *Medio de transporte para traslado entre partidos judiciales.–* En el caso previsto en los artículos 86.2, 89.3 y 89 bis.3 la Administración competente en materia de Justicia en función del partido judicial desde el que se haga la citación pondrá a disposición de las personas que sean citadas ante la Sección competente un medio de transporte adecuado para el traslado desde otro partido judicial distinto al de la sede de dicha Sección. En los casos previstos en los artículos 87.2, 91.1, 93.2 y 94.2, la Administración competente en materia de Justicia en función del partido judicial desde el que se haga la citación pondrá a disposición de las personas que sean citadas ante la Sección competente un medio de transporte adecuado para el traslado desde otra provincia distinta a la de la sede de dicha Sección.

Disposición añadida por la Ley Orgánica 1/2025, de 2 de enero, de medidas en materia de eficiencia del Servicio Público Justicia.

Vigésima cuarta. *Menciones a los Juzgados de Paz.–* Una vez constituidas las Oficinas de Justicia en los municipios, todas las referencias normativas a los Juzgados de Paz se entenderán hechas a los jueces y las juezas de paz cuando se refieran a las competencias que estos tengan en materia jurisdiccional o cualquier otra que les venga atribuida por la legislación. Las referencias hechas a los Juzgados de Paz, en todos los demás casos, se entenderán realizadas a las Oficinas de Justicia en los municipios.

Disposición añadida por la Ley Orgánica 1/2025, de 2 de enero, de medidas en materia de eficiencia del Servicio Público Justicia.

Vigésima quinta. Sin perjuicio de lo dispuesto en el artículo 152.2.3° de esta Ley Orgánica, el nombramiento de los jueces y juezas de paz se hará conforme a lo previsto en los respectivos estatutos de autonomía en aquellas comunidades autónomas a las que se atribuya competencias en materia de justicia de paz o de proximidad.

Disposición añadida por la Ley Orgánica 1/2025, de 2 de enero, de medidas en materia de eficiencia del Servicio Público Justicia.

§1

DISPOSICIONES TRANSITORIAS

Primera. *Salas de lo Contencioso-administrativo del Tribunal Supremo.–* 1. Hasta que entre en vigor la Ley de planta, continuarán funcionando las tres Salas de lo Contencioso-administrativo existentes en el Tribunal Supremo.

2. En dicha Ley se regulará la situación de quienes en la fecha de su entrada en vigor sean Presidentes de las citadas Salas.

Segunda. *Tribunales Superiores de Justicia.–* 1. En el plazo de un año, a partir de la entrada en vigor de esta Ley se constituirán los Tribunales Superiores de Justicia y una vez en funcionamiento, desaparecerán las Audiencias Territoriales.

2. En tanto no entren en funcionamiento los Tribunales Superiores de Justicia, subsistirán las Audiencias Territoriales existentes a la fecha de entrada en vigor de esta Ley, así como la Sala de lo Contencioso-administrativo de la Audiencia Provincial de Santa Cruz de Tenerife.

3. Hasta que entren en funcionamiento los Tribunales Superiores de Justicia, las competencias que la presente Ley atribuye a su Sala de lo Civil y Penal continuarán residenciadas en las Salas del Tribunal Supremo que actualmente las tienen atribuidas, salvo que los Estatutos de Autonomía las atribuyan a la respectiva Audiencia Territorial.

4. Los Magistrados destinados en la Salas de lo Civil de las Audiencias Territoriales pasarán, cuando éstas sean suprimidas, a prestar servicio en el Tribunal Superior o Audiencias correspondientes de la sede donde aquéllas se encuentren radicadas, de conformidad con los criterios que establezca la Ley de planta.

5. Los Magistrados de las Salas de lo Contencioso-administrativo de las Audiencias Territoriales, cuando éstas sean suprimidas, se integrarán en las Salas de lo Contencioso-administrativo de los Tribunales Superiores de Justicia.

Tercera. *Juzgados de Primera Instancia e Instrucción y Juzgados de Distrito.–* 1. El Gobierno, dentro del año siguiente a la promulgación de la Ley de demarcación, oído el Consejo General del Poder Judicial, efectuará la conversión de los actuales Juzgados de Distrito en Juzgados de Primera Instancia e Instrucción, o, en su caso, de Paz, con arreglo a las siguientes reglas:

1ª En las poblaciones donde estuvieran separados los órdenes civil y penal, los Juzgados de Distrito pasarán a ser Juzgados de Primera Instancia o de Instrucción, servidos por el mismo personal que tienen en la actualidad, excepto los

§1

encargados con exclusividad del Registro Civil, que pasarán a ser Juzgados de Primera Instancia.

2ª En las demás poblaciones, cuyos Juzgados de Primera Instancia e Instrucción se hallaren servidos por Magistrados los Juzgados de Distrito se convertirán en Juzgados de Primera Instancia e Instrucción y continuarán prestando servicio en los mismos los Jueces titulares y demás personal en ellos destinados.

3ª En los Juzgados de Distrito a convertir según la regla anterior, los Jueces titulares a quienes por antigüedad correspondiera ascender, durante el plazo previsto para la conversión, permanecerán con la categoría de Magistrados, conservando su número en el escalafón en el mismo Juzgado, no surtiendo efectos económicos el ascenso hasta que la conversión se efectúe. El ascendido podrá optar por la efectividad inmediata del ascenso, con cambio de destino.

4ª En las poblaciones con Juzgados de Primera Instancia e Instrucción servidos por Jueces se aplicará lo dispuesto en la norma anterior, salvo que, por el escaso volumen de trabajo, resulte procedente la supresión del Juzgado o Juzgados de Distrito existentes.

En este último supuesto, el Juez y Secretario destinados en el Juzgado que se suprima gozarán, por una sola vez, de preferencia para ocupar las vacantes existentes en el Juzgado o Juzgados de primera Instancia e Instrucción de la localidad, al que, en otro caso, quedarán adscritos en la forma y con las funciones que, con carácter general, establezca el Consejo General del Poder Judicial, hasta tanto ocupen otra plaza en propiedad en su propio Cuerpo o Carrera, en los concursos que reglamentariamente se convoquen y a los que necesariamente habrán de concurrir, reconociéndoseles preferencia para ocupar las vacantes que se produzcan dentro de la misma provincia.

Si no obtuvieren destino en los tres primeros concursos que se convoquen, podrán ser destinados con carácter forzoso a las vacantes existentes.

El personal asistencial y colaborador quedará adscrito al Juzgado o Juzgados de Primera Instancia e Instrucción al que pertenezca el de Distrito, y gozará de preferencia para ocupar las vacantes que en ellos se produzcan.

5ª Los Juzgados de Distrito que radiquen en poblaciones que no sean cabeza de Partido Judicial se convertirán en Juzgados de Primera Instancia e Instrucción cuando las necesidades del servicio lo aconsejaren, y continuarán servidos por los Jueces y demás personal en ellos destinados.

Los restantes Juzgados de Distrito serán sustituidos por Juzgados de paz, y el Juez, Secretario y el personal que en aquéllos prestaban servicios gozarán, en su caso, de la adscripción provisional y preferencias establecidas en la Regla 4ª.

6ª En aquellas poblaciones en las que en la actualidad hubiese dos o más Juzgados de Distrito y no estuviese unificado el Registro Civil, se determinará el

Juzgado de Primera Instancia o de Primera Instancia e Instrucción encargado de llevar aquel servicio.

2. Producida la conversión de Juzgados a que se refiere la norma anterior, se observarán las reglas siguientes:

1ª Los Juzgados de Distrito convertidos en Juzgados de Primera Instancia o en Juzgados de Instrucción continuarán conociendo hasta su terminación en cuantos asuntos civiles y penales tuvieran en trámite, y, desde la fecha de la conversión, comenzarán a entender de los civiles o de los penales que les correspondieren, por reparto o por el servicio de guardia.

2ª Los Juzgados de Distrito convertidos en Juzgados de Primera Instancia e Instrucción, cuando existieren otro u otros de esta clase, seguirán conociendo igualmente hasta su terminación de los procedimientos civiles y penales pendientes y en la fecha de la conversión asumirán el conocimiento de los asuntos civiles y penales que, por reparto o servicio de guardia, les correspondiere.

3ª Los asuntos pendientes en los Juzgados de Distrito convertidos en Juzgados de Paz pasarán a conocimiento del respectivo Juzgado de Primera Instancia e Instrucción excepto en aquello que con arreglo a esta Ley corresponda al Juzgado de Paz.

4ª Las apelaciones civiles y penales interpuestas contra las resoluciones de los Juzgados de Distrito con anterioridad a la fecha de la conversión, seguirán sustanciándose ante los Juzgados de Primera Instancia e Instrucción. Las que se promuevan con posterioridad a aquella fecha se tramitarán ante la Audiencia Provincial, de conformidad con lo dispuesto en esta Ley.

Cuarta. *Juzgados de Menores.*– Los actuales Tribunales Tutelares de Menores continuarán ejerciendo sus funciones hasta que entren en funcionamiento los Juzgados de Menores.

Quinta. *Jueces y Fiscales de ingreso y ascenso.*– 1. A la entrada en vigor de la presente Ley quedará sin efecto la distinción, dentro de las categorías de Juez y Fiscal, de los grados de ingreso y de ascenso.

2. A tal efecto quienes, de acuerdo con lo dispuesto en la Ley Orgánica 5/1981, de 16 de noviembre, de integración de la Carrera Judicial y del Secretariado de la Administración de Justicia, ostentasen la categoría y grado de Jueces de ingreso, quedarán situados por su orden, a continuación del último de los que ostentaren la categoría y grado de Juez de ascenso, dentro del escalafón de la Carrera Judicial.

Sexta. *Integración de Abogados Fiscales de ascenso y de ingreso.*– 1. Quienes, de acuerdo con lo dispuesto en la Ley 50/1981, de 30 de diciembre, ostentaran

§1

la categoría y grado de Abogado Fiscal de ascenso, a efectos de categoría personal, y de Abogado Fiscal de ingreso, quedaran situados, por su orden, dentro del escalafón de la Carrera Fiscal, a continuación del último de los que ostentaren la categoría y grado de Abogado Fiscal de ascenso.

2. Los Abogados Fiscales de ingreso que hubieren ejercido el derecho de opción reconocido en la disposición transitoria segunda de la citada Ley y ostentaren, a efectos de categoría personal, el grado de ascenso, recuperarán, desde la entrada en vigor de la presente Ley, todos los derechos a que renunciaron, pudiendo, cuando les corresponda la promoción a la segunda categoría por antigüedad, optar por continuar en la misma categoría, renunciando a todos los efectos del ascenso. Igual derecho tendrán los Abogados Fiscales de ingreso procedentes del antiguo Cuerpo de Fiscales de Distrito.

3. Los tres años de servicios efectivos en la categoría tercera exigidos por el artículo 37, primero, dos, del Estatuto Orgánico del Ministerio Fiscal para acceder a la segunda categoría a través de las pruebas selectivas, se entenderán referidos para todos los Abogados Fiscales de ingreso, ostenten o no el grado de ascenso a título personal, a los servicios prestados en la categoría a partir de la entrada en vigor de esta Ley.

Séptima. *Escuela Judicial.-* 1. A la entrada en vigor de la presente Ley, la Escuela Judicial pasará a denominarse Centro de Estudios Judiciales. El personal, el patrimonio y los medios y recursos económicos se transfieren al Centro de Estudios Judiciales.

2. El Director, el Jefe de Estudios y el Secretario de la Escuela Judicial continuarán en sus funciones hasta que tomen posesión los titulares de los correspondientes órganos directivos del Centro de Estudios Judiciales.

3. Los cursos que se estuvieren celebrando serán asumidos por el Centro de Estudios Judiciales, que desarrollará también los siguientes hasta que se promulgue su reglamento.

Octava. *Situaciones de Jueces y Magistrados.-* 1 Lo Jueces y Magistrados que se hallaren en situación de excedencia especial o supernumerario y les correspondiere, con arreglo a esta Ley, la de excedencia voluntaria, deberán solicitar el reingreso al servicio activo dentro del plazo de tres meses contados a partir de la entrada en vigor de la Ley de planta. Si no formularen petición en el indicado plazo, pasarán automáticamente a la situación de excedencia voluntaria por interés particular, con efectos desde la fecha de entrada en vigor de la presente Ley.

2. Los que se encontraren en situación de supernumerario o de excedencia voluntaria y les correspondiere la de servicios especiales, en aquel último supuesto,

se considerarán en la situación que corresponda a partir de la entrada en vigor de la presente Ley, contándoles como servicios efectivos en la Carrera el tiempo que permanecieron en excedencia voluntaria, correspondiendo la de servicios especiales, según lo dispuesto en esta ley.

3. Cuando cesen en la situación de excedencia especial, a menos que hubiesen obtenido plaza, quedarán adscritos con carácter provisional a las Salas del Tribunal Supremo, a las de los Tribunales Superiores de Justicia o de la Audiencia los Juzgados de la población en los que se encontraban destinados al cesar en el servicio activo que designe la Sala de Gobierno respectiva, en función de su categoría y orden jurisdiccional.

4. Esta adscripción se mantendrá hasta que se produzca la primera vacante de su categoría y, en su caso, turno en el Tribunal Supremo, Tribunales Superiores de Justicia, Audiencias o Juzgados a que estuvieren adscritos, la que se les adjudicará fuera de concurso y con carácter preferente.

5. El plazo de diez años a que se refiere el apartado 3 del artículo 357 comenzará a contarse, para los Jueces y Magistrados que se encontraran en situación de excedencia voluntaria el día de la entrada en vigor de la presente Ley, a partir de esta última fecha.

6. Los miembros de la Carrera Judicial que, a la fecha de aprobación de los apartados 6, 7 y 8 de la presente disposición transitoria, se encontraren en situación de excedencia voluntaria por la causa prevista en la letra f) del art. 356, serán considerados, cuando así lo soliciten, en situación de servicios especiales desde la fecha de su nombramiento o aceptación del cargo, computándose como servicios efectivos en la Carrera Judicial el tiempo que hayan permanecido en dicha excedencia voluntaria.

Este régimen, y lo dispuesto en las letras f) de los arts. 351 y 356, es aplicable a los miembros de la Carrera Fiscal y del Cuerpo de Secretarios, cualquiera que fuera su categoría.

7. Cuando cesen en la situación de servicios especiales, salvo que hubiesen obtenido nueva plaza por concurso, quedarán adscritos con carácter provisional a las Salas del Tribunal Supremo, a las de los Tribunales Superiores de Justicia o de la Audiencia o a los Juzgados de la población en los que se encontraban destinados al cesar en el servicio activo, en función de la categoría y orden jurisdiccional en que servían.

8. Esta adscripción se mantendrá hasta que se produzca la primera vacante de su categoría y, en su caso, turno en el Tribunal Supremo, Tribunales Superiores de Justicia, Audiencia o Juzgados a que estuvieren adscritos, la que se les adjudicará fuera de concurso y con carácter preferente.

§1

Apartados 6. 7 y 8 redactados conforme a la Ley Orgánica 12/2011, de 22 de septiembre.

Novena. *Comisiones de Servicio.-* Los Jueces y Magistrados que a la entrada en vigor de la presente Ley estuvieran en comisión en órganos jurisdiccionales, en el Ministerio de Justicia o en el Ministerio de Trabajo y Seguridad Social, o en cualquier otro Departamento ministerial u organismo administrativo, cesarán en dicha comisión, reintegrándose a su destino judicial en el plazo de dos meses siguientes a la entrada en vigor de la presente Ley.

Décima. *Procedimientos disciplinarios.-* 1. Los procedimientos disciplinarios iniciados a la entrada en vigor de esta Ley se adaptarán a lo dispuesto en la misma sobre competencia, procedimiento y recursos.

2. En cuanto a la tipificación de los hechos o de las conductas y la imposición de sanciones, se aplicará el principio de irretroactividad, salvo que lo establecido en esta Ley fuera más favorable para el sometido a procedimiento disciplinario, a juicio del mismo.

Undécima. *Presidentes de Sala del Tribunal Supremo.-* Los actuales Presidentes de Sala del Tribunal Supremo continuarán desempeñando su cargo hasta que, constituido el Consejo General del Poder Judicial de conformidad con lo dispuesto en esta Ley, sean ratificados o sustituidos por aquél en el plazo de tres meses.

Duodécima. *Provisión de plazas en el Tribunal Supremo.-* 1. Las vacantes que se produzcan en las Salas del Tribunal Supremo a partir de la entrada en vigor de la presente Ley se proveerán conforme a lo dispuesto en la misma, aplicándose transitoriamente las siguientes reglas:

1ª Las vacantes producidas por cese de Magistrados no procedentes de la Carrera Judicial se proveerán entre Abogados y otros Juristas de reconocido prestigio.

2ª Las vacantes que dejen los procedentes de la Carrera Judicial se proveerán de la manera siguiente:

a) La primera, con Magistrados que hubieren prestado diez años de servicios en órganos especializados en el orden jurisdiccional propio de la Sala de que se trate.

b) La segunda, con Magistrados que reunieren las condiciones generales para el acceso al Tribunal Supremo.

c) La tercera, por igual turno que la primera, y la cuarta, por el mismo turno que la segunda.

§1

2. No obstante lo anterior y en cuanto a la Sala de lo Contencioso-administrativo, los turnos segundo y cuarto se proveerán en la forma que establece la letra a) del artículo 344 de la presente Ley.

3. Las reglas anteriores se aplicarán siempre de manera que no se vulnere la proporción establecida en el artículo 344 de esta Ley.

4. Cuando se hubiere alcanzado la composición prevista en esta Ley, seguirán aplicándose las normas generales de provisión previstas en la misma.

Decimotercera. *Presidentes de las Audiencias Territoriales y Provinciales.*– 1. Los actuales Presidentes de las Audiencias Territoriales y Provinciales continuarán desempeñando el cargo hasta que, constituido el Consejo General del Poder Judicial de conformidad con lo dispuesto en esta Ley, sean ratificados o sustituidos por aquél en el plazo de tres meses.

2. Constituidos los Tribunales Superiores de Justicia, cesarán en su cargo quienes en tal fecha fueran Presidentes de Audiencia Territorial y se procederá a efectuar el nombramiento de los Presidentes de aquélla.

3. Los Presidentes de Audiencias Provinciales y Territoriales que cesaren en su cargo quedarán adscritos, respectivamente, a la Audiencia o al Tribunal Superior y serán destinados para ocupar la primera vacante que se produzca en la Audiencia o Tribunal a que estuvieran adscritos, si no obtuvieran otra plaza, a su instancia, con anterioridad.

No obstante, los Presidentes de las Audiencias Territoriales de Madrid y Barcelona, si cesaren en su cargo, serán adscritos al Tribunal Supremo.

Decimocuarta. *Jueces Decanos.*– Los actuales Decanos de Juzgados de Primera Instancia e Instrucción en las poblaciones donde haya diez o más, continuarán desempeñando sus cargos hasta que la respectiva Junta de Jueces efectúe la elección a que se refiere el artículo 166 de esta Ley, en el plazo de dos meses. Si no fueren elegidos o nombrados para el cargo, serán adscritos, en su caso, a la Audiencia de la respectiva capital hasta que obtengan destino en propiedad.

Decimoquinta. *Magistrados por oposición de lo Contencioso-administrativo.*– 1. Los Magistrados que hubieran ingresado por oposición en el orden contencioso-administrativo tendrán derecho a ser promovidos por el turno de la letra a) del artículo 344 y conservarán la reserva a su favor de dos de cada cinco plazas de Magistrado de la Sala de lo Contencioso-administrativo del Tribunal Supremo. Ello no obstante, el Consejo General del Poder Judicial gozará de libertad de criterio, en la promoción, cuando no hubiese Magistrados de esta clase que reunieren las condiciones legales, o ninguno de ellos ostentaren méritos suficientes para la promoción. Los que sean promovidos en virtud del párrafo anterior, se entenderán comprendidos, a efectos de la proporción en la composición de la Sala, en el turno de la letra a) del artículo 344 de la presente Ley.

2. Los Magistrados a que se refiere el apartado anterior conservarán los derechos reconocidos en la disposición final primera de la Ley 17/1980, de 24 de abril, que establece el régimen retributivo de los funcionarios al servicio del Poder Judicial.

3. Tendrán preferencia sobre los demás miembros de la Carrera Judicial para la provisión de plazas de especialistas en las Salas de lo Contencioso-administrativo y de las plazas en los Juzgados especializados en dicho orden jurisdiccional en los términos previstos en los artículos 329.2 y 330.2.

4. Los Magistrados de lo contencioso-administrativo por oposición procedentes de la Carrera Fiscal quedarán en la misma en situación de excedencia voluntaria.

Decimosexta. *Magistrados suplentes.*– Hasta que termine el año judicial en que entre en vigor la presente Ley continuarán desempeñando sus cargos los actuales Magistrados suplentes. En el plazo de tres meses siguientes a su entrada en vigor, las Salas de Gobierno harán nueva propuesta de Magistrados suplentes para el próximo, cumpliendo lo establecido en la misma.

Decimoséptima. *Cuerpo de Magistrados de Trabajo.*– 1. Desde la entrada en vigor de la presente Ley no se convocarán concursos para el ingreso en el Cuerpo de Magistrados de Trabajo.

2. Los actuales Magistrados de Trabajo procedentes de la Carrera Judicial se integrarán en la misma con la categoría que tuvieran en ella y ocupando el puesto escalafonal que les corresponda, rigiéndose en lo sucesivo, para la provisión de destinos y promoción de categorías, por las disposiciones de esta Ley.

Los pertenecientes al Cuerpo de Magistrados de Trabajo a que se refiere el párrafo anterior tendrán la consideración de especialistas a los efectos de lo establecido en el art. 344, a), de la Ley.

3. Los que procedan de la Carrera Fiscal se integrarán en la Judicial, colocándose en el escalafón en el número bis que les corresponde en razón de su antigüedad en aquélla, en la que permanecerán en excedencia voluntaria.

4. A efectos de la preferencia para cubrir las plazas de especialistas en las Salas y Juzgados de lo Social, establecida en los artículos 329.2 y 330.2 de esta Ley, los actuales Magistrados de Trabajo la tendrán sobre los demás miembros de la Carrera Judicial.

5. El actual escalafón del Cuerpo de Magistrados de trabajo se mantendrá como escala anexa al de la Carrera Judicial, conservando todos sus componentes la colocación, categoría y antigüedad que tienen en él; esta escala determinará entre ellos el orden de preferencia para la provisión de plazas en las Salas de lo Social y en los Juzgados de lo Social.

Decimoctava. *Tribunal Central de Trabajo.*– El Tribunal Central de Trabajo quedará suprimido en la fecha en que entren en funcionamiento las Salas de lo Social de la Audiencia Nacional y de los Tribunales Superiores de Justicia, que serán establecidas por la Ley que fije la planta de los Tribunales. Serán de aplicación las reglas siguientes:

1ª Los Presidentes y Magistrados del Tribunal Central que, en virtud de lo dispuesto en la disposición transitoria anterior, se integren en la Carrera Judicial, pasarán a constituir la Sala de lo Social de la Audiencia Nacional y del Tribunal Superior de Justicia de Madrid, según exija la Ley de planta y si excedieren de la plantilla que se establezca, se seguirá un orden de preferencia atendiendo a la mayor antigüedad en el cargo, quedando los restantes adscritos a la Sala de lo Social del Tribunal Superior de Justicia de Madrid hasta que obtengan destino en propiedad. Dicha Sala conocerá de todos los asuntos pendientes en el Tribunal Central, con excepción de los que correspondan a la Sala de lo Social de la Audiencia Nacional.

2ª Los Secretarios de Sala y el de Gobierno del Tribunal Central de Trabajo pasarán a prestar servicio en la Sala de lo Social de la Audiencia Nacional y en la del Tribunal Superior de Justicia de Madrid, y si excedieren de la plantilla que se establezca, se seguirá un orden de preferencia atendiendo a la mayor antigüedad en el cargo, quedando los restantes adscritos a la Sala de lo Social del Tribunal Superior de Justicia de Madrid hasta que obtengan destino en propiedad.

Decimonovena. *Magistraturas de Trabajo.*– 1. Hasta la entrada en funcionamiento de los Juzgados de lo Social, continuarán ejerciendo sus funciones las actuales Magistraturas de Trabajo.

2. Mientras continúen en funcionamiento las Magistratura de Trabajo, las plazas vacantes se proveerán en la forma establecida en el artículo 329 de esta Ley.

Vigésima. *Personal al servicio de la jurisdicción laboral.*– 1. El personal administrativo, auxiliar y subalterno que, a la entrada en vigor de la presente Ley, preste servicios en las Magistratura de Trabajo o en el Tribunal Central de Trabajo, continuará prestándolos en los mismos órganos y desde que se establezcan, en los Juzgados de lo Social y Sala de lo Social de la Audiencia Nacional, con sujeción al

§1

régimen que en la actualidad es aplicable hasta que se dicten los reglamentos de personal al servicio de la Administración de Justicia, los cuales establecerán las normas para su integración en los distintos Cuerpos de aquélla.

2. Será aplicable al personal a que se refiere esta disposición, desde la entrada en vigor de la presente Ley, el régimen de incompatibilidades establecido en el artículo 489.

Vigésima primera. *Secretarios de la Jurisdicción de Trabajo.–* En la fecha de entrada en vigor de la Ley de planta, el Cuerpo de Secretarios de la Jurisdicción de Trabajo se integrará en el Cuerpo de Secretarios judiciales conforme a las siguientes reglas:

1ª Los Secretarios de la Magistratura de Trabajo, de las categorías A y B, pasarán a integrar la categoría segunda del Cuerpo de Secretarios judiciales, escalafonándose por orden del mayor tiempo de servicios prestados en el Cuerpo de procedencia.

2ª Los Secretarios procedentes de la Jurisdicción de Trabajo tendrán preferencia para ocupar las plazas de los Juzgados de lo Social y en las Salas de lo Social de la Audiencia Nacional o Tribunales Superiores de Justicia.

3ª En el momento en que se estructuren y entre en funcionamiento las Salas de lo Social de los Tribunales Superiores de Justicia, gozarán de absoluta preferencia los Secretarios de la Jurisdicción de Trabajo de la actual categoría A, sobre los de la B, para servir aquéllos.

Vigésima segunda. *Secretarios judiciales.–* 1. A la entrada en vigor de la presente Ley quedará sin efecto la distinción dentro de la tercera categoría del Cuerpo de Secretarios judiciales, de los grados de ingreso y de ascenso.

2. A tal efecto, quienes, de acuerdo con lo dispuesto en la Ley Orgánica 5/1981, de 16 de noviembre, ostentaren el grado de ingreso de la tercera categoría, quedarán situados, por su orden, a continuación del último de los que ostentaren el grado de ascenso de la tercera categoría, dentro del escalafón del Cuerpo de Secretarios judiciales.

3. Los Secretarios judiciales que, al amparo de lo establecido en la norma sexta del artículo sexto de la Ley Orgánica 5/1981, de 16 de noviembre, y por ocupar plaza de inferior categoría que la que les correspondía hubieran adquirido la categoría superior a todos los efectos, excepto los económicos, conservarán la misma situación hasta tanto ocupen plaza de su categoría.

4. Los funcionarios que estén en posesión del título de Licenciado en Derecho y que procedan de los Cuerpos declarados a extinguir de Oficiales de Sala del Tribunal Supremo y Audiencias, Oficiales de los Tribunales de lo Contencioso-adminis-

§1

trativo y escala técnica del Cuerpo Administrativo de los Tribunales, que estén en situación de activo a la entrada en vigor de la presente Ley, quedarán integrados en el Cuerpo de Secretarios judiciales en la tercera categoría, a continuación del último que figure en ella, por orden de antigüedad de servicio.

5. Los Secretarios judiciales destinados en Fiscalías serán adscritos provisionalmente, a la entrada en vigor de esta Ley a los Tribunales y Audiencias existentes en la misma población donde prestan servicios, hasta tanto adquieran destino en propiedad en los concursos de provisión ordinarios, en los que gozarán de preferencia, por una sola vez, para ocupar las vacantes que se produzcan en aquélla.

Vigésima tercera. *Retribuciones de Secretarios judiciales.*– Los Secretarios judiciales remunerados exclusivamente por arancel o acogidos al sistema mixto de retribución mediante sueldo y participación arancelaria, únicamente percibirán desde la entrada en vigor de la presente Ley, los sueldos y complementos con arreglo a su categoría y destino, establecidos con carácter general para el Secretariado, más un 30 por 100 del sueldo que le corresponda, en concepto de gratificación, sin que puedan percibir participación arancelaria de clase alguna, y tendrán derecho a la percepción de haberes pasivos en la forma y cuantía establecida para los funcionarios públicos, considerándose como servicios abonables los prestados en el Cuerpo desde la fecha de ingreso.

Vigésima cuarta. *Secretarios de Juzgados de Paz de Municipios de más de 7.000 habitantes.*– 1. Desde la entrada en vigor de la presente Ley, no se convocarán más oposiciones para el ingreso en el Cuerpo de Secretarios de Juzgados de Paz de Municipios de más de 7.000 habitantes, que se declara a extinguir.

2. Los funcionarios del Cuerpo a extinguir de Secretarios de Juzgados de Paz de Municipios de más de 7.000 habitantes que, a la entrada en vigor de esta Ley, estén en posesión del título de Licenciado en Derecho, se integrarán en la tercera categoría del Secretariado de la Administración de Justicia, cubriendo por riguroso orden de antigüedad de servicios efectivos, mediante concurso específico a este Cuerpo, las vacantes que en ese momento existieren en la citada categoría.

3. Las Secretarías de Juzgados de Paz de poblaciones de más de 7.000 habitantes, mientras queden miembros del Cuerpo a que se refiere esta disposición que reúnan los requisitos legales para cubrirlas, se anunciarán, cuando vacaren, a concurso entre los mismos.

4. Declarada desierta una plaza que esté servida por Secretario del Cuerpo de Secretarios de Juzgados de Paz de Municipios de más de 7.000 habitantes por falta de peticionario quedará reservada la plaza para su provisión de acuerdo con lo establecido en el artículo 481 de esta Ley.

§1

5. Los funcionarios del Cuerpo declarado a extinguir de Secretarios de Juzgados de Paz de Municipios de más de 7.000 habitantes con cinco años de servicios efectivos que, a partir de la entrada en vigor de la presente Ley obtengan la licenciatura en Derecho, podrán participar en los concursos a que se refiere el artículo 478.

Vigésima quinta. *Letrados del Ministerio de Justicia.–* Los miembros de la Carrera Judicial que se hallaren en situación de supernumerario, por pertenecer en activo o en servicios especiales al Cuerpo Especial Técnico de Letrados del Ministerio de Justicia, integrado en la actualidad en el Cuerpo Superior de Letrados del Estado, si al ingresar en el servicio activo no obtuvieren en el Ministerio de Justicia alguna plaza de aquellas a las que se refiere la disposición adicional décima quedarán adscritos al Tribunal Superior de Justicia o Audiencia Provincial de Madrid hasta que obtengan destino en propiedad.

Vigésima sexta. *De los funcionarios de los actuales Tribunales Tutelares de Menores.–* 1. La escala de Jueces unipersonales de menores queda declarada a extinguir. Sus miembros podrán seguir ocupando plaza en los nuevos Juzgados de menores en la localidad en la que hubieren venido prestando servicio. En el desempeño de las funciones jurisdiccionales se les aplicará el estatuto jurídico de la Carrera Judicial.

2. Quienes pertenezcan a la escala de Secretarios de Tribunales Tutelares de Menores se integrarán en el Cuerpo de Secretarios judiciales, ocupando en el escalafón un número bis según la antigüedad que ostentaren en la escala de procedencia.

3. El personal que a la entrada en vigor de la presente Ley preste servicios en los Tribunales Tutelares de Menores continuará prestándolos en dichos órganos y desde que se establezcan en los Juzgados de Menores, con sujeción al régimen que en la actualidad les es aplicable, hasta que se dicten los reglamentos de personal al servicio de la Administración de Justicia los cuales establecerán las normas para su integración en los distintos Cuerpos de aquélla.

Será aplicable al personal a que se refiere esta disposición, desde la entrada en vigor de la presente Ley, el régimen de incompatibilidades establecido en el artículo 489.

Vigésima séptima. *Juzgados de Peligrosidad y Rehabilitación Social.–* 1. Los actuales Juzgados de Peligrosidad y Rehabilitación Social que tengan atribuidas funciones de vigilancia penitenciaria, así como aquellos que las tengan atribuidas con exclusividad, continuarán ejerciendo tales funciones como Juzgados de Vigilancia Penitenciaria hasta que la Ley de planta establezca estos últimos. A partir de la entrada en vigor de la presente Ley, los referidos Juzgados se denominarán de Vigilancia penitenciaria y desarrollarán las funciones que como tales correspondan, sin perjuicio de cuanto al respecto establezca la Ley de planta.

2. Las funciones en materia de peligrosidad y rehabilitación social corresponderán a los Juzgados de Instrucción. Será competente el Juzgado de Instrucción en cuyo territorio se haya manifestado de modo principal la presunta peligrosidad.

3. Mientras no se disponga otra cosa, la actual Sala de Peligrosidad y Rehabilitación Social, constituida en la Audiencia Nacional, seguirá conociendo de los recursos de apelación y de queja contra las resoluciones que dicten los Juzgados de Instrucción en la materia a que se refiere el apartado anterior.

4. Los asuntos en trámite serán resueltos por el Juzgado al que correspondía de acuerdo con la legislación anterior.

Vigésima octava. *Régimen transitorio de jubilaciones.*– 1.

Derogado por la LO 7/92, de 20 de noviembre.

2. Los miembros de los restantes Cuerpos de la Administración de Justicia que, a la entrada en vigor de la Ley, tengan más de sesenta y dos años y menos de sesenta y cinco, se jubilarán cuando haya transcurrido la mitad del tiempo que en dicha fecha les falte para cumplir los sesenta y ocho años de edad. Los que a la referida fecha hubiesen cumplido los sesenta y cinco años se jubilarán a los dos años de su entrada en vigor, salvo que antes cumplan los setenta.

Vigésima novena. Los procesos a que se refiere la disposición adicional octava que se hayan iniciado antes de la fecha de entrada en vigor de la presente Ley, continuarán su tramitación con arreglo a las normas vigentes en el momento de su iniciación.

Trigésima. En tanto la legislación de planta y demarcación no disponga otra cosa, las ciudades de Ceuta y Melilla conservarán la adscripción judicial que tienen en la actualidad.

Trigésima primera. En el plazo de tres meses a partir de la entrada en vigor de la Ley de planta y conforme a lo dispuesto en esta Ley serán elegidos los Jueces de Paz, cesando en su cargo los que hasta ese momento lo viniesen desempeñando.

Trigésima segunda. Dentro del mes siguiente a la publicación de esta Ley Orgánica en el «Boletín Oficial del Estado» todos los miembros de la Carrera Judicial

§1

y personal al servicio de la Administración de Justicia que aún no lo hubieran realizado, prestarán el juramento o promesa previsto, respectivamente, en los artículos 318 y 460 de la presente Ley.

Trigésima tercera. Las pruebas selectivas y los concursos para ingresar en los Cuerpos a que se refiere esta Ley, para promoción interna o para provisión de vacantes, que estén convocados a la fecha de su entrada en vigor, serán resueltos por el órgano a quien correspondía la resolución conforme a la legislación anterior.

Trigésima cuarta. Mientras no se apruebe la Ley de planta, los órganos jurisdiccionales existentes continuarán con la organización y competencias que tienen a la fecha de entrada en vigor de esta Ley.

Trigésima quinta. Lo previsto en el artículo 307 de esta Ley Orgánica del Poder Judicial, respecto del período de prácticas tuteladas, como Juez adjunto, del curso teórico y práctico de selección, será de seis meses para todos los aspirantes a ingreso en la Carrera Judicial que hayan superado o superen las pruebas de acceso ya convocadas, y para quienes superen las de la siguiente convocatoria que se realicen a partir de la entrada en vigor de esta disposición transitoria.

Disposición añadida por la LO 9/2000, de 22 de diciembre.

Trigésima sexta. Hasta el 31 de diciembre de 2003, la jubilación por edad de los Jueces y Magistrados prevista en el artículo 386.1 se fija en los setenta y dos años. Hasta el 31 de diciembre de 2004, la jubilación por edad de los Jueces y Magistrados se fija en los setenta y un años.

Disposición añadida por la LO 9/2000, de 22 de diciembre.

Trigésima séptima. Hasta el 31 de diciembre de 2003 podrán ser propuestos como Magistrados suplentes quienes, con los requisitos previstos en el artículo 201, no hayan alcanzado la edad de setenta y cinco años.

Disposición añadida por la LO 9/2000, de 22 de diciembre.

Trigésima octava. Durante un plazo no superior a cuatro años, el Consejo General del Poder Judicial podrá, en función de las necesidades generales de planificación y ordenación de la Carrera Judicial y adaptación de la misma a la planta judicial, dispensar a los miembros de la Carrera Judicial del requisito, al que se refiere el art. 311.2 de la Ley Orgánica 6/1985, de 1 de julio, del Poder Judicial, de haber prestado tres años de servicios efectivos como jueces para acceder a la categoría de Magistrado en los supuestos contemplados en el párrafo primero del apartado 1 del citado artículo.

§1

Disposición añadida por la LO 9/2002, de 10 de diciembre.

Trigésima novena. Los jueces que, por haber renunciado al ascenso conforme a la legislación anterior, estuviesen obligados a permanecer por un tiempo determinado en dicha categoría, no podrán ascender hasta que haya transcurrido este plazo. Tras el ascenso, si optasen por continuar en la plaza que venían ocupando no podrán participar en los concursos ordinarios de traslado durante tres años.

Disposición añadida por la Ley Orgánica 1/2009, de 3 de noviembre.

Cuadragésima. *Régimen transitorio.–* Los jueces y magistrados que, a la entrada en vigor de esta disposición transitoria, se encuentren en comisión de servicios con relevación de funciones desempeñando funciones al servicio del Tribunal Supremo, pasarán en ese momento a la situación de servicios especiales en la carrera judicial, situación en la que permanecerán hasta que las plazas sean cubiertas mediante el oportuno concurso.

Disposición añadida por la Ley Orgánica 1/2009, de 3 de noviembre.

Cuadragésima primera. *Suspensión de la percepción de la paga extraordinaria del mes de diciembre de 2012.–* La supresión de la percepción de la paga extraordinaria del mes de diciembre de 2012 a los miembros del Cuerpo de Secretarios Judiciales y al resto del personal al servicio de la Administración de Justicia tendrá lugar en la forma que establece el Real Decreto-ley 20/2012, de 13 de julio, de medidas para garantizar la estabilidad presupuestaria y de fomento de la competitividad, adecuando dicha paga a fin de que la minoración resultante sea análoga a la de los restantes funcionarios.

Disposición añadida por la Ley Orgánica 8/2012, de 27 de diciembre, de medidas de eficiencia presupuestaria para la Administración de Justicia.

Cuadragésima segunda. *Secciones y subsecciones.–* Entre tanto no se complete el proceso de implantación de la nueva Oficina judicial, cuando las circunstancias de volumen de trabajo y las necesidades del servicio lo aconsejen, el Ministerio de Justicia, previo informe del Consejo General del Poder Judicial y oídas las Comunidades Autónomas con competencias en materia de Justicia, podrá establecer que un juzgado sea servido por dos o más jueces o magistrados titulares en idénticas condiciones, así como la integración de dos o más juzgados del mismo orden jurisdiccional en una misma sección que recibirá la denominación del orden jurisdiccional, pudiendo en el seno de cada una disponerse la constitución de subsecciones para atender a materias específicas, presidida a efectos organizativos internos de los jueces de la sección, por el más antiguo, quien tendrá las mismas competencias que los Presidentes de sección de órganos colegiados. En estos supuestos, los jueces o magistrados que compongan la sección podrán acordar repartir los asuntos por número o por materias.

Cuando se haga uso de esta facultad, la Sala de Gobierno respectiva resolverá las cuestiones que pueda suscitar el funcionamiento de las secciones, sin perjuicio de la facultad de uniformización que por vía reglamentaria pueda ejercitar el Consejo General del Poder Judicial, así como del control de legalidad que corresponda efectuar a dicho órgano.

Añadida por LO 4/2018, de 28 de diciembre.

Cuadragésima tercera. *Destino de los Jueces Encargados de los Registros Civiles Exclusivos y de los Encargados del Registro Civil Central.–* 1. Serán declarados en la situación de servicios especiales, con los efectos previstos en los apartados 1 y 2 del artículo 354 de esta ley orgánica, sin perjuicio de las precisiones que se indican en el párrafo siguiente, los jueces y magistrados que, en los términos que señala la disposición transitoria décima de la Ley 20/2011, de 21 de julio, del Registro Civil, opten por mantenerse ejerciendo funciones como Encargados de los Registros Civiles Exclusivos y del Registro Civil Central, siempre que se dieren las circunstancias de acceso a tales plazas antes del 22 de julio de 2011 a que se refiere dicha norma.

No obstante, los Jueces y Magistrados que pasen a la situación de servicios especiales conforme a lo indicado en el párrafo anterior no tendrán derecho a la reserva de plaza a que se refiere el apartado 2 del citado artículo 354. Además, mientras se mantengan en esta situación, seguirán percibiendo las retribuciones correspondientes al puesto que ya venían desempeñando con anterioridad a su pase a la misma, que se verá anualmente actualizada en los términos que prevea la ley de presupuestos generales del Estado.

Cuando los Jueces y Magistrados que se encuentren en situación de servicios especiales en los términos previstos en esta disposición adicional deseen incorporarse al ejercicio de la función jurisdiccional, solicitando plaza en la forma prevista para su provisión en cualquier órgano judicial, deberán solicitar el reingreso al servicio activo antes de participar en cualquier concurso.

2. Los asuntos jurisdiccionales pendientes de resolver se repartirán entre los Juzgados de Primera Instancia o de Primera Instancia e Instrucción según corresponda.

3. Las competencias jurisdiccionales atribuidas a jueces y magistrados por ostentar la condición de Encargados del Registro Civil, pasarán a corresponder a

§1

los Juzgados de Primera Instancia o de Primera Instancia e Instrucción conforme a las normas de competencia establecidas en las leyes procesales.

4. Los Jueces Encargados de los Registros Civiles exclusivos que con arreglo a lo dispuesto en esta ley dejen de ostentar tal condición quedarán provisionalmente a disposición del Presidente del Tribunal Superior de Justicia correspondiente, sin merma de las retribuciones que vinieren percibiendo. Mientras permanezcan en esta situación prestarán sus servicios en los puestos que determinen las respectivas Salas de Gobierno, devengando las indemnizaciones correspondientes por razón del servicio cuando éstos se prestaren en lugar distinto al del Registro Civil en el que estaban destinados, todo ello de conformidad con lo dispuesto en esta ley. Estos Jueces serán destinados a los juzgados o tribunales del lugar y orden jurisdiccional de su elección, en la primera vacante que se produzca en el órgano elegido, a no ser que se trate de plazas de Presidente, de nombramiento discrecional o legalmente reservadas a magistrados procedentes de pruebas selectivas, salvo que éstos tuvieran esa condición, siempre y cuando reúnan el resto de condiciones objetivas previstas en esta ley para poder acceder a dichas plazas.

5. Los Encargados de los Registros Civiles Centrales que por virtud de esta ley dejen de ostentar tal condición quedarán adscritos a disposición del Presidente del Tribunal Superior de Justicia de Madrid. Mientras permanezcan en esta situación prestarán sus servicios en los puestos que determine la Sala de Gobierno y serán destinados a la primera vacante que se produzca en cualesquiera secciones civiles de la Audiencia Provincial de Madrid, a determinar por el Presidente, a no ser que se trate de las plazas de Presidente o legalmente reservadas a magistrados procedentes de pruebas selectivas, y para las que no se reconozca especial preferencia o reserva a especialista.

6. No obstante lo anterior, el tiempo durante el cual los jueces y magistrados afectados pueden permanecer en situación de adscripción provisional a las Presidencias de los Tribunales Superiores de Justicia podrá extenderse, a petición del propio interesado, a dos años a contar del momento en que perdieren la condición de Encargados del Registro Civil.

7. Los miembros de la Carrera Judicial que, a la fecha de entrada en vigor de la presente disposición transitoria, se encontraran en situación de excedencia voluntaria por la causa prevista en la letra b) del artículo 356, al haber optado por continuar prestando servicios con destino como Encargados de los Registros Civiles Exclusivos y del Registro Civil Central con ocasión de la entrada en servicio efectiva de las aplicaciones informáticas que permiten el funcionamiento del Registro Civil de forma íntegramente electrónica conforme a las previsiones de la Ley 6/2021, de 28 de abril, por la que se modifica la Ley 20/2011, de 21 de julio, del Registro Civil, serán considerados en situación de servicios especiales

§1 desde la fecha de pase a la situación de excedencia voluntaria, computándose como servicios efectivos en la Carrera Judicial el tiempo que hayan permanecido en dicha situación.

Disposición Transitoria añadida por la LO 7/2022, de 27 de julio.

DISPOSICIÓN DEROGATORIA

1. Quedan derogadas las siguientes Leyes y disposiciones:

Ley Provisional sobre organización del Poder Judicial de 15 de septiembre de 1870.

Ley Adicional a la Orgánica del Poder Judicial de 14 de octubre de 1882.

Ley Orgánica de las Magistratura de Trabajo de 17 de octubre de 1940.

Ley de Bases de la Justicia Municipal de 19 de julio de 1944.

Ley de 17 de julio de 1947, Orgánica del Cuerpo Nacional de Médicos Forenses.

Ley de la Jurisdicción Contencioso-administrativa, de 27 de diciembre de 1956, en los particulares que regulan aquella jurisdicción y la estructura de sus órganos.

Ley 11/1966, de 18 de marzo, sobre ordenación orgánica de los Funcionarios de la Administración de Justicia.

Ley 33/1966, de 31 de mayo sobre Reforma Orgánica de los Cuerpos de la Jurisdicción de Trabajo.

Las disposiciones de la Ley 42/1974, de 28 de noviembre de Bases, Orgánica de la Justicia, declaradas en vigor por el Real Decreto-ley 24/1976, de 26 de noviembre, por el que se prorroga el plazo para la articulación de la Ley 42/1974, de 28 de noviembre, de Bases, Orgánica de la Justicia.

Real Decreto-ley 1/1977, de 4 de enero, por el que se crea la Audiencia Nacional.

Real Decreto 2104/1977, de 29 de julio, por el que se aprueba el texto articulado parcial de la Ley de Bases Orgánica de la Justicia, de 28 de noviembre de 1974, sobre Juzgados de Distrito y otros extremos.

Ley Orgánica 1/1980, de 10 de enero, del Consejo General del Poder Judicial.

La disposición adicional primera de la Ley 17/1980, de 24 de abril, por la que se establece el régimen retributivo de los funcionarios al servicio del Poder Judicial.

La Ley Orgánica 5/1981, de 16 de noviembre, sobre integración de la Carrera Judicial y del Secretariado de la Administración de Justicia.

Ley Orgánica 12/1983, de 16 de noviembre, de modificación de competencias de la Audiencia Nacional.

Ley Orgánica 4/1984, de 30 de abril, por la que se modifica la 5/1981, de 16 de noviembre.

Cuantas otras leyes y disposiciones se opongan a lo establecido por esta Ley Orgánica.

2. Queda, no obstante, en vigor la Ley Orgánica 6/1984 de 24 de mayo, reguladora del procedimiento de habeas corpus.

DISPOSICIONES FINALES

Primera. Tienen rango de ley ordinaria el Capítulo IV y el Capítulo V del Título I del Libro V y el Título V del Libro VIII.

Disposición modificada por la Ley Orgánica 1/2025, de 2 de enero, de medidas en materia de eficiencia del Servicio Público Justicia.

Segunda. La presente ley orgánica entrará en vigor al día siguiente de su publicación en el Boletín Oficial del Estado.

DISPOSICIONES ADICIONALES DE LA LO 4/2013, DE 28 DE JUNIO

Primera. Los actuales Reglamentos aprobados por el Consejo General del Poder Judicial conservarán su vigencia, en tanto sean compatibles con la presente Ley Orgánica.

Segunda. Las Cámaras regularán el procedimiento de selección de Vocales del Consejo General del Poder Judicial, estableciendo los mecanismos adecuados para garantizar la máxima transparencia y publicidad en la designación de los mencionados Vocales, con observancia de lo previsto en el artículo 14 de la Ley Orgánica 3/2007, de 22 de marzo, para la igualdad efectiva de mujeres y hombres.

DISPOSICIONES TRANSITORIAS DE LA LO 4/2013, DE 28 DE JUNIO

Primera. 1. Una vez constituido el primer Consejo General del Poder Judicial conforme a lo dispuesto en la presente Ley Orgánica, éste procederá inmediatamente a adaptar la denominación y composición de todos sus órganos a lo dispuesto en esta Ley Orgánica.

2. A este efecto, el Consejo General del Poder Judicial procederá en el plazo de seis meses a dictar un nuevo Reglamento de Organización y Funcionamiento y un nuevo Reglamento de Personal, a fin de acomodarlos a las previsiones de esta Ley Orgánica.

§1

Segunda. Una vez constituido el primer Consejo General del Poder Judicial conforme a lo dispuesto en la presente Ley Orgánica, éste procederá a convocar anualmente un concurso oposición al Cuerpo de Letrados del Consejo General del Poder Judicial, hasta que se cubra íntegramente su plantilla. Cada convocatoria, en la que no podrán incluirse más de cinco plazas, será comunicada anualmente con carácter previo por el Consejo al Ministerio competente, a efectos de su reflejo en la oferta pública de empleo.

Tercera. 1. Una vez constituido el primer Consejo General del Poder Judicial conforme a lo dispuesto en la presente Ley Orgánica, éste procederá a reemplazar progresivamente, en los casos en que corresponda, a quienes presten servicios en el mismo por los miembros del Cuerpo de Letrados del Consejo General del Poder Judicial, a medida que éstos últimos tomen posesión.

2. La amortización de las actuales plazas a que se refiere el apartado anterior se llevará a cabo con arreglo al criterio que, en el plazo de tres meses a partir de la entrada en vigor de la presente Ley Orgánica, establezca la Comisión Permanente. Dicho criterio se hará público.

3. En el momento en que se haya convocado un número de plazas igual al de la plantilla del Cuerpo de Letrados del Consejo General del Poder Judicial, quedará definitivamente prohibido que personas no pertenecientes al mismo desempeñen funciones a ellos reservadas.

4. Quienes al tiempo de la entrada en vigor de esta Ley Orgánica prestaren sus servicios en el Consejo General del Poder Judicial en situación administrativa de servicio activo en sus respectivos cuerpos de origen podrán continuar desempeñándolos, y pasarán a ser titulares y percibir las retribuciones correspondientes al cargo que en la nueva estructura del Consejo se corresponda o resulte equiparable al puesto que viniese ocupando con anterioridad a la misma. Cuando se trate de puestos de trabajo de nivel superior, en el momento en el que, por alguna de las causas previstas legalmente quedasen vacantes, el Consejo General del Poder Judicial procederá de inmediato a su amortización.

5. La creación del Cuerpo de Letrados del Consejo General del Poder Judicial prevista en esta Ley y las actuaciones contempladas en la Disposición transitoria segunda y en los apartados anteriores de esta Disposición no supondrán, en ningún caso, incremento de coste.

Cuarta. Una vez constituido el primer Consejo General del Poder Judicial conforme a lo dispuesto en la presente Ley Orgánica, éste procederá en el plazo de tres meses a aprobar los criterios conforme a los cuales deberá reorganizarse el

Servicio de Inspección para adaptarse a la nueva estructura organizativa derivada de las funciones que le atribuye la presente Ley Orgánica.

Quinta. 1. En el primer presupuesto del primer Consejo General del Poder Judicial que se constituya conforme a lo dispuesto en la presente Ley Orgánica, cada una de las necesidades financieras de la institución habrá de ser debidamente justificada sin referencia a presupuestos anteriores, a fin de adaptar dichas necesidades a su nueva organización y regulación.

2. Ajustándose a las necesidades que hayan quedado justificadas en el mencionado presupuesto, se elaborará una nueva relación de puestos de trabajo ordenando el personal funcionario del Consejo General del Poder Judicial con arreglo a lo previsto en esta Ley Orgánica.

Sexta. Desde que se constituya el primer Consejo General del Poder Judicial conforme a lo dispuesto en la presente Ley Orgánica, y en tanto no se modifique en materia de calificación la Ley Orgánica del Poder Judicial, todas las referencias que ésta última hace a la Comisión de Calificación deberán entenderse referidas a la Comisión Permanente.

Séptima. 1. Desde que se constituya el primer Consejo General del Poder Judicial conforme a lo dispuesto en la presente Ley Orgánica, y en tanto no se modifique en materia disciplinaria la Ley Orgánica del Poder Judicial, todas las referencias que ésta última hace a los instructores delegados de los expedientes disciplinarios se entenderán referidas al Promotor de la Acción Disciplinaria, así como a los Letrados del Consejo General del Poder Judicial que le asistan.

2. A partir del momento previsto en el apartado anterior, la iniciación del procedimiento disciplinario será acordada por el Promotor de la Acción Disciplinaria o, en su caso, por la Comisión Permanente, con arreglo a lo dispuesto en la presente Ley Orgánica.

Octava. Los procedimientos administrativos del Consejo General del Poder Judicial se regirán, en todo caso, por la legislación vigente en el momento de su iniciación.

Novena. 1. Una vez constituido el nuevo Consejo General del Poder Judicial, se procederá a realizar las modificaciones presupuestarias que correspondan, para adaptar el nuevo régimen de retribuciones de los Vocales a las previsiones de esta Ley.

2. Hasta el momento en que se fijen por primera vez en la Ley de Presupuestos Generales del Estado la cuantía de las dietas por asistencia al Pleno o a las Comi-

§1

siones, se aplicará a los Vocales del Consejo General del Poder Judicial un régimen de dietas análogo al previsto para otros órganos contemplados en la Constitución.

Décima. Una vez que haya entrado en vigor esta Ley, el procedimiento de renovación del Consejo General del Poder Judicial se adecuará, en esta primera ocasión, a las siguientes previsiones:

1º El procedimiento se iniciará de la forma prevista en el artículo 568 de esta Ley Orgánica, al día siguiente de la entrada en vigor de esta Ley, y sin que resulte de aplicación el plazo de cuatro meses de antelación en él previsto.

2º A estos efectos, ese día el Presidente del Tribunal Supremo y del Consejo General del Poder Judicial pondrá en conocimiento de las Cámaras los datos del escalafón y del Registro de Asociaciones Judiciales obrantes en el Consejo.

3º Una vez que concluya el procedimiento establecido en los artículos 572 a 577 de esta Ley y que todas las candidaturas estén a disposición de ambas Cámaras, éstas dispondrán de un mes para proceder a la designación de los Vocales. Si alguna de las Cámaras no hubiese procedido a la designación en ese plazo, resultará de aplicación lo dispuesto en el artículo 570, pudiendo procederse a la renovación del Consejo.

4º Si antes de la finalización del plazo al que se refiere el apartado anterior hubiese concluido el mandato del actual Consejo General del Poder Judicial, éste continuará en funciones hasta que se proceda a la constitución del nuevo.

5º Queda sin efecto cualquier actuación que hubiese podido realizarse con arreglo a la normativa derogada por la presente Ley encaminada a la renovación del Consejo General del Poder Judicial.

DISPOSICIÓN DEROGATORIA DE LA LO 4/2013, DE 28 DE JUNIO

1. El Título II del Libro II de la Ley Orgánica 6/1985, de 1 de julio, del Poder Judicial, en lo relativo a la renovación, designación y elección de los Vocales del Consejo y a la constitución del mismo, queda derogado desde el momento de entrada en vigor de la presente Ley Orgánica.

2. El día en que se constituya el primer Consejo elegido de conformidad con lo dispuesto en la presente Ley Orgánica quedará derogado el resto del Título II del Libro II de la Ley Orgánica 6/1985, de 1 de julio, del Poder Judicial, así como cuantos preceptos de dicha Ley y otras disposiciones de igual o inferior rango se opongan a lo establecido en la presente Ley Orgánica.

3. La Ley Orgánica 1/2013, de 11 de abril, sobre el proceso de renovación del Consejo General del Poder Judicial, por la que se suspende la vigencia del artículo 112 y parcialmente del 114 de la Ley Orgánica 6/1985, de 1 de julio, del Poder

Judicial queda derogada desde el momento de entrada en vigor de la presente Ley Orgánica.

§1

DISPOSICIÓN FINAL TERCERA DE LA LO 4/2013, DE 28 DE JUNIO

1. La presente Ley Orgánica entrará en vigor el día siguiente al de su publicación en el «Boletín Oficial» del Estado en lo relativo a la renovación, designación y elección de los Vocales del Consejo General del Poder Judicial y a la constitución del mismo. Asimismo, la Disposición Final Segunda de la presente Ley Orgánica entrará en vigor el día siguiente al de su publicación en el «Boletín Oficial del Estado.

2. El resto de la presente Ley Orgánica entrará en vigor el día en que se constituya el primer Consejo General del Poder Judicial conforme a lo dispuesto en la presente Ley Orgánica

DISPOSICIÓN FINAL

La presente Ley Orgánica entrará en vigor al siguiente día de su publicación en el «Boletín Oficial del Estado»[1].

---

[1]   No se incluye el texto íntegro de las normas que han modificado la Ley Orgánica del Poder Judicial, cuyas modificaciones están incluidas en el articulado de la misma. Estas normas son:
1. LO 7/2015, de 21 de julio, que modifica la anterior (selección).
2. Ley Orgánica 4/2018, de 28 de diciembre, de Reforma de la Ley Orgánica 6/1985, de 1 de julio, del Poder Judicial.
3. Ley Orgánica 5/2018, de 28 de diciembre, de Reforma de la Ley Orgánica 6/1985, de 1 de julio, del Poder Judicial, sobre Medidas urgentes en aplicación del Pacto de Estado en materia de Violencia de Género.
4. Ley Orgánica 4/2021, de 29 de marzo, por la que se modifica la Ley Orgánica 6/1985, de 1 de julio, del Poder Judicial, para el establecimiento del régimen jurídico aplicable al Consejo General del Poder Judicial en funciones.
5. Ley Orgánica 6/2021, de 28 de abril, complementaria de la ley 6/2021, de 28 de abril, por la que se modifica la ley 20/2011, de 21 de julio, del Registro Civil, de modificación de la Ley Orgánica 6/1985, de 1 de julio, del Poder Judicial y de modificación de la Ley Orgánica 10/1985, de 23 de noviembre, del Código Penal.
6. Ley Orgánica 8/2021, de 4 de junio, de protección integral a la infancia y la adolescencia frente a la violencia.
7. Ley Orgánica 2/2022, de 21 de marzo, de mejora de la protección de las personas huérfanas víctimas de la violencia de género

§1

8. Ley Orgánica 5/2022, de 28 de junio, complementaria de la Ley 11/2022, de 28 de junio, General de Telecomunicaciones, de modificación de la Ley Orgánica 6/1985, de 1 de julio, del Poder Judicial
9. Ley Orgánica 7/2022, de 27 de julio, de modificación de la Ley Orgánica 6/1985, de 1 de julio, del Poder Judicial, en materia de Juzgados de lo Mercantil.
10. Ley Orgánica 8/2022, de 27 de julio, de modificación de los artículos 570 bis y 599 de la Ley Orgánica 6/1985, de 1 de julio, del Poder Judicial
11. Ley Orgánica 3/2024, de 2 de agosto, de reforma de la Ley Orgánica 6/1985, de 1 de julio, del Poder Judicial y de reforma de la Ley 50/1981, de 30 de diciembre, por la que se regula el Estatuto Orgánico del Ministerio Fiscal.
12. Ley Orgánica 2/2024, de 1 de agosto, de representación paritaria y presencia equilibrada de mujeres y hombres
13. Ley Orgánica 1/2025, de 2 de enero, de medidas en materia de eficiencia del Servicio Público Justicia

§2. REAL DECRETO-LEY 6/2023, DE 19 DE DICIEMBRE, POR EL QUE SE APRUEBAN MEDIDAS URGENTES PARA LA EJECUCIÓN DEL PLAN DE RECUPERACIÓN, TRANSFORMACIÓN Y RESILIENCIA EN MATERIA DE SERVICIO PÚBLICO DE JUSTICIA, FUNCIÓN PÚBLICA, RÉGIMEN LOCAL Y MECENAZGO[2]

PREÁMBULO

I

Tras el impacto causado por la pandemia, España ha iniciado un nuevo ciclo económico impulsado por el Plan de Recuperación, Transformación y Resiliencia. En efecto, el ambicioso programa de reformas e inversiones financiadas con los fondos europeos Next Generation EU es uno de los principales factores que explican el dinamismo de la actividad, el empleo y la inversión registrado en España desde el verano de 2021. Un dinamismo que se mantiene incluso en el complejo contexto internacional.

Después de un intenso trabajo con la Comisión Europea, el 13 de julio de 2021, se aprobó por Decisión de Ejecución del Consejo el Plan de Recuperación de España, para impulsar la inversión pública y privada dentro de un programa de reforma estructural de gran calado, comparable al que supuso la incorporación a la Unión Europea en 1986, para modernizar la economía española y retomar la senda de progreso y prosperidad lograda durante las décadas anteriores a la gran crisis financiera iniciada en 2008.

Dicho documento detallaba la primera fase del Plan de Recuperación, con un ambicioso programa de reformas y cerca de 70.000 millones de euros de inversiones y reformas, financiadas con las transferencias del presupuesto comunitario y concentradas en el periodo 2021-2023 para lograr un máximo impacto contracíclico y estructural sobre cuatro ejes transversales: (i) la transición ecológica, (ii) la transformación digital, (iii) la cohesión social y territorial y (iv) la igualdad de género, que venían a cubrir los seis pilares establecidos en el Mecanismo de Recuperación y Resiliencia.

---

[2] Se incorpora un extracto del Real Decreto-Ley, concretamente parte del Libro I, sin incluir las modificaciones en las Leyes de Enjuiciamiento Civil y Criminal, que se incluyen en los respectivos textos legales.

§2

Estos cuatro objetivos marcan todas las inversiones y reformas desplegadas desde febrero de 2020, recogidas en 10 políticas palanca y 30 componentes para garantizar la coherencia de las actuaciones en cada ámbito, de la movilidad sostenible a la modernización de la industria, de la reforma educativa a la modernización de la administración, de la inteligencia artificial, al refuerzo de las infraestructuras de ciencia y salud, de la nueva economía de los cuidados a la reforma laboral y de pensiones.

Con este marco, el Plan de Recuperación aprobado en julio de 2021 recoge en total 212 medidas, de las que 110 son inversiones y 102 reformas para el periodo 2021-2023, que aceleran las líneas estratégicas seguidas desde 2018 pero que, hasta la llegada de los fondos europeos Next Generation tenían la inversión pública muy limitada por el espacio fiscal disponible.

Sobre la base de la experiencia de la primera fase del Plan de Recuperación en el periodo 2021-2023, la Adenda al Plan de Recuperación, que recibió el pasado 2 de octubre la evaluación positiva de la Comisión europea y se aprobó en el ECOFIN de 17 de octubre, permitirá consolidar la reindustrialización estratégica del país mediante la movilización de más de 10.000 millones de euros de transferencias adicionales (7.700 millones del Mecanismo de Recuperación y Resiliencia y más de 2.600 millones de euros del programa REPowerEU) y hasta 84.000 millones de euros en préstamos. En total, el Plan de Recuperación permitirá movilizar hasta 163.000 millones de euros en el periodo 2021-2026, más del 12 % del PIB de España, que se unen a los 36.700 millones de euros de los Fondos Estructurales del marco financiero plurianual 2021-2027 para culminar un ambicioso programa de inversiones modernizadoras del país.

Desde el primer momento, España ha liderado el despliegue del Plan de Recuperación en Europa. Ha sido el primer país en recibir tres pagos por el cumplimiento completo de hitos, el primero en lanzar los proyectos estratégicos y en empezar a ver sobre el terreno el impacto positivo de los fondos Next Generation.

El número de hitos y objetivos del siguiente y cuarto desembolso son 61, entre los cuales figuran tanto reformas normativas como inversiones. Por ejemplo, en cuanto a las reformas, se destacan algunas como la entrada en vigor de la Ley de Vivienda, incluidas acciones de apoyo al aumento de la oferta de viviendas con un consumo de energía casi nulo; la del Real Decreto sobre el mecanismo de gobernanza para mejorar el sistema de regadío español; la de la Ley de refuerzo de la evaluación de las políticas públicas; la de la ley de fomento del ecosistema de las empresas emergentes; la de la ley de creación y crecimiento de empresas; o la del real decreto ley que mejora la eficiencia de los procesos judiciales, así como el de eficiencia digital, o las medidas en relación con la función pública en la Administración General del Estado. En cuanto a las inversiones, debe destacarse el 30 % de presupuesto comprometido en el programa Kit digital, en el programa

Agentes del Cambio, y en el programa de Apoyo a los hubs de innovación digital o el PERTE en el ámbito de los vehículos eléctricos.

En lo que a las reformas normativas se refiere, cabe tener en cuenta que, como consecuencia de la disolución anticipada del Congreso de los Diputados y del Senado por Real Decreto 400/2023, de 29 de mayo, de disolución del Congreso de los Diputados y del Senado y de convocatoria de elecciones, quedaron precipitadamente inconclusos los procedimientos legislativos correspondientes a algunas de estas reformas integradas como hitos del cuarto desembolso. Así ocurrió con el Proyecto de Ley 121/000097, de medidas de eficiencia procesal del servicio público de Justicia (BOCG de 22 de abril de 2022); el Proyecto de Ley 121/000116, de Medidas de Eficiencia Digital del Servicio Público de Justicia (BOCG de 12 de septiembre de 2022); el Proyecto de Ley 121/000149, de la Función Pública de la Administración del Estado (BOCG de 24 de marzo de 2023); o la Proposición de Ley de modificación de la Ley 49/2002, de 23 de diciembre, de régimen fiscal de las entidades sin fines lucrativos y de los incentivos fiscales al mecenazgo (BOCG de 5 de mayo de 2023).

Por este motivo, y al objeto de no dilatar el cumplimiento de hitos y objetivos necesarios para obtener el cuarto desembolso fijado para el último semestre de 2023, resulta imprescindible implementar dichas reformas legislativas en el marco del presente real decreto-ley.

II

El derecho a la tutela judicial efectiva que reconoce nuestra Constitución en su artículo 24, dentro de los derechos fundamentales y de las libertades públicas, no puede comprenderse desconectado de la realidad en la que, igual que ocurre con el resto de los derechos, se desenvuelve.

La consolidación en nuestra sociedad de las nuevas tecnologías, la evolución cultural de una ciudadanía consciente de los retos que comporta la digitalización y, sobre todo, la utilidad de los nuevos instrumentos y herramientas tecnológicas al servicio de una mejor y más eficiente gestión de los recursos públicos, también en el marco de la Administración de Justicia, implica para los poderes públicos el imperativo de abordar correctamente este nuevo marco relacional y, con él, delimitar y potenciar el entorno digital con el propósito de favorecer una más eficiente potestad jurisdiccional.

El gran punto de inflexión en esta materia se produjo con la promulgación de la Ley 18/2011, de 5 de julio, reguladora del uso de las tecnologías de la información y la comunicación en la Administración de Justicia, que estableció un verdadero marco tecnológico para el servicio público de Justicia, más allá de la utilización de herramientas tecnológicas concretas como el ordenador o los sistemas de gestión procesal.

§2

En ella se introducían conceptos como el Punto de Acceso General de la Administración de Justicia y la Sede Judicial Electrónica, u organismos tan consolidados hoy en día como el Comité técnico estatal de la Administración judicial electrónica (CTEAJE), tan importante en un ámbito en el que existe un entramado tan complejo de competencias públicas.

Además, este es el texto legal que, con pocas reformas, ha venido otorgando a los órganos judiciales las «reglas del juego», tecnológicamente hablando. Se pasó de una tramitación completamente en papel a la creación de un expediente judicial electrónico, que fuera más sencillo de consultar y de almacenar y que ya preveía la firma electrónica, así como la práctica de actos de comunicación por medios electrónicos.

Naturalmente, se han seguido dando pasos en estos años mediante algunas reformas legislativas necesarias sobre todo por la implantación de nuevas aplicaciones tecnológicas y de la reforma general de la Administración Pública operada con la Ley 39/2015, de 1 de octubre, del Procedimiento Administrativo Común de las Administraciones Públicas, y la Ley 40/2015, de 1 de octubre, de Régimen Jurídico del Sector Público.

En el procedimiento judicial, la Ley 42/2015, de 5 de octubre, de reforma de la Ley 1/2000, de 7 de enero, de Enjuiciamiento Civil, introdujo las subastas judiciales electrónicas y la obligatoriedad general de comunicación con la Administración de Justicia por medios electrónicos, salvo algunas excepciones como las personas físicas, modificaciones de transformación digital que fueron entrando en vigor en los años 2015, 2016 y 2017.

Fue también en el año 2015 cuando se publicó el Real Decreto 1065/2015, de 27 de noviembre, sobre comunicaciones electrónicas en la Administración de Justicia en el ámbito territorial del Ministerio de Justicia y por el que se regula el sistema LexNET, que empezó siendo un sistema de práctica de actos de comunicación con profesionales y hoy en día es utilizado en el ámbito competencial del Ministerio de la Presidencia, Justicia y Relaciones con las Cortes y en la mayor parte de Comunidades Autónomas con competencias transferidas, junto con otros sistemas de información.

Tras la publicación de la Ley 18/2011, de 5 de julio, y con motivo de la crisis pandémica COVID-19 en el año 2020, se constata la necesidad ineludible de avanzar, de manera firme y decidida, hacia el camino inevitable y deseable de la adecuación tecnológica de la Administración de Justicia. La publicación de la Ley 3/2020, de 18 de septiembre, de medidas procesales y organizativas para hacer frente al COVID-19 en el ámbito de la Administración de Justicia, introdujo importantes mejoras respecto del Real Decreto-ley 16/2020, de 28 de abril, del mismo nombre, y fue aprobada por amplísima mayoría parlamentaria, en un ejercicio conjunto de diálogo con todos los sectores implicados y de búsqueda de amplios consensos parlamentarios, para lo que fue decisivo el trabajo desarrollado por las distintas administraciones en el seno de la Conferencia Sectorial de Justicia. Algunas de estas medidas, como la celebración de vistas y actos procesales mediante presencia telemática, son hoy día parte de la actividad cotidiana del servicio público de Justicia.

§2

Tanto el Ministerio de la Presidencia, Justicia y Relaciones con las Cortes como las Comunidades Autónomas con competencias en medios materiales y personales de la Administración de Justicia, se han visto en la necesidad de adaptarse a la nueva realidad tecnológica existente en el siglo XXI, y de valerse de los medios tecnológicos existentes para la mejora de la eficiencia del servicio público, como una demanda real y urgente de la ciudadanía. En la búsqueda de esa eficiencia es necesario que todo el territorio cuente con sistemas comunes, o de características análogas, interoperables, como garantía del derecho fundamental de acceso a la Justicia en igualdad de condiciones en todo el territorio del Estado. Por ello se pone el foco en el impulso de la cogobernanza.

De este modo, la digitalización conlleva un compromiso normativo con una sociedad avanzada, moderna, y en la que la eficacia, la eficiencia y la efectividad son términos trasladables a cualquier servicio público, incluido, desde luego, el prestado por la Administración de Justicia.

Desde la responsabilidad y la necesidad de asumir con éxito los retos de la transformación digital en el marco de la Justicia española, el presente texto busca presentarse como una herramienta normativa completa, útil, transversal y con la capacidad suficiente para dotar a la Administración de Justicia de un marco legal, coherente y lógico en el que la relación digital se descubra como una relación ordinaria y habitual, siendo la tutela judicial efectiva en cualquier caso la prioridad absoluta, pero hallando bajo esta cobertura de normas y reglas un nuevo cauce, más veloz y eficaz, que coadyuvará a una mejor satisfacción de los derechos de la ciudadanía.

El presente real decreto-ley persigue, en primer lugar, la adaptación de la realidad judicial española del siglo XXI al marco tecnológico contemporáneo, favoreciéndose una relación digital entre la ciudadanía y los órganos jurisdiccionales y aprovechando las ventajas del «hecho tecnológico» también para fortalecer nuestro Estado social y democrático de Derecho mediante la disposición de medidas orientadas a la transparencia, la eficiencia y la rendición de cuentas de los poderes públicos.

Todo lo anterior se lleva a cabo en la redacción normativa, como es obligado, con la observancia debida a la doctrina jurisprudencial del Tribunal Europeo de Derechos Humanos y del Tribunal Constitucional, asimilándose la perspectiva

§2

tecnológica desde una concepción instrumental en la que la relación electrónica entre los ciudadanos y ciudadanas y los órganos judiciales sólo se sitúa como un mecanismo de interacción más ágil, respetando como esencia insustituible de la potestad jurisdiccional las misiones de juzgar y hacer ejecutar lo juzgado, a cuyo servicio y al de las garantías procesales ha de adaptarse necesariamente la tecnología para permitir su plena satisfacción.

En la misma línea emprendida de colaboración y cogobernanza en la Administración de Justicia, y con el fin de garantizar la tan buscada interoperabilidad de los sistemas ya existentes, se establece la obligación de las administraciones competentes en materia de Justicia de garantizar la prestación del servicio público de Justicia por medios digitales, equivalentes, de calidad y que aseguren en todo el territorio del Estado una serie de servicios, entre los que se encuentran, como mínimo, (i) la itineración de expedientes electrónicos y la transmisión de documentos electrónicos entre cualesquiera órganos judiciales o fiscales, (ii) la interoperabilidad de datos entre cualesquiera órganos judiciales o fiscales, (iii) el acceso a los servicios, procedimientos e informaciones de la Administración de Justicia que afecten a la ciudadanía, y (iv) la identificación y firma de los intervinientes en actuaciones y servicios no presenciales.

El texto normativo se erige como un instrumento para promover y facilitar la intervención telemática de los ciudadanos en las actuaciones judiciales, simplificándose la relación con la Administración de Justicia.

Consciente de la importancia de obtener una resolución judicial en plazo, la norma potencia la tramitación tecnológica del Expediente Judicial Electrónico, herramienta central para comprender la Justicia digital de los próximos años.

En cuanto a la identificación por medios electrónicos, se adecúa el contenido de la regulación en atención al Reglamento (UE) nº 910/2014 del Parlamento Europeo y del Consejo, de 23 de julio de 2014, relativo a la identificación electrónica y los servicios de confianza para las transacciones electrónicas en el mercado interior y por el que se deroga la Directiva 1999/93/CE, así como al contenido de la Ley 39/2015, de 1 de octubre.

Junto con estos medios de acceso a la Justicia, se incorpora un sistema de acceso único y personalizado, la Carpeta Justicia, sistema por el que cada persona puede acceder a sus asuntos, consultar los expedientes en los que sea parte o interesada y pedir cita previa para ser atendida. En esta carpeta, cada persona podrá conocer sus actos de comunicación para que, si tiene obligación de hacerlo, o voluntariamente lo desea, pueda atender los mismos, todo ello mediante un sistema de identificación seguro. Dicho servicio podrá ofrecerse a través de un sistema común, a través de las respectivas Sedes Judiciales Electrónicas de cada uno de los territorios, o a través de ambos sistemas. De otro lado, se adoptan disposiciones cuidadosas para que la inmediación judicial sea preservada en todas las actuaciones mediante videoconferencia. Y a tal fin se regulan, mediante requisitos técnicos y de garantía, los llamados «puntos de acceso seguros» y los «lugares seguros» desde los que se podrán efectuar con plenos efectos procesales las intervenciones telemáticas, en los términos que disponen las modificaciones de las leyes procesales.

Además, se potencia el Expediente Judicial Electrónico mediante un cambio de paradigma, pasando de la orientación al documento a la orientación al dato. Esto supone un gran avance respecto de la Ley 18/2011, de 5 de julio, que hace una década se planteaba como objetivo la transición del papel a lo digital, siendo así que se trata ahora de lograr mejoras sustanciales ya en el entorno de lo digital.

Desde la comprensión de la importancia capital de los datos en una sociedad contemporánea digital, se realiza una apuesta clara y decisiva por su empleo racional para lograr evidencia y certidumbre al servicio de la planificación y elaboración de estrategias que coadyuven a una mejor y más eficaz política pública de Justicia. Ello permitirá tomar decisiones estratégicas en materias tan fundamentales para la ciudadanía como los procedimientos concursales, los juicios de desahucio o los procedimientos en materia de violencia sobre la mujer. De estos datos no se beneficiará únicamente la propia Administración, sino toda la ciudadanía mediante la incorporación en la Administración de Justicia del concepto de «dato abierto». Esta misma orientación al dato facilitará las denominadas actuaciones automatizadas, asistidas y proactivas.

Se establece, igualmente, la preferencia de la práctica de las comunicaciones judiciales por vía telemática, salvo aquellas personas que, conforme a las leyes, no estén obligadas a relacionarse con la Administración de Justicia por medios electrónicos. Las comunicaciones estarán igualmente orientadas al dato, previéndose mecanismos para la práctica de comunicaciones masivas que desahoguen el canal general de comunicación, evitando interrupciones y desconexiones.

La transformación digital de la Justicia favorece y posibilita una Justicia más próxima y accesible, pero ello no es neutro desde el punto de vista social y económico, pudiendo identificarse, entre otros, un impacto de género, educativo, geográfico, económico, de edad, o por razón de discapacidad. Será necesario, pues, que, desde el mismo momento del diseño de los sistemas informáticos de Justicia, se aborde específicamente cuáles son, sobre quiénes se produce y por qué surge cada tipo de brecha, y, a través de este análisis, se dispongan los mecanismos necesarios para su eliminación o reducción.

La digitalización de la Justicia precisa de un modelo de coordinación y decisión basado en la cogobernanza y el diálogo horizontal. Un mecanismo de articulación de consensos y acuerdos en el que el Comité Técnico Estatal de la

§2

Administración Judicial Electrónica es reforzado, y con él se pretende enfatizar la necesidad de asimilar la Justicia como un servicio de todos y todas y para todos y todas en el que los pactos, los consensos y la corresponsabilidad son características fundamentales y notas indisociables de la misma.

A la digitalización debe añadirse la necesidad de introducir los mecanismos eficientes que resultan imprescindibles para hacer frente al incremento de la litigiosidad y para recuperar el pulso de la actividad judicial, al compás de la recuperación económica y social tras la finalización de la situación de crisis sanitaria ocasionada por la COVID-19; así como las reformas correspondientes en las leyes procesales como medidas de agilización de los procedimientos en los distintos órdenes jurisdiccionales.

Dichas medidas de agilización procesal se introducen básicamente en la Ley de Enjuiciamiento Criminal, aprobada por el Real Decreto de 14 de septiembre de 1882; en la Ley 29/1998, de 13 de julio, reguladora de la Jurisdicción Contencioso-administrativa; en la Ley 1/2000, de 7 de enero, de Enjuiciamiento Civil; en la Ley 36/2011, de 10 de octubre, reguladora de la Jurisdicción Social; y en la Ley 15/2015, de 2 de julio, de la Jurisdicción Voluntaria.

Con todo ello, tanto con la digitalización como con las medidas procesales, se contribuye al cumplimiento del Componente 11, Reforma 2 (C11.R2) del Plan de Recuperación, Transformación y Resiliencia, y, por tanto, de los compromisos asumidos por España en dicho ámbito.

III

Por otro lado, la Administración del Estado debe favorecer un empleo público de calidad, estable, flexible, innovador y que promueva de manera efectiva la igualdad de trato y de oportunidades de mujeres y hombres, que sea capaz de dar respuesta a las complejas demandas de la sociedad actual y de adaptarse de forma acelerada a los retos de la revolución tecnológica, asegurando una sustitución ordenada del conocimiento.

La necesidad de abordar en nuestro país una reforma de la Administración y del empleo público constituye un compromiso contemplado en el componente 11 del Plan de Recuperación, Transformación y Resiliencia, que tiene como objetivos la revitalización de los instrumentos de planificación, ordenación y gestión de los recursos humanos, la garantía de la efectividad de los principios de igualdad, mérito y capacidad en el acceso al empleo público, así como la transparencia y agilidad de los procesos selectivos, la regulación de la evaluación del rendimiento con arreglo a un marco basado en las competencias, en particular para las nuevas incorporaciones y el desarrollo de la figura del personal directivo público profesional, elemento clave en la concepción de una Administración Pública orientada a la planificación, evaluación y control de las políticas públicas.

Esta norma parte de la base de que nuestro país precisa en los próximos años de una función pública competente y eficaz para mantener la confianza de la ciudadanía en las Administraciones Públicas. Además, considerando al personal empleado público como la punta de lanza de cualquier avance en la Administración contemporánea, la función pública ha de ser proactiva e innovadora, implicada en cualquier proceso de cambio y en continuo aprendizaje. Al mismo tiempo, la función pública ha de ser inclusiva y plural, reflejo de la diversidad de la sociedad a la que sirve y representa.

Por otro lado, la ley se fundamenta en que para modernizar la Administración Pública no basta con dotar de inversiones, sino que es preciso reconvertir y redefinir los procesos y procedimientos internos para lograr una mejor gestión.

A todos estos elementos, se añade la conveniencia de avanzar hacia un modelo de gestión basado en competencias para garantizar que las habilidades del personal empleado público requeridas para el desempeño de los puestos de trabajo se adapten a las demandas de la sociedad y de impulsar una regulación de la dirección pública profesional necesaria para fortalecer la capacidad de liderazgo en la función pública.

En primer lugar, se parte del reconocimiento de la política de recursos humanos como una herramienta estratégica que tiene que estar alineada con las políticas de la Administración, de forma que las necesidades de personal, tanto desde el punto de vista cuantitativo como cualitativo, vendrán determinadas por el propio despliegue de sus políticas públicas, convergiendo así todos sus objetivos. Para ello es indispensable profundizar en la generalización de la cultura de la planificación de recursos humanos. Esta es la medida crítica de todo el conjunto, puesto que su potenciación es lo que permitirá asegurar el éxito de todas las demás reformas que se plantean.

La transformación digital en la que se encuentra inmersa la Administración del Estado, tanto en lo que se refiere a su infraestructura como a sus procesos, afecta de manera decisiva para una adecuada planificación de recursos humanos que permita adoptar decisiones estratégicas y operativas.

En segundo lugar, esta norma adopta un enfoque basado en la gestión por competencias en línea con la Recomendación del Consejo sobre Liderazgo y Capacidad en la Función Pública de la Organización para la Cooperación y el Desarrollo Económicos (OCDE). La gestión por competencias centra su atención en la forma en que se desarrolla el puesto de trabajo que se concreta en un «saber», «saber hacer», «querer ser», «querer hacer», además de en los valores y objetivos de la organización.

§2

La selección de personas constituye otro de los elementos nucleares ya que se necesitan profesionales competentes y con una profunda vocación de servicio público para poder prestar a la sociedad unos servicios públicos de calidad. Para ello, apuesta por un modelo de selección al empleo público garantista, fundamentado en los principios constitucionales de igualdad, mérito y capacidad. Asimismo, el modelo ha de ser flexible y adaptable en función de las competencias, capacidades y conocimientos necesarios para el acceso a los diferentes cuerpos, escalas, o categorías, y mixto, es decir, basado tanto en los conocimientos como en la evaluación de competencias y habilidades. El modelo se completa con su dimensión social, para garantizar la diversidad social y territorial en el acceso al empleo público.

Los principios rectores que deben inspirar el modelo de selección tienen que pivotar básicamente en cuatro ejes: la definición de la dimensión objetiva de la selección, en cuanto a los perfiles y competencias profesionales; la agilidad y la eficiencia en los procesos selectivos, buscando además la adecuación entre las pruebas y las funciones a desarrollar; la remoción de obstáculos económicos y sociales en el acceso al empleo público; y la profesionalización de los tribunales de selección.

A la vista de la crucial importancia de las actuaciones que deben llevarse a cabo en cada uno de los ejes descritos y como cierre del modelo que se pretende dibujar con la reforma planteada, se recoge la transformación del Instituto Nacional de Administración Pública en una agencia estatal que lidere la política de selección y su ejecución de una forma más ágil y eficiente, impulsando una estructura racional y simplificada.

En tercer lugar, se pone el acento en la evaluación del desempeño, introduciendo una cultura de la responsabilidad en la gestión que debe servir para que el personal empleado público desarrolle su cometido con un claro compromiso de servicio público y ejerza de estímulo para que lo cumpla con eficacia y eficiencia.

Como complemento a esta cultura de responsabilidad y profesionalización de la gestión, la carrera horizontal constituye uno de los aspectos más novedosos de este real decreto-ley, diseñado como un modelo complementario a la estructura por niveles de los puestos de trabajo, basado en la progresión en un itinerario de tramos sin necesidad de que se produzca un cambio de puesto de trabajo.

Finalmente, otro elemento clave en la concepción de una Administración moderna orientada a la planificación, evaluación y control de las políticas públicas, consiste en la regulación de la figura del personal directivo público profesional, actor clave llamado a impulsar y pilotar las actuaciones dirigidas a plasmar en la práctica las reformas aquí planteadas. Las medidas incluidas en este real decreto-ley pretenden garantizar la profesionalización y reforzar la idoneidad, capacidad y orientación a resultados de las personas que asumen los puestos directivos.

IV

§2

Asimismo, en el marco del mismo Componente 11 del Plan de Recuperación, se incluyen una serie de objetivos, encaminados a acelerar y ampliar el despliegue de los servicios públicos locales, también a través de medios digitales como las aplicaciones; apoyar a las ciudades pequeñas en su prestación de servicios públicos; y actualizar y mejorar el padrón municipal de habitantes gestionado por las entidades locales, a través de la reforma de la ley y del Real Decreto 1690/1986, de 11 de julio, por el que se aprueba el Reglamento de Población y Demarcación Territorial de las Entidades Locales. Esta reforma irá acompañada de una evaluación de impacto, que incluirá aspectos de sostenibilidad presupuestaria.

La reforma planteada tiene, por tanto, como primer eje de actuación la mejora de la gestión del Padrón municipal de habitantes con el fin de permitir la actualización en tiempo real de los datos que obran en los padrones municipales, lo que permitirá un mejor acceso de los ciudadanos a los servicios públicos y sin duda alguna la modernización digital de las entidades locales municipales.

Asimismo, la reforma pretende incorporar como criterio de atribución competencial el principio de diferenciación, de acuerdo con la capacidad de gestión de las entidades correspondientes. Igualmente se hace preciso en virtud del citado principio de diferenciación, y de las previsiones del artículo 9.2 de nuestra Constitución, establecer un régimen especial para la gestión colaborativa de los servicios en municipios determinados de menor población, lo que facilitará la fijación de la población en estos y una mejor prestación de sus servicios públicos.

Especial importancia tiene la adaptación de la Administración Local en su conjunto a las nuevas posibilidades que permite el avance de las tecnologías de la información y la comunicación, y por tanto a la administración digital de los servicios locales, que han de verse beneficiados por el acceso a los mismos que estas nuevas posibilidades permiten a los vecinos al margen del lugar desde el que se prestan.

La reforma persigue también, recogiendo distintas iniciativas y avances ya muy extendidos en la realidad de nuestra Administración local, fomentar la participación ciudadana estableciendo medidas concretas para ello como la obligación de crear y mantener un portal de internet de participación ciudadana, así como de elaborar Planes que tengan por objeto la implementación de mecanismos digitales que faciliten la accesibilidad de los vecinos y empresas a los servicios públicos.

§2

V

Por último, el Plan de Recuperación, Transformación y Resiliencia recoge también, en su componente 24, medidas para la «Revalorización de la industria cultural», dentro de la palanca número IX, «Impulso a la industria de la cultural y el deporte». Estas medidas del componente 24 engloban una serie de reformas e inversiones orientadas a fortalecer la cadena de valor de las industrias culturales españolas, mediante el refuerzo de sus capacidades y resiliencia.

Entre las reformas de dicho componente destaca la reforma 1, relativa al «desarrollo del Estatuto del Artista, fomento de la inversión, el mecenazgo cultural y participación». Esta reforma pretende la adecuación del marco jurídico, fiscal y laboral del sector cultural, para mejorar la protección social de los agentes del sector y aumentar la participación de la inversión privada.

El cumplimiento de esta reforma constituye un hito CID (352), titulado «Entrada en vigor del Estatuto del Artista, fomento del mecenazgo y régimen de incentivos fiscales», que establece como objetivos la mejora de la regulación del mecenazgo y del régimen de incentivos fiscales, desarrollando junto con otras medidas un marco jurídico, fiscal y laboral adecuado para el sector de la cultura con el fin de mejorar la protección social de los distintos agentes del sector y aumentar la participación de las inversiones privadas.

Teniendo en cuenta la necesidad de completar la regulación de todos los aspectos del Estatuto del Artista previstos en dicha reforma, se aborda también en este real decreto-ley la actualización del régimen de incentivos fiscales al mecenazgo. En efecto, se hace necesario complementar el gasto público destinado a estas actividades con el incentivo fiscal al mecenazgo hacia estas actividades, dado que las entidades sin ánimo de lucro que trabajan en actividades de interés general cubren parcelas de nuestro estado del bienestar que las administraciones públicas no alcanzan a cubrir o que solo pueden llegar a cubrir a costes muy superiores. Resulta esencial reforzar el mecenazgo desde el apoyo fiscal, afectando a actividades muy diferentes: culturales, educativas, asistenciales, deportivas, medioambientales, de investigación, etcétera, que tienen como denominador común el hecho de ser de interés general y de ser impulsadas desde la iniciativa privada.

VI

Este real decreto-ley se estructura en una parte expositiva y una parte dispositiva que consta de cuatro libros, conformados por 129 artículos, dieciséis disposiciones adicionales, once disposiciones transitorias, una disposición derogatoria, nueve disposiciones finales y un anexo de definiciones.

En el libro primero, el título preliminar define su objeto y acoge los principios de acceso, autenticidad, confidencialidad, integridad, disponibilidad, trazabilidad, conservación e interoperabilidad que deben regir los sistemas de información de la Administración de Justicia.

§2

Determina además su ámbito de aplicación a la Administración de Justicia, a los ciudadanos y ciudadanas en sus relaciones con ella y a los y las profesionales que actúen en su ámbito, así como a las relaciones entre aquélla y el resto de las administraciones y organismos y entes públicos.

También, como novedad, define los servicios digitales que las administraciones públicas con competencias en medios materiales y personales de la Administración de Justicia han de prestar de manera equivalente y de calidad en todo el territorio del Estado, servicios que se manifiestan indispensables para el funcionamiento correcto de la Justicia, adecuado al marco jurídico material y procesal del Estado.

El título I del libro primero, bajo la rúbrica «Derechos y deberes digitales en el ámbito de la Administración de Justicia», recoge y actualiza los derechos y deberes reconocidos en la Ley 18/2011, de 5 de julio.

Como novedad destacable, se reconoce a la ciudadanía el derecho a un servicio personalizado de acceso a procedimientos, informaciones y servicios accesibles de la Administración de Justicia y se establecen una serie de servicios cuya prestación deben garantizar las administraciones públicas con competencias en medios materiales y personales de la Administración de Justicia por medios digitales, en todo el territorio del Estado. Entre otros, la itineración de expedientes electrónicos y la transmisión de documentos electrónicos entre cualesquiera órganos judiciales o fiscales; la interoperabilidad de datos entre cualesquiera tribunales, oficinas judiciales y fiscales, a los fines previstos en las leyes; servicio personalizado que facilitará el acceso a los servicios, procedimientos e informaciones accesibles de la Administración de Justicia que afecten a un ciudadano o ciudadana cuando sea parte o se le haya reconocido interés directo y legítimo; determinados portales de datos en los términos previstos en la ley, y la identificación y firma de los intervinientes en actuaciones no presenciales.

Asimismo, como otra novedad importante, se establece el derecho de las personas profesionales de la Abogacía, de la Procura y los Graduados Sociales a que los sistemas de información de la Administración de Justicia posibiliten y favorezcan la desconexión digital y la conciliación de la vida laboral, personal y familiar, con respeto a lo dispuesto en la legislación procesal.

La regulación del título I del libro primero ha tenido como guía el conjunto de principios y derechos recogidos en la recientemente adoptada Carta de Derechos Digitales, que tiene como objetivo principal la protección de los derechos de la ciudadanía en la nueva era de Internet y la Inteligencia Artificial, así como la

§2

salvaguarda de los derechos de los niños, niñas y adolescentes previstos en la Ley Orgánica 8/2021, de 4 de junio, de protección a la infancia y adolescencia frente a la violencia.

Asimismo, la Carta de Derechos de los Ciudadanos ante la Justicia, aprobada por el Pleno del Congreso el 2 de abril de 2002. El apartado 21 establecía la necesidad de que la justicia sea tecnológicamente avanzada, reconociendo el derecho «a comunicarse con la Administración de Justicia a través del correo electrónico, videoconferencia y otros medios telemáticos con arreglo a lo dispuesto en las leyes procesales». En el ámbito internacional, la Unión Europea ha desarrollado el Plan de Acción E-Justicia. Este Plan de Acción busca la mejora de la eficacia de los sistemas judiciales mediante la aplicación de las tecnologías de información y comunicación en la gestión administrativa de los procesos judiciales.

El título II del libro primero regula el acceso digital a la Administración de Justicia. La accesibilidad al sistema de Justicia es uno de los aspectos clave que la norma pretende mejorar. En este marco se engloban tres grandes previsiones.

Se mejora el concepto de sede judicial electrónica que existe en la Ley 18/2011, de 5 de julio, regulándose las características de las sedes judiciales electrónicas y sus clases, así como su contenido, servicios que han de prestar y reglas especiales de responsabilidad.

Se regula el Punto de Acceso General de la Administración de Justicia (PAGAJ), orientándolo también hacia una perspectiva de servicios a la ciudadanía. Se crea un servicio nuevo y personalizado para la ciudadanía dentro del PAGAJ, la carpeta en el ámbito de la Administración de Justicia (o Carpeta Justicia, interoperable con la Carpeta Ciudadana del Sector Público Estatal, que facilitará el acceso a los servicios y procedimientos o a la sede judicial electrónica de la Administración competente en materia de justicia donde se presten, para las personas que sean partes o interesadas). Requerirá identificación previa y los requisitos de esta se establecerán reglamentariamente, previo informe del Comité Técnico Estatal de la Administración Judicial Electrónica.

Se actualizan los sistemas de identificación y autenticación conforme a lo previsto en el Reglamento (UE) nº 910/2014 del Parlamento Europeo y del Consejo, de 23 de julio de 2014, incluyendo el establecimiento de un sistema seguro de identificación en videoconferencias, la regulación de sistemas de Código Seguro de Verificación, sistemas de firma del personal al servicio de la Administración de Justicia, normas sobre interoperabilidad e identificación y representación de la ciudadanía, así como intercambio electrónico de datos en entornos cerrados de comunicación.

Además, con el fin de mejorar la operatividad y hacer más accesible la identificación digital a personas que por diversas razones no tienen acceso a un certificado electrónico o tienen dificultad en su utilización, se articula en el ámbito de la Administración de Justicia un sistema de identificación y firma no criptográfica en actuaciones y procedimientos judiciales.

El título III del libro primero se refiere a la tramitación electrónica de los procedimientos judiciales, orientada al dato, siendo esta una de las grandes novedades de esta ley. Para conseguir la tramitación electrónica íntegra de los procedimientos, los sistemas de información y comunicación permitirán conservar traza de cualquier acceso, creación, modificación o borrado de información del ámbito jurisdiccional para todo el personal interviniente.

De la regulación contenida sobre esta materia cabe destacar los siguientes aspectos:

a) Iniciación y tramitación del procedimiento. Tanto la iniciación como la tramitación deberán ser electrónicas para aquellas personas que estén obligadas a comunicarse con la Administración de Justicia por medios electrónicos.

b) Principio general de orientación al dato.

Ya se ha dicho más arriba que los datos son clave en las políticas públicas modernas. La gestión sobre los mismos posibilitará o facilitará la interoperabilidad de los sistemas, la tramitación electrónica, la búsqueda y análisis de los datos, la anonimización y seudonimización, la elaboración de cuadros de mando, la gestión de documentos y su transformación, la publicación de información en portales de datos abiertos, la producción de actuaciones automatizadas, asistidas y proactivas, la utilización de sistemas de inteligencia artificial para la elaboración de políticas públicas, y la transmisión de los datos conforme a lo que se determine.

c) Intercambios masivos. Debido a las especiales características de aquellos o aquellas intervinientes que por diversas razones tienen un gran volumen de asuntos en los órganos judiciales.

d) Expediente judicial electrónico. Superado el concepto de la sola eliminación del papel físico, se intenta dar un paso más, como es la visión del expediente judicial electrónico como un «conjunto de conjunto de datos» estructurados que proporcionan información, incluyendo así documentos, trámites, actuaciones electrónicas o grabaciones audiovisuales correspondientes a un procedimiento judicial. Se identificarán por un número único para cada procedimiento, y tendrán un índice electrónico.

e) Documento judicial electrónico y su presentación. Basado en la regulación anterior, se presenta un nuevo concepto más amplio de documento judicial electrónico. Además, deberá contener metadatos que aseguren la interoperabilidad, así como llevar asociado un sello o firma electrónica, en el que quede constancia del órgano emisor, fecha y hora.

Del mismo modo, se prevé la forma de presentación de documentos en actuaciones orales telemáticas, en cuyo caso siempre deberá presentarse por esa misma vía incluso si se interviene en la actuación de manera no presencial.

f) Actos de comunicación por vía electrónica y Punto Común de Actos de Comunicación.

g) Actuaciones automatizadas, proactivas y asistidas. Se regulan las actuaciones automatizadas y, como subtipo de ellas, las proactivas.

Las actuaciones automatizadas se regulan haciendo previsiones específicas para su uso para tareas repetitivas y automatizables, pero también estableciendo límites. Estas actuaciones se ven especialmente facilitadas a través de la orientación al dato, que permite que algunas cuestiones que antes no se podían hacer de manera automática porque requerían que se leyera un documento, se procesara y se hicieran tareas con base en la información, se puedan ahora realizar de manera automática (por ejemplo, cálculo de plazos con base a fechas que aparecen como datos, comprobaciones automáticas de situación concursal de una empresa, en base a NIF y tipo de proceso judicial, etc.).

Igualmente se regulan, como subtipo de actuaciones automatizadas, las actuaciones proactivas, que aprovechan la información incorporada con un fin determinado, para generar efectos o avisos a otros fines distintos. Por ejemplo, notificaciones o avisos automáticos, sin necesidad de intervención manual.

Finalmente, como tipo diferenciado de las anteriores, pero con algunos requisitos en común, se definen las actuaciones asistidas, que generan un borrador total o parcial de texto, que puede servir de apoyo a la tarea del juez o jueza, magistrado o magistrada, fiscal y letrado o letrada de la Administración de Justicia, manteniendo éstos siempre pleno control sobre el texto y sin que el borrador se constituya en resolución sin la intervención del operador. Para estas tareas, es fundamental la orientación al dato (para posibilitar la generación de borradores de calidad), así como la aplicación de nuevas tecnologías, como la Inteligencia Artificial.

El título IV del libro primero regula los actos y servicios no presenciales, siendo este uno de los aspectos más identificables del real decreto-ley, ya que se ha generalizado la oportunidad de comprobar su realización de manera previa, al verse impulsados los actos y servicios así prestados por la situación provocada por la pandemia COVID-19, previéndose asimismo en la norma la realización también de manera no presencial de actos gubernativos y servicios no estrictamente jurisdiccionales.

En su articulado se definen, mediante requisitos técnicos y de garantía, los conceptos de puntos de acceso seguros y de lugares seguros, desde los que se podrá intervenir por medios telemáticos. Además, se consideran como tales algunos lugares específicos, como las oficinas judiciales.

El título V del libro primero disciplina los Registros de la Administración de Justicia y los archivos electrónicos.

En lo que se refiere al registro electrónico de datos para el contacto electrónico con la Administración de Justicia, se prevé, como servicio electrónico de la Administración de Justicia, un registro en el que los ciudadanos (voluntariamente) y los profesionales (obligatoriamente) proporcionen datos de carácter personal para el contacto electrónico.

En cuanto a los archivos en la Administración de Justicia, se prevé la creación por parte de las administraciones públicas competentes de un sistema de archivos para conservar y acceder a expedientes y documentos electrónicos, que será interoperable con los sistemas de gestión procesal, y el resto de los sistemas de archivo de conformidad con la normativa técnica aprobada en el Comité técnico estatal de la Administración judicial electrónica.

El título VI del libro primero, que lleva por rúbrica «Datos abiertos», regula el Portal de Datos de la Administración de Justicia, que debe facilitar a la ciudadanía y a los profesionales información procesada y precisa sobre la actividad, carga de trabajo y otros datos relevantes de todos los órganos, servicios y oficinas judiciales y fiscales de España, proveída por los sistemas de Justicia en los términos que defina el Comité Técnico Estatal de la Administración Judicial Electrónica. A tales efectos, la Comisión Nacional de Estadística Judicial determinará la información de estadística judicial que haya de publicarse en el Portal. Dentro de este Portal se incluirá un apartado donde la información tendrá la consideración de «dato abierto».

Se regula también lo necesario sobre las condiciones y licencias de reutilización de datos, datos automáticamente procesables e interoperabilidad de los datos abiertos.

El título VII del libro primero, manteniendo en este aspecto la estructura de la Ley 18/2011, de 5 de julio, regula la cooperación entre las administraciones con competencias en materia de Justicia, el Esquema Judicial de Interoperabilidad y Seguridad y las demás normas sobre seguridad.

Se potencia el Comité Técnico Estatal de la Administración Judicial Electrónica, como órgano de cogobernanza de la Administración digital de la Justicia y de impulso y coordinación del desarrollo de la transformación digital de la Administración de Justicia, alineado en el ejercicio de sus funciones con la Conferencia Sectorial de Justicia.

Se prevé la constitución en su seno de un Consejo Consultivo para la Transformación Digital de la Administración de Justicia, cuya creación tiene como fin favorecer que la iniciativa, diseño, desarrollo y producción de sistemas se lleven a cabo en coordinación con el sector privado y los colectivos principalmente afectados.

Se regula el Esquema Judicial de Interoperabilidad y Seguridad y se ahonda en la obligación de interoperabilidad con previsiones respecto a los Colegios profesionales y los Registros con los que se relaciona la Administración de Justicia en general, y en especial respecto a los registros electrónicos a disposición de los Registros de la Propiedad, Registros de Bienes Muebles y Registros Mercantiles, protocolos electrónicos de las Notarías y comunicaciones entre las oficinas judiciales y fiscales y el Ministerio de la Presidencia, Justicia y Relaciones con las Cortes en lo relativo a actos de cooperación jurídica internacional y comunicaciones electrónicas transfronterizas.

Por último, se dictan normas para la elaboración y actualización de la política de seguridad de la información en la Administración de Justicia y se prevé la existencia de un Subcomité de Seguridad como órgano especializado y permanente del Comité Técnico Estatal de la Administración Judicial Electrónica, y de un Centro de Operaciones de Ciberseguridad de la Administración de Justicia.

En cuanto al título VIII del libro primero, recoge las medidas de eficiencia procesal del servicio público de justicia, mediante la modificación de diferentes leyes procesales, para armonizar la regulación procesal civil, penal, contencioso-administrativa y social con el contexto de tramitación electrónica. Presentan disposiciones de enorme importancia, como la introducción de un artículo 258 bis en la Ley de Enjuiciamiento Criminal. Este artículo dispone una regla de preferencia para la realización de actos procesales mediante presencia telemática, de la que se exceptúan expresamente las actuaciones de naturaleza personal, como los interrogatorios de partes o testigos, además de las excepciones propias del Derecho Penal, preservándose además la facultad de la autoridad judicial para determinar la posible realización de cualquier acto procesal mediante presencia física.

En el ámbito del proceso contencioso-administrativo, también se aborda la modificación de la Ley 29/1998, de 13 de julio, reguladora de la Jurisdicción Contencioso-administrativa, con el objeto no solo de dotar a los juzgados y tribunales de herramientas que permitan agilizar tanto la tramitación como la resolución de los pleitos de que conocen, sino también de profundizar en el uso de medios electrónicos. A tal fin se introduce la obligación de que la remisión por la Administración a los órganos jurisdiccionales del expediente administrativo en los distintos procedimientos que regula la ley haya de realizarse en soporte electrónico y además se incorpora el deber de relacionarse con la Administración de Justicia a través de medios telemáticos o electrónicos de los funcionarios públicos que, en defensa de sus derechos estatutarios, comparezcan ante los juzgados y tribunales del orden contencioso-administrativo por sí mismos.

En cuanto a la reforma de la Ley 1/2000, de 7 de enero, de Enjuiciamiento Civil, destaca la introducción de una serie de modificaciones legislativas en las que se ha tenido especialmente en cuenta la situación y necesidades de las personas mayores, para eliminar las barreras que les impiden participar en los procesos judiciales en igualdad de condiciones, contribuyendo a la creación de un servicio público de Justicia inclusivo y amigable. Otras medidas, como la ampliación de materias que con independencia de su cuantía se tramitarán por las normas del juicio verbal, o la incorporación del procedimiento testigo, o las reformas introducidas en los procesos de familia y en la ejecución, persiguen dotar de mayor celeridad a los pleitos, sin merma alguna de las garantías procesales ni derechos de las partes.

Finalmente, en el ámbito cultural, y también en relación con el componente 24, reforma 1, del Plan de Recuperación, Transformación y Resiliencia, relativa al «desarrollo del Estatuto del Artista, fomento de la inversión, el mecenazgo cultural y participación», se aborda la regulación de la legitimación activa de las asociaciones de profesionales del arte y de la cultura en aquellos procesos que tengan por objeto la defensa en juicio de los intereses de sus asociadas y asociados cuando se detecten prácticas fraudulentas, abusos de ley o discriminación que afecten a un colectivo de profesionales. Se trata de restaurar el equilibrio contractual en un sector caracterizado, en muchas ocasiones, por la falta de capacidad negociadora de los artistas que, sin autonomía de negociación y decisión, acaban aceptando cláusulas desventajosas que, en no pocos casos, resultan nulas o abusivas.

Por lo que respecta al orden jurisdiccional social, se acomete una reforma de la Ley 36/2011, de 10 de octubre, reguladora de la jurisdicción social, que es continuadora de la realizada en la Ley 13/2009, de 3 de noviembre, de reforma de la legislación procesal para la implantación de la nueva Oficina judicial, en la que se redefinieron las competencias de los letrados o letradas de la Administración de Justicia en la dirección del proceso. Tras diez años desde la entrada en vigor de aquella ley, la presente actualiza su contenido, tomando en consideración el trabajo realizado en los juzgados en el momento presente, se optimizan recursos y se profundiza en los avances conseguidos utilizando para ello herramientas como el procedimiento testigo o la extensión de efectos.

Asimismo se introduce una modificación normativa en las distintas leyes procesales para permitir a la Abogacía General del Estado tener conocimiento y colaborar con los órganos judiciales en los procedimientos de revisión de sentencias que se sigan ante el Tribunal Supremo como consecuencia de los pronunciamientos del Tribunal Europeo de Derechos Humanos que hayan declarado que una resolución judicial ha sido dictada en violación de alguno de los derechos reconocidos en el Convenio Europeo para la Protección de los Derechos y Libertades Funda-

§2

mentales; y ello con la finalidad de que, por una parte, la Abogacía General del Estado, pueda, en el ejercicio de sus funciones de Agente del Reino de España ante el Tribunal Europeo de Derechos Humanos, informar al Comité de Ministros del Consejo de Europa de las medidas adoptadas en ejecución de las sentencias del citado Tribunal, y, por otra parte, facilitar a los órganos jurisdiccionales su tarea de dar debida consideración a lo que pueda demandar la ejecución de dichas sentencias de condena.

VII

El libro segundo se refiere a las medidas legislativas de reforma de la función pública.

El libro comienza describiendo el objeto de esta regulación, que es ordenar y definir un modelo que siente la base de una reforma de la función pública para la Administración del siglo XXI. Este pivotará, a lo largo de sus cuatro títulos, sobre cuatro elementos fundamentales, que son la planificación estratégica, el acceso al empleo público y selección del personal, la evaluación del desempeño y la carrera profesional, así como la figura del directivo público profesional.

El título I del libro segundo se refiere a la planificación estratégica de los recursos humanos, que se vincula estrechamente con la planificación plurianual de la Administración del Estado, tanto presupuestaria como funcional.

Se estructura un modelo de planificación y se recogen medidas concretas en cuanto a dos herramientas fundamentales para completar este aspecto del modelo de reforma, como son la oferta de empleo público y las relaciones de puestos de trabajo.

Se introduce igualmente como novedad que la Secretaría de Estado de Función Pública podrá convocar concursos unitarios con carácter abierto y permanente, en los que se podrán incluir puestos vacantes adscritos a departamentos ministeriales y organismos públicos con la finalidad de fomentar una mayor ocupación de las plazas y favorecer una movilidad dirigida y coordinada.

El título II del libro segundo regula el acceso y la selección. Como novedades en este ámbito, este real decreto-ley potencia la agilidad y eficiencia en los procesos selectivos, profundizando en el resto de los principios recogidos en el texto refundido de la Ley del Estatuto Básico del Empleado Público, aprobado por el Real Decreto Legislativo 5/2015, de 30 de octubre, adaptándolos al contexto actual y desafíos de futuro.

Se prevé que los procesos selectivos garanticen la conexión de los distintos tipos de pruebas objetivas a superar con las competencias requeridas para el desempeño de las funciones.

Además, los procesos de selección se desarrollarán de manera que la realización de pruebas se lleve a cabo de forma territorializada, fortaleciendo la profesionalización de los órganos de selección mediante la participación de sus miembros potenciales en actividades formativas dirigidas a la obtención o actualización de conocimientos y competencias en técnicas de selección.

El título III del libro segundo recoge el desarrollo de la regulación de la evaluación del desempeño que está ligada a la planificación estratégica, y carrera profesional, introduciendo la carrera horizontal.

La evaluación del desempeño consiste en un procedimiento en el que se lleva a cabo la valoración de la conducta profesional y la medición del cumplimiento de objetivos colectivos e individuales con la finalidad de mejorar la productividad de las diferentes unidades y la calidad de los servicios públicos.

Esta evaluación se incardinará en la planificación estratégica y tendrá en cuenta los resultados de cada unidad o centro directivo para analizar el cumplimiento de objetivos de carácter colectivo e individual.

Se prevé la participación del personal empleado público a través de la negociación colectiva de las normas en materia de evaluación del desempeño y a través de las respectivas comisiones de seguimiento.

Esta regulación no reconoce un modelo unívoco de evaluación del desempeño que sirva para todos los departamentos ministeriales y organismos públicos, pero sí determina unos principios y criterios orientadores que deben presidir todo modelo de evaluación, tanto los que ya se encuentran en funcionamiento en la actualidad, como aquellos que se quieran desarrollar en el futuro.

Entre los principios orientadores de la evaluación del desempeño destacan la mejora continua y la revisión y seguimiento periódico de los objetivos de este modelo a través de la Comisión de Coordinación de la Evaluación del Desempeño.

La evaluación del desempeño se configura como un instrumento clave para el incentivo y extensión de las mejores prácticas, tanto a nivel organizativo como individual, por tanto es obligatoria para todo el personal y tiene efectos directos en la progresión en la carrera profesional, en la acreditación de méritos para la provisión de puestos de trabajo, en la continuidad en el puesto de trabajo, en la percepción de retribuciones complementarias de carácter variable, en los términos previstos en este real decreto-ley o en el convenio colectivo de aplicación y en la valoración de las necesidades formativas, incentivando además la participación en acciones formativas voluntarias. Para el personal funcionario de la Administración del Estado, esta retribución complementaria, de carácter variable, se configura a través del complemento de desempeño que sustituirá al actual complemento de productividad una vez implementados los modelos de evaluación del desempeño.

§2

Para el personal laboral, este complemento se regulará conforme a lo que se establezca en los convenios colectivos y normativa específica de aplicación.

Todo ello sin perjuicio de las actuaciones que se puedan llevar a cabo en cada ámbito para asegurar el buen clima laboral mediante encuestas y otras herramientas que ofrezcan información relevante.

En cuanto a la carrera profesional, este real decreto-ley introduce la carrera horizontal, que consiste en el reconocimiento del desarrollo profesional mediante su progresión a través del ascenso en un sistema de tramos, definidos como las etapas sucesivas de reconocimiento del desarrollo profesional que son resultado de una evaluación objetiva y reglada, sin necesidad de cambiar de puesto de trabajo.

Los ascensos de tramo deberán tener en cuenta la trayectoria profesional y el resultado de la evaluación del desempeño, así como el cumplimiento de un itinerario de formación especializada y en su caso la participación en actividades de gestión del conocimiento, docencia o investigación.

La progresión en la carrera horizontal tiene su reflejo retributivo para el personal funcionario de carrera en un nuevo complemento de carrera que retribuye la progresión alcanzada en la misma. Para el personal laboral, será de aplicación de acuerdo con su normativa específica.

El título IV del libro segundo, finalmente, contempla la figura del personal directivo público profesional que se define como aquel que desempeña funciones directivas para el desarrollo de políticas y programas públicos, con margen de autonomía de acuerdo con los criterios e instrucciones directas de sus superiores, responsabilidad en su gestión y control del cumplimiento de los objetivos propuestos en desarrollo de los planes de actuación de la organización en la que desempeñen sus funciones.

El personal directivo público profesional se corresponde con las personas titulares de las subdirecciones generales y puestos asimilados, teniendo la consideración de puestos predirectivos los puestos correspondientes a subdirecciones generales adjuntas y aquellos que se asimilen expresamente a los anteriores.

En el sector público institucional, los puestos de personal directivo serán los previstos con tal carácter en sus estatutos y se regirán por el régimen jurídico que corresponda, pudiendo ser este administrativo o laboral.

Se establece como novedad la creación de un repertorio de puestos con el perfil de puestos referenciado a competencias y cualificaciones profesionales, así como la experiencia profesional y la debida formación requerida. Por otra parte, se prevé la creación de un directorio para facilitar la gestión del talento interno. La inscripción en este directorio tendrá carácter voluntario.

VIII

Por lo que se refiere al libro tercero, cabe resaltar que el hito número 147 del Plan de Recuperación, Transformación y Resiliencia, titulado «Entrada en vigor de la reforma de la Ley 7/1985 y de las modificaciones del Real Decreto 1690/1986, de 11 de julio, por el que se aprueba el Reglamento de Población y Demarcación Territorial de las Entidades Locales», establece como objetivos «i) acelerar y ampliar el despliegue de los servicios públicos locales, también a través de medios digitales como las aplicaciones, y ii) apoyar a las ciudades pequeñas en su prestación de servicios públicos. Las modificaciones del Real Decreto 1690/1986, de 11 de julio, por el que se aprueba el Reglamento de Población y Demarcación Territorial de las Entidades Locales actualizarán y mejorarán el censo municipal de habitantes gestionado por los municipios».

De este modo, mediante la modificación de la Ley 7/1985, de 2 de abril, Reguladora de las Bases del Régimen Local, incluida en este real decreto-ley, se da cumplimiento a los compromisos reflejados en ese hito y asumidos frente a la Unión Europea, en lo relativo a dicha disposición legal.

Así, con el fin de acelerar y ampliar el despliegue de los servicios públicos locales, también a través de medios digitales como las aplicaciones, e igualmente con el fin de cumplir con la actualización y mejora del Padrón municipal de habitantes gestionado por las entidades locales, a través de la reforma de la ley, se lleva a cabo la modificación del artículo 16 relativo al Padrón, en el que de una parte se actualizan los datos obligatorios que deben constar en la inscripción conforme a la nueva normativa en materia de extranjería, al tiempo que se concreta la obligación de que los datos relativos al domicilio habitual incluyan la correspondiente referencia catastral, siempre que ello sea posible.

Asimismo, en este artículo se recoge en una norma con rango legal la aportación de datos voluntarios, cohesionando de este modo la ley con lo dispuesto en el Reglamento de Población y Demarcación Territorial de las Entidades Locales, aprobado por el Real Decreto 1690/1986, de 11 de julio, así como con las distintas instrucciones técnicas procedentes del Instituto Nacional de Estadística.

La modificación de este artículo se complementa con la modificación del artículo 17 y de la disposición adicional séptima que se lleva a cabo también en este real decreto-ley, y con la futura modificación del citado Reglamento de Población y Demarcación Territorial de las Entidades Locales, con el fin de permitir la actualización en tiempo real de los datos que obran en los padrones, lo que permitirá a su vez un mejor acceso de los ciudadanos a los servicios públicos, y, sin duda alguna, la modernización digital del conjunto de las entidades locales.

52

Asimismo, se introduce un nuevo artículo 70 quater en el que se prevé que las entidades locales adopten las medidas necesarias para facilitar la accesibilidad de los servicios públicos a los vecinos, promoviendo la utilización de las tecnologías de la información. Para ello, elaborarán planes que tengan por objeto la implementación de mecanismos digitales que faciliten la accesibilidad de los vecinos y de las empresas a los servicios públicos. Además, deberán crear y mantener un portal de internet destinado a promover la digitalización progresiva de los servicios públicos.

Por lo que se refiere al cumplimiento del objetivo de apoyar a las ciudades pequeñas en su prestación de servicios públicos, la modificación de la Ley 7/1985, de 2 de abril, establece, de una parte, la inclusión del principio de diferenciación en la atribución de competencias a los municipios, en términos de ponderación específica de la capacidad de gestión de la entidad local a los efectos de promover las adaptaciones o medidas que procedan en tal sentido.

En segundo lugar, se dota nuevamente de contenido al artículo 28 con el fin de incluir la figura de la gestión colaborativa en el caso de los municipios de menos de 20.000 habitantes. Dicha figura, está dirigida a garantizar el cumplimiento de las competencias municipales y, esencialmente, una prestación de calidad de los servicios públicos mínimos obligatorios de manera financieramente sostenible. Para ello, se establece un elenco enunciativo de medidas que van desde la adopción de medidas de racionalización organizativa y de funcionamiento a medidas orientadas a garantizar la prestación de los servicios mínimos obligatorios a través de cualquier fórmula asociativa prevista en el ordenamiento jurídico, así como medidas dirigidas al sostenimiento del personal en común con otros municipios, o medidas de fomento orientadas al desarrollo económico y social del municipio.

IX

El libro cuarto procede a la modificación de la Ley 49/2002, de 23 de diciembre, de régimen fiscal de las entidades sin fines lucrativos y de los incentivos fiscales al mecenazgo, con el objetivo principal de mejorar los incentivos fiscales al mecenazgo, tanto si es efectuado por personas físicas, como por personas jurídicas o por no residentes.

El hito número 352 del Plan de Recuperación, Transformación y Resiliencia establece como objetivos, como se ha indicado, la mejora de la regulación del mecenazgo y del régimen de incentivos fiscales, desarrollando junto con otras medidas un marco jurídico, fiscal y laboral adecuado para el sector de la cultura con el fin de mejorar la protección social de los distintos agentes del sector y aumentar la participación de las inversiones privadas.

Con ese objetivo, se incrementan los incentivos fiscales al mecenazgo. En el caso de personas físicas, se eleva, del actual 35 % al 40 % el porcentaje de deducción aplicable con carácter general. Además, se amplía la cuantía del micromecenazgo de 150 a 250 euros, por lo que se incentiva claramente la generación de este tipo de donativos fundamentales para las entidades beneficiarias de mecenazgo, aplicando el porcentaje del 80 % a una mayor cuantía de donativos, consecuencia de ampliar la cuantía del micromecenazgo.

Por otra parte, se reduce de 4 a 3 años el número de ejercicios en los que tiene que hacer donativos a una misma entidad por importe igual o superior a los del ejercicio anterior, para acceder al incremento de 5 puntos en el porcentaje de deducción, porcentaje que queda incrementado al 45 %.

En el caso de personas jurídicas, se incrementa el porcentaje de deducción, que pasa del 35 al 40 %, para potenciar el incentivo.

Además, se reduce de cuatro a tres años el número de ejercicios durante los cuales el donante o aportante debe realizar donativos a una misma entidad por importe igual o superior a los del ejercicio inmediato anterior, con el fin de acceder al incremento de 10 puntos en el porcentaje de deducción, porcentaje que queda incrementado al 50 %.

En efecto, se modifica el porcentaje de deducción aplicable en la cuota del Impuesto sobre Sociedades, tratándose de un donante o aportante persona jurídica, en el caso de fidelización de donativos, pasando de una deducción del 40 al 50 %, con la finalidad de estimular, en mayor medida, dicha fidelización. Se persigue con ello mejorar el incentivo fiscal, incentivando la realización de donaciones continuadas, en tiempo y en cuantía, en favor de una misma entidad beneficiaria del mecenazgo, con el fin de dotar de mayor estabilidad a la financiación de este tipo de entidades y garantizar así la participación del sector privado en las actividades de interés general.

Finalmente, se incrementa en cinco puntos porcentuales, pasando del 10 al 15 %, el límite que opera sobre la base imponible del período, a efectos de determinar la base de la deducción. Este aumento de dicho límite resulta igualmente aplicable en el caso de contribuyentes del Impuesto sobre la Renta de no Residentes que operen en territorio español sin establecimiento permanente.

Se actualiza la relación de actividades económicas que, cuando sean desarrolladas por entidades sin ánimo de lucro, en cumplimiento de su objeto o finalidad específica, pueden gozar de la exención en el Impuesto sobre Sociedades, con el fin de incluir aquellas que, en la actualidad, constituyen actividades de gran relevancia para la sociedad, tales como las acciones de inserción sociolaboral de personas en riesgo de exclusión social, en aras de fortalecer los vínculos de las personas que se encuentran en estas situaciones de abandono y exclusión, con el fin de que las mismas puedan salir de situaciones no deseadas ni queridas.

§2 Por otra parte, en la misma línea, en el ámbito de la formación, resulta imprescindible incluir las actividades de «educación de altas capacidades», entre las actividades económicas susceptibles de exención en el Impuesto sobre Sociedades, con la finalidad de potenciar al máximo las capacidades de personas que demuestran un nivel de aptitud sobresaliente o una competencia que resulta muy superior en relación con un determinado grupo.

Además, se modifica el número 3º del artículo 7 de la Ley 49/2002, de 23 de diciembre, relativo a las explotaciones económicas que consistan en llevar a cabo actividades de investigación, desarrollo e innovación, con el fin de ampliar el espectro de actividades de I+D que puedan gozar de exención, así como con la finalidad de incluir, por primera vez, las actividades de innovación siempre y cuando se trate de actividades que cumplan las definiciones recogidas en el artículo 35 de la Ley 27/2014, de 27 de noviembre, del Impuesto sobre Sociedades, y no se encuentren excluidas con arreglo a lo dispuesto en el apartado 3 de dicho precepto.

Por otra parte, se incluye la cesión de uso de un bien mueble o inmueble sin contraprestación como tipología específica de donativo que puede generar la deducción prevista en la Ley 49/2002, de 23 de diciembre, pues, si bien podría considerarse encuadrada dentro de las donaciones de derechos, en muchas ocasiones la falta de una mención expresa impedía realizar estas cesiones de forma efectiva.

En línea con esta modificación, se precisa la valoración de la cesión de uso de bienes muebles o inmuebles, en la que se deberá tener en cuenta los gastos incurridos por el cedente durante cada año de cesión, los cuales hubieran sido fiscalmente deducibles de haberse cedido el uso de manera onerosa. Tales gastos deberán estar debidamente contabilizados, cuando se esté obligado a ello. En ningún caso formarán parte de la base de la deducción, los intereses de los capitales ajenos invertidos en la adquisición o mejora del bien y demás gastos de financiación.

Por otra parte, se da respuesta a una solicitud reiterada, tanto por el sector no lucrativo como por los donantes, en el sentido de considerar que no se pierde el carácter irrevocable, puro y simple de los donativos, donaciones y aportaciones en aquellos supuestos en los que el donante pudiera recibir una mención honorífica o un reconocimiento reputacional, por su mera condición de donante, siempre que tal mención o reconocimiento carezca de relevancia económica, de forma que no pueda ser considerada una contraprestación. Sin perjuicio de lo anterior, se acota el importe que pudiera recibir el donante al 15 % del valor del donativo, donación o aportación realizada, y en cualquier caso se establece un límite máximo de 25.000 euros, con la finalidad de evitar abusos y evitar que la donación pueda adquirir un carácter oneroso, no perseguido por el legislador.

A su vez, se incluye a «las prestaciones de servicios» como mecanismo para colaborar con las entidades beneficiarias del mecenazgo y coadyuvar al cumplimiento de los fines de interés general perseguidos por estas, siendo necesario dotar a este instrumento de colaboración de una mayor seguridad jurídica tanto para el colaborador como para aquellas entidades que se vayan a beneficiar del mismo.

Los convenios de colaboración garantizan este marco y ofrecen la seguridad jurídica necesaria pretendida por el legislador para este tipo de ayudas económicas, a la vez que otorgan un incentivo fiscal atractivo permitiendo la deducibilidad de los gastos incurridos en dichas prestaciones. Ahora bien, se puntualiza que las prestaciones incentivadas deben realizarse en el seno de la actividad desarrollada por el colaborador puesto que carecería de sentido que aquellas se desarrollaran al margen de su actividad y sin contar con los medios necesarios para ello, ya que supondría unos costes adicionales al colaborador y desvirtuaría por otra parte la finalidad perseguida por los convenios de colaboración.

Por otra parte, se incluyen por primera vez, de forma expresa, las ayudas en especie como mecanismo de colaboración en el marco de los convenios previstos en el artículo 25 de la Ley 49/2002, de 23 de diciembre, si bien dicho mecanismo venía siendo admitido por la doctrina administrativa.

Adicionalmente, dado que tales ayudas en especie podrían dar lugar a rentas que se pusiesen de manifiesto en sede del colaborador, en el momento de su entrega, la Ley exime de tributación tales rentas en la imposición personal del colaborador.

Finalmente, se permite que la difusión pueda ser realizada indistintamente, por el colaborador o por las entidades beneficiarias de mecenazgo, puesto que uno de los objetivos buscados por la reforma de la Ley es difundir los esfuerzos privados en actividades de interés general en el marco de los convenios de colaboración de un modo más eficaz.

Asimismo, se incorporan precisiones normativas necesarias para un adecuado funcionamiento de las entidades como por ejemplo que el pago de seguros de responsabilidad civil contratados en beneficio de patronos, representantes estatutarios y miembros de los órganos de gobierno de las entidades, no tengan el concepto de remuneración, siempre que solo cubran riesgos derivados del desempeño de tales cargos en la entidad.

X

Este real decreto-ley incluye, en su parte final, una serie de disposiciones que completan la regulación proyectada a lo largo del articulado.

§2

Se trata, en primer lugar, de previsiones a cumplir por las administraciones con competencias en materia de Justicia, tendentes a garantizar la interoperabilidad entre los sistemas, asegurar que toda la ciudadanía puedan acceder a los servicios electrónicos en igualdad de condiciones, dotar de los medios e instrumentos electrónicos necesarios a los tribunales, oficinas judiciales y oficinas fiscales para desarrollar su función eficientemente, y establecer la aplicación de las disposiciones contenidas en el libro primero en el ámbito de la jurisdicción militar, sin perjuicio de las especialidades propias de sus normas reguladoras.

Además, en las disposiciones adicionales décima, undécima y duodécima se establece el régimen de aplicación del libro segundo al personal funcionario docente, estatutario de los servicios de salud y de investigación, al personal funcionario propio de las ciudades de Ceuta y Melilla y a los entes de derecho público del sector público estatal con legislación propia y especial autonomía en materia organizativa.

A su vez, la disposición adicional decimotercera autoriza la transformación en agencia estatal del Instituto Nacional de Administración Pública, con competencias en materia de selección y formación del personal empleado público.

Con esta medida se persigue configurar el Instituto Nacional de Administración Pública como un organismo capaz de liderar una política de formación y selección cuya ejecución sea más ágil y eficiente.

Además, desde esta agencia se pretende impulsar la innovación pública en los distintos ámbitos de actuación y de promover la realización de estudios, publicaciones e investigaciones relacionadas con la Administración Pública, configurándola, así como un organismo referente y un foro permanente de encuentro, análisis, debate, investigación, experimentación y colaboración transversal en el ámbito de las políticas y de los servicios públicos.

La disposición adicional decimocuarta se dedica a los catálogos de puestos del sector público institucional estatal, y la disposición adicional decimoquinta prevé la existencia de unidades de inclusión de personas con discapacidad, como elemento de apoyo especializado en materia de inclusión del personal de este personal.

La disposición adicional decimosexta prevé que en el plazo de tres años desde la aprobación de las medidas recogidas en el libro cuarto, el Gobierno, previa consulta a las Comunidades Autónomas, deberá evaluar los efectos de su aplicación y presentar un informe al Congreso de los Diputados para evaluar el impacto de las medidas contempladas, con la finalidad de mantenerlas o modificarlas.

Las disposiciones transitorias primera y segunda regulan, por un lado, el régimen transitorio aplicable durante el tiempo de coexistencia de procedimientos en soporte papel con procedimientos tramitados exclusivamente en formato electrónico, y, por otro lado, el régimen a aplicar al expediente judicial electrónico que no cumpla con los requisitos establecidos en la presente norma.

La disposición transitoria tercera prevé la remisión del expediente administrativo electrónico en otro formato digital durante un plazo máximo de cinco años.

Por su parte, las disposiciones transitorias cuarta, quinta, sexta y séptima se ocupan de la aplicación del libro segundo al acceso al empleo público, de la vigencia de los sistemas de evaluación del desempeño que ya estuvieran implantados, de los intervalos de niveles en cada grupo y subgrupo de clasificación con carácter transitorio, incluyendo por primera vez el intervalo de niveles correspondiente al grupo B, y del régimen transitorio de retribuciones.

La disposición transitoria octava prevé que los requisitos para la designación de personal directivo público profesional y las normas aplicables al nombramiento y cese de este personal, no serán de aplicación a quienes a la fecha de la entrada en vigor de este real decreto-ley ocupen puestos considerados como de personal directivo público profesional en tanto permanezcan en tales puestos.

Finalmente, la disposición transitoria novena se refiere a la aplicación de la obligación de incluir la referencia catastral en el Padrón municipal; la décima a procedimientos o actuaciones iniciados o en tramitación en materia de funcionarios de Administración local con habilitación de carácter nacional; y la undécima, a los procedimientos de desanexión de municipios iniciados o en tramitación.

La disposición derogatoria única prevé la derogación expresa de la Ley 18/2011, de 5 de julio, así como de cualesquiera otras normas de igual o inferior rango en lo que contradigan o se opongan a lo dispuesto en el presente real decreto-ley.

A través de la disposición final primera, y también de forma coherente con las restantes modificaciones de normas procesales realizadas en el libro primero, se adapta la Ley Orgánica 2/1989, de 13 de abril, Procesal Militar, para permitir a la Abogacía General del Estado tener conocimiento, y, en su caso, intervenir, en las actuaciones procesales que se sigan en esta jurisdicción como consecuencia de los pronunciamientos del Tribunal Europeo de Derechos Humanos.

En cuanto a las disposiciones finales segunda y cuarta, modifican la Ley 24/2001, de 27 de diciembre, de Medidas Fiscales, Administrativas y del Orden Social, y la Ley 15/2015, de 2 de julio, de la Jurisdicción Voluntaria, en coherencia con la regulación proyectada en el libro primero.

Por su parte, la disposición final tercera incluye una modificación puntual de la Ley 40/2015, de 1 de octubre, de Régimen Jurídico del Sector Público, que versa sobre los requisitos que han de reunir las personas que vayan a ser nombradas Subsecretario o Director General.

La disposición final quinta modifica el Real Decreto-ley 7/2022, de 29 de marzo, sobre requisitos para garantizar la seguridad de las redes y servicios de comunicaciones electrónicas de quinta generación. Esta norma, que establece un régimen jurídico integral para garantizar que las modernas e innovadoras redes y servicios 5G se puedan desplegar y proveer en adecuadas condiciones de integridad y seguridad, incorpora en toda su extensión la Recomendación (UE) 2019/534, de 26 de marzo de 2019, de la Comisión Europea, sobre la ciberseguridad de las redes 5G, así como las recomendaciones que la Comunicación de 29 de enero de 2020 de la Comisión Europea «Despliegue seguro de la 5G en la UE - Aplicación de la caja de herramientas de la UE» (COM/2020/50 final) realizaba a los Estados miembros sobre la utilización de la «caja de herramientas».

De esta forma, se daba cumplimiento a una de las reformas (Reforma C15R2) de la Componente 15 del Plan de Recuperación, Transformación y Resiliencia dedicado a «Conectividad digital, impulso de la ciberseguridad y despliegue del 5G», estando, en concreto, prevista como Hito CID 235 «la entrada en vigor de la Ley de Ciberseguridad 5G».

No obstante, por un lado, el marco jurídico y de normativa técnica de la ciberseguridad 5G aún no está totalmente completo, en la medida en que diferentes instituciones europeas e internacionales están trabajando en aras de la aprobación de esquemas de certificación, de normas y estándares técnicos y de directrices que permitirán concretar y especificar aún más las condiciones que se estimen adecuadas para garantizar la seguridad e integridad de las redes y servicios 5G. Y, por otro, de la aplicación del citado Real Decreto-ley 7/2022, de 29 de marzo, se ha extraído la conclusión de que es necesario reforzar los controles a efectuar sobre las condiciones en las que se vienen efectuando la instalación de los distintos equipos, elementos, funciones y sistemas propios de la tecnología 5G, el despliegue de las redes 5G y la prestación de servicios de comunicaciones electrónicas 5G, en aras de alcanzar el objetivo último que persigue dicha norma, cual es, como indica su artículo 1, establecer requisitos de seguridad para la instalación, el despliegue y la explotación de redes de comunicaciones electrónicas y la prestación de servicios de comunicaciones electrónicas e inalámbricas basados en la tecnología de quinta generación (5G).

En la medida en que algunas de estas medidas adicionales de control y verificación, por su afectación al libre ejercicio de la libertad de empresa, no pueden ser establecidas y abordadas mediante el Esquema Nacional de Seguridad de las redes y servicios 5G que el propio Real Decreto-ley 7/2022, de 29 de marzo, tiene previsto que se dicte en su desarrollo, es por lo que proceder llevar a cabo una modificación del mismo.

Mediante la disposición final sexta se incluye un mandato a fin de que, en el plazo de doce meses desde la entrada en vigor del libro primero, y previa negociación colectiva, se regule el teletrabajo y el puesto de trabajo deslocalizado como modalidades de prestación de servicios a distancia en el ámbito de la Administración de Justicia.

Por último, las disposiciones finales séptima a novena se refieren al título competencial, los mandatos necesarios para el desarrollo normativo y a la entrada en vigor de la norma.

XI

El artículo 86 de la Constitución Española establece que «en caso de extraordinaria y urgente necesidad, el Gobierno podrá dictar disposiciones legislativas provisionales que tomarán la forma de Decretos-leyes y que no podrán afectar al ordenamiento de las instituciones básicas del Estado, a los derechos, deberes y libertades de los ciudadanos regulados en el Título I, al régimen de las Comunidades Autónomas ni al Derecho electoral general».

Tal como reiteradamente ha mantenido nuestro Tribunal Constitucional (SSTC 6/1983, de 4 de febrero, F. 5; 11/2002, de 17 de enero, F. 4; 137/2003, de 3 de julio, F. 3, y 189/2005, de 7 julio, F. 3; 68/2007, F. 10, y 137/2011, F. 7), el real decreto-ley constituye un instrumento constitucionalmente lícito siempre que el fin que justifica la legislación de urgencia sea subvenir a una situación concreta dentro de los objetivos gubernamentales que, por razones difíciles de prever, requiera una acción normativa inmediata en un plazo más breve que el requerido por la vía normal o por el procedimiento de urgencia para la tramitación parlamentaria de las leyes, máxime cuando la determinación de dicho procedimiento no depende del Gobierno.

De acuerdo con esa misma doctrina, la justificación del presupuesto habilitante ha de comprender dos aspectos: por un lado, la presentación explícita y razonada de los motivos de extraordinaria y urgente necesidad que han sido tenidos en cuenta por el Gobierno y, por otro lado, la explicación de la necesaria conexión que ha de existir entre la situación de urgencia definida y las medidas concretas adoptadas para subvenir a ella (SSTC 29/1982, 4 de 31 de mayo, FJ 3; 111/1983, de 2 de diciembre, FJ 5; 182/1997, de 20 de octubre, FJ 3, y 137/2003, de 3 de julio, FJ 4).

Finalmente, ha de advertirse que el hecho de que se considere una reforma estructural no impide, por sí sola, la utilización de la figura del real decreto-ley, pues, y esto es particularmente pertinente en el supuesto que se analiza, el posible carácter estructural del problema que se pretende atajar no excluye que dicho

§2

problema pueda convertirse en un momento dado en un supuesto de extraordinaria y urgente necesidad, que justifique la aprobación de un real decreto-ley, lo que deberá ser determinado atendiendo a las circunstancias concurrentes en cada caso (STC 137/2011, FJ 6; reiterado en SSTC 183/2014, FJ 5; 47/2015, FJ 5, y 139/2016, FJ 3).

A tal objeto, tanto la presente parte expositiva como el propio expediente de elaboración de la norma y su memoria de análisis de impacto normativo razonan la justificación de estas dos dimensiones en relación con las medidas adoptadas y las concretas y particulares circunstancias que concurren en su adopción mediante el presente instrumento normativo, con una explicación de las razones de extraordinaria y urgente necesidad que justifican la adopción del real decreto-ley. Estas razones, en esencia, se concretan en que la propuesta tiene por objeto la aprobación de diferentes medidas incluidas en el Plan de Recuperación, Transformación y Resiliencia; de cuya realización depende el desembolso correspondiente al cumplimiento de los hitos que representan.

En ese sentido, el artículo 24 del Reglamento (UE) 2021/241 del Parlamento Europeo y del Consejo, de 12 de febrero de 2021, por el que se establece el Mecanismo de Recuperación y Resiliencia, relativo a las «Normas sobre pagos, suspensión y resolución de acuerdos relativos a las contribuciones financieras y a los préstamos», establece que, una vez alcanzados los correspondientes hitos y objetivos convenidos que figuran en el plan de recuperación y resiliencia aprobado de conformidad con lo dispuesto en el artículo 20, el Estado miembro de que se trate deberá presentar a la Comisión una solicitud, debidamente justificada, de pago de la contribución financiera y, cuando proceda, del préstamo.

Si, como resultado de la evaluación, la Comisión determina que no se han cumplido de forma satisfactoria los hitos y objetivos establecidos en la decisión de ejecución del Consejo contemplada en el artículo 20, apartado 1, se suspenderá el pago de la totalidad o una parte de la contribución financiera y, en su caso, del préstamo.

La suspensión solo se levantará cuando el Estado miembro de que se trate haya tomado las medidas necesarias para garantizar el cumplimiento satisfactorio de los hitos y objetivos establecidos en la decisión de ejecución del Consejo. Además, el transcurso de un plazo de seis meses a partir de la suspensión, si el Estado miembro en cuestión no ha tomado las medidas necesarias, permite a la Comisión reducir proporcionalmente el importe de la contribución financiera e incluso a resolver los acuerdos alcanzados y liberar el importe de la contribución financiera, si en el plazo de dieciocho meses a partir de la fecha de adopción de la decisión de ejecución del Consejo el Estado miembro en cuestión no ha realizado avances tangibles en los hitos y objetivos pertinentes.

Igualmente, la propia Decisión de Ejecución del Consejo de 13 de julio de 2021 relativa a la aprobación de la evaluación del plan de recuperación y resiliencia de España, incluye en el apartado 4 del artículo 3 la supeditación del desembolso de los tramos a la disponibilidad de fondos y a una decisión de la Comisión, adoptada de conformidad con el artículo 24 del Reglamento (UE) 2021/241, en la que se acredite que España ha cumplido satisfactoriamente los hitos y objetivos pertinentes determinados en relación con la ejecución del Plan de Recuperación, Transformación y Resiliencia.

Esta vinculación entre la consecución de los objetivos e hitos comprometidos y el libramiento de los fondos, hasta el punto de suspender el pago de la totalidad o una parte de la contribución financiera y, en su caso, del préstamo, justifica la extraordinaria y urgente necesidad de la aprobación de estas medidas.

Con estos fines, en el libro primero del presente real decreto-ley se han incluido, de entre todas las medidas previstas en los mencionados proyectos legislativos suspendidos en su tramitación por la disolución de las Cortes y convocatoria de elecciones generales, única, exclusiva y estrictamente las medidas que, dentro siempre de los límites que la propia Constitución establece para este instrumento normativo, determinan el cumplimiento de hitos en el programa del Mecanismo para la Recuperación y la Resiliencia, las que determinan la necesidad de una norma que sustente la realización de actos procesales por medios telemáticos una vez ha desaparecido la emergencia internacional por COVID-19 y las reformas imprescindibles de carácter procesal para garantizar la imprescindible agilización en la tramitación de los procedimientos judiciales.

En este sentido, el número actual de asuntos judicializados, unido al riesgo patente de aumento de los plazos de pendencia coloca a la Administración de Justicia en una situación muy delicada que exige adoptar medidas inmediatas y efectivas, so pena de que aquélla se vea abocada a un incremento en la duración media de los asuntos e incluso un colapso de la actividad de los Tribunales, con grave afectación a los intereses de la sociedad española cuya tutela se confía a dichos órganos jurisdiccionales.

La extraordinaria y urgente necesidad de las medidas legislativas incluidas en el libro segundo de este real decreto-ley se debe igualmente al decaimiento del proyecto de Ley de Función Pública de la Administración del Estado con la convocatoria de elecciones con fecha 29 de mayo de 2023, con la consecuencia de la imposibilidad de llevar a término la aprobación definitiva de la Ley de Función Pública de la Administración del Estado en los tiempos comprometidos en el hito 148 del Plan de Recuperación, Transformación y Resiliencia. Tras la aprobación de la adenda al Plan de Recuperación, se acuerda con la Comisión Europea un marco temporal hasta el 31 de diciembre de 2023 para llevar a cabo medidas regulatorias con las que llevar a cabo la implementación de los elementos incluidos en el hito.

Parte de esos elementos gozan de reserva de ley, además de la conveniencia de que sea una norma de tal rango la que los imbrique y presente de manera cohesionada, dado que los distintos elementos de la reforma comprometida no se entienden como elementos estancos y aislados, sino como un conjunto de medidas sobre las que pivotar una ambiciosa reforma del empleo público.

Esta circunstancia, en el marco del contexto actual, hace que sea inviable acudir a cualquier instrumento legal, sea la tramitación de ley ordinaria o su tramitación de urgencia, debiendo necesariamente acudir a la herramienta excepcional del real decreto-ley para poder acometer las reformas comprometidas con la Comisión Europea en tiempo y forma.

Las mismas consideraciones son aplicables al libro tercero. La reforma de la Ley 7/1985, de 2 de abril, es imprescindible para dar cumplimiento al hito 147 del Plan, y su consecución exige acudir al instrumento del real decreto-ley.

En relación con la modificación de la Ley 49/2002, de 23 de diciembre, operada por el libro cuarto, responde a las mismas premisas, puesto que es imprescindible para dar cumplimiento al hito 352 del Plan de Recuperación, Transformación y Resiliencia. Por otro lado, es imperativo, urgente y necesario, que el tejido social cultural, educativo, investigador, siga trabajando en las actividades de interés general en las que trabaja. A menudo las entidades sin ánimo de lucro que trabajan en actividades de interés general cubren parcelas de nuestro estado del bienestar que las administraciones públicas no alcanzan a cubrir, o que solo pueden llegar a cubrir a costes muy superiores. Por ello, urge complementar el gasto público destinado a estas actividades con el incentivo fiscal al mecenazgo hacia estas actividades, dentro del marco de medidas que, de forma extraordinaria y urgente, se vienen aprobando en adaptación a la evolución económica y social, impactada aún por las consecuencias en España de la guerra en Ucrania.

Por lo que se refiere a la parte final, o bien se trata de disposiciones complementarias o modificativas, imprescindibles para hacer efectivas las medidas contenidas en el articulado, o bien participan igualmente de las mismas notas de urgencia inherentes al real decreto-ley. Así, por lo que se refiere a la modificación del Real Decreto-ley 7/2022, de 29 de marzo, debe acometerse de inmediato, ya que estas facultades adicionales de control y verificación son esenciales para que el Gobierno y el Ministerio de Transformación Digital puedan llevar a cabo una política de gestión integral de la seguridad e integridad de las redes y servicios de comunicaciones electrónicas 5G. Una vez que los operadores 5G, en aplicación de lo establecido en el Real Decreto-ley 7/2022, de 29 de marzo, han aportado a dicho Departamento una muy abundante información y documentación sobre los análisis de riesgos de sus propias redes y servicios 5G, sus planes de técnicas de mitigación de dichos riesgos y amenazas y sus estrategias de diversificación de la cadena de suministro y sus actualizaciones, y que toda esta documentación ha podido ser adecuadamente valorada y analizada por los servicios del Ministerio de Transformación Digital, se va a proceder con urgencia a desarrollar este régimen jurídico establecido en el Real Decreto-ley 7/2022, de 29 de marzo. Dicho desarrollo se realizará a través de la aprobación Esquema Nacional de Seguridad de las redes y servicios 5G y de actos de ejecución de dicha norma, de manera que para lograr un régimen coordinado y coherente que posibilite el diseño y ejecución de una política de gestión integral de la seguridad e integridad de las redes y servicios de comunicaciones electrónicas 5G, resulta imprescindible que se establezcan medidas adicionales de control y verificación en las condiciones y requisitos de la instalación de equipos, elementos, funciones y sistemas propios de la tecnología 5G, del despliegue de las redes 5G y de la prestación de servicios de comunicaciones electrónicas 5G que, unidas a las facultades, potestades y medidas ya establecidas en el Real Decreto-ley 7/2022, de 29 de marzo, posibiliten llevar a cabo un control coordinado y una gestión integral de las condiciones de seguridad en las que instalar redes y prestar servicios de comunicaciones electrónicas 5G.

Además, conviene recordar la doctrina expuesta por el Tribunal Constitucional en relación con la urgente y extraordinaria aprobación por real decreto-ley de diversas medidas para cumplir con la transposición en plazo de directivas de la Unión (cfr. SSTC 329/2005, de 15 de diciembre, y 1/2012, de 13 de enero).

En síntesis, el Tribunal Constitucional ha venido exigiendo, manteniendo un criterio restrictivo en relación con la utilización del decreto-ley que la utilización de este instrumento normativo no puede basarse en la mera razón de la existencia de un plazo cumplido, sino que junto a dicha circunstancia temporal es necesaria la concurrencia de otro tipo de factores de índole material que justifiquen una regulación normativa inmediata por el Gobierno, en particular en su STC 1/2012, de 13 de enero.

En aplicación análoga de la doctrina expuesta del Tribunal Constitucional a la regulación contenida en el presente Real decreto ley, cabe apreciar, en primer lugar, que no ofrece dudas la concurrencia en este caso del elemento temporal, pues se trata de cumplir con la obligación de aprobar una medida comprometida con la Comisión Europea en el Plan de Recuperación a fin de percibir el pago de los desembolsos correspondientes.

En segundo lugar, en cuanto al elemento material, queda acreditada la importancia objetiva de la regulación que se dispone, no solo intrínsecamente, sino por su vinculación a la ejecución del Plan de Recuperación, Transformación y Resiliencia y a la recepción de los fondos correspondientes del Mecanismo Recuperación y Resiliencia de la Unión Europea.

Prueba de ello son las exigencias contenidas en los considerandos 51 y 52 del Reglamento (UE) 2021/241 al disponer el primero de ellos que «Por razones de eficiencia y simplificación de la gestión financiera del Mecanismo, la ayuda financiera de la Unión a los planes de recuperación y resiliencia debe adoptar la forma de una financiación basada en el logro de resultados medidos por referencia a los hitos y objetivos indicados en los planes de recuperación y resiliencia aprobados. A tal fin, la ayuda adicional en forma de préstamo debe vincularse a hitos y objetivos adicionales respecto de los correspondientes a la ayuda financiera (es decir, la ayuda financiera no reembolsable)» para añadir en el 52 que «La liberación de los fondos en el marco del Mecanismo depende del cumplimiento satisfactorio por parte de los Estados miembros de los hitos y objetivos pertinentes que figuren en los planes de recuperación y resiliencia cuya evaluación debe haber recibido la aprobación del Consejo».

A mayor abundamiento, el propio Reglamento dispone que la Comisión debe presentar un informe anual al Parlamento Europeo y al Consejo sobre la aplicación del Mecanismo, informe que debe incluir información sobre los avances realizados por los Estados miembros en el marco de los planes de recuperación y resiliencia aprobados.

En definitiva, la íntima vinculación entre la consecución de los hitos y objetivos previstos en el Plan de Recuperación y la obtención de la ayuda financiera de la Unión al Plan mediante su financiación (o en su caso, préstamo), y el hecho de que la liberación de los fondos dependa del cumplimiento satisfactorio por España de los objetivos comprometidos en el Plan, justifican la adopción de las medidas contempladas en el real decreto-ley para obtener dicha ayuda financiera.

Por otro lado, todas estas medidas, singularmente las de digitalización del servicio público de Justicia, así como las procesales y en materia de función pública y tributarias, no inciden en el contenido de los derechos y libertades del título I de la Constitución Española, en el ordenamiento de las instituciones básicas del Estado, régimen de las Comunidades Autónomas o Derecho electoral general. Las medidas procesales no «afectan» a aquellos derechos, ni se refieren a los elementos estructurales o esenciales del proceso judicial, ni regulan un elemento esencial del poder judicial como institución básica del Estado. Además, en dicha regulación procesal no se altera ni se afecta a la competencia de los órganos judiciales, ni, en definitiva, supone una regulación general del derecho a la tutela judicial efectiva.

Por lo que se refiere a las medidas de carácter tributario, el Tribunal Constitucional [SSTC 35/2017, de 1 de marzo (F.J. 5º) 100/2012, de 8 de mayo (F.J. 9) 111/1983] sostiene que el sometimiento de la materia tributaria al principio de reserva de ley (artículos 31.3 y 133.1 y 3 CE) tiene carácter relativo y no absoluto, por lo que el ámbito de regulación del decreto-ley puede penetrar en la materia tributaria siempre que se den los requisitos constitucionales del presupuesto habilitante y no afecte a las materias excluidas, que implica en definitiva la imposibilidad mediante dicho instrumento de alteración del régimen general o de los elementos esenciales de los tributos, si inciden sensiblemente en la determinación de la carga tributaria o son susceptibles de afectar así al deber general de contribuir al sostenimiento de los gastos públicos de acuerdo con su riqueza mediante un sistema tributario justo.

El libro cuarto contempla modificaciones concretas y puntuales que no suponen afectación al deber de contribución al sostenimiento de los gastos públicos previsto el artículo 31.1 de la Constitución. Así, como indica la STC 73/2017, de 8 de junio, (FJ 2), «A lo que este Tribunal debe atender al interpretar el límite material del artículo 86.1 CE, es "al examen de si ha existido 'afectación' por el decreto-ley de un derecho, deber o libertad regulado en el Título I de la Constitución"»; lo que exigirá «tener en cuenta la configuración constitucional del derecho o deber afectado en cada caso y la naturaleza y alcance de la concreta regulación de que se trate» (SSTC 182/1997, FJ 8; 329/2005, FJ 8; 100/2012, FJ 9, y 35/2017, FJ 5, entre otras). En este sentido, dentro del título I de la Constitución se inserta el artículo 31.1, del que se deriva el deber de «todos» de contribuir al sostenimiento de los gastos públicos; lo que supone que uno de los deberes cuya afectación está vedada al decreto-ley es el deber de contribuir al sostenimiento de los gastos públicos. El decreto-ley «no podrá alterar ni el régimen general ni aquellos elementos esenciales de los tributos que inciden en la determinación de la carga tributaria, afectando así al deber general de los ciudadanos de contribuir al sostenimiento de los gastos públicos de acuerdo con su riqueza mediante un sistema tributario justo»; vulnera el artículo 86.1 CE, en consecuencia, «cualquier intervención o innovación normativa que, por su entidad cualitativa o cuantitativa, altere sensiblemente la posición del obligado a contribuir según su capacidad económica en el conjunto del sistema tributario» (SSTC 182/1997, FJ 7; 100/2012, FJ 9; 139/2016, FJ 6, y 35/2017, FJ 5, por todas). De conformidad con lo indicado, es preciso tener en cuenta, en cada caso, «en qué tributo concreto incide el decreto-ley –constatando su naturaleza, estructura y la función que cumple dentro del conjunto del sistema tributario, así como el grado o medida en que interviene el principio de capacidad económica–, qué elementos del mismo –esenciales o no– resultan alterados por este excepcional modo de producción normativa y, en fin, cuál es la naturaleza y alcance de la concreta regulación de que se trate» (SSTC 182/1997, FJ 7; 189/2005, FJ 7, y 83/2014, FJ 5).

XII

§2

En la elaboración y tramitación de esta norma se han observado los principios de necesidad, eficacia, proporcionalidad, seguridad jurídica, transparencia y eficiencia, exigidos por el artículo 129 de la Ley 39/2015, de 1 de octubre.

La iniciativa normativa recogida en el libro primero es necesaria para asegurar un marco jurídico que no obstaculice el desarrollo de la transformación digital de la Justicia, pero que al mismo tiempo dote este desarrollo de las necesarias garantías. La eficacia de la norma deriva de constituir el instrumento idóneo, y el único posible, para asegurar el objetivo de conseguir una plena transformación digital de la Administración de Justicia.

A su vez, gran parte del contenido del libro segundo se corresponde con el contenido del proyecto de Ley de Función Pública de la Administración del Estado, que a su vez se derivaba de la regulación sobre el régimen de función pública que requiere el texto refundido de la Ley del Estatuto Básico del Empleado Público pendiente aún de desarrollo en lo que a la Administración del Estado se refiere, configurándose como un instrumento indispensable en la conformación de un sistema de función pública coherente y completo.

Igualmente, se ha de recordar que el libro tercero busca dar respuesta al Componente 11.R1 («Reforma para la modernización y digitalización de las Administraciones Públicas») del Plan de Recuperación, Transformación y Resiliencia (Hito 147). Contiene únicamente, a estos efectos, la regulación imprescindible para dar respuesta a los compromisos europeos del Reino de España, así como a las necesidades de la ciudadanía en los términos antes expresados. En tal sentido se arbitran un conjunto de instrumentos de distinto tipo y que operan a distinto nivel, tendentes a hacer efectiva una adecuada prestación de los servicios públicos locales en los términos y con el alcance que en cada caso fijen las normas de desarrollo.

Del mismo modo, el libro cuarto contiene únicamente la regulación imprescindible para dar respuesta a los compromisos del Reino de España relativos al hito número 352 «Entrada en vigor del Estatuto del Artista, fomento del mecenazgo y régimen de incentivos fiscales», contemplando para ello una serie de medidas que procuren la mejora de la regulación del mecenazgo y del régimen de incentivos fiscales, conformando un marco jurídico, fiscal y laboral adecuado para el sector de la cultura, mejorando la protección social de los distintos agentes del sector y aumentando la participación de las inversiones privadas.

En cuanto al principio de proporcionalidad, se introduce la regulación imprescindible para la consecución, por un lado, de los objetivos perseguidos de transformación digital del servicio público de Justicia, y, por otro, de las transformaciones que requiere el sistema de función pública para adecuarse a las demandas actuales. Igualmente, con ella se persigue lograr una mejor gestión de los servicios públicos municipales mediante la digitalización de los mismos facilitando su accesibilidad por los vecinos y empresas, así como la mejora de la regulación del régimen del mecenazgo y sus incentivos fiscales.

Por lo que respecta al principio de seguridad jurídica, se introduce un sistema coherente, integrado en el marco normativo de la Unión Europea y adecuadamente imbricado con las normas procesales, de función pública, de régimen local y de regulación del mecenazgo, generándose así un marco normativo integrado y claro.

En aplicación del principio de transparencia, esta norma ha sido sometida, respecto a buena parte de su contenido, y con carácter previo a su remisión al Congreso de los Diputados como proyectos de ley, al trámite de consulta pública previa y al de audiencia pública, recogiendo numerosas aportaciones recibidas en ambos. Además, se expone claramente la motivación de la norma, a fin de que su alcance pueda ser comprendido por la ciudadanía fácilmente y en toda su extensión. Entre ellas destaca la obligación en todos los municipios de crear y mantener un Portal Web de participación ciudadana que opere como plataforma tecnológica de comunicación entre los vecinos y la Administración local.

En todo caso, debe recordarse que los trámites de consulta pública previa y de audiencia pública están exceptuados en este tipo de instrumentos normativos, con arreglo al artículo 26.11 de la Ley 50/1997, de 27 de noviembre, del Gobierno.

Por último, el real decreto-ley cumple con el principio de eficiencia, en tanto que no impone carga administrativa que no se encuentre justificada y resulte la mínima y, en todo caso, proporcionada, en atención a la particular situación existente y la necesidad de garantizar el principio de eficacia en la aplicación de las medidas adoptadas.

En su virtud, haciendo uso de la autorización contenida en el artículo 86 de la Constitución Española, a propuesta del Ministro de la Presidencia, Justicia y Relaciones con las Cortes; de la Ministra de Hacienda y Función Pública, y del Ministro de Política Territorial y Memoria Democrática, y previa deliberación del Consejo de Ministros en su reunión del día 19 de diciembre de 2023, DISPONGO:

§2

LIBRO PRIMERO
MEDIDAS DE EFICIENCIA DIGITAL Y PROCESAL DEL SERVICIO PÚBLICO DE JUSTICIA

TÍTULO PRELIMINAR
Disposiciones generales

Artículo 1. Objeto y principios.

1. El presente libro tiene por objeto regular la utilización de las tecnologías de la información por parte de los ciudadanos y ciudadanas y los y las profesionales en sus relaciones con la Administración de Justicia y en las relaciones de la Administración de Justicia con el resto de administraciones públicas, y sus organismos públicos y entidades de derecho público vinculadas y dependientes.

2. En la Administración de Justicia se utilizarán las tecnologías de la información de acuerdo con lo dispuesto en el presente real decreto-ley, asegurando la seguridad jurídica digital, el acceso, autenticidad, confidencialidad, integridad, disponibilidad, trazabilidad, conservación, portabilidad e interoperabilidad de los datos, informaciones y servicios que gestione en el ejercicio de sus funciones.

3. Las tecnologías de la información en el ámbito de la Administración de Justicia tendrán carácter instrumental de soporte y apoyo a la actividad jurisdiccional, con pleno respeto a las garantías procesales y constitucionales.

Artículo 2. Ámbito de aplicación.

El presente real decreto-ley será de aplicación a la Administración de Justicia, a los ciudadanos y ciudadanas en sus relaciones con ella y a los y las profesionales que actúen en su ámbito, así como a las relaciones entre aquélla y el resto de administraciones públicas, y sus organismos públicos y entidades públicas vinculadas y dependientes.

Las referencias generales a los ciudadanos y ciudadanas efectuadas en este real decreto-ley comprenden a las personas jurídicas y otras entidades sin personalidad jurídica, salvo en los casos en que la misma norma especifique otra cosa. Las referencias generales a los y las profesionales comprenden a las personas que ejercen la Abogacía, la Procura y a los Graduados y Graduadas Sociales, entre otros profesionales, salvo en los casos en que la misma norma especifique otra cosa.

Artículo 3. Terminología.

A los efectos del presente real decreto-ley, los términos utilizados en el mismo tendrán el significado que en su caso se determine en el propio real decreto-ley o en su anexo final.

Artículo 4. Servicios electrónicos de la Administración de Justicia.

1. En los términos previstos en este real decreto-ley, las administraciones públicas con competencia en medios materiales y personales de la Administración de Justicia garantizarán la prestación del servicio público de Justicia por medios digitales equivalentes, interoperables y con niveles de calidad equiparables, que aseguren en todo el territorio del Estado, al menos, los siguientes servicios:

a) La itineración de expedientes electrónicos y la transmisión de documentos electrónicos entre cualesquiera órganos y oficinas judiciales, fiscalía europea, u oficinas fiscales.

b) La interoperabilidad de datos entre cualesquiera órganos judiciales o fiscales, a los fines previstos en las leyes.

c) La conservación y acceso a largo plazo de los expedientes y documentos electrónicos.

d) La presentación de escritos y comunicaciones dirigidas a los órganos, oficinas judiciales y oficinas fiscales a través de un registro común para toda la Administración de Justicia, de manera complementaria e interoperable con los registros judiciales electrónicos que correspondan a una o varias oficinas judiciales en los distintos ámbitos de competencia, para aquellos usuarios externos a estos ámbitos de competencia.

e) Un Punto de Acceso General de la Administración de Justicia.

f) Un servicio personalizado, de acceso a los distintos servicios, procedimientos e informaciones accesibles de la Administración de Justicia que afecten a un ciudadano o ciudadana cuando sean parte o interesados legítimos y directos en un procedimiento o actuación judicial. A dicho servicio podrán ser accesibles a través de un servicio central, a través de las respectivas Sedes Judiciales Electrónicas de cada uno de los territorios, o a través de ambos sistemas.

g) Un registro común de datos para el contacto electrónico de ciudadanos, ciudadanas y profesionales, interoperable con los posibles registros existentes, para facilitar el contacto de los usuarios en los distintos ámbitos de competencias.

h) El acceso por parte de los y las profesionales a través de un punto común a todos los actos de comunicación de los que sean destinatarios, cualquiera que sea el órgano judicial u oficina fiscal que los haya emitido. Dicho acceso podrá realizarse a través de un punto común, a través de las respectivas Sedes Judiciales Electrónicas de cada uno de los territorios, o a través de ambos sistemas.

i) El Tablón Edictal Judicial Único.

j) Portales de datos en los términos previstos en el presente real decreto-ley.

k) Un registro interoperable en el que conste el personal al servicio de la Administración de Justicia que haya sido habilitado para la realización de determinados trámites o actuaciones en ella.

§2

l) El Registro Electrónico de Apoderamientos Judiciales.

m) La posible textualización de actuaciones orales registradas en soporte apto para la grabación y reproducción del sonido y la imagen.

n) La identificación y firma de los intervinientes en actuaciones no presenciales.

ñ) Las comunicaciones electrónicas transfronterizas relativas a actuaciones de cooperación jurídica internacional, a través de un nodo común que asegure el cumplimiento de los requisitos de interoperabilidad que se hayan convenido en el marco de la Unión Europea o, en su caso, de la normativa convencional de aplicación.

o) La identificación y firma no criptográfica en las actuaciones y procedimientos judiciales llevados a cabo por videoconferencia, y en los servicios y actuaciones no presenciales.

p) Aquellos otros servicios que se determinen por las administraciones públicas con competencias en medios materiales y personales de la Administración de Justicia, en el marco institucional de cooperación definido en el presente real decreto-ley.

Las condiciones de prestación de estos servicios se aprobarán por el Comité técnico estatal de la Administración judicial electrónica, debiendo cada Administración Pública con competencias en materias de Administración de Justicia determinar si la prestación se realiza a través de servicios comunes, a través de las respectivas sedes electrónicas de cada territorio, o a través de ambos.

2. Los sistemas empleados para la prestación de los servicios serán interoperables entre todos los órganos, oficinas judiciales y oficinas fiscales, Institutos de Medicina Legal, Instituto Nacional de Toxicología y Ciencias Forenses, oficinas de atención a las víctimas del delito y cualesquiera otras que, por razón de sus funciones o competencias, se relacionen directamente con la Administración de Justicia, con independencia del lugar donde estén radicadas.

Asimismo, deberán ser plenamente interoperables con el resto de administraciones públicas, y sus organismos públicos y entidades de derecho público vinculadas y dependientes. Igualmente, todos los sistemas empleados deberán ser plenamente accesibles electrónicamente para quienes se relacionen con la Administración de Justicia.

3. Las administraciones públicas con competencia en medios materiales y personales de la Administración de Justicia habilitarán diferentes canales o medios para la prestación de los servicios electrónicos, asegurando en todo caso y en la forma que estimen adecuada el acceso a los mismos a todos los ciudadanos y ciudadanas, con independencia de sus circunstancias personales, medios o conocimientos.

A estos fines, las administraciones competentes en materia de Justicia contarán, al menos, con los siguientes medios:

a) Oficinas de información y atención al público que, en los procedimientos en los que los ciudadanos y ciudadanas comparezcan y actúen sin asistencia letrada y sin representación procesal, pondrán a su disposición de forma libre y gratuita los medios e instrumentos precisos para ejercer los derechos reconocidos en el artículo 5 de este real decreto-ley, debiendo contar con asistencia y orientación sobre su utilización, bien a cargo del personal de las oficinas en que se ubiquen o bien por sistemas incorporados al propio medio o instrumento.

b) Sedes judiciales electrónicas creadas y gestionadas por las distintas administraciones competentes en materia de Justicia y disponibles para las relaciones de los ciudadanos y ciudadanas con la Administración de Justicia a través de redes de comunicación. Dichas sedes serán interoperables con la Carpeta Justicia y su relación se publicará por la Administración competente.

c) Servicios de atención telefónica con los criterios de seguridad y las posibilidades técnicas existentes, que faciliten a los ciudadanos y ciudadanas las relaciones con la Administración de Justicia en lo que se refiere a los servicios electrónicos mencionados en este precepto.

d) Puntos de información electrónicos, ubicados en los edificios judiciales.

TÍTULO I
Derechos y deberes digitales en el ámbito de la Administración de Justicia

Artículo 5. Derechos de los ciudadanos y ciudadanas.

1. Los ciudadanos y ciudadanas tienen derecho a relacionarse con la Administración de Justicia utilizando medios electrónicos para el ejercicio de los derechos previstos en los capítulos I y VII del título III del libro III de la Ley Orgánica 6/1985, de 1 de julio, del Poder Judicial, en la forma y con las limitaciones que en los mismos se establecen.

2. Además, los ciudadanos y ciudadanas tienen, en relación con la utilización de los medios electrónicos en la actividad judicial y en los términos previstos en el presente real decreto-ley, los siguientes derechos:

a) A un servicio público de Justicia prestado por medios digitales, en los términos establecidos en los apartados 1 y 3 del artículo 4 de este real decreto-ley.

b) A la igualdad en el acceso electrónico a los servicios de la Administración de Justicia.

c) A la calidad de los servicios públicos prestados por medios electrónicos.

d) A un servicio personalizado de acceso a procedimientos, informaciones y servicios accesibles de la Administración de Justicia en los que sean partes o interesados legítimos.

e) A elegir, entre aquellos que en cada momento se encuentren disponibles, el canal a través del cual relacionarse por medios electrónicos con la Administración de Justicia.

f) A conocer por medios electrónicos el estado de tramitación de los procedimientos en los que sean parte procesal o interesados legítimos, en los términos establecidos en la Ley Orgánica 6/1985, de 1 de julio, y en las leyes procesales.

g) A acceder y obtener copia del expediente judicial electrónico y de los documentos electrónicos que formen parte de procedimientos en los que tengan la condición de parte o acrediten interés legítimo y directo, en los términos establecidos en la Ley Orgánica 6/1985, de 1 de julio, y en las leyes procesales.

h) A la conservación por la Administración de Justicia en formato electrónico de los documentos electrónicos que formen parte de un expediente conforme a la normativa vigente en materia de archivos judiciales.

i) A utilizar los sistemas de identificación y firma electrónica ante la Administración de Justicia del documento nacional de identidad, aquellos otros dispositivos puestos a su disposición con la finalidad de facilitar su autenticación o firma de acuerdo con lo establecido el artículo 20 del presente real decreto-ley, así como aquellos otros determinados en la misma.

j) A la protección de datos de carácter personal y, en particular, a la seguridad y confidencialidad de los datos que sean objeto de tratamiento por la Administración de Justicia, en los términos establecidos en la Ley Orgánica 6/1985, de 1 de julio, y con las especialidades establecidas por esta; en el Reglamento (UE) 2016/679 del Parlamento Europeo y del Consejo, de 27 de abril de 2016, relativo a la protección de las personas físicas en lo que respecta al tratamiento de datos personales y a la libre circulación de estos datos y por el que se deroga la Directiva 95/46/CE; en la Ley Orgánica 3/2018, de 5 de diciembre, de Protección de Datos Personales y garantía de los derechos digitales; y en la Ley Orgánica 7/2021, de 26 de mayo, de protección de datos personales tratados para fines de prevención, detección, investigación y enjuiciamiento de infracciones penales y de ejecución de sanciones penales, así como los que deriven de leyes procesales.

k) A elegir las aplicaciones o sistemas para relacionarse con la Administración de Justicia siempre y cuando utilicen estándares abiertos o, en su caso, aquellos otros que sean de uso generalizado por los ciudadanos y ciudadanas y, en todo caso, siempre que sean compatibles con los que dispongan los órganos judiciales y se respeten las garantías y requisitos previstos en el procedimiento de que se trate.

l) A que las aplicaciones o sistemas para relacionarse telemáticamente con la Administración de Justicia estén disponibles en todas las lenguas oficiales del Estado en los términos previstos en el artículo 231 de la Ley Orgánica 6/1985, de 1 de julio.

3. Las personas jurídicas tienen los derechos reconocidos en el apartado 1 y en las letras a), b), c), d), f), g), h), i), j) y l) del apartado 2 de este artículo. En todo caso, estarán sujetas a las previsiones especiales que el presente real decreto-ley establezca.

Artículo 6. Derechos y deberes de los y las profesionales que se relacionen con la Administración de Justicia.

1. Los y las profesionales que se relacionen con la Administración de Justicia tienen derecho a relacionarse con la misma a través de medios electrónicos.

2. Además, respecto de la utilización de los medios electrónicos en la actividad judicial y en los términos previstos en el presente real decreto-ley, los y las profesionales que se relacionen con la Administración de Justicia tienen los siguientes derechos:

a) A acceder y conocer por medios electrónicos el estado de la tramitación de los procedimientos en los que, según conste en el procedimiento judicial, ostenten la representación procesal o asuman la defensa jurídica de parte personada o que haya acreditado interés legítimo y directo, en los términos establecidos en la Ley Orgánica 6/1985, de 1 de julio, y en las leyes procesales.

b) A acceder y obtener copia del expediente judicial electrónico y de los documentos electrónicos que formen parte de procedimientos en los que, según conste en el procedimiento judicial, ostenten la representación procesal o asuman la defensa jurídica de parte personada o que haya acreditado interés legítimo y directo, en los términos establecidos en la Ley Orgánica 6/1985, de 1 de julio, y en las leyes procesales.

c) A acceder en formato electrónico a los documentos conservados por la Administración de Justicia que formen parte de un expediente, según la normativa vigente en materia de archivos judiciales.

d) A utilizar los sistemas de identificación y firma establecidos previstos en el presente real decreto-ley y de conformidad con la misma. A tal efecto, los Consejos Generales o Superiores profesionales correspondientes deberán poner a disposición de los órganos judiciales, oficinas judiciales y oficinas fiscales los protocolos y sistemas de interconexión que permitan el acceso necesario por medios electrónicos al registro de profesionales colegiados ejercientes previsto en el artículo 10 de la Ley 2/1974, de 13 de febrero, sobre Colegios Profesionales, garantizando que en él consten sus datos profesionales, tales como nombre y apellidos de los y las

§2

profesionales colegiados, número de colegiación, títulos oficiales de los que estén en posesión, domicilio profesional y situación de habilitación profesional, y, en el caso de las sociedades profesionales, la denominación social de la misma, así como los datos de los socios otorgantes y de los y las profesionales que actúan en su seno.

e) A la garantía de la seguridad y confidencialidad y disponibilidad en el tratamiento de los datos personales realizado por la Administración de Justicia que figuren en los ficheros, sistemas y aplicaciones de la Administración de Justicia en los términos establecidos en la Ley Orgánica 6/1985, de 1 de julio, y con las especialidades establecidas por esta; en las leyes procesales, en el presente real decreto-ley, en el Reglamento (UE) 2016/679 del Parlamento Europeo y del Consejo, de 27 de abril de 2016; en la Ley Orgánica 3/2018, de 5 de diciembre; y en la Ley Orgánica 7/2021, de 26 de mayo, así como los que deriven de leyes procesales. Corresponderá a la Administración competente cumplir con las responsabilidades que, como administración prestacional, tenga atribuidas en esa materia.

f) A que los sistemas de información de la Administración de Justicia posibiliten y favorezcan la desconexión digital, de manera que permita la conciliación de la vida laboral, personal y familiar de los y las profesionales que se relacionen con la Administración de Justicia, con respeto a lo dispuesto en la legislación procesal.

Las administraciones con competencias en materia de Justicia deberán definir, mediante convenios y protocolos, los términos, medios y medidas adecuadas, en el ámbito tecnológico, para posibilitar la desconexión, la conciliación y el descanso en los períodos inhábiles procesalmente y en aquellos en que las personas profesionales de la Abogacía, la Procura y los Graduados y Graduadas Sociales estén haciendo uso de las posibilidades dispuestas a tal fin en las normas procesales.

3. Los y las profesionales que se relacionen con la Administración de Justicia, en los términos previstos en el presente real decreto-ley, tienen el deber de utilizar los medios electrónicos, las aplicaciones o los sistemas establecidos por las administraciones competentes en materia de Justicia, respetando en todo caso las garantías y requisitos previstos en el procedimiento que se trate.

4. Las administraciones competentes en materia de Justicia asegurarán el acceso de los y las profesionales a los servicios electrónicos proporcionados en su ámbito a través de puntos de acceso electrónico, consistentes en sedes judiciales electrónicas creadas y gestionadas por aquéllas y disponibles para los y las profesionales a través de redes de comunicación, en los términos previstos en el presente real decreto-ley.

Artículo 7. Uso obligatorio de medios e instrumentos electrónicos por la Administración de Justicia.

1. Los órganos y oficinas judiciales, fiscalías, y oficinas fiscales utilizarán para el desarrollo de su actividad y ejercicio de sus funciones los medios técnicos, electrónicos, informáticos y electrónicos puestos a su disposición por la Administración competente, siempre que dichos medios cumplan con los esquemas nacionales de interoperabilidad y seguridad, así como con la normativa técnica, instrucciones técnicas de seguridad, requisitos funcionales fijados por el Comité técnico estatal de la Administración judicial electrónica y normativa de protección de datos personales.

2. Las administraciones públicas con competencia en medios materiales y personales de la Administración de Justicia dotarán a los órganos y oficinas judiciales y oficinas fiscales de sistemas tecnológicos que permitan la tramitación electrónica de los procedimientos y cumplan con los requisitos definidos en el apartado anterior.

3. Las instrucciones de contenido general o singular relativas al uso de las tecnologías que el Consejo General del Poder Judicial o la Fiscalía General del Estado dirijan a los jueces y magistrados o a los fiscales, respectivamente, serán de obligado cumplimiento. Igualmente lo serán las que la persona titular de la Secretaría General de la Administración de Justicia dirija a los letrados de la Administración de Justicia.

TÍTULO II
Acceso digital a la Administración de Justicia

CAPÍTULO I
De la sede judicial electrónica

Artículo 8. Sede judicial electrónica.

1. La sede judicial electrónica es aquella dirección electrónica disponible para los ciudadanos y ciudadanas a través de redes de telecomunicaciones cuya titularidad, gestión y administración corresponde a cada una de las administraciones competentes en materia de Justicia.

2. Las sedes judiciales electrónicas se crearán mediante disposición publicada en el «Boletín Oficial del Estado» o el Boletín o Diario Oficial de la Comunidad Autónoma correspondiente, y tendrán, al menos, los siguientes contenidos:

a) Identificación de la dirección electrónica de referencia de la sede, que incluya el nombre del dominio que le otorgue la Administración competente.

b) Identificación de su titular, así como del órgano u órganos administrativos encargados de la gestión y de los servicios puestos a disposición de los ciudadanos, ciudadanas y profesionales en la misma.

c) Identificación de los canales de acceso a los servicios disponibles en la sede, con expresión, en su caso, de los teléfonos y oficinas a través de los cuales también puede accederse a los mismos.

d) Cauces disponibles para la formulación de sugerencias y quejas con respecto al servicio que presta la sede.

e) Acceso al expediente judicial electrónico, a la presentación de escritos, a la práctica de notificaciones y a la agenda de señalamientos e información, de los sistemas habilitados de videoconferencia.

3. El establecimiento de una sede judicial electrónica conlleva la responsabilidad de su titular de garantizar la integridad y actualización de la información facilitada, así como el acceso a los servicios previstos en la misma.

4. Las administraciones competentes en materia de Justicia determinarán las condiciones e instrumentos de creación de las sedes judiciales electrónicas, con sujeción a los principios de publicidad, responsabilidad, calidad, seguridad, disponibilidad, accesibilidad, neutralidad e interoperabilidad.

5. La publicación en las sedes judiciales electrónicas de informaciones, servicios y transacciones respetará los estándares abiertos y, en su caso, aquellos otros que sean de uso generalizado por los ciudadanos y ciudadanas.

6. Las sedes judiciales electrónicas se regirán, además de por lo previsto en este real decreto-ley, por lo establecido en el artículo 38 de la Ley 40/2015, de 1 de octubre, del Régimen Jurídico del Sector Público.

7. Las sedes judiciales electrónicas utilizarán comunicaciones cifradas con base en certificados cualificados de autenticación de sitios web o medio equivalente, según lo dispuesto en el Reglamento (UE) nº 910/2014 del Parlamento Europeo y del Consejo, de 23 de julio de 2014, relativo a la identificación electrónica y los servicios de confianza para las transacciones electrónicas en el mercado interior y por el que se deroga la Directiva 1999/93/CE.

8. Las direcciones electrónicas de la Administración de Justicia que tengan la condición de sedes judiciales electrónicas deberán hacerse constar de forma visible e inequívoca.

9. El instrumento de creación de la sede judicial electrónica será accesible directamente o mediante enlace a su publicación en el «Boletín Oficial del Estado» o en el de la Comunidad Autónoma correspondiente.

10. Los sistemas de información que soporten las sedes judiciales electrónicas deberán asegurar la confidencialidad, integridad, autenticidad, trazabilidad y disponibilidad de las informaciones que manejan y de los servicios prestados.

Artículo 9. Características de las sedes judiciales electrónicas y sus clases.

1. Se realizarán preferentemente a través de sedes judiciales electrónicas las actuaciones, procedimientos y servicios que requieran la autenticación de la Administración de Justicia o de los ciudadanos, ciudadanas y profesionales por medios electrónicos. Dichos servicios podrán ser accesibles desde la Carpeta Justicia en las condiciones establecidas por el Comité técnico estatal de la Administración judicial electrónica, para asegurar la completa y exacta incorporación de la información y accesos publicados en éste.

2. Las sedes judiciales electrónicas dispondrán de sistemas que permitan el establecimiento de comunicaciones seguras siempre que sean necesarias.

3. Cuando esté justificado por motivos técnicos o funcionales, se podrán crear una o varias sedes judiciales electrónicas derivadas de una sede judicial electrónica. Dichas sedes derivadas deberán resultar accesibles desde la dirección electrónica de la sede principal, sin perjuicio de que sea posible el acceso electrónico directo.

4. Las sedes judiciales electrónicas asociadas se crearán por disposición del órgano administrativo que tenga atribuida esta competencia y deberán cumplir los mismos requisitos de publicidad que las sedes judiciales electrónicas principales.

Artículo 10. Contenido y servicios de las sedes judiciales electrónicas.

1. Toda sede judicial electrónica dispondrá, al menos, de los siguientes contenidos:

a) Identificación de la sede, así como de la Administración Pública u organismos titulares y de los responsables de la gestión, de los servicios puestos a disposición en la misma y, en su caso, de las sedes de ella derivadas, así como del órgano, oficina judicial u oficina fiscal que origine la información que se deba incluir en la sede judicial electrónica.

b) Información necesaria para su correcta utilización, incluyendo el mapa de la sede judicial electrónica o información equivalente, con especificación de la estructura de navegación y las distintas secciones disponibles.

c) Relación de sistemas de identificación y firma electrónica que, conforme a lo previsto en este real decreto-ley, sean admitidos o utilizados en la sede.

d) Normas de creación del registro o registros electrónicos accesibles desde la sede.

e) Información relacionada con la protección de datos de carácter personal, incluyendo un enlace con la sede electrónica de la Agencia Española de Protección de Datos y las de las Agencias Autonómicas de Protección de Datos, asimismo, la información prevista en los artículos 13 y 14 del Reglamento (UE) 2016/679 del Parlamento Europeo y del Consejo, de 27 de abril de 2016, y cualquier otra que permita cumplir con el principio de transparencia, así como el inventario de tratamientos a que hace referencia el artículo 31.2 de la Ley Orgánica 3/2018, de 5 de diciembre.

2. Las sedes judiciales electrónicas tendrán, al menos, los siguientes servicios a disposición de los ciudadanos, ciudadanas y profesionales:

a) La relación de los servicios disponibles en la sede judicial electrónica.

b) La carta de servicios y la carta de servicios electrónicos.

c) La relación de los medios electrónicos que los ciudadanos, ciudadanas y profesionales pueden utilizar en cada supuesto en el ejercicio de su derecho a comunicarse con la Administración de Justicia.

d) Acceso al expediente judicial electrónico, a la presentación de escritos, a la práctica de actos de comunicación y a la agenda de señalamientos e información, en su caso, de los sistemas habilitados de videoconferencia.

e) Un enlace para la formulación de sugerencias y quejas ante los órganos correspondientes.

f) Acceso, en los términos establecidos en las leyes procesales, al estado de la tramitación del expediente.

g) Un enlace al Tablón Edictal Judicial único, como medio de publicación y consulta de las resoluciones y comunicaciones que por disposición legal deban fijarse en el tablón de anuncios o edictos.

h) Verificación de los sellos electrónicos de los órganos u organismos públicos que abarque la sede.

i) Comprobación de la autenticidad e integridad de los documentos emitidos por los órganos u organismos públicos que abarca la sede, que hayan sido autenticados mediante código seguro de verificación.

j) Servicios de asesoramiento electrónico al usuario para la correcta utilización de la sede.

k) La Carta de Derechos de los Ciudadanos ante la Justicia.

l) Enlace al apartado de instrucciones o gestión de cita para la solicitud de asistencia jurídica gratuita.

3. No será necesario recoger en las sedes derivadas la información y los servicios a que se refieren los apartados anteriores cuando ya figuren en la sede de la que aquéllas deriven.

4. La sede judicial electrónica garantizará el régimen de cooficialidad lingüística vigente en su territorio.

Artículo 11. Regla especial de responsabilidad.

El órgano que origine la información que se deba incluir en la sede judicial electrónica será el responsable de la veracidad e integridad de su contenido. La sede judicial electrónica establecerá los medios necesarios para que el ciudadano o ciudadana conozca si la información o servicio al que accede corresponde a la propia sede o a un punto de acceso que no tiene el carácter de sede o a un tercero.

Artículo 12. Punto de Acceso General de la Administración de Justicia.

1. El Punto de Acceso General de la Administración de Justicia será un portal orientado a los ciudadanos y ciudadanas que dispondrá de su sede electrónica que, como mínimo, contendrá la Carpeta Justicia y el directorio de las sedes judiciales electrónicas que, en este ámbito, faciliten el acceso a los servicios, procedimientos e informaciones accesibles correspondientes a la Administración de Justicia, al Consejo General del Poder Judicial, a la Fiscalía General del Estado y a los organismos públicos vinculados o dependientes de la misma, así como a las administraciones con competencias en materia de Justicia. También podrá proporcionar acceso a servicios o informaciones correspondientes a otras administraciones públicas o corporaciones que representen los intereses de los y las profesionales que se relacionan con la Administración de Justicia, mediante la celebración de los correspondientes convenios.

2. El Punto de Acceso General de la Administración de Justicia será gestionado por el Ministerio de la Presidencia, Justicia y Relaciones con las Cortes conforme a los acuerdos que se adopten en el Comité técnico estatal de la Administración judicial electrónica, con el objetivo de asegurar la completa y exacta incorporación de la información y accesos publicados en éste, de manera interoperable con los posibles puntos ubicados en los portales habilitados por cada administración competente.

3. El punto de acceso general responderá a los principios de accesibilidad universal y claridad de la información, e incluirá contenidos dirigidos a colectivos vulnerables, especialmente a niños, niñas y adolescentes, que pudieran ser de su interés.

4. El Punto de Acceso General de la Administración de Justicia ofrecerá al ciudadano o ciudadana, al menos, un servicio de consulta de expedientes en los que figure como parte en procedimientos judiciales, y en todo caso la posibilidad de conocer y acceder a recibir las notificaciones de todos los órganos judiciales.

5. Se ofrecerá a las personas jurídicas, cuyo volumen de causas pudiera dificultar una gestión a través del punto de acceso general, sistemas específicos en función de niveles de volumen de expedientes o de áreas de gestión en atención a los referidos acuerdos.

CAPÍTULO II
De la Carpeta Justicia

Artículo 13. La Carpeta en el ámbito de la Administración de Justicia.

1. La Carpeta Justicia es un servicio personalizado, que facilitará el acceso a los servicios, procedimientos e informaciones accesibles de la Administración de Justicia que afecten a un ciudadano o ciudadana cuando sea parte o justifique un interés legítimo y directo en un procedimiento o actuación judicial. Dicho servicio podrá ofrecerse a través de un sistema común, a través de las respectivas sedes judiciales electrónicas de cada uno de los territorios, o a través de ambos sistemas. Para ello el ciudadano o ciudadana y su profesional autorizado o autorizada deberá identificarse previamente en alguna de las formas previstas en este real decreto-ley.

2. Reglamentariamente, y previo informe del Comité técnico estatal de la Administración judicial electrónica, se establecerán los requisitos que deberá cumplir la Carpeta Justicia en el ámbito de todo el territorio del Estado.

3. De conformidad con los acuerdos que se adopten en el Comité técnico estatal de la Administración judicial electrónica, la Carpeta Justicia será gestionada para asegurar la completa y exacta incorporación de la información y accesos publicados en ésta, bajo responsabilidad del Ministerio de la Presidencia, Justicia y Relaciones con las Cortes.

4. En todo aquello que no esté regulado en este real decreto-ley o en su desarrollo reglamentario, se aplicarán las disposiciones reglamentarias establecidas para la Carpeta Ciudadana del Sector Público Estatal, siempre que por su naturaleza resulten compatibles.

5. La Carpeta Justicia será interoperable con la Carpeta Ciudadana del Sector Público Estatal.

Artículo 14. Responsabilidad.

1. Las administraciones públicas con competencias en materia de Justicia velarán por el cumplimiento de los principios de confidencialidad, integridad, autenticidad, trazabilidad, disponibilidad y actualización de la información y los servicios que constituyan la Carpeta Justicia, adoptando las medidas pertinentes para garantizar los mismos.

2. Los ciudadanos y ciudadanas y los y las profesionales están obligados a hacer buen uso de los servicios e informaciones disponibles en la Carpeta Justicia, estando sujetos en caso contrario a las responsabilidades que se deriven de su mal uso.

Artículo 15. Contenido de la carpeta Justicia.

1. La Carpeta Justicia deberá contener, como mínimo:

a) La información necesaria que permita a los ciudadanos y ciudadanas su utilización.

b) La relación de los servicios que pueden obtener a través de la misma.

c) Los derechos y obligaciones de los ciudadanos y ciudadanas derivados de su uso.

d) La posibilidad de verificar los accesos previos por el ciudadano o ciudadana.

e) El acceso a los expedientes judiciales en el que el ciudadano fuese parte o interesado, de conformidad con lo establecido en este real decreto-ley.

f) El acceso y firma de los actos de comunicación de la Administración de Justicia pendientes, así como el acceso a los actos de comunicación ya practicados.

g) El acceso a la información personalizada que conste en el Tablón Edictal Judicial Único.

h) La obtención y gestión de cita previa en el ámbito judicial.

i) El acceso a una agenda personalizada de actuaciones ante la Administración de Justicia.

j) El acceso a los cauces para realizar sugerencias y quejas.

Artículo 16. Acceso de los ciudadanos y ciudadanas a los servicios de la Carpeta Justicia.

1. Los sistemas informáticos asegurarán que cada vez que el ciudadano o ciudadana acceda a la Carpeta Justicia quede constancia de la información a la que haya accedido, así como de la fecha y hora de dicho acceso.

2. El ciudadano o ciudadana podrá obtener original, copia o justificante, según proceda, de los documentos, resoluciones procesales y judiciales a los que tenga acceso a través de la Carpeta Justicia.

3. El ciudadano o ciudadana podrá canalizar, a través de su Carpeta Justicia, el ejercicio de los derechos previstos en la normativa aplicable en materia de protección de datos de carácter personal.

Artículo 17. Acceso al expediente judicial electrónico.

1. La Carpeta Justicia facilitará un servicio de consulta del estado de la tramitación, así como de acceso a todos los expedientes judiciales electrónicos en los que el ciudadano o ciudadana sea parte.

2. En el marco del Comité técnico estatal de la Administración judicial electrónica podrán definirse otros perfiles para el acceso, o la consulta limitada, al estado del procedimiento o a otras informaciones y documentos por quienes, sin ser parte, justifiquen interés legítimo y directo.

§2

3. Los accesos y consultas a los que se refieren los apartados anteriores se ajustarán a lo dispuesto en las leyes procesales, con especial atención a la normativa sobre actuaciones declaradas secretas o reservadas y sobre protección de datos de carácter personal.

4. En el caso de procedimientos judiciales que no se hallen en soporte electrónico, se habilitarán igualmente servicios electrónicos de información que comprendan cuando menos el estado de la tramitación y el órgano judicial competente.

5. A los fines previstos en este artículo, los sistemas de gestión procesal serán interoperables con la Carpeta Justicia en los términos que defina el Comité técnico estatal de la Administración judicial electrónica.

Artículo 18. Cita previa.

1. Los ciudadanos y ciudadanas podrán solicitar cita previa ante los órganos y oficinas judiciales y oficinas fiscales a través de la Carpeta Justicia, así como visualizar sus citas previas señaladas en el sistema.

2. Los servicios de cita previa de las Administraciones Públicas con competencias en materias de Administración de Justicia serán interoperables con el servicio de cita previa de la Carpeta Justicia, en los términos que defina el Comité técnico estatal de la Administración judicial electrónica, sin perjuicio de la interoperabilidad que puedan mantener con otros servicios.

CAPÍTULO III
De la identificación y firma electrónicas

Sección 1ª
Disposiciones comunes de los sistemas de identificación y firma

Artículo 19. Sistemas de identificación admitidos por la Administración de Justicia.

La identificación en las actuaciones procesales y judiciales se realizará conforme a lo establecido en el artículo 9 de la Ley 39/2015, de 1 de octubre, del Procedimiento Administrativo Común de las Administraciones Públicas, y en el Reglamento (UE) nº 910/2014 del Parlamento Europeo y del Consejo, de 23 de julio de 2014, y la Ley 6/2020, de 11 de noviembre, reguladora de determinados aspectos de los servicios electrónicos de confianza, sin perjuicio del reconocimiento de los sistemas de identificación de otros países con los que la Administración de Justicia haya llegado a un acuerdo, en el marco de lo establecido por la Comisión Europea. Por vía reglamentaria podrán habilitarse otros sistemas de identificación digital.

Artículo 20. Sistemas de firma admitidos por la Administración de Justicia.

1. La firma en las actuaciones procesales y judiciales se realizará conforme a lo establecido en el artículo 10 de la Ley 39/2015, de 1 de octubre, y en el Reglamento (UE) nº 910/2014 del Parlamento Europeo y del Consejo, de 23 de julio de 2014, y la Ley 6/2020, de 11 de noviembre, sin perjuicio del reconocimiento de los sistemas de firma de otros países con los que la Administración de Justicia pueda llegar a un acuerdo, en el marco de lo establecido por la Comisión Europea. Por vía reglamentaria podrán habilitarse otros sistemas de firma.

En el marco del Comité técnico estatal de la Administración judicial electrónica podrá determinarse el nivel de firma aplicable en cada una de las actuaciones en el ámbito de la Administración de Justicia. Dicha determinación deberá realizarse en la Guía de Interoperabilidad y Seguridad de autenticación, certificados y firma electrónica, en proporción al nivel de seguridad que se estime necesario para cada clase de actuación.

2. Cuando así lo disponga expresamente la normativa reguladora aplicable, la Administración de Justicia podrá admitir los sistemas de identificación contemplados en este real decreto-ley como sistemas de firma cuando permitan acreditar la autenticidad de la expresión de la voluntad y consentimiento de los ciudadanos, ciudadanas y de los y las profesionales que se relacionan con la Administración de Justicia.

3. Cuando se utilice un sistema de firma de los previstos en este artículo para relacionarse con la Administración de Justicia, la identidad se entenderá ya acreditada mediante el propio acto de la firma.

Artículo 21. Sistemas de firma para las personas jurídicas y entidades sin personalidad jurídica.

Las personas jurídicas y las entidades sin personalidad jurídica podrán utilizar sistemas de firma electrónica con atributo de representante para todos los procedimientos y actuaciones ante la Administración de Justicia, siempre que ello sea conforme con las leyes procesales.

Artículo 22. Uso de los sistemas de identificación y firma en la Administración de Justicia.

1. La Administración de Justicia admitirá y requerirá la firma electrónica en todos los casos en que, de conformidad con las leyes procesales, los órganos judiciales requieran la firma, sin perjuicio de lo dispuesto en el artículo 29.1.

2. En los demás casos, para realizar actuaciones o acceder a servicios ante la Administración de Justicia será suficiente acreditar previamente la identidad a través de cualquiera de los medios de identificación previstos en este real decreto-ley.

§2

El régimen de acceso a los servicios electrónicos en el ámbito de la Administración de Justicia para los supuestos de sustitución entre profesionales, así como para la habilitación de sus empleados, se regulará por la respectiva Administración competente mediante disposiciones reglamentarias.

3. El uso de la firma electrónica no excluye la obligación de incluir en el documento o comunicación electrónica los datos de identificación que sean necesarios de acuerdo con la legislación aplicable.

4. Los órganos de la Administración de Justicia u organismos públicos vinculados o dependientes podrán tratar los datos personales consignados, a los efectos de la verificación de la firma.

Artículo 23. Sistema de identificación seguro en videoconferencias.

1. En los casos en que lo determine el juez o jueza o tribunal, representante del Ministerio fiscal o letrado o letrada de la Administración de Justicia que en cada caso dirija las actuaciones y procedimientos judiciales llevados a cabo por videoconferencia, o el personal al servicio de la Administración de Justicia que en ausencia de aquellos atienda la actuación o preste el servicio presencial, se podrá usar un sistema de información para la identificación y firma no criptográfica, en los términos y condiciones de uso establecidos en la regulación sobre identificación digital tanto nacional como de la Unión Europea.

2. El sistema servirá para acreditar ante cualquier órgano u oficina judicial o fiscal la identificación electrónica en el procedimiento judicial.

3. El Ministerio de la Presidencia, Justicia y Relaciones con las Cortes posibilitará la prestación de un servicio ajustado a las características indicadas en este artículo a las administraciones públicas con competencia en medios materiales y personales de la Administración de Justicia que decidan hacer uso del mismo, de conformidad con las condiciones que se determinen en el Comité técnico estatal de la Administración judicial electrónica.

Sección 2ª
Identificación y firma de la Administración de Justicia

Artículo 24. Sistemas de identificación de la Administración de Justicia.

La Administración de Justicia podrá identificarse mediante los sistemas de identificación establecidos en el artículo 40 de la Ley 40/2015, de 1 de octubre.

Artículo 25. Sistemas de firma de la Administración de Justicia.

1. La Administración de Justicia podrá hacer uso de certificados cualificados de sello electrónico de entidad contemplados en el Reglamento UE nº 910/2014

del Parlamento Europeo y del Consejo, de 23 de julio de 2014, asociados a la sede judicial o a otros órganos a los que se adscriba la sede, para generar documentos electrónicos sellados.

2. Para la identificación del ejercicio de la competencia en la actuación judicial automatizada, las administraciones públicas con competencia en medios materiales y personales de la Administración de Justicia podrán hacer uso de los siguientes sistemas de firma electrónica:

a) Certificados cualificados de sello electrónico de Administración Pública, de acuerdo con lo dispuesto en el artículo 42 de la Ley 40/2015, de 1 de octubre, o conforme a lo previsto en el Reglamento (UE) n° 910/2014 del Parlamento Europeo y del Consejo, de 23 de julio de 2014.

b) Sistemas de Código Seguro de Verificación.

3. El uso de los certificados a que se refiere el apartado anterior deberá incluir la información necesaria para determinar el ámbito organizativo, territorial o de la propia naturaleza de la actuación.

Artículo 26. Sistemas de Código Seguro de Verificación.

1. Las administraciones públicas con competencias en medios materiales y personales de la Administración de Justicia podrán gestionar sistemas de Código Seguro de Verificación que, cuando figuren en un documento electrónico o en su versión impresa, permitan el cotejo de la autenticidad e integridad del documento. El cotejo de los documentos con Código Seguro de Verificación se realizará en la sede judicial electrónica correspondiente al órgano que emitió el documento.

2. La inclusión de Códigos Seguros de Verificación en los documentos se acompañará de la dirección electrónica en la que poder realizar el cotejo.

3. Los Códigos Seguros de Verificación se codificarán de conformidad con los términos que se definan en el marco del Comité técnico estatal de la Administración judicial electrónica.

4. Se podrán establecer requisitos restrictivos de identificación o similares sobre algunos documentos, para evitar que sean accesibles únicamente por su Código Seguro de Verificación, cuando existan razones de protección de la información.

5. Se podrán habilitar mecanismos que ofrezcan el documento en una versión anonimizada. Los documentos electrónicos podrán contener medidas de seguridad tales como marcas de agua, sistemas anti-copia o versiones personalizadas de documentos que permitan detectar la persona concreta que hubiera difundido un documento de forma no autorizada.

Artículo 27. Sistemas de firma de quienes prestan servicio en la Administración de Justicia.

1. En los casos en los que el presente real decreto-ley no disponga otra cosa, la identificación y autenticación actuación del órgano u oficina fiscal, cuando utilice medios electrónicos, se realizará mediante firma electrónica del titular del órgano u oficina o funcionario o funcionaria público, de acuerdo con lo dispuesto en los siguientes apartados.

2. El Comité técnico estatal de la Administración judicial electrónica determinará los sistemas de firma que deben utilizar los y las fiscales, letrados y letradas de la Administración de Justicia y demás personal al servicio de la Administración de Justicia. Dichos sistemas podrán identificar de forma conjunta al titular y el cargo. Los sistemas de firma electrónica de jueces, juezas, magistrados y magistradas serán determinados y provistos por el Consejo General del Poder Judicial. Este podrá establecer, a través de convenios, que el proveedor sea la Administración competente.

3. Las administraciones públicas, en el ámbito de sus competencias, dotarán de sistemas de firma electrónica que cumplan lo previsto en el presente real decreto-ley a quienes tengan atribuida la defensa y representación del Estado y del sector público, a los que se refiere el artículo 551 de la Ley Orgánica 6/1985, de 1 de julio.

Sección 3ª
Interoperabilidad, identificación y representación de los ciudadanos y ciudadanas

Artículo 28. Admisión de los sistemas de firma e identificación electrónica notificados a la Comisión Europea.

Sin perjuicio de la obligación de firma electrónica prevista en el artículo 27.1 de este real decreto-ley para todos los casos en que proceda conforme a las leyes procesales, la Administración de Justicia admitirá todos los sistemas de firma e identificación electrónica incluidos en la lista publicada por la Comisión Europea en el «Diario Oficial de la Unión Europea» a la que se refiere el apartado 2 del artículo 9 del Reglamento (UE) nº 910/2014 del Parlamento Europeo y del Consejo, de 23 de julio de 2014.

Artículo 29. Identificación de los ciudadanos y ciudadanas por funcionario o funcionaria público.

1. En los supuestos en que para la realización de cualquier actuación por medios electrónicos se requiera la identificación del ciudadano o ciudadana en los términos previstos en este real decreto-ley, y estos no dispongan de tales medios, la identificación y autenticación podrá ser válidamente realizada por personal funcionario público habilitado al efecto, mediante el uso del sistema de firma electrónica del que esté dotado.

2. Para la eficacia de lo dispuesto en el apartado anterior, el ciudadano o ciudadana deberá identificarse y prestar su consentimiento expreso, debiendo quedar constancia de ello para los casos de discrepancia o litigio.

3. Si la constancia se obtiene utilizando una firma, esta podrá ser manuscrita, bien en papel, bien utilizando dispositivos técnicos idóneos para su captura que gestionen la firma con medidas de seguridad equivalentes a la firma avanzada definida en el Reglamento (UE) nº 910/2014 del Parlamento Europeo y del Consejo, de 23 de julio de 2014, y según lo establecido en la Guía de Interoperabilidad y Seguridad de Autenticación, Certificados y Firma Electrónica aprobada por el Comité técnico estatal de la Administración judicial electrónica.

Artículo 30. Intercambio electrónico de datos en entornos cerrados de comunicación.

1. Los documentos electrónicos transmitidos en entornos cerrados de comunicaciones establecidos entre administraciones con competencias en materia de Justicia, órganos y entidades de derecho público serán considerados válidos a efectos de autenticación e identificación de los emisores y receptores en las condiciones establecidas en el presente artículo.

2. Cuando los participantes en las comunicaciones pertenezcan a la Administración de Justicia, el Comité técnico estatal de la Administración judicial electrónica determinará las condiciones y garantías por las que se regirán, que al menos comprenderán la relación de emisores y receptores autorizados y la naturaleza de los datos a intercambiar.

3. Cuando los participantes pertenezcan a distintas administraciones o a entidades de derecho público, las condiciones y garantías citadas en el apartado anterior se establecerán mediante convenio.

4. En todo caso deberá garantizarse la seguridad del entorno cerrado de comunicaciones y la protección de los datos que se transmitan.

TÍTULO III
De la tramitación electrónica de los procedimientos judiciales

CAPÍTULO I
Disposiciones comunes e inicio del procedimiento

Artículo 31. Integridad y registro de actividad.

1. Los sistemas de información y comunicación empleados por la Administración de Justicia conservarán un registro de las actividades de tratamiento conforme a lo dispuesto en la normativa sobre protección de datos. Además, deberán

§2

mantener registros de, al menos, las siguientes operaciones de tratamiento en sistemas de tratamiento automatizados: recogida, alteración, consulta, comunicación, incluidas las transferencias, y combinación o supresión. Los registros harán posible determinar la justificación, la fecha y la hora de tales operaciones, así como la persona que realiza la consulta o comunicación de los datos personales y la identidad de los destinatarios o destinatarias de dichos datos.

2. Las funcionalidades a las que se refiere el apartado anterior se aplicarán a todo aquel o aquella que interactúe con el sistema, inclusive al personal en labores de administración, mantenimiento y soporte de los sistemas de información, o de inspección de los sistemas, así como a las actuaciones automatizadas y al personal de los centros de atención y soporte a usuarios y usuarias de las administraciones públicas.

3. Requerirá autorización previa del letrado o letrada de la Administración de Justicia competente, o en su caso del superior funcional del servicio, todo acceso que se lleve a cabo a los sistemas de información ya sea a las finalidades del apartado anterior, o a cualquier otra finalidad extraña o ajena o distinta del acceso ordinario que realizan los jueces y juezas, magistrados y magistradas, fiscales, letrados y letradas de la Administración de Justicia, y personal de la oficina judicial a los fines del ejercicio de la actividad jurisdiccional y de la tramitación de los procedimientos judiciales, y del que de conformidad con el presente real decreto-ley y las leyes procesales, realicen las partes, los que hayan justificado interés legítimo y directo, y los y las profesionales jurídicos en el ejercicio de la defensa técnica o de la representación procesal.

4. Cualquier acceso a los sistemas de información por los órganos competentes dependientes del Consejo General del Poder Judicial, de la Fiscalía General del Estado y del Ministerio de la Presidencia, Justicia y Relaciones con las Cortes, requerirá la puesta en conocimiento de la Administración prestacional del servicio, que deberá facilitar el acceso para el cumplimiento de las funciones de inspección y control establecidas en las leyes y su normativa de desarrollo.

Artículo 32. Actuaciones por medios electrónicos.

1. La presentación de escritos y documentos, los actos de comunicación, la consulta de expedientes judiciales o de su estado de tramitación, cualesquiera otras actuaciones y todos los servicios prestados por la Administración de Justicia se llevarán a cabo por medios electrónicos. Se exceptúa de lo anterior a las personas físicas que, conforme a las leyes procesales, no actúen representadas por Procurador. En estos casos, las personas físicas podrán elegir, en todo momento, si se comunican con la Administración de Justicia a través de medios electrónicos

o no, salvo en aquellos supuestos en los que expresamente estén obligadas a relacionarse a través de tales medios.

2. Igualmente se realizarán por medios electrónicos las comunicaciones, traslado de expedientes judiciales electrónicos, documentos y datos, y todo intercambio de información, entre órganos y oficinas judiciales y fiscales, y demás órganos, administraciones e instituciones en el ámbito de la Administración de Justicia, de apoyo o de colaboración con la misma.

Artículo 33. Inicio del procedimiento por medios electrónicos.

1. El inicio por los ciudadanos y ciudadanas de un procedimiento judicial por medios electrónicos en aquellos asuntos en los que no sea precisa la representación procesal ni la asistencia letrada, requerirá la puesta a disposición de los interesados, en la sede judicial electrónica, de los correspondientes modelos o impresos normalizados, que deberán ser accesibles sin otras restricciones tecnológicas que las estrictamente derivadas de la utilización de estándares y criterios de comunicación y seguridad aplicables de acuerdo con las normas y protocolos nacionales e internacionales.

2. En todo caso, cuando los escritos fueran presentados en papel por las personas a las que se refiere el apartado 1 del presente artículo, se procederá a su digitalización por la sección correspondiente del servicio común procesal que tenga atribuidas dichas funciones.

3. Los y las profesionales que se relacionan con la Administración de Justicia presentarán sus demandas y otros escritos por vía telemática, empleando para el escrito principal la firma electrónica establecida en este real decreto-ley.

4. Todo escrito iniciador del procedimiento deberá ir acompañado de un formulario normalizado debidamente cumplimentado en los términos que se establezcan por el Comité técnico estatal de la Administración judicial electrónica.

Artículo 34. Tramitación del procedimiento utilizando medios electrónicos.

1. La gestión electrónica de los procedimientos judiciales respetará el cumplimiento de los requisitos formales y materiales establecidos en las normas procesales.

2. Las aplicaciones y sistemas de información utilizados para la gestión por medios electrónicos de los procedimientos deberán garantizar el control de los tiempos y plazos, la identificación del órgano u oficina responsable de los procedimientos, la tramitación ordenada de los expedientes, y asimismo facilitarán la simplificación y la publicidad de los procedimientos.

3. Los sistemas de comunicación utilizados en la gestión electrónica de los procedimientos para las comunicaciones entre las unidades intervinientes en la

tramitación de las distintas fases del proceso deberán cumplir los requisitos establecidos en este real decreto-ley y en las disposiciones reglamentarias de desarrollo.

4. Cuando se utilicen medios electrónicos en la gestión del procedimiento, los actos de comunicación y notificación que hayan de practicarse se realizarán conforme a las disposiciones contenidas en este real decreto-ley.

5. La remisión de expedientes administrativos por las distintas administraciones y organismos públicos, prevista en las leyes procesales, se realizará a través de las herramientas de remisión telemática de expedientes administrativos puestas a su disposición.

CAPÍTULO II
Tramitación orientada al dato

Artículo 35. Principio general de orientación al dato.

1. Todos los sistemas de información y comunicación que se utilicen en el ámbito de la Administración de Justicia, incluso para finalidades de apoyo a las de carácter gubernativo, asegurarán la entrada, incorporación y tratamiento de la información en forma de metadatos, conforme a esquemas comunes, y en modelos de datos comunes e interoperables que posibiliten, simplifiquen y favorezcan los siguientes fines:

a) La interoperabilidad de los sistemas informáticos a disposición de la Administración de Justicia.

b) La tramitación electrónica de procedimientos judiciales.

c) La búsqueda y análisis de datos y documentos para fines jurisdiccionales y organizativos.

d) La búsqueda y análisis de datos para fines de estadística.

e) La anonimización y seudonimización de datos y documentos.

f) El uso de datos a través de cuadros de mandos o herramientas similares, por cada Administración Pública en el marco de sus competencias.

g) La gestión de documentos.

h) La autodocumentación y la transformación de los documentos.

i) La publicación de información en portales de datos abiertos.

j) La producción de actuaciones judiciales y procesales automatizadas, asistidas y proactivas, de conformidad con la ley.

k) La aplicación de técnicas de inteligencia artificial para los fines anteriores u otros que sirvan de apoyo a la función jurisdiccional, a la tramitación, en su caso, de procedimientos judiciales, y a la definición y ejecución de políticas públicas relativas a la Administración de Justicia.

l) La transmisión de datos entre órganos judiciales, administraciones públicas y asimismo con los ciudadanos y ciudadanas o personas jurídicas, de acuerdo con la ley.

m) Cualquier otra finalidad legítima de interés para la Administración de Justicia.

2. El uso de modelos de datos será obligatorio en las condiciones que se determinen por vía reglamentaria, previo informe del Comité técnico estatal de la Administración judicial electrónica, para el ámbito de todo el territorio del Estado.

Artículo 36. Intercambios orientados al dato.

1. Los sistemas informáticos y de comunicación utilizados en la Administración de Justicia posibilitarán el intercambio de información entre órganos judiciales, así como con las partes o interesados, en formato de datos estructurados.

2. La transmisión de información en modelos y estándares de datos entre órganos, oficinas judiciales y oficinas fiscales y entre estos y otros intervinientes se efectuará en los términos que se determinen en la normativa técnica de aplicación, definida por el Comité técnico estatal de la Administración judicial electrónica que en todo caso asegurarán su confiabilidad, su posible automatización y la integración en el expediente judicial electrónico para su visualización por el usuario.

3. A tal efecto, el Ministerio de la Presidencia, Justicia y Relaciones con las Cortes pondrá a disposición para la Administración que lo requiera una plataforma de interoperabilidad de datos, de cuyo funcionamiento y gestión será responsable.

4. Las Administraciones Públicas con competencias en materia de Administración de Justicia puedan intercambiar información y utilizar la información intercambiada a través de dicha plataforma, cumpliendo la normativa técnica que se establezca.

5. Las administraciones públicas con competencia en Justicia impulsarán los intercambios previstos en el apartado anterior con fines de agilización de procesos judiciales y de eficiencia procesal, desarrollando las actuaciones oportunas, entre las que podrá estar la suscripción de convenios con entidades de derecho público o sujetos de derecho privado.

6. En el marco del Comité técnico estatal de la Administración judicial electrónica se favorecerá la colaboración con otras administraciones públicas en la identificación de utilidades para el intercambio de información en formato de datos estructurados, así como en la definición de los parámetros y requisitos de compatibilidad necesarios para ello.

7. La plataforma de interoperabilidad de datos a la que se refiere el apartado 3 deberá ser plenamente interoperable con la Plataforma de Intermediación de Datos

de la Administración General del Estado, cuando los datos sean necesarios para la tramitación de alguna administración.

Artículo 37. Intercambios masivos.

1. La Administración de Justicia dispondrá de sistemas de intercambio masivo de información.

2. Los sistemas previstos en el apartado anterior podrán estar sujetos a condiciones especiales de servicio, incluso horarias, a fin de evitar la saturación de sistemas o por otras razones de eficiencia tecnológica, dentro de los términos que se definan en el Comité técnico estatal de la Administración judicial electrónica.

Las personas jurídicas, las entidades sin personalidad jurídica a las que la ley reconozca capacidad para ser parte y los colectivos de personas físicas, así como los y las profesionales de la Abogacía, Procura y Graduados y Graduadas Sociales, estarán obligados al uso de los sistemas a los que se refiere el apartado anterior en los casos y condiciones que se establezcan reglamentariamente o por normativa técnica.

3. El uso de los modelos y sistemas de presentación masiva será voluntario en el caso de personas físicas.

Artículo 38. Documentos generados y presentados de forma automatizada.

Los escritos y documentos iniciadores o de trámite presentados de forma automatizada deberán cumplir los requisitos procesales, así como los requisitos técnicos que se determinen por normativa de esa naturaleza.

CAPÍTULO III

Del documento judicial electrónico

Artículo 39. Los documentos judiciales electrónicos.

1. Tendrá la consideración de documento judicial electrónico la información de cualquier naturaleza en forma electrónica, archivada en un soporte electrónico, según un formato determinado y susceptible de identificación y tratamiento diferenciado admitido en el Esquema Judicial de Interoperabilidad y Seguridad y en las normas que lo desarrollan, y que haya sido generada, recibida o incorporada al expediente judicial electrónico por la Administración de Justicia en el ejercicio de sus funciones, con arreglo a las leyes procesales.

Todos los documentos judiciales electrónicos deberán contener metadatos que posibiliten la interoperabilidad, así como llevar asociado un sello o firma electrónica, en el que quede constancia del órgano emisor, fecha y hora de su presentación o creación, de conformidad con el Reglamento (UE) nº 910/2014 del

Parlamento Europeo y del Consejo, de 23 de julio de 2014, y con la Ley 6/2020, de 11 de noviembre.

2. Tendrá la consideración de documento público el documento judicial electrónico que, además de los requisitos anteriores, incorpore la firma electrónica del letrado o letrada de la Administración de Justicia, siempre que se produzca en el ámbito de las competencias que tuviesen asumidas conforme a las leyes procesales.

Artículo 40. Documento original y copias electrónicas.

1. Tendrán la consideración de documento original todos los documentos judiciales electrónicos emanados de los sistemas de gestión procesal y provistos de firma electrónica, así como los correspondientes a los escritos y documentos iniciadores o de trámite presentados por las partes e interesados, una vez hayan sido incorporados al expediente judicial electrónico.

También tendrán la consideración de documentos originales las resoluciones judiciales o administrativas que hubiesen sido firmadas electrónicamente por la autoridad competente para su emisión, a través de cualquiera de los sistemas legalmente establecidos, incluyendo los basados en Código Seguro de Verificación.

No tendrán la consideración de originales, a estos efectos, las copias digitalizadas de otros documentos incorporados al expediente judicial electrónico, salvo que así se declare expresamente.

2. Tendrán la consideración de copias auténticas de documentos judiciales electrónicos originales las emitidas, cualquiera que sea su soporte o cambio de formato que se produzca, bajo la firma del letrado o letrada de la Administración de Justicia, y las que se obtengan mediante actuaciones automatizadas siempre que estén provistas de sello electrónico y concurran además estos requisitos:

a) Que el documento electrónico original se encuentre en el expediente judicial electrónico.

b) Que la información de firma electrónica, y en su caso de sello electrónico cualificado, así como de su contenido, permitan comprobar la coincidencia con dicho documento.

3. Las copias previstas en el apartado anterior gozarán de la eficacia prevista en las leyes procesales, siempre que la información de firma electrónica y, en su caso, de marca de tiempo o sello electrónico cualificado, así como de su contenido, permitan comprobar la coincidencia con dicho documento.

4. También serán copias auténticas, siempre que se emitan bajo la firma del letrado o letrada de la Administración de Justicia:

a) Los documentos electrónicos generados por la oficina judicial, de acuerdo con la normativa técnica del Comité técnico estatal de la Administración judicial electrónica, sobre documentos judiciales en soporte papel que consten en los archivos judiciales.

b) La digitalización de los documentos en papel presentados por quienes no estén obligados a relacionarse con la Administración de Justicia por medios electrónicos, siempre que se realice en los términos definidos por el Comité técnico estatal de la Administración judicial electrónica, que en todo caso, garantizarán su autenticidad, integridad y la constancia de la identidad con el documento imagen, así como los establecidos en los sistemas de lo que se dejará constancia, pudiendo impugnarse su validez por los cauces procesales procedentes.

5. Las copias auténticas se expedirán siempre a partir de un original o de otra copia auténtica, y tendrán la misma validez y eficacia que los documentos originales. Esta obtención podrá hacerse de forma automatizada mediante el correspondiente sello electrónico, y, en caso de que se alterase el formato original, deberá incluirse en los metadatos la condición de copia.

6. Se podrá verificar la autenticidad e integridad de todos los documentos judiciales electrónicos, preferiblemente por medios criptográficos automatizados, siendo válidos también los sistemas basados en Código Seguro de Verificación que permitan comprobar la autenticidad de la copia mediante el acceso a los archivos electrónicos de la oficina judicial emisora. A través de las sedes judiciales electrónicas se harán públicas las direcciones de comprobación de los códigos de tales documentos.

7. No se permitirá la impresión ni expedición de documentos en formato papel, salvo cuando el letrado o letrada de la Administración de Justicia, en atención a las circunstancias concurrentes, acuerde su expedición, o se solicite por quien no venga obligado a relacionarse con la Administración de Justicia por medios electrónicos. En estos casos, el documento generado tendrá la consideración de original, siempre que contenga el Código Seguro de Verificación, para garantizar su autenticidad e integridad.

Para garantizar la identidad y contenido de las copias electrónicas o en papel, y por tanto su carácter de copias auténticas, se estará a lo previsto en el Esquema Judicial de Interoperabilidad y Seguridad, así como en la normativa técnica de desarrollo.

8. Tendrán la consideración de copias anonimizadas las obtenidas conforme a la normativa técnica definida por el Comité técnico estatal de la Administración judicial electrónica, mediante extractos del contenido del documento origen a través de la utilización de métodos electrónicos automatizados, que permitan mantener la confidencialidad de aquellos datos que se determinen.

CAPÍTULO IV
La presentación de documentos

Artículo 41. Forma de presentación de documentos.

1. Las partes o intervinientes deberán presentar todo tipo de documentos y actuaciones para su incorporación al expediente judicial electrónico en formato electrónico.

Se exceptúan de lo dispuesto en el párrafo anterior aquellos casos previstos en las leyes.

2. La presentación de los documentos en los procedimientos judiciales se ajustará a lo establecido en las leyes procesales, garantizándose en todo caso la obtención de recibo de su presentación, donde quede constancia de su contenido, fecha y hora. La presentación de estos documentos se realizará electrónicamente a través de los sistemas destinados a tal fin, pudiendo éstos incluir sistemas automatizados de presentación.

3. Cuando el documento se presente en un formato distinto al electrónico, se procederá de acuerdo con lo previsto en este real decreto-ley.

Artículo 42. Presentación de documentos por medios electrónicos.

1. La presentación de escritos y documentos, o cualesquiera otros medios o instrumentos, por medios electrónicos, incluso los que sean generados de forma automatizada, habrá de cumplir con lo dispuesto en las leyes procesales y con la normativa técnica establecida en el marco del Comité técnico estatal de la Administración judicial electrónica en las leyes procesales y, en su caso, en la normativa técnica. Deberán constar necesariamente:

a) La identidad de la persona que lo presente.

b) El órgano judicial, la oficina judicial u oficina fiscal a los que va dirigido.

c) El tipo y número de procedimiento al que se debe incorporar.

d) La fecha de presentación.

2. Los documentos que se hubiesen presentado electrónicamente deberán conservarse en un formato que permita garantizar la autenticidad, integridad y conservación del documento, así como su consulta con independencia del tiempo transcurrido desde su emisión. Se asegurará en todo caso la posibilidad de trasladar los datos a otros formatos y soportes que garanticen el acceso desde diferentes aplicaciones. La eliminación de dichos documentos deberá ser autorizada de acuerdo con lo dispuesto en la normativa aplicable sobre archivos judiciales.

3. Cuando se planteen dudas sobre la integridad de los documentos, a incluir o ya incluidos en el expediente judicial electrónico, o existan dudas derivadas de la calidad de la copia, la oficina judicial podrá requerir al presentante para que ex-

hiba el documento o la información original, con el fin de proceder a su examen y evaluar la procedencia de incorporación al expediente judicial electrónico. En caso de impugnación, se procederá conforme a lo dispuesto en las leyes procesales.

Artículo 43. Presentación de documentos en papel o en otros soportes no digitales.

1. Los documentos en papel que se aporten en cualquier momento del procedimiento, siempre que la parte que los presente no venga obligada a relacionarse electrónicamente con la Administración de Justicia, se deberán digitalizar por la oficina judicial e incorporar al expediente judicial electrónico.

La digitalización a la que se refiere el apartado anterior habrá de cumplir con la normativa técnica establecida en el marco del Comité técnico estatal de la Administración judicial electrónica, y con lo dispuesto en el presente real decreto-ley, las leyes procesales u otras normas de desarrollo.

2. Todos aquellos documentos que se encuentren en formatos distintos del papel deberán ser aportados por quien los presente en formato compatible para su incorporación al expediente judicial electrónico.

Si la persona que los presenta no está obligada a relacionarse con la Administración de Justicia por medios electrónicos, se procederá a su digitalización con los medios puestos a disposición de la oficina judicial o fiscal por la Administración competente.

3. En caso de que el documento no pueda digitalizarse debido a razones históricas, de protección del patrimonio u otras razones, o cuando su conservación así lo aconseje a juicio del letrado o letrada de la Administración de Justicia, se presentará en el formato original y se conservará por la oficina judicial en la forma que establezca la ley.

4. La persona interesada deberá hacer llegar dicha documentación al órgano judicial, la oficina judicial u oficina fiscal en la forma que establezcan las normas procesales, y deberá hacer referencia a los datos identificativos del envío electrónico al que no pudo ser adjuntado, presentando el original ante el órgano judicial en el día hábil siguiente a aquel en que se hubiera efectuado el envío electrónico del escrito, que deberá acompañar en todo caso. Si no se presentara en este plazo, el documento se tendrá por no presentado a todos los efectos.

5. Se dejará constancia en el expediente judicial electrónico, por diligencia del letrado o letrada de la Administración de Justicia, de la existencia de documentos en formato no electrónico.

6. Las administraciones públicas con competencias sobre medios materiales en la Administración de Justicia proveerán a las oficinas judiciales y oficinas fiscales de los medios necesarios para la conversión de estos documentos.

7. Los documentos presentados que no deban ser conservados serán devueltos a la persona que los hubiere presentado inmediatamente después de su digitalización. En caso de imposibilidad, se les dará el destino previsto en la normativa correspondiente sobre archivos judiciales, todo ello sin perjuicio de la previsión derivada del artículo 82.1 del presente real decreto-ley.

Artículo 44. Presentación y traslado de copias.

1. El traslado de copias entre profesionales se realizará por vía telemática de forma simultánea a la presentación telemática de escritos y documentos originales ante el tribunal, oficina judicial u oficina fiscal correspondiente.

2. Las copias que por disposición legal deban trasladarse a las partes se presentarán en formato digital, debiendo procederse conforme a lo previsto en este real decreto-ley en caso de que su destinatario no esté obligado a comunicarse por medios electrónicos con la Administración de Justicia.

3. Para ello, los y las profesionales podrán servirse de códigos de almacenamiento que garanticen la identidad, integridad e invariabilidad del contenido, lo cual será responsabilidad del profesional que lo presente.

Artículo 45. Aportación de documentos en las actuaciones orales telemáticas.

1. En las actuaciones realizadas con intervención telemática de uno o varios intervinientes, y en los actos y servicios no presenciales, las partes podrán presentar y visualizar la documentación con independencia de si su intervención se realiza por vía telemática o presencial. A tal fin, los intervinientes por vía telemática que quieran presentar documentación en el mismo acto deberán presentarla por la misma vía, incluso en los casos en los que por regla general no estén obligados a relacionarse con la Administración de Justicia por medios electrónicos, y siempre de conformidad con las normas procesales.

2. Los documentos que puedan o deban ser aportados en el momento del juicio o actuación de que se trate, se presentarán de conformidad con lo establecido en este real decreto-ley y con la normativa del Comité técnico estatal de la Administración judicial electrónica.

3. Cuando la parte que presente el documento o prueba no pudiese remitir la documentación en la forma prevista anteriormente, deberá justificar la circunstancia que impida su remisión, así como ponerlo en conocimiento del órgano judicial de manera previa a la vista o actuación, a fin de que por éste se disponga lo que proceda.

§2

Artículo 46. Acceso a la información sobre el estado de tramitación.

1. Los servicios electrónicos que faciliten a las partes y a los y las profesionales que intervienen ante la Administración de Justicia el acceso al estado de tramitación del procedimiento o la consulta del expediente judicial electrónico, garantizarán la aplicación de la normativa que pueda establecer restricciones a dicha información, con pleno respeto a lo dispuesto en el Reglamento (UE) 2016/679 del Parlamento Europeo y del Consejo, de 27 de abril de 2016; en la Ley Orgánica 3/2018, de 5 de diciembre; en la Ley Orgánica 7/2021, de 26 de mayo, y su normativa de desarrollo, con las especialidades establecidas en la Ley Orgánica 6/1985, de 1 de julio, y en las leyes procesales.

2. La información sobre el estado de tramitación del procedimiento comprenderá la relación de los actos de trámite realizados, con indicación sobre su contenido, así como la fecha en la que fueron dictadas las resoluciones.

CAPÍTULO V
Del expediente judicial electrónico

Artículo 47. Expediente judicial electrónico.

1. El expediente judicial electrónico es el conjunto ordenado de datos, documentos, trámites y actuaciones electrónicas, así como de grabaciones audiovisuales, correspondientes a un procedimiento judicial, cualquiera que sea el tipo de información que contengan y el formato en el que se hayan generado.

2. Se asignará un número de identificación general a cada expediente judicial electrónico, que será único e inalterable a lo largo de todo el proceso, permitiendo su identificación unívoca por cualquier tribunal u oficina del ámbito judicial en un entorno de intercambio de datos.

3. Todo expediente judicial electrónico tendrá un índice electrónico, firmado por la oficina judicial actuante o por procesos automatizados conforme a lo previsto en este real decreto-ley. Este índice garantizará la integridad del expediente judicial electrónico y permitirá su recuperación siempre que sea preciso, siendo admisible que un mismo documento forme parte de distintos expedientes judiciales electrónicos.

4. La remisión de expedientes se sustituirá a todos los efectos legales por la puesta a disposición del expediente judicial electrónico, pudiendo obtener copia electrónica del mismo todos aquellos que tengan derecho conforme a lo dispuesto en las normas procesales.

5. La puesta a disposición de los documentos judiciales electrónicos se realizará en la forma establecida en el presente real decreto-ley para el acceso y puesta a disposición del expediente judicial electrónico.

Artículo 48. Sistema Común de Intercambio de documentos y expedientes judiciales electrónicos.

1. El Sistema Común de Intercambio de documentos y expedientes judiciales electrónicos tendrá por objeto posibilitar la itineración de expedientes electrónicos y la transmisión de documentos electrónicos de una oficina u órgano judicial o fiscal a otro, en los casos en los que corresponda por aplicación de las leyes procesales, e independientemente de que los tribunales u oficinas implicados utilicen el mismo o distintos sistemas de gestión procesal, y estará bajo la responsabilidad y gestión del Ministerio de la Presidencia, Justicia y Relaciones con las Cortes.

2. Las Administraciones Públicas con competencias en materias de Administración de Justicia asegurarán la interoperabilidad de los sistemas de gestión procesal con el Sistema Común de Intercambio de documentos y expedientes.

3. Se establecerán sus condiciones de funcionamiento con ámbito en todo el territorio del Estado, así como los requisitos técnicos y previsiones para la interoperabilidad de los sistemas de Justicia con el mismo, por el Comité técnico estatal de la Administración judicial electrónica.

CAPÍTULO VI

De las comunicaciones electrónicas

Artículo 49. Comunicaciones electrónicas en el ámbito de la Administración de Justicia.

1. Las comunicaciones en el ámbito de la Administración de Justicia se practicarán por medios electrónicos, inclusive los actos procesales de comunicación previstos en el artículo 149 de la Ley 1/2000, de 7 de enero, de Enjuiciamiento Civil.

2. Los órganos, oficinas judiciales u oficinas fiscales llevarán a cabo las comunicaciones por otros medios cuando las personas no obligadas a relacionarse con la Administración de Justicia por medios electrónicos no elijan hacer uso de estos medios.

3. Aquellas personas que no estén obligadas a relacionarse con la Administración de Justicia por medios electrónicos podrán elegir, en cualquier momento, la manera de comunicarse con la Administración de Justicia, y que las comunicaciones sucesivas se practiquen o dejen de practicarse por medios electrónicos.

4. La persona interesada podrá identificar un dispositivo electrónico y, en su caso, una dirección de correo electrónico que servirán para el envío de información y de avisos de puesta a disposición de actos de comunicación.

5. Las comunicaciones a través de medios electrónicos se realizarán, en todo caso, con sujeción a lo dispuesto en la legislación procesal y serán válidas siempre que exista constancia de la transmisión y recepción, de sus fechas y del contenido

íntegro de las comunicaciones, y que se identifique al remitente y al destinatario de las mismas. La acreditación de la práctica del acto de comunicación se incorporará al expediente judicial electrónico.

Artículo 50. Actos procesales de comunicación por medios electrónicos. Excepciones.

1. Los actos procesales de comunicación previstos en el artículo 149 de la Ley de Enjuiciamiento Civil que se lleven a cabo por medios electrónicos se podrán practicar mediante comparecencia en la Carpeta Justicia o correspondiente sede judicial electrónica, a través de la dirección electrónica habilitada única prevista en la Ley 39/2015, de 1 de octubre, o por otros medios electrónicos que se establezcan reglamentariamente y garanticen el ejercicio de las facultades y derechos previstos en este real decreto-ley. Ello sin perjuicio de la eficacia de la comunicación cuando el destinatario se dé por enterado, conforme a lo dispuesto en el artículo 166.2 de la Ley 1/2000, de 7 de enero, de Enjuiciamiento Civil.

Se entenderá por comparecencia en la Carpeta Justicia o en la sede judicial electrónica el acceso por la persona interesada o su representante debidamente identificado al contenido del acto de comunicación.

2. En caso de que el acto de comunicación no pueda llevarse a cabo por medios electrónicos, se procederá a su práctica en las demás formas establecidas en las leyes procesales, e incorporándose al expediente judicial electrónico la información acreditativa de la práctica del acto de comunicación.

3. Todos los actos de comunicación en papel que se deban practicar a la persona interesada que no esté obligada a relacionarse telemáticamente con la Administración de Justicia, deberán ser puestos a su disposición en la Carpeta Justicia, y en su caso en la correspondiente sede judicial electrónica, para que pueda acceder a su contenido de forma voluntaria y con plenos efectos.

Artículo 51. Punto Común de Actos de Comunicación.

1. Las administraciones competentes en materia de justicia garantizarán la existencia de un Punto Común de Actos de Comunicación, en el que los y las profesionales puedan acceder a todos los actos de comunicación de los que sean destinatarios, cualquiera que sea órgano judicial, oficina judicial u oficina fiscal que los haya emitido.

2. El Punto Común de Actos de Comunicación interoperará en tiempo real y de manera automática con los sistemas de gestión procesal. Además, permitirá a los órganos judiciales acceder a todos los actos de comunicación electrónicos que desde dichos sistemas se practiquen a las partes e interesados.

3. Asimismo, el Punto Común de Actos de Comunicación interoperará con el sistema de intercambio de registros de la Administración Pública con el objeto de canalizar las comunicaciones entre los órganos de la Administración General del Estado y los órganos judiciales, oficinas judiciales y oficinas fiscales. Las Administraciones Públicas con competencias en materias de Administración de Justicia definirán el tipo de comunicaciones o avisos de comunicación que podrán ser remitidos a través de sistema de intercambio de registros de la Administración Pública, pudiendo mantener la sede judicial electrónica cómo punto preferente de acceso a la notificación.

Artículo 52. Comunicaciones masivas.

Las comunicaciones y actos de comunicación por vía electrónica podrán realizarse individualmente o de forma masiva, en los términos que se definan por el Comité técnico estatal de la Administración judicial electrónica. En este caso deberá tenerse en cuenta lo establecido en el artículo 37 del presente real decreto-ley.

Artículo 53. Comunicaciones orientadas al dato.

Los canales electrónicos utilizados para la realización de comunicaciones unidireccionales o bidireccionales estarán metadatados y orientados al dato, y asegurarán la entrada, incorporación y tratamiento de la información en forma de metadatos conforme a esquemas comunes, y en modelos de datos comunes e interoperables, a los fines previstos en el artículo 49 de este real decreto-ley.

Artículo 54. Comunicación edictal electrónica.

1. La publicación de resoluciones y actos de comunicación que por disposición legal deban fijarse en tablón de anuncios, así como la publicación de los actos de comunicación procesal que deban ser objeto de inserción en el «Boletín Oficial del Estado» o en el Boletín o Diario Oficial de la Comunidad Autónoma o de la provincia respectiva, serán sustituidas en todos los órdenes jurisdiccionales por su publicación en el Tablón Edictal Judicial Único previsto en el artículo 236 de la Ley Orgánica 6/1985, de 1 de julio.

En todo caso, el destinatario o destinataria del acto de comunicación edictal podrá obtener copia íntegra de la resolución objeto de la comunicación edictal mediante acceso a la sede judicial electrónica, previa identificación por alguno de los medios previstos en este real decreto-ley, todo ello sin perjuicio de las restricciones que pudiera establecer la normativa en materia de protección de datos.

2. El Tablón Edictal Judicial Único será publicado electrónicamente por la Agencia Estatal Boletín Oficial del Estado, en la forma que se disponga reglamentariamente impidiendo en todo caso la indexación por motores de búsqueda. A tal

efecto, la Agencia Estatal Boletín Oficial del Estado pondrá a disposición de los órganos judiciales un sistema automatizado de remisión y gestión telemática que garantizará la celeridad en la publicación de los edictos, su correcta y fiel inserción, así como la identificación del órgano remitente.

3. Las publicaciones que, en cumplimiento de lo previsto en las leyes procesales, deban hacerse en el Tablón Edictal Judicial Único serán gratuitas en todo caso, sin que proceda contraprestación económica por parte de quienes las hayan solicitado. Igualmente serán gratuitas las consultas en el tablón, así como las suscripciones que los ciudadanos y ciudadanas puedan realizar a su sistema de alertas.

Artículo 55. Comunicaciones transfronterizas.

El Ministerio de la Presidencia, Justicia y Relaciones con las Cortes establecerá un servicio o aplicación común como nodo para las comunicaciones electrónicas transfronterizas relativas a actuaciones de cooperación jurídica internacional. Deberá cumplir los requisitos de interoperabilidad que se hayan convenido en el marco de la Unión Europea o, en su caso, de la normativa convencional de aplicación, y permitir el cumplimiento de las normas sustantivas y procesales de la Unión Europea y de los Tratados o Acuerdos internacionales en vigor.

Las Comunidades Autónomas con competencia en medios personales y materiales de la Administración de Justicia asegurarán la interoperabilidad de los sistemas que establezcan con el servicio o aplicación común previsto en este artículo.

CAPÍTULO VII
De las actuaciones automatizadas, proactivas y asistidas

Artículo 56. Actuaciones automatizadas.

1. Se entiende por actuación automatizada la actuación procesal producida por un sistema de información adecuadamente programado sin necesidad de intervención humana en cada caso singular.

2. Los sistemas informáticos utilizados en la Administración de Justicia posibilitarán la automatización de las actuaciones de trámite o resolutorias simples, que no requieren interpretación jurídica. Entre otras:

a) El numerado o paginado de los expedientes.

b) La remisión de asuntos al archivo cuando se den las condiciones procesales para ello.

c) La generación de copias y certificados.

d) La generación de libros.

e) La comprobación de representaciones.

f) La declaración de firmeza, de acuerdo con la ley procesal.

3. Se entiende por actuaciones proactivas las actuaciones automatizadas, auto-iniciadas por los sistemas de información sin intervención humana, que aprovechan la información incorporada en un expediente o procedimiento de una Administración Pública con un fin determinado, para generar avisos o efectos directos a otros fines distintos, en el mismo o en otros expedientes, de la misma o de otra Administración Pública, en todo caso conformes con la ley.

En el marco del Comité técnico estatal de la Administración judicial electrónica se favorecerá la colaboración con otras administraciones públicas en la identificación de actuaciones que, en su caso, puedan ser proactivos, así como en la definición de los parámetros y requisitos de compatibilidad necesarios para ello.

4. Con relación a las actuaciones previstas en este artículo, los sistemas de la Administración de Justicia asegurarán:

a) Que todas las actuaciones automatizadas y proactivas se puedan identificar como tales, trazar y justificar.

b) Que sea posible efectuar las mismas actuaciones en forma no automatizada.

c) Que sea posible deshabilitar, revertir o dejar sin efecto las actuaciones automatizadas ya producidas.

Artículo 57. Actuaciones asistidas.

1. Se considera actuación asistida aquella para la que el sistema de información de la Administración de Justicia genera un borrador total o parcial de documento complejo basado en datos, que puede ser producido por algoritmos, y puede constituir fundamento o apoyo de una resolución judicial o procesal.

2. En ningún caso el borrador documental así generado constituirá por sí una resolución judicial o procesal, sin validación de la autoridad competente. Los sistemas de la Administración de Justicia asegurarán que el borrador documental sólo se genere a voluntad del usuario y pueda ser libre y enteramente modificado por éste.

3. La constitución de resolución judicial o procesal requerirá siempre la validación del texto definitivo, por el juez o jueza, magistrado o magistrada, fiscal o letrado o letrada de la Administración de Justicia, en el ámbito de sus respectivas competencias y bajo su responsabilidad, así como la identificación, autenticación o firma electrónica que en cada caso prevea la ley, además de los requisitos que las leyes procesales establezcan.

Artículo 58. Requisitos comunes de las actuaciones automatizadas, proactivas y asistidas.

1. En caso de actuación automatizada, asistida o proactiva podrá realizarse por el Comité técnico estatal de la Administración judicial electrónica la defini-

ción de las especificaciones, programación, mantenimiento, supervisión y control de calidad y, en su caso, la auditoría del sistema de información y de su código fuente.

2. Los criterios de decisión serán públicos y objetivos, dejando constancia de las decisiones tomadas en cada momento.

3. Los sistemas incluirán los indicadores de gestión que se establezcan por la Comisión Nacional de Estadística Judicial y el Comité técnico estatal de la Administración judicial electrónica, cada uno en el ámbito de sus competencias.

TÍTULO IV
De los actos y servicios no presenciales

CAPÍTULO I
Actuaciones judiciales y actos y servicios no presenciales

Artículo 59. Atención y servicios no presenciales.

1. La atención a los ciudadanos y ciudadanas se realizará, mediante presencia telemática, por videoconferencia u otro sistema similar, siempre que el ciudadano o ciudadana así lo interese y sea posible en función de la naturaleza del acto o información requerida y con cumplimiento de la normativa aplicable en materia de protección de datos de carácter personal.

2. La atención a los y las profesionales podrá también realizarse por presencia telemática o videoconferencia, siempre de conformidad con estos.

3. La atención al público y a los y las profesionales por videoconferencia o sistema similar requerirá la participación del ciudadano, ciudadana o profesional desde un punto de acceso seguro.

4. El personal al servicio de la Administración de Justicia deberá gestionar las citas para la atención telemática a través de un sistema que otorgue seguridad jurídica al proceso de atención y garantice la encriptación e integridad de las comunicaciones.

5. Las administraciones con competencias en Justicia garantizarán la interoperabilidad y compatibilidad de los distintos sistemas que posibiliten la presencia telemática y la videoconferencia que se utilicen en cada uno de los ámbitos territoriales de prestación del servicio público de Justicia.

Artículo 60. Regla general de identificación y firma.

1. Sin perjuicio de la identificación electrónica regulada en los artículos siguientes y de la aplicación de las normas contenidas en leyes procesales, las

personas intervinientes en una videoconferencia deberán identificarse al inicio del acto.

El juez o jueza, magistrado o magistrada, representante del Ministerio fiscal o letrado o letrada de la Administración de Justicia que dirija el acto o actuación adoptará las disposiciones oportunas a tal fin.

Cuando la actuación no sea dirigida por los anteriores, el funcionario público que provea el servicio asegurará que los intervinientes se identifiquen al inicio.

2. Asimismo, el acceso de ciudadanos, ciudadanas y los y las profesionales a aquellas actuaciones judiciales y procesales celebradas por videoconferencia en las que sean parte o tengan un interés legítimo y directo, se realizará preferentemente mediante identificación electrónica, que será previa o simultánea al momento de cada actuación y específica para la misma.

3. Lo dispuesto en los anteriores apartados podrá exceptuarse en el caso de testigos o peritos protegidos, agentes de policía, agentes de policía encubiertos, y, en definitiva, en el de toda aquella persona cuya identidad haya de ser preservada en el proceso de acuerdo con la ley.

4. La oficina judicial o fiscal comprobará la identidad de las personas intervinientes en las actuaciones realizadas por procedimientos electrónicos a través de los datos básicos de identificación que hayan sido aportados previamente por ellas, conforme a lo establecido en el presente artículo.

5. En la intervención por videoconferencia no podrán emplearse sistemas o aplicaciones que alteren o distorsionen la imagen y el sonido transmitido, salvo excepciones relativas a la salvaguarda de la identidad en los casos previstos en el apartado 3 de este artículo.

6. Los intervinientes en una videoconferencia deberán observar las mismas normas de decoro, vestimenta y respeto exigidas en las actuaciones realizadas presencialmente en las salas de vistas y en las sedes de los tribunales, oficinas judiciales y oficinas fiscales.

7. Cuando una actuación realizada por videoconferencia exija la firma de la persona interviniente por este mismo medio, requerirá, de manera general:

a) La verificación previa de la información a firmar por parte de la persona interviniente.

b) La autenticación de la persona interviniente de conformidad con lo establecido en este real decreto-ley.

El uso de las firmas en cada una de las actuaciones realizadas por videoconferencia se determinará en el marco del Comité técnico estatal de la Administración judicial electrónica.

Artículo 61. Efectos de las actuaciones por videoconferencia.

1. El incumplimiento de lo establecido en los artículos anteriores no priva por sí solo de efectos procesales y jurídicos a la actuación llevada a cabo por videoconferencia, ni supone la ineficacia o nulidad de la misma.

2. Si, una vez celebrada la actuación correspondiente, se impugnare la identificación o la firma realizada en la videoconferencia, se procederá por la Administración competente a comprobar que la misma cumple todos los requisitos y condiciones establecidos en el artículo anterior.

3. Si dichas comprobaciones ofrecen un resultado positivo, se presumirá la autenticidad de la identificación, siendo las costas, gastos y derechos que origine la comprobación exclusivamente a cargo de quien hubiese formulado la impugnación.

4. Si las comprobaciones ofrecen resultado negativo o si, a pesar de su resultado positivo, el impugnante sostuviere la impugnación, el juez o Tribunal competente en el asunto resolverá motivadamente lo que corresponda, previa audiencia de las partes.

Artículo 62. Puntos de acceso seguros y lugares seguros.

1. A los efectos de las normas sobre atención al público y a los y las profesionales mediante presencia telemática contenidas en este real decreto-ley, y de las normas procesales sobre intervención en actos procesales mediante presencia telemática, tendrán la consideración de punto de acceso seguro y de lugar seguro, respectivamente, aquellos que se ajusten a lo previsto en este artículo.

2. Son puntos de acceso seguros los dispositivos y sistemas de información que cumplan los requisitos que se determinen por la normativa del Comité técnico estatal de la Administración judicial electrónica, que en todo caso deberán reunir, al menos, los siguientes:

a) Permitir la transmisión segura de las comunicaciones y la protección de la información.

b) Permitir y garantizar la identificación de los intervinientes.

c) Cumplir los requisitos de integridad, interoperabilidad, confidencialidad y disponibilidad de lo actuado.

3. Son lugares seguros aquellos que cumplan los requisitos que se determinen por la normativa del Comité técnico estatal de la Administración judicial electrónica, que en todo caso deberán reunir, al menos, los siguientes:

a) Disponer de dispositivos y sistemas que tengan la condición de punto de acceso seguro, conforme al apartado anterior.

b) Garantizar la comprobación de la identidad de los intervinientes y la autonomía de su intervención.

c) Asegurar todas las garantías del derecho de defensa, inclusive la facultad de entrevistarse reservadamente con el Abogado o Abogada.

d) Disponer de medios que permitan la digitalización de documentos para su visualización por videoconferencia.

4. Además, se entenderán por lugares seguros en todo caso:

a) La oficina judicial correspondiente al tribunal competente, o cualquier otra oficina judicial o fiscal, y las oficinas de justicia en el municipio.

b) Los Registros Civiles, para actuaciones relacionadas con su ámbito.

c) El Instituto Nacional de Toxicología y Ciencias Forenses y los Institutos de Medicina Legal, para la intervención de los Médicos Forenses, Facultativos, Técnicos y Ayudantes de Laboratorio.

d) Las sedes de las Fuerzas y Cuerpos de Seguridad del Estado, para la intervención de sus miembros.

e) Las sedes oficiales de la Abogacía del Estado, del Servicio Jurídico de la Administración de la Seguridad Social y de los Servicios Jurídicos de las Comunidades Autónomas, para la intervención de los miembros de tales servicios.

f) Los Centros penitenciarios, órganos dependientes de Instituciones Penitenciarias, centros de internamiento de extranjeros y centros de internamiento de menores, para las personas internas y funcionarios públicos.

g) Cualesquiera otros lugares que se establezcan por Reglamento de aplicación en todo el territorio del Estado, previo informe favorable del Comité técnico estatal de la Administración judicial electrónica.

Artículo 63. Medios técnicos.

El Ministerio de la Presidencia, Justicia y Relaciones con las Cortes y las Comunidades Autónomas con competencias en materia de Justicia dotarán a las oficinas judiciales y fiscales de los medios técnicos adecuados para que puedan garantizarse las actuaciones y servicios no presenciales.

Artículo 64. Actuaciones no jurisdiccionales.

1. Las actuaciones no jurisdiccionales en las que intervengan jueces o juezas, magistrados o magistradas, letrados o letradas de la Administración de Justicia y Ministerio fiscal podrán realizarse de forma presencial o mediante la utilización de videoconferencia, o por cualesquiera otros sistemas que permitan la reproducción del sonido y de la imagen.

2. Las Juntas de jueces y las Salas de Gobierno podrán realizar sus actuaciones de forma telemática, en los términos establecidos en el presente real decreto-ley y de acuerdo con lo que al efecto se disponga reglamentariamente por el Consejo

General del Poder Judicial. De la misma forma telemática podrán celebrarse las Juntas de fiscales y de letrados y letradas de la Administración de Justicia.

Artículo 65. Utilización de las salas de vistas virtuales.

1. Se considerarán salas de vistas virtuales aquellas generadas en el medio digital, que dispongan de los mismos medios de grabación, seguridad e integración con el expediente judicial electrónico que las salas de vistas presenciales o físicas, pero que no necesiten de espacios físicos especiales, y permitan su uso de manera independiente al de las salas presenciales.

2. Las administraciones públicas con competencias en materia de Justicia proveerán a jueces y juezas, magistrados y magistradas, fiscales, letrados y letradas de la Administración de Justicia y personal al servicio de la Administración de Justicia de salas virtuales para la realización de aquellas actuaciones que deban llevar a cabo en el ejercicio de sus funciones. Mediante norma reglamentaria se establecerá la forma y requisitos de su uso.

3. La utilización indebida de las salas virtuales podrá ser sancionada, en su caso, en los términos que determine la normativa disciplinaria aplicable.

CAPÍTULO II

La emisión de las actuaciones celebradas por medios electrónicos

Artículo 66. La emisión de los actos de juicio y vistas electrónicos.

1. Los actos de juicio, vistas y otras actuaciones que de acuerdo con las leyes procesales se hayan de practicar en audiencia pública, cuando se celebren con participación telemática de todos los intervinientes, se retransmitirán públicamente conforme a los aspectos o especificidades técnicas que se establezcan por el Comité técnico estatal de la Administración judicial electrónica.

Los sistemas de información y comunicación podrán establecer diferentes niveles de seguridad y acceso del público a la retransmisión.

En los casos del artículo 138.2 de la Ley 1/2000, de 7 de enero, de Enjuiciamiento Civil; 681.1 de la Ley de Enjuiciamiento Criminal, o en cualquier otro en el que la ley procesal permita la restricción de la publicidad, el juez o tribunal podrá acordar la no retransmisión en la forma prevista por la ley procesal.

2. En los actos de juicio, vistas y audiencias celebradas con presencia física en la sala de vistas de alguno o algunos de los intervinientes, y en aquellos en los que la publicidad quede garantizada mediante el acceso abierto a la sala de vistas, el juez o tribunal podrá acordar mediante auto la no retransmisión en los casos del apartado 1, párrafo tercero y además cuando lo considerase estrictamente necesario en atención a las circunstancias concurrentes.

3. Asimismo, en el ámbito penal, de acuerdo con el artículo 682 de la Ley de Enjuiciamiento Criminal, el juez o tribunal, previa audiencia de las partes, podrá restringir la presencia de los medios de comunicación audiovisuales en las sesiones del juicio y establecer limitaciones a las grabaciones y toma de imágenes, a la publicidad de informaciones sobre la identidad de las víctimas, de los testigos o peritos o de cualquier otra persona que intervenga en el juicio.

4. En las sedes judiciales electrónicas se publicará el listado de los actos de juicio, vistas y audiencias a celebrar por cada órgano judicial, y la forma de acceso a los mismos a efectos de publicidad.

5. En el caso de las actuaciones orales que se celebren ante el letrado o letrada de la Administración de Justicia se aplicará lo previsto en los apartados anteriores.

Los letrados o letradas de la Administración de Justicia podrán acordar mediante decreto la no retransmisión en los casos previstos en este artículo en materias de su exclusiva competencia.

CAPÍTULO III
Protección de datos de las actuaciones recogidas en soporte audiovisual

Artículo 67. Control sobre la difusión de actuaciones telemáticas.

1. Las actuaciones judiciales que se realicen de forma telemática deberán respetar la normativa vigente en materia de protección de datos.

2. En las actuaciones judiciales telemáticas y en los servicios no presenciales descritos en el presente título, las partes, intervinientes o cualesquiera personas que tengan acceso a dicha actuación, no podrán grabar, tomar imágenes o utilizar cualesquiera medios que permitan una posterior reproducción del sonido y/o de la imagen de lo acontecido.

3. Las grabaciones a las que cualquier persona haya tenido acceso con motivo de un procedimiento judicial no podrán ser utilizadas, sin autorización judicial, para fines distintos de los jurisdiccionales.

4. En caso de incumplimiento de las obligaciones establecidas en el presente artículo, el juez o tribunal podrá imponer motivadamente una multa de 180 a 60.000 euros, que estará sujeta al régimen de recursos previsto en el título V del libro VII de la Ley Orgánica 6/1985, de 1 de julio, sin perjuicio de las sanciones que correspondan si la actuación constituyera una infracción a la normativa sobre protección de datos de carácter personal, y de las responsabilidades administrativas, civiles o penales a que haya lugar. Para la imposición de las sanciones se tendrá en cuenta la intencionalidad, el perjuicio real causado a la Administración o a los ciudadanos y la reiteración o reincidencia de la conducta.

CAPÍTULO IV
Seguridad de los entornos remotos de trabajo

Artículo 68. Entornos remotos de trabajo.

1. Se entiende por entornos remotos de trabajo los espacios de trabajo que, cumpliendo los requisitos de seguridad, interoperabilidad y capacidad en la gestión, permitan la prestación del servicio público de Justicia mediante la utilización de las nuevas tecnologías, con independencia de si la prestación del servicio se realiza de forma presencial.

2. Los entornos remotos de trabajo deberán disponer de las medidas de seguridad adecuadas que garanticen la integridad, autenticidad, confidencialidad, calidad, protección y conservación de la información gestionada en los mismos, de acuerdo con la normativa que sea de aplicación y siempre que cumplan las condiciones de uso y seguridad que se considere por la administración competente. En concreto, asegurarán la identificación de los usuarios y el control de accesos.

3. El Esquema Nacional de Seguridad y el Esquema Judicial de Interoperabilidad y Seguridad fijarán los requisitos mínimos que todas las administraciones públicas con competencias en materia de Justicia han de garantizar en relación con los entornos remotos de trabajo.

4. Lo dispuesto en este artículo se entiende sin perjuicio de lo establecido en el artículo 62 del presente real decreto-ley en relación a las actuaciones telemáticas en entornos seguros.

TÍTULO V
Los Registros de la Administración de Justicia y los archivos electrónicos

CAPÍTULO I
Del Registro de Datos para el contacto electrónico con la Administración de Justicia

Artículo 69. Registro de Datos para el contacto electrónico con la Administración de Justicia.

1. El Registro de Datos de contacto electrónico con la Administración de Justicia incluirá los datos de contacto que los ciudadanos, ciudadanas y profesionales que intervienen ante la Administración de Justicia faciliten a un órgano u oficina judicial, fiscalía u oficina fiscal durante la tramitación de cualquier procedimiento en el que sean partes o interesados, y serán accesibles para todos los órganos y oficinas judiciales, fiscalías y oficinas fiscales con fines jurisdiccionales, de acuerdo con lo dispuesto en la normativa sobre protección de datos de carácter personal que resulte aplicable.

2. Los y las profesionales que intervienen ante la Administración de Justicia están obligados a proporcionar sus datos de carácter personal para que se incluyan en el Registro previsto en el presente artículo.

3. El Registro de Datos de contacto electrónico con la Administración de Justicia dispondrá un sistema específico para la constancia registral de las circunstancias determinantes de la incapacidad para el ejercicio de la Abogacía, la Procura, o la profesión de Graduado Social, así como del plazo durante el que sean de aplicación.

Los Colegios de la Abogacía, Procura y Graduados Sociales están obligados comunicar estas circunstancias a la Administración de Justicia por medios electrónicos, en los términos que se determinen por normativa técnica.

El sistema será además interoperable con los Registros administrativos de apoyo a la Administración de Justicia.

Apartado modificado por la Ley 1/2025, de 2 de enero, de medidas en materia de eficiencia del Servicio Público de Justicia.

4. Las personas no obligadas a relacionarse con la Administración de Justicia por medios electrónicos podrán proporcionar sus datos de carácter personal para que se incluyan en el Registro previsto en el presente artículo, pudiendo solicitar la eliminación de los mismos en cualquier momento.

5. El Registro de Datos de contacto electrónico con la Administración de Justicia será interoperable con el sistema de contactos de la Administración General del Estado en los términos que reglamentariamente se establezca.

CAPÍTULO II
Del registro de escritos

Artículo 70. Registro judicial electrónico.

1. Las oficinas judiciales con funciones de registro y reparto dispondrán de los medios electrónicos adecuados para la recepción y registro de escritos y documentos, traslado de copias, realización de actos de comunicación y expedición de resguardos electrónicos a través de medios de transmisión seguros, entre los que se incluirán los sistemas de firma y sellado de tiempo basados en certificados electrónicos cualificados.

2. En estos registros judiciales electrónicos únicamente se admitirán escritos y documentos dirigidos a los órganos judiciales, oficinas judiciales y oficinas fiscales adscritos al registro judicial electrónico de que se trate.

3. La recepción de solicitudes, escritos y comunicaciones podrá interrumpirse por el tiempo imprescindible sólo cuando concurran razones justificadas de mante-

§2

nimiento técnico u operativo. La interrupción deberá anunciarse a los potenciales usuarios y usuarias del registro electrónico con la antelación que, en cada caso, resulte posible. En supuestos de interrupción no planificada en el funcionamiento del registro electrónico, y siempre que sea posible, se dispondrán las medidas para que el usuario o usuaria resulte informado de esta circunstancia, así como de los efectos de la suspensión, con indicación expresa, en su caso, de la prórroga de los plazos de inminente vencimiento. Alternativamente, podrá establecerse un redireccionamiento que permita utilizar un registro electrónico en sustitución de aquél en el que se haya producido la interrupción.

Artículo 71. Funcionamiento.

1. Los registros electrónicos emitirán automáticamente un recibo consistente en una copia autenticada del escrito, documento o comunicación de que se trate, incluyendo la fecha y hora de presentación y el número de entrada de registro.

2. Los documentos que se acompañen al correspondiente escrito o comunicación deberán cumplir los estándares de formato y requisitos de seguridad que se determinen en el marco institucional de cooperación en materia de administración electrónica. Los registros electrónicos generarán recibos acreditativos de la entrega de estos documentos que garanticen la integridad y el no repudio de los documentos aportados, así como la fecha y hora de presentación y el número de registro de entrada en la correspondiente sede judicial electrónica.

Artículo 72. Cómputo de plazos.

1. Los registros electrónicos se regirán, a efectos de cómputo de los plazos imputables tanto a los presentadores como a las oficinas judiciales, por la fecha y hora oficial de la sede judicial electrónica de acceso, que deberá contar con las medidas de seguridad necesarias para garantizar su integridad y figurar visibles. El inicio del cómputo de los plazos que hayan de cumplir los órganos judiciales, oficinas judiciales y oficinas fiscales vendrá determinado por la fecha y hora de presentación en el propio registro.

Apartado modificado por la Ley 1/2025, de 2 de enero, de medidas en materia de eficiencia del Servicio Público de Justicia.

2. Los registros electrónicos permitirán la presentación de escritos, documentos y comunicaciones todos los días del año durante las veinticuatro horas.

3. A los efectos que prevean las leyes procesales en cuanto al cómputo de plazos fijados en días hábiles o naturales, y en lo que se refiere a cumplimiento de plazos por los interesados, la presentación por medios electrónicos, en un día inhábil a efectos procesales conforme a la ley, se entenderá realizada en la primera

hora hábil del primer día hábil siguiente, salvo que una norma permita expresamente la recepción en día inhábil.

4. Cada sede judicial electrónica en la que esté disponible un registro electrónico indicará, atendiendo al ámbito territorial en el que ejerce sus competencias el titular de aquélla, los días que se considerarán inhábiles a los efectos de los apartados anteriores.

§2

CAPÍTULO III
Del Registro Electrónico Común de la Administración de Justicia

Artículo 73. Registro Electrónico Común de la Administración de Justicia.

1. El Registro Electrónico Común de la Administración de Justicia posibilitará la presentación de escritos y comunicaciones dirigidas a la Administración de Justicia y a los órganos y oficinas judiciales, fiscalías y oficinas fiscales, de manera complementaria e interoperable con los registros existentes en las administraciones con competencia de Justicia.

2. El Registro Electrónico Común de la Administración de Justicia será accesible a través del Punto de Acceso General de la Administración de Justicia e interoperable con el Registro Electrónico Común de la Administración General del Estado.

3. Será gestionado por el Ministerio de la Presidencia, Justicia y Relaciones con las Cortes. El Comité técnico estatal de la Administración judicial electrónica establecerá las condiciones de funcionamiento, así como los requisitos técnicos y previsiones para la adhesión al mismo de los sistemas existentes en las Comunidades Autónomas con competencia en la materia, teniendo el registro electrónico común un carácter complementario a éstos. Los escritos y comunicaciones que reúnan los requisitos que se determinen en la normativa técnica o de desarrollo, presentados al Registro Electrónico Común de la Administración de Justicia, generarán la entrada automática, proporcionando un acuse de recibo electrónico con acreditación de la fecha y hora de presentación.

4. Las administraciones públicas con competencias en medios materiales y personales de la Administración de Justicia facilitarán la interoperabilidad de los sistemas de justicia con el Registro Electrónico Común de la Administración de Justicia.

5. El Registro Electrónico Común de la Administración de Justicia informará al ciudadano, ciudadana o el o la profesional y le redirigirá, cuando proceda, a los registros competentes para la recepción de aquellos documentos que dispongan de aplicaciones o registros específicos para su tratamiento, bien por razón de la materia, bien porque aún no se ha procedido la adhesión de ámbitos competenciales o jurisdiccionales al mismo.

CAPÍTULO IV

Del Registro Electrónico de Apoderamientos Judiciales

Artículo 74. El Registro Electrónico de Apoderamientos Judiciales.

1. En el Ministerio de la Presidencia, Justicia y Relaciones con las Cortes existirá un Registro Electrónico de Apoderamientos Judiciales en el que deberán inscribirse los apoderamientos otorgados presencial o electrónicamente por quien ostente la condición de interesado o interesada en un procedimiento judicial a favor de su representante, para actuar en su nombre ante la Administración de Justicia. También deberán constar las demás circunstancias y representaciones previstas en este real decreto-ley.

2. El Registro Electrónico de Apoderamientos Judiciales permitirá comprobar válidamente la representación que ostentan quienes actúen ante la Administración de Justicia en nombre de un tercero.

3. Los asientos que se realicen en el Registro Electrónico de Apoderamientos Judiciales deberán contener, al menos, la siguiente información:

a) Nombre y apellidos o razón social, número de documento nacional de identidad, pasaporte, número de identificación de extranjería o documento de identidad de extranjero si se tratase de una persona extranjera, de identificación fiscal o de documento equivalente del poderdante, domicilio, teléfono y en su caso dirección de correo electrónico.

b) Nombre y apellidos o razón social, número de documento nacional de identidad, pasaporte, NIE, o documento de identidad si se tratase de una persona extranjera, de identificación fiscal o de documento equivalente del apoderado, domicilio, teléfono y en su caso dirección de correo electrónico. En el caso de ser un profesional interviniente ante la Administración de Justicia sometido a colegiación deberá consignarse el número de colegiado y el Colegio Profesional de pertenencia.

c) Fecha de inscripción.

d) Tipo de poder según las facultades que otorgue.

4. Los apoderamientos que se inscriban en el Registro Electrónico de Apoderamientos Judiciales deberán corresponder a alguna de las siguientes tipologías, según el ámbito de los mismos y las facultades conferidas al apoderado o apoderada:

a) Un poder genérico para que el apoderado o apoderada pueda actuar en nombre del poderdante en cualquier clase de procedimiento y actuación judicial.

b) Un poder para que el apoderado o apoderada pueda actuar en nombre del poderdante únicamente en determinadas clases de procedimientos.

c) Un poder específico para que el apoderado o apoderada pueda actuar en nombre del poderdante en un procedimiento concreto.

Las facultades del apoderado podrán ser de carácter general o especial según determine el poderdante, de conformidad con lo establecido en el artículo 25 de Ley 1/2000, de 7 de enero, de Enjuiciamiento Civil.

5. El poder en que la parte otorgue su representación por comparecencia electrónica, a través de una sede judicial electrónica, en el registro electrónico de apoderamientos judiciales, se efectuará haciendo uso de los sistemas de firma electrónica previstos en este real decreto-ley.

Cuando el poderdante no disponga de sistema de firma electrónica previsto en este real decreto-ley, podrá conferir el poder por comparecencia personal ante el letrado o letrada de la Administración de Justicia de cualquier oficina judicial, debiendo este, en todo caso, asegurar la inscripción en el Registro Electrónico de Apoderamientos Judiciales.

6. Las inscripciones de los apoderamientos en el Registro tendrán una validez determinada máxima de cinco años a contar desde la fecha de inscripción. En todo caso, en cualquier momento antes de la finalización de dicho plazo el poderdante podrá revocar o prorrogar la inscripción. Las prórrogas otorgadas por el poderdante al apoderamiento tendrán una validez determinada máxima de cinco años a contar desde la fecha de inscripción o, en su caso, de la última prórroga.

7. Las solicitudes de revocación, de prórroga o de denuncia del poder podrán dirigirse a cualquier Registro, debiendo quedar inscrita esta circunstancia en el Registro ante el que tenga efectos el poder y surtiendo efectos desde la fecha en la que se produzca dicha inscripción.

8. El tratamiento de los datos deberá ser conforme con la normativa aplicable de protección de datos de carácter personal, incorporándose las medidas técnicas y organizativas necesarias a tal fin.

Artículo 75. Reconocimiento de las representaciones en el Registro Electrónico de Apoderamientos de la Administración General del Estado.

1. Los apoderamientos inscritos en el Registro Electrónico de Apoderamientos de la Administración General del Estado previsto en el artículo 6 de la Ley 39/2015, de 1 de octubre, podrán surtir efecto ante los órganos judiciales, oficinas judiciales y oficinas fiscales, en los casos, con los requisitos y con los límites que se determinen por el Comité técnico estatal de la Administración judicial electrónica.

2. En todo caso, será requisito para ello la compatibilidad e interoperabilidad de los sistemas informáticos de los Registros Electrónicos de Apoderamientos Judiciales y de Apoderamientos de la Administración General del Estado, y que el personal al servicio de la Administración de Justicia pueda acceder y consultar el Registro Electrónico de Apoderamientos de la Administración General del Estado.

Artículo 76. Inscripción del apoderamiento por los representantes procesales.

Los representantes procesales podrán inscribir directamente el apoderamiento a su favor conferido en aquellos procedimientos que determine el Comité técnico estatal de la Administración judicial electrónica, valorando su cuantía o trascendencia. En el caso de que no pudiere acreditarse el otorgamiento en forma del apoderamiento así inscrito, el que se hubiera atribuido representación incurrirá en la responsabilidad civil, penal y disciplinaria que derivase de su actuación.

Artículo 77. Acreditación de la representación procesal.

La representación procesal se acreditará mediante consulta automatizada orientada al dato que confirme la inscripción de esta en el Registro Electrónico de Apoderamientos Judiciales, cuando el sistema así lo permita. En otro caso, se acreditará mediante la certificación de la inscripción en el Registro Electrónico de Apoderamientos Judiciales.

En todos los casos, quien asuma la representación procesal indicará el número asignado a la inscripción en dicho Registro.

CAPÍTULO V
Registro de personal al servicio de la Administración de Justicia habilitado

Artículo 78. Registro de personal al servicio de la Administración de Justicia habilitado.

Podrán ser habilitados los funcionarios y funcionarias al servicio de la Administración de Justicia para la realización por medios electrónicos de trámites, actuaciones o servicios determinados.

Tales habilitaciones se inscribirán en un Registro interoperable con los sistemas de la Administración de Justicia en los términos que se definan por normativa técnica del Comité técnico estatal de la Administración judicial electrónica.

CAPÍTULO VI
Archivos en la Administración de Justicia

Artículo 79. Sistema de archivo de la Administración de Justicia.

Las Administraciones públicas con competencias en materias de Administración de Justicia dispondrán de un sistema de archivo judicial electrónico que asegurará el acceso y la conservación a largo plazo de los expedientes y documentos judiciales electrónicos. Este sistema de archivo deberá ser interoperable con todos los sistemas de gestión procesal y demás sistemas de Justicia la prestación del servicio público de Justicia, asegurando unas características y una calidad equivalente en todo el territorio, en los términos que se definan reglamentariamente o mediante normativa técnica del Comité técnico estatal de la Administración judicial electrónica, con respeto a los establecido por la normativa sobre protección de datos de carácter personal. Cada administración con competencias en materia de medios de Justicia deberá determinar si este sistema se provee a través de servicios comunes, a través de las respectivas Sedes electrónicas de cada territorio, o a través de ambos.

Artículo 80. Documentos en formato no electrónico.

1. Transcurrido el plazo que se determine reglamentariamente, los documentos en soporte no electrónico que se encuentren en los tribunales, oficinas judiciales y oficinas fiscales y de los que se haya obtenido una copia electrónica auténtica para su registro e incorporación al correspondiente expediente judicial electrónico, podrán ser devueltos a la parte o interesado que los aportó o, en su caso, destruidos, de conformidad con los requisitos que se establezcan en este real decreto-ley o en su desarrollo en vía reglamentaria o normativa técnica.

2. La devolución o, en su caso, la destrucción de los documentos referidos en el apartado anterior se realizará bajo responsabilidad del letrado o letrada de la Administración de Justicia, o por resolución judicial cuando la naturaleza probatoria u otros fines jurisdiccionales así lo aconsejen, previa audiencia de las partes o interesados en todo caso.

TÍTULO VI
Datos abiertos

Artículo 81. Del Portal de datos de la Administración de Justicia.

1. El Portal de datos de la Administración de Justicia facilitará a los ciudadanos, ciudadanas y profesionales información procesada y precisa sobre la actividad y carga de trabajo, así como cualesquiera otros datos relevantes, de todos los órganos judiciales, oficinas judiciales y oficinas fiscales, proveída por los sistemas de Justicia en los términos que defina el Comité técnico estatal de la Administración judicial electrónica, con objeto de reflejar la realidad de la Administración de Justicia con el mayor rigor y detalle posibles.

2. La Comisión Nacional de Estadística Judicial determinará la información de estadística judicial que, a los efectos previstos en el apartado anterior, haya de publicarse en el Portal.

3. Dentro de este Portal se incluirá un apartado donde la información tendrá la consideración de «dato abierto».

4. Será necesaria una anonimización previa de los datos garantizando, en todo caso, el nivel de agregación suficiente que impida la identificación de personas físicas.

Artículo 82. Sobre las condiciones y licencias de reutilización de datos.

1. Los datos, solicitudes y licencias de reutilización de los datos, que en cumplimiento de lo establecido en el artículo anterior fuesen publicados en el apartado de datos abiertos, estarán sujetos a lo dispuesto en el Real Decreto-ley 24/2021, de 2 de noviembre, de transposición de directivas de la Unión Europea en las materias de bonos garantizados, distribución transfronteriza de organismos de inversión colectiva, datos abiertos y reutilización de la información del sector público, ejercicio de derechos de autor y derechos afines aplicables a determinadas transmisiones en línea y a las retransmisiones de programas de radio y televisión, exenciones temporales a determinadas importaciones y suministros, de personas consumidoras y para la promoción de vehículos de transporte por carretera limpios y energéticamente eficientes.

2. Las administraciones con competencias en materia de Justicia promoverán la utilización, reutilización y compartición de los datos y la información suministrada en los portales con el propósito de favorecer el derecho a la información de los ciudadanos y ciudadanas y el deber de transparencia de los poderes públicos.

3. El tratamiento ulterior de la información no jurisdiccional de datos abiertos o de reutilización de la información a la que se haya accedido en el ámbito jurisdiccional, deberá cumplir la normativa de protección de datos vigente.

Artículo 83. Datos automáticamente procesables.

Las Administraciones públicas con competencias en materias de Administración de Justicia velarán por que los datos publicados en el Portal de datos de la Administración de Justicia sean automáticamente procesables siempre que esto sea posible. A tal efecto, los sistemas informáticos de gestión procesal de la Administración de Justicia y sus aplicaciones asociadas habrán de permitir la extracción automatizada de los datos necesarios para la elaboración de la información pública de los portales. Será, en todo caso, responsabilidad de cada Administración con competencias en materia de Justicia el cumplimiento del deber de proporcionar los datos en condiciones idóneas para su empleo en la información de los portales web.

Artículo 84. Sobre la interoperabilidad de los datos abiertos.

La parte de datos abiertos del Portal de datos de la Administración de Justicia deberá interoperar con el Portal de datos abiertos del Estado, así como con el de la Unión Europea. Las distintas administraciones pueden usar el Portal de datos de la Administración de Justicia directamente o interoperando los posibles portales propios que tengan al efecto.

TÍTULO VII

Cooperación entre las administraciones con competencias en materia de Administración de Justicia. El Esquema Judicial de Interoperabilidad y Seguridad

CAPÍTULO I

Marco institucional de cooperación en materia de administración electrónica

Artículo 85. El Comité técnico estatal de la Administración judicial electrónica. Definición y funciones.

1. El Comité técnico estatal de la Administración judicial electrónica es el órgano de cooperación en materia de Administración judicial electrónica. Estará compuesto por representantes del Consejo General del Poder Judicial, del Ministerio de la Presidencia, Justicia y Relaciones con las Cortes, de la Fiscalía General del Estado y de las Comunidades Autónomas con competencias en materias de Administración de Justicia. Está copresidido por un representante del Consejo General del Poder Judicial y otro del Ministerio de la Presidencia, Justicia y Relaciones con las Cortes y tendrá los siguientes fines:

a) El impulso de la cogobernanza de la administración digital de la Justicia.

b) El impulso y coordinación del desarrollo de la transformación digital de la Administración de Justicia.

2. A los fines anteriores, el Comité tendrá las siguientes funciones:

a) Definir y validar la funcionalidad y seguridad de los programas y aplicaciones que se pretendan utilizar el ámbito de la Administración de Justicia, con carácter previo a su implantación.

b) Impulsar y coordinar la elaboración y ejecución de las iniciativas de actuación y planes conjuntos, acuerdos y convenios, en aras a lograr la transformación digital de la Administración de Justicia.

c) Promover la puesta en marcha de servicios interadministrativos integrados y la compartición de infraestructuras técnicas y de los servicios comunes, que permitan la racionalización de los recursos de tecnologías de la información y la comunicación a todos los niveles.

d) Fijar y mantener actualizado el Esquema Judicial de Interoperabilidad y Seguridad, de modo que permita, a través de las plataformas tecnológicas necesarias, la interoperabilidad total de todas las aplicaciones informáticas al servicio de la Administración de Justicia.

e) En materia de ciberseguridad judicial, velar por la seguridad de los sistemas, estableciendo el marco organizativo a través del Subcomité de seguridad, la política de seguridad y promoviendo su desarrollo normativo, así como la definición y establecimiento de criterios de valoración de referencia que permitan a las Administraciones prestacionales determinar el nivel de seguridad de cada dimensión de los sistemas de información de juzgados, tribunales y fiscalías y los niveles de riesgos propuestos por las administraciones instrumentales, en los términos que se establezcan en la normativa relativa a protección de datos y de seguridad aplicable.

f) Informar los anteproyectos de ley, los proyectos de disposiciones reglamentarias y otras normas, que le sean sometidas por los órganos proponentes y cuyo objeto sea la regulación en materia de tecnologías de la información y la comunicación de aplicación en la Administración de Justicia.

g) Aquellas otras que legal o reglamentariamente se determinen.

Artículo 86. Relaciones con otros órganos.

1. El Comité técnico estatal de la Administración judicial electrónica y la Conferencia Sectorial de Justicia se coordinarán en el ejercicio de sus funciones, en aras de la eficiencia de los servicios públicos. A tal fin se arbitrarán los mecanismos de colaboración que correspondan.

2. Dentro del modelo de gobernanza, con el objetivo de aunar esfuerzos y coordinar la ejecución del proceso de transformación digital, se fijará un marco de colaboración constante entre la Administración General del Estado y sus organismos y entidades de Derecho Público vinculadas o dependientes, y el Comité técnico estatal de la Administración judicial electrónica.

Dicha colaboración se articulará a través del Comité de Dirección para la Digitalización de la Administración u órgano equivalente.

3. Asimismo, con objeto de cumplir con el mandato contenido en el artículo 461 de la Ley Orgánica 6/1985, de 1 de julio, se arbitrarán los mecanismos de coordinación necesarios entre la Comisión Nacional de Estadística Judicial y el Comité técnico estatal de la Administración judicial electrónica.

Artículo 87. Consejo Consultivo para la Transformación Digital de la Administración de Justicia.

1. Las administraciones públicas con competencias en Justicia favorecerán que la iniciativa, diseño, desarrollo y producción de sistemas se lleven a cabo en colaboración con el sector privado y los colectivos principalmente afectados.

2. A tal fin, se constituirá un Consejo Consultivo del que formen parte:

a) Organizaciones sindicales.

b) Asociaciones profesionales de jueces y juezas, fiscales y letrados y letradas de la Administración de Justicia.

c) Consejos Generales de la Abogacía, la Procura y los Graduados y Graduadas Sociales.

d) Asociaciones y Organizaciones Empresariales, así como la asociación o asociaciones de empresas de electrónica, tecnologías de la información, telecomunicaciones y digitalización.

e) El Colegio Oficial de Registradores de la Propiedad y Mercantiles de España.

f) El Consejo General del Notariado.

g) La Federación Española de Municipios y Provincias.

h) Secretaría General de Administración Digital.

i) Las demás organizaciones que se determinen a los fines de este artículo.

En el caso de las Administraciones con competencias transferidas en materia de justicia se podrán crear Consejos territoriales, cuya composición se adecuará a los representantes institucionales, colegiales y asociativos de cada territorio.

CAPÍTULO II
Esquema Judicial de Interoperabilidad y Seguridad

Sección 1ª
Interoperabilidad judicial

Artículo 88. Esquema Judicial de Interoperabilidad y Seguridad.

1. El Esquema Judicial de Interoperabilidad y Seguridad estará constituido por el conjunto de instrucciones técnicas de interoperabilidad y seguridad aprobadas por el Comité técnico estatal de la Administración judicial electrónica y que permitan el cumplimiento del Esquema Nacional de Interoperabilidad y del Esquema Nacional de Seguridad en el ámbito de la Administración Electrónica, recogiendo las particularidades de la Administración de Justicia que requieran una concreta regulación.

2. Los indicados esquemas nacionales y sus instrucciones técnicas de desarrollo serán de obligado cumplimiento, sin perjuicio de las adaptaciones indicadas en el apartado anterior.

3. Asimismo, forma parte del Esquema Judicial de Interoperabilidad y Seguridad el conjunto de instrucciones técnicas que dicte el Comité técnico estatal de la Administración judicial electrónica en el ejercicio de sus competencias de conformidad con la Ley Orgánica 6/1985, de 1 de julio, y el presente real decreto-ley.

4. Las instrucciones técnicas indicadas en los apartados anteriores se denominarán guías técnicas de interoperabilidad y seguridad.

5. El Esquema Judicial de Interoperabilidad y Seguridad, previo análisis de los riesgos incorporará las medidas técnicas y organizativas destinadas a garantizar y poder acreditar que el tratamiento de los datos de carácter personal es conforme con la normativa de protección de datos personales que serán revisadas y actualizadas cuando sea necesario.

Artículo 89. Interoperabilidad de los sistemas de información.

Los sistemas de información y comunicación que se utilicen en la Administración de Justicia deberán ser interoperables entre sí para facilitar su comunicación e integración, en los términos que determine el Comité técnico estatal de la Administración judicial electrónica.

A fin de asegurar la interoperabilidad a la que se refiere el apartado anterior, corresponderá al Comité técnico estatal de la Administración judicial electrónica identificar y definir los metadatos mínimos obligatorios que deben contener los documentos judiciales y los metadatos complementarios. Los sistemas de Justicia asegurarán en todo caso la incorporación, entrada y tratamiento, como mínimo, de los metadatos mínimos obligatorios, tanto en los intercambios entre sistemas de la Administración correspondiente, como en los intercambios con otras administraciones públicas con competencias en medios materiales y personales de la Administración de Justicia, y con otras administraciones públicas.

En el ámbito del presente real decreto-ley, será de obligado cumplimiento el Esquema Nacional de Interoperabilidad, así como la normativa europea de interoperabilidad aplicable. Para adecuar su cumplimiento, y en caso de requerir una regulación específica de acuerdo con las particularidades propias de la Administración de Justicia, el Comité técnico estatal de la Administración judicial electrónica desarrollará normas técnicas de interoperabilidad que serán de obligado cumplimiento, a través de guías técnicas de interoperabilidad y seguridad de dicho Comité.

Artículo 90. Consejos Generales y profesiones colegiadas.

Las aplicaciones y servicios electrónicos que los Consejos Generales de la Abogacía, de la Procura y de Graduados y Graduadas Sociales pongan a disposición de los y las profesionales deberán interoperar con los sistemas de gestión procesal, si fuera necesario a través de los servicios comunes a todas las administraciones competentes previstos en este real decreto-ley.

Reglamentariamente, previo informe del Comité técnico estatal de la Administración judicial electrónica, oídos los Consejos Generales, se establecerán para todo el ámbito estatal las condiciones y funcionalidades obligatorias de la interoperabilidad.

Artículo 91. Notarías y Registros de la Propiedad, Bienes Muebles y Mercantiles y cualesquiera otros Registros Públicos con los que se relaciona la Administración de Justicia y el resto de administraciones públicas y sus organismos públicos y entidades de derecho público vinculadas y dependientes.

Los registros electrónicos a disposición de los Registros de la Propiedad, Mercantiles y de Bienes Muebles, y cualesquiera otros Registros Públicos con los que se relaciona la Administración de Justicia, así como el protocolo electrónico de las Notarías, garantizarán la accesibilidad y consulta, para fines jurisdiccionales, desde los órganos judiciales, oficinas judiciales y oficinas fiscales, y la interoperabilidad con los sistemas de gestión procesal, si fuera necesario a través de los servicios comunes a todas las administraciones competentes previstos en este real decreto-ley, posibilitando la automatización de interacciones habituales entre el órgano judicial y el Registro o el órgano judicial y la Notaría, que no exijan el ejercicio de la función calificadora ni de la fe pública.

La interconexión se hará por un protocolo electrónico de accesibilidad y consulta, que será único para toda la Administración de Justicia, bajo acuerdo del Comité técnico estatal de la Administración judicial electrónica.

Del mismo modo, los registros electrónicos a los que se refiere este precepto, garantizarán la interoperabilidad con los sistemas utilizados por el resto de administraciones públicas, y sus organismos públicos y entidades de derecho público vinculadas y dependientes conforme a la normativa que sea de aplicación en cada caso.

Artículo 92. Cooperación jurídica internacional y comunicaciones electrónicas transfronterizas.

1. Las comunicaciones entre los órganos judiciales unipersonales y colegiados, así como Fiscalía y las oficinas judiciales y fiscales, y el Ministerio de la Presidencia, Justicia y Relaciones con las Cortes, relativas a actos de cooperación jurídica internacional se realizarán por medios electrónicos que aseguren el cumplimiento de los requisitos técnicos establecidos en el presente real decreto-ley y los requisitos procesales y de contenido establecidos en el marco normativo vigente. Se exceptúan los casos en los que el Estado de destino no admita las comunicaciones electrónicas.

2. A tal fin, las administraciones públicas con competencias en medios materiales y personales de la Administración de Justicia implantarán soluciones que permitan la comunicación electrónica de datos y documentos entre los juzgados y tribunales, así como las oficinas judiciales y oficinas fiscales, y el Ministerio de la Presidencia, Justicia y Relaciones con las Cortes, en los términos previstos en el apartado anterior. Estas soluciones serán interoperables con los sistemas de gestión procesal y posibilitarán la entrada, incorporación y tratamiento de la información en forma de metadatos, conforme a esquemas comunes, y en modelos de datos.

3. Los sistemas informáticos de gestión procesal de la Administración de Justicia permitirán la extracción automatizada de los datos relativos al sistema judicial cuando por el derecho de la Unión Europea o tratado internacional en vigor el Estado esté obligado a comunicarlos a organismos internacionales. El Ministerio de la Presidencia, Justicia y Relaciones con las Cortes centralizará la información a los fines de su remisión al organismo correspondiente.

Sección 2ª
Ciberseguridad judicial

Artículo 93. Política de seguridad de la información de la Administración Judicial Electrónica.

1. Corresponde al Comité técnico estatal de la Administración judicial electrónica la elaboración y actualización de la política de seguridad de la información de la Administración de Justicia, en sus aspectos organizativos, técnicos, físicos y de cumplimiento de la normativa.

2. Esta política de seguridad de la información será de aplicación a todos los sistemas de información y comunicaciones que prestan servicios a la Administración de Justicia, de manera única, y será aprobada por el Comité técnico estatal de la Administración judicial electrónica y publicada en el Punto de Acceso General de la Administración de Justicia y en las sedes judiciales electrónicas.

Apartado modificado por la Ley 1/2025, de 2 de enero, de medidas en materia de eficiencia del Servicio Público de Justicia.

3. Sin perjuicio de la declaración de conformidad y la certificación con el Esquema Nacional de Seguridad, los sistemas de información de la Administración de Justicia deberán acreditar su conformidad con el Esquema Judicial de Interoperabilidad y Seguridad, de acuerdo con los términos que se establezcan en el Comité técnico estatal de la Administración judicial electrónica.

4. Las entidades del sector privado que provean de soluciones o presten servicios a las administraciones, a sus organismos y a las instituciones sometidas al presente real decreto-ley, deberán estar a lo dispuesto en esta política de seguridad, así como al cumplimiento con los esquemas nacionales de interoperabilidad y seguridad, las guías de interoperabilidad y seguridad, y las instrucciones técnicas de seguridad del Comité técnico estatal de la Administración judicial electrónica que sean aplicables.

Artículo 94. Mejora continua del proceso de seguridad.

1. El proceso integral de seguridad implantado deberá ser actualizado y mejorado de forma continua. Para ello, se aplicarán los criterios y métodos reconocidos

en la práctica y estándares nacionales e internacionales relativos a gestión de las tecnologías de la información.

2. El Esquema Judicial de Interoperabilidad y Seguridad se deberá mantener actualizado de manera permanente. Se desarrollará y perfeccionará a lo largo del tiempo en paralelo al progreso de los servicios de administración electrónica, de la evolución tecnológica y a medida que vayan consolidándose las infraestructuras que lo apoyan. Para ello, se desarrollarán las correspondientes guías y normas técnicas de aplicación.

3. Corresponde al Comité técnico estatal de la Administración judicial electrónica aprobar las bases para la actualización del Esquema Judicial de Interoperabilidad y Seguridad.

Artículo 95. Subcomité de Seguridad.

1. El Subcomité de Seguridad es el órgano especializado y permanente para la ciberseguridad judicial del Comité técnico estatal de la Administración judicial electrónica.

2. El Subcomité de Seguridad estará integrado por aquellas personas con responsabilidad en materia de seguridad de cada una de las administraciones e instituciones integrantes del Comité técnico estatal de la Administración judicial electrónica, así como por las personas que designe el Consejo General del Poder Judicial y la Fiscalía General del Estado. Se arbitrarán los mecanismos de colaboración necesarios entre el Subcomité de Seguridad y el Centro Criptológico Nacional.

3. Por vía reglamentaria se establecerán las funciones del Subcomité de Seguridad, que tendrán por objeto principal el establecimiento de un marco común de cooperación que permita la adopción de decisiones comunes y coordinadas en materia de ciberseguridad judicial.

4. El Comité técnico estatal de la Administración judicial electrónica se apoyará en el Subcomité de Seguridad para la elaboración de las instrucciones técnicas y guías de interoperabilidad y seguridad necesarias, en cumplimiento del Esquema Nacional de Seguridad, así como de la normativa en materia de protección de datos de carácter personal.

Artículo 96. Centro de Operaciones de Ciberseguridad de la Administración de Justicia.

El Centro de Operaciones de Ciberseguridad de la Administración de Justicia reforzará las capacidades de vigilancia, prevención, protección, detección, respuesta ante incidentes de ciberseguridad, asesoramiento y apoyo a la gestión de la ciberseguridad de un modo centralizado, que permita una mejor eficacia y eficiencia.

Para conseguirlo, el Centro de Operaciones de Ciberseguridad de la Administración de Justicia prestará un conjunto de servicios horizontales de ciberseguridad a las administraciones públicas prestatarias del servicio público de Justicia.

La gestión de estos servicios incluirá, fundamentalmente, la implantación de la infraestructura técnica y herramientas, los procedimientos, la operación y otras cuestiones asociadas. En el caso de las Administraciones con competencias en ciberseguridad y servicios horizontales para los sistemas de la Administración de Justicia, y dentro de la actividad del Comité Técnico Estatal de la Administración Judicial Electrónica, se crearán grupos de trabajo en los que se concretarán los datos a intercambiar y los medios de colaboración que se consideren necesarios.

El Centro de Operaciones de Ciberseguridad de la Administración de Justicia articulará la respuesta a los incidentes de seguridad, y actuará sin perjuicio de las capacidades de respuesta a incidentes de seguridad que pueda tener cada Administración con competencias en materia de Justicia e instituciones judiciales sometidas al presente real decreto-ley, y de la función de coordinación a nivel nacional e internacional del Equipo de Respuesta para Emergencias Informáticas del Centro Criptológico Nacional (CCN-CERT)

CAPÍTULO III
Reutilización de aplicaciones y transferencia de tecnologías.
Directorio general de información tecnológica judicial

Artículo 97. Reutilización de sistemas, infraestructuras y aplicaciones de propiedad de las administraciones con competencias en materia de Justicia.

1. Las administraciones titulares de los derechos de propiedad intelectual de aplicaciones, desarrolladas por sus servicios o cuyo desarrollo haya sido objeto de contratación, las pondrán a disposición de cualquier institución judicial o cualquier Administración Pública sin contraprestación y sin necesidad de convenio.

2. Las aplicaciones a las que se refiere el apartado anterior podrán ser declaradas como de fuentes abiertas, cuando de ello se derive una mayor transparencia en el funcionamiento de la Administración de Justicia. Se publicarán, en tal caso, como licencia pública de la Unión Europea, sin perjuicio de otras licencias que aseguren que los programas, datos o información que se comparten:

a) Pueden ejecutarse para cualquier propósito.

b) Permiten conocer su código fuente.

c) Pueden modificarse o mejorarse.

d) Pueden redistribuirse a otros usuarios con o sin cambios, siempre que la obra derivada mantenga estas mismas cuatro garantías.

3. Las administraciones públicas con competencias en Justicia, con carácter previo a la adquisición, desarrollo o al mantenimiento a lo largo de todo el ciclo de vida de una aplicación, tanto si se realiza con medios propios o por la contratación de los servicios correspondientes, deberán consultar en el directorio general de aplicaciones del Ministerio de la Presidencia, Justicia y Relaciones con las Cortes, y en su caso, deberán consultar en el directorio general de aplicaciones, dependiente de la Administración General del Estado, si existen soluciones disponibles para su reutilización, que puedan satisfacer total o parcialmente las necesidades, mejoras o actualizaciones que se pretenden cubrir, y siempre que los requisitos tecnológicos de interoperabilidad y seguridad así lo permitan.

En el caso de existir una solución disponible para su reutilización total o parcial, las administraciones públicas con competencias en medios materiales y personales de la Administración de Justicia podrán reutilizarla previa formalización de convenio de acuerdo con lo establecido en el artículo 47 de la Ley 40/2015, de 1 de octubre, de Régimen Jurídico del Sector Público

Artículo 98. Transferencia de tecnología entre administraciones. Directorio general de información tecnológica judicial.

1. El Ministerio de la Presidencia, Justicia y Relaciones con las Cortes mantendrá un directorio general de aplicaciones judiciales para su reutilización e impulsará el mantenimiento del mismo, en colaboración con el resto de administraciones públicas con competencias en materia de Justicia. Se promoverá el desarrollo de guías técnicas, formatos y estándares comunes de especial interés para el desarrollo de la Administración judicial electrónica en el marco institucional de cooperación en materia de administración electrónica.

2. Las distintas administraciones mantendrán directorios actualizados de aplicaciones para su libre reutilización, especialmente en aquellos campos de especial interés para el desarrollo de la administración electrónica y de conformidad con lo que al respecto se establezca en el marco institucional de cooperación en materia de administración electrónica.

3. Las administraciones con competencias en materia de Justicia deberán tener en cuenta las soluciones disponibles para la libre reutilización que puedan satisfacer total o parcialmente las necesidades de los nuevos sistemas y servicios o la mejora y actualización de los ya implantados. En concreto, podrán adherirse voluntariamente y a través de medios electrónicos a las plataformas, aplicaciones y registros establecidos.

§2

CAPÍTULO IV
Protección de datos de carácter personal

Artículo 99. Protección de datos en el uso de los medios tecnológicos e informáticos.

Los sistemas que se utilicen en la Administración de Justicia y que traten datos personales que vayan a ser incorporados a un proceso judicial o expediente fiscal para fines jurisdiccionales se ajustarán a la normativa prevista en los artículos 236 bis a 236 decies de la Ley Orgánica 6/1985, de 1 de julio; en el artículo 2, párrafos 4 y 5, de la Ley Orgánica 3/2018, de 5 de diciembre, y en el artículo 2.2 de la Ley Orgánica 7/2021, de 26 de mayo.

Artículo 100. Protección de datos en los documentos judiciales electrónicos.

Las oficinas judiciales y fiscales dispondrán de los medios tecnológicos adecuados para la realización automatizada de la anonimización, seudonimización y disociación de los datos de carácter personal.

Con la finalidad de posibilitar lo dispuesto en el párrafo anterior, las resoluciones procesales y judiciales deberán adecuarse a un formato normalizado acordado en el seno del Comité técnico estatal de la Administración judicial electrónica[3] [4].

---

[3]   Real Decreto-ley convalidado por Acuerdo del Congreso de los Diputados publicado en el Boletín Oficial del Estado del día 12 de enero de 2024.

[4]   Disposición final novena. Entrada en vigor:

2. El libro primero (…) entrarán en vigor a los veinte días de su publicación en el «Boletín Oficial del Estado»

No obstante, las previsiones contenidas en el título VIII del libro primero y en las disposiciones finales primera, segunda y cuarta, entrarán en vigor a los tres meses de su publicación en el «Boletín Oficial del Estado».

(…)

4. Desde la entrada en vigor del libro primero del presente real decreto-ley, los servicios y sistemas tecnológicos previstos en el mismo o que sean necesarios para la plena operatividad de sus preceptos, serán plenamente aplicables en todas las Comunidades Autónomas que ya cuenten con los mismos.

5. Las Comunidades Autónomas que aún no cuenten con tales sistemas o servicios, o que, contando con los mismos, aún no hayan operado su plena integración con los nodos, servicios o sistemas comunes del Ministerio de la Presidencia, Justicia y Relaciones con las Cortes deberán, en todo caso, llevar a cabo su plena aplicación e integración el 30 de noviembre de 2025.

A tal fin, desarrollarán todas las actuaciones necesarias para disponer de los mismos y su plena integración, en los plazos convenidos en el marco de la Conferencia Sectorial de

Justicia para la distribución y reparto del crédito asignado en el Mecanismo de Recuperación y Resiliencia.

En concreto, deberán realizar estas actuaciones de conformidad con los acuerdos publicados por Resolución de 14 de junio de 2022, de la Secretaría de Estado de Justicia, por la que se publica el Acuerdo de la Conferencia Sectorial de Administración de Justicia, por el que se formalizan los criterios de distribución y el reparto resultante para las Comunidades Autónomas, del crédito asignado en el año 2022 y en el año 2023 por el Mecanismo de Recuperación y Resiliencia, y se formalizan los compromisos financieros resultantes, y por Resolución de 27 de marzo de 2023, de la Secretaría de Estado de Justicia, por la que se publica el Acuerdo de la Conferencia Sectorial de Administración de Justicia, por el que se modifica el reparto resultante para las Comunidades Autónomas del crédito asignado para el año 2023 del Mecanismo de Recuperación y Resiliencia y se formalizan los compromisos financieros resultantes.

§3. LEY 38/1988, DE 28 DE DICIEMBRE, DEMARCACIÓN Y PLANTA JUDICIAL

PREÁMBULO

I

La Ley Orgánica 6/1985, de 1 de julio, del Poder Judicial, constituye el pilar normativo sobre el que se apoya el cumplimiento de los fines constitucionalmente atribuidos al Poder Judicial en el Estado social y democrático de Derecho.

La LOPJ ha atribuido contenido cabal a los principios de independencia, plenitud y unidad de la jurisdicción, garantía e imperio de la ley; ha hecho efectivo, asimismo, el gobierno autónomo del Poder Judicial, destacando el carácter de órgano constitucional del Consejo General del Poder Judicial y ha configurado, sobre unas bases nuevas y sentadas para el logro de la tutela jurisdiccional eficaz, el estatuto de los Jueces y Magistrados y el de los Secretarios judiciales y demás personal al servicio de la Administración de Justicia.

La LOPJ, sin embargo, contiene otro conjunto de mandatos cuyo denominador común radica en la necesidad de un desarrollo normativo, organizativo y financiero complejo, por suponer la creación de Tribunales y de Juzgados de nueva planta, el crecimiento notable de los ya existentes y, en algunas ocasiones, el cambio de su naturaleza, de su competencia, o de la circunscripción a la que se extiende su jurisdicción.

Con la presente ley, dentro de los principios y de las finalidades expuestas, se da cumplimiento, por ende, al mandato de la disposición adic. 1ª LOPJ en lo que se refiere a la regulación legislativa de la demarcación y planta judicial. La reforma de la regulación legislativa del proceso en los diversos órdenes jurisdiccionales, paralelamente emprendida en idéntico contexto de desarrollo de la ley orgánica, constituye el complemento indispensable de aquélla.

La demarcación se ha elaborado teniendo en cuenta las propuestas de las Comunidades Autónomas y el proyecto de ley ha sido sometido a informe del Consejo General del Poder Judicial, cumpliendo con ello, en ambos casos, las previsiones de la LOPJ. Las observaciones formuladas han tenido un alto valor y han acrecentado notablemente el conocimiento de los datos y circunstancias necesarios para una adecuada decisión.

II

El Estado social y democrático de Derecho, en la búsqueda de un contenido efectivo y real en los derechos de los ciudadanos, insiste en la nota de efectividad de la protección judicial de la protección judicial de los derechos, que llega a plasmarse como derecho fundamental específico en el artículo 24 CE.

El adecuado desarrollo de la LOPJ ha de hacer frente, por lo tanto, en primer término, al enorme déficit acumulado durante decenios por una organización judicial estructurada más en función de la presencia que de la eficacia; distribuida con criterios geográficos imperfectos y desequilibrados e infradotada en cuanto al número de sus titulares y sus órganos decisorios, con la consiguiente insuficiencia de los medios personales y económicos puestos a su servicio e inadecuación de las normas de procedimiento por las que se rige.

En segundo término, al déficit histórico de la Justicia se añade el mayor grado de exigencia social de buen funcionamiento que frente a ella, y en contraste con la pasividad tradicional, conlleva la proclamación del sistema constitucional del Estado social y democrático de Derecho. A mayor abundamiento, fenómenos tales como la judicialización del Estado y de la vida social, la mayor conciencia ciudadana de los derechos y de la garantía de su contenido real, la desaparición de vínculos sociales y políticos restrictivos de la libertad individual y del derecho de defensa de las personas, el control democrático de los defectos de funcionamiento de todas las instituciones públicas, la mayor conflictividad social derivada de la creciente complejidad demográfica y de los episodios de crisis económica, y la culminación del Estado de Derecho mediante el reconocimiento del valor normativo de la Constitución, han provocado en los últimos años un considerable incremento de la litigiosidad.

Este incremento afecta especialmente a los órdenes jurisdiccionales más influidos por la conflictividad socioeconómica y la garantía de los derechos del ciudadano frente al poder público, el penal y el contencioso-administrativo, sin que sean de despreciar los incrementos de asuntos civiles y sociales.

III

Aun cuando la definitiva actualización de la infraestructura del Poder judicial, en función de las necesidades de la sociedad actual, exige su programación normativa a través de la presente ley, los poderes públicos han iniciado ya en el último lustro una decidida actuación de incremento de sus dotaciones, adelantando así las bases de la transformación cuantitativa y cualitativa que ha de alcanzar con esta ley su pleno desarrollo.

Los créditos presupuestarios estrictamente dedicados a la Administración de Justicia se duplican desde el año 1982 al 1987, y sólo en el período 19871988 se produce un incremento cercano a una tercera parte.

Ello ha permitido desarrollar una intensa labor de gestión, en la línea de atender a las previsiones iniciales de la normativa proyectada, que ha cristalizado en la efectiva puesta en funcionamiento, durante el quinquenio expresado, de más de trescientos órganos judiciales, con los medios instrumentales personales y materiales a su servicio, lo que representa un acelerado ritmo de implantación de más de un órgano judicial cada semana, de promedio. Sólo por lo que se refiere a los órganos unipersonales. En el orden jurisdiccional social se ha puesto en funcionamiento, en este período, un número de Magistraturas de Trabajo que representa una cuarta parte del total de los órganos de esta clase existentes hoy en España. En los órdenes jurisdiccionales civil y penal, la puesta en funcionamiento de un elevado número de Juzgados de Primera Instancia, de Instrucción y de Primera Instancia e Instrucción ha permitido pasar de una relación en 1980 de 73.010 habitantes por Juzgado, la más desfavorable desde 1877, en que era de 34.434 habitantes por Juzgado, a una proporción de 55.726 habitantes por Juzgado en 1985, lo que no sólo supone recuperar el nivel correspondiente a dos décadas atrás, sino, lo que es aún más notable, invertir decididamente el constante e ininterrumpido proceso histórico de deterioro de la relación, que en 1988 alcanzará a 50.958 habitantes por Juzgado.

IV

La nueva división territorial de lo judicial no plantea especiales problemas en las esferas autonómica, provincial y municipal, por lo que la presente ley, en punto a la demarcación, se limita a ratificar el ámbito territorial de la jurisdicción de los distintos órganos de alcance autonómico, provincial y municipal, que resulta de las correspondientes circunscripciones determinadas ya a efectos político-administrativos.

Por el contrario, es objeto primordial de la presente ley realizar una redefinición de los partidos judiciales en cuanto divisiones territoriales judiciales básicas en las que se inscribe el primer escalón de órganos judiciales servidos por Jueces de Carrera, el de los Juzgados de Primera Instancia e Instrucción, respetando la competencia de las Comunidades Autónomas para fijar la capitalidad.

La nota de efectividad con que el artículo 24 CE consagra el derecho a la tutela por los Jueces y Tribunales de los derechos e intereses legítimos de los ciudadanos ha exigido tener presente, en primer lugar, la garantía de fácil acceso de aquéllos a los Juzgados y, en segundo lugar, la necesidad de evitar una dispersión excesiva de medios personales y materiales que quebrantaría los principios de racionalidad y economía por los que se rige toda organización eficaz. Se parte, por consiguiente, de una tendencia a la concentración en la medida necesaria para conseguir tales fines y siguiendo, con ello, la tendencia general en la comarcalización de los servicios, lo que contribuirá a la debida coordinación entre ellos y a su mejor aprovechamiento por los ciudadanos.

Como modelo general de partido se ha manejado el de una circunscripción general de configuración circular, de un mínimo deseable de 50.000 habitantes y de una superficie media de 700 a 1000 kilómetros cuadrados, es decir, a partir de unos 15 km. de radio, por considerarse una distancia media fácilmente superable en principio con los actuales medios de comunicación. La cifra de los habitantes viene dada por el hecho de que el número ideal de habitantes en proporción a cada Juzgado se estima en 25.000.

Esta proporción no ha sido alcanzada nunca en nuestra historia. Se considera asimismo conveniente que los partidos judiciales, en la medida de lo posible, estén dotados de un número mínimo de dos Juzgados de Primera Instancia e Instrucción, con el fin de facilitar las sustituciones y la división de trabajo entre dos Jueces, especialmente en el orden penal, y de permitir un aprovechamiento de los servicios racional desde el punto de vista económico y con una organización de la oficina judicial óptima para la comodidad de los profesionales y de los ciudadanos.

Los referidos parámetros, aparte de su modulación en función de los volúmenes de litigiosidad, las comunicaciones, y las características orográficas y comarcales, han sufrido alteraciones especialmente significativas en virtud de las peculiaridades de la población de cada zona.

Así, la superficie de los partidos se reduce considerablemente en lugares de acumulación urbana, de condensación industrial y de carácter turístico, por la presencia en estos últimos de una población difícilmente registrable, de carácter estacional o permanente. Ello no obstante, el nivel poblacional de estos partidos suele mantenerse muy alto. Por el contrario, las zonas en que la densidad demográfica es muy baja, bien como consecuencia del fenómeno de la despoblación, bien por tratarse de zonas difícilmente habitables, determinan un considerable aumento de la superficie del partido, sin alcanzar siempre el número de población deseable en término medio.

La demarcación establecida en la presente ley no puede consistir en una trasposición en partidos de los actuales distritos judiciales, puesto que la propia LOPJ ordena que no se mantengan los Juzgados de Distrito cuando por el escaso volumen de trabajo resulte procedente su conversión en Juzgados de Paz (disp. trans. 3ª). Ello no obstante, y a pesar de que el examen de la situación existente en el momento en que se promulga la LOPJ pone de relieve que la implantación de la justicia de Distrito no tiene el mismo grado de penetración en todas las zonas del territorio nacional, se ha procurado mantener como partidos aquellos distritos que, aun por debajo del módulo medio, reúnen condiciones especiales, teniendo en cuenta especialmente los que generan un volumen importante de litigiosidad o se hallan radicados en municipios de elevada población, siempre que su proximidad a la cabeza de otro partido o las dificultades de configuración de éste no aconsejen lo contrario. La demarcación aprobada prescinde, en consecuencia, de todos aquellos intereses que no sean cohonestables con el principio de eficacia de la justicia, único norte de esta ley, y se atiene rigurosamente, mediante la fijación de parámetros objetivos, a los criterios establecidos en la LOPJ.

En definitiva, se crean 105 nuevos partidos judiciales, que vienen a añadirse a los 317 actualmente existentes. El total de partidos judiciales es de 422, cifra que coincide exactamente con el número de partidos de la demarcación histórica existente a la promulgación de la Ley de 1870, lo que revela un elevado grado de equilibrio de la división territorial lograda, aun cuando, como se verá, los aumentos demográficos repercuten de forma muy notable en el aumento del número de órganos de cada circunscripción y en el conjunto, con respecto a aquella planta histórica.

V

La presente ley, al configurar de modo completo la planta diseñada por la LOPJ, articula los distintos órdenes jurisdiccionales de manera equilibrada, haciendo plena realidad el principio de unidad jurisdiccional.

Al mismo tiempo, supone la reafirmación del carácter expansivo del orden jurisdiccional civil, del principio de garantía de los derechos fundamentales en el orden penal, de la voluntad del poder ejecutivo de hacer posible un efectivo control jurisdiccional de su actuación administrativa en el orden contencioso-administrativo y la de llevar a cabo en el orden social, una eficaz tutela de las pretensiones planteadas en este sector del Derecho. Todos los órdenes jurisdiccionales, con las modulaciones que para cada uno de ellos impone su peculiar cometido dentro del marco genérico del ejercicio de la potestad jurisdiccional, quedan organizados con una estructura semejante, basada en una primera instancia o grado funcional ante un órgano unipersonal, una segunda instancia o grado funcional ante un órgano colegiado y un recurso de casación cuya función primordial es la de unificación en la interpretación de la ley y la salvaguarda del principio de legalidad.

VI

El Tribunal Supremo, órgano jurisdiccional superior en todos los órdenes, salvo lo dispuesto en materia de garantías constitucionales, constituye el órgano de relevancia constitucional que culmina la organización del Poder Judicial, por lo que no es de extrañar que esta ley le dedique atención especial.

En la determinación de la planta del Tribunal Supremo se reequilibra levemente la composición de las distintas Salas, en beneficio sobre todo de la penal, pero se mantiene un número total de Magistrados similar al actual.

Se estima, en efecto, que la prohibición constitucional de las ulteriores instancias extraterritoriales supone el atribuir decididamente al Tribunal Supremo, como órgano jurisdiccional superior en todos los órdenes, con jurisdicción en toda España, la condición de un Tribunal con funciones específicamente casacionales, salvo las pocas excepciones previstas en la ley orgánica por motivos especiales, justificados en cada caso.

El recurso de casación es un recurso especial y, por ende, limitado, que no puede convertirse en una segunda o tercera instancia. La regulación procesal del mismo, adecuadamente realizada, permitirá que, sin convertir al Tribunal Supremo, a través de un artificial y desproporcionado incremento de sus titulares, en un órgano de difícil funcionalidad, asuma plenamente, mediante la adecuada selección objetiva de las materias a que dedica su atención, su labor de unificar la interpretación del ordenamiento jurídico efectuada por todos los Juzgados y Tribunales, con el carácter de supremo garante del principio de legalidad y de la unidad de acción del Poder Judicial en su conjunto. La importancia de esta función para el cumplimiento del principio de igualdad y del papel constitucional del Poder Judicial no puede pasar inadvertida.

VII

Se destaca, asimismo, dentro de los órganos colegiados, la inmediata constitución de la Sala de lo Social de la Audiencia Nacional llamada a mantener en línea con el carácter exclusivamente estatal de la legislación aplicable, la interpretación uniforme en todo el territorio del Estado en materias tan dignas de atención como los conflictos y los convenios colectivos de ámbito superior al estrictamente autonómico. Las Salas de lo Penal y de lo Contencioso-Administrativo de la Audiencia Nacional se dotan, asimismo, del número de Magistrados suficiente para desarrollar la competencia que les corresponde.

La regulación de los Tribunales Superiores de Justicia se ha efectuado de tal manera que su rápida puesta en funcionamiento sea compatible con el respeto a la facultad de las Asambleas Legislativas de las Comunidades Autónomas, reconocida en la LOPJ, de intervenir en la designación de algunos de sus Magistrados. Esta facultad ha sido objeto de la interpretación más favorable a la amplitud de su aplicación, entre las diversas posibles. Se ha puesto especial atención en la competencia de casación atribuida a los Tribunales Superiores de Justicia, como órganos que culminan la organización judicial en la Comunidad Autónoma.

La integridad de dicha competencia ha sido garantizada mediante una norma de efectos transitorios, en tanto se aprueben las correspondientes leyes procesales.

Particular consideración merecen, en este mismo capítulo, las Audiencias Provinciales, a las que se dota de un número de Magistrados suficiente para hacer frente a los asuntos penales y civiles que les corresponde asumir tras la ley orgánica. Con ello se sientan las bases para la implantación del Jurado, institución que se desenvuelve en el ámbito de estos Tribunales, y se contribuye a acelerar la justicia penal. Coadyuvarán a este fin otras medidas legislativas emprendidas paralelamente para lograr el ajuste competencial de las cargas de trabajo de los diferentes órganos, que contribuirán a descargar a las Audiencias de un número excesivo de apelaciones que amenazaría con desequilibrar su regular funcionamiento.

VIII

En materia de órganos unipersonales, la ley lleva a efecto la conversión de los Juzgados de Distrito en Juzgados de Primera Instancia e Instrucción, de Primera Instancia, o de Instrucción, en el plazo previsto en la LOPJ. Se trata de una medida, ya solicitada por el Consejo General del Poder Judicial en el año 1985, que se plasma en la LOPJ y que afecta a Juzgados históricamente vinculados a un cuerpo suprimido en aplicación del principio constitucional de unidad de la Carrera Judicial, a la que corresponden unos únicos sistemas de acceso. Esta medida evitará que estén conociendo en materias iguales, sin una adecuada articulación funcional en instancias, Jueces técnicos distintos sin más justificación que la distinta importancia teórica del asunto, y reinstaurará la unidad de la primera instancia técnica, reintegrando a la misma el papel expansivo y conjunto sin el cual es difícil de construir una Primera Instancia civil y un primer escalón funcional en materia penal articulados con el suficiente grado de coherencia interna. Bien es cierto que esta conversión, por su novedad, puede suponer dificultades de adaptación, que se evitarán con las medidas procesales paralelamente iniciadas, especialmente para garantizar el carácter exclusivamente jurisdiccional de las funciones que corresponde desempeñar a los órganos de primera instancia.

La ley recoge, por otro lado, las previsiones necesarias para articular los Juzgados de lo Penal derivados de la ley orgánica por la que se crean los Juzgados de lo Penal y se modifican diversos preceptos de las Leyes Orgánica del Poder Judicial y de Enjuiciamiento Criminal. Ello permitirá hacer realidad la distinción entre la función instructora y enjuiciadora que viene exigida por el artículo 24 CE en la interpretación que del mismo han dado el Tribunal Constitucional y el Tribunal Europeo de Derechos Humanos. A tal efecto, la ley configura una planta de los Juzgados de lo Penal adecuada para hacer frente a las necesidades que, previsiblemente, se plantearán a estos órganos del orden jurisdiccional penal.

En la planta de los Juzgados de Instrucción, se dedica una especial atención a las funciones que han de corresponderles en materia de instrucción y de primera instancia en la futura configuración del proceso penal. Los Juzgados de lo Social, por otra parte, se configuran en número suficiente para atender el volumen de trabajo previsible, a partir de un examen crítico de los datos estadísticos de que se dispone.

En los restantes órdenes jurisdiccionales, se presta particular atención a sectores o actividades sociales que constituyen, hoy, zonas materialmente exentas o que no son atendidas con la suficiente intensidad y grado de especialización por la jurisdicción. Tal es el principio que se observa en la implantación efectuada en cuanto a Juzgados de lo Contencioso-Administrativo (que constituirán una eficaz primera instancia en asuntos para los que funcionalmente puede resultar ventajoso este sistema o que hoy es excesivamente gravoso llevar a las Salas, como ocurre con algunas materias económico-administrativas), de Vigilancia Penitenciaria y de Menores. Con respecto a estos últimos, se ha diseñado una planta que ofrece las máximas oportunidades para especializar la función de reforma con respecto a la función de protección del menor, haciendo posible, desde el ángulo de la organización judicial, la efectividad de la reforma de la legislación del menor, de la que esta ley constituye complemento necesario.

Es de destacar, finalmente, el elevado grado de proximidad de la planta diseñada con la propuesta por el Consejo General del Poder Judicial en su informe.

Los Juzgados de Paz se conciben por la LOPJ como órganos incardinados en el ámbito del municipio, cuyos titulares son elegidos por el Pleno del Ayuntamiento. De ahí que no se haya renunciado a la tradicional colaboración de los municipios en el mantenimiento de los medios personales y materiales de dichos órganos, estableciendo el soporte económico del Estado o, en su caso, de las Comunidades Autónomas, directamente o por medio de subvenciones.

IX

El número de Jueces y Magistrados en destinos estrictamente jurisdiccionales pasa a ser, en la presente ley, de 3570, lo que significa el establecimiento de una proporción de un miembro de la Carrera Judicial por cada 10.800 habitantes, que es similar, no obstante sus variaciones, a las proporciones que se observan en otros países de la Comunidad Europea. La relación entre los Juzgados de Primera Instancia e Instrucción y de lo Penal y los habitantes, de 1 por 19.000 habitantes, responde a una media que debe considerarse muy satisfactoria y nunca alcanzada en nuestra historia.

Teniendo en cuenta que el número de Jueces y Magistrados en activo pertenecientes a la Carrera Judicial se sitúa en torno a los 2000, es menester un gran esfuerzo para obtener el máximo de rendimiento posible de los sistemas de selección durante los años de programación de la nueva planta. Para lograr esta finalidad se ha reestructurado el Centro de Estudios Judiciales, se ha reformado profundamente el sistema de oposición y se ha dado efectividad a los criterios de selección de Jueces y Magistrados mediante concurso entre juristas.

La planta establecida es objeto de las adecuadas previsiones temporales para su ejecución. La efectiva constitución de los distintos órganos se articula escalonadamente, teniendo en cuenta las posibilidades reales de implantación y atribuyendo al Gobierno la preparación de los programas económico-financieros necesarios.

Como plazo máximo de programación, dentro del cual necesariamente han de alcanzarse en toda su integridad las previsiones de la ley en materia de planta, se fija el período 1989-1992. Se trata de un plazo cierto y, aún escaso en su extensión, suficiente para, mediante un importante esfuerzo de carácter organizativo y financiero, articular, dentro de ese estrecho margen de tiempo, las medidas necesarias para llevar al terreno de la realidad la profunda actualización que esta ley supone en las estructuras de la Administración de Justicia, dada su inaplazable necesidad. Para garantizar el cumplimiento del expresado plazo se prevén con carácter gradual las medidas de tipo orgánico y financiero necesarias para evitar quiebras en los procesos de implantación y se establecen las garantías pertinentes para asegurar la cobertura presupuestaria mediante el adecuado plan de financiación. Durante cada ejercicio se irán efectuando las creaciones de órganos necesarias para lograr el deseable equilibrio en el desarrollo de la programación, sin esperar a la última etapa y continuando la línea seguida en años anteriores.

La demarcación y la planta así establecidas, con criterios plenamente suficientes para garantizar su permanencia durante un largo período de tiempo, es susceptible, no obstante, de medidas de adaptación y perfeccionamiento.

Independientemente de las revisiones generales periódicas de la planta y de la demarcación que establece la LOPJ, se regula y desarrolla la facultad del Gobierno para crear Secciones, Juzgados o plazas de Magistrados por encima de las previsiones de la planta establecida, con modificación de ésta. Esta medida ha de permitir en todo caso la permanente actualización cuantitativa del diseño orgánico establecido en la LOPJ a las nuevas necesidades que puedan surgir.

TÍTULO I
De la demarcación judicial

CAPÍTULO I
Circunscripción territorial de los órganos judiciales

Art. 1. El Tribunal Supremo, la Audiencia Nacional y el Tribunal Central de Instancia tienen jurisdicción en toda España.

Precepto redactado conforme al art. 4 de la LO 7/2000, de 22 de diciembre y modificado por la Ley Orgánica 1/2025, de 2 de enero, de medidas en materia de eficiencia del Servicio Público Justicia.

Art. 2. 1. Los Tribunales Superiores de Justicia tienen jurisdicción en el ámbito territorial de su respectiva Comunidad Autónoma.

2. Tienen jurisdicción limitada a las provincias de Cádiz, Córdoba, Huelva y Sevilla las Salas de lo Contencioso-administrativo y de lo Social del Tribunal Superior de Justicia de Andalucía que tienen su sede en Sevilla; y a las provincias de Almería, Granada y Jaén las que tienen su sede en Granada. Las Salas de lo Contencioso-administrativo y de lo Social del Tribunal Superior de Justicia de Andalucía con sede en Málaga tienen jurisdicción limitada a su provincia.

3. Tienen jurisdicción limitada a las provincias de León, Palencia, Salamanca, Valladolid y Zamora las Salas de lo Contencioso-administrativo y de lo Social del Tribunal Superior de Justicia de Castilla y León que tienen su sede en Valladolid; y a las provincias de Ávila, Burgos, Segovia y Soria, las que tienen su sede en Burgos.

4. Tiene jurisdicción limitada a la provincia de Las Palmas, las Salas de lo Contencioso-administrativo y de lo Social del Tribunal Superior de Justicia de Canarias que tienen su sede en Las Palmas de Gran Canaria, y a la provincia de Santa Cruz de Tenerife, las que tienen su sede en Santa Cruz de Tenerife.

5. A efectos de la demarcación judicial, las ciudades de Ceuta y Melilla quedan integradas en la circunscripción territorial del Tribunal Superior de Justicia de Andalucía.

Art. 2 bis. 1. En cada Tribunal Superior de Justicia, y para el ámbito territorial de la provincia, se crean las plazas de Jueces de adscripción territorial que se fijan en el anexo IV de esta Ley, de acuerdo con lo previsto en el art. 347.bis de la LOPJ.

2. El desarrollo posterior de estas plazas de Jueces de adscripción territorial así como su modificación se efectuará mediante Real Decreto, de acuerdo con lo establecido en el art. 20 de esta Ley.

Artículo añadido por la Ley 4/2010, de 10 de marzo.

Art. 3. 1. Tienen jurisdicción en el ámbito de su respectiva provincia:

a) Las Audiencias Provinciales.

b) Las Secciones de los Tribunales de Instancia de lo Penal, de lo Contencioso-Administrativo, de lo Social, de lo Mercantil, de Vigilancia Penitenciaria y de Menores.

2. Las Secciones que integren los Tribunales de Instancia podrán extender su jurisdicción a uno o varios partidos judiciales de la misma provincia o de varias provincias limítrofes, dentro del ámbito de un mismo Tribunal Superior de Justicia, en los casos previstos en la ley.

3. A efectos de la demarcación judicial, las Ciudades de Ceuta y Melilla quedan integradas en la circunscripción territorial de la Sección Sexta de la Audiencia Provincial de Cádiz con sede en Ceuta y de la Sección Séptima de la Audiencia Provincial de Málaga, con sede en Melilla, respectivamente.

4. Los Tribunales de Instancia que tienen su sede en Ceuta y Melilla tienen la jurisdicción limitada al respectivo partido judicial.

5. En los casos en que el Anexo V de esta ley prevea la existencia de Secciones de una Audiencia Provincial fuera de la capital de provincia, la jurisdicción de dichas Secciones se ejercerá en los partidos judiciales que, según el citado Anexo, estén adscritos a la misma.

6. Los magistrados y las magistradas destinados o destinadas en las plazas especializadas de la Sección de lo Mercantil del Tribunal de Instancia de Alicante tendrán competencia, además, para conocer, en primera instancia y de forma exclusiva, de todos aquellos litigios que se promuevan al amparo de lo previsto en el Reglamento (UE) 2017/1001 del Parlamento Europeo y del Consejo, de 14 de junio de 2017, sobre la marca de la Unión Europea, y el Reglamento (CE) nº 6/2002, del Consejo, de 12 de diciembre de 2001, sobre los dibujos y modelos comunitarios. En el ejercicio de esta competencia estos magistrados o magistradas extenderán su jurisdicción a todo el territorio nacional, integrándose en el que, únicamente a estos solos efectos se denominará Tribunal de Marca de la Unión Europea.

7. La Sección o Secciones de la Audiencia Provincial de Alicante que se especialicen conocerán, además en segunda instancia y de forma exclusiva de to-

dos aquellos recursos a los que se refiere el artículo 133 del Reglamento (UE) 2017/1001 del Parlamento Europeo y del Consejo, de 14 de junio de 2017, sobre la marca de la Unión Europea, y el Reglamento (CE) n° 6/2002, del Consejo, de 12 de diciembre de 2001, sobre los dibujos y modelos comunitarios. En el ejercicio de esta competencia extenderán su jurisdicción a todo el territorio nacional y a estos solos efectos se denominarán Secciones de Marca de la Unión Europea.

Redactado por LO 19/2003, de 23 de diciembre y modificado por la Ley Orgánica 1/2025, de 2 de enero, de medidas en materia de eficiencia del Servicio Público Justicia.

Art. 4. 1. Habrá un Tribunal de Instancia en cada partido judicial, con sede en su capital, de la que tomará su nombre.

2. Con carácter general, extienden su jurisdicción a un partido judicial:

a) Las Secciones Civiles de los Tribunales de Instancia.

b) Las Secciones de Instrucción de los Tribunales de Instancia.

c) Las Secciones Civiles y de Instrucción de los Tribunales de Instancia que constituyan una Sección Única.

d) Las Secciones de Familia, Infancia y Capacidad, las Secciones de Violencia contra la Infancia y la Adolescencia y las Secciones de Violencia sobre la Mujer de los Tribunales de Instancia.

Apartados modificados por la Ley Orgánica 1/2025, de 2 de enero, de medidas en materia de eficiencia del Servicio Público Justicia.

3. Los partidos judiciales tienen el ámbito territorial del municipio o municipios que los integran, conforme se establece en el Anexo I de esta ley.

4. La modificación de los límites de los municipios actuales comporta la adaptación automática de la demarcación judicial a la nueva delimitación geográfica.

A los efectos de lo previsto en el párrafo anterior, se seguirán las siguientes reglas:

a) Cuando se constituya un nuevo municipio por segregación de otro, continuará perteneciendo al mismo partido judicial.

b) Cuando se incorporen o fusionen dos o más municipios pertenecientes al mismo partido judicial, continuarán perteneciendo a éste.

c) Cuando se incorporen o fusionen dos o más municipios pertenecientes a distintos partidos judiciales, el municipio resultante se integrará en el partido judicial al que correspondía el municipio que tuviera mayor población de derecho entre los afectados.

d) Cuando se constituya un nuevo municipio por segregación de parte del territorio de municipios pertenecientes a partidos diferentes, el nuevo municipio se integrará en el partido judicial al que correspondía la parte segregada con mayor población de derecho.

e) Cuando se incorpore a un municipio parte del territorio de otro municipio limítrofe por segregación, el territorio segregado se integrará en el partido del municipio al que ha sido agregado.

5. Las Comunidades Autónomas determinan, por ley, la capitalidad de los partidos judiciales, que corresponde a un solo municipio.

6. Los partidos judiciales se identifican por el nombre del municipio al que corresponde su capitalidad.

Apartados renumerados por la Ley Orgánica 1/2025, de 2 de enero, de medidas en materia de eficiencia del Servicio Público Justicia.

Art. 5. Los Juzgados de Paz tienen jurisdicción en el término del respectivo municipio, del que toman su nombre.

CAPÍTULO II
Sede de los órganos judiciales

Art. 6. El Tribunal Supremo, la Audiencia Nacional y el Tribunal Central de Instancia tienen su sede en la villa de Madrid.

Precepto redactado conforme al art. 4.2 de la LO 7/2000, de 22 de diciembre y modificado por la Ley Orgánica 1/2025, de 2 de enero, de medidas en materia de eficiencia del Servicio Público Justicia.

Art. 7. 1. Los Tribunales Superiores de Justicia tienen su sede en la ciudad que indiquen los respectivos Estatutos de Autonomía o la Ley Orgánica 6/1985, de 1 de julio, del Poder Judicial.

2. Las Salas de lo Contencioso-Administrativo y de lo Social con jurisdicción limitada a una o varias provincias tienen su sede donde la establece el artículo 2.

Modificado por la Ley Orgánica 1/2025, de 2 de enero, de medidas en materia de eficiencia del Servicio Público Justicia.

Art. 8. 1. Las Audiencias Provinciales y las Secciones de los Tribunales de Instancia con jurisdicción provincial tienen su sede en la capital de provincia.

2. Las Secciones de las Audiencias Provinciales a que se refiere el apartado 5 del artículo 3, así como las Secciones de lo Penal, las Secciones de lo Contencioso-Administrativo, las Secciones de lo Social, las Secciones de Menores, las Secciones de lo Mercantil, las Secciones de Familia, Infancia y Capacidad, las Secciones de Violencia contra la Infancia y la Adolescencia y las Secciones de Violencia sobre la Mujer de los Tribunales de Instancia con jurisdicción de extensión territorial infe-

rior o superior a la de una provincia tienen su sede en la capital del partido que se señale por ley de la correspondiente comunidad autónoma y toman el nombre del municipio en que aquella esté situada.

3. La sede de las Secciones de Vigilancia Penitenciaria de los Tribunales de Instancia se establece por el Gobierno, oídos previamente la comunidad autónoma afectada y el Consejo General del Poder Judicial.

Modificado por la Ley Orgánica 1/2025, de 2 de enero, de medidas en materia de eficiencia del Servicio Público Justicia.

Art. 9. La sede de las Secciones de Familia, Infancia y Capacidad, de las Secciones de Violencia contra la Infancia y la Adolescencia y de las Secciones de Violencia sobre la Mujer que extiendan su jurisdicción a más de un partido judicial se establecerá por el Gobierno, con informe previo de la comunidad autónoma afectada y el Consejo General del Poder Judicial.

Modificado por la Ley Orgánica 1/2025, de 2 de enero, de medidas en materia de eficiencia del Servicio Público Justicia.

Art. 10. 1. La determinación del edificio, edificios o inmuebles sede de los órganos judiciales, y de aquellos en que deban constituirse cuando se desplacen fuera de su sede habitual, conforme prevé el artículo 269 LOPJ, es competencia del Ministerio de Justicia o de la Comunidad Autónoma respectiva. Cuando se trate de Juzgados de Paz, la determinación del edificio se efectúa a propuesta del respectivo Ayuntamiento.

2. Todas las Salas y secciones de cada órgano judicial se hallan en el municipio de su sede, salvo las excepciones previstas en esta ley.

TÍTULO II
De la planta judicial

CAPÍTULO I
Planta de los Tribunales

Rúbrica modificada por la Ley Orgánica 1/2025, de 2 de enero, de medidas en materia de eficiencia del Servicio Público Justicia.

Art. 11. La planta del Tribunal Supremo es la establecida en el Anexo II de esta ley.

Art. 12. 1. La planta de la Audiencia Nacional es la establecida en el Anexo III de esta ley.

2. El Presidente de la Sala de lo Penal y el Presidente de la Sala de lo Contencioso-Administrativo lo son también de su respectiva Sección Primera.

Art. 13. 1. La planta de los Tribunales Superiores de Justicia es la establecida en el Anexo IV de esta ley.

2. El Presidente del Tribunal Superior de Justicia lo es también de su Sala de lo Civil y Penal. De los demás Magistrados que la componen, uno de ellos, en el caso de ser dos, o dos de ellos, en el caso de ser cuatro, son nombrados a propuesta en terna de la Asamblea Legislativa de la Comunidad Autónoma, en la forma prevista por el artículo 330 LOPJ.

3. El Gobierno, previo informe del Consejo General del Poder Judicial, puede ampliar hasta cinco el número de Magistrados de la Sala de lo Civil y Penal, en todos o en algunos de los Tribunales Superiores de Justicia que tienen asignada para dicha Sala una plantilla de tres Magistrados.

Art. 14. 1. La planta de las Audiencias Provinciales es la establecida en el Anexo V de esta ley.

2. Las Secciones de las Audiencias Provinciales, cuando haya varias, se constituyen con tres Magistrados. Los que exceden del múltiplo de tres se integran en las Secciones existentes, a razón de uno por Sección, comenzando por la Primera. La creación de nuevas plazas de Magistrados en una Audiencia Provincial dará lugar, si procede, a la creación de una nueva Sección completa con las plazas de nueva creación y las que resulten de la reducción a tres del número de Magistrados existentes en otra u otras Secciones. Para la designación de los Magistrados de la nueva Sección procedentes de las ya existentes se atiende a los que lo soliciten de entre los ya destinados en las demás Secciones de la misma sede con mejor puesto escalafonal, y no existiendo o siendo insuficiente el número de los solicitantes que reúnan los requisitos legales, al criterio de menor antigüedad en la categoría. Lo dispuesto en este apartado será de aplicación sin perjuicio de lo establecido en el artículo 20,3 de esta ley.

Apartado 2 redactado conforme L 3/1992, de 20 marzo.

Art. 15. 1. La planta de los Tribunales es la establecida en los anexos.

2. Serán plazas de magistrados:

a) Las que integran las Secciones Civiles y las de Instrucción de los Tribunales de Instancia.

b) Las que integran las Secciones Civiles y de Instrucción que constituyan una Sección Única, las Secciones de Familia, Infancia y Capacidad, las Secciones de Violencia contra la Infancia y la Adolescencia y las Secciones de Violencia sobre la

Mujer que tengan su sede en la capital de provincia, y en aquellos otros casos en que así se establezca en los anexos correspondientes de esta ley.

c) Las que integran las Secciones de lo Mercantil, las de lo Penal, de Menores, de Vigilancia Penitenciaria, de lo Contencioso-Administrativo y de lo Social de los Tribunales de Instancia.

d) Las que integran todas las Secciones del Tribunal Central de Instancia.

3. El Consejo General del Poder Judicial podrá acordar, previo informe de las Salas de Gobierno, que, en aquellas circunscripciones donde sea conveniente en función de la carga de trabajo existente, el conocimiento de los asuntos en materia de familia corresponda a uno de los jueces, juezas, magistrados o magistradas de la Sección de Civil, o de Civil y de Instrucción que constituya una Sección Única, determinándose en esta situación que ese juez, jueza, magistrado o magistrada conozca de todos estos asuntos dentro del partido judicial, ya sea de forma exclusiva o conociendo también de otras materias.

4. El Consejo General del Poder Judicial podrá acordar, previo informe de las Salas de Gobierno, que, en aquellas circunscripciones donde sea conveniente en función de la carga de trabajo existente, el conocimiento de los asuntos en materia de violencia sobre la mujer corresponda a uno de los jueces, juezas, magistrados o magistradas de la Sección de Instrucción, o de Civil y de Instrucción que constituya una Sección Única, determinándose en esta situación que ese juez, jueza, magistrado o magistrada conozca de todos estos asuntos dentro del partido judicial, ya sea de forma exclusiva o conociendo también de otras materias.

5. El Consejo General del Poder Judicial podrá acordar, previo informe de las Salas de Gobierno, que, en aquellas circunscripciones donde sea conveniente en función de la carga de trabajo existente, el conocimiento de los asuntos en materia de violencia contra la infancia y la adolescencia corresponda a uno de los jueces, juezas, magistrados o magistradas de la Sección de Instrucción, o de Civil y de Instrucción que constituya una Sección Única, determinándose en esta situación que ese juez, jueza, magistrado o magistrada conozca de todos estos asuntos dentro del partido judicial, ya sea de forma exclusiva o conociendo también de otras materias.

Modificado por la Ley Orgánica 1/2025, de 2 de enero, de medidas en materia de eficiencia del Servicio Público Justicia.

Art. 15 bis.

Artículo suprimido por la Ley Orgánica 1/2025, de 2 de enero, de medidas en materia de eficiencia del Servicio Público Justicia.

Art. 16.

Se deja sin contenido por la Ley Orgánica 1/2025, de 2 de enero, de medidas en materia de eficiencia del Servicio Público Justicia.

Art. 17.

Se deja sin contenido por la Ley Orgánica 1/2025, de 2 de enero, de medidas en materia de eficiencia del Servicio Público Justicia.

Art. 18.

Se deja sin contenido por la Ley Orgánica 1/2025, de 2 de enero, de medidas en materia de eficiencia del Servicio Público Justicia.

Art. 19.

Se deja sin contenido por la Ley Orgánica 1/2025, de 2 de enero, de medidas en materia de eficiencia del Servicio Público Justicia.

Art. 19 bis.

Artículo suprimido por la Ley Orgánica 1/2025, de 2 de enero, de medidas en materia de eficiencia del Servicio Público Justicia.

CAPÍTULO II
Modificación de la planta judicial

Art. 20. 1. El Gobierno podrá modificar el número y composición de los órganos judiciales establecidos por esta ley, mediante la creación de Secciones y plazas de juez, jueza, magistrado o magistrada, sin alterar la demarcación judicial, oídos preceptivamente el Consejo General del Poder Judicial y la comunidad autónoma afectada.

Por real decreto, a propuesta del Ministro de Justicia, previo informe del Consejo General del Poder Judicial y previa audiencia con carácter preceptivo de la comunidad autónoma afectada, se podrán transformar plazas de magistrado, magistrada, juez o jueza de una Sección en plazas de otra Sección en la misma sede del Tribunal de Instancia, cualquiera que sea su orden jurisdiccional. Cuando existan procedimientos pendientes asociados a la plaza que se transforma, el juez, la jueza, el magistrado o la magistrada que la ocupe conservará su competencia sobre aquellos hasta su conclusión.

2. En la creación de Secciones de todos los Tribunales se tendrá en cuenta, preferentemente, el volumen de litigiosidad de la circunscripción.

3. El real decreto correspondiente a la creación de Secciones o de plazas de juez, jueza, magistrado o magistrada en el Tribunal Supremo, Audiencia Nacional,

Tribunales Superiores de Justicia, Audiencias Provinciales, Tribunales de Instancia o Tribunal Central de Instancia dispondrá la modificación que proceda de los anexos de esta ley relativos a la planta judicial.

4. La fecha de efectividad de las plazas de juez, jueza, magistrado o magistrada en el Tribunal Supremo, Audiencia Nacional, Tribunales Superiores de Justicia, Audiencias Provinciales, Tribunales de Instancia y Tribunal Central de Instancia, así como la entrada en funcionamiento de Secciones de nueva creación será fijada por el Ministro de Justicia, oído el Consejo General del Poder Judicial y las comunidades autónomas con competencia transferidas en materia de Justicia, y publicada en el Boletín Oficial del Estado.

5. Para el ejercicio de las facultades que se reconocen en los apartados anteriores al Gobierno y al Ministerio de Justicia, será necesaria la previa inclusión de las dotaciones de gastos especificadas en la Ley de Presupuestos Generales del Estado del ejercicio correspondiente.

Modificado por la Ley Orgánica 1/2025, de 2 de enero, de medidas en materia de eficiencia del Servicio Público Justicia.

Art. 21. 1. El Gobierno, a propuesta del Consejo General del Poder Judicial y con el informe previo de las comunidades autónomas con competencias transferidas en materia de justicia, podrá establecer la separación de las Secciones Civiles y de Instrucción que constituyan una Sección Única, en Sección Civil y Sección de Instrucción, en aquellos partidos judiciales en los que el número de plazas de magistrado, magistrada o juez que integren la Sección Única así lo aconseje.

2. El Ministro de Justicia podrá establecer que las plazas de las Secciones Civiles y de Instrucción que constituyan una Sección Única, las de las Secciones de Familia, Infancia y Capacidad, las de las Secciones de Violencia contra la Infancia y la Adolescencia y las de las Secciones de Violencia sobre la Mujer, sean servidas por magistrados y magistradas, siempre que estén radicadas en un partido judicial superior a 150.000 habitantes de derecho o que experimente aumentos de población de hecho que superen dicha cifra, y el volumen de cargas competenciales así lo exija.

3. En los casos previstos en el presente artículo se dispondrá la modificación que proceda de los anexos de esta ley relativos a la planta judicial.

Modificado por la Ley Orgánica 1/2025, de 2 de enero, de medidas en materia de eficiencia del Servicio Público Justicia.

CAPÍTULO III
Destinos de carácter técnico o con funciones exclusivas de Presidencia de Tribunales de Instancia o Tribunal Central de Instancia

Art. 22. En el Consejo General del Poder Judicial prestarán servicio los miembros de la Carrera Judicial que se determinen en su plantilla, con independencia de los que integran la planta prevista en esta ley.

Art. 23. Las retribuciones de los Letrados al servicio del Gabinete Técnico del Tribunal Supremo serán las correspondientes a un Letrado de la Administración de Justicia de Sala del Tribunal Supremo. No obstante los Letrados que desarrollen labores de coordinación conforme a los previsto en el número 4 del artículo 61.bis de la Ley Orgánica 6/1985, de 1 de julio, del Poder Judicial y que además pertenezcan a la Carrera Judicial, percibirán las previstas en el Anexo II.2 de la Ley 15/2003 para los Magistrados del Gabinete Técnico del Tribunal Supremo.

Artículo redactado por la LO 7/2015.

Art. 24. La Jefatura del Servicio de Inspección del Consejo General del Poder Judicial será cubierta por Magistrado del Tribunal Supremo o por quien sea promovido a dicha categoría. El Jefe del Servicio de Inspección, cuando cese en su cargo, quedará adscrito al Tribunal Supremo hasta que obtenga destino definitivo.

Art. 25. En el Ministerio de Justicia, con la adscripción que determine su Reglamento Orgánico, podrán existir hasta diez plazas servidas por jueces o magistrados, diez por fiscales, diez por secretarios judiciales y dos por médicos forenses. Se proveerán mediante concurso de méritos que convocará y resolverá el Ministerio de Justicia en la forma que se determine reglamentariamente. Dichas plazas no incrementarán la relación de puestos de trabajo que tenga aprobada el Ministerio y los funcionarios que las ocupen mantendrán el régimen retributivo de sus Cuerpos de origen.

Redactado conforme a la L 54/2007, de 28 de diciembre.

Art. 26. La liberación total del trabajo en el orden jurisdiccional respectivo, que corresponde a quienes ostenten la Presidencia de los Tribunales de Instancia, a que se refiere el artículo 166.2 de la Ley Orgánica 6/1985, de 1 de julio, del Poder Judicial, se efectuará en aquellos partidos judiciales que cuenten con cuarenta o más plazas judiciales en el Tribunal de Instancia.

Modificado por la Ley Orgánica 1/2025, de 2 de enero, de medidas en materia de eficiencia del Servicio Público Justicia.

Art. 27. Derogado

Se deroga por la disposición derogatoria.2ª de la Ley 20/2011, de 21 de julio, salvo en lo dispuesto en la disposición transitoria cuarta de esta Ley, según establece el artículo único.28 de la Ley 6/2021, de 28 de abril.

TÍTULO III
De las disposiciones orgánicas para la efectividad de la planta judicial

CAPÍTULO I
Establecimiento de la Planta del Tribunal Supremo y de la Audiencia Nacional

Art. 28. 1. Las actuales Salas Tercera, Cuarta y Quinta de lo Contencioso-Administrativo del Tribunal Supremo se constituirán en Sala única de lo Contencioso-Administrativo en el plazo de treinta días, a partir de la entrada en vigor de esta ley.

2. El Consejo General del Poder Judicial designará al Magistrado del Tribunal Supremo a quien corresponderá la presidencia de la Sala de lo Contencioso-Administrativo en lo sucesivo entre los Presidentes de las Salas actualmente existentes.

Art. 29. 1. Los Magistrados actualmente destinados en las Salas de lo Civil y de lo Contencioso-Administrativo del Tribunal Supremo continuarán prestando servicios en ellas.

2. La composición de la Sala de lo Civil del Tribunal Supremo se acomodará a la prevista en el Anexo II, a cuyo efecto, a partir de la entrada en vigor de esta ley, no se cubrirán y quedarán amortizadas las vacantes que se produzcan hasta que se alcance la nueva composición.

3. La composición de la Sala de lo Contencioso-Administrativo se acomodará a la prevista en el Anexo II.

Apartado 3 redactado conforme L 3/1992, de 20 marzo.

Art. 30. A partir de la entrada en vigor de la presente ley, el Consejo General del Poder Judicial propondrá los nombramientos necesarios para completar las Salas de lo Penal y de lo Social del Tribunal Supremo.

Art. 31. 1. En el plazo de tres meses a partir de la entrada en vigor de esta ley, el Consejo General del Poder Judicial efectuará las adscripciones de Presidentes de Sala y Magistrados del Tribunal Central de Trabajo de la Sala de lo Social de la Audiencia Nacional y a la Sala de lo Social del Tribunal Superior de Justicia de Madrid, siguiendo el orden de preferencia establecido en la disp. trans. 18ª LOPJ.

Efectuadas las adscripciones, el Gobierno, en el plazo de un mes a partir de su publicación, fijará la fecha, que se publicará en el Boletín Oficial del Estado, en que comenzará el ejercicio de su competencia.

2. El personal al servicio de la Administración de Justicia que presta servicio en el Tribunal Central de Trabajo será destinado a la Audiencia Nacional o al Tribunal Superior de Justicia de Madrid. La adscripción se determinará con arreglo a lo dispuesto reglamentariamente.

CAPÍTULO II
Constitución y establecimiento de la Planta de los Tribunales Superiores de Justicia

Art. 32. 1. La constitución de los Tribunales Superiores de Justicia tendrá carácter preferente dentro de la programación a que se refiere el artículo 62 de esta ley.

2. Dentro del plazo de tres meses a partir de la entrada en vigor de esta ley, las Asambleas Legislativas de las Comunidades Autónomas presentarán las ternas de juristas de reconocido prestigio con más de diez años de ejercicio profesional en la Comunidad Autónoma respectiva, para cubrir plaza de Magistrado de la Sala de lo Civil y Penal del Tribunal Superior de Justicia.

Recibida la terna en cualquier momento, el Consejo General del Poder Judicial procederá a proponer el nombramiento correspondiente.

3. En el mismo plazo de tres meses, háyase o no recibido la terna a que se refiere el apartado 2 de este artículo, el Consejo General del Poder Judicial propondrá los nombramientos de los restantes Magistrados de las Salas de lo Civil y Penal y de lo Contencioso-Administrativo de los Tribunales Superiores de Justicia.

4. Una vez hayan sido nombrados los Magistrados de los Tribunales Superiores de Justicia, el Consejo General del Poder Judicial propondrá el nombramiento de los Presidentes de los expresados Tribunales y fijará la fecha, que será publicada en el Boletín Oficial del Estado, en la que tendrá lugar la toma de posesión de los miembros del Tribunal y su Constitución, sin perjuicio de la publicación en el Boletín Oficial de la Comunidad Autónoma correspondiente.

5. En la provisión de la plaza de Presidente del Tribunal Superior de Justicia en aquellas Comunidades Autónomas que gocen de Derecho Civil Especial o Foral, así como de idioma oficial propio, el Consejo General del Poder Judicial valorará como mérito la especialización en este Derecho Civil Especial o Foral y el conocimiento del idioma propio de la Comunidad.

Apartado 5 declarado constitucional por STC 62/1990, de 30 marzo, si se interpreta conforme se precisa en su fundamento jurídico 6 i).

Art. 33. 1. La Sala de lo Civil y Penal y la de lo Contencioso-Administrativo del Tribunal Superior de Justicia iniciarán el ejercicio de su competencia el día de la constitución del Tribunal.

2. Si no se hubiera efectuado aún el nombramiento de Magistrado de la Sala de lo Civil y Penal presentado en terna por la Asamblea Legislativa de la Comunidad Autónoma, se aplicará el procedimiento previsto por la ley para completar la Sala.

3. El ámbito territorial de la jurisdicción del Tribunal Superior de Justicia tendrá efectividad, para cada una de sus Salas, el día del inicio del ejercicio de su competencia.

Art. 34. 1. Los Magistrados destinados en las Salas de lo Contencioso-Administrativo de las Audiencias Territoriales quedarán integrados en las Salas de lo Contencioso-Administrativo del Tribunal Superior de Justicia que tengan su sede donde la tuviesen aquéllas en el momento de la entrada en vigor de esta ley.

2. Los Magistrados de la Sala de lo Contencioso-Administrativo que tienen su sede en Murcia quedarán integrados en la Sala del mismo orden del Tribunal Superior de Justicia de dicha Comunidad Autónoma.

3. El Consejo General del Poder Judicial propondrá los nombramientos de los Magistrados a que se refieren los apartados anteriores de este artículo en el plazo previsto en el artículo 32.3.

4. La Sala de lo Contencioso-Administrativo del Tribunal Superior de Justicia será presidida por el Magistrado que desempeñe la presidencia de la Sala de lo Contencioso-Administrativo de la Audiencia Territorial. En caso de ser varios, por el Presidente de mayor antigüedad en la categoría de Magistrado.

5. El personal al servicio de la Administración de Justicia que preste servicios en las Salas de lo Contencioso-Administrativo de las Audiencias Territoriales quedará destinado en el Tribunal Superior de Justicia y adscrito a la Sala de lo Contencioso-Administrativo. Dicha adscripción podrá ser modificada con arreglo a lo dispuesto reglamentariamente.

Art. 35. 1. El Gobierno, previo informe del Consejo General del Poder Judicial, determinará la fecha en que serán efectivas las plazas que correspondan a cada una de las Salas del Tribunal Superior de Justicia, con arreglo a las previsiones de la planta, atendiendo a un criterio de preferencia según las cargas competenciales de cada órgano.

2. La composición plena de todas las Salas se alcanzará dentro del período de programación previsto en el artículo 62 de esta ley.

Art. 36. 1. El Consejo General del Poder Judicial podrá limitar las propuestas iniciales de nombramiento de miembros de las Salas de lo Social de los Tribunales Superiores de Justicia al Presidente de la Sala y, si procediese, al Magistrado o a los Magistrados que se estimen necesarios en cada Tribunal, sin perjuicio de completar progresivamente la planta, hasta alcanzar su composición plena.

2. Las propuestas a que se refiere el apartado anterior se efectuarán en el momento en que se estime conveniente, con sujeción a criterios de gradualidad, teniendo en cuenta las posibilidades de cobertura de las plazas correspondientes y las vacantes que puedan originarse en otros órganos.

3. Efectuados los nombramientos, el Consejo General del Poder Judicial determinará la fecha en que cada Sala iniciará el ejercicio de la competencia, que se publicará en el Boletín Oficial del Estado, sin perjuicio de la publicación en el Boletín Oficial de la Comunidad Autónoma correspondiente.

Art. 37. En los supuestos previstos en los artículos anteriores, el plazo de cese en los órganos de procedencia y el plazo de toma de posesión de los Magistrados y de los miembros del personal que haya de integrarse en las respectivas Salas, se computará con sujeción a lo que se determine en el acuerdo de nombramiento o destino.

Art. 38. El Consejo General del Poder Judicial, una vez hayan iniciado el ejercicio de su competencia la Sala de lo Social de la Audiencia Nacional y las Salas de lo Social de todos los Tribunales Superiores de Justicia, y efectuadas las integraciones que prevé la disposición transitoria decimoctava de la Ley Orgánica del Poder Judicial, determinará la fecha de supresión del Tribunal Central de Trabajo y finalización del ejercicio de su competencia y ordenará su publicación en el Boletín Oficial del Estado. A partir de esta fecha, la Sala de lo Social del Tribunal Superior de Justicia de Madrid, en la forma que establece la disposición transitoria ya citada, conocerá de los asuntos pendientes ante el Tribunal Central de Trabajo, con excepción de lo que corresponda a la Sala de lo Social de la Audiencia Nacional.

CAPÍTULO III
Establecimiento de la Planta de las Audiencias Provinciales

Art. 39. 1. La composición inicial de las Audiencias Provinciales será la actual. El Gobierno, oído el Consejo General del Poder Judicial, a tenor de las disponibilidades presupuestarias de cada ejercicio económico, y atendiendo a criterios de preferencia según las mayores cargas competenciales, determinará la fecha de efectividad de las plazas correspondientes, hasta alcanzar la planta definitiva en el plazo de programación establecido en el artículo 62 de esta ley.

2. Cuando la planta fijada en esta ley comprendiera un número de Magistrados inferior al actualmente previsto para la Audiencia Provincial, se amortizarán las plazas correspondientes a partir de la entrada en vigor de esta ley, a tenor de las vacantes que se fueran produciendo.

Art. 40. 1. Las Audiencias Provinciales radicadas en localidades donde actualmente existen Salas de lo Civil quedarán integradas, además de por los Magistrados que actualmente las componen, por los Magistrados de las Salas de lo Civil de las Audiencias Territoriales de la sede, distribuidos en las correspondientes Secciones a tenor de lo que determine, según criterio de posición escalafonal, el Consejo General del Poder Judicial, hasta completar la planta prevista en esta ley. El resto de Magistrados de la Sala o Salas de lo Civil quedarán integrados en la propia Audiencia, en calidad de adscritos, con arreglo al orden de preferencia escalafonal.

2. Los Magistrados adscritos según lo establecido en el apartado anterior ocuparán automáticamente las primeras vacantes que se produzcan en la Audiencia Provincial.

3. El personal al servicio de la Administración de Justicia que preste servicios en las Salas de lo Civil de la Audiencia Territorial quedará destinado en la Audiencia Provincial. La adscripción se determinará con arreglo a lo dispuesto reglamentariamente.

CAPÍTULO IV
Establecimiento de la Planta de los Juzgados

Este capítulo se deja sin contenido por la Ley Orgánica 1/2025, de 2 de enero, de medidas en materia de eficiencia del Servicio Público Justicia, que suprime los artículos 46 bis y ter.

Art. 41.

Art. 42.

Art. 43.

Art. 44.

Art. 45.

Art. 46.

Art. 46 bis.

TÍTULO IV
De las disposiciones de orden procesal para la efectividad de la planta judicial

Art. 53. 1. Los órganos judiciales se atendrán a las normas orgánicas, procesales y de funcionamiento establecidas en la Ley Orgánica del Poder Judicial y en las disposiciones actualmente en vigor, salvo las modificaciones de estas últimas que resultan de la presente ley.

2. De no establecerse lo contrario, los órganos de nueva planta ajustarán su funcionamiento a las normas procesales vigentes aplicables a los órganos suprimidos de naturaleza similar.

3. La composición de las Secciones se ajustará a lo dispuesto en el artículo 198 de la Ley Orgánica del Poder Judicial, sin más limitaciones que las que se infieren del artículo 12.2 y del artículo 14.2 de la presente ley.

4. La iniciación del ejercicio de la competencia por los órganos de nueva planta o de nueva creación previstos en esta ley no supondrá la asunción de los procedimientos en trámite ante otros órganos ya existentes, salvo en los casos de supresión de éstos y sin perjuicio de lo que pueda acordarse por vía de reparto.

Art. 54. (sin contenido)

Artículo derogado por L 10/1992, de 30 abril.

Art. 55. Los Magistrados de la Sala de lo Civil y Penal del Tribunal Superior de Justicia completarán las demás Salas del Tribunal, con arreglo al turno que se establezca en aplicación del artículo 199 de la Ley Orgánica del Poder Judicial.

Art. 56.

Se deja sin contenido por la Ley Orgánica 1/2025, de 2 de enero, de medidas en materia de eficiencia del Servicio Público Justicia

Art. 57.

Se deja sin contenido por la Ley Orgánica 1/2025, de 2 de enero, de medidas en materia de eficiencia del Servicio Público Justicia

Art. 58. 1. No procederá el recurso de apelación ante la Sala de lo Contencioso-Administrativo del Tribunal Supremo en los recursos de que conozcan las Salas de lo Contencioso-Administrativo de los Tribunales Superiores de Justicia contra actos o disposiciones provenientes de los Órganos de la Comunidad Autónoma, salvo si el escrito de interposición del recurso se fundase en la infracción de normas no emanadas de los Órganos de aquélla.

2. Lo establecido en el apartado anterior se entiende sin perjuicio de lo dispuesto en el artículo 102 LJCA sobre el recurso de revisión.

3. Las dudas sobre competencia que pudieran suscitarse entre la atribuida al Tribunal Supremo y al Tribunal Superior de Justicia se resolverán de conformidad con lo dispuesto en el apartado d) artículo 54.1.

Art. 59.

Se deja sin contenido por la Ley Orgánica 1/2025, de 2 de enero, de medidas en materia de eficiencia del Servicio Público Justicia

Art. 60.

Se deja sin contenido por la Ley Orgánica 1/2025, de 2 de enero, de medidas en materia de eficiencia del Servicio Público Justicia

Art. 61.

Se deja sin contenido por la Ley Orgánica 1/2025, de 2 de enero, de medidas en materia de eficiencia del Servicio Público Justicia

TÍTULO V
De las medidas económico-financieras para la implantación y sostenimiento de la planta judicial

Art. 62.

Se deja sin contenido por la Ley Orgánica 1/2025, de 2 de enero, de medidas en materia de eficiencia del Servicio Público Justicia

Art. 63.

Se deja sin contenido por la Ley Orgánica 1/2025, de 2 de enero, de medidas en materia de eficiencia del Servicio Público Justicia

Art. 64. A los efectos prevenidos en el artículo 10 de la Ley de Expropiación Forzosa, se declaran de utilidad pública las obras de construcción, modificación y ampliación de edificios para sede de Juzgados, Tribunales y Centros, Organismos y Servicios de la Administración de Justicia necesarias para la ejecución de la planta establecida en esta ley.

DISPOSICIONES TRANSITORIAS

Primera. En tanto las Comunidades Autónomas no determinen la capitalidad de los partidos judiciales, de conformidad con lo dispuesto en el artículo 35.6 de la Ley Orgánica del Poder Judicial, ésta se entenderá reconocida al municipio que la tuviese a la entrada en vigor de esta ley; si existiesen varios, al municipio en que radicasen más Juzgados de Primera Instancia e Instrucción; en caso de igualdad, al de mayor población de derecho. En su defecto, al municipio o municipios en que radicasen Juzgados de Distrito, con iguales criterios de preferencia y, en último término, al de mayor población de derecho.

Segunda. Los dos Presidentes de las actuales Salas de lo Contencioso-Administrativo del Tribunal Supremo que no sean nombrados para la Presidencia de la Sala de lo Contencioso-Administrativo del mismo mantendrán, a título personal, los derechos económicos que correspondan a un Presidente de Sala del Tribunal Supremo y presidirán las Secciones que puedan constituirse.

Tercera. 1. Los Presidentes de las actuales Salas de lo Contencioso-Administrativo de las Audiencias Territoriales a los que no correspondiere la Presidencia de la Sala de lo Contencioso-Administrativo del Tribunal Superior de Justicia presidirán, en su caso, las Secciones que pudieran constituirse y mantendrán los derechos económicos correspondientes a un Presidente de Sala, mientras no obtuviesen otro destino.

2. Los Presidentes de las Salas de lo Civil de las Audiencias Territoriales presidirán, en su caso, las Secciones que pudieran constituirse y mantendrán los derechos económicos correspondientes a un Presidente de Sala, mientras no obtuviesen otro destino.

Cuarta. En tanto no se produzca la constitución de los Juzgados de Menores, y sin perjuicio de lo establecido en la disposición transitoria vigésimo sexta de la Ley Orgánica del Poder Judicial, el Consejo General del Poder Judicial podrá proceder al nombramiento de miembros de la Carrera Judicial para las plazas correspondientes a los Tribunales Tutelares de Menores que no se hallen ocupadas por Jueces pertenecientes a la Escala de Jueces Unipersonales de Menores, disponiendo el cese de sus actuales titulares.

Quinta. Los actuales Secretarios de Juzgados de Paz continuarán desempeñando sus funciones con sujeción al régimen actual hasta que se produzca el nombramiento de persona idónea.

Sexta. Los actuales Jueces de Paz continuarán ejerciendo sus funciones hasta la entrada en funcionamiento del Juzgado de Paz constituido de conformidad con lo establecido en la Ley Orgánica del Poder Judicial.

Séptima. Las percepciones a que se refiere el artículo 49 únicamente corresponderán a los Jueces de Paz nombrados a partir de la entrada en vigor de la presente ley.

Octava. Los miembros de la Carrera Judicial a que se refiere la disposición transitoria vigésimo quinta de la Ley Orgánica del Poder Judicial podrán participar en el concurso de méritos a que se hace referencia en el artículo 25 de la presente ley. Si no obtuviesen plaza en el referido concurso o no tomasen parte en el mismo, en el plazo de tres meses, a partir de la fecha de la resolución, deberán optar entre pasar al servicio activo en la Carrera Judicial, quedando adscritos al Tribunal Superior de Justicia o a la Audiencia Provincial de Madrid hasta que obtengan destino en propiedad, o pasar a la situación de excedencia voluntaria en la misma.

Novena. 1. En tanto las comunidades autónomas respectivas no fijen la sede de los Juzgados de lo Penal, ésta se entenderá situada en donde se hubieran constituido los Juzgados de lo Penal correspondientes según lo dispuesto en el anexo VII de esta ley.

2. En tanto las comunidades autónomas respectivas no fijen la sede de los Juzgados de lo Mercantil, ésta se entenderá situada en aquellas capitales de provincia o poblaciones que, tanto por ser núcleos en donde los procedimientos concursales son estadísticamente más frecuentes, como por tener atribuido el conocimiento exclusivo de determinadas competencias con exclusividad al resto, resulte así conveniente para el adecuado cumplimiento de la función jurisdiccional con respecto a los plazos procesales.

Redactada por LO 19/2003, de 23 de diciembre.

Décima. En tanto no entren en funcionamiento los Juzgados de Primera Instancia e Instrucción, de lo Penal y de lo Mercantil correspondientes a las nuevas circunscripciones territoriales creadas por esta ley, mantendrán su competencia los órganos judiciales que tuvieran a la entrada en vigor de la disposición, conociendo de los asuntos pendientes ante ellos hasta su definitiva conclusión.

Redactada por LO 19/2003, de 23 de diciembre.

DISPOSICIONES ADICIONALES

Primera. El cese de sus funciones como Juzgados de Primera Instancia e Instrucción o como Juzgados de Instrucción de los que resulten transformados se acomodará a las siguientes reglas:

1. A los veinte días de la entrada en vigor de la presente ley, los Juzgados cesarán en sus funciones de instrucción de procedimientos penales, respecto de las causas que deban enjuiciar, asumiendo las mismas los restantes Juzgados de Instrucción.

2. Desde la fecha que señale el Real Decreto a que se refiere el apartado 1 artículo 42 cesarán en sus funciones como Juzgados de Primera Instancia, salvo para dictar, dentro de los plazos señalados, las sentencias en los asuntos que hubiesen quedado conclusos y solo pendientes de fallo.

Notificadas las resoluciones finales, remitirán los asuntos sentenciados, así como los pendientes, al Juzgado que corresponda, conforme a las reglas aprobadas por la correspondiente Sala de Gobierno, notificándolo a las partes.

3. Desde la misma fecha cesarán en sus funciones como Juzgados de Instrucción respecto a las causas que deba enjuiciar la Audiencia Provincial.

Segunda. El titular y Secretario de los Juzgados transformados pasarán a ocupar los puestos correspondientes en los Juzgados de lo Penal. El personal adscrito a los Juzgados transformados pasará a estarlo al Juzgado de lo Penal correspondiente, sin perjuicio de las adscripciones que puedan realizarse conforme a los reglamentos vigentes y de lo que pueda disponerse con arreglo al Real Decreto a que se refiere el artículo 42.1 de esta ley. Los Juzgados a transformar serán los de Instrucción o Primera Instancia e Instrucción de creación más reciente. De ellos, el de creación más lejana será el núm. 1, y así sucesivamente.

Tercera. En la fecha en que señale el Real Decreto a que se refiere el apartado 1 del artículo 42 de la presente ley, y oído el Consejo General del Poder Judicial, se transformarán en Juzgados de lo Penal los siguientes:

Juzgados de Primera Instancia e Instrucción.

– Dos en Algeciras.

§3

– Uno en Huesca.
– Uno en Gijón.
– Uno en Tenerife.
– Uno en Palencia.
– Uno en Segovia.
– Uno en Cuenca.
– Uno en Ciudad Real.
– Uno en Cáceres.
– Uno en Santiago de Compostela.
– Uno en Lugo.
– Uno en Vigo.
– Dos en Alicante.
Juzgados de Instrucción.
– Uno en Córdoba.
– Tres en Málaga.
– Dos en Granada.
– Cinco en Sevilla.
Juzgados de Instrucción.
– Dos en Zaragoza.
– Dos en Palma de Mallorca.
– Dos en Las Palmas.
– Uno en Valladolid.
– Nueve en Barcelona.
– Uno en La Coruña.
– Doce en Madrid.
– Uno en Murcia.
– Uno en Pamplona.
– Cinco en Valencia.
– Tres en Bilbao.
– Uno en San Sebastián.

DISPOSICIÓN FINAL

Única. *Facultad de desarrollo.*– El Gobierno dictará cuantas disposiciones sean precisas en la ejecución y desarrollo de lo previsto en esta ley.

Redactada por LO 19/2003, de 23 de diciembre.

NOTA: Los datos actualizado referidos a la planta y demarcación de los órganos judiciales puede consultarse en las páginas 968 y ss. del BOE núm. 3 de 3 de enero de 2025, en que se publica la Ley 1/2025, de 2 de enero, de medidas de eficiencia del Servicio Público de Justicia.

§4. LEY ORGÁNICA 2/1987, DE 18 DE MAYO, DE CONFLICTOS JURISDICCIONALES

PREÁMBULO

La ordenación actual de los conflictos jurisdiccionales está contenida en la Ley 17 julio 1948 que, inspirada en el principio de concentración de poder propio de un régimen autoritario, atribuyó al Jefe del Estado la competencia para resolver por decreto tales conflictos. Tal principio es incompatible con nuestro ordenamiento constitucional, y con la posición que en el mismo ocupa el Rey. La LO 6/1985 de 1 julio, del Poder Judicial y del Consejo de Estado ha solucionado esa primera incompatibilidad con la Constitución, al otorgar a órganos mixtos, formados por representantes del Poder Judicial y del Consejo de Estado, en unos casos, y de aquél y de la jurisprudencia, en otros, siempre bajo la presidencia de la más alta autoridad judicial de la nación, la competencia para la resolución de los conflictos de jurisdicción.

No obstante, la ordenación procedimental de la resolución de los conflictos ha de ser modificada para cubrir las insuficiencias que aún son imputables a la Ley de 1948. En efecto, la nueva organización de los poderes del Estado hace precisa una nueva y correlativa enumeración de los órganos legitimados para suscitar los conflictos. Desde el punto de vista del Poder Judicial tal legitimación se extiende a todos sus órganos, a diferencia de lo que dispone la Ley de 1948. Desde el punto de vista de las Administraciones públicas, la ley, congruente con la nueva organización territorial del Estado, extiende la legitimación a las Comunidades Autónomas y a las diversas Administraciones Locales, asumiendo así, en lo que a estas últimas respecta, la doctrina del Tribunal Constitucional.

La regulación del procedimiento para el planteamiento y la resolución de los conflictos es objeto de una notoria simplificación. Esta es especialmente visible en la regulación de los llamados conflictos negativos, inspirada en la que se contiene en la Ley Orgánica del Tribunal Constitucional.

La ley no contiene norma alguna sobre las llamadas «competencias» como conflictos intrajurisdiccionales que son, ni sobre los «conflictos de atribuciones». Las «competencias» están hoy reguladas bajo el nombre de «conflictos de competencia» en el cap. II tít. I LOPJ. Los conflictos de atribuciones, en todo aquello que no son conflictos sometidos a la LOTC, han de ser objeto de una norma distinta. La exclusión de esta materia hace imposible proceder a la derogación total e incondicionada de la Ley 17 julio 1948.

CAPÍTULO I
De los conflictos de jurisdicción entre los Juzgados o Tribunales y la Administración

Art. 1. Los conflictos de jurisdicción entre los Juzgados o Tribunales y la Administración, serán resueltos por el órgano colegiado a que se refiere el artículo 38 de la Ley Orgánica del Poder Judicial que recibirá el nombre de Tribunal de Conflictos de Jurisdicción.

§4

Art. 2. Cualquier Juzgado o Tribunal podrá plantear conflictos jurisdiccionales a la Administración. Sin embargo, los Juzgados de Paz tramitarán la cuestión al Juez de Primera Instancia e Instrucción, que, de estimarlo, actuará conforme a lo dispuesto en el artículo 9.

Art. 3. Podrán plantear conflictos de jurisdicción a los Juzgados y Tribunales:
1º) En la Administración del Estado:
a) Los miembros del Gobierno.
b) Los delegados del Gobierno en las Comunidades Autónomas.
c) Los Generales con mando de región militar o zona militar, los Almirantes con mando de zona marítima, el Almirante Jefe de la jurisdicción central, el Comandante General de la Flota y los Generales Jefes de región aérea o zona aérea.
d) Los Gobernadores Civiles.
e) Los Delegados de Hacienda.
2º) En la Administración Autonómica, el órgano que señale el correspondiente Estatuto de Autonomía. A falta de previsión en el Estatuto de Autonomía, podrán plantear conflictos, el Consejo de Gobierno de la Comunidad Autónoma o cualquiera de sus miembros, por conducto del Presidente.
3º) En la Administración Local:
a) Los Presidentes de las Diputaciones Provinciales u órganos de la Administración Local de ámbito provincial.
b) Los Presidentes de los Cabildos y Consejos Insulares.
c) Los Alcaldes Presidentes de los Ayuntamientos.

Art. 4. 1. Cuando los demás órganos de las Administraciones Públicas estimen que deben proponer la promoción de un conflicto jurisdiccional en defensa de su esfera de competencias, podrán solicitar su planteamiento al órgano correspondiente de los mencionados en el artículo anterior. A tal efecto, se dirigirán a él por conducto reglamentario, destacando los motivos que aconsejen el planteamiento de conflicto y razonando, con invocación de los preceptos legales en que se funde, los términos de la propuesta.

2. Si el órgano que recibió la propuesta decide aceptarla, promoverá el conflicto y dirigirá las demás actuaciones que se sigan, sin perjuicio de recabar del órgano solicitante toda la información que necesite.

Art. 5. Sólo los titulares de los órganos a que se refiere el artículo 3 podrán plantear conflictos de jurisdicción a los Juzgados y Tribunales, y únicamente lo harán para reclamar el conocimiento de los asuntos que, de acuerdo con la legislación vigente, le corresponda entender a ellos mismos, a las autoridades que de ellos dependan, o a los órganos de la Administración Pública en los ramos que representan.

Art. 6. No podrán plantearse conflictos frente a la iniciación o seguimiento de un procedimiento de habeas corpus o de adopción en el mismo de las resoluciones de puesta en libertad o a disposición judicial.

Art. 7. No podrán plantearse conflictos de jurisdicción a los Juzgados y Tribunales en los asuntos judiciales resueltos por auto o sentencia firmes o pendientes sólo de recurso de casación o de revisión, salvo cuando el conflicto nazca o se plantee con motivo de la ejecución de aquéllos o afecte a facultades de la Administración que hayan de ejercitarse en trámite de ejecución.

Art. 8. Los Jueces y Tribunales no podrán suscitar conflictos de jurisdicción a las Administraciones Públicas en relación con los asuntos ya resueltos por medio de acto que haya agotado la vía administrativa, salvo cuando el conflicto verse sobre la competencia para la ejecución del acto.

Art. 9. 1. El Juez o Tribunal que, por su propia iniciativa o a instancia de parte, considere de su jurisdicción un asunto de que está conociendo un órgano administrativo, deberá, antes de requerirle de inhibición, solicitar el informe del Ministerio Fiscal, que habrá de evacuarlo en plazo de cinco días. Si decide a su vista formalizar el conflicto de jurisdicción, dirigirá directamente al órgano que corresponda de los enumerados en el artículo 3 un requerimiento de inhibición citando los preceptos legales que sean de aplicación al caso y aquellos en que se apoye para reclamar el conocimiento del asunto.

2. El órgano requerido, una vez que reciba el oficio de inhibición, dará vista, si los hubiere, a los interesados en el procedimiento, para que se pronuncien en plazo común de diez días, debiendo, en nuevo término de cinco días, pronunciar si mantiene su jurisdicción o si acepta la solicitud de inhibición. Contra esta decisión no cabrá recurso alguno.

Art. 10. 1. Cuando un órgano administrativo de los habilitados especialmente para ello por esta ley entienda, de oficio o a instancia de parte, que debe plantear a un Juzgado o Tribunal un conflicto de jurisdicción, dará, en primer lugar, audiencia a los interesados en el expediente, si los hubiere.

2. Si el órgano administrativo acuerda, cumpliendo los requisitos establecidos por las normas sobre procedimiento administrativo y, en su caso, las previsiones de la presente ley, tomar la iniciativa para plantear el conflicto de jurisdicción, dirigirá oficio de inhibición al Juez o Tribunal que esté conociendo de las actuaciones, expresando los preceptos legales a que se refiere el artículo 9.1.

3. Si el órgano que planteare el conflicto fuere uno de los comprendidos en el número 3 del artículo 3 el acuerdo de suscitarlo deberá ser aceptado, en todo caso, por la mayoría absoluta de los miembros del pleno de la Corporación, previo informe del Secretario, quien deberá emitirlo en un plazo no superior a diez días.

4. Recibido el requerimiento, el Juez o Tribunal dará vista a las partes y al Ministerio Fiscal por plazo común de diez días para que se pronuncien y dictará auto, en el plazo de cinco días, manteniendo o declinando su jurisdicción.

5. Si el Juez o Tribunal declinara su competencia podrán las partes personadas y el Ministerio Fiscal interponer recurso de apelación ante el órgano jurisdiccional superior, a cuya resolución se dará preferencia y sin que contra ella quepa ulterior recurso. Los autos que dice el Tribunal Supremo no serán, en ningún caso, susceptibles de recurso.

Art. 11. 1. El órgano administrativo o jurisdiccional, tan pronto como reciba el oficio de inhibición, suspenderá el procedimiento en lo que se refiere al asunto cuestionado, hasta la resolución del conflicto, adoptando, en todo caso, con carácter provisional, aquellas medidas imprescindibles, para evitar que se eluda la acción de la justicia, que se cause grave perjuicio al interés público o que se originen daños graves e irreparables.

2. Cuando el requerimiento se dirija a un órgano jurisdiccional del orden penal o que esté conociendo de un asunto tramitado por el procedimiento preferente para la tutela de los derechos y libertades fundamentales previsto en el artículo 53.2 de la Constitución no se suspenderá el procedimiento, sino, en su caso, hasta el momento de dictar sentencia. El Tribunal de conflictos otorgará preferencia a la tramitación de los conflictos en que concurran estas circunstancias.

3. Al remitirse las actuaciones al Tribunal de conflictos se expresarán las medidas que, en su caso, se hubieren adoptado en cumplimiento de lo dispuesto en el párrafo primero de este artículo.

Art. 12. 1. Cuando el requerido muestre su conformidad con el oficio de inhibición lo hará saber, en el plazo de cinco días, al órgano que tomó la iniciativa, remitiéndole las actuaciones y extendiendo la oportuna diligencia, sin perjuicio de lo previsto en el párrafo 5 del artículo 10.

2. Si el requerido decide mantener su jurisdicción, oficiará inmediatamente al órgano administrativo o Tribunal requirente, anunciándole que queda así formalmente planteado el conflicto de jurisdicción, y que envía en el mismo día las actuaciones al Presidente del Tribunal de conflictos, requiriéndole a que él haga lo propio en el mismo día de recepción. Ello no obstante, requirente y requerido conservarán en su caso, testimonio de lo necesario para realizar las actuaciones provisionales que hayan de adoptarse o mantenerse para evitar que se eluda la acción de la justicia, que se cause grave perjuicio al interés público o que se originen daños graves e irreparables.

Art. 13. 1. Quien viere rechazado el conocimiento de un asunto de su interés tanto por el Juez o Tribunal como por el órgano administrativo que él estime competentes, podrá instar un conflicto negativo de jurisdicción.

2. Una vez que se haya declarado incompetente, en resolución firme, la autoridad judicial o administrativa a la que inicialmente se hubiese dirigido, el interesado se dirigirá, acompañando copia auténtica o testimonio fehaciente de la resolución denegatoria dictada, a la otra autoridad.

3. Si también se declara incompetente, el interesado podrá formalizar sin más trámites y en el plazo improrrogable de quince días el conflicto negativo de jurisdicción, mediante escrito dirigido al Tribunal de conflictos de jurisdicción al que se unirán copias de las resoluciones de las autoridades administrativa y judicial, que se presentará ante el órgano jurisdiccional que se hubiera declarado incompetente. Este elevará las actuaciones al Tribunal de conflictos de jurisdicción y requerirá al órgano administrativo que hubiera intervenido para que actúe de igual forma, todo ello en plazo de diez días.

4. En todo caso se notificarán al interesado las resoluciones que se adopten.

Art. 14. 1. Para resolver cualquier conflicto de jurisdicción, el Tribunal de conflictos dará vista de las actuaciones al Ministerio Fiscal y a la Administración interviniente por plazo común de diez días, dictando sentencia dentro de los diez días siguientes.

2. Las actuaciones del Tribunal de conflictos jurisdiccionales se regirán en cuanto a deliberación y votación, por lo previsto en el tít. III libro III de la Ley Orgánica del Poder Judicial, sin perjuicio del voto de calidad que corresponde al Presidente en caso de empate.

Art. 15. Si en cualquier momento anterior a la sentencia apreciare el Tribunal la existencia de irregularidades procedimentales de tal entidad que impidan la formulación de un juicio fundado acerca del contenido del conflicto planteado, pero que puedan ser subsanadas, oficiará al contendiente o contendientes que hubieren ocasionado las irregularidades, dándoles a su discreción un breve plazo para subsanarlas.

2. Igualmente, el Tribunal podrá, si lo estima conveniente, para formar su juicio, requerir a las partes en conflicto o a otras autoridades para que en el plazo que señale le remitan los antecedentes que estime pertinentes.

3. De estimar el Tribunal de Conflictos de Jurisdicción que a través de las actuaciones previstas en los párrafos anteriores se han incorporado nuevos datos relevantes, dará nueva vista al Ministerio Fiscal y a la Administración Pública contendiente, por plazo común de cinco días, y en los diez días siguientes dictará su sentencia.

Art. 16. 1. El Tribunal de Conflictos de Jurisdicción podrá apercibir o imponer multa, no superior a 50.000 pesetas, a aquellas personas, investidas o no de poder público, que no prestaren la necesaria colaboración y diligencia para la tramitación de los conflictos de jurisdicción, previo, en todo caso, el pertinente requerimiento.

2. La multa a que hace referencia el párrafo anterior podrá ser reiterada, si es preciso, y se impondrá sin perjuicio de las demás responsabilidades a que hubiere lugar.

Art. 17. 1. La sentencia declarará a quien corresponde la jurisdicción controvertida, no pudiendo extenderse a cuestiones ajenas al conflicto jurisdiccional planteado.

2. El Tribunal podrá también declarar que el conflicto fue planteado incorrectamente, en cuyo caso ordenará la reposición de las actuaciones al momento en que se produjo el defecto procedimental.

Art. 18. 1. El Tribunal de conflictos podrá imponer una multa no superior a 100.000 pesetas, a aquellas personas, investidas o no de poder público, que hubieren promovido un conflicto de jurisdicción con manifiesta temeridad o mala fe o para obstaculizar el normal funcionamiento de la Administración o de la Justicia.

2. Igual sanción podrá imponerse a la autoridad administrativa o judicial que, por haberse declarado incompetente de forma manifiestamente injustificada, hubiere dado lugar a un conflicto de jurisdicción.

3. Lo dispuesto en los párrafos anteriores se entiende sin perjuicio de la exigencia de las demás responsabilidades a que hubiere lugar.

Art. 19. La sentencia se notificará inmediatamente a las partes y se publicará en el Boletín Oficial del Estado, devolviéndose las actuaciones a quien corresponda.

Art. 20. 1. Contra las sentencias del Tribunal de conflictos de Jurisdicción no cabrá otro recurso que el de amparo constitucional, cuando proceda. No obstante, podrá interponerse escrito de aclaración en los tres días siguientes a la notificación de la sentencia.

2. Las demás resoluciones del Tribunal de conflictos serán susceptibles de recurso de súplica ante el propio Tribunal que se interpondrá en los tres días siguientes a la notificación de la resolución recurrida.

Art. 21. El procedimiento para la sustanciación y resolución de los conflictos de jurisdicción será gratuito.

CAPÍTULO II
*De los conflictos de jurisdicción entre los Juzgados
o Tribunales y la Jurisdicción Militar*

Art. 22. Los conflictos de jurisdicción entre los Juzgados y Tribunales ordinarios y los órganos de jurisdicción militar serán resueltos por la Sala a que se refiere el artículo 39 de la Ley Orgánica del Poder Judicial, que se denominará Sala de Conflictos de Jurisdicción.

Art. 23. 1. El Juez o Tribunal que, por propia iniciativa o a instancia de parte, considere de su jurisdicción un asunto del que esté conociendo un órgano de la jurisdicción militar, solicitará el informe del Ministerio Fiscal, que deberá evacuarlo en término de cinco días. Si decide a su vista formalizar el conflicto de jurisdicción, se dirigirá directamente al órgano de la jurisdicción militar requerido.

2. Si un órgano de la jurisdicción militar considera de su jurisdicción un asunto del que esté conociendo un Juez o Tribunal ordinario, solicitará el parecer del Fiscal Jurídico Militar. Si visto éste, decide formalizar el conflicto, se dirigirá directamente al Juez o Tribunal requerido.

3. En los dos supuestos previstos en los párrafos anteriores, el requerimiento deberá ir acompañado de una exposición de los argumentos jurídicos y preceptos legales en que se funda.

Art. 24. Recibido el requerimiento, el órgano requerido actuará según lo previsto en los párr. 1º y, en su caso, 2º del artículo 11, y dará vista a las partes y al Ministerio Fiscal o Fiscal Jurídico Militar, según corresponda, por plazo común de diez días, transcurrido el cual dictará auto, contra el que no cabrá recurso alguno, manteniendo o declinando su jurisdicción.

Art. 25. Cuando el requerido muestre su conformidad con el oficio de inhibición, lo hará saber inmediatamente al órgano que tomó la iniciativa, remitiéndole las actuaciones y extendiendo la oportuna diligencia.

Art. 26. 1. Si el requerido decide mantener su jurisdicción, lo comunicará inmediatamente al órgano requirente, anunciándole que queda así planteado formalmente el conflicto de jurisdicción y que envía en el mismo día las actuaciones a la Sala de Conflictos de Jurisdicción, instándole a que él haga lo propio.

2. No obstante, ambos órganos conservarán los testimonios precisos para garantizar las medidas cautelares que, en su caso, hubiera adoptado.

Art. 27. 1. Quien viere rechazado el conocimiento de un asunto de su interés, tanto por los Jueces y Tribunales ordinarios como por los órganos de la jurisdicción militar, podrá instar un conflicto negativo de jurisdicción.

2. A tal fin, deberá agotar la vía jurisdiccional, ordinaria o militar, por la que inicialmente hubiera deducido su pretensión, y se dirigirá después a la alternativa acompañando copia auténtica o testimonio fehaciente a la que inicialmente se dirigió.

3. Si también este órgano jurisdiccional se declara incompetente, podrá formalizar sin más trámite, y en el plazo improrrogable de quince días, el conflicto negativo de jurisdicción mediante escrito dirigido a la Sala de Conflictos de Jurisdicción, al que se acompañarán copias de las resoluciones de los órganos de la jurisdicción ordinaria y militar y que se presentará ante el órgano de aquélla que se hubiera declarado incompetente. Este elevará las actuaciones a la Sala de Conflictos, y requerirá al órgano de la jurisdicción militar que hubiera intervenido para que actúe de igual forma, todo ello en el plazo de diez días.

4. En todo caso, se notificarán al interesado las resoluciones que se adopten.

Art. 28. Recibidas las actuaciones, la Sala de Conflictos de Jurisdicción dará vista de las mismas al Ministerio Fiscal y al Fiscal Jurídico Militar, por plazo de quince días, dictando sentencia dentro de los diez días siguientes.

Art. 29. Será de aplicación, para la tramitación de los conflictos regulados en este capítulo, lo dispuesto en los arts. 15 a 21 de la presente ley, sin más especialidades que las derivadas de la sustitución de la autoridad administrativa por los órganos correspondientes de la jurisdicción militar.

CAPÍTULO III
De los conflictos de jurisdicción entre los Juzgados o Tribunales de la Jurisdicción Militar y la Administración

Art. 30. Lo dispuesto en esta ley en su cap. I, es aplicable en su totalidad a los conflictos de jurisdicción que surjan entre los Juzgados o Tribunales de la jurisdicción militar y la Administración, sin más que entender referida la expresión Juzgados o Tribunales del articulado del capítulo a los Juzgados Militares o Tribunales Militares y la del Ministerio Fiscal, a la Fiscalía Jurídico Militar.

CAPÍTULO IV
De los conflictos de jurisdicción contable

Art. 31. 1. Los conflictos de jurisdicción que se susciten entre los órganos de la jurisdicción contable y la Administración y los que surjan entre los primeros y los órganos de la jurisdicción militar, serán resueltos por el Tribunal de Conflictos de Jurisdicción y por la Sala de Conflictos de Jurisdicción, respectivamente, según el procedimiento establecido en la presente ley orgánica.

2. A los efectos de los conflictos de competencia y cuestiones de competencia regulados en los caps. II y III tít. III de la Ley Orgánica del Poder Judicial, los órganos de la jurisdicción contable se entenderán comprendidos en el orden jurisdiccional contencioso-administrativo.

DISPOSICIONES ADICIONALES

Primera. Se autoriza al Gobierno para revisar la cuantía de las multas previstas en los artículos 16 y 18 a fin de adaptarla a las modificaciones del índice de precios al consumo, así como para dictar las disposiciones necesarias para el desarrollo y ejecución de la presente ley.

Segunda. Al artículo 12 de la LO 3/1980 de 22 abril, del Consejo de Estado, se añadirá un nuevo párrafo redactado en los siguientes términos:

3. Sin perjuicio de las otras funciones que les encomiende la presente ley Orgánica, tres Consejeros Permanentes designados para cada año por el Pleno a

propuesta de la Comisión Permanente se integrarán en el Tribunal de Conflictos previsto en el artículo 38 de la LO 6/1985 de 1 julio.

Tercera. Se suprime el inciso «y cuestiones de competencia» que figura en el texto del párr. 7º del artículo 22 de la LO 3/1980 de 22 abril, del Consejo de Estado.

Cuarta. No tienen carácter orgánico los artículos 9; 10; 12; 13; 15; 17,2; 19; 20; 21; 23; 25; 26 y 27, así como las disp. adic. 1ª y trans. 1ª.

DISPOSICIONES TRANSITORIAS

Primera. Los conflictos jurisdiccionales en curso seguirán tramitándose, cualquiera que sea su estado, de acuerdo con lo dispuesto en la presente ley orgánica, si bien no retrocederán en su tramitación.

Segunda. En tanto no se promulgue y entre en vigor la Ley Orgánica de Competencia y Organización de la Jurisdicción Militar, y a los efectos del artículo 30 tendrán competencia para promover y sostener conflictos jurisdiccionales con la Administración, las Autoridades Judiciales Militares que enumera el artículo 49 Código de Justicia Militar y el Consejo Supremo de Justicia Militar, en el ámbito de sus respectivas competencias. Los autos que dicte el Consejo Supremo de Justicia Militar, a los efectos del núm. 5 artículo 10, no serán susceptibles de recurso.

DISPOSICIONES DEROGATORIAS

Primera. 1. Quedan derogados:

a) La Ley 17 julio 1948, de Conflictos Jurisdiccionales, salvo los arts. 48 a 53, ambos inclusive, subsistiendo la vigencia, a los solos efectos de lo dispuesto en dichos artículos, de los capítulos II y III.

b) El tít. III libro I de la Ley de Enjuiciamiento Civil cuyos artículos 125 a 152 quedan sin contenido y los arts. 48 a 50 de la Ley de Enjuiciamiento Criminal y 381 del Código Penal, que también quedan sin contenido.

2. Quedan derogados, igualmente, los artículos 459 y 460 Código de Justicia Militar, en cuanto tengan por objeto conflictos jurisdiccionales de los comprendidos en esta ley, así como el artículo 462 del mismo Código.

Segunda. Quedan derogadas, además, cuantas disposiciones se opongan a la presente ley orgánica.

II. REGLAMENTOS

§5. REGLAMENTO 1/1986 DE ORGANIZACIÓN Y FUNCIONAMIENTO DEL CONSEJO GENERAL DEL PODER JUDICIAL

(Aprobado por Acuerdo del Consejo General del Poder Judicial de 22 de abril de 1986)

TÍTULO I
De la composición del Consejo General del Poder Judicial y del Estatuto jurídico de sus miembros

CAPÍTULO I
De la composición y constitución del Consejo General del Poder Judicial

Art. 1. El Consejo General del Poder Judicial estará constituido según lo previsto en los artículos 111 y 112 de la Ley Orgánica 6/1985, de 1 de julio.

(Los arts. 111 y 112 de la LOPJ fueron derogados por la LO 4/2013, de 28 de junio. En la actualidad debe estarse a lo establecido en los arts. 566 y ss. de la LOPJ).

Art. 2. Los Vocales del Consejo General del Poder Judicial prestarán, una vez nombrados, juramento o promesa ante el Rey, con la fórmula siguiente: «Juro (o prometo) guardar y hacer guardar la Constitución y las Leyes, lealtad al Rey y cumplir fielmente los deberes del cargo de Vocal del Consejo General del Poder Judicial, manteniendo el secreto de las deliberaciones de los órganos del mismo». Con ello quedarán posesionados del cargo.

Art. 3. La sesión constitutiva del Consejo General del Poder Judicial será convocada y presidida por el Vocal de mayor edad. La sesión deberá convocarse dentro de los quince días siguientes a la publicación en el Boletín Oficial del Estado del nombramiento del último de los Vocales. Si no se hiciera la convocatoria para dentro de dicho plazo, el Consejo se constituirá el último día de dicho plazo, entendiéndose convocado por ministerio de la Ley.

En la sesión constitutiva se adoptará la propuesta para el nombramiento de Presidente del Tribunal Supremo y del Consejo General del Poder Judicial.

Art. 4. La elección, propuesta, nombramiento, juramento o promesa y posesión del Presidente del Tribunal Supremo y del Consejo General del Poder Judicial se ajustará a lo dispuesto por los artículos 107 y 123 de la Ley Orgánica 6/1985, de 1 de julio.

La fórmula del juramento o promesa será la establecida en el artículo 2º.

CAPÍTULO II
Del cese y sustitución de los miembros del Consejo General del Poder Judicial

Art. 5. Los Vocales del Consejo General del Poder Judicial cesarán por las causas establecidas en el artículo 119.2 y 3, de la Ley Orgánica 6/1985, de 1 de julio.

Art. 6. La renuncia al cargo de Vocal del Consejo General del Poder Judicial se dirigirá por escrito al Presidente del Consejo, al que competerá su aceptación.

Art. 7. Si durante su mandato, se incapacitare para el cargo algún Vocal del Consejo, el Presidente lo pondrá en conocimiento del Pleno, que podrá ordenar la incoación de un expediente. El expediente se tramitará con audiencia y examen del interesado por el propio Consejo. La declaración de la incapacidad deberá ser acordada por mayoría de tres quintos de los componentes del Consejo.

Art. 8. Si durante su mandato alguno de los Vocales del Consejo fuese nombrado para el cargo o puesto incompatible, deberá optar, dentro del plazo de ocho días contados desde el nombramiento, por uno u otro cargo.

Si el designado dejare transcurrir el citado plazo sin verificar la opción, la hiciere por el cargo incompatible o tomare posesión del mismo, el Pleno del Consejo acordará su cese, por razón de incompatibilidad, precisándose para el acuerdo la mayoría de los tres quintos de los componentes del Consejo.

Art. 9. El cese por incumplimiento grave de los deberes del cargo se acordará, cuando proceda, en los términos indicados en el artículo 7º, salvo el examen del interesado.

Art. 10. La aceptación de la renuncia y los acuerdos de cese por incapacidad, incompatibilidad o incumplimiento grave de los deberes del cargo serán comunicados a S. M. el Rey.

El cese producirá efectos desde la publicación en el Boletín Oficial del Estado del Real Decreto correspondiente, refrendado por el Ministerio de Justicia.

Art. 11. En los supuestos del artículo 119.3, de la Ley Orgánica 6/1985, de 1 de julio, el cese en el cargo de Vocal se producirá por ministerio de la Ley, en el mismo día de la jubilación o el cambio de situación que implique dejar de pertenecer a la Carrera Judicial.

Art. 12. El cese del Presidente del Tribunal Supremo y del Consejo General del Poder Judicial tendrá lugar por las causas establecidas en el artículo 126 de la Ley Orgánica 6/1985, de 1 de julio.

La renuncia será dirigida a S. M. el Rey, y se comunicará al gobierno por mediación del Ministerio de Justicia.

La propuesta de cese por notoria incapacidad o incumplimiento grave de los deberes del cargo deberá ser acordada, en su caso, por mayoría de los tres quintos de los componentes del Consejo. La propuesta se remitirá a S. M. el Rey, y se comunicará al Gobierno por mediación del Ministerio Justicia.

Art. 13. En los casos del segundo y tercer párrafo del artículo anterior el cese se acordará en Real Decreto refrendado por el Presidente del Gobierno, y producirá efectos desde su publicación en el Boletín Oficial del Estado.

Art. 14. En los supuestos de sustitución de un Vocal del Consejo, o de nuevo nombramiento de su Presidente, de conformidad con los artículos 116 y 126.2, de la Ley Orgánica 6/1985, de 1 de julio, el mandato del sustituto y el del nuevo Presidente se agotarán con el del Consejo en que se integraren.

CAPÍTULO III

Del estatuto personal de los miembros del Consejo General del Poder Judicial

Art. 15. Los miembros del Consejo General del Poder Judicial estarán sujetos, en materia de dedicación, incompatibilidades, responsabilidad, promoción, retribuciones y derechos pasivos, a lo dispuesto en los artículos 117.1; 119,1; 120 y 121 de la Ley Orgánica 6/1985, de 1 de julio.

Art. 16. La situación administrativa de los miembros del Consejo que sean funcionarios públicos, tanto judiciales como no judiciales, será la de servicios especiales, con los efectos legalmente establecidos para la misma.

El Pleno del Consejo, en la primera reunión que celebre tras su constitución, procederá a declarar en la referida situación a los Jueces y Magistrados que formen parte del mismo, y comunicará al órgano competente el nombramiento y posesión de los miembros del Consejo que sean funcionarios de otros Cuerpos y Carreras.

Art. 17. Los Vocales del Consejo General del Poder Judicial tendrán las siguientes obligaciones:

1ª Asistir a las sesiones del Pleno y de las Comisiones de que formen parte.

2ª Despachar personalmente las ponencias para las que fueren designados.

3ª Guardar el secreto de las deliberaciones de los órganos del Consejo que tengan carácter reservado.

4ª Respetar las incompatibilidades legalmente establecidas que les afectan.

5ª Ejercer, en general, cuantas funciones exija el fiel desempeño del cargo según la Ley.

Art. 18. Los Vocales del Consejo General del Poder Judicial tendrán los siguientes derechos:

1º A elegir y ser elegido para las Comisiones y Delegaciones del Consejo, de acuerdo con la Ley y con el presente Reglamento.

2º A exponer su opinión en todas las reuniones a las que por derecho asistieren y, en su caso, a emitir el voto correspondiente.

3º A que se consigne en acta el sentido de su voto o la opinión que hubieren expresado, y a formular voto particular, en los términos que establece el artículo 137.3, de la Ley Orgánica del Poder Judicial y el presente Reglamento.

4º A solicitar que un asunto se deje sobre la Mesa del Consejo para un estudio más detenido del mismo, y a examinar el expediente formado sobre él.

5º A formular propuestas escritas y a su inclusión en el orden del día de las reuniones del Consejo.

6º A obtener información de la actividad del Consejo, y a conocer las actas y documentación obrantes en el mismo.

7º Al tratamiento y consideraciones propias de los miembros de un órgano constitucional.

8º Los demás que resulten de lo dispuesto en la Ley y en el presente Reglamento.

Art. 19. Los Vocales del Consejo General del Poder Judicial tendrán el tratamiento de excelencia.

TÍTULO II
**De los órganos del Consejo General del Poder
Judicial y del régimen de sus reuniones**

CAPÍTULO I
Disposiciones generales

Art. 20. En el Consejo General del Poder Judicial existirán, además de los órganos legalmente previstos, con carácter permanente y como órganos internos de preparación de la actividad del Consejo en sus áreas respectivas, una Comisión de Estudios e Informes y una Comisión Presupuestaria.

Art. 21. El Pleno del Consejo podrá designar otras comisiones y Consejeros delegados de entre los Vocales de aquél, para la atención de determinadas áreas de su competencia y de relación con los demás órganos del Estado, con otras instituciones públicas y sociales o con los medios de comunicación social. En todo caso, existirán las necesarias para atender a la eficaz relación con el Ministerio de Justicia, el Ministerio Fiscal, el Defensor del Pueblo, las asociaciones profesionales del ámbito de la Administración de Justicia y las Comunidades Autónomas. El alcance de sus funciones será el establecido en el acuerdo de designación.

La duración del mandato de las Comisiones y Consejeros delegados será de un año, con posibilidad de reelección.

Art. 22. El Pleno del Consejo podrá designar ponencias o grupos de trabajo para el estudio de temas o actividades específicos de interés para el Consejo o relacionados con sus competencias, así como para la preparación, en su caso, de las decisiones que hubieren de adoptarse.

Art. 23. En la composición de los órganos del Consejo se procurará la participación proporcionada de todos los Vocales del mismo.

Art. 24. Todos los órganos del Consejo ejercerán sus respectivas competencias con independencia, en coherencia con las líneas o criterios fundamentales de actuación establecidos por el Pleno, al que darán cuenta o información periódica de sus actuaciones.

CAPÍTULO II
Del Presidente

Art. 25. Corresponderá al Presidente del Consejo General del Poder Judicial el ejercicio de las competencias a que se refiere el artículo 125 de la Ley Orgánica 6/1985, de 1 de julio, así como la coordinación de todos los órganos del mismo, y la planificación general de su actividad.

Art. 26. En materia económico-financiera corresponde al Presidente:

Ejercer las funciones de órgano de contratación del Consejo, que podrá delegar en el Secretario General, lo que se pondrá en conocimiento del Pleno.

Disponer, en su caso, las modificaciones en el Presupuesto del Consejo autorizadas por la Ley que apruebe los Presupuestos Generales del Estado del ejercicio.

Ejercer las funciones que el artículo 13.5, del Real Decreto 1344/1984 atribuye a los Ministros.

Ejercer las facultades que le sean delegadas por el Pleno.

Art. 27. El Presidente será asistido en sus funciones por el Secretario General, que documentará los actos que lo requieran.

CAPÍTULO III
Del Vicepresidente

Art. 28. El Vicepresidente del Consejo General del Poder Judicial será propuesto por el Pleno de éste, entre sus Vocales, por mayoría de tres quintos de sus componentes, y nombrado por el Rey.

Art. 29. Serán funciones del Vicepresidente:

Sustituir al Presidente en los supuestos de vacante, ausencia, enfermedad u otro motivo legítimo.

Aquellas que el Presidente le delegue expresamente, lo que se pondrá en conocimiento del Pleno.

Las demás que le atribuyan las Leyes o le encomienden el Pleno del Consejo o su Presidente.

CAPÍTULO IV
Del Pleno

Art. 30. El Pleno del Consejo General del Poder Judicial está constituido por el Presidente y los Vocales del mismo, reunidos bajo la fe del Secretario General o de quien reglamentariamente le sustituya.

Art. 31. El Pleno quedará válidamente constituido cuando se hallaren presentes un mínimo de 14 de sus miembros, con asistencia del Presidente o de quien legalmente le sustituya.

La ausencia del Secretario General o del funcionario que deba sustituirle no obstará a la válida constitución del Pleno, ejerciendo en tales casos las funciones de fedatario el Vocal de menor edad.

Art. 32. La competencia del Pleno del Consejo General del Poder Judicial comprende las atribuciones enumeradas en el artículo 127 de la Ley Orgánica 6/1985, de 1 de julio.

Le corresponde, asimismo, la fijación de la plantilla de funcionarios del Consejo, la clasificación de los puestos de trabajo y el nombramiento de los de nivel superior.

§5

Art. 33. En materia económico financiera, corresponde al Pleno del Consejo General del Poder Judicial:

Fijar las directrices para la elaboración del Anteproyecto de Presupuesto del Consejo.

Aprobar el Anteproyecto de Presupuesto del Consejo.

Aprobar los expedientes de modificación de los créditos del presupuesto del Consejo cuando deban ser remitidos a la aprobación del Ministerio de Economía y Hacienda, del Gobierno o de las Cortes Generales.

Fijar las directrices para la ejecución del Presupuesto del Consejo. Autorizar los gastos y la celebración de contratos por cuantía superior a 10.000.000 de pesetas.

Conocer la Cuenta de Liquidación del Presupuesto formulada por el Secretario General antes de su rendición al Tribunal de Cuentas.

Art. 34. Las sesiones del Pleno podrán ser ordinarias y extraordinarias.

El Pleno se reunirá periódicamente en sesión ordinaria para el despacho de los asuntos de su competencia.

Al inicio de cada trimestre, el Presidente dará a conocer a los miembros del Consejo el calendario de sesiones plenarias ordinarias para dicho período.

El calendario anunciado no se modificará sino por causa justificada.

Las sesiones ordinarias se celebrarán en días hábiles.

Art. 35. Son sesiones extraordinarias las que se convoquen por el Presidente, fuera del calendario trimestral establecido, para el estudio o decisión de asuntos que, por su importancia o urgencia, exijan un tratamiento específico e inmediato.

Procederá, en todo caso, la celebración de sesión extraordinaria cuando la misma sea solicitada por escrito dirigido al Presidente por cinco o más Vocales del Consejo, con expresión del tema que haya de ser tratado, y con aportación de todos los documentos, si los hubiere, relacionados con el orden del día propuesto. El Presidente convocará al Pleno del Consejo dentro de los tres días siguientes a la presentación de la solicitud, e incluirá el tema propuesto en el orden del día.

Art. 36. La convocatoria de las sesiones plenarias expresará el orden del día de la reunión, y se comunicará a los Consejeros con tres días, al menos, de antelación, salvo las sesiones extraordinarias que, por razones de urgencia, no lo permitan.

Art. 37. Con la convocatoria del Pleno, se repartirá a los miembros del Consejo la documentación correspondiente a cada uno de los puntos del orden del día. Los asuntos que se sometan a la consideración del Pleno deberán estar debidamente documentados, incorporando los antecedentes necesarios y, en su caso, la propuesta de acuerdo correspondiente.

Art. 38. Las sesiones del Pleno del Consejo se celebrarán normalmente en su sede oficial de Madrid, pero podrán tener lugar, cuando así se exprese en la convocatoria, en la sede del Tribunal Supremo o de otros órganos jurisdiccionales, en Madrid u otras poblaciones españolas.

Art. 39. Las sesiones del Pleno serán presididas por el Presidente del Consejo, o, en su defecto, por el Vicepresidente. A falta de uno y otro, presidirá las reuniones válidamente convocadas el Vocal de mayor edad.

Art. 40. Serán facultades de la presidencia en las reuniones plenarias:
1º Dirigir las deliberaciones, otorgando y retirando el uso de la palabra, y pudiendo limitar la duración de las intervenciones.
2º Disponer que un determinado asunto ha sido suficientemente debatido y someterlo a votación, así como concretar los puntos sobre los que ha de versar la misma.
3º Llamar al orden a quienes se produzcan en sus intervenciones en forma inadecuada o se extiendan en las mismas más allá del tiempo establecido, o a temas ajenos al que es objeto de la consideración del Pleno del Consejo.
4º Disponer la suspensión de la reunión cuando proceda, fijando la hora en que deba reanudarse, dentro siempre de las veinticuatro horas siguientes.

Art. 41. La precedencia de los Vocales del Consejo General del Poder Judicial se establecerá en atención a la edad de cada uno de ellos, de mayor a menor, con excepción del Vicepresidente, que ocupará el primer lugar junto a la Presidencia.
El Secretario se colocará, en las sesiones plenarias, junto al Presidente.

Art. 42. La deliberación y examen de los asuntos del orden del día se realizará bajo la dirección y ordenación del Presidente. Intervendrá en primer lugar el Ponente de cada uno o el representante de la Comisión proponente. A continuación se procederá al debate de la propuesta.

Art. 43. Los acuerdos del Pleno podrán adoptarse por asentimiento o por votación.
Se entenderán adoptados por asentimiento los acuerdos que versen sobre propuestas respecto de las cuales no se hayan formulado objeciones por ningún miembro del Consejo.

Los restantes acuerdos deberán adoptarse mediante votación, bastando el voto favorable de la mayoría de los miembros presentes, salvo que la Ley disponga otra cosa. Quien presida decidirá los empates, en su caso, con voto de calidad. Si se hubiere presentado alguna enmienda se votará ésta con anterioridad a la propuesta inicial.

Las votaciones pueden ser públicas o secretas. Las primeras se realizarán por el procedimiento de mano alzada, y las secretas depositando en una urna la correspondiente papeleta. Serán secretas las votaciones para el nombramiento de cargos o destinos, y en los casos en que así lo decida el Pleno del Consejo.

Art. 44. Cuando en las votaciones para la provisión de cargos judiciales u otros cuyo nombramiento competa al Consejo ninguno de los votados alcance la mayoría de los miembros presentes, se celebrará una nueva votación entre los dos que hubieren obtenido mayor número de votos en la primera. Si ninguno de ambos alcanzare la mayoría antes expresada, después de tres votaciones consecutivas, se entenderá denegada la propuesta, que se devolverá al órgano competente para que formule otra nueva. Si la Ley exigiere una mayoría cualificada, el Pleno establecerá los trámites de votación.

Art. 45. No podrán adoptarse acuerdos sobre temas o materias no incluidos en el orden del día, o carentes de propuesta escrita, salvo que, hallándose presentes todos los miembros del Consejo, se decida lo contrario por unanimidad.

Art. 46. De cada sesión plenaria del Consejo se levantará un acta que recogerá la fecha de la reunión y los miembros del Consejo asistentes, y en la que se reseñarán sucintamente los debates y los acuerdos adoptados. Estos últimos se detallarán además en pliego separado.

En los Plenos que decidan las propuestas de nombramiento de cargos judiciales, se dejará constancia de la motivación del acuerdo, con expresión de las circunstancias de mérito y capacidad que justifican la elección de uno de los aspirantes con preferencia sobre los demás. La motivación podrá hacerse por remisión, en lo coincidente, al informe elaborado por la Comisión de Calificación conforme a lo previsto en el apartado 2 del art. 74 del presente Reglamento.

Redactado conforme al Acuerdo del Pleno del CGPJ de 25 de febrero de 2010.

Art. 47. Las actas especificarán si los acuerdos han sido adoptados por asentimiento o por votación y, en su caso, si lo han sido por mayoría o por unanimidad, haciéndose constar el número exacto de los votos emitidos, el sentido de cada uno de ellos y las abstenciones.

Art. 48. El miembro del Consejo que disintiere de la mayoría podrá pedir que conste en el acta el sentido de su voto, o, en caso de votación secreta, la expresión de su disentimiento. Si lo desea podrá formular voto particular, escrito y fundado, que se insertará en el acta, siempre que se presente dentro del día siguiente a aquel en que se tomó el acuerdo. Del propio modo podrá formular las razones de su disentimiento si la votación hubiere sido secreta, salvo en materia de nombramientos discrecionales.

Cuando el Pleno haga uso de sus facultades de informe, se incorporarán al texto del acuerdo los votos particulares razonados, que se unirán a la documentación que se remita al órgano destinatario.

§5

Art. 49. También podrá interesarse que consten en acta las motivaciones de voto u opiniones expresadas durante los debates a cuyo efecto se entregará al Secretario General nota redactada de las opiniones que hayan de recogerse, que será conservada con el acta, e incorporada al texto de la misma.

Art. 50. Las deliberaciones y actas del Pleno tendrán carácter reservado, debiendo guardar secreto de las mismas cuantos las conozcan por razón de sus funciones en el Consejo.

Art. 51. Los acuerdos del Pleno serán públicos y se comunicarán, una vez documentados, a los órganos técnicos del Consejo para su cumplimiento y ejecución.

De aquellos que lo merezcan por su interés se dará noticia en el Boletín de Información del Consejo.

CAPÍTULO V
De la Comisión Permanente

Art. 52. La elección de la Comisión Permanente, integrada en los términos del artículo 130.1, de la Ley Orgánica del Poder Judicial, se realizará en la primera reunión del Pleno, tras la toma de posesión de su Presidente. La renovación anual será efectiva por la toma de posesión de los nuevos miembros, dentro de los tres días siguientes al de la elección. La posesión tendrá lugar en una reunión constitutiva, a la que asistirán, en su caso, los miembros salientes de la Comisión.

Si fallece o pierde la condición de Vocal del Consejo alguno de los miembros de la Comisión Permanente, se efectuará nueva elección para lo que reste del período anual.

Los miembros de la Comisión Permanente podrán ser reelegidos.

Art. 53. En ausencia del Presidente y del Vicepresidente, el Vocal de mayor edad presidirá la Comisión Permanente para la resolución de los asuntos de su competencia.

Las reuniones de la Comisión se realizarán bajo la fe del Secretario General, o de quien reglamentariamente le sustituya, y, en su defecto, bajo la del miembro más joven de la misma.

Art. 54. Podrán asistir a las reuniones de la Comisión Permanente los Vocales del Consejo cuyo concurso sea recabado para el despacho de un determinado asunto.

Durante la celebración de las reuniones podrán ser convocados los funcionarios de nivel superior de los órganos técnicos del Consejo para evacuar consultas sobre los asuntos sometidos a decisión.

Art. 55. La Comisión Permanente ejercerá las competencias establecidas en el artículo 131 de la Ley Orgánica 6/1985, de 1 de julio, y asistirá al Presidente en sus funciones de coordinación de la actividad de los restantes órganos del Consejo y de superior dirección de los órganos técnicos del mismo. Podrá interesar de todos los órganos del Consejo la realización de actuaciones determinadas de su competencia, dirigiendo al efecto las comunicaciones oportunas.

Art. 56. En materia económico financiera, por delegación del Pleno, compete a la Comisión Permanente:

Autorizar los gastos referentes a los conceptos del presupuesto en que así se establezca por el Pleno.

Aprobar a efectos económicos las comisiones de servicio en el extranjero de los Vocales del Consejo y del personal a su servicio en el extranjero y en territorio nacional, a excepción de las comisiones de servicio en territorio nacional de los conductores, que serán conferidas por el Vocal a cuyo servicio estuvieren adscritos.

Autorizar la apertura de cuentas en Entidades de crédito a nombre del Habilitado de Personal y del Gerente, para la situación y disposición de los fondos librados «a justificar».

Actuar como Junta de Retribuciones del Consejo, dando cuenta al Pleno de sus acuerdos.

Las demás facultades que le delegue el Pleno.

Art. 57. Por razones de urgencia, cuando no sea posible la celebración de un Pleno extraordinario, la Comisión Permanente podrá adoptar acuerdos en materias de la competencia de aquél, con excepción de los nombramientos discrecionales y de los que requieran una mayoría cualificada, dando cuenta al Pleno en la primera sesión que celebre a efectos de su ratificación, si procede.

Art. 58. La Comisión Permanente se reunirá, al menos, una vez a la semana, para el despacho de los asuntos de su competencia. Las reuniones se convocarán por el Presidente con veinticuatro horas, al menos, de antelación.

Art. 59. El orden del día de las reuniones de la Comisión Permanente se fijará por el Presidente a propuesta del Secretario General, en la que se incluirán los asuntos que soliciten los miembros de la Comisión, o que, tramitados o informados por los distintos órganos técnicos, o presupuestos por otras Comisiones o ponencias, se sometan a la consideración o decisión de la Comisión Permanente a través del Secretario General.

También podrán ser objeto de estudio y decisión por la Comisión Permanente los asuntos que, con la venia del Presidente, se susciten en la reunión por cualquiera de sus miembros.

Art. 60. La deliberación y examen de los asuntos en la Comisión Permanente se realizará, bajo la dirección y ordenación del Presidente, sin sujeción a formalidades específicas. Los acuerdos se adoptarán, en todo caso, por mayoría simple de los miembros presentes, decidiendo los empates el Presidente con voto de calidad.

Art. 61. De las reuniones de la Comisión Permanente se levantará un acta sucinta por el Secretario General, que expresará la fecha y hora de la reunión, los asistentes y los acuerdos adoptados. Se recogerán, cuando se solicite, las opiniones contrarias al acuerdo adoptado.

Art. 62. Las deliberaciones de la Comisión Permanente tendrán carácter reservado, debiendo los asistentes guardar el secreto de las mismas. Los acuerdos adoptados serán públicos y se comunicarán a los órganos técnicos para su cumplimiento y ejecución.

De aquellos que lo merezcan por su interés se dará noticia en el Boletín de Información del Consejo.

Art. 63. Las reuniones de la Comisión Permanente se regirán supletoriamente por las normas establecidas para las del Pleno en el capítulo anterior en cuanto sean de aplicación.

CAPÍTULO VI
De la Comisión Disciplinaria

Art. 64. La Comisión Disciplinaria estará integrada en los términos previstos en el artículo 132.1, de la Ley Orgánica del Poder Judicial.

La renovación y posesión de los miembros de la Comisión Disciplinaria tendrá lugar en los términos establecidos en el artículo 52 de este Reglamento para los de la Comisión Permanente.

Art. 65. A las reuniones de la Comisión Disciplinaria asistirá el Jefe del Servicio de Inspección cuando fuese expresamente requerido para ello.

Art. 66. Corresponderá a la Comisión Disciplinaria la competencia para la instrucción de expedientes e imposición de sanciones a Jueces y Magistrados.

Art. 67. El Presidente de la Comisión tendrá las siguientes atribuciones:

1ª Convocar las reuniones siempre que haya asuntos pendientes, por propia iniciativa o a petición de dos Vocales, que especificarán los asuntos a tratar, y fijar el orden del día.

2ª Dirigir las deliberaciones de la Comisión.

3ª Representar a la Comisión ante el Presidente y los restantes órganos del Consejo.

Art. 68. Los acuerdos de la Comisión se adoptarán por mayoría de sus miembros. La votación será iniciada por el ponente designado para cada asunto, siguiéndose después el orden inverso al de edad y el Presidente votará el último.

Art. 69. De las reuniones de la Comisión Disciplinaria se levantará acta sucinta por el Secretario General o por quien reglamentariamente le sustituya, expresiva de la fecha de la reunión, de los asistentes a la misma y de los acuerdos adoptados. En el acta se recogerán como anexo, en su caso, los votos particulares.

Art. 70. Las deliberaciones de la Comisión serán reservadas y los asistentes deberán guardar secreto sobre las mismas. Los acuerdos se notificarán a los interesados y a quien deba conocerlos para su cumplimiento y ejecución y, en todo caso, se comunicarán a los denunciantes o personas que hubieran motivado las actuaciones.

§5

CAPÍTULO VII
De la Comisión de Calificación

Art. 71. La Comisión de Calificación estará integrada en los términos previstos en el artículo 134.1 y 2, de la Ley Orgánica del Poder Judicial.

La renovación y posesión de los miembros de la Comisión de Calificación tendrá lugar en los términos previstos para los de la Comisión Permanente en el artículo 52 de este Reglamento.

Será presidida y quedará válidamente constituida en los mismos términos previstos para la Comisión Disciplinaria. Las atribuciones del Presidente de la Comisión serán, en su ámbito propio, las mismas establecidas para el de la referida Comisión.

Art. 72. Corresponde a la Comisión de Calificación formular las oportunas propuestas sobre los nombramientos de la competencia del Pleno, así como promover las actuaciones del Consejo relativas a la convocatoria de las pruebas selectivas y de especialización para la promoción de categoría y las que resultaren de lo previsto en el artículo 434 de la Ley Orgánica 6/1985, de 1 de julio, y la organización de actividades orientadas a la formación y perfeccionamiento de los miembros de la Carrera Judicial.

También le corresponde formular las oportunas propuestas para el ejercicio por parte del Consejo de sus facultades en orden al nombramiento de los Tribunales calificadores de las oposiciones o concurso de méritos para el acceso al Centro de Estudios Judiciales o a la Carrera Judicial, y a las normas, ejercicios y programa por los que han de regirse estas pruebas.

Igualmente le compete informar las propuestas de premios, distinciones o condecoraciones que deba formular el Consejo General del Poder Judicial o la concesión de los que le correspondan.

Art. 73. Para la adecuada formación de los criterios de calificación de los Jueces y Magistrados, además de atenerse a lo dispuesto en el artículo 136 de la Ley Orgánica 6/1985, de 1 de julio, la Comisión tendrá en cuenta asimismo los datos que sobre la laboriosidad, capacidades y formación técnica de los Jueces y Magistrados resulten de la actividad inspectora del Consejo, que serán anotados en los respectivos expedientes.

Art. 74. (Sin contenido)

Derogado por el Acuerdo 1/2010, del CGPJ, de 25 de febrero.

Art. 75. (Sin contenido)

Derogado por el Acuerdo 1/2010, del CGPJ, de 25 de febrero.

Art. 76. (Sin contenido)

Derogado por el Acuerdo 1/2010, del CGPJ, de 25 de febrero.

Art. 77. A las reuniones de la Comisión de Calificación asistirá el Jefe del Servicio de Inspección cuando fuera expresamente requerido a ello para recabar su asesoramiento.

Art. 78. Las deliberaciones de la Comisión de Calificación tendrán carácter reservado, debiendo guardar secreto de las mismas todos los asistentes a la reunión. Los acuerdos y los informes emitidos serán trasladados al Pleno del Consejo e incorporados al expediente correspondiente.

CAPÍTULO VIII
De la Comisión de Estudios e Informes

Art. 79. La Comisión de Estudios e Informes se compondrá de cinco miembros, elegidos por el Pleno del Consejo de entre sus Vocales por mayoría de los miembros presentes.

La Comisión se renovará anualmente y será de aplicación lo dispuesto en el artículo 52 de este Reglamento.

Art. 80. La Comisión elegirá de entre sus miembros, por mayoría, al Presidente.

Quedará válidamente constituida cuando se hallen presentes, al menos, tres de sus miembros. La adopción de acuerdos tendrá lugar por mayoría y quien presida tendrá voto de calidad.

Art. 81. Corresponde a la Comisión de Estudios e Informes:

1º Redactar las iniciativas o propuestas que el Consejo acuerde ejercitar en materia normativa, sometiéndolas a la consideración del Pleno y ultimándolas conforme a la decisión del mismo.

2º Preparar los informes que deba emitir el Consejo, conforme a lo dispuesto por el artículo 108 de la Ley Orgánica 6/1985, de 1 de julio.

3º Someter al Pleno iniciativas o propuestas surgidas en el seno de la Comisión, previos los estudios pertinentes.

4º Elaborar el proyecto de los Reglamentos que deba aprobar el Consejo General del Poder Judicial.

5º Realizar los estudios jurídicos que se consideren procedentes o que se encarguen por el Pleno o por el Presidente sobre temas relacionados con la Administración de Justicia.

Art. 82. Las reuniones de la Comisión serán convocadas por su Presidente, siempre que hubiere asuntos pendientes de tratamiento, o cuando lo soliciten dos, al menos, de sus miembros. La convocatoria expresará los asuntos a tratar, y se llevará a cabo con la antelación suficiente para que los miembros de la Comisión puedan prepararse debidamente, a cuyo efecto les serán repartidos, en su caso, los textos que hayan de ser objeto de consideración.

Art. 83. A las reuniones de la Comisión podrán asistir los restantes miembros del Consejo que lo deseen y aquellos a los que se convoque en atención a su especial preparación en la materia de que se trate. Unos y otros intervendrán en las reuniones con voz y sin voto. Se levantará acta sucinta por el funcionario que actúe como Secretario.

Art. 84. La asistencia técnica a la Comisión se prestará por los Servicios correspondientes del Gabinete Técnico, que conservará los textos estudiados o aprobados por la misma.

CAPÍTULO IX
De la Comisión Presupuestaria

Art. 85. La Comisión Presupuestaria se compondrá de cinco miembros elegidos por el Pleno del Consejo, de entre sus Vocales, por mayoría de los miembros presentes.

La Comisión se renovará anualmente, y será de aplicación lo dispuesto en el artículo 52 de este Reglamento.

Art. 86. La Comisión elegirá por mayoría al Presidente de entre sus miembros.

Quedará válidamente constituida cuando se hallaren presentes, al menos, tres de sus miembros. La adopción de acuerdos tendrá lugar por mayoría y quien presida tendrá voto de calidad.

Las reuniones de la Comisión serán convocadas por su Presidente cuando hubiere asuntos que tratar o cuando lo soliciten dos, al menos, de sus miembros.

Art. 87. Corresponde a la Comisión Presupuestaria:

Elaborar, siguiendo las directrices fijadas por el Pleno, el anteproyecto del presupuesto del Consejo.

Elevar la aprobación definitiva del Presidente o a la previa del Pleno, según proceda en cada caso, los expedientes de modificación de los créditos presupuestarios.

Informar al Pleno sobre la cuenta de liquidación del presupuesto formulada por el Secretario General.

Art. 88. También corresponderá a la Comisión Presupuestaria realizar los estudios y proyectos de carácter económico financiero que le sean encomendados por el Pleno del Consejo en relación con la Administración de Justicia.

Art. 89. La Comisión Presupuestaria controlará la actividad financiera contable de la Gerencia, y ésta prestará a aquélla la asistencia técnica correspondiente.

TÍTULO III
De los órganos técnicos al servicio del Consejo General del Poder Judicial

CAPÍTULO I
De la Secretaría General

Art. 90. El Secretario General desarrollará su actividad con dedicación absoluta, siendo su cargo incompatible con cualquier puesto, profesión o actividad públicas o privadas, por cuenta propia o ajena, retribuidos o no, a excepción de la mera administración del patrimonio personal y familiar. Le serán de aplicación, además, las incompatibilidades específicas de Jueces y Magistrados enunciadas en el artículo 389.2, de la Ley Orgánica 6/1985, de 1 de julio.

La situación administrativa para quien sea funcionario público, tanto judicial como no judicial, será la de servicios especiales.

El Secretario General tendrá el tratamiento de excelencia.

Art. 91. Bajo la superior dirección del Presidente, y para el ejercicio de la función que le atribuye la Ley Orgánica Ley Orgánica 6/1985, de 1 de julio, al Secretario General corresponde:

1. Trasladar a los miembros del Consejo las convocatorias para las sesiones de los órganos del mismo a las que deban asistir, acompañando el orden del día y la documentación correspondiente.

2. Asistir a las sesiones del Pleno y de las Comisiones con voz y sin voto y levantar las actas que correspondan.

3. Custodiar los libros de actas del Consejo y expedir las certificaciones que procedan de los acuerdos adoptados.

4. Cursar a los órganos técnicos las comunicaciones necesarias para el cumplimiento de los acuerdos y expedir a los mismos fines los despachos necesarios.

5. Supervisar la actuación de los restantes órganos técnicos y distribuir el trabajo entre los mismos.

6. Asignar a cada órgano técnico el personal colaborador necesario para el cumplimiento de sus funciones.

7. Ejercer la jefatura del personal que preste servicios en el Consejo.

8. Ejercer las funciones de asistencia y documentación de los actos del Presidente del Consejo.

Art. 92. En materia económico financiera, corresponde al Secretario General:

Autorizar los gastos en los casos no reservados al Pleno o a la Comisión Permanente.

Ordenar los pagos con cargo a la cuenta del Consejo en el Banco de España. Administrar los créditos para gastos del presupuesto del Consejo.

Presidir la Junta Económica.

Formular la cuenta de liquidación del presupuesto.

Autorizar los documentos contables y de tesorería y los actos de disposición de la cuenta del Consejo en el Banco de España.

Ejercer las funciones que, en materia de contratación, le delegue el Presidente.

Art. 93. En caso de vacante, ausencia o enfermedad u otro motivo legítimo, el Secretario General será sustituido por el Jefe de Servicio que designe el Presidente, poniéndolo en conocimiento del Pleno.

Para la asistencia a las reuniones de los órganos del Consejo distintos del Pleno, el Secretario General podrá comisionar en su lugar al funcionario responsable del área correspondiente.

Art. 94. Se integrará en la Secretaría General, dependiendo directamente del Secretario General, el Servicio Central de Secretaría General, con la siguiente estructura funcional:

1. Jefatura de Servicio.

2. Sección de Registro General, Archivo y Publicaciones.

3. Sección de Recursos.

4. Oficina de Prensa.

El Jefe del Servicio Central sustituir al Secretario General en las reuniones de la Comisión Permanente, cuando así le comisiones al efecto.

Art. 95. Corresponde específicamente al Jefe del Servicio Central de Secretaría General:

1. Llevar el Registro de Asociaciones de Jueces y Magistrados.

2. Coordinar la remisión de cualesquiera documentos entre los distintos órganos del Consejo.

3. Realizar las tareas de asistencia al Secretario General en relación con la convocatoria y documentación de las reuniones del Pleno y de la Comisión Permanente y con la ejecución de lo acordado en las mismas.

4. Realizar las demás funciones que le encomiende el Secretario General o que no se encuentren atribuidas a los restantes órganos técnicos.

Art. 96. Corresponde a la Sección de Registro General, Archivo y Publicaciones:

1. Llevar el Archivo General del Consejo, clasificando, ordenando y custodiando la documentación archivada.

2. Llevar la gestión de la Biblioteca del Consejo, clasificando y ordenando sus fondos y proponiendo las adquisiciones que procedan.

3. Gestionar los aspectos materiales y organizativos de la edición y distribución de la colección de la jurisprudencia del Tribunal Supremo y las publicaciones unitarias o periódicas, que el Consejo acuerde realizar, bajo la dirección de los Vocales del Consejo responsables de las mismas.

4. Llevar el Registro General del Consejo y distribuir la documentación recibida entre los órganos del mismo.

Art. 97. Corresponde a la Sección de Recursos:

1. Gestionar la tramitación, ordenación e instrucción de los recursos administrativos de que deba conocer el Consejo General del Poder Judicial.

2. Redactar, en su caso, las propuestas de resolución que soliciten los ponentes designados, salvo que se encomiende a otros órganos técnicos del Consejo en atención a las cuestiones que se planteen.

3. Atender puntualmente a los requerimientos que formule el Tribunal Supremo en el ámbito de los recursos contencioso-administrativos contra actos del Consejo General del Poder Judicial, y tramitar las actuaciones necesarias para colaboración del Consejo en la ejecución de las Sentencias, de conformidad con lo dispuesto por la Ley de la Jurisdicción Contencioso-Administrativa.

Art. 98. La Oficina de Prensa, bajo la directa dependencia del Vocal delegado para las relaciones con los medios de comunicación social, recogerá y sistematizará cuantas noticias y comentarios se relacionen con el Poder Judicial, de los que mantendrá informados a los Vocales y órganos del Consejo, y facilitar a los medios de comunicación social las informaciones que se acuerde emitir por el Consejo.

CAPÍTULO II
Del Gabinete Técnico

Art. 99. El Gabinete Técnico es el órgano al que corresponde, con carácter general, el asesoramiento y asistencia técnico-jurídica a los órganos del Consejo General y el desarrollo de la actividad administrativa necesaria para dar apoyo a la organización y cumplimiento de sus funciones de relación y cooperación institucional, y de perfeccionamiento técnico de la Administración de Justicia.

Sin perjuicio de su estructuración en secciones, los miembros del Gabinete actuarán en régimen de coordinación, compartiendo las funciones respectivas en la medida necesaria para dar una unidad de criterio a su actuación.

Art. 100. El Gabinete Técnico es estructura en los siguientes órganos:
1. Director del Gabinete Técnico.
2. Sección de Estudios e Informes.
3. Sección de Relaciones Institucionales e Internacionales.
4. Sección de Estudios sobre organización y racionalización de la Oficina Judicial.

Art. 101. Corresponde al Director del Gabinete Técnico coordinar e impulsar la actividad de las Secciones que lo integran, y el desempeño de aquellas funciones para las que se le comisione específicamente.

Igualmente, le corresponde realizar los estudios preparatorios de la Memoria anual sobre el estado y las actividades de la Administración de Justicia que el Consejo debe remitir a las Cortes Generales.

Art. 102. Corresponde a la Sección de Estudios e Informes:
Realizar estudios jurídicos que sirvan de preparación para el ejercicio por el Consejo General de sus facultades.
Emitir los informes que le sean solicitados por los órganos del Consejo General del Poder Judicial.
Prestar la asistencia técnica requerida por la Comisión de Estudios e Informes.
Cualquier otra actividad análoga que se le encomiende por los órganos del Consejo General.

Art. 103. Corresponde a la Sección de Relaciones Institucionales e Internacionales:

Asistir al Consejo en sus relaciones con instituciones jurisdiccionales o jurídicas extranjeras o internacionales, y, en general, en sus actividades de cooperación jurídica internacional.

Asistir al Consejo en sus relaciones con las restantes instituciones del Estado, y con las entidades públicas o privadas cuyo objeto se relacione con la Administración de Justicia.

Asistir al Consejo en sus relaciones con las Asociaciones profesionales de Jueces y Magistrados y con los Organismos profesionales, asociativos o representativos de los Fiscales, el Personal al servicio de la Administración de Justicia y de la Abogacía y la Procuraduría.

Canalizar la información procedente de Congresos o reuniones científicas que sobre temas relacionados con la Justicia se celebren en España o en el extranjero.

Cualquier otra actividad análoga que se le encomiende por los órganos del Consejo General.

Art. 104. Corresponde a la Sección de Estudios sobre Organización y racionalización de la Oficina Judicial:

Analizar y obtener conclusiones de la estadística judicial, y coordinar su confección con el Instituto Nacional de Estadística y otros organismos públicos.

Realizar los estudios previos para preparar los acuerdos del Consejo relativos a sus facultades de informe en materia de demarcación judicial y fijación de plantillas generales y orgánicas de Jueces y Magistrados y demás personal colaborador de la Administración de Justicia.

Realizar estudios y propuestas sobre procedimientos, simplificación, normalización, racionalización y mejora de los métodos de trabajo en la Administración de Justicia.

Elaborar estudios y propuestas relativas a la intervención del Consejo en el equipamiento electrónico e informático de los órganos judiciales y en la formación del personal judicial sobre su utilización.

Gestionar la actividad administrativa en orden a las actuaciones del Consejo en las materias anteriormente mencionadas, y en general con cuantas guarden relación con la organización y racionalización de los métodos de trabajo en la Administración de Justicia.

CAPÍTULO III
Del Servicio del Personal Judicial

Art. 105. El Servicio de Personal tendrá la siguiente estructura:
1. Jefatura del Servicio.

2. Sección de Régimen Jurídico de Jueces y Magistrados.
3. Sección de Selección, Formación y Perfeccionamiento.
4. Sección de Régimen Disciplinario.

Art. 106. Corresponde al Jefe del Servicio dirigir, impulsar y coordinar las actuaciones propias del Servicio, y prestar la asistencia técnica a la Comisión de Calificación y Comisión Disciplinaria en el ejercicio de las funciones que le son propias.

Art. 107. Corresponde a la Sección de Régimen Jurídico de Jueces y Magistrados:

1. Tramitar los expedientes relativos a la aplicación del Estatuto profesional de los Jueces y Magistrados.

2. Confeccionar y custodiar los expedientes personales de los Jueces y Magistrados, a los que se incorporarán los informes emitidos sobre los mismos.

3. Elaborar y actualizar el escalafón de la Carrera Judicial.

4. Realizar cualquier otra actividad necesaria para el ejercicio de las competencias del Consejo en materia de personal.

Art. 108. Corresponde a la Sección de Selección, Formación y Perfeccionamiento:

1. Tramitar los expedientes de convocatoria de las pruebas selectivas y de especialización de los miembros de la Carrera Judicial.

2. Realizar las actividades precisas para la organización y desarrollo de cursos y jornadas orientadas a la formación y perfeccionamiento de los Jueces y Magistrados, en colaboración con el Centro de Estudios Judiciales y las instituciones universitarias.

3. Prestar a la Comisión de Calificación el apoyo administrativo preciso para el desarrollo de sus cometidos, ordenando y custodiando la documentación a ella dirigida, tramitando los asuntos de su competencia, y realizando las tareas de ejecución de sus acuerdos y de los del Pleno en las materias atribuidas a la competencia de esta Comisión.

Art. 109. Corresponde a la Sección de Régimen Disciplinario prestar a la Comisión Disciplinaria el apoyo administrativo preciso para el desarrollo de sus cometidos, ordenando los escritos a ella dirigidos, tramitando y custodiando los expedientes y asuntos de su competencia, y realizando las tareas de documentación y ejecución de sus acuerdos y de los del Pleno en materia disciplinaria.

CAPÍTULO IV
De la Gerencia

Art. 110. La Gerencia es el órgano técnico del Consejo encargado de la tramitación de cuantas actuaciones sean necesarias en materia de régimen interior o económico financiero.

Art. 111. Corresponde a la Gerencia:

Tramitar la convocatoria de los concursos para la elección del personal que pase a prestar servicios en el Consejo General del Poder Judicial.

Preparar los nombramientos, documentar las tomas de posesión y expedir, cuando fuere procedente, títulos y tarjetas de identidad.

Confeccionar y custodiar los expedientes correspondientes al personal destinado en el Consejo General del Poder Judicial, y tramitar cuantas incidencias y actuaciones se refieran a su régimen estatutario, ejerciendo la directa jefatura del personal que no sea de nivel superior.

La asistencia técnica a la Comisión Presupuestaria.

Realizar los estudios necesarios para la preparación del Anteproyecto de Presupuesto del Consejo y de los expedientes de modificación de créditos.

Ejercer la asistencia al Secretario General en la tramitación de los expedientes de gasto y demás correspondientes a la ejecución del presupuesto del Consejo.

Administrar los fondos «librados a justificar».

Autorizar, por encargo del Secretario General, los documentos contables y de tesorería y los actos de disposición de la cuenta del Consejo en el Banco de España.

Autorizar la cuenta de Liquidación del Presupuesto.

Gestionar los fondos de material.

Cualquier otra actividad que se le encomiende por los órganos del Consejo.

Art. 112. Al Gerente le corresponde la dirección, control y coordinación de las actuaciones propias de la función gerencial, la asistencia técnica a la Comisión Presupuestaria, así como ejercer aquellas otras funciones que le vengan atribuidas por este Reglamento, o se le encomienden expresamente por el Secretario General.

Los cometidos de la Gerencia comprenderán, como áreas de actuación preponderantes, las de presupuestos y contabilidad, habilitación, personal y asuntos generales, compras, y grupo mecanográfico.

Art. 113. Vinculada a la Gerencia actuará una Junta Económica, compuesta por el Secretario General, que la presidirá, dos Vocales nombrados por el Pleno del

Consejo entre funcionarios de nivel superior del mismo, el Interventor del Consejo y un Secretario, que lo será el Gerente. El Secretario General podrá delegar la presidencia en uno de los Vocales de la Junta. Podrán ser convocados a sus reuniones, con voz, pero sin voto, los Jefes de Servicios relacionados con los asuntos a tratar, o los funcionarios técnicos que sean necesarios, cuando así lo requiera la naturaleza de las adquisiciones, obras o servicios.

La Junta Económica ejercerá funciones de asesoramiento y propuesta en materia de adquisición y contratación de obras, servicios y suministros. Actuar como Mesa de Contratación en las subastas, concursos-subastas y concursos que se celebren, así como en las contrataciones directas superiores a 250.000 pesetas. Quedará válidamente constituida con la asistencia de tres de sus miembros, entre ellos el Interventor.

§5

CAPÍTULO V
Del Interventor

Art. 114. Corresponde al Interventor:

La fiscalización previa de los actos, documentos y expedientes susceptibles de producir obligaciones o derechos de contenido económico.

Intervenir las nóminas por las que se reclamen las retribuciones de los altos cargos y personal al servicio del Consejo.

Intervenir las órdenes de pago de régimen interior contra la cuenta corriente del Consejo en el Banco de España.

Intervenir las cuentas justificativas de las órdenes de pago de régimen interior libradas «a justificar».

Autorizar los documentos contables y de Tesorería que hayan de remitirse a la Dirección General del Tesoro y Política Financiera, y los talones y órdenes de transferencia contra la cuenta corriente del Consejo en el Banco de España.

Autorizar la Cuenta de Liquidación del Presupuesto a rendir al Tribunal de Cuentas.

Formar parte de la Junta Económica. Dirigir la Contabilidad.

Asesorar al Consejo en materia financiera.

Art. 115. Cuando el Interventor formule reparos a los gastos que deba fiscalizar o intervenir, corresponderá al Pleno del Consejo adoptar la resolución definitiva.

Art. 116. La función interventora se ejercerá por un Interventor al servicio del Consejo, cuya designación se efectuará por el Pleno, y deberá recaer en persona que posea la adecuada calificación profesional.

TÍTULO IV
Del Servicio de Inspección

Art. 117. El Servicio de Inspección es el órgano técnico que, bajo la dependencia del Pleno del Consejo General, ejerce la comprobación y control del funcionamiento de los servicios de la Administración de Justicia, mediante la realización de las actuaciones y visitas que le sean ordenadas por el Pleno o su Presidente, sin perjuicio de la competencia de los órganos de gobierno de los Tribunales.

El Presidente o el Vicepresidente, en su caso, ejercerá la superior dirección de las actividades del Servicio de Inspección, coordinándolas con el Pleno y los demás órganos del Consejo, según la naturaleza de las actuaciones practicadas y las competencias en cada uno de aquéllos.

Art. 118. El Servicio de Inspección se estructura en los siguientes órganos:

1. Jefatura del Servicio, a la que estar adscrito directamente un Secretario de Inspección.

2. Unidades Territoriales de Inspección.

3. Sección de Informes.

4. Unidad de atención al ciudadano.

Redactado conforme a la Disp. adicional 1ª del Reglamento 1/1998 del CGPJ, que añade el núm. 4.

Art. 119. El Jefe del Servicio de Inspección deberá pertenecer a la Carrera Judicial y tener la categoría de Magistrado del Tribunal Supremo.

Será nombrado y removido libremente por el Pleno del Consejo.

Corresponde al Jefe del Servicio de Inspección la dirección de las Unidades que lo integran, y el control y coordinación de las mismas, así como la realización personal de aquellas actuaciones inspectoras que específicamente se le encomienden o que estime pertinentes.

Le corresponde también recibir y comprobar las denuncias, quejas y reclamaciones que se dirijan al Consejo sobre el funcionamiento de los distintos órganos judiciales y cumplimiento de sus deberes por parte de todo el personal judicial, dando cuenta de las mismas a la Comisión Disciplinaria.

Asimismo, emitirá los informes que le sean solicitados por los órganos competentes del Consejo relativos al contenido propio del Servicio de Inspección.

Art. 120. Las Unidades Territoriales de Inspección, en el número que se establezca en la plantilla de personal del Consejo, estarán integradas por un Inspector Delegado, miembro de la Carrera Judicial, con categoría de Magistrado, y diez años, al menos, de servicios en aquélla, y por un Secretario de Inspección, miembro del Cuerpo de Secretarios Judiciales, y que hubiere alcanzado, al menos, la segunda categoría del Cuerpo y hubiere prestado, al menos, diez años de servicios efectivos en el mismo.

Redactado por el Acuerdo de 28 de enero de 1987.

Cada Unidad estará asignada para el ejercicio de sus funciones al territorio de una o varias Comunidades Autónomas, sin perjuicio de que puedan encomendársele actuaciones en un territorio distinto.

Corresponde a las Unidades Territoriales de Inspección realizar cuantas actuaciones inspectoras se le encomienden respecto de los órganos judiciales de su respectivo ámbito territorial, manteniendo y suministrando en todo momento información actualizada de la situación y funcionamiento de los mismos.

Art. 121. Los Inspectores delegados y Secretarios de Inspección serán nombrados, con arreglo a lo previsto para los funcionarios de nivel superior, para un período de cinco años.

Cuando obtuvieren otro destino dentro del último año del desempeño de funciones inspectoras, su incorporación al mismo quedará aplazada hasta la completa terminación de su mandato. Si al término del mismo no hubieren obtenido otro destino, ni lo obtuvieren en el primer concurso que se convoque con posterioridad, serán destinados forzosos a la primera vacante de su categoría que resulte desierta.

Art. 122. Corresponde a la Sección de Informes elaborar los proyectos de informe a emitir por la Jefatura del Servicio relativos a la actuación profesional de Jueces y Magistrados y demás personal colaborador de la Administración de Justicia, y aquellos otros que deban ser considerados en expedientes de cualquier índole que guarden conexión con la actividad inspectora del Consejo.

Art. 122 bis. Corresponde a la Unidad de Atención al Ciudadano coordinar el funcionamiento de los servicios de recepción de quejas y denuncias y de atención e información al ciudadano regulados en el presente Reglamento, centralizar y ordenar mediante su tratamiento informático a efectos estadísticos y de elaboración de la memoria anual las sugerencias, quejas y denuncias recibidas en cada uno de ellos, tramitar las que se reciban en el propio Consejo General del Poder Judicial y elaborar para su aprobación ulterior por el Pleno del Consejo General las correspondientes propuestas sobre documentos informativos, formularios y protocolos de servicio y de tramitación de quejas y reclamaciones.

Redactado conforme a la Disp. adicional 1ª del Reglamento 1/1998 del CGPJ.

Art. 123. El Servicio de Inspección del Consejo programará anualmente un plan de visitas ordinarias. Tendrá en cuenta para ello los programas de visitas ordinarias que hayan elaborado y comunicado al Consejo los Presidentes del Tribunal Supremo, de la Audiencia Nacional y de los Tribunales Superiores de Justicia, a fin de coordinar unas y otras inspecciones.

El Pleno del Consejo aprobará, antes del inicio de cada anualidad, el plan de visitas ordinarias de la Inspección del Consejo. A tal efecto, y para tomarlas oportunamente en consideración, recabará, con la antelación necesaria, los planes de visitas programados por los Presidentes del Tribunal Supremo, Audiencia Nacional y Tribunales Superiores de Justicia.

Art. 124. El objeto de las visitas de inspección comprenderá tanto el análisis de cada órgano judicial y de la actividad desplegada por cuantos funcionarios lo integran o lo hayan integrado como, en su caso, el examen de concretas y particulares actuaciones, en los términos previstos en la Ley Orgánica 6/1985, de 1 de julio.

Art. 125. El Servicio de Inspección propondrá al Pleno la normalización del contenido de las actas de inspección para que, mediante su homogeneidad, se puedan obtener conclusiones sobre la organización, funcionamiento y control de los servicios de la Administración de Justicia.

Art. 126. El Servicio de Inspección propondrá a los órganos competentes del Consejo General del Poder Judicial la adopción de las medidas que procedan a la vista de las necesidades o deficiencias que resulten comprobadas en las actividades de inspección. El Consejo podrá dar traslado del expediente de inspección a la Sala de Gobierno de la que dependa el órgano inspeccionado.

TÍTULO V
Del personal al servicio del Consejo General del Poder Judicial

CAPÍTULO I
Disposiciones generales

Art. 127. En los órganos técnicos del Consejo General del Poder Judicial, únicamente prestarán servicio miembros de las Carreras Judicial o Fiscal y de los Cuerpos de Secretarios Judiciales, Letrados del Estado, demás funcionarios de las

Administraciones públicas, Oficiales, Auxiliares y Agentes de la Administración de Justicia, en el número que fijen las correspondientes plantillas orgánicas.

Art. 128. También podrán ser nombrados para prestar servicio en el Consejo General funcionarios de empleo, eventuales o interinos, dentro de las previsiones presupuestarias correspondientes.

Art. 129. El Consejo General podrá contratar con la misma limitación, en régimen laboral, al personal que resulte necesario para sus servicios.

Art. 130. El Consejo General del Poder Judicial podrá solicitar y la autoridad competente acordar la adscripción, en comisión de servicio, de funcionarios de cualquier Administración para el desempeño en el Consejo General de tareas propias de su especial titulación.

Art. 131. Será de aplicación supletoria al personal regulado en el presente Reglamento la legislación sobre la Función Pública y las normas de personal de la Ley Orgánica 6/1985, de 1 de julio.

CAPÍTULO II
Clasificación y provisión de los puestos de trabajo

Art. 132. La plantilla orgánica del Consejo General del Poder Judicial contendrá la clasificación de los puestos de trabajo en puestos de nivel superior, medio, administrativo, auxiliar y subalterno.

Asimismo, podrá clasificar los puestos de trabajo en atención a su carácter permanente o temporal. Los puestos de trabajo temporales sólo podrán ser servidos por funcionarios eventuales, contratados temporalmente en régimen de derecho laboral o en comisión de servicio.

Art. 133. Los puestos de trabajo permanentes de nivel superior serán provistos con miembros de las Carreras Judicial o Fiscal, del Cuerpo de Secretarios Judiciales, del de Letrados del Estado y demás funcionarios de las Administraciones Públicas de nivel superior.

La selección de este personal tendrá lugar por concurso de méritos. La convocatoria del concurso se acordará por el Pleno del Consejo y se publicará en el Boletín Oficial del Estado. La resolución del concurso, que será competencia del Pleno, se ajustará a las reglas establecidas en la convocatoria.

Los concursos podrán ser convocados bien para ocupar destino en el Consejo General del Poder Judicial, con carácter general, o para la provisión de puestos de trabajo determinados. Se aplicará en todo caso esta última forma de provisión cuando este Reglamento establezca la pertenencia a un determinado Cuerpo u otras circunstancias específicas como requisito para el desempeño de un determinado puesto de trabajo.

Art. 134. Los puestos de trabajo permanentes de nivel administrativo, auxiliar y subalterno serán provistos, respectivamente, con funcionarios de los Cuerpos Oficiales, Auxiliares y Agentes de la Administración de Justicia, cuando a ellos estuvieran asignadas las plazas correspondientes. La provisión de estas vacantes tendrá lugar mediante concurso que se resolverá otorgando la preferencia para las plazas anunciadas a los participantes de los respectivos Cuerpos que tengan mejor puesto en el escalafón.

Art. 135. Las plazas de los niveles medio, administrativo, auxiliar y subalterno no asignadas a los Cuerpos de funcionarios de la Administración de Justicia serán provistas por concurso de méritos, entre funcionarios de las Administraciones Públicas que reúnan los requisitos que se establezcan en la convocatoria.

Art. 136. La adscripción a concretos puestos de trabajo en los niveles medio, administrativo, auxiliar o subalterno se realizará por el Secretario General, atendiendo a las necesidades del servicio.

Art. 137. La adscripción del personal superior del Consejo que no hubiere sido seleccionado para una plaza determinada corresponder al Pleno.

Art. 138. Los puestos de trabajo de secretaría particular de los Vocales y Secretario General del Consejo y de asesoramiento o confianza de la Presidencia tendrán la clasificación de temporales y, cuando no se desempeñen por funcionarios de carrera con destino en el Consejo, serán provistos por funcionarios eventuales, con aplicación en ambos casos del régimen establecido en el artículo 20.2 y 3 de la Ley 30/1984, de 2 de agosto, de reforma de la Función Pública. El nombramiento de este personal corresponderá al Presidente del Consejo, a propuesta de aquél a quien preste sus servicios.

Art. 139. Sólo podrán nombrarse funcionarios interinos para el desempeño de los puestos de trabajo de carácter permanente y nivel administrativo, auxiliar o subalterno, que se encontrasen vacantes y en tanto sean cubiertos en propiedad por los mecanismos ordinarios de provisión, en cuyo momento cesarán los funcionarios interinos.

CAPÍTULO III
Régimen jurídico

Art. 140. Los funcionarios de cualesquiera Cuerpos o Carreras que presten servicio en los órganos técnicos del Consejo General del Poder Judicial permanecerán en la situación de servicio activo en su Carrera o Cuerpo de origen, siéndoles de aplicación el Estatuto jurídico propio de los mismos en los que no se oponga a lo ordenado por el presente Reglamento.

Art. 141. Los funcionarios de nivel superior desempeñarán las funciones de estudio, informe y propuesta relativas a las competencias del Consejo, u otras de carácter administrativo superior que se les encomienden.

Art. 142. Corresponderá a los funcionarios de nivel administrativo el desempeño de las tareas administrativas de trámite y colaboración no asignadas a los funcionarios de nivel superior.

Corresponderá a los funcionarios de nivel auxiliar la realización de trabajos de taquigrafía, mecanografía, despacho de correspondencia, cálculo sencillo, manejo de máquinas y otros similares.

Los funcionarios de nivel subalterno realizarán tareas de vigilancia, custodia, porteo y otras análogas.

Art. 143. Los funcionarios de nivel superior destinados en el Consejo General del Poder Judicial estarán sujetos a las incompatibilidades establecidas en la Ley Orgánica 6/1985, de 1 de julio para los miembros de la Carrera Judicial, aunque no formaren parte de la misma.

Art. 144. Todos los funcionarios del Consejo General del Poder Judicial tendrán el primordial deber de desempeñar fielmente el cargo, asistiendo al despacho durante el horario fijado por el Consejo, que no será inferior al establecido para la Administración Civil del Estado. Asimismo, deberán guardar secreto de los asuntos reservados que conocieren en el desempeño de su cargo.

Art. 145. Los funcionarios al servicio del Consejo General del Poder Judicial percibirán retribuciones básicas y complementarias.

Las retribuciones básicas se compondrán del sueldo fijado en el presupuesto del Consejo para cada nivel, salvo para aquellos funcionarios a los que correspondiere uno superior en virtud de la categoría alcanzada en el Cuerpo o carrera a que pertenezcan, y de los trienios. Estos se percibirán por cada funcionario en la cuantía correspondiente al cuerpo o carrera a que pertenezca. Las retribuciones complementarias serán, para cada funcionario, las asignadas por el Pleno del Consejo, dentro de las previsiones de su presupuesto, al puesto de trabajo que desempeñe.

Art. 146. Los funcionarios eventuales percibirán, dentro de las previsiones presupuestarias, retribuciones equivalentes a las que correspondan a los funcionarios de carrera que realicen función análoga, y se regirán por las normas establecidas para los mismos, en cuanto les sean de aplicación.

Art. 147. Los funcionarios interinos percibirán las retribuciones correspondientes a la vacante que ocupen, en los porcentajes legalmente establecidos.

Art. 148. Los funcionarios al servicio del Consejo General del Poder Judicial estarán sujetos a responsabilidad disciplinaria con arreglo a lo establecido en la Ley Orgánica 6/1985, de 1 de julio y en los respectivos Reglamentos para los Jueces y Magistrados y el personal al servicio de la Administración de Justicia. Las faltas disciplinarias serán las previstas en dicha Ley para Jueces y Magistrados, en cuanto fueren aplicables, y las establecidas para los funcionarios de la Administración Civil del Estado, en su caso. Las sanciones a imponer por las mismas serán las previstas en la Ley Orgánica para Jueces y Magistrados.

Art. 149. Serán competentes para la imposición de sanciones:
1º Para las correspondientes a faltas leves, el Secretario General.
2º Para las correspondientes a faltas graves, el Presidente.
3º Para las correspondientes a faltas muy graves, la Comisión Disciplinaria, salvo las previstas en la regla siguiente.
4º Para las de traslado forzoso y separación, el Pleno.
En caso de imposición de la sanción de traslado forzoso a un funcionario distinto a los miembros de la Carrera Judicial, el Pleno se limitará a declarar la pérdida de destino en el Consejo, dando cuenta a la autoridad competente para que proceda al destino que corresponda.

Art. 150. Las sanciones de advertencia y represión se impondrán sin más trámites que la audiencia del interesado, previa, de considerarse necesaria, una sumaria información.
Las restantes sanciones sólo podrán imponerse por el procedimiento establecido en los artículos siguientes.

Art. 151. El procedimiento disciplinario se iniciará por acuerdo del Pleno del Consejo, de la Comisión Disciplinaria, del Presidente o del Secretario General. En el acto que mande iniciar el procedimiento se designará Instructor y Secretario del mismo a un funcionario de nivel superior y a otro del mismo nivel del interesado destinados en el Consejo. La instrucción del procedimiento también podrá encomendarse, si se considera conveniente, al Secretario General.

Art. 152. Al mandar formar el procedimiento o, ulteriormente a propuesta del Instructor, la Comisión Disciplinaria podrá acordar la suspensión provisional de aquél contra el que se dirija, siempre que concurran indicios racionales de la comisión de una falta muy grave, y previa audiencia del interesado.

Art. 153. El trámite del procedimiento sancionador será el establecido legalmente para exigir responsabilidad disciplinaria a Jueces y Magistrados, pero sin la intervención del Ministerio Fiscal.

Art. 154. Los recursos contra los actos de imposición de sanciones serán resueltos en todo caso por el Pleno del Consejo.

Art. 155. Las sanciones disciplinarias se anotarán en el expediente personal del interesado, y las anotaciones se cancelarán con arreglo a lo legalmente establecido para Jueces y Magistrados.

Art. 156. En materia de permisos y licencias, será de aplicación a los funcionarios de nivel superior el régimen legalmente establecido para los Jueces y Magistrados. A los restantes funcionarios se aplicará el régimen correspondiente al cuerpo a que pertenezcan.

La competencia para conceder o autorizar el disfrute de permisos o licencias corresponder en todo caso al Secretario General.

TÍTULO VI
Actuaciones y funcionamiento del Consejo General del Poder Judicial

CAPÍTULO I
Normas generales

Art. 157. Las actuaciones del Consejo General del Poder Judicial, en el ejercicio de sus competencias, se ajustarán a lo dispuesto en cada caso por la Ley Orgánica 6/1985, de 1 de julio y el presente Reglamento. En defecto de normas específicas, se observarán en materia de procedimiento, recursos y forma de los actos las disposiciones de la Ley de Procedimiento Administrativo, en cuanto sean de aplicación.

La referencia a la Ley de Procedimiento Administrativo debe entenderse hecha a la Ley 30/1992, de Régimen Jurídico de las Administraciones Públicas y del Procedimiento Administrativo Común.

Art. 158. El despacho y tramitación de los asuntos de que deban conocer los órganos del Consejo se llevará a cabo en los órganos técnicos del mismo competentes, conforme a lo dispuesto en el presente Reglamento. Las instancias, escritos, comunicaciones, peticiones, recursos y cualesquiera otros documentos que tengan entrada en el Registro General se repartirán a los órganos técnicos del Consejo.

Art. 159. Los órganos técnicos del Consejo, dentro de su respectiva competencia, instruirán con los documentos que les sean remitidos el expediente que corresponda conforme a su naturaleza, uniendo al mismo los antecedentes que existan. Seguidamente se dará cuenta al órgano del Consejo competente para adoptar la resolución que proceda. Este podrá acordar que se completen los antecedentes, se practiquen nuevas actuaciones o se emitan informes antes de adoptar resolución.

Art. 160. En todas las materias o asuntos de carácter reglado, el órgano técnico someterá al órgano competente del Consejo, al darle cuenta de los mismos, el correspondiente informe sobre la resolución que proceda.

Art. 161. Los asuntos que deba conocer el Presidente, el Pleno o la Comisión Permanente les serán sometidos por los órganos técnicos a través del Secretario General.

Los que correspondan a los restantes órganos del Consejo se les someterán a consideración directamente por el órgano que hubiera instruido el expediente o en cuyo poder se encontrare la documentación correspondiente.

Art. 162. Adoptadas las resoluciones que procedan por los órganos del Consejo, las actuaciones y antecedentes serán remitidos con testimonio o nota de lo acordado al órgano técnico que las hubiera instruido para que proceda a la ejecución y cumplimiento de lo resuelto.

Las comunicaciones y notificaciones que deban realizarse serán expedidas por el Secretario General o por el titular del órgano técnico competente, salvo que deban ser suscritas por el Presidente.

Corresponderá a los Jefes de las unidades administrativas del Consejo (Jefes de Servicio y de Sección) la firma de los documentos y actuaciones que consistan en la simple confrontación de hechos o en la aplicación automática de normas, tales como certificados, acuses de recibo, comunicaciones de devolución de documentos, diligencias de ordenación del trámite de los expedientes en materia reglada, traslados a conferir a los interesados en los expedientes y demás notificaciones, solicitudes de remisión de documentos o cualesquiera otros comprendidos en el ámbito del artículo 6 de la Ley de Procedimiento Administrativo.

En las comunicaciones y notificaciones de los acuerdos del Consejo se incluirá, en su caso, el texto de los votos particulares que se hubieren emitido.

Art. 163. En materia de contratación y económico-financiera regirán, en lo que sea de aplicación, las normas generales sobre contratación y finanzas del Estado.

§5

CAPÍTULO II
Tramitación de los recursos administrativos

Art. 164. Los recursos administrativos que se interpongan para su resolución por el Pleno del Consejo General del Poder Judicial se tramitarán por la Sección de Recursos de Secretaría General, a la que serán repartidos los escritos en que se formalicen.

Art. 165. Recibido el escrito, la Sección de Recursos recabará del órgano técnico correspondiente, o, en su caso, del órgano autor del acto impugnado, la remisión del expediente de que se trate con todos sus antecedentes y el informe previsto en el artículo 123.2 de la Ley de Procedimiento Administrativo, y practicará los actos de instrucción que correspondan conforme a dicha Ley. En caso necesario, propondrá al Secretario General que se recabe informe sobre las cuestiones jurídicas de especial interés o complejidad que se planteen.

Art. 166. El Secretario General, al tiempo de iniciarse el expediente del recurso, someterá a la Comisión Permanente la designación de un Ponente, que se llevará a cabo por turno. Cuando se trate de un recurso de alzada no podrá atribuirse la ponencia a quien fuere miembro del órgano de que proceda el acto recurrido.

Art. 167. El Ponente supervisará la instrucción del expediente, y dará cuenta al Pleno del Consejo, con su propuesta de resolución, de las peticiones de suspensión del acto impugnado que se presentaren o de aquellos casos en que considere pertinente la suspensión de oficio.

Ultimada la instrucción, el Ponente elaborará la propuesta de resolución y la someterá al Pleno del Consejo General cursándola a través del Secretario General para su inclusión en el orden del día de sus sesiones.

CAPÍTULO III
De la revisión de oficio de los actos del Consejo

Art. 168. La revisión de oficio de los actos del Consejo se regirá, en lo que sea de aplicación, por las normas de la Ley de Procedimiento Administrativo. En ningún caso será necesaria la intervención del Consejo de Estado.

Las competencias de anulación y declaración de lesividad corresponderán al Pleno del Consejo, por mayoría absoluta de los miembros que lo integran. En todo caso, se recabará dictamen del Gabinete Técnico sobre la conformidad a derecho del acto objeto de revisión y se dará audiencia a los interesados.

La referencia a la Ley de Procedimiento Administrativo debe entenderse hecha a la Ley 30/1992, de Régimen Jurídico de las Administraciones Públicas y del Procedimiento Administrativo Común.

§5

DISPOSICIÓN DEROGATORIA

Quedan derogados el Reglamento de Organización y Funcionamiento del Consejo General del Poder Judicial aprobado por acuerdo de 6 de octubre de 1982 y el Reglamento de Régimen Económico Financiero del Consejo General del Poder Judicial aprobado por acuerdo de 29 de mayo de 1985.

DISPOSICIÓN FINAL

El presente Reglamento entrará en vigor el día siguiente al de su publicación en el Boletín Oficial del Estado.

§6. REGLAMENTO 3/1995, DE 7 DE JUNIO, DE LOS JUECES DE PAZ

*(Aprobado por Acuerdo del Pleno del Consejo
General del Poder Judicial de 7 de junio de 1995)*

EXPOSICIÓN DE MOTIVOS

Los Juzgados de Paz, primer escalón de la estructura judicial del Estado, aparecen configurados en la Ley Orgánica del Poder Judicial como órganos servidos por Jueces legos, no profesionales, que llevan a cabo funciones jurisdiccionales y mientras desempeñan su cargo integran el Poder Judicial, gozando de inamovilidad temporal.

La peculiar naturaleza de los Jueces de Paz, que están sujetos al estatuto jurídico de Jueces y Magistrados con algunas excepciones derivadas del carácter temporal de su mandato y su no profesionalidad, exige que el Consejo General del Poder Judicial, haciendo uso de la potestad reglamentaria que le atribuye el artículo 110.2.k) de la Ley Orgánica 6/1985, de 1 de julio, del Poder Judicial, dicte el correspondiente Reglamento en desarrollo de los artículos 99 a 103 de dicho texto legal, que contenga las disposiciones de carácter secundario y auxiliar relativas a los requisitos de capacidad e incompatibilidad de los Jueces de Paz, al procedimiento para su nombramiento y a los derechos, deberes y responsabilidades que les afectan.

Reviste especial importancia a este respecto el procedimiento de nombramiento en el que a partir de la Ley Orgánica del Poder Judicial se atribuyó un papel relevante a los Ayuntamientos con la finalidad de que, sin merma de la plena autonomía que la ley otorga a las corporaciones municipales, estos procedimientos de elección se ciñan estrictamente a los requisitos de publicidad y legalidad.

Se establecen los requisitos formales a que deben ajustarse los acuerdos municipales y se determina el régimen de los recursos que caben contra los acuerdos de las Salas de Gobierno, a quienes les compete realizar un acto de homologación de los acuerdos del Ayuntamiento, consistente en examinar las condiciones legales que concurren en el elegido y su idoneidad para el cargo, así como los aspectos reglados que se derivan del contenido del artículo 101 de la Ley Orgánica del Poder Judicial, puesto que los restantes aspectos relativos al ajuste a derecho del acuerdo municipal en cuanto acto administrativo, únicamente pueden ser objeto de recurso contencioso-administrativo.

Otro aspecto relevante en que debe hacerse hincapié, y que ha sido objeto de diversos dictámenes por parte de la Comisión de Estudios e Informes y de resoluciones de la Comisión Permanente del Consejo General del Poder Judicial, es el relativo a las condiciones de capacidad y la incompatibilidad de los Jueces de Paz.

El artículo 102 de la Ley Orgánica del Poder Judicial hace una remisión genérica a los requisitos establecidos para el ingreso en la Carrera Judicial, salvo la exigencia de la licenciatura en Derecho y a su régimen de incompatibilidades con la excepción del ejercicio de actividades profesionales y mercantiles. La amplitud de este precepto obliga a hacer algunas precisiones por lo que respecta al ejercicio de determinadas profesiones, como es la docencia, única actividad que, cuando se desempeña a tiempo parcial, se autoriza a Jueces y Magistrados, o a algunas otras actividades que, aunque sean retribuidas con cargo a los Presupuestos del Estado pueden ser ejercidas por los Jueces de Paz. Se ha entendido por el Consejo General, atendiendo a un criterio de razonable flexibilidad que, por un lado, la escasez de la suma con que se retribuye al Juez de Paz le obliga a dedicarse a otra actividad para poder subsistir y que, por otro, lo fundamental es que la otra actividad que el Juez de Paz desempeñe sea en esencia compatible con el cargo, teniendo en cuenta la finalidad a que atienden las incompatibilidades, que no es otra que la de evitar toda suerte de interferencia que pudiera afectar a la independencia del Juez a la hora de ejercer su función.

La edad de jubilación no es requisito exigible a los candidatos a Juez de Paz, que no están unidos por una relación funcionarial ni de empleo con la Administración, sino que basta con que el candidato acredite suficientemente la inexistencia de impedimento físico o psíquico para el cargo.

Por otra parte, la propia naturaleza de los Juzgados de Paz, ubicados en los municipios donde no existe Juzgado de Primera Instancia e Instrucción y corresponderles el ejercicio de funciones propias de éstos por delegación, hace necesario mantener el deber de residencia de los Jueces de Paz en la población en que tenga su sede el Juzgado. No obstante, se les somete al mismo régimen que a los Jueces y Magistrados permitiendo que la Sala de Gobierno autorice su residencia en sitio diferente si media justa causa.

Consecuencia directa de la integración de los Jueces de Paz en la estructura judicial es que deben someterse a la misma prohibición de pertenecer a partidos políticos que afecta a los miembros de la Carrera Judicial, si bien con el límite temporal de la duración de su mandato, así como a las incompatibilidades y prohibiciones que se derivan de las relaciones de parentesco o situación de hecho equivalente contenidas en la Ley Orgánica del Poder Judicial.

Mayor flexibilidad debe adoptarse, sin embargo, en lo referido al régimen de licencias y permisos, así como al régimen disciplinario, dado que su carácter no profesional y la circunstancia de desempeñar normalmente otra actividad no permiten una estricta aplicación del régimen general de los Jueces y Magistrados.

TÍTULO I
De los Jueces de Paz y su forma de nombramiento

Art. 1. 1. De conformidad con lo dispuesto en el artículo 298.2 de la Ley Orgánica del Poder Judicial, los Jueces de Paz ejercen funciones jurisdiccionales sin pertenecer a la Carrera Judicial, con sujeción al régimen establecido en dicha Ley, sin carácter de profesionalidad y con inamovilidad temporal, formando parte durante su mandato del Poder Judicial.

2. Para ser Juez de Paz se requiere ser español, mayor de edad y no estar incurso en ninguna de las causas de incapacidad que establece el artículo 303 de la Ley Orgánica del Poder Judicial.

Art. 2. 1. En cada municipio donde no exista Juzgado de Primera Instancia e Instrucción, y con jurisdicción en el término correspondiente, habrá un Juzgado de Paz (artículo 99.1 de la Ley Orgánica del Poder Judicial).

2. Excepcionalmente podrá existir una sola Secretaría para varios Juzgados de Paz.

Art. 3. De conformidad con lo dispuesto en el artículo 100 de la Ley Orgánica del Poder Judicial, los Jueces de Paz conocerán en el orden civil y penal de los procesos cuya competencia les corresponde por ley. Cumplirán también funciones de Registro Civil y las demás que la ley les atribuya.

Art. 4. Los Jueces de Paz y sus sustitutos serán nombrados para un período de cuatro años por la Sala de Gobierno del Tribunal Superior de Justicia correspondiente. El nombramiento recaerá en las personas elegidas por el respectivo Ayuntamiento (artículo 101.1 de la Ley Orgánica del Poder Judicial).

Art. 5. 1. Las vacantes en el cargo de Juez de Paz titular y sustituto se anunciarán por el Ayuntamiento respectivo con la suficiente antelación, mediante convocatoria pública, con indicación del plazo y lugar de presentación de instancias. Se publicará en el Boletín Oficial de la provincia y mediante edictos en el tablón de anuncios del Ayuntamiento, en el Juzgado de Primera Instancia e Instrucción del Partido o Juzgado Decano y en el propio Juzgado de Paz.

2. Las Salas de Gobierno de los Tribunales Superiores de Justicia participarán a los Ayuntamientos la previsión o existencia de vacantes a los efectos de la convocatoria a que se refiere el apartado anterior.

Art. 6. De conformidad con lo dispuesto en el artículo 101.2 de la Ley Orgánica del Poder Judicial la elección de Juez de Paz y de su sustituto se efectuará por el Pleno del Ayuntamiento con el voto favorable de la mayoría absoluta de sus miembros, entre las personas que, reuniendo las condiciones legales, así lo soliciten. Si no hubiera solicitantes, el Pleno elegir libremente con sujeción a los mismos requisitos de procedimiento.

Art. 7. 1. De conformidad con lo dispuesto en el artículo 101.3 de la Ley Orgánica del Poder Judicial el acuerdo del Ayuntamiento será remitido al Juez de Primera Instancia e Instrucción del Partido o, si hubiere varios, al Decano, que lo elevar a la Sala de Gobierno.

2. Al acuerdo del Ayuntamiento se acompañará una certificación comprensiva de los siguientes extremos:

a) Referencia detallada de las circunstancias en que se produjo la elección.

b) Mención expresa de la observancia del quórum exigido por la ley.

c) Datos de identificación y condiciones de capacidad y de compatibilidad de los elegidos.

Art. 8. Si la Sala de Gobierno del Tribunal de Justicia considera que las personas elegidas por el Ayuntamiento reúnen las condiciones de capacidad y de elegibilidad exigidas por la ley expedir los correspondientes nombramientos y ordenar su publicación en el Boletín Oficial de la provincia, dando cuenta de los mismos al Consejo General del Poder Judicial y al Juez de Primera Instancia e Instrucción de Partido, o al Decano si hubiere varios.

Art. 9. 1. Si por el contrario, oído el Ministerio Fiscal, la Sala de Gobierno estima que la persona o personas propuestas por el Ayuntamiento no reúnen las condiciones exigidas por la ley, procederá a designar directamente al Juez de Paz.

2. Actuará del mismo modo si, en el plazo de tres meses desde que se produjera la vacante en un Juzgado de Paz, el Ayuntamiento correspondiente no efectuase la propuesta prevista en los artículos anteriores.

Art. 10. 1. En los casos en que el Ayuntamiento formulase únicamente propuesta de Juez de Paz titular sin incluir al sustituto, la Sala de Gobierno procederá a la designación directa del sustituto.

2. En estos casos la Sala de Gobierno podrá recabar los datos e informes que estime pertinentes a través del Juzgado de Primera Instancia e Instrucción del Partido o del Decano si hubiere varios.

Art. 11. 1. Cuando la Sala de Gobierno deba proceder a la designación directa del Juez de Paz, de acuerdo con lo indicado en los artículos anteriores, se anunciará la vacante en el Boletín Oficial de la provincia donde tenga su sede el Juzgado de Paz. Se acordará asimismo la publicación de edictos en el tablón de anuncios del Ayuntamiento correspondiente, en el del Tribunal Superior de Justicia, en el del Juzgado de Primera Instancia e Instrucción del Partido y en el del Juzgado de Paz. Quienes estén interesados en el nombramiento podrán formular solicitudes directamente ante la Sala de Gobierno.

2. La Sala de Gobierno valorará los méritos de los solicitantes y designará entre los peticionarios al que estime más idóneo.

3. Si no hubiera solicitudes o los solicitantes no reunieran las condiciones legales la Sala de Gobierno podrá efectuar la designación libremente entre quienes, a su juicio, reúnan los requisitos de idoneidad y se hallen dispuestos a aceptarla, procediendo al efecto a recabar los datos e informes que estime pertinentes a través del Juzgado de Primera Instancia e Instrucción del Partido, o del Decano si hubiere varios.

Art. 12. Contra los acuerdos de nombramiento de Jueces de Paz cabe recurso ordinario o de revisión, en su caso, ante el Pleno del Consejo General del Poder Judicial en los plazos y por los motivos y formas que establece la Ley 30/1992, de 26 de noviembre, de Régimen Jurídico de las Administraciones Públicas y del Procedimiento Administrativo Común.

TÍTULO II
De las condiciones de capacidad y compatibilidad

Art. 13. Podrán ser nombrados Jueces de Paz, tanto titulares como sustitutos, quienes, aun no siendo licenciados en Derecho, reúnan los requisitos establecidos en la Ley Orgánica del Poder Judicial para el ingreso en la Carrera Judicial, excepto los derivados de la jubilación por edad, siempre que ésta no suponga impedimento físico o psíquico para el cargo.

Art. 14. 1. Durante su mandato los Jueces de Paz estarán sujetos al régimen de incompatibilidades y prohibiciones reguladas en los artículos 389 a 397 de la Ley Orgánica del Poder Judicial en lo que les sea aplicable.

2. En todo caso tendrán compatibilidad para el ejercicio de las siguientes actividades:

a) La dedicación a la docencia o a la investigación jurídica.

b) El ejercicio de actividades profesionales o mercantiles que no impliquen asesoramiento jurídico de ningún tipo y que, por su naturaleza, no sean susceptibles de impedir o menoscabar su imparcialidad o independencia ni puedan interferir en el estricto cumplimiento de los deberes judiciales.

Art. 15. 1. Cuando en la persona elegida por el Ayuntamiento concurriera alguna causa de incompatibilidad, podrá la Sala de Gobierno proceder a su nombramiento si el propuesto reúne los requisitos legales de capacidad, concediéndole el plazo de ocho días para que acredite el cese en el ejercicio de la actividad incompatible.

2. En el caso de que no acredite el extremo anterior en el plazo previsto, se entenderá que renuncia al cargo de Juez de Paz.

Art. 16. La autorización, reconocimiento o delegación de compatibilidad de los Jueces de Paz y sustitutos corresponde al Consejo General del Poder Judicial previo informe del Presidente del Tribunal Superior de Justicia respectivo.

TÍTULO III
De los derechos y deberes

Art. 17. 1. Los Jueces de Paz deberán residir en la población donde tenga su sede el Juzgado de Paz.

2. No obstante, la Sala de Gobierno del Tribunal Superior de Justicia del que dependan podrá autorizar por causas justificadas la residencia en lugar distinto, siempre que sea compatible con el exacto cumplimiento de los deberes propios del cargo.

Art. 18. En cada Juzgado de Paz el Juez fijará las horas de audiencia, dándose al acuerdo correspondiente la debida publicidad.

Art. 19. Los Jueces de Paz durante el tiempo de su mandato gozarán de inamovilidad.

Art. 20. 1. Los Jueces de Paz tomarán posesión de su respectivo cargo dentro de los veinte días naturales siguientes a la fecha de publicación de su nombramiento en el Boletín Oficial de la provincia, previo juramento o promesa ante el Juez de Primera Instancia e Instrucción del Partido, o Decano si hubiere varios.

2. La Sala de Gobierno podrá prorrogar tales plazos si mediase justa causa.

3. La duración del mandato se computará desde la fecha de publicación de su nombramiento en el Boletín Oficial de la provincia.

Art. 21. 1. Si la persona nombrada para ejercer como Juez de Paz se negase a prestar juramento o promesa, cuando proceda, o dejara de tomar posesión sin justa causa, se entenderá que renuncia al cargo.

2. No estarán obligados a prestar juramento o promesa quienes ya lo hubieren prestado con anterioridad como Jueces de Paz.

Art. 22. Una vez hayan tomado posesión de sus cargos, les será expedido por la Sala de Gobierno respectiva un carné, acreditativo de su identidad conforme al modelo aprobado por el Consejo General del Poder Judicial.

Art. 23. Los Jueces de Paz no podrán pertenecer a partidos políticos o sindicatos, o tener empleo al servicio de los mismos, y les estarán prohibidas las actividades comprendidas en el artículo 395 de la Ley Orgánica del Poder Judicial.

Art. 24. Los Jueces de Paz no podrán revelar hechos o noticias referentes a personas físicas o jurídicas de los que hayan tenido conocimiento en el ejercicio de sus funciones, de conformidad con lo dispuesto en el artículo 396 de la Ley Orgánica del Poder Judicial.

Art. 25. 1. Los Jueces de Paz serán sustituidos por sus respectivos sustitutos en los casos de enfermedad o ausencia por causa legal.

2. Cuando no existiera Juez sustituto, la Sala de Gobierno prorrogará la jurisdicción al titular de otra localidad, que desempeñará ambos cargos.

Art. 26. De conformidad con lo dispuesto en el artículo 103.1 de la Ley Orgánica del Poder Judicial los Jueces de Paz serán retribuidos por el sistema y la cuantía legalmente establecidos.

Art. 27. Los Jueces de Paz tendrán derecho dentro de su circunscripción al tratamiento y precedencia que se les reconozcan en el Reglamento correspondiente.

Art. 28. 1. Los Jueces de Paz cesarán en su cargo por las siguientes causas:

a) Por el transcurso del plazo por el que fueron nombrados. No obstante, una vez transcurrido dicho plazo y hasta tanto se proceda a efectuar nuevo nombramiento, la Sala de Gobierno podrá prorrogar su mandato hasta la toma de posesión del nuevo Juez de Paz.

b) Por renuncia aceptada por la Sala de Gobierno que los nombró.

c) Por incurrir en causa de incapacidad o incompatibilidad.

En los casos anteriores, el Acuerdo correspondiente de la Sala de Gobierno será comunicado al Consejo General del Poder Judicial.

2. En caso de sanción disciplinaria, pérdida de la nacionalidad española o condena a pena privativa de libertad por razón de delito doloso, el cese será acordado por el Pleno del Consejo General del Poder Judicial.

Art. 29. Los Jueces de Paz están sujetos al régimen de licencias y permisos previsto en los artículos 370 a 377 de la Ley Orgánica del Poder Judicial con las excepciones que se deriven de la naturaleza del cargo y de su carácter no profesional.

TÍTULO IV
De la responsabilidad de los Jueces de Paz

§6

Art. 30. La responsabilidad penal de los Jueces de Paz por delitos o faltas cometidos en el ejercicio de las funciones de su cargo se exigirá conforme a lo dispuesto en los artículos 405 a 410 de la Ley Orgánica del Poder Judicial en lo que les sea aplicable.

Art. 31. 1. Los Jueces de Paz responderán civilmente por los daños y perjuicios que causaren cuando en el desempeño de sus funciones incurrieren en dolo o culpa, de conformidad con lo dispuesto en los artículos 411 a 413 de la Ley Orgánica del Poder Judicial.

2. La responsabilidad civil podrá exigirse de conformidad con lo dispuesto en los artículos 412 y 413 de la Ley Orgánica del Poder Judicial.

Art. 32. Los Jueces de Paz están sujetos a responsabilidad disciplinaria en los casos y con las garantías establecidas en la Ley Orgánica del Poder Judicial, en lo que les sea aplicable.

§7. REGLAMENTO 1/1998, DE 2 DE DICIEMBRE, DE TRAMITACIÓN DE QUEJAS Y DENUNCIAS RELATIVAS AL FUNCIONAMIENTO DE JUZGADOS Y TRIBUNALES

(Aprobado por Acuerdo del Pleno del Consejo General del Poder Judicial de 2 de diciembre de 1998)

I

De conformidad con el artículo 110, apartado m), de la Ley Orgánica del Poder Judicial, en la redacción dada a dicho precepto mediante Ley Orgánica 16/1994, de 8 de noviembre, corresponde al Consejo General del Poder Judicial la potestad reglamentaria en materia de inspección de Juzgados y Tribunales y tramitación de quejas y denuncias. La regulación de este último aspecto se enmarca dentro de la necesidad de establecer servicios de atención al ciudadano y cauces mediante los cuales pueda éste formular de manera eficaz las quejas y reclamaciones que estimen convenientes, así como colaborar con la mejor prestación del servicio mediante iniciativas y sugerencias, respondiendo así a la creciente preocupación que en esta materia se aprecia en el conjunto de los poderes y administraciones públicas. En la Administración de Justicia esta necesidad ha de satisfacerse atendiendo a las peculiaridades que se derivan del ejercicio de la potestad jurisdiccional, con arreglo a las disposiciones de la Ley Orgánica del Poder Judicial, teniendo en cuenta tanto el ámbito de la potestad reglamentaria del Consejo General del Poder Judicial, como el orden constitucional de atribución de competencias en materia de administración de la Administración de Justicia.

En el Libro Blanco de la Justicia, aprobado por el Pleno de este Consejo General del Poder Judicial el 8 de septiembre de 1997, se señala la necesidad de dar un nuevo tratamiento a las quejas de los ciudadanos y a las diligencias informativas, así como que los ciudadanos deben poder dirigirse a los distintos órganos de gobierno y órganos jurisdiccionales en demanda de una información o para formular sus quejas y reclamaciones. El propio Libro Blanco recuerda que la regulación de este tipo de actividades y servicios viene siendo abordada recientemente en los distintos ámbitos de la Administración Pública. Tal es el caso del Real Decreto 208/1996, de 9 de febrero, por el que se crean los Servicios de Información Administrativa y Atención al Ciudadano, y del Real Decreto 2458/1996, de 2 de diciembre, por el que se crea el Consejo para la Defensa del Contribuyente, así como, en el ámbito legislativo, de la Ley 6/1997, de 14 de abril, de Organización y Funcionamiento de la Administración General del Estado (art. 4) y de la Ley 1/1998, de 26 de febrero, de Derechos y Garantías de los Contribuyentes.

El Pleno del Consejo General, en su reunión del día 6 de mayo de 1998 acordó encomendar a la Comisión de Estudios e Informes del propio Consejo General la iniciación de los trámites previstos en el artículo 110 de la Ley Orgánica del Poder Judicial para la elaboración del correspondiente texto reglamentario, de acuerdo con lo dispuesto en el apartado m), inciso final, de dicho precepto.

Por su parte la Comisión de Estudios e Informes, previa solicitud de los antecedentes necesarios, incluidos diversos informes del Servicio de Inspección, elaboró el texto inicial del proyecto, que fue aprobado por la Comisión en su reunión del día 8 de septiembre de 1998, acordando al propio tiempo la apertura del período de informes y audiencias previsto en el citado artículo 110 de la Ley Orgánica del Poder Judicial. Se ha procurado dotar de la máxima amplitud al trámite de información pública y alegaciones, para conseguir un mayor número de elementos de conocimiento y reforzar así la oportunidad y eficacia de la norma. Por ello, además de solicitar, de acuerdo con la disposición legal, los informes de las asociaciones profesionales de jueces y magistrados y demás corporaciones profesionales a que se refiere el artículo 110.3 de la Ley Orgánica del Poder Judicial, la intervención de la Administración del Estado y de las Comunidades Autónomas con competencias en materia de Justicia, y el informe del Ministerio Fiscal, se ha dado traslado, por medio de los órganos de gobierno correspondientes, al Tribuna Supremo, a la Audiencia Nacional, a los Tribunales Superiores de Justicia, a los Decanatos de Juzgados a que se refiere el artículo 166.1 de la Ley Orgánica del Poder Judicial, y a las asociaciones profesionales de la Carrera Fiscal y de Secretarios Judiciales.

II

Mediante el texto sometido a informe se pretende efectuar el desarrollo reglamentario del artículo 110.1 apartado m) de la Ley Orgánica del Poder Judicial, para cubrir así el vacío normativo actual y crear en el ámbito de la Administración de Justicia, como en el resto de las administraciones e instituciones públicas, procedimientos eficaces de atención al ciudadano a la hora de formular sus reclamaciones, así como de obtener la previa información que pueda resolver los problemas de los ciudadanos en su relación con la Administración de Justicia, anticipándose o evitando la queja, o que, en su caso, resulte necesaria para plantear su reclamación, y de formular iniciativas y sugerencias sobre el funcionamiento de los órganos judiciales, todo ello mediante la oportuna regulación de carácter secundario y auxiliar, en desarrollo de los preceptos de la propia Ley Orgánica del Poder Judicial y con estricta sujeción a los preceptos de la misma, tanto en lo que se refiere a la actividad de los órganos de gobierno del Poder Judicial, como en sus relaciones en esta materia con los órganos jurisdiccionales de su respectivo ámbito. Si bien durante el trámite de información del proyecto se ha podido constatar la existencia de una opinión generalizada favorable a la creación de servicios de atención al ciudadano más completos y perfeccionados, para mejorar la eficacia de la Administración de Justicia y reforzar la confianza en ella de los ciudadanos y de la opinión pública, teniendo en cuenta tanto las limitaciones legales, como la novedad de la presente regulación, se ha optado por un contenido normativo mínimo que permita en el futuro, especialmente a través del desarrollo de los servicios comunes previstos en el artículo 272 de la Ley Orgánica del Poder Judicial, mejorar y completar la atención integral a los destinatarios del servicio. Por lo demás, en el presente Reglamento se establecen procedimientos de tramitación y resolución de quejas y denuncias relativas al funcionamiento d e los Juzgados y Tribunales que se formulen ante dichos órganos jurisdiccionales, con independencia de los cauces específicos de tramitación de quejas o denuncias planteadas por otras vías institucionales, como el derecho de petición reconocido en el artículo 29 de la Constitución Española, o, en relación con la Administración de Justicia, como las establecidas en la Ley Orgánica 3/1981, del Defensor del Pueblo y su Reglamento de Organización y Funcionamiento de 6 de abril de 1983 (art. 25).

§7

III

El texto del reglamento contiene un primer capítulo, bajo la rúbrica de «Disposiciones Generales», en el que se regulan, mediante artículos separados, el objeto de la norma y su ámbito material, las competencias en esta materia de los Presidentes de Tribunales y Audiencias y de los Decanos y las funciones del Consejo General del Poder Judicial, para posibilitar la mayor efectividad del proceso de presentación de quejas y reclamaciones, incluida la puesta a disposición de los órganos de gobierno y oficinas judiciales de los oportunos materiales informativos y formularios.

El capítulo II, relativo a las normas generales de tramitación, regula en primer lugar la previa información a los interesados, con sujeción a los preceptos de la Ley Orgánica del Poder Judicial y a la normativa reglamentaria sobre aspectos accesorios de las actuaciones judiciales, y con las obligadas reservas que se derivan de las disposiciones procesales sobre el secreto de las actuaciones o de las exigencias de protección de datos personales. Se distingue en el texto entre la información de carácter general y la información de carácter específicos, siguiendo así los criterios generalmente admitidos en esta materia, como pone de manifiesto la regulación contenida en los artículos 2 y 3 del Real Decreto 208/1996, de 9 de febrero, por el que se crean los servicios de información administrativa y atención al ciudadano, todo ello con estricto respeto a las exigencias derivadas de la distinta naturaleza y regulación de los órganos jurisdiccionales y de gobierno, respectivamente, y en particular a las normas de la Ley Orgánica del Poder Judicial, sobre información a los interesados en torno al estado de tramitación de un determinado procedimiento (art. 234). A continuación se establece la posibilidad de presentación de las quejas, denuncias o sugerencias de los interesados en los órganos de gobierno o en el propio órgano judicial, con la mayor amplitud posible, a fin de evitar que a la situación de potencial agravio que se encuentre en el origen de su queja se añadan innecesarias molestias y desplazamientos. Se regula después, de manera simplificada, el procedimiento de tramitación de dichas solicitudes, según se trate de iniciativas y sugerencias, quejas o denuncias. Se establece la obligación de acusar recibo a los interesados, informándoles de la tramitación que hubiera de recibir su petición y del órgano que conocerá de la misma.

§7

En la parte final, mediante las correspondientes disposiciones se contempla la posibilidad de que, de conformidad con lo dispuesto en el artículo 272 de la Ley Orgánica del Poder Judicial, se establezcan servicios comunes de atención al ciudadano, en cuyo caso corresponderá al Ministerio de Justicia o, en su caso, a las Comunidades Autónomas con competencias en la materia, la determinación de la estructura de dichos servicios.

Asimismo, se añade al Acuerdo 1/1986, de 22 de abril, del Pleno del Consejo General del Poder Judicial, por el que se aprueba el Reglamento de Organización y Funcionamiento del propio Consejo General, un texto por el que se crea dentro del Servicio de Inspección la Unidad de Atención al Ciudadano, a fin de coordinar el funcionamiento de los servicios y centralizar los datos relativos a las actuaciones previstas en el presente texto reglamentario. Se establece, también, el procedimiento de elaboración de los textos y formularios necesarios para su utilización por los interesados. Se da cumplimiento, igualmente, a lo dispuesto en el artículo 2.2 del Acuerdo de 7 de junio de 1995, sobre publicación de un cuadro actualizado de las normas reglamentarias en vigor, y, finalmente, se establece que el reglamento habrá de entrar en vigor el día de su publicación en el «Boletín Oficial del Estado».

En su virtud, el Pleno del Consejo General del Poder Judicial, en su reunión del día de la fecha, ha acordado aprobar el siguiente Reglamento:

CAPÍTULO I
Disposiciones generales

Art. 1. *Objeto.–* El presente Reglamento tiene por objeto regular, de conformidad con lo dispuesto en el artículo 110, número 2, apartado m), de la Ley Orgánica del Poder Judicial, la tramitación de las quejas y denuncias de los ciudadanos relativas al funcionamiento de los Juzgados y Tribunales y la previa información y atención al ciudadano.

Art. 2. *Competencias de los Presidentes de Tribunales y Audiencias y de los Jueces Decanos.–* 1. Corresponde a los Presidentes de los Tribunales y Audiencias oír las quejas que les hagan los interesados en causas o pleitos, adoptando las prevenciones necesaria dentro de sus competencias, de conformidad con lo dispuesto en los artículos 160 y 162 de la Ley Orgánica del Poder Judicial.

2. De la misma forma, los Decanos y, donde no existan éstos, los Jueces únicos atenderán las quejas que les formulen los interesados en los distintos procedimientos, adoptando las prevenciones necesarias, de acuerdo con lo dispuesto en el artículo 168 de la Ley Orgánica del Poder Judicial.

Art. 3. *Funciones del Consejo General del Poder Judicial.–* 1. La ordenación de las actividades de tramitación de las quejas y denuncias y de la previa información al ciudadano corresponde al Consejo General del Poder Judicial, conforme a la función de superior inspección y vigilancia sobre todos los Juzgados y Tribunales que, para la comprobación y control del funcionamiento de la Administración de Justicia, le atribuye el artículo 171 de la Ley Orgánica del Poder Judicial.

2. Para la efectividad de lo dispuesto en el párrafo anterior se procederá por el Consejo General a la elaboración de los correspondientes materiales informativos, formularios y protocolos de servicio y de tramitación de quejas y denuncias, con sujeción a lo dispuesto en el presente Reglamento y en la Ley Orgánica del Poder Judicial.

3. Los formularios así elaborados estarán en todo momento a disposición de los interesados. En ellos se hará constar expresamente que la interposición de la queja o denuncia no suspende los plazos establecidos en las leyes para el ejercicio de cualquier recurso, acción o derecho que pudieran asistir al interesado.

4. El Consejo General del Poder Judicial pondrá a disposición de todos los órganos de gobierno y oficinas judiciales dichos formularios y materiales informativos, remitiendo los mismos a los interesados que lo soliciten.

§7

CAPÍTULO II
Normas generales de tramitación

Art. 4. *Información a los interesados.–* 1. Con carácter previo a la presentación de una queja o denuncia, podrá solicitarse información de carácter genérico sobre la composición, competencias y regulación orgánica del Juzgado o Tribunal, así como sobre las características de un determinado proceso o trámite. La información que se facilite no podrá afectar al contenido de la potestad jurisdiccional que privativamente corresponde a los Juzgados y Tribunales, de acuerdo con lo dispuesto en el artículo 117 de la Constitución Española, ni a las funciones de asesoramiento jurídico, representación y defensa en el proceso legalmente atribuidas a los profesionales del Derecho competentes.

2. Del mismo modo, a solicitud de los interesados y en los términos establecidos en el artículo 234 de la Ley Orgánica del Poder Judicial, las Presidencias y Decanatos podrán instar del titular del órgano jurisdiccional que facilite a aquéllos, por medio del Secretario o del personal competente de los Juzgados y Tribunales, información sobre el estado de la tramitación de unas determinadas actuaciones, sin que en ningún caso la información así obtenida, de acuerdo con lo dispuesto en el artículo 5 del Reglamento 5/1995, de 7 de junio, de los Aspectos Accesorios de las Actuaciones Judiciales, pueda referirse a actuaciones declaradas secretas conforme a la Ley, o a datos relativos al honor, intimidad o propia imagen de las personas.

Art. 5. *Presentación de quejas y denuncias.–* 1. Los interesados podrán presentar sus quejas o denuncias, así como en general iniciativas y sugerencias relativas al funcionamiento de los Juzgados y Tribunales, en el Consejo General del Poder Judicial, en cualquiera de los órganos a los que se refiere el artículo 2 del presente Reglamento, o bien en el propio órgano jurisdiccional, mediante un escrito en el que se indiquen los datos de identificación del interesado, el motivo de su queja o denuncia, órgano al que se dirige y el órgano jurisdiccional y procedimiento al que se refiera. La presentación podrá hacerse en el registro del órgano, recibiendo en dicho acto justificante o copia sellada; en cualquiera de las oficinas indicadas en el artículo 38.4 de la ley 30/1992, de 26 de noviembre, de Régimen Jurídico de las Administraciones Públicas y del Procedimiento Administrativo Común, o por los medios técnicos a que se refiere el artículo 230.4 de la Ley Orgánica del Poder Judicial.

2. En la secretaría de cada órgano jurisdiccional se tendrán a disposición de los interesados, en lugar visible y adecuadamente indicado, los correspondientes formularios para su utilización potestativa por aquéllos, atendiéndose en dicho

lugar también las solicitudes de información previas que se reciban. En los lugares donde tengan su sede varios órganos judiciales podrá centralizarse esta actividad en una determinada dependencia.

3. Dichos escritos, una vez presentados, serán remitidos para su tramitación y resolución al Decanato, cuando se trate de un Juzgado, o a la Presidencia del Tribunal o Audiencia, cuando se trate de un órgano colegiado, dentro de las cuarenta y ocho horas siguientes, conservando una copia para su unión al correspondiente libro y otra para su remisión al Consejo General del Poder Judicial dentro del mismo plazo, a los efectos establecidos en el artículo 423.2 de la Ley Orgánica del Poder Judicial, todo ello sin perjuicio de adoptar, cuando resulte fundada la reclamación o sugerencia y siempre dentro de las competencias del órgano receptor, las medidas necesarias para subsanar las anomalías que estuvieren en el origen de la reclamación o sugerencia, participando dichos extremos al órgano de gobierno. La resolución se adoptará a la mayor brevedad posible y en todo caso dentro del plazo de un mes a partir de su recepción por el órgano que haya de resolver sobre la misma.

Art. 6. *Tramitación de iniciativas o sugerencias, quejas y denuncias.–* 1. Cuando en el escrito se exprese una iniciativa o sugerencia, y ésta se estime fundada, se adoptarán las prevenciones necesarias para atender la misma, dentro de las competencias del órgano. En otro caso, la iniciativa o sugerencia se someterá a la consideración del órgano competente, junto con una sucinta exposición, en su caso, sobre el alcance y posible procedencia de la misma.

2. Cuando en el escrito se formule una queja, se procederá a determinar su posible fundamento, solicitando, en su caso, los correspondientes antecedentes e informes. Acto seguido se adoptarán las prevenciones necesarias para la subsanación de las anomalías o situaciones origen de la misma, dentro de las competencias del órgano actuante, o bien se interesará del órgano jurisdiccional la adopción de las medidas procedentes, con estricto respeto en todo caso a la potestad jurisdiccional del Juzgado o Tribunal.

3. Cuando en el escrito presentado se pusieran de manifiesto hechos que pudieran ser consultivos de infracción disciplinaria, o bien de las actuaciones practicadas se desprendieran posibles responsabilidades de la misma naturaleza, se procederá a iniciar el correspondiente procedimiento disciplinario en la forma prevista en el artículo 423.1 de la Ley Orgánica del Poder Judicial. Cuando la competencia para el conocimiento de las posibles infracciones no corresponda a los órganos de gobierno del Poder Judicial, se procederá a remitir la denuncia a la administración, órgano o corporación profesional competentes, interesando de éstos al propio tiempo la comunicación de la resolución que recaiga.

4. Por su parte, el Servicio de Inspección recibirá y comprobará las denuncias quejas y reclamaciones que se dirijan al Consejo General del Poder Judicial sobre el funcionamiento de los distintos órganos judiciales, conforme a lo dispuesto en el Reglamento 1/1986, de Organización y Funcionamiento del Consejo General del Poder Judicial.

Art. 7. *Acuse de recibo.–* Dentro de las cuarenta y ocho horas siguientes a la recepción del escrito, por el órgano competente para conocer del mismo se remitirá al interesado el oportuno acuse de recibo, que contendrá necesariamente la indicación a que se refiere el inciso final del artículo 3.3. del presente Reglamento, informándole del órgano que habrá de resolver sobre la reclamación, así como del trámite establecido al efecto.

Art. 8. *Notificación y traslado de los acuerdos.–* 1. De la resolución que recaiga se dará traslado al interesado, que tendrá derecho a conocer en todo momento el estado de tramitación de su queja o denuncia.

El órgano que haya de resolver sobre la queja o denuncia remitirá al Servicio de Inspección del Consejo General del Poder Judicial copia de las distintas resoluciones adoptadas, a los efectos estadísticos y demás que fueren procedentes.

DISPOSICIONES ADICIONALES

Primera. *Unidad de Atención al Ciudadano.–* 1. Se adiciona al artículo 118 del Acuerdo de 22 de abril de 1986, por el que se aprueba el Reglamento 1/1986, de Organización y Funcionamiento del Consejo General del Poder Judicial, un número 4 cuyo texto es el siguiente:

4. Unidad de Atención al Ciudadano.

2. Se adiciona al mismo Acuerdo 1/1986, como art. 122 bis, el siguiente texto:
Artículo 122 bis. Corresponde a la Unidad de Atención al Ciudadano coordinar el funcionamiento de los servicios de recepción de quejas y denuncias y de atención e información al ciudadano regulados en el presente Reglamento, centralizar y ordenar mediante su tratamiento informático a efectos estadísticos y de elaboración de la memoria anual las sugerencias, quejas y denuncias recibidas en cada uno de ellos, tramitar las que se reciban en el propio Consejo General del Poder Judicial y elaborar para su aprobación ulterior por el Pleno del Consejo General las correspondientes propuestas sobre documentos informativos, formularios y protocolos de servicio y de tramitación de quejas y reclamaciones.

Segunda. *Documentación de carácter informativo, formularios y protocolos de servicio*.– Dentro del plazo de dos meses, a contar desde la publicación del presente Reglamento, el Consejo General del Poder Judicial procederá a aprobar los correspondientes documentos informativos, formularios y protocolos de servicio y tramitación de quejas y reclamaciones, para su utilización en la tramitación de quejas y reclamaciones y en la previa información al ciudadano, mediante la correspondiente instrucción general, que será objeto de publicación en el «Boletín Oficial del Estado».

Tercera. *Servicios comunes de atención al ciudadano*.– De conformidad con lo previsto en el artículo 272, número 1, de la Ley Orgánica del Poder Judicial y en las condiciones establecidas en dicho precepto, podrán establecerse los correspondientes servicios comunes para la atención al ciudadano, determinándose por el Ministerio de Justicia y, en su caso, por las Comunidades Autónomas con competencias en la materia, la estructura, plantillas y demás aspectos a que se refiere el número 4 del mismo precepto. Dichos servicios comunes asumirán las actividades de recepción de quejas y denuncias y de información y atención al ciudadano en los términos resultantes del acuerdo de creación de los mismo, sin perjuicio de las potestades atribuidas en la Ley Orgánica del Poder Judicial a los Presidentes de Tribunales y Audiencias y a los Jueces Decanos en las materias a que se refiere el presente Reglamento y de las funciones atribuidas a los servicios de orientación jurídica allí donde los mismos se encuentren establecidos.

Cuarta. *Cuadro actualizado de disposiciones reglamentarias vigentes*.– En cumplimiento de lo dispuesto en el artículo 2.2 del Acuerdo de 7 de junio de 1995, del Pleno del Consejo General del Poder Judicial, por el que se aprueban los Reglamentos de la Carrera Judicial, de la Escuela Judicial, de los Jueces de Paz, de los órganos de gobierno de los Tribunales y de los aspectos accesorios de las actuaciones judiciales, se adjunta, como anexo al presente Acuerdo reglamentario, el cuadro actualizado de los Reglamentos vigentes, con las nuevas normas aprobadas o la modificación de las anteriores.

DISPOSICIÓN DEROGATORIA

Quedan derogadas cuantas disposiciones de igual o inferior rango se opongan a lo dispuesto en el presente Reglamento.

§7

DISPOSICIÓN FINAL

Entrada en vigor.– El presente Reglamento entrará en vigor el día de su publicación en el «Boletín Oficial del Estado».

ANEXO: Acuerdo del Pleno del CGPJ de 22 de septiembre de 1999, por el que se aprueba la Instrucción 1/1999 que contiene el protocolo de servicios y los formularios de tramitación de quejas y reclamaciones y de previa información al ciudadano

La atención e información al ciudadano puede considerarse en la actualidad parte esencial de la actividad del conjunto de las instituciones y administraciones públicas, como ponen de manifiesto, entre otros textos normativos, el artículo 35 de la Ley 30/1992, del Régimen Jurídico de las Administraciones Públicas y del Procedimiento Administrativo Común, el artículo 4 de la Ley 6/1997, de 14 de abril, de Organización y Funcionamiento de la Administración General del Estado, y la Ley 1/1998, de 26 de febrero, de Derechos y Garantías de los Contribuyentes.

El Consejo General del Poder Judicial, por su parte, procedió a destacar en el capítulo segundo del Libro Blanco de la Justicia, la necesidad de dar un nuevo tratamiento a las quejas de los ciudadanos y a las actividades informativas, en línea con las iniciativas legislativas y reglamentarias adoptadas en los distintos ámbitos administrativos, si bien teniendo en cuenta las particularidades que son propias de la Administración de Justicia y con respeto a las exigencias propias de la potestad jurisdiccional. Por ello, en uso de la expresa atribución de competencia reglamentaria prevista en el artículo 110, apartado m), inciso final de la Ley Orgánica del Poder Judicial, el Consejo General del Poder Judicial procedió a aprobar con fecha 2 de diciembre de 1998 el Reglamento 1/1998, de tramitación de quejas y denuncias relativas al funcionamiento de los Juzgados y Tribunales («Boletín Oficial del Estado» de 29 de enero de 1999). Dicho Reglamento contempla en su disposición adicional segunda la elaboración de una instrucción para la aplicación del citado Reglamento, mediante la cual han de aprobarse los correspondientes documentos, formularios y protocolos de tramitación para su utilización en los procedimientos objeto de este Reglamento, que ha de ser publicada en el «Boletín Oficial del Estado», todo ello de acuerdo con lo previsto en el artículo 21 de la Ley de Régimen Jurídico de las Administraciones Públicas y del Procedimiento Administrativo Común, Ley 30/1992, de 26 de noviembre, modificada por Ley 4/1999, de 13 de enero, puesto que, si bien la misma se encamina fundamentalmente a dirigir la actividad de los órganos gubernativos en esta materia, sus efectos recaen sobre un servicio que se presta directamente a todos los ciudadanos y profesionales que se relacionan con la Administración de Justicia.

Esas mismas consideraciones llevaron al Pleno del Consejo General del Poder Judicial, en su reunión del 29 de junio de 1999, a recabar en torno al proyecto de Instrucción las audiencias e informes previstos en el artículo 110.3 de la Ley Orgánica del Poder Judicial, no solamente de asociaciones de jueces y magistrados, Ministerio de Justicia y Comunidades Autónomas con competencias en materia de medios al servicio de la Administración de Justicia, órganos de gobierno y Ministerio Fiscal, sino también de las entidades profesionales representativas de quienes tienen atribuida la representación y asistencia de los ciudadanos ante la Administración de Justicia, todo ello a fin de dotar al proceso de elaboración del texto del mayor grado posible de garantías en cuanto a su corrección, acierto y oportunidad.

Mediante la presente instrucción se pretende lograr, a través de la formulación de los protocolos de servicio a que habrán de atenerse los órganos encargados de desarrollar esta actividad, una mayor concreción de los conceptos, ámbitos y directrices de actuación que deben tenerse en cuenta desde los distintos órganos y servicios para la aplicación adecuada del citado Reglamento 1/98 del Consejo General del Poder Judicial, así como los modelos de documentos que deben ser utilizados, independientemente de que existan o no existan los servicios comunes de Oficinas de Atención al Ciudadano. Todo ello con la vocación de acercar lo más posible la Administración de Justicia a los ciudadanos, facilitándoles toda la información que requieran, con respeto de los límites o reservas impuestos en las leyes. Quedan fuera de este ámbito de actuación las reclamaciones fundadas de responsabilidad disciplinaria que se tratarán conforme a su normativa específica. Asimismo, de conformidad con lo previsto en el propio Reglamento 1/1998, en su artículo 3 apartado 3. o, en consonancia con análogas disposiciones en otros ámbitos [artículo 4.2 ap.b) de la Ley 6/1997, artículo 24 del Real Decreto 208/1996, de 9 de febrero y artículo 3 del Real Decreto 2458/1996, de 2 de diciembre, sobre reclamaciones no constitutivas de recurso, cuya atención no da lugar tampoco a recurso alguno], se regula más detalladamente el tratamiento a dar a las solicitudes de los interesados, de acuerdo con la específica naturaleza de este tipo de reclamaciones y de los acuerdos o actuaciones que en torno a las mismas proceda adoptar, más propias del ámbito de la información, o de la gestión material, o de la ordenación de los servicios, que no constituyen por ello resoluciones susceptibles de afectar a derechos o intereses ni a situaciones jurídicas individualizadas, con independencia de que, si la cuestión lo requiere, la solicitud o el asunto reciban el trámite gubernativo procedente, o se someta la cuestión al órgano competente para su resolución. Tampoco, por análogas consideraciones, el trámite de la reclamación, queja o sugerencia puede desplazar o sustituir a las acciones y recursos

§7

gubernativos o jurisdiccionales previamente interpuestos o cuya interposición pudiera proceder posteriormente.

Las sugerencias, quejas y reclamaciones presentadas por los ciudadanos deben afrontarse mediante actuaciones tendentes a lograr, de una parte, la satisfacción del ciudadano y con ello la mejora de la imagen del funcionamiento de la Justicia, para lo que se requiere una actuación eficaz y no burocratizada en su resolución y, de otra, convertirlas en un mecanismo de diagnóstico de deficiencias de la Administración de Justicia que contribuya a la progresiva mejora de la calidad del servicio público. Por ello, las expresiones de disconformidad de los ciudadanos con el funcionamiento de la Justicia, es decir las quejas, reclamaciones, denuncias y sugerencias formuladas en torno a ella, no pueden ni deben ser ignoradas, sino tratadas adecuadamente, para que los Tribunales cumplan más satisfactoriamente sus responsabilidades, los litigantes obtengan una más efectiva tutela judicial, y se logre también una más completa identificación de los ciudadanos con sus instituciones, en particular con los órganos del Poder Judicial.

Esta Instrucción tiene el carácter flexible que requiere todo proyecto de nueva implantación, por ello se deja abierta la posibilidad de ajuste y concreción que haga necesaria la experiencia derivada del funcionamiento del servicio.

Por último, y sin perjuicio de la reglamentaria publicación en el «Boletín Oficial del Estado», a fin de facilitar la mayor difusión del contenido y documentos de la presente instrucción, se procede a su inserción en la página web del Consejo General del Poder Judicial: —www.cgpj.es—.

En virtud de las anteriores consideraciones, el Pleno del Consejo General del Poder Judicial, en su reunión del día de la fecha, ha acordado aprobar la presente Instrucción, conforme a los anexos I y II que se adjuntan, disponiendo su publicación en el «Boletín Oficial del Estado».

Madrid, 22 de septiembre de 1999.-El Presidente del Consejo General del Poder Judicial,

DELGADO BARRIO

ANEXO I
Protocolo de servicio de tramitación de quejas y reclamaciones e información previa al ciudadano

1. Atención e información al ciudadano en sus relaciones con la Administración de Justicia

1.1 Atención al ciudadano.

La atención al ciudadano en sus relaciones con los órganos jurisdiccionales y con la Administración de Justicia, en su más amplio sentido, comprende el conjunto de actuaciones de recepción y acogida de los ciudadanos que acudan o llamen a las sedes judiciales, para facilitarles la orientación y ayuda que precisen, tanto si lo hacen a instancia de un órgano o servicio judicial como si es por iniciativa propia. Esta atención prestada debe ser personalizada, esto es, adaptada a las características sociales, culturales y familiares de cada uno de los ciudadanos que acuden a los Juzgados y Tribunales solicitando atención o información, tomando en consideración también la situación en la que han de establecer esa relación con los órganos jurisdiccionales y el concreto objeto de la misma.

La función pública de atención e información, lleva consigo además, la necesidad de responder a concretas demandas de información sobre cauces legales, procedimientos, trámites, requisitos y documentación para las actuaciones que el ciudadano se proponga realizar.

En ningún caso la atención e información facilitada debe entrañar una interpretación normativa, consideración o asesoramiento jurídicos, o valoración económica alguna, sino una simple información de carácter general sobre posibles procedimientos legales y órganos competentes para su conocimiento y resolución. De otra parte, exige la colaboración por parte de la Administración en la cumplimentación formal de formularios o solicitudes que los interesados puedan realizar directamente sin necesidad de representación.

§7

1.2 Información al ciudadano.

La actividad de información al ciudadano en su relación con los órganos judiciales comprende:

1.2.1 La información general, siendo ésta la que se refiere a:

La identificación, ubicación y funciones de cualquier órgano de la Administración de Justicia y especialmente de los que se encuentren ubicados en la sede donde el ciudadano acuda. También alcanza a los organismos interrelacionados con la Administración de Justicia.

La información de los requisitos que la normativa vigente imponga a las actuaciones que el interesado pueda precisar, así como la información sobre las características genéricas de los distintos tipos de procedimientos judiciales.

La información relativa al reparto concreto de asuntos entre los órganos judiciales de la sede, la relativa a las normas de reparto en general y la difusión de aquellos actos judiciales que por su carácter público deban ser conocidos, indicando lugar y fecha de celebración y otros datos que puedan ser de interés.

Cualquier otro dato general que el ciudadano necesite conocer en su relación con la Administración de Justicia.

Cuando resulte conveniente por su interés social una amplia difusión de una determinada información general relacionada con la justicia, ésta se ofrecerá a los grupos o instituciones que estén interesados utilizando los medios más adecuados a cada circunstancia, a iniciativa de los órganos interesados en su difusión y en coordinación con la Unidad de Atención al Ciudadano del Consejo General del Poder Judicial.

1.2.2 La información particular es la concerniente al estado y fase de los procedimientos en tramitación, y a la identificación de las autoridades y personal al servicio de la Administración de Justicia que intervengan en la tramitación de dichos procedimientos.

1.2.3 Requisitos y límites: La información general se facilitará sin necesidad de exigir acreditación alguna, con los siguientes límites:

a) Que afecte al contenido de la potestad jurisdiccional, b) que suponga asesoramiento jurídico, c) que interfiera en el ejercicio de la representación o defensa en el proceso, d) que se refiera a datos relativos al honor, intimidad o propia imagen de las personas, o e) que se refiera a actuaciones declaradas secretas por el tiempo que dure esta medida.

La información particular sólo se facilitará a las personas interesadas en cada procedimiento o a sus representantes legales con la debida acreditación previa.

1.3 Formas de facilitar la información.

1.3.1 Modalidad presencial y telefónica: El proceso específico de atención e información presencial y telefónica al ciudadano requiere no sólo escuchar, hablar y transmitir información sino que, con frecuencia, es necesario afrontar situaciones ante las que el funcionario debe adoptar comportamientos de índole psicológica y social que no están sometidos a reglas, normas y procedimientos como el resto del trabajo interno de la oficina judicial, pero que resultan necesarios para desarrollar adecuadamente la actividad de la función pública de la atención e información al ciudadano. En estos procesos deben respetarse las fases básicas del proceso de comunicación, esto es, acogida, escucha, gestión y facilitación de la información y despedida, todas ellas adaptadas a las características del ciudadano en cada caso concreto.

Las actividades de atención e información deberán ser reforzadas y apoyadas con información escrita que se facilitará, entre otras vías, a través de folletos divulgativos preparados al efecto.

En todo caso, la respuesta ofrecida deberá ser clara, concisa, fiable y explicativa para su mejor comprensión por el ciudadano.

1.3.2 Modalidad escrita: Para la recepción escrita de peticiones de atención e información se admitirán las distintas vías telemáticas existentes sin perjuicio del correspondiente registro formal.

Cuando el ciudadano prefiera dirigirse por escrito a los órganos correspondientes solicitando cualquier tipo de atención o información, se procederá en un primer momento a concretar las cuestiones planteadas en su comunicación escrita para posteriormente ofrecerle una respuesta rápida, personalizada, clara, concreta y fiable.

Esta respuesta se facilitará por escrito, o por otros medios que resulten más eficaces según el caso concreto siempre que se asegure su recepción, todo ello sin perjuicio de dejar la debida constancia a efectos internos.

Cuando el caso concreto lo requiera, se podrá acompañar a la respuesta facilitada la documentación que se estime pertinente para su mejor comprensión.

En los supuestos en que la información solicitada resulte compleja o requiera un análisis sobre si el peticionario reúne la condición de interesado, o si ésta puede afectar a diligencias declaradas secretas, a datos relativos al honor, la intimidad o propia imagen de las personas, o bien que, por estos u otros motivos diversos, no se pueda ofrecer la información solicitada, o no pueda serlo de manera inmediata, se pondrá de manifiesto esta circunstancia al interesado, y, en su caso, se le informará de la posibilidad de presentar por escrito su petición, utilizando para ello el «formulario de atención al ciudadano» cuyo modelo se presenta como anexo a esta instrucción.

El formulario normalizado de atención al ciudadano se encontrará disponible y a la vista del público en todas las dependencias de los órganos judiciales para su utilización potestativa por los ciudadanos.

Igualmente, se expondrá en lugar visible un cartel anunciador de tamaño mínimo Din A3 con el siguiente mensaje «Estamos a su disposición para informarle y atender sus sugerencias y reclamaciones».

La mención de cada Oficina de Atención al Ciudadano o en su defecto del órgano receptor deberá identificarse claramente, haciendo constar en el margen superior izquierdo del formulario de atención al ciudadano su nombre, dirección, teléfono, fax, localidad y distrito postal, y otros datos identificativos que procedan.

Tanto los formularios como los carteles anunciadores se expondrán en los idiomas cooficiales de las Comunidades Autónomas.

En los lugares de gran afluencia de turismo extranjero o de residencia de personas de otra nacionalidad, particularmente si se refiere a ciudadanos de otros países de la Unión Europea, también se dispondrán en los idiomas que corresponda en función de los grupos lingüísticos mayoritarios.

El cumplimiento de estos requisitos se adecuará a las circunstancias de las sedes judiciales donde existan Oficinas Comunes de Atención al Ciudadano, en las que se centralizarán estas actuaciones.

1.3.3 General: El tratamiento de los documentos deberá incluir cuantas modalidades y procesos se puedan incorporar progresivamente en función de los avances producidos en la disponibilidad de medios por los órganos gubernativos y jurisdiccionales, particularmente como consecuencia de la progresiva informatización de la Administración de Justicia, particularmente en todo aquello que redunde en la mejora de la eficacia y calidad del servicio de atención e información al ciudadano.

2. El tratamiento de las sugerencias, quejas y denuncias Las actuaciones a que den lugar las quejas, reclamaciones y sugerencias formuladas al amparo de lo dispuesto en el Reglamento 1/1998, de 2 de diciembre, del Consejo General del Poder Judicial, por su específica naturaleza de meras reclamaciones, no susceptibles de afectar a derechos e intereses ni a situaciones jurídicas individualizadas, no podrán ser objeto de recurso cuando no se vean afectados tales derechos, intereses o situaciones, con independencia de los que pudieran proceder en los procedimientos gubernativos o jurisdiccionales con los que estuvieran relacionadas dichas quejas o reclamaciones o que pudieran resultar de las mismas, asegurando en todo caso el pleno respeto a la potestad jurisdiccional del órgano que estuviere conociendo de dicho asunto.

Por ello, si el contenido de una reclamación, queja o sugerencia excediese del ámbito del citado Reglamento, se procederá a dar a la misma el trámite adecuado, o a su remisión al órgano competente para su conocimiento y resolución. Las quejas, sugerencias o reclamaciones formuladas al amparo de lo dispuesto en el Reglamento 1/1998 no podrán tampoco afectar a los posibles procedimientos gubernativos o jurisdiccionales en curso, de nuevo sin perjuicio de no demorar innecesariamente la obligada atención y satisfacción en justicia de los intereses o situaciones subyacentes a las mismas, en la forma y por el órgano que corresponda.

2.1 Ámbito.

2.1.1 Las sugerencias: Se admitirán sugerencias relativas a las cuestiones generales, formuladas por teléfono o por escrito, aunque el interesado no facilite su identidad, siempre que su objeto sea relevante a efectos estadísticos u otros de interés para el funcionamiento de la Administración de Justicia.

Las sugerencias presentadas por personas identificadas se tramitarán de modo similar a las quejas. Cuando traten sobre cuestiones generales en la comunicación al interesado resulta suficiente una contestación simple de agradecimiento, siguiendo en los aspectos aplicables, el esquema de los modelos de contestación que figuran en el anexo.

Excepcionalmente, con el fin de no perder información que pueda resultar relevante a efectos estadísticos y otros, se admitirá la recepción de sugerencias anónimas siempre que traten de cuestiones de funcionamiento general. En este caso, el funcionario que atienda al interesado cumplimentará el formulario correspondiente de atención al ciudadano anotando en la casilla relativa al nombre el término «anónimo». Seguidamente se procederá, sin más formalidad, a la comprobación y solución que proceda en función del interés de la sugerencia.

2.1.2 Las quejas y denuncias: Las quejas y denuncias sobre el funcionamiento de los Juzgados y Tribunales tendrán que presentarse siempre por escrito y será preceptivo que el interesado deje constancia de sus datos personales de identidad y localización.

Los hechos o incidencias que motiven la tramitación y resolución de las quejas y denuncias contempladas en el Reglamento 1/98 del CGPJ y que se desarrollan en esta instrucción se refieren exclusivamente a cuestiones que sean ajenas al ámbito disciplinario. De no serlo así, cualquier denuncia que se presentase con indicios de carácter disciplinario será remitida inmediatamente al Servicio de Inspección o, en su caso (artículo 423 LOPJ) a la Sala de Gobierno del Tribunal Superior de Justicia, o al Ministerio de Justicia o Consejería de Justicia de la Comunidad Autónoma, en función del cuerpo al que pertenezca el funcionario afectado, sin perjuicio de subsanarse, si fuera posible, la situación objeto de la disconformidad.

2.2 Competencia.

La competencia para la tramitación, atención, y en su caso, adopción de las prevenciones y medidas que se estimen pertinentes, en relación con las quejas, reclamaciones y sugerencias presentadas por los ciudadanos, corresponde a los Presidentes de los Tribunales y Audiencias, a los Jueces Decanos, y donde éstos no existan, a los Jueces únicos, según el órgano a que se refieran, así como al Servicio de Inspección del Consejo General del Poder Judicial y órganos competentes del mismo sobre aquellas que se reciban directamente en el propio Consejo General.

En el supuesto en que el órgano receptor de la queja o sugerencia fuera precisamente el afectado, esto es, al que se refiera la disconformidad, sin perjuicio de adoptar, en su caso, las medidas necesarias para subsanar la situación que se encontrase en el origen de la misma, dará traslado de ella de modo inmediato al órgano de gobierno superior.

Si el objeto de la queja, reclamación o sugerencia no se refiere a la Administración de Justicia, sino a otros organismos o entidades, se le hará saber así al interesado, ofreciéndole la información y ayuda necesaria para la remisión del asunto al organismo competente para su conocimiento.

2.3 Tramitación.

2.3.1 Eficacia: La tramitación de las sugerencias, quejas y reclamaciones debe evitar todo formalismo y asumir una perspectiva de servicio eficaz y de información y explicación positiva al ciudadano. Siempre que sea viable, el proceso descrito se desarrollará mediante la utilización de medios ofimáticos que permitan una mayor agilidad en la tramitación del mismo.

2.3.2 Presentación: El formulario de atención al ciudadano que figura en el anexo de la instrucción podrá ser utilizado para la presentación de quejas, reclamaciones, denuncias y sugerencias, así como para la solicitud de información cuando ésta no se pueda facilitar en el momento, y se tendrá a disposición de los interesados en la forma prevista en el artículo 5.2 del Reglamento 1/1998.

Partiendo del carácter potestativo de estos formularios, se procurará que los textos y escritos presentados contengan la mención completa y suficiente de las circunstancias de identificación de los interesados, del objeto de su queja, reclamación, denuncia o sugerencia, del órgano al que se dirige y del órgano jurisdiccional y procedimiento al que se refiere, orientando en su caso a los interesados a estos mismos fines y sin que ello dificulte o demore en ningún momento la presentación de su solicitud. Se admitirá su presentación en cualquier soporte, sea en soporte papel, se realice o no por medio del formulario normalizado, y se admitirá también su presentación en soportes y formatos distintos cuando el ciudadano así lo desee, de modo que sea posible conocer el contenido de su solicitud y cumplimentar la misma, o cuando las circunstancias del supuesto lo requieran. Igualmente se admitirá su presentación mediante los distintos medios telemáticos, sin perjuicio de proceder al correspondiente registro.

§7

Las quejas, denuncias y sugerencias se podrán presentar directamente en los servicios comunes de Oficinas de Atención al Ciudadano y donde no existan éstas, en los órganos judiciales o en los de gobierno. Igualmente podrán presentarse a través de los Registros contemplados en el artículo 38.4 de la Ley 30/1992, de 26 de noviembre (órganos de la Administración del Estado, Autonómica o Local, Oficinas de Correos y representaciones diplomáticas o consulares de España en el extranjero).

Cuando en el órgano judicial competente se reciban escritos de queja, reclamación, denuncia o sugerencia cuyo soporte de presentación no se ajuste al formulario normalizado de atención al ciudadano, el funcionario trasladará a un formulario normalizado de atención al ciudadano los datos e información que figuren en el escrito recibido, al cual se unirá el escrito presentado.

Los formularios contenidos en el anexo II de la presente Instrucción podrán ser modificados en función de las necesidades de servicio y de la experiencia resultante de su implantación.

2.3.3 Disponibilidad: Es responsabilidad de cada dependencia, servicio u oficina judicial la puesta a disposición del público del «formulario de atención al ciudadano» siguiendo las pautas y el modelo que se establece en el reglamento 1/98 del Consejo General del Poder Judicial y en la presente Instrucción.

2.3.4 Accesibilidad: Los funcionarios colaborarán en la cumplimentación del formulario cuando así se solicite por los interesados y verificarán que los datos requeridos están completos.

2.3.5 Advertencia: Es obligatorio advertir al ciudadano en el momento de su presentación que las quejas, reclamaciones y sugerencias formuladas no tendrán en ningún caso la calificación de recurso administrativo y que su interposición no paralizará los plazos establecidos en la normativa vigente. Igualmente se le informará que la presentación de su queja, reclamación, denuncia o sugerencia no afectará en modo alguno al ejercicio de las restantes acciones o derechos que de conformidad con la normativa reguladora de cada procedimiento pueda ejercer el interesado.

2.3.6 Registro: Recibida una queja, reclamación, sugerencia o petición escrita de información, se registrará de forma inmediata o con la mayor brevedad posible. El impreso original del formulario de atención al ciudadano será el primer documento del expediente que se forme.

En el caso de que el interesado no deje constancia de su identidad, seguidamente se procederá, sin más formalidad, a la comprobación y solución que proceda en función del interés de la sugerencia.

A cada petición presentada por los ciudadanos, se le asignará un número de orden consecutivo, que separado por una barra o similar irá seguido de los dos últimos dígitos del año de presentación, correspondiendo a la primera presentada de cada año el número uno.

Cuando la misma persona presente de forma repetida quejas sobre el mismo asunto y por el mismo motivo, se acumularán todas a la primera tramitándose en un solo expediente. Se dejará constancia de tal acumulación y a efectos estadísticos tendrán la consideración de una única queja.

2.3.7 Acuse de recibo: Cuando el ciudadano presente directamente su queja, en el mismo acto se completarán los datos que haya omitido y se le entregará una copia sellada del formulario rellenado a modo de acuse de recibo, ofreciéndole simultáneamente información sobre el proceso que genera la presentación de su escrito.

Cuando presente la queja por otros medios, se le acusará recibo bien de forma escrita o por teléfono u otro medio telemático, dejando estos casos constancia interna de tal actuación. En ese trámite, se le harán las advertencias indicadas en el apartado 2.3.5 de la presente Instrucción y al propio tiempo se le informará del órgano que habrá de resolver sobre la reclamación y del proceso establecido al efecto.

Para el acuse de recibo escrito se seguirá el modelo que se presenta en el anexo a esta Instrucción en el que se le dará a conocer al ciudadano que se inician los trámites para la resolución de su disconformidad en el plazo más breve posible.

2.3.8 Envío de la copia al Consejo General del Poder Judicial: En el mismo día de la presentación, o en todo caso en el plazo máximo de cuarenta y ocho horas, se remitirá copia de la reclamación, queja o sugerencia a la Unidad Central de Atención al Ciudadano del CGPJ.

Esta Unidad recibirá, registrará y archivará la copia recibida en espera de recibir en el plazo máximo de un mes la resolución adoptada al respecto.

§7

Si la Unidad Central de Atención al Ciudadano del Consejo General del Poder Judicial al recibir la copia de la queja, reclamación o sugerencia estimara que el contenido de la misma se refiere a posibles indicios de responsabilidad disciplinaria, remitirá la misma al Jefe del Servicio de Inspección del Consejo General del Poder Judicial, sin perjuicio de que en el lugar de origen se continúe actuando para subsanar las anomalías denunciadas.

2.3.9 Hoja de tramitación: A continuación del formulario original de cada queja se unirá la hoja de tramitación. Se adjunta en el anexo de la presente instrucción un modelo orientativo de la misma. En ella el funcionario anotará, en orden cronológico, las gestiones que se vayan realizando para la resolución de la queja, así como los datos de interés para su mejor conocimiento. Si el interesado presentara documentación, ésta se unirá a continuación de la hoja de tramitación.

2.3.10 Obtención de información sobre las anomalías manifestadas: Al margen del cauce por el que se hubiera recibido la queja, reclamación, denuncia o sugerencia, se procederá a la mayor brevedad a solicitar del interesado cualquier dato, documento, aclaración o información complementaria que se precise, por el medio que resulte más ágil y eficaz (teléfono, fax, correo electrónico, correo ordinario...), a fin de poder atender adecuadamente a su solicitud.

Los órganos competentes para solucionar las quejas, reclamaciones y sugerencias deberán solicitar, bien de forma oral o escrita según lo requiera el caso, los antecedentes e informes sobre la cuestión suscitada a fin de poder atender adecuadamente la misma o para adoptar las medidas oportunas para la subsanación de la anomalía.

Cuando proceda trasladar la queja para su solución a otro órgano judicial, se hará saber al interesado a qué órgano se remite y éste una vez recibida la queja, reclamación o sugerencia acusará recibo de la recepción de la misma en cualquiera de las modalidades descritas en el plazo máximo de cuarenta y ocho horas. Este acuse de recibo se realizará tanto al órgano remitente como al interesado.

2.3.11 Corrección de anomalías: Cuando la queja se presente de forma directa y presencial por el ciudadano, se intentará dar solución al problema planteado de manera inmediata. Si esto no fuera posible, se informará al ciudadano de las gestiones que se seguirán y de que se le mantendrá informado sobre las mismas, cuando así lo solicite o cuando se estime necesario por la naturaleza del caso planteado.

Verificada la fundamentación de la disconformidad, si es viable su solución directa desde los órganos genéricos competentes, se adoptarán las prevenciones necesarias para la subsanación de las anomalías detectadas.

Si esto no fuera posible, se interesará al órgano judicial que corresponda la adopción de las actuaciones que procedan. Éste por su parte adoptará las medidas necesarias para subsanar las anomalías que estuvieren en el origen de la reclamación o sugerencia, participando dichos extremos al primer órgano receptor de la queja quien procederá a comunicar al interesado las medidas adoptadas al respecto.

Cuando del contenido inicial de la sugerencia o queja, o cuando durante su tramitación se deduzca que la resolución de la misma depende en todo o en parte del organismo con competencias en materia de administración de justicia, se le remitirá copia de la misma solicitando a su vez que se comuniquen las medidas adoptadas por su parte para subsanar las anomalías manifestadas, participando al interesado el hecho de la remisión, así como la ulterior contestación, una vez recibida.

2.3.12 Comunicación de las medidas adoptadas al interesado: El órgano encargado de tramitar la queja o reclamación informará al interesado a la mayor brevedad de las medidas adoptadas para subsanar la anomalía bien de forma oral o escrita, según lo requiera el caso o lo solicite el interesado, todo ello sin perjuicio de dejar la debida constancia interna en la hoja de tramitación correspondiente.

En la comunicación al interesado, además de contener la fecha, las medidas adoptadas para subsanar la anomalía y el número de expediente asignado, se hará una breve referencia a los hechos objeto de disconformidad y se le informará de la finalización del expediente.

Esta comunicación debe ser explicativa, para lo que se utilizará un lenguaje claro y sencillo para su mejor comprensión. Cuando se utilice la contestación escrita debe seguirse el modelo de contestación al ciudadano que se adjunta en el anexo de la presente instrucción.

2.3.13 Comunicación de las medidas adoptadas al Consejo General del Poder Judicial: Cuando la comunicación al interesado se efectúe por escrito, se procederá a remitir una copia de la carta a la Unidad Central de Atención al Ciudadano del Consejo General del Poder Judicial, en otros casos se remitirá a esta unidad un oficio en el que conste la fecha de la comunicación, el número de expediente asignado, una breve referencia a los hechos objeto de disconformidad, las decisiones y medidas adoptadas, así como el hecho de tener por finalizado el expediente, todo ello a efectos estadísticos, de verificación y demás que fueran procedentes.

2.3.14 Verificación de la subsanación de la anomalía: Los Presidentes de Tribunales y Audiencias, Decanos o el Servicio de Inspección del Consejo General del Poder Judicial, comprobarán que se han aplicado las medidas correctoras necesarias para la subsanación de la situación anómala, todo ello con estricto respeto a la potestad jurisdiccional.

2.3.15 Archivo: Una vez efectuada la comunicación al interesado y remitida copia de la misma u el oficio en su caso a la Unidad Central de Atención al Ciudadano del Consejo General del Poder Judicial, se procederá al archivo de la queja, reclamación o sugerencia.

§7

El expediente finalizado, que estará integrado por el formulario de atención al ciudadano, la hoja de tramitación, los documentos aportado por el interesado y los documentos escritos que se hayan generado de su tramitación, se remitirá en el plazo máximo de un año desde su fecha de archivo al Servicio de Archivo Central del órgano de gobierno correspondiente.

2.3.16 Estadística: La centralización del procesamiento y el análisis de los datos estadísticos relativos a las sugerencias, quejas y reclamaciones corresponde a la Unidad Central de Atención al Ciudadano del Consejo General del Poder Judicial. Esta estadística se elaborará sobre la documentación que obligatoriamente debe remitir cada órgano y servicio judicial a la citada Unidad. Del resultado estadístico se dará publicidad en la Memoria Anual editada por el Consejo General del Poder Judicial.

3. Oficinas de atención al ciudadano Al amparo del artículo 272 de la Ley Orgánica del Poder Judicial y del artículo 97 del Reglamento 5/95, de Aspectos Accesorios de las Actuaciones Judiciales, conforme al cual podrán establecerse servicios comunes para la mejor atención al ciudadano, y con respeto hacia el contenido del número 4 del artículo 272, a fin de contribuir a la elaboración de unas indicaciones de referencia en el establecimiento y prestación del servicio de este tipo de servicios y dependencias, se recomienda que las autoridades competentes al respecto tengan en cuenta para la adecuada creación y puesta en funcionamiento de las Oficinas de Atención al Ciudadano los siguientes criterios orientativos básicos.

Servicios comunes: Se aconseja la creación de servicios comunes de Oficinas de Atención al Ciudadano en todos los edificios judiciales y especialmente en aquellos que acojan a más de cuatro órganos judiciales, con prioridad para los que cuenten con más de diez.

Localización: Es recomendable que las Oficinas se encuentren lo más próximas a las entradas más concurridas de los edificios y a ser posible con el mínimo de barreras arquitectónicas para su acceso. De otra parte conviene que la señalización e identificación de las Oficinas sean suficientes y estratégicas para que, incluso desde el exterior se facilite su localización.

Infraestructura: Se recomienda que las Oficinas que se creen tengan elementos identificativos comunes y diseños homogéneos, así como que sean espaciosas, bien iluminadas, de aspecto acogedor, con zonas de espera cómodas, zonas para consulta de libros y confección de escritos, así como la disposición de expositores de folletos informativos y buzones de sugerencias.

El diseño y mobiliario de estas oficinas debería permitir que los ciudadanos puedan ser atendidos cómodamente y preservando su intimidad, recomendándose para ello la eliminación de mostradores, cristaleras y similares que obstaculicen la atención personalizada.

Organización: Las Oficinas de Atención al Ciudadano, cuando el volumen de demanda del servicio lo aconseje, podrán desagregarse en unidades de atención presencial rápida o de choque, o lenta para una información más pormenorizada que requiere un proceso de gestión más prolongado, así como en unidades de atención telefónica, las cuales se recomienda que se encuentren separadas de las anteriores al objeto de evitar distorsiones mutuas.

Medios: Igualmente se recomienda dotar a las Oficinas de herramientas de consulta suficientes y actualizadas para que la atención e información facilitada a los interesados sea ágil, correcta y fiable. Es aconsejable dejar abierta la posibilidad futura de conexiones con la red integral prevista para el conjunto de la Administración de Justicia que permita el acceso y consulta rápida a la información de que pueda disponerse.

Disponibilidad: Sería conveniente que la prestación del servicio se ofrezca durante el horario completo de la jornada laboral y, si fuera posible y las circunstancias del lugar lo aconsejaran, se prolongara el servicio en horario de tarde. En otro caso se recomienda la instalación de contestadores automáticos o similares u otros medios tecnológicos que permitan recibir demandas de petición de información cursadas desde otros lugares o fuera de la jornada laboral. De otra parte, se recomienda una adecuada publicidad del número de teléfono de las Oficinas de Atención e Información al Ciudadano al objeto de potenciar su utilización para evitar esperas y desplazamientos innecesarios.

§7

Flexibilidad: Es aconsejable que la organización y distribución del trabajo en estas oficinas se gestione con la máxima flexibilidad posible para adaptarse a las variadas situaciones o requerimientos en función de los tipos distintos de localidades y características de las sedes en las que presten servicio.

Plantilla: La plantilla del personal debería mantenerse en todo momento ajustada a la demanda del servicio en función del ritmo de afluencia de personas y peticiones de atención e información. Este flujo normalmente es variable a lo largo de la jornada laboral por lo que se recomienda una planificación de puestos de trabajo suficientes para cada momento de la jornada.

Como criterio general, se recomienda un puesto de trabajo de informador por una media diaria máxima de 80 consultas formuladas por los ciudadanos o, siguiendo otra pauta, un puesto de informador por cada 25.000 procedimientos en tramitación del total de los órganos judiciales de la sede. En todo caso se aconseja un mínimo de dos funcionarios en esta clase de servicio por edificio judicial.

Características del personal: Los funcionarios que presten su servicio en las Oficinas de Atención al Ciudadano deberían seleccionarse de acuerdo con el puesto de trabajo a desempeñar, valorándose entre sus características no sólo sus conocimientos jurídico-procesales, sino también su capacidad y disposición para el trato con los ciudadanos y su sensibilidad por la calidad de servicio prestado, materia para la que se recomienda que reciban formación expresa y especializada en relación con el ámbito judicial.

Coordinación: La coordinación de la actividad de asistencia e información al ciudadano en este ámbito corresponde a la Unidad Central de Atención al Ciudadano del Consejo General del Poder Judicial, sin perjuicio de la que corresponda a las Administraciones con competencia en materia de medios al servicio de la Administración de Justicia en el ámbito de su responsabilidad.

Las dependencias de la mencionada Unidad, a fines exclusivamente informativos y de coordinación con otras instituciones y organismos, puesto que podrán ser trasladadas en función de las necesidades del servicio, se encuentran en avenida del Cardenal Herrera Oria 378, Madrid (28071), teléfonos: 91 386 26 90 y 91 386 12 55, E-mail: uac-cgpj U maptel.es, y fax 91 373 58 42.

Colaboración: Se formarán equipos de trabajo integrados por personal de la Unidad Central de Atención al Ciudadano del CGPJ, del Ministerio de Justicia, y del organismo autonómico correspondiente con competencia en materia de administración de justicia, así como por los Presidentes o Decanos afectados cuya participación podrá ser directa o delegada; todo ello al objeto de colaborar conjuntamente en la planificación, creación y control del buen funcionamiento de las Oficinas de Atención al Ciudadano con el fin de garantizar la calidad en la prestación del servicio, asegurar una comunicación más fluida entre los distintos órganos y administraciones que coadyuvan a la prestación del servicio, evitar la duplicidad de actuaciones, e intercambiar la necesaria información.

Apartado final: El Consejo General del Poder Judicial, con independencia de la aplicación de esta Instrucción en función de las actuales disponibilidades de medios personales y materiales, sobre las cuales la aplicación inicial de sus previsiones no comporta incremento o alteración, participará expresamente esta Instrucción General al Ministerio de Justicia y a las Comunidades Autónomas con competencia en materia de medios personales y materiales de la Administración de Justicia e incluirá las necesarias menciones en la relación circunstanciada de necesidades existentes, al objeto de que puedan adoptar en el ejercicio de sus competencias las decisiones oportunas que permitan mejorar y desarrollar las actividades previstas en el Reglamento 1/1998 y en la presente Instrucción hasta conseguir un sistema integral y pleno de atención al ciudadano en el ámbito de la Administración de Justicia, todo ello de conformidad con lo dispuesto en el artículo 37, números 1 y 2 de la Ley Orgánica del Poder Judicial.

§7

§8. REGLAMENTO 1/2000, DE 26 DE JULIO, DE LOS ÓRGANOS DE GOBIERNO DE LOS TRIBUNALES
(Aprobado por Acuerdo del Pleno del Consejo General del Poder Judicial de 26 de julio de 2000)

I

El artículo 110 de la Ley Orgánica 6/1985, de 1 de julio, del Poder Judicial, modificado por Ley Orgánica 16/1994, de 8 de noviembre, de acuerdo con las conclusiones expuestas por la doctrina del Tribunal Constitucional (STC 108/1986), atribuye al Consejo General del Poder Judicial en su apartado l) la potestad reglamentaria sobre funcionamiento y facultades de las Salas de Gobierno, de las Juntas de Jueces y demás órganos gubernativos y elecciones, nombramiento y cese de miembros de las Salas de Gobierno y de Jueces Decanos.

El nuevo texto reglamentario constituye, por tanto, conforme al mencionado artículo 110 de la Ley Orgánica del Poder Judicial, una regulación de carácter secundario y auxiliar, en desarrollo de los preceptos de dicha Ley Orgánica. Dicho principio es, sin embargo, compatible con otro principio general, aplicable al ejercicio de la potestad reglamentaria, como es que las potestades atribuidas expresamente por las leyes al Consejo General del Poder Judicial han de ser interpretadas en términos que permitan satisfacer los fines implícitos en la concreta atribución de potestad de que se trate (STS-3ª, de 7 de febrero de 2000, F.J. 2º).

II

El proyecto de reglamento ha sido sometido a los trámites de audiencia e informe previstos en el mismo artículo 110, número 3, de la Ley Orgánica del Poder Judicial, además de haber sido oídos también los propios órganos de gobierno interno de los Juzgados y Tribunales. Se ha dado intervención, asimismo, a la Administración del Estado y a las de las Comunidades Autónomas, dado que dichas Administraciones ejercen competencias relacionadas con el contenido del Reglamento, competencias cuyo ejercicio, siempre de acuerdo con dicho precepto, ha de ser adecuadamente coordinado con el de aquellas otras que corresponden al Consejo General del Poder Judicial.

De acuerdo con lo dispuesto en el artículo 3.2 de la Ley 30/1992, de 26 de noviembre, de Régimen Jurídico de las Administraciones Públicas y del Procedimiento Administrativo Común, las Administraciones Públicas, se rigen en sus relaciones por el principio de cooperación y colaboración. El artículo 4.5 de la misma Ley dispone, en el primero de sus párrafos, que en las relaciones entre la Administración General del Estado y la Administración de las Comunidades Autónomas el contenido del deber de colaboración se desarrollará a través de los instrumentos y procedimientos que de manera común y voluntaria establezcan tales Administraciones. A su vez, el segundo párrafo del mismo precepto prevé que, cuando estas relaciones tengan como finalidad la toma de decisiones conjuntas que permitan, en asuntos que afecten a materias compartidas o que exijan articular una actividad común o una actuación más eficaz de los mismos, se crearán instrumentos y procedimientos de cooperación. Tales instrumentos de cooperación entre los órganos de gobierno del Poder Judicial y las Administraciones Públicas con competencias en materia de medios personales y materiales al servicio de la Administración de Justicia han venido siendo hasta el momento presente las Comisiones Mixtas, con anterioridad incluso a la entrada en vigor de la Ley 4/1999, de 13 de enero, que ha dado nueva redacción a los preceptos antes citados de la Ley 30/1992. A dichos instrumentos de cooperación hacen referencia diversos preceptos de los acuerdos reglamentarios del Consejo General del Poder Judicial actualmente vigentes (arts. 4 y 17 del Reglamento 4/1995, de 7 de junio, disposición adicional duodécima del Acuerdo de 7 de junio de 1995). La experiencia de las mencionadas Comisiones Mixtas, allí donde se han constituido, puede considerarse satisfactoria, por lo que procede completar la regulación de las facultades de iniciativa y convocatoria de los órganos de gobierno, a la vista de dicha práctica y contando con el nuevo y más amplio marco legal que proporciona la citada Ley 30/1992, de 26 de noviembre, en su actual redacción.

Importa destacar, a este respecto, que el Consejo General cuenta con un fundamento legal expreso en el artículo 110.3 de la Ley Orgánica del Poder Judicial, que, además de ordenar el procedimiento específico de aprobación de normas reglamentarias del Consejo cuando sea necesario coordinar las competencias de aquellas Administraciones Públicas con las del Consejo General, constituye un presupuesto habilitante específico y singular para la emanación de dichas normas, como manifestación del principio de coordinación que ha de inspirar la relación entre los diversos órganos y Administraciones Públicas. La naturaleza peculiar de los órganos de gobierno del Poder Judicial determina, a su vez, que los instrumentos de cooperación no tengan por qué coincidir literalmente en su denominación con los establecidos por la propia Ley 30/1992 respecto de la Administración General del Estado y las Comunidades Autónomas, cuya denominación (comisiones bilaterales, conferencias sectoriales, artículo 5.3 LRJ y PA C) queda reservada a los órganos que integran a miembros del Gobierno y de los Consejos de Gobierno respectivos. A su vez ello es perfectamente compatible con la nota característica de voluntariedad que informa la participación de dichas Administraciones, así como la conformación definitiva que del órgano de cooperación se efectúe, estableciendo de común acuerdo con tales Administraciones las reglas de funcionamiento del órgano, en función de su naturaleza esencialmente bilateral, conforme al principio general del artículo 4 número 5, antes citado, de la Ley 30/1992. Se ha optado así por mantener la genérica denominación de Comisiones Mixtas, sin prejuzgar otros aspectos de su organización, fórmula que ha demostrado sobradamente su utilidad durante el período de vigencia del Reglamento 5/1995, de 7 de junio, que ahora se modifica.

Las disposiciones de los artículos 4, apartado p), y 17 del presente Reglamento pretenden regular la iniciativa de los órganos de gobierno del Poder Judicial a la hora de constituir una Comisión Mixta, y facilitar así la constitución de los órganos de cooperación a que se refieren dichos preceptos, presuponiendo en todo momento la voluntad de la Administración Pública competente en materia de medios personales y materiales al servicio de la Administración de Justicia, y la ulterior adopción de los necesarios criterios de funcionamiento del órgano de cooperación, tales como número de componentes y procedimiento de designación de los mismos, constitución y calendario de funcionamiento, régimen de convocatoria, competencias sobre el seguimiento y aplicación de las previsiones presupuestarias y, en general, cualquier otro aspecto organizativo conveniente para las Administraciones y órganos que participen en el órgano de cooperación.

III

Mediante el presente Reglamento se procura dar respuesta a las necesidades más acuciantes de reforma de la normativa reglamentaria en vigor, de acuerdo con los objetivos de modernización y agilización de la estructura de los órganos de gobierno interno del Poder Judicial definidos en el propio Libro Blanco de la Justicia. Se ha tenido en cuenta al propio tiempo la experiencia habida en la aplicación del Reglamento en vigor, así como del texto anterior a éste, aprobado por Acuerdo del Pleno del Consejo General del Poder Judicial de 4 de diciembre de 1991, que pone de manifiesto la existencia de ciertas lagunas o insuficiencias de dichos textos. Por otra parte, determinados preceptos del Reglamento de 1991, reiterados a su vez en el Reglamento adoptado en 1995, fueron anulados por Sentencia del Tribunal Supremo (Sala Tercera) de 1 de diciembre de 1995, circunstancia que ha llevado a la supresión o modificación de los textos anulados para, en su caso, sustituir los mismos con otros ajustados a las declaraciones contenidas en la referida resolución. A su vez, de acuerdo con la doctrina del Tribunal Supremo respecto del artículo 82.2 del Reglamento anterior (STS, Sala 3ª, de 9 de diciembre de 1999), se procede a dar una más completa regulación al régimen de cese de los Decanos exentos de tareas jurisdiccionales. Dado que el Tribunal Supremo ha considerado aplicable a estos Decanos el régimen establecido en el artículo 340 de la Ley Orgánica del Poder Judicial, y por tanto, la facultad de elección entre su anterior destino y la adscripción a la Audiencia Provincial, resulta necesario incluir en el Reglamento dicha opción y precisar la forma de su ejercicio, teniendo en cuenta las particularidades de los cargos a que se refiere, incluyendo la reserva de la plaza, en su caso, para su convocatoria conforme al artículo 118 de la misma Ley Orgánica, y la forma de manifestar dicha opción al inicio de su mandato. Finalmente, la modificación de la Ley 30/1992, de 26 de noviembre, de Régimen Jurídico de las Administraciones Públicas y del Procedimiento Administrativo Común, como consecuencia de la promulgación de la Ley 4/1999, de 14 de enero, ha determinado la necesidad de introducir variaciones en distintos preceptos del Reglamento.

En su virtud, el Pleno del Consejo General del Poder Judicial, en su reunión del día de la fecha,

HA ADOPTADO el siguiente acuerdo:

Art. único. Se aprueba el Reglamento de los Órganos de Gobierno de Tribunales, cuyo texto se incorpora como anexo I al presente Acuerdo.

DISPOSICIONES ADICIONALES

Primera. *Constitución de las Comisiones Mixtas.* Dentro del plazo de tres meses, a partir de la entrada en vigor del presente Reglamento, se procederá por las Salas de Gobierno a convocar la sesión de constitución de las Comisiones Mixtas contempladas en su artículo 17.

Segunda. *Cuadro actualizado de las disposiciones reglamentarias vigentes del Consejo General del Poder Judicial.* En cumplimiento de lo dispuesto en el artículo 22 del Acuerdo de 7 de junio de 1995, del Pleno del Consejo General del Poder Judicial, por el que se aprueban los Reglamentos de la Carrera Judicial, de la Escuela Judicial, de los Jueces de Paz, de los Órganos de Gobierno de los Tribunales y de los aspectos accesorios de las actuaciones judiciales, se publica, como anexo II al presente Acuerdo reglamentario, el cuadro actualizado de los Reglamentos vigentes, con las nuevas normas aprobadas o la modificación de las anteriores.

DISPOSICIONES TRANSITORIAS

Primera. *Decanos con exención total de tareas jurisdiccionales.* A los Decanos que a la fecha de 1 de enero de 2000 tuviesen exención total de tareas jurisdiccionales (art. 2.3 de este Reglamento) les continuará siendo de aplicación, a su cese, el régimen de adscripción a la Audiencia Provincial previsto en el artículo 82.2, párrafo segundo, del Reglamento 4/1995, de 7 de junio.

Segunda. *Oficinas de prensa.* En tanto se proceda a la dotación y puesta en funcionamiento de las oficinas de prensa a las que se refiere el artículo 54.3 del presente Reglamento, los Presidentes de los Tribunales Superiores de Justicia asumirán, con el auxilio del personal adscrito a los mismos, las actividades informativas y de relación con los medios de comunicación que en cada caso procedan.

DISPOSICIÓN DEROGATORIA

Única. Quedan derogadas cuantas disposiciones, de igual o inferior rango, se opongan a lo establecido en el presente Reglamento, y en especial el Reglamento 4/1995, de 7 de junio, de los Órganos de Gobierno de Tribunales.

DISPOSICIÓN FINAL

Única. El presente Reglamento entrará en vigor al día siguiente de su publicación en el «Boletín Oficial del Estado».

ANEXO I
Reglamento 1/2000, de 26 de julio, del Consejo General del Poder Judicial, de los Órganos de Gobierno de Tribunales

Art. 1. 1. El gobierno interno de los Juzgados y Tribunales se ejercerá, en sus respectivos ámbitos:

Por las Salas de Gobierno del Tribunal Supremo, de la Audiencia Nacional y de los Tribunales Superiores de Justicia, constituidas, en su caso, en Pleno o en Comisión.

Por los Presidentes de los Tribunales y de las Salas de Justicia.

Por los Presidentes de las Audiencias. Por los Jueces.

Por los Jueces Decanos. Por las Juntas de Jueces.

2. Las competencias que en el ejercicio de su función gubernativa corresponden a estos órganos son las establecidas en la Ley Orgánica del Poder Judicial y en el presente Reglamento.

3. El funcionamiento y facultades de estos órganos de gobierno interno se regirá por lo establecido en la Ley Orgánica del Poder Judicial y en el presente Reglamento.

TÍTULO I
De las Salas de Gobierno

CAPÍTULO I
Composición de las Salas de Gobierno

Art. 2. 1. De conformidad con lo dispuesto en el artículo 149.1 de la Ley Orgánica del Poder Judicial, las Salas de Gobierno del Tribunal Supremo y de la Audiencia Nacional estarán constituidas por el Presidente de dichos órganos, que las presidirán, por los Presidentes de las Salas en ellos existentes, y por un número de miembros igual al de éstos, elegidos de acuerdo con lo establecido en dicha Ley Orgánica y en el presente Reglamento.

2. De conformidad con lo dispuesto en el artículo 149.2 de la Ley Orgánica del Poder Judicial, las Salas de Gobierno de los Tribunales Superiores de Justicia estarán constituidas por el Presidente de éstos, que las presidirá; por los Presidentes de las Salas en ellos existentes; por los Presidentes de las Audiencias Provinciales de la Comunidad Autónoma, y por un número igual de Magistrados o Jueces, elegidos por todos los miembros de la Carrera Judicial destinados en ella, de acuerdo con lo establecido en dicha Ley Orgánica y en el presente Reglamento. Uno, al menos, de los componentes de la Sala será de la categoría de Juez, salvo que no hubiera candidatos de dicha categoría.

3. Además de éstos se integrarán también, con la consideración de miembros electos a todos los efectos, los Decanos a los que se refiere el anexo VI de la Ley 38/1988, de 28 de diciembre, de Demarcación y Planta Judicial que, de conformidad con lo establecido en el art. 166.3 de esta Ley, hayan sido liberados de manera total y permanente del trabajo que les corresponda realizar en el orden jurisdiccional respectivo (art. 149.2. de la Ley Orgánica del Poder Judicial).

4. De conformidad con lo dispuesto en el artículo 391, párrafo segundo, de la Ley Orgánica del Poder Judicial, no podrán pertenecer a una misma Sala de Gobierno Jueces o Magistrados que estuvieren unidos entre sí por vínculo matrimonial o situación de hecho equivalente, o tuvieren parentesco entre sí dentro del segundo grado de consanguinidad o afinidad. Esta disposición es aplicable a los Presidentes.

Art. 3. 1. De conformidad con lo dispuesto en el artículo 149.3 de la Ley Orgánica del Poder Judicial, las Salas de Gobierno de los Tribunales Superiores de Justicia se constituirán en Pleno. Aquéllas cuyo número de miembros exceda de diez, podrán constituirse en Comisión.

2. La Comisión de las Salas de Gobierno estará integrada por seis miembros, tres natos y tres electos, y por el Presidente del Tribunal Superior que la presidirá. La designación de sus componentes, y de producirse vacantes, la de sus sustitutos, corresponde al Pleno.

3. En la sesión constitutiva de cada Sala de Gobierno, después de cada renovación general de los miembros electos, el Pleno procederá a designar los componentes de la Comisión. Los miembros de la Comisión cesarán al año de su designación, procediendo entonces el Pleno a designar nuevos componentes en la proporción señalada en el número anterior. Los miembros de la Comisión pueden ser reelegidos.

4. La designación de los miembros de la Comisión Permanente se hará por los miembros del Pleno sin distinción entre miembros natos y miembros electos. Cada miembro de la Sala de Gobierno formará una relación de tres miembros natos y de tres electos, resultando elegidos los tres miembros natos y los tres electos que más votos obtengan. En caso de empate resultará designado el que mejor puesto tenga en el escalafón de la Carrera Judicial. Si el empate se produce entre un miembro Magistrado y un miembro Juez, se designará al Juez, salvo que otro de los designados como miembro electo fuera de esta categoría.

§8

CAPÍTULO II
Atribuciones de las Salas de Gobierno

Art. 4. Las Salas de Gobierno, también las constituidas en régimen de Comisión, desempeñarán la función de gobierno de sus respectivos Tribunales y, en particular, les compete (art. 152 de la Ley Orgánica del Poder Judicial):

a) Aprobar las normas de reparto de asuntos entre las distintas Secciones de cada Sala (art. 152.1.1° de la Ley Orgánica del Poder Judicial).

En su caso, conforme a lo previsto en las Leyes, les compete también aprobar las normas de reparto entre las distintas Salas del mismo Tribunal y orden jurisdiccional con sede en distintas ciudades.

b) Establecer anualmente con criterios objetivos los turnos precisos para la composición y el funcionamiento de las Salas y Secciones del Tribunal y fijar de modo vinculante las normas de asignación de las Ponencias que deban turnar los Magistrados (art. 152.1.2° de la Ley Orgánica del Poder Judicial).

c) Adoptar, con respeto a la inamovilidad judicial, las medidas necesarias en los casos de disidencia entre Magistrados que puedan influir en el buen orden de los Tribunales o en la Administración de Justicia (art. 152.1.3° de la Ley Orgánica del Poder Judicial).

d) Completar provisionalmente la composición de las Salas en los casos en que, por circunstancias sobrevenidas, fuera necesario para el funcionamiento del servicio, siempre sin perjuicio de respetar el destino específico de los Magistrados de cada Sala (art. 152.1.4º de la Ley Orgánica del Poder Judicial).

e) Proponer motivadamente al Consejo General del Poder Judicial a los Magistrados suplentes expresando las circunstancias personales y profesionales que en ellos concurran, su idoneidad para el ejercicio del cargo y para su actuación en uno o varios órdenes jurisdiccionales, las garantías de un desempeño eficaz de la función y la aptitud demostrada por quienes ya hubieran actuado en el ejercicio de funciones judiciales o de sustitución en la Carrera Fiscal, con razonada exposición del orden de preferencia propuesto y de las exclusiones de solicitantes. Las propuestas de adscripción de Magistrados suplentes como medida de refuerzo estarán sujetas a idénticos requisitos de motivación de los nombres y del orden de preferencia propuestos y de las exclusiones de solicitantes (art. 152.1.5º de la Ley Orgánica del Poder Judicial).

f) Ejercer las facultades disciplinarias sobre Jueces y Magistrados en los términos establecidos en la Ley (art. 152.1.6º de la Ley Orgánica del Poder Judicial). Cuando los hechos resulten indiciariamente constitutivos de una de las infracciones cuyo conocimiento corresponde a la Sala de Gobierno, se acordará en la primera reunión la designación de Ponente y la apertura del procedimiento disciplinario, así como la designación de Instructor. En caso contrario se archivarán las actuaciones en dicho acto o se remitirán al órgano competente.

Si con carácter previo fuera imprescindible realizar diligencias informativas o de otra índole, tales diligencias deberán quedar concluidas antes de la siguiente reunión que celebre la Comisión Permanente. Cuando, llegada dicha fecha, hubiera sido imposible concluir las diligencias, se resolverá lo necesario para su terminación. En todo caso, en la inmediata reunión ulterior que celebre la Sala de Gobierno, sea en Pleno o en Comisión, se adoptará la resolución de apertura del procedimiento, de archivo de las actuaciones, o de remisión al órgano competente, a la vista de los antecedentes de que se disponga.

g) Proponer al Presidente la realización de las visitas de inspección e información que considere procedentes (art. 152.1.7º de la Ley Orgánica del Poder Judicial).

h) Promover los expedientes de jubilación por causa de incapacidad de los Magistrados, e informarlos (art. 152.1.8º de la Ley Orgánica del Poder Judicial).

i) Elaborar los informes que le solicite el Consejo General del Poder Judicial y la Memoria anual expositiva sobre el funcionamiento del Tribunal, de acuerdo con el protocolo de referencia que para el estudio y tratamiento de su contenido establezca el Consejo General del Poder Judicial, con expresión detallada del número y clase de asuntos iniciados y terminados por cada Sala, así como de los que se hallaren pendientes, precisando el año de su iniciación, todo ello referido al 31 de diciembre. La Memoria deberá contener, en todo caso, la indicación de las medidas que se consideren necesarias para la corrección de las deficiencias advertidas (art. 152.1.9º de la Ley Orgánica del Poder Judicial).

j) Proponer al Consejo General del Poder Judicial la adopción de las medidas que juzgue pertinentes para mejorar la Administración de Justicia en cuanto a los respectivos órganos jurisdiccionales (art. 152.1.10º de la Ley Orgánica del Poder Judicial), con especificación razonada de las necesidades de medios personales y materiales, o de su mejor organización o distribución.

k) Recibir el juramento o promesa legalmente prevenidos de los Magistrados que integran los respectivos Tribunales y darles posesión (art. 152.1.11º de la Ley Orgánica del Poder Judicial).

l) Impulsar y colaborar en la gestión económica en el ámbito territorial, por medio de la Comisión Mixta o mediante otras actuaciones que acuerde al efecto la Sala de Gobierno, solicitando la información necesaria y formulando las oportunas propuestas y sugerencias en cuanto a la aplicación y revisión de las previsiones presupuestarias establecidas y, en general, cumplir las demás funciones que las Leyes atribuyan a los órganos de gobierno interno de los Tribunales y que no estén expresamente atribuidas a los Presidentes.

m) Establecer, a propuesta del Presidente, las normas generales de utilización del edificio y dependencias de la sede del Tribunal, en cuanto se refiere a las actividades que guarden relación con la función judicial.

n) Proponer, a instancia del Presidente, por medio del Consejo General del Poder Judicial y, en su caso, de la correspondiente Comisión Mixta, al Ministerio de Justicia, o al Departamento correspondiente de las Comunidades Autónomas que hayan asumido el ejercicio de competencias en materia de Administración de Justicia, las necesarias actuaciones de distribución y ubicación de las salas y dependencias de los edificios e instalaciones y de todas aquellas medidas que contribuyan a su uso más racional y eficaz.

La afectación y desafectación de un inmueble a funciones judiciales será previamente comunicada al Consejo General del Poder Judicial por la Administración competente.

La modificación de la afectación de un edificio judicial o de alguna de sus partes a órganos o actividades judiciales determinadas no podrá hacerse sin el Acuerdo de la Sala de Gobierno y de la Administración competente a la que corresponda la titularidad del inmueble. En caso de discrepancia, el asunto será examinado por la Comisión Mixta correspondiente, que formulará las propuestas que estime oportunas.

ñ) Las actividades ajenas a la función judicial en edificios judiciales o sus dependencias no podrán llevarse a cabo sin el acuerdo de la Sala de Gobierno, el de la Administración a la que corresponda la titularidad del inmueble y el de las demás Administraciones con competencias concurrentes, si las hubiere. En caso de discrepancia, el asunto será examinado por la Comisión Mixta correspondiente, que formulará las propuestas que estime oportunas.

o) Efectuar las oportunas propuestas al Consejo General del Poder Judicial o por medio, en su caso, de la correspondiente Comisión Mixta, en relación con los programas, las aplicaciones y los sistemas informáticos que hayan de ser utilizados con carácter exclusivo por los órganos jurisdiccionales con sede en la Comunidad Autónoma de que se trate, así como aquellas otras que se refieran a los correspondientes «thesauri» de documentos.

Igualmente podrán proponer al Consejo General la creación, la modificación o la supresión de los ficheros automatizados de los Juzgados o Tribunales en los términos previstos en la Ley Orgánica 15/1999, de 13 de diciembre, de Protección de Datos de Carácter Personal y en el Reglamento 5/1995, de 7 de junio, de los aspectos accesorios de las actuaciones judiciales.

p) Designar los miembros que, en representación de los órganos de gobierno interno del Poder Judicial, deban integrarse en las Comisiones Mixtas que se establezcan a fin de promover la coordinación de los órganos de gobierno internos del Poder Judicial con las Administraciones competentes, y solicitar de éstas que designen a sus representantes, así como proceder a la convocatoria de dichas Comisiones siempre que sea preciso a este mismo fin o para resolver las discrepancias que pudieran surgir en torno a la provisión de los medios materiales y personales necesarios para la actividad de los órganos jurisdiccionales y de gobierno, todo ello con independencia de las correlativas competencias de éstas al respecto.

q) Aceptar la renuncia de los miembros electos de las Salas de Gobierno y acordar la integración del correspondiente sustituto. En su caso, proponer al Consejo General del Poder Judicial la convocatoria de elecciones parciales.

r) Dirigir, por conducto del Presidente, a los Juzgados y Tribunales a ellos inferiores, que estén comprendidos en su respectiva circunscripción, dentro del ámbito de sus competencias gubernativas, las prevenciones que estimen oportunas para el mejor funcionamiento de los Juzgados y Tribunales, dando cuenta sin dilación al Tribunal Supremo, en su caso, y directamente al Consejo General del Poder Judicial.

s) Las demás que les atribuyan las Leyes y los Reglamentos dictados por el Consejo General del Poder Judicial, así como aquellas otras actuaciones que pudieran serles delegadas por el Consejo General del Poder Judicial según su naturaleza.

Art. 5. 1. A las Salas de Gobierno de los Tribunales Superiores de Justicia, en Pleno o en Comisión, compete, de acuerdo con lo establecido en el art. 152.2 de la Ley Orgánica del Poder Judicial y además de las funciones recogidas en el artículo anterior:

a) Aprobar las normas de reparto de asuntos entre las Secciones de las Audiencias Provinciales y Juzgados del mismo orden jurisdiccional con sede en la Comunidad Autónoma correspondiente.

Excepcionalmente, de forma motivada, y cuando las necesidades del servicio así lo exigieren, la Sala de Gobierno podrá ordenar que se libere del reparto de asuntos, total o parcialmente, por tiempo limitado, a una Sección o a un Juez determinado. Estas medidas tendrán una duración máxima de seis meses; no obstante si persistieren las circunstancias se podrán prorrogar por períodos sucesivos de seis meses (art. 152.2.1º de la Ley Orgánica del Poder Judicial).

b) Ejercer las facultades de las letras e) a ñ), ambas incluidas, del artículo anterior, pero referidas también a los órganos jurisdiccionales con sede en la Comunidad Autónoma correspondiente y a los Jueces y Magistrados en ellos destinados.

c) Recibir, en su caso, el juramento o promesa legalmente prevenidos a los Abogados, Procuradores y Graduados Sociales, cuando así se establezca en las disposiciones corporativas aplicables.

d) Dictar las instrucciones pertinentes, sin invadir la competencia jurisdiccional, para que el auxilio judicial se solicite y se preste por los órganos jurisdiccionales con sede en la Comunidad Autónoma correspondiente de manera pronta y eficaz, conforme a lo dispuesto por el Consejo General del Poder Judicial en desarrollo del art. 110.2.p) de la Ley Orgánica del Poder Judicial.

e) Expedir los nombramientos de los Jueces de Paz, de acuerdo con lo dispuesto en el Reglamento correspondiente.

f) Seleccionar y nombrar a los Secretarios judiciales de provisión temporal, de acuerdo con las disposiciones reglamentarias aplicables.

2. La Sala de Gobierno de la Audiencia Nacional ejercerá respecto de sus Salas y Secciones, así como respecto de los Juzgados Centrales de Instrucción, Juzgados Centrales de lo Penal y Juzgados Centrales de lo Contencioso Administrativo, las facultades a que se refiere el número anterior.

CAPÍTULO III

Funcionamiento de las Salas de Gobierno

Art. 6. 1. Las Salas de Gobierno que no puedan constituirse en Comisión se reunirán, al menos, dos veces por mes, a no ser que no hubiere asuntos pendientes, y cuantas veces, además, tengan que tratar de asuntos urgentes de interés para la

Administración de Justicia, o cuando lo solicite la tercera parte de sus miembros, mediante propuesta razonada y con expresión de los que deban ser objeto de deliberación y decisión (art. 153.1 de la Ley Orgánica del Poder Judicial).

2. El Pleno de las Salas de Gobierno que puedan constituirse en régimen de Comisión se reunirá, al menos, una vez cada tres meses y, asimismo, cuando, a juicio del Presidente o de la Comisión, la trascendencia, la importancia o interés para la Administración de Justicia de los asuntos a tratar así lo aconsejen, o cuando lo solicite la mayoría de sus miembros mediante propuesta razonada y con expresión de lo que debe ser objeto de deliberación y decisión.

3. Las Salas de Gobierno constituidas en Comisión se reunirán semanalmente. El orden del día de la Comisión se pondrá en conocimiento de todos los miembros de la Sala de Gobierno y de cuantos, con interés legítimo, lo soliciten. La Comisión trimestralmente, pondrá en conocimiento del Pleno, previamente convocado, todos aquellos asuntos que han sido tratados y resueltos. También pondrá en conocimiento de todos los miembros de la Sala de Gobierno y de cuantos, con interés legítimo, lo soliciten los Acuerdos que adopte.

4. Los acuerdos de la Comisión de las Salas de Gobierno de los Tribunales Superiores de Justicia podrán ser revisados por el Pleno a solicitud de cualquiera de sus miembros. Si se solicitara la suspensión del acuerdo, el Pleno resolverá sobre ella en la primera reunión que celebre.

5. El lugar de reunión de las Salas de Gobierno, del Pleno y de la Comisión, en su caso, será aquel en el que tenga su sede el Tribunal Superior de Justicia.

Art. 7. 1. La convocatoria de la Sala de Gobierno, del Pleno y de la Comisión, en su caso, se hará por el Presidente, con expresión de los asuntos a tratar, señalando día, hora y lugar de la sesión. Se efectuará con una antelación mínima de veinticuatro horas con relación a la hora de comienzo de la sesión. A la convocatoria se acompañará la documentación correspondiente a los puntos a ser tratados o se expresará el lugar en que se encuentra a disposición de los integrantes de la Sala, y demás interesados.

2. El Pleno de las Salas de Gobierno constituidas también en régimen de Comisión podrá tomar el acuerdo de reservarse el conocimiento y resolución de los asuntos que por su alcance e importancia considere que han de ser tratados por la Sala de Gobierno constituida en Pleno.

Art. 8. 1. La Sala de Gobierno, el Pleno o la Comisión podrán constituirse por el Presidente y dos miembros para las actuaciones no decisorias de carácter formal, tales como la recepción de juramento o promesa o la toma de posesión de

Jueces y Magistrados u otras de carácter análogo (art. 153.3 de la Ley Orgánica del Poder Judicial).

2. En los demás casos, para su válida constitución, se requerirá la presencia, al menos, de la mayoría de sus miembros, que deberán ser citados personalmente con veinticuatro horas de anticipación como mínimo (art. 153.4 de la Ley Orgánica del Poder Judicial).

3. En los casos de vacante, licencia, servicios especiales u otra causa que lo justifique, el Presidente de la Sala de Gobierno será sustituido por el Presidente de Sala más antiguo en el cargo aunque sea de distinta sede. Respecto de los demás miembros de la Sala de Gobierno no será de aplicación el régimen de sustituciones previsto en la Ley Orgánica del Poder Judicial.

4. Actuará de Secretario, con voz pero sin voto, el Secretario de Gobierno del Tribunal Supremo, Audiencia Nacional o Tribunal Superior de Justicia correspondiente.

Art. 9. No podrán estar presentes en las discusiones y votaciones los que tuvieran interés directo o indirecto en el asunto de que se trate, siendo de aplicación en este caso lo dispuesto en la Ley para la abstención y recusación (art. 154 de la Ley Orgánica del Poder Judicial), sin perjuicio de que les pudiera ser requerido con carácter previo su informe en torno al asunto a tratar.

Art. 10. Conforme al artículo 155 de la Ley Orgánica del Poder Judicial, el Presidente designará, procurando guardar el necesario equilibrio, un Ponente para cada asunto a tratar, que informará a la Sala y presentará, en su caso, la propuesta de acuerdo o resolución, salvo que, por razones de urgencia, no sea posible, o por la escasa importancia del asunto, a juicio del Presidente, no lo requiera.

Art. 11. 1. De conformidad con lo dispuesto en el artículo 156 de la Ley Orgánica del Poder Judicial, el Presidente, por propia iniciativa, a petición del Ponente o por acuerdo de la Sala, pasará a dictamen del Ministerio Fiscal aquellos asuntos en los que deba intervenir o en los que la índole de los mismos lo haga conveniente.

2. El Ponente, a la vista del dictamen del Fiscal, del que dará cuenta a la Sala, formulará la correspondiente propuesta.

Art. 12. 1. Concluida la discusión de cada asunto, se procederá a la votación, que comenzará por el Juez o Magistrado más moderno y seguirá por orden de menor antigüedad, hasta el que presidiere. Las deliberaciones de la Sala de Gobierno tendrán carácter reservado, debiendo sus componentes guardar secreto de ellas.

Los acuerdos serán adoptados por mayoría, salvo cuando la Ley disponga otra cosa. La votación será secreta si lo solicitase cualquiera de los miembros (art. 157.1 de la Ley Orgánica del Poder Judicial).

2. El Juez o Magistrado que disintiere de la mayoría podrá pedir que conste su voto en el acta. Si lo desea, podrá formular voto particular, escrito y fundado, que se insertará en el acta, si la Sala lo estimare procedente por razón de su naturaleza o de las circunstancias concurrentes, siempre que lo presente dentro del plazo que fije la Sala, que no será superior a tres días (art. 157.2 de la Ley Orgánica del Poder Judicial).

3. El Presidente tendrá voto de calidad en caso de empate (art. 157.3 de la Ley Orgánica del Poder Judicial).

4. Los acuerdos de las Salas de Gobierno, del Pleno y de las Comisiones, en su caso, serán motivados.

5. Los acuerdos de las Salas de Gobierno serán remitidos al Consejo General del Poder Judicial, para su toma de conocimiento y control de legalidad. Cuando tengan trascendencia para la prestación del servicio, se remitirán igualmente a los órganos judiciales de su ámbito, así como a los Jueces y Magistrados a los que se refieran, al Ministerio Fiscal, a los Colegios Profesionales y a los demás interesados. Además, a criterio del órgano de gobierno y, en su caso, del Presidente del Tribunal Superior, se podrá proceder a su difusión a través de los medios informativos si se consideran de interés general.

6. A los acuerdos sobre normas de reparto entre Secciones y entre Juzgados de un orden jurisdiccional se les dará publicidad suficiente. En todo caso serán puestos en conocimiento de los Colegios de Abogados y de Procuradores de su ámbito, así como, en el orden jurisdiccional social, de los de Graduados Sociales, para su difusión entre los profesionales, y serán publicados en el tablón de anuncios del Tribunal y Decanato de los Juzgados a que se refieran. Se publicarán en el «Boletín Oficial del Estado» los acuerdos relativos al reparto de asuntos entre las Secciones de las Salas del Tribunal Supremo y Audiencia Nacional y entre las Salas y Secciones de los Tribunales Superiores de Justicia.

Art. 13. 1. El Secretario de Gobierno dará cuenta de los asuntos que se llevan a la Sala; estará presente en su discusión y votación; redactará las actas, en que se hará mención de todos los acuerdos, refiriéndose a los expedientes en que se insertare; anotará al margen los apellidos de los que estén presentes en la sesión; custodiará el libro de actas y dará, en su caso, las certificaciones correspondientes (art. 158.1 de la Ley Orgánica del Poder Judicial).

2. De conformidad con lo dispuesto en el artículo 159 de la Ley Orgánica del Poder Judicial, los acuerdos de las Salas de Gobierno se llevarán a un libro de

actas, de forma que garantice su autenticidad y la posibilidad de utilizar medios de reproducción, que estará a cargo del Secretario de Gobierno y que no tendrá otra publicidad que la que se efectúe a instancia del que tenga un interés directo, legítimo y personal. Existirá igualmente un libro de votos particulares en el que se recogerán los votos de esta índole que, de acuerdo con lo establecido en el artículo 157.2 de la Ley Orgánica del Poder Judicial, no hubieran sido insertados en el acta.

CAPÍTULO IV
Régimen de los actos de las Salas de Gobierno

Art. 14. 1. Contra los actos de las Salas de Gobierno, constituidas en Pleno o en Comisión, podrá interponerse recurso de alzada ante el Pleno del Consejo General del Poder Judicial y, en su caso, recurso de revisión, en los plazos, formas y por los motivos que establece la Ley 30/1992, de 26 de noviembre, de Régimen Jurídico de las Administraciones Públicas y del Procedimiento Administrativo Común, siempre que, de acuerdo con lo dispuesto en el artículo 107 de la misma Ley, lo permita la naturaleza de dichos actos. Igualmente podrá procederse a su revisión de oficio por el Pleno del Consejo General de acuerdo con los artículos 102 y siguientes de la misma Ley, en los supuestos previstos en las mismas normas y por los trámites establecidos en ellas.

2. En cuanto a la obligación de resolver, plazo para dictar resolución expresa y régimen de los actos presuntos, se estará a lo establecido en la Ley 30/1992. En ausencia de regulación expresa, los actos que se refieran a solicitudes y peticiones se entenderán dictados en sentido desestimatorio, una vez transcurrido el plazo establecido para resolver sobre los mismos.

3. Los actos de las Salas de Gobierno serán ejecutivos, sin perjuicio del régimen de impugnación previsto.

Art. 15. 1. La interposición de cualquier recurso no suspenderá la ejecución del acto impugnado, salvo que una disposición establezca lo contrario.

2. No obstante, el Consejo General del Poder Judicial, de oficio o a petición del recurrente, podrá acordar la suspensión del acto recurrido, previa ponderación, suficientemente razonada, entre el perjuicio que causaría al interés público o a terceros la suspensión y el perjuicio que pueda ocasionar al recurrente la ejecución inmediata del acto recurrido, siempre que concurra alguna de las siguientes circunstancias:

a) Que la ejecución pudiera causar perjuicios de imposible o difícil reparación.

b) Que la impugnación se fundamente en alguna de las causas de nulidad de pleno derecho previstas en el artículo 62.1 de la Ley 30/1992, de 26 de noviembre, de Régimen Jurídico de las Administraciones Públicas y del Procedimiento Administrativo Común.

3. El acto impugnado se entenderá suspendido en su ejecución si, una vez solicitada por el recurrente, nada se resolviese en el plazo de treinta días desde que la petición de suspensión haya tenido entrada en el Consejo General del Poder Judicial, sin necesidad de solicitar la certificación de acto presunto.

4. Al dictar el acuerdo de suspensión podrán adoptarse las medidas cautelares necesarias para asegurar la protección del interés público y la eficacia de la resolución impugnada. Las medidas se podrán acordar por el Consejo General en cualquier momento si inicialmente no fueron acordadas o si la suspensión tuviere lugar por aplicación de lo previsto en el último apartado del número anterior.

Art. 16. La ejecución de los acuerdos dictados por las Salas de Gobierno corresponderá a las propias Salas, debiendo el Presidente velar por su cumplimiento.

Art. 17. Las Salas de Gobierno procederán a constituir, con las Administraciones competentes en materia de Administración de Justicia, la correspondiente Comisión Mixta sobre utilización de medios auxiliares, tales como instalaciones y edificios, previsiones presupuestarias y su ejecución, personal e informática judicial. Estarán integradas por igual número de representantes de las Salas de Gobierno y de la Administración Central o Autonómica competente. En dichas Comisiones se integrarán los Presidentes de Audiencia y Decanos correspondientes, si no formaren parte previamente de dicha Comisión, cuando la cuestión que deba tratarse les afecte. Al inicio de cada año, los representantes de la Sala de Gobierno propondrán a la Comisión, para su aprobación, un plan de actuación respecto de cada una de las materias señaladas anteriormente.

CAPÍTULO V

Elecciones de miembros de las Salas de Gobierno del Tribunal
Supremo, Audiencia Nacional y Tribunales Superiores de Justicia

SECCIÓN 1ª
Disposiciones generales

Art. 18. 1. Los miembros electivos de las Salas de Gobierno se renovarán en su totalidad cada cinco años, computados desde la fecha de constitución de aquélla. La Sala de Gobierno y, en su caso, la Comisión continuará en el ejercicio de sus funciones hasta la fecha de constitución de la nueva.

2. Las elecciones que se convoquen para cubrir plazas en las Salas de Gobierno del Tribunal Supremo, Audiencia Nacional y Tribunales Superiores de Justicia se efectuarán de conformidad con lo dispuesto en los artículos 151 y concordantes de la Ley Orgánica del Poder Judicial y en el presente Reglamento. En todo lo no previsto por dichas normas regirá, en cuanto resulte aplicable, la legislación electoral general.

Art. 19. Serán electores todos los Magistrados destinados en las Salas del Tribunal a cuya Sala de Gobierno se refiera la elección, así como los Magistrados y Jueces destinados, aunque no hubiesen tomado posesión, en los órganos jurisdiccionales sitos dentro del ámbito territorial de los respectivos Tribunales Superiores de Justicia, que, el día de la elección se encuentren en servicio activo; los Jueces Centrales de Instrucción, de lo Penal y de lo Contencioso Administrativo son electores respecto de la Audiencia Nacional.

Art. 20. Serán elegibles los mismos electores excepto quienes por su cargo sean miembros natos de las Salas de Gobierno respectivas. Tampoco serán elegibles los Decanos a que se refiere el artículo 149.2 de la Ley Orgánica del Poder Judicial y el artículo 2.2 de este Reglamento.

Art. 21. 1. La organización electoral corresponderá a la Junta prevista en el artículo 151.2 de la Ley Orgánica del Poder Judicial. Actuará con voz, pero sin voto, como Secretario, el de Gobierno del Tribunal respectivo.

2. Los componentes de las Juntas serán sustituidos, caso de necesidad, el Presidente, por el Presidente de Sala más antiguo en el cargo y los Vocales por los Magistrados que les sigan en antigüedad en orden descendente o ascendente, respectivamente.

3. No podrán formar parte de la Junta quienes se presenten como candidatos.

4. Las Juntas Electorales se constituirán dentro del plazo de los tres días siguientes a la convocatoria de elecciones.

Art. 22. A los efectos del artículo 151.3 de la Ley Orgánica del Poder Judicial, corresponde al Consejo General del Poder Judicial evacuar las consultas que le sean elevadas para la correcta realización del proceso electoral.

Art. 23. Los plazos previstos en este Reglamento en materia electoral son improrrogables y se entienden referidos siempre a días naturales. Cuando el último día de plazo sea inhábil, el plazo se entenderá prorrogado al primer día hábil siguiente.

SECCIÓN 2ª
Listas electorales

Art. 24. Dentro de los ocho días siguientes al de la publicación de la convocatoria, la Junta Electoral aprobará la lista provisional de electores y procederá a su publicación en el tablón de anuncios del Tribunal y, en su caso, de las Audiencias Provinciales y Decanatos.

Art. 25. Hasta el mismo día de la votación, la Junta Electoral, de oficio o a instancia de parte legítima, efectuará las correcciones que sean procedentes en dicha relación, de tal modo que en la misma aparezcan todos y solamente aquellos electores a que se refiere el artículo 19 de este Reglamento.

A tal efecto se comunicará sin dilación a la Junta cualquier alteración que se produzca en la situación de los electores que hubiere de tener reflejo en las listas aprobadas.

SECCIÓN 3ª
Presentación y proclamación de candidatos

Art. 26. Las candidaturas se presentarán mediante solicitud de proclamación, ante la Junta Electoral respectiva, dentro de los quince días siguientes al de la publicación de la convocatoria.

Art. 27. Las candidaturas se formularán en los términos previstos en la regla segunda del artículo 151.1 de la Ley Orgánica del Poder Judicial sin que puedan incluir mayor número de candidatos que el de plazas, de titulares y sustitutos, a cubrir.

Art. 28. A cada candidatura se le asignará un número consecutivo por orden de presentación.

Será representante de la candidatura el primer firmante de la misma, pudiendo ser sustituido por la persona que se designe en el escrito de presentación, la cual deberá tener la condición de elector.

Art. 29. Finalizado el plazo de presentación de candidaturas, se publicarán éstas inmediatamente en el tablón de anuncios del Tribunal respectivo.

Dentro de los dos días siguientes a la finalización del plazo de presentación de candidaturas, las Juntas Electorales comunicarán a los representantes de las candidaturas las irregularidades apreciadas en ellas de oficio o denunciadas por otros representantes. El plazo para subsanación es de cuarenta y ocho horas.

Art. 30. La Junta Electoral efectuará la proclamación de candidaturas en el vigésimo segundo día posterior al de la convocatoria.

No serán proclamadas las candidaturas que no se ajusten al presente Reglamento.

Art. 31. Las candidaturas no podrán modificarse una vez presentadas, salvo que alguno de los candidatos hubiese renunciado o perdido por cualquier causa su condición de elegible, en cuyo caso podrá ser sustituido, hasta el día anterior a la proclamación.

Art. 32. Efectuada la proclamación, las candidaturas definitivamente admitidas serán publicadas en el tablón de anuncios del Tribunal respectivo y, en su caso, de las Audiencias Provinciales y Decanatos.

Art. 33. El representante de cada candidatura proclamada podrá nombrar, hasta dos días antes del señalado para la votación, uno o dos Interventores, que deberán tener la condición de electores.

Art. 34. La convocatoria de elecciones fijará la fecha de la votación que estará comprendida entre el trigésimo segundo y el trigésimo séptimo día posteriores a la convocatoria.

SECCIÓN 4ª
Votación

Art. 35. 1. El día de la votación y a las nueve horas, se constituirá la Junta Electoral respectiva en Mesa Electoral. En ningún caso podrá constituirse la Mesa sin la presencia del Presidente y de los dos Vocales, sustituidos, en su caso, uno y otros en la forma prevista en el artículo 21.2 de este Reglamento. En defecto del Secretario, asumirá sus funciones el Vocal más moderno de la Mesa. La Mesa Electoral se constituirá en la sede del Tribunal Supremo, Audiencia Nacional o Tribunal Superior de Justicia correspondiente.

2. La Junta Electoral, atendiendo a las circunstancias concurrentes en cada caso, podrá acordar, dentro de los tres días siguientes a la convocatoria de las elecciones, que el día de la votación se constituyan secciones de la Mesa Electoral, determinando expresamente su sede, composición, competencias, ámbito territorial y cuerpo electoral afectado. Este acuerdo de la Junta Electoral se publicará en el tablón de anuncios del Tribunal respectivo y, en su caso, de las Audiencias Provinciales y Decanatos.

Art. 36. Constituida la Mesa, recibirá ésta a los Interventores que se presenten hasta las nueve horas y quince minutos, los cuales acreditarán su identidad y condición, levantándose acta de ello, que firmarán sus componentes, los Interventores y el Secretario.

Art. 37. A las nueve treinta horas, se abrirá la votación anunciándolo el Presidente en alta voz, procediéndose seguidamente a la práctica de la misma por todos los electores que concurrieren. La votación tendrá carácter público.

Art. 38. 1. Los electores deberán hacer constar en la papeleta el nombre de uno o más de los candidatos proclamados, hasta un número que no exceda del de puestos a cubrir, pudiendo combinar nombres de las distintas candidaturas, pero manteniendo la debida separación entre titulares y sustitutos.

2. La Mesa anotará en un ejemplar de la lista de electores la emisión de voto personal por cada elector.

Art. 39. 1. Con el fin de facilitar el ejercicio del derecho de sufragio y garantizar el buen funcionamiento del servicio, la votación en las elecciones a las Salas de Gobierno podrá realizarse por correo.

2. A tal fin, desde el día siguiente de la publicación de la lista provisional de electores, y antes de los seis días anteriores al de la votación, la correspondiente Junta acordará que se remitan la papeleta y el sobre para votación por correo a todos los electores.

3. No obstante lo dispuesto en los apartados anteriores, el elector que desee emitir su voto personalmente, haya recibido o no la documentación necesaria para el voto por correo, podrá efectuarlo el día de la votación. En tal caso el único voto que podrá computarse será el emitido personalmente.

Art. 40. El elector que vote por correo introducirá la papeleta en el sobre de votación, y éste, junto con fotocopia de su documento nacional de identidad o carné profesional, lo incluirá en otro sobre en el que hará constar la indicación: «Elecciones para la Sala de Gobierno».

El sobre así preparado se remitirá por correo ordinario o medio análogo a la Presidencia del Tribunal correspondiente, cuyo Secretario de Gobierno conservará todos los sobres recibidos hasta el día de la votación, en cuya fecha hará entrega de los mismos a la Mesa Electoral, en el momento de su constitución. Del mismo modo irá haciendo entrega a la Mesa Electoral de los que se reciban ese mismo día hasta el momento de cerrarse la votación.

Art. 41. A las veinte horas del día señalado para la votación anunciará el Presidente que va a concluir ésta y no admitirá, a partir de ese momento, más votos que los de aquellos electores que se encuentren presentes en la Sala.

Igualmente, dará por concluida la votación con anterioridad cuando comprobase que han sido emitidos todos los votos excepción hecha de los componentes de la Mesa e Interventores, contando para ello con los emitidos por correo.

Declarada conclusa la votación, se comprobarán los votos recibidos por correo, abriéndose los correspondientes a aquellos electores que no hayan votado personalmente y depositándose el sobre de votación en la urna; seguidamente votarán los Interventores y los miembros de la Mesa.

Finalmente, se cerrará el acta tras el último nombre inscrito y será firmada por los componentes de la Mesa y los Interventores.

SECCIÓN 5ª
Escrutinio

Art. 42. Terminadas las operaciones a que se refiere la sección anterior, comenzará el escrutinio. El Presidente pondrá de manifiesto cada papeleta, una vez leída a los Interventores y a los Vocales, que tomarán las notas oportunas para el cómputo. Al final se compulsará el número total de papeletas con el de votantes anotados.

Art. 43. Hecho el recuento de votos, el Presidente anunciará en voz alta su resultado, especificando el número de votantes, el de papeletas nulas, el de papeletas en blanco y el de votos obtenidos por cada uno de los candidatos titulares o sustitutos.

Art. 44. Hecho el anuncio por el Presidente, éste, los Vocales, el Secretario y los Interventores firmarán el acta de escrutinio.

Art. 45. Firmada el acta de escrutinio, se publicará inmediatamente el resultado de éste por medio de certificación en extracto de aquella que se fijará en el tablón de anuncios del Tribunal.

Art. 46. Concluidas estas operaciones, el Secretario de la Mesa recogerá en plica cerrada las actas de constitución, votación y escrutinio, junto con la lista de electores y documentos anexos y la conservará en su poder hasta la proclamación de candidatos electos.

Art. 47. 1. El siguiente día al de la votación se constituirá la Junta Electoral en sesión pública y una vez abierta la plica donde se guardaron las actas y demás documentos, procederá a concretar los candidatos que han resultado elegidos, para lo que formará dos listas, una de titulares y otra de sustitutos, siguiendo el orden marcado por el número de votos obtenidos por cada uno, y proclamará candidatos electos a los que hubiesen obtenido mayor número de votos, tanto titulares como sustitutos. Igualmente relacionará los restantes candidatos presentados, según el número decreciente de votos obtenidos.

2. Si por aplicación estricta de la regla contenida en el número anterior no resultare elegido para la Sala de Gobierno de un Tribunal Superior de Justicia ningún Juez, el Magistrado que hubiere resultado elegido con menor número de votos cederá su puesto en la misma al Juez que hubiere obtenido mayor número de votos entre los que figuren como candidatos, salvo que no se hubieran presentado a elección candidatos de dicha categoría.

3. Concluida la proclamación, se extenderá acta por duplicado remitiéndose un ejemplar al Consejo General del Poder Judicial y conservándose el otro en la Junta Electoral.

Art. 48. 1. Cuando dos o más candidatos hubiesen obtenido el mismo número de votos tendrán derecho preferente a la proclamación los pertenecientes a la candidatura que haya obtenido el mayor número total de votos y si todos pertenecen a la misma candidatura será proclamado el situado en mejor puesto dentro de ella.

2. En caso de empate entre sustitutos tendrá preferencia el que figure en la candidatura como sustituto del titular electo al que corresponda y, en su defecto, el que figure en la misma candidatura como sustituto de otro candidato.

Art. 49. Tras la proclamación de los miembros electos de las Salas de Gobierno se procederá a su constitución con la nueva composición en el plazo de quince días desde la proclamación de los candidatos electos. Se remitirá certificación del acta de constitución al Consejo General del Poder Judicial. En el momento de constitución de las Salas de Gobierno, sus miembros prestarán juramento o promesa de cumplir fielmente las obligaciones de su cargo y de guardar secreto de las deliberaciones de la Sala de Gobierno.

SECCIÓN 6ª
Reclamaciones en materia electoral

Art. 50. Contra los acuerdos de la Junta Electoral podrá interponerse recurso contencioso-administrativo electoral de conformidad con lo dispuesto en el art. 151.4 de la Ley Orgánica del Poder Judicial.

CAPÍTULO VI
Cese y sustitución de miembros de las Salas de Gobierno del Tribunal Supremo, Audiencia Nacional y Tribunales Superiores de Justicia

Art. 51. 1. Son causas de cese anticipado de los miembros electos de las Salas de Gobierno de los Tribunales Superiores de Justicia las siguientes:

a) El cambio de situación del Juez o Magistrado a otra que no sea la de servicio activo, o el cese en el ejercicio de sus funciones jurisdiccionales.

b) La pérdida de la condición de Juez o Magistrado.

c) La renuncia al puesto de miembro electo de la Sala de Gobierno.

d) El traslado fuera del territorio de la Comunidad Autónoma sobre el que el Tribunal Superior de Justicia extienda su jurisdicción.

e) El ascenso a la categoría de Magistrado del miembro electo de la Sala de Gobierno con categoría de Juez que ocupare el puesto reservado para la misma.

f) Haber sobrevenido la causa de incompatibilidad establecida en el art. 391 de la Ley Orgánica del Poder Judicial. En este caso cesará aquel que tenga menor antigüedad en la Sala de Gobierno.

g) Cualquier otra prevista en la Ley.

2. Las indicadas causas son aplicables también a los miembros de las Salas de Gobierno del Tribunal Supremo y de la Audiencia Nacional, fuera de las específicamente aplicables a las Salas de Gobierno de los Tribunales Superiores de Justicia.

3. Si un miembro electo pasase a ser miembro nato de la Sala de Gobierno su puesto será cubierto por el sustituto correspondiente.

Art. 52. En caso de cese anticipado, por cualquier causa, de alguno de los miembros elegidos de la Sala de Gobierno, su puesto será cubierto por el correspondiente sustituto (art. 151.5 de la Ley Orgánica del Poder Judicial), entendiéndose por tal el que figure en la relación de sustitutos en el mismo lugar ordinal que el titular que cesa figurara en la relación de titulares.

Art. 53. 1. Si se tratare del cese anticipado de un miembro electo por la categoría de Magistrado y el correspondiente sustituto también cesare o hubiere cesado con anterioridad, el puesto será cubierto por el candidato que figure como titular no elegido que hubiera obtenido mayor número de votos. Si no restaren candidatos votados, se convocarán elecciones parciales para cubrir el puesto o puestos vacantes.

2. Cuando se produjese el cese anticipado de un miembro electo por la categoría de Juez y el sustituto de tal categoría también cesare o hubiese cesado con anterioridad y no hubiere ningún otro en la Sala de Gobierno con dicha categoría,

el puesto será cubierto por el candidato que figure como titular no elegido con mayor número de votos siempre que tenga la categoría de Juez. Si no restare ninguno que reúna estas condiciones, se convocarán elecciones parciales para cubrir el puesto o puestos vacantes.

TÍTULO II
De los Presidentes de los Tribunales y Audiencias

CAPÍTULO I
Presidentes de los Tribunales

Art. 54. 1. Los Presidentes del Tribunal Supremo, Audiencia Nacional y Tribunales Superiores de Justicia, tendrán las siguientes funciones (art. 160 de la Ley Orgánica del Poder Judicial):

a) Convocar, presidir y dirigir las deliberaciones de la Sala de Gobierno (art. 160.1 de la Ley Orgánica del Poder Judicial).

b) Fijar el orden del día de las sesiones de la Sala de Gobierno, en el que deberán incluirse los asuntos que propongan al menos dos de sus componentes (art. 160.2 de la Ley Orgánica del Poder Judicial).

c) Someter cuantas propuestas considere oportunas en materia de competencia de la Sala de Gobierno (art. 160.3 de la Ley Orgánica del Poder Judicial).

d) Autorizar con su firma los acuerdos de la Sala de Gobierno y velar por su cumplimiento (art. 160.4 de la Ley Orgánica del Poder Judicial).

e) Cuidar del cumplimiento de las medidas adoptadas por la Sala de Gobierno para corregir los defectos que existieren en la Administración de Justicia, si estuvieren dentro de sus atribuciones, y, en otro caso, proponer al Consejo, de acuerdo con la Sala, lo que considere conveniente (art. 160.5 de la Ley Orgánica del Poder Judicial).

f) Despachar los informes que le pida el Consejo General del Poder Judicial (art. 160.6 de la Ley Orgánica del Poder Judicial).

g) Adoptar las medidas necesarias, cuando surjan situaciones que por su urgencia lo requieran, dando cuenta en la primera reunión de la Sala de Gobierno (art. 160.7 de la Ley Orgánica del Poder Judicial). Cuando ello resulte necesario para la adecuada información de la opinión pública, los Presidentes de los Tribunales Superiores de Justicia podrán emitir notas y comunicados dirigidos a los medios informativos en relación con la actividad de los órganos jurisdiccionales de su ámbito al suscitarse ante ellos algún asunto de singular relevancia o interés público. Los Presidentes ejercitarán tal facultad a iniciativa propia o previa solicitud del órgano jurisdiccional que estuviere conociendo del asunto, y cuidarán en todo momento de preservar las exigencias derivadas de los derechos fundamentales al honor, a la intimidad personal y a la propia imagen, así como la plenitud de la potestad jurisdiccional del Juzgado o Tribunal. Análoga facultad, en su respectivo ámbito, tendrán los Presidentes de las Audiencias Provinciales y Decanos, previa comunicación al Presidente de su Tribunal Superior y con sujeción a las indicaciones que éste les formule.

h) Dirigir la inspección de los Juzgados y Tribunales en los términos establecidos en esta Ley (art. 160.8 de la Ley Orgánica del Poder Judicial).

i) Determinar el reparto de asuntos entre las Secciones del Tribunal, de acuerdo con las normas aprobadas por la Sala de Gobierno (art. 160.9 de la Ley Orgánica del Poder Judicial).

j) Presidir diariamente la reunión de los Presidentes de Salas y Magistrados y cuidar de la composición de las Salas y Secciones, de conformidad con lo dispuesto en el artículo 198 de la Ley Orgánica del Poder Judicial (art. 160.10 de la Ley Orgánica del Poder Judicial).

k) Ejercer todos los poderes dirigidos al buen orden del Tribunal o Audiencia respectivo, así como al cumplimiento de sus deberes por el personal de los mismos (art. 160.11 de la Ley Orgánica del Poder Judicial).

l) Comunicar al Consejo General las vacantes judiciales y las plazas vacantes de personal auxiliar del respectivo Tribunal o Audiencia (art. 160.12 de la Ley Orgánica del Poder Judicial).

m) Oír las quejas que les hagan los interesados en causas o pleitos, adoptando las prevenciones necesarias (art. 160.13 de la Ley Orgánica del Poder Judicial).

n) Ejercer, en relación con el Servicio de Guardia, las facultades establecidas en el correspondiente Reglamento.

ñ) Resolver, cuando sea preciso, sobre la adecuada utilización del edificio y dependencias en que tenga su sede el Tribunal, en cuanto se refiere a las actividades que guarden relación con la función judicial, sin perjuicio de la policía de estrados que corresponde a los titulares de los órganos jurisdiccionales.

o) Las demás previstas en la Ley (art. 160.14 de la Ley Orgánica del Poder Judicial).

p) Conceder permisos y licencias a los Jueces y Magistrados en los supuestos previstos en la Ley Orgánica del Poder Judicial y en el Reglamento 1/1995, de 7 de junio, de la Carrera Judicial, notificando su concesión, en su caso, al Presidente de la Audiencia o Tribunal al que estén adscritos aquéllos.

2. Los Presidentes de los Tribunales Superiores de Justicia convocan, presiden y dirigen las deliberaciones de la Sala de Gobierno.

3. Corresponderá a las Oficinas de Prensa de los Tribunales Superiores de Justicia, con la asistencia técnica pertinente y bajo la dirección de su Presidente, el

desarrollo de las actividades informativas y de relación con los medios de comunicación que procedan en el ejercicio de las competencias atribuidas a los órganos de gobierno de cada Tribunal Superior, así como para una mejor atención de los medios informativos y de los profesionales de la información en sus relaciones con la Administración de Justicia dentro de dicho ámbito.

Art. 55. Podrán los Presidentes del Tribunal Supremo, de la Audiencia Nacional y Tribunales Superiores de Justicia, sin perjuicio de la competencia de las Salas de Gobierno recogida en el artículo 4.r) de este Reglamento, dirigir a los Juzgados y Tribunales a ellos inferiores, que estén comprendidos en su respectiva circunscripción, dentro del ámbito de sus competencias gubernativas, las prevenciones que estimen oportunas para el mejor funcionamiento de los Juzgados y Tribunales, dando cuenta sin dilación al Tribunal Supremo, en su caso, y directamente al Consejo General del Poder Judicial (art. 162 de la Ley Orgánica del Poder Judicial).

Art. 56. 1. El Presidente del Tribunal Superior de Justicia ostenta la representación del Poder Judicial en la Comunidad Autónoma correspondiente, siempre que no concurra el Presidente del Tribunal Supremo.

2. El Presidente de Sala a que se refiere el artículo 78 de la Ley Orgánica del Poder Judicial representa al Poder Judicial en las provincias a que se extiende la jurisdicción de aquélla, salvo cuando concurra el Presidente del Tribunal Supremo o el Presidente del Tribunal Superior de Justicia. En el caso de que existan, conforme a dicho artículo, Salas de lo Contencioso-Administrativo y de lo Social, tal representación corresponde al Presidente de Sala que designe el Consejo General del Poder Judicial.

3. El Presidente del Tribunal Superior de Justicia podrá delegar en el de Sala a que se refiere el artículo anterior las funciones gubernativas que tenga por conveniente, referidas a la Sala o Salas correspondientes y a los órganos jurisdiccionales con sede en las provincias a las que aquéllas extiendan su jurisdicción (art. 161.3 de la Ley Orgánica del Poder Judicial).

CAPÍTULO II
Presidentes de las Audiencias y Salas

Art. 57. 1. Los Presidentes de las Audiencias Provinciales ejercen las siguientes funciones (art. 164 de la Ley Orgánica del Poder Judicial):

a) Presidir la Audiencia Provincial.

b) Presidir diariamente la reunión de los Presidentes de las Secciones y Magistrados y cuidar de la composición de las Secciones conforme a lo establecido en la Ley.

c) Adoptar las medidas precisas para su funcionamiento. A estos efectos deberán tomar conocimiento de la estadística y alardes de las distintas Secciones de la Audiencia Provincial y podrán convocar, bajo su presidencia, a los Magistrados de éstas, para la unificación de criterios y la coordinación de prácticas procesales (art. 264 de la Ley Orgánica del Poder Judicial), así como para aquellas otras cuestiones sobre las que decida recabar su parecer, por su propia iniciativa o a solicitud de al menos una tercera parte de los Magistrados de la Audiencia. Para tratar asuntos de administración ordinaria el Presidente podrá convocar a los Presidentes de Sección y, en caso necesario, a los Secretarios de las distintas Secciones.

d) Dirigir, en su caso, a los Juzgados que estén comprendidos en su respectiva circunscripción, dentro del ámbito de sus competencias gubernativas, las prevenciones que estimen oportunas para el mejor funcionamiento de los Juzgados y Tribunales, dando cuenta sin dilación al Tribunal Supremo, en su caso, y directamente al Consejo General del Poder Judicial.

e) Resolver, cuando sea preciso, sobre la adecuada utilización del edificio y dependencias en que tenga su sede la Audiencia, en cuanto se refiere a las actividades que guarden relación con la función judicial, sin perjuicio de la policía de estrados que corresponde a los titulares de los órganos jurisdiccionales. A estos efectos deberán tomar conocimiento de los señalamientos de las distintas Secciones y determinarán, mediante las prevenciones necesarias, las condiciones de utilización de las Salas de audiencia y, en general, de las dependencias de la Audiencia Provincial.

f) Comunicar al Presidente del Tribunal Superior de Justicia lo que resulte preciso, en relación con el edificio y dependencias en que tenga su sede la Audiencia, a los efectos de lo establecido en el artículo 4.n) de este Reglamento.

g) Ejercer los poderes de gobierno sobre el personal y demás funciones que les atribuye la Ley, sin perjuicio, en todo caso, de las facultades de los órganos de gobierno del Tribunal Superior de Justicia. Les corresponderá también tomar conocimiento de los permisos y licencias de los Magistrados con destino en la Audiencia Provincial, así como de las restantes incidencias y situaciones administrativas de éstos, e informar, en su caso, sobre la concesión de tales licencias y permisos.

h) Las demás establecidas en la Ley.

Art. 58. 1. Los Presidentes de las Salas y Secciones, de conformidad con lo dispuesto en el artículo 165 de la Ley Orgánica del Poder Judicial y bajo la superior dirección del Presidente del Tribunal Superior y, en su caso, del Presidente de la Audiencia respectiva, tendrán en sus órganos jurisdiccionales la dirección e inspección de todos los servicios y asuntos, adoptarán las resoluciones que la buena marcha de la Administración de Justicia aconseje, resolverán sobre las peticiones que se formulen referidas al acceso al texto de las Sentencias y archivos judiciales de la Sala, darán cuenta a los Presidentes de los respectivos Tribunales y Audiencias de las anomalías o faltas que observen y ejercerán las funciones disciplinarias que les atribuye la Ley sobre el personal adscrito al servicio de la Sala y las que les reconozcan las Leyes procesales sobre el resto de profesionales que se relacionen con el Tribunal.

2. Los Presidentes de Sala, de acuerdo con lo dispuesto en el art. 198 de la Ley Orgánica del Poder Judicial, determinarán la composición de las Secciones, según los criterios aprobados anualmente por la Sala de Gobierno a propuesta de aquéllos. Igualmente coordinarán, bajo la dirección del Presidente del Tribunal Superior, los señalamientos de las distintas Secciones, supervisando la elaboración de la estadística de las mismas y tomando conocimiento, en su caso, de los alardes que hayan de elaborar los Presidentes de éstas.

3. Corresponderá asimismo a los Presidentes de Sala la convocatoria y presidencia de las reuniones de Magistrados de las distintas Secciones de una misma Sala para la unificación de criterios y la coordinación de prácticas procesales en la forma prevista en el artículo 264 de la Ley Orgánica del Poder Judicial.

CAPÍTULO III

Régimen de los actos de los presidentes de los Tribunales, Audiencias y Salas

Art. 59. 1. A los actos de los Presidentes de los Tribunales, Audiencias y Salas les será de aplicación lo establecido en este Reglamento para los actos de las Salas de Gobierno.

2. Sus acuerdos serán comunicados al Consejo General del Poder Judicial, a efectos de su conocimiento y control de legalidad. Contra dichos acuerdos cabe recurso de alzada ante el Pleno del Consejo General del Poder Judicial, o recurso de revisión, en su caso, en cuanto lo permita la naturaleza de dichos actos, de acuerdo con lo dispuesto en el presente Reglamento para la impugnación de acuerdos de las Salas de Gobierno y, con carácter supletorio, en la Ley 30/1992, de 26 de noviembre, con independencia de su revisión de oficio por el Pleno del Consejo General de acuerdo con los artículos 102 y siguientes de la misma Ley, en los supuestos previstos en dichas normas y por los trámites establecidos en las mismas. Las actuaciones informativas o de gestión material que resulten del ejercicio de su potestad de oír las quejas que les hagan los interesados en las causas o pleitos, conforme a lo dispuesto en el artículo 160, número 13, de la Ley Orgánica del Poder Judicial y en el Reglamento 1/1998, del Consejo General del Poder Judicial, por su específica naturaleza, no serán susceptibles de recurso, salvo que por su contenido material afecten a derechos e intereses determinados.

TÍTULO III
De las Juntas de jueces

CAPÍTULO I
Reuniones de jueces

Art. 60. 1. Independientemente de su pertenencia a uno u otro orden jurisdiccional, los Jueces de una misma provincia o Comunidad Autónoma, presididos por el de más tiempo de permanencia en destinos situados en una u otra, según corresponda, podrán reunirse para tratar aquellos problemas que les sean comunes y que rebasen el ámbito del partido judicial.

La convocatoria de las reuniones de Jueces será realizada, a iniciativa propia o a solicitud de uno o más Jueces del territorio, por el que tenga más antigüedad en el destino, a quien corresponderá su presidencia, de conformidad con lo dispuesto en el artículo 170.3 de la Ley Orgánica del Poder Judicial. Dicha convocatoria será comunicada al Presidente del Tribunal Superior de Justicia a fin de que ejerza las facultades a que se refiere el artículo 160.11 de la citada Ley Orgánica.

Del documento en que se recojan los acuerdos se dará traslado a la Sala de Gobierno del Tribunal Superior de Justicia, que una vez haya aprobado las propuestas que se contengan en dichos acuerdos o, si no fuera preceptiva la aprobación, haya tomado conocimiento de su contenido, lo remitirá, por conducto de su Presidente, al Consejo General del Poder Judicial, acompañando informe sobre su oportunidad.

Párrafo redactado conforme al Acuerdo Reglamentario CGPJ 3/2003, de 12 de marzo.

Uno de los Jueces designado por los reunidos actuará como Secretario.

CAPÍTULO II
Juntas generales

Art. 61. 1. Los titulares de Juzgados con sede en la misma población con independencia de su adscripción a uno u otro orden jurisdiccional, se constituirán en Junta general para tratar asuntos de interés común que afecten a todos o a varios de ellos.

2. Los titulares de los Juzgados Centrales de Instrucción y de lo Penal de la Audiencia Nacional formarán Junta general independiente.

3. En caso de vacante o ausencia del titular, el Juez sustituto podrá concurrir a la Junta con plenitud de derechos. Se exceptúan las Juntas convocadas para la elección y reprobación del Decano y aquellas otras en que así se establezca reglamentariamente.

4. La Junta será convocada por el Decano, bien por sí mismo cuando lo estime necesario en razón a la existencia de asuntos de interés común que tratar, bien cuando lo solicitare la cuarta parte de sus miembros de derecho.

CAPÍTULO III
Juntas sectoriales

Art. 62. 1. Los Jueces de cada orden jurisdiccional podrán reunirse en Junta, bajo la presidencia del Decano, para proponer las normas de reparto entre los mismos, unificar criterios y prácticas y para tratar asuntos comunes o sobre los que estimaren conveniente elevar exposición a la Sala de Gobierno correspondiente o al Consejo General del Poder Judicial por conducto del Presidente del Tribunal Superior de Justicia, o cuando aquel les solicitare informe.

2. La Junta así constituida se denominará Junta sectorial de los Jueces del orden jurisdiccional que corresponda.

3. Lo dispuesto en el apartado 3 del artículo 61 de este Reglamento sobre asistencia a las Juntas generales será de aplicación, en su respectivo ámbito, a las Juntas sectoriales.

Art. 63. 1. A efectos de lo dispuesto en el apartado 1 del artículo 62 del presente Reglamento formarán Junta sectorial separada los Jueces de lo Penal, los de lo Contencioso-Administrativo, los de Primera Instancia, los de Instrucción, los de Primera Instancia e Instrucción, los de lo Social, los de Menores, y los de Vigilancia Penitenciaria.

2. El Decano podrá convocar a los titulares de órganos especializados, por sí o a instancia de éstos, para tratar asuntos que les afecten de forma exclusiva, resolviendo lo procedente, y preparar los demás acuerdos que deban proponerse a la Junta sectorial.

CAPÍTULO IV
Competencia de las Juntas de Jueces

Art. 64. 1. Corresponde a las Juntas generales:

a) Efectuar la elección del Decano, en las poblaciones en que corresponda, con arreglo a las normas aplicables, y deliberar sobre su reprobación (art. 166.1 LOPJ).

b) Ser oída con carácter previo a la adopción del acuerdo de liberar al Decano de funciones jurisdiccionales (art. 166.3 LOPJ).

c) Tratar asuntos de interés común que afecten a los titulares de todos o de algunos de los órganos jurisdiccionales de su ámbito territorial.

d) Aprobar la instalación de mecanismos o instrumentos que faciliten la presentación y recepción de escritos fuera de la hora de funcionamiento de la oficina judicial, allí donde no exista un servicio específico integrado en el Servicio de Guardia, garantizando la inmediata remisión al órgano judicial destinatario.

Las materias atribuidas a las Juntas sectoriales en las letras d), e), f), g) y h) del artículo 65, podrán ser tratadas en su ámbito en la Junta general.

Art. 65. Corresponde a las Juntas sectoriales:

a) Elevar la propuesta correspondiente a la Sala de Gobierno del Tribunal Superior de Justicia para la aprobación de las normas de reparto.

b) Proponer, a solicitud del interesado, que se libere total o parcialmente a un Juez del reparto de asuntos por tiempo limitado, de conformidad con lo dispuesto en el art. 167 de la Ley Orgánica del Poder Judicial. Del acuerdo se dará traslado a la Sala de Gobierno del Tribunal Superior de Justicia para su aprobación si procediere.

c) Tratar de unificar criterios en cuestiones jurídicas comunes o generales, con estricto respeto a la independencia judicial de cada uno de sus miembros en materias jurisdiccionales.

d) Unificar prácticas y criterios de actuación en los aspectos de organización de la oficina judicial o de realización material de actos procesales. Los acuerdos adoptados en estas materias respetarán las facultades procesales y de dirección de la oficina judicial que la Ley Orgánica del Poder Judicial y el Reglamento Orgánico del Cuerpo de Secretarios Judiciales atribuyen a éstos y serán vinculantes para todos los Jueces afectados, en tanto se refieran al gobierno de los Juzgados, sin que en modo alguno puedan condicionar el ejercicio de la jurisdicción.

e) Tratar de asuntos comunes que afecten a los Juzgados del orden jurisdiccional reunido en Junta.

f) Tratar de asuntos sobre los que estimaren conveniente elevar exposición a la Sala de Gobierno correspondiente, o al Consejo General del Poder Judicial por conducto del Presidente del Tribunal Superior de Justicia, sin que en tales exposiciones se puedan contener acuerdos que se refieran a competencias de las que otro órgano sea titular.

g) Evacuar informes cuando sean recabados por el Consejo General del Poder Judicial a través del Presidente del Tribunal Superior de Justicia.

h) Formular consultas, con remisión de la certificación del acta en que así se haya acordado, por conducto del Presidente del Tribunal Superior de Justicia correspondiente, quien la elevará junto con su informe al Consejo General del Poder Judicial a efectos de su resolución, si fuera procedente.

i) Elevar propuestas a la Sala de Gobierno sobre criterios y orden de sustitución entre los diversos Jueces del mismo orden jurisdiccional.

j) Proponer al Consejo General del Poder Judicial, a solicitud del Decano, y por conducta del Presidente del Tribunal Superior de Justicia el nombramiento del Juez o Magistrado que vaya a actuar como Delegado de aquél en un determinado orden jurisdiccional.

Párrafo redactado conforme al Acuerdo Reglamentario CGPJ 3/2003, de 12 de marzo.

k) Proponer el calendario de vacaciones estivales y las sustituciones que proceda efectuar.

CAPÍTULO V
Régimen jurídico de las Juntas de Jueces

Art. 66. 1. La convocatoria de la Junta la efectuará el Decano de oficio o a requerimiento de la cuarta parte de los Jueces que la integren como miembros de derecho y que en ese momento estén ejerciendo en la población.

2. La convocatoria señalará día, hora y lugar de la sesión. Se incluirá el orden del día o relación numérica y detallada de los asuntos que vayan a ser tratados. Se acompañará la documentación correspondiente a los puntos del orden del día o se expresará la posibilidad de consultarla en el lugar en que se encuentre depositada a disposición de los miembros de la Junta.

3. La convocatoria se efectuará con una antelación mínima de veinticuatro horas con relación a la hora de comienzo de la sesión.

4. La convocatoria y orden del día se publicarán en el tablón de anuncios del Decanato. El Decano recabará constancia escrita de su recepción por todos sus destinatarios.

Art. 67. 1. Las Juntas serán presididas por el Decano o por quien lo sustituya.

2. Corresponde al Secretario de la Junta la redacción y conservación de las actas, así como la expedición de certificaciones de las mismas. Actuará como Secretario el Juez que resulte elegido por mayoría simple entre quienes integran la Junta correspondiente. En los casos de ausencia o imposibilidad el Secretario será sustituido por el miembro de menor antigüedad en el escalafón de entre los asistentes a la sesión. La falta de resultado en la elección o las dudas sobre a quien le corresponde la sustitución se resolverá por el criterio de la menor edad.

3. Las Juntas no podrán constituirse válidamente ni adoptar acuerdos sin la presencia del Decano y del Secretario, o de quienes respectivamente los sustituyan de acuerdo con la Ley y con este Reglamento.

Art. 68. 1. Para la válida constitución de la Junta y la posibilidad de adoptar acuerdos se requiere un quórum de asistencia de la mitad más uno de los Jueces que la integran en el momento de iniciarse la sesión, incluyendo al Decano.

2. A este efecto se computará a los Jueces en situación de licencia o permiso, que podrán asistir a la Junta, salvo que se hubiera hecho cargo del Juzgado un Juez sustituto externo, en cuyo caso la asistencia corresponde a éste. Si el Juzgado estuviere vacante y no se hallare servido por Juez sustituto externo, no se computará a los efectos de determinar el quórum.

3. Los Jueces de Guardia, y quienes no pudieran asistir por otras necesidades del servicio, podrán delegar por escrito su asistencia y su voto. El documento, presentado por el miembro de la Junta a quien se hubiera conferido la delegación, se unirá al acta.

Art. 69. 1. No se podrán adoptar acuerdos sobre asuntos no comprendidos en el orden del día, salvo que los miembros asistentes declaren la urgencia del asunto por unanimidad.

2. Los acuerdos se adoptarán por mayoría simple de los asistentes y dirimirá los empates el voto del Decano o de quien lo sustituya.

3. El deber de abstención de los asistentes se regirá por el artículo 28 de la Ley 30/1992, de 26 de noviembre, de Régimen Jurídico de las Administraciones Públicas y del Procedimiento Administrativo Común, en cuanto sea de aplicación.

Art. 70. 1. De cada sesión de la Junta se extenderá la correspondiente acta que contendrá la mención de cada uno de los Jueces asistentes y de su respectivo órgano jurisdiccional, los principales extremos objeto de la deliberación, el resultado de la votación y los acuerdos adoptados.

2. El Juez que disintiere del acuerdo mayoritario podrá hacer constar en acta su voto discrepante. Asimismo, le asistirá derecho a formular voto particular, escrito y fundado, que habrá de presentar en el plazo máximo de tres días siguientes al de la sesión, y que se incorporará al acta de la misma.

3. Las actas serán firmadas por el Secretario con el visto bueno del Decano, y se someterán a aprobación en la misma o en la siguiente sesión.

Art. 71. 1. Los acuerdos aprobados por las Juntas se publicarán, cuando haya lugar, mediante inserción en el tablón de edictos del Decanato y de aquellos edificios en los que tengan su sede los Juzgados de la población de los distintos órdenes jurisdiccionales.

2. Dichos acuerdos se comunicarán al Presidente del Tribunal Superior de Justicia, que dará traslado de ellos al Consejo General del Poder Judicial, para su toma de conocimiento y control de legalidad; asimismo se comunicarán a los órganos judiciales de su ámbito, al Ministerio Fiscal, a la Comisión Nacional o Provincial de la Policía Judicial, en su caso, y se notificarán a los interesados. Se pondrán también en conocimiento, en los extremos que les afecten, de los Colegios de Abogados, de Procuradores y de Graduados Sociales, así como, en su caso, de los Sindicatos y de otras entidades que tengan atribuida legalmente la representación de intereses relacionados con los acuerdos adoptados.

Párrafo redactado conforme al Acuerdo Reglamentario CGPJ 3/2003, de 12 de marzo.

3. Salvo cuando se trate de propuestas dirigidas a la Sala de Gobierno del Tribunal Superior de Justicia o a otros órganos, los acuerdos serán ejecutivos. Quienes tuvieren la cualidad de interesados, en los términos que establece la Ley 30/1992, de 26 de noviembre, podrán recurrir dichos acuerdos mediante la interposición de recurso de alzada ante el Pleno del Consejo General del Poder Judicial, o de revisión, en su caso, en cuanto lo permita la naturaleza de dichos actos, de acuerdo con lo dispuesto en el presente Reglamento para la impugnación de acuerdos de las Salas de Gobierno y, con carácter supletorio, en la citada Ley 30/1992, de 26 de noviembre, con independencia de su revisión de oficio por el Pleno del Consejo General de acuerdo con los artículos 102 y siguientes de la misma Ley, en los supuestos previstos en dichas normas y por los trámites establecidos en las mismas.

4. Lo establecido en los apartados 2 y 3 de este artículo se entenderá referido a la Sala de Gobierno de la Audiencia Nacional cuando se tratara de la Junta de Jueces Centrales y de lo Penal de la Audiencia Nacional.

5. Sin perjuicio del régimen normal de publicidad, las Juntas podrán acordar motivadamente que determinados asuntos tengan carácter reservado.

TÍTULO IV
De los jueces decanos

CAPÍTULO I
Elecciones de los Jueces Decanos

Art. 72. En las poblaciones donde haya diez o más Juzgados, sus titulares elegirán a uno de ellos como Decano. La elección se regirá por lo establecido en la Ley Orgánica del Poder Judicial y en este Reglamento. La elección se llevará a cabo de nuevo cada cuatro años o cuando el elegido cesare por cualquier causa.

Art. 73. 1. La convocatoria electoral la efectuará el Decano, con una antelación mínima de ocho días, dentro del mes anterior a extinguir su mandato, y se deberá celebrar en el plazo de un mes desde la convocatoria.

2. A tal efecto convocará Junta general de Jueces para que se proceda a la elección. En la convocatoria se fijará el lugar, día y hora en que tendrá lugar la Junta para la primera y, en su caso, segunda votación.

3. El Decano continuará en funciones hasta que el nuevo Decano tome posesión de su cargo. La toma de posesión del Decano electo tendrá lugar dentro de los quince días siguientes a su proclamación y se realizará ante el Decano en funciones.

Art. 74. 1. A la Junta concurrirán como electores los Jueces o Magistrados, miembros de la Carrera Judicial, titulares de los respectivos órganos judiciales unipersonales y los Jueces de Adscripción Territorial designados en funciones de sustitución. A estos efectos, tendrán también el carácter de titulares quienes aun no siéndolo en la fecha de la convocatoria, tomen posesión de su Juzgado antes de la constitución de la Junta.

(Redactado por Acuerdo de 24 de noviembre de 2016)

2. Podrá ser elegido Decano cualquiera de los Jueces o Magistrados de las poblaciones con capacidad para ser elector.

Art. 75. 1. Hasta veinticuatro horas antes de la señalada para la constitución de la Junta podrán presentarse candidaturas al cargo de Decano.

2. La candidatura se presentará por escrito que contendrá el nombre y apellidos del candidato, el destino que sirva y, en su caso, el nombre o nombres de los proponentes.

3. La presentación de la candidatura, que podrá efectuarse por uno o más electores, incluido el propio candidato, se hará ante el Decano en funciones que la publicará en la forma establecida para los acuerdos de las Juntas de Jueces.

Art. 76. El día y hora señalados al efecto se constituirá la Junta general de Jueces bajo la presidencia del Decano en funciones, que podrá ser auxiliado por los dos Jueces o Magistrados más antiguos en el escalafón de entre los asistentes. Actuará como Secretario el Magistrado o Juez más moderno de los asistentes. No podrán actuar como Auxiliares ni como Secretarios aquellos Jueces o Magistrados en quienes concurra la condición de candidatos. Tampoco podrá actuar como Presidente el Decano en funciones si es candidato.

Art. 77. 1. El que presida dará lectura a los nombres de los candidatos y, en su caso, a los de los Jueces o Magistrados proponentes.

A continuación, irá llamando a los electores, expresando su nombre y el Juzgado del que sean titulares, quienes depositarán su voto en una urna preparada al efecto.

Terminada la votación, el que presida y sus auxiliares procederán al recuento de los votos, expresando el número de éstos que haya obtenido cada candidato.

2. Si alguno de los candidatos hubiere obtenido la mayoría de tres quintos de los asistentes, quedará elegido Decano. De no obtenerse dicha mayoría, se procederá a una segunda votación, en la que resultará elegido el candidato que hubiere obtenido mayor número de votos válidamente emitidos, resolviéndose los eventuales empates en favor del Juez o Magistrado que ocupe mejor puesto en el escalafón.

3. Los Jueces de Instrucción que el día de la votación se hallaren prestando servicio de guardia serán llamados a votar en primer lugar. Si no estuvieren presentes al inicio del acto por causas relacionadas con el servicio, podrán votar cuando se presenten.

Art. 78. Por el Secretario se extenderá acta comprensiva del resultado de las votaciones, de los nombres de los candidatos y del Decano elegido, así como de cuantas incidencias se hayan producido, remitiéndose copia certificada de dicha acta al Consejo General del Poder Judicial y al Presidente del Tribunal Superior de Justicia correspondiente.

Art. 79. 1. La elección de Decano será objeto de la publicidad prevista para los acuerdos de la Junta de Jueces.

2. El Consejo General del Poder Judicial, una vez recibida la copia certificada del acta, acordará que se publique el nombramiento de Decano en el «Boletín Oficial del Estado».

3. El Decano elegido tomará posesión de su cargo el día siguiente al de la publicación de su nombramiento en el citado periódico oficial.

Art. 80. 1. Cuando el cese del Decano fuere por causa distinta a la renuncia o al transcurso de su mandato, así como cuando el Decano saliente se presente a la reelección, las funciones que en este título se atribuyen al Decano en funciones se

realizarán por el Juez o Magistrado con mejor puesto en el escalafón de entre todos los destinados en los órganos unipersonales con sede en la misma población.

2. En el caso en que no se presentaren candidatos al cargo de Decano, así
como cuando por cualquier causa no se hubiera podido elegir nuevo Decano, ejercerá las funciones de Decano el Juez o Magistrado con mejor puesto en el escalafón de entre todos los destinados en los órganos unipersonales con sede en la
misma población. En este caso, quien ejerza las funciones de Decano procederá a
la inmediata convocatoria de elecciones, que habrá de tener lugar en el plazo de
seis meses desde la elección que se haya celebrado sin resultado.

CAPÍTULO II
Jueces Decanos no electivos

Art. 81. 1. Donde haya menos de diez Juzgados, ejercerá las funciones de
Decano el Juez o Magistrado con mejor puesto en el escalafón (art. 166.2 de la
Ley Orgánica del Poder Judicial).

2. El Juez o Magistrado con mejor puesto en el escalafón será el Decano durante dos años, aunque dentro de esos dos años sea destinado a prestar servicio
en los Juzgados de la población otro Juez o Magistrado con mejor puesto en el escalafón, salvo que se produzca algún supuesto de cese aplicable a estos Decanos.

3. A los Decanos que se refiere este artículo no les será de aplicación, como
causa de cese, la renuncia voluntaria.

CAPÍTULO III
Cese de los Jueces Decanos

Art. 82. Son causas de cese de los Decanos:

1. Comunes a todos los Decanos:

a) El cambio de situación del Juez o Magistrado Decano a otra situación que
no sea la de servicio activo.

b) El cese en el ejercicio de funciones jurisdiccionales.

c) La pérdida de la condición de Juez o Magistrado.

d) El traslado a Juzgados con sede en otra población o Tribunales con sede en
la misma o distinta población.

e) Cualquiera otra prevista en la Ley.

2. Propias de los Decanos electos:

a) El transcurso de cuatro años.

b) La renuncia al cargo. Habrá de ser aceptada por el Consejo General del
Poder Judicial.

c) Acuerdo de reprobación de su gestión, adoptado en Junta general por los tres quintos de la totalidad de sus miembros presentes.

Si se trata de los Decanos con exención total de tareas jurisdiccionales, a los que se refiere el artículo 2.3 del presente Reglamento, quedarán adscritos en situación de servicio activo, a su elección, a la Audiencia Provincial, en la sede de ésta que corresponda al Decanato, o al destino de procedencia. A estos efectos, habrán de comunicar al Consejo General del Poder Judicial el sentido de su opción dentro de los cinco días siguientes a su toma de posesión del cargo de Decano, entendiéndose que optan por la adscripción a la Audiencia Provincial de no efectuar manifestación alguna. Si optan por quedar adscritos al destino de origen, se procederá a la cobertura de dicho destino conforme a lo dispuesto en el artículo 118 de la Ley Orgánica del Poder Judicial.

Párrafo redactado por Acuerdo de 25 de junio de 2020.

3. Propias de los Decanos no electivos:

El transcurso de dos años. No cesarán si transcurridos los dos años siguen siendo el Juez o Magistrado con mejor puesto en el escalafón.

Art. 83. Por el cese anticipado de los Decanos no electivos pasará a ser Decano el Juez o Magistrado con mejor puesto en el escalafón de entre todos los destinados en la población. En este caso el plazo de dos años a que se refiere el artículo 81.2 de este Reglamento se computará desde el día en que cesara el anterior.

CAPÍTULO IV
Funciones de los Jueces Decanos

Art. 84. Los Decanos velarán por la buena utilización de los locales judiciales y de los medios materiales; cuidarán de que el servicio de guardia se preste continuadamente; adoptarán las medidas urgentes en los asuntos no repartidos cuando, de no hacerlo, pudiera quebrantarse algún derecho o producirse algún perjuicio grave e irreparable; oirán las quejas que les hagan los interesados en causas o pleitos, adoptando las prevenciones necesarias, y ejercerán las restantes funciones que les atribuya la ley (art. 168 de la Ley Orgánica del Poder Judicial).

Art. 85. El Decano ostentará ante los poderes públicos la representación de todos y presidirá la Junta de Jueces para tratar asuntos de interés común que afecten a los titulares de todos o de alguno de los órganos jurisdiccionales (art. 169 de la Ley Orgánica del Poder Judicial).

Art. 86. A los Jueces Decanos corresponde, además:

a) Coordinar la actividad de los servicios judiciales, procurando que se presten con la mayor eficacia.

b) Dirigir los servicios comunes, sin perjuicio de las facultades de los Presidentes de las Audiencias Provinciales, conforme a lo establecido en el artículo 272.1 de la Ley Orgánica del Poder Judicial.

c) Dirigir y organizar el Decanato, vigilar sus servicios y dar a tal efecto las órdenes oportunas.

d) Supervisar el reparto de asuntos entre los Juzgados de la población, asistido de un Secretario, y resolver con carácter gubernativo interno las cuestiones que se planteen y corregir las irregularidades que puedan producirse adoptando las medidas necesarias y promoviendo, en su caso, la exigencia de las responsabilidades que procedan.

e) Cuidar de que el servicio de guardia se preste debidamente, con sujeción a lo establecido en el Reglamento del servicio de guardia.

f) Recabar los datos estadísticos relativos al funcionamiento de los Juzgados y emitir los informes que le sean interesados por el Consejo General del Poder Judicial y las Salas de Gobierno de los Tribunales Superiores de Justicia.

g) Resolver, cuando sea preciso, sobre la adecuada utilización de los edificios y dependencias en que tengan su sede el Decanato y los Juzgados con sede en la misma población, en cuanto se refiere a las actividades que guarden relación con la función judicial, sin perjuicio de la policía de estrados que corresponde a los titulares de los órganos jurisdiccionales.

h) Comunicar al Presidente del Tribunal Superior de Justicia, en relación con los edificios y dependencias en que tengan su sede el Decanato y los Juzgados con sede en la misma población, lo procedente a los efectos de lo establecido en el art. 4.n) de este Reglamento.

i) Velar por la debida aplicación de los fondos que, por los conceptos de material y conservación, se asignen al Decanato.

j) Convocar y presidir las Juntas de Jueces y cuidar del cumplimiento de sus acuerdos.

k) Atender las comunicaciones que le fuesen dirigidas por las autoridades no judiciales, si procediera.

l) Legalizar los libros que presenten las comunidades, sociedades y otras entidades, en los términos previstos en las leyes.

Art. 87. 1. El Juez Decano podrá delegar en el Secretario aquellas funciones que no se refieran directamente al ejercicio de jurisdicción o le estén encomendadas de modo privativo, sin perjuicio de las competencias que le corresponden al Secretario de acuerdo con su Reglamento Orgánico. Asimismo podrá proponer al Consejo General del Poder Judicial la designación de otro de los titulares de los Juzgados de la población para que le auxilie en las referidas funciones, previa conformidad de éste, pudiendo delegar en el mismo las funciones que sean susceptibles de tal medida conforme a lo anteriormente previsto respecto del Secretario. El nombramiento habrá de recaer con preferencia en uno de los delegados del Decano para los distintos órdenes jurisdiccionales, de haber sido designados aquéllos.

2. Ejercerá las funciones de Secretario del Decanato, cuando éste sea considerado como oficina judicial independiente o separada del Juzgado cuyo titular sea el Juez Decano, el Secretario que corresponda conforme a la plantilla aprobada por el Ministerio de Justicia e Interior. En los demás casos será Secretario del Decanato el que lo sea del Juzgado cuyo Juez titular sea a su vez el Decano.

CAPÍTULO V
Régimen de los actos de los Decanos

Art. 88. Será de aplicación a los acuerdos de los Jueces Decanos lo previsto en el artículo 59 del presente Reglamento para los acuerdos de los Presidentes de Tribunales y Audiencias.

CAPÍTULO VI
Exención de tareas jurisdiccionales de los Decanos

Art. 89. 1. Excepcionalmente y cuando las circunstancias del Decanato lo justifiquen, especialmente el volumen de asuntos, el número de Juzgados de la población y la existencia de servicios comunes dependientes del Decanato, el Consejo General del Poder Judicial, oída la Junta de Jueces, podrá liberar a su titular total o parcialmente del trabajo que le corresponda realizar en el orden jurisdiccional respectivo. Asimismo podrán acordarse las medidas de refuerzo, apoyo y sustitución que procedan, en las condiciones previstas anteriormente y previo cumplimiento de las formalidades que correspondan en cada caso, según la medida a adoptar.

2. La propuesta de liberación referida se formulará por el Juez Decano, después de haber oído a la Junta de Jueces respectiva y se elevará al Consejo General del Poder Judicial por conducto de la Sala de Gobierno correspondiente. La Sala de Gobierno emitirá informe sobre esta propuesta.

3. La liberación total del trabajo que le corresponde realizar en el orden jurisdiccional respectivo no implica exención de la jurisdicción. Los Decanos que se encuentren en esta situación podrán practicar diligencias como Juez de Instrucción de Guardia por razón de sustitución en caso de urgencia, realizar las actuaciones

establecidas en el artículo 432 de la Ley de Enjuiciamiento Civil, así como aquellas actuaciones que se le reserven en el correspondiente acuerdo del Consejo General del Poder Judicial o en las normas de reparto.

CAPÍTULO VII
Jueces Decanos Delegados

Art. 90. 1. Cuando la pluralidad y dispersión de los distintos edificios judiciales o la concurrencia de otras circunstancias lo hiciesen conveniente, los Jueces Decanos, previo acuerdo en tal sentido de la Junta sectorial competente, podrán proponer al Consejo General del Poder Judicial, por conducto del Presidente del Tribunal Superior de Justicia, el nombramiento de uno de los Jueces del orden jurisdiccional de que se trate como Delegado del Decano, encargándole el ejercicio de las funciones que se estime conveniente delegar, particularmente las facultades relativas a la superior dirección e inspección de servicios y reparto de asuntos y a la atención y cuidado de la buena utilización de los locales judiciales y medios materiales.

2. La propuesta que el Decano realice en tal sentido expresará las razones que hagan aconsejable a su juicio la designación, el nombre y destino del propuesto o propuestos, las funciones respecto de las que se propone el ejercicio delegado y el período de tiempo para el que se solicita la autorización. Se acompañará una certificación del acta de la Junta sectorial en la que se haya adoptado el acuerdo a que se refiere el apartado j) del artículo 65 de este Reglamento.

3. El Consejo General del Poder Judicial valorará las circunstancias concurrentes a que se refieren los apartados 1 y 2 del presente artículo y aprobará o rechazará libremente la propuesta.

4. La atribución de las funciones a que se refieren los apartados anteriores de este artículo no supone la exoneración de cometidos jurisdiccionales para los Jueces en quienes haya recaído la delegación. No obstante, cuando las circunstancias y condiciones existentes en determinadas ciudades lo hiciesen aconsejable, una vez aprobada la designación por el Consejo, la Junta de Jueces del orden jurisdiccional concreto podrá proponer a la Sala de Gobierno la exención parcial en el reparto de asuntos que correspondan al órgano del que el delegado sea titular.

5. Aun cuando formalmente se haya producido la delegación de determinadas funciones correspondientes al Juez Decano, éste, oída la Junta de Jueces, podrá solicitar del Consejo General del Poder Judicial en cualquier momento la avocación total o parcial, temporal o definitiva, de los cometidos encargados.

6. El Consejo General del Poder Judicial podrá en cualquier momento dejar sin efecto la atribución de funciones a que se refieren los apartados anteriores de este artículo.

CAPÍTULO VIII
Organización y estructura de los Decanatos

Art. 91. 1. Los Decanos podrán adoptar las medidas de organización y distribución de los servicios que resulten necesarias, y, entre otras, proponer a los órganos competentes la creación de las siguientes oficinas:

a) Registro General y reparto de asuntos y demandas.

b) Registro General para la presentación de escritos o documentos dirigidos a órganos jurisdiccionales y registro de salida de documentos.

c) Información al público y recepción de quejas sobre el funcionamiento de los órganos judiciales.

d) Oficina de tramitación de asuntos gubernativos.

e) Administración general de los fondos y partidas asignadas al Decanato y al Juzgado de Guardia, así como de las cuentas de consignaciones y depósitos judiciales que sean titularidad del Decanato.

f) Oficina centralizada de télex judicial, telefax y reprografía.

g) Cualquier otra que resulte necesaria o conveniente para el mejor servicio.

2. Dependiente del Decanato se instalará en el local más adecuado una biblioteca de los Juzgados que se formará, desde luego, con los elementos de que se disponga y con las colecciones y obras publicadas por cuenta del Consejo General del Poder Judicial, Administración central o autonómica que, a petición del Decanato, puedan facilitarse, procurando dotarlas de cuerpos legales, compilaciones jurisprudenciales, obras de consulta y revistas profesionales, preferentemente en soportes informáticos.

TÍTULO V
De los Jueces

Art. 92. 1. De conformidad con lo dispuesto en el artículo 165 de la Ley Orgánica del Poder Judicial, los Jueces tendrán en sus respectivos órganos jurisdiccionales la dirección e inspección de todos los servicios y asuntos, adoptarán las resoluciones que la buena marcha de la Administración de Justicia aconseje, darán cuenta a los Presidentes de los respectivos Tribunales y Audiencias de las anomalías o faltas que observen y ejercerán las funciones disciplinarias que les atribuye la ley sobre el personal adscrito al servicio del Juzgado correspondiente y las que les reconozcan las leyes procesales sobre el resto de profesionales que se relacionen con el Juzgado.

2. A sus actos les son de aplicación las mismas disposiciones establecidas en este Reglamento para los Jueces Decanos.

§9. REGLAMENTO 2/2000, DE 25 DE OCTUBRE, DE JUECES ADJUNTOS

(Aprobado por Acuerdo del Pleno del Consejo General del Poder Judicial de 25 de octubre de 2000)

La trascendencia que para una sociedad democrática tienen las resoluciones judiciales debe ser tomada como capital punto de partida en la toma de decisiones por quienes ostentan la responsabilidad de formar a los integrantes del Poder Judicial.

Esta premisa, que es esencial, no sólo debe respetarse a la hora de elaborar los planes de formación de aquellos Jueces y Magistrados que se encuentren desempeñando funciones jurisdiccionales, sino además, y muy señaladamente, también desde el mismo instante en que quienes aspiran a convertirse en jueces de carrera ingresan en la Escuela Judicial para superar el curso teórico-práctico de formación previsto en la Ley Orgánica del Poder Judicial.

Dicho curso ha de servir para que los aspirantes adquieran sobre el terreno la técnica necesaria para aplicar en la realidad cotidiana los conocimientos teóricos que han demostrado poseer, sirviéndose para ello de la experiencia de quienes ya ejercen funciones jurisdiccionales como jueces o magistrados titulares en sus respectivos destinos.

Precisamente, a la regulación de este período de prácticas se destina este Reglamento, cuya existencia deviene imprescindible, pues ha de tenerse en cuenta que, de acuerdo con los criterios antes expresados, la formación inicial de los Jueces en prácticas no es materia que afecte solamente a éstos y a la Escuela Judicial.

En efecto, la adecuada formación práctica de los aspirantes que ingresan en la Escuela Judicial implica, en primer término, la realización de una tarea de búsqueda y selección de los Jueces y Magistrados que hayan de colaborar como tutores, así como de los órganos jurisdiccionales que resulten más convenientes en orden a la consecución del objetivo perseguido, que no es otro que el de posibilitar la mejor formación de quienes aspiran a ingresar en la Carrera Judicial, participando en esta tarea, según las competencias que a cada uno corresponden, los Presidentes de los Tribunales Superiores de Justicia, los coordinadores territoriales de la Escuela Judicial designados por las Salas de Gobierno, la Comisión de Escuela Judicial, la Comisión de Calificación y, en último término, al propio Consejo General del Poder Judicial.

Pero, además, debe observarse que el proceso de formación práctica de los aspirantes no se agota con la búsqueda y selección de los tutores y órganos judiciales referidos, sino que se prolonga durante el período de realización de las prácticas tuteladas, hasta concluir con la evaluación del aspirante, y, en su caso, nombramiento de éste como Juez de carrera, interviniendo, en consecuencia, además de los tutores, las Salas de Gobierno y los coordinadores territoriales por éstas designados, la Escuela Judicial y su Director, y, finalmente, el Consejo General del Poder Judicial.

Por ello, es preciso regular adecuadamente todas las eventualidades que, previsiblemente, puedan acaecer durante el período de prácticas. Esta regulación ha de extenderse, incluso, a otras situaciones que, aun siendo infrecuentes en la práctica, se encuentran contempladas en la Ley y pueden afectar a los aspirantes durante su período de prácticas, como ocurre con la medida excepcional de apoyo judicial recogida en el artículo 216 bis de la Ley Orgánica del Poder Judicial, que prevé la posibilidad de adscribir al Juez adjunto a un determinado órgano jurisdiccional que padeciese un extraordinario retraso o acumulación de asuntos no susceptible de ser corregido en virtud de medidas ordinarias de reparto o de reforzamiento de plantilla. Sin duda, la utilización generalizada de esta medida excepcional de apoyo por los Jueces adjuntos no resulta aconsejable y debe ser objeto de utilización restrictiva, acordándose motivadamente sólo en aquellos casos en que su adopción resulte realmente imprescindible para solventar el problema planteado, pero, pese a ello, debe ser objeto de atención en este Reglamento, dado que el principio de jerarquía normativa impone la subordinación de éste a la previsión legal.

En suma, la trascendencia que para la sociedad tiene la formación de los integrantes del Poder Judicial, la multiplicidad y complejidad de las situaciones que pueden producirse durante el período de prácticas de los futuros Jueces, y la diversidad de personas y órganos que en ellas intervienen justifican la publicación del presente Reglamento.

En su virtud, el Pleno del Consejo General del Poder Judicial, en su reunión del día de la fecha,

HA ADOPTADO el siguiente acuerdo:

Art. único. Se aprueba el Reglamento de Jueces Adjuntos, cuyo texto se incorpora como Anexo I al presente Acuerdo.

Disposición adicional. *Cuadro actualizado de las disposiciones reglamentarias vigentes del Consejo General del Poder Judicial.* En cumplimiento de lo dispuesto en el artículo 22 del Acuerdo de 7 de junio de 1995, del Pleno del Consejo General del Poder Judicial, por el que se aprueban los Reglamentos de la Carrera Judicial, de la Escuela Judicial, de los Jueces de Paz, de los Órganos de Gobierno de los

Tribunales y de los Aspectos Accesorios de las Actuaciones Judiciales, se publica, como Anexo II al presente Acuerdo reglamentario, el cuadro actualizado de los Reglamentos vigentes, con las nuevas normas aprobadas o la modificación de las anteriores.

Disposición transitoria. *Evaluación de los aspirantes que ingresaron en la Escuela Judicial tras haber superado las pruebas de acceso convocadas por Acuerdo del Pleno del Consejo General del Poder Judicial de 10 de marzo de 1998, publicado en el «Boletín Oficial del Estado» de 27 de marzo de 1998.* Los preceptos relativos al proceso de evaluación contenidos en el presente Reglamento no se aplicarán a los aspirantes que ingresaron en la Escuela Judicial tras haber superado las pruebas de acceso convocadas por Acuerdo del Pleno del Consejo General del Poder Judicial de 10 de marzo de 1998, publicado en el «Boletín Oficial del Estado» de 27 de marzo de 1998. La evaluación de dichos aspirantes se llevará a cabo con arreglo a lo establecido en el Plan docente aprobado por el Consejo General del Poder Judicial por acuerdo del Pleno de 21 de julio de 1999.

Disposición final única. El presente Reglamento entrará en vigor el mismo día de su publicación en el «Boletín Oficial del Estado».

§9

ANEXO I
Reglamento 2/2000, de 25 de octubre, de los Jueces Adjuntos

TÍTULO I
Disposiciones generales

Art. 1. *Jueces en prácticas y tutores.*– 1. Los aspirantes que ingresen en la Escuela Judicial para realizar el curso teórico-práctico de selección y formación inicial tendrán la consideración de Jueces en prácticas.

2. El curso de selección y formación inicial incluirá un período de prácticas tuteladas que los aspirantes deberán realizar, en calidad de Jueces adjuntos, en los órganos jurisdiccionales unipersonales o colegiados que designe el Consejo General del Poder Judicial. Durante este período los Jueces adjuntos ejercerán funciones de auxilio y colaboración con los Jueces y Magistrados designados como tutores, los cuales deberán ser, en todo caso, titulares de sus respectivos órganos jurisdiccionales.

3. Los tutores colaborarán con la Escuela Judicial en la formación y evaluación de los Jueces en prácticas con arreglo a lo previsto en los planes de formación

aprobados por el Consejo General del Poder Judicial y en la forma establecida en este Reglamento.

Art. 2. *Duración de las prácticas.-* 1. Las prácticas tuteladas se realizarán tras finalizar el primer período del curso teórico-práctico, que se desarrollará en la Escuela Judicial, y su duración se establecerá por el Consejo General del Poder Judicial de conformidad con lo previsto por la Ley.

2. Las fechas de inicio y finalización del período de prácticas serán las que se establezcan en los planes de formación aprobados por el Consejo General del Poder Judicial.

TÍTULO II
De los jueces adjuntos

Art. 3. *Nombramiento.-* El nombramiento de los aspirantes como Jueces adjuntos de los tutores designados se realizará por el Consejo General del Poder Judicial, a propuesta del Director de la Escuela Judicial. Para la asignación del Juez adjunto al correspondiente tutor se tendrán en cuenta los criterios a que se refiere el artículo 13.

Art. 4. *Régimen jurídico y remuneración.-* 1. La condición de Juez adjunto no confiere los derechos propios de la Carrera Judicial.

Mientras los aspirantes estén desempeñando funciones de Jueces adjuntos quedarán sujetos al régimen jurídico específicamente previsto al efecto en la Ley Orgánica del Poder Judicial, en este Reglamento y en los demás Reglamentos e Instrucciones dictados por el Consejo General del Poder Judicial que les fueren de aplicación. En su defecto, así como en todo lo que no resultare incompatible con la mencionada normativa, se aplicará la legislación general de la función pública.

Durante ese período, los Jueces adjuntos tendrán derecho a las remuneraciones fijadas para los funcionarios en prácticas y a que el tiempo de permanencia en la Escuela Judicial les sea computado a efectos económicos.

El Director de la Escuela Judicial resolverá las solicitudes de permisos y licencias que formulen los Jueces adjuntos mientras éstos conserven dicha condición. En su caso, los Jueces adjuntos pondrán en conocimiento la concesión de aquéllos al tutor y al Presidente del Tribunal Superior de Justicia del territorio donde radique el órgano jurisdiccional en que realicen las prácticas.

Art. 5. *Horario y lugar de realización de las prácticas.-* Los Jueces adjuntos asistirán a la sede del órgano jurisdiccional en el que realicen las prácticas en el horario que se fije en los planes de formación aprobados por el Consejo General del Poder Judicial o, en su defecto, se establezca por el Director de la Escuela Judicial dentro del horario de funcionamiento ordinario de dicho órgano jurisdiccional, sin perjuicio de su asistencia a las diligencias judiciales que realice fuera de la sede del órgano el titular del mismo.

Art. 6. *Funciones.–* 1. Los Jueces adjuntos ejercerán las funciones de auxilio y colaboración que les indiquen los respectivos tutores.

2. Las providencias, autos y sentencias cuya redacción se les encomiende tendrán la consideración de borradores o proyectos de resolución, y podrán ser asumidos por el tutor con las modificaciones que éste estime pertinentes. Estos proyectos o borradores serán conservados por el tutor, quien los pondrá a disposición de la Sala de Gobierno o de la Escuela Judicial si le fueran reclamados a los efectos previstos en el artículo 17 de este Reglamento.

3. No existiendo objeción alguna por las partes que intervengan en el pleito o causa, el tutor podrá disponer que el Juez adjunto dirija verbalmente, en su presencia y bajo su directo control, los actos procesales que estime necesarios, responsabilizándose aquél de las decisiones adoptadas por éste. En tales casos, en las actas en que se documenten los referidos actos procesales se hará constar expresamente el consentimiento de las partes asistentes a la intervención del Juez adjunto y la participación de éste bajo la supervisión del tutor.

Art. 7. *Asistencia a actividades de formación.–* Durante el período de prácticas de los aspirantes como Jueces adjuntos, el Director de la Escuela Judicial podrá proponer al Consejo General del Poder Judicial que aquéllos participen, de forma obligatoria o voluntaria, en las actividades que se consideren de interés para completar su formación que no estuvieran expresamente previstas en los planes de formación aprobados al inicio del curso y que puedan tener lugar en la Escuela Judicial, o, en su caso, en otros Centros u Organismos.

TÍTULO III
Del ejercicio de funciones jurisdiccionales por los jueces en prácticas

Art. 8. *Carácter excepcional del ejercicio de funciones jurisdiccionales.–* Los Jueces en prácticas únicamente podrán desempeñar funciones jurisdiccionales si así lo acordase expresamente el Consejo General del Poder Judicial por resultar imprescindible la adopción de las medidas de apoyo judicial previstas en el artículo 216 bis de la Ley Orgánica del Poder Judicial.

Art. 9. *Régimen jurídico.*- Cuando por los motivos excepcionales previstos en la Ley Orgánica del Poder Judicial los Jueces en prácticas sean nombrados Jueces sustitutos o Jueces de apoyo, quedarán sujetos al régimen jurídico previsto para los mismos en dicha Ley.

Art. 10. *Sustitución de los tutores por los Jueces en prácticas.*- Los Jueces en prácticas sólo podrán sustituir a los tutores en el ejercicio de las funciones jurisdiccionales en los supuestos expresamente establecidos en el artículo 216 bis de la Ley Orgánica del Poder Judicial cuando tal medida excepcional de apoyo judicial resultare imprescindible y así se acordase motivadamente por el Consejo General del Poder Judicial.

Art. 11. *Consideración como mérito preferente de la condición de Juez en prácticas.*- La condición de Juez en prácticas podrá ser considerada por el Consejo General del Poder Judicial como mérito preferente para la designación de los Jueces sustitutos o Jueces de apoyo a que se refiere el artículo 216 bis de la Ley Orgánica del Poder Judicial.

En la oferta pública anual para el cargo de Juez sustituto se hará constar el llamamiento preferente que, en su caso, para su desempeño podrán obtener los Jueces en prácticas.

Art. 12. *Valoración docente del período de ejercicio de funciones jurisdiccionales.*- La actividad desarrollada por el Juez en prácticas durante el período en que excepcionalmente hubiere desempeñado funciones jurisdiccionales será objeto de valoración de acuerdo con el régimen general que rige para los Jueces sustitutos.

TÍTULO IV
De los jueces y magistrados tutores

Art. 13. *Designación.*- 1. Los tutores serán nombrados y sustituidos por acuerdo del Pleno del Consejo General del Poder Judicial a propuesta de la Comisión de Escuela Judicial y previo informe de la Comisión de Calificación.

El acuerdo de nombramiento contendrá, asimismo, una relación de tutores suplentes, cuyo número no será inferior al diez por ciento del de tutores originariamente designados, debiendo reunir aquéllos y éstos los mismos requisitos.

En el acuerdo mencionado se expresarán los criterios que regirán la asignación de tutores a los Jueces adjuntos, así como los que, en su caso, habrán de observarse para determinar la preferencia de llamamiento entre los tutores suplentes.

2. Previamente a la propuesta indicada en el apartado anterior, la Comisión de Escuela Judicial solicitará de los Presidentes de los Tribunales Superiores de Justi-

cia una relación de los órganos jurisdiccionales servidos por Jueces o Magistrados titulares donde deban actuar los Jueces adjuntos, incluyendo en la misma aquellos que posibiliten la más completa formación de los aspirantes.

3. Para facilitar esta relación a la Comisión de Escuela Judicial, los Presidentes de los Tribunales Superiores de Justicia recabarán previamente la aceptación de los Jueces y Magistrados seleccionados, y oirán el parecer del Magistrado designado por la Sala de Gobierno como coordinador de la Escuela Judicial en el correspondiente territorio.

Art. 14. *Cambios de tutores.–* 1. Cuando no tuviere lugar la sustitución contemplada en el artículo 10 y el tutor designado no pudiere desarrollar durante un breve plazo sus funciones, los Jueces adjuntos seguirán ejerciendo las funciones de auxilio y colaboración bajo las indicaciones del Juez o Magistrado titular que temporalmente sustituya al tutor durante ese período.

Si el sustituto del tutor no fuera titular, o, aun siéndolo, no asumiere la tutoría, y la ausencia del tutor fuera por breve plazo, el Director de la Escuela Judicial, en acuerdo motivado, podrá adscribir provisionalmente al Juez adjunto, mientras dure dicha ausencia, al Juez o Magistrado que corresponda de entre los incluidos en la relación de tutores suplentes a que se refiere el artículo 13. Cuando la prolongación de la ausencia del tutor o la concurrencia de cualquier otra causa pudiera afectar negativamente a la adecuada realización de las prácticas por el Juez adjunto, se acordará la adscripción mencionada en el párrafo anterior con carácter definitivo.

2. Salvo en el supuesto previsto en el párrafo primero del apartado anterior, los cambios de tutor se realizarán mediante la sustitución del inicialmente nombrado por aquél de los incluidos en la lista de tutores suplentes a quien corresponda según el orden de preferencia establecido en virtud de los criterios a que se refiere el artículo 13. El cambio de tutor deberá notificarse en los mismos términos que el nombramiento primitivo.

Art. 15. *Funciones.* 1.– Los tutores colaborarán con la Escuela Judicial en la formación y selección de los Jueces adjuntos, conforme a los planes docentes aprobados por el Consejo General del Poder Judicial.

A los fines indicados, el Director de la Escuela Judicial, directamente o a través de los coordinadores territoriales mencionados en el artículo 13.3, adoptará las medidas precisas para procurar la adecuada coordinación entre los tutores y la Escuela Judicial.

2. Los tutores deberán remitir a la Sala de Gobierno del Tribunal respectivo los informes relativos al aprovechamiento y rendimiento de los Jueces en prácticas

y las Salas de Gobierno, con su informe, trasladarán ambos a la Escuela Judicial. Estos informes irán acompañados de los borradores y proyectos de resolución a que se refiere el artículo 6.2 cuando el tutor, la Sala de Gobierno o la Escuela Judicial lo estimaren preciso para la adecuada evaluación del aspirante.

Los informes mencionados reflejarán pormenorizadamente la actividad que los Jueces en prácticas hayan desempeñado como Jueces adjuntos y, en su caso, como Jueces de apoyo o sustitutos en el órgano jurisdiccional servido por el tutor, y se ajustarán en, cuanto a su forma, contenido y periodicidad, al protocolo aprobado al efecto por la Comisión de Escuela Judicial.

Los indicados informes habrán de referirse a la dedicación y capacidad técnica de los Jueces en prácticas, valorando especialmente el número de proyectos, borradores y, en su caso, resoluciones dictadas de acuerdo con los módulos establecidos y la suficiencia de su motivación. Asimismo, se tendrá en cuenta la consideración que a los profesionales merezca la actividad del Juez en prácticas, su cumplimiento del horario de audiencia y del principio de inmediación, y, en general, cualesquiera otros particulares consecuentes al desarrollo de su actividad durante el período de prácticas.

En ningún caso los expresados informes podrán valorar la interpretación y aplicación del Derecho efectuada por los Jueces en prácticas en el ejercicio de la función jurisdiccional.

3. Los tutores pondrán en conocimiento inmediato del Consejo General del Poder Judicial, del Presidente del Tribunal Superior de Justicia y del Director de la Escuela Judicial la concurrencia de aquellas circunstancias excepcionales de que tuvieren noticia que pudieran incidir negativamente en el aprovechamiento o rendimiento del Juez en prácticas.

Dicha comunicación, así como la remisión de los informes antes mencionados, deberá hacerse a través del coordinador de la Escuela Judicial designado en el respectivo territorio conforme a lo previsto en el artículo 13.3.

Art. 16. *Remuneración.*– La actividad de los tutores será remunerada con las cantidades establecidas en el baremo de honorarios aprobado por el Consejo General del Poder Judicial.

TÍTULO V
De la evaluación de las prácticas

Art. 17. Evaluación del período de prácticas.– 1. Con la antelación suficiente a la fecha fijada en los planes docentes para la evaluación final del curso, los tutores y las respectivas Salas de Gobierno remitirán al Director de la Escuela

Judicial los informes previstos en los apartados 2 y 3 del artículo 15 sobre el aprovechamiento y rendimiento de los Jueces en prácticas que hubiesen actuado como Jueces adjuntos.

2. Asimismo, el aspirante deberá confeccionar una memoria relativa a su actividad como Juez en prácticas.

3. Los informes de los tutores, los borradores y propuestas que a éstos se acompañaren, los informes de las Salas de Gobierno y las memorias de los aspirantes serán tomados en consideración por la Escuela Judicial, junto a la puntuación obtenida en el primer período del curso, referido al aprendizaje teórico, para confeccionar la relación de los aspirantes que hayan superado la fase de formación inicial, ordenada conforme a lo dispuesto en el Reglamento 1/1995, de 7 de junio, de la Carrera Judicial. Esta relación habrá de ser elevada al Consejo General del Poder Judicial, para que el Pleno resuelva lo que proceda respecto del nombramiento como Jueces de carrera de los incluidos en aquélla.

4. Cuando el aspirante no hubiese obtenido puntuación suficiente para entender superado el período de aprendizaje teórico, la Escuela Judicial le encomendará los trabajos que el claustro de profesores entienda necesarios para suplir las deficiencias advertidas. Estos trabajos, que serán realizados durante el período de prácticas como Juez adjunto, serán tenidos en cuenta por la Escuela Judicial en la evaluación final del curso teórico-práctico, junto a los informes, borradores, proyectos de resolución y memoria a que se refieren los apartados anteriores.

5. La Escuela Judicial decidirá lo procedente en orden a la evaluación y, en su caso, al modo y lugar de la continuación de la actividad de formación teórica y práctica del aspirante que cesare, por causa distinta al cumplimiento del plazo por el que fue nombrado, en el ejercicio de las funciones jurisdiccionales desempeñadas en los supuestos excepcionales a que se refieren los artículos 8 y 10.

§9

§10. REGLAMENTO 1/2005, DE 15 DE SEPTIEMBRE, DEL CONSEJO GENERAL DEL PODER JUDICIAL, DE LOS ASPECTOS ACCESORIOS DE LAS ACTUACIONES JUDICIALES

(Aprobado por Acuerdo del Pleno del Consejo General del Poder Judicial de 15 de septiembre de 2005)

EXPOSICIÓN DE MOTIVOS

I

Las numerosas y profundas reformas introducidas en la Ley Orgánica del Poder Judicial por la Ley Orgánica 19/2003, hacen aconsejable la elaboración de un nuevo Reglamento de Aspectos Accesorios de las Actuaciones Judiciales, que viene a desarrollar la potestad reglamentaria que al Consejo General del Poder Judicial otorga el art. 110 de la Ley Orgánica del Poder Judicial, en su redacción dada por la citada Ley Orgánica 19/2003, que concretamente en su punto 2 contempla el desarrollo reglamentario de esa Ley para establecer regulaciones de carácter secundario y auxiliar relativas, entre otras materias, a la publicidad de las actuaciones judiciales, habilitación de días y horas, fijación de las horas de audiencia pública, constitución de los órganos fuera de su sede, especialización de los órganos judiciales, reparto de asuntos y ponencias, normas sobre prestación y desarrollo del servicio de guardia y cooperación jurisdiccional. Por otra parte, el art. 230.5 de la propia Ley Orgánica del Poder Judicial, con redacción dada por la Ley Orgánica 16/1994, otorga al Consejo General del Poder Judicial la competencia para determinar reglamentariamente los requisitos y condiciones que afecten al establecimiento y gestión de los ficheros automatizados que estén bajo la responsabilidad de los órganos judiciales, a fin de que se asegure la observancia de las garantías y derechos establecidos en la Ley Orgánica de Regulación del tratamiento automatizado de los datos de carácter personal, referencia que hoy ha de entenderse hecha a la Ley Orgánica de Protección de datos de carácter personal. Nota común a las diferentes materias que se regulan en este Reglamento es que todas ellas pueden calificarse como accesorias de las actuaciones judiciales, accesoriedad que posibilita la intervención normativa del Reglamento, habida cuenta que todos los aspectos esenciales y propios de aquéllas están reservados a la Ley, siendo, por tanto, materia vedada a la potestad reglamentaria. Lo indicado explica la existencia de las numerosas remisiones que en el Reglamento se contienen a preceptos de la propia Ley Orgánica y de las Leyes de Enjuiciamiento.

II

El Título I del Reglamento, dividido en cuatro capítulos, se dedica a la publicidad de las actuaciones judiciales, la publicación de las resoluciones judiciales, la habilitación de días y horas, la fijación de las horas de audiencia pública y la constitución de los órganos judiciales fuera de su sede. En lo que se refiere a la publicidad de las actuaciones judiciales que se producen en el curso de un proceso, el Reglamento se remite a lo previsto al respecto en la Ley Orgánica del Poder Judicial y en las correspondientes Leyes de procedimiento, sin perjuicio de la información que puede facilitarse a las partes y a quienes justifiquen un interés legítimo y directo sobre el estado de las actuaciones. Respecto de las actuaciones realizadas e incorporadas a un libro, archivo o registro, el Reglamento regula el procedimiento al que los interesados habrán de someterse para tener acceso a los libros, archivos y registros, recogiendo la atribución al Secretario de la Oficina Judicial otorga la Ley Orgánica del Poder Judicial a efectos de facilitar a los interesados el acceso a los documentos judiciales obrantes en libros, archivos y registros, así como al texto de las sentencias, una vez extendidas, firmadas y depositadas en la Oficina Judicial. El desarrollo reglamentario en estas materias ha tenido en cuenta el contenido de la Carta de Derechos de los Ciudadanos ante la Administración de Justicia.

Se desarrolla el art. 107.10 de la Ley Orgánica del Poder Judicial en cuanto a la publicación y difusión de las resoluciones judiciales, a través del Centro de Documentación Judicial del Consejo General del Poder Judicial.

En materia de habilitación de días y horas inhábiles la Ley 19/2003, además de declarar la inhabilidad de los sábados a efectos procesales, recoge de manera expresa la competencia del Consejo General del Poder Judicial para habilitar mediante reglamento los días declarados inhábiles a efectos de actuaciones judiciales, sin perjuicio de la competencia que se atribuye a los propios Jueces y Tribunales para habilitar días y horas inhábiles con sujeción a lo establecido en las leyes procesales. Por ello el Reglamento, tratando de limitar su posibilidad de habilitación a aquellos supuestos realmente justificados, en aras a la mejor prestación del servicio público de la Administración de Justicia, sin que la declaración legal de inhabilidad de los sábados quede en la práctica sin efectividad, establece la habilitación de los sábados para atender los servicios de guardia de los Juzgados de Instrucción y las Oficinas de los órganos jurisdiccionales del orden penal en cuanto a la asistencia documental al Juzgado de guardia en lo relativo a las personas sometidas a requisitoria o a órdenes de busca y captura. En todo caso, se ha estimado la conveniencia de facilitar un tratamiento flexible de esta materia, debido a la futura implantación de las reformas sobre oficina judicial, en todo lo relativo a las actividades no procesales y gubernativas.

En lo relativo a la fijación de las horas de audiencia pública, y tras establecer el claro principio de que los Jueces y Magistrados ejercerán su función en los términos que exijan las necesidades del servicio, se señalan cuatro horas diarias de audiencia pública, siendo éste un límite mínimo, pero permitiendo que, por la concurrencia de singulares necesidades o específicas circunstancias en un determinado órgano judicial, se pueda solicitar del Consejo General del Poder Judicial su reducción. Se recoge, lógicamente, el deber de los Jueces, de los Presidentes y de los Magistrados que formen Sala, de asistir cada día a la audiencia pública. Por otra parte, se establecen unos criterios de señalamiento de comparecencias, audiencias y vistas, a fin de optimizar los recursos materiales y humanos de la Administración de Justicia, evitando en lo posible, la suspensión de los señalamientos y facilitando a los ciudadanos y a los profesionales su presencia ante los órganos judiciales.

En cuanto a la constitución de los órganos judiciales fuera de su sede, el Reglamento se limita a establecer una regulación sencilla del trámite que se precisa para el desarrollo del art. 269.2 de la Ley Orgánica del Poder Judicial, destacando en especial la comunicación que el Consejo General del Poder Judicial realizará a tal efecto al Ministerio de Justicia o a los órganos de las Comunidades Autónomas que hayan asumido las competencias en materia de Administración de Justicia, a fin de que puedan arbitrar los medios necesarios para la realización de los desplazamientos y el abono de los gastos que se pudieran derivar.

§ 10

III

En el Título II se desarrolla la especialización de los órganos judiciales, prevista en el art. 98 de la Ley Orgánica del Poder Judicial para los Juzgados, estableciendo el procedimiento a que se ha de sujetar la indicada medida, con previsión especial de determinados informes que garanticen su acierto y eficacia. A ello atiende el presente Reglamento en el que se establece quién puede ejercer la correspondiente iniciativa, entendiendo que la redacción del art. 98 de la Ley Orgánica del Poder Judicial, cuando reserva la competencia para decidir sobre la especialización al Consejo General del Poder Judicial, no impide que la iniciativa pueda partir de otros órganos de gobierno interno del Poder Judicial. Se establece plenamente el carácter reversible de la especialización, instrumento imprescindible para la eficacia de una política de especializaciones. Mención especial debe hacerse en cuanto al momento de inicio de los efectos de la especialización: si el

Juzgado ya estuviere funcionando, la especialización producirá efectos desde el 1 de enero del año siguiente a aquél en que se tome, mientras que si el acuerdo de especialización se adopta antes de la entrada en funcionamiento del Juzgado especializado, no parece necesario esperar a la fecha antes indicada, por lo que se ha optado por una regulación más realista y razonable, cual es que los efectos de la especialización tengan lugar en el mismo momento en que el Juzgado inicie su actividad.

Una regulación semejante se contiene en el Reglamento para la especialización de las Secciones, ya que si bien es verdad que el art. 98 de la Ley Orgánica del Poder Judicial regula sólo la especialización de los Juzgados, no es menos cierto que el art. 110.2. ñ) de la misma Ley Orgánica habilita al Consejo General del Poder Judicial para dictar Reglamentos en materia de «especialización de órganos judiciales», expresión que inequívocamente ampara una norma como la presente.

En cuanto al reparto de asuntos, conviene matizar el criterio meramente cuantitativo en la distribución del trabajo entre los distintos Juzgados, si bien será el criterio preferente, atribuir la función al Secretario Judicial, de conformidad con lo dispuesto en el art. 454 en relación con el art. 167.2 de la Ley Orgánica del Poder Judicial, resolver la situación que se produce si, concurriendo la necesidad de establecer normas de reparto o de modificar las establecidas, no se procedía a tomar iniciativa alguna por la Junta de Jueces, residenciando la solución, en tal caso, en las Salas de Gobierno. Regulación idéntica se establece para el reparto de asuntos entre Secciones, con previsión específica de aquellos casos en que se deba proceder a aprobar normas de reparto entre Salas del mismo Tribunal y orden jurisdiccional, pero con sede en distintas ciudades.

La atribución conferida a las Salas de Gobierno por el art. 152.2.1º de la Ley Orgánica del Poder Judicial, obliga a regular de un modo elemental la materia referida a la liberación total o parcial de asuntos, estableciendo el procedimiento a que debe sujetarse la aprobación de esa liberación y, especialmente, su duración temporal, que, por coherencia con lo establecido por la propia Ley Orgánica del Poder Judicial en su art. 216 bis y siguientes, se fija en seis meses. Para el reparto de ponencias, así como para la liberación total o parcial de la participación en el turno de ponencias, se fija una regulación ágil y flexible, destacando la posible liberación total o parcial del Presidente de la Sala o Audiencia cuando las tareas que por tal cargo deba acometer, atendido el número y especialidad de las Secciones y Magistrados, la carga competencial del órgano y la dedicación exigida por las labores de representación y de carácter gubernativo, justifiquen esta medida, que habrá de ser aprobada por el Consejo General del Poder Judicial.

IV

Es objeto de detallada regulación la organización del servicio de guardia, del que se ocupa el Título III, manteniendo en lo esencial el sistema establecido en el Reglamento 5/1995, con las modificaciones introducidas por el Acuerdo Reglamentario 2/2003, del Pleno del Consejo General del Poder Judicial, de 26 de febrero de 2003, por el que se modifica el reglamento 5/1995, de 7 de junio, de los aspectos accesorios de las actuaciones judiciales, en lo relativo a los servicios de guardia. En dicho acuerdo reglamentario se diseñó un nuevo sistema de guardias para los Juzgados de Instrucción a fin de hacer frente a los nuevos procedimientos para el enjuiciamiento rápido e inmediato de determinados delitos y faltas, introducidos por Ley 38/2002 y por Ley Orgánica 8/2002. El sistema ha de ser adaptado ahora a las previsiones de la Ley Orgánica 1/2004, de 28 de diciembre, de Medidas de Protección Integral contra la Violencia de Género. Se trata de una realidad ciertamente compleja, en la que se ha hecho preciso establecer incluso la actividad o contenido concretos del servicio de guardia, a lo que se dedica el art. 40 del Reglamento, lo que era obligado ante el vacío legislativo existente en esta materia, en la que se ha venido actuando en muchas ocasiones a remolque de las circunstancias. Se parte de dos principios básicos: el de economía, para lo que es vital la organización adecuada del servicio de guardia que evite la repetición de actuaciones o la permanencia en actividad durante todo el tiempo de todos los Juzgados de Instrucción y el de respeto a la competencia propia de cada órgano jurisdiccional, lo que se ha traducido en el citado art. 40, que ha llegado en la especificación del contenido material del servicio de guardia hasta donde el juego combinado de estos principios lo ha permitido. Como no podía ser de otra manera, el servicio de guardia se configura sobre los Juzgados de Instrucción, por entenderse que son los asuntos propios de la instrucción criminal los que el servicio de guardia ha de atender de modo preferente, pero sin olvidar que se le pueden atribuir otros cometidos jurisdiccionales e incluso servicios de carácter gubernativo tales como la recepción de escritos o aquéllos otros que las Juntas de Jueces le encomienden en relación con la atención de determinadas necesidades comunes.

Se ha contemplado además la posibilidad de establecer turnos de asistencia continuada en los Juzgados de 1ª Instancia, en previsión de las normas organizativas necesarias para el desarrollo de la Disposición Adicional 5ª de la Ley de Enjuiciamiento Civil.

V

El Título IV se dedica a la cooperación jurisdiccional, materia tradicionalmente regulada en las leyes procesales e incluso en la Ley Orgánica del Poder Judicial. Sin embargo, no cabe desconocer la existencia de aspectos accesorios o marginales que participan de la naturaleza administrativa o gubernativa ya que, en definitiva, tales sistemas de mutua ayuda no representan sino procedimientos para el logro de una mayor funcionalidad y eficacia en la actividad judicial, al tiempo que suponen una notable economía de esfuerzos y entrañan la aplicación al ámbito judicial de técnicas fundamentales de organización que busquen la operatividad y la eficacia.

Dos ámbitos de la cooperación jurisdiccional cabe distinguir: el interno y el externo o internacional. En el ámbito interno, trasladando al texto del Reglamento lo que son criterios adoptados en diversas ocasiones por el Consejo General del Poder Judicial, se distinguen aquellos casos en que la norma legal hace absolutamente preciso acudir a fórmulas de auxilio judicial para la práctica de determinadas diligencias, respecto de aquellos otros en que, no existiendo en principio aquella precisión ineludible, juegan, sin embargo, factores de conveniencia u oportunidad que conectan con aquellas exigencias de superior eficacia y economía. Otra de las directrices que se ha tratado de recoger en el presente Reglamento es la de evitar el abuso injustificado de los sistemas de auxilio judicial.

La cooperación jurisdiccional internacional, al ser considerada la jurisdicción como uno de los atributos clásicos de la soberanía, plantea una problemática propia. Cabe destacar, a tales efectos, el aumento constante de este tipo de cooperación, su necesidad, especialmente en el ámbito penal, donde en ocasiones precisa el desplazamiento del propio Juez de Instrucción a un país extranjero y la existencia de multitud de tratados y convenios internacionales en los que España es parte. Se trata de una materia que se ha ido desarrollando reglamentariamente a fin de afrontar diversas cuestiones relativas al procedimiento a seguir tanto para la práctica de actuaciones judiciales en el extranjero como para la realización en España de las actuaciones solicitadas por otros Estados.

Asimismo, se regula en este Título la Red Judicial Española de Cooperación Judicial, cuya principal función es la de prestar asistencia a los órganos judiciales para la correcta remisión y el adecuado cumplimiento de las solicitudes de cooperación jurisdiccional.

VI

La Ley Orgánica 16/1994, reformadora de la Ley Orgánica del Poder Judicial, dio nueva redacción al art. 230, redacción que no ha sido modificada por la Ley

Orgánica 19/2003, si bien la referencia que en el número 5 del precepto se hace a la Ley Orgánica 5/1992, de 29 de octubre, de Regulación del tratamiento automatizado de los Datos de Carácter Personal, ha de entenderse hecha a la Ley Orgánica 15/1999, de 13 de diciembre, de Protección de Datos de Carácter Personal, que deroga la anterior. El referido precepto significa de modo claro y rotundo la recepción en el mundo judicial de los medios informáticos. El citado número 5 se remite expresamente a un Reglamento dictado por el Consejo General del Poder Judicial para la determinación de los requisitos y demás condiciones que afecten al establecimiento y gestión de los ficheros automatizados que se encuentren bajo la responsabilidad de los órganos judiciales. También se atribuye al Consejo General del Poder Judicial la competencia para la aprobación de los programas y aplicaciones informáticos que se utilicen en la Administración de Justicia, así como para definir los requisitos de compatibilidad, comunicación e integración de los sistemas informáticos.

Hasta tanto concluya la auditoría de seguridad que se está realizando, se mantiene íntegro en este Reglamento el Título V del Reglamento 5/1995, que, en cuanto al establecimiento y gestión de los ficheros automatizados bajo la responsabilidad de los órganos judiciales, asume, lógicamente, lo que resulta directamente del imperio de la Constitución y de la Ley. Esto significa la existencia y vigencia, también ante los órganos judiciales, de los derechos de autodeterminación informática. Se parte, por tanto de determinar qué datos se contendrán en los ficheros automatizados dependientes de los órganos judiciales, entre los que se debe entender los que exigen las leyes procesales, la fuente de donde se recogerán esos datos, su conservación, su cesión y los derechos de acceso, rectificación y cancelación, con especial mención a la protección de la intimidad de las personas y al interés del procedimiento. Se constituye como responsable del fichero al Juez o Presidente y bajo su autoridad al Secretario Judicial. Nota importante es que la creación, modificación o supresión de los ficheros recogidos en ese Reglamento se reserva al Consejo General del Poder Judicial, a propuesta de la Sala de Gobierno correspondiente, publicándose el acuerdo en el Boletín Oficial del Estado.

Igualmente, se mantiene la redacción y contenido del Título VI del Reglamento 5/1995, en el que se establece el procedimiento de aprobación de los programas, aplicaciones y sistemas informáticos de la Administración de Justicia.

VII

Por Acuerdo de 14 de abril de 1999, del Pleno del Consejo General del Poder Judicial, se incorporó al Reglamento 5/1995 un nuevo Título VII con la denominación «De los Servicios Comunes», en el cual, sobre al base de la parca regulación del art. 272 de la Ley Orgánica del Poder Judicial, se reguló el régimen jurídico y la ordenación interna de los servicios comunes. La Ley Orgánica 19/2003, de modificación de la Ley Orgánica 6/1985, de 1 de julio, del Poder Judicial, introduce importantes modificaciones en la materia, al configurar la Oficina judicial tomando como elemento organizativo básico la unidad y distinguiendo entre unidades procesales de apoyo directo y servicios comunes procesales. Tras la citada modificación, la Ley Orgánica del Poder Judicial, en su art. 438, define los servicios comunes, establece su configuración y funciones, y atribuye al Ministerio de Justicia y a las Comunidades Autónomas, en sus respectivos territorios, la competencia para el diseño, creación y organización de los servicios comunes procesales, reservando al Consejo General del Poder Judicial la potestad para establecer criterios generales que permitan la homogeneidad en las actuaciones de los servicios comunes procesales de la misma clase en todo el territorio nacional. Así pues, queda enormemente limitada la potestad de reglamentación por parte del Consejo General del Poder Judicial sobre la materia, a lo que se añade la dificultad de desarrollar reglamentariamente nuevas unidades de futura creación. Por ello el Título VII del Reglamento tiene un contenido mínimo, con inevitable referencia a la regulación legal.

TÍTULO I
De la publicidad de las actuaciones judiciales, publicación de las resoluciones judiciales, habilitación de días y horas, fijación de las horas de audiencia pública y la constitución de los órganos judiciales fuera de su sede

CAPÍTULO I
La publicidad de las actuaciones judiciales y publicación de las resoluciones judiciales

SECCIÓN 1ª
Publicidad de las actuaciones judiciales

Art. 1. La publicidad de las actuaciones judiciales de carácter procesal se ajustará a lo previsto en el art. 232 de la Ley Orgánica del Poder Judicial y en las correspondientes leyes de procedimiento.

Art. 2. 1. Los interesados tendrán acceso a los libros, archivos y registros judiciales que no tengan carácter reservado, mediante las formas de exhibición, testimonio o certificación que establezca la Ley, de conformidad con lo establecido en el art. 235 de la Ley Orgánica del Poder Judicial.

2. Tendrán carácter reservado las actuaciones judiciales que sean o hayan sido declaradas secretas, de conformidad con lo dispuesto en las leyes procesales, así como aquellas otras cuya publicidad pudiera afectar a derechos, principios y valores constitucionales.

Art. 3. 1. De conformidad con lo dispuesto en el art. 266 de la Ley Orgánica del Poder Judicial, los interesados podrán acceder al texto de las sentencias, una vez extendidas y firmadas por el Juez o por todos los Magistrados que las hubieran dictado, depositadas en la Oficina judicial y registradas en los sistemas informáticos.

2. No obstante, se podrá restringir el acceso al texto de las sentencias o a determinados extremos de las mismas, cuando el mismo pudiera afectar al derecho a la intimidad, a los derechos de las personas dignos de especial tutela o a la garantía del anonimato de las victimas o perjudicados, cuando proceda, y, con carácter general, para evitar que las sentencias puedan ser usadas con fines contrarios a las leyes.

Art. 4. 1. Corresponde a los Secretarios de la Oficina judicial facilitar a los interesados el acceso a los documentos judiciales a que se refieren los dos artículos anteriores.

2. Quienes estén interesados en acceder a los documentos a que hacen referencia los dos artículos anteriores, presentarán la solicitud por escrito en la Secretaría del órgano judicial, precisando el documento o documentos cuyo conocimiento se solicita y exponiendo la causa que justifica su interés. La solicitud será resuelta en el plazo de dos días mediante acuerdo del Secretario de la unidad de la Oficina judicial en que se encuentre la documentación interesada, quien deberá valorar si el solicitante justifica su interés, la existencia de derechos fundamentales en juego, y la necesidad de tratar los documentos a exhibir o de omitir datos de carácter personal en los testimonios o certificaciones a expedir, en caso de que el solicitante no justifique un interés personal y directo, de manera que se salvaguarde el derecho a la intimidad personal y familiar, al honor y a la propia imagen de los afectados por la resolución judicial. Si accediere a lo solicitado expedirá el testimonio o la certificación que proceda o exhibirá la documentación de que se trate, previo tratamiento de datos de carácter personal, en su caso.

3. Sin perjuicio de lo establecido en las leyes de procedimiento, el acuerdo denegatorio del Secretario judicial será revisable por el Juez o Presidente a petición del interesado, que lo deberá solicitar en el plazo de tres días desde la correspon-

diente notificación. Si, transcurridos dos días desde la solicitud, no hubiere recaído acuerdo expreso del Secretario, ni se hubiere expedido el testimonio o certificación solicitados, ni realizada tampoco la exhibición de que se trate, se entenderá que la petición ha sido denegada y, en su consecuencia, el interesado podrá ejercitar ante el Juez o Presidente el derecho de revisión mencionado anteriormente. Contra el acuerdo del Juez o Presidente se podrán interponer los recursos establecidos en el Reglamento número 1/2000, de 26 de julio, de los órganos de Gobierno de Tribunales.

4. Respecto del acceso a las actuaciones judiciales de las que se desprendan datos con trascendencia tributaria, se estará además a lo establecido en el artículo 94.3 de la Ley 58/2008, de 17 de diciembre General Tributaria.

Art. 5. Los Secretarios y funcionarios competentes de la Oficina judicial facilitarán a las partes interesadas y a cuantos manifiesten y justifiquen un interés legítimo y directo, cuanta información soliciten sobre el estado de las actuaciones judiciales, que podrán examinar y conocer, salvo que sean o hubieren sido declaradas secretas conforme a la Ley.

La información se facilitará en términos claros y asequibles cuando las partes o interesados que la soliciten no sean profesionales del Derecho.

Igualmente facilitarán la información necesaria sobre las causas de los retrasos y suspensiones de los actos y vistas a las personas que hayan sido citadas para intervenir en ellos. El acuerdo de suspensión será comunicado a los interesados con la antelación suficiente para evitar desplazamientos innecesarios a la sede del órgano, salvo en los supuestos en que haya sido adoptado en la misma fecha prevista para la celebración del acto o vista de que se trate. Los Secretarios expedirán las certificaciones o los testimonios de las actuaciones judiciales no declaradas secretas ni reservadas a las partes que se soliciten, con expresión de su destinatario y fin para el cual se solicitan, con sujeción, en su caso, a los criterios establecidos en el art. 4.2 de este Reglamento. Los funcionarios del Cuerpo de Gestión Procesal y Administrativa expedirán, con conocimiento del Secretario Judicial, y a costa del interesado, copias simples de escritos y documentos que consten en autos no declarados secretos ni reservados.

Art. 6. Se permitirá, con carácter general, el acceso de los medios de comunicación acreditados a los actos procesales celebrados en audiencia pública, excepto en los supuestos en que pueda verse afectados valores y derechos constitucionales, en los que el Juez o Presidente del Tribunal podrá denegar dicho acceso mediante resolución motivada.

SECCIÓN 2ª
Publicación y difusión de las Resoluciones Judiciales

Art. 7. Con el objeto de asegurar el cumplimiento de lo dispuesto en el art. 107.10 de la LOPJ, en lo que se refiere a la publicación oficial de las sentencias y otras resoluciones del Tribunal Supremo y del resto de órganos judiciales, para velar por su integridad, autenticidad y acceso, así como para asegurar el cumplimiento de la legislación en materia de protección de datos personales, todos los Juzgados y Tribunales, bajo la supervisión de sus titulares o Presidentes, o de alguno de los Magistrados en quienes aquellos deleguen a estos efectos, procederán a remitir al Consejo General del Poder Judicial, a través del Centro de Documentación Judicial y con la periodicidad que se establezca, copia de todas las sentencias, así como de otras resoluciones que puedan resultar de interés, que hayan sido dictadas por el respectivo órgano judicial.

Para que la remisión a través de los sistemas informáticos judiciales sea posible, todos los Jueces y Magistrados cuidarán de que las sentencias y demás resoluciones se integren en las aplicaciones informáticas de su órgano judicial. A tal fin, los Juzgados y Tribunales numerarán las sentencias y autos siguiendo el orden cronológico de su dictado para su incorporación al Libro de Registro de Sentencias y/o Autos a que se refiere el art. 265 de la LOPJ. En cada órgano Judicial se llevará una réplica informática de dicho Libro, que reflejará siempre el número de procedimiento, fecha y número de la resolución, así como, en su caso, su firmeza, como paso previo a su envío en forma electrónica al Centro de Documentación Judicial. En dicho Libro, las resoluciones estarán certificadas electrónicamente, cuando el estado tecnológico del sistema informático lo permita. El Director del Centro de Documentación Judicial del Consejo General del Poder Judicial, procederá a efectuar las recomendaciones que fuesen precisas sobre la materialización de los envíos.

En el tratamiento y difusión de las resoluciones judiciales se cumplirá lo dispuesto en la legislación en materia de protección de datos personales y en los arts. 234 y 266 de la LOPJ.

Salvo lo dispuesto en los arts. 234 y 266 de la LOPJ, no se facilitarán por los órganos jurisdiccionales copias de las resoluciones judiciales a los fines de difusión pública regulados en el presente artículo, sin perjuicio del derecho a acceder en las condiciones que se establezcan, a la información jurídica de que disponga el Centro de Documentación Judicial del Consejo General del Poder Judicial. Todo ello sin perjuicio de las competencias atribuidas a los Gabinetes de Comunicación del Tribunal Supremo, Audiencia Nacional y Tribunales Superiores de Justicia, previstas en el Reglamento de los Órganos de Gobierno de Tribunales.

§10

CAPÍTULO II
La habilitación de días y horas

Art. 8. 1. Los días y horas hábiles para las actuaciones judiciales son los establecidos en los arts. 182 y siguientes de la Ley Orgánica del Poder Judicial.

2. Los sábados se considerarán días hábiles para atender los siguientes servicios:

a) Guardia de los Juzgados de Instrucción.

b) Oficinas de los órganos jurisdiccionales del orden penal, a los efectos de información y traslado documental al Juzgado de Guardia de los particulares necesarios, en lo relativo a la presentación de sujetos sometidos a requisitoria o busca y captura.

3. En las oficinas de los órganos judiciales podrán llevarse a cabo en sábado actividades no procesales inherentes a la información y atención al público y a funciones gubernativas cuando así lo acuerden el CGPJ, el Ministerio de Justicia o las Comunidades Autónomas con competencias en materia de personal y medios materiales al servicio de la Administración de Justicia.

Art. 9. De conformidad con lo dispuesto en el art. 184.2 de la Ley Orgánica del Poder Judicial, los Jueces y Tribunales habilitarán aquellos días y horas inhábiles que sean necesarios para la adecuada y puntual tramitación de los diferentes procesos sin dilaciones indebidas.

§10

CAPÍTULO III
La audiencia pública, el horario de los Jueces y Magistrados y los señalamientos

Art. 10. 1. De conformidad con lo dispuesto en el art. 186 de la Ley Orgánica del Poder Judicial, los Juzgados y Tribunales celebrarán audiencia pública todos los días hábiles para la práctica de pruebas, las vistas de los pleitos y causas y la publicación de las sentencias dictadas.

2. También durante este horario se desarrollará el despacho ordinario de los asuntos, la atención a los profesionales y al público que soliciten ser recibidos por el Juez, por el Presidente del Tribunal o por el Secretario Judicial, salvo que se deniegue motivadamente la solicitud, y los demás actos que señalen la Ley y este Reglamento.

3. Las horas de audiencia pública que señalaren los Presidentes de los Tribunales y los Jueces serán las necesarias para la realización de las actividades señaladas en los apartados anteriores, así como para garantizar que la tramitación de los procesos se produzca sin dilaciones indebidas y que la celebración de los

actos y vistas señalados se lleve a cabo sin retrasos, debiendo ajustarse a los siguientes límites:

a) El límite mínimo de audiencia pública será el de cuatro horas durante todos los días hábiles.

b) Excepcionalmente, cuando las necesidades o circunstancias que concurran en algún órgano judicial así lo requieran, podrá solicitarse del Consejo General del Poder Judicial, la reducción del horario de audiencia pública por tiempo determinado. La propuesta habrá de formularse por el Presidente o el Juez de forma motivada e incorporando cuantos antecedentes considere oportunos.

Art. 11. 1. De conformidad con lo dispuesto en el art. 188.1 de la Ley Orgánica del Poder Judicial, el horario de audiencia pública se dará a conocer por el Presidente o el Juez a través de un edicto fijado ostensiblemente en la parte exterior de las Salas de los Juzgados y Tribunales.

2. Dicho horario será comunicado al Consejo General del Poder Judicial para su conocimiento.

3. Cuando los órganos judiciales ubicados en la misma sede judicial hayan fijado de forma coincidente el horario de audiencia pública, la información a la que se refiere el apartado primero de este artículo será fijada también en lugar visible en el acceso al edificio.

Art. 12. 1. De conformidad con lo dispuesto en el art. 188.2 de la Ley Orgánica del Poder Judicial, los Jueces y los Presidentes, o quienes les sustituyan, asistirán cada día a la audiencia pública de no mediar causa justificada.

§10

2. Los Magistrados que hayan de formar Sala asistirán igualmente a la audiencia de no mediar causa justificada.

3. Unos y otros deberán justificar la causa de su inasistencia al Presidente del Tribunal o Audiencia.

4. Además, los Jueces y Magistrados deberán asistir a su despacho oficial cuando las necesidades del servicio lo requieran.

Art. 13. 1. Los Jueces y Tribunales al señalar las comparecencias, audiencias y vistas se atendrán, salvo para actuaciones urgentes, a las fechas y horas que le sean asignadas al correspondiente órgano judicial en el calendario de señalamientos de actuaciones judiciales que elaboren las Salas de Gobierno y los Decanatos, procurando concentrar aquellas en que intervengan las mismas partes o representantes de Instituciones Publicas, a fin de evitar llamamientos reiterados en distintas fechas.

2. Los señalamientos realizados, las horas previstas para los mismos y las partes intervinientes serán comunicados al Decanato o a la Secretaría de Gobierno, donde se llevará un registro informático de los mismos que podrá ser consultado por los órganos judiciales del territorio, a fin de concentrar los señalamientos.

3. Las audiencias y vistas que requieran la presencia del representante del Ministerio Fiscal, Abogado del Estado, Letrados de la Seguridad Social o de las Comunidades Autónomas, en la medida de lo posible, serán agrupadas, señalándose de forma consecutiva.

4. Los Juzgados y Tribunales acomodarán los sucesivos señalamientos al margen temporal que prevean necesario para asegurar la atención a las partes en las horas fijadas, evitando retrasos y esperas que perjudiquen la calidad en la atención al ciudadano.

CAPÍTULO IV
La constitución de los órganos judiciales fuera de su sede

Art. 14. 1. Tal como dispone el art. 268 de la Ley Orgánica del Poder Judicial, las actuaciones judiciales deberán practicarse en la sede del órgano jurisdiccional.

2. No obstante lo anterior, los Jueces y Tribunales podrán practicar diligencias de instrucción o de prueba fuera de la sede del órgano jurisdiccional en los casos previstos en el art. 275 de la Ley Orgánica del Poder Judicial o cuando así lo autorice expresamente la ley.

§10

Art. 15. Los Juzgados y Tribunales podrán celebrar juicios o vistas de los asuntos dentro del territorio de su jurisdicción pero fuera de la población en que tengan su sede en los casos previstos en el art. 269 de la Ley Orgánica del Poder Judicial.

Art. 16. 1. De conformidad con lo dispuesto en el art. 269.2 de la Ley Orgánica del Poder Judicial, cuando las circunstancias o el buen servicio de la Administración de Justicia lo exijan, el Consejo General del Poder Judicial dispondrá que los Juzgados y las Secciones o Salas de los Tribunales o Audiencias se constituyan en población distinta de su sede, aunque dentro del territorio de su jurisdicción, para despachar los asuntos correspondientes a un determinado ámbito territorial comprendido en la circunscripción de aquéllos.

2. Cuando así se acuerde se comunicará al Ministerio de Justicia o a los órganos de las Comunidades Autónomas que hayan asumido competencias en materia de Administración de Justicia, a fin de que puedan arbitrar los medios necesarios para la realización y el abono de los gastos del indicado traslado. También se

comunicará a la Fiscalía General del Estado y a los Colegios de Abogados y Procuradores correspondientes.

3. La petición se realizará por el Tribunal o Juzgado, el cual deberá motivar las circunstancias coyunturales o permanentes que concurran.

4. Dicha petición se dirigirá al Consejo General del Poder Judicial, a través de la Sala de Gobierno del Tribunal Superior de Justicia, con informe de la misma.

TÍTULO II
**De la especialización de los órganos judiciales y
del reparto de asuntos y ponencias**

CAPÍTULO I
Especialización de los Juzgados

Art. 17. De conformidad con lo dispuesto en el art. 98 de la Ley Orgánica del Poder Judicial, el Consejo General del Poder Judicial podrá acordar, previo informe de la Sala de Gobierno correspondiente, que en aquellas circunscripciones en que exista más de un Juzgado de la misma clase, uno o varios de ellos asuman, con carácter exclusivo, el conocimiento de determinadas clases de asuntos o de las ejecuciones propias del orden jurisdiccional de que se trate, sin perjuicio de las labores de apoyo que puedan prestar los servicios comunes que al efecto se constituyan.

Art. 18. El acuerdo de especialización podrá adoptarse a iniciativa de las Juntas de Jueces, de las Salas de Gobierno y del propio Consejo General del Poder Judicial. La que proceda de las Juntas de Jueces se elevará, por conducto de la Sala de Gobierno correspondiente y con su informe, al Consejo General del Poder Judicial.

Art. 19. La propuesta que se eleve al Consejo General del Poder Judicial deberá ser suficientemente motivada e incorporará los antecedentes necesarios, así como un informe sobre la situación y el funcionamiento de los órganos judiciales afectados y deberá contener un análisis de la incidencia que el acuerdo de especialización pueda tener sobre otros Tribunales o Juzgados.

Art. 20. 1. La propuesta será presentada a la Comisión que determine el Pleno del Consejo General del Poder Judicial, la cual podrá recabar todos aquellos informes que estime convenientes. Necesariamente deberá recabar el informe de la Sala de Gobierno si no constare y el del Servicio de Inspección.

§10

2. En la petición de los informes, que deberán ser emitidos en el plazo máximo de 20 días, contados a partir de la recepción del escrito, se concretarán el extremo o extremos acerca de los cuales se solicita informe.

Art. 21. Una vez obtenidos los informes referidos, se elevará la propuesta al Pleno del Consejo General del Poder Judicial, órgano competente para resolver sobre la especialización.

Art. 22. 1. El acuerdo del Pleno por el que se establezca la especialización se publicará en el Boletín Oficial del Estado.

2. Cuando el acuerdo de especialización se refiera a un órgano judicial en funcionamiento, producirá efectos desde el inicio del año siguiente a aquél en que se publique. El órgano judicial especializado conservará, hasta su conclusión por resolución definitiva, el conocimiento de los asuntos que tuviere ya repartidos en el momento de la especialización.

3. En el caso de que la especialización se refiera a un órgano judicial pendiente de entrar en funcionamiento, el acuerdo producirá sus efectos desde el momento en que el órgano de que se trate inicie su actividad efectiva. Aquellos asuntos de la misma naturaleza que los que sean objeto del acuerdo de especialización y estuviesen turnados a otros Juzgados de la misma sede se continuarán por éstos hasta su conclusión sin verse afectados por el acuerdo de especialización.

4. Los acuerdos por los que se establezca la especialización se comunicarán singularmente al Servicio de Personal Judicial del Consejo.

§10

Art. 23. 1. La especialización acordada subsistirá hasta que el Consejo General del Poder Judicial decida su finalización.

2. El cese de la especialización se sujetará a los mismos trámites y requisitos previstos para su constitución.

3. Revocado el acuerdo de especialización, el Juzgado afectado conservará, sin embargo, el conocimiento de los asuntos que le hubiesen sido turnados con anterioridad, hasta su conclusión por resolución definitiva.

CAPÍTULO II
Especialización de las secciones

Art. 24. 1. La adscripción de una o varias Secciones de las que integren una determinada Audiencia Provincial al orden jurisdiccional civil o al penal en régimen de exclusividad se sujetará a lo previsto en el capítulo anterior para la especialización de los Juzgados. En todo caso, el acuerdo de especialización no afectará a los asuntos que estuvieran ya repartidos a cada Sección, que permanecerán sometidos a su conocimiento hasta su conclusión por resolución definitiva.

2. El Consejo General del Poder Judicial, previo informe de la Sala de Gobierno correspondiente y con audiencia de los Magistrados del órgano afectado, podrá atribuir en exclusiva el conocimiento de determinada clase de asuntos a una sección de la Audiencia Provincial, mediante acuerdo que será publicado en el Boletín Oficial del Estado.

3. La sección o secciones especializadas extenderán su competencia a todo su ámbito territorial, aun cuando existieren secciones desplazadas.

4. Las Salas de Gobierno, al establecer los turnos precisos para la composición de las Salas y secciones, deberán respetar, en todo caso, que en su composición se garantice que los magistrados que integran las secciones especializadas reúnan las exigencias establecidas por la Ley Orgánica del Poder Judicial para su cobertura.

5. Sin perjuicio de lo dispuesto en los apartados anteriores, las Salas de Gobierno ejercerán las atribuciones que les reconoce el art. 152 de la Ley Orgánica del Poder Judicial en orden a la aprobación de las normas de reparto de asuntos entre las distintas Secciones de cada Sala y de las Audiencias Provinciales que de ellas dependan.

CAPÍTULO III
Reparto de asuntos

Art. 25. 1. Cuando en una misma circunscripción hubiese dos o más Juzgados pertenecientes a un mismo orden jurisdiccional, los asuntos se distribuirán entre ellos conforme a las normas de reparto aprobadas, de conformidad con lo establecido en el presente Reglamento.

2. Las normas de reparto tendrán por objeto la distribución con arreglo a criterios preferentemente numéricos y cuantitativos de los asuntos entre los diversos Juzgados de cada circunscripción y orden jurisdiccional. A tal efecto, los órganos competentes podrán servirse de cualesquiera medios puestos a su disposición que garanticen la aleatoriedad de la distribución.

3. Desde la presentación de la demanda, denuncia, querella o cualquier pretensión principal que se ejercite ante los órganos judiciales, los servicios del Decanato, o el órgano judicial, en su caso, atribuirán al procedimiento un número de identificación del que quedará constancia en todos sus trámites, incidentes, fases e instancias, sin perjuicio del número de registro que en cada caso se le asigne. El número de identificación se incluirá en todas las comunicaciones que se entiendan con las partes del procedimiento y con los demás interesados en el mismo.

Art. 26. 1. La aprobación o modificación de las normas de reparto se ajustará a los siguientes trámites:

a) Convocatoria de la Junta de Jueces sectorial con inclusión del tema en el orden del día correspondiente.

b) Elevación de la propuesta de aprobación o modificación a la Sala de Gobierno respectiva por parte de la Junta de Jueces.

c) Aprobación por la Sala de Gobierno del Tribunal Superior de Justicia, pudiéndose solicitar previamente informe del Ministerio Fiscal.

d) Publicación de las normas de reparto aprobadas conforme a lo establecido en el art. 159.2 de la Ley Orgánica del Poder Judicial y en el art. 12.6 del Reglamento número 1/2000, de 26 de julio, de los Órganos de Gobierno de los Tribunales.

2. Las Salas de Gobierno podrán recabar de las correspondientes Juntas de Jueces la elaboración de nuevas normas de reparto o la modificación de las vigentes cuando ello fuere necesario para la mejor administración de justicia. Si en el plazo de un mes a partir de dicho requerimiento, la Junta de Jueces omitiera la propuesta solicitada, la Sala de Gobierno aprobará las normas que estime pertinentes.

3. En todo caso, la modificación de las normas de reparto no podrá afectar a los asuntos que estén ya turnados.

§10

Art. 27. El reparto se realizará bajo la supervisión del Juez Decano, asistido por el Secretario que se designe, en los términos y con el alcance previstos en el art. 167.2 de la Ley Orgánica del Poder Judicial. El Secretario designado para efectuar el reparto garantizará que éste se realice de conformidad con las normas aprobadas por la Sala de Gobierno del correspondiente Tribunal Superior de Justicia.

Art. 28. 1. Las normas de reparto de asuntos entre las Secciones de cada Sala serán aprobadas por la Sala de Gobierno correspondiente.

2. Sin perjuicio de lo dispuesto en el art. 24 del presente Reglamento, las normas de reparto de asuntos entre las Secciones de una Audiencia Provincial con idéntica especialización serán aprobadas por la Sala de Gobierno del Tribunal Superior de Justicia.

3. En ambos casos la oportuna propuesta corresponderá al Presidente de la Sala o Audiencia.

4. Las normas de reparto a que se refieren los apartados anteriores se ajustarán a los principios establecidos en el art. 25.2 de este Reglamento.

CAPÍTULO IV
Liberación total o parcial de asuntos

Art. 29. De conformidad con lo dispuesto en los arts. 152.2.1° y 167.1 de la Ley Orgánica del Poder Judicial, con carácter excepcional podrá liberarse total o parcialmente a un determinado Juzgado del reparto de asuntos por tiempo limitado cuando la buena administración de justicia lo haga necesario.

Art. 30. La medida de liberación de reparto a que se refiere el artículo anterior se adoptará por la Sala de Gobierno con carácter excepcional y de forma motivada, bien a propuesta de la correspondiente Junta de Jueces, bien por propia iniciativa. Será siempre precisa la aquiescencia del Juez afectado.

Art. 31. La liberación total o parcial del reparto de asuntos a un Juzgado determinado se adoptará por el periodo que la Sala de Gobierno estime pertinente, pero sin exceder del máximo de seis meses. Vencido este plazo, la renovación de la medida se sujetará a las mismas exigencias y requisitos previstos en los apartados anteriores.

Art. 32. La liberación total o parcial de asuntos a una Sección determinada se ajustará a lo establecido en el presente capítulo. La iniciativa a tal efecto corresponderá al Presidente de la Sección, oídos los Magistrados integrantes de la misma.

§10

Art. 33. Las medidas mencionadas en los artículos anteriores serán objeto de la publicidad prevista en el art. 26.1.d) del presente Reglamento y en el

CAPÍTULO V
Reparto de ponencias

Art. 34. 1. De conformidad con lo dispuesto en el art. 204 de la Ley Orgánica del Poder Judicial, en el reparto de ponencias turnarán todos los Magistrados de la Sala o Sección, incluidos los Presidentes.

2. Los Magistrados suplentes, ya actúen para completar Sala, ya lo hagan en régimen de adscripción como medida de refuerzo, participarán en el turno de ponencias en régimen de igualdad con los restantes Magistrados componentes de la misma.

3. El Consejo General del Poder Judicial, atendiendo al volumen de trabajo de cada Sala o Audiencia, a su singularidad competencial y al número de Magistrados que la integren, podrá, a propuesta de su Presidente, oídos los Magistrados

integrantes de la Sala o Audiencia y previo informe de la correspondiente Sala de Gobierno, liberar a aquél de su participación en el turno de ponencias totalmente, cuando se trate de Salas o Audiencias con más de quince secciones, o parcialmente, cuando la Sala o Audiencia tenga quince o menos secciones. El mismo procedimiento se seguirá para modificar ulteriormente el régimen de reparto así acordado.

4. La Sala de Gobierno podrá, a propuesta del Presidente de la Sala o de la Audiencia, mediante resolución motivada, liberar total o parcialmente y por tiempo limitado a un determinado Magistrado de su participación en el turno ordinario de ponencias en aquellos casos en que, por circunstancias excepcionales, la buena administración de justicia lo haga necesario.

Art. 35. El reparto y la asignación de ponencias, así como en general el funcionamiento de la Sala o Audiencia, se regulará por las normas que, previa propuesta del Presidente respectivo, sean aprobadas por la Sala de Gobierno y comunicadas al Consejo General del Poder Judicial.

Art. 36. En todo caso, el Presidente de la Sala o Sección, podrá establecer unas normas de reparto interno y de funcionamiento en general que deberán ser aprobadas por las respectivas Salas de Gobierno.

Art. 37. Las normas de reparto y de asignación de ponencias y las de funcionamiento interno a que se refieren los artículos anteriores, se difundirán en los términos previstos en los arts. 159.2 de la Ley Orgánica del Poder Judicial y

TÍTULO III
Del servicio de guardia

CAPÍTULO I
Normas generales

Art. 38. En cada partido judicial uno de los Juzgados de Instrucción o de Primera Instancia e Instrucción desempeñará, en régimen de guardia, las funciones a que se refiere el presente Título. Igual cometido desarrollará en las circunscripciones que corresponda un Juzgado de Menores y un Juzgado de Violencia sobre la Mujer.

Redactado conforme al Acuerdo del Pleno del CGPJ de 17 de julio de 2008, con entrada en vigor el día uno de enero de dos mil nueve.

Art. 39. En la Audiencia Nacional se establecerá igualmente un servicio de guardia con carácter permanente en el que participarán de modo sucesivo todos los Juzgados Centrales de Instrucción.

Art. 40. El Consejo General del Poder Judicial, previo informe favorable del Ministerio de Justicia y oídas, en su caso, las Comunidades Autónomas con competencias en medios personales y materiales al servicio de la Administración de Justicia, podrá establecer turnos de asistencia continuada en los Juzgados de 1ª Instancia para la celebración de las vistas reguladas en la Disposición Adicional Quinta de la Ley 1/2000, de Enjuiciamiento Civil.

Art. 41. 1. En la prestación del servicio de guardia turnarán de modo sucesivo todos los Juzgados de Instrucción o de Primera Instancia e Instrucción existentes en cada localidad.

2. Excepcionalmente, cuando las necesidades del servicio así lo exigieren, la Sala de Gobierno correspondiente, previo informe de la Junta de Jueces, o a su propuesta y oyendo también al propio Juez afectado, podrá, mediante resolución motivada, eximir temporalmente de la participación en el turno de guardia a un Juzgado determinado.

Art. 42. 1. Constituye el objeto del servicio de guardia la recepción e incoación, en su caso, de los procesos correspondientes a los atestados, denuncias y querellas que se presenten durante el tiempo de guardia, la realización de las primeras diligencias de instrucción criminal que resulten procedentes, entre ellas las medidas cautelares de protección a la víctima, la adopción de las resoluciones oportunas acerca de la situación personal de quienes sean conducidos como detenidos a presencia judicial, la celebración de los juicios inmediatos de faltas previstos en la Ley de Enjuiciamiento Criminal, la tramitación de diligencias urgentes y de otras actuaciones que el Título III del Libro IV de la Ley de Enjuiciamiento Criminal atribuye al Juez de guardia. Y, asimismo, la práctica de cualesquiera otras actuaciones de carácter urgente o inaplazable de entre las que la Ley atribuye a los Juzgados de Instrucción y a los Juzgados de Violencia sobre la Mujer.

Todas estas actuaciones se entenderán urgentes a los efectos del art. 183 de la Ley Orgánica del Poder Judicial.

2. En cada circunscripción judicial, las normas generales de reparto determinarán el órgano judicial a que en definitiva habrá de corresponder el conocimiento de los asuntos que ingresen a través del servicio de guardia y podrán asignar al Juzgado que en cada momento desempeñe tales cometidos el trámite y resolución de determinadas categorías de procedimientos de los que integran la competencia de los Juzgados de Instrucción.

3. Igualmente constituirá objeto del servicio de guardia la adopción de medidas cautelares respecto de las personas comprendidas en el ámbito de aplicación de la Ley Orgánica 5/2000, de 12 de enero, reguladora de la responsabilidad penal

de los menores, o la práctica de diligencias restrictivas de los derechos fundamentales de dichas personas, cuando su necesidad se suscite fuera de las horas de audiencia del correspondiente Juzgado de Menores, siempre que en la demarcación de dicho Juzgado de Menores no exista un servicio de guardia propio de esta clase de órganos jurisdiccionales. A estos efectos el Juez de Instrucción que atienda el servicio de guardia actuará en sustitución del correspondiente Juez de Menores. Adoptada la decisión que proceda, el Juez de Instrucción en funciones de guardia remitirá lo actuado al órgano competente y pondrá a su disposición, en su caso, al menor de que se trate.

De igual manera, corresponde al Juez de Instrucción, actuando en sustitución del correspondiente Juez de Menores, la autorización de los permisos extraordinarios previstos en el art. 47 del Real Decreto 1774/04, de 30 de julio, por el que se aprueba el Reglamento de la Ley Orgánica 5/2000, que por razones de urgencia deban ser autorizadas por la autoridad judicial.

4. Salvo en aquellas demarcaciones donde exista servicio de guardia de Juzgados de Violencia sobre la Mujer, también será objeto del servicio de guardia de los Juzgados de Instrucción o de Primera Instancia e Instrucción la regularización de la situación personal de quienes sean detenidos por su presunta participación en delitos cuya instrucción sea competencia de los Juzgados de Violencia sobre la Mujer y la resolución de las solicitudes de adopción de las órdenes de protección de las víctimas de los mismos, siempre que dichas solicitudes se presenten y los detenidos sean puestos a disposición judicial fuera de las horas de audiencia de dichos Juzgados. A estos efectos, el Juez de Instrucción que atienda el servicio de guardia actuará en sustitución del correspondiente Juez de Violencia sobre la Mujer. Adoptada la decisión que proceda, el Juez de Instrucción en funciones de guardia remitirá lo actuado al órgano competente y pondrá a su disposición, en su caso, al imputado.

Lo dispuesto en el párrafo anterior será también de aplicación cuando la intervención judicial haya de producirse fuera del período de tiempo en que preste servicio de guardia el Juzgado de Violencia sobre la Mujer allí donde esté establecido.

Redactado conforme al Acuerdo del Pleno del CGPJ de 17 de julio de 2008, con entrada en vigor el día uno de enero de dos mil nueve.

5. El Juez que desempeñe en cada circunscripción el servicio de guardia conocerá también, en idéntico cometido de sustitución, de las actuaciones urgentes e inaplazables que se susciten en el ámbito de la Oficina del Registro Civil así como de las atribuidas a los Jueces Decanos en el artículo 70 de la Ley 1/2000, de 7 de enero, de Enjuiciamiento Civil; singularmente, se ocupará de las que, correspondiendo a los órganos de la jurisdicción contencioso-administrativa, sean

instadas en días y horas inhábiles y exijan una intervención judicial inmediata en supuestos de:

a) Autorización de entradas en domicilios y lugares cuyo acceso requiera el consentimiento de su titular conforme a lo previsto en el artículo 8.6, párrafos primero y tercero de la Ley 29/1998, de 13 de julio, reguladora de la Jurisdicción Contencioso-Administrativa.

b) Medidas sanitarias urgentes y necesarias para proteger la salud pública conforme al artículo 8.6 párrafo segundo de la Ley 29/1998, de 13 de julio.

c) Adopción de medidas cautelares previstas en el artículo 135 de la Ley 29/1998, de 13 de julio, reguladora de la Jurisdicción Contencioso-Administrativa en relación con actuaciones de la Administración en materia de extranjería, asilo político y condición de refugiado que impliquen expulsión, devolución o retorno. Cumplimentada su intervención el Juez de Guardia remitirá lo actuado al órgano judicial competente para celebración de comparecencia y ulterior resolución del incidente.

En todo caso, quien inste la intervención del Juez de Guardia en los supuestos previstos en este apartado habrá de justificar debidamente su necesidad por resultar inaplazable y no haber sido posible cursar la solicitud al órgano naturalmente competente en días y horas hábiles. Deberá igualmente aportar cuanta información sea relevante o le sea requerida sobre procedimientos en trámite que tengan conexión con el objeto de dicha solicitud.

Redactado por Acuerdo del Pleno del CGPJ de 28 de noviembre de 2007.

§10

6. En aquellos partidos judiciales en que exista separación entre Juzgados de Primera Instancia y Juzgados de Instrucción y el volumen de trabajo lo requiera, la Sala de Gobierno correspondiente, oída la Junta de Jueces, podrá proponer al Consejo General del Poder Judicial el establecimiento de un servicio especial para atender a las actuaciones de carácter inaplazable que dentro de la jurisdicción civil o en el ámbito del Registro Civil, se susciten en días y horas inhábiles.

7. Del mismo modo, las Juntas de Jueces podrán encomendar al Juzgado en funciones de guardia la atención de aquellos servicios comunes de carácter gubernativo que exijan una prestación continuada.

Art. 43. Los Juzgados de Instrucción en funciones de guardia, cuando en cumplimiento de lo dispuesto en el art. 135.2 de la Ley de Enjuiciamiento Civil no admitan la presentación de un escrito, vendrán obligados a entregar al presentador del mismo, a solicitud de éste, una certificación acreditativa del intento de presentación, con mención del escrito, del órgano y del procedimiento a que se refiere y de la no admisión del mismo en el Juzgado de guardia en aplicación del citado precepto legal.

Art. 44. 1. La prestación de los servicios de guardia es obligatoria. La prestación del servicio de guardia ordinaria se atenderá por funcionarios integrantes de dotación básica de la Unidad de Apoyo Directo y, en su caso, por los funcionarios de los Servicios Comunes procesales a quienes se atribuya tal cometido, y la de aquellos servicios de guardia especializados en determinadas actuaciones será atendida por un equipo de guardia integrado por el Juez, el Secretario Judicial y el personal auxiliar que se determine del correspondiente Juzgado. En esta materia, así como en el horario y jornada de trabajo, se estará a lo que se disponga por el Consejo General del Poder Judicial, el Ministerio de Justicia y las Comunidades Autónomas en sus respectivos territorios, en el ámbito de sus respectivas competencias, de conformidad con el art. 501 de la Ley Orgánica del Poder Judicial. En ningún caso la existencia de turnos diferentes con horarios singulares para la prestación del servicio, justificará la falta de atención continuada a éste en los términos previstos en el presente Reglamento, salvo lo previsto en el art. 52.

2. El Magistrado o Juez Decano de cada partido judicial cuidará de que el servicio de guardia se preste de modo continuado y con sujeción a lo dispuesto en las presentes normas. A tal fin, corregirá por sí mismo las deficiencias que observe y dará cuenta a la autoridad competente de aquéllas otras cuya subsanación exceda de sus facultades.

3. Igualmente, el Juez o Magistrado y el Secretario en funciones de guardia adoptarán, en el ámbito de sus respectivas atribuciones, las prevenciones oportunas para garantizar la adecuada prestación del servicio.

Art. 45. 1. Los miembros del Ministerio Fiscal y los funcionarios que prestan sus servicios en las Fiscalías, así como el Médico o Médicos Forenses que sean precisos para la prestación y desarrollo del servicio de guardia, se incorporarán a él en similares condiciones de permanencia y disponibilidad que los integrantes de las plantillas correspondientes, a cuyo efecto el Ministerio de Justicia o, en su caso, la Comunidad Autónoma con competencia en la materia, en el ámbito de sus competencias, dictará las disposiciones oportunas.

2. El desarrollo del servicio de guardia se entenderá con el funcionario del Ministerio Fiscal y con el Médico Forense que correspondan de conformidad con la designación y los criterios que a tal efecto hayan realizado los órganos competentes del Ministerio Fiscal y del Ministerio de Justicia o, en su caso, la Comunidad Autónoma con competencia en la materia, respectivamente.

Art. 46. 1. Antes de comenzar el año natural, cada Junta de Jueces aprobará y el Juez Decano publicará el calendario anual del servicio de guardia, que no se alterará salvo que varíe el número de Juzgados de Instrucción llamados a prestarlo, sin perjuicio de la aplicación del régimen ordinario de sustituciones en los casos en que proceda.

2. Del calendario propuesto por la Junta de Jueces y aprobado por la Sala de Gobierno del Tribunal Superior de Justicia, se dará traslado al Consejo General del Poder Judicial, al Presidente y Fiscal del Tribunal Superior de Justicia correspondiente, al Presidente y Fiscal Jefe de la correspondiente Audiencia Provincial, a los Ministerios de Justicia e Interior, o, en su caso, a la Comunidad Autónoma con competencias en la materia, a los Colegios de Abogados y Procuradores de cada circunscripción judicial, así como a los Cuerpos de Policía Judicial del correspondiente territorio. Y será publicado en el correspondiente Boletín Oficial de la Provincia o, en su caso, en el Boletín Oficial de la Comunidad Autónoma.

3. Cuando tenga lugar la creación o supresión de algún Juzgado de Instrucción o de Primera Instancia e Instrucción, o cuando se aplique a algún órgano la medida de exención del servicio de guardia prevista en el art. 41.2 de este Reglamento, la Junta de Jueces, con la necesaria antelación, introducirá las oportunas modificaciones en el calendario de guardias, de tal manera que en el momento en que aquellas alteraciones tengan efectividad repercutan de modo inmediato en el número de órganos llamados a prestar el servicio. Estas modificaciones serán objeto de la misma publicidad e idénticos traslados que el calendario originario.

§10

Art. 47. 1. En el caso de que durante cualquier guardia se produjera algún suceso extraordinario que, por su especial magnitud o importancia, o por la necesidad de practicar de modo inmediato múltiples diligencias, supere las posibilidades razonables de actuación del Juzgado o de los Juzgados en turno, el Presidente del Tribunal Superior de Justicia correspondiente dispondrá la incorporación sin demora de otro u otros órganos de la misma clase y población que coadyuven a las actividades de la guardia. A tal fin, las Juntas de Jueces elaborarán para cada anualidad un turno especial que se publicará, junto con el calendario ordinario de guardia o sus eventuales modificaciones.

2. El Juzgado coadyuvante prestará el servicio asistido de aquellos funcionarios y profesionales previstos para su actuación en turno normal.

Art. 48. 1. El sistema organizativo de guardias establecido en el presente Reglamento y, en su caso, el número de Juzgados que deban prestarlo será revisado y, en su caso, modificado por el Consejo General del Poder Judicial con una periodicidad máxima de dos años.

2. Cuando las necesidades del servicio o las peculiaridades de determinados partidos judiciales así lo aconsejen, el Consejo General del Poder Judicial podrá aprobar modificaciones singulares en la forma de prestación de la guardia prevista en los correspondientes preceptos de este Reglamento.

Asimismo, el Consejo General del Poder Judicial podrá acordar adaptaciones o modificaciones singulares en el régimen de los servicios de guardia de un partido o una agrupación de partidos judiciales cuando por razón de la particular afluencia turística se produzca un destacado aumento en el volumen de asuntos penales en determinados periodos. La modificación singular en estos casos se limitará al periodo de tiempo en que se produzca la coyuntura estacional que la justifica.

3. Para la introducción de tales modificaciones será necesario contar con la propuesta o informe tanto de la Sala de Gobierno del Tribunal Superior de Justicia correspondiente como de la Junta de Jueces de la población afectada. Igualmente, se dará audiencia previa a los secretarios y restantes funcionarios de los órganos judiciales sobre los que hayan de repercutir las alteraciones proyectadas. El Consejo General del Poder Judicial, antes de adoptar decisión alguna sobre la propuesta de que se trate, recabará el parecer del Ministerio de Justicia y el de la Comunidad Autónoma con atribuciones al respecto, si la modificación en curso afectare a materias de su competencia, y el de la Fiscalía General del Estado. A los efectos de la organización del turno de oficio serán oídos los Colegios Profesionales de Abogados. En todo caso la efectividad de cualquier innovación que requiera el aumento de dotaciones presupuestarias se supeditará a que el Ministerio de Justicia y la Comunidad Autónoma con competencia en la materia pueda habilitar los fondos precisos para ello.

§10

Art. 49. 1. De la coordinación entre los Juzgados de guardia, Juzgados de Violencia sobre la Mujer y la Policía Judicial en la realización de citaciones.

A los efectos de lo establecido en los artículos 796, 797 bis y 962 de la Ley de Enjuiciamiento Criminal, la asignación de espacios temporales para aquellas citaciones que la Policía Judicial realice ante los distintos Juzgados de guardia y ante los Juzgados de Violencia sobre la Mujer donde no esté establecido un servicio de guardia propio, se realizará a través de una Agenda Programada de Citaciones (APC), que detallará franjas horarias disponibles en dichos Juzgados para esta finalidad. Tratándose de Juzgados de Violencia sobre la Mujer en aquellas demarcaciones donde no presten servicio de guardia, las franjas horarias que se reserven comprenderán únicamente los días laborables y las horas de audiencia; las citaciones se señalarán para el día hábil más próximo, y si éste no tuviere horas disponibles, el señalamiento se hará para el siguiente día hábil más próximo.

Las asignaciones de hora para citaciones deben tener en cuenta los siguientes criterios:

I. Si hubiera más de un servicio de guardia o más de un Juzgado de Violencia sobre la Mujer en la circunscripción para instrucción de Diligencias Urgentes, las citaciones se realizarán al respectivo servicio de guardia o Juzgado de Violencia sobre la Mujer que corresponda con arreglo a las normas de reparto existentes, así como a los acuerdos adoptados en el seno de la Comisión Provincial de Coordinación de la Policía Judicial.

II. Tendrán preferencia en la asignación de espacios horarios preestablecidos los testigos extranjeros y nacionales desplazados temporalmente fuera de su localidad, a los efectos de facilitar la práctica de prueba preconstituida, de acuerdo con lo dispuesto en el apartado 2 del artículo 797 de la Ley de Enjuiciamiento Criminal.

Redactado conforme al Acuerdo del Pleno del CGPJ de 17 de julio de 2008, con entrada en vigor el día uno de enero de dos mil nueve.

2. De la coordinación de señalamientos para juicios orales entre Juzgados de guardia, Juzgados de Violencia sobre la Mujer, Juzgados de lo Penal y Fiscalías de las Audiencias Provinciales.

A los efectos previstos en el artículo 800.3 de la Ley de Enjuiciamiento Criminal, los distintos Juzgados en servicio de guardia ordinaria y los Juzgados de Violencia sobre la Mujer realizarán directamente los señalamientos para la celebración del juicio oral en las causas seguidas como procedimiento de enjuiciamiento rápido, siempre que no hayan de dictar sentencia, de conformidad de acuerdo a lo previsto en el artículo 801 de la Ley de Enjuiciamiento Criminal.

En aquellas demarcaciones donde no esté constituido el servicio de guardia en los Juzgados de Violencia sobre la Mujer, el Juzgado de Instrucción en servicio de guardia que, de conformidad con lo dispuesto en el artículo 54.2 de la Ley Orgánica 1/2004, de Medidas de Protección Integral contra la Violencia de Género, haya de resolver sobre la situación personal del detenido por hechos cuyo conocimiento corresponda al Juzgado de Violencia sobre la Mujer, citará a éste para comparecencia ante dicho Juzgado en la misma fecha para la que hayan sido citados por la Policía Judicial la persona denunciante y los testigos, en caso de que se decrete su libertad. En el supuesto de que el detenido sea constituido en prisión, junto con el mandamiento correspondiente, se librará la orden de traslado al Juzgado de Violencia sobre la Mujer en la fecha indicada. Lo dispuesto en el párrafo anterior será también de aplicación cuando la intervención judicial haya de producirse fuera del período de tiempo en que preste servicio de guardia el Juzgado de Violencia sobre la Mujer allí donde esté establecido.

Los párrafos anteriores han sido redactados conforme al Acuerdo del Pleno del CGPJ de 17 de julio de 2008, con entrada en vigor el día uno de enero de dos mil nueve.

Las asignaciones de fecha y hora para celebración de los juicios orales en las causas seguidas como procedimiento de enjuiciamiento rápido se realizarán con arreglo a una Agenda Programada de Señalamientos.

A este fin, se establecerá un turno de señalamientos entre los Juzgados de lo Penal con la periodicidad que la Junta de Jueces determine, el cual deberá ser aprobado por la Sala de Gobierno del Tribunal Superior de Justicia y comunicado al Consejo General del Poder Judicial.

A falta tal acuerdo regirán de forma supletoria las siguientes normas:

a) En aquellas demarcaciones con más de cinco Juzgados de lo Penal, se establecerá un turno diario de lunes a viernes en el que uno o dos Juzgados de lo Penal reservarán íntegramente su Agenda para que los Juzgados de guardia de la demarcación territorial realicen directamente el señalamiento de los juicios orales en estas causas. De acuerdo con el art. 800.3 de la Ley de Enjuiciamiento Criminal, el señalamiento por los Juzgados de guardia deberá realizarse en la fecha más próxima posible a partir del vencimiento del plazo de presentación del escrito de defensa, si éste no se hubiere presentado en el acto o de forma oral. El máximo número de señalamientos por estos procedimientos será de quince, y consecuentemente, en el momento en que se cubra este cupo el señalamiento deberá realizarse para el siguiente día de turno disponible.

b) En aquellas demarcaciones con más de un Juzgado de lo Penal y menos de seis se establecerá un turno semanal de señalamientos en el que uno de los Juzgados de lo Penal reservarán su Agenda de lunes a viernes para que los Juzgados de guardia de la demarcación territorial realicen directamente el señalamiento de los juicios orales del nuevo procedimiento de enjuiciamiento urgente. Dentro de este turno semanal, los señalamientos se realizarán para el primer día hábil de la semana, hasta un límite de quince señalamientos, procediéndose entonces al señalamiento para el siguiente día hábil de la semana, y así sucesivamente.

c) En aquellas demarcaciones con un único Juzgado de lo Penal, éste reservará en su Agenda uno o dos días a la semana, entre el lunes y el viernes, para que los Juzgados de guardia realicen directamente el señalamiento de los juicios orales del nuevo procedimiento de enjuiciamiento urgente.

3. De las normas de reparto relativas a los juicios de faltas y la coordinación para el señalamiento de estos entre Juzgados de Instrucción.

En aquellos partidos judiciales con más de un Juzgado de Instrucción, las Salas de Gobierno de los Tribunales Superiores de Justicia, a propuesta de las Juntas de Jueces, adaptarán las normas de reparto de estos Juzgados con la finalidad de atribuir al Juzgado de guardia la competencia para el conocimiento de todas las faltas cuyo atestado o denuncia haya ingresado durante el servicio de guardia ordinaria.

En los casos en que, de conformidad con lo dispuesto en el art. 965.2 de la Ley de Enjuiciamiento Criminal, los Juzgados de Instrucción en servicio de guardia ordinaria deban realizar directamente los señalamientos para la celebración de juicio de faltas ante otros Juzgados de Instrucción del mismo partido judicial, por no corresponderles su enjuiciamiento, dicho señalamiento se realizará para días laborables y horas de audiencia, en la fecha más próxima posible dentro de las predeterminadas por los Juzgados de Instrucción.

4. De los protocolos de colaboración.

A los efectos de asegurar la efectividad de lo dispuesto en el Capítulo siguiente se establecerán protocolos de colaboración en el ámbito provincial en el seno de las Comisiones Provinciales de Policía Judicial. Asimismo, en el ámbito de los respectivos partidos judiciales, se podrán establecer protocolos de colaboración específicos entre Policía Judicial, Fiscalía y las respectivas Juntas de Jueces, representadas por el Juez Decano, posibilitando la incorporación a estos ámbitos de colaboración de los Colegios Profesionales de Abogados y Procuradores, Ministerio de Justicia y Comunidades Autónomas. Por último podrán establecerse protocolos en el ámbito de una Comunidad Autónoma, pudiéndose constituir Órganos que conformen igual representación.

Las Comisiones Provinciales de Policía Judicial serán oídas previamente al establecimiento de los criterios de señalamiento de vistas por la correspondiente Sala de Gobierno, e informarán a ésta de las incidencias y desajustes que se produjeran entre los señalamientos por los órganos judiciales del territorio y los criterios establecidos por la Sala de Gobierno.

5. De la Comisión Mixta de Juicios Rápidos.

En el ámbito de cada Comunidad Autónoma se constituirá una Comisión Mixta para el seguimiento de los Juicios Rápidos, integrada por el Presidente del Tribunal Superior de Justicia, en representación de la Sala de Gobierno, por un representante del Ministerio de Justicia y de la Comunidad Autónoma, un representante de la Fiscalía, un representante de los Colegios de Abogados y un representante de los Colegios de Procuradores.

Esta Comisión recabará y analizará los datos que le proporcionen los órganos judiciales sobre el número de procedimientos tramitados y celebrados como juicios rápidos, plazos de celebración, número de suspensiones y sus causas, e informará periódicamente al Consejo General del Poder Judicial a los efectos de lo previsto en el art. 47.1.

6. De las medidas gubernativas complementarias.

Las Salas de Gobierno y las Juntas de Jueces en el ejercicio de sus normales atribuciones gubernativas y con sujeción a los términos del presente Reglamento podrán aprobar las normas complementarias que en materia de distribución de asuntos, régimen interno, cuadro de sustituciones u otras cuestiones de su competencia, estimen procedentes.

CAPÍTULO II
Normas particulares

SECCIÓN 1ª
El servicio de guardia en los partidos judiciales con
treinta y tres o más Juzgados de Instrucción

Art. 50. 1. En los partidos judiciales con cuarenta y cinco o más Juzgados de Instrucción, el servicio de guardia se prestará con periodicidad diaria, y estará atendido por cinco Juzgados de Instrucción en servicio de guardia ordinaria de veinticuatro horas, con las funciones que establezcan las normas de reparto, y por un Juzgado de Instrucción constituido en servicio de guardia de enjuiciamiento de faltas, en horario de 9 a 21 horas, de lunes a viernes, exclusivamente para el enjuiciamiento inmediato de faltas. Las Salas de Gobierno, a propuesta de las Juntas de Jueces, aprobarán las normas que permitan la recuperación de los señalamientos que corresponderían a los sábados y domingos.

2. En los partidos judiciales con treinta y tres o más Juzgados de Instrucción, hasta cuarenta y cuatro, el servicio de guardia se prestará por cuatro Juzgados de Instrucción en servicio de guardia ordinaria de veinticuatro horas, con las funciones que establezcan las normas de reparto, y por un Juzgado de Instrucción constituido en servicio de guardia de enjuiciamiento de faltas, en horario de 9 a 21 horas, de lunes a viernes, exclusivamente para el enjuiciamiento inmediato de faltas. Las Salas de Gobierno a propuesta de las Juntas de Jueces, aprobarán las normas que permitan la recuperación de los señalamientos que corresponderían a los sábados y domingos.

3. No obstante lo anterior, en los supuestos previstos en los párrafos anteriores, el Consejo General del Poder Judicial podrá acordar, a propuesta de la Sala de Gobierno del Tribunal Superior de Justicia correspondiente, previa iniciativa de la Junta de Jueces y donde el número de asuntos lo justifique, que el servicio de guardia de enjuiciamiento de faltas se realice de lunes a domingo, en horario de 9 a 21 horas.

Art. 51. 1. El servicio de guardia ordinaria dará comienzo a las 9 horas de cada día y se prolongará de modo ininterrumpido durante veinticuatro horas.

2. Sin perjuicio de lo anterior, se reservarán al conocimiento del Juzgado entrante en turno los atestados, comunicaciones y avisos que den lugar a la instrucción de diligencias propias del servicio de guardia y que se reciban a partir de las 8,30 horas de cada día, con la única excepción de aquellas incidencias que exijan la salida del Juzgado del local de su sede para la práctica de diligencias, las cuales serán atendidas por el Juzgado saliente aunque para ello deba prolongar su actuación hasta después de la hora del relevo. En todo caso, el Juez Decano cuidará de que el servicio se encuentre permanentemente atendido y promoverá la aplicación de los normales sistemas de sustitución en los casos en que ello resulte necesario.

3. Los Juzgados que presten servicio de guardia ordinaria, además de las funciones propias de dicho servicio, tramitarán los procedimientos de enjuiciamiento urgente de determinados delitos, regulados en el Título III del Libro IV de la Ley de Enjuiciamiento Criminal, y dictarán las sentencias de conformidad a que hace referencia el art. 801 de la Ley de Enjuiciamiento Criminal.

Art. 52. Todos los funcionarios que, con arreglo al horario y jornada de trabajo establecidos al efecto estén adscritos al servicio de guardia, cualquiera que sea su clase y categoría, prestarán el servicio con presencia continuada en la sede del Juzgado correspondiente, sin más ausencias que las obligadas por la necesidad de practicar diligencias en el exterior y las imprescindibles para realizar las comidas. Durante tales ausencias todos ellos dejarán nota de su paradero y se cuidarán de que permanezca en el local judicial el personal necesario para asegurar la atención al servicio.

§10

Art. 53. 1. No obstante lo que establecen los artículos anteriores, a partir de las 21 horas de cada día y hasta el término del horario de guardia ordinaria, sólo permanecerá en el local judicial uno de los Juzgados que presten ese servicio, determinado según establezcan las normas de reparto, el cual se hará cargo del conjunto de actuaciones que desde dicho momento sea preciso practicar, cualquiera que sea su naturaleza, cesando los demás en el servicio a medida que concluya su actuación en los asuntos que hubieren recibido con anterioridad y estuviesen tramitando.

2. Durante el tiempo de su actuación en solitario, este órgano quedará integrado por el Juez y el Secretario y una dotación reducida de su personal auxiliar y colaborador que comprenderá como mínimo un funcionario por cada Cuerpo.

Art. 54. 1. Una vez terminado el servicio de guardia ordinaria, si es hábil el día en que el mismo concluya, los Juzgados que lo hayan prestado reanudarán sin solución de continuidad su normal actividad, reincorporándose a la Oficina judicial de acuerdo con las normas aplicables sobre jornada y horario de trabajo todos aquellos funcionarios que no hayan permanecido en funciones de guardia nocturna.

2. Al término del servicio de guardia ordinaria, el Juez que lo haya prestado podrá dejar de asistir al despacho el propio día de conclusión de la guardia, o dentro de los tres días laborables siguientes, según las necesidades del servicio, siempre que no haya actuaciones pendientes derivadas de la guardia, ni señalamientos, participándolo al Juez Decano para que pueda proveerse su ordinaria sustitución.

3. Las inasistencias al servicio motivadas por la prestación de la guardia ordinaria, darán lugar a la aplicación de los procedimientos de sustitución ordinaria en relación con el Juez afectado.

4. La prestación del servicio de guardia no producirá ninguna repercusión en la jornada ordinaria de trabajo de los Juzgados de Instrucción llamados a desarrollarlo.

Redactado por Acuerdo del Pleno del CGPJ de 15 de octubre de 2013.

SECCIÓN 2ª
El servicio de guardia en los partidos judiciales con trece o más Juzgados de Instrucción

§10

Art. 55. 1. En los partidos judiciales con trece o más Juzgados de Instrucción, el servicio de guardia estará atendido por dos Juzgados de Instrucción en funciones de guardia ordinaria, con periodicidad de 48 horas, y por un Juzgado de Instrucción constituido en servicio de guardia de enjuiciamiento de faltas, con periodicidad diaria, exclusivamente para el enjuiciamiento inmediato de faltas, en horario de 9 a 19 horas, de lunes a viernes.

2. Los dos Juzgados de guardia ordinaria entrarán en servicio en días sucesivos, de manera que cada uno de ellos prestará una primera guardia de detenidos, de 9 a 21 horas, y el día siguiente prestará servicio de guardia de diligencias, de 24 horas, de 9 a 9 horas. La distribución de funciones se determinará en las normas de reparto.

Estos Juzgados atenderán la guardia ordinaria, tramitarán los procedimientos de enjuiciamiento urgente de determinados delitos que se incoen durante la guardia ordinaria, y dictarán las sentencias de conformidad a que hace referencia el art. 801 de la Ley de Enjuiciamiento Criminal.

3. No obstante, a petición de la Junta de Jueces, previo informe de la Sala de Gobierno del Tribunal Superior de Justicia, el Consejo General del Poder Judicial podrá autorizar que el servicio de guardia ordinaria esté atendido por dos Juzgados de Instrucción, con periodicidad de 24 horas.

4. Los Juzgados de estos partidos judiciales, además del turno de guardia ordinaria, de detenidos y diligencias, entrarán en otro turno de guardia diaria de enjuiciamiento inmediato de las faltas.

No obstante lo anterior, el Consejo General del Poder Judicial podrá acordar, a propuesta de la Sala de Gobierno del Tribunal Superior de Justicia correspondiente y previa iniciativa de la Junta de Jueces, que el servicio de guardia de enjuiciamiento de faltas se realice de lunes a domingos, en horario de 9 a 21 horas.

Art. 56. 1. Todos los funcionarios que con arreglo al horario y jornada de trabajo establecidos al efecto estén adscritos al servicio de guardia, cualquiera que sea su clase y categoría, prestarán servicio en la forma establecida en el art. 52 de este Reglamento.

2. A partir de las 21 horas, el Juzgado de guardia de diligencias quedará integrado por el Juez, el Secretario y una dotación reducida de su personal auxiliar y colaborador, que comprenderá, como mínimo, un funcionario por cada Cuerpo.

3. Al término del servicio de guardia ordinaria, el Juez que lo haya prestado podrá dejar de asistir al despacho el propio día de conclusión de la guardia, o, dentro de los tres días laborables siguientes, según las necesidades del servicio, siempre que no haya actuaciones pendientes derivadas de la guardia, ni señalamientos, participándolo al Juez Decano para que pueda proveerse su ordinaria sustitución, conforme a lo establecido en el número tres del artículo 54.

Redactado por Acuerdo del Pleno del CGPJ de 15 de octubre de 2013.

§10

SECCIÓN 3ª
El servicio de guardia en los partidos judiciales con diez o más Juzgados de Instrucción

Art. 57. 1. En los partidos judiciales con diez o más Juzgados de Instrucción, el servicio de guardia se prestará por un Juzgado de Instrucción en servicio de guardia ordinaria de 24 horas, y por un Juzgado de Instrucción constituido en servicio de guardia de enjuiciamiento de faltas, exclusivamente para el enjuiciamiento inmediato de faltas, con periodicidad diaria, en horario de 9 a 19 horas, de lunes a viernes.

2. El Juzgado de guardia de 24 horas atenderá la guardia ordinaria, tramitará los procedimientos de enjuiciamiento inmediato de determinados delitos que se

incoen durante el servicio, y dictará las sentencias de conformidad a que hace referencia el art. 801 de la Ley de Enjuiciamiento Criminal.

3. El Juzgado constituido en servicio de guardia de enjuiciamiento de faltas colaborará con el Juzgado de guardia ordinaria, cuando sea necesario para la atención de detenidos y en la instrucción de procedimientos de Diligencias Urgentes. A estos efectos, la Junta de Jueces correspondiente adoptará los acuerdos que correspondan.

En aquellos partidos judiciales con más de un Juzgado de Instrucción, se adaptarán las normas de reparto de estos Juzgados con la finalidad de atribuir al Juzgado de guardia la competencia para el conocimiento de todas las faltas cuyo atestado o denuncia haya ingresado durante el servicio de guardia ordinaria.

Art. 58. 1. Será aplicable a los funcionarios que con arreglo al horario y jornada de trabajo establecidos al efecto estén adscritos al servicio de guardia, cualquiera que sea su clase y categoría, lo dispuesto en el art. 52 de este Reglamento.

2. Al término del servicio de guardia ordinaria, el Juez que lo haya prestado podrá dejar de asistir al despacho el propio día de conclusión de la guardia, o, dentro de los tres días laborables siguientes, según las necesidades del servicio, siempre que no haya actuaciones pendientes derivadas de la guardia, ni señalamientos, participándolo al Juez Decano para que pueda proveerse su ordinaria sustitución, conforme a lo establecido en el número tres del artículo 54.

Redactado por Acuerdo del Pleno del CGPJ de 15 de octubre de 2013.

§10

SECCIÓN 4ª
El servicio de guardia en los partidos judiciales con
ocho o más Juzgados de Instrucción

Art. 59. 1. En los partidos judiciales con ocho o más Juzgados de Instrucción, el servicio de guardia se prestará por un Juzgado de Instrucción, con periodicidad semanal, para la atención de la guardia ordinaria, la tramitación de los procedimientos de juicios rápidos y el pronunciamiento de las sentencias de conformidad a que hace referencia el art. 801 de la Ley de Enjuiciamiento Criminal, y por un Juzgado de Instrucción constituido en servicio de guardia de enjuiciamiento de faltas, con periodicidad diaria, de lunes a viernes, en horario de 9 a 19 horas, para el enjuiciamiento inmediato de faltas y, en su caso, para aquellas funciones que se le atribuyan en las normas de reparto.

2. El cambio en la prestación del servicio de guardia se producirá los lunes, martes o miércoles, conforme determine la Sala de Gobierno correspondiente, a propuesta de la Junta de Jueces afectada.

En todo caso, dicha determinación evitará que coincidan en el día de relevo los Juzgados de una misma provincia que prestan los servicios de guardia a que se refiere el presente artículo. Cuando ello no sea posible, la Sala de Gobierno, en coordinación con la Fiscalía de la Audiencia Provincial respectiva, determinará los días de relevo y los Juzgados a que éstos afecten, y se le dará a esta determinación la publicidad prevista en el art. 46.2 de este Reglamento.

3. El Juzgado de guardia ordinaria desempeñará su función en régimen de jornada partida, actuando el órgano que por turno corresponda de 9 a 14 horas en horario de mañana y de 17 a 20 en sesión de tarde, de lunes a sábado. Los domingos y festivos el Juzgado en funciones de guardia prestará servicio de 10 a 14 horas.

4. Fuera de los expresados márgenes temporales, el Juez y el Secretario del Juzgado, así como aquel o aquellos funcionarios a los que por turno corresponda, permanecerán en situación de disponibilidad y en condiciones de continua localización para atender puntualmente a cualesquiera incidencias propias del servicio de guardia que pudieren suscitarse, en cuyo caso se incorporarán al mismo de forma inmediata. Igualmente, si la naturaleza de las actuaciones a practicar lo aconsejare, el Juez o el Secretario podrán acordar la incorporación al servicio de guardia de otros funcionarios procedentes de los Servicios Comunes que sean precisos para la adecuada prestación del servicio.

5. El Consejo General del Poder Judicial podrá acordar, en atención al volumen de asuntos penales tramitados, a la población correspondiente al territorio del partido judicial y a las características de su organización judicial, a propuesta de la Junta de Jueces y de la Sala de Gobierno del Tribunal Superior de Justicia correspondientes, previo informe del Ministerio de Justicia y, en su caso, de la Comunidad Autónoma con competencia en la materia, la extensión del régimen de guardias establecido en los artículos 57 y 58 de este Reglamento a uno o varios partidos judiciales con ocho o más Juzgados de Instrucción.

6. Al término del servicio de guardia ordinaria, el Juez que lo haya prestado podrá dejar de asistir al despacho el propio día de conclusión de la guardia, o, dentro de los tres días laborables siguientes, según las necesidades del servicio, siempre que no haya actuaciones pendientes derivadas de la guardia, ni señalamientos, participándolo al Juez Decano para que pueda proveerse su ordinaria sustitución, conforme a lo establecido en el número tres del artículo 54.

Redactado por Acuerdo del Pleno del CGPJ de 15 de octubre de 2013.

SECCIÓN 5ª
El servicio de guardia en el resto de partidos judiciales con Juzgados de Instrucción y Partidos Judiciales con Juzgados de Primera Instancia e Instrucción

Art. 60. 1. En los partidos judiciales con Juzgados de Instrucción, distintos de los mencionados en las secciones anteriores, y en los partidos judiciales con jurisdicción mixta que cuenten con dos o más Juzgados de Primera Instancia e Instrucción, el servicio de guardia se prestará por un Juzgado en servicio de guardia durante ocho días. Durante los primeros siete días este Juzgado atenderá la guardia ordinaria, tramitará los procedimientos de enjuiciamiento urgente con puesta a disposición de detenido que se incoen durante la guardia ordinaria y dictará las sentencias de conformidad a que hace referencia el art. 801 de la Ley de Enjuiciamiento Criminal. El octavo día se dedicará al enjuiciamiento inmediato de las faltas y a la realización de las audiencias de las partes previstas en los arts. 798 y 800 de la Ley de Enjuiciamiento Criminal en causas sin detenido seguidas por las normas del procedimiento de enjuiciamiento rápido, a cuyo efecto la Policía Judicial realizará las citaciones que la Ley le atribuye en estos supuestos para esta fecha. Ese mismo día entrará en servicio de guardia ordinaria el siguiente Juzgado de Instrucción al que corresponda, con idéntico régimen al descrito respecto de los ocho días siguientes.

Cuando el octavo día sea festivo, por razones de servicio público, las actuaciones judiciales a las que se ha hecho referencia podrán realizarse, previa comunicación a la Sala de Gobierno respectiva, en el noveno día, si bien esto no afectará al relevo en el servicio de guardia ordinaria previsto en el párrafo anterior.

2. A estos Juzgados les será de aplicación lo dispuesto en el apartado 2 del artículo anterior respecto a la determinación del día de relevo en el servicio de guardia.

3. El horario de actuación de estos Juzgados de guardia durante los siete primeros de actuación de cada servicio de guardia será el siguiente:

a) En aquellos partidos judiciales en que se encuentren separados los Juzgados de Primera Instancia respecto de los de Instrucción y en aquellos otros que, aun sin existir tal separación, cuenten con más de tres Juzgados de Primera Instancia e Instrucción, el Juzgado de guardia desempeñará su función en régimen de jornada partida, actuando el órgano que por turno corresponda de 9 a 14 horas en horario de mañana y de 17 a 20 en sesión de tarde, de lunes a sábado. Los domingos y festivos el Juzgado en funciones de guardia prestará servicio de 10 a 14 horas.

Al término del servicio de guardia ordinaria, el Juez que lo haya prestado podrá dejar de asistir al despacho el propio día de conclusión de la guardia, o, dentro de los tres días laborables siguientes, según las necesidades del servicio, siempre que no haya actuaciones pendientes derivadas de la guardia, ni señalamientos, participándolo al Juez Decano para que pueda proveerse su ordinaria sustitución, conforme a lo establecido en el número tres del artículo 54.

b) En aquellos partidos judiciales en que existan menos de cuatro Juzgados de Primera Instancia e Instrucción, el servicio de guardia se prestará durante la jornada ordinaria de trabajo del Juzgado que se encuentre en turno sin que la misma experimente por ello alteración alguna.

c) En el resto de órganos judiciales que prestan servicios de guardia, incluidos aquellos partidos judiciales en que existan menos de cuatro Juzgados de Primera Instancia e Instrucción, Juzgados Centrales de Instrucción, Juzgados de Menores, y Juzgados de Violencia sobre la Mujer, como consecuencia del exceso de horas trabajadas fuera del horario del servicio de guardia, se podrá interesar por el Juez y acordar por el Presidente del Tribunal Superior de Justicia, la compensación horaria dentro del mes, siempre que no haya actuaciones pendientes, ni señalamientos.

4. Fuera de los márgenes temporales expresados en el apartado anterior, el Juez y el Secretario del Juzgado, así como aquel o aquellos funcionarios a los que por turno corresponda, permanecerán en situación de disponibilidad y en condiciones de continua localización para atender puntualmente a cualesquiera incidencias propias del servicio de guardia que pudieren suscitarse, en cuyo caso se incorporarán al mismo de forma inmediata. Igualmente, si la naturaleza de las actuaciones a practicar lo aconsejare, el Juez o el Secretario podrán acordar la incorporación al servicio de guardia de otros funcionarios procedentes de los Servicios Comunes que sean precisos para la adecuada prestación del servicio.

5. El horario de actuación del servicio de guardia durante el octavo día será de 9 a 14 horas en horario de mañana y de 17 a 20 en sesión de tarde.

6. El Consejo General del Poder Judicial podrá acordar, en atención al volumen de asuntos penales tramitados, a la población correspondiente al territorio del partido judicial y a las características de su organización judicial, a propuesta de la Junta de Jueces y de la Sala de Gobierno del Tribunal Superior de Justicia correspondientes, previo informe del Ministerio de Justicia y, en su caso, de la Comunidad Autónoma con competencia en la materia, la extensión del régimen de guardias establecido en el art. 59 de este Reglamento a uno o varios partidos judiciales con siete Juzgados de Instrucción.

Redactado por Acuerdo del Pleno del CGPJ de 15 de octubre de 2013.

SECCIÓN 6ª
El servicio de guardia en los partidos judiciales con un
único Juzgado de Primera Instancia e Instrucción

Art. 61. 1. En aquellos partidos judiciales en que exista un único Juzgado de Primera Instancia e Instrucción, el servicio de guardia será permanente y se prestará durante la jornada ordinaria de trabajo, sin que la misma experimente alteración alguna. Si bien, fuera de dicha jornada, el Juez y el Secretario del Juzgado, así como el funcionario o funcionarios a los que por turno corresponda, permanecerán en situación de disponibilidad y en condiciones de continua localización para atender puntualmente a cualesquiera incidencias propias del servicio de guardia que pudieren suscitarse, en cuyo caso se incorporarán al mismo de forma inmediata.

2. En los juicios de faltas en que no sea preceptiva la intervención del Ministerio Fiscal, el Juez procederá a su señalamiento inmediato.

En los juicios de faltas en que sea preceptiva la intervención del Fiscal, el señalamiento se realizará con arreglo a un calendario mensual, elaborado con antelación de acuerdo a los criterios establecidos por la Sala de Gobierno correspondiente, debiendo concentrarse en unas mismas fechas todas aquellas actuaciones que requieran la presencia del Ministerio Fiscal. Estas fechas preestablecidas serán distintas, en la medida de lo posible, para los distintos Juzgados de la provincia. A tal fin, la Sala de Gobierno oirá a los Jueces afectados y se coordinará con la Fiscalía de la Audiencia Provincial correspondiente. La realización de las audiencias de las partes previstas en los arts. 798 y 800 de la Ley de Enjuiciamiento Criminal en causas sin detenido seguidas por las normas del procedimiento de enjuiciamiento rápido se señalarán en las fechas expresadas en dicho calendario de señalamientos con intervención del Ministerio Fiscal.

A tal fin, al calendario de actuaciones se le dará la publicidad prevista en el art. 46.2 del Reglamento, con la finalidad de que la Policía Judicial realice las citaciones que la Ley le atribuye en estos supuestos para estas fechas.

Los Jueces y Secretarios podrán ausentarse de sus destinos en semanas alternas desde el final de las horas de audiencia del sábado hasta el comienzo de la audiencia del primer día hábil siguiente, sin que ello afecte a sus deberes de residencia y de dedicación al cargo.

3. Las Salas de Gobierno promoverán el oportuno sistema de sustituciones a fin de garantizar la adecuada prestación del servicio.

4. El Presidente del Tribunal Superior de Justicia correspondiente podrá dejar sin efecto, mediante resolución motivada, el régimen de ausencias previsto en el

apartado 2 de este artículo en aquellos concretos casos en que su disfrute suponga una grave perturbación para el normal funcionamiento del Juzgado afectado.

5. En aquellos partidos judiciales en que, existiendo separación entre los Juzgados de Primera Instancia y de Instrucción, la oficina de Registro Civil la desempeñe en régimen de exclusividad un solo Juzgado, se aplicará al Juez titular del mismo idéntico régimen de ausencias en fines de semana alternos que el previsto en el apartado 2 de este precepto, con las prevenciones adicionales recogidas en sus incisos 3 y 4.

SECCIÓN 7ª
El servicio de guardia de los Juzgados de Menores en las poblaciones en que existan cuatro o más Juzgados de tal naturaleza

Art. 62. 1. En aquellas circunscripciones judiciales en que existan cuatro o más Juzgados de Menores se establecerá un servicio de guardia en el que turnarán de modo sucesivo todos los órganos de tal naturaleza en ellas existentes.

2. El servicio de guardia se prestará durante la jornada ordinaria de trabajo del Juzgado que se encuentre en turno, sin que su régimen normal experimente por ello alteración alguna.

3. Fuera de dicha jornada, el Juez y el Secretario del Juzgado, así como el funcionario o funcionarios a los que por turno corresponda, permanecerán en situación de disponibilidad y en condiciones de continua localización para atender puntualmente a cualesquiera incidencias propias del servicio de guardia que pudieren suscitarse, en cuyo caso se incorporarán al mismo de forma inmediata.

4. El servicio de guardia se prestará con periodicidad semanal y dará comienzo los jueves al iniciarse la correspondiente jornada de trabajo. La Sala de Gobierno podrá modificar el día de relevo de la guardia en los mismos términos previstos en el art. 59 del presente Reglamento.

5. Sin perjuicio de lo dispuesto en el apartado 4, la Sala de Gobierno de los Tribunales Superiores de Justicia, previo informe de la Junta de Jueces y del Ministerio Fiscal, podrá disponer el servicio de guardia de permanencia de tres días de los Juzgados de Menores, cuando así lo aconsejen las necesidades del servicio y mientras éstas permanezcan.

El Juzgado de guardia desempeñará su función en régimen de presencia de 9 a 21 horas, y, de 21 a 9 horas del día siguiente, en situación de disponibilidad y en condiciones de continua localización, para atender puntualmente a cualesquiera incidencias propias del servicio de guardia que pudieren suscitarse, en cuyo caso se incorporarán al mismo de forma inmediata.

SECCIÓN 7ª bis
El Servicio de Guardia de los Juzgados de Violencia sobre la Mujer en los Partidos Judiciales con cuatro o más Juzgados de tal clase

Art. 62 bis. 1. En los partidos judiciales donde existan cuatro o más Juzgados de Violencia sobre la Mujer, se establecerá un servicio de guardia de permanencia en el que turnarán de modo sucesivo todos los órganos de tal naturaleza en ellos existentes.

2. Las referencias del Capítulo I del Título III a los servicios de guardia y a los Juzgados de guardia, se extienden a los Juzgados de Violencia sobre la Mujer que presten servicio de guardia, en lo relativo a las competencias que les son propias.

3. El servicio de guardia de los Juzgados de Violencia sobre la Mujer en los partidos judiciales a los que se refiere el apartado uno del presente artículo, se prestará durante tres días consecutivos en régimen de presencia de 9 a 21 horas. En las actuaciones inaplazables que se presenten en los restantes periodos de tiempo, intervendrá el Juzgado de Instrucción o de Primera Instancia e Instrucción que en esos momentos se encuentre prestando el servicio de guardia, el cual remitirá las diligencias practicadas al órgano competente.

Sección y precepto añadidos por Acuerdo del Pleno del CGPJ de 17 de julio de 2008, con entrada en vigor el día uno de enero de dos mil nueve.

SECCIÓN 8ª
De los Juzgados de lo Penal

§10

Art. 63. A los efectos del cumplimiento de lo previsto en el art. 800.3 de la LECr, el Consejo General del Poder Judicial adoptará las medidas precisas para asegurar la efectividad del calendario de señalamientos a que se refiere el art. 49.1 del presente Reglamento durante los períodos ordinarios de vacaciones anuales.

TÍTULO IV
De la cooperación jurisdiccional

CAPÍTULO I
La cooperación entre los Jueces y Tribunales españoles

Art. 64. De conformidad con lo que dispone el art. 273 de la Ley Orgánica del Poder Judicial, los Juzgados y Tribunales españoles, cualesquiera que sean su naturaleza o el orden jurisdiccional a que pertenezcan, cooperarán y se auxiliarán entre sí en el ejercicio de la función jurisdiccional.

Art. 65. Las peticiones de cooperación jurisdiccional se recabarán en los casos previstos y con sujeción a las formalidades establecidas en las leyes procesales y en el presente Reglamento.

Art. 66. 1. Deberá recabarse la cooperación jurisdiccional cuando haya de practicarse una diligencia fuera de la circunscripción del Juzgado o Tribunal que la hubiere ordenado o cuando ésta fuere de la específica competencia de otro Juzgado o Tribunal.

2. No obstante lo anterior, y de conformidad con lo previsto en art. 275 de la Ley Orgánica del Poder Judicial, los Juzgados y Tribunales podrán practicar diligencias de instrucción o prueba en lugar no comprendido en territorio de su jurisdicción cuando así lo autorice expresamente la Ley.

Art. 67. 1. Podrá, además, solicitarse la cooperación jurisdiccional para la práctica de actuaciones que hayan de llevarse a efecto dentro de la circunscripción del órgano que las hubiere dispuesto, pero en localidad distinta de su sede, siempre que hubiere causa que lo justifique.

2. El Juzgado o Tribunal que solicite la cooperación jurisdiccional para la práctica de tal clase de diligencias habrá de motivar suficientemente su decisión, valorando las circunstancias de complejidad, dificultad o repercusión concurrentes en la actuación a practicar, así como la aptitud y posibilidades del órgano solicitante y de aquel cuyo auxilio se pida.

§10

Art. 68. 1. Salvo cuando así lo autorice expresamente la Ley, o cuando la actuación a realizar fuere de la específica competencia de otro Juzgado o Tribunal, no se acudirá al auxilio judicial para la práctica de diligencias que deban llevarse a efecto en la misma población en que tenga su sede el órgano que las hubiere ordenado.

2. La expresada limitación habrá de entenderse sin perjuicio de la posibilidad de encomendar la actuación pendiente al servicio común que para la práctica de tales menesteres exista en la localidad de que se trate.

En todo caso, la superior dirección de las actuaciones corresponderá al órgano ordenante de la diligencia, que igualmente habrá de resolver las incidencias que se susciten en su cumplimiento.

Art. 69. Los Juzgados y Tribunales demandarán el auxilio judicial para la práctica de diligencias o actuaciones procesales concretas y determinadas, pero sin que el contenido de la petición de auxilio pueda suponer, en ningún caso, la atribución al órgano requerido de funciones procesales que excedan del ámbito propio de la cooperación judicial.

Art. 70. La existencia en determinadas poblaciones de servicios comunes para la práctica de concretas diligencias, no liberará a los órganos judiciales exhortados de la responsabilidad de supervisar el cumplimiento de la petición de auxilio judicial, sin perjuicio de que puedan servirse de la actuación de aquellos servicios para la realización de las actuaciones solicitadas. En tales casos, la petición de auxilio se entenderá siempre referida al órgano jurisdiccional al que por reparto haya correspondido, el cual habrá de asumir la responsabilidad de su debido cumplimiento y resolver cuantas incidencias se susciten en la tramitación del despacho.

Art. 71. 1. La cooperación jurisdiccional habrá de recabarse y prestarse por los órganos correspondientes al mismo grado y orden jurisdiccional que el solicitante de auxilio, a no ser que en la localidad donde haya de tener lugar la diligencia solicitada no existan órganos de tal categoría o que la actuación a practicar corresponda a la competencia específica de otro Juzgado o Tribunal.

2. En aquellas poblaciones en que exista una pluralidad de órganos judiciales de diferente categoría, las normas de reparto contendrán las prevenciones oportunas a fin de que las peticiones de auxilio judicial correspondan siempre a órganos no sólo del mismo orden jurisdiccional que el solicitante de auxilio, sino, precisamente, a los que, dentro de aquél, participen de idéntica especialización.

3. En todo caso habrá de evitarse que sobre los Juzgados de Paz recaiga por vía del auxilio jurisdiccional la práctica de actuaciones procesales que desborden las posibilidades de su organización y medios.

Art. 72. 1. Vencido el plazo previsto en el propio despacho de auxilio judicial para su cumplimiento sin que el mismo se haya verificado, o transcurrido, en su caso, un tiempo prudencial habida cuenta de la naturaleza y complejidad de las diligencias en él solicitadas, el Juzgado o Tribunal exhortante habrá de recordar, bajo su responsabilidad, y sin esperar apremio de parte, la necesidad de su adecuada atención. Si, pese a ello, persistiera el incumplimiento, lo podrá en conocimiento inmediato del Presidente del Tribunal Supremo, de la Audiencia Nacional o del Tribunal Superior de Justicia al que corresponda el órgano exhortado, quien adoptará las prevenciones oportunas para que el despacho se atienda sin demora, promoviendo, en su caso, la exigencia de la responsabilidad disciplinaria que proceda.

2. Igualmente, los expresados Presidentes resolverán en vía gubernativa cuantas cuestiones se les sometan relativas al alcance del deber de auxilio judicial o a

la adecuación a las exigencias legales y reglamentarias de las peticiones dirigidas a órganos de su ámbito y sobre cuyo cumplimiento exista controversia o incertidumbre.

Art. 73. 1. Los Presidentes de los Tribunales y Audiencias y el Servicio de Inspección del Consejo General del Poder Judicial prestarán especial atención al cumplimiento de los despachos de auxilio judicial. A tal fin, comprobarán, tanto con ocasión de las visitas que realicen a los Juzgados y Tribunales como de la supervisión que efectúen sobre los alardes a que se refiere el art. 317.3 de la Ley Orgánica del Poder Judicial, que la cifra de peticiones de auxilio jurisdiccional pendientes en cada órgano no supere los límites de lo razonable, adoptando las prevenciones oportunas para corregir los excesos que detecten.

2. Del mismo modo, las autoridades expresadas en el apartado anterior cuidarán de corregir los abusos e irregularidades que adviertan en la expedición de los despachos de auxilio judicial que no se ajusten a las prevenciones de la Ley y del presente Reglamento, promoviendo, cuando así proceda, el ejercicio de las potestades disciplinarias.

3. Igualmente, los cuestionarios o boletines de estadística judicial reflejarán el número y clase de despachos de auxilio judicial recibidos y pendientes en todas las categorías de órganos jurisdiccionales.

CAPÍTULO II
La cooperación jurisdiccional internacional

§10

Este Capítulo fue derogado por el Acuerdo de 27 de septiembre de 2018, del Pleno del Consejo General del Poder Judicial, por el que se aprueba el Reglamento 1/2018, sobre auxilio judicial internacional y redes de cooperación judicial internacional. Véase el texto de este Reglamento en el §1.

TÍTULO V
Del establecimiento y gestión de los ficheros automatizados bajo la responsabilidad de los órganos judiciales

Art. 86. El presente Título se aplicará a los ficheros de datos automatizados de carácter personal dependientes de los Juzgados y Tribunales y del Consejo General del Poder Judicial.

Art. 87. 1. Los ficheros automatizados a los que se refiere el art. 230.5 de la Ley Orgánica del Poder Judicial se formarán con los datos de carácter personal que figuren en los procesos de los que conozcan y con los que consten en los procedimientos gubernativos. Los primeros se denominarán ficheros de datos jurisdiccionales y los segundos ficheros de datos no jurisdiccionales.

2. En los ficheros de datos jurisdiccionales solamente se contendrán los datos de carácter personal que deriven de las actuaciones jurisdiccionales y, en particular, los siguientes:

a) Los que en atención a lo dispuesto en las leyes procesales sean necesarios para el registro e identificación del procedimiento o asunto jurisdiccional con el que se relacionan.

b) Los que sean necesarios para la identificación y localización de quienes pudieran tener derecho a intervenir como parte.

c) Los necesarios para la identificación de quienes asuman las labores de defensa o representación procesal o intervengan en cualquier otra calidad en el procedimiento o asunto.

d) Los que exterioricen las resoluciones dictadas y las actuaciones en él realizadas.

e) Los derivados de la instrucción o tramitación de las diligencias judiciales.

3. En los ficheros de datos no jurisdiccionales solamente se contendrán los datos de carácter personal que deriven de los procedimientos gubernativos, así como los que, con arreglo a las normas administrativas aplicables, sean definitorios de la relación funcionarial o laboral de las personas destinadas en tales órganos y de las situaciones e incidencias que en ella acontezcan.

§10

Art. 88. Los datos de carácter personal que hayan de incorporarse a los ficheros de datos jurisdiccionales se recogerán de los documentos o escritos que obren en el procedimiento o asunto o de las actuaciones que, con sujeción a las normas procedimentales, se realicen en ellos. En los ficheros de datos no jurisdiccionales, los datos se obtendrán directamente de los afectados y en los casos en los que la Ley así lo permita y dentro de los límites por ella establecidos, de los órganos competentes sobre los cuerpos o carreras a los que pertenezcan.

Art. 89. Los datos de carácter personal incorporados se conservarán en tanto su supresión no sea ordenada por una decisión judicial o de los órganos de gobierno propios del Poder Judicial dictada en ejercicio de sus competencias gubernativas. No obstante, se eliminarán del fichero, a medida que se culminen los trabajos periódicos de cancelación, los datos reflejados en las actuaciones procedimentales que el propio sistema identifique como sujetas a un plazo de caducidad informática.

Art. 90. Sólo por aplicación de las normas de cooperación jurisdiccional, o de competencia territorial, objetiva o funcional, o de organización de los servicios, que determinen la atribución del conocimiento del asunto o procedimiento, o de alguna de sus incidencias, o la realización de actuaciones determinadas, a un órgano jurisdiccional o gubernativo distinto, podrá producirse la cesión a éste de los datos de carácter personal recogidos en los ficheros propios de otro órgano.

Art. 91. De los ficheros automatizados de los órganos judiciales unipersonales será responsable el Secretario del Juzgado. De los ficheros dependientes de Tribunales será responsable el Secretario judicial que se indique en el acuerdo de creación o modificación.

Art. 92. Las Administraciones Públicas sólo podrán hacer uso de los productos extraídos del fichero, no de éste, en virtud de decisión previa y escrita que sus órganos adopten en cumplimiento de las competencias que les sean atribuidas por el ordenamiento jurídico. La decisión habrá de ser motivada y expresará, en todo caso, el fin o los fines para los que se necesita hacer uso de los productos que pretenden extraerse del fichero.

Art. 93. 1. Los derechos de acceso, rectificación y cancelación podrán ejercerse por el afectado en la sede del órgano judicial o gubernativo titular del fichero y ante el responsable del mismo.

2. Esos derechos se ejercerán de conformidad con las normas establecidas en el Real Decreto 1332/1994, de 20 de junio, por el que se desarrollan determinados aspectos de la Ley Orgánica 5/1992, de 29 de octubre, de Regulación del Tratamiento Automatizado de Datos de Carácter Personal, excepto cuanto se dispone en este artículo.

3. Se denegará el acceso a los datos de carácter personal registrados en un fichero dependiente de un Juzgado o de un Tribunal en el caso previsto en el art. 14.3 de la mencionada Ley Orgánica 5/1992 y, además, cuando los datos afecten a unas diligencias judiciales penales que sean o hayan sido declaradas secretas.

4. El derecho de acceso no podrá ejercerse en perjuicio del derecho a la intimidad de personas distintas del afectado.

5. Los datos que reflejen hechos constatados en un procedimiento jurisdiccional o en un expediente gubernativo no podrán ser modificados o cancelados mediante el ejercicio de los derechos a los que se refiere este artículo.

Art. 94. Contra las resoluciones expresas o presuntas del responsable del fichero denegatorias del acceso, rectificación o cancelación que se haya solici-

§10

tado, el afectado podrá interponer los recursos previstos en el art. 4.3 de este Reglamento.

Art. 95. 1. La creación, modificación y supresión de los ficheros automatizados de datos de carácter personal dependientes de los Juzgados y Tribunales tendrá lugar mediante acuerdo del Consejo General del Poder Judicial que se publicará en el «Boletín Oficial del Estado» y en los diarios oficiales de las Comunidades Autónomas y se notificará a la Agencia de Protección de Datos.

2. El Consejo General del Poder Judicial adoptará dicho acuerdo a propuesta de la Sala de Gobierno del Tribunal Supremo, de la Audiencia Nacional o del Tribunal Superior de Justicia correspondiente.

3. El acuerdo de creación, de modificación o de supresión de los ficheros se ajustará a lo dispuesto en los apartados 2 y 3 del art. 18 de la Ley Orgánica 5/1992, de 29 de octubre.

Art. 96. 1. Los ficheros automatizados de datos de carácter personal dependientes del Consejo General del Poder Judicial se regirán por las anteriores normas y por todas las demás de general aplicación, con las particularidades que resultan del presente artículo.

2. La propuesta para la creación, modificación o supresión de estos ficheros procederá del Secretario General.

3. El responsable de estos ficheros será el Secretario General y ante él se presentarán las solicitudes de acceso, rectificación o cancelación.

4. Contra las resoluciones denegatorias del ejercicio de estos derechos cabrá reclamación ante la Comisión Permanente, que deberá interponerse dentro del plazo indicado en el art. 4.3 de este Reglamento.

Art. 97. 1. El Consejo General del Poder Judicial aprobará, a propuesta de las Salas de Gobierno de los Tribunales Superiores de Justicia, los sistemas de seguridad física e informática de los ficheros automatizados de datos de carácter personal dependientes de los órganos judiciales existentes en las Comunidades Autónomas. A propuesta de sus Salas de Gobierno aprobará los de los ficheros dependientes de la Audiencia Nacional y del Tribunal Supremo. Asimismo podrá el Consejo, previamente al diseño de esos sistemas, establecer las pautas a las que deban adaptarse.

2. La Comisión Permanente aprobará los sistemas de seguridad de los ficheros dependientes del Consejo General del Poder Judicial.

TÍTULO VI
Del procedimiento de aprobación de los programas, aplicaciones y sistemas informáticos de la Administración de Justicia

Art. 98. 1. La aprobación de los programas y aplicaciones informáticos previstos en el art. 230.5 de la Ley Orgánica del Poder Judicial corresponde al Pleno del Consejo del Poder Judicial, a propuesta de la Comisión de Informática Judicial. En los mismos términos, le compete establecer las características que han de reunir los sistemas informáticos que se utilicen en la Administración de Justicia.

2. Las Salas de Gobierno de los Tribunales Superiores de Justicia, de la Audiencia Nacional y del Tribunal Supremo velarán para que los programas, aplicaciones y sistemas informáticos implantados en su ámbito satisfagan los requisitos exigidos por la Ley. Asimismo recogerán las iniciativas de los órganos judiciales en relación con la informatización de la Administración de Justicia y las canalizarán en el marco de lo previsto en el art. 100 del presente Reglamento.

Art. 99. 1. La Comisión de Informática Judicial estará compuesta por el Vocal Delegado para la Oficina Judicial y la Informática, que la presidirá, y por cuatro magistrados, uno por cada orden jurisdiccional, designados por el Pleno del Consejo.

2. La Comisión de Informática Judicial estará asistida por el Director del Gabinete Técnico y por los Letrados que sean adscritos a la misma, quienes tomarán parte, con voz pero sin voto, en las sesiones que aquélla celebre.

3. La Comisión de Informática Judicial podrá convocar a representantes de las Administraciones Públicas con competencias sobre los medios materiales al servicio de la Administración de Justicia, quienes asistirán a sus sesiones con voz pero sin voto.

4. La Comisión de Informática Judicial podrá recabar los asesoramientos que considere necesarios.

Art. 100. La Comisión de Informática Judicial intercambiará información con los órganos del Ministerio de Justicia y del Ministerio Fiscal, así como con los de las Comunidades Autónomas con competencias sobre los medios materiales al servicio de la Administración de Justicia para el mejor desarrollo de los planes de informatización de la Administración de Justicia.

Art. 101. 1. La Comisión de Informática Judicial deliberará y resolverá sobre las propuestas de aprobación de programas y aplicaciones que le eleven las Salas de Gobierno de los Tribunales Superiores de Justicia, de la Audiencia Nacional y del

§10

Tribunal Supremo. Cada propuesta deberá ir acompañada del informe de los órganos con competencias sobre los medios materiales al servicio de la Administración de Justicia. A dichas Salas corresponde recabarlo.

2. También podrán presentar propuestas las Administraciones Públicas con competencias sobre los medios materiales al servicio de la Administración de Justicia. Cada propuesta deberá ir acompañada del informe de la Sala de Gobierno del Tribunal Superior de Justicia, de la Audiencia Nacional o del Tribunal Supremo.

3. La Comisión de Informática Judicial podrá instar al proponente para que realice las modificaciones que la Comisión considere necesarias para satisfacer los requisitos exigidos por la Ley.

4. Una vez instruida al efecto, la Comisión de Informática Judicial propondrá al Pleno del Consejo la adopción del acuerdo que considere procedente.

Art. 102. 1. Los sistemas informáticos puestos al servicio de la Administración de Justicia deberán observar el grado de compatibilidad necesario para su recíproca comunicación e integración. Corresponde al Pleno del Consejo General del Poder Judicial, a propuesta de la Comisión de Informática Judicial, y previo informe de las Administraciones Públicas encargadas de la gestión y mantenimiento de los sistemas, determinar los elementos que han de reunir para cumplir las exigencias de compatibilidad.

2. Los programas y aplicaciones informáticos puestos al servicio de la Administración de Justicia, una vez que hayan obtenido la aprobación del Consejo General del Poder Judicial en los términos del art. 230.5 de la Ley Orgánica del Poder Judicial, serán de uso obligatorio en el desarrollo de la actividad de la Oficina Judicial conforme a los criterios e instrucciones de uso que dicten, en el ámbito de sus competencias, el Consejo General del Poder Judicial y las Administraciones competentes en la dotación de medios materiales.

Los secretarios judiciales, en el marco de las competencias contempladas en el art. 454 de la Ley Orgánica del Poder Judicial, velarán por la adecuada utilización de los sistemas y programas informáticos. El manejo de los mismos corresponde al personal adscrito a las distintas unidades de la Oficina Judicial, bajo la superior dirección del secretario judicial correspondiente.

3. Las Administraciones Públicas competentes en la dotación de medios materiales velarán por el mantenimiento de un nivel óptimo de seguridad en la gestión de los sistemas de información e infraestructuras tecnológicas puestos al servicio de la Administración de Justicia.

4. Los programas y aplicaciones informáticos incorporarán un acervo documental para favorecer la homogeneización formal de las diligencias de ordenación y resoluciones judiciales de mero trámite cuyo uso se fomentará, dentro del más

estricto respeto a la independencia judicial. Dicho acervo documental será aprobado por la correspondiente Sala de Gobierno en coordinación, en su caso, con la Comisión Mixta integrada por representantes de la Sala de Gobierno y de la Administración competente en materia de medios materiales al servicio de la administración de Justicia, sin perjuicio del contenido de los Protocolos de Actuación Procesal contemplados en el art. 8 del Real Decreto 1608/2005, de 30 de diciembre, por el que se aprueba el Reglamento Orgánico del Cuerpo de secretarios judiciales.

5. Las aplicaciones de gestión procesal contemplarán, en todo caso, como una de sus funcionalidades, la elección de la interfaz de usuario en las lenguas oficiales de las respectivas Comunidades Autónomas.

Redactado por Acuerdo del CGPJ, de 26 de marzo de 2009.

TÍTULO VII
De los servicios comunes

CAPÍTULO I
Servicios comunes procesales

Art. 103. Los Servicios Comunes procesales son unidades de la Oficina judicial que, asumiendo labores centralizadas de gestión y apoyo en actuaciones procesales, prestan servicio a todos o alguno de los órganos judiciales de su ámbito territorial, cualquiera que sea el orden jurisdiccional al que pertenezcan y la extensión de su jurisdicción.

Art. 104. 1. Cada servicio común procesal estará dirigido por un secretario judicial, que, en el ámbito de sus competencias, adoptará las medidas y decisiones pertinentes para dar cumplimiento a las órdenes y circulares de sus superiores jerárquicos, y dictará las resoluciones precisas para hacer cumplir las decisiones adoptadas por Jueces y Tribunales en el ejercicio de su potestad jurisdiccional.

2. El resto de secretarios judiciales y los funcionarios que ocupen los puestos de trabajo previstos en la respectiva norma de creación de cada servicio común procesal dependerán funcionalmente de aquél.

Art. 105. Las Salas de Gobierno de las Audiencias y Tribunales, y las Juntas de Jueces podrán proponer al Ministerio de Justicia y a las comunidades autónomas la creación de servicios comunes, poniéndolo en conocimiento del CGPJ. La propuesta de creación deberá ser suficientemente motivada e incorporará los antecedentes necesarios, así como un informe sobre las necesidades específicas, la conveniencia del establecimiento del servicio para el mejor funcionamiento de la Administración de Justicia y la incidencia que el mismo pueda tener en el funcionamiento de los órganos judiciales afectados por su implantación.

Art. 106. El Pleno del Consejo General del Poder Judicial podrá dictar las instrucciones que considere necesarias para garantizar la correcta coordinación, conexión e interrelación entre las unidades procesales de apoyo directo y los servicios comunes procesales, y la homogeneidad en las actuaciones de los servicios comunes de la misma clase en todo el territorio nacional.

Las referidas instrucciones en ningún caso podrán incidir en el ejercicio de la función jurisdiccional o en las competencias de las Administraciones Públicas en el ámbito de la Administración de Justicia.

Para garantizar la adecuada coordinación de los servicios comunes podrán constituirse comisiones de seguimiento integradas por miembros de las Administraciones Públicas y representantes de los órganos de gobierno del Poder Judicial. En estas comisiones se integrará el Juez Decano de los órganos jurisdiccionales del Partido Judicial donde radique el servicio común.

CAPÍTULO II
Oficinas de apoyo

Art. 107. Las oficinas comunes de apoyo a una o varias oficinas judiciales, creadas por el Ministerio de Justicia y las Comunidades Autónomas en sus respectivos ámbitos, dentro de las Unidades Administrativas, prestarán los servicios y realizarán las funciones precisas o convenientes para el mejor funcionamiento de las oficinas judiciales, siempre que no tengan naturaleza procesal y que la Ley Orgánica del Poder Judicial no atribuya como propias a los Cuerpos de funcionarios al servicio de la Administración de Justicia.

DISPOSICIÓN DEROGATORIA

Quedan derogadas cuantas normas de igual o inferior rango se opongan a lo dispuesto en el presente Reglamento y, expresamente, el Reglamento 5/1995, de 7 de junio, de los Aspectos Accesorios de las Actuaciones Judiciales.

DISPOSICIÓN FINAL

El presente Reglamento entrará en vigor a los treinta días naturales de su publicación en el «Boletín Oficial del Estado».

§11. REGLAMENTO 1/2010, DE 25 DE FEBRERO, DE PROVISIÓN DE PLAZAS DE NOMBRAMIENTO DISCRECIONAL EN LOS ÓRGANOS JUDICIALES

(Aprobado por Acuerdo del Pleno del Consejo General del Poder Judicial de 25 de febrero de 2010)

Uno de los primeros objetivos que se fijó el Consejo General del Poder Judicial al comienzo de su actual mandato fue encomendar la «elaboración de un Reglamento sobre Provisión de plazas», a fin de garantizar la observancia del imperativo constitucional de interdicción de la arbitrariedad de los poderes públicos (art. 9.3 de la Constitución) y el respeto al derecho fundamental de acceso en condiciones de igualdad a las funciones y cargos públicos (art. 23.2 de la Constitución), produciendo con ello el efecto positivo de mayor transparencia en la provisión de plazas judiciales de carácter discrecional.

Para alcanzar este objetivo, se ha acudido a la rica experiencia acumulada en este área, a la modificación del Reglamento de organización y funcionamiento del Consejo General del Poder Judicial, operada a mediados del año 2008, circunscrita a determinados aspectos procedimentales, a las disposiciones del vigente Reglamento de la Carrera Judicial y, en último lugar, aunque no en orden de importancia, a la línea jurisprudencial de la Sala de lo Contencioso-Administrativo del Tribunal Supremo iniciada con ocasión de recursos interpuestos frente a nombramientos discrecionales efectuados a propuesta de este Consejo, que arranca de las Sentencias de 29 de mayo y de 27 de noviembre, ambas de 2006, y 27 de noviembre de 2007, y que puede ya considerarse consolidada tras dos Sentencias dictadas el 12 de junio de 2008.

De esta jurisprudencia cabe extraer una serie de criterios objetivos formales y materiales que deben presidir el proceso de selección que lleva a cabo este Consejo, sostenidos sobre las siguientes tres ideas básicas: 1ª) La libertad de apreciación que corresponde al Consejo General del Poder Judicial, en cuanto órgano constitucional con un claro espacio de actuación reconocido; 2ª) la existencia de unos límites que necesariamente condicionan esa libertad, especialmente el límite que representan los principios de mérito y capacidad; y 3ª) la significación que ha de reconocerse al requisito de motivación. El contenido de tales directrices viene a concretarse en las disposiciones de este Reglamento a través de los correspondientes institutos jurídicos.

El Reglamento que ahora se aprueba tiene vocación de ser integral, lo que significa regular de forma completa y en el ámbito competencial de este Consejo, todos los aspectos relativos a esta clase de nombramientos, prescindiendo en la medida de lo posible de reproducir en el articulado lo ya regulado por otras normas, en particular por la Ley Orgánica del Poder Judicial y por la Ley de Régimen jurídico de las Administraciones Públicas y del Procedimiento Administrativo Común.

El texto articulado se divide en tres partes, cada una de ellas con un contenido perfectamente delimitado. Así, la primera parte contiene una serie de disposiciones generales que determinan el objeto del Reglamento y su ámbito de aplicación, a lo que se añade una relación de principios rectores que han de presidir su concreta aplicación.

En relación con los principios constitucionales de mérito y capacidad, se atenderá al principio de presencia equilibrada de hombres y mujeres en los nombramientos y designaciones de los cargos de responsabilidad, a que se refiere la Ley Orgánica 3/2007, de 22 de marzo, para la igualdad efectiva de mujeres y hombres.

La segunda parte tiene por objeto la regulación sustantiva, que viene a precisar normativamente, además de otros requisitos, un extremo fundamental como la clase de méritos que, junto con aquellos que merezcan atención en cada circunstancia, el Consejo puede libremente ponderar y considerar prioritarios para decidir la preferencia determinante de la provisión de estas plazas, con respeto a la primacía de los principios de seguridad jurídica e igualdad, de mérito y capacidad para el ejercicio de la función jurisdiccional y, en su caso, gubernativa, complementados con las condiciones de idoneidad y especialización previstas en el art. 326.1 de la Ley Orgánica del Poder Judicial, en cuyo ámbito la discrecionalidad conserva un amplio margen, limitado por la proscripción de la arbitrariedad.

No se prescinde a estos efectos sustantivos de la necesaria distinción entre plazas estrictamente jurisdiccionales, gubernativas o que compartan ambas naturalezas, como tampoco de aquella otra que diferencia entre reservadas a miembros de la Carrera Judicial y las correspondientes a Abogados y juristas de reconocida competencia, matiz éste que responde a la idea según la cual deben ser distintos los criterios de calificación de los candidatos dependiendo de las vías de acceso a los cargos judiciales, como se concibe en el art. 122.1 de la propia Constitución, cuando establece el sistema de carrera para jueces y magistrados entendido como un cursus honorum en el que se desarrolla una progresión profesional que está igualmente vinculada a los principios de mérito y capacidad.

Y en cuanto a la tercera parte, está dedicada al procedimiento para la provisión de plazas, como instrumento idóneo y necesario para garantizar el recto sentido de una decisión final suficientemente motivada. De este modo se regulan desde las convocatorias de las plazas vacantes, pasando por las solicitudes de quienes aspiren a ocuparlas, para culminar con las propuestas motivadas de la Comisión de Calificación y los acuerdos del Pleno.

En relación con las plazas de Magistrado del Tribunal Supremo reservadas a la Carrera Judicial, se introduce como novedad la facultad de interesar informe sobre la suficiencia del cumplimiento de los requisitos de claridad, precisión y congruencia de las resoluciones dictadas por los peticionarios, a la Sala o Salas correspondientes del indicado Tribunal que hubieran resuelto en última instancia los recursos frente a las mismas.

Finalmente, el Reglamento se completa con tres disposiciones: una disposición adicional referida a la provisión de plazas de Magistrados de las Salas de lo Civil y Penal de los Tribunales Superiores de Justicia correspondientes al turno de la Carrera Judicial, ya que a estas plazas de provisión mediante concurso es en cierta medida aplicable el régimen que ahora se regula; una disposición derogatoria y una disposición final dedicada a la entrada en vigor del nuevo Reglamento.

En virtud de la potestad reglamentaria de la que goza el Consejo General del Poder Judicial conforme al art. 107.9 de la Ley Orgánica del Poder Judicial, en particular en lo relativo a la provisión de plazas y cargos de nombramiento discrecional a que se refiere la letra d) del art. 110.2 de la Ley Orgánica del Poder Judicial, el Pleno del Consejo General del Poder Judicial, en su reunión del día 25 de febrero de 2010, cumplido el trámite previsto en el art. 110.3 de la citada Ley Orgánica, ha acordado aprobar el presente Reglamento:

CAPÍTULO I
Disposiciones generales

Art. 1. *Objeto.*– El presente Reglamento tiene por objeto regular la provisión de plazas de nombramiento discrecional en los órganos judiciales.

Art. 2. *Ámbito de aplicación.*– 1. Las disposiciones del presente Reglamento son de aplicación a la provisión de las siguientes plazas:

a) Presidencias de Sala y Magistrados y Magistradas del Tribunal Supremo.

b) Presidencia de la Audiencia Nacional y Presidencias de sus Salas.

c) Presidencias de Tribunales Superiores de Justicia de las Comunidades Autónomas y Presidencias de sus Salas.

d) Magistrados y Magistradas de las Salas de lo Civil y Penal de los Tribunales Superiores de Justicia propuestos por las Asambleas legislativas de las Comunidades Autónomas.

e) Presidencias de Audiencias Provinciales.

2. A efectos del presente Reglamento se entenderá por plazas jurisdiccionales las de Magistrados del Tribunal Supremo y de las Salas de lo Civil y Penal de los Tribunales Superiores de Justicia propuestos por las Asambleas legislativas de las Comunidades Autónomas; por plaza gubernativa la Presidencia de la Audiencia Nacional y por plazas jurisdiccionales y gubernativas las Presidencias de Sala del Tribunal Supremo, de Sala de la Audiencia Nacional, de Tribunal Superior de Justicia y de sus Salas, y de Audiencia Provincial.

3. Podrán participar en los procedimientos para la provisión de las plazas a que se refieren las letras a), b), c) y e), todas del apartado 1 anterior, los Magistrados que se encuentren en situación administrativa de servicio activo o de servicios especiales y, en su caso, los Abogados y otros juristas de reconocida competencia.

4. La provisión de las plazas en los órganos judiciales de la jurisdicción militar se ajustará a las disposiciones de la Ley Orgánica 4/1987, de 15 de julio, de la Competencia y Organización de la Jurisdicción Militar, al presente Reglamento, en lo específicamente previsto para ellos y en todo lo que sea de aplicación, así como a las demás disposiciones que sean aplicables. Se ajustará también a lo dispuesto en el Reglamento 2/2011, de la Carrera Judicial, en lo relativo a la publicación y bases de la convocatoria y al contenido de las solicitudes, en aquello que sea de aplicación.

Redactado por Acuerdo del Pleno del CGPJ de 31 de marzo de 2016.

Art. 3. *Principios rectores.*– 1. Las propuestas de nombramientos para provisión de las plazas de carácter discrecional se ajustarán a los principios de mérito y capacidad para el ejercicio de la función jurisdiccional y, en su caso, de la función gubernativa propia de la plaza de que se trate.

En la provisión de las plazas a que se refiere este Reglamento se impulsarán y desarrollarán medidas que favorezcan la promoción de la mujer con méritos y capacidad.

2. El procedimiento para la provisión de plazas garantizará, con objetividad y transparencia, la igualdad en el acceso a las mismas de quienes reúnan las condiciones y aptitudes necesarias.

En este procedimiento se seguirá estrictamente lo establecido en la Ley Orgánica del Poder Judicial, en el presente Reglamento y en las disposiciones que sean de aplicación.

3. Todos los acuerdos en materia de nombramientos serán suficientemente motivados.

CAPÍTULO II
Normas sustantivas

SECCIÓN 1ª
Disposiciones comunes

Art. 4. *Cumplimiento de requisitos reglados.–* Quienes formulen solicitudes deberán reunir, a la fecha de la convocatoria, los requisitos de carácter reglado exigidos en la Ley Orgánica del Poder Judicial para ocupar la vacante de que se trate y, en su caso, para el ingreso en la Carrera Judicial, además de los previstos en este Reglamento, en los términos fijados en las convocatorias.

SECCIÓN 2ª
Plazas de carácter jurisdiccional

Art. 5. *Méritos para la provisión de plazas reservadas a los miembros de la Carrera Judicial.–* 1. En las plazas correspondientes a las Salas del Tribunal Supremo se valorarán con carácter preferente los méritos reveladores del grado de excelencia en el estricto ejercicio de la función jurisdiccional.

2. Serán objeto de ponderación:

a) El tiempo de servicio activo en la Carrera Judicial.

b) El ejercicio en destinos correspondientes al orden jurisdiccional de la plaza de que se trate.

c) El tiempo de servicio en órganos judiciales colegiados.

d) Las resoluciones jurisdiccionales de especial relevancia jurídica y significativa calidad técnica dictadas en el ejercicio de la función jurisdiccional.

3. También se ponderarán como méritos complementarios el ejercicio de profesiones o actividades jurídicas no jurisdiccionales de análoga relevancia.

4. Los solicitantes habrán de acreditar documentalmente los méritos alegados, en los términos previstos en los arts. 13 y 14 del presente Reglamento.

Art. 6. *Méritos para la provisión de plazas correspondientes a Abogados y juristas de reconocida competencia.–* 1. Para la provisión de las plazas reservadas a juristas de reconocida competencia, son méritos referidos preferentemente a la materia del orden u órdenes jurisdiccionales de la plaza de que se trate:

a) El ejercicio efectivo en profesiones jurídicas de naturaleza pública o privada.

b) El Servicio efectivo como docente universitario en disciplinas jurídicas.

c) El Doctorado en Derecho.

d) Otros méritos reveladores de la especialización en la respectiva rama jurídica.

2. Quienes soliciten habrán de acreditar documentalmente los méritos alegados, en los términos previstos en los arts. 13 y 15 del presente Reglamento.

SECCIÓN 3ª
Plazas de carácter gubernativo y de carácter jurisdiccional y gubernativo

Art. 7. *Méritos comunes.–* 1. Para la provisión de plazas a que se refiere esta Sección, se valorarán la experiencia y las aptitudes para la dirección, coordinación y gestión de los medios materiales y humanos vinculados a las mismas.

2. Son méritos comunes a todas las plazas:

a) La participación en órganos de gobierno del Poder Judicial, en especial de órganos de gobierno de Tribunales.

b) El programa de actuación para el desempeño de la plaza solicitada.

3. Será asimismo de aplicación a las plazas de carácter jurisdiccional y gubernativo lo dispuesto en el art. 5 del presente Reglamento.

Art. 8. *Méritos específicos para las Presidencias de Sala del Tribunal Supremo.–* Son méritos específicos a valorar en la provisión de estas plazas:

a) El tiempo de servicio activo en la categoría de Magistrado del Tribunal Supremo.

b) El tiempo de ejercicio en el orden jurisdiccional propio de la vacante.

Art. 9. *Méritos específicos para la Presidencia de la Audiencia Nacional y de sus Salas.–* Para la provisión de las Presidencias de la Audiencia Nacional y de sus Salas son méritos específicos:

a) El tiempo de servicio activo en órganos jurisdiccionales de la Audiencia Nacional, especialmente en los relacionados con el orden jurisdiccional al que corresponda la vacante.

b) El conocimiento de la situación de los órganos jurisdiccionales comprendidos en el ámbito de la Audiencia Nacional, así como la experiencia en órganos colegiados.

c) En su caso, la experiencia en cooperación judicial internacional.

Art. 10. *Méritos específicos para las Presidencias de Tribunales Superiores de Justicia y de sus Salas.–* 1. Para la provisión de las Presidencias de Tribunales Superiores de Justicia y de sus Salas son méritos específicos:

a) El conocimiento de la situación de los órganos jurisdiccionales comprendidos en el ámbito territorial del respectivo Tribunal Superior de Justicia, así como la experiencia en órganos colegiados.

b) Para las Presidencias de Salas, el tiempo de servicio activo en el orden jurisdiccional al que pertenezca la vacante.

2. Para la provisión de las Presidencias de Tribunales Superiores de Justicia en aquellas Comunidades Autónomas que gocen de Derecho Civil Especial o Foral, así como de idioma oficial propio, se valorará como mérito la especialización en estos Derechos Civil Especial o Foral y el conocimiento del idioma propio de la Comunidad.

Art. 11. *Méritos específicos para las Presidencias de Audiencias Provinciales.–* 1. Para la provisión de las Presidencias de Audiencias Provinciales es mérito específico la experiencia en órganos jurisdiccionales colegiados, especialmente en aquellos relacionados con los órdenes civil y penal. También podrá ponderarse el conocimiento de la situación de la respectiva Audiencia Provincial.

2. En aquellas Comunidades Autónomas que gocen de Derecho Civil Especial o Foral, así como de idioma oficial propio, se valorará como mérito la especialización en estos Derechos Civil Especial o Foral y el conocimiento del idioma propio de la Comunidad.

CAPÍTULO III
Normas de procedimiento

SECCIÓN 1ª
Convocatorias

§11

Art. 12. *Régimen general de convocatorias.–* 1. El procedimiento para la provisión de plazas de nombramiento discrecional se regirá por la convocatoria, que se ajustará a lo dispuesto en la Ley Orgánica del Poder Judicial y en el presente Reglamento.

2. Las vacantes de las plazas objeto de este Reglamento se anunciarán para su cobertura, inmediatamente de producidas, en el «Boletín Oficial del Estado», mediante la publicación del acuerdo de convocatoria del órgano competente del Consejo General del Poder Judicial y ésta se resolverá en el plazo máximo de seis meses siguientes a la fecha de publicación.

3. Las bases de la convocatoria serán aprobadas por el Pleno.

Las convocatorias y sus bases vinculan al Consejo General del Poder Judicial y a los participantes en el procedimiento selectivo. Una vez publicadas solamente podrán ser modificadas con sujeción estricta a la Ley 30/1992, de Régimen Jurídico de las Administraciones Públicas y del Procedimiento Administrativo Común.

4. Las convocatorias determinarán los requisitos que se estimen adecuados a la plaza anunciada, referidos a la naturaleza de las funciones atribuidas a la misma. En todo caso los méritos se formularán de forma que se procure la concurrencia de aspirantes en condiciones de igualdad.

Las convocatorias expresarán las condiciones o requisitos que deban reunir o cumplir los aspirantes a la fecha de finalización del plazo de presentación de solicitudes.

En las convocatorias se hará referencia a la aportación por los peticionarios de una relación detallada de los méritos acreditativos de sus conocimientos jurídicos y de su capacidad e idoneidad, a valorar en la cobertura de la vacante, sin perjuicio de aquellos otros méritos que los solicitantes puedan alegar. Las convocatorias distinguirán según se trate de nombramientos de carácter estrictamente jurisdiccional, gubernativo, o jurisdiccional y gubernativo.

5. En el acuerdo de convocatoria de plazas de carácter no estrictamente jurisdiccional se podrá hacer referencia a la aportación por los peticionarios del programa de actuación que estimen adecuado a las características de la plaza solicitada desde el punto de vista organizativo y de funcionamiento.

6. En el acuerdo de convocatoria para la cobertura de plazas del Tribunal Supremo reservadas a juristas de reconocida competencia, se podrán establecer las previsiones necesarias para que el Pleno del Consejo General del Poder Judicial tenga conocimiento de cuantas incidencias hayan podido afectar a los concursantes durante su vida profesional y que pudieran tener relevancia para valorar su capacidad y aptitud para el desempeño de la función jurisdiccional.

SECCIÓN 2ª
Solicitudes de provisión de plazas de nombramiento discrecional

Art. 13. *Régimen general de solicitudes.–* 1. Las solicitudes se dirigirán al Presidente del Consejo General del Poder Judicial especificando las plazas concretas solicitadas por orden de preferencia si se estuviera interesado en más de una de ellas.

Las solicitudes se presentarán en el plazo de veinte días naturales a contar desde el día siguiente al de la publicación del acuerdo de convocatoria en el «Boletín Oficial del Estado», en el Registro General del Consejo General del Poder Judicial o en la forma establecida en el art. 38 de la Ley 30/1992, de 26 de noviembre, de Régimen Jurídico de las Administraciones Públicas y del Procedimiento Administrativo Común. Las peticiones que se cursen a través de las Oficinas de Correos deberán presentarse en sobre abierto para que el funcionario correspondiente pueda estampar la fecha en ellas.

En las solicitudes deberá figurar la manifestación expresa de que el peticionario cumple los requisitos exigidos en la convocatoria a la fecha en que expire el plazo de presentación establecido.

El cumplimiento de los requisitos exigidos en la convocatoria habrá de mantenerse hasta la toma de posesión.

Los solicitantes podrán acompañar a su instancia una relación circunstanciada de sus méritos y demás extremos que se mencionen en la convocatoria, sin perjuicio de lo que establecen los arts. 14 y 15.2 del presente Reglamento.

Art. 14. *Solicitudes de miembros de la Carrera Judicial.–* En relación con las resoluciones a que se refiere la letra d) del apartado 2 del art. 5, la acreditación documental consistirá en una memoria comprensiva de los datos identificativos de las resoluciones y un resumen de su contenido literal, en especial, de los fundamentos jurídicos que se consideren relevantes.

Art. 15. *Solicitudes de Abogados y juristas de reconocida competencia.–* 1. En las solicitudes de Abogados y Abogadas y juristas de reconocida competencia deberá figurar el compromiso de prestar el juramento o la promesa previstos en el art. 318 de la Ley Orgánica del Poder Judicial y de observar el régimen de incompatibilidades establecido para jueces y magistrados en la misma Ley.

2. Quienes formulen solicitud justificarán documentalmente los méritos alegados, mediante certificaciones acreditativas del ejercicio de las correspondientes profesiones jurídicas o docentes y de los títulos; asimismo presentarán una memoria comprensiva de los datos identificativos y resumen de los dictámenes, informes, trabajos y estudios publicados en el campo de la investigación científico-jurídica.

§11

SECCIÓN 3ª
Procedimiento ante la Comisión de Calificación y el
Pleno del Consejo General del Poder Judicial

Art. 16. *Procedimiento ante la Comisión de Calificación del Consejo General del Poder Judicial.–* 1. Para la adecuada formación de criterios de calificación de los miembros de la Carrera Judicial aspirantes a plazas de nombramiento discrecional, la Comisión de Calificación podrá recabar información de los órganos técnicos del Consejo y de los distintos órganos del Poder Judicial, en particular, de las Salas de Gobierno, de conformidad con lo dispuesto en el art. 136 de la Ley Orgánica del Poder Judicial.

Cuando se trate de plazas en las distintas Salas del Tribunal Supremo, podrá, a través de sus Presidentes, interesarse de la Sala o Salas correspondientes del indicado Tribunal que hubieran resuelto en última instancia los recursos frente a las resoluciones dictadas por los peticionarios, la emisión de informe sobre la suficiencia técnica de la motivación de tales resoluciones.

2. Terminado el plazo de presentación de solicitudes, la Comisión de Calificación examinará la concurrencia de los requisitos legal y reglamentariamente exigidos a los aspirantes, haciendo constar, en su caso, en los expedientes administrativos las razones de exclusión de quienes no los reúnan.

Los candidatos podrán ser requeridos para que acrediten los méritos y demás extremos a que se refiere el art. 13.4 del presente Reglamento.

Cuando no se trate de plazas en las distintas Salas del Tribunal Supremo, la Comisión de Calificación convocará a todos los solicitantes no excluidos a una comparecencia ante los Vocales del Consejo General del Poder Judicial que deseen asistir, para lo que el órgano competente del Consejo General del Poder Judicial concederá a aquéllos las comisiones de servicio retribuidas según la normativa vigente.

Cuando se trate de plazas en las distintas Salas del Tribunal Supremo correspondientes a Abogados y Juristas de reconocida competencia, la Comisión de Calificación convocará a los solicitantes no excluidos, conforme al régimen que determine la Comisión competente, a una comparecencia, en las mismas condiciones y con iguales requisitos a los establecidos en el párrafo siguiente.

Párrafo adicionado por Acuerdo del Pleno del CGPJ de 7 de marzo de 2013.

§11

La comparecencia de aspirantes se desarrollará de acuerdo con los criterios siguientes:

a) Tendrá por objeto la explicación y defensa por los aspirantes del currículo, con especial referencia a los méritos previstos en la convocatoria y, en su caso, del correspondiente programa de actuación.

Sobre los anteriores temas, los Vocales asistentes podrán pedir aclaraciones o formular preguntas.

b) Las comparecencias se celebrarán en audiencia pública. A estos efectos, se hará pública la celebración de las comparecencias con una antelación mínima de cinco días en los tablones de anuncios del Consejo General del Poder Judicial y de las Salas de Gobierno de los Tribunales correspondientes a la plaza de que se trate. Los profesionales de los medios de comunicación social acreditados ante el Consejo General del Poder Judicial podrán seguir el desarrollo de las comparecencias y hacer uso de medios técnicos de captación o difusión de imagen y sonido. Cuando concurran circunstancias extraordinarias la Comisión de Calificación, motivadamente y conforme a las exigencias de los principios de proporcionalidad y de ponderación de derechos, intereses y bienes objeto de protección, podrá condicionar, limitar o excluir la presencia de público, de medios de comunicación o de ambos; en estos supuestos la asistencia de público quedará restringida a los demás aspirantes a la misma plaza.

De la comparecencia se levantará acta sucinta por el Secretario de la Comisión de Calificación y, en todo caso, se documentará en soporte de grabación apto para su reproducción, que se incorporará al expediente administrativo.

4. La Comisión de Calificación elevará al Pleno su propuesta de conformidad con lo dispuesto en el art. 135 y concordantes de la Ley Orgánica del Poder Judicial y, en lo que no se oponga al presente Reglamento, en los arts. 72 y concordantes del Reglamento de organización y funcionamiento del Consejo General del Poder Judicial.

5. La propuesta incluirá una relación de al menos tres candidatos, salvo que sea menor el número de solicitantes. Esta propuesta deberá ser motivada mediante valoración en conjunto de los méritos, capacidad y circunstancias de cada aspirante. La valoración tendrá en cuenta, al menos, los siguientes elementos:

a) Descripción de los méritos que se han considerado adecuados a la plaza anunciada.

b) Descripción de los materiales empleados como fuentes que se hayan manejado para conocer los méritos de los aspirantes, elaborada a partir del currículo y de la documentación presentada por cada uno de ellos, de los datos obrantes en el Consejo General del Poder Judicial y de los que haya podido obtener la Comisión de Calificación.

c) Resumen de los trámites cumplidos por el Consejo General del Poder Judicial, con reseña, en su caso, de las incidencias que se hubieran producido.

d) Justificación de la propuesta, con indicación de las condiciones apreciadas en los integrantes de la misma, que fundamenten su superior idoneidad para desempeñar la plaza convocada respecto a los demás no incluidos en ella. Se expresarán los elementos que permitan controlar que no se haya producido discriminación por razón de género.

A tal efecto, se ponderarán las actividades jurisdiccionales y extrajurisdiccionales que acrediten una relevante competencia jurídica y la aptitud necesaria para el ejercicio de la función jurisdiccional específica en la plaza anunciada, así como para el de aquellas otras funciones que sean inherentes al cargo.

Entre otros méritos se considerarán los mencionados en los arts. 5 y siguientes del presente Reglamento.

Cuando se trate de plazas de la Sala de lo Militar del Tribunal Supremo, en las correspondientes al turno de la Carrera Judicial podrán ponderarse las experiencias jurisdiccionales con mayor proximidad o afinidad a la materia que es objeto de conocimiento en dicha Sala. En las reservadas a miembros del Cuerpo Jurídico Militar podrá darse una especial prevalencia a las trayectorias profesionales más directamente relacionadas con el ejercicio de la jurisdicción militar.

La propuesta de la Comisión de Calificación se redactará por orden alfabético de aspirantes, salvo que concurran méritos o circunstancias que justifiquen la confección por orden de preferencia.

6. La relación de candidatos incluidos en la propuesta de la Comisión de Calificación se distribuirá a todos los miembros del Consejo General del Poder Judicial, junto con la lista de peticionarios de la plaza de que se trate. Dentro de los cuatro días hábiles siguientes, cada miembro del Consejo podrá proponer otros candidatos de entre la lista de peticionarios admitidos, de forma motivada en los términos del apartado anterior, comunicándolo a la Comisión de Calificación, que los incluirá en la relación, tras de lo cual y previa celebración de la correspondiente comparecencia, se le dará curso para su inclusión en el orden del día de un próximo Pleno.

7. La Comisión de Calificación fijará los turnos de ponencia entre sus Vocales para el reparto de los expedientes de propuesta de nombramiento. Los acuerdos se adoptarán por mayoría de sus miembros, con el mismo orden de votación establecido para la Comisión Disciplinaria. Se levantará acta sucinta las sesiones por el Secretario General o por quien reglamentariamente le sustituya, expresiva de la fecha en que se celebren, asistentes y acuerdos que se adopten. Se recogerán, cuando se solicite, las opiniones contrarias al acuerdo adoptado.

§11

Art. 17. *Procedimiento ante el Pleno del Consejo General del Poder Judicial.–* En los Plenos que decidan las propuestas de nombramiento se dejará constancia de la motivación del acuerdo, con expresión de las circunstancias de mérito y capacidad que justifican la elección de uno de los aspirantes con preferencia sobre los demás. La motivación podrá hacerse por remisión, en lo coincidente, a la motivación de la propuesta de la Comisión de Calificación conforme a lo previsto en el apartado 5 del artículo anterior.

Art. 18. *Supuestos en que no se alcance la mayoría exigida.–* Cuando no fuera posible cubrir la plaza por no haber obtenido ninguno de los candidatos propuestos el número de votos exigido, el Pleno procederá de conformidad con lo dispuesto en el art. 44 del Reglamento 1/1986, de 22 de abril, de organización y funcionamiento del Consejo General del Poder Judicial, y, en el caso de que la segunda propuesta fuera también denegada, acordará un nuevo anuncio público de aquélla en el plazo máximo de seis meses. En dicho anuncio se expresará la causa de la nueva convocatoria y ésta surtirá efectos de notificación para quienes presentaron instancia en la convocatoria anterior.

Art. 19. *Procedimiento para la cobertura de las vacantes de la Sala de lo Militar del Tribunal Supremo correspondientes a miembros del Cuerpo Jurídico Militar.–* 1. El procedimiento para la provisión de plazas de Magistrado de la Sala de lo Militar del Tribunal Supremo procedentes del Cuerpo Jurídico Militar, se ajustará a lo previsto en el art. 27 de la Ley Orgánica 4/1987, de 15 de julio, de la Competencia y Organización de la Jurisdicción Militar, y en la letra d) del apartado 5 del art. 16 del presente Reglamento en lo que sea de aplicación.

2. A efectos de motivación de la propuesta de nombramiento, el Consejo General del Poder Judicial solicitará con carácter previo a los integrantes de las ternas una exposición de sus méritos en los términos del presente Reglamento, en especial los relacionados con el ejercicio de funciones jurisdiccionales en tribunales militares, así como al Ministerio de Defensa la documentación que en su caso considere necesaria.

Art. 19 bis. *Procedimiento para el nombramiento del auditor presidente y de los vocales togados del tribunal militar central.–* 1. El procedimiento para el nombramiento del Auditor Presidente y de los Vocales Togados del Tribunal Militar Central se ajustará a lo previsto en el artículo 37, párrafos primero, segundo y tercero, de la Ley Orgánica 4/1987, de 15 de julio, de la Competencia y Organización de la Jurisdicción Militar, así como a lo dispuesto en este artículo y en el artículo 16 del presente Reglamento, en lo que sea de aplicación.

2. Una vez recibido el expediente, y a efectos de motivación de la propuesta de nombramiento, el Consejo General del Poder Judicial solicitará con carácter previo a los aspirantes una exposición de sus méritos en los términos del presente Reglamento, tanto los relacionados con el ejercicio de funciones jurisdiccionales como con funciones extra jurisdiccionales, que acrediten la competencia jurídica y la aptitud de los aspirantes necesaria para el ejercicio de la función jurisdiccional específica en la plaza anunciada, así como por el de aquellas otras funciones que sean inherentes al cargo. Asimismo, solicitará a la Sala de Gobierno del Tribunal Militar Central y al Ministerio de Defensa la documentación personal de cada interesado y cuanto en su caso considere necesario.

3. Efectuada la comparecencia, la Comisión Permanente elevará al Pleno una propuesta motivada conforme a lo previsto en el apartado quinto del artículo 16 del presente Reglamento.

§11

Art. 19 ter. *Procedimiento para el nombramiento del auditor presidente y de los vocales togados de los tribunales militares territoriales.-* 1. El procedimiento para el nombramiento del Auditor Presidente y de los Vocales Togados de los Tribunales Militares Territoriales se ajustará a lo dispuesto en el artículo 47 de la Ley Orgánica 4/1987, de 15 de julio, de la Competencia y Organización de la Jurisdicción Militar, así como a lo dispuesto en este artículo, y en el artículo 16 del presente Reglamento, en lo que sea de aplicación.

2. Para la provisión de las plazas de Auditor Presidente de los Tribunales Militares Territoriales, una vez recibido el informe motivado de la Sala de Gobierno del Tribunal Militar Central en los términos previstos en el artículo 47 de la Ley Orgánica 4/1987, de 15 de julio, de la Competencia y Organización de la Jurisdicción Militar, junto con el correspondiente expediente, el Consejo General del Poder Judicial solicitará con carácter previo a los aspirantes una exposición de sus méritos en los términos previstos en el artículo 16.3 del presente Reglamento, tanto los relacionados con el ejercicio de funciones jurisdiccionales como con funciones extra jurisdiccionales, que acrediten la competencia jurídica y la aptitud de los aspirantes necesaria para el ejercicio de la función jurisdiccional específica en la plaza anunciada, así como para el de aquellas otras funciones que sean inherentes al cargo.

Efectuada la comparecencia de los candidatos, la Comisión Permanente elevará al Pleno una propuesta motivada conforme a lo dispuesto en el apartado quinto del artículo 16 del presente Reglamento.

3. Para la provisión de las plazas de Vocales Togados de los Tribunales Militares Territoriales, una vez recibido el informe motivado de la Sala de Gobierno del Tribunal Militar Central en los términos previstos en el artículo 47 de la Ley Orgánica 4/1987, de 15 de julio, de la Competencia y Organización de la Jurisdicción Militar, junto con el correspondiente expediente, la Comisión Permanente del Consejo General del Poder Judicial elevará al Pleno una propuesta motivada conforme a lo dispuesto en el apartado quinto del artículo 16 del presente Reglamento, con indicación de las condiciones apreciadas en los aspirantes que fundamenten su idoneidad para ocupar la plaza convocada. A tal efecto, se ponderarán las actividades jurisdiccionales y extra jurisdiccionales que acrediten la competencia jurídica y la aptitud de los aspirantes necesaria para el ejercicio de la función jurisdiccional específica en la plaza anunciada, para lo que podrá solicitarse a la Sala de Gobierno del Tribunal Militar Central y al Ministerio de Defensa la documentación personal de cada interesado y cuanta, en su caso, se considere necesaria.

Art. 19 quater. *Procedimiento para el nombramiento de los jueces togados militares, centrales y territoriales.-* El nombramiento de los Jueces Togados Militares se ajustará a lo dispuesto en el artículo 54, párrafo segundo, de la Ley Orgánica 4/1987, de 15 de julio, de la Competencia y Organización de la Jurisdicción Militar, y a lo previsto en el apartado tercero del artículo anterior.

Art. 19 quinquies. *Competencias del consejo general del poder judicial en el procedimiento para la provisión de las plazas en los órganos judiciales militares.–* Sin perjuicio de su competencia para proponer la designación y para el nombramiento de quienes hayan de ocupar las plazas en los órganos judiciales militares, el Consejo General del Poder Judicial velará por que el procedimiento para la provisión de las vacantes de los Tribunales Militares y de los Juzgados Togados Militares se desarrolle conforme a las disposiciones legal y reglamentariamente establecidas, y a tal efecto llevará a cabo cuantas actuaciones fueren precisas para el estricto cumplimiento de las normas y el respeto de los principios de publicidad, igualdad, mérito y capacidad y, en general, de todos aquellos que rigen la provisión de los destinos en los órganos judiciales.

Arts. 19 bis a 19 quinquies, añadidos por Acuerdo del Pleno del CGPJ de 31 de marzo de 2016.

Art. 20. *Procedimiento para la cobertura de las vacantes de las Salas de lo Civil y Penal de los Tribunales Superiores de Justicia a propuesta de las Asambleas legislativas de las Comunidades Autónomas.–* 1. El procedimiento para la cobertura de plazas de Magistrado de las Salas de lo Civil y Penal de los Tribunales Superiores de Justicia correspondientes al turno de juristas de reconocida competencia en las Comunidades Autónomas, se efectuará conforme a lo previsto en el art. 330.4 de la Ley Orgánica del Poder Judicial, en el art. 13.2, párrafo segundo, de la Ley 38/1988, de 28 de diciembre, de Demarcación y Planta Judicial, y en la letra d) del apartado 5 del art. 16 del presente Reglamento en lo que sea de aplicación.

2. A efectos de motivación de la propuesta de nombramiento, el Consejo General del Poder Judicial solicitará con carácter previo a los integrantes de las ternas una exposición de sus méritos en los términos del presente Reglamento, así como la documentación que en su caso considere necesaria.

Art. 21. *Nombramientos y publicación.–* 1. Los nombramientos para la provisión de las plazas se efectuarán por Real Decreto a propuesta del Pleno del Consejo General del Poder Judicial y se publicarán en el «Boletín Oficial del Estado».

2. Los nombramientos de Presidentes de Sala del Tribunal Supremo, de la Audiencia Nacional, de Tribunales Superiores de Justicia, de Audiencias Provinciales, de Sala de la Audiencia Nacional y de Sala de Tribunales Superiores de Justicia, tendrán efectos desde su publicación en el «Boletín Oficial del Estado», sin per-

juicio de la publicación de los relativos a los Tribunales Superiores de Justicia y Audiencias Provinciales en el periódico oficial de la Comunidad Autónoma.

3. Los Presidentes de Sala del Tribunal Supremo, de la Audiencia Nacional, de Tribunales Superiores de Justicia, de Audiencias Provinciales, de Sala de la Audiencia Nacional y de Sala de los Tribunales Superiores de Justicia, en el supuesto de cese por expiración del mandato previsto en los arts. 338.1º y 342 de la Ley Orgánica del Poder Judicial, continuarán desempeñando la presidencia hasta el mismo día de la posesión de los nuevamente nombrados, bien sean los mismos, de ser confirmados en sus cargos, u otros los nuevos titulares.

Disposición Adicional Única. *Provisión de plazas de Magistrado de las Salas de lo Civil y Penal de los Tribunales Superiores de Justicia correspondientes al turno de la Carrera Judicial.–* 1. La provisión de plazas de Magistrado de las Salas de lo Civil y Penal de los Tribunales Superiores de Justicia correspondientes al turno de la Carrera Judicial, se hará por concurso, adaptando la convocatoria en lo necesario al procedimiento de los concursos reglados, con las singularidades siguientes:

a) El plazo de presentación, modificación y desistimiento de instancias, será el de veinte días naturales a contar desde el día siguiente al de la publicación en el «Boletín Oficial del Estado» del acuerdo de convocatoria.

b) A la solicitud se acompañará la documentación que acredite el conocimiento del Derecho civil foral o especial, propio de la Comunidad Autónoma.

2. El nombramiento se efectuará conforme a lo prevenido en el art. 330.4 de la Ley Orgánica del Poder Judicial.

3. En la provisión de estas plazas se procederá de conformidad a lo dispuesto en los arts. 16, a excepción del apartado 3, y 17 del presente Reglamento.

Disposición Derogatoria Única. 1. Queda suprimido el párrafo segundo del art. 46 del Reglamento 1/1986, de 22 de abril, de organización y funcionamiento del Consejo General del Poder Judicial.

2. Quedan derogados los arts. 74 a 76 del Reglamento 1/1986, de 22 de abril, de organización y funcionamiento del Consejo General del Poder Judicial.

3. Queda derogado el capítulo III del título X, arts. 189 a 197, del Reglamento 1/1995, de 7 de junio, de la Carrera Judicial.

Disposición Final Única. *Entrada en vigor.* El presente Acuerdo entrará en vigor el día siguiente al de su publicación en el «Boletín Oficial del Estado».

§12. REGLAMENTO 1/2011, DE 28 DE FEBRERO, DE ASOCIACIONES JUDICIALES PROFESIONALES

(Aprobado por Acuerdo del Pleno del Consejo General del Poder Judicial de 28 de febrero de 2011)

El art. 127 de la Constitución española, al referirse a las incompatibilidades de los Jueces y Magistrados, establece que, mientras se hallen en activo, no podrán pertenecer a partidos políticos o sindicatos, añadiendo que la Ley establecerá el sistema y modalidades de asociación profesional. Las limitaciones en los derechos políticos y sindicales de los Jueces vienen justificadas por el deseo del constituyente de preservar la independencia de quienes integran el Poder Judicial. Esas limitaciones no son absolutas en la medida en la que la propia Constitución reconoce a Jueces y Magistrados la posibilidad de asociarse.

La Ley Orgánica 6/1985, de 1 de julio, del Poder Judicial aborda ese mandato constitucional en el art. 401 reconociendo el derecho de libre asociación profesional de Jueces y Magistrados integrantes de la Carrera Judicial, y fijando las reglas a las que deben someterse dichas Asociaciones, así como el contenido mínimo de sus Estatutos. También ha establecido los cauces de participación de las Asociaciones en el funcionamiento del Consejo General del Poder Judicial. Así ocurre en el art. 110.3, introducido por la Ley Orgánica 16/1994, de 8 de noviembre, el cual establece que se someterán preceptivamente a informe de las Asociaciones Profesionales de Jueces y Magistrados los Reglamentos de desarrollo de la propia Ley Orgánica del Poder Judicial, y en el art. 110.2.a), donde se reconoce la participación de dichas Asociaciones en el Consejo Rector de la Escuela Judicial, lo que los arts. 21 y 30 del Reglamento 2/1995, de 7 de junio, de la Escuela Judicial, hacen extensivo a las Comisiones Pedagógicas creadas en su seno.

En el Reglamento 1/1986, de 22 de abril, de Organización y Funcionamiento del Consejo General del Poder Judicial, se establece un trato preferente del Consejo General del Poder Judicial con las Asociaciones Profesionales al considerar la necesidad de que exista una comisión o delegación específica entre los Vocales del Consejo General del Poder Judicial para atender a una eficaz relación del Consejo General del Poder Judicial con las Asociaciones. Conforme al art. 103 de ese Reglamento se atribuye a la Sección de Relaciones Institucionales la función de asistir al Consejo en sus relaciones con las Asociaciones Profesionales de Jueces y Magistrados.

En fin, el elemento definidor del cualificado papel que deben jugar las Asociaciones Judiciales en sus relaciones con el Consejo General del Poder Judicial y en la configuración de los órganos del Poder Judicial aparece reflejado en el art. 151 de la Ley Orgánica del Poder Judicial, el cual contempla la posibilidad de presentación o aval, tanto por parte de las agrupaciones de electores como de las Asociaciones Profesionales, de las candidaturas presentadas a las Salas de Gobierno. Ese estatus lo confirma el art. 112 de la Ley Orgánica del Poder Judicial tras la reforma operada por Ley Orgánica 2/2001, de 28 de junio. En él se dispone el modo en el que las Asociaciones Judiciales presentarán candidatos para cubrir doce de los veinte puestos de Vocales del Consejo General del Poder Judicial.

Pese a que las distintas reformas han puesto de manifiesto la trascendencia de las Asociaciones Judiciales Profesionales como instrumento de expresión de las inquietudes de los Jueces y como único cauce colectivo de actuación en defensa de los intereses profesionales, lo cierto es que la relación del Consejo General del Poder Judicial con ellas no se ha regulado de un modo estable y organizado. Es cierto que cada vez son mayores los mecanismos de participación pero sigue habiendo espacios carentes de regulación y aspectos de la relación cotidiana entre los órganos del Consejo General del Poder Judicial y las Asociaciones que quedan sometidos al voluntarismo o a la improvisación dependiendo de las concretas circunstancias de cada momento.

Parece necesario realizar un esfuerzo por sistematizar y aclarar el régimen de las Asociaciones en su relación con el Consejo General del Poder Judicial y con sus órganos, fijar con claridad las reglas a las que debe someterse esa relación, las referidas a la elaboración de las listas de asociados, la determinación de parámetros objetivos en materia de ayudas y subvenciones, la posibilidad de acceso a los medios técnicos y materiales de los que dispone el Consejo General del Poder Judicial al objeto de facilitar su relación con los Jueces y Magistrados asociados y con aquellos que, no estando asociados, puedan tener interés en conocer y participar en sus actividades. En definitiva se trata de consolidar un marco reglamentario acorde con la trascendencia que para el Consejo y para la Carrera Judicial deben tener las Asociaciones Profesionales como único vehículo al alcance de Jueces y Magistrados para la defensa colectiva de sus intereses y para la participación no individual en la política judicial.

El Reglamento surge, por lo tanto, como desarrollo del art. 401 de la Ley Orgánica del Poder Judicial, con el objetivo de regular las prácticas seguidas por distintos Consejos y fijar un Estatuto de las Asociaciones Judiciales acorde con el papel que el propio legislador ha atribuido a esta peculiar expresión del derecho de libre asociación de profesionales.

En virtud de la potestad reglamentaria de la que goza el Consejo General del Poder Judicial, de conformidad con lo dispuesto en los arts. 107.9 y 110.2 de la Ley Orgánica 6/1985, de 1 de julio, del Poder Judicial, el Pleno del Consejo General del Poder Judicial, en su reunión del día 28 de febrero de 2011, cumplido el trámite previsto en el art. 110.3 de la citada Ley Orgánica, ha acordado aprobar el presente Reglamento:

CAPÍTULO I
Del derecho de libre Asociación de Jueces y Magistrados

Art. 1. *Derecho a la libre asociación en Asociaciones Profesionales. Jueces y Magistrados con derecho a asociarse.*– 1. De acuerdo con lo establecido en el art. 127 de la Constitución española, se reconoce el derecho de libre asociación profesional de los Jueces y Magistrados integrantes de la Carrera Judicial. Los Jueces y Magistrados podrán libremente asociarse o no a Asociaciones Profesionales.

2. Sólo podrán formar parte de las Asociaciones Profesionales quienes ostenten la condición de miembros de la Carrera judicial en servicio activo. Ningún Juez o Magistrado podrá estar afiliado a más de una Asociación Profesional.

Art. 2. *Régimen supletorio.*– De conformidad con lo dispuesto en la regla 9ª del art. 401 de la Ley Orgánica del Poder Judicial, serán de aplicación supletoria las normas reguladoras del derecho de asociación en general.

CAPÍTULO II
Personalidad, fines y ámbito de las Asociaciones Judiciales Profesionales

Art. 3. *Personalidad y capacidad.*– 1. Las Asociaciones Profesionales de Jueces y Magistrados tendrán personalidad jurídica y plena capacidad para el cumplimiento de sus fines. Quedarán válidamente constituidas desde que se inscriban en el Registro llevado al efecto por el Consejo General del Poder Judicial.

2. Sólo podrá denegarse la inscripción cuando la Asociación o sus Estatutos no se ajustaren a los requisitos legalmente exigidos.

Art. 4. *Fines.*– 1. Las Asociaciones Profesionales de Jueces y Magistrados tendrán como fines lícitos la defensa de los intereses profesionales de sus miembros en todos los aspectos y la realización de actividades encaminadas al servicio de la justicia y de los valores constitucionales.

2. No podrán llevar a cabo actividades políticas ni tener vinculaciones con partidos políticos o sindicatos.

Art. 5. *Ámbito territorial.*– Las Asociaciones Judiciales Profesionales deberán tener ámbito nacional, sin perjuicio de la existencia de secciones cuyo ámbito coincida con el de uno o más Tribunales Superiores de Justicia o la demarcación de una o varias Audiencias Provinciales.

Art. 6. *Papel del Consejo en materia asociativa y grado de implantación efectiva a efectos de interlocución con el Consejo.-* 1. El Consejo General del Poder Judicial colaborará con las Asociaciones Judiciales existentes de cara a lograr el más pleno desarrollo de sus fines.

2. Se exigirá que la Asociación posea un grado de implantación efectiva igual o superior al 2 por 100 de los integrantes de la Carrera Judicial en servicio activo para poder disfrutar de interlocución con el Consejo General del Poder Judicial.

Para el cálculo anual de dicho porcentaje se tomarán como referencia las listas de asociados cerradas a 30 de septiembre, que las Asociaciones deberán presentar ante el Consejo conforme a lo dispuesto en el art. 10.1.

Art. 7. *Suspensión o disolución de las Asociaciones Profesionales.-* La suspensión o disolución de las Asociaciones Profesionales quedará sometida al régimen jurídico general del derecho de asociación.

CAPÍTULO III
Régimen de publicidad de las Asociaciones Judiciales

Art. 8. *Solicitud de inscripción. Publicidad registral.-* 1. La inscripción de las Asociaciones en el Registro de Asociaciones Judiciales Profesionales del Consejo se practicará a solicitud de cualquiera de los promotores. A la solicitud se acompañará el texto de los Estatutos y una relación de afiliados.

2. Además de los Estatutos y de sus posteriores modificaciones, en el Registro deberá quedar constancia de los nombres de las personas que integran los órganos de representación de cada Asociación, así como el listado de asociados actualizado anualmente.

3. El Consejo General del Poder Judicial comunicará al Registro Nacional de Asociaciones los asientos de inscripción y disolución de las Asociaciones Judiciales Profesionales, a los efectos previstos en el art. 25.2 de la Ley Orgánica 1/2002, de 22 de marzo, reguladora del Derecho de Asociación.

4. El Registro de Asociaciones Judiciales Profesionales será público, sin perjuicio de las restricciones que, conforme a lo dispuesto en el art. 10.4, pesan sobre los datos personales obrantes en las listas de asociados.

Art. 9. *Estatutos de las Asociaciones.-* 1. Los Estatutos de las Asociaciones deberán expresar, como mínimo, las siguientes menciones:

a) Nombre de la Asociación y domicilio asociativo.

b) Fines específicos de la misma.

c) Organización y representación de la Asociación. Su estructura interna y funcionamiento deberá ser democrático.

d) Régimen de afiliación.

e) Medios económicos y régimen de cuotas.

f) Formas de elegirse los cargos directivos de la Asociación.

2. En los Estatutos de cada Asociación podrá preverse la colaboración en sus actividades internas de Jueces y Magistrados jubilados o en servicios especiales, con excepción de los Vocales del Consejo General del Poder Judicial. Dichas situaciones no se tendrán en cuenta a ningún efecto, y en particular en lo relativo a las ayudas económicas que pudiera facilitar el Consejo, ni a efectos del cómputo de asociados en términos de representatividad de las Asociaciones o de determinación del porcentaje de candidatos que pudiera cada Asociación proponer para la elección de Vocales del Consejo General del Poder Judicial.

Art. 10. *Listas de asociados.*– 1. A fin de poder verificar el número e identidad de los asociados a todos los efectos legales que sean relevantes, las Asociaciones deberán remitir al Consejo General del Poder Judicial, en el plazo máximo de treinta días, la lista actualizada de asociados cerrada a fecha de 30 de septiembre de cada año. Estas listas, previa audiencia de las Asociaciones y supervisión a cargo del Secretario General del Consejo, serán contrastadas por el Pleno del Consejo y posteriormente inscritas en el Registro de Asociaciones Judiciales Profesionales. Las Asociaciones están obligadas a comunicar mensualmente las altas y bajas al Secretario General del Consejo.

2. En caso de múltiple afiliación se procederá a dar audiencia al interesado así como a las Asociaciones a las que se encuentre adherido, debiendo aquél decantarse por la afiliación a una sola de las mismas, y procediéndose de oficio a darle de baja en el resto.

3. El número de afiliados de cada Asociación a los efectos previstos en el art. 112 de la Ley Orgánica del Poder Judicial, será el que se certifique a tal fin por el Secretario General de acuerdo con los datos obrantes en el Registro de Asociaciones Judiciales Profesionales del Consejo.

4. El tratamiento de los datos personales contenidos en las listas de asociados queda sujeto al régimen jurídico establecido en la Ley Orgánica 15/1999, de 13 de diciembre, de Protección de Datos de Carácter Personal. Dicha información sólo podrá utilizarse para los fines expresamente reconocidos en la Ley Orgánica del Poder Judicial, en el presente Reglamento y en los restantes Reglamentos de desarrollo de la misma.

CAPÍTULO IV
De las relaciones de las Asociaciones con el Consejo General del
Poder Judicial, de su participación en Órganos y Comisiones del
Consejo y de su intervención en determinados procedimientos

Art. 11. *Relaciones del Consejo General del Poder Judicial con las Asociaciones Judiciales*.- Sin perjuicio de las facultades de representación del Presidente, el Pleno del Consejo General del Poder Judicial designará al menos dos Vocales que asumirán las relaciones con las Asociaciones de Jueces y Magistrados.

Art. 12. *Remisión de información y práctica de notificaciones*.- 1. El Consejo General del Poder Judicial, sin perjuicio de la información que debe proporcionar a todos los integrantes de la Carrera Judicial, remitirá regularmente a las Asociaciones Judiciales todos los acuerdos adoptados por el Pleno que puedan tener relación con el objeto y fines de las mismas. En los mismos términos remitirán sus acuerdos a las Asociaciones Judiciales las Salas de Gobierno de los Tribunales Superiores de Justicia. Dicha información podrá remitirse por correo ordinario a la sede social de cada Asociación, por correo electrónico o por cualquier otro medio idóneo para su recepción.

2. El Consejo notificará, asimismo, los acuerdos de sus órganos que puedan afectar a las Asociaciones Profesionales, con el fin de que éstas puedan tener conocimiento de los mismos y en su caso, utilizar los recursos previstos en el ordenamiento jurídico para su revisión. Dichas notificaciones, que se verificarán en la forma señalada por la Ley 30/1992, de 26 de noviembre, de Régimen Jurídico de las Administraciones Públicas y del Procedimiento Administrativo Común, se practicarán en la sede social de la respectiva Asociación.

Art. 13. *Participación en los órganos y comisiones del Consejo General del Poder Judicial*.- Posible intervención en expedientes disciplinarios. 1. Las Asociaciones Profesionales de Jueces y Magistrados que posean el grado de implantación efectiva señalado en el art. 6.2 participarán en el Consejo Rector de la Escuela Judicial y en sus Comisiones Pedagógicas en los términos previstos en la Ley Orgánica del Poder Judicial y en el Reglamento 2/1995, de 7 de julio, de la Escuela Judicial.

2. Las Asociaciones Profesionales podrán ser parte en los expedientes disciplinarios que afecten a sus asociados, a condición de que cuenten con consentimiento del afectado, quien podrá revocarlo en cualquier momento, y de conformidad con lo que disponga la normativa sobre régimen disciplinario que apruebe el Consejo General del Poder Judicial. Estarán asimismo legitimadas para interponer en nombre de sus asociados, siempre que acrediten contar con la expresa autorización

de éstos, recurso contencioso-administrativo contra las resoluciones en materia de responsabilidad disciplinaria que pongan fin al procedimiento administrativo.

Art. 14. *Elaboración de informes y propuestas.–* 1. Las Asociaciones Judiciales podrán evacuar los informes previstos en la Ley Orgánica del Poder Judicial y los Reglamentos que la desarrollen. Tales informes deberán remitirse al correspondiente órgano o servicio del Consejo dentro de los plazos que en cada caso hayan sido marcados.

2. Fuera de los casos legal o reglamentariamente previstos, los informes o propuestas que elaboren las Asociaciones que posean el grado de implantación efectiva señalado en el art. 6.2, deberán remitirse por conducto de los Vocales Delegados a los que se refiere el art. 11.

Art. 15. *Intervención en procesos electorales y en determinados nombramientos.–* 1. Las Asociaciones Profesionales podrán presentar o avalar candidatos y candidaturas en las elecciones a Jueces Decanos y a miembros electivos de Salas de Gobierno, siempre con clara identificación de la Asociación a la que pertenecen, en su caso, los candidatos y candidaturas presentados o avalados.

2. El Consejo General del Poder Judicial velará por que las Asociaciones de Jueces y Magistrados, en condiciones de igualdad entre sí y respecto de los grupos de electores y candidatos no asociados, dispongan de espacios para difundir su información y las listas de candidatos por ellas presentadas o avaladas, por medio de los Decanatos de los Juzgados, de las Presidencias de Audiencias y de Tribunales Superiores de Justicia y de las propias Salas de Gobierno.

3, Las Asociaciones podrán designar interventores y representantes de candidaturas, que participen en los procesos electorales en el modo previsto por la Ley Orgánica 5/1985, de 19 de junio, del Régimen Electoral General. En ambos casos deberán respetarse los requisitos marcados por los arts. 28 y 33 del Reglamento 1/2000, de 26 de julio, de Órganos de Gobierno de los Tribunales. §12

4, Las Asociaciones Profesionales podrán presentar candidatos para el nombramiento de Vocales del Consejo General del Poder Judicial, en los términos previstos en la Ley Orgánica del Poder Judicial.

Art. 16. *Grupo de Trabajo del Consejo General del Poder Judicial relativo a Asociaciones Judiciales.–* 1. Se constituirá un Grupo de Trabajo formado por los Vocales Delegados a los que se refiere el art. 11, el Secretario General del Consejo o persona en quien delegue, y un miembro de cada Asociación, al objeto de impulsar los mecanismos de colaboración y comunicación del Consejo con las Asociaciones Judiciales que posean el grado de implantación efectiva señalado en el art. 6.2. A propuesta de los mencionados Vocales o del Secretario General, a dichas reuniones podrán acudir los Letrados del Consejo que se considere oportuno al objeto de informar respecto de aquellas cuestiones que sean de su conocimiento técnico. De igual modo las Asociaciones que dispongan de órganos técnicos en el seno de su organización podrán hacerse acompañar de ellos en sus reuniones en el Consejo General del Poder Judicial.

2. El Grupo de Trabajo se reunirá al menos una vez al trimestre o con carácter extraordinario, a petición de una o más Asociaciones que representen al menos al 2 por 100 de los miembros de la Carrera Judicial. Una de las convocatorias ordinarias deberá realizarse con anterioridad al cierre de los presupuestos del Consejo al objeto de que las Asociaciones conozcan las partidas y conceptos que serán objeto de subvención para el ejercicio siguiente. De todas las reuniones se levantará la correspondiente acta.

CAPÍTULO V
Régimen económico

SECCIÓN 1ª
Disposiciones generales

Art. 17. *Recursos económicos de las Asociaciones Judiciales.*- Los recursos económicos de las Asociaciones Judiciales estarán integrados por:

a) Recursos procedentes de la financiación publica:

1º La subvención pública anual por gastos de organización y funcionamiento.

2º La subvención pública anual por actividades de interés para la Justicia y la vida asociativa.

3º La subvención publica anual por el grado de efectiva implantación en la Carrera Judicial.

4º La subvención pública anual por el resultado electoral en las elecciones a Salas de Gobierno.

5º Las subvenciones públicas o periódicas y las becas que puedan concederse por las Comunidades Autónomas, entidades locales u otras entidades de derecho público y por la Unión Europea.

b) Recursos procedentes de la financiación privada: 1º Las cuotas y aportaciones de sus asociados.

2º Los productos de las actividades propias de las Asociaciones y los rendimientos procedentes de su propio patrimonio.

3º Los créditos que concierten.

4º Cualquier prestación en dinero o especie que obtengan.

SECCIÓN 2ª
Financiación pública

Art. 18. *Subvenciones por gastos de organización y funcionamiento, por actividades de Interés para la justicia y la vida asociativa y por el grado de efectiva implantación en la Carrera Judicial.–* 1. Serán destinatarias de estas subvenciones las Asociaciones Judiciales Profesionales que, constando debidamente inscritas en el Registro llevado a tal efecto en el Consejo General del Poder Judicial, acrediten su vocación asociativa en virtud de un determinado grado de implantación efectiva o de un régimen de actividades de interés para la justicia y la vida asociativa. No podrán tener la condición de beneficiarias las Asociaciones en quienes concurra alguna de las circunstancias impeditivas que al efecto señalan los apartados 2 y 3 del art. 13 de la Ley 38/2003, de 17 de noviembre, General de Subvenciones.

2. El Consejo General del Poder Judicial subvencionará a las Asociaciones Judiciales Profesionales con la finalidad principal de facilitar el funcionamiento general de las mismas y de fomentar el mayor dinamismo de cada Asociación en el desarrollo de sus actividades, incluyendo en su presupuesto anual una partida presupuestaria específica destinada a tal fin, sin que en ningún caso, salvo circunstancias excepcionales, pueda ser inferior a la prevista en el presupuesto del año anterior, incrementada en su caso con la variación anual que experimente el Índice de Precios al Consumo. Dicha subvención se distribuirá entre las diferentes Asociaciones Judiciales con arreglo a los criterios señalados en los siguientes apartados.

3. El Consejo General del Poder Judicial otorgará una subvención anual no condicionada, por gastos de organización y funcionamiento, a favor de las Asociaciones Judiciales que acrediten una representación de al menos el 5 por 100 de la Carrera Judicial. Dicha subvención, cuyo importe global vendrá determinado por el 50 por 100 de la partida presupuestaria expresada en el apartado anterior, se distribuirá por igual entre todas ellas.

No obstante lo previsto en el párrafo anterior, a aquellas Asociaciones que no alcancen el 5 por 100 pero superen el 3 por 100 de implantación en la Carrera Judicial se le concederá una subvención de hasta 12.000 euros en función de su número de afiliados. Dicha cantidad, que no podrá ser inferior a la concedida el año anterior incrementada con la variación que experimente el Índice de Precios al Consumo, se detraerá del importe global señalado en el párrafo anterior.

Las Asociaciones Judiciales deberán presentar su solicitud para la concesión de esta subvención en los plazos establecidos por el Consejo durante el primer trimestre de cada año, para ser abonada antes del 31 de mayo del año respectivo.

4. El Consejo General de Poder Judicial otorgará una subvención anual, por actividades de interés para la justicia y la vida asociativa, a favor de las Asociacio-

nes Judiciales. Dicha subvención, cuyo importe global vendrá determinado por el 20 por 100 de la partida presupuestaria expresada en el apartado 2, tendrá como finalidad financiar las actividades tanto de formación como asociativas.

El importe de dicha subvención, que deberá abonarse antes del 31 de diciembre de cada año, se distribuirá entre las Asociaciones Judiciales en función de las actividades subvencionables justificadas por las mismas, conforme a la puntuación atribuida a cada una de las Asociaciones en aplicación del catálogo y baremo de actividades recogido en el anexo del presente Reglamento. A tal fin, antes del 31 de octubre de cada año, las Asociaciones Judiciales deberán presentar Memoria y justificación de las actividades subvencionables de 1 de octubre del año anterior a 30 de septiembre del año en curso.

5. El Consejo General del Poder Judicial otorgará una subvención anual, por el grado de implantación efectiva en la Carrera Judicial, a favor de las Asociaciones Judiciales. Dicha subvención, cuyo importe global vendrá determinado por el 30 por 100 de la partida presupuestaria expresada en el apartado 2, deberá ser abonada antes del 31 de diciembre de cada año.

Para el cómputo del número de afiliados de cada Asociación, se atenderá a los que se encuentren dados de alta en la respectiva Asociación a fecha de 30 de septiembre del año al que se refiera la subvención, a tenor de las listas que las Asociaciones deben remitir al Consejo de acuerdo con lo establecido en el apartado primero del art. 10.

Con carácter previo a la aprobación de esta subvención por el Pleno del Consejo, las Asociaciones Judiciales, a través de un representante designado a tal efecto, tendrán acceso a la comprobación de todas las listas de afiliados.

6. En el procedimiento que se tramite para la concesión de todas estas subvenciones se garantizará el derecho de audiencia de las Asociaciones Judiciales frente a la propuesta de resolución de concesión de la subvención, previo traslado del expediente o copia del mismo a aquéllas.

Art. 19. *Subvención por resultados electorales en las elecciones a Salas de Gobierno.*– 1. Al margen de las subvenciones expresadas en el artículo anterior, el Consejo General del Poder Judicial otorgará una subvención anual a favor de las Asociaciones Judiciales, en función de los resultados de las respectivas últimas elecciones a Salas de Gobierno de los Tribunales Superiores de Justicia.

2. Para atender el pago de dicha subvención se dotará anualmente una partida presupuestaria adicional cuyo importe se cifrará en el 10 por 100 del que alcance cada año la partida presupuestaria expresada en el apartado 2 del artículo anterior.

3. El importe de esta subvención, que deberá abonarse antes del 31 de enero de cada año, se distribuirá entre las Asociaciones en función del número total de

votos recibidos durante el año anterior por los candidatos afiliados de cada Asociación que hubieran sido presentados o avalados por ésta.

Art. 20. *Compatibilidad de subvenciones.–* 1. Las Asociaciones Judiciales podrán obtener subvenciones para el desarrollo de sus fines de la Administración del Estado, de las Comunidades Autónomas, Entidades Locales y otras entidades de Derecho público, y de la Unión Europea. La obtención de tales subvenciones será compatible con el disfrute de las subvenciones recibidas con cargo al presupuesto del Consejo General del Poder Judicial.

2. Las Asociaciones Judiciales no podrán aceptar ninguna forma de financiación que proceda de Gobiernos u organismos extranjeros, sin perjuicio de la cobertura de los gastos directamente derivados y propios de aquellos actos a los que hayan sido oficialmente invitadas.

Art. 21. *Otras ayudas.–* 1. El Consejo General del Poder Judicial atenderá los gastos de todas las reuniones, comisiones y grupos de trabajo para los que convoque a los representantes de las Asociaciones Judiciales.

2. Aquellas actividades asociativas que determinen la participación de más de 50 asociados recibirán una ayuda específica en función del número de participantes.

3. Se establecerán ayudas específicas destinadas a la implantación o renovación de sistemas informáticos que permitan la comunicación telemática entre asociados o la creación de páginas web asociativas.

4. Se establecerán ayudas específicas que faciliten la presencia de las Asociaciones y sus asociados en actividades académicas de carácter universitario, y la presencia en cursos y seminarios universitarios sobre materias de interés o trascendencia judicial.

§12

5. Al objeto de facilitar estas tareas asociativas las Asociaciones podrán recabar del Consejo General del Poder Judicial las ayudas necesarias para efectuar y distribuir sus publicaciones por medio del Centro de Documentación Judicial.

6. Las ayudas específicas a que se refieren los anteriores apartados no podrán superar el 25 por 100 del importe total de las subvenciones percibidas por cada Asociación.

7. El Consejo General del Poder Judicial pondrá a disposición de las Asociaciones Profesionales de Jueces y Magistrados los medios técnicos que faciliten su actividad y, en concreto, permitirá cuando sea necesario la utilización de dependencias del Consejo para la realización de actividades asociativas, de acuerdo con la disponibilidad de las mismas, así corno las líneas informativas del Consejo

General del Poder Judicial que permitan la comunicación con los miembros de la Carrera Judicial.

8. En la medida de lo posible el Consejo General del Poder Judicial procurará que las Asociaciones Judiciales puedan hacer uso de los convenios suscritos con proveedores y mayoristas en materia de desplazamientos y alojamientos para actividades asociativas.

9. La concreción de estas ayudas podrá ser objeto de debate en el seno del Grupo de Trabajo previsto en el art. 15, el cual podrá elevar las correspondientes propuestas al Pleno del Consejo General del Poder Judicial.

Art. 22. *Disponibilidad de locales o espacios*. El Consejo General del Poder Judicial tratará de favorecer que en los edificios destinados a Juzgados y Tribunales las autoridades correspondientes dispongan de locales o espacios para la realización de actividades asociativas en dichos edificios.

SECCIÓN 3ª
Financiación privada

Art. 23. *Aportaciones privadas*.– 1. Las Asociaciones Judiciales podrán recibir aportaciones de personas físicas o jurídicas para la realización de actividades concretas dentro de los límites y condiciones establecidos en este Reglamento.

2. Las aportaciones procedentes de personas jurídicas requerirán el acuerdo adoptado en debida forma por el órgano social competente.

3. En ningún caso las Asociaciones Judiciales podrán aceptar o recibir, directa o indirectamente, aportaciones anónimas, cualquiera que sea su cuantía. Tampoco podrán aceptar o recibir, directa o indirectamente, aportaciones provenientes de partidos políticos o sindicatos.

SECCIÓN 4ª
Obligaciones documentales y contables. Fiscalización y control

Art. 24. *Obligaciones documentales y contables*.– Las Asociaciones Judiciales deberán llevar unos registros detallados, que permitan en todo momento conocer su situación financiera y el cumplimento de las obligaciones previstas en este Reglamento y en la Ley de Asociaciones y en las directrices que marque el Consejo General del Poder Judicial.

Art. 25. *Control interno*.– 1. Las Asociaciones Judiciales deberán prever un sistema de control interno que garantice la adecuada intervención y contabilización de todos los actos y documentos de los que deriven derechos y obligaciones de contenido económico, conforme a sus Estatutos.

2. Los asociados podrán acceder, a través de los órganos de representación, a la documentación que se relaciona en el artículo anterior.

3. Las cuentas de la asociación se aprobarán anualmente de conformidad con los Estatutos de cada Asociación.

Art. 26. *Control externo.–* 1. La fiscalización externa de las subvenciones y otras ayudas públicas recibidas por las Asociaciones Judiciales, se ejercerá por el Tribunal de Cuentas de acuerdo con su normativa reguladora.

2. El Consejo General del Poder Judicial requerirá anualmente a las Asociaciones Judiciales que hayan recibido de él cualquier clase de subvención o ayuda, para que en el plazo de tres meses a partir del cierre del respectivo ejercicio presenten una información detallada sobre la gestión de tales subvenciones y ayudas.

CAPÍTULO VI
Régimen de licencias y permisos de los representantes de las Asociaciones Profesionales de Jueces y Magistrados

Art. 27. *Licencias y permisos vinculados a la actividad asociativa.–* 1. Los órganos de representación de las Asociaciones Judiciales y de sus Secciones Territoriales dispondrán de las correspondientes licencias extraordinarias, cuando sean necesarias para abordar actividades asociativas en los términos previstos por la Ley Orgánica del Poder Judicial.

2. Sin perjuicio de la necesaria comunicación al órgano correspondiente el afectado, con carácter excepcional y siempre que no perjudique actuaciones ya señaladas, podrá dirigirse directamente a la persona que, de acuerdo con la programación anual de las Salas de Gobierno, le haya de sustituir al objeto de que cubra la licencia extraordinaria, cuando por razones de urgencia no sea posible que dicho llamamiento lo realice el Decano o Presidente del órgano competente. Podrán utilizarse medios telemáticos o informáticos de comunicación para efectuar estos llamamientos.

Art. 28. *Reconocimiento de la actividad asociativa a los efectos de la carga de trabajo.–* Con el objeto de que la actividad asociativa no suponga un perjuicio para los representantes de las Asociaciones Judiciales, la referida actividad deberá ser tenida en cuenta en los sistemas de valoración del desempeño, que puedan establecerse, tomando como referencia, salvo casos excepcionales, la de los integrantes de las Salas de Gobierno.

§12

Disposición Adicional Única. *Rango normativo del anexo.* El anexo que se incorpora al presente Reglamento, donde se contiene el catálogo y baremo de actividades subvencionables al que se refiere el art. 18.4, tiene rango de Instrucción del Consejo General del Poder Judicial, pudiendo ser modificado por Acuerdo del Pleno del Consejo General del Poder Judicial.

ANEXO
Catálogo y baremo de actividades subvencionables

La distribución de la subvención anual a que se refiere el art. 18.4 de este Reglamento, en atención a las concretas actividades subvencionables, acreditadas por las diferentes Asociaciones Judiciales, se realizará en proporción al número de puntos atribuido a cada una de tales Asociaciones, por razón del número y naturaleza de las mencionadas actividades, con arreglo al siguiente catálogo y baremo:

1. Asamblea o Congreso Nacional, a razón de 10 puntos por actividad, con un límite de una actividad anual.

2. Reuniones del Comité Nacional, Secretaria Nacional u órgano asociativo de representación nacional análogo, a razón de dos puntos por actividad, con un límite de 15 actividades anuales.

3. Reuniones de carácter supra territorial de los órganos asociativos, a razón de un punto por actividad, con un límite de 4 actividades anuales.

4. Asambleas o Congresos de ámbito territorial (sección territorial de la asociación), a razón de un punto por cada actividad, con un límite de 4 actividades anuales para cada sección territorial.

5. Informes emitidos a instancia del Consejo General del Poder Judicial o del Ministerio de Justicia, a razón de 5 puntos cada una (sin límite), y los evacuados a instancia de otro organismo oficial, a razón de 3 puntos cada uno, con un límite de 15 puntos anuales.

6. Reuniones y encuentros de los órganos de representación nacional de las Asociaciones Judiciales con otras asociaciones u organizaciones representativas de intereses generales o colectivos sobre cuestiones de interés para la Justicia, a razón de un punto por actividad, con un límite de 165 puntos anuales.

7. Reuniones y encuentros internacionales de ámbito jurídico, a razón de un punto por actividad, con un límite de 15 puntos anuales.

8. Actividades de formación y estudio jurídico, tales como Jornadas o Cursos, distinguiendo entre aquellas que tienen una duración de un día, a razón de dos puntos por actividad, y aquellas otras que tienen una duración superior, a razón de cinco puntos por actividad, con un límite de 100 puntos anuales.

9. Reuniones presenciales de estudio jurídico y de ámbito supra territorial, desarrolladas en el ámbito de las comisiones correspondientes convocadas al efecto, de las que resulte la elaboración y divulgación del correspondiente estudio jurídico, a razón de un punto por actividad, con un límite de 12 actividades anuales.

10. Publicaciones periódicas de divulgación nacional, llevadas a cabo por las Asociaciones Judiciales, a razón de tres puntos por cada publicación, con un límite de 60 puntos anuales.

11. Publicaciones periódicas de divulgación territorial, llevadas a cabo por las correspondientes secciones territoriales de las Asociaciones, a razón de 2 puntos por cada publicación, con un límite de 10 puntos anuales.

12. Publicaciones periódicas de contenido estrictamente jurídico de divulgación general, incluidas las de medios digitales, a razón de 5 puntos por publicación y con un límite de 60 puntos anuales.

13. Instauración y mantenimiento de la página web de la Asociación Judicial, plenamente operativa y debidamente actualizada, a razón de 50 puntos y con un límite de 1 página web anual.

§12

§13. REGLAMENTO 2/2011, DE 28 DE ABRIL, DE LA CARRERA JUDICIAL

(Aprobado por Acuerdo del Pleno del Consejo General del Poder Judicial de 28 de abril de 2011)

I

El presente Reglamento se dicta al amparo del artículo 110.2 de la Ley Orgánica del Poder Judicial, en el ámbito de la potestad atribuida al Consejo General del Poder Judicial para el desarrollo del régimen jurídico de los distintos aspectos relacionados con la Carrera Judicial y el estatuto de los jueces y magistrados.

El vigente Reglamento de la Carrera Judicial cuenta con más de quince años de antigüedad. Durante ese periodo han tenido lugar sucesivas reformas de la Ley Orgánica del Poder Judicial, circunstancia ésta que ha inclinado a este Consejo a apostar por la promulgación de un texto reglamentario adaptado a los cambios operados, con la pretensión de mantener aquella regulación que a lo largo del tiempo ha demostrado ser útil y, a su vez, introducir nuevas fórmulas con vocación de mejora de la regulación vigente, sin olvidar que la experiencia cotidiana avala la adición de una serie de medidas necesarias para solventar, de la mejor manera posible, las controversias que en el futuro puedan surgir.

También se ha tenido en cuenta el impacto que sobre el estatuto judicial ha tenido la Ley Orgánica de Igualdad Efectiva de Mujeres y Hombres y su plasmación en la Ley Orgánica del Poder Judicial. Ello ha dado lugar a una serie de cambios que son básicos en la construcción de dicho estatuto, dando lugar a la aplicación de manera transversal del principio de igualdad de trato y de oportunidades entre mujeres y hombres y, en particular, al desarrollo de los derechos vinculados a la conciliación de la vida personal, familiar y laboral, cuya finalidad es la de avanzar en la corresponsabilidad.

El nuevo Reglamento de la Carrera Judicial mantiene, en esencia, la estructura de su antecesor. No obstante, se incorporan tres Títulos nuevos: el primero de ellos (Título XIII) regula los procedimientos sobre jubilación y rehabilitación, materia ésta cuya importancia para la Carrera Judicial justifica el desarrollo reglamentario que se acomete. El segundo (Título XIV) guarda relación con el derecho a la salud profesional de los jueces y magistrados; es innegable que los miembros de la Carrera Judicial tienen derecho a una efectiva protección frente a los riesgos laborales que acarrea el ejercicio de la función jurisdiccional y, desde esa perspectiva, el reconocimiento de tal derecho en este Reglamento no supone una efectiva innovación, pero la inclusión de ese Título habilita al Consejo General del Poder Judicial para adoptar, en el futuro, un papel activo en orden a la promoción de aquellas medidas que resulten adecuadas para la preservación de la salud laboral de los jueces y magistrados. Por último, el Título XV recoge la tramitación que se ha de seguir para la eventual concesión del amparo a que se refiere el artículo 14 de la Ley Orgánica del Poder Judicial.

II

En el Título I se describen todas las modalidades que, de conformidad con lo dispuesto en la Ley Orgánica del Poder Judicial, facultan el acceso a la Carrera Judicial. A diferencia del Reglamento 1/1995, que de manera detallada regulaba la totalidad de los aspectos del proceso selectivo para el ingreso en la categoría de juez mediante oposición libre, el presente texto ofrece una parca regulación sobre esa materia, que comienza a partir del momento en que los candidatos han optado por pertenecer a la Carrera Judicial, quedando relegadas todas las cuestiones relacionadas con el curso de selección a lo que se establezca en el Reglamento de Escuela Judicial, salvo la expresa referencia a la posibilidad de que los jueces en prácticas tuteladas puedan desempeñar, excepcionalmente, funciones de refuerzo o sustitución, dada la transcendencia que reviste esta cuestión para la Carrera Judicial.

Se mantiene, en su práctica totalidad, la reglamentación prevista para el acceso a la Carrera Judicial de personas discapacitadas. Dada la cercanía temporal del Acuerdo de 2 de Abril del 2008, en cuya virtud se introdujo en el Reglamento 1/1995 el régimen jurídico aplicable en estos casos, la vigencia de sus postulados se mantiene inalterada, salvo una mayor precisión del supuesto en que procederá la alteración del orden de prelación para la elección de plazas por razones de dependencia, y la expresa previsión de acrecimiento al turno general de las plazas no cubiertas en el turno especial.

Por último, en lo que a este apartado se refiere, el Reglamento aborda todos aquellos aspectos relacionados con el acceso a la Carrera Judicial por la categoría de magistrado mediante el concurso de méritos. Las novedades introducidas en los artículos 311 y 313 de la Ley Orgánica del Poder Judicial a través de la Ley Orgánica 19/2003, inevitablemente obliga a desarrollar una nueva reglamentación sobre este aspecto. Por ello, el Reglamento aborda cuestiones que atañen a las bases de la convocatoria, al nombramiento del tribunal calificador, al desarrollo del proceso de selección en sus diferentes fases, distinguiendo entre la baremación de los méritos y la valoración del dictamen y de la entrevista que, en su caso, pueda tener lugar. Una vez finalizado el proceso selectivo en sí, también se contempla la posibilidad de que el Consejo General del Poder Judicial pueda rechazar el nombramiento de un candidato que haya superado el proceso de selección, siempre que tenga conocimiento de la concurrencia de algún demérito incompatible con el ejercicio de la función judicial.

III

En lo concerniente a las pruebas selectivas y de especialización a que se refiere el Título II, se ha mantenido, en esencia, la estructura y contenido del Reglamento 1/1995 en lo que atañe a las pruebas selectivas para la promoción a la categoría de magistrado, en los órdenes civil y penal, y a las pruebas de especialización de jueces y magistrados, en los órdenes social y contencioso-administrativo. Sin embargo, tanto en el proceso de especialización en materia mercantil como en el de especialización como Juez de Menores se han verificado importantes modificaciones, sin olvidar la novedad que supone el establecimiento de unas pruebas específicas para que quienes ostenten la categoría de magistrado puedan obtener la especialización en los órdenes civil y penal, mediante un proceso de especialización «sui generis» en el que se ha considerado conveniente prescindir de la sistemática seguida para la especialización en los ordenes contencioso-administrativo y social, optando por una modalidad en la que prevalece la valoración de los méritos precedentes y la capacidad de análisis y resolución de los candidatos.

La forma de especialización en materia mercantil se acerca a la prevista para los órdenes contencioso-administrativo y social. Los Juzgados de lo Mercantil no forman parte de un orden jurisdiccional propio, sino que han sido configurados como órganos especializados del orden jurisdiccional civil a los que también se atribuye el conocimiento de algunas materias pertenecientes al orden social, dada la competencia exclusiva y excluyente que respecto del concurso ostentan. Sin embargo, como el artículo 311.1 de la Ley Orgánica del Poder Judicial dispone que la tercera de las vacantes en la categoría de magistrado también se proveerá por medio de las pruebas de especialización en materia mercantil, se ha considerado conveniente regular el proceso de especialización en esta materia de manera semejante al proceso previsto para los órdenes contencioso-administrativo y social, si bien los ejercicios que los candidatos han de superar difieren, no sólo en cuanto a su contenido sino también en cuanto a su estructura. Esta diferencia encuentra justificación en el carácter multidisciplinar de la materia que compete a los Juzgados de lo Mercantil, no obstante lo cual, en aras de una mayor homogenización, se ha suprimido la fase relativa al concurso de méritos para, de ese modo, propiciar que cualquier miembro de la Carrera Judicial pueda acceder al proceso de especialización sin soportar una criba previa en función de los méritos antaño contraídos.

813

En lo concerniente a la especialización en materia de menores, la principal novedad no afecta al proceso de especialización en sí, sino al ámbito subjetivo ya que, conforme a las previsiones del Reglamento solamente aquéllos que ostenten la categoría de magistrado podrán participar en ese proceso. Mediante esta opción se pretende evitar demoras, inconvenientes a todas luces, en la participación en los concursos para la provisión de los Juzgados de Menores por parte de aquéllos que ostenten la categoría de juez y hayan superado el proceso de especialización, teniendo en cuenta que, según reza el artículo 311.1 de la Ley Orgánica del Poder Judicial, la especialización en materia de menores no es un medio apto para la promoción a la categoría de magistrado y, según dispone el artículo 329.3 de la citada Ley Orgánica, sólo pueden acceder a los Juzgados de Menores quienes ostenten esa categoría.

IV

El Título III regula la valoración del conocimiento del idioma y del Derecho civil propio como mérito preferente en los concursos para órganos judiciales en determinadas Comunidades Autónomas. Los idiomas cooficiales, distintos del castellano, y el Derecho civil propio se contemplan como materias susceptibles de ser impartidas en los ciclos de formación inicial y continuada, de manera que la superación de las pruebas objetivas que se celebren en ese contexto supondrá el reconocimiento automático del mérito preferente, sin perjuicio de que esta nueva modalidad que se instaura coexista con el sistema establecido por el Reglamento 1/1995 para el reconocimiento de ambos méritos.

V

En el Título IV se abordan todas aquellas cuestiones relativas a la tramitación de expedientes que afectan al estatuto de los jueces y magistrados. Las novedades que sobre este particular se introducen no inciden sobre aspectos esenciales ya regulados por el Reglamento 1/1995, pues se limitan fundamentalmente a actualizar la reglamentación precedente, en función de los cambios operados en la Ley Orgánica del Poder Judicial y la Ley 30/1992, de 26 de noviembre, de Régimen Jurídico de las Administraciones Públicas y del Procedimiento Administrativo Común.

VI

El Título V, relativo a los magistrados suplentes y jueces sustitutos, ha sido objeto de algunas modificaciones de importancia. Se han de destacar, como principales novedades, la eliminación del deber de residencia que se sustituye por la obligación de disponer de facilidad de desplazamiento al municipio donde radique la sede del órgano judicial que hayan de servir. También merece especial mención la consideración de la excesiva carga de trabajo por parte del juez o magistrado encargado de la sustitución ordinaria, como una más de las circunstancias excepcionales que, de conformidad con lo dispuesto en el artículo 212.2 de la Ley Orgánica del Poder Judicial, justifica el llamamiento de los jueces sustitutos, sin perjuicio de la preferencia de los jueces en prácticas tutelados y los jueces de adscripción territorial. Por último, se recoge expresamente la posibilidad de que los jueces sustitutos puedan actuar en funciones de refuerzo cuando el titular del órgano disfrute de reducción de la jornada durante las horas de audiencia pública para la conciliación de la vida personal, familiar o laboral o por razón de violencia sobre la mujer.

VII

La Ley Orgánica 1/2009 confirió carta de naturaleza a los denominados Jueces de Adscripción Territorial. La creación de esta figura, auspiciada desde tiempo atrás por el Consejo General del Poder Judicial, reviste una gran utilidad ya que mediante la progresiva creación de este tipo de plazas, se propiciará que la justicia interina esté dotada del mismo grado de capacitación profesional que el resto de los miembros de la Carrera Judicial.

Dada la sobriedad de la normativa orgánica respecto de esta figura, el Reglamento desciende a una serie de aspectos, tales como la forma de provisión de este tipo de plazas, la determinación de los órganos judiciales en que, preferentemente, los Jueces de Adscripción Territorial han de servir, la forma en que se han de producir los llamamientos, las posibilidades de permanencia en dichas plazas pese a la promoción o ascenso de los interesados y la equiparación, salvo lo expresamente dispuesto para esta figura, con los restantes miembros de la Carrera Judicial en materia estatutaria y en el disfrute de permisos y licencias, siendo destacable, por último, la peculiar garantía de inamovilidad que también se recoge.

§13

VIII

El Título VII, relativo a la confección de alardes también incluye modificaciones dignas de mención. Mientras que el Reglamento 1/1995 establece la obligación de consignar todos los asuntos pendientes, el nuevo texto solamente exige que se incluyan los asuntos pendientes de dictar auto o sentencia, en sintonía con la distribución de competencias que trae causa del actual modelo de Oficina

Judicial que, a su vez, propicia que los miembros de las unidades de apoyo directo colaboren en todo lo que resulte necesario para la confección del alarde.

El informe que sobre la situación del órgano debe realizar el juez o magistrado cesante pasa a ser obligatorio, dada la importancia que su juicio valorativo reviste.

Dado que el alarde es un valioso instrumento que permite conocer, de primera mano, la verdadera situación del órgano judicial, el presente Reglamento amplia el ámbito de los obligados a llevar a cabo su elaboración, incluyendo a quienes pasen a la situación de excedencia voluntaria por interés particular y, con carácter general, a todos aquellos que ininterrumpidamente hayan desempeñado funciones jurisdiccionales en el órgano por tiempo superior a seis meses.

IX

Los Títulos VIII y IX mantienen en su práctica totalidad el contenido precedente, mientras que en el Título X se ha operado una apreciable modificación, justificada no sólo por las novedades introducidas por las reformas llevadas a cabo en la Ley Orgánica del Poder Judicial, sino también por la exigencia de un mayor detalle y concreción en ciertos aspectos.

La nueva regulación contempla una serie de contenidos generales que son comunes a todos los concursos de carácter reglado. Estos abarcan cuestiones relativas al procedimiento a seguir desde la convocatoria hasta la resolución final del concurso, incluyendo todo aquello que concierne a las condiciones y requisitos exigidos a los miembros de la Carrera Judicial para que pueda tener lugar su participación en los concursos.

Constituye novedad digna de mención el procedimiento que se diseña para la adscripción provisional a una determinada plaza de las juezas y magistradas víctimas de violencia de género, para garantizar una protección efectiva de las mismas y del derecho a la asistencia social integral que les ampara.

En este Título también se detalla la forma de cobertura de las plazas vacantes pertenecientes a la categoría de magistrado, según los diferentes turnos de provisión, así como los requisitos que se han de cumplir para el acceso a determinados órganos judiciales, tanto unipersonales como colegiados, y las actividades específicas de formación en las que los miembros de la Carrera Judicial han de participar obligatoriamente con carácter previo a la toma de posesión.

También debe destacarse, dada su importancia, el cómputo de los servicios prestados, siendo relevante la consideración que a estos efectos merecen las situaciones de excedencia voluntaria por el cuidado de hijos, de menores en acogimiento y de familiares o cuando aquélla tenga razón de ser con motivo de violencia sobre la mujer. Por último, se recoge la facultad que se atribuye al Consejo General del Poder Judicial en orden a posponer la eficacia del traslado o de la promoción o, incluso, dejarlos sin efecto, cuando el notable retraso sea imputable al juez o magistrado cesante.

X

Dentro del Título XI correspondiente a las situaciones administrativas, el presente Reglamento lleva a cabo una serie de innovaciones de relieve. Las comisiones de servicio, cuya mención en el Reglamento 1/1995 era prácticamente testimonial, son objeto de una detallada regulación. La situación de servicios especiales y los diversos supuestos que dan lugar a la excedencia voluntaria han sido debidamente concordados con la normativa orgánica de ineludible observancia, siendo esa la razón fundamental por la que el régimen jurídico que ofrece el presente Reglamento sobre estos aspectos difiere del previsto en el Reglamento 1/1995.

Resulta destacable, en el sentido apuntado, la regulación de las diversas modalidades de excedencia voluntaria relacionadas con la conciliación de la vida personal, familiar y laboral o la violencia sobre la mujer. También es objeto de importantes modificaciones el apartado relativo a la situación de suspensión, particularmente el referido a la situación de suspensión provisional que trae causa de que se declare haber lugar a proceder contra un juez o magistrado por delitos cometidos en el ejercicio de sus funciones y así, a los efectos previstos en el artículo 383.1º de la Ley Orgánica del Poder Judicial, se especifica el momento procesal en que procederá acordar la suspensión provisional, que tendrá lugar cuando se dicte auto de apertura de juicio oral o, en su caso, auto de procesamiento, prisión provisional o libertad bajo fianza.

XI

En el Título XII correspondiente a las licencias y permisos se abordan una serie de innovaciones de indudable interés para la Carrera Judicial. En el apartado correspondiente al disfrute de las vacaciones anuales se contempla expresamente el periodo de prácticas tuteladas para los jueces de nuevo ingreso, a efectos del cómputo de los días que les corresponda. Asimismo, se establece un período preferente para su disfrute del periodo vacacional y también se regula la forma en que se podrá hacer uso de aquellos días, que en la nueva dimensión conferida por el párrafo primero del artículo 371.1 de la Ley Orgánica del Poder Judicial, excedan de un mes.

La licencia por razón de matrimonio alcanza una mayor dimensión cuantitativa, ya que los quince días naturales de antaño pasan a ser hábiles en la actualidad.

Para los permisos de tres días por asuntos propios se atempera el rigor con que hasta ahora se contemplaba el supuesto en el que los días solicitados coincidieran con señalamientos o vistas previstas con anterioridad a la solicitud, pues no puede pasar inadvertido que, en no pocas ocasiones, la razón por la que esta circunstancia acontece obedece a la sobrecarga de trabajo que, en general, pesa sobre los órganos judiciales.

Sin duda, el aspecto que mayor importancia reviste, en lo que a este Título se refiere, es la nueva regulación que se ofrece respecto de las licencias y permisos para la conciliación de la vida personal, familiar y laboral. La posibilidad que ofrece el artículo 373.7 de la Ley Orgánica del Poder Judicial, en orden a adaptar las particularidades de la Carrera Judicial a la normativa de la Administración General del Estado en esta materia, permite unificar bajo la figura de la reducción de la jornada en horas de audiencia pública todos los supuestos que dan derecho a la ausencia del trabajo y a la reducción de jornada en la normativa prevista para la Administración General del Estado.

La decisión que sobre este particular se adopta pretende conjugar, con realismo, la salvaguardia del derecho a la conciliación de la vida personal, familiar y laboral con la adopción de aquellas medidas necesarias para que el servicio no sufra detrimento alguno. En atención a estos postulados, se elimina el derecho a ausentarse del trabajo, dadas las previsibles perturbaciones que originaría la interrupción de la actividad jurisdiccional durante la jornada de audiencia pública, y se mantiene como medida la reducción de la referida jornada que ha de tener lugar preferentemente al inicio de la misma.

La conversión de la reducción de la jornada laboral a que se refiere la normativa general para la Administración General del Estado en la reducción del horario de audiencia pública, obedece a las peculiaridades propias de la función judicial, que, a diferencia de otras, no está sujeta a una rigurosa reglamentación horaria. Sin embargo, el modelo que con carácter general se instaura prevé una excepción para los órganos colegiados, consistente en la posibilidad de sustituir la reducción de la jornada en horas de audiencia pública por la reducción de la carga de trabajo equivalente, dado que las características propias de la función encomendada a este tipo de órganos permite contemplar esta posibilidad.

Dentro de los apartados correspondientes a las licencias por enfermedad, el Reglamento instaura una significativa innovación. Frente a la tradicional regulación de las licencias por enfermedad, cuya concesión conlleva el cese temporal en el ejercicio de la función, se abre un portillo a favor de la jornada reducida, siempre y cuando las dolencias que padezca el afectado le permitan continuar desempeñando el cargo con una intensidad menor a la habitual.

Por último, también debe destacarse, dentro del apartado correspondiente a las licencias por estudios, la introducción de una modalidad directamente conectada al desempeño ininterrumpido de la función jurisdiccional durante, al menos, diez años. La finalidad de esta figura no es otra que la de recompensar la perseverancia y continuidad en el trabajo cotidiano durante el periodo de tiempo citado.

XII

El Título XIII versa sobre el procedimiento para la jubilación forzosa y voluntaria, el nombramiento de los magistrados eméritos y la rehabilitación. La instauración de este Título supone una novedad en su integridad, ya que el Reglamento 1/1995 no regulaba este tipo de procedimientos. Dicho Título comienza con una serie de disposiciones de carácter general aplicables a cualquier tipo de jubilación y, posteriormente, en capítulos separados, desarrolla de manera metódica y ordenada las diferentes modalidades procedimentales. También es objeto de regulación el procedimiento para el nombramiento de los magistrados eméritos, figura íntimamente vinculada con la jubilación, así como los supuestos de rehabilitación tanto por remisión de la incapacidad permanente como por la finalización de las causas y motivos que, en su día, dieron lugar a la separación de la Carrera Judicial.

XIII

También se introduce «ex novo» el Título XV, relativo al procedimiento que ha de seguirse cuando los jueces y magistrados recaben para sí el amparo a que se refiere el artículo 14 de la Ley Orgánica del Poder Judicial. Sobre este particular, el Reglamento ha pretendido diseñar un procedimiento sencillo y ágil que sea capaz de brindar una eficaz protección a los jueces y magistrados que vean perturbada su independencia e imparcialidad por hechos que la comprometan, tengan o no trascendencia pública.

§13

XIV

En cuanto al régimen de incompatibilidades, se ha mantenido en su práctica totalidad la regulación precedente, si bien la incompatibilidad horaria se reconduce a la finalización del período de audiencia pública y se proclama sin ambages la conveniencia y utilidad de que los jueces y magistrados compaginen las tareas jurisdiccionales con la investigación jurídica y el ejercicio de la docencia. También se establece la obligación de solicitar compatibilidad cuando la administración del patrimonio personal o familiar se lleve a cabo a través de personas jurídicas o comunidades de bienes.

Respecto de las incompatibilidades por razón de vínculo familiar, el Reglamento recoge en su integridad los preceptos de la Ley Orgánica del Poder Judicial que regulan esta materia, estableciendo como única matización la inexistencia de incompatibilidad en aquellos supuestos en los que se produzca una reconversión de órganos judiciales, siempre que no disminuya el número global de aquéllos en una determinada población.

XV

Por último, los Títulos relativos al Escalafón (Título XVII) y a las formas de cese y posesión en los órganos judiciales (Título XVIII) permanecen prácticamente inalterados.

XVI

En virtud de la potestad reglamentaria de la que goza el Consejo General del Poder Judicial, de conformidad con lo dispuesto en los artículos 107.9 y 110.2 de la Ley Orgánica 6/1985, de 1 de julio, del Poder Judicial, el Pleno del Consejo General del Poder Judicial, en su reunión del día 28 de abril de 2011, cumplido el trámite previsto en el artículo 110.3 de la citada Ley Orgánica, ha acordado aprobar el presente Reglamento:

TÍTULO I
Selección para el ingreso en la Carrera Judicial

CAPÍTULO I
Disposiciones generales

Art. 1. 1. La selección de los aspirantes a la Carrera Judicial se realizará mediante convocatoria pública, de acuerdo con los principios constitucionales de igualdad, mérito y capacidad.

2. El proceso de selección para el ingreso en la Carrera Judicial garantizará, con objetividad y transparencia, la igualdad en el acceso a la misma de todos los ciudadanos que reúnan las condiciones y aptitudes necesarias, así como la idoneidad y suficiencia profesional de las personas seleccionadas para el ejercicio de la función jurisdiccional.

3. Todas las pruebas que integren el proceso selectivo para el ingreso en la Carrera Judicial contemplarán el estudio del principio de igualdad entre hombres y mujeres, incluyendo las medidas contra la violencia de género y su aplicación con carácter transversal en el ámbito de la función jurisdiccional.

Art. 2. De conformidad con lo dispuesto en el artículo 301.3 de la Ley Orgánica del Poder Judicial, el ingreso en la Carrera Judicial por la categoría de juez se producirá mediante la superación de una oposición libre y de un curso teórico y práctico de selección realizado en la Escuela Judicial, dependiente del Consejo General del Poder Judicial.

Art. 3. 1. De conformidad con lo dispuesto en los artículos 301.5 y 311.1 de la Ley Orgánica del Poder Judicial, también se podrá ingresar en la Carrera Judicial directamente por la categoría de magistrado, mediante concurso entre juristas de reconocida competencia con más de diez años de ejercicio profesional que superen el curso de formación en la Escuela Judicial.

2. Al amparo de lo dispuesto en el artículo 311.2 de la Ley Orgánica del Poder Judicial, los miembros de la Carrera Fiscal con, al menos, dos años de servicios efectivos podrán acceder a la Carrera Judicial mediante la superación de las pruebas de especialización en los órdenes contenciosoadministrativo y social, y de un curso específico de formación en la Escuela Judicial.

3. También ingresarán en la Carrera Judicial los juristas de reconocido prestigio con más diez años de ejercicio profesional en una Comunidad Autónoma, que sean nombrados magistrados de las Salas de lo Civil y Penal de los Tribunales Superiores de Justicia, al amparo de lo dispuesto en el artículo 330.4 de la Ley Orgánica del Poder Judicial.

4. Accederán a la Carrera Judicial por la categoría de magistrado del Tribunal Supremo, los abogados y juristas de prestigio que, cumpliendo los requisitos establecidos para ello, reúnan méritos suficientes y hayan desempeñado su actividad profesional por tiempo superior a quince años, preferentemente en la rama del Derecho correspondiente al orden jurisdiccional de la Sala para la que hubieran de ser designados, todo ello de conformidad con lo dispuesto en los artículos 301.5 y 345 de la Ley Orgánica del Poder Judicial.

5. Adquirirán la condición de magistrados del Tribunal Supremo aquellos que, procedentes del Cuerpo Jurídico Militar, tomen posesión como miembros de la Sala de lo Militar del Tribunal Supremo.

Art. 4. En todos los casos a los que se refiere este Capítulo, se exigirá no estar incurso en ninguna de las causas de incapacidad e incompatibilidad que establece la Ley Orgánica del Poder Judicial y no tener la edad de jubilación establecida para la Carrera Judicial, ni alcanzarla durante el tiempo máximo previsto legal y reglamentariamente para la duración del proceso selectivo, hasta la toma de posesión incluida, y, si es el caso, el curso de formación en la Escuela Judicial.

CAPÍTULO II
Ingreso en la Carrera Judicial por la categoría de juez

Art. 5. Una vez celebrada la fase de oposición libre a que se refiere el artículo 301 de la Ley Orgánica del Poder Judicial, la Comisión Permanente del Consejo General del Poder Judicial ordenará la publicación en el «Boletín Oficial del Estado» de los candidatos que hayan optado por la Carrera Judicial; éstos ingresarán en la Escuela Judicial para la realización del curso teórico y práctico de selección a que se refiere el artículo 301.3 de la Ley Orgánica del Poder Judicial y ostentarán, a todos los efectos, la condición de funcionarios en prácticas.

Art. 6. 1. El desarrollo del curso a que se refiere el artículo anterior se regirá por lo dispuesto en los artículos 307, 308 y 309 de la Ley Orgánica del Poder Judicial y en los reglamentos de desarrollo.

2. Los jueces en prácticas tuteladas podrán actuar en funciones de sustitución o refuerzo, conforme a lo establecido en el artículo 307.1 de la Ley Orgánica del Poder Judicial y en el presente Reglamento, a cuyo efecto, el Consejo General del Poder Judicial recabará informe del Director de la Escuela Judicial.

Art. 7. Quienes superen el curso teórico y práctico de selección serán nombrados jueces, según el orden de la propuesta hecha por la Escuela Judicial. El nombramiento que les acredite como tales se expedirá por el Consejo General del Poder Judicial mediante Orden. Previa prestación del juramento o promesa, con la toma de posesión en la plaza que les corresponda, quedarán investidos de la condición de juez.

CAPÍTULO III
Ingreso en la Carrera Judicial de las personas con discapacidad

§13

Art. 8. 1. Las personas con discapacidad tendrán derecho a que las oposiciones y concursos de ingreso en la Carrera Judicial se desarrollen con respeto a los principios de igualdad de oportunidades, no discriminación y compensación de desventajas, en las condiciones reguladas en la Ley Orgánica del Poder Judicial y en el presente Reglamento.

2. Los anteriores principios serán asimismo aplicables en las pruebas de promoción y especialización de los miembros de la Carrera Judicial, que se regulan en el Título II, en cuyo desarrollo se observarán los requisitos contemplados en este Capítulo cuando participen en las mismas personas afectadas por alguna discapacidad.

3. A efectos de lo señalado con anterioridad, se entiende por persona con discapacidad aquélla incluida en el artículo 1.2 de la Ley 51/2003, de 2 de diciembre, de igualdad de oportunidades, no discriminación y accesibilidad universal de las personas con discapacidad.

Art. 9. 1. De conformidad con lo previsto en el artículo 301.8 de la Ley Orgánica del Poder Judicial, en cada convocatoria de oposición y concurso de ingreso se reservará un cupo no inferior al cinco por ciento de las vacantes, para ser cubiertas entre personas con discapacidad en grado igual o superior al 33 por ciento, siempre que éstas superen las pruebas selectivas y acrediten el grado de discapacidad y la compatibilidad para el desempeño de las funciones y tareas correspondientes a la Carrera Judicial. Las plazas de este cupo de reserva que no resultasen cubiertas por personas con discapacidad, acrecerán al cupo general.

2. La opción por estas plazas habrá de formularse en la solicitud de participación en la convocatoria, con declaración expresa por parte de las personas solicitantes de que reúnen el grado de discapacidad requerido, acreditado mediante certificado expedido al efecto por los órganos competentes del Ministerio de Trabajo e Inmigración o de la Comunidad Autónoma con competencias en la materia.

Art. 10. Las pruebas selectivas tendrán idéntico contenido para todas las personas participantes, sin perjuicio de las adaptaciones previstas en el artículo 14 de este Reglamento.

Art. 11. Las personas discapacitadas que se hayan presentado por el cupo de reserva y superen los ejercicios correspondientes serán incluidas en el sistema de ingreso, por su orden de puntuación.

Art. 12. Una vez superado el proceso selectivo, las personas que hayan sido admitidas en el cupo de plazas reservadas a personas con discapacidad podrán solicitar a la Comisión de Permanente del Consejo General del Poder Judicial la alteración del orden de prelación para la elección de plazas por motivos de dependencia personal, dificultades de desplazamiento u otras circunstancias análogas, que deberán ser debidamente justificadas. La Comisión Permanente acodará dicha alteración siempre que estas causas estén debidamente acreditadas; esta alteración se limitará a las modificaciones estrictamente necesarias para posibilitar el acceso a una plaza que se acomode a las necesidades impuestas por su discapacidad.

Art. 13. El cambio en el orden de prelación se aplicará exclusivamente a la provisión del primer destino y al ascenso forzoso a la categoría de magistrado. No podrá afectar, en ningún caso, al orden del escalafón ni a ningún otro aspecto de la carrera profesional que pudiera venir determinado o afectado por el orden de prelación fijado en el proceso selectivo, para el que se tendrá en cuenta el puesto efectivamente obtenido por el candidato.

Art. 14. 1. En las oposiciones y concursos, pruebas de promoción y especialización de los miembros de la Carrera Judicial, cursos de formación o períodos de prácticas, se establecerán para las personas con discapacidad las adaptaciones y ajustes razonables de tiempo y medios para su realización que fueren precisos para asegurar su participación en condiciones de igualdad, sin perjuicio de mantener el mismo grado de exigencia para todos los participantes.

2. En las convocatorias se indicará expresamente esta posibilidad y que las personas participantes deberán formular la correspondiente petición concreta en la solicitud, con expresión de las necesidades específicas que precisan para acceder al proceso en condiciones de igualdad.

3. La adaptación de tiempos consistirá en la concesión de un tiempo adicional para la realización de los ejercicios. Los criterios aplicables para la concesión de adaptación de tiempos serán los previstos en la Orden PRE/1822/2006, de 9 de junio, por la que se establecen criterios generales para la adaptación de tiempos adicionales en los procesos selectivos para el acceso al empleo público de personas con discapacidad, o norma que la sustituya.

4. La adaptación de medios y los ajustes razonables consistirán en la puesta a disposición de las personas participantes de los medios materiales y humanos, de las asistencias y apoyos y de las ayudas técnicas y/o tecnologías asistidas que precise para la realización de las pruebas en las que participe; se garantizará la accesibilidad a la información y a la comunicación de los procesos selectivos, así como al recinto o espacio físico donde éstos se desarrollen.

5. A efectos de valorar la procedencia de conceder las adaptaciones solicitadas, se recabará el correspondiente certificado o la información adicional que resulte precisa. La adaptación se otorgará en aquellos casos en que la discapacidad guarde relación directa con la prueba a realizar.

Art. 15. Entre los criterios de valoración positiva que se establezcan para la participación en cursos de formación realizados por el Consejo General del Poder Judicial, se incluirá la acreditación de la discapacidad. Para el desarrollo de dichos cursos, se realizarán las adaptaciones y ajustes razonables que fueren necesarios para que las personas con discapacidad participen en condiciones de igualdad en los procesos formativos. Las personas participantes deberán formular la petición concreta en la solicitud. El órgano convocante resolverá sobre la conveniencia de

dicha adaptación, que sólo podrá denegar cuando suponga una carga desproporcionada.

CAPÍTULO IV
Ingreso en la Carrera Judicial por la categoría de Magistrado
mediante la superación de concurso de méritos

Art. 16. 1. De conformidad con lo dispuesto en el artículo 311.1 de la Ley Orgánica del Poder Judicial, de cada cuatro vacantes que se produzcan en la categoría de magistrado, la cuarta se proveerá por concurso de méritos entre juristas de reconocida competencia con más de diez años de ejercicio profesional que, además superen el curso de formación en la Escuela Judicial previsto en el artículo 301.5 de dicha Ley Orgánica.

2. De conformidad con lo dispuesto en el artículo 311.3 de la misma Ley Orgánica, el Consejo General del Poder Judicial podrá realizar por especialidades, todas o algunas de las convocatorias de concurso para el acceso a la Carrera Judicial por la categoría de magistrado entre juristas de reconocida competencia, limitando aquéllas a la valoración de los méritos relativos a la materia correspondiente y reservando, al efecto, plazas de características adecuadas dentro de la proporción general establecida en el apartado 1 del mencionado artículo 311 de la Ley Orgánica del Poder Judicial.

3. Por este procedimiento sólo podrá convocarse un número de plazas que no supere el total de las efectivamente vacantes, dentro de las reservadas a este turno, más aquéllas que previsiblemente vayan a producirse durante el tiempo en que se prolongue la resolución del concurso.

Art. 17. 1. Mediante acuerdo del Consejo General del Poder Judicial se convocará el concurso de méritos entre juristas de reconocida competencia con más de diez años de antigüedad. Una tercera parte de estas vacantes se reservará a los miembros del cuerpo de secretarios judiciales de primera o segunda categoría. Estos concursos se convocarán cuando lo requieran las necesidades del servicio y, al menos, una vez cada dos años.

2. Cuando de conformidad con lo dispuesto en el número dos del artículo 16, el concurso para el acceso a la categoría de magistrado se organizase por especialidades, en una o varias convocatorias, las bases especificarán el número de plazas asignadas a cada especialidad. En este supuesto, el número de aprobados no podrá ser superior al de las plazas asignadas a cada especialidad.

3. En dicho acuerdo se aprobarán las bases a las que deba sujetarse el concurso de méritos, en las cuales se graduará la puntuación máxima con arreglo al

baremo que establece el artículo 313.2 de la Ley Orgánica del Poder Judicial. Dichas bases incluirán, además, los criterios a tener en cuenta para la valoración del dictamen a que se refiere el artículo 313.3 de la Ley Orgánica del Poder Judicial.

4. Al tiempo de convocarse el concurso, el Consejo General del Poder Judicial determinará la puntuación máxima de los méritos comprendidos en cada una de las letras del artículo 313.2 de la Ley Orgánica del Poder Judicial, de modo que no supere la máxima que se atribuya a la suma de otros dos. La puntuación de los méritos comprendidos en los párrafos c), d), e) y f) de dicho apartado no podrá ser inferior a la máxima que se atribuya a cualesquiera otros méritos de las restantes letras del mismo.

5. En las bases se establecerán las previsiones necesarias para que el tribunal calificador pueda tener conocimiento de cuantas incidencias hayan podido afectar a los concursantes durante su vida profesional y que pudieran tener importancia para valorar su aptitud en el desempeño de la función judicial.

6. Para valorar los méritos a que se refiere el párrafo primero del número tres de este artículo, las bases de las convocatorias establecerán la facultad del tribunal de convocar a todos los candidatos o solamente a aquéllos que alcancen inicialmente una determinada puntuación, a una entrevista de una duración máxima de una hora, en la que se debatirán los méritos aducidos por el candidato y su «currículum» profesional. La entrevista tendrá como exclusivo objeto acreditar la realidad de la formación jurídica y capacidad para ingresar en la Carrera Judicial, aducida a través de los méritos alegados, sin que pueda convertirse en un examen general de conocimientos jurídicos.

7. En las bases se fijará la forma de valoración de los méritos profesionales que se pongan de manifiesto con ocasión de la entrevista. Dicha valoración tendrá como límite el aumento o disminución de la puntuación inicial de aquéllos en la proporción máxima que se fije, sin perjuicio de lo dispuesto en el artículo 313.10 de la Ley Orgánica del Poder Judicial.

8. En las bases se establecerá el procedimiento al que se ajustará el tribunal para excluir a un candidato por no concurrir en él la cualidad de jurista de reconocida competencia, ya sea por insuficiencia o falta de aptitud deducible de los datos objetivos del expediente, ya por existir circunstancias que supongan un demérito incompatible con aquella condición, aun cuando hubiese superado, a tenor del baremo fijado, la puntuación mínima exigida. En este caso, el acuerdo del tribunal se motivará por separado de la propuesta, a la que se acompañará, y se notificará al interesado por el Consejo General del Poder Judicial.

Art. 18. 1. Dentro del plazo fijado en la convocatoria, los interesados deberán presentar la solicitud de participación en el concurso, la cual se sujetará al modelo establecido. Junto con la solicitud, los candidatos deberán aportar una relación detallada de los méritos que, contemplados como tales en la convocatoria, pretendan hacer valer. Asimismo, adjuntarán justificación documental de los referidos méritos.

2. Concluido el plazo de presentación de solicitudes, la Comisión Permanente del Consejo general del Poder Judicial resolverá, dentro del plazo máximo de un mes, acerca de la admisión o exclusión de los candidatos. El texto del acuerdo aprobatorio de la lista de admitidos y excluidos se publicara en el «Boletín Oficial del Estado».

Quienes resulten excluidos dispondrán de un plazo de diez días naturales para subsanar los defectos advertidos o para formular reclamación. Los errores materiales podrán subsanarse en cualquier momento, de oficio o a petición del interesado.

3. Finalizado el plazo de presentación de reclamaciones, la Comisión Permanente del Consejo General del Poder Judicial resolverá, en el plazo máximo de un mes, las impugnaciones formuladas y elaborará una relación definitiva de admitidos y excluidos. Dicha relación se publicara en el «Boletín Oficial del Estado».

Art. 19. 1. El tribunal será nombrado por el Consejo General del Poder Judicial. Estará presidido por el Presidente del Tribunal Supremo o magistrado del Tribunal Supremo, de la Audiencia Nacional o del Tribunal Superior de Justicia en quien delegue; serán vocales: dos magistrados, un fiscal, un secretario judicial de la primera categoría, dos catedráticos de universidad designados por razón de la materia, un abogado con más de diez años de ejercicio profesional, un abogado del Estado y un miembro de los órganos técnicos del Consejo General del Poder Judicial, licenciado en Derecho, que actuará como Secretario. Cuando no sea posible designar los catedráticos de universidad, podrán nombrarse, excepcionalmente, profesores titulares con más de diez años de antigüedad. La composición del Tribunal será paritaria, en atención a lo dispuesto en el artículo 53 de la Ley Orgánica 3/2007, de 22 de marzo, para la igualdad efectiva de mujeres y hombres. El nombramiento del Tribunal se publicará en el «Boletín Oficial del Estado».

2. El nombramiento de los miembros del tribunal, a que se refiere el apartado anterior, será realizado por el Consejo General del Poder Judicial de la siguiente manera: el Presidente y los dos magistrados serán nombrados directamente por el Consejo General del Poder Judicial; el fiscal, oído el Fiscal General del Estado; el secretario judicial y el abogado del Estado, oído el Ministerio de Justicia, los catedráticos, oído el Consejo de Universidades y el abogado, oído del Consejo General de la Abogacía.

3. El tribunal no podrá actuar sin, al menos, la presencia de los dos tercios de sus miembros. De no hallarse presente el Presidente del tribunal, éste será

sustituido por el magistrado de mayor antigüedad. El Secretario del tribunal será sustituido por el abogado.

4. Las decisiones del tribunal se adoptarán por la regla de la mayoría de los miembros los presentes. En caso de empate dirimirá el voto de calidad del Presidente.

5. El tribunal fijará el calendario de sesiones en las que haya de actuar, al cual se le dará la publicidad que resulte necesaria.

6. Sin perjuicio de lo dispuesto en el artículo 17.5, el tribunal podrá requerir a los participantes la aportación adicional de la documentación que resulte necesaria para una adecuada valoración de sus méritos y aptitudes.

7. La abstención y recusación de los miembros del tribunal se regirá por lo dispuesto en los artículos 28 y 29 de la Ley 30/1992, de 26 noviembre.

Art. 20. 1. De conformidad con lo dispuesto en los números tres y cuatro del artículo 17, el tribunal procederá a la baremación de los méritos de los candidatos. Una vez concluida la fase de valoración de los méritos alegados por los participantes, el tribunal elaborará un listado con la puntuación que hayan obtenido. Asimismo, el tribunal dictará acuerdo motivado respecto de los candidatos que, de conformidad con lo previsto en el artículo 17.8, hayan sido excluidos por insuficiencia de aptitud o por concurrir deméritos incompatibles, siempre que no afecten al ámbito de la estricta intimidad, con la pertenencia a la Carrera Judicial.

2. Tras la elaboración del dictamen al que se refiere el artículo 17.3, el tribunal elaborará una relación comprensiva de la calificación obtenida por los candidatos.

3. Una vez celebrada, en su caso, la entrevista a la que se refiere el artículo el artículo 17.6, el tribunal levantará acta suficientemente expresiva del resultado de la misma, en la cual se recogerán los criterios tenidos en cuenta para la calificación del candidato.

Art. 21. 1. Tras la celebración, en su caso, de la entrevista, el tribunal elevará al Consejo General del Poder Judicial la lista de aspirantes que han superado la primera fase del proceso, junto con el expediente completo del concurso, el cual comprenderá las actas originales de las sesiones.

2. Cumplido el trámite anterior, la Comisión Permanente del Consejo General del Poder Judicial ordenará la publicación en el «Boletín Oficial del Estado». de la lista de aspirantes a que se refiere el número anterior; éstos ingresarán en la Escuela Judicial para la realización del curso de formación a que se refiere el artículo 301.5 de la Ley Orgánica del Poder Judicial y ostentarán, a todos los efectos, la condición de funcionarios en prácticas. No obstante, pese a la propuesta favorable del tribunal calificador, el Consejo General del Poder Judicial podrá rechazar a un

candidato, motivadamente y previa audiencia del mismo, cuando con posterioridad a la referida propuesta se haya tenido conocimiento de alguna circunstancia que suponga un demérito insuperable para el acceso a la Carrera Judicial, siempre que no afecten al ámbito de la estricta intimidad.

Art. 22. 1. Una vez finalizado el curso de formación, por acuerdo del Consejo General del Poder Judicial se elaborará la lista definitiva de aprobados, de conformidad con la propuesta formulada por la Escuela Judicial, y se ordenará su inserción en el «Boletín Oficial del Estado».

2. La toma de posesión de los nuevos magistrados se realizará de conformidad con lo dispuesto en los artículos 319 y siguientes de la Ley Orgánica del Poder Judicial.

TÍTULO II
Promoción y especialización de jueces y magistrados

CAPÍTULO I
Disposiciones generales

Art. 23. Los procesos selectivos para la promoción y especialización en la Carrera Judicial se regirán por los principios de igualdad, mérito y capacidad. En dichos procesos se contemplará el estudio del principio de igualdad entre hombres y mujeres, incluyendo las medidas contra la violencia contra la mujer y su aplicación con carácter transversal en el ámbito de la función jurisdiccional.

Art. 24. 1. De conformidad con lo dispuesto en el artículo 311.1 de la Ley Orgánica del Poder Judicial, de cada cuatro vacantes que se produzcan en la categoría de magistrado, la tercera de las vacantes se proveerá, entre jueces, por medio de pruebas que tendrán carácter de selectivas en los órdenes jurisdiccionales civil y penal, y de especialización en los órdenes contencioso-administrativo y social y en materia mercantil.

2. Las pruebas selectivas y de especialización en los distintos órdenes jurisdiccionales y materias se regirán por las disposiciones de la Ley Orgánica del Poder Judicial que les resulten aplicables y por cuanto se dispone en el presente Reglamento.

3. Para presentarse a las pruebas selectivas o de especialización será necesario que los candidatos hayan prestado dos años de servicios efectivos como jueces, cualquiera que sea su situación administrativa. También podrán presentarse a las pruebas de especialización en los órdenes contencioso-administrativo y social y en

materia mercantil los miembros de la Carrera Judicial con la categoría de magistrado con, al menos, dos años de servicios efectivos prestados. En las pruebas de especialización en los órdenes contencioso-administrativo y social podrán presentarse los miembros de la Carrera Fiscal como forma de acceso a la Carrera Judicial, siendo necesario haber prestado, al menos, dos años de servicios efectivos en la Carrera Fiscal.

4.

Precepto anulado por la S. del Pleno de la Sala 3ª del TS de 19/07/2013 *(Tol 3920180).*

5. El tiempo de excedencia voluntaria para el cuidado de hijos, de menores acogidos o de familiares se computará como servicios efectivos durante los dos primeros años de la excedencia. La excedencia por razón de violencia sobre la mujer se computará como servicios efectivos hasta el plazo máximo de dieciocho meses a que se refiere el número dos del artículo 360 bis de la Ley Orgánica del Poder Judicial.

Art. 25. 1. Las pruebas selectivas, en los órdenes civil y penal, y de especialización, en los órdenes contencioso-administrativo y social, se convocarán por el Consejo General del Poder Judicial cuando lo requieran las necesidades del servicio.

2. De conformidad con lo dispuesto en el artículo 311.8 de la Ley Orgánica del Poder Judicial, el número de plazas de magistrado especialista de lo contencioso-administrativo y social que se convoquen no podrá ser superior al número de vacantes a la fecha de la convocatoria.

3. A cada convocatoria de las pruebas selectivas y de especialización, se acompañará la publicación del contenido de las materias sobre las que hayan de versar los ejercicios teóricos y prácticos, así como el sistema de puntuación en cada caso.

4. La convocatoria correspondiente a las pruebas selectivas y de especialización habrá de reseñar el número de plazas ofertadas y las reservadas a personas con discapacidad en grado igual o superior al 33 por ciento, conforme a lo previsto en el artículo 301.8 de la Ley Orgánica del Poder Judicial, debiendo indicar el modo en que el candidato ha de acreditar que reúne los requisitos para participar en este turno de reserva. Las plazas que no se cubran por las personas participantes por este turno de reserva acrecerán al turno general.

CAPÍTULO II
Pruebas selectivas para promoción a la categoría de Magistrado

SECCIÓN 1ª
Disposiciones comunes

Art. 26. Las solicitudes para tomar parte en las pruebas selectivas se presentarán en el Registro General del Consejo General del Poder Judicial o por cualquiera de los procedimientos previstos en el artículo 38.4 de la Ley 30/1992, de 26 de noviembre, dentro de los veinte días naturales siguientes a la publicación de la convocatoria en el «Boletín Oficial del Estado».

Art. 27. Concluido el plazo de presentación de solicitudes, la Comisión Permanente del Consejo General del Poder Judicial resolverá dentro del plazo máximo de un mes acerca de la admisión o exclusión de los candidatos. El texto del acuerdo aprobatorio de la lista de admitidos y excluidos se insertará en el «Boletín Oficial del Estado», concediendo a quienes resulten excluidos el plazo de diez días naturales para que subsanen los defectos advertidos o formulen las reclamaciones a que hubiere lugar. Los errores materiales podrán subsanarse en cualquier momento, de oficio o a petición de los interesados.

Art. 28. 1. Finalizado el plazo de presentación de reclamaciones, la Comisión Permanente del Consejo General del Poder Judicial, en el plazo de un mes, elevará a definitiva la relación de admitidos y excluidos, resolviendo acerca de las impugnaciones formuladas.

2. La relación definitiva se publicará en el «Boletín Oficial del Estado».

Art. 29. El tribunal calificador de las pruebas será nombrado por el Consejo General del Poder Judicial, de conformidad con los previsto en los artículos 314 de la Ley Orgánica del Poder Judicial y 19.2 de este Reglamento. La composición del Tribunal será paritaria, en atención a lo dispuesto en el artículo 53 de la Ley Orgánica 3/2007, de 22 de marzo, para la igualdad efectiva de mujeres y hombres.

Art. 30. El tribunal, previa citación hecha por orden de su Presidente, se constituirá a la mayor brevedad y, en todo caso, antes de transcurrido un mes desde su nombramiento. El tribunal dirigirá inmediatamente al Consejo General del Poder Judicial una propuesta comprensiva del calendario para el desarrollo de las pruebas, con señalamiento de la fecha y hora de comienzo del primer ejercicio. Aprobada esta propuesta, la Comisión Permanente del Consejo General del Poder Judicial ordenará su publicación en el «Boletín Oficial del Estado», junto con el anuncio a que se refiere el artículo 33. Entre la expresada publicación y el comienzo de las pruebas deberán mediar al menos veinte días naturales.

Art. 31. Serán de aplicación lo previsto en el artículo 19 sobre quórum, regla de la mayoría, sustitución, abstención y recusación de los miembros del tribunal.

Art. 32. El Consejo General del Poder Judicial, a través de los servicios correspondientes de la Escuela Judicial, prestará al tribunal el soporte administrativo y los medios personales y materiales necesarios para su eficaz actuación.

Art. 33. 1. Las pruebas selectivas se celebrarán en el lugar que determine el tribunal de conformidad con lo dispuesto en el artículo 312.1 de la Ley Orgánica del Poder Judicial, lo que se publicará, junto con el anuncio previsto en el artículo 30, en el «Boletín Oficial del Estado» con al menos veinte días naturales de antelación a la fecha de comienzo de las pruebas.

2. Las pruebas consistirán en la superación de ejercicios de carácter teórico y práctico, así como la realización posterior de un curso en la Escuela Judicial.

Art. 34. 1. El ejercicio teórico comprenderá, en todo caso, una exposición ante el tribunal, constituido en sesión pública, de algunos de los temas incluidos en el programa a que se refiere el artículo 25.3, y que se especifican en los artículos 39 y 40.

2. Para su realización y calificación se observarán las siguientes normas:

a) Se efectuará un solo llamamiento, quedando decaídos en su derecho los candidatos que no comparezcan a realizarlo, a menos que con anterioridad a dicho acto justifiquen debidamente la causa de la incomparecencia, que será apreciada por el tribunal; en tal supuesto se procederá a una nueva convocatoria del candidato. Si el llamamiento se produjese dentro de las cuatro semanas anteriores a la fecha prevista para el alumbramiento de la mujer aspirante o dentro de las dieciséis semanas siguientes al parto, a petición de la candidata, se efectuará una nueva convocatoria, que tendrá lugar entre la decimosexta y vigésima semana posterior al alumbramiento.

b) Cuando por unanimidad del tribunal, consultado, a tal efecto, por su Presidente, se apreciara una manifiesta deficiencia de contenido en cualquier momento de la exposición de los temas, así lo comunicará al aspirante y dará por concluido para aquél el desarrollo de las pruebas, haciendo una sucinta referencia en el acta de la sesión correspondiente.

c) Finalizada la exposición de los temas, los candidatos habrán de responder a las observaciones que sobre el contenido de los mismos les sean formuladas por los miembros del tribunal.

Art. 35. 1. Concluido el ejercicio teórico, se realizará el ejercicio práctico previsto en la convocatoria. Finalizado este último ejercicio, el tribunal remitirá al Consejo General del Poder Judicial la relación de candidatos que han superado ambos ejercicios, con expresión de la puntuación obtenida, a fin de que por este órgano se disponga lo necesario en cuanto a la realización del curso en la Escuela Judicial.

2. Mientras dure el curso, el Consejo General del Poder Judicial concederá a los alumnos que hayan de seguirlo las licencias necesarias para concurrir a la sede de la Escuela Judicial en las fechas o períodos de tiempo establecidos en la programación, con el fin de llevar a cabo en la misma las actividades previstas, de conformidad con lo dispuesto en el Título XII.

Art. 36. Una vez finalizado el curso en la Escuela Judicial, se confeccionará la propuesta de aprobados, colocados por orden de puntuación total obtenida, sin que puedan comprenderse en la misma mayor número de plazas que las anunciadas en la correspondiente convocatoria. La citada relación se hará pública en el tablón de anuncios del lugar donde se hayan celebrado las pruebas.

Art. 37.

Precepto anulado por la S. del Pleno de la Sala 3ª del TS de 19/07/2013 *(Tol 3920180)*.

Art. 38. Los aspirantes que resulten seleccionados se incorporarán al escalafón de la categoría de magistrados por el orden de su nombramiento según la calificación total obtenida y a continuación del último de los promovidos por cualquiera de los turnos previstos en el artículo 311 de la Ley Orgánica del Poder Judicial.

§13

SECCIÓN 2ª
Pruebas selectivas en el orden civil

Art. 39. 1. Las pruebas previstas en el artículo 25.3 versarán sobre las siguientes materias: Derecho civil, Derecho mercantil y Derecho procesal civil.

2. Entre las actividades del curso que deberán seguir los aspirantes que hubieran superado el ejercicio a que se refiere el artículo anterior, se incluirá la asistencia a órganos jurisdiccionales unipersonales y colegiados que tengan atribuido

exclusivamente el conocimiento y fallo de asuntos relativos al orden jurisdiccional civil.

SECCIÓN 3ª
Pruebas selectivas en el orden penal

Art. 40. 1. Las pruebas previstas en el artículo 25.3 versarán sobre las siguientes materias: Derecho penal (parte general), Derecho penal (parte especial) y Derecho procesal penal.

2. Entre las actividades del curso que deberán seguir los aspirantes que hubieran superado el ejercicio a que se refiere el artículo anterior, se incluirá la asistencia a órganos jurisdiccionales unipersonales y colegiados que tengan atribuido exclusivamente el conocimiento y fallo de asuntos relativos al orden jurisdiccional penal.

CAPÍTULO III
Proceso de especialización de Magistrados en los órdenes jurisdiccionales civil y penal

Art. 41.

Precepto anulado por la S. del Pleno de la Sala 3ª del TS de 19/07/2013 *(Tol 3920180)*.

Art. 42.

Precepto anulado por la S. del Pleno de la Sala 3ª del TS de 19/07/2013 *(Tol 3920180)*.

CAPÍTULO IV
Pruebas de especialización de Magistrados en los órdenes contencioso-administrativo y social y en materia mercantil

SECCIÓN 1ª
Disposiciones comunes

§13

Art. 43. Las solicitudes para tomar parte en las pruebas de especialización en los órdenes contencioso administrativo y social se presentarán en el Registro General del Consejo General del Poder Judicial o por cualquiera de los procedimientos previstos en el artículo 38.4 de la Ley 30/1992, de 26 de noviembre, dentro de los veinte días naturales siguientes a la publicación de la convocatoria en el «Boletín Oficial del Estado».

Art. 44. Concluido el plazo de presentación de solicitudes, la Comisión Permanente del Consejo General del Poder Judicial resolverá, dentro del plazo máximo de un mes, acerca de la admisión o exclusión de los candidatos. El texto del acuerdo aprobatorio de la lista de admitidos y excluidos se insertará en el «Boletín Oficial del Estado», concediendo a quienes resulten excluidos el plazo de diez días naturales para que subsanen los defectos advertidos o formulen las reclamaciones a que hubiere lugar. Los errores materiales podrán subsanarse en cualquier momento, de oficio o a petición de los interesados.

Art. 45. Finalizado el plazo de presentación de reclamaciones, la Comisión Permanente del Consejo General del poder judicial elevará a definitiva, en el plazo de un mes, la relación de admitidos y excluidos al proceso de especialización, resolviendo acerca de las impugnaciones formuladas.

Art. 46. El Acuerdo que apruebe la relación definitiva de admitidos y excluidos a que se refiere el artículo anterior se publicará en el «Boletín Oficial del Estado».

Art. 47. 1. Publicada la relación definitiva de los aspirantes, el Pleno del Consejo General del Poder Judicial procederá, de conformidad con lo dispuesto en el artículo 314 de la Ley Orgánica del Poder Judicial, a la designación del tribunal calificador, que se publicará en el «Boletín Oficial del Estado». Su composición y forma de nombramiento será la prevista en el artículo 29.

2. Respecto de las pruebas de especialización en materia mercantil, se estará a lo dispuesto en el artículo 57.1.

Art. 48. Se regirá por lo previsto en los artículos 19 y 30, en lo que resulte de aplicación, la constitución del tribunal, la recusación y abstención de sus miembros, quórum, su funcionamiento y las sustituciones de sus miembros.

Art. 49. En todo lo relativo a la realización de los ejercicios teóricos y prácticos, curso de formación en la Escuela Judicial y nombramiento y provisión de destinos, regirá cuanto se contempla para las pruebas de selección en los órdenes civil y penal, en lo que resulte aplicable.

§13

SECCIÓN 2ª
Especialización en el orden contencioso-administrativo

Art. 50. Las pruebas teóricas y prácticas a que se refiere el artículo 25.3 versarán sobre las siguientes materias: Derecho administrativo, parte general; Derecho administrativo, parte especial; Derecho tributario y Derecho procesal contencioso-administrativo.

Art. 51. Entre las actividades que habrán de desarrollar en el correspondiente curso los aspirantes que hubieren superado las pruebas a que se refiere el artículo anterior, se comprenderá la asistencia a órganos jurisdiccionales que tengan atribuido exclusivamente el conocimiento y fallo de asuntos relativos al orden jurisdiccional contencioso-administrativo.

SECCIÓN 3ª
Especialización en el orden social

Art. 52. Las pruebas teóricas y prácticas a que se refiere el artículo 25.3 versarán sobre las siguientes materias: Derecho laboral, Derecho de la Seguridad Social y Derecho procesal del orden social.

Art. 53. Entre las actividades que habrán de desarrollar en el correspondiente curso los aspirantes que hubieren superado las pruebas a que se refiere el artículo anterior, se comprenderá la asistencia a órganos jurisdiccionales que tengan atribuido exclusivamente el conocimiento y fallo de asuntos relativos al orden jurisdiccional social.

SECCIÓN 4ª
Especialización en materia mercantil

Art. 54. 1. Los miembros de la Carrera Judicial podrán especializarse en los asuntos propios de los órganos de lo Mercantil a que se refieren los artículos 329.4 y 330.5 de la Ley Orgánica del Poder Judicial, mediante la superación del proceso de especialización regulado en esta Sección.

2. De conformidad con lo previsto en el artículo 311.1 de la Ley Orgánica del Poder Judicial, los miembros de la Carrera Judicial que con categoría de juez superen las pruebas de especialización promocionarán a la categoría de magistrado.

Art. 55. 1. El proceso de especialización a que se refiere esta Sección será convocado cuando las necesidades del servicio lo requieran. Por este procedimiento sólo podrán convocarse un número de plazas que no supere el total de las efectivamente vacantes más las que, previsiblemente, vayan a producirse durante el tiempo que se prolongue la resolución del concurso.

2. El Consejo General del Poder Judicial, al tiempo de convocar las pruebas de especialización aprobará las bases a las que deberá ajustarse el desarrollo de aquéllas.

Art. 56. 1. Las solicitudes para tomar parte en las pruebas de especialización en materia mercantil se presentarán en el Registro General del Consejo General del Poder Judicial o por cualquiera de los procedimientos previstos en el artículo 38.4 de la Ley 30/1992, de 26 de noviembre.

2. Concluido el plazo de presentación de solicitudes, la Comisión Permanente del Consejo General del Poder Judicial resolverá, dentro del plazo máximo de un mes, acerca de la admisión o exclusión de los candidatos. El texto del acuerdo aprobatorio de la lista de admitidos y excluidos se insertará en el «Boletín Oficial del Estado», concediendo a quienes resulten excluidos el plazo de diez días naturales para que subsanen los defectos advertidos o formulen las reclamaciones a que hubiere lugar. Los errores materiales podrán subsanarse en cualquier momento, de oficio o a petición de los interesados.

3. Finalizado el plazo de presentación de reclamaciones, la Comisión Permanente del Consejo General del Poder Judicial elevará a definitiva, en el plazo máximo de un mes, la relación de los aspirantes admitidos al proceso de especialización.

4. El Acuerdo que apruebe la relación definitiva de admitidos y excluidos a que se refiere el artículo anterior se publicará en el «Boletín Oficial del Estado».

Art. 57. 1. El tribunal calificador de las pruebas será nombrado por el Consejo General del Poder Judicial. Estará presidido por un magistrado de la Sala de lo Civil del Tribunal Supremo, y los vocales serán: tres magistrados, dos con destino en el orden jurisdiccional civil y uno con destino en el orden jurisdiccional social, designados los primeros preferentemente de entre quienes hayan obtenido la especialización en los asuntos propios de los órganos de lo Mercantil; un catedrático o, en su caso, profesor titular de Universidad del área de conocimiento de Derecho Mercantil con más de diez años de antigüedad; un abogado con más de diez años de ejercicio profesional, en particular en relación con asuntos cuyo conocimiento corresponde a los órganos de lo Mercantil; y un Letrado al servicio del Consejo General del Poder Judicial, que actuará como Secretario. La composición del tribunal será paritaria, en atención a lo dispuesto en el artículo 53 de la Ley Orgánica 3/2007, de 22 de marzo, para la igualdad efectiva de mujeres y hombres.

2. La forma de nombramiento de sus miembros será la que se prevé en los artículos 19.2 y 30, en lo que resulte de aplicación.

3. La composición del Tribunal se publicará en el «Boletín Oficial del Estado».

Art. 58. 1. La obtención de la especialización en los asuntos propios de los órganos de lo Mercantil requerirá la superación de una serie de pruebas cuyo objeto, que se referirá a un conjunto de temas que se anunciarán en la convocatoria del respectivo proceso selectivo, será el de acreditar el grado de capacitación profesional necesario para el ejercicio de funciones jurisdiccionales en materia mercantil.

2. El conjunto de temas a que se hace mención en el número anterior versará sobre las materias jurisdicción civil especializada en asuntos mercantiles y Derecho concursal y empresarial.

Art. 59. 1. Las pruebas a que se refiere el artículo anterior serán las siguientes:

a) Ejercicio teórico: consistirá en la exposición ante el tribunal, constituido en audiencia pública, de temas correspondientes a la materia jurisdicción civil especializada en asuntos mercantiles. Para su realización y calificación se observarán las siguientes reglas:

1ª Se efectuará un solo llamamiento, quedando decaídos en su derecho los candidatos que no comparezcan a realizar la prueba, a menos que, con anterioridad a dicho acto, justifiquen debidamente la causa de su incomparecencia, que será apreciada por el tribunal. En este supuesto, se efectuará una nueva convocatoria por el tribunal. Si el llamamiento se produjese dentro de las cuatro semanas anteriores a la fecha prevista para el alumbramiento de la mujer aspirante o dentro de las dieciséis semanas siguientes al parto, a petición de la candidata, se efectuará una nueva convocatoria, que tendrá lugar entre la decimosexta y vigésima semana posterior al alumbramiento.

2ª Cuando el tribunal, consultado, a tal efecto, por su Presidente y por decisión unánime de sus miembros, apreciara en cualquier momento de la exposición de los temas una manifiesta deficiencia de contenido, así lo hará saber al aspirante y dará por concluido para aquél el desarrollo de las pruebas, dejando sucinta referencia de ello en el acta de la sesión correspondiente.

3ª Finalizada la exposición de los temas, los candidatos habrán de responder a las observaciones que sobre el contenido de los mismos les sean formuladas por los miembros del tribunal.

b) Dictamen: versará sobre la materia Derecho concursal y empresarial y su objeto será deducir el grado de capacitación profesional necesario para el ejercicio de funciones jurisdiccionales en órganos de lo mercantil, ajustándose a las siguientes reglas:

1ª Se efectuará un solo llamamiento, quedando decaídos en su derecho los candidatos que no comparezcan a realizar la prueba, a menos que, con anterioridad a dicho acto, justifiquen debidamente la causa de su incomparecencia, que será apreciada por el tribunal. En este supuesto, se efectuará una nueva convocatoria por el tribunal. Si el llamamiento se produjese dentro de las cuatro semanas anteriores a la fecha prevista para el alumbramiento de la mujer aspirante o dentro de las dieciséis semanas siguientes al parto, a petición de la candidata, se efectuará una nueva convocatoria, que tendrá lugar entre la decimosexta y vigésima semana posterior al alumbramiento.

2ª El dictamen se efectuará por escrito, y el tribunal indicará en el acuerdo de convocatoria la documentación de la que puedan valerse los candidatos para su realización. Realizado el dictamen, el tribunal calificador convocará inmediatamente a las personas aspirantes para que procedan a su lectura, que tendrá lugar en audiencia pública.

3ª Cuando el tribunal, consultado a tal efecto por su Presidente y por decisión unánime de sus miembros, apreciara en cualquier momento de la exposición del dictamen una manifiesta deficiencia de contenido, así lo hará saber al aspirante y dará por concluido para aquél el desarrollo de las pruebas, dejando sucinta referencia de ello en el acta de la sesión correspondiente.

4ª Al concluir cada aspirante la exposición del dictamen, el Tribunal, previa deliberación, votará sobre la calificación que merece el dictamen, exigiéndose la mayoría de votos del tribunal, decidiendo en caso de empate el voto de su Presidente.

5ª El número de aspirantes aprobados que tomen parte en el curso teórico-práctico al que se refiere el siguiente apartado no podrá superar al de plazas convocadas.

c) Fase teórico-práctica: las personas aspirantes aprobadas accederán a la fase teórico-práctica del proceso selectivo para la obtención de la especialización en los asuntos propios de los órganos de lo Mercantil. El programa formativo del curso se elaborará por los órganos correspondientes de la Escuela Judicial y será sometido a la aprobación de la Comisión Permanente del Consejo General del Poder Judicial. Serán de aplicación las siguientes reglas:

1ª Mientras dure el curso, el Consejo General del Poder Judicial concederá a los alumnos que hayan de seguirlo las licencias necesarias para concurrir a la sede de la Escuela Judicial en las fechas o períodos de tiempo establecidos en la programación, con el fin de llevar a cabo en la misma las actividades previstas, de conformidad con lo dispuesto en el Título XII.

2ª Concluido el curso, el profesorado y los tutores que lo hubieran dirigido presentarán al Tribunal, reunidos en sesión conjunta, un informe razonado de las actividades realizadas por cada uno de los aspirantes, con la valoración final de aptitud sin que puedan obtener la especialización las personas declaradas no aptas.

Art. 60. 1. Una vez recibido el anterior informe, el tribunal confeccionará una lista de aprobados, por orden de puntuación final, sin que puedan comprenderse en la misma un número mayor de aprobados que el de plazas incluidas en la convocatoria.

2. Dicha lista será remitida al Consejo General del Poder Judicial, quien acordará su inserción en el «Boletín Oficial del Estado», procediéndose al nombramiento de los seleccionados como especialistas en materia mercantil, siendo destinados a las plazas vacantes, ostentando preferencia en la elección los seleccionados con mayor puntuación y los casos de empate se resolverán a favor del seleccionado con mayor antigüedad en el escalafón.

CAPÍTULO V
Pruebas de especialización en materia de menores

Art. 61. 1. Los miembros de la Carrera Judicial que ostenten la categoría de magistrado podrán alcanzar la especialización en materia de menores a que se refiere el artículo 329.3 de la Ley Orgánica del Poder Judicial mediante la superación del curso regulado en el artículo 66.

2. A aquellos que superen el curso de especialización en materia de menores les será expedido por el Consejo General del Poder Judicial el título acreditativo correspondiente.

3. Igualmente, a los efectos previstos en el artículo 300 de la Ley Orgánica del Poder Judicial, el escalafón general de la Carrera Judicial reflejará el dato de la especialización respecto de los magistrados que proceda, incorporándose, asimismo, al escalafón general de la Carrera Judicial una relación informativa de quienes cuenten con tal especialización.

Art. 62. En la provisión de Juzgados de Menores entre miembros de la Carrera Judicial con categoría de magistrado, la especialización surtirá los efectos de preferencia previstos en el artículo 329.3 de la Ley Orgánica del Poder Judicial y 161 de este Reglamento.

Art. 63. 1. Se dispondrá de un plazo de tres años, a partir de la especialización, para participar en los concursos de provisión de plazas de los órganos con competencia en materia de menores que se convoquen, salvo que, al tiempo de obtener la especialización, se hallaren ya destinados en un Juzgado de Menores o en una Sección de Audiencia Provincial que conozca en segunda instancia de recursos contra resoluciones dictadas por los Juzgados de Menores, en cuyo caso podrán optar por continuar prestando servicio en estos órganos.

2. Transcurrido el plazo previsto en el número anterior sin que hayan participado en los concursos de provisión de las plazas a que se refiere el número anterior perderán, a todos los efectos, la condición de especialistas.

3. El nombramiento para una plaza en los órganos con competencia en materia de menores en virtud de especialización, así como la opción por continuar prestando servicios en un Juzgado de Menores o en una Sección de Audiencia Provincial que conozca en segunda instancia de las resoluciones dictadas por los Juzgados de Menores en la que se hallaren destinados cuando hubieran alcanzado la especialización, implicará la obligación de permanecer durante un tiempo mínimo de dos años continuados en el destino obtenido, en el que hayan optado por permanecer o en otro Juzgado de Menores o Sección de Audiencia Provincial antes indicada.

Art. 64. Los cursos de especialización se convocarán con la periodicidad que se determine por el Consejo General del Poder Judicial estableciéndose, para cada caso, en la correspondiente convocatoria, el número de miembros de la Carrera Judicial que podrán participar en los mismos y el número de plazas del curso convocadas.

Art. 65. 1. Será requisito indispensable para participar en el curso de especialización ostentar la categoría de magistrado al tiempo de presentación de la solicitud.

2. Los interesados en participar acompañarán a sus instancias relación detallada y acreditada de cuantos servicios profesionales y méritos deseen alegar.

3. La selección de participantes en el curso de especialización se realizará por la Comisión de Calificación del Consejo General del Poder Judicial, que se atendrá al número de participantes establecido en la convocatoria y apreciará, en su conjunto, el expediente personal, los servicios profesionales y los méritos alegados por los solicitantes.

Art. 66. 1. A los solicitantes seleccionados para participar en el curso de especialización les será remitido el material docente que resulte oportunamente aprobado de acuerdo con la convocatoria, el cual incluirá en todo caso el conjunto de disposiciones normativas vigentes en la materia.

2. Transcurrido un mes desde el envío, se convocará a los participantes a la realización en la Escuela Judicial de una prueba objetiva, consistente en un cuestionario de respuestas múltiples sobre aspectos relacionados con el material docente suministrado.

3. De acuerdo con los resultados de la prueba objetiva realizada, se confeccionará una relación de participantes, por orden de puntuación, que en ningún caso podrá superar el número de plazas convocadas.

4. Los participantes incluidos en la relación anterior accederán a la posterior fase teórico-práctica del curso de especialización. La fase teórico-práctica se desarrollará a lo largo de tres meses, en tres períodos mensuales. Los programas correspondientes al primer y al tercer período mensual serán de contenido teórico e impartición lectiva sobre disciplinas jurídicas y otras complementarias que se estimen necesarias para alcanzar el nivel de capacitación profesional adecuado; el segundo período mensual tendrá carácter práctico con asistencia a Juzgados de Menores y a instituciones de reforma y protección de menores o a servicios comunitarios asistenciales.

5. La superación del curso de especialización requerirá la aprobación de una prueba final de evaluación de carácter teórico-práctico. Realizada esta prueba final de evaluación, se publicará la relación definitiva de aprobados del curso de especialización.

6. La evaluación de los aspirantes corresponderá en todo caso a los profesores que impartan las materias del programa, atendiendo, asimismo, al contenido de los informes sobre las actividades realizadas elaborados por los titulares de los Juzgados de Menores y de las instituciones de reforma y protección de menores o de los servicios comunitarios asistenciales correspondientes.

Art. 67. 1. Sin perjuicio de lo dispuesto en los artículos anteriores, los miembros de la Carrera Judicial con categoría de magistrado que no estén en posesión del título acreditativo de la especialización y obtengan plaza en Juzgados de Menores en virtud de promoción o concurso procediendo de órganos jurisdiccionales de distinta clase, deberán realizar un curso de acceso de carácter teórico-práctico, con una duración máxima de un mes.

§13

2. El curso de acceso se realizará, durante la primera semana, en la Escuela Judicial donde se impartirán las nociones básicas sobre disciplinas jurídicas y otras complementarias que se estimen necesarias para alcanzar el nivel de capacitación profesional adecuado y, durante la segunda semana, en un Juzgado de Menores bajo la tutoría de su titular.

3. Del resultado del curso de acceso se remitirá, de inmediato, a la Comisión Permanente del Consejo General del Poder Judicial certificación de asistencia y superación del curso, por parte del Director de la Escuela Judicial y del titular del Juzgado de Menores donde se hubiere realizado las prácticas tuteladas. Será de aplicación lo previsto en los números ocho y nueve del artículo 159, en los casos

de incumplimiento de la obligación de participar en el curso de carácter teórico-práctico o cuando el interesado no supere dicho curso.

4. La realización del curso de acceso no implicará la especialización en materia de menores ni surtirá los efectos que ésta produce.

CAPÍTULO VI
Actividades específicas para el cambio de orden jurisdiccional

Art. 68. De conformidad con lo dispuesto en los números 2 y 5 del artículo 329 de la Ley Orgánica del Poder Judicial, los miembros de la Carrera Judicial que provenientes de órganos jurisdiccionales de distinto orden o especialidad, obtuvieran en virtud de concurso plaza en Juzgados de lo Contencioso-Administrativo, Centrales de lo Contencioso-Administrativo o de lo Social deberán participar en las actividades de formación para el cambio de orden jurisdiccional que se regulan a continuación, con carácter previo a la toma de posesión

Art. 69. 1. Estas actividades se organizarán por la Escuela Judicial y comprenderán la asistencia a órganos jurisdiccionales que tengan atribuido exclusivamente el conocimiento y fallo de asuntos del orden jurisdiccional o especialidad de que se trate, así como la realización de los seminarios, trabajos y ponencias previstos expresamente a tal fin en la programación de la Escuela. Se realizarán en cursos de duración máxima de un mes, de cuyo resultado habrá de remitirse de inmediato a la Comisión Permanente del Consejo General del Poder Judicial certificación de asistencia y superación del curso por parte del Director de la Escuela Judicial y del Presidente o titular del órgano jurisdiccional donde se hubieran realizado.

2. Será de aplicación lo previsto en los números ocho y nueve del artículo 159, en los casos de incumplimiento de la obligación de participar en las actividades formativas o cuando el interesado no supere dichas actividades.

Art. 70. Una vez en poder de la Comisión Permanente del Consejo General del Poder Judicial los correspondientes certificados, se acordará el nombramiento para la toma de posesión en los destinos.

TÍTULO III
Valoración del conocimiento del idioma cooficial y del Derecho civil propio como mérito preferente en los concursos para órganos jurisdiccionales en determinadas Comunidades Autónomas

Art. 71. En la resolución de los concursos para la provisión de vacantes correspondientes a los órganos jurisdiccionales en el territorio de las Comunidades

Autónomas cuyos Estatutos de Autonomía reconozcan la cooficialidad de un idioma y de las que posean Derecho civil propio, se aplicarán los criterios de valoración que se establecen en este Título.

Art. 72. 1. En los planes anuales de formación inicial y de formación continua, nacional o descentralizada, se incluirán actividades formativas en Derecho civil propio de las Comunidades Autónomas que estatutariamente lo posean y en los idiomas españoles, distintos del castellano, que los Estatutos de Autonomía reconozcan como cooficiales en la respectiva Comunidad Autónoma.

2. Dichas actividades podrán desarrollarse a distancia mediante los soportes que se establezcan; si la docencia se impartiera de forma presencial se adoptarán las medidas oportunas para que la ausencia del órgano judicial se reduzca a lo estrictamente imprescindible.

3. Las actividades formativas tendrán una duración mínima de cien horas y podrán incluir la resolución de casos prácticos y pruebas parciales o finales, así como los controles que se consideren oportunos para asegurar el seguimiento de la formación y la suficiencia del conocimiento del idioma o del Derecho civil propio de que se trate.

4. La superación de las actividades dará lugar al reconocimiento automático e irrevocable del mérito, a los efectos previstos en este Título.

Art. 73. 1. Sin perjuicio de lo dispuesto en el artículo anterior, los miembros de la Carrera Judicial que deseen alegar como mérito preferente en los concursos de traslado el conocimiento oral y escrito de alguna de los idiomas propios de las Comunidades Autónomas, solicitarán del Consejo General del Poder Judicial su reconocimiento a esos efectos.

2. Con la solicitud aportarán título o certificación oficial del conocimiento del idioma, expedido por el organismo correspondiente en cada Comunidad Autónoma. Mediante los correspondientes convenios con las Comunidades Autónomas podrá procederse a la determinación de los títulos oficialmente reconocidos a estos fines y al establecimiento, en su caso, de pruebas para acreditar la suficiencia del conocimiento del idioma.

3. La Comisión Permanente del Consejo General del Poder Judicial, a propuesta de la Comisión de Calificación, tras examinar la autenticidad y suficiencia de la documentación presentada, acordará, mediante resolución motivada, el reconocimiento irrevocable del mérito, con indicación del ámbito territorial en que surtirá efecto, o la denegación del mismo.

4. La resolución recaída se notificará al interesado. Si fuere estimatoria, se ordenará su publicación por vía telemática.

Art. 74. Al juez o magistrado que concurse a una plaza en el territorio de una Comunidad Autónoma que tenga un idioma cooficial, siempre que obtuviere el reconocimiento del mérito correspondiente, por haberlo solicitado con anterioridad a la fecha de convocatoria del concurso o hubiera superado las actividades a que se refiere el artículo 72, se le asignará, a los solos efectos del concurso de traslado, el puesto en el escalafón que le hubiese correspondido, si se añadiesen los siguientes periodos de antigüedad a la propia de su situación en el escalafón.

a) En concursos para la provisión de plazas correspondientes a órganos jurisdiccionales servidos por miembros de la Carrera Judicial con categoría de Juez: Un año.

b) En los concursos para la provisión de plazas correspondientes a órganos unipersonales servidos por miembros de la Carrera Judicial con categoría de Magistrado: Dos años.

c) En los concursos para la provisión de plazas correspondientes a órganos colegiados: Tres años.

Art. 75. 1. Sin perjuicio de lo establecido en el artículo 72, los miembros de la Carrera Judicial que deseen alegar como mérito preferente en los concursos de traslado el conocimiento del Derecho civil propio de una Comunidad Autónoma, solicitarán del Consejo General del Poder Judicial su reconocimiento a esos solos efectos.

2. Con la solicitud aportarán un título oficial, expedido por la autoridad académica competente, que acredite dicho conocimiento. Mediante los correspondientes Convenios con las Universidades y Comunidades Autónomas, se determinarán los títulos oficialmente reconocidos a estos fines y al establecimiento, en su caso, de las actividades de formación destinadas a la obtención de dichos títulos.

3. La Comisión Permanente del Consejo General del Poder Judicial, valorará, a propuesta de la Comisión de Calificación, la autenticidad y suficiencia del título presentado, y reconocerá o denegará el mérito mediante resolución motivada, a efectos de los concursos de traslado.

4. La resolución recaída se notificará al interesado. Si fuere estimatoria, se ordenará su publicación por vía telemática.

Art. 76. 1. El conocimiento del Derecho civil propio de una Comunidad Autónoma se considerará mérito preferente en relación con las siguientes plazas en el territorio de la Comunidad Autónoma:

a) Magistrados de la Sala de lo Civil y Penal del Tribunal Superior de Justicia.

b) Magistrados de las Secciones con competencia exclusiva en el orden civil de las Audiencias Provinciales.

c) Juzgados de Primera Instancia.

d) Juzgados de Familia.

2. Al juez o magistrado que concursare a una plaza de las indicadas en el número anterior, ubicada en el territorio de una Comunidad Autónoma con Derecho civil propio, siempre que obtuviere el reconocimiento de este mérito, por haberlo solicitado con anterioridad a la fecha de convocatoria del concurso o hubiera superado las actividades a que se refiere el artículo 72, se le asignará, a los solos efectos del concurso de traslado, el puesto en el escalafón que le hubiese correspondido si se añadiese el período de antigüedad que prevé el artículo 74, a la propia de su situación en el escalafón.

Art. 77. 1. Cuando el juez o magistrado reuniere conjuntamente los méritos previstos en los artículos 74 y 76, el período de antigüedad para la asignación del puesto en el escalafón, a efectos de la resolución del concurso, será el que le hubiera correspondido a tenor de lo establecido en el artículo 74, incrementado en seis meses, un año o un año y seis meses, según se trate, respectivamente, de un órgano jurisdiccional servido por miembros de la Carrera Judicial con categoría de Juez, de un órgano unipersonal servido por Magistrado o de un órgano colegiado.

2. Una vez reconocidos los méritos establecidos en los artículos 74 y 76 serán tenidos en cuenta, en su caso, a la hora de asignar destino en los órganos judiciales del territorio de una determinada Comunidad Autónoma a los que hayan de ser nombrados jueces complementando, a esos solos efectos, el orden de designación a que se refiere el artículo 307.3 de la Ley Orgánica del Poder Judicial.

3. Los méritos establecidos en los artículos 74 y 76, una vez reconocidos en las condiciones establecidas en dichos preceptos, se añadirán a la antigüedad en el escalafón de los jueces a quienes corresponda el ascenso, exclusivamente para la adjudicación de las vacantes correspondientes a la categoría de magistrado que por falta de peticionario deban cubrirse por promoción de jueces, a fin de que aquéllos puedan tener preferencia en la adjudicación de las plazas ofertadas en los órganos judiciales del territorio de la Comunidad Autónoma correspondiente.

TÍTULO IV
Tramitación de expedientes sobre cuestiones que afectan al estatuto de jueces y magistrados

Art. 78. 1. La tramitación de los expedientes administrativos sobre aquellas cuestiones que afectan al estatuto de jueces y magistrados que se relacionan en el artículo siguiente, se ajustará a las normas específicas establecidas para cada tipo de procedimiento en la Ley Orgánica 6/1985, de 1 de julio, del Poder Judicial, en los Reglamentos aprobados por el Consejo General del Poder Judicial y en aquellas disposiciones legales que prevean la aplicación del procedimiento propio del régimen funcionarial a los miembros de la Carrera Judicial, siempre que no se opongan a lo dispuesto en la citada Ley Orgánica.

2. En todo aquello que no se hallare previsto en las normas referidas en el apartado anterior, se observarán en materia de procedimiento, recursos y forma de los actos del Consejo General del Poder Judicial, en cuanto sean aplicables, las disposiciones de la Ley 30/1992, de 26 de noviembre.

3. En la tramitación de los expedientes administrativos a que se refiere el número uno de este artículo, se garantizará la debida reserva de todos aquellos datos que afecten a la vida personal y familiar de los interesados, de conformidad con lo previsto en la Ley Orgánica 15/1999, de 13 de diciembre, de Protección de Datos de Carácter Personal.

Art. 79. Los expedientes a que se refiere el artículo anterior versarán preferentemente sobre las cuestiones siguientes:

a) Prórrogas de plazo posesorio.

b) Reclamaciones contra el escalafón general de la Carrera Judicial.

c) Nombramientos, provisión de destinos y promoción de carácter exclusivamente reglado.

d) Situaciones administrativas.

e) Comisiones de servicio.

f) Licencias y permisos.

g) Compatibilidades.

h) Reingreso al servicio activo.

i) Renuncia a la Carrera Judicial.

j) Pérdida de la condición de juez o magistrado por causa diferente a la renuncia a la Carrera Judicial o la jubilación en cualquiera de sus modalidades.

k) Reconocimiento de servicios previos, antigüedad y trienios.

l) Cualquier otro procedimiento cuya resolución implique efectos económicos actuales o pueda producirlos en cualquier momento.

Art. 80. 1. La tramitación de los expedientes de reconocimiento de servicios previos, antigüedad y cómputo de trienios, se ajustará a lo dispuesto en la Ley 70/1978, de 26 de diciembre, de reconocimiento de servicios previos en la Administración Pública, Real Decreto 1461/1982, de 25 de junio, que desarrolla la Ley anterior, disposiciones complementarias o las normas estatales que las sustituyan.

2. La fiscalización de los expedientes de reconocimiento de servicios previos y aquellos que impliquen el reconocimiento de derechos que hayan de producir

efectos económicos en favor de los miembros de la Carrera Judicial, cuando así lo exija la norma reguladora, corresponderá al Interventor del Consejo General del Poder Judicial.

3. La Comisión Permanente del Consejo General del Poder Judicial será el órgano competente para resolver sobre el reconocimiento de servicios previos, antigüedad y cómputo de trienios.

Art. 81. Contra las resoluciones de la Comisión Permanente a que se refiere el artículo anterior, podrán interponerse los recursos legalmente previstos ante el Pleno del Consejo General del Poder Judicial, en los plazos y por los motivos que establece la Ley 30/1992, de 26 de noviembre.

Art. 82. 1. Las solicitudes que formulen los jueces y magistrados al Consejo General del Poder Judicial cuya resolución le corresponda en virtud de las normas de competencia, serán cursadas por conducto de los Presidentes de los tribunales de los que dependan gubernativamente, quienes las trasladarán al Consejo General del Poder Judicial en el plazo máximo de tres días naturales a contar desde el siguiente a la fecha de entrada de la solicitud en el tribunal, con los informes preceptivos establecidos en la Ley Orgánica del Poder Judicial y en los Reglamentos aprobados por el Consejo, y, de no estar prevista la exigencia de informes preceptivos, con un informe sobre las circunstancias que concurran y de cuantos datos estimen necesarios para la adecuada resolución. Las solicitudes e informes podrán transmitirse mediante fax o por cualquier medio telemático o electrónico.

2. Cuando las normas reguladoras del procedimiento exijan el informe de la Sala de Gobierno del Tribunal correspondiente, los Presidentes mencionados en el apartado anterior remitirán la solicitud del interesado, el informe de la Sala de Gobierno y, en su caso, el emitido por ellos, en el plazo máximo de quince días naturales a contar desde el siguiente a la fecha de entrada de la solicitud en el tribunal. La solicitud y los informes podrán remitirse por fax o por cualquier medio telemático o electrónico.

3. Las solicitudes que tengan por objeto participar en concursos de traslado, el reingreso en la Carrera Judicial, la prórroga del plazo posesorio, el reconocimiento de servicios previos, antigüedad o trienios, la declaración de servicios especiales, la declaración de aptitud para el reingreso al servicio activo, la jubilación voluntaria de los excedentes voluntarios por interés particular, las reclamaciones contra el escalafón general de la Carrera Judicial y aquellas que den lugar a expediente cuyas normas específicas prevean la remisión directa al Consejo General del Poder Judicial, podrán presentarse en el Registro General de este Órgano, en la forma establecida en el artículo 38 de la Ley 30/1992, de 26 de noviembre, o en la

forma prevista en la norma reguladora del procedimiento o, en su caso, a través del sistema de gestión gubernativa aprobado por el Consejo General del Poder Judicial.

4. Las solicitudes se ajustarán a un modelo normalizado cuando expresamente se prevea en las disposiciones aplicables a cada tipo de procedimiento, cuando el órgano competente del Consejo General del Poder Judicial así lo acuerde o se disponga la tramitación del procedimiento por medios telemáticos

5. Cuando las solicitudes se presentasen por medios diferentes a los previstos en este artículo, el Consejo General del Poder Judicial concederá al solicitante un plazo de diez días para subsanación; si ésta no se produjera en dicho plazo, la solicitud no producirá efecto alguno.

Art. 83. Los interesados acompañarán a la solicitud cuantas declaraciones y documentos requiera la normativa aplicable. Cuando dichos documentos ya estuvieran en poder de cualquier órgano del Consejo General del Poder Judicial, el solicitante podrá acogerse a lo establecido en el apartado f) del artículo 35 de la Ley 30/1992, de 26 de noviembre, siempre que haga constar la fecha y el órgano o dependencia en el que aquéllos fueron presentados o, en su caso, emitidos y no hayan transcurrido más de cinco años desde la finalización del procedimiento a que correspondan. Si ya hubiere transcurrido dicho plazo, el Consejo General del Poder Judicial, antes de resolver sobre la solicitud formulada, podrá requerir al peticionario para que los presente o, en su defecto, para que acredite por otros medios los extremos a que se refiere el documento.

Art. 84. Las solicitudes formuladas en los procedimientos administrativos que se relacionan seguidamente se podrán entender desestimadas, una vez transcurridos los plazos máximos de resolución señalados a continuación, sin que se hubiera dictado resolución expresa:

a) Reconocimiento de servicios previos, antigüedad y trienios: tres meses.

b) Comisiones de servicio: tres meses.

c) Declaración de situaciones administrativas, salvo los supuestos incluidos en los apartados y artículos siguientes: tres meses.

d) Excedencia voluntaria por interés particular: dos meses.

e) Declaración de aptitud para el reingreso del excedente voluntario por interés particular, cuando proceda: tres meses.

f) Declaración de aptitud para el reingreso al servicio activo del suspenso: tres meses.

g) Licencia por asuntos propios sin retribución: dos meses.

h) Compatibilidad: tres meses.

§13

i) Nombramientos, provisión de destinos y promociones de carácter íntegramente reglado: los plazos previstos en su normativa específica y, en su defecto, el general de tres meses previsto en el artículo 42.3 de la Ley 30/1992, de 26 de noviembre.

j) Reclamación contra el escalafón general de la Carrera Judicial: tres meses.

k) Servicios especiales: dos meses.

l) Licencias para realizar estudios, en general o relacionadas con la función judicial, salvo las que tengan por objeto participar en actividades organizadas por el Consejo General del Poder Judicial o hayan de tener lugar en el extranjero: dos meses.

m) Permisos y licencias para la conciliación de la vida personal, familiar y laboral y por razón de violencia de género cuya concesión corresponda al Consejo General del Poder Judicial: tres meses.

n) Licencia parcial por enfermedad: tres meses.

ñ) Cualquier otro procedimiento cuya resolución implique efectos económicos actuales o que puedan producirse en cualquier momento: los plazos previstos en su normativa específica y, en su defecto, el general de tres meses previsto en el artículo 42.3 de la Ley 30/1992, de 26 de noviembre.

Art. 85. Las solicitudes formuladas en los procedimientos administrativos que se relacionan seguidamente se podrán entender estimadas una vez transcurridos los plazos máximos de resolución señalados a continuación sin que se hubiere dictado resolución expresa:

a) Prórroga del plazo para tomar posesión de destinos, plazas y cargos judiciales por nombramiento, promoción o concurso: veinte días.

b) Prórroga del plazo para tomar posesión de destinos, plazas y cargos judiciales por promoción o concurso en la misma población en que el interesado hubiere servido el cargo: ocho días.

c) Excedencia voluntaria para el cuidado de un hijo, de un menor acogido, del cónyuge, pareja de hecho o un familiar: un mes.

d) Solicitud de reingreso de excedentes cuando no proceda declaración de aptitud: un mes.

e) Excedencia por razón de violencia sobre la mujer, incluidas prórrogas: un mes.

f) Excedencia voluntaria por pasar a prestar servicios en un Cuerpo o Escala de las Administraciones Públicas o en la Carrera Fiscal, organismos o entidades del sector público: dos meses.

g) Excedencia voluntaria para participar como candidatos en elecciones europeas, generales, autonómicas o locales: un mes.

h) Permiso para el cumplimiento de un deber inexcusable de carácter público: quince días o el plazo fijado por la ley para dicho cumplimiento si es inferior y se hubiese solicitado el permiso del Consejo General del Poder Judicial el mismo día o el siguiente del conocimiento de la necesidad de cumplimiento del deber.

i) Licencias extraordinarias: quince días.

j) Renuncia a la Carrera Judicial: dos meses.

k) Licencias cuya concesión corresponda a los Presidentes de los Tribunales respectivos: los plazos previstos en su normativa específica y, en su defecto, quince días.

l) Permisos cuya concesión corresponda a los Presidentes de los Tribunales respectivos: los plazos previstos en su normativa específica y, en su defecto, diez días.

m) Prórroga de licencia por razón de enfermedad a partir del sexto mes: un mes.

Art. 86. El plazo máximo para resolver los procedimientos sobre las materias expresadas en el artículo 79 no mencionados en los artículos 84 y 85, será el fijado por su normativa específica y, en su defecto, el general de tres meses previsto en el artículo 42.3 de la Ley 30/1992, de 26 de noviembre. La falta de resolución expresa en dicho plazo permitirá entender estimadas o desestimadas las solicitudes formuladas de acuerdo con lo que establezca o regule el procedimiento de que se trate. En ausencia de regulación expresa, las solicitudes se entenderán estimadas.

Art. 87. Los plazos máximos para resolver establecidos en los artículos anteriores podrán ampliarse conforme a lo dispuesto en la Ley 30/1992, de 26 de noviembre. La ampliación se acordará por el órgano competente para resolver el procedimiento. La resolución por la que se acuerde la ampliación se comunicará al interesado.

Art. 88. La eficacia de las resoluciones presuntas a que se refieren los artículos 84 y 85 del presente Reglamento no estará sujeta al requisito de acreditación de la falta de resolución mediante certificación emitida por el órgano competente para resolver el procedimiento.

Art. 89. 1. Contra los actos de trámite que determinen la imposibilidad de continuar un procedimiento o produzcan indefensión y contra las resoluciones definitivas de la Comisión Permanente podrán interponerse los recursos legalmente previstos ante el Pleno del Consejo General del Poder Judicial, en los casos y por los motivos que establece la Ley 30/1992, de 26 de noviembre.

2. Contra los actos, resoluciones y disposiciones emanados del Pleno del Consejo General del Poder Judicial, podrá interponerse recurso contencioso-administrativo ante la Sala Tercera del Tribunal Supremo en el plazo de dos meses, contado desde el día siguiente de su publicación o notificación en legal forma.

Art. 90. Contra las resoluciones definitivas de la Comisión Permanente adoptadas en el ejercicio de competencias delegadas por el Pleno del Consejo General del Poder Judicial, podrá interponerse recurso contencioso-administrativo ante la Sala Tercera del Tribunal Supremo en el plazo de dos meses, contado desde el día siguiente de su publicación o notificación en legal forma.

TÍTULO V
Magistrados suplentes y jueces sustitutos

Art. 91. 1. Los magistrados suplentes y los jueces sustitutos, cuando son llamados o adscritos, ejercen funciones jurisdiccionales sin pertenecer a la Carrera Judicial, sin carácter de profesionalidad y con inamovilidad temporal, tal como dispone el artículo 298.2 de la Ley Orgánica del Poder Judicial, quedando sujetos al régimen jurídico previsto en ella y en el presente Reglamento. Dentro de los límites del llamamiento o adscripción, los magistrados suplentes y los jueces sustitutos actuarán como miembros de la Sala o del juzgado correspondiente con los mismos derechos y deberes en el ámbito jurisdiccional que sus titulares, de conformidad con lo previsto en los artículos 200.3 y 212.2 del citado texto legal.

2. El llamamiento de los magistrados suplentes y de los jueces sustitutos se efectuará con sujeción a lo dispuesto en los artículos. 200, 212.2 y concordantes de la Ley Orgánica del Poder Judicial y las disposiciones del presente Reglamento.

3. La adscripción de los magistrados suplentes y de los jueces sustitutos a un determinado tribunal o juzgado, podrá ser acordada por el Consejo General del Poder Judicial en los supuestos y forma previstos en los artículos 216 bis 1, 216 bis 2 y 216 bis 4 de la Ley Orgánica del Poder Judicial y 106 de este Reglamento.

4. El llamamiento de los magistrados suplentes y jueces sustitutos tendrá carácter excepcional, siendo preferente la sustitución ordinaria entre jueces y magistrados y la intervención de los jueces en practicas y de los jueces de adscripción territorial, de conformidad con lo dispuesto en la Ley Orgánica del Poder Judicial y en este Reglamento.

Art. 92. 1. Corresponde a las Salas de Gobierno del Tribunal Supremo, Audiencia Nacional y Tribunales Superiores de Justicia proponer para su aprobación por el Consejo General del Poder Judicial la determinación del número de plazas de magistrado suplente y de juez sustituto que consideren de necesaria provisión para cada órgano y año judicial.

2. Confeccionadas las propuestas correspondientes, éstas se remitirán, con anterioridad al uno de febrero de cada año, al Consejo General del Poder Judicial quien, una vez aprobadas, las remitirá para su convocatoria en el «Boletín Oficial del Estado». Esta convocatoria se realizará con sujeción a las siguientes bases:

1ª Sólo podrán tomar parte en el concurso quienes en la fecha de expiración del plazo de presentación de instancias reúnan los requisitos siguientes:

a) Ser español, mayor de edad y licenciado en Derecho.

b) No estar incurso en ninguna de las causas de incapacidad previstas en el artículo 303 de la Ley Orgánica del Poder Judicial.

c) Disponer de facilidad de desplazamiento al municipio donde tenga su sede el órgano judicial para el que se pretende el nombramiento

2ª No podrán ser propuestos quienes hayan cumplido la edad de setenta años o la cumplan antes del comienzo del año judicial a que se refiere la convocatoria.

3ª Quienes deseen tomar parte en el concurso dirigirán sus solicitudes, según la plaza que se pretenda, a los Presidentes del Tribunal Supremo, Audiencia Nacional o Tribunal Superior de Justicia correspondiente, lo que podrán efectuar directamente o en la forma establecida en el artículo 38 de la Ley 30/1992, de 26 de noviembre, en el plazo de veinte días naturales a contar desde el día siguiente al de la publicación de la convocatoria en el «Boletín Oficial del Estado».

4ª Las solicitudes y documentos que las acompañen habrán de contener, inexcusablemente, los datos siguientes:

a) Nombre, apellidos, edad, número del documento nacional de identidad, domicilio, teléfono y, en su caso, dirección de fax y de correo electrónico.

b) Manifestación formal de que el concursante dispondrá de facilidad de desplazamiento al municipio donde tiene su sede el órgano judicial para el que sea nombrado.

c) Declaración expresa de que el candidato reúne todos y cada uno de los requisitos exigidos en la convocatoria, a la fecha en que expire el plazo establecido para la presentación de solicitudes y del compromiso de prestar el juramento o promesa previsto en el artículo 318 de la Ley Orgánica del Poder Judicial.

d) Indicación, por orden de preferencia, de la plaza o plazas que pretenda cubrir de entre las convocadas.

e) Relación de méritos y, en su caso, grado de especialización en las disciplinas jurídicas propias de uno o varios órdenes jurisdiccionales, especificando, entre otros extremos, los siguientes:

1º Acreditación de haber superado alguno de los ejercicios que integran las pruebas de acceso por el turno libre a la Carrera Judicial, Cuerpo de Secretarios

Judiciales o cualesquiera otras vinculadas a las Administraciones Públicas para las que sea requisito necesario la licenciatura en Derecho.

2º Acreditación del ejercicio, en su caso, de los cargos de magistrado suplente, juez, fiscal o secretario sustituto, con indicación del juzgado o tribunal donde desempeñó tales cargos y los años judiciales en que tuvieron lugar.

3º Acreditación del ejercicio, en su caso, de la abogacía o procuraduría.

4º Acreditación, en su caso, del desempeño de actividad docente en alguna de las situaciones previstas en los artículos 47 y siguientes de la Ley Orgánica 6/2001, de 21 de diciembre, de Universidades, en materias jurídicas en centros universitarios, con concreción de las asignaturas impartidas y el tiempo y lugares de ejercicio de dicha actividad.

5º Acreditación del conocimiento de los idiomas cooficiales reconocidos en los Estatutos de Autonomía y de idiomas extranjeros.

f) Declaración formal de no haber ejercido durante los dos últimos años la profesión de Abogado o Procurador ante el Tribunal, Audiencia o juzgado para el que se pretenda el nombramiento de magistrado suplente o de juez sustituto.

g) Compromiso de darse de baja como ejerciente en los Colegios de Abogados o Procuradores correspondientes, en el plazo de ocho días, a contar desde el día siguiente al de publicación de su nombramiento en el «Boletín Oficial del Estado», a los efectos previstos en el artículo 201.3 de la Ley Orgánica del Poder Judicial.

h) Compromiso de tomar posesión de la plaza para la que resultase nombrado en los plazos legalmente previstos y una vez prestado el juramento o promesa.

A la solicitud se acompañarán fotocopias del documento nacional de identidad, título de licenciado en derecho o del justificante del pago del mismo, de la certificación literal del expediente académico de la indicada licenciatura, así como justificación de los méritos alegados por el concursante.

i) Los interesados que hubieran sido nombrados magistrados suplentes o jueces sustitutos dentro de los cuatro años judiciales precedentes, sólo estarán obligados a aportar aquella documentación que sea acreditativa de los nuevos méritos que hubieran contraído.

Si la solicitud se dirigiera a Sala de Gobierno de distinto Tribunal para el que fueron nombrados, será de aplicación la regla general contenida en el párrafo segundo de la letra anterior.

Asimismo, los interesados acompañarán a su solicitud un certificado de antecedentes penales, salvo los que ostenten la condición de funcionario público al servicio de las distintas Administraciones Públicas.

5ª De conformidad con lo dispuesto en el artículo 201.3 de la Ley Orgánica del Poder Judicial, tendrán preferencia los concursantes que hubieran desempeñado funciones judiciales, de Secretarios judiciales o de sustitución en la Carrera Fiscal, con aptitud demostrada, o que hayan ejercido profesiones jurídicas o docentes, siempre que estas circunstancias no resulten desvirtuadas por otras que comporten su falta de idoneidad.

6ª Las solicitudes se entenderán subsistentes para todo el año judicial, salvo que en el curso del mismo se produzca el expreso desistimiento del interesado.

3. El Consejo General del Poder Judicial podrá establecer un modelo normalizado de solicitud.

Art. 93. 1. Antes del día uno de mayo de cada año, las Salas de Gobierno remitirán al Consejo General del Poder Judicial las propuestas de nombramiento de magistrados suplentes y jueces sustitutos de su ámbito para el siguiente año judicial.

2. Se incluirá en la propuesta a los concursantes que hubieran sido nombrados en años judiciales precedentes, previa comprobación del número de resoluciones dictadas, del cumplimiento de los plazos procesales, de su adecuación a los índices de rendimiento establecidos y de la observancia de los principios procesales, incluido el trato correcto con abogados, procuradores y ciudadanos, a cuyo efecto habrán de tenerse en cuenta los informes previstos en el artículo 107.2

3. En ningún caso, ni aun cuando sea reiterado en anualidades sucesivas, el nombramiento como magistrado suplente o juez sustituto implicará derecho o mérito de carácter preferente para el ingreso en la Carrera Judicial, sin perjuicio de la consideración como mérito ordinario a valorar para el ingreso, con arreglo a las previsiones legales.

4. Junto con la propuesta, que especificará si el nombramiento se propone por primera vez o si es renovación de un nombramiento anterior, se remitirá una relación de todos los solicitantes, especificando la causa de exclusión, en su caso.

Art. 94. 1. Las propuestas de nombramiento que formulen las Salas de Gobierno se efectuarán con observancia de lo dispuesto en los artículos 152.1.5º, 200, 201 y 212.2 de la Ley Orgánica del Poder Judicial, debiendo ser motivadas y expresar las circunstancias personales y profesionales de los propuestos, su idoneidad para el ejercicio del cargo y para su actuación en uno o varios órdenes jurisdiccionales, la aptitud demostrada por quienes ya hubiesen ejercido funciones judiciales o de sustitución en la Carrera Fiscal o en el Cuerpo de Secretarios judiciales, las razones de la preferencia de los concursantes propuestos sobre los no propuestos y las causas de exclusión de solicitantes. A tales efectos, las Salas de Gobierno deberán entrevistar a los concursantes, según dispuesto en el artículo 95.

2. Las propuestas de nombramiento que formulen las Salas de Gobierno no se notificarán a los interesados ni tendrán carácter vinculante para el Consejo General del Poder Judicial.

§13

3. Cuando un candidato fuese propuesto por dos o más Salas de Gobierno, el Consejo General del Poder Judicial atenderá, en su caso, en primer lugar al orden de preferencia manifestado por el interesado y, en defecto de tal manifestación, a las necesidades del servicio.

Art. 95. La evaluación de los méritos alegados por los candidatos, a fin de lograr la selección de los más idóneos, se realizará en la forma siguiente:

a) Se constituirá en la Sala de Gobierno de los Tribunales Superiores de Justicia una Comisión de Evaluación de magistrados suplentes y jueces sustitutos, que estará compuesta por tres jueces y magistrados, integrantes de la Sala de Gobierno, o, en su defecto, por jueces y magistrados del territorio que lo hubieran solicitado, elegidos por las Salas de Gobierno de los Tribunales Superiores de Justicia, resolviéndose las peticiones por las Salas de Gobierno, cuando existieran más de los puestos a ocupar.

El Consejo General del Poder Judicial concederá, en su caso, las necesarias comisiones de servicio, sin relevación de funciones jurisdiccionales.

b) La Comisión de Evaluación entrevistará a los solicitantes que no hubieran ejercido funciones como magistrado suplente o juez sustituto en años judiciales anteriores, realizando las comprobaciones que estime necesarias sobre los méritos alegados.

La ausencia injustificada de los solicitantes, debidamente citados a la entrevista, tendrá la consideración de renuncia tácita a la solicitud formulada.

El Consejo General del Poder Judicial podrá elaborar un modelo de cuestionario, así como los criterios básicos conforme a los cuales se llevarán a cabo las entrevistas.

c) La Comisión de Evaluación si lo estimara pertinente, para la mejor apreciación de los méritos alegados por los candidatos, podrá recabar informe de las entidades públicas y corporaciones profesionales cuando se hubiera alegado el desempeño previo de funciones relacionadas con aquéllas.

La Comisión de Evaluación elevará la oportuna propuesta motivada a la Sala de Gobierno del Tribunal Superior de Justicia, que adoptará la resolución motivada que proceda en torno a la misma, elevándola al Consejo General del Poder Judicial para su aprobación definitiva, en su caso. En la resolución de la Sala de Gobierno se recogerá sintéticamente lo esencial del proceso de selección, sin que sea preciso que se envíe la documentación relativa a dicho proceso, salvo en aquellos casos que se considere necesario para la comprobación de los méritos de los candidatos propuestos por primera vez.

Art. 96. 1. El Consejo General del Poder Judicial, con anterioridad al 30 de junio de cada año, efectuará los nombramientos a favor de aquellos candidatos en quienes, respecto de cada orden jurisdiccional, se aprecie la concurrencia de mejores condiciones de preferencia, mérito e idoneidad, estén o no incluidos en la relación de propuestos por la correspondiente Sala de Gobierno. Los nombramientos se harán para el año judicial siguiente y, salvo prórroga, los nombrados cesarán en sus cargos conforme a lo dispuesto en los artículos 201.5 de la Ley Orgánica del Poder Judicial y 103 de este Reglamento.

2. Asimismo, el Consejo General del Poder Judicial declarará vacantes las plazas para las que estime que no concurre candidato idóneo.

3. Serán motivados los acuerdos que se aparten de la propuesta de la Sala de Gobierno.

Art. 97. 1. Los nombramientos de magistrado suplente y juez sustituto podrán efectuarse para todos, varios o un solo orden jurisdiccional, entendiéndose que son nombrados para todos cuando no se efectúe ninguna especificación en su nombramiento.

2. Cuando se trate de plazas con un solo órgano jurisdiccional, los nombramientos de juez sustituto se referirán a un juzgado determinado. Cuando se trate de localidades con dos o más órganos jurisdiccionales no especializados, los nombramientos vendrán referidos a la localidad. En los supuestos de localidades con órganos jurisdiccionales especializados y no especializados, los nombramientos podrán venir referidos a la localidad o a juzgado o juzgados determinados, según que aquéllos se hayan efectuado para todos o para uno o varios órdenes jurisdiccionales.

Art. 98. 1. Los nombramientos de magistrados suplentes y jueces sustitutos se publicarán en el «Boletín Oficial del Estado» y se comunicarán al Presidente del Tribunal Supremo, al de la Audiencia Nacional y a los de los Tribunales Superiores de Justicia, que, a su vez, los notificarán a quienes hubiesen resultado nombrados.

2. La inserción en el «Boletín Oficial del Estado» incluirá indicación expresa de los recursos posibles contra el Acuerdo de nombramiento.

3. Los magistrados suplentes y jueces sustitutos acreditarán su condición mediante los nombramientos que expida el Consejo General del Poder Judicial y que les serán entregados por los Presidentes mencionados en el número uno de este artículo.

Art. 99. 1. Quien resulte nombrado magistrado suplente o juez sustituto, antes de tomar posesión del cargo, prestará juramento o promesa en los términos previstos en los artículos 318 y 321 de la Ley Orgánica del Poder Judicial. El plazo posesorio será de tres días a contar desde el siguiente al del juramento o promesa y, en todo caso, el de veinte días naturales a contar desde el siguiente al de la publicación de su nombramiento en el «Boletín Oficial del Estado».

2. Están dispensados del requisito del juramento o promesa quienes lo hubiesen ya prestado por haber ocupado con anterioridad el cargo de magistrado suplente o juez sustituto. En este caso deberán posesionarse del cargo en el plazo de veinte días naturales a contar desde el siguiente al de publicación del nombramiento en el «Boletín Oficial del Estado». Excepcionalmente, por causas debidamente justificadas el Consejo General del Poder Judicial podrá ampliar el plazo antes indicado hasta un máximo de dos meses.

3. Los magistrados suplentes tomarán posesión ante la respectiva Sala de Gobierno.

4. Los jueces sustitutos tomarán posesión en el juzgado para el que hubiesen sido nombrados. Tratándose de demarcaciones con más de un juzgado tomarán posesión en el juzgado Decano, cualquiera que fuera el juzgado y el orden jurisdiccional para el que hubiesen sido nombrados. Si hubieran sido nombrados para más de una demarcación judicial, tomarán posesión en el juzgado Decano de cualquiera de las demarcaciones o, en su defecto, en cualquiera de los juzgados de las demarcaciones para las que hubieran sido nombrados.

Art. 100. 1. Se entenderá que renuncian al cargo quienes se negaren a prestar el juramento o promesa o sin justa causa dejaren de comparecer para prestarlos o tomar posesión dentro de los plazos establecidos.

2. El Presidente del Tribunal o Audiencia dará cuenta al Consejo General del Poder Judicial de la prestación del juramento o promesa, o del transcurso del tiempo sin hacerlo.

3. El Presidente del Tribunal, el juez titular o, en su caso, el juez Decano dará cuenta al Consejo General del Poder Judicial de la correspondiente toma de posesión o del transcurso del tiempo sin hacerlo.

Art. 101. 1. De conformidad con lo previsto en el artículo 201.4 de la Ley Orgánica del Poder Judicial, los cargos de magistrado suplente y juez sustituto están sujetos al régimen de incompatibilidades y prohibiciones reguladas en los artículos 389 a 397 de la Ley Orgánica del Poder Judicial, con las excepciones siguientes:

a) Lo dispuesto en el artículo 394 de la Ley Orgánica del Poder Judicial será aplicable exclusivamente a los miembros de la Carrera Judicial, sin perjuicio de la causa de remoción, por incurrir en motivo de incompatibilidad, prevista en el apartado 5, letra d), del artículo 201 del citado texto legal y en artículo 103.1.d) de este Reglamento.

b) La causa de incompatibilidad relativa a la docencia o investigación jurídica en ningún caso será aplicable a los magistrados suplentes o jueces sustitutos, cualquiera que sea la situación administrativa de quienes la ejerzan.

2. De conformidad con lo que dispone el artículo 390.1 de la Ley Orgánica del Poder Judicial, los que ejerciendo cualquier empleo, cargo o profesión incompatible, fuesen nombrados magistrados suplentes o jueces sustitutos, deberán optar, en el plazo de ocho días naturales a contar desde el siguiente al de la publicación de su nombramiento en el «Boletín Oficial del Estado», por uno u otro cargo, o cesar en la actividad incompatible.

Quienes no hicieren uso de dicha opción en el indicado plazo se entenderá que renuncian al nombramiento judicial, de conformidad con lo dispuesto en el artículo 390.2 de la Ley Orgánica del Poder judicial.

Art. 102. 1. Los magistrados suplentes y los jueces sustitutos serán retribuidos en la forma que reglamentariamente determine el Gobierno dentro de las previsiones presupuestarias.

2. Los magistrados suplentes y jueces sustitutos deberán disponer de facilidad para el desplazamiento al municipio en el que tenga su sede el órgano judicial en el que presten servicios.

3. Los magistrados suplentes y los jueces sustitutos tienen derecho a disfrutar de un período anual de vacaciones proporcional al tiempo servido, que les será concedido por el Presidente del Tribunal Supremo, el de la Audiencia Nacional o del Tribunal Superior de Justicia respectivo, con sujeción a lo dispuesto en los artículos 371 y 372 de la Ley Orgánica del Poder Judicial y a las previsiones de este Reglamento.

4. El Consejo General del Poder judicial promoverá y facilitará la formación continuada de los magistrados suplentes y jueces sustitutos.

Art. 103. 1. De conformidad con lo dispuesto en los artículos 201.5 y 212.2 de la Ley Orgánica del Poder Judicial, los magistrados suplentes y los jueces sustitutos están sujetos a las mismas causas de remoción que los miembros de la Carrera Judicial en cuanto les fuesen aplicables. Cesarán, además, en el cargo:

a) Por el transcurso del plazo para el que fueron nombrados.

b) Por renuncia aceptada por el Consejo General del Poder Judicial.

c) Por cumplir la edad de setenta años.

d) Por acuerdo del Consejo General del Poder Judicial, previa sumaria información con audiencia del interesado y del Ministerio Fiscal, cuando se advirtiere en ellos falta de aptitud o idoneidad para el ejercicio del cargo, incurrieren en causa de incapacidad o de incompatibilidad o en la infracción de una prohibición, o dejaren de atender diligentemente los deberes del cargo.

2. No obstante lo dispuesto en la letra a) del apartado anterior, los nombramientos podrán ser prorrogados anualmente hasta un máximo de dos prórrogas, previo informe de idoneidad emitido por la respectiva Sala de Gobierno y a propuesta de ésta.

Asimismo, el Consejo General del Poder Judicial podrá prorrogar el plazo para el que hubiesen sido nombrados los magistrados suplentes y los jueces sustitutos en aquellos casos en los que fuere necesario por no haberse concluido total o parcialmente el procedimiento de designación regulado en el presente Reglamento.

Art. 104. 1. De conformidad con lo dispuesto en el artículo 200.1 de la Ley Orgánica del Poder Judicial, el llamamiento de los magistrados suplentes tendrá lugar en los casos en que por circunstancias imprevistas y excepcionales no puedan constituirse las Salas o Secciones de los Tribunales. Tal llamamiento se efectuará para una u otra Sala según el orden u órdenes jurisdiccionales para los que hubiese sido nombrado el magistrado suplente y de conformidad con los criterios de preferencia, dentro de cada orden jurisdiccional, aprobados por la Sala de Gobierno. Nunca podrá concurrir a formar Sala más de un magistrado suplente, quien, a su vez, no podrá presidirla ni intervenir como Magistrado-Presidente del Tribunal del jurado.

2. De conformidad con lo dispuesto en el artículo 212.2 de la Ley Orgánica del Poder Judicial, el llamamiento de los jueces sustitutos tendrá lugar en los supuestos en que no sea posible la sustitución ordinaria entre titulares prevista en los artículos 210 y 211 de dicha Ley, por existir un único juzgado en la localidad, por incompatibilidad de señalamientos, por la existencia de vacantes numerosas o por otras circunstancias análogas, tales como la excesiva carga de trabajo del órgano llamado a sustituir o la ausencia prolongada del titular por causa de licencia por enfermedad o por maternidad, siempre que, en todos estos casos, no fuera posible la intervención de los jueces de adscripción territorial o de los jueces en prácticas. Tal llamamiento se efectuará según el orden u órdenes jurisdiccionales para los que hubiese sido nombrado el juez sustituto y de conformidad con los criterios de preferencia dentro de cada orden jurisdiccional aprobados por la Sala de Gobierno.

3. No obstante lo dispuesto en el número anterior, de conformidad con lo establecido en el artículo 214 de la Ley Orgánica del Poder Judicial, el llamamiento de los jueces sustitutos tendrá carácter preferente a la concesión de prórroga de jurisdicción que, en ningún caso, será aplicable a dichos jueces. Únicamente, en los casos en los que el llamamiento de los primeros no fuera posible por no existir

jueces sustitutos nombrados como idóneos para la demarcación y orden correspondiente, o por resultar aconsejable para un mejor despacho de los asuntos, atendida la escasa carga de trabajo de un juzgado de otra localidad del mismo grado y orden del que deba ser sustituido, la Sala de Gobierno prorrogará, previa audiencia, la jurisdicción del titular de aquél, que desempeñará ambos cargos.

4. En el llamamiento de Magistrado suplente o de Juez sustituto podrá condicionarse la duración de la sustitución a la disponibilidad de Juez de Adscripción Territorial, Jueces en expectativa de destino, Juez en prácticas, Juez en comisión de servicios o de Juez adscrito a la Presidencia del Tribunal Superior de Justicia a los que se refieren los artículos 355.bis y 358.3 de la Ley Orgánica del Poder Judicial.

> Redactado por el Acuerdo de 24 de noviembre de 2016, del Pleno del Consejo General del Poder Judicial, por el que se aprueba el Reglamento de desarrollo del Estatuto de los Jueces de Adscripción Territorial y los Jueces en Expectativa de Destino.

Art. 105. 1. Una vez efectuados los nombramientos por el Consejo General del Poder Judicial, las Salas de Gobierno dictarán las instrucciones oportunas para fijar los criterios determinantes del orden de llamamientos de los magistrados suplentes y de los jueces sustitutos, entre los que se tendrá en cuenta el grado de especialización jurídica, el tiempo efectivo de ejercicio de funciones judiciales positivamente valoradas, la situación del órgano en el que haya de efectuarse la suplencia o sustitución y la previsible duración de éstas.

2. El llamamiento de los magistrados suplentes será acordado por el Presidente del Tribunal Supremo, por el de la Audiencia Nacional, por los de los Tribunales Superiores de Justicia y por los de las Audiencias Provinciales en los supuestos previstos en el número uno del artículo anterior, con sujeción a los criterios a que se refiere el número anterior de este artículo, dando cuenta a la Sala de Gobierno a los efectos determinados en el número cuatro de este artículo.

3. El nombramiento de jueces sustitutos podrá realizarse para el desempeño de sus funciones en una o en varias demarcaciones judiciales. El llamamiento de los jueces sustitutos, dentro del orden u órdenes jurisdiccionales para los que hubieran sido nombrados, especificará el juzgado y demarcación judicial para el que fuera llamado. Dicho llamamiento será acordado por los jueces decanos, y donde no los hubiere, por el Presidente de la Audiencia Provincial, a petición de los Presidentes de Sección, en los casos previstos en el número dos del artículo anterior, con sujeción a los criterios previamente establecidos con carácter general a que se refiere el número uno de este artículo, dando cuenta a la Sala de Gobierno a los efectos determinados en el número cuatro del mismo. Cuando el juez sustituto haya sido nombrado para más de una demarcación judicial, el llamamiento se

efectuará de acuerdo con los criterios establecidos a éste respecto por las Salas de Gobierno, oídos los jueces Decanos.

4. Sin perjuicio del inicio del ejercicio de funciones judiciales por el magistrado suplente o juez sustituto llamado, la Sala de Gobierno ratificará el llamamiento cuando éste se haya efectuado en los supuestos y con sujeción a los criterios previstos en los apartados anteriores y, en otro caso, lo dejará sin efecto. En este último supuesto, el acuerdo de la Sala de Gobierno no tendrá eficacia hasta la fecha de su notificación al magistrado suplente o juez sustituto llamado.

5. La incomparecencia injustificada del magistrado suplente o juez sustituto supondrá la renuncia al cargo para el que fue nombrado.

Art. 106. 1. El Consejo General del Poder Judicial podrá acordar, a propuesta motivada de la Sala de Gobierno correspondiente, la adscripción de magistrados suplentes o de jueces sustitutos a un determinado tribunal o juzgado, como medida de apoyo o refuerzo, cuando el excepcional retraso o la acumulación de asuntos en los mismos no puedan ser corregidos mediante el reforzamiento de la plantilla de la Oficina Judicial o la exención temporal de reparto prevista en el artículo 167.1 de la Ley Orgánica del Poder Judicial. El nombramiento de los magistrados suplentes y jueces sustitutos solamente tendrá lugar cuando no resultase posible la el otorgamiento de comisiones de servicio a jueces y magistrados o la actuación, cuando proceda, de los jueces de adscripción territorial o de los jueces en prácticas tuteladas.

2. La medida de apoyo o refuerzo prevista en el número anterior, también podrá ser aplicada en los supuestos de reducción de la jornada de audiencia pública que contempla el artículo 223.

3. De conformidad con lo dispuesto en el artículo 152.1.5º de la Ley Orgánica del Poder Judicial, las propuestas que formulen las Salas de Gobierno sobre adscripción de magistrados suplentes o de jueces sustitutos estarán sujetas a los mismo requisitos de motivación que los exigidos para su nombramiento.

4. De conformidad con lo dispuesto en el artículo 216 bis 2 de la Ley Orgánica del Poder Judicial, las propuestas para la aplicación de medidas de apoyo o refuerzo judicial deberán contener los siguientes extremos:

1º) Explicación sucinta de la situación por la que atraviesa el órgano jurisdiccional de que se trate.

2º) Expresión razonada de las causas que hayan originado el retraso o la acumulación de asuntos.

3º) Reseña del volumen de trabajo del órgano judicial y del número y clase de asuntos pendientes.

4º) Plan de actualización del juzgado o tribunal con indicación de su extensión temporal y del proyecto de ordenación de la concreta función del juez o equipo de apoyo, cuyo cometido, con plena jurisdicción, se proyectará en el trámite y resolución de los asuntos de nuevo ingreso o pendientes de señalamiento, quedando reservados al titular o titulares del órgano los asuntos en tramitación que no hubiesen alcanzado aquel estado procesal.

5. Cuando el apoyo o refuerzo haya sido acordado para garantizar la efectividad de las reducciones de la jornada de audiencia pública a los miembros de la Carrera Judicial, se estará al contenido de las medidas aprobadas por el Consejo General del Poder Judicial previstas en los artículos 224.1 y 226.2.

6. Salvo que la medida de apoyo o refuerzo traiga causa de la reducción de la jornada de audiencia pública a los miembros de la Carrera Judicial, de conformidad con lo dispuesto en el artículo 216 bis 4 de la Ley Orgánica del Poder Judicial, la adscripción de los magistrados suplentes o de los jueces sustitutos se acordará por un plazo máximo de seis meses, a contar desde la fecha de incorporación de los adscritos a los tribunales o juzgados objeto de esta medida de refuerzo o apoyo. No obstante, si durante dicho plazo no se hubiera logrado la actualización pretendida, podrá proponerse la aplicación de la medida por otro plazo igual o inferior si ello bastase a los fines de la normalización perseguida. Las propuestas de renovación quedarán sujetas a las mismas exigencias que las previstas para las medidas de apoyo originarias.

Art. 107. 1. Los Presidentes del Tribunal Supremo, de la Audiencia Nacional y de los Tribunales Superiores de Justicia ejercerán respecto de los magistrados suplentes y los jueces sustitutos las competencias previstas en los artículos 160.8 y 172 de la Ley Orgánica del Poder Judicial, cuidando que la actuación de aquéllos se realice con la debida atención y diligencia en el cumplimiento de los deberes del cargo, poniendo, en su caso, los hechos en conocimiento del Consejo General del Poder Judicial, a los efectos determinados en el artículo 103.1.d).

2. Los expresados Presidentes remitirán al Consejo General del Poder Judicial, dentro de los treinta primeros días de cada semestre del año natural, un informe sobre la actividad desarrollada por cada magistrado suplente y juez sustituto durante el semestre anterior. Con esta finalidad, los Presidentes de Sala del Tribunal Supremo, de la Audiencia Nacional y de los Tribunales Superiores de Justicia, los Presidentes de las Audiencias Provinciales y los Decanos, dentro de los quince primeros días de cada trimestre, enviarán al Presidente del correspondiente Tribunal un informe de la actividad desarrollada por cada magistrado suplente y cada juez sustituto del respectivo ámbito en el semestre anterior. Donde no hubiere Juez Decano, el informe lo emitirá el Presidente de la Audiencia Provincial correspon-

diente. Los Presidentes de Sala, los Presidentes de las Audiencias Provinciales y los Decanos podrán, a su vez, cuando lo estimen necesario para la elaboración de su informe, recabar la oportuna información de los Presidentes de Sección y titulares de los órganos judiciales unipersonales correspondientes.

3. Antes de su remisión al Consejo General del Poder Judicial, los Presidentes pondrán en conocimiento de la Sala de Gobierno el informe previsto en el párrafo anterior, el cual podrá ser objeto de las adiciones o rectificaciones que se acuerden por aquélla. Los informes se incorporarán a los expedientes sobre propuesta de nombramiento de magistrados suplentes y jueces sustitutos cuando alguno de los solicitantes o candidatos, sean o no los propuestos por la Sala de Gobierno, ya hubieran ejercido funciones judiciales en el respectivo territorio.

4. En los supuestos de adscripción, además de los informes semestrales a que se refieren los apartados anteriores, la Sala de Gobierno informará mensualmente al Consejo General del Poder Judicial, a través del Servicio de Inspección, de la evolución del órgano judicial afectado por la medida de refuerzo o apoyo, así como de la actividad desarrollada por el magistrado suplente o el juez sustituto adscrito.

Art. 108. Las solicitudes formuladas por los magistrados suplentes y los jueces sustitutos, cuando su resolución corresponda al Consejo General del Poder Judicial, serán cursadas, dependiendo del órgano en que presten sus servicios, por conducto del Presidente del Tribunal Supremo, de la Audiencia Nacional o de los Tribunales Superiores de Justicia, quienes las trasladarán, a la mayor brevedad posible, al Consejo General del Poder Judicial con informe sobre las circunstancias que concurran y cuantos datos estimen necesarios para la adecuada resolución. Las solicitudes e informes podrán transmitirse mediante fax o medios telemáticos.

Art. 109. Las vacantes que por cualquier causa se produjeran en los puestos de magistrado suplente o de juez sustituto en el curso del año judicial o que no estuvieran cubiertas al comienzo del año judicial, se proveerán mediante convocatoria pública con sujeción a lo dispuesto en este Reglamento. En los casos de urgencia, la Sala de Gobierno podrá proponer motivadamente al Consejo General del Poder Judicial y éste acordar el nombramiento, sin la previa convocatoria pública regulada en el presente Reglamento.

TÍTULO VI
Jueces de Adscripción Territorial

Título VI derogado por el Acuerdo de 24 de noviembre de 2016, del Pleno del Consejo General del Poder Judicial, por el que se aprueba el Reglamento de desarrollo del Estatuto de los Jueces de Adscripción Territorial y los Jueces en Expectativa de Destino. Véase el §12.

TÍTULO VII
Confección de alardes

Art. 124. La confección del alarde al que se refiere el artículo 317.3 de la Ley Orgánica del Poder Judicial se sujetará a las normas contenidas en este Título.

Art. 125. 1. En primer lugar se hará constar el órgano jurisdiccional de que se trate, la identificación del Presidente, el magistrado o juez cesante y las fechas de posesión y cese. Asimismo, se consignará la fecha del anterior alarde, en su caso, y si se prestó o no conformidad al mismo por el entonces nuevo titular.

2. El alarde se elaborará del siguiente modo:

a) En primer lugar se confeccionarán relaciones, numeradas e individualizadas por anualidades, de todos los asuntos que se encuentren pendientes de dictar auto o sentencia, agrupándose según su diferente naturaleza. Asimismo, se indicará el trámite procesal en que estos asuntos se encuentran, la fecha de la última actuación y la resolución judicial de la que penden. Si algún procedimiento se estuviera tramitando en el servicio común procesal, bastará la constancia de este dato.

b) Separadamente, se relacionarán los procesos que pendan exclusivamente de sentencia o auto definitivo; se recogerá la fecha en la que los autos quedaron conclusos o, en su defecto, la de la última resolución recaída.

c) El Presidente, magistrado o juez cesante redactará un informe sobre la situación del órgano desde que se hizo cargo del mismo hasta su cese con indicación de las causas y circunstancias que, a su juicio, hayan motivado las variaciones producidas.

Art. 126. 1. El alarde se concluirá dentro de los veinte días siguientes al cese. Por razones extraordinarias, se podrá solicitar una ampliación del plazo a la Sala de Gobierno.

2. Las unidades de apoyo directo, que de conformidad con lo dispuesto en los números uno y dos del artículo 437.1 de la Ley Orgánica del Poder Judicial asisten directamente a los jueces y magistrados en el ejercicio de las funciones que les son propias e integran junto con estos últimos el respectivo órgano judicial, prestarán el apoyo y la colaboración que resulten necesarios para la confección del alarde. Si la unidad de apoyo directo no estuviera creada, serán los funcionarios del órgano judicial quienes deberán prestar la colaboración que sea precisa para la elaboración del alarde.

Art. 127. Se remitirán dos copias del alarde e informe explicativo a la Presidencia del Tribunal Supremo, de la Audiencia Nacional o del Tribunal Superior de

Justicia, según corresponda, que trasladarán al Servicio de Inspección del Consejo General del Poder Judicial una de las copias recibidas junto con el informe que tengan por conveniente emitir. El alarde original se conservará en el órgano judicial correspondiente. Se entregará copia del mismo al Presidente, magistrado o juez cesante que lo solicite.

Art. 128. 1. A la vista del contenido del alarde y del informe explicativo, el Presidente del Tribunal Supremo, el de la Audiencia Nacional o el del Tribunal Superior de Justicia o bien el Servicio de Inspección del Consejo General del Poder Judicial podrán ordenar la ampliación o especificación de su contenido, para así poder disponer de una información más exacta y detallada de la situación del órgano judicial.

2. Cuando en el informe se refleje la existencia de deficiencias estructurales por falta de personal o de medios materiales, las Autoridades a que se refiere el número anterior lo comunicarán al Ministerio de Justicia o al órgano competente de la Comunidad Autónoma, según los casos.

Art. 129. 1. La obligación de confeccionar el alarde que corresponde a los Presidentes de Sala o Sección, magistrados y jueces que cesen por ser nombrados para otro cargo afectará también a los comprendidos en alguno de los siguientes casos:

a) Los que cesen en su destino y pasen a la situación de servicios especiales o de excedencia voluntaria por interés particular.

b) Los Jueces de Adscripción Territorial y los jueces sustitutos que hubiesen desempeñado el cargo ininterrumpidamente por un período superior a seis meses.

c) Los que fuesen nombrados en régimen de comisión de servicio con relevación de funciones por tiempo superior a seis meses. En este caso el alarde se confeccionará tanto en el órgano en el que se encuentren destinados cuando dejen de prestar servicio en el mismo como en el juzgado para el que hubieren sido nombrados al finalizar la comisión.

2. Los magistrados o jueces que sean trasladados de destino durante su permanencia en situación de servicios especiales, sin reincorporarse a su antiguo destino, no están obligados a confeccionar el alarde, así como tampoco los titulares de los órganos judiciales que, por sustitución, deban ejercer la jurisdicción en otros.

Art. 130. 1. Cuando no se haya elaborado el alarde, ya sea por no concurrir ninguno de los casos previstos en el artículo 317.3 de la Ley Orgánica del Poder Judicial o en el presente Título, ya por cualquier otra circunstancia, el Servicio de Inspección del Consejo General del Poder Judicial remitirá al nuevo titular un informe detallado sobre la situación del órgano judicial.

Art. 131. Si el nuevo titular estuviere disconforme con el alarde confeccionado por el anterior, expondrá su desacuerdo al Presidente del Tribunal Supremo, al de la Audiencia Nacional o al del Tribunal Superior de Justicia, con expresión de cuantos motivos fundamenten la discrepancia.

Art. 132. 1. Los mencionados Presidentes adoptarán, a la vista del contenido del alarde, del informe y de la conformidad o disconformidad del titular entrante, las medidas que estimen oportunas dentro de su ámbito competencial, incluso de carácter disciplinario, dando cuenta al Consejo General del Poder Judicial de lo resuelto y proponiendo la adopción de lo que se considere necesario o conveniente para el adecuado funcionamiento del órgano afectado.

2. Sin perjuicio de lo anterior, el Consejo General del Poder Judicial podrá adoptar la resolución prevista en el artículo 173.4.

TÍTULO VIII
Forma de distribución entre turnos y provisión de vacantes de la categoría de magistrado correspondientes a los turnos de pruebas selectivas y de especialización y de concurso

Art. 133. Las vacantes que se produzcan en la Carrera Judicial en la categoría de magistrado que, de conformidad con el artículo 311.1 de la Ley Orgánica del Poder Judicial, deban ser provistas por medio de pruebas selectivas en los órdenes jurisdiccionales civil y penal, entre jueces, de especialización en los órdenes jurisdiccionales contencioso-administrativo o social y en materia mercantil, entre jueces y magistrados, o por medio de concurso entre juristas de reconocida competencia, se adjudicarán respectivamente a los seleccionados en las correspondientes pruebas o concurso, por el orden de puntuación que en las mismas hubieran obtenido.

Art. 134. Será de aplicación lo dispuesto en el artículo 156 cuando no resulten cubiertas las vacantes asignadas al turno de pruebas selectivas, en los órdenes jurisdiccionales civil y penal, al turno de especialización, en los órdenes jurisdiccionales contencioso administrativo y social y en materia mercantil, o al concurso para el acceso a la Carrera Judicial por la categoría de magistrado entre juristas de reconocida competencia.

§13

Art. 135. Las vacantes desiertas en la categoría de magistrado, correspondientes a las plazas en Salas de lo Contencioso-Administrativo o de lo Social, reservadas por el artículo 330.2 y 3 la Ley Orgánica del Poder Judicial a magistrados especialistas en dichos órdenes jurisdiccionales, se adjudicarán, con los reajustes necesarios, al turno de distribución previsto en el párrafo tercero del artículo 311.1 de la Ley Orgánica del Poder Judicial, y se proveerán con los seleccionados en las correspondientes pruebas de especialización a que se refiere el artículo 311.2 y 312.2 de la citada Ley Orgánica.

TÍTULO IX
Tiempo mínimo de permanencia en el destino por parte de jueces y magistrados

Art. 136. De conformidad con lo dispuesto en el artículo 327.2 de la Ley Orgánica del Poder Judicial, los jueces y magistrados que hubiesen sido designados, a su instancia, para cualquier cargo judicial de provisión reglada, no podrán concursar hasta transcurridos dos años desde la fecha de la Orden o Real Decreto de nombramiento.

Art. 137. Los miembros de la Carrera Judicial que hayan obtenido su primer destino en la categoría de juez o de magistrado, no podrán concursar hasta transcurrido un año desde la fecha de la Orden o Real Decreto de nombramiento, cualquiera que hubiese sido el sistema o el momento de ingreso o promoción.

Art. 138. 1. Los jueces y magistrados que ocupen destino por el sistema de provisión regulado en el artículo 118 de la Ley Orgánica del Poder Judicial no podrán concursar hasta transcurrido un año desde la fecha de la Orden o Real Decreto de nombramiento o ascenso, a menos que antes de que transcurra dicho año se encuentren en situación de adscripción.

2. Cuando ocupen definitivamente la plaza reservada no podrán concursar hasta transcurridos los plazos referidos en los artículos 136 y 137, que se computarán desde la fecha de la Orden o Real Decreto de nombramiento o ascenso en virtud del cual desempeñaron la plaza reservada.

3. Cuando, procedentes de la situación de adscripción, sean destinados a la primera vacante que menciona el párrafo tercero del número 3 del artículo 118 de la Ley Orgánica del Poder Judicial, no podrán concursar hasta transcurrido un año desde la fecha de la Orden o Real Decreto de nombramiento.

Art. 139. 1. Los jueces y magistrados reingresados al servicio activo, procedentes de la situación de excedencia voluntaria o de suspensión definitiva o que hayan sido rehabilitados, no podrán concursar hasta transcurrido un año desde la fecha de la Orden o del Real Decreto de nombramiento.

2. No será de aplicación el plazo establecido en el apartado anterior a la excedencia voluntaria para el cuidado de hijos, de menores en acogimiento y de familiares, y por razón de violencia sobre la mujer, sin perjuicio de aplicar los plazos establecidos en los artículos 136 y 137, computándose, a tal efecto, el tiempo transcurrido en dichas situaciones.

Art. 140. El tiempo mínimo de permanencia en el destino que establecen los artículos anteriores no se modificará aunque se produzca alguno de los siguientes supuestos:

a) Atribución al órgano de destino del conocimiento con carácter exclusivo de determinadas clases de asuntos propios del mismo orden jurisdiccional de que se trate, conforme a lo dispuesto en los artículos 80.3 y 98.1 de la Ley Orgánica del Poder Judicial.

b) Creación o constitución de nuevos órganos judiciales.

TÍTULO X
Procedimiento de los concursos reglados

CAPÍTULO I
Disposiciones generales

Art. 141. 1. La provisión de destinos de la Carrera Judicial se hará por concurso en la forma que determina la Ley Orgánica del Poder Judicial y el presente Reglamento, salvo los destinos previstos en el artículo 2 del Reglamento 1/2010, que regula la provisión de plazas de nombramiento discrecional en los órganos judiciales.

2. El procedimiento de los concursos reglados para la solicitud de plazas se regirá por la convocatoria respectiva, que se ajustará a lo establecido en la Ley Orgánica del Poder Judicial y a las disposiciones reglamentarias de aplicación.

3. Las convocatorias para la provisión de destinos y cargos judiciales por concurso reglado así como los acuerdos resolutorios de aquéllas se publicarán en el «Boletín Oficial del Estado».

4. No obstante lo previsto en los números anteriores, el Consejo General del Poder Judicial podrá acordar, a través de las convocatorias para provisión de desti-

§13

nos y cargos judiciales, que la presentación de instancias y la subsiguiente tramitación del procedimiento se lleve a cabo de forma telemática.

Art. 142. Siempre que en el presente Reglamento no se indique otra cosa, cuando los plazos se expresen por días, se entiende que éstos son hábiles, excluyéndose del cómputo los domingos y los días señalados festivos con carácter nacional, autonómico o local.

CAPÍTULO II
Del procedimiento

SECCIÓN 1ª
Disposiciones generales

Art. 143. 1. Por Acuerdo de la Comisión Permanente del Consejo General del Poder Judicial se aprobarán las bases que han de regir en cada convocatoria, la cual, salvo expresa previsión legal o reglamentaria, tendrá lugar con la periodicidad que se estime adecuada a las necesidades del servicio. La convocatoria relacionará las vacantes cuya provisión sea objeto del concurso.

2. Las bases deberán contener los criterios para la adjudicación de las vacantes, de conformidad con lo dispuesto en la Ley Orgánica del Poder Judicial, la categoría y especialidad requerida para su provisión, la especificación de aquéllos que no puedan tomar parte en el concurso y de quiénes estén obligados a participar en el mismo, así como la forma, requisitos y plazo para la presentación de instancias, su modificación o desistimiento.

3. La relación de vacantes cuya provisión sea objeto del concurso identificará con precisión cada una de las plazas objeto del mismo, indicándose todas sus características, la naturaleza, sede y número de los órganos, Sección y Sala a los que correspondan las plazas anunciadas, así como su singular ámbito competencial cuando el mismo venga determinado por la aplicación de los criterios de especialización previstos en los artículos 80.3 y 98 Ley Orgánica del Poder Judicial o, en su caso, si el órgano a proveer desarrolla en régimen de exclusividad o acumula a sus normales funciones jurisdiccionales las propias del Registro Civil.

4. La convocatoria contendrá todas las vacantes existentes a la fecha del acuerdo y aquéllas que previsiblemente se vayan a producir en el período inmediatamente posterior a su publicación, excepto cuando resulte de aplicación lo previsto en el artículo 326.3 de la Ley Orgánica del Poder Judicial.

5. El Consejo General del Poder Judicial dará periódicamente la adecuada publicidad a la situación de las plazas y destinos judiciales.

6. Contra el acuerdo de convocatoria podrá interponerse recurso de alzada ante el Pleno del Consejo General del Poder Judicial en el plazo de un mes, contado a partir del día siguiente a su publicación en el Boletín Oficial del Estado, conforme a lo establecido en los artículos 142 y 143 de la Ley Orgánica del Poder Judicial y el artículo 114 la Ley 30/1992, de 26 de noviembre.

Art. 144. Podrán tomar parte en los concursos los jueces y magistrados que se encuentren en situación administrativa de servicio activo, servicios especiales, suspensión provisional o excedencia por razón de violencia sobre la mujer, por cuidado de hijos, de menores acogidos o para atender al cuidado de un familiar, de conformidad con lo establecido en el artículo 360 bis y en las letras d) y e) del artículo 356, ambos de la Ley Orgánica del Poder Judicial, siempre que se reúnan las condiciones exigidas por la Ley Orgánica del Poder Judicial y las bases de la convocatoria en la fecha que expire el plazo de presentación de instancias.

Art. 145. 1. Las juezas y magistradas víctimas de violencia sobre la mujer que se vean obligadas a abandonar el juzgado o tribunal en el que se encontraban destinadas para hacer efectiva su protección o el derecho a la asistencia social integral, tendrán derecho a solicitar del Consejo General del Poder Judicial la comunicación de la existencia de plazas vacantes en otra localidad, de la misma categoría y orden jurisdiccional que el órgano en el que venían desempeñando su cargo.

2. La solicitud deberá ir acompañada de la copia de la resolución judicial que acuerde la medida de protección. En estos casos, el Consejo General del Poder Judicial comunicará a la peticionaria, en el plazo de siete días, a contar del siguiente a la recepción de la solicitud, las vacantes existentes cuya cobertura estime oportuna, siempre que no estén incluidas en un procedimiento para su provisión. La interesada indicará la plaza por la que opta en el plazo de cinco días, a contar desde el siguiente a la comunicación de las vacantes. La solicitud se resolverá en la primera Comisión Permanente que se celebre, adscribiéndola provisionalmente, en su caso, a la plaza de su elección hasta que finalice en su totalidad el procedimiento penal, haya obtenido nueva plaza por concurso o solicite el reingreso en el destino de origen.

El cese en el puesto de origen se producirá el mismo día o al siguiente de recibir la comunicación, debiendo tomar posesión del cargo en la nueva plaza dentro de los cinco días siguientes al cese, si no hubiera cambio de residencia, y dentro del plazo de quince días siguientes, en caso contrario.

3. En las actuaciones y procedimientos relacionados con la violencia sobre la mujer se protegerá la intimidad de las víctimas, especialmente sus datos perso-

nales, los de sus descendientes y de cualquier persona que esté bajo su cuidado, guarda o custodia.

Art. 146. No podrán participar en los concursos de traslado:

1º Los jueces y magistrados electos, de conformidad con lo establecido en el artículo 327.1 de la Ley Orgánica del Poder Judicial.

2º Los jueces que se hallen en condiciones legales para ser promovidos a la categoría de magistrado cuando se haya iniciado el trámite de promoción, mediante acuerdo del Consejo General del Poder Judicial.

3º Los que no lleven en su destino el tiempo mínimo de permanencia establecido legal y reglamentariamente.

4º Los que de conformidad con lo previsto en el artículo 311.1 Ley Orgánica del Poder Judicial hubiesen ascendido a la categoría de magistrado y optado por continuar en la plaza que venían ocupando. El plazo durante el cual no podrán concursar será de tres años, si la plaza que venía ocupando es de categoría de juez, y un año, si es de categoría de magistrado o la plaza en la que opta por permanecer es de juez de adscripción territorial.

5º Los que se hallen en situación administrativa de suspensión definitiva.

6º Los sancionados con traslado forzoso hasta que transcurra el plazo determinado en la resolución sancionadora, de conformidad con lo dispuesto en el párrafo segundo del artículo 420.1 de la Ley Orgánica del Poder Judicial.

7º Los magistrados que pretendan acceder a las plazas de Presidencia de Sala o Sección de la Audiencia Nacional y de los Tribunales Superiores de Justicia y de Presidencia de Sección de las Audiencias Provinciales, cuando no hubiera sido cancelada la anotación de la sanción impuesta por la comisión de una falta grave o muy grave, de conformidad con lo dispuesto en el artículo 333.2 Ley Orgánica del Poder Judicial.

8º Quienes ingresen en la Carrera Judicial tras la superación del concurso de méritos para juristas de reconocida competencia no podrán ocupar plazas correspondientes a un orden jurisdiccional o una especialidad distinta, salvo que superen las pruebas de especialización previstas en esta ley para los órdenes civil, penal contencioso-administrativo y social o en materia mercantil.

9º Los jueces y magistrados reingresados al servicio activo procedentes de excedencia voluntaria, suspensión definitiva o rehabilitación, en los términos previstos en el artículo 139.

Art. 147. 1. Están obligados a participar en los concursos de traslado:

1º Los magistrados ascendidos que no se acojan al derecho reconocido en el artículo. 311.1 Ley Orgánica del Poder Judicial para continuar en la plaza que venían ocupando, vendrán obligados a tomar parte en el concurso de traslado que se anuncie para la provisión de plazas en la categoría de magistrado.

2º Los jueces o magistrados que en situación administrativa de excedencia voluntaria hubieran solicitado el reingreso al servicio activo y obtenido, cuando proceda, la correspondiente declaración de aptitud; así como las juezas y magistradas en situación administrativa de excedencia por razón de violencia sobre la mujer, siempre que la excedencia disfrutada no lleve aparejada reserva de plaza.

3º Los jueces y magistrados en situación administrativa de suspensión definitiva superior a seis meses, que una vez finalizado el período de suspensión hubieren solicitado el reingreso al servicio activo y obtenido la correspondiente declaración de aptitud.

4º Los jueces y magistrados rehabilitados.

5º Los magistrados que hubieran obtenido la especialización en los órdenes jurisdiccionales civil o penal y en materia de menores, en los términos previstos en los artículos 42.5 y 61 y siguientes, respectivamente.

2. En los casos previstos en los apartados 1º a 4º, los jueces o magistrados que tomen parte en el concurso objeto de convocatoria, estarán obligados a solicitar todas las plazas ofertadas en dicho concurso, relacionadas por orden de preferencia.

Art. 148. Las vacantes que, con arreglo a lo previsto en el párrafo segundo del apartado primero del artículo 311 de la Ley Orgánica del Poder Judicial, no fueran cubiertas por jueces ascendidos a la categoría de magistrado, serán ofrecidas mediante concurso ordinario de traslado a los miembros de la carrera con categoría de juez; de no ser cubiertas de ese modo, se ofrecerán a los jueces egresados de la Escuela Judicial pendientes de destino, sin que, en ningún caso, las vacantes en órganos judiciales colegiados puedan ser solicitadas como primer destino por estos últimos.

Art. 149. 1. Las instancias para participar en los concursos irán dirigidas al Presidente del Consejo General del Poder Judicial y habrán de presentarse en el plazo de quince días naturales, a contar desde el siguiente al de la publicación del concurso en el «Boletín Oficial del Estado». Cuando el último día de plazo sea inhábil, se entenderá prorrogado al primer día hábil siguiente.

2. El Consejo General del Poder Judicial aprobará el modelo de instancia, que se reflejará en la correspondiente convocatoria. Las instancias contendrán, como mínimo, el nombre y apellidos del solicitante, el número de su Documento Nacional de Identidad, su categoría, especialidad o especialización, el cargo o destino que desempeñe, con expresión de la fecha de la Orden o Real Decreto de

nombramiento para el mismo, su número de orden en el último escalafón general en la Carrera Judicial publicado en el «Boletín Oficial del Estado», los destinos a que aspire a servir, por orden de preferencia, y la declaración de no incurrir en ninguna de las incompatibilidades que establece la Ley Orgánica del Poder Judicial para el caso de ser nombrado para la plaza que pretenda.

3. Los ascendidos a la categoría de magistrado que estén obligados a participar en el concurso pero opten por continuar en la plaza que venían ocupando, deberán expresarlo así en la instancia.

4. Los jueces y magistrados que participen en el concurso deberán alegar la concurrencia de las condiciones, méritos, conocimiento del idioma cooficial o del Derecho civil propio en la Comunidad Autónoma de que se trate y las preferencias que pretendan hacer valer, acompañando a su solicitud la acreditación documental correspondiente cuando ésta no conste en los archivos del Consejo General del Poder Judicial. Si no lo hicieren, no será tenido en cuenta más mérito que el de la antigüedad en el escalafón y en el orden jurisdiccional.

5. A los efectos de lo dispuesto en el artículo 327.3 de la Ley Orgánica del Poder Judicial, los jueces y magistrados que deduzcan petición para participar en el concurso, deberán expresar necesariamente el número de sentencias y autos definitivos pendientes de dictar a la fecha de la presentación de la instancia.

6. Las solicitudes que no contengan los requisitos mínimos, se formulen en forma condicionada o no aparezcan redactadas con claridad, carecerán de validez. No obstante, en el supuesto de que dos jueces o magistrados estén interesados en las vacantes que se anuncien en un determinado concurso podrán condicionar sus peticiones, por razones de convivencia familiar, al hecho de que ambos obtengan destino en dicho concurso, entendiéndose, en caso contrario, anulada la petición efectuada por ambos. Este tipo de petición se deberá concretar en cada instancia y acompañar fotocopia de la instancia del otro interesado.

7. El desistimiento o modificación, en todo o parte, de las peticiones estará sujeta a las mismas condiciones y plazos que los establecidos para la presentación de solicitudes, salvo causa justificada que no haya podido ser conocida en el mentado plazo.

8. Los errores materiales podrán ser objeto de subsanación de conformidad con lo previsto en la Ley 30/1992, de 26 de noviembre.

Art. 150. Si se advirtiese algún error en las plazas anunciadas en el concurso, se iniciará de nuevo el plazo de quince días para la presentación de nuevas instancias, que afectará únicamente a la plaza o plazas rectificadas. Dicho plazo comenzará a contar desde el siguiente al de la publicación en el «Boletín Oficial del Estado» de la corrección.

Art. 151. 1. Salvo que se hubiera acordado la tramitación telemática a que se refiere el artículo 141.4, las solicitudes serán presentadas en el Registro General del Consejo General del Poder Judicial o en la forma establecida en el artículo 38 de la Ley 30/1992, de 26 de noviembre. Las peticiones que se cursen a través de las oficinas de correos deberán presentarse en sobre abierto para que el funcionario correspondiente pueda estampar en ellas el sello de fechas antes de certificarla, sin perjuicio de las formas de presentación previstas en la convocatoria.

2. Las solicitudes, el desistimiento y las modificaciones dirigidas al Consejo General del Poder Judicial podrán formularse, dentro del plazo establecido en el artículo 149.1, por telégrafo, fax o medios telemáticos, con obligación de cursar la instancia por correo simultáneamente, que deberá tener entrada en el Registro General del Consejo dentro de los cinco días hábiles siguientes al de expiración del plazo de presentación de instancias. De no hacerse así, la solicitud, desistimiento o modificación carecerán de validez o eficacia alguna.

SECCIÓN 2ª
Provisión de plazas vacantes que se produzcan en la categoría de Magistrado

Art. 152. De cada cuatro vacantes que se produzcan en la categoría de magistrado, dos darán lugar al ascenso de los jueces que ocupen el primer lugar en el escalafón dentro de esta categoría. Para el ascenso por escalafón será necesario haber prestado tres años de servicios efectivos como juez.

Art. 153. 1. El magistrado así ascendido podrá optar por continuar en la plaza que venía ocupando o por cubrir la vacante que en el momento del ascenso le sea ofertada, comunicándolo al Consejo General del Poder Judicial en la forma y plazo que éste determine. En el primer supuesto no podrá participar en los concursos ordinarios de traslado durante tres años, si la plaza que venía ocupando es de categoría de juez, y un año, si es de categoría de magistrado.

2. La forma de provisión de vacantes a que se refiere el artículo anterior será convocada por el Consejo General del Poder Judicial, al menos dos veces al año, salvo que el número de vacantes existentes justifique un número mayor de convocatorias.

3. Igualmente, en la convocatoria figurará expresamente la facultad que asiste a los jueces que ocupen plaza reservada a personas con discapacidad de solicitar a la Comisión Permanente del Consejo General del Poder Judicial la alteración del orden de prelación para la elección de plazas, por motivo de dependencia personal, dificultades de desplazamiento u otras análogas, que deberán ser debidamente acreditadas.

Art. 154. 1. La tercera vacante se proveerá, entre jueces, por medio de pruebas que tendrán carácter de selectivas en los órdenes jurisdiccionales civil y penal, y de especialización en los órdenes contencioso-administrativo y social y en materia mercantil.

2. Los miembros de la Carrera Judicial que asciendan a la categoría de magistrado mediante la superación de la prueba de especialización en el orden jurisdiccional contencioso-administrativo, social o en materia mercantil conservarán los derechos a concursar a plazas de otros órdenes jurisdiccionales, de acuerdo con su antigüedad en el escalafón común. Para ocupar plaza de su especialidad sólo se les computará el tiempo desempeñado en ésta, una vez transcurra un mínimo de dos años desde la toma de posesión.

3. Los aspirantes que hayan superado las pruebas selectivas en el órdenes jurisdiccionales civil y penal se incorporarán al escalafón de la categoría de magistrado por el orden de su nombramiento, según la calificación total obtenida y a continuación del último de los promovidos por cualquiera de los turnos previstos en el artículo 311 de la Ley Orgánica del Poder Judicial.

4. En los ordenes jurisdiccionales contencioso-administrativo y social y en materia mercantil se ofrecerán tantas vacantes como número de aprobados resulten. Si el número de vacantes fuera superior al de aprobados se ofrecerán tantas vacantes como número de aprobados haya habido, atendiendo a la mayor antigüedad de las plazas vacantes o a la mayor carga de trabajo que éstas conlleven.

Art. 155. Quienes accedieran a la categoría de magistrado sin pertenecer con anterioridad a la Carrera Judicial, se incorporarán al escalafón inmediatamente a continuación del último magistrado que hubiese accedido a la categoría. No podrán obtener la situación de excedencia voluntaria, salvo en los casos previstos en los artículos 360 bis y 356.d) y e) de la Ley Orgánica del Poder Judicial, hasta haber completado el tiempo de servicios efectivos en la Carrera Judicial de cinco años que establece el párrafo c) del artículo 356 de la citada Ley Orgánica.

Art. 156. 1. Las vacantes que no resulten cubiertas por el turno de las pruebas selectivas en los órdenes jurisdiccionales civil y penal se atribuirán al turno de promoción por antigüedad entre jueces, lo que se llevará a efecto una vez concluidas aquéllas. Las vacantes que no resulten cubiertas por el turno de las pruebas de especialización en lo contencioso-administrativo y social y en materia mercantil, se reservarán para la siguiente convocatoria de las pruebas de promoción y de especialización de los respectivos órdenes jurisdiccionales y materia.

§13

2. Las vacantes que no resultaren cubiertas mediante el concurso previsto para juristas de reconocida competencia acrecerán al turno de pruebas selectivas y de especialización, si estuvieren convocadas, y en caso contrario, al de antigüedad.

Art. 157. En las Comunidades Autónomas donde exista idioma cooficial o tengan Derecho Civil propio, para la provisión de las plazas indicadas en los artículos anteriores se aplicarán las disposiciones establecidas a tal efecto en el presente Reglamento.

SECCIÓN 3ª
Provisión de plazas en Juzgados y Tribunales

Art. 158. Los concursos para la provisión de juzgados y plazas de magistrados de las Salas o Secciones de la Audiencia Nacional, de los Tribunales Superiores de Justicia y de las Audiencias Provinciales se resolverán en favor de quienes, ostentando la categoría necesaria, tengan mejor puesto en el escalafón, sin perjuicio de las excepciones previstas en los artículos siguientes.

Art. 159. 1. De conformidad con lo dispuesto en los números dos, tres bis y cuatro del artículo 329 de la Ley Orgánica del Poder Judicial, cuando la plaza vacante a cubrir por los jueces que deban ser promovidos a la categoría de magistrado, sea un Juzgado de lo Contencioso-administrativo, de lo Social, de lo Mercantil, de Violencia sobre la Mujer o un Juzgado de lo Penal o Sección Civil o Penal con especialización en violencia sobre la mujer, antes de tomar posesión habrán de participar en las actividades específicas y obligatorias de formación que periódicamente establezca el Consejo General del Poder Judicial.

2. De conformidad con lo dispuesto en los números, tres bis y cuatro del artículo 329 de la Ley Orgánica del Poder Judicial, si la plaza vacante en los Juzgados de lo Mercantil, de Violencia sobre la Mujer o en un Juzgado de lo Penal o Sección penal o civil con especialización en violencia de género, ha sido obtenida mediante concurso de traslado por la mayor antigüedad en el escalafón del concursante, antes de la toma de posesión deberán participar en las actividades de formación a que se refiere el número anterior.

3. Lo dispuesto en los números anteriores también podrá ser aplicable respecto de los Juzgados de Vigilancia Penitenciaria.

4. Para los Juzgados de Menores será de aplicación lo dispuesto en el artículo 67.

5. No será necesaria la realización de las actividades formativas a que se refieren los números anteriores cuando el juez o magistrado acredite haber recibido for-

mación específica durante el desempeño de su función en un órgano que conozca de las mismas materias o pertenezca a los mismos órdenes jurisdiccionales que los contemplados en este artículo, dentro de los tres años anteriores a la adjudicación del nuevo destino.

6. Las actividades formativas a que se refiere este artículo se realizarán preferentemente en formato telemático.

7. Los alumnos de la Escuela Judicial que vayan a ser propuestos para ocupar destino en cualquiera de los juzgados a que se refiere este artículo, realizarán las actividades específicas de formación con carácter previo a la propuesta que, de conformidad con lo previsto en el artículo 307.3 de la Ley Orgánica del Poder Judicial, deberá formular la Escuela Judicial. Si no superasen las referidas actividades, será de aplicación lo previsto en el artículo 309 de la citada Ley Orgánica.

8. En caso de incumplimiento de la obligación a que se refiere este artículo, se pospondrá la promoción del juez afectado hasta la siguiente que se efectúe, ostentando, entre tanto, la categoría de juez a todos los efectos, acreciendo la vacante no cubierta a la siguiente promoción que corresponda por turno de antigüedad. Si la plaza hubiera sido obtenida mediante concurso de traslado en función de la antigüedad quedará sin efecto la adjudicación, acreciendo la vacante al siguiente concurso.

9. Si el interesado no superara las actividades específicas de formación deberá volver a participar en las mismas y, si por segunda vez no alcanzara el nivel mínimo exigido, se aplicará lo previsto en el número ocho de este artículo.

Art. 160. Los concursos para la provisión de los Juzgados de lo Contencioso-Administrativo o de lo Social se resolverán en favor de quienes, ostentando la categoría de magistrado especialista en los respectivos órdenes jurisdiccionales o hayan pertenecido al extinguido Cuerpo de magistrados de Trabajo, para los de lo Social, tengan mejor puesto en el escalafón. En su defecto, se cubrirán con magistrados que hayan prestado, al menos, tres años de servicio, dentro de los cinco anteriores a la fecha de la convocatoria, en los órdenes contencioso-administrativo o social, respectivamente. A falta de éstos se cubrirán por quienes tengan el mejor puesto en el escalafón.

Art. 161. Los concursos para la provisión de los Juzgados de Menores se resolverán en favor de quienes ostentando la categoría de magistrado y acreditada la correspondiente especialización en materia de menores tengan mejor puesto en el escalafón. En su defecto, se cubrirán por magistrados que hayan prestado al menos tres años de servicio, dentro de los cinco anteriores a la fecha de la convocatoria, en la jurisdicción de menores. A falta de éstos se cubrirán entre magistrados por el orden de antigüedad en el escalafón.

Art. 162. Los concursos para la provisión de los Juzgados de lo Mercantil se resolverán en favor de quienes ostenten la especialización en materia mercantil, obtenida mediante la superación de las pruebas de especialización, que tengan mejor puesto en el escalafón. En su defecto, se cubrirán por los magistrados que acrediten haber permanecido más años en el orden jurisdiccional civil. A falta de éstos, las plazas se cubrirán por orden de antigüedad en el escalafón.

Art. 163. 1. Los concursos para la provisión de plazas en los Juzgados Centrales de Instrucción, Centrales de lo Penal, Centrales de Menores y de Vigilancia Penitenciaria se resolverán a favor de quienes hayan prestado servicios en el orden jurisdiccional penal durante ocho años dentro de los doce inmediatamente anteriores a la fecha de la convocatoria; en defecto de este criterio, se adjudicarán a quien ostente mejor puesto en el escalafón.

2. Los concursos para la provisión de plazas de los Juzgados Centrales de lo Contencioso-Administrativo se resolverán en favor de quienes ostenten la especialidad en dicho orden jurisdiccional; en su defecto, por quienes hayan prestado servicios en dicho orden durante ocho años dentro de los doce inmediatamente anteriores a la fecha de la convocatoria; y en defecto de estos criterios, por quien ostente mejor puesto en el escalafón.

Art. 164. Los miembros de la Carrera Judicial que, destinados en Juzgados Centrales de lo Contencioso-Administrativo, Juzgados de lo Contencioso-Administrativo, de lo Social, de lo Mercantil o de Primera Instancia con competencias en materia mercantil, adquieran la condición de especialista en los respectivos órdenes o materia podrán optar por continuar en su destino, con la obligación de permanecer dos años con arreglo a lo dispuesto en este Reglamento.

§13

Art. 165. 1. De conformidad con lo dispuesto en el número dos del artículo 329 de la Ley Orgánica del Poder judicial, los jueces y magistrados que por su mayor antigüedad en el escalafón obtuvieran plaza en los Juzgados Centrales de lo Contencioso administrativo, en los de lo contencioso-administrativo o de lo Social, deberán participar en las actividades de formación para el cambio de orden jurisdiccional, con carácter previo a su toma de posesión. Dichas actividades se organizarán por la Escuela Judicial, de conformidad con lo dispuesto en el Capítulo VI del Título II de este Reglamento.

2. Una vez obren en poder de la Comisión Permanente del Consejo General del Poder Judicial los correspondientes certificados, se acordará el nombramiento para la toma de posesión en los destinos correspondientes.

Art. 166. 1. En cada Sala o Sección de lo Contencioso-Administrativo de los Tribunales Superiores de Justicia, una de las plazas se reservará a magistrado especialista en dicho orden jurisdiccional, teniendo preferencia quien ocupe mejor puesto en el escalafón. Si la Sala o Sección se compusiera de cinco o más magistrados, el número de plazas cubiertas por este sistema será de dos magistrados especialistas por cada cinco plazas de magistrados, manteniéndose idéntica proporción en los incrementos sucesivos.

No obstante, si un miembro de la Sala o Sección adquiriese la condición de especialista en este orden, podrá continuar en su destino hasta que se le adjudique la primera vacante de especialista que se produzca. En los concursos para la provisión del resto de plazas tendrán preferencia aquellos magistrados que hayan prestado sus servicios en dicho orden jurisdiccional durante ocho años dentro de los doce inmediatamente anteriores a la fecha de la convocatoria.

2. En cada Sala o Sección de lo Social de los Tribunales Superiores de Justicia, una de las plazas se reservará a magistrado especialista en dicho orden jurisdiccional o que haya pertenecido al extinguido Cuerpo de Magistrados de Trabajo, teniendo preferencia quien ocupe mejor puesto en el escalafón. Si la Sala o Sección se compusiera de cinco o más magistrados, el número de plazas cubiertas por este sistema será de dos magistrados especialistas por cada cinco plazas de magistrados, manteniéndose idéntica proporción en los incrementos sucesivos.

No obstante, si un miembro de la Sala o Sección adquiriese la condición de especialista en este orden, podrá continuar en su destino hasta que se le adjudique la primera vacante de especialista que se produzca. En los concursos para la provisión del resto de plazas tendrán preferencia aquellos magistrados que hayan prestado sus servicios en dicho orden jurisdiccional durante ocho años dentro de los doce inmediatamente anteriores a la fecha de la convocatoria.

3. A los efectos previstos en el párrafo primero de los números uno y dos de este artículo, se tendrá en cuenta el número global de magistrados que componen la Sala.

Art. 167. De conformidad con lo dispuesto en el artículo 331 de la Ley Orgánica del Poder Judicial, quienes accedieren a un Tribunal Superior de Justicia sin pertenecer con anterioridad a la Carrera Judicial, lo harán por el turno de Abogados y otros juristas de reconocida competencia a que se refiere el artículo 343 de la Ley Orgánica del Poder Judicial, a los solos efectos de prestar servicio en el mismo, sin que puedan optar ni ser nombrados para destino distinto, salvo su posible promoción al Tribunal Supremo. A todos los demás efectos, serán considerados miembros de la Carrera Judicial.

Art. 168. 1. Inmediatamente que se produzca una vacante en una sección de la Audiencia Provincial, los magistrados de las restantes secciones del mismo orden o de los mismos órdenes jurisdiccionales podrán solicitar la adscripción a dicha plaza, sea cual fuere la sede donde la vacante se haya producido. La plaza será ocupada por el peticionario de mayor antigüedad, siguiéndose ese mismo orden para la adscripción a las sucesivas vacantes que la cobertura interna de aquélla haya originado.

2. Verificado lo anterior, la vacante se sacará a concurso. Los concursos para la provisión de plazas de Audiencias Provinciales se ajustarán a las siguientes reglas:

a) Si hubiera varias secciones y éstas estuvieren divididas por órdenes jurisdiccionales, tendrán preferencia en el concurso aquellos magistrados que hayan prestado servicios en el orden jurisdiccional correspondiente durante seis años, dentro de los diez inmediatamente anteriores a fecha de la convocatoria. La antigüedad en órganos mixtos se computará por igual para ambos órdenes jurisdiccionales.

b) Si hubiera varias secciones y éstas no estuvieren divididas por órdenes jurisdiccionales, tendrán preferencia en el concurso aquellos magistrados que hayan prestado servicios en los órdenes jurisdiccionales correspondientes durante seis años, dentro de los diez inmediatamente anteriores a fecha de la convocatoria. La antigüedad en órganos mixtos se computará por igual para ambos órdenes jurisdiccionales.

c) Si hubiere una o varias secciones de las Audiencias Provinciales que conozcan en segunda instancia de los recursos interpuestos contra todo tipo de resoluciones dictadas por los Juzgados de lo Mercantil, una de las plazas se reservará al magistrado que, acreditando la especialización en los asuntos propios de dichos Juzgados obtenida mediante la superación de las pruebas establecidas en este Reglamento, tenga mejor puesto en escalafón. Si la Sección se compusiera de cinco o más magistrados, el número de plazas cubiertas por este sistema será de dos magistrados especialistas por cada cinco plazas de magistrados, manteniéndose idéntica proporción en los incrementos sucesivos.

No obstante, si un miembro de la Sala o Sección adquiriese la condición de especialista en esta materia, podrá continuar en su destino hasta que se le adjudique la primera vacante de especialista que se produzca. En los concursos para la provisión del resto de plazas tendrán preferencia aquellos magistrados que acrediten haber permanecido más tiempo en el orden jurisdiccional civil. A falta de éstos, por los magistrados que acrediten haber permanecido más tiempo en órganos jurisdiccionales mixtos.

d) En la Sección o Secciones a las que en virtud del artículo 80.3 de la Ley Orgánica del Poder Judicial se les atribuya única y exclusivamente el conocimiento en segunda instancia de los recursos interpuestos contra todo tipo de resoluciones dictadas por los Juzgados de lo Mercantil, tendrán preferencia en el concurso para la provisión de sus plazas aquellos magistrados que, acreditando la especialización en los asuntos propios de dichos Juzgados, obtenida mediante la superación de las pruebas establecidas en este Reglamento, tengan mejor puesto en el escalafón. En su defecto, se cubrirán con los magistrados que acrediten haber permanecido más tiempo en el orden jurisdiccional civil. A falta de éstos, por los magistrados que acrediten haber permanecido más tiempo en órganos jurisdiccionales mixtos.

e) En defecto de los criterios previstos en los artículos anteriores, la provisión de plazas se resolverá a favor de quienes tengan mejor puesto en el escalafón.

Art. 169. 1. Producida una vacante en cualquiera de las secciones de la Sala de lo Penal o de la Sala de lo Contencioso-Administrativo de la Audiencia Nacional, con carácter previo a su cobertura mediante concurso, ésta se ofrecerá a los magistrados de las restantes secciones de dichas Salas. Para la asignación de la plaza vacante y de las sucesivas que la cobertura interna de aquélla pueda originar se estará a lo dispuesto en el artículo 168.1.

2. Los concursos para la provisión de plazas de las Salas de la Audiencia Nacional se resolverán a favor de quienes ostenten la correspondiente especialización en el orden respectivo; en su defecto por quienes hayan prestado servicios en el orden jurisdiccional correspondiente durante ocho años dentro de los doce inmediatamente anteriores a la fecha de la convocatoria; y en defecto de todos estos criterios, por quien ostente mejor puesto en el escalafón.

3. Una vez se cree la Sala de Apelación de la Audiencia Nacional, la provisión de plazas se resolverá a favor de quienes ostenten más de quince años de antigüedad y hayan prestado servicios en el orden jurisdiccional penal durante, al menos, diez años, prefiriéndose entre ellos a quienes ostenten la condición de especialista.

Art. 170. A los efectos de provisión de plazas en los juzgados, Audiencias Provinciales y Tribunales Superiores de Justicia, los servicios prestados se computarán del siguiente modo:

a) El tiempo durante el cual se haya ejercido una comisión de servicios con relevación de funciones tendrá la consideración de servicios prestados en el orden jurisdiccional al que pertenezca el órgano para el que haya sido conferida la comisión.

b) El tiempo durante el cual se haya ejercido una comisión de servicios sin relevación de funciones tendrá la consideración de servicios prestados en el orden jurisdiccional al que pertenezca el destino que se ostente en propiedad. No obstante, cuando el órgano para el que haya sido conferida la comisión de servicios pertenezca a un orden distinto, el tiempo durante el cual se haya ejercido computará por mitad como servicios prestados en aquel orden jurisdiccional.

c) De conformidad con lo establecido en el artículo 354.2 de la Ley Orgánica del Poder Judicial, el tiempo de permanencia en situación de servicios especiales tendrá la consideración de servicios prestados en el destino reservado.

d) De conformidad con lo establecido en el artículo 358.2 de la Ley Orgánica del Poder Judicial, el tiempo de permanencia en situación de excedencia voluntaria para el cuidado de los hijos, de menores y para atender al cuidado de un familiar sólo tendrá la consideración de servicios prestados en el destino de procedencia durante los dos primeros años.

e) El tiempo de permanencia en situación de excedencia por razón de violencia sobre la mujer tendrá la consideración de servicios prestados en el destino de procedencia por el período máximo de 18 meses a que se refiere el artículo 360 bis 2 de la Ley Orgánica del Poder Judicial. En los supuestos de excedencia voluntaria a que se refieren las letras d) y e), el reingreso posterior al servicio activo en plaza del mismo orden jurisdiccional determinará la reanudación del cómputo de los servicios prestados en el orden de procedencia, que se considerarán prestados de forma continuada.

f) Sin perjuicio de la preferencia prevista en el artículo 339 de la Ley Orgánica del Poder Judicial, el tiempo durante el cual se haya ejercido como Presidente de la Audiencia Nacional tendrá la consideración de servicios prestados en el destino de procedencia.

g) Sin perjuicio de la preferencia prevista en el artículo 339 de la Ley Orgánica del Poder Judicial, el tiempo durante el cual se haya ejercido como Presidente de un Tribunal Superior de Justicia tendrá la consideración de servicios prestados, a su elección, en el orden jurisdiccional del órgano de procedencia o en cualquiera de los órdenes jurisdiccionales del órgano en el que hubiera desempeñado la presidencia.

h) Sin perjuicio de la preferencia prevista en el artículo 340 de la Ley Orgánica del Poder Judicial, el tiempo durante el cual se haya ejercido como Presidente de una Audiencia Provincial tendrá la consideración de servicios prestados en un determinado orden jurisdiccional o bien en órganos mixtos, según se haya presidido una sección con jurisdicción dividida o una sección mixta.

§13

i) El tiempo durante el cual se haya ejercido como juez decano con relevación de funciones jurisdiccionales tendrá la consideración de servicios prestados en el destino de procedencia.

SECCIÓN 4ª
Resolución del concurso

Art. 171. 1. La Comisión Permanente del Consejo General del Poder Judicial resolverá el concurso aplicando el criterio de antigüedad en el escalafón y de preferencia establecido en la Ley Orgánica del Poder Judicial, en el presente Reglamento y en las bases de la convocatoria, y lo hará dentro de los dos meses a contar desde el día siguiente al de finalización del plazo para la presentación de instancias, salvo que, en supuestos excepcionales, la propia convocatoria establezca otro distinto.

2. La resolución contendrá la relación de los magistrados ascendidos que hayan ejercitado la opción de permanecer en los destinos, con expresión de que no podrán concursar durante el plazo de uno o tres años, según lo previsto en el párrafo segundo del artículo 311 de la Ley Orgánica del Poder Judicial. Dicho plazo se computará desde el día siguiente al de publicación de la resolución del concurso.

Art. 172. 1. Las plazas que queden vacantes por falta de solicitantes se proveerán por los que sean promovidos o asciendan a la categoría necesaria, con arreglo al turno que corresponda.

2. Las plazas que queden vacantes en los concursos de traslado se proveerán por los que hayan de reingresar en el servicio activo, según la preferencia manifestada en el respectivo concurso y la que resulte de la aplicación del artículo 368 de Ley Orgánica del Poder Judicial, sin perjuicio de lo establecido en el artículo 323 de la citada Ley Orgánica.

Art. 173. 1. Los nombramientos de magistrados como consecuencia de la resolución del concurso se harán por Real Decreto, a propuesta del Consejo General del Poder Judicial, y los jueces serán nombrados mediante Orden por el Consejo General del Poder Judicial.

2. Los jueces y magistrados cesarán en sus destinos al día siguiente hábil al de la publicación en el «Boletín Oficial del Estado» de la resolución del concurso, salvo que en ella se dispusiere otra cosa.

3. La toma de posesión en el nuevo destino se producirá dentro del plazo de veinte días naturales a contar desde el día siguiente al del cese, si obtiene plaza en distinta ciudad y, dentro del plazo de ocho días naturales si fuese en plaza

en la misma ciudad. Si el último día de los indicados es inhábil, el plazo para la toma de posesión se entenderá prorrogado hasta el siguiente día hábil. Cuando el interesado venga obligado a participar en las actividades para el cambio de orden jurisdiccional o en las actividades de formación específica a que se refiere el artículo 159, el plazo se computará a partir del día siguiente a la finalización de las referidas actividades.

4. En aplicación de lo dispuesto en el artículo 327.3 de la Ley Orgánica del Poder Judicial, el Consejo General del Poder Judicial, una vez haya emitido informe el Servicio de Inspección, mediante resolución motivada aplazará la efectividad de la provisión de una plaza de juez o magistrado cuando el que hubiere ganado el concurso a dicha plaza debiera dedicar atención preferente al órgano de procedencia, atendidos los retrasos producidos por causa imputable al mismo. Este aplazamiento, cuyo objeto será la preferente atención del órgano de procedencia, tendrá una duración máxima de tres meses. Transcurrido dicho plazo, si la causa que motivó la situación de pendencia hubiera desaparecido totalmente, la Comisión Permanente del Consejo General del Poder Judicial así lo certificará, en cuyo caso el adjudicatario cesará en el órgano de procedencia. De no haber sido resuelta la situación de pendencia en los términos fijados por la resolución motivada, el juez o magistrado perderá su derecho al nuevo destino.

Art. 174. Contra el acuerdo de la Comisión Permanente por el que se resuelva el concurso o la promoción de jueces a la categoría de magistrados, podrá interponerse recurso de alzada ante el Pleno del Consejo General del Poder Judicial en los plazos y por los motivos y formas que establece la Ley 30/1992, de 26 de noviembre.

TÍTULO XI
Situaciones administrativas

CAPÍTULO I
Disposiciones generales

§13

Art. 175. 1. Los jueces y magistrados se hallarán en alguna de las situaciones que a continuación se señalan, de conformidad con lo establecido en el artículo 348 de la Ley Orgánica del Poder Judicial:

a) Servicio activo.
b) Servicios especiales.
c) Excedencia voluntaria.
d) Suspensión de funciones.

e) Excedencia por razón de violencia sobre la mujer.

CAPÍTULO II
Servicio activo

Art. 176. 1. De conformidad con lo dispuesto en el artículo 349 de la Ley Orgánica del Poder Judicial, los jueces y magistrados se encontrarán en situación de servicio activo cuando ocupen la plaza correspondiente en la Carrera Judicial, estén pendientes de tomar posesión en otro destino, se hallen adscritos territorial o provisionalmente o les haya sido conferida comisión de servicio con carácter temporal.

2. El disfrute de licencias y permisos reglamentarios no alterará la situación de servicio activo.

3. Cuando se produzca la supresión o reconversión con cambio de orden jurisdiccional de una plaza de la que sea titular un juez o magistrado, éste quedará adscrito a disposición del Presidente del Tribunal Superior de Justicia, en los términos establecidos en el artículo 118.2 y 3 de la Ley Orgánica del Poder Judicial.

4. Quienes hallándose en una situación administrativa distinta del servicio activo obtuvieran mediante concurso una plaza ofertada al amparo de lo dispuesto en el artículo 118.1 de la Ley Orgánica del Poder Judicial, necesariamente deberán reincorporarse al servicio activo para proceder al desempeño efectivo de funciones judiciales en dicha plaza.

5. Cuando el juez o magistrado que en virtud de lo acordado por sentencia firme fuera repuesto en el destino que desempeñaba con anterioridad a la ejecución de la sanción de suspensión o separación del servicio, el miembro de la Carrera Judicial que, en su caso, hubiera obtenido dicha plaza a través de los mecanismos ordinarios de provisión pasará a la situación prevista en el artículo de la Ley Orgánica del Poder Judicial.

Art. 177. 1. El Consejo General del Poder Judicial podrá otorgar comisión de servicio a los miembros de la Carrera Judicial en los siguientes supuestos:

a) Para prestar servicios en otro juzgado o tribunal, con o sin relevación de funciones, en atención a las necesidades perentorias del órgano de destino y de las posibilidades de cobertura del órgano de origen.

b) Para prestar servicios en el Ministerio de Justicia, con o sin relevación de funciones. En este supuesto, la no relevación de funciones tendrá carácter excepcional.

c) Para participar en misiones de cooperación jurídica internacional, cuando no proceda la declaración de servicios especiales. En este caso, la duración será de seis meses, con carácter general. Si la participación en la misión superara el plazo de seis meses, el interesado pasará a la situación de servicios especiales, de conformidad con lo dispuesto en el artículo 351.b) de la Ley Orgánica del Poder Judicial, salvo supuestos excepcionales apreciados por resolución motivada, sin que, en ningún caso, su duración pueda exceder de otros seis meses.

2. Las comisiones de servicio para los juzgados y tribunales sólo se podrán conferir cuando concurran circunstancias de especial necesidad, previa conformidad del interesado, siempre que el prevalente interés del servicio y las necesidades de la Administración de justicia lo permitan.

3. De conformidad con lo dispuesto en el artículo 216 bis.1 de la Ley Orgánica del Poder Judicial, podrán concederse comisiones de servicio como medida excepcional de apoyo judicial cuando el considerable retraso o la acumulación de asuntos en un determinado juzgado o tribunal no puedan ser corregidos mediante el reforzamiento de la plantilla de la Oficina Judicial o la exención de reparto temporal a que se refiere el artículo 167.1 de la Ley Orgánica del Poder Judicial, siempre que no proceda el llamamiento de los jueces de adscripción territorial o no se adopten cualquiera de las restantes medidas excepcionales a las que se refiere el artículo 216 bis.1 de la citada Ley. El régimen jurídico aplicable, en estos casos, será el previsto en los artículos 216 bis.2 a 216 bis.4 de la Ley Orgánica del poder Judicial.

4. La Comisión Permanente del Consejo General del Poder Judicial será competente para resolver sobre la concesión de las comisiones de servicio de cualquier tipo, previa tramitación y propuesta de la Comisión de Modernización. La resolución que se dicte será notificada al interesado.

5. Las Salas de Gobierno con competencia sobre los juzgados o tribunales de origen y destino del interesado emitirán informe sobre la procedencia de esta medida, al igual que el Servicio de Inspección del Consejo General del Poder Judicial.

6. Las comisiones de servicio previstas para la participación en misiones de cooperación jurídica internacional a las que se refiere el artículo 350.1.c) de la Ley Orgánica del Poder Judicial requerirán, además, del informe de la Comisión de Relaciones Internacionales del Consejo General del Poder Judicial.

7. Las comisiones de servicio tendrán la duración señalada en el artículo 350.1 de la Ley Orgánica del Poder Judicial. No obstante, transcurridos los seis primeros meses desde su concesión, la Comisión Permanente del Consejo General del Poder Judicial resolverá, a instancias del interesado y mediante el procedimiento previsto en el número cuatro de este artículo, sobre su continuación hasta un año y, transcurrido dicho periodo, sobre su prórroga por una anualidad más. En ningún caso, la duración total de las comisiones de servicio excederá de dos años.

8. Transcurridos los plazos a que se refiere el número anterior, el comisionado cesará de inmediato en el órgano de destino. Si la comisión de servicio se hubiera concedido con relevación de funciones, el interesado deberá reincorporarse al juzgado o tribunal de origen en el plazo de ocho o veinte días, en función de que el órgano de destino radique en la misma o en distinta localidad que el órgano de origen.

9. Finalizada la misión de cooperación jurídica internacional, el juez o magistrado elevará al Consejo General del Poder Judicial un informe acerca de su desarrollo y resultados.

CAPÍTULO III
Servicios especiales

Art. 178. 1. De conformidad con lo previsto en el artículo 351 de la Ley Orgánica del Poder Judicial, los jueces y magistrados pasarán a la situación de servicios especiales en los siguientes casos:

a) Cuando sean nombrados Presidente del Tribunal Supremo, Fiscal General del Estado, Vocal del Consejo General del Poder Judicial, magistrado del Tribunal Constitucional, Defensor del Pueblo o sus adjuntos, Consejero del Tribunal de Cuentas, Consejero de Estado, Presidente o miembro de la Comisión Nacional de la Competencia, Director de la Agencia de Protección de Datos o miembro de los Altos Tribunales Internacionales de Justicia, o titulares o miembros de los órganos equivalentes de las Comunidades Autónomas.

b) Cuando sean autorizados por el Consejo General del Poder Judicial para realizar una misión internacional por período determinado, superior a seis meses, en organismos internacionales, gobiernos o entidades públicas extranjeras o en programas de cooperación internacional, previa declaración de interés por el Ministerio de Asuntos Exteriores, salvo lo dispuesto en el artículo 177.1.c).

c) Cuando adquieran la condición de funcionarios al servicio de organizaciones internacionales o de carácter supranacional.

d) Cuando sean nombrados o adscritos como letrados al servicio del Tribunal de Justicia de las Comunidades Europeas, del Tribunal Constitucional, del Consejo General del Poder Judicial o del Tribunal Supremo, o magistrados del Gabinete Técnico del Tribunal Supremo, o al servicio del Defensor del Pueblo u órgano equivalente de las Comunidades Autónomas.

e) Cuando presten servicio en virtud de nombramiento por Real Decreto, o por Decreto en las comunidades autónomas, en cargos que no tengan rango superior a Director General.

f) Cuando presten servicio en el Ministerio de Justicia, en virtud de nombramiento por Real Decreto o en las Consejerías de Justicia, o asimiladas, de las Comunidades Autónomas, en virtud de nombramiento por Decreto, en cargos que tengan rango inferior al de Ministro o Consejero de Comunidad Autónoma.

2. La situación de servicios especiales se declarará de oficio por el Consejo General del Poder Judicial o a instancia del interesado, una vez concurra el supuesto que dé lugar a dicha situación, que surtirá efectos desde el momento en que se produzca el nombramiento correspondiente.

3. Los magistrados del Tribunal Supremo serán declarados en la situación de servicios especiales cuando fueran designados para desempeñar alguno de los cargos señalados en el artículo 352 de la Ley Orgánica del Poder Judicial. Cuando desempeñen cualquier otra actividad no jurisdiccional, pública o privada, pasarán a la categoría de magistrado de conformidad con lo dispuesto en el artículo 348 bis de la Ley Orgánica del Poder Judicial.

4. Para que los miembros de la Carrera Judicial puedan ser declarados en situación de servicios especiales en virtud de nombramiento o adscripción al Gabinete Técnico del Tribunal Supremo, será preciso que, de conformidad con lo dispuesto en la Ley de Demarcación y Planta Judicial, las plazas se hayan creado y dotado económicamente.

5. La Comisión Permanente del Consejo General del Poder Judicial, oída la Comisión de Relaciones Internacionales, será competente para otorgar la autorización prevista en el artículo 351.b) de la Ley Orgánica del Poder Judicial, en relación con el desempeño de misiones por tiempo superior a seis meses en organismos internacionales, gobiernos o entidades públicas extranjeras o en programas de cooperación internacional, previa declaración de interés por el Ministerio de Asuntos Exteriores.

Art. 179. 1. De conformidad con el artículo 354 de la Ley Orgánica del Poder Judicial, a los miembros de la Carrera Judicial en situación de servicios especiales se les computará el tiempo que permanezcan en tal situación a efectos de ascensos, antigüedad y derechos pasivos. Asimismo, tendrán derecho a la reserva de plaza que ocupasen al pasar a esa situación o a la que pudieren obtener durante su permanencia en la misma. En todos los casos percibirán las retribuciones del puesto o cargo efectivo que desempeñen y no las que les correspondan como miembros de la Carrera Judicial, sin perjuicio del derecho a la remuneración por la antigüedad en la Carrera Judicial que les corresponda.

2. La plaza reservada podrá proveerse de conformidad con lo dispuesto en el artículo 118 de la Ley Orgánica del Poder Judicial.

Art. 180. 1. Al cesar en el puesto o cargo determinante de la situación de servicios especiales, los jueces y magistrados deberán solicitar el reingreso al servicio activo en el plazo máximo de diez días, a contar desde el siguiente al cese, e incorporarse a su destino dentro de los veinte días inmediatamente siguientes; de no hacerlo, serán declarados en situación de excedencia voluntaria por interés particular con efectos desde el día en que cesaron en el puesto o cargo desempeñados. El reingreso tendrá efectos económicos y administrativos desde la fecha de la solicitud.

2. Si no contaren, al menos, con los cinco años de servicios efectivos que exige el artículo 356.c) de la Ley Orgánica del Poder Judicial, la falta de incorporación al destino en el plazo establecido determinará que se proceda de conformidad con lo previsto en el artículo 206 de este Reglamento. Para el cómputo de cinco años a que se ha hecho referencia, se considerarán como servicios efectivos el tiempo que el juez o magistrado afectado ha permanecido en situación de servicios especiales. La incorporación será comunicada al Consejo General del Poder Judicial por el Presidente del Tribunal del que gubernativamente dependa el juez o magistrado, con mención expresa de la fecha en que se produjo el cese.

CAPÍTULO IV
Excedencia voluntaria

Art. 181. 1. Procederá declarar la situación de excedencia voluntaria, a petición del juez o magistrado, en los siguientes casos:

a) Cuando se encuentre en situación de servicio activo en un cuerpo o escala de las Administraciones públicas o de la Carrera Fiscal.

b) Cuando pase a desempeñar cargos o prestar servicios en Universidades públicas, Agencias Estatales o en cualquiera de los organismos autónomos que formen parte del sector público, siempre que no proceda declarar la situación de servicios especiales.

c) Por interés particular, siempre que haya prestado servicios en la Carrera Judicial durante los cinco años inmediatamente anteriores, sin que en esta situación pueda permanecer menos de dos años.

No obstante, podrá concederse esta clase de excedencia por agrupación familiar, sin el requisito de haber prestado servicios durante el periodo establecido de cinco años, a los jueces y magistrados cuyo cónyuge resida en otra localidad por haber obtenido y estar desempeñando un puesto de trabajo de carácter definitivo como funcionario de carrera o como laboral fijo en cualquiera de las Administraciones públicas, organismos públicos y entidades de Derecho público dependientes o vinculados a ellas, en los Órganos Constitucionales o del Poder Judicial y órganos similares de las Comunidades Autónomas, así como en la Unión Europea o en organizaciones internacionales.

d) Para el cuidado de hijos, por un período no superior a tres años para atender a cada hijo, tanto si la filiación es por naturaleza o por adopción. También procederá declarar la situación de excedencia voluntaria para el cuidado de un menor sujeto a acogimiento permanente o preadoptivo.

El período de excedencia comenzará a contar desde la fecha de nacimiento o desde la fecha de la resolución judicial o administrativa que acuerde la adopción o el acogimiento, respectivamente. Los sucesivos hijos o sucesivos acogimientos darán derecho a un nuevo período de excedencia que, en su caso, pondrán fin al que se viniera disfrutando. Cuando los dos miembros de la pareja trabajen, sólo uno de ellos podrá ejercer este derecho.

e) También tendrán derecho a un período de excedencia, de duración no superior a tres años, para atender al cuidado de su cónyuge, pareja de hecho o de un familiar que se encuentre a su cargo, hasta el segundo grado de consanguinidad o afinidad, que por razones de edad, accidente o enfermedad no pueda valerse por sí mismo y no desempeñe actividad retribuida.

El período de excedencia será único por cada sujeto causante. Cuando un nuevo sujeto causante diera origen a una nueva excedencia, el inicio del período de la misma pondrá fin al que se viniera disfrutando.

Este supuesto y el previsto en el apartado anterior constituyen un derecho individual de los miembros de la Carrera Judicial. No obstante, en el caso de que dos de sus miembros generasen el derecho a su disfrute por el mismo sujeto causante, el ejercicio simultáneo de este derecho estará sujeto a autorización por parte del Consejo General del Poder Judicial, que resolverá ponderando las necesidades y el buen funcionamiento del servicio.

f) Cuando sea nombrado para cargo político o de confianza, salvo los supuestos enunciados en el artículo 351 de la Ley Orgánica del Poder Judicial o, cuando se presente como candidato en elecciones para acceder a cargos públicos representativos en el Parlamento Europeo, Congreso de los Diputados, Senado, Asambleas Legislativas de las comunidades autónomas o corporaciones locales.

2. Serán declarados de oficio en situación asimilada a la excedencia quienes habiendo solicitado el reingreso a que se refieren los artículos 359 y 367 de la Ley Orgánica del Poder Judicial, fueran declarados no aptos por el Consejo General del Poder Judicial mediante resolución motivada.

3. Los jueces y magistrados podrán permanecer en la situación a que se refieren las letras a) y b) del artículo 356 de la Ley Orgánica del Poder Judicial, hasta en tanto se mantenga la relación de servicio que dio origen a la misma. Podrán reingresar en la Carrera Judicial en cualquier momento, pero, producido el cese

en la relación de servicios que dio lugar a la referida situación, deberán solicitar el reingreso al servicio activo dentro de los diez días naturales siguientes. De no hacerlo así, se les declarará en la situación de excedencia voluntaria por interés particular, con efectos desde el día del cese, siempre que contasen, al menos, con los cinco años de servicios efectivos en la Carrera Judicial exigidos en el artículo 356.c) de la Ley Orgánica del Poder Judicial. Si no reunieren el referido requisito, se procederá de conformidad con lo previsto en el artículo 206.

4. De conformidad con lo dispuesto en el artículo 311.4 de la Ley Orgánica del Poder Judicial, quienes accedieren a la Carrera Judicial por la categoría de magistrado no podrán obtener la situación de excedencia voluntaria, salvo en los casos previstos en el artículo 360 bis y en las letras d) y e) del artículo 356 de la Ley Orgánica del Poder Judicial, hasta tanto no hayan completado el periodo de servicios efectivos en la Carrera Judicial que establece el apartado c) del citado artículo, de, al menos, cinco años.

Art. 182. 1. Quienes de conformidad con lo dispuesto en la letras d) y e) del artículo 356 de la Ley Orgánica del Poder Judicial pretendan pasar a la situación de excedencia voluntaria por cuidado de hijos, de un menor bajo acogimiento preadoptivo o permanente, del cónyuge o pareja de hecho o de un familiar que se encuentre a su cargo, al formular la solicitud deberán acompañar la documentación justificativa de la concurrencia de las circunstancias a que se refiere el precepto indicado.

En los supuestos en que el motivo de la excedencia sea el acogimiento pre-adoptivo o permanente o el cuidado del cónyuge, pareja de hecho o un familiar a que se refiere la letra e) del artículo 356 de la Ley Orgánica del Poder Judicial, el interesado deberá presentar con periodicidad anual aquella documentación que acredite el mantenimiento de la situación que determinó la concesión de la excedencia o, en su caso, la que justifique la ulterior adopción del menor; de lo contrario, procederá el reingreso, salvo que el interesado solicite la excedencia voluntaria por interés particular.

2. El período de permanencia en la situación de excedencia para el cuidado de hijos, menores acogidos o para el cuidado del cónyuge, pareja de hecho o de un familiar será computable a efectos de trienios y derechos pasivos. También será computable como tiempo de servicio para el cálculo de los días de vacaciones anuales a que se refiere el segundo párrafo del artículo 371.1 de la Ley Orgánica del Poder judicial. Durante la permanencia en esta situación podrán participar en cursos de formación.

3. Durante los dos primeros años, los beneficiarios de la clase de excedencia regulada en el número anterior tendrán derecho a la reserva de la plaza en la que

ejerciesen sus funciones, al cómputo de la antigüedad y a participar en los concursos de traslado. Transcurrido este periodo, dicha reserva se limitará a una plaza en la misma provincia y de igual categoría, debiéndose solicitar, en el mes anterior a la finalización del periodo máximo de permanencia, el reingreso al servicio activo; de no hacerlo, serán declarados de oficio en la situación de excedencia voluntaria por interés particular, siempre que reúnan el requisito de contar con cinco años de servicios efectivos exigidos por el artículo 356.c) de la Ley Orgánica del Poder Judicial. Si no reunieran el citado requisito, se procederá de conformidad con lo dispuesto en el artículo 206 de este Reglamento. Dentro del cómputo de cinco años, se considerarán servicios efectivos el tiempo que el interesado devengó antigüedad en las dos primeras anualidades de la excedencia.

4. La concesión de esta clase de excedencia voluntaria se efectuará previa declaración del peticionario, expresiva de que no desempeña otra actividad que pueda impedir o menoscabar el cuidado del hijo, del menor acogido o del familiar de que se trate.

Art. 183. 1. De conformidad con lo dispuesto en la letra c) del artículo 356 de la Ley Orgánica del Poder Judicial, podrá concederse la excedencia voluntaria a los miembros de la Carrera Judicial cuando la soliciten por interés particular. En estos casos, no procederá declarar la excedencia voluntaria hasta haber completado servicios efectivos en la Carrera Judicial durante los cinco años inmediatamente anteriores a la solicitud, salvo lo previsto en el segundo párrafo del artículo 181.1.c). El tiempo mínimo de permanencia en esta situación será de dos años.

2. La concesión de la situación de excedencia voluntaria por interés particular quedará subordinada a las necesidades del servicio, especialmente cuando se constate la existencia de retraso por causa imputable al solicitante. La resolución que acuerde la denegación por esta causa requerirá expresa motivación.

3. No se concederá esta clase de excedencia cuando el interesado se halle sujeto a un expediente disciplinario en tramitación o esté pendiente del cumplimiento de una sanción previamente impuesta.

Art. 184. 1. Los miembros de la Carrera Judicial que deseen participar como candidatos en las elecciones para acceder a cargos públicos representativos en el Parlamento Europeo, Cortes Generales, Asambleas Legislativas de las Comunidades Autónomas o Corporaciones locales, deberán solicitar previamente la excedencia voluntaria. De no resultar elegidos, deberán optar, comunicándolo así al Consejo General del Poder Judicial, por la permanencia en la situación de excedencia voluntaria o por el reingreso al servicio activo. Si optan por el reingreso, habrán de solicitarlo en el plazo de treinta días naturales siguientes a la fecha de proclamación definitiva de candidatos electos; si no lo hicieren serán declarados en situación de excedencia voluntaria por interés particular siempre que cuenten con cinco años de servicios efectivos en la Carrera Judicial, tal como exige la letra c) del artículo 356 de la Ley Orgánica del Poder Judicial. Si no contasen con dicha antigüedad y no solicitasen el reingreso en la Carrera Judicial, se procederá de conformidad con lo dispuesto en el artículo 206.

2. Los jueces y magistrados que fueren nombrados para cargo político o de confianza, salvo los supuesto enunciados en el artículo 351 de la Ley Orgánica del Poder Judicial, o para cargo público representativo en el Parlamento Europeo, Congreso de los Diputados, Senado o Asambleas Legislativas de las Comunidades Autónomas o de las Corporaciones locales, deberán comunicar al Consejo General del Poder Judicial la aceptación del cargo para el que hubieren sido nombrados o la renuncia al mismo dentro de los ocho días naturales siguientes a la publicación del nombramiento en el «Boletín Oficial del Estado» o en el de la Comunidad Autónoma correspondiente.

3. La aceptación o la toma de posesión del expresado cargo determinará automáticamente la declaración del nombrado en situación de excedencia voluntaria, con aplicación del régimen prescrito en la Ley Orgánica del Poder Judicial.

Art. 185. Salvo lo dispuesto en los artículos 358.2 y 360 bis de la Ley Orgánica del Poder Judicial y preceptos concordantes de este Reglamento respecto de la excedencia voluntaria para el cuidado de hijos, de menores en acogimiento, cónyuges, parejas de hecho y de familiares, así como para la excedencia por razón de violencia sobre la mujer, la situación de excedencia voluntaria no producirá reserva de plaza, no dará lugar al devengo de retribuciones ni el tiempo de permanencia en tal situación será computable a efectos de ascensos, antigüedad o derechos pasivos.

CAPÍTULO V
Excedencia por razón de violencia sobre la mujer

Art. 186. 1. De conformidad con lo dispuesto en el artículo 360 bis de la Ley Orgánica del Poder Judicial, las juezas y magistradas víctimas de la violencia sobre la mujer tendrán derecho a pasar a situación de excedencia prevista en este Capítulo, sin necesidad de haber prestado un tiempo mínimo de servicios previos, pudiendo permanecer en esta situación hasta un máximo de tres años.

2. El Consejo General del Poder Judicial acordará, mediante resolución motivada, sobre la concesión de este tipo de excedencia, a la vista de la solicitud de la interesada y el estado del procedimiento penal que se haya incoado.

3. Durante los seis primeros meses tendrán derecho a reserva del puesto de trabajo que previamente desempeñaran, siendo computable ese período a efectos de ascensos, trienios y derechos pasivos. Dicho período también será conmensurable como tiempo de servicio para el cálculo de los días de vacaciones anuales a que se refiere el segundo párrafo del artículo 371.1 de la Ley Orgánica del Poder Judicial. Este periodo podrá prorrogarse por periodos de tres meses, hasta un máximo de dieciocho, con mantenimiento de los mismos derechos, cuando de las actuaciones realizadas para la tutela judicial resultase que la efectividad del derecho de la victima así lo exige.

4. Las juezas y magistradas en situación de excedencia por razón de violencia sobre la mujer percibirán, durante los dos primeros meses de esta excedencia, las retribuciones íntegras y, en su caso, las prestaciones familiares por hijos a su cargo.

5. El reingreso al servicio activo de las juezas y magistradas en situación administrativa de excedencia por razón de violencia sobre la mujer de duración no superior a seis meses o, en su caso, por el periodo que se haya prorrogado de conformidad con lo dispuesto en el numero tres de este artículo, se producirá en el mismo órgano jurisdiccional respecto del que tengan reserva de plaza, salvo que persista la necesidad de protección efectiva o de asistencia social integral, en cuyo caso podrán beneficiarse de la adscripción provisional prevista en el artículo 145. Si el período de duración de la excedencia es superior a seis meses o al plazo prorrogado al que se ha hecho mención en el número tres de este artículo, el reingreso exigirá que las juezas y magistradas participen en todos los concursos que se anuncien para cubrir plazas de su categoría hasta obtener destino. De no hacerlo así, serán declaradas en situación de excedencia voluntaria por interés particular, siempre que reúnan el requisito de contar con cinco años de servicios efectivos exigidos por el artículo 356.c) de la Ley Orgánica del Poder Judicial. Si no reunieran el citado requisito, se procederá de conformidad con lo dispuesto en el artículo 206. Dentro del cómputo de los cinco años, se incluirá el período de permanencia en situación de excedencia por razón de violencia sobre la mujer.

§13

CAPÍTULO VI
Suspensión de funciones

Art. 187. La suspensión de funciones a los jueces y magistrados, que podrá ser provisional o definitiva, tendrá lugar en los siguientes casos, de conformidad con lo dispuesto en el artículo 383 del Ley Orgánica del Poder Judicial:

1º Cuando se hubiere declarado haber lugar a proceder contra ellos por delitos cometidos en el ejercicio de sus funciones.

2º Cuando por cualquier otro delito doloso se hubiere dictado contra ellos auto de prisión, de libertad bajo fianza o de procesamiento.

3º Cuando se decretare en expediente disciplinario o de incapacidad, ya sea con carácter provisional o definitivo.

4º Por sentencia firme condenatoria en la que se imponga como pena principal o accesoria la de suspensión, siempre y cuando no procediere la separación.

Art. 188. De conformidad con lo dispuesto en los artículos 362 y 424 de la Ley Orgánica del Poder Judicial, siempre que aparezcan indicios racionales de la comisión de una falta muy grave, la Comisión Disciplinaria del Consejo General del Poder Judicial podrá acordar con carácter cautelar, a iniciativa propia o a propuesta del instructor delegado, la suspensión provisional del expedientado por un periodo de seis meses, que podrá ser superior en caso de paralización del procedimiento por causa imputable al interesado. Esta decisión se adoptará mediante resolución debidamente motivada, oído el instructor delegado y previa audiencia del juez o magistrado contra el que se dirija el expediente disciplinario y del Ministerio Fiscal, en un plazo común no superior a cinco días.

Art. 189. Al amparo de lo dispuesto en el artículo 383.3º de la Ley Orgánica del Poder Judicial, la Comisión Permanente del Consejo General del Poder Judicial podrá acordar la suspensión provisional de quienes se hallen incursos en un expediente de jubilación por incapacidad, siempre que, mediante resolución debidamente motivada, se aprecie en el afectado indicios de padecer limitaciones gravemente impeditivas para el ejercicio de la función jurisdiccional. Para la adopción de esta medida se seguirá la tramitación prevista en el artículo 286.

Art. 190. 1. Se acordará la suspensión provisional de funciones cuando en un procedimiento penal se hubiere declarado haber lugar a proceder contra los jueces y magistrados por cualquier delito cometido en el ejercicio de sus funciones, en los términos previstos en el siguiente número, o cuando por cualquier otro delito doloso se hubiere dictado contra ellos auto de prisión, de libertad bajo fianza, de procesamiento o de apertura de juicio oral, una vez estas resoluciones hayan adquirido firmeza.

2. Procederá acordar la suspensión provisional de los jueces y magistrados respecto de los cuales se siga procedimiento por cualquier delito cometido en el ejercicio de sus funciones, cuando en el procedimiento penal se dicte auto de apertura de juicio oral, de prisión provisional, de libertad bajo fianza o de procesamiento, una vez adquieran firmeza.

3. La Comisión Permanente del Consejo General del Poder Judicial, previa audiencia del Ministerio Fiscal y del interesado, resolverá sobre la suspensión provisional, una vez reciba la comunicación del juez o tribunal al que se refiere el artículo 384.1 de la Ley Orgánica del Poder Judicial o le sea remitido el testimonio de las resoluciones a que se refieren los números anteriores por cualquiera de las partes personadas en el procedimiento penal o por el Ministerio Fiscal.

4. La suspensión provisional acordada por el motivo a que se refiere el número uno de este artículo durará hasta tanto en el procedimiento penal no recaiga sentencia o auto de sobreseimiento.

Art. 191. El juez o magistrado declarado en suspensión provisional quedará privado del ejercicio de las funciones judiciales durante el tiempo que dure la suspensión. El suspenso provisional tendrá derecho a percibir sus retribuciones básicas, excepto en el caso de paralización del procedimiento disciplinario por causa imputable al mismo, lo que comportará la pérdida de toda retribución mientras se mantenga dicha paralización. Tampoco acreditará haber alguno en caso de incomparecencia o de rebeldía.

Art. 192. 1. Cuando la suspensión no sea declarada definitiva ni tampoco se acuerde la separación del servicio, el tiempo de duración de aquélla se computará como de servicio activo y se acordará la inmediata reincorporación del suspenso a su plaza, con reconocimiento de todos los derechos económicos y demás que procedan desde la fecha en que tuvo efecto la suspensión, salvo los haberes correspondientes a los periodos de incomparecencia, rebeldía o paralización del procedimiento disciplinario por causa imputable al interesado.

2. Cuando la suspensión sea declarada definitiva o se acuerde la separación del servicio, el tiempo de duración de la suspensión provisional no se computará como servicio activo.

Art. 193. 1. La suspensión tendrá carácter definitivo cuando se imponga en virtud de sentencia penal firme o como sanción disciplinaria también firme. En ambos casos, será de abono el tiempo de suspensión provisional.

2. Cuando la suspensión definitiva sea superior a seis meses, implicará la pérdida del destino y la vacante se cubrirá en forma ordinaria.

3. En todo caso, la suspensión definitiva supondrá la privación de todos los derechos y facultades inherentes a la condición de juez o magistrado hasta que, en su caso, el suspenso reingrese al servicio activo.

CAPÍTULO VII
Reingreso al servicio activo

Art. 194. El reingreso al servicio al servicio activo de los jueces y magistrados que se hallaren en la situación de servicios especiales se producirá en la forma prevista en el artículo 180.

Art. 195. Salvo aquellos supuestos en los que se reconoce el derecho a la reserva de plaza, para que se produzca el reingreso al servicio activo de los miembros de la Carrera Judicial procedentes de la situación de excedencia voluntaria que, en su caso, obtengan la correspondiente declaración de aptitud, éstos vendrán obligados a participar en todos los concursos que se anuncien para cubrir las plazas de su categoría y a solicitar todas las plazas vacantes hasta obtener destino. De no hacerlo así, se les declarará en situación de excedencia voluntaria por interés particular, quedando sin efecto la declaración de aptitud.

Art. 196. 1. El reingreso de los excedentes voluntarios, salvo los que hayan obtenido el reconocimiento de dicha situación por un periodo de hasta dos años, para el cuidado de hijos, de menores bajo acogimiento permanente o preadoptivo o para el cuidado de un familiar, cónyuge o pareja de hecho, o en supuestos de excedencia por razón de violencia sobre la mujer cuya duración no supere el plazo previsto en el artículo 360 bis de la Ley Orgánica del Poder Judicial, deberá ir precedido de solicitud de reingreso dirigida al Consejo General del Poder Judicial.

2. Los excedentes voluntarios por las causas previstas en las letras a) y b) del artículo 356 de la Ley Orgánica del Poder Judicial acompañarán a la solicitud de reingreso al servicio activo una certificación expedida por la Jefatura de Personal del Cuerpo, Escala, Carrera, organismo o entidad de procedencia, acreditativa de los servicios prestados hasta su cese y de si han sido o no sancionados y, en su caso, el tipo de la falta disciplinaria y sanción impuesta. En estos supuestos, producido el cese en el cargo o servicio, deberán solicitar el reingreso en el servicio activo en el plazo máximo de diez días, a contar desde el siguiente al cese. De no hacerlo así se les declarará en situación de excedencia voluntaria por interés particular.

3. En los supuestos de excedencia voluntaria previstos en la letras d) y e) del artículo 356 de la Ley Orgánica del Poder Judicial y de excedencia por razón de violencia sobre la mujer en que resulte necesaria la solicitud de reingreso al servicio activo, los jueces y magistrados deberán solicitarlo en el mes anterior a la finalización del período máximo de permanencia en la misma. Acompañarán a la solicitud de reingreso un certificado de antecedentes penales, un certificado médico oficial demostrativo de no encontrarse incapacitado, física o psíquicamente,

para el desempeño de la función judicial y una declaración de no estar incurso en causa de incapacidad o incompatibilidad para el desempeño de cargo judicial.

4. Los jueces y magistrados que se encuentren en situación de excedencia voluntaria por la causa prevista en la letra f) del artículo 356 de la Ley Orgánica del Poder Judicial, deberán solicitar el reingreso dentro del plazo al que se refiere el apartado dos de este artículo. Una vez solicitado el reingreso al servicio activo, quedarán adscritos al Presidente del Tribunal Superior de Justicia de la comunidad autónoma de su último destino, hasta en tanto no obtengan puesto de su categoría en la provincia o, en su defecto, comunidad autónoma de dicho último destino, para cuya adjudicación gozarán de preferencia.

Si no resultaren elegidos para los cargos públicos a que se refiere el artículo indicado en el número anterior, el reingreso se producirá de conformidad con lo dispuesto en el artículo 184.

Art. 197. 1. Salvo que la suspensión definitiva impuesta por sanción disciplinaria no exceda de seis meses, el juez o magistrado cuya suspensión se hubiera acordado con carácter definitivo deberá solicitar el reingreso al servicio activo con un mes de antelación a la finalización del periodo de suspensión. Si no lo hiciere se le declarará en situación de excedencia voluntaria por interés particular, con efectos desde la fecha en que finalizase el período de suspensión, siempre que cuente con cinco años de servicios efectivos en la Carrera Judicial, tal y como exige el artículo 356.c) de la Ley Orgánica del Poder Judicial. Si careciere de la expresada antigüedad, se procederá de conformidad con lo previsto en el artículo 206.

2. El reingreso al servicio activo de los suspensos definitivos requerirá la previa declaración de aptitud por el Consejo General del Poder Judicial quien, a tal fin, practicará las actuaciones previstas en el número uno del artículo siguiente.

Art. 198. 1. La solicitud de reingreso se acompañará una certificación acreditativa de haber cumplido o estar próximo a cumplir la sanción disciplinaria o pena impuesta, un certificado de antecedentes penales y una declaración de no estar incurso en causa de incapacidad o de incompatibilidad para el ejercicio de la función judicial. Sin perjuicio de lo anterior, el Consejo General del Poder Judicial podrá practicar cuantas actuaciones estime pertinentes y recabar cuantos informes y documentación considere necesarios para valorar la aptitud del solicitante para el desempeño de las funciones judiciales.

2. Cuando la suspensión definitiva haya sido impuesta como sanción disciplinaria por tiempo no superior a seis meses, el suspenso podrá incorporarse a su destino al día siguiente de la terminación del periodo de suspensión, dirigiendo a la Comisión Permanente del Consejo General del Poder Judicial una declaración

expresiva de no estar incurso en causa de incapacidad o incompatibilidad para el desempeño del cargo judicial. Si no se reincorporase, será declarado en situación de excedencia voluntaria por interés particular siempre que cuente con el tiempo de servicios efectivos a que se refiere el artículo 197.1.

Art. 199. Para el reingreso al servicio activo de los excedentes voluntarios por interés particular, junto con la solicitud de reingreso, éstos aportarán la documentación y la declaración prevista en el artículo 196.3. Cuando hubieran permanecido en esta situación por tiempo superior a diez años se exigirá la previa declaración de aptitud, a cuyo fin, el Consejo General del Poder Judicial podrá recabar la documentación y los informes a que se hace mención en el artículo 198.1.

Art. 200. 1. Tras la declaración de aptitud, el juez o magistrado que, procedente de la situación de suspensión definitiva que conlleve la pérdida del destino o de excedencia voluntaria por interés particular, haya solicitado reingresar al servicio activo deberá participar en cuantos concursos se anuncien para la provisión de plazas de su categoría y solicitar todas las plazas hasta obtener destino. Si no lo hiciera, quedará sin efecto la declaración de aptitud y serán declarados en situación de excedencia voluntaria por interés particular, siempre que reúnan el requisito de contar con cinco años de servicios en la Carrera Judicial, y no hayan solicitado el reingreso para no perder la condición de juez o magistrado.

2. Si al juez o magistrado le fuera denegada la declaración de aptitud, éste permanecerá en situación asimilada a la excedencia a que se refiere el artículo 181.2 de este Reglamento, mientras no desaparezcan causas determinantes de la denegación.

Art. 201. El que fuere rehabilitado al amparo de lo dispuesto en el artículo 323.3 de la Ley Orgánica del Poder Judicial, será destinado a la vacante que elija de las correspondientes a su categoría y para las que reúna las condiciones legales, dentro de las que hubieren quedado desiertas en el concurso. En otro caso, será destinado forzoso.

Art. 202. Una vez reingresados los excedentes por cuidado de hijos, familiares, cónyuges o parejas de hecho o por razón de violencia sobre la mujer, cuando no exista un número de vacantes suficiente, la concurrencia de peticiones para la adjudicación de aquéllas entre quienes deben reingresar al servicio activo se resolverá por el siguiente orden, de conformidad con lo dispuesto en el artículo 368 de la Ley Orgánica del Poder Judicial:

a) Suspensos.

b) Rehabilitados.

c) Excedentes voluntarios.

Los que no obtuvieran plaza quedarán adscritos, bajo el régimen previsto en al artículo 118 de la Ley Orgánica del Poder Judicial, al Tribunal Superior de Justicia de su último destino durante el servicio activo.

Art. 203. 1. Los jueces y magistrados reingresados tendrán derecho al cómputo de la antigüedad desde la fecha de nombramiento para el destino y al abono de haberes a partir de la fecha de la posesión en el destino para el que fueron nombrados y pasarán a ocupar en el escalafón el lugar que por los años de servicio en la categoría les corresponda.

2. De conformidad con lo dispuesto en el artículo 366.1 de la Ley Orgánica del Poder Judicial, el reingreso de los suspensos definitivos producirá efectos económicos y administrativos desde la fecha de extinción de la responsabilidad penal o disciplinaria.

CAPÍTULO VIII
Cambio de situación

Art. 204. El cambio de situación administrativa en que se hallen los jueces y magistrados podrá tener lugar siempre que reúnan los requisitos exigidos en cada caso sin necesidad del reingreso previo al servicio activo.

Art. 205. Los jueces y magistrados, cualquiera que sea su situación administrativa, habrán de comunicar al Consejo General del Poder Judicial las circunstancias que hayan de producir el cambio de situación.

Art. 206. En los supuestos previstos en los artículos 182.3, 184.1, 186.5, 197.1 y 198.2, cuando el juez o magistrado no se haya incorporado o solicitado el reingreso al servicio activo en el plazo previsto en el presente Título se le requerirá para que exprese si se reincorpora, solicita el reingreso al servicio activo o renuncia a la Carrera Judicial, advirtiéndole que, de no pronunciarse en el plazo de diez días naturales, se entenderá que renuncia a la referida Carrera.

§13

Art. 207. La Comisión Permanente del Consejo General del Poder Judicial resolverá sobre la situación administrativa de jueces y magistrados. Contra el acuerdo de la citada Comisión Permanente, podrá interponerse el recurso que legalmente proceda ante el Pleno del Consejo General del Poder Judicial, en los plazos, forma y motivos que establece la Ley 30/1992, de 26 de noviembre.

Art. 208. El Pleno del Consejo General del Poder Judicial resolverá sobre la pérdida de la condición de juez o magistrado. Contra el acuerdo del Pleno podrá interponerse recurso contencioso-administrativo ante la Sala Tercera del Tribunal Supremo en el plazo de dos meses, contado de fecha a fecha desde la notificación al interesado en legal forma.

TÍTULO XII
Licencias y permisos

CAPÍTULO I
Permisos

Art. 209. Los jueces y magistrados tienen derecho al disfrute de un permiso anual de vacaciones y de los permisos y licencias, en las condiciones establecidas en la Ley Orgánica del Poder Judicial y en el presente Reglamento.

Art. 210. 1. El permiso anual de vacaciones tendrá la duración mínima de veintidós días hábiles o de los días que proporcionalmente correspondan, si fuera menor el tiempo de servicios prestados durante el año como tales jueces o magistrados. A los efectos previstos en este artículo, no se considerarán días hábiles los sábados.

2. Los jueces de nuevo ingreso tendrán derecho a que se les compute como tiempo servido el que media desde el nombramiento como jueces en prácticas hasta el momento de la toma de posesión en su primer destino como jueces de carrera.

3. Los jueces y magistrados tendrán derecho a un día hábil adicional al cumplir los quince años de servicio, añadiéndose un día hábil más al cumplir los veinte, veinticinco y treinta años de servicio respectivamente, hasta un total de veintiséis días hábiles por año natural.

4. Los Presidentes de Sala y los magistrados del Tribunal Supremo y del resto de los tribunales disfrutarán de este permiso durante el mes de agosto, con excepción de aquellos a quienes corresponda formar la Sala prevista en los artículos 61 y 180 de la Ley Orgánica del Poder Judicial, que podrán disfrutarlo en época distinta.

Precepto anulado por la S. del Pleno de la Sala 3ª del TS de 19/07/2013 *(Tol 3920180)*.

6. Los días de vacaciones que, en la nueva dimensión conferida por el párrafo primero del artículo 371.1 de la Ley Orgánica del Poder Judicial, excedan de un mes así como los días adicionales por razón de antigüedad podrán disfrutarse de manera conjunta a continuación del referido mes o en cualquier otro momento,

siempre que la concurrencia de circunstancias excepcionales en el órgano judicial no impida su disfrute en el período solicitado.

Art. 213. 1. El Presidente de la Audiencia Nacional y los Presidentes de los Tribunales Superiores de Justicia velarán para que el disfrute del permiso anual de vacaciones de los jueces y magistrados titulares de órganos unipersonales coincida con el período que se señala en el número cinco del artículo anterior garantizando, en todo caso, que el servicio quede debidamente atendido durante el mismo.

2. Antes del día uno de junio de cada año, la Sala de Gobierno de la Audiencia Nacional y de los Tribunales Superiores de Justicia aprobarán el régimen de permanencia de los jueces y magistrados durante el periodo ordinario de disfrute de las vacaciones, con las previsiones necesarias sobre la sustitución de los que se encuentren disfrutando de la vacación anual mediante los procedimientos previstos en la Ley Orgánica del Poder Judicial. Dicha medida se adoptará con ocasión de la aprobación o modificación de la propuesta que a tal fin formule la Junta de jueces correspondiente. Si no hubiere mediado propuesta alguna, la Sala de Gobierno antes de adoptar cualquier decisión recabará el parecer de la Junta de jueces afectada.

3. Una vez aprobado por la Sala de Gobierno el plan de vacaciones de verano y notificado en legal forma a los afectados por el mismo, no será necesaria la petición expresa de permiso por parte de los jueces y magistrados que hayan de disfrutar de vacación en el periodo ordinario a que se refiere el artículo 210.5.

Art. 212. De conformidad con lo dispuesto en el artículo 372 de la Ley Orgánica del Poder Judicial, el permiso anual de vacaciones podrá denegarse para el tiempo en el que se solicite, en atención al número de asuntos pendientes en un juzgado o Tribunal por retraso imputable al juez o magistrado, por la acumulación de peticiones de licencias en el territorio o cuando por otras circunstancias excepcionales pudiera perjudicarse el regular funcionamiento de la Administración de Justicia.

En todo caso, la denegación del permiso se acordará en resolución motivada.

Art. 213. 1. De conformidad con lo dispuesto en el artículo 373.4 de la Ley Orgánica del Poder Judicial, los jueces y magistrados podrán disfrutar de permisos de tres días hábiles, sin que puedan exceder de seis permisos en el año natural ni de uno al mes. El disfrute de los tres días a que se extienden tales permisos habrá de ser continuado, entendiéndose consumido el permiso aunque sólo se haya empleado parcialmente. A los efectos de este artículo, no se computarán los sábados ni los días festivos.

2. Los permisos de tres días no podrán acumularse entre sí ni al período de vacaciones, excepto que entre dichos periodos medie algún día inhábil; salvo el supuesto previsto en el segundo párrafo del número tres de este artículo, la denegación del permiso será excepcional y estará subordinada al buen funcionamiento del servicio.

3. En el escrito de petición del permiso se hará constar la existencia de señalamientos, vistas o deliberaciones en los días solicitados. Tratándose de órganos unipersonales, el peticionario concretará a quién le correspondería hacerse cargo del órgano durante la ausencia del solicitante.

El permiso solicitado podrá ser denegado cuando los días en los que se pretenda disfrutar coincidan con señalamientos, vistas o deliberaciones. No se denegará por este motivo el permiso cuando los señalamientos, vistas o deliberaciones se hayan establecido con anterioridad a la petición del permiso, debido a la sobrecarga de trabajo del órgano judicial, o el permiso se haya solicitado por motivos imprevisibles o de urgencia.

Art. 214. Los jueces y magistrados con destino en las Islas Canarias podrán acumular varios permisos de tres días correspondientes a un solo año.

Art. 215. 1. La competencia para otorgar los permisos corresponde al Presidente del Tribunal Supremo, de la Audiencia Nacional o del Tribunal Superior de Justicia, según proceda. El Presidente del Tribunal Supremo resolverá sobre la petición de tales permisos que formulen el Presidente de la Audiencia Nacional y los de los Tribunales Superiores de Justicia. Las resoluciones denegatorias del permiso o de su disfrute en el tiempo para el que se solicite serán fundadas y susceptibles de recurso de alzada o de revisión, en su caso, ante el Consejo General del Poder Judicial en los plazos y por los motivos y formas que establece la Ley 30/1992, de 26 de noviembre.

2. Los permisos no afectarán al régimen retributivo de quien los disfrute.

Art. 216. 1. Los jueces y magistrados tendrán derecho a un permiso extraordinario por el tiempo indispensable para cumplir un deber inexcusable de carácter público.

2. La competencia para otorgar este permiso corresponde a la Comisión Permanente del Consejo General del Poder Judicial, ante quien se habrá de formular la oportuna solicitud.

CAPÍTULO II
Licencias por razón de matrimonio

Art. 217. 1. Los jueces y magistrados tendrán derecho a una licencia de quince días hábiles por razón de matrimonio que podrá disfrutarse en días anteriores o posteriores a su celebración, indistintamente.

2. Su otorgamiento será de obligatoria concesión, debiéndose justificar la celebración del matrimonio.

3. La competencia para su concesión corresponde a los Presidentes relacionados en el artículo 215.

Art. 218. 1. Las juezas y magistradas tendrán derecho en caso de parto a una licencia de dieciséis semanas ininterrumpidas, que se ampliarán en dos semanas más en el supuesto de discapacidad del hijo y por cada hijo a partir del segundo, en los supuestos de parto múltiple. En los casos de parto prematuro y en aquéllos en que por otra causa, el neonato deba permanecer hospitalizado a continuación del parto, este permiso se ampliará durante el periodo de hospitalización del neonato, por un máximo de trece semanas adicionales.

2. La interesada distribuirá libremente el período de licencia, siempre que seis semanas sean inmediatamente posteriores al parto. El otro progenitor miembro de la Carrera Judicial tendrá derecho al disfrute del referido periodo para el cuidado del hijo en caso de fallecimiento de la madre. Cuando ambos progenitores trabajen, la madre, al iniciarse el periodo de descanso por maternidad, podrá optar porque el otro progenitor disfrute de una parte determinada e ininterrumpida del periodo de descanso posterior al parto, bien de forma simultánea o sucesiva con el de la madre. En el caso de disfrute simultáneo de ambos periodos de descanso, la suma de los mismos no excederá de las dieciséis semanas previstas o de las que correspondan en caso de discapacidad del hijo o en caso de parto múltiple. A solicitud del interesado, el permiso se podrá disfrutar a jornada completa o con reducción de la jornada de audiencia pública en los términos previstos en el artículo 223.

3. Llegado el momento previsto para la reincorporación de la madre al trabajo, si ésta no se reincorporase por encontrase en situación de riesgo por el parto o lactancia natural, en los términos establecidos en el artículo 58 de la Ley Orgánica 3/2007, de 22 de marzo, para la Igualdad Efectiva de Mujeres y Hombres, o por hallarse en cualquier otra situación de riesgo para su salud, el otro progenitor podrá seguir disfrutando del permiso de maternidad inicialmente cedido.

Art. 219. 1. Los miembros de la Carrera Judicial tendrán derecho a una licencia por adopción o acogimiento, tanto preadoptivo como permanente o simple, de dieciséis semanas ininterrumpidas, que se ampliará en dos semanas más en el supuesto de discapacidad del menor adoptado o acogido o por cada hijo o menor, a partir del segundo, en los supuestos de adopción o acogimiento múltiple.

2. El permiso empezará a contar a elección del interesado, bien a partir de la decisión administrativa o judicial de acogimiento, bien a partir de la resolución judicial de constitución de la adopción. En ningún caso, un mismo menor podrá dar derecho a varios periodos de disfrute de este permiso. En caso de que ambos adoptantes trabajen, el permiso se distribuirá a su elección, pudiendo disfrutarlo de forma simultánea o sucesiva, siempre en periodos ininterrumpidos. En el caso de disfrute simultáneo de ambos periodos de descanso, la suma de los mismos no excederá de las dieciséis semanas previstas, o de las que correspondan en caso de discapacidad del hijo o en caso de parto múltiple. A solicitud del interesado, el permiso se podrá disfrutar a jornada completa o con reducción de la jornada de audiencia pública en los términos previstos en el artículo 223.

3. En los casos de adopción o acogimiento internacional en que fuera necesario el desplazamiento previo de los adoptantes al país de origen del adoptado, los miembros de la Carrera Judicial tendrán derecho, además, a un permiso de hasta dos meses de duración. En el caso de que ambos adoptantes trabajen, el tiempo podrá distribuirse a solicitud de los interesados.

Art. 220. En los casos de adopción o acogimiento internacional, el permiso podrá iniciarse hasta cuatro semanas antes de la resolución judicial de constitución de la adopción o de la decisión administrativa o judicial de acogimiento.

Art. 221. 1. De conformidad con lo dispuesto en el artículo 373.6 de la Ley Orgánica del Poder Judicial, los jueces y magistrados tendrán derecho a un permiso de paternidad de quince días por el nacimiento, acogimiento o adopción de un hijo, a disfrutar por el padre o el otro progenitor, a partir de la fecha de nacimiento, de la decisión administrativa o judicial de acogimiento o de la resolución judicial constitutiva de la adopción.

2. Este permiso es independiente del disfrute compartido de los permisos contemplados en los artículos 218 y 219.

Art. 222. El tiempo transcurrido durante el disfrute de los permisos reconocidos en los artículos precedentes, se computará como de servicio efectivo a todos los efectos, garantizándose la plenitud de derechos económicos y profesionales de los miembros de la Carrera Judicial durante todo el periodo de duración del

§13

permiso y, en su caso, durante los periodos posteriores al disfrute del mismo, si el derecho a percibir algún concepto retributivo se determina en función del periodo de disfrute del permiso.

Art. 223. De conformidad con lo dispuesto en el artículo 373.7 de la Ley Orgánica del Poder Judicial, los jueces y magistrados tendrán derecho a los siguientes permisos, licencias y reducciones de jornada para la conciliación de la vida personal, familiar y laboral, debidamente adaptados a las particularidades de la Carrera Judicial:

a) Por lactancia de un hijo menor de doce meses, las juezas y magistradas tendrán derecho a una reducción de la jornada en le periodo de audiencia pública de una hora. Asimismo, las juezas y magistradas podrán solicitar la sustitución del tiempo de lactancia por un permiso retribuido que acumule en jornadas completas el tiempo correspondiente. Este permiso se incrementará proporcionalmente en los casos de parto múltiple. El derecho a la reducción de jornada o al disfrute del permiso sustitutorio podrán ejercerse por los jueces y magistrados, en caso de que ambos progenitores trabajen.

b) Por el nacimiento de hijos prematuros o que por cualquier otra causa deban permanecer hospitalizados a continuación del parto, tendrán derecho a reducir la jornada en el periodo de audiencia pública hasta un máximo de dos horas.

c) Las juezas y magistradas embarazadas tendrán derecho a la concesión de permiso para la realización de exámenes prenatales y de técnicas de preparación al parto.

d) Por fallecimiento, accidente o enfermedad grave del cónyuge, de persona a la que estuviese unido por análoga relación de afectividad o de un familiar dentro del primer grado de consanguinidad o afinidad, tendrán derecho a una licencia de tres días hábiles, cuando el suceso se produzca en la misma localidad y cinco días hábiles, cuando tenga lugar en localidad distinta. Cuando se produzca alguna de las circunstancias mencionadas respecto a un familiar dentro del segundo grado de consanguinidad o afinidad, la licencia será de dos días hábiles, si tiene lugar en la misma localidad, y de cuatro días hábiles, si se produce en localidad distinta.

e) Por razones de guarda legal, cuando tengan el cuidado directo de algún menor de doce años, de persona mayor que requiera especial dedicación o de una persona con discapacidad que no desempeñe actividad retribuida, tendrán derecho a reducir la jornada en el periodo de audiencia pública durante las horas necesarias para atender las obligaciones de guarda legal, con la disminución proporcional de sus retribuciones. El tiempo de reducción por este motivo no podrá ser superior al cincuenta por ciento de la jornada antes indicada.

f) Por cuidado de un familiar de primer grado, cónyuge o persona a la que estuviese unido por análoga relación de afectividad tendrán derecho a solicitar, con carácter retribuido, una reducción de hasta el cincuenta por ciento de la jornada en el periodo de audiencia pública por un plazo máximo de un mes. Este periodo podrá prorrogarse si las circunstancias se mantienen y no hubiera más de un titular de este derecho por el mismo hecho causante. A partir de la prórroga del primer mes de licencia, se aplicará la disminución proporcional de las retribuciones.

g) Por cuidado directo de un familiar, hasta el segundo grado de consanguinidad o afinidad, cónyuge o persona a la que estuviese unido por análoga relación de afectividad que, por razones de edad, accidente o enfermedad, no pueda valerse por sí mismo y no desempeñe una actividad retribuida, tendrán derecho a reducir la jornada durante el periodo de audiencia pública, en las horas necesarias para atender las obligaciones de guarda legal, con la disminución proporcional de sus retribuciones. El tiempo de reducción máximo será el previsto en el apartado e) de este artículo.

h) Para el cuidado, durante la hospitalización y tratamiento continuado, del hijo menor de edad, por naturaleza o adopción o, en los supuestos de acogimiento preadoptivo o permanente del menor que esté afectado por cáncer (tumores malignos, melanomas y carcinomas) o por cualquier otra enfermedad grave que implique un ingreso hospitalario de larga duración y requiera la necesidad de su cuidado directo, continuo y permanente, hasta que el menor cumpla los 18 años, como máximo, tendrán derecho a reducir la jornada en el periodo de audiencia pública, al menos, en la mitad de su duración. Cuando concurran en ambos progenitores, adoptantes o acogedores de carácter preadoptivo o permanente, las circunstancias necesarias para tener derecho a este permiso o, en su caso, puedan tener la condición de beneficiarios de la prestación establecida para este fin en el Régimen de la Seguridad Social que les sea de aplicación, el derecho a su disfrute sólo podrá ser reconocido a favor de uno de ellos.

i) Por tiempo indispensable para el cumplimiento de un deber relacionado con la conciliación de la vida familiar y laboral.

j) Por traslado de domicilio sin cambio de residencia, tendrán derecho a licencia de un día.

Art. 224. 1. La concesión de las reducciones de la jornada de audiencia pública estarán vinculadas a la planificación de la carga de trabajo que soporta el órgano judicial, especialmente de los señalamientos de vistas, juicios y práctica de diligencias. Sin perjuicio de lo dispuesto en este artículo y en el número dos del artículo 226, el Consejo General del Poder Judicial adoptará cuantas medidas resulten necesarias para garantizar la continuidad en el ejercicio de la función jurisdiccional u otras necesidades del servicio.

2. El disfrute de la reducción de jornada en horas de audiencia pública prevista este Reglamento no interrumpirá las vistas, juicios, deliberaciones, práctica de pruebas o de diligencias que deba practicar el beneficiario de dicho derecho. Para los días en que estuvieran señalados tales actos, la reducción de jornada comenzará y concluirá con anterioridad al inicio de aquéllos, salvo que su duración permita que la reducción pueda materializarse tanto al inicio como al final de las horas de audiencia pública.

3. A la hora de establecer los señalamientos de las vistas, juicios, práctica de pruebas o diligencias, se tendrá en cuenta, a los efectos previstos en el artículo 182 de la Ley de Enjuiciamiento Civil, el derecho del juez o magistrado al disfrute de la reducción de jornada en horas de audiencia pública al objeto de compatibilizar con tal derecho la continuidad en la celebración de dichos actos.

4. Durante el servicio de guardia, en sus diversas modalidades, la reducción de jornada antes indicada no podrá llevarse a cabo. El tiempo de reducción que no pudiera disfrutarse durante el servicio de guardia operará como crédito horario y se disfrutará en jornadas completas.

5. Para los magistrados que presten sus servicios en órganos colegiados, la reducción de jornada en horas de audiencia pública prevista en el artículo 223 con carácter general podrá ser sustituida, previa solicitud de éstos, por una disminución proporcional de las ponencias de asuntos sin vista que les correspondan o, en su caso, de las de vistas y juicios a los que deban asistir. En este supuesto, se aplicará la disminución proporcional de retribuciones que corresponda a la modalidad de reducción de jornada en horas de audiencia pública sustituida.

Art. 225. 1. Las ausencias de las juezas y magistradas víctimas de violencia sobre la mujer tendrán la consideración de justificadas por el tiempo y las condiciones que determine el Consejo General del Poder Judicial, previo informe de los servicios sociales de atención a la víctima o de salud, según proceda.

2. Las juezas y magistradas víctimas de violencia de género, para hacer efectiva su protección o su derecho de asistencia social integral, tendrán derecho a la reducción de la jornada durante las horas de audiencia pública con disminución proporcional de la retribución, o a la reordenación del tiempo de trabajo mediante la adaptación del horario, en los términos que disponga el Consejo General del Poder Judicial.

3. La concesión de la licencia por reducción de jornada o la reordenación del tiempo de trabajo mediante la adaptación del horario por razón de violencia de género sobre la jueza o magistrada, corresponde a la Comisión Permanente del

Consejo General del Poder Judicial, que decidirá de conformidad con los criterios establecidos en los artículos 224 y 226.2, el alcance temporal de la reducción y aplicarán las técnicas de flexibilización y ordenación del trabajo, acordando las medidas de sustitución o refuerzo necesarias, atendidas las circunstancias expuestas por la solicitante y los criterios aprobados por este órgano.

Art. 226. 1. La competencia para otorgar los permisos y las licencias reconocidos en este Capítulo corresponde a la Presidencia de los órganos mencionados en el artículo 215 de este Reglamento, que resolverán la solicitud atendiendo a las circunstancias alegadas por el solicitante y, en su caso, la documentación acreditativa de las mismas aportada por el interesado acompañando la petición. La resolución será siempre motivada en caso de ser desestimatoria de la pretensión. No obstante, la competencia para otorgar las reducciones de jornada durante las horas de audiencia pública o, en su caso, la disminución proporcional de ponencias o de asistencia a juicios y vistas corresponde a la Comisión Permanente del Consejo General del Poder judicial, a propuesta de la Sala de Gobierno y previo informe del Servicio de Inspección.

2. A los efectos previstos en el artículo 188 de la Ley Orgánica del Poder Judicial, el derecho a la reducción de jornada en horas de audiencia pública no repercutirá en la duración de ésta. A tal fin, se aplicarán las medidas de sustitución o refuerzo que resulten necesarias para garantizar la compatibilidad entre la continuidad y regularidad del ejercicio de la función jurisdiccional y el disfrute de estos derechos por los jueces y magistrados. A estos efectos, el Consejo General del Poder Judicial aprobará medidas de flexibilización, planificación, sustitución y cualquier otra que resulte necesaria para garantizar la efectividad de los permisos, licencias y reducciones de jornada reconocidos a los miembros de la Carrera Judicial, así como los criterios para su aplicación, atendiendo a la valoración individualizada de la carga de trabajo de cada órgano jurisdiccional y a las exigencias derivadas del cumplimiento de la función jurisdiccional.

3. El disfrute de los permisos, y licencias reconocidos en este Capítulo no afectará al régimen retributivo de los miembros de la Carrera Judicial. Las reducciones de jornada durante las horas de audiencia pública y la disminución proporcional del número de ponencias, vistas o juicios, dará lugar a la disminución proporcional de retribuciones, en los supuestos expresamente previstos.

4. La concesión de los permisos, licencias y reducciones de jornada reconocidos en este Capítulo será compatible con la participación y asistencia a los cursos de formación que convoque el Consejo General del Poder Judicial, siempre que ello no sea contrario a la naturaleza del permiso, licencia o reducción de jornada.

CAPÍTULO III
Licencias por enfermedad

Art. 227. 1. De conformidad con lo dispuesto en el artículo 374 de la Ley Orgánica del Poder Judicial, el juez o magistrado que por hallarse enfermo no pudiere asistir al despacho, deberá comunicarlo al Presidente del que inmediatamente dependa. Los magistrados destinados en órganos colegiados lo participarán, además, al Presidente de la Sala o Audiencia a la que pertenezcan y los titulares de órganos unipersonales al juez o magistrado que deba hacerse cargo de su sustitución. De persistir la enfermedad por más de cinco días, deberá solicitar la correspondiente licencia.

2. Cuando por la naturaleza de la enfermedad no resultase posible la comunicación inmediata a que se refiere el número anterior, ésta se llevara a cabo con la mayor celeridad posible.

Art. 228. 1. Procederá la licencia por enfermedad cuando la dolencia impida el normal desempeño de las funciones judiciales. Sus efectos se retrotraerán al sexto día de la inasistencia al lugar de trabajo.

2. No obstante, siempre que las necesidades del servicio lo permitan, se podrá conferir licencia parcial por enfermedad cuando las dolencias que padezca el juez o magistrado no le impidan desarrollar las funciones judiciales, pero sí el desempeño de las mismas al ritmo habitual. Esta licencia dará lugar, según elección del interesado y con aplicación, en lo que proceda, de lo dispuesto en los artículos 224 a 226, a la concesión de la reducción de jornada en horas de audiencia pública prevista en el artículo 223 o, si se hallara destinado en órgano colegiado, de la disminución de carga de trabajo a que hace mención el artículo 224.5.

Cuando la negativa evolución de la enfermedad impidiera el mantenimiento de esta licencia, el interesado pasará a disfrutar de licencia ordinaria por enfermedad.

3. Las licencias a que se refieren los números anteriores deberán solicitarse acompañando informe médico en el que se indicará la naturaleza de la enfermedad, su incidencia en el ejercicio de la función jurisdiccional y una previsión sobre el tiempo preciso para el restablecimiento del interesado. La concesión de la licencia corresponde, según los casos, a la Comisión Permanente del Consejo General del Poder Judicial, al Presidente del Tribunal Supremo, al de la Audiencia Nacional o al del Tribunal Superior de Justicia. Estos órganos podrán llevar a cabo las comprobaciones oportunas para verificar la exactitud de la patología alegada y su influencia en el normal desempeño de la función judicial, recabando, a tal efecto, los informes de aquellas entidades o instituciones que estimen pertinentes, sin perjuicio de preservar la debida confidencialidad, de conformidad con lo

dispuesto en la Ley Orgánica 15/1999, de 13 de diciembre, de Protección de Datos de Carácter Personal, respecto de la información relativa a la salud del afectado.

4. Los jueces y magistrados que enfermen hallándose en periodo de vacación, licencia o permiso fuera de la localidad de su destino, podrán cursar las peticiones por conducto de la autoridad judicial superior del lugar en que se encuentren.

Precepto anulado por STS, 3ª, nº 4209/2013, de 10 de julio.

Art. 229. 1. Las licencias por enfermedad se concederán con el límite máximo de seis meses por año computado desde el inicio de las mismas. El Consejo General del Poder Judicial podrá prorrogarlas por períodos mensuales, previo informe de la autoridad judicial que otorgó la licencia inicial, en el que se hará constar si procede o no a la jubilación por incapacidad permanente.

2. Cada solicitud de prórroga ha de ir acompañada del informe médico detallado a que se refiere el artículo anterior. Asimismo, se podrán realizar las comprobaciones en él indicadas. Si de conformidad con lo dispuesto en el artículo 387 de la Ley Orgánica del Poder Judicial se apreciaren indicios de incapacidad permanente en el afectado, el Consejo General del Poder Judicial también podrá acordar la realización de las referidas comprobaciones.

Art. 230. 1. De conformidad con lo dispuesto en el artículo 375 de la Ley Orgánica del Poder Judicial, las licencias por enfermedad hasta el sexto mes inclusive, no afectarán al régimen retributivo de quienes las hayan obtenido. Transcurrido el sexto mes, sólo darán derecho al percibo de retribuciones básicas y por razón de familia, sin perjuicio de las prestaciones complementarias que procedan, con arreglo al régimen de Seguridad Social aplicable.

2. A partir del sexto mes, la licencia parcial por enfermedad dará lugar a la reducción proporcional de retribuciones prevista en el artículo 223. Si la negativa evolución de la enfermedad diera lugar a la concesión de licencia ordinaria por enfermedad, los periodos de tiempo de ambas licencias se computarán conjuntamente a los efectos previstos en el número uno de este artículo.

Párrafo segundo anulado por STS, 3ª, nº 4209/2013, de 10 de julio.

CAPÍTULO IV
Licencias para realizar estudios

Art. 231. 1. Los jueces y magistrados podrán disfrutar de licencias, sin limitación de haberes, para realizar estudios en general o relacionados con la función judicial.

2. A estos efectos, se consideran estudios en general la asistencia a cursos, congresos o jornadas a las que el juez o magistrado no haya sido convocado por el Consejo General del Poder Judicial, salvo los supuestos previstos en el número tres de este artículo, así como los exámenes, demás pruebas oficiales de aptitud y otras actividades similares.

3. Tendrán la consideración de estudios relacionados con la función judicial, se confiera o no comisión de servicio al respecto, los siguientes:

a) La preparación de pruebas selectivas de promoción y de especialización previstas en la Ley Orgánica del Poder Judicial y la concurrencia a cursos de formación organizados por el Consejo General del Poder Judicial para el cambio de orden jurisdiccional a que se refiere el presente Reglamento.

b) La concurrencia a las actividades organizadas por el Consejo General del Poder Judicial o por otros órganos de gobierno del Poder Judicial, a las que haya sido convocado expresamente el juez o magistrado en cuestión.

c) El disfrute de becas que se concedan a los jueces y magistrados para la realización de una actividad o investigación relacionada con la función judicial.

d) La asistencia a cursos, jornadas, congresos e investigaciones en departamentos académicos, tanto en España como en el extranjero, que se relacionen con disciplinas jurídicas, relacionadas con la función judicial, e independientemente de que el Consejo General participe o no en su programación.

e) Cualesquiera otros estudios jurídicos o de disciplinas relacionadas con la función judicial que se consideren necesarios, convenientes y adecuados para la formación de jueces y magistrados.

f) Tendrán también la consideración de estudios relacionados con la función judicial los que se realicen fuera de España y tengan por objeto la protección jurisdiccional de los derechos fundamentales, el Derecho comunitario, la organización judicial, el estatuto de los jueces y magistrados, o la práctica judicial en Derecho comparado, y que estén organizados o en los que participe alguna de las siguientes instituciones:

1ª El Consejo General del Poder Judicial.

2ª Ministerios o instituciones públicas españolas o extranjeras.

3ª El Tribunal de Justicia u otras instituciones de la Unión Europea.

4ª El Consejo de Europa.

5ª Cualquier otra institución u organismo relacionado con la Administración de Justicia en cuanto a la convocatoria de actividades que tengan por objeto el tratamiento de cuestiones relacionadas con aquélla.

Art. 232. 1. La competencia para otorgar las licencias por estudios corresponde a la Comisión Permanente del Consejo General del Poder Judicial, por conducto

§13

del Presidente del Tribunal Supremo, del Presidente de la Audiencia Nacional o del Presidente del Tribunal Superior de Justicia, oído, en su caso, el Presidente de la Audiencia Provincial o Sala a que pertenezca el magistrado solicitante. Junto con la solicitud, estos órganos adjuntarán informe sobre la procedencia de la licencia interesada valorando especialmente la situación del órgano en el que el solicitante presta servicio, su rendimiento y las posibilidades de cobertura de la plaza durante el periodo de disfrute. Podrá solicitarse informe del Servicio de Inspección del Consejo General del Poder Judicial sobre el normal funcionamiento del servicio, al objeto de ponderar la incidencia que la concesión comporta respecto de la prioritaria atención de las necesidades del servicio. No será necesario informe del Presidente cuando se trate de licencia para la concurrencia a actividades organizadas por el Consejo General del Poder Judicial a las que haya sido convocado expresamente el juez o magistrado.

2. La petición de la licencia, en la forma establecida en el párrafo primero, habrá de tener entrada en el Consejo General del Poder Judicial con la suficiente antelación que, en todo caso, no será inferior a diez días naturales previos a la fecha del inicio de su disfrute.

3. La duración de la licencia vendrá determinada por la naturaleza de los estudios de que se trate y habrá de fijarse en todo caso en el acuerdo de concesión. Con carácter general, su duración no excederá de seis meses, sin perjuicio de que dicho plazo pueda prorrogarse cuando el desarrollo de la actividad así lo requiera. Cuando se refiera a la preparación de pruebas de promoción y especialización previstas en la Ley Orgánica del Poder Judicial, la duración máxima de la licencia que podrán solicitar los participantes en dichas pruebas se establecerá en la correspondiente convocatoria.

Art. 233. 1. Las licencias para realizar estudios relacionados con la función judicial no afectarán al régimen retributivo de quienes las obtengan. Finalizada la licencia, se elevará al Consejo General del Poder Judicial una memoria de los trabajos realizados y, si su contenido no fuera bastante para justificarla, se compensará la licencia con el tiempo que se determine de las vacaciones del interesado.

2. En el caso de las licencias concedidas para la preparación de pruebas de promoción y especialización previstas en la Ley Orgánica del Poder Judicial, será necesario concurrir efectivamente a las pruebas y completar los ejercicios previstos. La superación de las pruebas eximirá de la presentación de la memoria prevista en el párrafo anterior y excluirá la posibilidad de compensación prevista en el mismo, con derecho a la percepción íntegra de la retribución por el período de licencia efectivamente disfrutado. Si la licencia prevista en la convocatoria fuera de duración máxima superior a un mes, podrá solicitarse, en cuanto al exceso, en

las condiciones de retribución previstas en el artículo 234.1. El Tribunal calificador de las pruebas emitirá, a los fines previstos en el presente artículo, informe sobre el aprovechamiento demostrado por el aspirante que no hubiera superado la prueba. A la vista de dicho informe, así como de la puntuación final obtenida y de la memoria elaborada por el interesado, el Consejo General del Poder Judicial podrá resolver que el interesado, no obstante no haber superado las pruebas, perciba completa la retribución correspondiente.

3. Cuando se trate de licencia para efectuar estudios en país extranjero, la memoria justificativa de los trabajos realizados será examinada por la Comisión de Relaciones Internacionales, la que, en su caso, elevará informe a los órganos correspondientes del Consejo. En los casos en que proceda, dicha memoria será informada por la Comisión de Escuela Judicial.

Art. 234. 1. Las licencias para realizar estudios en general sólo darán derecho a percibir las retribuciones básicas y por razón de familia. Finalizada la licencia, se elevará al Consejo General del Poder Judicial una memoria justificativa de los trabajos realizados y, si su contenido no fuese suficiente para justificarla, se compensará la licencia con el tiempo que se determine de las vacaciones del interesado, en proporción a las retribuciones realmente percibidas.

2. Cuando se trate de una licencia para efectuar estudios en país extranjero, la memoria justificativa de los trabajos realizados será examinada por la Comisión de Relaciones Internacionales, la que, en su caso, elevará informe a los órganos correspondientes del Consejo. En los casos en que proceda, dicha memoria será informada por la Comisión de Escuela Judicial.

Art. 235. 1. Los jueces y magistrados que lleven en el ejercicio efectivo de funciones jurisdiccionales más de diez años ininterrumpidos podrán solicitar una licencia retribuida, de hasta cuatro meses de duración para actualizar su formación en materias jurídicas relacionadas con el destino que sirvan en el momento de la solicitud. A los efectos previstos en este Capítulo, la actividad para la que solicite esta clase de licencia se considerará relacionada con la función judicial.

2. El Consejo General del Poder Judicial establecerá una relación de aquellas materias que puedan ser objeto de la actualización jurídica a que se refiere el número anterior, teniendo en cuenta los diferentes órdenes jurisdiccionales o especialidades.

3. La solicitud, en la que se expondrán los objetivos, contenidos y programación de la actividad formativa, se resolverá, previo informe de la Comisión de Escuela Judicial, por la Comisión Permanente, que podrá denegarla en atención a las necesidades del servicio, la inadecuación a la relación de materias esta-

§13

blecidas por el Consejo General del Poder Judicial, la trayectoria y rendimiento profesional del solicitante o la manifiesta falta de consistencia o relevancia de la propuesta.

4. La actividad formativa que da lugar a esta clase de licencia podrá desarrollarse en España o en un país extranjero cuando tenga por objeto el estudio del derecho comparado o del derecho y las instituciones de la Unión Europea.

5. Una vez finalizada la licencia, dentro del plazo de quince días a partir de la reincorporación, el interesado remitirá una memoria expresiva de la actividad desarrollada, de conformidad con lo dispuesto en los apartados primero y tercero del artículo 233.

CAPÍTULO V
Licencias por asuntos propios

Art. 236. 1. Podrá concederse licencia por asuntos propios sin derecho a retribución alguna, cuya duración acumulada no podrá, en ningún caso, exceder de tres meses cada dos años.

2. Cuando quede debidamente acreditado que las condiciones de especial dificultad en que se ejerce jurisdicción puedan llegar a afectar gravemente a la situación personal del juez o magistrado, el Consejo General del Poder Judicial podrá conceder licencia con derecho a retribución. En este caso, la duración máxima de la licencia será de quince días hábiles anuales, susceptibles de ser distribuidos en períodos no inferiores a cinco días hábiles.

3. La solicitud de licencia por asuntos propios se elevará al Consejo General del Poder Judicial por conducto y con informe del Presidente del Tribunal Supremo, de la Audiencia Nacional o del Tribunal Superior de Justicia, según el órgano en el que se encuentre destinado el solicitante. El informe deberá valorar la repercusión que el otorgamiento de la licencia suponga en el normal funcionamiento de la Administración de Justicia, y en el supuesto previsto en el número dos anterior, las circunstancias que determinen la especial dificultad del ejercicio jurisdiccional y su incidencia sobre la situación personal del solicitante.

4. La concesión de esta licencia podrá ser denegada o reducida en su duración, de conformidad con los criterios de valoración enunciados en el párrafo anterior.

5. Podrá concederse licencia con derecho a retribución, basada en circunstancias personales o familiares debida y objetivamente acreditadas que afecten gravemente a la situación personal del Juez o Magistrado, y cuya especial gravedad habrá de valorar el Consejo General del Poder Judicial. La duración máxima de la licencia será de quince días hábiles, que podrán ser prorrogados excepcionalmente,

si subsisten las circunstancias que motivaron su otorgamiento y lo permiten las necesidades del servicio.

En situación de excepcional urgencia, esta licencia podrá ser concedida por el Presidente del Tribunal correspondiente, quien dará cuenta inmediatamente al Consejo General del Poder Judicial.

CAPÍTULO VI
Licencias extraordinarias

Art. 237. 1. El Consejo General del Poder Judicial otorgará licencia extraordinaria a los jueces y magistrados que deban asistir a cursos de selección o de prácticas en el Centro de Estudios Jurídicos de la Administración de Justicia o en otros Centros de selección para el acceso a la función pública. La licencia abarcará el tiempo completo de duración de tales cursos.

2. Los derechos retributivos de quienes disfruten de esta licencia serán los establecidos en las disposiciones reguladoras del estatuto de los funcionarios en prácticas.

Art. 238. El disfrute de licencias por el ejercicio de actividades asociativas se regirá por lo dispuesto en el Reglamento de Asociaciones Judiciales

Art. 239. Tendrán derecho a licencia extraordinaria subordinada, en todo caso, a las necesidades del servicio, los candidatos y los representantes de las candidaturas que concurran a las elecciones a Salas de Gobierno, limitada a un período máximo de tres días.

La competencia para otorgar esta licencia extraordinaria corresponde al Consejo General del Poder Judicial.

Art. 240. Podrá concederse licencia extraordinaria subordinada en todo caso a las necesidades del servicio, a los jueces y magistrados que sean compromisarios de la Mutualidad General Judicial, para asistir a las asambleas de la misma cuando sean convocados.

La competencia para otorgar esta licencia extraordinaria corresponde al Consejo General del Poder Judicial.

CAPÍTULO VII
Disposiciones comunes

Art. 241. Los permisos y licencias comenzarán a disfrutarse en las fechas fijadas en los escritos de solicitud o, en su defecto, dentro de los seis días hábiles siguientes al de la notificación de su concesión, considerándose caducadas en otro caso.

Art. 242. Los jueces y magistrados comunicarán al Presidente del que gubernativamente dependan así como al juez o magistrado que deba sustituirles, las fechas en las que comiencen a disfrutar de los permisos y licencias y en las que los terminen. Los Presidentes dejarán debida constancia de los permisos y licencias concedidos a los jueces y magistrados cada año, y cuando éstos se trasladen comunicarán al Presidente del que el juez o magistrado pase a depender gubernativamente los permisos o licencias que haya disfrutado durante el año en curso. Cuando el órgano competente para la concesión de la licencia sea el Consejo General del Poder Judicial, los Presidentes a que hace mención este artículo le trasladarán la información facilitada por el interesado.

Art. 243. 1. De conformidad con lo dispuesto en el artículo 376 de la Ley Orgánica del Poder Judicial, cuando circunstancias excepcionales lo impongan y siempre que su naturaleza lo permita, podrán suspenderse o revocarse las licencias o permisos concedidos y, si ya se hubiere comenzado su disfrute, ordenarse a los jueces o magistrados afectados la incorporación a su Juzgado o Tribunal.

2. Tales acuerdos deberán adoptarse en resolución fundada por la autoridad que hubiera concedido el permiso o licencia de que se trate y serán susceptibles de recurso en los plazos y por los motivos y formas que establece la Ley 30/1992, de 26 de noviembre.

Art. 244. Cuando el juez o magistrado que pretenda solicitar un permiso o licencia se encontrare fuera de su destino y concurran razones de urgencia, la solicitud correspondiente podrá ser cursada por cualquier medio que permita su recepción por el órgano competente para su concesión.

Art. 245. Las licencias y permisos, incluido el de vacaciones, no se verán afectados por los traslados o promoción de los jueces y magistrados. Producido el traslado, el plazo posesorio empezará a contarse a partir del día siguiente al de finalización del permiso o licencia. El cese en el destino, a efectos administrativos, tendrá efectos al día siguiente de la publicación en el «Boletín Oficial del Estado» de la resolución por la que se disponga el traslado o promoción, salvo que en la resolución que lo motive se establezca otra cosa.

TÍTULO XIII
Procedimiento de jubilación forzosa y voluntaria, nombramiento de magistrados eméritos y rehabilitación

CAPÍTULO I
Disposiciones generales

Art. 246. La jubilación de los jueces y magistrados podrá ser forzosa, por cumplir la edad legalmente prevista o por incapacidad permanente para el ejercicio de sus funciones, o voluntaria, de conformidad con los requisitos legal y reglamentariamente previstos.

Art. 247. El procedimiento de jubilación comprende el conjunto de actuaciones administrativas conducentes a declarar la jubilación voluntaria o forzosa, en cualquiera de sus modalidades.

Art. 248. 1. Los procedimientos de jubilación de jueces y magistrados se regirán por lo dispuesto en la Ley Orgánica del Poder Judicial y en el presente reglamento.

2. En lo no previsto por las normas anteriores regirá lo establecido en el Texto Refundido de la Ley de Clases Pasivas del Estado aprobado por Real Decreto Legislativo 670/1987, de 30 de abril.

3. Los procedimientos de jubilación se impulsarán de oficio en todos sus trámites.

Art. 249. 1. La Comisión Permanente del Consejo General del Poder Judicial será el órgano competente para acordar la jubilación forzosa por edad, de conformidad con lo dispuesto en el artículo 131.3 de la Ley Orgánica del Poder Judicial.

2. El Pleno del Consejo General del Poder Judicial será el órgano competente para resolver sobre la jubilación por incapacidad permanente para el servicio y la voluntaria en todas sus modalidades, de acuerdo con lo dispuesto en el artículo 127.7 de la Ley Orgánica del Poder Judicial.

Art. 250. Siempre que en el presente título no se exprese otra cosa, cuando los plazos se expresen por días, se entiende que éstos son hábiles, excluyéndose del cómputo los domingos y los señalados festivos.

CAPÍTULO II
Procedimiento de jubilación forzosa por edad

Art. 251. La jubilación por edad de los jueces y magistrados es forzosa y se decretará con la antelación suficiente para que el cese en el ejercicio de la función se produzca efectivamente al cumplir la edad de setenta años.

Art. 252. 1. El procedimiento se iniciará de oficio mediante acuerdo adoptado por la Comisión Permanente del Consejo General del Poder Judicial, con antelación suficiente a la fecha en que el magistrado cumpla la edad de setenta años. Dicho acuerdo será notificado al interesado.

2. En el supuesto de que el interesado no recibiera la referida notificación, deberá dirigirse, con una antelación de al menos tres meses al cumplimiento de la edad, al órgano encargado de tramitar la jubilación para que proceda a iniciar el procedimiento.

Art. 253. Iniciado el procedimiento, la Comisión Permanente del Consejo General del Poder Judicial examinará el expediente personal del magistrado, adoptando las medidas necesarias para reunir o completar la documentación que sirva de base a la propuesta de resolución.

Art. 254. 1. Cumplido el trámite anterior, la Comisión Permanente del Consejo General del Poder Judicial elaborará la propuesta de resolución y la pondrá de manifiesto al magistrado, por cualquier medio que permita tener constancia de su recepción, para que, en un plazo máximo de quince días a contar desde el día siguiente a su recepción, alegue cuanto estime pertinente y presente los documentos y justificaciones que considere oportunos.

2. La propuesta de resolución comprenderá, al menos, la identificación del magistrado jubilado, el carácter de la jubilación, el importe de la pensión, en su caso, y la fecha de la jubilación.

Art. 255. 1. A la vista de las alegaciones del magistrado y examinada, en su caso, la documentación aportada por el mismo, la Comisión Permanente del Consejo General del Poder Judicial dictará resolución de jubilación, con antelación suficiente a la fecha del cumplimiento de la edad de jubilación forzosa. Dicha resolución pondrá fin al procedimiento. No obstante, la eficacia de la jubilación quedará demorada hasta la fecha de cumplimiento de la edad de jubilación forzosa por el magistrado.

2. La resolución por la que se declare la jubilación forzosa por edad, deberá contener, al menos, la identificación del magistrado, el carácter de jubilación, el importe de la pensión, en su caso, y la fecha de la jubilación.

Art. 256. Las resoluciones dictadas por la Comisión Permanente del Consejo General del Poder Judicial en el procedimiento de jubilación forzosa por edad se notificarán al interesado y se comunicarán al Presidente del Tribunal Supremo; Audiencia Nacional o Tribunal Superior de Justicia, según proceda.

Art. 257. Contra la resolución por la que se declare la jubilación forzosa por edad podrá interponerse recurso de alzada ante el Pleno del Consejo General del Poder Judicial, y contra la resolución de éste, recurso contencioso-administrativo ante la Sala de lo Contencioso-Administrativo del Tribunal Supremo.

CAPÍTULO III

Procedimiento para el nombramiento de magistrados eméritos

Art. 258. Los miembros de la Carrera Judicial jubilados por edad podrán ser nombrados para ejercer funciones de magistrado suplente, hasta alcanzar la edad de 75 años, en las Salas de la Audiencia Nacional, Tribunales Superiores de Justicia y en Audiencias Provinciales. Estos tendrán la consideración y tratamiento de magistrados eméritos.

Art. 259. De conformidad con lo dispuesto en el artículo 200.5 de la Ley Orgánica del Poder Judicial, los magistrados del Tribunal Supremo, una vez jubilados, serán designados magistrados eméritos en el Tribunal Supremo cuando así lo soliciten, siempre que reúnan los requisitos necesarios y concurran los presupuestos legalmente establecidos.

Art. 260. El procedimiento se iniciará a instancia del magistrado interesado mediante escrito dirigido al Presidente del Tribunal Supremo, de la Audiencia Nacional o del Tribunal Superior de Justicia, con una antelación de al menos cuatro meses a la fecha en la que cumpla la edad de jubilación forzosa. Dicha solicitud será sometida a la consideración de la Sala de Gobierno correspondiente.

Art. 261. 1. Las Salas de Gobierno del Tribunal Supremo, Audiencia Nacional y Tribunal Superior de justicia emitirán la propuesta de nombramiento de magistrados eméritos, que deberán ser motivadas y expresar las circunstancias personales y profesionales de los propuestos, y las notificará a los interesados, quienes en el plazo de diez días podrán efectuar cuantas alegaciones y presentar la documentación que estimen pertinente. La propuesta elaborada por la Sala de Gobierno del Tribunal Supremo indicará, además, las necesidades de refuerzo que se precisan, a los efectos previstos en el artículo 200.5 de la Ley Orgánica del Poder Judicial.

2. La propuesta de nombramiento no vinculará al Consejo General del Poder Judicial.

Art. 262. Cumplido el trámite anterior, la Sala de Gobierno remitirá la propuesta de nombramiento y, en su caso, las alegaciones y documentación presentada por los interesados a la Comisión Permanente del Consejo General del Poder Judicial, que dictará resolución motivada con una antelación de, al menos, un mes a la fecha del cumplimiento de la edad de jubilación forzosa, con el fin de que no exista solución de continuidad entre ésta y la permanencia en el ejercicio de funciones jurisdiccionales de los magistrados eméritos nombrados.

Art. 263. Los nombramientos de magistrados eméritos se publicarán en el «Boletín Oficial del Estado» y se comunicarán al Presidente del Tribunal Supremo, Audiencia Nacional o Tribunal Superior de Justicia que, a su vez, los notificarán a quienes hubiesen resultado nombrados.

Art. 264. Contra la resolución dictada por la Comisión Permanente del Consejo General del Poder Judicial, podrá interponerse recurso de alzada ante el Pleno del Consejo General del Poder Judicial y contra la resolución de éste, recurso contencioso-administrativo ante la Sala de lo Contencioso-Administrativo del Tribunal Supremo.

Art. 265. Quien resulte nombrado magistrado emérito deberá, antes de tomar posesión del cargo, prestar juramento o promesa ante la Sala de Gobierno.

El plazo para la toma de posesión ante la Sala de Gobierno será de veinte días naturales a contar desde el siguiente al de publicación del nombramiento en el «Boletín Oficial del Estado».

Art. 266. Sin perjuicio de la aplicación del específico régimen jurídico previsto para los magistrados eméritos del Tribunal Supremo, a los magistrados eméritos les serán de aplicación las disposiciones previstas en la Ley Orgánica del Poder Judicial y en este Reglamento para los jueces sustitutos y magistrados suplentes.

CAPÍTULO IV
Procedimiento de jubilación por incapacidad permanente

SECCIÓN 1ª
Iniciación del procedimiento

Art. 267. El procedimiento de jubilación por incapacidad permanente podrá iniciarse por el Consejo General del Poder Judicial de oficio, a instancia de la Sala de Gobierno del Tribunal o de la Audiencia correspondiente, del Ministerio Fiscal, o del propio interesado.

Art. 268. 1. El Consejo General del Poder Judicial iniciará el procedimiento de oficio en aquellos supuestos en los que tenga conocimiento, directo o indirecto, de hechos o situaciones relacionados con el estado de salud del juez o magistrado que, indiciariamente, pongan de manifiesto que la continuidad en el ejercicio de la jurisdicción por el mismo podría afectar negativamente a la Administración de justicia.

En los mismos casos, la Sala de Gobierno, Audiencia o el Ministerio Fiscal podrán instar la iniciación del procedimiento.

2. A los efectos previstos en el apartado anterior, la Comisión Permanente examinará la documentación relativa al historial profesional del afectado, en cuanto a la información sobre bajas en el servicio por causa de enfermedad que pudiera haber tenido el juez o magistrado, su causa y duración así como, si obraran en su poder, los informes médicos descriptivos de la enfermedad padecida y de su historial médico o clínico, extendidos por facultativo competente, y ello sin perjuicio de su facultad para practicar cuantas diligencias o recabar cuantos informes considere oportunos.

3. La Comisión Permanente del Consejo General del Poder Judicial acordará motivadamente la incoación del procedimiento y el nombramiento del instructor del expediente. No obstante, este órgano podrá delegar en la Sala de Gobierno la designación del instructor del expediente. En los casos en que la tramitación del expediente conlleve una especial dificultad o complejidad, el instructor podrá solicitar una liberación parcial de la carga de trabajo jurisdiccional.

4. El acuerdo de incoación del procedimiento de jubilación por incapacidad permanente se notificará inmediatamente al juez o magistrado y se comunicará al Ministerio Fiscal y a la Sala de Gobierno.

Art. 269. 1. El juez o magistrado podrá instar la incoación del procedimiento para su jubilación por incapacidad mediante solicitud dirigida al Presidente del

Consejo General del Poder Judicial, que será cursada por conducto del Presidente del Tribunal Supremo, Audiencia Nacional o Tribunal Superior de Justicia del que dependa, quien con informe motivado de la Sala de Gobierno, la trasladará al Consejo General del Poder Judicial en el plazo de diez días, contados a partir del siguiente a la fecha de entrada de la solicitud en el Tribunal.

2. Al citado escrito deberá acompañarse, obligatoriamente, copia de los informes médicos descriptivos de la enfermedad padecida por el juez o magistrado y de su historial médico o clínico, así como la información sobre bajas en el servicio por enfermedad que pudiera haber sufrido, especificando su causa y duración. Esta documentación deberá serle facilitada por el órgano correspondiente en el caso de que no los tuviera en su poder. Los informes médicos descriptivos de la enfermedad padecida y el historial médico o clínico vendrán extendidos por el facultativo de la entidad de servicios médicos concertada por la Mutualidad General Judicial a la que pertenezca el juez o magistrado, por los servicios sanitarios de la Seguridad Social, en el caso de que estuviese acogido a la asistencia sanitaria dispensada por ésta, por el equipo médico de prevención de riesgos laborales o por cualquier otro organismo que acredite fehacientemente la causa de incapacidad alegada.

3. A la vista de lo expresado en al solicitud, de la documentación adjunta a la misma y de los informes correspondientes, la Comisión Permanente del Consejo General del Poder Judicial resolverá motivadamente lo que estime procedente en orden a la iniciación del procedimiento, lo que será notificado al interesado y comunicado al Ministerio Fiscal y a la Sala de Gobierno, en el plazo de tres días contados a partir del siguiente al acuerdo adoptado.

Art. 270. En el caso de que la solicitud adoleciera de defectos subsanables que impidiesen su tramitación o no se acompañara de la documentación necesaria para la misma, se pondrá tal circunstancia en conocimiento del interesado otorgándole un plazo de diez días desde su notificación, para que subsane la falta o acompañe los documentos preceptivos. Transcurrido dicho plazo sin que la subsanación se haya producido se tendrá por desistido de su petición.

Art. 271. En la tramitación del expediente se observará lo dispuesto en la Ley Orgánica 15/1999, de 13 de diciembre, de Protección de Datos de Carácter Personal, en relación con los datos relativos a la salud del afectado. En orden a garantizar la necesaria confidencialidad de los datos relativos al estado de salud del solicitante, la documentación aportada únicamente podrá ser examinada por el organismo competente para el reconocimiento y examen del juez o magistrado, por el instructor del expediente, por el Presidente del Tribunal, Audiencia o Sala de

Gobierno a quien le corresponda emitir informe, por el Consejo General del Poder Judicial y por el Ministerio Fiscal.

SECCIÓN 2ª
Instrucción del expediente

Art. 272. 1. Comunicada al juez o magistrado la iniciación del procedimiento de jubilación por incapacidad, el instructor del expediente, se dirigirá al Equipo de Valoración de Incapacidades de la Dirección Provincial del Instituto Nacional de la Seguridad Social correspondiente al domicilio del interesado o al órgano competente de la Comunidad Autónoma que corresponda en función del mismo criterio o, en su caso, al Servicio de Prevención de Riesgos Laborales, para que procedan al reconocimiento del juez o magistrado. A estos organismos les será remitida la documentación obrante en el expediente.

2. El Equipo de Valoración de Incapacidades convocará al juez o magistrado para el examen correspondiente.

3. El Equipo de Valoración de Incapacidades podrá solicitar, si así lo considera oportuno en atención a la documentación obrante en el expediente, informes clínicos y pruebas complementarias de cualquier orden, referidos al estado de salud del juez o magistrado, a las que éste deberá someterse con carácter obligatorio, siempre que no comprometan su salud o puedan resultar aflictivas.

4. Si el juez o magistrado estuviera impedido para comparecer ante el Equipo de Valoración de Incapacidades, éste proveerá lo necesario para que sea examinado en su domicilio o en el centro sanitario en que estuviera internado.

5. Si el interesado no compareciera voluntariamente ante el Equipo de Valoración de Incapacidades, éste reiterará la convocatoria, una vez comprobados, a través de los servicios del Consejo General del Poder Judicial, los datos de filiación y domicilio del interesado. Cuando el juez o magistrado no compareciera por segunda vez, si el Equipo de Valoración de Incapacidades pudiera formar opinión válida sobre la capacidad o incapacidad del juez o magistrado, en función de los documentos clínicos o de otra índole que pudieran obrar en su poder, pondrá en conocimiento del instructor la no comparecencia y le remitirá un dictamen razonado sobre la capacidad o incapacidad de aquél para el ejercicio de funciones jurisdiccionales. Si no pudiera válidamente formar su juicio, pondrá en conocimiento del instructor esta eventualidad, quien recabará los documentos o informes que estime oportunos y los remitirá al Equipo de Valoración de Incapacidades, una vez obren en su poder, para que éste extienda un dictamen sobre la capacidad del juez o magistrado.

§13

6. La negativa a comparecer al segundo llamamiento determinará la incoación del expediente disciplinario por la posible comisión de una falta tipificada en los artículos 418.12 ó 419.5 de Ley Orgánica del Poder Judicial, según los casos.

7. Finalmente, el Equipo de Valoración de Incapacidades emitirá un dictamen evaluador razonado sobre la capacidad o incapacidad del juez o magistrado para el ejercicio de funciones jurisdiccionales.

Art. 273. Las comunicaciones entre el instructor del expediente y el Equipo de Valoración de Incapacidades se realizarán siempre directamente.

Art. 274. Del dictamen evaluador se dará traslado, a través del instructor del expediente, al Ministerio Fiscal y al interesado para que en el plazo de diez días puedan hacer las alegaciones, proponer prueba o aportar la documentación que estimen convenientes.

Art. 275. El instructor deberá pronunciarse motivadamente sobre la admisión o denegación de las pruebas propuestas y acordará, en su caso, la apertura de un período de prueba por un plazo de diez días a fin de que puedan practicarse las que estime pertinentes. El acuerdo que en tal sentido se dicte se notificará al interesado y al Ministerio Fiscal.

Art. 276. Cuando se presenten por el interesado documentos o se practiquen pruebas cuyo contenido o resultado contradiga el informe emitido por el Equipo de Valoración de Incapacidades, el instructor lo remitirá a dicho Equipo, por si éste considerara oportuna la emisión de nuevo informe.

Art. 277. 1. Cuando resulte procedente, el instructor del expediente podrá requerir del Servicio de Inspección la emisión de un informe sobre el funcionamiento del órgano jurisdiccional en el que el interesado ha venido desarrollando sus funciones.

2. Emitido el informe por el Servicio de Inspección, se remitirá al instructor para su unión al expediente.

Art. 278. 1. Practicadas las anteriores actuaciones, el órgano instructor recabará informe del Ministerio Fiscal y formulará propuesta de resolución que pondrá de manifiesto al juez o magistrado para que, en el plazo máximo de diez días, alegue y presente los documentos y justificaciones que estime pertinentes.

2. La propuesta de resolución, que deberá ser motivada, deberá contener, al menos, la identificación del juez o magistrado, el carácter de la jubilación y la causa determinante de la misma.

3. La propuesta de resolución junto con el expediente se cursará inmediatamente al Pleno del Consejo General del Poder Judicial

SECCIÓN 3ª
Terminación

Art. 279. Previa designación de vocal ponente, El Pleno del Consejo General del Poder Judicial dictará resolución motivada respecto de la jubilación, que pondrá fin al procedimiento.

Art. 280. El plazo para resolver el procedimiento de jubilación por incapacidad será de un año, que se computará a partir de la fecha de iniciación en los procedimientos de oficio o de la recepción de la solicitud, en los demás casos.

Art. 281. El plazo máximo para resolver el procedimiento de jubilación por incapacidad se suspenderá en los supuestos previstos en el artículo 42.5 de la Ley 30/1992, de 26 de noviembre.

El Pleno del Consejo General del Poder Judicial podrá acordar motivadamente una ampliación del plazo establecido, cuando la paralización del procedimiento sea por causa imputable al interesado o por otras circunstancias que expresamente se determinen en el acuerdo de ampliación e impidan cumplir razonablemente el plazo previsto en el artículo anterior. Contra el acuerdo que resuelva sobre la ampliación del plazo, no cabrá recurso alguno. El plazo de ampliación no podrá exceder de tres meses.

Art. 282. Cuando iniciado el procedimiento a instancia del interesado no recaiga resolución en el plazo de un año, la solicitud podrá entenderse desestimada, en cuyo caso el interesado podrá interponer recurso contencioso-administrativo ante la Sala de lo Contencioso-Administrativo del Tribunal Supremo.

Art. 283. En los procedimientos iniciados de oficio, el transcurso del plazo máximo para resolver, al que se refieren los artículos 280 y 282, sin que recaiga resolución expresa, producirá la caducidad del procedimiento, con los efectos previstos en la Ley 30/1992, de 26 de noviembre.

Art. 284. Las resoluciones dictadas por el Pleno del Consejo General del Poder Judicial en el procedimiento de jubilación por incapacidad se notificarán al interesado y se comunicarán al Ministerio Fiscal y, según proceda, al Presidente del Tribunal Supremo, Audiencia Nacional o Tribunal Superior de Justicia.

Art. 285. Contra la resolución que ponga fin al procedimiento de jubilación por incapacidad podrá interponerse recurso contencioso-administrativo ante la Sala de lo Contencioso-Administrativo del Tribunal Supremo.

Art. 286. 1. En el procedimiento de jubilación por incapacidad permanente, la Comisión Permanente del Consejo General del Poder Judicial podrá acordar motivadamente la medida cautelar de suspensión de funciones del juez o magistrado, siempre que se aprecie en el afectado indicios de padecer limitaciones gravemente impeditivas para el ejercicio de la función jurisdiccional.

2. La medida cautelar podrá ser adoptada en el acuerdo de incoación o en cualquier momento de la tramitación del expediente, de oficio o a instancia de persona legitimada para promover la iniciación del procedimiento; se sustanciará en pieza separada, con audiencia del interesado, del Ministerio Fiscal y de la Sala de Gobierno en un plazo común de tres días, y se resolverá en el plazo de los tres días siguientes.

3. El acuerdo que resuelva sobre la medida cautelar será notificado al interesado, al Ministerio Fiscal y al Presidente del Tribunal Supremo, Audiencia Nacional o Tribunal Superior de Justicia.

4. La medida cautelar estará en vigor hasta la resolución del procedimiento de jubilación por incapacidad. No obstante, podrá ser modificada o revocada durante el curso del procedimiento, de oficio o a instancia de parte, siempre que cambien las circunstancias en virtud de las cuales se acordó la suspensión o por la concurrencia de otras que no pudieron ser tenidas en cuenta en el momento de la adopción de la medida cautelar.

5. Contra el acuerdo por el que se resuelva la medida cautelar cabrá interponer recurso de alzada ante el Pleno del Consejo General del Poder Judicial, en el plazo de un mes a contar del siguiente a su notificación.

CAPÍTULO V
Procedimiento de jubilación voluntaria

Art. 287. 1. Los magistrados podrán jubilarse voluntariamente a partir de los sesenta y cinco años de edad siempre que así lo hubiesen manifestado al Consejo General del Poder Judicial con seis meses de antelación a la fecha de jubilación solicitada. También podrán jubilarse anticipadamente a partir de los sesenta años debiendo, en este caso, manifestarlo al Consejo General del Poder Judicial con la misma antelación.

2. Para que los magistrados puedan obtener la jubilación anticipada será necesario que a la fecha de la jubilación solicitada tengan cumplidos sesenta años de

§13

edad y reconocidos treinta años de servicios efectivos. El procedimiento aplicable para la jubilación anticipada será el previsto para la jubilación voluntaria, salvo lo expresamente previsto para esa modalidad.

Art. 288. El procedimiento de jubilación voluntaria se iniciará a instancia del magistrado interesado, mediante escrito dirigido al Presidente del Consejo General del Poder Judicial, que será cursada por conducto del Presidente del Tribunal Supremo, Audiencia Nacional o Tribunal Superior de Justicia de que dependa, quien, con informe motivado de la Sala de Gobierno, la trasladará al Consejo General del Poder Judicial en el plazo de diez días a partir del siguiente a la fecha de entrada de la solicitud en el tribunal.

Art. 289. 1. Cuando lo estime conveniente, la Comisión Permanente podrá requerir del Servicio de Inspección la emisión de un informe sobre el funcionamiento del órgano jurisdiccional en el que el interesado ha venido desarrollando sus funciones.

2. Emitido el informe por el Servicio de Inspección lo remitirá a la Comisión Permanente del Consejo General del Poder Judicial para su unión al expediente.

Art. 290. Iniciado el procedimiento de jubilación voluntaria, la Comisión Permanente del Consejo General del Poder Judicial constatará si el magistrado cumple los requisitos y condiciones necesarios para la jubilación voluntaria y, efectuado este trámite, elaborará propuesta de resolución de la que dará vista al interesado, para que en un plazo de quince días pueda presentar alegaciones.

Art. 291. 1. Cumplido el trámite anterior, previa designación de vocal ponente, se remitirá el expediente al Pleno del Consejo General del Poder Judicial para dictar resolución que, si fuera favorable, se diferirá a la fecha de jubilación solicitada, quedando demorada la eficacia de la misma hasta ese momento.

2. La resolución de jubilación voluntaria habrá de contener, al menos, la identificación del magistrado jubilado, la indicación del carácter de la jubilación y la fecha de jubilación solicitada por el magistrado en el escrito de iniciación del procedimiento, que no podrá ser anterior a la fecha de la resolución.

3. En el caso de que el interesado carezca de alguno de los requisitos y condiciones necesarios para la jubilación, el Pleno del Consejo General del Poder Judicial denegará motivadamente la solicitud.

Art. 292. El Consejo General del Poder Judicial podrá, mediante resolución motivada, aplazar la efectividad de la fecha de jubilación anticipada, cuando el destinatario de dicha plaza debiera dedicar atención preferente al órgano en el que estuviera destinado, atendidos los retrasos producidos por causa imputable al mismo. Dicho aplazamiento tendrá una duración máxima de tres meses.

Art. 293. El plazo para resolver el procedimiento de jubilación voluntaria será de seis meses, que se computarán a partir de la fecha de la recepción de la solicitud. Cuando la resolución no se dicte en el plazo señalado en el artículo anterior, el interesado podrá entender desestimada la solicitud.

Art. 294. La resolución se notificará al magistrado interesado y se comunicará al Presidente del Tribunal Supremo, Audiencia Nacional o Tribunal Superior de Justicia de quien dependa.

Art. 295. Contra la resolución que ponga fin al procedimiento de jubilación voluntaria podrá interponerse recurso contencioso-administrativo ante la Sala de lo Contencioso-Administrativo del Tribunal Supremo.

CAPÍTULO VI
Procedimiento de rehabilitación

SECCIÓN 1ª
Disposiciones comunes

Art. 296. 1. Los procedimientos de rehabilitación de quienes hayan sido separados de la Carrera Judicial o de quienes hayan sido jubilados por incapacidad se tramitarán con audiencia del interesado e informe del Ministerio Fiscal y de la Sala de Gobierno del Tribunal Supremo, Audiencia Nacional o Tribunal Superior de Justicia del órgano del que dependiera el interesado en su último destino y se resolverán por el Pleno del Consejo General del Poder Judicial.

2. El expediente de rehabilitación será instruido por la Comisión Permanente, salvo que se tramite a instancia de quienes hubieren perdido la condición de juez o magistrado en virtud de sanción disciplinaria de separación, en cuyo caso, la instrucción corresponderá a la Comisión Disciplinaria, sin perjuicio de lo dispuesto en el artículo 297.5

Art. 297. 1. Los procedimientos de rehabilitación sólo podrán iniciarse a instancia del interesado mediante solicitud de rehabilitación que deberá dirigirla al Presidente del Consejo General del Poder Judicial.

2. Si la solicitud reúne todos los requisitos, el Consejo General del Poder Judicial acordará la iniciación del expediente y lo notificará al Presidente del Tribunal

Supremo, Audiencia Nacional o Tribunal Superior de Justicia, según el órgano en el que hubiese desempeñado el último destino previo a su separación, al Ministerio Fiscal y al interesado.

3. En la comunicación al Presidente del Tribunal Supremo, Audiencia Nacional o Tribunal Superior de Justicia, se interesará informe motivado de la Sala de Gobierno sobre la desaparición de la causa que dio lugar a la separación, que deberá ser remitida al Pleno del Consejo General del Poder Judicial en el plazo de veinte días desde su recepción.

4. A la vista de lo expresado en el escrito razonado, de la documentación adjunta al mismo y de los informes correspondientes, el órgano instructor resolverá motivadamente lo que estime procedente en orden a la iniciación del procedimiento, que será notificado al interesado, al Ministerio Fiscal y a la Sala de Gobierno.

5. En el acuerdo de incoación del expediente, la Comisión Disciplinaria del Consejo General del Poder Judicial en el caso de que se trate de expediente de rehabilitación por separación en virtud de sanción disciplinaria, o la Comisión Permanente del Consejo General del Poder Judicial, en los demás casos, podrán delegar en la Sala de Gobierno la designación del instructor del expediente, siendo de aplicación lo previsto en el artículo 268.3 en lo relativo a la liberación parcial de la carga de trabajo.

Art. 298. Cuando la solicitud adoleciera de defectos subsanables que impidiesen su tramitación o no fuera acompañada de los documentos necesarios para ello, se pondrá tal circunstancia en conocimiento del interesado otorgándole un plazo de diez días desde su notificación, para que subsane la falta o acompañe los documentos preceptivos. Transcurrido dicho plazo sin que la subsanación se haya producido, se tendrá por desistido de su petición.

Art. 299. El plazo para resolver el procedimiento de rehabilitación será de seis meses, que se computará a partir de la fecha de la recepción de la solicitud, transcurrido el cual sin que recaiga resolución expresa, deberá entenderse desestimada.

§13

Art. 300. 1. La resolución por la que se resuelva el procedimiento de rehabilitación deberá contener, al menos, la identificación del juez o magistrado afectado, las razones por las que se estima o desestima la solicitud y la fecha en la que, en su caso, tendrá efecto la rehabilitación.

2. La rehabilitación se concederá por el Consejo General del Poder Judicial cuando se acredite el cese definitivo o la inexistencia, en su caso, de la causa que dio lugar a la separación o jubilación.

3. Firme que sea la resolución estimatoria, el reingreso del interesado en el servicio activo se producirá mediante su participación en los concursos de traslado en la forma establecida en el presente Reglamento.

4. Si la rehabilitación se denegare, no podrá iniciarse nuevo procedimiento para obtenerla en los tres años siguientes, computados a partir de la resolución denegatoria inicial del Consejo General del Poder Judicial.

Art. 301. Las resoluciones que pongan fin al procedimiento de rehabilitación serán notificadas al interesado, y se comunicarán al Ministerio Fiscal y al Presidente del Tribunal Supremo, Audiencia Nacional o Tribunal Superior de Justicia de su último destino.

Art. 302. Contra la resolución que ponga fin al procedimiento de rehabilitación podrá interponerse recurso contencioso-administrativo ante la Sala de lo Contencioso-Administrativo del Tribunal Supremo.

SECCIÓN 2ª
Procedimiento de rehabilitación de quienes hubieran sido jubilados por incapacidad permanente para el servicio

Art. 303. Los jubilados por incapacidad permanente podrán ser rehabilitados y volver al servicio activo si se acreditara que ha desaparecido la causa que motivó la jubilación.

Art. 304. El procedimiento de rehabilitación de quienes hayan sido jubilados por incapacidad sólo podrá iniciarse mediante solicitud del interesado, a la que deberá acompañar los documentos e informes médicos que le sirvan de base para acreditar la desaparición de la causa determinante de la jubilación.

Art. 305. 1. Comunicada al juez o magistrado la iniciación del procedimiento de rehabilitación, el instructor del expediente remitirá al Equipo de Valoración de Incapacidades que hubiese emitido los dictámenes médicos correspondientes en el procedimiento de jubilación por incapacidad o al que haga sus funciones el escrito de solicitud y la documentación presentada por el interesado, para que, a la vista de los mismos, emita un informe motivado relativo a la desaparición o no de la causa que determinó la jubilación del juez o magistrado.

2. El Equipo de Valoración de Incapacidades, si así lo estimase necesario, convocará al juez o magistrado para el examen correspondiente y podrá solicitar, si así lo considera oportuno, en atención a la documentación obrante en el expediente, la aportación de los informes clínicos y la realización pruebas complementarias

de cualquier orden, referidos al estado de salud del juez o magistrado, a las que éste deberá someterse con carácter obligatorio, salvo que comprometan su salud o resulten aflictivas.

3. Si el interesado no compareciera voluntariamente ante el Equipo de Valoración de Incapacidades sin mediar justa causa, se procederá al archivo del expediente.

4. El Equipo de Valoración de Incapacidades emitirá dictamen razonado sobre la desaparición o no de la causa que motivó la jubilación.

Art. 306. De dicho dictamen, se dará traslado a través del instructor del expediente al Ministerio Fiscal y al interesado, para que en el plazo de diez días puedan hacer alegaciones, proponer pruebas o aportar la documentación que estimen conveniente.

Art. 307. El instructor deberá pronunciarse motivadamente sobre la admisión o denegación de las pruebas propuestas y acordará, en su caso, la apertura de un período de prueba por un plazo de diez días a fin de que puedan practicarse las que estime pertinentes. El acuerdo se notificará al interesado y al Ministerio Fiscal.

Art. 308. Cuando se presenten por el interesado documentos o se practiquen pruebas cuyo resultado contradiga el informe emitido por el Equipo de Valoración de Incapacidades, el instructor lo remitirá a dicho Equipo, por si éste considerara oportuna la emisión de nuevo informe.

Art. 309. 1. Practicadas las anteriores actuaciones el órgano instructor, tras recabar informe del Ministerio Fiscal, preparará la propuesta de resolución y la pondrá de manifiesto al juez o magistrado para que, en el plazo máximo de diez días, alegue lo que estime pertinente.

2. La propuesta de resolución deberá contener la motivación de la decisión que contendrá, al menos, la identificación del juez o magistrado, el pronunciamiento sobre la desaparición o no de la causa que motivó la jubilación por incapacidad y el momento en que ha de hacerse efectiva la rehabilitación.

3. La propuesta de resolución junto con el expediente, una vez presentadas las alegaciones por el interesado o transcurrido el plazo para ello, se remitirá inmediatamente al Pleno del Consejo General del Poder Judicial, previa designación de vocal ponente.

Art. 310. El Pleno del Consejo General del Poder Judicial dictará resolución motivada, que pondrá fin al procedimiento de rehabilitación, e incluirá la obligación del rehabilitado de participar en el primer concurso que se convoque con arreglo a lo dispuesto en este Reglamento, una vez adquiera firmeza la citada resolución.

SECCIÓN 3ª
Procedimiento de rehabilitación de quienes han sido separados de la carrera judicial

Art. 311. Quienes hubieran perdido la condición de juez o magistrado por haber sido separados del servicio podrán solicitar la rehabilitación mediante escrito en el que, de forma exhaustiva y detallada, se indicarán las razones que justifican la rehabilitación. A dicho escrito se acompañarán los documentos e informes que le sirvan de base para acreditar la desaparición de la causa que motivó la separación.

Art. 312. Comunicada al juez o magistrado la iniciación del procedimiento de rehabilitación, el instructor del expediente podrá recabar cuantos datos e informes estime necesarios para acreditar el cese o la inexistencia de la causa que dio lugar a la separación.

Art. 313. Recabada la referida información se dará traslado por el instructor del expediente al Ministerio Fiscal y al interesado para que en el plazo de diez días puedan hacer las alegaciones, proponer prueba o aportar la documentación que estimen convenientes.

Art. 314. El instructor deberá pronunciarse motivadamente sobre la admisión o denegación de las pruebas propuestas y acordará, en su caso, la apertura de un período de prueba por un plazo de diez días a fin de que puedan practicarse las que estime pertinentes. El acuerdo se notificará al interesado y al Ministerio Fiscal.

§13

Art. 315. 1. Practicadas las anteriores actuaciones el órgano instructor, tras recabar informe del Ministerio Fiscal, preparará la propuesta de resolución y la pondrá de manifiesto al juez o magistrado para que, en plazo máximo de diez días, alegue y presente los documentos y justificaciones que estime pertinentes.

2. La propuesta de resolución, que deberá ser motivada, contendrá, al menos, la identificación del juez o magistrado, el pronunciamiento sobre el cese o inexistencia de la causa de separación y el momento en que ha de hacerse efectiva la rehabilitación.

3. Una vez presentadas las alegaciones por el interesado o transcurrido el plazo para ello, se remitirá el expediente inmediatamente al Pleno del Consejo General del Poder Judicial, previa designación de vocal ponente.

Art. 316. El Pleno del Consejo General del Poder Judicial dictará resolución motivada, que pondrá fin al procedimiento de rehabilitación e incluirá la obligación del rehabilitado de participar en el primer concurso que se convoque con arreglo a lo dispuesto en este Reglamento, una vez adquiera firmeza la citada resolución.

TÍTULO XIV
Derecho a la salud y a la protección frente a los riesgos laborales

Art. 317. 1. Los jueces y magistrados tienen derecho a una protección eficaz en materia de seguridad y salud en el ejercicio de sus funciones.

2. El Consejo General del Poder Judicial promoverá cuantas medidas y actuaciones resulten necesarias para la salvaguardia del derecho enunciado en el número anterior, en consonancia con lo establecido en la normativa sobre prevención de riesgos laborales.

TÍTULO XV
Procedimiento de amparo

Art. 318. 1. Los jueces y magistrados que se consideren inquietados o perturbados en su independencia podrán solicitar amparo al Consejo General del Poder Judicial en los términos previstos en el artículo 14 de la Ley Orgánica del Poder Judicial.

2. Los jueces y magistrados pondrán en conocimiento del Ministerio Fiscal aquellos hechos que puedan conculcar la independencia judicial, para que ejercite, si procede, las funciones que le atribuya la ley en defensa de la independencia de los jueces y tribunales.

Art. 319. A los efectos previstos en el artículo anterior se considerarán, entre otras, actuaciones inquietantes o perturbadoras las siguientes:

a) Las declaraciones o manifestaciones hechas en público y recogidas en medios de comunicación que objetivamente supongan un ataque a la independencia judicial y sean susceptibles de influir en la libre capacidad de resolución del juez o magistrado.

b) Aquellos actos y manifestaciones carentes de la publicidad a que se refiere la letra anterior y que, sin embargo, en atención a la cualidad o condición del autor o de las circunstancias en que tuvieren lugar pudieran afectar, del mismo modo, a la libre determinación del juez o magistrado en el ejercicio de sus funciones.

Art. 320. El procedimiento de solicitud de amparo previsto en el artículo 14 de la Ley Orgánica del Poder Judicial se iniciará a instancia del juez o magistrado afectado, mediante escrito razonado dirigido al Consejo General del Poder Judicial, en el que deberá expresarse con claridad y precisión los hechos, circunstancias y motivos en cuya virtud considera que ha sido inquietado o perturbado en su independencia y el amparo que solicita para preservar o restablecer la misma. Dicho escrito deberá presentarse en el plazo máximo de diez días naturales desde que ocurrieron los hechos determinantes de la solicitud de amparo o, en su caso, desde que el juez o magistrado tuvo conocimiento de los mismos.

Art. 321. 1. Recibido en el Consejo General del Poder Judicial el escrito referido, la Comisión Permanente deberá pronunciarse sobre la admisión a trámite de la solicitud. La Comisión Permanente acordará la inadmisión de la solicitud de amparo en los siguientes casos:

1º Cuando la solicitud de amparo no se realice en el plazo señalado en el artículo 320.

2º Cuando el procedimiento no se inste por el propio interesado.

3º Cuando no se hubiere otorgado el amparo en supuestos manifiestamente análogos.

4º Cuando la solicitud de amparo carezca manifiestamente de fundamento.

2. Contra la resolución dictada por la Comisión Permanente cabrá recurso de alzada ante el Pleno del Consejo General del Poder Judicial.

Art. 322. Admitida a trámite la solicitud de amparo, la Comisión Permanente conferirá traslado a la persona, entidad o asociación de quien deriven los actos que motivaron la petición de amparo, para que efectúe cuantas alegaciones estime convenientes. Durante la tramitación, la Comisión Permanente podrá practicar cuantas diligencias estime adecuadas para la determinación y comprobación de los hechos denunciados.

Art. 323. Una vez recibidas las alegaciones y practicadas, en su caso, las diligencias expresadas en el artículo anterior, la Comisión Permanente elevará el expediente, junto con la oportuna propuesta, al Pleno del Consejo General del Poder Judicial, quien dictará resolución motivada otorgando o denegando el amparo solicitado.

La resolución otorgando el amparo solicitado acordará:

1º Requerir a la persona, entidad o asociación el cese de la actuación que motivó la solicitud de amparo.

2º Adoptar o promover la adopción de las medidas que resulten necesarias para restaurar la independencia judicial dañada.

Art. 324. 1. La resolución adoptada por el Pleno será notificada al interesado y al Ministerio Fiscal.

2. El Consejo General del Poder Judicial conferirá la publicidad adecuada a la resolución que otorgue el amparo.

Art. 325. Contra la resolución que resuelva sobre al amparo solicitado podrá interponerse recurso contencioso-administrativo ante la Sala de lo Contencioso-Administrativo del Tribunal Supremo.

TÍTULO XVI
Régimen de incompatibilidades de los miembros de la carrera judicial por el desempeño de actividades, de un segundo puesto de trabajo y por razón de vínculo familiar

CAPÍTULO I
Principios generales

Art. 326. 1. De conformidad con lo dispuesto en el artículo 389 de la Ley Orgánica del Poder Judicial, el cargo de juez o magistrado es incompatible con el ejercicio de las siguientes actividades:

a) Con el ejercicio de cualquier otra jurisdicción ajena a la del Poder Judicial.

b) Con cualquier cargo de elección popular o designación política del Estado, Comunidades Autónomas, Provincias y demás entidades locales y organismos dependientes de cualquiera de ellos.

c) Con los empleos o cargos dotados o retribuidos por la Administración del Estado, las Cortes Generales, la Casa Real, Comunidades Autónomas, Provincias, Municipios y cualesquiera entidades, organismos o empresas dependientes de unos u otras.

d) Con los empleos de todas clases en los tribunales y juzgados de cualquier orden jurisdiccional.

e) Con todo empleo, cargo o profesión retribuida, salvo la docencia o investigación jurídica, así como la producción y creación literaria, artística, científica y técnica y las publicaciones derivadas de aquélla, de conformidad con lo dispuesto en la legislación sobre incompatibilidades del personal al servicio de las Administraciones Públicas.

f) Con el ejercicio de la Abogacía y de la Procuraduría.

g) Con todo tipo de asesoramiento jurídico, sea o no retribuido.

h)

Anulado por la S. del Pleno de la Sala 3ª del TS de 19/07/2013 *(Tol 3920180)*.

i)

Anulado por la S. del Pleno de la Sala 3ª del TS de 19/07/2013 *(Tol 3920180)*.

2. Los que ejerciendo cualquier empleo cargo o profesión incompatible de los expresados en el número anterior fueren nombrados jueces o magistrados, deberán optar, en el plazo de ocho días, a contar desde que se produjo el nombramiento, por uno u otro cargo, o cesar en el ejercicio de la actividad incompatible.

3. La opción a que se refiere el número anterior deberá ser comunicada al Consejo General del Poder Judicial. Dicha opción no eximirá de la obligación de cesar en el cargo o profesión incompatible si el interesado eligiese permanecer en la Carrera Judicial.

4. Quienes no hicieren uso del derecho de opción en el plazo indicado, se entenderá que renuncian al nombramiento judicial.

Art. 327. 1. El ejercicio de la docencia y la investigación jurídica por parte de los miembros de la Carrera Judicial constituye una manifestación de su competencia profesional y el reconocimiento de su experiencia y conocimientos.

2. De conformidad con lo dispuesto en el apartado e) del número uno del artículo anterior, el Consejo General del Poder Judicial, previa petición, podrá autorizar a los miembros de la Carrera Judicial para compatibilizar su cargo con el ejercicio de la docencia o investigación jurídica así como con la producción y creación literaria, artística, científica y técnica y las publicaciones derivadas de aquélla, cuando sea necesario de conformidad con lo dispuesto en la legislación sobre incompatibilidades del personal al servicio de las Administraciones Públicas.

Art. 328. 1. La concesión de autorización a jueces y magistrados para compatibilizar su actividad judicial con una actividad autorizada, pública o privada, es competencia del Pleno del Consejo General del Poder Judicial, que podrá delegar en la Comisión Permanente, conforme a lo previsto en el artículo de la Ley Orgánica del Poder Judicial.

2. Cualquier modificación de las circunstancias determinantes para la concesión de la compatibilidad deberá ser comunicada por el interesado al órgano

concedente, por si el cambio acontecido diera lugar a una modificación de la compatibilidad conferida.

Art. 329. 1. Sólo se autorizarán compatibilidades para actividades que deban desarrollarse a partir de la finalización de las horas de audiencia pública.

2. El ejercicio de cualquier actividad compatible no afectará al deber de asistencia al despacho oficial, ni justificará, en modo alguno, el retraso en el trámite o resolución de los asuntos, vistas o juicios ni la negligencia o descuido en el desempeño de las obligaciones propias del cargo.

Art. 330. 1. Se denegará cualquier petición de compatibilidad de una actividad, tanto de carácter público como privado, cuando su ejercicio pueda impedir o menoscabar el estricto cumplimiento de los deberes judiciales o comprometer la imparcialidad o independencia del juez o magistrado afectado.

2. También podrá denegarse la petición de compatibilidad indicada en el número anterior, cuando el juez o magistrado interesado deba dedicar una preferente atención al desempeño de sus funciones, atendida la carga de trabajo, siempre que el retraso existente en el órgano judicial en el que desarrolla en su función le sea imputable.

CAPÍTULO II
Actividades públicas

Art. 331. Los jueces y magistrados podrán ser autorizados para el desempeño de una actividad de carácter docente como profesores universitarios asociados en universidades públicas, en régimen de tiempo parcial y con duración determinada.

Art. 332. Las solicitudes de autorización de compatibilidad para el ejercicio de la docencia deberán tener lugar cada año académico en que se pretenda ejercer y se formularán con carácter previo al inicio de la actividad docente.

Art. 333. 1. La petición se formalizará en el formulario aprobado, a tal efecto, y deberá acompañarse, en todo caso, de los siguientes documentos:

a) Una certificación o declaración sobre el horario y el tiempo de dedicación que requiera la actividad docente.

b) Una certificación de los haberes que se tengan acreditados en la Carrera Judicial.

c) Una certificación de las retribuciones o cantidades que vayan a percibir por el desempeño de la actividad pública de cuya compatibilidad se trate.

d) El informe del Presidente del que gubernativamente dependa el solicitante, que deberá hacer referencia expresa a todas aquellas circunstancias que puedan influir en el estricto cumplimiento de los deberes del interesado, valorando extremos tales como el lugar donde habrá de impartirse la docencia, vinculación del juzgado servido por el solicitante a la prestación del servicio de guardia, existencia en el órgano judicial de que se trate de alguna medida de apoyo o de refuerzo, concesión en favor del juez solicitante de alguna prórroga de jurisdicción, comisión de servicio o sustitución en otro juzgado u órgano judicial, así como cualquier otra circunstancia que a juicio del informante pueda interferir en el estricto cumplimiento de la función jurisdiccional.

2. Quienes ya hubieran obtenido autorización de compatibilidad y pretendan su renovación no estarán obligados a presentar los documentos enumerados en los incisos a), b) y c) del apartado anterior, siempre que no hayan variado las circunstancias en las que les fue autorizada la compatibilidad, salvo lo que afecta a la retribución conforme a los aumentos autorizados anualmente por la Ley de Presupuestos Generales del Estado y así lo declaren.

Art. 334. Toda autorización de compatibilidad requiere informe favorable de la autoridad correspondiente a la actividad pública que se pretenda desempeñar.

Art. 335. La autorización de compatibilidad de actividades públicas se entenderá condicionada a la aplicación de las limitaciones retributivas previstas en el artículo séptimo de la Ley 53/1984, de 26 de diciembre, de Incompatibilidades del Personal al Servicio de las Administraciones Públicas.

Art. 336. Cuando la actividad docente se desarrolle en relación o con motivo de un convenio de cooperación suscrito entre el Consejo General del Poder Judicial y la Universidad respectiva, la Comisión Permanente tendrá en cuenta los contenidos del mismo antes de conceder la correspondiente compatibilidad.

Art. 337. 1. La Comisión Permanente del Consejo General del Poder Judicial, antes de resolver sobre la autorización de compatibilidad, recabará del Servicio de Inspección un informe actualizado sobre la situación del órgano judicial servido por el solicitante, que permita valorar si el órgano judicial requiere una atención preferente por parte de su titular, en atención al retraso que fuera imputable al juez o magistrado solicitante.

2. Si el informe del Servicio de Inspección fuese desfavorable, antes de proceder a la resolución del expediente, se dará traslado al interesado de las observaciones formuladas, a fin de que en el plazo de diez días pueda alegar lo que

a su derecho convenga, de acuerdo con lo dispuesto en el artículo 84 de la Ley 30/1992, de 26 de noviembre.

3. Contra la resolución adoptada por la Comisión Permanente cabrá recurso, ordinario o de revisión en su caso, ante el Pleno del Consejo General del Poder Judicial.

Art. 338. La actividad como profesor tutor en los centros asociados de la Universidad Nacional de Educación a Distancia no se considerará como desempeño de docencia autorizada a los efectos de incompatibilidades, siempre que aquella actividad se realice en las condiciones establecidas en el Real Decreto 2005/1986, de 25 de septiembre, sobre régimen de la función tutorial en los centros asociados de la Universidad Nacional de Educación a Distancia, y no suponga una dedicación superior a las setenta y cinco horas anuales.

Art. 339. 1. También podrá concederse, excepcionalmente, la compatibilidad para el ejercicio de actividades de investigación o de asesoramiento de carácter no permanente, en aquellos casos singulares estas actividades que no formen parte de las funciones del personal adscrito a las respectivas Administraciones Públicas.

2. Se entenderá que concurre la expresada excepcionalidad cuando se asigne el encargo por medio de concurso público o cuando el desempeño de la actividad de que se trate requiera una especial cualificación que sólo ostenten personas incluidas en el ámbito de la Ley 53/1984, según lo establecido en el artículo 6 de la citada norma. De conformidad con lo dispuesto en el artículo 330, la actividad de asesoramiento o investigación de que se trate no debe ser susceptible de comprometer la imparcialidad o independencia judicial.

CAPÍTULO III
Actividades privadas

Art. 340. 1. Los jueces y magistrados podrán ser autorizados para el ejercicio de la docencia en el ámbito privado siempre que la misma se desempeñe en régimen de tiempo parcial y con duración determinada.

2. Las solicitudes deberán ajustarse a los mismos requisitos establecidos para las actividades de carácter público.

Art. 341. No podrá reconocerse compatibilidad alguna para actividades privadas a aquellos jueces o magistrados a quienes se les hubiera autorizado la compatibilidad para otra actividad autorizada de carácter público cuando sumada la jornada de trabajo de una y otra el resultante sea igual o superior a la máxima prevista para las Administraciones públicas.

CAPÍTULO IV
Disposiciones comunes

Art. 342. Transcurrido el plazo para el que fue concedida la autorización, expirará el efecto de la misma, que deberá reproducirse para un nuevo período, con sujeción a los requisitos anteriormente expuestos.

Art. 343. 1. Salvo los supuestos previstos en los apartados h) e i) del artículo 326.1, las actividades a que se refiere el artículo 19 de la Ley 53/1984, de 26 de diciembre, podrán realizarse sin necesidad de autorización o reconocimiento de compatibilidad, siempre que concurran los requisitos establecidos para cada caso concreto.

2. Cuando éstos no concurrieren, la consideración de alguna de las actividades como exceptuada del régimen de incompatibilidades exigirá la correspondiente autorización o el reconocimiento de compatibilidad en la forma establecida con carácter general.

Art. 344. La preparación para el acceso a la función pública, que implicará en todo caso incompatibilidad para formar parte de órganos de selección de personal, sólo se considerará actividad exceptuada del régimen de incompatibilidades cuando no suponga una dedicación superior a setenta y cinco horas anuales y no implique incumplimiento de la jornada de audiencia pública. Si la actividad a que se refiere este artículo requiriese una dedicación superior setenta y cinco horas será necesario solicitar la previa declaración de compatibilidad.

Art. 345. Las resoluciones que en esta materia adopte el Pleno del Consejo General del Poder Judicial y, por delegación de éste, la Comisión Permanente, agotan la vía administrativa y son susceptibles de recurso contencioso-administrativo en el plazo de dos meses, contado de fecha a fecha, desde el día de la notificación del acuerdo resolutorio.

CAPÍTULO V
Incompatibilidades por razón de parentesco

Art. 346. 1. No podrán pertenecer a una misma Sala de Justicia o Audiencia Provincial magistrados que estuvieren unidos por vínculo matrimonial o situación de hecho equivalente, o tuvieren parentesco entre sí dentro del segundo grado de consanguinidad o afinidad, salvo que, por previsión legal o por aplicación de lo dispuesto en la Ley Orgánica del Poder Judicial, existieren varias secciones, en cuyo caso podrán integrarse en secciones diversas, pero no formar Sala juntos.

2. Tampoco podrán pertenecer a una misma Sala de Gobierno jueces o magistrados unidos entre sí por cualquiera de los vínculos a que se refiere el párrafo anterior. Esta disposición es aplicable a los Presidentes.

Art. 347. 1. Los jueces o magistrados no podrán intervenir en la resolución de recursos relativos a resoluciones dictadas por quienes tengan con ellos alguna de las relaciones a que hace referencia el artículo anterior, ni en fases ulteriores del procedimiento que, por su propia naturaleza, impliquen una valoración de lo actuado anteriormente por ellas.

En virtud de este principio, además de la obligación de abstención, siempre que concurra cualquiera de los vínculos a que se refiere el artículo anterior, son incompatibles:

a) Los jueces de Instrucción con los jueces unipersonales de lo Penal que hubieran de conocer en juicio oral de lo instruido por ellos y con los magistrados de la Sección que se hallen en el mismo caso.

b) Los magistrados de cualquier Sala de Justicia, constituya o no sección orgánica, a la que se halle atribuido el conocimiento de los recursos respecto de las resoluciones de un órgano jurisdiccional, cualquiera que sea el orden a que pertenezca, con los jueces o magistrados de dicho órgano. Se exceptúan de esta incompatibilidad las Salas y Secciones del Tribunal Supremo.

2. Serán incompatibles cuando concurra entre ellas cualquiera de las relaciones a que se refiere el artículo anterior:

a) Los Presidentes y magistrados de la Sala de lo Penal de la Audiencia Nacional y los de las Audiencias Provinciales, respecto de los miembros del Ministerio Fiscal de la correspondiente Fiscalía, salvo cuando en la Audiencia Provincial hubiere más de tres secciones.

b) Los Presidentes y magistrados de la Sala de lo Civil y Penal respecto del Fiscal Jefe y Teniente Fiscal de dicho órgano.

c) Los jueces de Instrucción y los jueces unipersonales de lo Penal, respecto de los fiscales destinados en Fiscalías en cuyo ámbito territorial ejerzan su jurisdicción, con excepción de los Partidos donde existan más de cinco órganos de la clase que se trate.

d) Los Presidentes, magistrados y jueces respecto de los Secretarios y demás personal al servicio de la Administración de Justicia que dependan de ellos directamente.

Art. 348. No podrán los jueces y magistrados desempeñar su cargo:

1. En las Salas de Tribunales y juzgados donde ejerzan habitualmente, como abogado o procurador, su cónyuge o un pariente dentro del segundo grado de consanguinidad o afinidad. Esta incompatibilidad no será aplicable en las poblaciones donde existan diez o más juzgados de Primera Instancia e Instrucción, la suma de los juzgados de Primera Instancia y de los juzgados de Instrucción sea de diez o más o existan Salas con tres o más Secciones.

2. En una Audiencia Provincial o juzgado que comprenda dentro de su circunscripción territorial una población en la que, por poseer él mismo, su cónyuge o parientes de segundo grado de consanguinidad intereses económicos, tengan arraigo que pueda obstaculizarles el imparcial ejercicio de la función jurisdiccional. Se exceptúan las poblaciones superiores a cien mil habitantes en las que radique la sede del órgano jurisdiccional.

3. En una Audiencia o juzgado en que hayan ejercido la abogacía o el cargo de procurador en los dos años anteriores a su nombramiento.

Art. 349. 1. Cuando un nombramiento dé lugar a una situación de incompatibilidad de las previstas en los artículos anteriores quedará el mismo sin efecto y se destinará con carácter forzoso al juez o magistrado, sin perjuicio de la responsabilidad disciplinaria en que hubiera podido incurrir.

2. Cuando la situación de incompatibilidad apareciere en virtud de circunstancias sobrevenidas, el Consejo General del Poder Judicial procederá al traslado forzoso del juez o magistrado, en el caso del número uno del artículo anterior, o del último nombrado en los restantes. En su caso podrá proponer al Gobierno el traslado del miembro del Ministerio Fiscal incompatible, si fuera de menor antigüedad en el cargo. El destino forzoso será a cargo que no implique cambio de residencia si existiera vacante, y en tal caso ésta no será anunciada a concurso de provisión.

3. El régimen jurídico previsto en los artículos 347 y 348 será igualmente aplicable respecto de los jueces de adscripción territorial, quienes no podrán ser llamados a desempeñar funciones jurisdiccionales en los órganos judiciales a que se refieren los artículos citados.

§13

TÍTULO XVII
El escalafón

Art. 350. 1. El escalafón general de la Carrera Judicial se configurará de conformidad con las tres categorías judiciales que se indican en el artículo 299 de la Ley Orgánica del Poder Judicial, comprendiendo a todos los miembros de la Carrera

Judicial que se hallen en cualquiera de las situaciones reguladas en los artículos 348 y siguientes de la citada Ley, siempre que implique el abono de servicios.

2. El escalafón contendrá una especial referencia a los magistrados del Tribunal Supremo, magistrados y jueces que se encuentren en las situaciones de servicios especiales, excedencia voluntaria para atender al cuidado de hijos, de menores acogidos, del cónyuge, pareja de hecho o familiares hasta dos anualidades o por razón de violencia sobre la mujer.

3. También reflejará el escalafón a quienes, perteneciendo a la Carrera Judicial, se encuentren en situación de excedencia voluntaria por motivos distintos de los enunciados en el número anterior, que se relacionarán a continuación de los mencionados en los apartados anteriores con expresión abreviada de la causa que determinó esta situación.

Art. 351. De conformidad con lo dispuesto en el artículo 300 de la Ley Orgánica del Poder Judicial, el escalafón general de la Carrera Judicial reflejará los siguientes datos personales y profesionales:

a) Número de orden.

b) Apellidos y nombre.

c) Destino o cargo, con expresa mención de la forma de provisión establecida en el artículo 118 de la Ley Orgánica del Poder Judicial.

d) Años, meses y días de servicio en la Carrera Judicial.

e) Años, meses y días de servicio en la categoría que se ostente.

f) Años, meses y días de servicio en la categoría de magistrado especialista en el orden contencioso-administrativo, social o en materia mercantil.

g) Años, meses y días de servicio en el extinguido Cuerpo de jueces de Distrito.

h) Especialidad.

i) Procedencia de los magistrados a que se refiere el artículo 330.4 de la Ley Orgánica del Poder Judicial.

Art. 352. El escalafón general de la Carrera Judicial se publicará en el «Boletín Oficial del Estado» Se concederá un plazo de treinta días naturales, a contar desde el siguiente al de la publicación, para que los interesados puedan solicitar las rectificaciones que estimen oportunas, las cuales serán resueltas por la Comisión Permanente del Consejo General del Poder Judicial. Contra el acuerdo de la Comisión Permanente, que se publicará en el «Boletín Oficial del Estado», podrá interponerse recurso ordinario o de revisión, en su caso, ante el Pleno del Consejo General del Poder Judicial en los plazos y por los motivos y formas que establece la Ley 30/1992.

§13

TÍTULO XVIII
Forma de cese y posesión en los órganos judiciales

Art. 353. Los jueces y magistrados cesarán en sus destinos el día siguiente hábil a aquél en que se publique en el «Boletín Oficial del Estado» la resolución que lo motive, salvo que en ella se disponga otra cosa.

Art. 354. 1. El cese de los jueces y magistrados por pasar a la situación administrativa de servicios especiales se producirá con anterioridad a la toma de posesión del cargo o incorporación a la actividad determinante de dicha situación, bien el mismo día, bien el día anterior, salvo que las normas reguladoras del cargo o actividad de que se trate establezcan otra cosa.

2. Cuando la toma de posesión o la incorporación mencionada en el apartado anterior tenga lugar en población distinta de aquella en la que desempeñen el cargo judicial, el cese en éste se producirá dentro de los tres días naturales anteriores a aquélla.

3. Para que el cese previsto en los números anteriores pueda tener lugar, será necesario que el juez o magistrado haya dictado sentencia en todos los asuntos que estuvieran pendientes de tal resolución.

Art. 355. Los jueces y magistrados que hayan de cesar en el cargo o destino judicial y que por hallarse en situación administrativa de servicios especiales o disfrutando de permiso o licencia, estén imposibilitados para comparecer en el órgano judicial con el fin de formalizar la correspondiente acta de cese, comunicarán su voluntad de cesar al secretario del órgano judicial donde presten sus servicios, el cual lo hará constar por diligencia, haciéndolo saber a la autoridad judicial o gubernativa correspondiente que tendrá por cesados a aquéllos en su cargo o destino.

§13

Art. 356. Los Presidentes, magistrados y jueces tomarán posesión de sus cargos y destinos, previo juramento o promesa, en su caso, en los plazos y forma establecidos en los artículos 318 y siguientes de la Ley Orgánica del Poder Judicial.

Disposición transitoria primera. Los procedimientos de selección y especialización regulados en el Título II iniciados con anterioridad a la entrada en vigor de este Reglamento, continuaran tramitándose de conformidad con las previsiones del Reglamento 1/1995.

Disposición transitoria segunda. Los miembros de la Carrera Judicial con categoría de juez que se hubieren especializado en materia de menores, dispondrán de un plazo de tres años a partir de su ascenso a la categoría de magistrado, para participar en los concursos de provisión de los Juzgados de Menores que se convoquen.

Disposición transitoria tercera. Cuando los participantes en concursos de traslado o promoción iniciados con anterioridad a la entrada en vigor del presente Reglamento, tuvieran reconocido como mérito preferente el conocimiento del idioma cooficial en una Comunidad Autónoma, distinto del castellano, o del Derecho civil propio, la valoración de dichos méritos se ajustará a las previsiones Título III del Reglamento 1/1995.

Disposición transitoria cuarta. El régimen jurídico aplicable a los alardes cuya elaboración deba iniciarse con anterioridad a la entrada en vigor de este Reglamento, será el previsto en el Título VII del Reglamento 1/1995.

Disposición transitoria quinta. 1. Las situaciones administrativas a que se refiere el Título XI se regirán, a partir de la entrada en vigor del presente Reglamento, por lo dispuesto en el citado Título, a excepción de las comisiones de servicio concedidas con anterioridad a su vigencia.

2. La tramitación de los procedimientos para el reconocimiento de las situaciones administrativas iniciados con anterioridad a la entrada en vigor de este Reglamento, se ajustará a lo establecido en la Disposición Transitoria Séptima para los expedientes y procedimientos que allí se citan.

Disposición transitoria sexta. 1. El régimen jurídico aplicable a los permisos y licencias concedidos con anterioridad a la vigencia de este Reglamento, será el previsto en el Título XII del Reglamento 1/1995. No obstante, cuando con anterioridad a la entrada en vigor del presente Reglamento se hubiera conferido licencia por enfermedad de acuerdo con lo previsto en la anterior reglamentación, ésta se podrá transformar en una licencia parcial por enfermedad, siempre y cuando concurran los requisitos previstos en el artículo 228.

§13

2. La tramitación de las licencias y permisos solicitados con anterioridad a la entrada en vigor de este Reglamento, se acomodará a lo previsto en la Disposición Transitoria Séptima para los expedientes y procedimientos allí citados.

Disposición transitoria séptima. Los expedientes a que se refiere el Título IV y los concursos reglados contemplados en el Capítulo II del Título X que se hubieran iniciado con anterioridad a la vigencia del presente Reglamento, continuarán sustanciándose de conformidad con la reglamentación anterior, en tanto ésta no se oponga a lo dispuesto en la Ley Orgánica del Poder Judicial y a la Ley 30/1992, de 26 de noviembre.

Disposición derogatoria. Quedan derogadas cuantas disposiciones de igual o inferior rango se opongan a lo establecido en el presente Reglamento, especialmente el Reglamento 1/1995, de 7 de junio, de la Carrera Judicial.

Disposición final. El presente Reglamento entrará en vigor a los veinte días de su publicación en el «Boletín Oficial del Estado».

§13

§14. ACUERDO DE 27 DE SEPTIEMBRE DE 2018, DEL PLENO DEL CONSEJO GENERAL DEL PODER JUDICIAL, POR EL QUE SE APRUEBA EL REGLAMENTO 1/2018, SOBRE AUXILIO JUDICIAL INTERNACIONAL Y REDES DE COOPERACIÓN JUDICIAL INTERNACIONAL

La regulación reglamentaria de la cooperación judicial internacional se caracteriza hoy día por ser dispersa y claramente insuficiente para dar una respuesta satisfactoria a la cada vez más intensa actividad de cooperación judicial internacional española. Aborda tangencialmente esta materia, en primer lugar, el Reglamento 1/2005, de los aspectos accesorios de las actuaciones judiciales, cuyo Título IV se refiere a la cooperación jurisdiccional y específicamente el Capítulo II a la internacional. Dentro de éste, la sección 1ª regula la práctica de actuaciones judiciales en el extranjero, la sección 2ª el cumplimiento en España de las solicitudes de auxilio judicial procedentes de países extranjeros y la 3ª la Red Judicial Española de Cooperación Judicial Internacional. En segundo lugar, el Reglamento 2/2010, de 25 de febrero, sobre criterios generales de homogeneización de las actuaciones de los servicios comunes procesales, dedica el artículo 15 al registro y reparto de las solicitudes de cooperación judicial internacional.

La Ley Orgánica del Poder Judicial atribuye al Pleno del Consejo General del Poder Judicial la potestad reglamentaria, entre otras materias, para «la organización y gestión de la actuación de los órganos judiciales españoles en materia de cooperación jurisdiccional interna e internacional» (artículo 560.1.16 letra k). Este marco normativo permite afrontar reglamentariamente este campo de actividad jurisdiccional de nuestros órganos judiciales, con el propósito de habilitar los mecanismos para mejorar su eficacia. En el ámbito civil, la promulgación de la Ley 29/2015, de 30 de julio, de cooperación jurídica internacional en materia civil contiene asimismo una regulación detallada que hace necesario un desarrollo reglamentario acorde en materia de organización y gestión de la actuación de los órganos judiciales españoles.

En este sentido, se considera imprescindible que en un mismo reglamento se integren todas las disposiciones que incidan en la organización y gestión de la actuación de los órganos judiciales españoles en materia de cooperación jurisdiccional internacional, así como todas aquellas que perfilen el papel que debe desempeñar en este cometido el Servicio de Relaciones Internacionales del Consejo General del Poder Judicial.

El Título I se dedica, precisamente, a la actuación de este órgano constitucional en apoyo del auxilio judicial internacional y en la aplicación del Derecho de la Unión Europea por los jueces y magistrados.

Junto a esto, resulta también necesario contar con una regulación moderna de las redes creadas por el Consejo General del Poder Judicial cuya actividad se proyecta en la esfera internacional. La Red Judicial Española de Cooperación Judicial Internacional (REJUE) y la Red de Especialistas en Derecho de la Unión Europea (REDUE) existen desde hace más de una década, si bien únicamente la primera tiene regulación reglamentaria. Es preciso, por tanto, que también la segunda tenga reflejo en nuestro ordenamiento jurídico y que la regulación de ambas sea completa y acorde con la labor que vienen desempeñando los Magistrados que conforman estas redes. A esta materia se dedicará el Título II del presente Reglamento, con el objetivo no sólo de dotar de garantías y seguridad jurídica a la actuación de las redes, sino también de articularlas como herramientas clave al servicio de la carrera Judicial. Por otra parte, se ha aprovechado la nueva reglamentación para regular el proceso de selección de los miembros de las redes de cooperación judicial internacional pertenecientes a la carrera judicial, a los que se refiere el artículo 33 de la Ley 16/2015, de 7 de julio, por la que se regula el Estatuto del Miembro Nacional de España en Eurojust, los conflictos de jurisdicción, las redes judiciales de cooperación internacional y el personal dependiente del Ministerio de Justicia en el Exterior.

En este sentido, el fortalecimiento de las redes es un objetivo prioritario del Consejo General del Poder Judicial, así como su adecuada coordinación con los órganos técnicos de este órgano a través de su Servicio de Relaciones Internacionales. Se regula así, no sólo la selección y nombramiento de los jueces y magistrados que las conforman, sino también la incidencia de su actividad en los módulos de productividad, su formación, su régimen de incompatibilidades y las causas de su cese.

El Título III está dedicado al registro y reparto de las solicitudes de cooperación judicial internacional pasiva, donde se procede a integrar, con las adaptaciones necesarias, lo dispuesto en el artículo 15 del Reglamento 2/2010 sobre criterios generales de homogeneización de las actuaciones de los servicios comunes procesales, motivo por el cual se deroga el citado artículo. El reparto se realizará a la mayor brevedad y, en todo caso, antes de tres días, al órgano jurisdiccional con competencia para su ejecución o a la autoridad que corresponda, bien sea el Ministerio Fiscal, bien sea la Autoridad Central.

TÍTULO I
Organización y gestión en apoyo del auxilio judicial internacional

Art. 1. *Cumplimiento de solicitudes de auxilio judicial procedentes de otros Estados.–* 1. Los jueces y tribunales españoles darán cumplimiento a las solicitudes de auxilio judicial provenientes de otros Estados en la forma prevista en la Ley Orgánica del Poder Judicial, en las leyes especiales y en el presente Reglamento, así como en los Tratados y Convenios Internacionales de los que España sea parte y en las normas de la Unión Europea que resulten aplicables.

2. En cuanto reciba una solicitud de auxilio judicial, la autoridad española deberá remitir sin dilación acuse de recibo a la autoridad extranjera requirente, si ello fuera posible, en el que se indique el número de expediente de cooperación, el órgano encargado de ejecutar la solicitud, su dirección postal y de correo electrónico, teléfono, fax y otros datos que se consideren necesarios. La misma obligación existe cuando la autoridad competente para la recepción de la solicitud lo sea también para su ejecución. El acuse de recibo se podrá realizar de conformidad con el modelo que se apruebe por el Consejo General del Poder Judicial, salvo que el instrumento internacional aplicable establezca un modelo de uso obligatorio.

3. Una vez cumplimentada la solicitud de auxilio judicial por el órgano español correspondiente, éste procederá a su devolución por la misma vía por la que fue recibida, salvo que el convenio internacional u otra norma aplicable dispongan otra cosa. Sin perjuicio de la normativa en materia de protección de datos, se conservará una copia de la solicitud y de lo actuado en sus archivos.

4. Si la solicitud de auxilio judicial afecta al territorio de varias demarcaciones judiciales, o cuando conste la existencia de varias solicitudes de auxilio relacionadas entre sí, los órganos judiciales competentes para su ejecución lo podrán poner en conocimiento del Servicio de Relaciones Internacionales del Consejo General del Poder Judicial a los efectos del ejercicio de las funciones que corresponden a éste en materia de auxilio judicial internacional o para la puesta en funcionamiento de los mecanismos de coordinación previstos en la normativa reguladora de las redes judiciales o de Eurojust.

§14

Art. 2. *Actuación del Consejo General del Poder Judicial en apoyo de la emisión y ejecución del auxilio judicial internacional.–* 1. El Consejo General del Poder Judicial prestará su asistencia a los órganos jurisdiccionales españoles, que así lo soliciten, para la correcta remisión y el eficaz cumplimiento de las peticiones de cooperación jurisdiccional que hayan de dirigirse a las autoridades competentes de otros Estados y para la debida ejecución de las peticiones que reciban los juzgados y tribunales españoles.

2. Dicha asistencia será prestada por el Servicio de Relaciones Internacionales del Consejo General del Poder Judicial, en su caso con intervención de los puntos de contacto de la Red Judicial Europea en materia penal, de la Red Judicial Europea en materia civil y mercantil, de la Red de Expertos Nacionales en Equipos Conjuntos de Investigación, de la Red Iberoamericana de Cooperación Jurídica Internacional (IberRed), de la Red Judicial Europea sobre Ciberdelincuencia, de la Red para la Investigación y Persecución del Genocidio, Delitos contra la Humanidad y Crímenes de Guerra, de la Red Internacional de Jueces de la Conferencia de La Haya, de la Red Judicial Española de Cooperación Judicial Internacional, de la Red de Especialistas en Derecho de la Unión Europea, y de otras redes que pudieran existir o de Eurojust.

3. El Consejo General del Poder Judicial promoverá las medidas tendentes a armonizar e integrar la actividad de auxilio judicial internacional en los sistemas de gestión procesal y de estadística judicial.

4. El Servicio de Relaciones Internacionales del Consejo General del Poder Judicial llevará una estadística detallada de la asistencia prestada a los órganos jurisdiccionales españoles en las actividades de auxilio judicial internacional.

Art. 3. *Prontuario de Auxilio Judicial Internacional.-* 1. El Prontuario de Auxilio Judicial Internacional es una herramienta facilitadora de las actividades de auxilio judicial internacional que está a disposición de todos los miembros de la carrera judicial, fiscal y del cuerpo de letrados de la administración de justicia.

2. El Consejo General del Poder Judicial, a través del Servicio de Relaciones Internacionales y del Centro de Documentación Judicial, en colaboración con la Fiscalía General del Estado y con el Ministerio de Justicia, promoverá que se mantengan actualizadas las aplicaciones del Prontuario de Auxilio Judicial Internacional.

3. A tal fin, se constituirá una Comisión de Actualización del Prontuario, formada por los coordinadores de cada una de las áreas temáticas que se determinen, de la que podrán formar parte los puntos de contacto de otras redes de cooperación internacional.

4. Se promoverá igualmente que estas aplicaciones sean conocidas y utilizadas, en la forma que se considere precisa, por otros operadores jurídicos, pudiendo desarrollarse en colaboración con la Escuela Judicial actividades formativas específicas que tengan como finalidad la formación para su utilización.

Art. 4. *Asistencia en cooperación judicial internacional activa.-* 1. El órgano jurisdiccional que deba cursar una petición de auxilio judicial internacional o un certificado o formulario de reconocimiento mutuo a las autoridades de otro Estado podrá recabar la asistencia del Servicio de Relaciones Internacionales del Consejo

General del Poder Judicial, de los puntos de contacto de las redes judiciales para la cooperación internacional o de Eurojust con el fin de recibir el asesoramiento técnico necesario para la redacción y emisión de la petición de asistencia judicial internacional, sin perjuicio de la consulta previa del Prontuario de Auxilio Judicial Internacional.

2. La solicitud de cooperación internacional o el certificado o formulario de reconocimiento mutuo deberán ser remitidos directamente a la autoridad designada por el Estado en el que deba ejecutarse cuando así lo disponga la correspondiente ley procesal española, la normativa de la Unión Europea o el Tratado o Convenio Internacional que resulte de aplicación. Salvo que la normativa aplicable disponga otra cosa, en los supuestos no contemplados en el párrafo anterior, las solicitudes serán elevadas directamente al Ministerio de Justicia con arreglo a la normativa en vigor. Para conocer los supuestos en que sea aplicable la remisión directa y los concretos datos de la autoridad designada por cada Estado, los jueces y tribunales españoles podrán recabar la asistencia correspondiente en los términos previstos en el apartado precedente, sin perjuicio de la consulta previa del Prontuario de Auxilio Judicial Internacional.

3. El órgano jurisdiccional que hubiere cursado un despacho de auxilio judicial a otro Estado y no vea satisfecha esta petición en un plazo razonable, podrá ponerlo en conocimiento del Servicio de Relaciones Internacionales del Consejo General del Poder Judicial, del punto de contacto de la red que corresponda o de los magistrados de enlace, a fin de que con la intervención de éstos o, en su caso, con intervención del Ministerio de Justicia español, en cuanto Autoridad Central, se interese de las autoridades extranjeras competentes la práctica de las actuaciones demandadas. También podrá dirigirse a Eurojust en los términos previstos en su normativa específica.

Art. 5. *Asistencia en cooperación judicial internacional pasiva.*– 1. A instancias de un punto de contacto de alguna red de cooperación internacional, de un órgano judicial extranjero o de otra autoridad u organismo competente en este ámbito, el Servicio de Relaciones Internacionales del Consejo General del Poder Judicial podrá recabar información sobre el estado de ejecución de una determinada petición de asistencia judicial internacional que haya sido remitida a un órgano jurisdiccional español, así como prestar a éste el apoyo que resulte necesario en los términos previstos en el artículo 2 del presente Reglamento.

2. El Consejo General del Poder Judicial, a través del Servicio de Inspección, de los Presidentes de tribunales y audiencias, y de los jueces y magistrados decanos, velará por el cumplimiento de las peticiones de auxilio judicial internacional dirigidas a órganos jurisdiccionales españoles.

3. Si en ejecución de una petición de asistencia internacional, la autoridad de otro Estado solicita estar presente durante la práctica de las diligencias en territorio español y el juez o magistrado competente así lo autoriza, se podrá poner esta circunstancia en conocimiento del Servicio de Relaciones Internacionales del Consejo General del Poder Judicial para recabar el apoyo que resulte necesario.

Art. 6. *Práctica de actuaciones procesales en otro Estado y desplazamientos de jueces y magistrados a estos efectos.*– 1. La práctica de actuaciones judiciales que hayan de llevarse a cabo en otro Estado por los juzgados y tribunales españoles se efectuará de acuerdo con lo previsto en las normas de la Unión Europea y en los Tratados y Convenios Internacionales de los que España sea parte, en la Ley Orgánica del Poder Judicial, en las leyes especiales, así como en el presente Reglamento.

2. El desplazamiento a otro Estado de jueces y magistrados para realizar actuaciones procesales, precisará la autorización de la Comisión Permanente del Consejo General del Poder Judicial.

3. La solicitud para el desplazamiento a otro Estado se dirigirá a la Comisión Permanente del Consejo General del Poder Judicial y contendrá los siguientes extremos:

a) Certificación de la resolución judicial que acuerde la práctica de la diligencia;

b) Estado y localidad o localidades donde hayan de realizarse las actuaciones procesales acordadas;

c) Órgano judicial o autoridad del expresado Estado al que corresponda llevar a cabo la diligencia de que se trate;

d) Referencia al Tratado o Convenio u otro instrumento internacional, si lo hubiere, en virtud del que se solicita la petición de cooperación internacional;

e) Funcionario o funcionarios que acompañarán al juez o magistrado.

4. La solicitud de desplazamiento deberá venir acompañada de un informe en el que, con observancia de las limitaciones derivadas de la reserva propia de las actuaciones judiciales, se expongan las razones que justifiquen el desplazamiento personal de los jueces y magistrados, así como la composición del equipo que haya de desplazarse.

5. El expediente para la autorización del desplazamiento será tramitado por el Servicio de Relaciones Internacionales, que elevará la correspondiente propuesta a la Comisión Permanente. La Comisión Permanente podrá recabar informe del Presidente del Tribunal Supremo, de la Audiencia Nacional o del Tribunal Superior de Justicia, según el órgano jurisdiccional en el que el solicitante del desplazamiento preste sus servicios. A la vista de la documentación anteriormente reseñada, la Co-

misión Permanente resolverá sobre la petición de desplazamiento en los términos que proceda. En caso de denegación ésta deberá ser motivada.

6. La misma autorización prevista en este artículo será necesaria para la participación en una reunión para la coordinación de la instrucción competencia del juez o magistrado que lo solicita con otras investigaciones relacionadas y llevadas a cabo en otros Estados. Si se tratara de una reunión de coordinación instada desde la oficina española en Eurojust, al amparo del artículo 21 de la Ley 16/2015, de 7 de julio, por la que se regula el Estatuto del Miembro Nacional de España en Eurojust, los conflictos de jurisdicción, las redes judiciales de cooperación internacional y el personal dependiente del Ministerio de Justicia en el Exterior, la solicitud para la autorización del desplazamiento puede proceder del Miembro Nacional de España en Eurojust o de su suplente.

7. Una vez finalizada la actuación, el juez o magistrado elevará al Consejo General del Poder Judicial informe sobre las condiciones en que se ha desarrollado su actuación, que, en ningún caso, podrá referirse al contenido del concreto proceso judicial en cuyo seno se decretó el desplazamiento. El informe se remitirá al Servicio de Relaciones Internacionales.

Art. 7. *Estadística judicial, especialización y servicios comunes.–* 1. Los órganos jurisdiccionales reflejarán en la estadística trimestral del Consejo General del Poder Judicial las solicitudes de auxilio judicial internacional y los certificados o formularios de reconocimiento mutuo remitidos a otros Estados, así como los recibidos y procedentes de Estados extranjeros.

2. Al amparo del artículo 438.3 y 4 de la Ley Orgánica del Poder Judicial, se podrá promover desde el Consejo General del Poder Judicial la creación de secciones especializadas en materia de cooperación jurisdiccional internacional en los servicios comunes procesales con la finalidad de mejorar las actuaciones relacionadas en esta materia.

3. El Consejo General del Poder Judicial promoverá la especialización de órganos jurisdiccionales en materia de cooperación internacional, al amparo del artículo 98 de la Ley Orgánica del Poder Judicial, sin perjuicio de lo que pudiera haberse previsto en las correspondientes normas de reparto, cuando el volumen de las solicitudes de auxilio judicial internacional o de los certificados o formularios de reconocimiento mutuo de utilización obligatoria recibidos en el correspondiente partido o circunscripción judicial o la concurrencia de otros criterios así lo aconseje.

TÍTULO II
De las redes en materia internacional del Consejo General del Poder Judicial y de otras redes internacionales de cooperación judicial

CAPÍTULO I
Disposiciones comunes

Art. 8. *Redes en materia internacional del Consejo General del Poder Judicial.-* Las redes judiciales directamente dependientes del Consejo General del Poder Judicial, cuya actividad incide en el ámbito internacional son:

La Red Judicial Española de Cooperación Judicial Internacional, cuyo objetivo es asistir a los órganos judiciales españoles que lo soliciten en cuantas peticiones de cooperación judicial internacional emitan o reciban en el ejercicio de su actividad jurisdiccional y auxiliar a otros miembros de redes de cooperación judicial; y

La Red de Especialistas en Derecho de la Unión Europea, que asiste a los órganos judiciales en todo lo concerniente a la aplicación del Derecho de la Unión Europea y la jurisprudencia del Tribunal de Justicia de la Unión Europea, con una especial atención a todo lo relacionado con las cuestiones prejudiciales.

Art. 9. *Coordinación de las redes con el Servicio de Relaciones Internacionales.-* Los miembros de la carrera judicial que formen parte de las redes en materia internacional del Consejo General del Poder Judicial desarrollarán sus cometidos de manera coordinada con el Servicio de Relaciones Internacionales del Consejo General del Poder Judicial. A estos efectos, se procurará la celebración de una reunión anual organizada por el Servicio de Relaciones Internacionales.

Corresponde al Servicio de Relaciones Internacionales del Consejo General del Poder Judicial la gestión y la recopilación de las estadísticas generadas como consecuencia de la actividad de los miembros de dichas redes.

Art. 10. *Selección y nombramiento de sus miembros.-* 1. Los miembros de la Red Judicial Española de Cooperación Judicial Internacional y de la Red de Especialistas en Derecho de la Unión Europea serán seleccionados por un período de cinco años, renovables por períodos sucesivos de cinco años, por la Comisión Permanente del Consejo General del Poder Judicial, mediante un procedimiento selectivo fundado en los principios de publicidad, igualdad, mérito y capacidad, entre miembros de la carrera judicial que hubieren prestado al menos tres años de servicios y se encuentren en activo y ejerciendo funciones jurisdiccionales, atendiendo al principio de presencia equilibrada de hombres y mujeres. El proceso selectivo atenderá especialmente al dominio de lenguas extranjeras, así como a los conocimientos, experiencia e intervención directa de los solicitantes en el ámbito de la cooperación judicial internacional en el caso de la Red Judicial Española de Cooperación Judicial Internacional y del Derecho de la Unión Europea en el caso de la Red de Especialistas en Derecho de la Unión Europea.

2. No se podrá formar parte simultáneamente de ambas redes judiciales. Se procurará, además, la rotación de los integrantes de ambas redes, con la finalidad de promover la especialización de los integrantes de la carrera judicial en estas materias. La designación como miembro de una de las redes no comportará la relevación de las funciones jurisdiccionales atribuidas en el destino servido.

3. La actividad de los integrantes de las redes será computada a efectos de productividad en los términos que se determine por el Consejo General del Poder Judicial.

4. Los miembros de las redes mantendrán actualizados y a disposición del Consejo General del Poder Judicial sus datos de identificación personal y sus direcciones de correo postal y electrónico. El Consejo podrá incluirlos en sus bases de datos a fin de crear o, en su caso, participar en las oportunas redes de comunicación que faciliten la operatividad de las redes.

5. Si el miembro de la red correspondiente apreciase que la realización de labores de asesoramiento o de intermediación en un caso concreto pudiese comprometer su imparcialidad en el ejercicio de funciones jurisdiccionales respecto del asunto objeto de la consulta lo pondrá en conocimiento del Servicio de Relaciones Internacionales a los efectos oportunos. En estos supuestos, el Servicio de Relaciones Internacionales podrá derivar la consulta a otro punto de contacto de la red.

6. El tratamiento de los datos personales por los integrantes de las redes o por el Servicio de Relaciones Internacionales en el ejercicio de sus funciones se acomodará a la normativa de protección de datos.

7. Los integrantes de las redes deberán participar en actividades formativas en materia de cooperación judicial internacional, Derecho de la Unión Europea e idiomas, así como en los encuentros periódicos organizados por el Servicio de Relaciones Internacionales. El Servicio de Relaciones Internacionales se coordinará con la Escuela Judicial para promover la participación de los integrantes de las redes judiciales en las actividades formativas en estas materias y desde el Consejo General del Poder Judicial se promoverá la organización de actividades formativas en estas materias. La participación en estas actividades será valorada en el proceso de nombramiento y renovación de los integrantes de las redes.

8. La condición de miembro de la red se perderá por expiración del mandato, salvo renovación, por renuncia o, en cualquier momento, por acuerdo debidamente motivado de la Comisión Permanente del Consejo General del Poder Judicial. Res-

§14

pecto de aquellos miembros que pasen a la situación de servicios especiales, la Comisión Permanente del Consejo General del Poder Judicial valorará su continuidad, siempre que sigan desempeñando en el marco de su nueva actividad funciones compatibles y directamente relacionadas con las propias de la red.

9. Cuando un miembro de la Red Judicial Española cambie de orden jurisdiccional pasando a otro orden distinto del correspondiente a la división en que hubiera venido prestando sus servicios, perderá aquella condición, salvo que la Comisión Permanente del Consejo General del Poder Judicial acuerde lo contrario, atendidas las circunstancias concurrentes.

10. Cuando un miembro de la Red de Especialistas en Derecho de la Unión Europea cambie de orden jurisdiccional pasando a otro orden distinto del correspondiente a la división en que hubiera venido prestando sus servicios en los términos previstos en el artículo 13 de este Reglamento, perderá aquella condición, salvo que la Comisión Permanente del Consejo General del Poder Judicial acuerde lo contrario, atendidas las circunstancias concurrentes.

CAPÍTULO II
Red Judicial Española de Cooperación Judicial Internacional

Art. 11. *Organización de la Red Judicial Española de Cooperación Judicial Internacional.–* 1. La Red Judicial Española de Cooperación Judicial Internacional estará integrada por dos divisiones:

– Una primera, denominada REJUE-CIVIL, de la que formarán parte jueces y magistrados con destino en los órdenes jurisdiccionales civil o social.

– Una segunda, denominada REJUE-PENAL, compuesta por jueces y magistrados con destino en los órdenes jurisdiccionales penal o contencioso-administrativo.

2. Formarán parte de la división penal de la Red Judicial Española de Cooperación Judicial Internacional al menos dos magistrados con destino en la Sala de lo Penal de la Audiencia Nacional o bien en los Juzgados Centrales de Instrucción.

3. La Comisión Permanente del Consejo General del Poder Judicial procurará una distribución equitativa a nivel geográfico de los miembros de la Red Judicial Española de Cooperación Judicial Internacional, que deberá estar formada por un número de miembros no inferior a veinte en cada una de sus dos divisiones.

4. Los miembros de la Red Judicial Española de Cooperación Judicial Internacional pueden compatibilizar su pertenencia a dicha Red con su pertenencia a las Redes Judiciales Europeas de Cooperación.

Art. 12. *Funciones de la Red Judicial Española de Cooperación Judicial Internacional.*– 1. Con la finalidad de prestar la asistencia técnica necesaria a los órganos judiciales para la correcta remisión y eficaz cumplimiento de las solicitudes de cooperación jurisdiccional internacional que se sustancien en los órganos judiciales españoles, corresponden a los miembros de la Red Judicial Española de Cooperación Judicial Internacional, en el ámbito territorial determinado por la Comisión Permanente del Consejo General del Poder Judicial, las siguientes funciones:

a) Prestar apoyo al Servicio de Relaciones Internacionales del Consejo General del Poder Judicial y a los puntos de contacto integrados en las redes judiciales de ámbito internacional;

b) Actuar como intermediarios activos para facilitar la cooperación judicial internacional en España a solicitud del órgano judicial. La intermediación activa comprende las funciones de informar, asesorar, coordinar, en su caso, y llevar a cabo aquellas otras gestiones tendentes a la agilización de la asistencia judicial en materia internacional, con pleno respeto a la potestad jurisdiccional de los órganos judiciales afectados.

c) Promover y participar en las actividades de formación en materia de cooperación jurídica internacional, especialmente en aquellas que tengan lugar en el territorio en que desarrollen sus funciones.

d) Elaborar estudios, confeccionar documentos y proponer otros instrumentos destinados a favorecer la cooperación judicial internacional.

e) Registrar cada una de sus actuaciones en el ejercicio de su función de intermediación, a los efectos de redactar la correspondiente memoria anual y atender las solicitudes de información procedentes del Servicio de Relaciones Internacionales del Consejo General del Poder Judicial.

f) Redactar a lo largo del mes de enero una memoria anual sobre sus actividades como miembro de la Red, que será elevada a la Comisión Permanente del Consejo General del Poder Judicial y tomada en consideración a los efectos oportunos.

g) Contribuir a la actualización permanente del Prontuario de Auxilio Judicial Internacional integrándose en, al menos, una de las áreas temáticas de actualización que se determinen, bajo las directrices y supervisión del coordinador de cada área temática.

§14

2. El Servicio de Relaciones Internacionales del Consejo General del Poder Judicial podrá especializar por materias las funciones desarrolladas por todos o algunos de los puntos de contacto de la Red Judicial Española de Cooperación Judicial Internacional.

CAPÍTULO III
Red de Especialistas en Derecho de la Unión Europea

Art. 13. *Integración de jueces y magistrados en la Red de Especialistas en Derecho de la Unión Europea.*- 1. A efectos operativos la Red de Especialistas en Derecho de la Unión Europea se articulará en las siguientes divisiones:

1) Derecho Civil (de Consumo y Espacio de Libertad, Seguridad y Justicia en el ámbito de la cooperación civil).

2) Derecho Mercantil (de la Competencia, Propiedad Intelectual, Industrial y Mercantil).

3) Derecho Penal (Espacio de Libertad, Seguridad y Justicia en al ámbito de la cooperación penal).

4) Derecho Administrativo (y Fiscal).

5) Derecho Social (Laboral y de Seguridad Social).

6) Aspectos generales del Derecho de la Unión Europea.

2. Formarán parte de la división de Derecho Civil miembros de la carrera judicial que presten servicios en órganos de la jurisdicción civil, de la división de Derecho Mercantil miembros de la carrera judicial que presten servicios en órganos de la jurisdicción mercantil, de la división de Derecho Penal miembros de la carrera judicial que presten servicios en órganos de la jurisdicción penal, de la división Derecho Administrativo miembros de la carrera judicial que presten servicios en órganos de la jurisdicción contencioso-administrativa, de la división de Derecho Social miembros de la carrera judicial que presten servicios en órganos de la jurisdicción social, y, por último, de la división de aspectos generales del Derecho de la Unión Europea miembros de la carrera judicial que presten servicios en órganos de cualquier jurisdicción.

3. En cada división existirán tres miembros que de forma coordinada y a nivel nacional desarrollarán las funciones que les son propias.

4. Los miembros de la Red de Especialistas en Derecho de la Unión Europea elegirán de entre ellos un coordinador, que ejercerá sus funciones por un período de dos años, con posibilidad de renovación por mandatos sucesivos, siempre que continúe siendo miembro de la Red de Especialistas en Derecho de la Unión Europea.

Art. 14. *Funciones de los miembros de la Red de Especialistas en Derecho de la Unión Europea.*- Los miembros de la Red de Especialistas en Derecho de la Unión Europea desempeñarán las siguientes funciones:

a) Prestar toda la asistencia técnica necesaria a los juzgados y tribunales españoles en la localización, interpretación y aplicación del Derecho de la Unión

Europea y la jurisprudencia del Tribunal de Justicia de la Unión Europea con especial atención al mecanismo de las cuestiones prejudiciales.

b) Promover y participar en las actividades de formación en materia de Derecho de la Unión Europea y la jurisprudencia del Tribunal de Justicia de la Unión Europea.

c) Elaborar estudios, confeccionar guías y prontuarios u otros instrumentos destinados a favorecer el conocimiento y difusión del Derecho de la Unión Europea y la jurisprudencia del Tribunal de Justicia de la Unión Europea.

d) Prestar su apoyo o asistencia en materia de Derecho de la Unión Europea a otras instituciones u organismos españoles cuando así se decida por los órganos competentes del Consejo General del Poder Judicial.

e) Redactar a lo largo del mes de enero una memoria anual sobre sus actividades como miembro de la red, que será elevada a la Comisión Permanente del Consejo General del Poder Judicial por medio del Servicio de Relaciones Internacionales, que se tomará en consideración a los efectos oportunos.

f) Mantener colaboración institucional con los representantes españoles en las instituciones europeas.

CAPÍTULO IV
Otras redes internacionales de cooperación judicial

Art. 15. *Selección de representantes judiciales en las redes internacionales de cooperación judicial.–* 1. Los miembros de las redes de cooperación judicial internacional pertenecientes a la carrera judicial, a los que se refiere el artículo 33 de la Ley 16/2015, de 7 de julio, por la que se regula el Estatuto del Miembro Nacional de España en Eurojust, los conflictos de jurisdicción, las redes judiciales de cooperación internacional y el personal dependiente del Ministerio de Justicia en el Exterior, serán seleccionados por la Comisión Permanente del Consejo General del Poder Judicial, mediante un procedimiento selectivo fundado en los principios de publicidad, igualdad, mérito y capacidad, atendiendo al principio de presencia equilibrada de hombres y mujeres, entre miembros de la carrera judicial con la categoría de magistrado, que hubieran prestado cinco años de servicios en dicha categoría y en el orden jurisdiccional correspondiente a la materia de que se trate, y que lleven, al menos, diez años perteneciendo a la carrera judicial.

2. Los datos de las personas seleccionadas serán puestos en conocimiento del departamento competente del Ministerio de Justicia para dar efectividad al nombramiento correspondiente.

3. El proceso selectivo atenderá, en su caso, al dominio de lenguas extranjeras, así como a los conocimientos, experiencia e intervención directa de los solicitantes en el ámbito de la cooperación judicial internacional.

4. La designación como miembro de una red de cooperación judicial internacional no comportará la relevación de las funciones jurisdiccionales atribuidas en el destino servido.

5. La actividad de los puntos de contacto de las redes de cooperación judicial internacional será computada a efectos de productividad en los términos que se determine por el Consejo General del Poder Judicial.

TÍTULO III
Registro y reparto de las solicitudes de cooperación judicial internacional pasiva

Art. 16. *Solicitudes de cooperación judicial internacional.*– 1. Las solicitudes de cooperación judicial internacional que se reciban en los órganos jurisdiccionales españoles, en materia civil o penal, tanto convencionales como basadas en instrumentos de reconocimiento mutuo o en las leyes de cooperación judicial internacional vigentes, serán objeto de registro y reparto específico en el que deberá indicarse el órgano y el Estado de procedencia, detallando si pertenece o no al espacio judicial europeo, la diligencia interesada, la persona con quien ha de ser entendida la diligencia y, en su caso, el plazo de cumplimiento.

2. Repartida la solicitud al órgano que por turno haya correspondido, el servicio común acusará recibo a la autoridad judicial requirente en la forma prescrita en el artículo 1.2 de este Reglamento.

3. Las solicitudes de cooperación judicial internacional se repartirán a la mayor brevedad y en todo caso antes de tres días, al órgano jurisdiccional con competencia para su ejecución en ese partido judicial o a la autoridad que corresponda, bien sea el Ministerio Fiscal, bien sea la Autoridad Central.

4. Si la competencia correspondiese a un órgano jurisdiccional de otro partido judicial, tras el registro de la petición de asistencia en el registro único, se remitirá al partido judicial que resulte competente, quedando copia. En estos casos, el acuse de recibo a la autoridad remisora hará constar, si ello es posible, el partido judicial al que la petición se ha remitido. Al ser repartida en éste se deberá comunicar a la autoridad remisora, si ello es posible, el órgano jurisdiccional que será encargado de su ejecución.

5. Las decisiones del Secretario Judicial Director del servicio común relativas al reparto de solicitudes de cooperación judicial internacional, serán resueltas

en vía gubernativa con carácter de urgencia por el Juez Decano o Presidente del Tribunal que corresponda.

Art. 17. *Reparto urgente de solicitudes de cooperación judicial internacional.–* 1. El Consejo General del Poder Judicial, a través de su Servicio de Relaciones Internacionales, podrá promover el registro y reparto urgente, en el plazo máximo de 24 horas, de las peticiones de asistencia judicial internacional que se reciban en los órganos jurisdiccionales españoles en los casos en que haya razones que así lo justifiquen. En tal caso, se comunicará al Servicio de Relaciones Internacionales el órgano al que haya correspondido su ejecución.

2. También se llevará a cabo el reparto urgente cuando así lo soliciten los miembros nacionales de Eurojust en ejercicio de las funciones que determine la ley, en consonancia con las competencias que en su condición de autoridades nacionales competentes les atribuyen los artículos 9 bis a 9 sexies de la Decisión 2002/187/JAI, del Consejo, de 28 de febrero de 2002, por la que se crea Eurojust para reforzar la lucha contra las formas graves de delincuencia, tal como quedaran redactados por la Decisión 2009/426/JAI del Consejo, de 16 de diciembre de 2008, por la que se refuerza Eurojust y se modifica la Decisión 2002/187/JAI por la que se crea Eurojust para reforzar la lucha contra las formas graves de delincuencia, o cuando lo decida el Secretario Director del servicio común en los casos en que la urgencia se deduzca de la propia naturaleza de la solicitud o de las actuaciones a que se refiera. A tal efecto el Consejo General del Poder Judicial elaborará un Protocolo para la homogeneización de las actuaciones a realizar en las solicitudes de cooperación judicial internacional, que podrá ser objeto de modificación posterior por Acuerdo del Consejo General del Poder Judicial o de la Comisión en quien delegue.

Disposición adicional única. La Comisión Permanente podrá modificar la composición de las redes a propuesta del Servicio de Relaciones Internacionales atendiendo a las necesidades detectadas.

Disposición transitoria única. *Legislación aplicable a los procesos de renovación de las redes.–* Los procesos de renovación de la Red Judicial Española de Cooperación Judicial Internacional y de la Red de Especialistas en Derecho de la Unión Europea que se convoquen a partir de la entrada en vigor del presente reglamento se regirán por lo dispuesto en el mismo.

Disposición derogatoria única. *Derogación de normas.–* Quedan derogados el capítulo II del Título IV del Reglamento 1/2005, de los aspectos accesorios de las actuaciones judiciales y el artículo 15 del Reglamento 2/2010, sobre criterios generales de homogeneización de las actuaciones de los Servicios Comunes Procesales.

Disposición final primera. *Base jurídica del presente Reglamento.*– El presente Reglamento desarrolla el ejercicio de la competencia en materia de organización y gestión de la actuación de los órganos judiciales españoles al amparo de lo previsto en el artículo 560.1.16.k de la Ley Orgánica del Poder Judicial.

Disposición final segunda. *Entrada en vigor.*– El presente reglamento entrará en vigor al día siguiente de su publicación en el «Boletín Oficial del Estado».

III. FISCAL

§15. LEY 50/1981, DE 30 DE DICIEMBRE, POR LA QUE SE REGULA EL ESTATUTO ORGÁNICO DEL MINISTERIO FISCAL

(BOE 13/1/1982, núm. 11)

También debe estarse a la Ley Orgánica 9/2021, de 1 de julio, de aplicación del Reglamento (UE) 2017/1939 del Consejo, de 12 de octubre de 2017, por el que se establece una cooperación reforzada para la creación de la Fiscalía Europea (BOE 2/7/2021)

TÍTULO I
Del Ministerio Fiscal y sus funciones

CAPÍTULO I
Del Ministerio Fiscal

Art. 1. El Ministerio Fiscal tiene por misión promover la acción de la justicia en defensa de la legalidad, de los derechos de los ciudadanos y del interés público tutelado por la ley, de oficio o a petición de los interesados, así como velar por la independencia de los Tribunales, y procurar ante éstos la satisfacción del interés social.

Art. 2. Uno. El Ministerio Fiscal es un órgano de relevancia constitucional con personalidad jurídica propia, integrado con autonomía funcional en el Poder Judicial, y ejerce su misión por medio de órganos propios, conforme a los principios de unidad de actuación y dependencia jerárquica y con sujeción, en todo caso, a los de legalidad e imparcialidad.

Dos. Corresponde al Ministerio Fiscal esta denominación con carácter exclusivo.

CAPÍTULO II
De las funciones del Ministerio Fiscal

Art. 3. Para el cumplimiento de las misiones establecidas en el artículo 1, corresponde al Ministerio Fiscal:

1. Velar por que la función jurisdiccional se ejerza eficazmente conforme a las leyes y en los plazos y términos en ellas señalados, ejercitando, en su caso, las acciones, recursos y actuaciones pertinentes.

2. Ejercer cuantas funciones le atribuya la ley en defensa de la independencia de los jueces y tribunales.

3. Velar por el respeto de las instituciones constitucionales y de los derechos fundamentales y libertades públicas con cuantas actuaciones exija su defensa.

4. Ejercitar las acciones penales y civiles dimanantes de delitos, sin perjuicio de la competencia de la Fiscalía Europea para ejercer la acción penal y solicitar la apertura de juicio oral por los delitos contra los intereses financieros de la Unión que asuma de acuerdo con su normativa, u oponerse a las ejercitadas por otros, cuando proceda.

Redactado por LO 9/2021, de 1 de julio.

5. Intervenir en el proceso penal, instando de la autoridad judicial la adopción de las medidas cautelares que procedan y la práctica de las diligencias encaminadas al esclarecimiento de los hechos o instruyendo directamente el procedimiento en el ámbito de lo dispuesto en la Ley Orgánica reguladora de la Responsabilidad Penal de los Menores, pudiendo ordenar a la Policía Judicial aquellas diligencias que estime oportunas.

6. Tomar parte, en defensa de la legalidad y del interés público o social, en los procesos relativos al estado civil y en los demás que establezca la ley.

7. Intervenir en los procesos civiles que determine la ley cuando esté comprometido el interés social o cuando puedan afectar a personas menores, incapaces o desvalidas en tanto se provee de los mecanismos ordinarios de representación.

8. Mantener la integridad de la jurisdicción y competencia de los jueces y tribunales, promoviendo los conflictos de jurisdicción y, en su caso, las cuestiones de competencia que resulten procedentes, e intervenir en las promovidas por otros.

9. Velar por el cumplimiento de las resoluciones judiciales que afecten al interés público y social.

10. Velar por la protección procesal de las víctimas y por la protección de testigos y peritos, promoviendo los mecanismos previstos para que reciban la ayuda y asistencia efectivas.

11. Intervenir en los procesos judiciales de amparo así como en las cuestiones de inconstitucionalidad en los casos y forma previstos en al Ley Orgánica del Tribunal Constitucional.

12. Interponer el recurso de amparo constitucional, así como intervenir en los procesos de que conoce el Tribunal Constitucional en defensa de la legalidad, en la forma en que las leyes establezcan.

13. Ejercer en materia de responsabilidad penal de menores las funciones que le encomiende la legislación específica, debiendo orientar su actuación a la satisfacción del interés superior del menor.

§15

14. Intervenir en los supuestos y en la forma prevista en las leyes en los procedimientos ante el Tribunal de Cuentas. Defender, igualmente, la legalidad en los procesos contencioso-administrativos y laborales que prevén su intervención.

15. Promover o, en su caso, prestar el auxilio judicial internacional previsto en las leyes, tratados y convenios internacionales.

16. Ejercer las demás funciones que el ordenamiento jurídico estatal le atribuya.

Con carácter general, la intervención del fiscal en los procesos podrá producirse mediante escrito o comparecencia. También podrá producirse a través de medios tecnológicos, siempre que aseguren el adecuado ejercicio de sus funciones y ofrezcan las garantías precisas para la validez del acto de que se trate. La intervención del fiscal en los procesos no penales, salvo que la ley disponga otra cosa o actúe como demandante, se producirá en último lugar.

Art. 4. El Ministerio Fiscal, para el ejercicio de sus funciones, podrá:

Uno. Interesar la notificación de cualquier resolución judicial y la información sobre el estado de los procedimientos, pudiendo pedir que se le dé vista de éstos cualquiera que sea su estado, o que se le remita copia de cualquier actuación, para velar por el exacto cumplimiento de las leyes, plazos y términos, promoviendo, en su caso, las correcciones oportunas. Asimismo, podrá pedir información de los hechos que hubieran dado lugar a un procedimiento, de cualquier clase que sea, cuando existan motivos racionales para estimar que su conocimiento pueda ser competencia de un órgano distinto del que está actuando. También podrá acceder directamente a la información de los Registros oficiales, cuyo acceso no quede restringido a control judicial.

Uno bis. Interesar la notificación de cualquier resolución de la Fiscalía Europea en asuntos en que esta haya intervenido, debiendo colaborar con aquella en las investigaciones que asuma, cuando sea requerido para ello.

Añadido por LO 9/2021, de 1 de julio.

Dos. Visitar en cualquier momento los centros o establecimientos de detención, penitenciarios o de internamiento de cualquier clase de su respectivo territorio, examinar los expedientes de los internos y recabar cuanta información estime conveniente.

Tres. Requerir el auxilio de las autoridades de cualquier clase y de sus agentes.

Cuatro. Dar a cuantos funcionarios constituyen la Policía Judicial las órdenes e instrucciones procedentes en cada caso.

Cinco. Informar a la opinión pública de los acontecimientos que se produzcan, siempre en el ámbito de su competencia y con respeto al secreto del sumario y,

§15

en general, a los deberes de reserva y sigilo inherentes al cargo y a los derechos de los afectados.

Las autoridades, funcionarios u organismos o particulares requeridos por el Ministerio Fiscal en el ejercicio de las facultades que se enumeran en este artículo y en el siguiente deberán atender inexcusablemente el requerimiento dentro de los límites legales. Igualmente, y con los mismos límites, deberán comparecer ante el Fiscal cuando éste lo disponga.

Seis. Establecer en las sedes de las Fiscalías Provinciales y en las que se considere necesario, centros de relación con las víctimas y perjudicados de las infracciones criminales cometidas en su circunscripción y por las que se sigue proceso penal en los Juzgados o Tribunales de la misma, con la finalidad de conocer los daños y perjuicios sufridos por ellas y para que aporten los documentos y demás pruebas de que dispongan para acreditar su naturaleza y alcance.

Art. 5. Uno. El Fiscal podrá recibir denuncias, enviándolas a la autoridad judicial o decretando su archivo, cuando no encuentre fundamentos para ejercitar acción alguna, notificando en este último caso la decisión al denunciante.

Dos. Igualmente, y para el esclarecimiento de los hechos denunciados o que aparezcan en los atestados de los que conozca, puede llevar a cabo u ordenar aquellas diligencias para las que esté legitimado según la Ley de Enjuiciamiento Criminal, las cuales no podrán suponer la adopción de medidas cautelares o limitativas de derechos. No obstante, podrá ordenar el Fiscal la detención preventiva.

Todas las diligencias que el Ministerio Fiscal practique o que se lleven a cabo bajo su dirección gozarán de presunción de autenticidad.

Los principios de contradicción, proporcionalidad y defensa inspirarán la práctica de esas diligencias.

A tal fin, el Fiscal recibirá declaración al sospechoso, quien habrá de estar asistido de letrado y podrá tomar conocimiento del contenido de las diligencias practicadas. La duración de esas diligencias habrá de ser proporcionada a la naturaleza del hecho investigado, sin que pueda exceder de seis meses, salvo prórroga acordada mediante decreto motivado del Fiscal General del Estado. No obstante, las diligencias de investigación en relación con los delitos a que se hace referencia en el apartado Cuatro del artículo Diecinueve del presente Estatuto, tendrán una duración máxima de doce meses salvo prórroga acordada mediante Decreto motivado del Fiscal General del Estado.

Tres. Transcurrido el oportuno plazo, si la investigación hubiera evidenciado hechos de significación penal y sea cual fuese el estado de las diligencias, el Fiscal procederá a su judicialización, formulando al efecto la oportuna denuncia o querella, a menos que resultara procedente su archivo.

También podrá el Fiscal incoar diligencias preprocesales encaminadas a facilitar el ejercicio de las demás funciones que el ordenamiento jurídico le atribuye.

CAPÍTULO III
De los principios de legalidad e imparcialidad

Art. 6. Por el principio de legalidad el Ministerio Fiscal actuará con sujeción a la Constitución, a las leyes y demás normas que integran el ordenamiento jurídico vigente, dictaminando, informando y ejercitando, en su caso, las acciones procedentes u oponiéndose a las indebidamente actuadas en la medida y forma en que las leyes lo establezcan.

Si el Fiscal estimare improcedente el ejercicio de las acciones o la actuación que se le haya confiado, usará de las facultades previstas en el artículo 27 de este Estatuto.

Art. 7. Por el principio de imparcialidad el Ministerio Fiscal actuará con plena objetividad e independencia en defensa de los intereses que le estén encomendados.

CAPÍTULO IV
De las relaciones del Ministerio Fiscal con los poderes públicos

Art. 8. Uno. El Gobierno podrá interesar del Fiscal General del Estado que promueva ante los Tribunales las actuaciones pertinentes en orden a la defensa del interés público.

Dos. La comunicación del Gobierno con el Ministerio Fiscal se hará por conducto del Ministro de Justicia a través del Fiscal General del Estado. Cuando el Presidente del Gobierno lo estime necesario podrá dirigirse directamente al mismo.

El Fiscal General del Estado, oída la Junta de Fiscales de Sala del Tribunal Supremo, resolverá sobre la viabilidad o procedencia de las actuaciones interesadas y expondrá su resolución al Gobierno de forma razonada. En todo caso, el acuerdo adoptado se notificará a quien haya formulado la solicitud.

Art. 9. 1. El Fiscal General del Estado elevará al Gobierno una memoria anual sobre su actividad, la evolución de la criminalidad, la prevención del delito y las reformas convenientes para una mayor eficacia de la Justicia. En ella se recogerán las observaciones de las memorias que, a su vez, habrán de elevarle los fiscales de los distintos órganos, en la forma y tiempo que reglamentariamente se establezca. De esta memoria se remitirá copia a las Cortes Generales y al Consejo General del Poder Judicial. En todo caso, la citada memoria será presentada por el Fiscal

General del Estado a las Cortes Generales en el período ordinario de sesiones más próximo a su presentación pública.

2. El Fiscal General del Estado informará al Gobierno, cuando éste lo interese y no exista obstáculo legal, respecto a cualquiera de los asuntos en que intervenga el Ministerio Fiscal, así como sobre el funcionamiento, en general, de la Administración de Justicia. En casos excepcionales podrá ser llamado a informar ante el Consejo de Ministros.

Art. 10. El Ministerio Fiscal colaborara con las Cortes Generales a requerimiento de éstas y siempre que no exista obstáculo legal, sin perjuicio de comparecer ante las mismas para informar de aquellos asuntos para los que especialmente fuera requerido. Las Cortes Generales se comunicaran con el Ministerio Fiscal a través de los Presidentes de las Cámaras.

Art. 11. Uno. En el marco de sus competencias y cuando los órganos de Gobierno de las Comunidades Autónomas interesen la actuación del Ministerio Fiscal en defensa de interés público se dirigirán, poniéndolo en conocimiento del Ministerio de Justicia, al Fiscal Superior de la Comunidad Autónoma, que lo pondrá en conocimiento del Fiscal General del Estado, quien, oída la Junta de Fiscales de Sala, resolverá lo procedente, ajustándose en todo caso al principio de legalidad. Cualquiera que sea el acuerdo adoptado, se dará cuenta del mismo a quien haya formulado la solicitud.

Dos. Los Fiscales Superiores de las Comunidades Autónomas elaborarán una memoria sobre la actividad de las Fiscalías de su ámbito territorial que elevarán al Fiscal General del Estado. Asimismo, remitirán copia al Gobierno, al Consejo de Justicia y a la Asamblea Legislativa de la Comunidad. Deberán presentar la Memoria ante la Asamblea Legislativa de la misma dentro de los seis meses siguientes al día en que se hizo pública.

Los Fiscales Superiores de las Comunidades Autónomas colaborarán con la Asamblea Legislativa de la Comunidad Autónoma en los mismos términos y condiciones que se prevén en el artículo anterior para las relaciones entre el Fiscal General del Estado y las Cortes Generales.

Tres. Los miembros del Ministerio Fiscal colaborarán con las Comunidades Autónomas que ostenten competencias en materia de Justicia para la efectividad de las funciones que éstas ostentan en materia de medios materiales y personales al servicio de la Administración de Justicia y participarán en los órganos de colaboración que en el ámbito territorial de éstas se constituyan entre los distintos operadores e instancias implicados en la Administración de Justicia con el fin de analizar, debatir y realizar estudios sobre materias relacionadas con la Administración de Justicia. Se podrán celebrar convenios con las Comunidades Autónomas previa autorización del Fiscal General del Estado.

TÍTULO II
De los órganos del Ministerio Fiscal y de los Principios que lo informan

CAPÍTULO I
De la organización, competencias y planta

Art. 12. Son órganos del Ministerio Fiscal:
a) El Fiscal General del Estado.
b) El Consejo Fiscal.
c) La Junta de Fiscales de Sala.
d) La Junta de Fiscales Superiores de las Comunidades Autónomas.
e) La Fiscalía del Tribunal Supremo.
f) La Fiscalía ante el Tribunal Constitucional.
g) La Fiscalía de la Audiencia Nacional.
h) Las Fiscalías Especiales.
i) La Fiscalía del Tribunal de Cuentas, que se regirá por lo dispuesto en la Ley Orgánica de dicho Tribunal.
j) La Fiscalía Jurídico Militar.
k) Las Fiscalías de las Comunidades Autónomas.
l) Las Fiscalías Provinciales.
m) Las Fiscalías de Área.
n) La Unidad de Protección de Datos del Ministerio Fiscal.

Apartado n) añadido por LO 7/2021 y modificado por la Ley Orgánica 1/2025, de 2 de enero, de medidas en materia de eficiencia del Servicio Público Justicia.

Art. 13. Uno. El Fiscal General del Estado dirige la Fiscalía General del Estado, integrada por la Inspección Fiscal, la Secretaría Técnica, la Unidad de Apoyo, y por los Fiscales de Sala que se determinen en plantilla.

Corresponde al Fiscal General del Estado, además de las facultades reconocidas en otros preceptos de este Estatuto, la de proponer al Gobierno los ascensos y nombramientos para los distintos cargos, previo informe del Consejo Fiscal, oído el Fiscal Superior de la Comunidad Autónoma respectiva cuando se trate de cargos en las Fiscalías de su ámbito territorial.

Dos. La Inspección Fiscal de la Fiscalía General del Estado será dirigida por un Fiscal Jefe Inspector y estará integrada por un Teniente Fiscal Inspector y los inspectores fiscales que se determine en plantilla. Ejercerá con carácter perma-

§15

nente sus funciones por delegación del Fiscal General del Estado en la forma que el reglamento establezca, sin perjuicio de las funciones Inspectoras que al Fiscal Jefe de cada Fiscalía corresponden respecto a los funcionarios que de él dependan. En todo caso, corresponde al Fiscal Superior de la Comunidad Autónoma ejercer la inspección ordinaria de las Fiscalías de su ámbito territorial.

En la Inspección Fiscal se creará una Sección Permanente de Valoración, a los efectos de centralizar toda la información sobre méritos y capacidad de los Fiscales, con la finalidad de apoyar al Consejo Fiscal a la hora de informar las diferentes propuestas de nombramientos discrecionales en la Carrera Fiscal.

Tres. La Secretaría Técnica de la Fiscalía General del Estado será dirigida por un Fiscal Jefe y estará integrada por un Teniente Fiscal y los fiscales que se determinen en plantilla, que realizarán los trabajos preparatorios que se les encomienden en aquellas materias en las que corresponda a la Junta de Fiscales de Sala asistir al Fiscal General del Estado, así como cuantos otros estudios, investigaciones e informes estime éste procedente.

Asimismo, la Secretaría Técnica colaborará en la planificación de la formación de los miembros de la carrera fiscal cuya competencia corresponde al Centro de Estudios Jurídicos.

Sin perjuicio de las competencias encomendadas a otros órganos, la Secretaría Técnica asumirá las funciones que las leyes atribuyan al Ministerio Fiscal en materia de cooperación judicial internacional, en el marco de las directrices de política exterior emanadas del Gobierno.

Cuatro. La Unidad de Apoyo será dirigida por un Fiscal Jefe y estará integrada por los fiscales que se determinen en plantilla. Para el cumplimiento de sus funciones podrán ser adscritos a la Unidad de Apoyo funcionarios de la Administración General del Estado y de la Administración de Justicia, en el número que igualmente se determine en plantilla, quedando en todo caso en servicio activo en sus cuerpos de origen. Su función será realizar labores de asistencia a la Fiscalía General del Estado en materia de:

a) Representación institucional y relaciones con los poderes públicos.

b) Comunicación, relaciones con los medios y gestión de la atención al ciudadano.

c) Análisis y evaluación de las propuestas relativas a necesidades de organización y funcionamiento del Ministerio Fiscal en materia de estadística, informática, personal, medios materiales, información y documentación.

d) En general, aquellas funciones de asistencia o apoyo al Fiscal General del Estado, a los Fiscales de Sala adscritos a la Fiscalía General del Estado, al Consejo Fiscal y a la Junta de Fiscales de Sala que no correspondan a la Inspección o a la Secretaría Técnica.

Cinco. Los Fiscales de Sala integrados en la Fiscalía General del Estado contarán con los fiscales adscritos que se determinen en plantilla.

El régimen de designación y cese de estos Fiscales de Sala será el previsto en el apartado uno del artículo treinta y seis y en el apartado uno del artículo cuarenta y uno de este Estatuto.

El régimen de designación y cese de los fiscales adscritos a los Fiscales de Sala será el previsto en el apartado tres del artículo treinta y seis.

Art. 14. Uno. El Consejo Fiscal se constituirá, bajo la Presidencia de la persona titular de la Fiscalía General del Estado, por el o la Teniente Fiscal del Tribunal Supremo, el Fiscal Jefe Inspector o la Fiscal Jefa Inspectora y nueve Fiscales pertenecientes a cualquiera de las categorías. Todos los miembros del Consejo Fiscal, excepto la persona titular de la Fiscalía General del Estado, el o la Teniente Fiscal del Tribunal Supremo y el Fiscal Inspector, se elegirán, por un período de cuatro años, atendiendo al principio de presencia equilibrada de mujeres y hombres, de forma que cada uno de los sexos suponga como mínimo el cuarenta por ciento de los Vocales electos, por los miembros del Ministerio Fiscal en servicio activo, constituidos en un único colegio electoral en la forma que reglamentariamente se determine.

Apartado modificado por la Ley Orgánica 2/2024, de 1 de agosto, de representación paritaria y presencia equilibrada de mujeres y hombres.

Dos. No podrán ser elegidos vocales del Consejo Fiscal los Fiscales que presten sus servicios en la Inspección Fiscal, la Unidad de Apoyo y la Secretaría Técnica de la Fiscalía General del Estado.

Tres. El Consejo Fiscal podrá funcionar en Pleno y en Comisión Permanente y sus acuerdos se adoptarán por mayoría simple, siendo dirimente, en caso de empate, el voto de su Presidente.

Cuatro. Corresponde al Consejo Fiscal:

a) Elaborar los criterios generales en orden a asegurar la unidad de actuación del Ministerio Fiscal, en lo referente a la estructuración y funcionamiento de sus órganos.

b) Asesorar al Fiscal General del Estado en cuantas materias éste le someta.

c) Informar las propuestas pertinentes respecto al nombramiento de los diversos cargos.

d) Elaborar los informes para ascensos de los miembros de la carrera fiscal.

e) Resolver los expedientes disciplinarios y de mérito que sean de su competencia, así como apreciar las posibles incompatibilidades a que se refiere este Estatuto.

§15

f) Resolver los recursos interpuestos contra resoluciones dictadas en expedientes disciplinarios por los Fiscales Jefes de los distintos órganos del Ministerio Fiscal.

g) Instar las reformas convenientes al servicio y al ejercicio de la función fiscal.

h) Conocer los planes anuales de la Inspección Fiscal.

i) Conocer e informar los planes de formación y selección de los Fiscales.

j) Informar los proyectos de ley o normas reglamentarias que afecten a la estructura, organización y funciones del Ministerio Fiscal. A estos efectos, el Consejo Fiscal deberá emitir el informe correspondiente en el plazo de treinta días hábiles. Cuando en la orden de remisión se haga constar la urgencia del informe, el plazo será de quince días hábiles.

k) Dirigir al Fiscal General del Estado cuantas peticiones y solicitudes relativas a su competencia se consideren oportunas.

l) Suprimida

La letra l) ha sido suprimida por la Ley Orgánica 1/2025, de 2 de enero, de medidas en materia de eficiencia del Servicio Público Justicia.

Habrá de integrarse en el seno del Consejo Fiscal una Comisión de Igualdad para el estudio de la mejora de los parámetros de igualdad en la carrera fiscal, cuya composición quedará determinada en la normativa que rige la constitución y funcionamiento del Consejo Fiscal.

Art. 15. La Junta de Fiscales de Sala se constituirá, bajo la presidencia del Fiscal General del Estado, por el Teniente Fiscal del Tribunal Supremo y los Fiscales de Sala. Actuará como Secretario el Fiscal Jefe de la Secretaría Técnica. La Junta asiste al Fiscal General del Estado en materia doctrinal y técnica, en orden a la formación de los criterios unitarios de interpretación y actuación legal, la resolución de consultas, elaboración de las memorias y circulares, preparación de proyectos e informes que deban ser elevados al Gobierno y cualesquiera otras, de naturaleza análoga, que el Fiscal General del Estado estime procedente someter a su conocimiento y estudio, así como en los supuestos previstos en el artículo veinticinco de este Estatuto.

§15

Art. 16. La Junta de Fiscales Superiores de las Comunidades Autónomas, presidida por el Fiscal General del Estado, estará integrada por el Teniente Fiscal del Tribunal Supremo, por dichos Fiscales Superiores, y por el Fiscal Jefe de la Secretaría Técnica, que actuará como Secretario. Su función será asegurar la unidad y coordinación de la actuación y funcionamiento de las Fiscalías en todo el territorio del Estado, sin perjuicio de las competencias atribuidas al Consejo Fiscal por este Estatuto.

En atención a los asuntos a tratar, podrá ser convocado a la Junta cualquier miembro del Ministerio Fiscal.

Art. 17. La Fiscalía del Tribunal Supremo, bajo la jefatura del Fiscal General del Estado se integrará, además, con un Teniente Fiscal, los Fiscales de Sala y los Fiscales del Tribunal Supremo que se determinen en la plantilla, los cuales deberán pertenecer a la categoría segunda.

El Teniente Fiscal del Tribunal Supremo desempeñará las siguientes funciones, sin perjuicio de las demás que le atribuya este Estatuto o el reglamento que lo desarrolle, o que pueda delegarle el Fiscal General del Estado:

a) Sustituirá al Fiscal General del Estado en caso de ausencia, imposibilidad o vacante.

b) Dirigirá y coordinará por delegación del Fiscal General del Estado la actividad ordinaria de la Fiscalía del Tribunal Supremo.

Los Fiscales del Tribunal Supremo desempeñarán sus funciones en el ámbito de dicho Tribunal, y en consecuencia disfrutarán de la consideración, tratamiento y régimen retributivo acordes a la relevancia de su cometido y al rango y naturaleza de dicho órgano.

Art. 18. Las Fiscalías se constituirán y organizarán de acuerdo con las siguientes reglas:

Uno. La Fiscalía ante el Tribunal Constitucional, la Fiscalía del Tribunal de Cuentas, la Fiscalía de la Audiencia Nacional y las Fiscalías Especiales estarán integradas por un Fiscal de Sala, por un Teniente Fiscal y por los Fiscales que determine la plantilla, que deberán pertenecer a la categoría segunda.

La Fiscalía del Tribunal de Cuentas se regirá por lo dispuesto en la Ley Orgánica de dicho Tribunal.

Dos. La Fiscalía Jurídico Militar estará integrada por la Fiscalía Togada, la Fiscalía del Tribunal Militar Central y las Fiscalías de los Tribunales Militares Territoriales. La Fiscalía Togada será dirigida por el Fiscal Togado y estará integrada al menos por un General Auditor y por un Fiscal de Sala perteneciente a la Carrera Fiscal y designado con arreglo a lo dispuesto en el artículo Trece de este Estatuto. La Fiscalía del Tribunal Militar Central y las Fiscalías de los Tribunales Militares Territoriales se formarán y organizarán conforme a lo dispuesto en la Ley Orgánica de Competencia y Organización de la Jurisdicción Militar.

Tres. Las Fiscalías de las Comunidades Autónomas y las Fiscalías Provinciales serán dirigidas por su Fiscal Jefe y estarán integradas por un Teniente Fiscal, los

Fiscales Decanos necesarios para su correcto funcionamiento según el tamaño y el volumen de trabajo de las Fiscalías, y los demás Fiscales que determine la plantilla. En las Comunidades Autónomas con competencias en materia de Justicia, podrán crearse unidades de apoyo al Fiscal Superior de la Comunidad Autónoma, en las que podrán integrarse funcionarios de la Comunidad Autónoma en el número que se determine en la plantilla, para labores de apoyo y asistencia en materias de estadística, informática, traducción de lenguas extranjeras, gestión de personal u otras que no sean de las que con arreglo a este Estatuto tengan encomendadas los Fiscales. Corresponde al Fiscal Superior de la Comunidad Autónoma informar al Gobierno de la Comunidad Autónoma de las necesidades de organización y funcionamiento de las Fiscalías de su ámbito territorial en materia de medios informáticos, nuevas tecnologías y demás medios materiales.

Estas Fiscalías podrán contar con Secciones especializadas en aquellas materias que se determinen legal o reglamentariamente, o que por su singularidad o por el volumen de actuaciones que generen requieran de una organización específica. Dichas Secciones podrán constituirse, si se estima necesario para su correcto funcionamiento según el tamaño de las mismas, bajo la dirección de un Fiscal Decano, y a ellas serán adscritos uno o más Fiscales pertenecientes a la plantilla de la Fiscalía, teniendo preferencia aquellos que por razón de las anteriores funciones desempeñadas, cursos impartidos o superados o por cualquier otra circunstancia análoga, se hayan especializado en la materia. No obstante, cuando las necesidades del servicio así lo aconsejen podrán actuar también en otros ámbitos o materias.

Las Secciones ejercerán las funciones que les atribuyan los respectivos Fiscales Jefes, en el ámbito de la materia que les corresponda, con arreglo a lo dispuesto en este Estatuto, en el reglamento que lo desarrolle y en las Instrucciones del Fiscal General del Estado. Además, en estas Secciones se integrarán los Fiscales Delegados de las Fiscalías Especiales cuando proceda conforme a lo dispuesto en el artículo Diecinueve de esta Ley. Las instrucciones que se den a las Secciones especializadas en las distintas Fiscalías, cuando afecten a un ámbito territorial determinado, deberán comunicarse al Fiscal Superior de la Comunidad Autónoma correspondiente.

En todo caso, en la Fiscalía de la Audiencia Nacional y en las Fiscalías Provinciales existirá una Sección de Menores a la que se encomendarán las funciones y facultades que al Ministerio Fiscal atribuye la Ley Orgánica Reguladora de la Responsabilidad Penal de los Menores. Estas Secciones podrán constituirse en las Fiscalías de las Comunidades Autónomas cuando sus competencias, el volumen de trabajo o la mejor organización y prestación del servicio así lo aconsejen. Asimismo, en las Fiscalías Provinciales existirá una Sección contra la Violencia sobre la Mujer, que coordinará o en su caso asumirá directamente la intervención del Ministerio Fiscal en los procedimientos penales y civiles cuya competencia esté atribuida a los Juzgados de Violencia sobre la Mujer. En la Sección contra la Violencia sobre la Mujer deberá llevarse un registro de los procedimientos que se sigan relacionados con estos hechos que permitirá la consulta de los Fiscales cuando conozcan de un procedimiento de los que tienen atribuida la competencia, al efecto en cada caso procedente. Estas Secciones podrán constituirse en las Fiscalías de las Comunidades Autónomas cuando sus competencias, el volumen de trabajo o la mejor organización y prestación del servicio así lo aconsejen.

En las Fiscalías Provinciales, cuando por el volumen de actuaciones que generen requieran de una organización específica podrán constituirse Secciones de seguridad vial y siniestralidad laboral.

También existirá una Sección de Medio Ambiente especializada en delitos relativos a la ordenación del territorio, la protección del patrimonio histórico, los recursos naturales y el medio ambiente, la protección de la flora, fauna y animales domésticos, y los incendios forestales. Estas Secciones podrán constituirse en las Fiscalías de las Comunidades Autónomas cuando sus competencias, el volumen de trabajo o la mejor organización y prestación del servicio así lo aconsejen.

En las Fiscalías Provinciales existirá una Sección contra los delitos de odio, que coordinará o en su caso asumirá directamente la intervención del Ministerio Fiscal en los procedimientos penales relacionados con los delitos de odio y discriminación. En la Sección contra los delitos de odio deberá llevarse un registro de los procedimientos que se sigan relacionados con estos hechos, que permitirá la consulta de los Fiscales cuando conozcan de un procedimiento de los que tienen atribuida la competencia al efecto en cada caso procedente. Estas Secciones podrán constituirse en las Fiscalías de las comunidades autónomas cuando sus competencias, el volumen de trabajo o la mejor organización y prestación del servicio así lo aconsejen.

Párrafo añadido por la Ley 15/2022, de 12 de julio.

Cuatro. Cuando el volumen de asuntos, el número de órganos judiciales dentro de una provincia o la creación de una sección de la Audiencia Provincial en sede distinta de la capital de la misma lo aconsejen, el Fiscal General del Estado, oído el Consejo Fiscal y el Fiscal Superior de la respectiva Comunidad, podrá proponer al Ministro de Justicia la constitución de Fiscalías de Área, que serán dirigidas por un Fiscal Jefe y estarán integradas por los Fiscales que determine la plantilla. Se creará una Fiscalía de Área en todas aquellas localidades en las que exista una Sección desplazada de la Audiencia Provincial, tomando su nombre del lugar de su sede. Las Fiscalías de Área asumirán el despacho de los asuntos correspondientes al ámbito territorial que prevea la norma que las establezca, que podrá comprender uno o varios partidos judiciales.

Cuando no se den las circunstancias señaladas en el párrafo anterior, pero la dispersión geográfica de los órganos judiciales o la mejor prestación del servicio lo hagan necesario, el Fiscal General del Estado, oído el Consejo Fiscal y el Fiscal Superior de la respectiva Comunidad, podrá proponer al Ministro de Justicia la constitución de Secciones Territoriales de la Fiscalía Provincial que atenderán los órganos judiciales de uno o más partidos de la misma provincia. Dichas Secciones se constituirán por los Fiscales que se determinen en plantilla y estarán dirigidas por un Fiscal Decano que será designado y ejercerá sus funciones en los términos previstos en este Estatuto.

Por las mismas circunstancias señaladas en los dos párrafos anteriores, el Fiscal Superior de la Comunidad Autónoma, oídos los respectivos Fiscales Jefes Provinciales, podrá proponer al Fiscal General del Estado la constitución de Fiscalías de Área y de Secciones Territoriales en las Fiscalías de su ámbito territorial.

Cinco. El número de las Fiscalías, las Secciones Territoriales en su caso, y sus respectivas plantillas se fijarán, de acuerdo con los criterios establecidos en los números anteriores, por Real Decreto, a propuesta del Ministro de Justicia, previo informe del Fiscal General del Estado, oído el Consejo Fiscal.

La referida plantilla orgánica tendrá en todo caso, las limitaciones que se deriven de las previsiones presupuestarias que correspondan y será revisada al menos cada cinco años para adaptarla a las nuevas necesidades.

Seis. Las decisiones referidas a las materias previstas en los apartados números tres, cuatro y Cinco de este precepto deberán contar con el informe previo del órgano competente de la Comunidad Autónoma en materia de medios personales y materiales de la Administración de Justicia.

Art. 19. Uno. La Fiscalía de la Audiencia Nacional es competente para conocer de los asuntos que correspondan a dicho órgano judicial, con excepción de los que resulten atribuidos a otra Fiscalía Especial de acuerdo con las disposiciones de este Estatuto.

Dos. Son Fiscalías Especiales la Fiscalía Antidroga y la Fiscalía contra la Corrupción y la Criminalidad Organizada.

Tres. La Fiscalía Antidroga ejercerá las siguientes funciones:

a) Intervenir directamente en todos los procedimientos relativos al tráfico de drogas, estupefacientes y sustancias psicotrópicas, o blanqueo de capitales relacionado con dicho tráfico, que sean competencia de la Audiencia Nacional y de los Juzgados Centrales de Instrucción conforme a los artículos 65 y 88 de la Ley Orgánica del Poder Judicial.

b) Investigar, en los términos del artículo Cinco de este Estatuto, los hechos que presenten indicios de ser constitutivos de alguno de los delitos mencionados en el apartado anterior.

c) Coordinar las actuaciones de las distintas Fiscalías en orden a la prevención y represión del tráfico ilegal de drogas y el blanqueo de capitales relacionado con dicho tráfico. Las Fiscalías de los Tribunales Militares colaborarán con la Fiscalía Antidroga en relación con los hechos cometidos en centros, establecimientos y unidades militares.

d) Colaborar con la autoridad judicial en el control del tratamiento de los drogodependientes a quienes se haya aplicado la remisión condicional, recibiendo los datos precisos de los centros acreditados que participen en dicho tratamiento.

Cuatro. La Fiscalía contra la Corrupción y la Criminalidad Organizada practicará las diligencias a que se refiere el artículo Cinco de esta Ley e intervendrá directamente en procesos penales, en ambos casos siempre que se trate de supuestos de especial trascendencia, apreciada por el Fiscal General del Estado, en relación con:

a) Delitos contra la Hacienda Pública, contra la seguridad social y de contrabando.

b) Delitos de prevaricación.

c) Delitos de abuso o uso indebido de información privilegiada.

d) Malversación de caudales públicos.

e) Fraudes y exacciones ilegales.

f) Delitos de tráfico de influencias.

g) Delitos de cohecho.

h) Negociación prohibida a los funcionarios.

i) Defraudaciones.

j) Insolvencias punibles.

k) Alteración de precios en concursos y subastas públicos.

l) Delitos relativos a la propiedad intelectual e industrial, al mercado y a los consumidores.

m) Delitos societarios.

n) Blanqueo de capitales y conductas afines a la receptación, salvo cuando por su relación con delitos de tráfico de drogas o de terrorismo corresponda conocer de dichas conducta a las otras Fiscalías Especiales.

ñ) Delitos de corrupción en transacciones comerciales internacionales.

o) Delitos de corrupción en el sector privado.

p) Delitos conexos con los anteriores.

q) La investigación de todo tipo de negocios jurídicos, transacciones o movimientos de bienes, valores o capitales, flujos económicos o activos patrimoniales, que indiciariamente aparezcan relacionados con la actividad de grupos delictivos organizados o con el aprovechamiento económico de actividades delictivas, así como de los delitos conexos o determinantes de tales actividades; salvo cuando

§15

por su relación con delitos de tráfico de drogas o de terrorismo corresponda conocer de dichas conductas a la Fiscalía Antidroga o a la de la Audiencia Nacional.

Cinco. Cuando el número de procedimientos así lo aconseje, el Fiscal General del Estado podrá designar en cualquier Fiscalía uno o varios Fiscales Delegados de las Fiscalías Especiales, que se integrarán en éstas. Dicha designación se hará, oído el Consejo Fiscal, previo informe de los Fiscales Jefes de la Fiscalía Especial y la Fiscalía territorial correspondiente, entre los Fiscales de la plantilla de ésta última que lo soliciten, acreditando su especialización en la materia en los términos que reglamentariamente se establezcan. Cuando en la Fiscalía territorial exista una Sección especializada, constituida con arreglo a lo dispuesto en el artículo anterior, cuyo ámbito de actuación coincida total o parcialmente con la materia para la que es competente la Fiscalía Especial, el Fiscal Delegado se integrará en dicha Sección.

El Fiscal Jefe de la Fiscalía Especial tendrá, con respecto a los Fiscales así designados y sólo en el ámbito específico de su competencia, las mismas facultades y deberes que corresponden a los Fiscales Jefes de los demás órganos del Ministerio Fiscal. Sin perjuicio de las Instrucciones que con carácter general pueda impartir el Fiscal General del Estado, el Decreto de nombramiento concretará las funciones y el ámbito de actuación de los Fiscales Delegados, especificando su grado de dedicación a los asuntos competencia de la Fiscalía Especial. En todo caso los Fiscales Delegados deberán informar de los asuntos de los que conozcan en su calidad de tales al Fiscal Jefe del órgano en que desempeñen sus funciones.

Seis. Para su adecuado funcionamiento, se podrán adscribir a las Fiscalías Especiales unidades de Policía Judicial y cuantos profesionales y expertos sean necesarios para auxiliarlas de manera permanente u ocasional.

Art. 20. Uno. En la Fiscalía General del Estado existirá un Fiscal contra la Violencia sobre la Mujer, con categoría de Fiscal de Sala, que ejercerá las siguientes funciones:

a) Practicar las diligencias a que se refiere el artículo Cinco de este Estatuto, e intervenir directamente en aquellos procesos penales de especial trascendencia apreciada por el Fiscal General del Estado, referentes a los delitos por actos de violencia de género y de violencia sexual comprendidos en el artículo 89.5 de la Ley Orgánica 6/1985, de 1 de julio, del Poder Judicial.

Letra modificada por la Ley Orgánica 1/2025, de 2 de enero, de medidas en materia de eficiencia del Servicio Público Justicia.

b) Intervenir, por delegación del Fiscal General del Estado, en los procesos civiles comprendidos en el artículo 87 ter.2 de la Ley Orgánica del Poder Judicial.

c) Supervisar y coordinar la actuación de las Secciones contra la Violencia sobre la Mujer, y recabar informes de las mismas, dando conocimiento al Fiscal Jefe de las Fiscalías en que se integren.

d) Coordinar los criterios de actuación de las diversas Fiscalías en materias de violencia de género y violencia sexual, para lo cual podrá proponer al Fiscal General del Estado la emisión de las correspondientes instrucciones.

Letra modificada por la Ley Orgánica 1/2025, de 2 de enero, de medidas en materia de eficiencia del Servicio Público Justicia.

e) Elaborar semestralmente, y presentar al Fiscal General del Estado, para su remisión a la Junta de Fiscales de Sala del Tribunal Supremo, y al Consejo Fiscal, un informe sobre los procedimientos seguidos y actuaciones practicadas por el Ministerio Fiscal en materia de violencia de género y violencia sexual.

Letra modificada por la Ley Orgánica 1/2025, de 2 de enero, de medidas en materia de eficiencia del Servicio Público Justicia.

Dos. En la Fiscalía General del Estado existirá un Fiscal contra los delitos relativos a la ordenación del territorio y la protección del patrimonio histórico, del medio ambiente e incendios forestales, con categoría de Fiscal de Sala, que ejercerá las siguientes funciones:

a) Practicar las diligencias a que se refiere el artículo Cinco a intervenir, directamente o a través de instrucciones impartidas a los delegados, en aquellos procesos penales de especial trascendencia apreciada por el Fiscal General del Estado, referentes a delitos relativos a la ordenación del territorio, la protección del patrimonio histórico, los recursos naturales y el medio ambiente, la protección de la flora, fauna y animales domésticos, y los incendios forestales.

b) Ejercitar la acción pública en cualquier tipo de procedimiento, directamente o a través de instrucciones impartidas a los delegados, cuando aquella venga prevista en las diferentes leyes y normas de carácter medioambiental, exigiendo las responsabilidades que procedan.

c) Supervisar y coordinar la actuación de las secciones especializadas de medio ambiente y recabar los informes oportunos, dirigiendo por delegación del Fiscal General del Estado la red de Fiscales de medio ambiente.

d) Coordinar las Fiscalías en materia de medio ambiente unificando los criterios de actuación, para lo cual podrá proponer al Fiscal General la emisión de las correspondientes instrucciones y reunir, cuando proceda, a los Fiscales integrantes de las secciones especializadas.

e) Elaborar anualmente y presentar al Fiscal General del Estado un informe sobre los procedimientos seguidos y actuaciones practicadas por el Ministerio Fiscal

§15

en materia de medio ambiente, que será incorporado a la memoria anual presentada por el Fiscal General del Estado.

Para su adecuada actuación se le adscribirá una Unidad del Servicio de Protección de la Naturaleza de la Guardia Civil, así como, en su caso, los efectivos necesarios del resto de las Fuerzas y Cuerpos de Seguridad que tengan competencias medioambientales, de conformidad con la Ley Orgánica 2/1986, de 13 de marzo, de Fuerzas y Cuerpos de Seguridad. Igualmente, podrán adscribirse los profesionales y expertos técnicos necesarios para auxiliarlo de manera permanente u ocasional. La Fiscalía podrá recabar el auxilio de los agentes forestales o ambientales de las administraciones públicas correspondientes, dentro de las funciones que estos colectivos tienen legalmente encomendadas.

Letra modificada por la Ley Orgánica 1/2025, de 2 de enero, de medidas en materia de eficiencia del Servicio Público Justicia.

Dos bis. En la Fiscalía General del Estado existirá un Fiscal contra los delitos de odio y discriminación, con categoría de Fiscal de Sala, que ejercerá las siguientes funciones:

a) Practicar las diligencias a que se refiere el artículo cinco del Estatuto Orgánico del Ministerio Fiscal, e intervenir directamente en aquellos procesos penales de especial trascendencia apreciada por el Fiscal General del Estado, referentes a los delitos cometidos por la pertenencia de la víctima a un determinado grupo social, según su edad, raza, sexo, orientación sexual, expresión o identidad de género, religión, etnia, nacionalidad, ideología, afiliación política, discapacidad o situación socioeconómica.

b) Supervisar y coordinar la actuación de las Secciones contra los delitos de odio, y recabar informes de las mismas, dando conocimiento al Fiscal Jefe de las Fiscalías en que se integren.

c) Coordinar los criterios de actuación de las diversas Fiscalías en materia de delitos de odio y discriminación, para lo cual podrá proponer al Fiscal General del Estado la emisión de las correspondientes instrucciones.

d) Elaborar semestralmente, y presentar al Fiscal General del Estado, para su remisión a la Junta de Fiscales de Sala del Tribunal Supremo, y al Consejo Fiscal, un informe sobre los procedimientos seguidos y actuaciones practicadas por el Ministerio Fiscal en materia de delitos de odio y discriminación.

Para su adecuada actuación se le adscribirán los profesionales y expertos que sean necesarios para auxiliarlo de manera permanente u ocasional y actuará en coordinación con las entidades, asociaciones y organizaciones legalmente constituidas que tengan entre sus finalidades la defensa y promoción de los derechos humanos y la erradicación de la discriminación.

§15

Apartado añadido por la disposición final 5.2 de la Ley 15/2022, de 12 de julio.

Dos ter. En la Fiscalía General del Estado existirá un Fiscal en materia de derechos humanos y memoria democrática, con la categoría de Fiscal de Sala, que ejercerá las siguientes funciones:

a) Supervisar y coordinar la acción del Ministerio Fiscal en todos los procedimientos y actuaciones a que se refiere la Ley 20/2022, de 19 de octubre, de Memoria Democrática, dando conocimiento al Fiscal Jefe de las fiscalías correspondientes.

b) Representar a la persona titular de la Fiscalía General del Estado, por delegación de aquella, en todos los actos de reconocimiento a nuestra memoria democrática.

c) Practicar las diligencias a que se refiere el artículo cinco e intervenir en aquellos procesos penales de especial trascendencia apreciada por la persona titular de la Fiscalía General del Estado y ejercitar la acción pública en cualquier tipo de procedimiento, directamente o a través de instrucciones, exigiendo las responsabilidades que procedan, cuando se refieran a hechos que constituyan violaciones del Derecho Internacional de Derechos Humanos y del Derecho Internacional Humanitario, incluyendo los que tuvieron lugar con ocasión del golpe de Estado, la Guerra y la Dictadura. Así como facilitar y coordinar los instrumentos de cooperación internacional para la reparación de las víctimas.

d) Representar a la Fiscalía General del Estado, por delegación de la persona titular de la misma, y relacionarse con el Defensor del Pueblo en los términos previstos en su normativa reguladora.

e) Coordinar las Fiscalías en materia de memoria democrática y derechos humanos, unificando los criterios de actuación, para lo cual podrá proponer a la persona titular de la Fiscalía General la emisión de las correspondientes instrucciones.

f) Representar a la Fiscalía General del Estado, por delegación de la persona titular de esta, y relacionarse con los Agentes del Reino de España ante el Tribunal Europeo de Derechos Humanos en materia de interpretación de la jurisprudencia del Tribunal, en especial en aquello que pudiera afectar a los recursos de revisión de sentencias derivados de sus resoluciones. Asimismo, será el cauce de coordinación entre la Fiscalía del Tribunal Supremo y la Fiscalía del Tribunal Constitucional y las unidades especializadas en materia de memoria democrática y derechos humanos.

g) Elaborar anualmente y presentar a la persona titular de la Fiscalía General del Estado un informe sobre las actuaciones practicadas por el Ministerio Fiscal en materia de memoria democrática y derechos humanos, que será incorporado a la memoria anual presentada por la Fiscalía General del Estado.

§15

Apartado añadido por la disposición final 1 de la Ley 20/2022, de 19 de octubre, redactado conforme a la corrección de errores publicada en el BOE núm. 32, de 7 de febrero de 2023.

Tres. Igualmente existirán, en la Fiscalía General del Estado, Fiscales de Sala Especialistas responsables de la coordinación y supervisión de la actividad del Ministerio Fiscal en materia de protección y reforma de menores, y en aquellas otras materias en que el Gobierno, a propuesta del Ministro de Justicia, oído el Fiscal General del Estado, y previo informe, en todo caso, del Consejo Fiscal, aprecie la necesidad de creación de dichas plazas. Los referidos Fiscales de Sala tendrán facultades y ejercerán funciones análogas a las previstas en los apartados anteriores de este artículo, en el ámbito de su respectiva especialidad, así como las que en su caso pueda delegarles el Fiscal General del Estado, todo ello sin perjuicio de las atribuciones de los Fiscales Jefes de los respectivos órganos territoriales.

Cuatro. En la Fiscalía General del Estado, de igual modo, existirá la Unidad de Protección de Datos que, respecto del tratamiento de datos con fines jurisdiccionales realizado por el Ministerio Fiscal, ejercerá con plena independencia y neutralidad las competencias y facultades que por la normativa de protección de datos corresponden a la autoridad de control de acuerdo con lo establecido en el artículo 236 octies de la Ley Orgánica 6/1985, de 1 de julio, del Poder Judicial, y asumirá la condición de Delegado de Protección de Datos, en relación con el tratamiento de datos con fines no jurisdiccionales, una vez sea designado como tal por el Fiscal General del Estado. La Unidad de Protección de Datos deberá tener garantizada la dotación de los recursos necesarios para el adecuado desempeño de sus funciones. Su composición, organización y funcionamiento serán regulados reglamentariamente.

Apartado modificado por la Ley Orgánica 1/2025, de 2 de enero, de medidas en materia de eficiencia del Servicio Público Justicia.

Art. 21. Uno. Las Fiscalías del Tribunal Supremo, ante el Tribunal Constitucional, del Tribunal de Cuentas, la Fiscalía Togada, la Fiscalía de la Audiencia Nacional y las Fiscalías Especiales tienen su sede en Madrid y extienden sus funciones a todo el territorio del Estado para los asuntos de su competencia. La Fiscalía del Tribunal Militar Central también tendrá su sede en la capital de España y ejercerá sus funciones ante dicho Tribunal y ante los Juzgados Togados Militares Centrales. Las Fiscalías de los Tribunales Militares Territoriales tendrán su sede donde resida el Tribunal Militar Territorial respectivo y ejercerán las funciones en el ámbito competencial del mismo.

Dos. Las Fiscalías de las Comunidades Autónomas tendrán su sede donde resida el Tribunal Superior de Justicia respectivo, y ejercerán sus funciones en el ámbito competencial del mismo.

En el supuesto de que existan o se establezcan Salas de los Tribunales Superiores de Justicia con jurisdicción limitada a una o varias provincias de la Comunidad Autónoma, a propuesta o previo informe del Fiscal Superior de la Comunidad Autónoma, el Fiscal General del Estado, oído el Consejo Fiscal, podrá proponer al Ministro de Justicia la constitución en su sede de una Sección Territorial de la Fiscalía Superior de la Comunidad Autónoma. La propuesta se comunicará a la Comunidad Autónoma con competencias en materia de justicia para el ejercicio de las mismas.

Tres. Las Fiscalías Provinciales tendrán su sede donde la tenga la Audiencia Provincial y extenderán sus funciones a todos los órganos judiciales de la provincia, salvo que con arreglo a las disposiciones de este Estatuto sea competente otro órgano del Ministerio Fiscal. También despacharán los asuntos competencia de órganos judiciales unipersonales de ámbito superior al provincial, cuando así lo disponga el Fiscal General del Estado, oído el Consejo Fiscal, y el Fiscal Superior de la Comunidad Autónoma.

En el caso de Comunidades Autónomas uniprovinciales, atendiendo a su volumen de actividad, el Gobierno, a propuesta del Fiscal General del Estado, oído el Consejo Fiscal y el Fiscal Superior de la Comunidad Autónoma, podrá establecer que la Fiscalía de la Comunidad Autónoma asuma también las funciones de la Fiscalía Provincial.

Cuatro. Las Fiscalías de Área ejercerán sus funciones en el ámbito territorial inferior a la provincia en el que proceda su creación dado el volumen de asuntos, el número de órganos judiciales o la existencia de una sección de la Audiencia Provincial en sede distinta de la capital de la misma, pudiendo abarcar uno o más partidos judiciales de dicha provincia, y teniendo su sede en el lugar que determine la norma que las establezca.

Cinco. Los miembros del Ministerio Fiscal podrán actuar y constituirse en cualquier punto del territorio de su Fiscalía.

No obstante, cuando el volumen o la complejidad de los asuntos lo requiera, el Fiscal General del Estado, de oficio o a propuesta del Fiscal Superior de la Comunidad Autónoma, oídos el Consejo Fiscal y los Fiscales Jefes de los órganos afectados, podrá ordenar que se destaquen temporalmente uno o varios Fiscales a una Fiscalía determinada. Igualmente, con la autorización del Fiscal General del Estado, cualquier Fiscal podrá actuar en cualquier punto del territorio del Estado.

Seis. Lo establecido en este artículo deberá entenderse sin perjuicio de que, cuando los Tribunales y Juzgados se constituyan en lugar distinto de su sede legal o cuando el ejercicio de sus funciones lo requiera, pueda el Ministerio Fiscal, por medio de sus miembros, constituirse ante un órgano judicial con sede distinta a la de la Fiscalía respectiva.

Art. 21 bis. En caso de discrepancias entre la Fiscalía Europea y la Fiscalía española sobre las atribuciones a las que se refiere el artículo 25.6 del Reglamento (UE) 2017/1939 del Consejo, de 12 de octubre de 2017, decidirá definitivamente la persona titular de la Fiscalía General del Estado tras oír a la Junta de Fiscales de Sala, en los términos previstos en el artículo quince de la presente Ley.

Añadido por LO 9/2021, de 1 de julio.

CAPÍTULO II
De la unidad y dependencia del Ministerio Fiscal

Art. 22. 1. El Ministerio Fiscal es único para todo el Estado.

2. El Fiscal General del Estado ostenta la jefatura superior del Ministerio Fiscal y su representación en todo el territorio español. A él corresponde impartir las órdenes e instrucciones convenientes al servicio y al orden interno de la institución y, en general, la dirección e inspección del Ministerio Fiscal.

3. El Fiscal General del Estado podrá delegar a los Fiscales de Sala funciones relacionadas con la materia propia de su competencia. Los Fiscales de Sala Delegados asumirán dichas funciones en los términos y con los límites que establezca el acto de delegación, que será revocable y en todo caso se extinguirá cuando cese el Fiscal General. Dentro de tales límites, los Fiscales de Sala podrán proponer al Fiscal General del Estado las Circulares e Instrucciones que considere necesarias, participar en la determinación de los criterios para la formación de los Fiscales especialistas y coordinar a nivel estatal la actuación de las Fiscalías, sin perjuicio de las facultades de los respectivos Fiscales Jefes de los órganos territoriales.

4. Los Fiscales Superiores de las Comunidades Autónomas, además de dirigir su Fiscalía, actuarán en todo el territorio de la Comunidad Autónoma correspondiente, asumiendo en el mismo la representación y la jefatura del Ministerio Fiscal, sin perjuicio de las atribuciones del Fiscal General del Estado. En consecuencia, presidirán la Junta de Fiscales Jefes de su territorio, y ejercerán dentro del mismo las funciones previstas en los artículos Once, Veintiuno, Veinticinco y Veintiséis de este Estatuto, las que delegue el Fiscal General del Estado, así como las que les correspondan en materia disciplinaria con arreglo a esta Ley o al reglamento que la desarrolle. En el caso de las Comunidades Autónomas uniprovinciales mencionadas en el artículo Veintiuno, apartado Tres, el Fiscal Superior asumirá también las funciones que, con arreglo a este Estatuto o a las normas que lo desarrollen, correspondan al Fiscal Jefe de la Fiscalía Provincial.

5. El Fiscal Jefe de cada órgano ejercerá la dirección de éste y actuará siempre en representación del Ministerio Fiscal bajo la dependencia de sus superiores jerárquicos y del Fiscal General del Estado.

Corresponde a los Fiscales Jefes de cada órgano:

a) Organizar los servicios y la distribución del trabajo entre los Fiscales de la plantilla y la adscripción de los componentes de la Sección de Menores, oída la Junta de Fiscalía. Será preciso pertenecer a la categoría segunda para intervenir en los procedimientos ante el tribunal de jurado o para realizar funciones de visado.

Letra a) modificada por la Ley Orgánica 1/2025, de 2 de enero, de medidas en materia de eficiencia del Servicio Público Justicia.

b) Conceder los permisos y licencias de su competencia.

c) Ejercer la facultad disciplinaria en los términos que establezcan el presente Estatuto y su reglamento.

d) Hacer las propuestas de recompensas, de méritos y las menciones honoríficas que procedan.

e) Las demás facultades que este Estatuto u otras disposiciones le confieran.

Lo dispuesto en este apartado se entiende sin perjuicio de las facultades que atribuye al Ministro de Defensa el artículo 92 de la Ley Orgánica 4/1987, de 15 de julio, de Competencia y Organización de la Jurisdicción Militar.

6. El Teniente Fiscal, en las Fiscalías donde exista, asumirá las funciones de dirección o coordinación que le delegue el Fiscal Jefe, y sustituirá a éste en caso de ausencia, vacante o imposibilidad.

7. Los Fiscales Jefes de las Fiscalías Provinciales estarán jerárquicamente subordinados al Fiscal Superior de la Comunidad Autónoma y se integrarán, bajo la presidencia de éste, en la Junta de Fiscales Jefes de la Comunidad Autónoma.

8. Los Fiscales Jefes de las Fiscalías de Área estarán jerárquicamente subordinados a los Fiscales Jefes de las Fiscalías Provinciales. En caso de ausencia, vacante o imposibilidad serán sustituídos por el Fiscal Decano más antiguo de la Fiscalía de Área, y en su defecto, por el propio Fiscal Jefe de la Fiscalía Provincial o en quien éste delegue mientras subsista la situación que motivó la sustitución.

9. Los Fiscales Decanos ejercerán la dirección y coordinación de las Secciones de Fiscalía de acuerdo con las instrucciones del Fiscal Jefe Provincial y, en su caso, del Fiscal superior de la Comunidad Autónoma, y por delegación de éstos.

10. El Teniente Fiscal de la Fiscalía Provincial, los Fiscales Jefes de Área y los Fiscales Decanos integran la Junta de Coordinación de la Fiscalía Provincial, que será convocada periódicamente y dirigida por el Fiscal Jefe Provincial, con el fin de coordinar la dirección del Ministerio Fiscal en su ámbito territorial.

Art. 23. Los miembros del Ministerio Fiscal son autoridad a todos los efectos y actuarán siempre en representación de la Institución. En cualquier momento de la actividad que un Fiscal esté realizando en cumplimiento de sus funciones o antes

§15

de iniciar la que le estuviese asignada en virtud del sistema de distribución de asuntos entre los miembros de la Fiscalía, podrá su superior jerárquico inmediato, mediante resolución motivada, avocar para sí el asunto o designar a otro Fiscal para que lo despache. Si existe discrepancia resolverá el superior jerárquico común a ambos. La sustitución será comunicada en todo caso al Consejo Fiscal, que podrá expresar su parecer.

Art. 24. Uno. Para mantener la unidad de criterios, estudiar los asuntos de especial trascendencia o complejidad o fijar posiciones respecto a temas relativos a su función, cada Fiscalía celebrará periódicamente juntas de todos sus componentes. A las Juntas de las Fiscalías especiales podrán ser convocados sus Fiscales Delegados.

Los acuerdos de la mayoría tendrán carácter de informe, prevaleciendo después del libre debate el criterio del Fiscal Jefe. Sin embargo, si esta opinión fuese contraria a la manifestada por la mayoría de los asistentes, deberá someter ambas a su superior jerárquico. Hasta que se produzca el acuerdo del superior jerárquico, de requerirlo el tema debatido, el criterio del Fiscal Jefe gozará de ejecutividad en los extremos estrictamente necesarios.

Dos. Con la finalidad prevista en el número anterior, los Fiscales adscritos a las distintas secciones que integran la Fiscalía del Tribunal Supremo celebrarán Juntas de Sección, que estarán presididas por el Fiscal de Sala respectivo. En los casos en que el criterio del Fiscal Jefe fuera contrario a la opinión mantenida por la mayoría de los integrantes de la Junta, resolverá el Fiscal General del Estado, oído el Consejo Fiscal o la Junta de Fiscales de Sala según el ámbito propio de sus respectivas funciones.

Aquellas secciones de la Fiscalía del Tribunal Supremo cuya jefatura estuviera integrada por más de un Fiscal de Sala podrán celebrar juntas que agrupen a los Fiscales distribuidos en las diferentes unidades organizativas que integren cada sección. Sin embargo, los asuntos de especial trascendencia o complejidad y aquellos que afecten a la unidad de criterio habrán de ser debatidos en Junta de Sección que será presidida por el Fiscal de Sala más antiguo. A los efectos previstos en el párrafo primero de este apartado, bastará que la discrepancia respecto del criterio de la mayoría sea provocada por el parecer de uno solo de los Fiscales de Sala que integran la sección.

Con el fin de dar cuenta de la actividad estadística de las distintas secciones y para el tratamiento de aquellas cuestiones que pudieran afectar a la organización de los diferentes servicios de carácter general, los Fiscales celebrarán Junta de Fiscales del Tribunal Supremo. Estas juntas serán presididas por el Fiscal General del Estado, que podrá ser sustituido por el Teniente Fiscal del Tribunal Supremo.

Tres. Sin perjuicio de las Juntas de Fiscales previstas en el apartado Uno de este artículo, los Fiscales Jefes Provinciales podrán convocar las juntas de coordinación previstas en el artículo 22.10 con el fin de tratar cuestiones relativas a la dirección y coordinación de los distintos servicios, sin que en ningún caso puedan sustituir en sus funciones a la Junta General.

Asimismo, para mantener la unidad de criterios o fijar posiciones respecto a temas relativos a su función, los Fiscales Superiores de las Comunidades Autónomas podrán convocar, como superiores jerárquicos, Junta de Fiscales que integre a quienes desempeñaren la jefatura de las Fiscalías Provinciales en los respectivos ámbitos territoriales.

Cuatro. Las Juntas de Fiscales podrán ser ordinarias o extraordinarias. Las ordinarias se celebrarán al menos semestralmente. Su orden del día será fijado por el Fiscal Jefe, si bien deberán incluirse en el mismo aquellos otros asuntos o temas que propongan por escrito y antes del comienzo de la Junta, un quinto, al menos, de los Fiscales destinados en las Fiscalías. También podrá deliberarse, fuera del orden del día, sobre aquellos asuntos que proponga cualquiera de los asistentes a la Junta y el Fiscal Jefe acuerde someter a debate.

Las Juntas extraordinarias se convocarán para debatir cuestiones que por su urgencia o complejidad se estime oportuno no relegar a la Junta ordinaria. La convocatoria, que expresará el orden del día, deberá hacerla el Fiscal Jefe, bien por propia iniciativa, bien en virtud de moción suscrita por un tercio de los Fiscales destinados en la Fiscalía.

La asistencia a las Juntas es obligatoria para todos los Fiscales según su respectiva composición, salvo ausencia justificada apreciada por el Fiscal Jefe. Los Fiscales sustitutos asistirán a las Juntas con voz pero sin voto, cuando sean convocados por el Fiscal Jefe.

Art. 25. El Fiscal General del Estado podrá impartir a sus subordinados las órdenes e instrucciones convenientes al servicio y al ejercicio de las funciones, tanto de carácter general como referidas a asuntos específicos. Cuando dichas instrucciones se refieran a asuntos que afecten directamente a cualquier miembro del Gobierno, el Fiscal General deberá oír con carácter previo a la Junta de Fiscales de Sala.

Los miembros del Ministerio Fiscal pondrán en conocimiento del Fiscal General del Estado los hechos relativos a su misión que por su importancia o trascendencia deba conocer. Las órdenes, instrucciones y comunicaciones a que se refieren este párrafo y el anterior se realizarán a través del superior jerárquico, a no ser que la urgencia del caso aconseje hacerlo directamente, en cuyo supuesto se dará ulterior conocimiento al mismo.

Análogas facultades tendrán los Fiscales Superiores de las Comunidades Autónomas respecto a los Fiscales Jefes de su ámbito territorial, y ambos respecto de los miembros del Ministerio que les estén subordinados.

El Fiscal que reciba una orden o instrucción concerniente al servicio y al ejercicio de sus funciones, referida a asuntos específicos, deberá atenerse a las mismas en sus dictámenes pero podrá desenvolver libremente sus intervenciones orales en lo que crea conveniente al bien de la justicia.

Art. 26. El Fiscal General del Estado podrá llamar a su presencia a cualquier miembro del Ministerio Fiscal para recibir directamente sus informes y darle las instrucciones que estime oportunas, trasladando, en este caso, dichas instrucciones al Fiscal Jefe respectivo. El Fiscal General del Estado podrá designar a cualquiera de los miembros del Ministerio Fiscal para que actúe en un asunto determinado, ante cualquiera de los órganos jurisdiccionales en que el Ministerio Fiscal está legitimado para intervenir, oído el Consejo Fiscal.

Art. 27. Uno. El Fiscal que recibiere una orden o instrucción que considere contraria a las leyes o que, por cualquier otro motivo estime improcedente, se lo hará saber así, mediante informe razonado, a su Fiscal Jefe. De proceder la orden o instrucción de éste, si no considera satisfactorias las razones alegadas, planteará la cuestión a la Junta de fiscalía y, una vez que ésta se manifieste, resolverá definitivamente reconsiderándola o ratificándola. De proceder de un superior, elevará informe a éste, el cual, de no admitir las razones alegadas, resolverá de igual manera oyendo previamente a la Junta de Fiscalía. Si la orden fuere dada por el Fiscal General de Estado, éste resolverá oyendo a la Junta de Fiscales de Sala.

Dos. Si el superior se ratificase en sus instrucciones lo hará por escrito razonado con la expresa relevación de las responsabilidades que pudieran derivarse de su cumplimiento o bien encomendará a otro Fiscal el despacho del asunto a que se refiera.

Art. 28. El Fiscal General del Estado y los miembros del Ministerio Fiscal se abstendrán necesariamente de intervenir en los pleitos o causas cuando les afecten algunas de las causas de abstención establecidas para los Jueces y Magistrados en la Ley Orgánica del Poder Judicial, en cuanto les sean de aplicación. Las partes intervinientes en los referidos pleitos o causas podrán acudir al superior jerárquico del Fiscal de que se trate interesando que, en los referidos supuestos, se ordene su no intervención en el proceso.

Cuando se trate del Fiscal General del Estado, las partes intervinientes podrán dirigirse al Teniente Fiscal del Tribunal Supremo. La decisión sobre la intervención del Fiscal General del Estado en el proceso será resuelta, en su caso, por la Junta de Fiscales de Sala, que será presidida por el Teniente Fiscal del Tribunal Supremo. Contra las decisiones anteriores no cabrá recurso alguno.

Precepto modificado por la Ley Orgánica 3/2024, de 2 de agosto, de reforma de la Ley Orgánica 6/1985, de 1 de julio, del Poder Judicial y de reforma de la Ley 50/1981, de 30 de diciembre, por la que se regula el Estatuto Orgánico del Ministerio Fiscal.

TÍTULO III
Del Fiscal General del Estado, de los Fiscales Superiores de las Comunidades Autónomas y de la Carrera Fiscal

CAPÍTULO I
Del Fiscal General del Estado

Art. 29. Uno. El Fiscal General del Estado será nombrado por el Rey, a propuesta del Gobierno, oído previamente el Consejo General del Poder Judicial, eligiéndolo entre juristas españoles de reconocido prestigio con más de quince años de ejercicio efectivo de su profesión. No podrá ser propuesto para el cargo quien en los cinco años anteriores haya sido nombrado titular de un Ministerio, de una Secretaría de Estado o de una Consejería de un Gobierno autonómico, ni quien haya sido elegido titular de la Presidencia de una Corporación local o haya tenido la condición de diputado, senador, o miembro del Parlamento Europeo o de una Asamblea legislativa de una Comunidad Autónoma.

Precepto modificado por la Ley Orgánica 3/2024, de 2 de agosto, de reforma de la Ley Orgánica 6/1985, de 1 de julio, del Poder Judicial y de reforma de la Ley 50/1981, de 30 de diciembre, por la que se regula el Estatuto Orgánico del Ministerio Fiscal.

Dos. Recibido el informe del Consejo General del Poder Judicial, el Gobierno comunicará su propuesta al Congreso de los Diputados, a fin de que pueda disponer la comparecencia de la persona elegida ante la Comisión correspondiente de la Cámara, en los términos que prevea su reglamento a los efectos de que se puedan valorar los méritos e idoneidad del candidato propuesto.

Tres. Una vez nombrado, el Fiscal General del Estado prestará ante el Rey el juramento o promesa que previene la Ley y tomará posesión del cargo ante el Pleno del Tribunal Supremo.

§15

Art. 30. El Fiscal General del Estado tendrá carácter de autoridad en todo el territorio español y se le guardará y hará guardar el respeto y las consideraciones debidos a su alto cargo. En los actos oficiales ocupará el lugar inmediato siguiente al del Presidente del Tribunal Supremo.

Art. 31. Uno. El mandato del Fiscal General del Estado tendrá una duración de cuatro años. Antes de que concluya dicho mandato únicamente podrá cesar por los siguientes motivos:

a) a petición propia,

b) por incurrir en alguna de las incompatibilidades o prohibiciones establecidas en esta Ley,

c) en caso de incapacidad o enfermedad que lo inhabilite para el cargo,

d) por incumplimiento grave o reiterado de sus funciones,

e) cuando cese el Gobierno que lo hubiera propuesto.

Dos. El mandato del Fiscal General del Estado no podrá ser renovado, excepto en los supuestos en que el titular hubiera ostentado el cargo durante un periodo inferior a dos años.

Tres. La existencia de las causas de cese mencionadas en los apartados a), b), c) y d) del número anterior será apreciada por el Consejo de Ministros.

Cuatro. Serán aplicables al Fiscal General del Estado las incompatibilidades establecidas para los restantes miembros del Ministerio Fiscal, sin perjuicio de las facultades o funciones que le encomienden otras disposiciones del mismo rango.

Cinco. Su régimen retributivo será idéntico al del Presidente del Tribunal Supremo.

Seis. Si el nombramiento de Fiscal General recayese sobre un miembro de la Carrera Fiscal quedará en situación de servicios especiales.

CAPÍTULO II
*De la Carrera Fiscal, de las categorías que la integran
y de la provisión de destinos en la misma*

Art. 32. La Carrera Fiscal está integrada por las diversas categorías de Fiscales que forman un Cuerpo único, organizado jerárquicamente.

Art. 33. Uno. Los miembros de la Carrera Fiscal están equiparados en honores, categorías y retribuciones a los de la Carrera Judicial.

Dos. En los actos oficiales a que asisten los representantes del Ministerio Fiscal ocuparán el lugar inmediato siguiente al de la autoridad judicial.

Cuando deban asistir a las reuniones de gobierno de los Tribunales y Juzgados ocuparán el mismo lugar respecto de quien las presida.

Art. 34. Las categorías de la carrera fiscal serán las siguientes:

1ª Fiscales de Sala del Tribunal Supremo, equiparados a Magistrados del Alto Tribunal. El Teniente Fiscal del Tribunal Supremo tendrá la consideración de Presidente de Sala.

2ª Fiscales, equiparados a Magistrados.

3ª Abogados-Fiscales, equiparados a Jueces.

Art. 35. Uno. Será preciso pertenecer a la categoría primera para servir los siguientes destinos:

a) Teniente Fiscal del Tribunal Supremo, que además deberá contar con tres años de antigüedad en la dicha categoría.

b) Fiscal Jefe Inspector.

c) Fiscal Jefe de la Secretaría Técnica.

d) Fiscal Jefe de la Unidad de Apoyo.

e) Fiscal Jefe de la Audiencia Nacional.

f) Fiscal Jefe de las Fiscalías Especiales.

g) Fiscal Jefe de la Fiscalía ante el Tribunal Constitucional.

h) Fiscal Jefe del Tribunal de Cuentas.

i) Fiscal de Sala del Tribunal Supremo.

j) Fiscal de Sala de la Fiscalía Togada.

k) Los demás puestos de Fiscales de Sala que se determinen en plantilla con arreglo a las disposiciones de este Estatuto.

Dos. Los Fiscales Superiores de las Comunidades Autónomas y los Fiscales Jefes de las Fiscalías Provinciales tendrán la categoría equiparada a la de los Presidentes de los Tribunales Superiores de Justicia y Presidentes de las Audiencias Provinciales, respectivamente.

Tres. Será preciso pertenecer a la categoría segunda para servir los restantes cargos en las Fiscalías del Tribunal Supremo, ante el Tribunal Constitucional, Fiscalía de la Audiencia Nacional, Fiscalías Especiales, Tribunal de Cuentas, Inspección Fiscal, Unidad de Apoyo y Secretaría Técnica. También será preciso pertenecer a la categoría segunda para servir el cargo de Fiscal Jefe y Teniente Fiscal.

Cuatro. La plantilla orgánica fijará la categoría necesaria para servir los restantes destinos fiscales dentro de la segunda y de la tercera categoría.

Art. 36. Uno. Sin perjuicio de lo dispuesto en el apartado tres de este artículo, los destinos correspondientes a la categoría primera, el de Fiscal responsable de la Unidad de Protección de Datos, los de Fiscales del Tribunal Supremo, los de Fiscales Superiores de comunidades autónomas y los de Fiscales Jefes se proveerán por el Gobierno, a propuesta del Fiscal General del Estado, de acuerdo con lo previsto en el artículo 13 de este Estatuto. De igual modo serán designados los

§15

Tenientes Fiscales de las Fiscalías de las comunidades autónomas y los Fiscales que integren la plantilla de todos aquellos órganos cuyo jefe pertenezca a la categoría primera. Cuando los Estatutos de Autonomía prevean la existencia del Consejo de Justicia de la comunidad autónoma, este será oído necesariamente con carácter previo al nombramiento del Fiscal Superior de la comunidad autónoma.

Párrafo modificado por la Ley Orgánica 1/2025, de 2 de enero, de medidas en materia de eficiencia del Servicio Público Justicia.

Recibido el informe del Consejo de Justicia de la Comunidad Autónoma, se comunicará la propuesta de candidato a la respectiva Asamblea Legislativa autonómica, a fin de que pueda disponer la comparecencia de la persona propuesta ante la Comisión correspondiente de la Cámara, en los términos que prevea su reglamento, a los efectos de que pueda valorar los méritos e idoneidad del candidato propuesto.

Para los cargos de Fiscal del Tribunal Supremo, de Fiscal Superior de las Comunidades Autónomas, de Fiscal ante el Tribunal Constitucional, de Fiscal del Tribunal de Cuentas y de Inspector Fiscal, será preciso contar con al menos 15 años de servicio en la carrera y pertenecer ya a la categoría segunda.

Para los cargos de Fiscal de la Audiencia Nacional y de Fiscal Jefe de Fiscalía Provincial será preciso contar con, al menos, diez años de servicio en la carrera y pertenecer ya a la categoría segunda. Igual antigüedad se exigirá a los Fiscales de las Fiscalías Especiales y al Teniente Fiscal de la Secretaría Técnica.

Para los cargos de Fiscales adscritos a los Fiscales de Sala integrados en la Fiscalía General del Estado será preciso contar con, al menos, diez años de servicio en la carrera, pertenecer a la categoría segunda y tener una mínima especialización acreditable en la materia a la que son adscritos.

Para acceder al cargo de Fiscal Jefe de área será preciso pertenecer a la segunda categoría.

Dos. El Teniente Fiscal Inspector y los Fiscales de la Inspección Fiscal serán designados por un plazo máximo de 10 años. Una vez cesen en sus cargos, se incorporarán en calidad de adscritos, a su elección, a la Fiscalía en la que estuvieren destinados antes de ocupar la plaza de la Inspección o a la Fiscalía de la Comunidad Autónoma o Provincial de Madrid, hasta ocupar plaza en propiedad.

§15

Tres. El Fiscal Jefe, el Teniente Fiscal y los Fiscales de la Secretaría Técnica, los Fiscales de la Unidad de Apoyo y los Fiscales adscritos a los Fiscales de Sala integrados en la Fiscalía General del Estado serán designados y relevados directamente por el propio Fiscal General del Estado, y cesarán con éste, si bien continuarán ejerciendo sus funciones hasta que sean relevados o confirmados en sus cargos por el nuevo Fiscal General. Los nombramientos a los que se refiere este apartado, así como, en su caso, el correspondiente ascenso a la primera categoría del candidato a Fiscal Jefe de la Secretaría Técnica, serán comunicados por el Fiscal General al Consejo Fiscal antes de elevar la correspondiente propuesta al Gobierno, sin que sea de aplicación lo dispuesto en el artículo trece y en el apartado primero de este artículo.

Una vez relevados o cesados, el Teniente fiscal de la Secretaría Técnica y los Fiscales a los que se refiere el párrafo anterior se incorporarán en calidad de adscritos, a su elección y hasta obtener plaza en propiedad, a la Fiscalía de la Comunidad Autónoma o Provincial de Madrid o a la Fiscalía en la que estuviesen destinados antes de ocupar plaza en la Secretaría Técnica, en la Unidad de Apoyo o antes de haber sido adscritos a los Fiscales de Sala integrados en la Fiscalía General del Estado.

Cuatro. Los Fiscales Decanos de las Secciones de las Fiscalías en las que existan serán nombrados y, en su caso, relevados mediante resolución dictada por el Fiscal General del Estado, a propuesta motivada del Fiscal Jefe respectivo.

La plantilla orgánica determinará el número máximo de Fiscales Decanos que se puedan designar en cada Fiscalía, atendiendo a las necesidades organizativas de las mismas. Para la cobertura de estas plazas será preciso, con carácter previo a la propuesta del Fiscal Jefe correspondiente, realizar una convocatoria entre los Fiscales de la plantilla. A la propuesta se acompañará relación del resto de los Fiscales que hayan solicitado el puesto con aportación de los méritos alegados.

Cinco. Los demás destinos fiscales se proveerán mediante concurso entre funcionarios de la categoría, atendiendo al mejor puesto escalafonal. Para solicitar nuevo destino habrá de permanecerse, cuando menos, dos años en el anterior, siempre que se hubiera accedido a aquel a petición propia, salvo en el primer destino para aquellos Fiscales tras su ingreso en la carrera fiscal una vez superado el proceso selectivo, en cuyo caso el plazo será de un año.

Los destinos que queden desiertos se cubrirán con los Fiscales que asciendan a la categoría necesaria.

Seis. Para la provisión de plazas en las Fiscalías con sede en Comunidades Autónomas con idioma cooficial será mérito determinante la acreditación, con arreglo a los criterios que reglamentariamente se establezcan, del conocimiento de dicho idioma.

Se valorará, como mérito preferente, con arreglo a los criterios que reglamentariamente se establezcan, el conocimiento del Derecho propio de la Comunidad.

Siete. La provisión de destinos de la Fiscalía Jurídico Militar se llevará a cabo con arreglo a lo dispuesto en la Ley Orgánica reguladora de la Competencia y Organización de la Jurisdicción Militar.

Art. 37. 1. Las vacantes que se produzcan en la categoría primera se cubrirán por ascenso entre fiscales que cuenten, al menos, con 20 años de servicio en la carrera y pertenezcan a la categoría segunda.

2. Las vacantes que se produzcan en la categoría segunda se cubrirán, por orden de antigüedad, entre los pertenecientes a la categoría tercera.

Art. 38. 1. El nombramiento de los fiscales de las dos primeras categorías se hará por real decreto. Los demás nombramientos se harán por orden del Ministro de Justicia.

2. La declaración de las situaciones administrativas de los fiscales, sea cual sea su categoría, se efectuará por orden del Ministro de Justicia.

Art. 39. Los miembros del Ministerio Fiscal podrán ser trasladados:

Uno. Por propia petición conforme a lo dispuesto en este Estatuto.

Dos. Para ocupar plaza de la categoría a que fueran promovidos.

Tres. Por incurrir en las incompatibilidades relativas establecidas en esta

Art. 40. También podrán ser trasladados:

Uno. Por disidencias graves con el Fiscal Jefe respectivo por causas a aquéllos imputables.

Dos. Cuando asimismo por causas imputables a ellos tuvieran enfrentamientos graves con el Tribunal.

El traslado forzoso se dispondrá por el órgano que hubiese acordado su nombramiento en expediente contradictorio, previo informe favorable del Consejo Fiscal.

Art. 41. Uno. El Teniente fiscal del Tribunal Supremo, los Fiscales de Sala a que se refieren los artículos 20 y 35, Uno k) de este Estatuto y los demás Fiscales Jefes pertenecientes a la primera categoría serán nombrados por un período de cinco años, transcurridos los cuales cesarán en sus cargos, salvo que sean nombrados de nuevo para esa jefatura por sucesivos periodos de idéntica duración. A la expiración del plazo legal, si no fueran confirmados o nombrados para otra jefatura, quedarán adscritos a la Fiscalía del Tribunal Supremo o a cualquiera de las Fiscalías cuyo Jefe pertenezca a la primera categoría, conservando en todo caso su categoría.

A los efectos del párrafo anterior tendrán la consideración de Fiscales Jefes los que lo sean de las distintas secciones de la Fiscalía del Tribunal Supremo.

Dos. Para el nombramiento y cese del Fiscal Jefe de la Secretaría Técnica se procederá con arreglo al artículo Treinta y seis. Una vez cesado, quedará en la misma situación prevista en el número anterior.

Tres. Los Fiscales Jefes pertenecientes a la segunda categoría, los Tenientes Fiscales de las Fiscalías cuyo Jefe pertenezca a la primera categoría y los Tenientes Fiscales de las Fiscalías de las Comunidades Autónomas serán nombrados por un período de cinco años, transcurridos los cuales cesarán en sus cargos, salvo que sean nombrados de nuevo para el mismo cargo por sucesivos períodos de idéntica duración.

Cuatro. Los Fiscales Superiores de las Comunidades Autónomas, los Fiscales Jefes pertenecientes a la segunda categoría y los Tenientes Fiscales mencionados en el apartado tres de este artículo, una vez relevados o cesados en sus cargos, o en caso de renuncia aceptada por el Fiscal General del Estado, quedarán adscritos, a su elección y hasta la obtención de un destino con carácter definitivo, a la Fiscalía en la que han desempeñado la jefatura o tenencia, o a la Fiscalía en la que prestaban servicio cuando fueron nombrados para el cargo.

Cinco. El Fiscal responsable de la Unidad de Protección de Datos será nombrado por un periodo de cinco años renovable por un nuevo periodo de idéntica duración y ejercerá durante ese tiempo, exclusivamente, las funciones derivadas del cargo. Únicamente podrá ser cesado por el transcurso del plazo de nombramiento y por renuncia aceptada por el o la Fiscal General del Estado, o removido, de apreciarse incapacidad o incumplimiento grave en el ejercicio de sus funciones, por el Gobierno a propuesta del Fiscal General del Estado que deberá oír previamente al Consejo Fiscal y al interesado. La referida propuesta conllevará, a su vez, el cese como Delegado de Protección de Datos. Una vez cesado o relevado, si el Fiscal responsable fuere Fiscal de Sala quedará adscrito a la Fiscalía del Tribunal Supremo o a cualquiera de las fiscalías cuyo jefe pertenezca a la primera categoría, conservando en todo caso la categoría. En caso de ser fiscal de la segunda categoría se incorporará en calidad de adscrito, a su elección, a la Fiscalía en la que estuviere destinado antes de ocupar el cargo en la Unidad de Protección de Datos o a la Fiscalía de la comunidad autónoma o Provincial de Madrid, o a la Fiscalía de la comunidad autónoma o Provincial de origen, hasta ocupar plaza en propiedad.

Apartado introducido por la Ley Orgánica 1/2025, de 2 de enero, de medidas en materia de eficiencia del Servicio Público Justicia, que renumera el apartado siguiente.

§15

Sexto. Sin perjuicio de lo anterior, los Fiscales Jefes de los respectivos órganos y los Tenientes Fiscales mencionados en el apartado tres de este artículo podrán ser removidos por el Gobierno a propuesta del Fiscal General del Estado, que deberá oír previamente al Consejo Fiscal y al interesado y, en su caso, al Fiscal Superior de la Comunidad Autónoma. Los Fiscales Superiores de las Comunidades

Autónomas podrán proponer también al Fiscal General del Estado la remoción por el Gobierno de los Fiscales Jefes de los órganos de su ámbito territorial.

CAPÍTULO III
De la adquisición y pérdida de la condición del Fiscal

Art. 42. El ingreso en la Carrera Fiscal se hará por oposición libre entre quienes reúnan las condiciones de capacidad exigidas en esta Ley, que se realizará conjuntamente con la de ingreso en la Carrera Judicial, en los términos previstos en la Ley Orgánica del Poder Judicial.

Art. 43. Para ser nombrado miembro del Ministerio Fiscal se requerirá ser español, mayor de dieciocho años, doctor o licenciado en Derecho y no hallarse comprendido en ninguna de las incapacidades establecidas en la presente ley.

Art. 44. Están incapacitados para el ejercicio de funciones fiscales:

1º Los que no tengan la necesaria aptitud física o intelectual.

2º Los que hayan sido condenados por delito doloso, mientras no hayan obtenido rehabilitación. En los casos en que la pena no fuera superior a seis meses, el Fiscal General del Estado, de forma motivada y atendiendo a la entidad del delito cometido, podrá sustituir la pérdida de la condición de Fiscal por la sanción de suspensión de hasta tres años.

3º Los concursados no rehabilitados.

4º Los que pierdan la nacionalidad española.

Art. 45. Uno. La condición de miembro del Ministerio Fiscal se adquiere, una vez hecho válidamente el nombramiento, por el juramento o promesa, y la toma de posesión.

Dos. Los miembros del Ministerio Fiscal, antes de tomar posesión de su primer destino, prestarán juramento o promesa de guardar y hacer guardar la Constitución y las leyes y desempeñar fielmente las funciones fiscales con lealtad al Rey. El juramento o promesa se prestará ante la Sala de Gobierno del Tribunal Superior de Justicia a cuyo territorio hayan sido destinados, junto a cuyo Presidente se situará el Fiscal Superior de la Comunidad Autónoma.

Igualmente, jurarán o prometerán su cargo los Fiscales de Sala, al acceder a la primera categoría de la carrera fiscal. Dicho acto tendrá lugar ante la Sala de Gobierno del Tribunal Supremo, junto a cuyo Presidente se situará el Fiscal General del Estado.

Tres. Los Fiscales Superiores de las Comunidades Autónomas tomarán posesión en la ciudad donde tenga la sede su Fiscalía, en un acto presidido por el Fiscal General del Estado.

Los Fiscales Jefes de las Fiscalías Provinciales y de las Fiscalías de Área tomarán posesión en el lugar donde tenga la sede su Fiscalía, en un acto presidido por el Fiscal Superior de la Comunidad Autónoma, salvo que asista el Fiscal General del Estado, en cuyo caso será éste quien presida el acto.

El resto de los Fiscales tomarán posesión ante el Fiscal Jefe de la Fiscalía a la que vayan destinados, salvo que asista al acto el Fiscal General del Estado u otro miembro de rango superior a la escala jerárquica del Ministerio Fiscal, en cuyo caso será éste quien presida el acto.

En todos los casos previstos en este apartado, el Presidente del Tribunal Superior de Justicia y, en su caso, el de la respectiva Audiencia Provincial, ocuparán el lugar preferente que les corresponda en la presidencia del acto.

Cuatro. La toma de posesión tendrá lugar dentro de los veinte días naturales siguientes a la publicación del nombramiento para el destino de que se trate, o en el plazo superior que se conceda cuando concurran circunstancias que lo justifiquen, y se conferirá por el Jefe de la Fiscalía o quien ejerza sus funciones.

Art. 46. Uno. La condición de Fiscal se pierde en virtud de alguna de las causas siguientes:

a) Renuncia.

b) Pérdida de la nacionalidad española.

c) Sanción disciplinaria de separación del servicio.

d) Pena principal o accesoria de inhabilitación para cargos públicos.

e) Haber incurrido en alguna de las causas de incapacidad.

Dos. La integración activa en el Ministerio Fiscal cesa también en virtud de jubilación forzosa o voluntaria, que se acordará por el Gobierno en los mismos casos y condiciones que se señalan en la Ley Orgánica del Poder Judicial para los Jueces y Magistrados.

CAPÍTULO IV
De las situaciones en la Carrera Fiscal

§15

Art. 47. Las situaciones administrativas en la Carrera Fiscal se acomodaran a lo dispuesto en la Ley Orgánica del Poder Judicial para Jueces y Magistrados y serán desarrolladas reglamentariamente.

CAPÍTULO V
De los deberes y derechos de los miembros del Ministerio Fiscal

Art. 48. Los miembros del Ministerio Fiscal tendrán el primordial deber de desempeñar fielmente el cargo que sirvan, con prontitud y eficacia en cumplimiento de las funciones del mismo conforme a los principios de unidad y dependencia jerárquica y con sujeción, en todo caso, a los de legalidad e imparcialidad.

Art. 49. Los miembros del Ministerio Fiscal deberán residir en la población donde tengan su destino oficial. Solo podrán ausentarse de la misma con permiso de sus superiores jerárquicos.

Asimismo deberán asistir, durante el tiempo necesario y de conformidad con las instrucciones del Jefe de la Fiscalía, al despacho de la misma y a los Tribunales en que deban actuar.

Art. 50. Los miembros del Ministerio Fiscal guardarán el debido secreto de los asuntos reservados de que conozcan por razón de su cargo.

Art. 51. Los miembros del Ministerio Fiscal tendrán derecho al cargo y a la promoción en la Carrera, en las condiciones legalmente establecidas. Los cargos del Ministerio Fiscal llevaran anejos los honores que reglamentariamente se establezcan.

Art. 52. Los miembros del Ministerio Fiscal gozarán de los permisos y licencias, y del régimen de recompensas, que reglamentariamente se establezcan, inspirados unos y otros en lo dispuesta para Jueces y Magistrados por la Ley Orgánica del Poder Judicial.

Art. 53. El régimen retributivo de los miembros del Ministerio Fiscal se regirá por ley y estarán equiparados en retribuciones a los miembros de la Carrera Judicial. Asimismo gozarán, en los términos legales, de la adecuada asistencia y Seguridad Social.

Art. 54. De acuerdo con lo establecido en el artículo 127 de la Constitución se reconoce el derecho de asociación profesional de los Fiscales, que se ejercerá libremente en el ámbito del artículo veintidós de la Constitución y que se ajustara a las reglas siguientes:

Uno. Las Asociaciones de Fiscales tendrán personalidad jurídica y plena capacidad para el cumplimiento de sus fines. Podrán tener como fines lícitos la defensa de los intereses profesionales de sus miembros en todos los aspectos y la realización de estudios y actividades encaminados al servicio de la justicia en general.

Dos. Sólo podrán formar parte de las mismas quienes ostenten la condición de Fiscales, sin que puedan integrarse en ellas miembros de otros cuerpos o carreras.

Tres. Los Fiscales podrán libremente afiliarse o no a Asociaciones profesionales. Estas deberán hallarse abiertas a la incorporación de cualquier miembro de la Carrera Fiscal.

Cuatro. Las Asociaciones profesionales quedaran válidamente constituidas desde que se inscriban en el Registro, que será llevado al efecto por el Ministerio de Justicia. La inscripción se practicará a solicitud de cualquiera de los promotores, a la que se acompañará el texto de los Estatutos y una relación de afiliados.

Cinco. Los Estatutos deberán expresar, como mínimo, las siguientes menciones:

Primera. Nombre de la Asociación, que no podrá contener connotaciones políticas.

Segunda. Fines específicos.

Tercera. Organización y representación de la Asociación. Su estructura interna y funcionamiento deberán ser democráticos.

Cuarta. Régimen de afiliación.

Quinta. Medios económicos y régimen de cuota.

Sexta. Forma de elegirse los cargos directivos de la Asociación.

Seis. Cuando las Asociaciones profesionales incurrieren en actividades contrarias a la ley o que excedieren del marco de los Estatutos, el Fiscal General del Estado podrá instar, por los trámites de juicio declarativo ordinario, la disolución de la Asociación. La competencia para acordarla corresponderá a la Sala Primera del Tribunal Supremo que, con carácter, cautelar, podrá acordar la suspensión de la misma.

Art. 55. Ningún miembro del Ministerio Fiscal podrá ser obligado a comparecer personalmente por razón de su cargo o función, ante las autoridades administrativas, sin perjuicio de los deberes de auxilio o asistencia entre autoridades.

Tampoco podrá recibir ningún miembro del Ministerio Fiscal órdenes o indicaciones relativas al modo de cumplir sus funciones más que de sus superiores jerárquicos.

Respecto del Fiscal General del Estado se estará a lo dispuesto en el artículo 8 y siguientes.

Art. 56. Los miembros de la Carrera Fiscal en activo no podrán ser detenidos sin autorización del superior jerárquico de quien dependan, excepto por orden de la autoridad judicial competente o en caso de flagrante delito. En este último supuesto se pondrá inmediatamente el detenido a disposición de la autoridad judicial más próxima, dándose cuenta en el acto, en ambos casos, a su superior jerárquico.

CAPÍTULO VI
De las incompatibilidades y prohibiciones

Art. 57. El ejercicio de cargos fiscales es incompatible:

1. Con el de juez o magistrado y con los empleos de todas clases en los tribunales y juzgados en cualquier orden jurisdiccional.

2. Con el de cualquier otra jurisdicción, así como la participación en actividades u órganos de arbitraje.

3. Con cualquier cargo de elección popular o designación política del Estado, comunidades autónomas, provincias y demás entidades locales y organismos dependientes de cualquiera de ellos.

4. Con los empleos o cargos dotados o retribuidos por la Administración del Estado, las Cortes Generales, la Casa Real, comunidades autónomas, provincias, municipios, y cualesquiera entidades, organismos o empresas dependientes de unos u otras.

5. Con todo empleo, cargo o profesión retribuida, salvo la docencia o investigación jurídica, así como la producción y creación literaria, artística, científica y técnica, debidamente notificada a su superior jerárquico, y las publicaciones derivadas de aquélla, de conformidad con lo dispuesto en la legislación sobre incompatibilidades del personal al servicio de las Administraciones públicas.

6. Con el ejercicio de la abogacía, excepto cuando tenga por objeto asuntos personales del Fiscal, de su cónyuge o persona a quien se halle ligado de forma estable por análoga relación de afectividad, de los hijos sujetos a su patria potestad o de las personas sometidas a su tutela, con el ejercicio de la procuraduría, así como todo tipo de asesoramiento jurídico, sea o no retribuido.

La incompatibilidad con el ejercicio de la abogacía se extenderá en todo caso a la llevanza, directamente o mediante persona interpuesta, de aquellos asuntos en los que el Fiscal hubiese intervenido como tal, aun cuando haya pasado con posterioridad a la situación de excedencia. A este supuesto le será aplicable el régimen de responsabilidad disciplinaria previsto en el Estatuto General de la Abogacía para quienes ejerzan la profesión de abogado estando incursos en causa de incompatibilidad.

7. Con el ejercicio directo o mediante persona interpuesta de toda actividad mercantil. Se exceptúa la transformación y venta de productos obtenidos de los

bienes propios, operaciones que podrán realizarse, pero sin tener establecimiento abierto al público.

8. Con las funciones de director, gerente, administrador, consejero, socio colectivo o cualquier otra que implique intervención directa, administrativa o económica en sociedades o empresas mercantiles, públicas o privadas de cualquier género.

Art. 58. Los miembros del Ministerio Fiscal no podrán ejercer sus cargos:

Uno. En las Fiscalías que comprendan dentro de su circunscripción territorial una población en la que su cónyuge o persona a quien se halle ligado de forma estable por análoga relación de afectividad ejerza una actividad industrial o mercantil que obstaculice el imparcial desempeño de su función, a juicio del Consejo Fiscal.

Dos. En la misma Fiscalía o sección en la que ejerzan sus parientes, dentro del segundo grado de consanguinidad o afinidad, o su cónyuge, o persona a quien se halle ligado de forma estable por análoga relación de afectividad, cargos de la Carrera Fiscal, siempre que exista dependencia jerárquica inmediata entre ambos.

A los efectos de este apartado se considerará dependencia jerárquica inmediata la que vincula al Fiscal Jefe de la Fiscalía con el Teniente Fiscal y con el Decano de cada Sección, así como a este último con los Fiscales integrados en la Sección respectiva.

A los mismos efectos, se entenderá que existe dependencia jerárquica inmediata entre el Fiscal Superior de la Comunidad Autónoma y los Fiscales Jefes Provinciales de la misma Comunidad, y asimismo entre el Fiscal Jefe Provincial y los Fiscales Jefes de Área en la misma provincia.

Tres. Cuando la Ley Orgánica del Poder Judicial establezca incompatibilidades entre miembros de la carrera judicial y fiscal.

Cuatro. Como Fiscales Jefes en las Fiscalías donde ejerzan habitualmente como abogado o procurador su cónyuge o persona a quien se halle ligado de forma estable por análoga relación de afectividad o un pariente dentro del segundo grado de consanguinidad o afinidad, salvo que se trate de circunscripciones territoriales de más de quinientos mil habitantes y sin perjuicio del deber de abstención cuando proceda.

Cinco. En una Fiscalía en cuyo territorio hayan ejercido como Abogado o Procurador en los dos años anteriores a su nombramiento.

Art. 59. No podrán los miembros del Ministerio Fiscal pertenecer a partidos políticos o sindicatos o tener empleo al servicio de los mismos, dirigir a los poderes y funcionarios públicos o a corporaciones oficiales, felicitaciones o censuras por sus actos, ni concurrir con carácter o atributos oficiales a cualesquiera actos o reuniones públicas en que ello no proceda en el ejercicio de sus funciones. Asimismo, tampoco podrán tomar parte en las elecciones legislativas, autonómicas o locales más que para emitir su voto personal.

CAPÍTULO VII
De la responsabilidad de los miembros del Ministerio Fiscal

Art. 60. La exigencia de responsabilidad civil y penal a los miembros del Ministerio Fiscal y la repetición contra los mismos por parte de la Administración del Estado, en su caso, se regirá, en cuando les sea de aplicación, por lo dispuesto en la Ley Orgánica del Poder Judicial para Jueces y Magistrados.

Art. 61. Los miembros del Ministerio Fiscal incurrirán en responsabilidad disciplinaria cuando cometieran alguna de las faltas previstas en la presente ley.

Las faltas cometidas por los miembros del Ministerio Fiscal podrán ser leves, graves y muy graves.

Art. 62. Se consideran faltas muy graves:

Uno. El incumplimiento consciente del deber de fidelidad a la Constitución establecido en el artículo cuarenta y cinco de esta Ley, cuando así se apreciara en sentencia firme.

Dos. El incumplimiento de las órdenes particulares y requerimientos personales dirigidos por escrito en la forma establecida en este Estatuto, cuando de aquel se haya derivado perjuicio en el proceso o alteración relevante en el funcionamiento interno de la Fiscalía.

Tres. La afiliación a partidos políticos o sindicatos, o el desempeño de empleos o cargos a su servicio.

Cuatro. La provocación reiterada de enfrentamientos graves con las autoridades de la circunscripción en que el Fiscal desempeñe el cargo, por motivos ajenos al ejercicio de su función.

Cinco. Las acciones y omisiones que hayan dado lugar en sentencia firme a una declaración de responsabilidad civil contraída en el ejercicio de la función por dolo o culpa grave conforme al artículo 60 de esta Ley.

Seis. El ejercicio de cualquiera de las actividades incompatibles con el cargo de Fiscal, establecidas en el artículo 57 de esta Ley, salvo las que puedan constituir falta grave con arreglo a lo dispuesto en su artículo 63.

Siete. Provocar el propio nombramiento para alguna Fiscalía cuando concurra en el nombrado alguna de las situaciones de incompatibilidad o prohibición previstas en el artículo 58 de esta Ley, o mantenerse en el desempeño del cargo en dichos órganos sin poner en conocimiento de la Fiscalía General del Estado las circunstancias necesarias para proceder al traslado forzoso previsto en el artículo 39.3.

Ocho. La inobservancia del deber de abstención a sabiendas de que concurre alguna de las causas legalmente previstas.

Nueve. La desatención o el retraso injustificado y reiterado en el despacho de los asuntos o en el ejercicio de cualesquiera otras de las funciones que le fueran encomendadas.

Diez. El abandono del servicio o la ausencia injustificada y continuada por siete días naturales o más de la sede de la Fiscalía en que se hallase destinado.

Once. Faltar a la verdad en la solicitud de obtención de permisos, autorizaciones, declaraciones de compatibilidad, dietas y ayudas económicas.

Doce. La revelación por el Fiscal de hechos o datos conocidos en el ejercicio de su función o con ocasión de ésta, cuando se cause algún perjuicio a la tramitación de un proceso o a cualquier persona.

Trece. El abuso de la condición de Fiscal para obtener un trato favorable e injustificado de autoridades, funcionarios o profesionales.

Catorce. La comisión de una falta grave cuando el Fiscal hubiera sido anteriormente sancionado por otras dos graves, que hayan adquirido firmeza, sin que hubieran sido canceladas o procedido la cancelación de las correspondientes anotaciones, conforme a lo establecido en el artículo 69 de esta Ley.

Quince. La ignorancia inexcusable en el cumplimiento de sus deberes.

Dieciséis. La absoluta y manifiesta falta de motivación en los informes y dictámenes que la precisen de conformidad con las Instrucciones de la Fiscalía General del Estado.

Art. 63. Se consideran faltas graves:

Uno. La falta de respeto a los superiores en el orden jerárquico, en su presencia, en escrito que se les dirija o con publicidad.

Dos. El incumplimiento de las órdenes o requerimientos recibidos en la forma establecida en este Estatuto.

Tres. El exceso o abuso de autoridad, o falta grave de consideración respecto de los ciudadanos, instituciones, jueces y magistrados, fiscales, secretarios, médicos forenses, funcionarios de los cuerpos de gestión, tramitación y auxilio judicial, abogados y procuradores, graduados sociales y funcionarios de la policía judicial y demás personal al servicio de la Administración de Justicia o que preste servicios en la oficina fiscal.

§15

Cuatro. Dejar de promover la exigencia de responsabilidad disciplinaria que proceda a los secretarios y personal auxiliar subordinado, cuando conocieran o debieran conocer el incumplimiento grave por aquéllos de los deberes que les corresponden.

Cinco. Revelar hechos o datos conocidos por el Fiscal en el ejercicio de su función o con ocasión de éste, cuando no constituya la falta muy grave del apartado Doce del artículo 62 de esta Ley.

Seis. La ausencia injustificada y continuada por más de tres días naturales y menos de siete de la sede de la Fiscalía en que el Fiscal se halle destinado.

Siete. La inasistencia injustificada a los actos procesales con audiencia pública que estuvieran señalados y a los que hubiera sido citado en la forma legalmente prevista, cuando no constituya falta muy grave.

Ocho. El retraso injustificado en el despacho de los asuntos de que conozca el Fiscal en el ejercicio de su función, si no constituye falta muy grave.

Nueve. El ejercicio de cualquier actividad susceptible de declaración de compatibilidad sin obtener la pertinente autorización o habiéndola obtenido con falta de veracidad en los presupuestos alegados.

Diez. La comisión de una falta de carácter leve habiendo sido sancionado anteriormente por resolución firme por otras dos leves sin que hubieran sido canceladas o procedido la cancelación de las correspondientes anotaciones, conforme a lo establecido en esta Ley.

Once. Las restantes infracciones de los deberes inherentes a la condición de fiscal, establecidos en esta Ley, cuando mereciesen la calificación de graves, atendidas la intencionalidad del hecho, su trascendencia para la Administración de Justicia y el quebranto sufrido por la dignidad de la función fiscal.

Doce. Dirigir a los poderes, autoridades o funcionarios públicos o corporaciones oficiales felicitaciones o censuras por sus actos, invocando la condición de fiscal, o sirviéndose de esa condición. Cuando estas actuaciones sean realizadas por Junta de Fiscales se entenderán responsables los que hubieran tomado parte en la votación excepto quienes hayan salvado individualmente su voto.

Art. 64. Se consideran faltas leves:

Uno. La falta de respeto a los superiores jerárquicos cuando no concurran las circunstancias que calificarían la conducta de falta grave.

Dos. La desatención o desconsideración con iguales o inferiores en el orden jerárquico, con los ciudadanos, instituciones, jueces y magistrados, fiscales, secretarios, médicos forenses, funcionarios de los cuerpos de gestión, tramitación y auxilio judicial, abogados y procuradores, graduados sociales, funcionarios de la policía judicial y demás personal al servicio de la Administración de Justicia y demás personal que preste servicio en la oficina fiscal, cuando por sus circunstancias no mereciere la calificación de falta grave.

Tres. El incumplimiento injustificado o inmotivado de los plazos legalmente establecidos en el despacho de los asuntos que tenga encomendados.

Cuatro. La ausencia injustificada y continuada de uno a tres días naturales de la sede de la Fiscalía o adscripción en que el Fiscal se halle destinado.

Cinco. La simple recomendación de cualesquiera asuntos de que conozcan los juzgados y tribunales.

Seis. La desatención a las órdenes, requerimientos u observaciones verbales recibidas de sus jefes, salvo que constituya una infracción más grave, conforme a lo prevenido en los dos artículos anteriores.

Siete. La desatención o desconsideración con ciudadanos, instituciones, jueces y magistrados, ante la petición de intervenir en una lengua cooficial, en el caso en que se haya acreditado un conocimiento adecuado y suficiente como mérito.

Art. 65. 1. Las faltas muy graves prescribirán a los dos años, las graves, al año, y las leves, en el plazo previsto en el Código Penal para la prescripción de las faltas.

El plazo de prescripción comenzará a contarse desde que la falta se hubiera cometido. No obstante, en el supuesto previsto en el artículo 62.5 de esta ley, el plazo de prescripción se iniciará a partir de la firmeza de la sentencia que declare la responsabilidad civil del fiscal.

La prescripción se interrumpirá desde la fecha de notificación del acuerdo de iniciación del procedimiento disciplinario o, en su caso, de las diligencias informativas relacionadas con la conducta investigada del fiscal.

El plazo de prescripción vuelve a correr si las diligencias o el procedimiento permanecen paralizados durante seis meses por causa no imputable al fiscal sujeto al expediente disciplinario.

Art. 66. 1. Las sanciones que se pueden imponer a los fiscales por faltas cometidas en el ejercicio de sus cargos son:

a) Advertencia.

b) Multa de hasta tres mil euros.

c) Traslado forzoso a Fiscalía con sede separada, al menos, en cien kilómetros de aquella en que estuviera destinado.

d) Suspensión de hasta tres años.

e) Separación.

§15

El fiscal sancionado con traslado forzoso no podrá concursar en el plazo de uno a tres años. La duración de la prohibición de concursar habrá de determinarse necesariamente en la resolución que ponga fin al procedimiento.

El Fiscal Jefe sancionado en virtud de una falta grave o muy grave, podrá ser removido de la jefatura, a propuesta del Fiscal General del Estado, oído el Consejo Fiscal.

2. Las faltas leves sólo podrán sancionarse con advertencia o multa de hasta trescientos euros o con ambas; las graves, con multa de trescientos euros a tres mil euros, y las muy graves, con suspensión, traslado forzoso o separación.

3. En la imposición de cualquier sanción se atenderá a los principios de graduación y proporcionalidad en la respuesta sancionadora, que se agravará o atenuará en relación con las circunstancias del hecho y del presunto infractor.

4. Las sanciones impuestas por faltas muy graves prescribirán a los dos años; las impuestas por faltas graves, al año, y por faltas leves, en el plazo previsto en el Código Penal para la prescripción de las faltas. Dichos plazos de prescripción comenzarán a computarse desde el día siguiente a aquel en que adquiera firmeza la resolución por la que se impusieron las sanciones.

Art. 67. Serán competentes para la imposición de sanciones:

1. Para imponer la de advertencia, el Fiscal Jefe respectivo.

2. Para imponer hasta la de suspensión, el Fiscal General del Estado.

3. Para imponer la de separación del servicio, el Ministro de Justicia, a propuesta del Fiscal General del Estado, previo informe favorable del Consejo Fiscal.

Las resoluciones del Fiscal Jefe serán recurribles ante el Consejo Fiscal.

Las resoluciones del Fiscal General del Estado serán recurribles en alzada ante el Ministro de Justicia.

Las resoluciones del Consejo Fiscal y del Ministro de Justicia que agoten la vía administrativa serán susceptibles del recurso contencioso-administrativo ante la Sala correspondiente de la Audiencia Nacional.

Art. 68. La sanción de advertencia podrá imponerse de plano previa audiencia del interesado. Para la imposición de las restantes, será preceptiva la instrucción de expediente contradictorio, con audiencia del interesado.

Art. 69. Las sanciones disciplinarias firmes se anotarán en el expediente personal del interesado, de lo cual cuidará la Autoridad que la hubiere impuesto.

Las anotaciones serán canceladas por acuerdo del Fiscal General del Estado, una vez cumplida la sanción, y transcurridos seis meses, dos años o cuatro años desde su imposición, respectivamente, según que la falta hubiere sido leve, grave o muy grave, si en dicho periodo el funcionario no hubiere incurrido en la comisión de hechos sancionables. Las sanciones impuestas por faltas leves se cancelarán automáticamente. La cancelación de las restantes se hará en expediente iniciado a petición del interesado y con informe del Consejo Fiscal.

La cancelación borrará el antecedente a todos los efectos, incluso a las de apreciación de reincidencia o reiteración.

Art. 70. La rehabilitación de los Fiscales separados disciplinariamente se regirá, en cuanto les sea de aplicación, por lo dispuesto en la Ley Orgánica del Poder Judicial para Jueces y Magistrados.

TÍTULO IV
Del personal y medios materiales

CAPÍTULO ÚNICO

Art. 71. Habrá en los órganos fiscales el personal técnico y auxiliar necesario para atender al servicio, que dependerá de los Fiscales Jefes respectivos sin perjuicio de la competencia que corresponda a otros órganos en la esfera que les sea propia.

Art. 72. Uno. Las Fiscalías tendrán en todo caso una instalación adecuada en la sede de los Tribunales y Juzgados correspondientes, y además podrán contar con sus propias instalaciones fuera de dichas sedes cuando ello convenga a la mejor prestación del servicio.

Dos. Las instalaciones del Ministerio Fiscal se hallarán dotadas de los medios precisos que se consignen en las Leyes de Presupuestos.

Tres. Los Presupuestos Generales del Estado y los de las Comunidades Autónomas que hayan asumido competencias en materia de Administración de Justicia contemplarán, dentro de la Sección que corresponda, y previa ponderación de las necesidades funcionales del Ministerio Fiscal propuestas por el Fiscal General del Estado, previa audiencia, en su caso, a las Comunidades Autónomas con competencias en la materia, las correspondientes partidas presupuestarias adecuadamente singularizadas para atender a aquéllas.

En todo caso, una de estas partidas será gestionada por la Unidad de Apoyo del Fiscal General y estará destinada a atender los gastos de funcionamiento de la administración de la Fiscalía General del Estado.

§15

DISPOSICIONES TRANSITORIAS

Primera. Derogada

Segunda. Derogada

Tercera. Derogada

Cuarta. Derogada

Quinta. Derogada

Sexta. Derogada

Séptima. El período máximo de diez años, previsto en el apartado Dos del artículo 36, por el que son designados los fiscales destinados en la Inspección Fiscal, comenzará a computarse, para los que actualmente están destinados en la misma, a partir de la entrada en vigor de la presente Ley.

Octava. En el plazo de un año desde la entrada en vigor de esta Ley se constituirán las Fiscalías de las Comunidades Autónomas de acuerdo con lo previsto en el artículo 21. En el momento de su constitución, los actuales Fiscales Jefes de los Tribunales Superiores de Justicia pasarán a denominarse, automáticamente, Fiscales Superiores de las Comunidades Autónomas, permaneciendo en dicho cargo hasta agotar el plazo de cinco años por el que en su día fueron nombrados, sin perjuicio de su ulterior renovación con arreglo a lo dispuesto en el artículo 41, apartado tres. Del mismo modo los Tenientes Fiscales de los Tribunales Superiores de Justicia pasarán a ocupar el cargo de Teniente Fiscal de la Fiscalía Superior de la Comunidad Autónoma por el período que reste de su mandato, computado con arreglo a lo dispuesto en el apartado tres del artículo 41 y en esta Disposición Transitoria, sin perjuicio, igualmente, de su ulterior renovación.

A tal fin, una vez fijadas las plantillas de las Fiscalías Superiores de las Comunidades Autónomas, se convocará, dentro del plazo indicado, el correspondiente concurso con arreglo a lo dispuesto en el artículo 36, apartado cinco, de este Estatuto Orgánico. Resuelto dicho concurso, los Fiscales que, estando en ese momento destinados en las Fiscalías de los Tribunales Superiores de Justicia, no hayan obtenido plaza en las nuevas Fiscalías Superiores, pasarán automáticamente a integrar las respectivas Fiscalías Provinciales.

En el mismo plazo de un año, se constituirán las Fiscalías de Área, a cuyo fin el Gobierno, previo informe del Fiscal General del Estado, oído el Consejo Fiscal y los Fiscales Jefes de los territorios afectados, adoptará las disposiciones necesarias, en particular para la provisión de las plazas de Fiscal Jefe de las mismas. Las Adscripciones Permanentes que no se constituyan como Fiscalías de Área a través del procedimiento previsto en esta disposición, quedarán automáticamente convertidas en Secciones Territoriales de las Fiscalías Provinciales, en los términos previstos en el párrafo segundo del apartado cuatro y el apartado cinco del artículo 18 de esta Ley.

A la entrada en vigor de esta Ley finalizará el mandato de los Tenientes Fiscales comprendidos en el artículo 41, apartado tres, que lleven desempeñando su cargo más de cinco años. Las plazas resultantes serán ofrecidas para su cobertura en los términos previstos en esta Ley, pudiendo concurrir a las mismas los afectados por la presente disposición, quienes en todo caso continuarán ejerciendo sus funciones en tanto no se produzcan los nuevos nombramientos. Los nombrados con anterioridad a la entrada en vigor de esta Ley que no hubieran desempeñado su cargo por más de cinco años finalizarán su mandato en el momento en que se cumpla dicho plazo, computado desde la fecha de su nombramiento.

Novena. Quien desempeñe las funciones de Fiscal General del Estado a la entrada en vigor de la presente Ley continuará en el ejercicio de su cargo hasta que se produzca su cese, que sólo tendrá lugar cuando concurra alguno de los supuestos previstos por los apartados a), b), c), d) y e) del artículo 31, apartado uno del Estatuto Orgánico del Ministerio Fiscal.

Quienes hubieran desempeñado el cargo de Fiscal General del Estado con anterioridad a la entrada en vigor de la presente Ley no quedarán por ello excluidos de la posibilidad de ser propuestos por el Gobierno conforme al artículo 29 del Estatuto Orgánico del Ministerio Fiscal.

DISPOSICIONES ADICIONALES

Primera. En cuanto a la adquisición y pérdida de la condición de miembro de la Carrera Fiscal, incapacidades, situaciones administrativas, deberes y derechos, incompatibilidades, prohibiciones y responsabilidades de los mismos, será de aplicación supletoria lo dispuesto para Jueces y Magistrados en la Ley Orgánica del Poder Judicial.

El miembro del Ministerio Fiscal nombrado Fiscal Europeo estará en situación de servicios especiales de conformidad con el artículo 351.a) de la Ley Orgánica 6/1985, de 1 de julio, del Poder Judicial.

Los Fiscales nombrados por el Colegio de la Fiscalía Europea como Fiscales europeos delegados estarán en situación de servicios especiales de conformidad

§15

con el artículo 351.c) de la Ley Orgánica 6/1985, de 1 de julio, del Poder Judicial, desde el momento de su nombramiento y hasta su cese, en los términos establecidos en la Ley Orgánica de aplicación del Reglamento (UE) 2017/1939 del Consejo, de 12 de octubre de 2017, por el que se establece una cooperación reforzada para la creación de la Fiscalía Europea.

Párrafos segundo y tercero añadidos por LO 9/2021, de 1 de julio.

Segunda. 1. El Ministerio Fiscal contará con un sistema de información y una red de comunicaciones electrónicas plenamente integrados, a través de los cuales se asegurará eficazmente su unidad de actuación de conformidad con lo establecido en el artículo 124 de la Constitución.

2. El sistema de información y la red integrada de comunicaciones electrónicas del Ministerio Fiscal serán definidos y gestionados por los órganos competentes de la Fiscalía General del Estado. A estos efectos contarán con el soporte administrativo y tecnológico del Ministerio de Justicia.

Las comunidades autónomas que hubiesen asumido competencias en materia de provisión de medios materiales para la Administración de Justicia participarán junto al Ministerio de Justicia en la dotación de los equipamientos informáticos del Ministerio Fiscal, con sujeción a lo dispuesto en este Estatuto Orgánico y a los acuerdos y resoluciones adoptados por la Comisión Nacional de Informática y Comunicaciones Electrónicas del Ministerio Fiscal.

3. La red integrada de comunicaciones del Ministerio Fiscal garantizará:

a) Un sistema de identificación y de codificación único de los procedimientos y actuaciones en que intervenga el Ministerio Fiscal.

b) La obtención inmediata, actualizada y rigurosa de información estadística. A estos efectos, existirá una base de datos centralizada de los procedimientos de que conozca el Ministerio Fiscal.

c) El acceso telemático de todas las fiscalías a los registros, bases de datos, sistemas de información y aplicaciones informáticas de ámbito nacional gestionados por el Ministerio de Justicia.

d) La conexión telemática permanente del Fiscal General del Estado y de los restantes órganos centrales del Ministerio Fiscal con todas las fiscalías y los miembros de la Carrera Fiscal, así como de ellos entre sí. A estos efectos se implantará un sistema único de identificación y de comunicaciones electrónicas.

4. La Comisión Nacional de Informática y Comunicaciones Electrónicas del Ministerio Fiscal, presidida por el Fiscal General del Estado, dictará instrucciones y criterios de obligado cumplimiento en todas las Fiscalías sobre la implantación, utilización, gestión y explotación de todos los sistemas informáticos y de comunicaciones electrónicas. La estructura, composición y funciones de esta Comisión

§15

Nacional, así como la organización, funcionamiento y características técnicas de la red integrada de comunicaciones electrónicas del Ministerio Fiscal, será establecida reglamentariamente, mediante real decreto.

Tercera. Fiscales eméritos del Tribunal Supremo. Los Fiscales de Sala del Tribunal Supremo, una vez jubilados y a propuesta del Fiscal General del Estado, oído el Consejo Fiscal, serán designados anualmente por el Gobierno Fiscales de Sala eméritos en el Tribunal Supremo, cuando así lo soliciten, siempre que reúnan los requisitos exigidos en la Ley Orgánica 6/1985, de 1 de julio, del Poder Judicial, para los Magistrados eméritos en el Tribunal Supremo y de acuerdo con las necesidades de refuerzo en la Fiscalía del Tribunal Supremo.

Cuarta. 1. Los miembros de la Carrera Fiscal se sustituirán entre sí, de acuerdo con lo dispuesto en este Estatuto, en las normas reglamentarias que lo desarrollen y en las Instrucciones que, con carácter general, dicte el Fiscal General del Estado.

2. Cuando no pueda acudirse al sistema de sustituciones ordinarias, podrán ser nombrados con carácter excepcional Fiscales sustitutos en los casos de vacantes, licencias, servicios especiales u otras causas que lo justifiquen.

3. El régimen jurídico de los Fiscales sustitutos será objeto de desarrollo reglamentario en términos análogos a lo previsto para los Magistrados suplentes y Jueces sustitutos en la Ley Orgánica del Poder Judicial, que será aplicable supletoriamente en esta materia.

DISPOSICIONES FINALES

Primera. Se faculta al Gobierno:

a. Para que, en el plazo de un año, y a propuesta del Ministro de Justicia, dicte el Reglamento que desarrolle la presente Ley.

b. Para redistribuir las plantillas entre las distintas Fiscalías, tanto del personal fiscal que las sirve, como del auxiliar adscrito a las mismas, siempre que no implique El incremento en las plantillas presupuestarias respectivas.

El artículo único del R.D.Ley 26/1982 22 diciembre, establece: «El plazo establecido en la disposición final primera A del Estatuto Orgánico del Ministerio Fiscal, aprobado por Ley 50/1981, de 30 de diciembre, para que el Gobierno dicte el Reglamento que le desarrolle, queda suspendido y comenzará a contarse de nuevo el día que tenga lugar la publicación de la Ley Orgánica del Poder Judicial en el "Boletín Oficial del Estado"».

§15

Segunda. Queda derogado el Estatuto del Ministerio Fiscal de veintiuno de junio de mil novecientos veintiséis. En tanto no se dicte el Reglamento a que se refiere la disposición anterior, seguirá aplicándose el hoy vigente en lo que no se oponga a la presente ley.

ÍNDICE ANALÍTICO*

---

*   Según la Disp. Adic. 1ª de la Ley 7/2015, de 21 de julio, todas las referencias que se hagan en todas las leyes a secretarios judiciales deben entenderse hechas a letrados de la administración de justicia.

A

MAGISTRADOS DE LA AUDIENCIA NACIONAL

MAGISTRADOS DE LAS AUDIENCIAS PROVINCIALES

MAGISTRADOS DEL TRIBUNAL CONSTITUCIONAL

PROVISIÓN TEMPORAL
- Jueces: 428 a 433
- Secretarios Judiciales: 482
- (Ver Jueces de provisión temporal)

PRUEBAS
- Examen por el Magistrado Ponente: 205
- Ilícitas: 11.1
- Práctica en audiencia pública: 186

PUBLICIDAD
- Acceso a archivos, libros y registros: 235; §10, 2 y ss.
- De las actuaciones judiciales: 232 a 236; §10, 1 y ss.
- Excepciones: 232,2 233

Q

QUEJAS Y DENUNCIAS
- Competencia: §7, 2
- Formularios: §7, D.A. 2ª
- Normas generales de tramitación: §7, 4 y ss.
- Unidad de atención al ciudadano: §7, D.A. 1ª y 3ª

R

RECTIFICACIÓN
- De resoluciones judiciales: 267

RECURSOS
- Contencioso administrativo:
  * Audiencia Nacional: 66
  * Tribunal Superior de Justicia: 74
  * Tribunal Supremo: 58
- Contencioso electoral: 74.1.e)
- Contra actos del CGPJ: 642
- Contra acuerdos de la Sala de Gobierno: 158.2

- De alzada:
  * Contra actos de las Salas de Gobierno: 158.2
  * Contra correcciones disciplinarias a Abogados y Procuradores: 556
  * Contra sanciones por perturbar el orden en la sala: 194.2
- De audiencia en justicia:
  * Contra correcciones disciplinarias a Abogados y Procuradores: 536
  * Contra sanciones por perturbar el orden en la sala: 194.2
- De apelación:
  * Competencia de la Audiencia Provincial: 82
  * Competencia de las Secciones Civiles de los Tribunales de Instancia: 85
- De casación:
  * Competencia de la Sala de lo Civil del TS: 56.1
  * Competencia de la Sala de lo Contencioso-Administrativo del TS: 58.2 a 4
  * Competencia de la Sala de lo Penal del TS: 57.1
  * Competencia de la Sala de lo Social del TS: 59
  * Competencia de la Sala de lo Civil y Penal del TSJ: 73.1
  * Por infracción de precepto constitucional: 5.4
- De revisión:
  * Competencia de la Sala de lo Civil del TS: 56.1
  * Competencia de la Sala de lo Contencioso-Administrativo del TS: 58.1
  * Competencia de la Sala de lo Penal del TS: 57.1
  * Competencia de la Sala de lo Social del TS: 59